U0882769

“十三五”国家重点出版物出版规划项目

◉ 崔建远 著

合同法总论

（中 卷）

（第二版）

中国当代法学家文库

崔建远民法研究系列

Contemporary Chinese Jurists' Library

中国人民大学出版社

·北京·

第二版修订说明

相较于《合同法总论》（中卷）（第一版），《合同法总论》（中卷）（第二版）有如下变化：(1) 反映了《合同法总论》（中卷）（第一版）出版之后的立法及司法解释。(2) 消除了发现的《合同法总论》（中卷）（第一版）中的错误。(3) 对于《合同法总论》（中卷）（第一版）中不尽理想的某些表述和阐释，予以完善。(4) 增补了如下内容：

1) 在情事变更原则中，以案例解释了客观情况发生了异常变动这个要素。

2) 在情事变更原则中，以案例阐释“原已存在的违约责任不应因合同基于情事变更原则而解除消失无踪，而是继续存在”的观点。

3) 在履行主体部分增补了履行辅助人的介绍，并配有具体的案例及其阐释。

4) 在同时履行抗辩权制度中，重新阐释了同时履行抗辩权与诉讼时效之间的关系。

5) 在先履行抗辩权制度中，增加了对“先履行抗辩权应改为抗辩”这种观点的评论。

6) 在先履行抗辩权制度中，增加了“不发生先履行抗辩权的效力的情况”。

7) 在先履行抗辩权制度中，增加了“附停止条件与履行抗辩权之间的牵连/衔接”。

8) 在不安抗辩权制度中，丰富了“丧失或者可能丧失履行债务能力的其他情形”的类型。

9）在债权人代位权制度中，增加了对传统理论界定怠于行使其权利的反思。

10）在债权人代位权制度中，新增了法释［1999］19号第13条第1款的正面作用的一个表现。

11）在债权人代位权制度中，重写债权人代位权胜诉判决与强制执行的关系。

12）在反担保部分增补了甄别反担保有无的案例分析。

13）在合同担保的从属性部分，增补了从宽把握从属性的进一步阐释。

14）在合同担保一章，增补了如下内容：合同担保与担保作用的区别，某些“非典型担保”并非担保，诉讼程序中的担保和诉讼程序外的担保。

15）在保证领域，增补了如下内容：股东、董事、实际控制人违反《公司法》（2013年修订）第16条第1款的规定，以公司财产对外提供担保，不宜再适用法释［2000］44号第4条的规定，令担保合同绝对无效，而应适用《合同法》第50条关于越权行为的规定。

16）在定金领域，增补了对法律、规章、司法解释规定的保证金进行简要梳理的内容，在梳理实务中出现的保证金类型时增补了质量保证金、作为动产质权标的物的保证金两种类型。

17）在债权让与领域，增补了如何看待当事人关于债权瑕疵属于商业风险的约定。

18）在狭义的合同变更一节，增补了合同变更所采取的文件形式。

19）在合同的变更一章，附加了“行为，沉默之于合同变更”一文。

20）在合同的解除概述一节，增补了关于为第三人利益的合同可否解除的辨析。

21）在合同的解除概述一节，还增补了关于约定解除的识别。

22）在合同解除的条件一节，对于通常事变与合同解除之间的关系的阐述，更加细致和完善。

23）在合同解除的条件一节，新增了介绍1980年《联合国国际货物销售合同公约》严格限制解除权的规定的内容。

24）在合同解除的条件一节，增补了债务人不履行定期行为直接推定守约方不能实现合同目的的阐释。

25）在合同解除的条件一节，深化、完善了关于迟延付款与不能实现合同目的之间关系以及部分付款与实现合同目的之间关系的阐释。

26）在合同解除的条件一节，补充了关于《合同法》第 110 条与第 94 条所定解除之间的关系的揭示。

27）在合同解除的条件一节，还增补了如下内容：在违约行为和不可抗力均为解除事由的情况下，应由解除权人选择决定以何为由解除合同。

28）在合同解除的程序一节，增补了违约方应当享有解除权的情形，以及双方违约与解除权。

29）在合同解除的程序一节，补充了关于债权人接受部分履行的行为是否表示放弃了解除权的辨析。

30）在解除权行使的限制领域，增补了合同解除不得损害第三人的合法权益的案例分析。

31）在解除权行使的除斥期间领域，反思了笔者原来类推适用法释［2003］7 号第 15 条第 2 款的规定的观点，现在主张，对于解除权存续的合理期限宜作类型化的分析。

32）在解除权的行使领域，新增通知解除合同所依据的事由与在诉讼过程中所依据的事由不一致时如何认定的方案。

耿林博士帮助检索和核实美国《合同法重述》（第二版）、《统一商法典》有关条文及评注。龙俊博士帮助检索与核实日本《民事诉讼法》和《非讼事件程序法》修订后的有关条文。郭蔚博士帮助检索和核实《俄罗斯联邦民法典》和《澳门商法典》的有关条文。他们的卓有成效的工作无疑地提升了本书的质量，特此致谢！

中国人民大学出版社的编辑们为本书的修订付出了心血和汗水，在此一并感谢！

崔建远

2016 年 6 月 15 日

于清华大学明理楼

自 序

合同法教材应当准确、简明和体系化，并反映最新成果。所谓反映最新成果，包括反映最新的立法、司法解释，以及有分量的科研成果，淘汰过时的规则及其学说。所谓体系化，就是涵盖应有的内容，并将它们逻辑且有机地排列组合起来，以彰显观点和思路。所谓准确，是指依据文义、体系和规范目的等方法，解释法律规范，进一步解读司法解释，客观地介绍既有的学说，包括通说、有力说及某些少数说。所谓简明，就是言简意赅，剔除废话，在一定的意义上还含有深浅适度的意思。

之所以强调简明，是因为简明的合同法教材，往往脉络清晰，经纬分明，篇幅适中，避免臃肿。这有助于消除初学者的畏难情绪，避免其如坠云雾，便于他们较快地进入法律关系的情境之中，使之易于从整体上把握合同法，领会具体制度及规范。

但是，简明，意味着概括，舍却了某些属性，略去了若干论证环节，未能及于全部范围，放弃了应有的深度，有时难免意犹未尽，不易完整而清晰地显露出法学方法。就是说，合同法教材应定位在入门书。正因如此，渴望继续深造的学子、从事合同法研究的学者、解决复杂而非典型案件的专家，不满足于熟知入门书的阶段，希望阅读到专著和论文，以及介于合同法教材和专著之间的作品。

我撰写的《合同法》（法律出版社 1998 年版）和主编的《合同法》（法律出版社 2000 年修订版、2003 年第三版、2007 年第四版、2010 年第五版），均属法学教材，简明为其基本色调，尽管《合同法》第三版、第四版和第五版中个别章节有所扩容，难度略有增强。自它们出版发行以来，受到了读者的厚爱，同时疑问随之而生，质疑也逐渐浮现。读者的评论中不乏真知灼见，极具启发性，促使我沉思，不断地修正和完善书中的某些观点及阐释。

学海无涯苦作舟，犹如信条，召唤着我不断地阅读文献，丰富知识，开阔视野和思路，逐渐深化认识和体会，形成新的观点，完善相应的论证。生活之树常青，为至理名言，召唤着我密切接触实务。不少案件向法律人提出了一系列必须回答的问题，迫使我反复思考，渐有心得。中国人民大学出版社热忱地提供出版园地，积极推动本书的进展和定稿。所有这些，都是促使我撰写并完成这本《合同法总论》的动因。

因为上述原因，该书显现出特色，主要表现为三个方面：一是论辩色彩浓厚；二是法条、原理和案例评释相结合；三是解释论为主，辅之以立法论。有话多说，无话不说，话少少说，也是事实。

合同法的研究者众多，有分量的作品丰富。这对我撰写同名的作品在客观上提出了更高的要求，逼出了特色：回应专家学者的质疑，修正不合时宜的看法，坚持自以为是的意见，反驳未见允当的批评，展开力所能及的论证。这使本书显现出十分浓厚的论辩色彩。

成功的经验及走过的弯路告诉我们，学习和研讨民法学，了解法律规定、熟悉民法原理、分析系争案件，三者密切结合，事半功倍。有鉴于此，本书采取法解释学的方法，基于中国现行法阐释合同法乃至民法的原理，重在合同法的解释和适用，也不失时机地间有立法论的见解，在本书的每一章节都尽可能地配有较为详细的案例分析。这样，身体力行地传播法解释学，显现民法及其学说的功用性，也展示我的学术风格。所有这些，使得本书表现出法条、原理和案例评释相结合，以及解释论为主、立法论为辅的特色。

有话多说，无话不说，话少少说，不刻意照顾章节在量上的均衡，为本书的消极特征。

所有这些，使得本书失去了简洁明快的教材品格。它已经不适宜作为本科生的合同法教材。但因为它对问题的探讨较为深入，在案例分析中显露着分析民法问题的路径及方法，适合于已有民法基础的本科生、硕士生、博士生们继续学习和研究合同法所用，也是法官、检察官、律师、法学教师等法律人较为合适的参考书。

我在撰写《物权法》（中国人民大学出版社 2009 年版、2011 年版）教材时，采取了“常规叙述”与“辨析”、“引申”、“论争”、“探讨”等相结合的形式，主旨相对明确，脉络较为清晰，效果不错。本书也适当采用。

戴孟勇博士于 2007 年 3 月 25 日电邮来对我主编的《合同法》（第三版）提出了 101 个勘误或者疑问，其后又提出了 169 个；2011 年本书定稿阶段，我就履行抗辩权问题征求其意见，戴孟勇博士倾其所思，发表看法。所有这些，都对提高本书的质量显然有益，谨致谢忱！龙俊博士就日本民法、判例和学说的有关态度和演变趋势，以及日文文献的核实，毫不吝啬地贡献力量，澄清了若干疑问，避免了错误，亦应致谢！

责任编辑尽其所能地编辑本书，校阅清样，避免了错误，谨表谢意！

岁末至而定此稿，鬓丝白而翻新页，来年景如何？

是为序。

崔建远

于 2011 年 12 月 31 日

定稿于清华大学明理楼

凡 例

《合同法》——《中华人民共和国合同法》;

《证券法》(2013 年)——2013 年 6 月 29 日第十二届全国人民代表大会常务委员会第三次会议修订的《中华人民共和国证券法》;

《企业破产法》——《中华人民共和国企业破产法》;

《经济合同法》——《中华人民共和国经济合同法》;

《保险法》(2009 年)——2009 年 2 月 28 日第十一届全国人民代表大会常务委员会第七次会议修订的《中华人民共和国保险法》;

《海商法》——《中华人民共和国海商法》;

《物权法》——《中华人民共和国物权法》;

《城市房地产管理法》——《中华人民共和国城市房地产管理法》;

《中外合资经营企业法》——《中华人民共和国中外合资经营企业法》;

《中外合作经营企业法》——《中华人民共和国中外合作经营企业法》;

《票据法》(2004 年)——2004 年 8 月 28 日第十届全国人民代表大会常务委员会第十一次会议修订的《中华人民共和国票据法》(2004 年);

《公司法》(2005 年)——2005 年 10 月 27 日第十届全国人民代表大会常务委员会第十八次会议修订的《中华人民共和国公司法》;

《公司法》（2013年）——2013年12月28日第十二届全国人民代表大会常务委员会第六次会议修订的《中华人民共和国公司法》；

《标准化法》——《中华人民共和国标准化法》；

《继承法》——《中华人民共和国继承法》；

《民事诉讼法》——第十一届全国人民代表大会常务委员会第二十八次会议于2012年8月31日修订的《中华人民共和国民事诉讼法》；

《仲裁法》——《中华人民共和国仲裁法》；

《城镇国有土地使用权出让和转让暂行条例》——《中华人民共和国城镇国有土地使用权出让和转让暂行条例》；

《电信条例》——《中华人民共和国电信条例》；

《关于民法通则的意见》——《最高人民法院关于贯彻执行〈中华人民共和国民法通则〉若干问题的意见（试行）》；

法释［1999］19号——《最高人民法院关于适用〈中华人民共和国合同法〉若干问题的解释（一）》；

法释［2000］44号——《最高人民法院关于适用〈中华人民共和国担保法〉若干问题的解释》；

法释［2001］12号——《最高人民法院关于审理涉及金融资产管理公司收购、管理、处置国有银行不良贷款形成的资产的案件适用法律若干问题的规定》；

法函［2002］3号——《最高人民法院对〈关于贯彻执行最高人民法院“十二条”司法解释有关问题的函〉的答复》；

法释［2002］16号——《最高人民法院关于建设工程价款优先受偿权问题的批复》；

法释［2003］7号——《最高人民法院关于审理商品房买卖合同纠纷案件适用法律若干问题的解释》；

法释［2004］14号——《最高人民法院关于审理建设工程施工合同纠纷案件适用法律问题的解释》；

法释［2005］5号——《最高人民法院关于审理涉及国有土地使用权合同纠

纷案件适用法律问题的解释》；

法释［2005］6号——《最高人民法院关于审理涉及农村土地承包纠纷案件适用法律问题的解释》；

法释［2008］11号——《最高人民法院关于审理民事案件适用诉讼时效制度若干问题的规定》；

法释［2008］15号——《最高人民法院关于废止2007年底以前发布的有关司法解释（第七批）的决定》；

法释［2009］5号——《最高人民法院关于适用〈中华人民共和国合同法〉若干问题的解释（二）》；

法发［2009］19号——《最高人民法院关于审理涉及金融不良债权转让案件工作座谈会纪要》；

法发［2009］40号——《最高人民法院关于当前形势下审理民商事合同纠纷案件若干问题的指导意见》；

法释［2010］9号——《最高人民法院关于审理外商投资企业纠纷案件若干问题的规定（一）》；

法释［2011］3号——《最高人民法院关于适用〈中华人民共和国公司法〉若干问题的规定（三）》；

法释［2012］8号——《最高人民法院关于审理买卖合同纠纷案件适用法律问题的解释》；

法释［2015］5号——《最高人民法院关于适用〈中华人民共和国民事诉讼法〉的解释》；

法释［2016］5号——《最高人民法院关于适用〈中华人民共和国物权法〉若干问题的解释（一）》。

目　录

细　目

第一章 合同的履行

第一节　合同的履行概述

合同的履行，是指债务人全面地、适当地完成其合同义务，债权人的合同债权得到完全实现。也有学者认为，合同的履行是指债务人依债务本旨而实现债务内容的给付。[①] 如交付约定的标的物，完成约定的工作并交付工作成果，提供约定的服务等。

合同的履行是债务人完成合同义务的行为，即所谓债务人为给付的行为。这是合同目的的起码要求。没有债务人完成合同义务的行为，就不会有债权人达到成立合同目的的结果。

但是，债务人履行合同义务的行为未必总能使债权人达到成立合同的目的，未必总能使债权人实现其债权。

① 见［日］於保不二雄：《日本民法债权总论》，庄胜荣校订，329页，台北，五南图书出版有限公司，1998。

由此看来，合同的履行应是债务人全面地、适当地完成合同义务，使债权人实现其合同债权的给付行为和给付结果的统一。因为合同关系存在的法律目的，乃是将合同债权转变成物权或与物权具有相等价值的权利，乃是债务人依约定给付使债权人获得满足、获得给付结果。进而言之，就是“履行并非指债务人之给付行为，履行重结果，给付仅系履行之手段，必也债权人实际获得给付结果，才能谓之‘履行’”①。

在许多情况下，例如承揽合同、建设工程合同、运输合同、劳动合同等中，履行不单指最后的交付行为，而是一系列行为及其结果的总和。② 该特征的法律意义在于：一方面，它能使当事人自合同成立生效之时起，就关注自己和对方履行合同义务的概况，确保合同义务得到全面、正确的履行；另一方面，“它能使当事人尽早发现对方不能履行或不能完全履行合同义务的情况，以便采取相应的补救措施，避免使自己陷入被动和不利，防止损失的发生或扩大”③。

从合同效力方面观察，合同的履行是依法成立的合同所必然发生的法律效果，并且是构成合同法律效力的主要内容。因此，许多立法例把合同的履行规定在债的效力或合同的效力标题下。但从合同关系消灭的角度观察，债务人全面而适当地履行合同，导致了合同关系的消灭；合同的履行是合同关系消灭的原因，并且是正常消灭的原因。因此，合同的履行又被称做债的清偿。有些立法例把合同的履行规定在债的消灭原因标题下，同时又作为合同消灭的原因，以“清偿”的称谓详加规定。

当然，若合同产生的债的关系为两个以上的狭义债的关系，即产生的是广义债的关系，则只有该广义债的关系中的全部债务均被适当履行，才能消灭合同关系。倘若债务人只是适当履行了其中一个狭义债的关系中的债务，而未适当履行另外的狭义债的关系中的债务，则仅仅消灭了一个狭义债的关系，另外的狭义债的关系仍不消灭，即合同关系仍不消灭。

---

① 林诚二：《论债之本质与责任》，载《中兴法学》，1978（13）。

② 见黄欣：《关于经济合同的履行问题》，载《北京政法学院学报》，1982（2）。

③ 苏惠祥主编：《中国当代合同法论》，143页，长春，吉林大学出版社，1992。

合同的履行不仅是合同的法律效力的主要内容，而且是整个合同法的核心。合同的成立是合同履行的前提，合同的法律效力既含有合同履行之意，又是合同履行的依据和动力所在。合同的担保是促使合同履行，保障债权实现的法律制度。合同的保全可起到间接强制债务人履行合同的作用。合同债权债务的转让只不过是履行主体的变更，并不是对合同履行的否定。合同的解除系为适应变化了的主客观情况而设置的消灭合同关系的制度，虽与合同的履行对立，但在尽可能地保护当事人的合法权益这点上，两者目标一致。违约责任既是违约的补救手段，又是促使债务人履行合同的法律措施。

第二节　合同履行的原则

合同履行的原则，是当事人在履行合同债务时所应遵循的基本准则。在这些基本准则中，有的是基本原则，例如诚实信用原则、公平原则、平等原则等；有的是专属于合同履行的原则，例如适当履行原则、协作履行原则、经济合理原则、情事变更原则等。对基本原则，此处不赘。

一、适当履行原则

1. 适当履行原则的界定与法律依据

适当履行原则，又称正确履行原则或全面履行原则，是指当事人按照合同约定的标的及其质量、数量，由适当的主体在适当的履行期限、履行地点，以适当的履行方式，全面完成合同义务的履行原则。对此，美国《合同法重述》（第2版）第235条的评论为：履行无任何瑕疵；中国《合同法》第60条第1款则表述为：当事人应当按照约定全面履行自己的义务。

2. 适当履行与实际履行之间的关系

与适当履行有所联系的是实际履行。实际履行，在中国实行高度集权的计划经济体制时期，被上升为合同法的基本原则，至少是合同履行的基本原则。所谓实际履行原则，是指当事人以约定或法定的标的物（在有体物作为合同的标的物场合）或服务（在以行为作为合同标的场合）履行，不得以其他给付替代的原则。[①] 当时的法律和政策之所以奉行实际履行原则，主要是因为不存在市场经济体制意义上的市场，特别是不存在这种意义上的生产资料市场，市场主体（主要是国营企业）所需原材料、所生产产品的销售，均依计划部门预先制定的分配和衔接的计划进行，难以通过市场获得或售出。如今，中国已经实行社会主义市场经济体制，市场主体的上述需求可以通过市场得到满足。在债务人拒不实际履行时，债权人只要获得适当数额的赔偿金或补偿金，就可以另觅其他市场主体，进行交易，达到目的。因而，《合同法》等法律、法规、规章已经放弃了实际履行原则，只是把实际履行而非实际履行原则作为违约救济的一种方式加以规定，将其称做继续履行，或强制的实际履行，也将其简称为实际履行（《合同法》第107条等条文）。在债务人不能履行（包括事实上的不能履行和法律上的不能履行）或不宜实际履行（实际履行的成本过高，不合效率原则）时，固然不再有实际履行这种救济方式的运用机会，就是在债务人能够履行，履行成本也不过高的场合，债权人不主张实际履行，法律也不强加干预（《合同法》第110条等条文）。

实际履行与适当履行既有区别又有联系。实际履行强调债务人按照合同约定的标的提供标的物或提供服务，至于实际交付的标的物或提供的服务是否适当，如质量是否符合要求、数量是否短缺、服务是否到位、期限是否准时，都无力顾及。例如，某合同约定出卖人向买受人交付全新的A车，出卖人向买受人实际交付全新的完全合格的A车，固然为实际履行，就是出卖人实际交付的是刹车系统失灵的A车，甚至都逾期了10日，也依然算作实际履行。再如，某家政服务合同约定A家政服务公司向雇主派出能够熟练操作雇主家中全部生活设施的

① 当然，有不尽相同的界定。例如，有专家学者将实际履行原则界定为原则上按照约定或法定的标的物履行，但在债务人违反该约定或法定的场合，债权人不请求债务人继续履行，而主张损害赔偿或替代给付的救济方式的，亦应允许。这并不构成对实际履行原则的修正或违背。

甲保姆，但实际派出后该甲保姆拒绝使用煤气灶和热水器。尽管如此，A 家政服务公司的行为也仍然算作实际履行。与此不同，适当履行既要求债务人实际履行，即按照合同的约定或法律的规定交付标的物或提供服务，也要求这些交付标的物、提供服务符合法律的规定和合同的本旨。可见，适当履行必然是实际履行，而实际履行未必是适当履行。在适当履行场合不会存在违约责任，实际履行若适当，构成适当履行，不成立违约责任，但若不适当，则产生违约责任。

3. 适当履行的内容

适当履行原则所要求的履行主体适当、履行标的适当、履行期限适当、履行方式适当等，将在第三节中详述。

二、协作履行原则

1. 协作履行原则的界定与法律依据

协作履行原则，是指当事人不仅应当适当履行自己的合同债务，而且应基于诚实信用原则的要求，在必要的限度内，协助相对人履行债务的履行原则。《合同法》关于“当事人应当遵循诚实信用原则，根据合同的性质、目的和交易习惯履行通知、协助、保密等义务”的规定（第 60 条第 2 款），体现了协作履行原则。

合同的履行，只有债务人的给付行为，没有债权人的受领给付，合同债权可能没有实现，合同目的可能仍未达到，除非债务人依法采取了提存等措施。不仅如此，在建设工程合同、技术开发合同、技术转让合同、提供服务合同等场合，债务人实施给付行为更需要债权人的积极配合，否则，合同的内容更难以实现。因此，履行合同，不仅是债务人的事，也是债权人的事，协助履行往往是债权人的义务。

2. 协作履行义务的性质与类型

协作履行义务，大多属于合同义务。例如，在房屋买卖合同的场合，由出卖人代为办理该房屋的所有权移转登记及房屋所有权证（或房地产权证）的，买受人有提供有关材料的义务。

协作履行义务，有时属于不真正义务。例如，在货物买卖合同的场合，合同约定的交货地点本在买受人的仓库，但其后地震等自然灾害发生致使该仓库坍塌，买受人不得已而变更交货地点。于此场合，买受人及时告知出卖人变更交货地点的义务，即为不真正义务。

3. 协作履行义务的限制与免除

一方面，只有双方当事人在合同履行过程中相互配合、相互协作，合同才会得到适当履行；另一方面，协作履行原则并不漠视当事人的各自独立的合同利益，不降低债务人所负债务的力度。债务人以协作履行为借口，加重债权人负担，逃避自己义务的做法，是与协作履行原则相悖的。

有学说认为，在履行需要债权人合作时，债务人实施履行，但因没有债权人的合作不能完成履行的，即应免除债务人不履行的责任。① 对此，本书在原则赞同的同时，有所补充，即在债权人无理地不予合作时，必须是债务人尽到了职责，如适时通知债权人应予合作，甚至通过诉讼形式要求债权人履行协作义务(限于协作义务为真正义务的场合)，但债权人仍置之不理，才可认定免除债务人的义务。

4. 协作履行原则的内容

协作履行是诚实信用原则在合同履行方面的具体体现。所谓诚实信用原则的具体体现，至少包含两方面的内容：一是双方当事人之间应予相互协助，二是协助不是无限度的。一般认为，协作履行原则含有如下内容：

（1）债务人履行合同债务，债权人应适当受领给付。例如，买受人受领出卖人交付的买卖物，定作人受领承揽人完成的定作物，委托人受领行纪人交付的委托物，等等。

（2）债务人履行合同债务，时常要求债权人创造必要的条件，提供方便。例如，在建设工程施工合同的场合，发包人应当完成施工现场的“七通一平”或

---

① 见［日］於保不二雄：《日本民法债权总论》，庄胜荣校订，330页，台北，五南图书出版有限公司，1998。

“五通一平”。还有，对于承包人依约购置的施工所需材料，发包人派往工地的代表、监理工程师应及时会签。

（3）协助履行为相对人完成合同义务所需要的，特别是协助履行涉及专业技能，相对人却不具备的，债权人应当提供协助。例如，在技术合同的场合，若与该技术合同有关的技术背景资料、可行性论证和技术评价报告、项目任务书和计划书等文件，为研究开发人履行其合同义务所需要，则委托人适时提供这些文件，亦为协助履行义务。再如，在建设工程施工合同的场合，若存在隐蔽工程，则该承包人完成该隐蔽工程后，需要及时将该隐蔽工程隐蔽，以便继续施工。在该隐蔽工程隐蔽以前，需要发包人检查。该发包人的检查属于协助履行的范围。还如，在勘察、设计合同的场合，勘察、设计的完成需要发包人提交有关基础资料和文件（包括概预算）的，发包人提供这些资料和文件，属于协助履行。

（4）依据合同本旨和诚实信用原则，一方当事人应当适时地向相对人告知有关情况的，此类告知即为协助履行。例如，在客运合同的场合，承运人发现旅客随身携带的行李超出了规定的体积，告知该旅客办理行李托运手续。这种告知属于协助履行。再如，在保管合同的场合，寄存人交付的保管物有瑕疵或按照保管物的性质需要采取特殊保管措施的，寄存人应当将有关情况告知保管人。此类告知同样属于协助履行。还有，在仓储合同的场合，保管人对入库仓储物进行验收时发现入库仓储物与约定不符合的，应当及时通知存货人。该通知亦属协助履行的范畴。

（5）债务人因故不能履行或不能完全履行时，债权人应积极采取措施，避免或减少损失，否则要就扩大的损失自负其责。对此，《合同法》等多部法律、法规、规章都作了明文规定。

三、经济合理原则

1. 经济合理原则的界定

经济合理原则要求当事人履行合同时，讲求经济效益，付出最小的成本，取得最佳的合同利益。

2. 经济合理原则的表现

在履行合同中贯彻经济合理原则，表现在许多方面：(1) 债务人选择最经济合理的履行方式。这在货物运输合同中较为突出。例如，在时间允许、安全有保障等情况下，承运人应当选择水路运输或铁路运输，而不应采用航空运输的方式，以节约运费。(2) 选用设备体现经济合理原则。例如，在技术开发、建设工程施工等合同的场合，自制或承租或选购造价或租金或价格适当的设备完全可以保质保量地完成合同任务，就没必要选购价格高昂的设备，以实现经济合理原则。自制在成本方面高于采购的，就应当采购设备，不然，就违反了经济合理原则。(3) 选择履行期体现经济合理原则。例如，在买卖物为时令蔬菜的合同中，买受人在交付期限方面没有特别要求的话，以农时蔬菜的成熟期为交货期间，显然会使价格大为降低。(4) 选择材料体现经济合理原则。例如，在建设工程施工合同的场合，某些建筑物、构筑物及其附属设施的部位不必采用最高标准的建筑材料，承包人采用相对低些标准的技术规程允许的建筑材料，符合经济合理原则。在该合同的计价不采取包工包料的背景下，这更有意义。(5) 在仓储、保管、货运、行纪、委托等合同的场合，所涉物品属于容易腐烂、变质的，保管人或承运人或行纪人或受托人发现所涉物品将要甚至已经腐烂、变质，及时告知存货人或寄存人或托运人或收货人或委托人，来不及告知的，及时、合理地处分上述物品，都体现了经济合理原则。(6) 变更合同体现经济合理原则。中国法律允许变更到货地点、收货人，即为例证。

四、情事变更原则

1. 情事变更原则的含义与沿革

情事变更原则，是合同依法成立后，因不可归责于双方当事人的原因发生了不可预见的情事变更，致使合同的基础丧失或动摇，若继续维持合同原有效力则显失公平，允许变更或解除合同的原则。

按照通说，情事变更原则起源于12、13世纪注释法学派著作《优帝法学阶梯注解》。其中有“情事不变条款”，即假定每一个合同均包含一个具有如下含义的条款：缔约时作为合同基础的客观情况应继续存在，一旦这种情况不复存在，准予变更或解除合同。至16、17世纪，自然法思想居于支配地位，“情事不变条款”得到广泛的适用。到18世纪后期，“情事不变条款”的适用过滥，损害了法律秩序的安定，于是受到严厉的批评并逐渐被法学家和立法者摒弃。19世纪初，历史法学派兴起，极力贬低自然法思想的价值，“情事不变条款”的命运自然不佳。继起的分析法学派，强调实证法，主张形式的正义，重视合同严守原则和法律秩序的安定，因而“情事不变条款”愈丧失其重要性。就立法而言，罗马法、《法国民法典》、《瑞士民法典》、《德国民法典》均未规定“情事不变条款”。不过，1756年《巴伐利亚民法典》、1794年普鲁士普通法、1811年《奥地利民法典》都规定有“情事不变条款”[①]。

情事变更问题后来受到重视始自第一次世界大战引发的物价飞涨，合同履行显失公平。第二次世界大战再次产生这一问题。除适用情事变更原则解决这些问题外，别无其他良策。德国等通过判例学说重新确立情事变更原则。英美法系自1863年泰勒诉考德威尔判例起确立“不能履行”（impossibility）原则[②]、1903年克雷尔诉亨利判例确立“合同落空”（frustration）原则[③]，至今已形成涵盖以上两类原则的合同落空制度，解决因客观原因造成的合同不能履行和履行显失公平的问题。

中国同样存在情事变更问题，在社会主义市场经济体制下，需要依情事变更原则处理它们。中国参加的1980年《联合国国际货物销售合同公约》规定有情事变更原则（第79条第1项），在系争案件适用《联合国国际货物销售合同公约》时，解决该项国内合同纠纷当然可以适用情事变更原则。因武汉市煤气公司诉重庆检测仪表装配线技术转让合同、煤气表散件购销合同违约纠纷

---

① 彭凤至：《情事变更原则之研究》，1～3页，台北，五南图书出版有限公司，1986。

② See Taylor v. Caldwell. (1863) 3B & S826.

③ See Krell v. Herry (1903) 2KB 740.

案[①]，最高人民法院在对湖北省高级人民法院就此案向最高人民法院的请示的答复中，已经承认了情事变更原则。[②]统一合同法草案征求意见稿曾设有情事变更原则的条款，只是《合同法》对此没有保留。不过，《合同法》也未明文禁止该项原则，上述司法解释亦未被废止。再者，法释［2005］6号第16条关于“因承包方不收取流转价款或者向对方支付费用的约定产生纠纷，当事人协商变更无法达成一致，且继续履行又显失公平的，人民法院可以根据发生变更的客观情况，按照公平原则处理”的规定，借鉴了情事变更原则。之所以如此，是因为在中央出台一系列惠农政策措施之前，土地承包经营权的流转有很多为零流转费或者负流转费（俗称“倒贴皮”、“倒贴水”）。随着农业税减免力度的加大、进程的加快以及农业补贴政策的贯彻落实，继续履行原来的约定，在当事人之间无疑会造成显失公平的结果。而这是由国家农业基本政策的重大调整所致。对于流转合同而言，这属于订立合同当时的基础或环境因不可归责于当事人的事由发生的非当初所能预料的变更。此类纠纷在今后一段时期内极有可能大幅度增加。如果不确立一定的协调原则，那么农民的基本权利就有可能得不到保护。情事变更原则的制度功能，可以为此问题的解决提供有益的参考价值[③]，且具有积极的意义。还有，《最高人民法院关于审理建设工程合同纠纷案件的暂行意见》第27条规定：“建设工程合同约定对工程总价或材料价格实行包干的，如合同有效，工程款应按该约定结算。因情势变更导致建材价格大幅上涨而明显不利于承包人的，承包人可请求增加工程款。但建材涨价属正常的市场风险范畴，涨价部分应由承包人承担。”尤其值得一提的是，法释［2009］5号第26条关于“合同成立以后客观情况发生了当事人在订立合同时无法预见的、非不可抗力造成的不属于商业

① 该案的大致情形是，合同签订之时，生产煤气表的主要原材料铝锭的国家定价为每吨4 400元至4 600元，铝外壳的售价每套23.085元。到了合同履行时，每吨铝锭的价格上调到16 000元，铝外壳的售价也相应地上调到41元。对此，当事人在签订合同时未预料到。

② 参见最高人民法院法函（1992）27号。

③ 参见《最高人民法院副院长黄松有就最高人民法院〈关于审理涉及农村土地承包纠纷案件适用法律问题的解释〉答记者问》（2005年7月29日），载奚晓明主编：《解读最高人民法院司法解释·民商事卷》（新编本），222页，北京，人民法院出版社，2006。

风险的重大变化，继续履行合同对于一方当事人明显不公平或者不能实现合同目的，当事人请求人民法院变更或者解除合同的，人民法院应当根据公平原则，并结合案件的实际情况确定是否变更或者解除”的规定，具有普遍性，适用于一切民商事合同，从整体上填补了《合同法》的漏洞，应予肯定。

2. 情事变更原则存在的理论依据

情事变更原则之所以有生命力，是因为它有存在的合理性。法律一经生效，就应具有相对稳定性，否则，人们就无所遵循，导致社会秩序的紊乱；法律是社会物质生活条件的反映并为之服务，当社会物质生活条件发生变化之后，法律也应随之修正，这就是法律的适应性。据此，合同依法成立之时，有当事人信赖的客观环境，当事人在合同中约定的权利义务应与这种客观环境相适应。权利义务的对等，是就该环境而言的。在合同成立之后，该客观环境发生改变或不复存在，原来约定的权利义务与新形成的客观环境即不适应，要求当事人继续履行合同就不再公平合理。只有将合同加以改变乃至解除，才符合适应性原理，才符合诚实信用原则的要求，才能实现实质的公平。

3. 情事变更原则的适用条件

（1）须有情事变更的事实

所谓情事，泛指作为合同成立基础或环境的客观情况。例如，合同订立时的供求关系。这里的变更，是指上述客观情况发生了异常变动。例如，战争引起严重的通货膨胀。具体判断是否构成情事变更，应以是否导致合同基础丧失、是否致使目的落空、是否造成对价关系障碍为判断标准。①

务须注意，客观情况发生了异常变动这个要素十分重要。如果客观情况虽然发生了变化，但该变化是渐进的、缓慢的，而非异常的，那么，也不得适用情事变更原则。例如，某《房屋租赁合同》签订于 2005 年，用大量篇幅约定了租赁事项之后，用三四条约定了该租赁房屋的买卖，主要内容为该《房屋租赁合同》中的出租人为租转售时的出卖人，该《房屋租赁合同》中承租人为租转售时的买

① 见梁慧星：《中国民法经济法诸问题》，226 页，北京，法律出版社，1991。

受人，该《房屋租赁合同》项下的租赁房屋为租转售时的买卖物，房款总价5 100万元人民币。待租赁期满前1年内完成该买卖约定。至2015年，租赁期即将届满，涉案房屋的价格增长了10倍。承租人请求出租人完成涉案房屋的买卖，但出租人予以拒绝，理由是涉案房屋的价格已经增长了10倍，属于情事变更，租转售不宜实际履行，而应当解除系争《房屋租赁合同》中的买卖约定。笔者不赞同出租人的该项主张及其理由，因为涉案房屋的房价增长10倍，是在10年内渐进的，而非骤然飙升的，即不属于成立情事变更原则所要求的客观情况发生了异常变动。再者，出租人系房地产开发商，在商品房销售方面为专家，理应预见到商品房价格的走势。在这方面也不符合情事变更原则成立所要求的当事人所不可预见的这个要件。总之，系争案件中出租人（出卖人）的损失属于商业风险，而不符合情事变更原则的适用条件。

不过，考虑到房价毕竟增长了10倍，令出租人（出卖人）单方承受如此巨大负担，实质上不尽公平，可以适用公平原则，适当提高涉案房屋的售价。

正因为情事泛指作为合同成立基础或环境的客观情况，包括不可抗力，所以，法释［2009］5号第26条将情事变更原则成立的情事限制在“客观情况发生了当事人在订立合同时无法预见的、非不可抗力造成的不属于商业风险的重大变化”，显然缩小了情事变更原则的适用范围。该缩小有无道理？笔者持否定见解。最高人民法院的本意可能在于有意识地区分不可抗力制度和情事变更原则，但因尚未真正而恰当地界分二者，反倒弄巧成拙，不适当地缩小了情事变更原则适用的范围。原来，不可抗力发生，若造成了合同不能履行，则在合同效力方面适用《合同法》第94条第1项的规定，当事人一方可行使解除权将合同解除；在违约责任方面，当事人可援用《合同法》第117条第1款的规定，主张免除责任。与此有别，不可抗力发生，没有导致合同不能履行，但继续履行合同显失公平的，基于情事变更原则变更合同乃至解除合同。其例证不在少数，如境外的智利矿石案（Chilesalpeter all）[①]、加油站出租案（Vermietung einer Benzintankan-

① RGZ 90，102（1041），（1917）．转引自彭凤至：《情事变更原则之研究》，102页，台北，五南图书出版有限公司，1986。

lage)[①]、鞋厂广告案（Befreiung eines Schuhfabrikanten von Anzeigenvertrag)[②]、甜菜价款案（Der Rübengeldfall)[③] 等。在中国国内，如甲乙双方于 2002 年 11 月 1 日签订了房屋租赁合同，约定乙承租甲位于北京市朝阳区的门面房屋用于经营餐饮业，但 2003 年 4 月“非典”肆虐京城，顾客锐减，导致乙入不敷出，根本无力依约交纳租金。于此场合，乙援用情事变更原则，主张减少租金，应当得到支持。在这里，相对于甲乙及其系争租赁合同而言，“非典”及其导致的顾客锐减，符合不能预见、不能避免并不能克服的构成，应属不可抗力，但它并未造成系争的房屋租赁合同不能履行，即乙支付租金的义务不存在不能履行的问题，不过，乙继续依约交纳租金确实显失公平，应当获得相应的救济。但乙无法援用《合同法》第 94 条第 1 项的规定解除系争房屋租赁合同，因为难谓乙因不可抗力不能实现合同目的；也难以援用《合同法》第 117 条第 1 款的规定免责，因为系争房屋租赁合同尚能履行。唯一的救济之道是，乙援用情事变更原则，主张减少租金乃至解除系争房屋租赁合同。

对此，有专家学者辩解道，《合同法》第 94 条第 1 项关于在不可抗力致使不能实现合同目的场合产生解除权的规定，已经包含了不可抗力影响合同效力的情形，法释［2009］5 号第 26 条的规定并无不当。对此，笔者认为，不能实现合同目的无法涵盖所有的不可抗力影响到合同履行的情形，如汶川地震使得开发商无法按照商品房预售合同约定的期限交付房屋，需要延期 3 个月，对于作为投资者的买受人来说，不可说其合同目的落空，无法适用《合同法》第 94 条第 1 项的规定；倘若适用情事变更原则，延后交房的日期，则可适当地解决该种纠纷。

这告诉我们，《合同法》第 94 条第 1 项关于在不可抗力致使不能实现合同目的场合产生解除权的规定，延伸到了大陆法系的情事变更原则适用的某些领域

---

① RGZ 94，267（1919）. 转引自彭凤至：《情事变更原则之研究》，117 页，台北，五南图书出版有限公司，1986。

② OLG Frankfurt，JW 1919，940. 转引自彭凤至：《情事变更原则之研究》，119 页，台北，五南图书出版有限公司，1986。

③ BGH LM § 284 Nr. 2. 转引自彭凤至：《情事变更原则之研究》，139 页，台北，五南图书出版有限公司，1986。

(或者说案型)，但不能处理另外的若干情事变更原则所能解决的案型。换句话说，法释［2009］5号第26条的规定将不可抗力排除在情事变更原则中的情事之外，确实欠妥。

在笔者看来，关于情事变更原则与不可抗力之间的关系，正确的理解应为：不可抗力的发生未影响到合同履行时，不适用情事变更原则；不可抗力致使合同不能履行时，在德国法上由风险负担规则解决，在中国合同法上发生合同解除，也不排斥风险负担，亦不适用情事变更原则；不可抗力导致合同履行十分困难，但尚未达到履行不能的程度，按合同约定履行显失公平的，方适用情事变更原则。

［辨析］

基本案情

2009年10月18日出卖人与买受人采用北京市存量房屋买卖合同（经纪成交版）版本签订《买卖合同》。同日，双方当事人与某房地产经纪有限公司共同签订了《补充协议》。《买卖合同》及《补充协议》约定，出卖人将涉案房屋出售给买受人，成交价格为2 100 000元。双方当事人对两份合同的真实性均无异议，并确认双方约定的房屋成交价格不存在特殊情形。该《买卖合同》及《补充协议》系在各方当事人平等、自愿的前提下签订，体现了当事人的真实意思表示，不违反法律、行政法规的强制性规定，不损害社会公共利益，不违背社会公德，应当有效。

合同的履行情况是，在《买卖合同》及《补充协议》签订当日，买受人即依约向出卖人支付定金100 000元，并于10月24日依约向出卖人支付首付款400 000元。在买受人支付首付款当日，出卖人按照约定将涉案房屋钥匙交与买受人，并在居间人的见证下办理了物业交割手续。2011年3月2日，出卖人办理完毕涉案房屋的产权登记手续，取得涉案房屋产权证。3月14日，出卖人委托代理律师向买受人发出《律师函》，告知买受人其已于3月2日取得涉案房屋产权证的事实，提示买受人应当按照合同的约定于2011年5月2日前以全款或者商业贷款的形式支付剩余房款，并提示买受人按照《北京市人民政府办公厅关于贯彻落实国务院办公厅文件精神进一步加强本市房地产市场调控工作的通知》的相关规定，提供北京市有效暂住证和连续5年（含）以上在本市缴纳社会保险或个人所得税缴纳证明。买受人收到出卖人发出的前述《律师函》后，于2011年4月20日向出卖人一次性支付全部剩余房款1 600 000元。双方当事人对于以上事实并无异议。

诉讼请求

出卖人提起诉讼，请求解除《买卖合同》。其理由是：(1) 根据《北京市住建委关于落实本市住房限购政策有关问题的通知》的有关规定，2011年2月17日凌晨之前没有做网签的房产都应在限购令调整范围之内，而涉案房屋至今未做网签，当然应受新政调整。(2) 根据法释［2009］5号第26条的相关规定，合同订立之后、尚未履行完毕之前，发生了不可预见、不可避免并不可归责于双方当事人的客观情况变化，导致合同不能履行的，双方当事人均有权依据情事变更原则申请法院或仲裁机构解除合同。(3) 根据北京市高级人民法院印发的《北京市高级人民法院关于审理房屋买卖合同纠纷案件适用法律若干问题的指导意见(试行)》第21条的规定，出卖人有权根据情事变更原则解除与买受人签订的房屋买卖合同。(4) 对于国家新政导致房屋不能过户的情况，当事人双方及居间方于《补充协议》第7条已明确约定"如因国家政策调整或不可抗因素导致该房屋无法买卖过户的，三方免责"。(5) 出卖人在取得房产证后，已通过代理律师向买受人发函，要求其及时提供连续5年（含）以上在北京市缴纳社会保险或个人所得税的证明以及支付剩余购房款。买受人在明知自己没有购房资格的情况下向出卖人支付全部余款，具有恶意，不得视为依约履行义务，应当承担相应的法律责任。(6) 考虑到社会效应和公平原则，本案不宜裁决继续履行。综上，本案应当适用情事变更原则解除双方签订的房屋买卖合同。

买受人提起反诉，请求出卖人继续履行房屋《买卖合同》。

处理思路及意见

原告（出卖人）主张系争案件适用情事变更原则，路径选择不当，难获支持，因为系争案件事实不符合情事变更原则适用的条件。其道理在于：(1) 涉案房屋的价格未因《国务院办公厅关于促进房地产市场平稳健康发展的通知》（国办发［2010］4号）、《国务院关于坚决遏制部分城市房价过快上涨的通知》（国发［2010］10号）、《国务院办公厅关于进一步做好房地产市场调控工作有关问题的通知》（国办发［2011］1号）、《北京市人民政府办公厅关于贯彻落实国务院办公厅文件精神进一步加强本市房地产市场调控工作的通知》（京政办发［2011］8号）、《北京市建委关于落实本市住房限购政策有关问题的通知》（京建发［2011］65号）各法律文件的出台、生效而发生巨大的波动，不符合情事变更原则所要求的“情事变更”必须是作为合同成立基础或环境的客观情况发生了异常变动这一要件。(2) 自系争合同成立至出卖人诉请解除该合同时止，房地产市场的房屋价格在上涨，系争合同继续履行较解除，出卖人所获利益低些，但尚未达到显失公平的程度。就是说，系争案件不符合情事变更原则所要求的继续履行合同致使显失公平这一要件。

有专家学者支持原告援用情事变更原则，理由是德国于第二次世界大战后运用情事变更原则处理有关案件，正是由于当时物价飞涨，马克贬值。笔者认为，这种意见仅仅看到了事物的表面现象，未注意到本质。系争案件所处的情事，仅仅是房价有限的增长，130多平方米的商品房，其现价较系争合同约定的价格大约增长20万元人民币，不好说构成了异常变化。此其一。更为关键的是，系争案件构成了法律上的不能履行，而情事变更原则不适用于不能履行的领域，只适用于合同尚能履行但履行显失公平的场合。此其二。

既然系争案件不符合情事变更原则适用的两项条件，那么自然不应支持原告援用情事变更原则的主张。但是，诉讼法及其运作过程所应遵循的原则是，对于法律问题，法官应依其本身的法律认知来决定，而不须取决于当事人的主张（法院能认识法的内容）。[①] 所以，原告诉请在实质上具有事实依据和法律依据，只是所引请求权基础不当或错误，裁判机关不得因此而裁判其败诉，而应以其本身的法律认知，依职权援用请求权基础。如果这是正确的，便有如下思路及结论。

① 见［德］卡尔·拉伦茨：《法学方法论》，陈爱娥译，210页，台北，五南图书出版有限公司，1996。

笔者认为，原告关于确认解除系争《买卖合同》的诉讼请求，应当得到支持，但其法律依据不是情事变更原则，而是《合同法》第110条第1项、第94条第1项的规定。对此，稍微详细地分析如下：2011年1月26日，国务院办公厅发出《国务院办公厅关于进一步做好房地产市场调控工作有关问题的通知》（国办发［2011］1号），于第6条第1款规定："各直辖市、计划单列市、省会城市和房价过高、上涨过快的城市，在一定时期内，要从严制定和执行住房限购措施。原则上对已拥有1套住房的当地户籍居民家庭、能够提供当地一定年限纳税证明或社会保险缴纳证明的非当地户籍居民家庭，限购1套住房（含新建商品住房和二手住房）；对已拥有2套及以上住房的当地户籍居民家庭、拥有1套及以上住房的非当地户籍居民家庭、无法提供一定年限当地纳税证明或社会保险缴纳证明的非当地户籍居民家庭，要暂停在本行政区域内向其售房。"为贯彻落实《国务院办公厅关于进一步做好房地产市场调控工作有关问题的通知》（国办发［2011］1号）的精神，北京市人民政府办公厅于2011年2月15日发出《北京市人民政府办公厅关于贯彻落实国务院办公厅文件精神进一步加强本市房地产市场调控工作的通知》（京政办发［2011］8号），于第10条规定："自本通知发布次日起，对已拥有1套住房的本市户籍居民家庭（含驻京部队现役军人和现役武警家庭、持有有效《北京市工作居住证》的家庭，下同）、持有本市有效暂住证在本市没拥有住房且连续5年（含）以上在本市缴纳社会保险或个人所得税的非本市户籍居民家庭，限购1套住房（含新建商品住房和二手住房）；对已拥有2套及以上住房的本市户籍居民家庭、拥有1套及以上住房的非本市户籍居民家庭、无法提供本市有效暂住证和连续5年（含）以上在本市缴纳社会保险或个人所得税缴纳证明的非本市户籍居民家庭，暂停在本市向其售房。"次日，为贯彻落实上述通知的精神，《北京市住建委关于落实本市住房限购政策有关问题的通知》（京建发［2011］65号）第1条规定：自2011年2月17日起，对已拥有1套住房的本市户籍居民家庭（含驻京部队现役军人和现役武警家庭、持有有效《北京市工作居住证》的家庭，下同）、持有本市有效暂住证在本市没有住房且连续5年（含）以上在本市缴纳社会保险或个人所得税的非本市户籍居民家庭，限购1

套住房（含新建商品住房和二手住房）；对已拥有2套及以上住房的本市户籍居民家庭、拥有1套及以上住房的非本市户籍居民家庭、无法提供本市有效暂住证和连续5年（含）以上在本市缴纳社会保险或个人所得税缴纳证明的非本市户籍居民家庭，暂停在本市向其售房。第4条后段规定：对不符合条件的，不予办理购房手续。

系争案件的被告（买受人），属于无法提供北京市有效暂住证和连续5年（含）以上在北京市缴纳社会保险或个人所得税证明的非本市户籍居民家庭，按照《国务院办公厅关于进一步做好房地产市场调控工作有关问题的通知》（国办发［2011］1号）第6条第1款、《北京市人民政府办公厅关于贯彻落实国务院办公厅文件精神进一步加强本市房地产市场调控工作的通知》（京政办发［2011］8号）第10条及《北京市住建委关于落实本市住房限购政策有关问题的通知》（京建发［2011］65号）第1条、第4条后段等规定，属于限购的对象；涉案房屋至2011年2月17日尚未办理过户登记手续，按照前述规定，它属于不予办理购房手续的房屋。

在这种背景下，系争合同若继续履行，势必违法。如此，系争合同构成《合同法》第110条第1项规定的法律上的不能履行。依据《合同法》第94条第1项关于合同因不可抗力致使不能实现合同目的可以解除的规定，系争合同应予解除。主审法院若判决系争合同继续履行，则判决本身也构成违法。

对此，有反对意见。意见之一是，《北京市住建委关于落实本市住房限购政策有关问题的通知》（京建发［2011］65号）位阶过低，显然不属于法律、行政法规，不得据此认定系争合同成为法律上的不能。此言差矣！依据《合同法》的立法计划、立法目的，认定合同无效的法律位阶，限于法律和行政法规，且须为强制性规定，原则上为效力性的强制性规定（当然，学说有不同意见①）。不过，作为禁止人们为一定行为或不为一定行为的强制性规定，其所要解决的绝非合同无效问题，而是涉及方方面面，包括合同成立以后出台了禁止性规定，导致合同

① 见耿林：《强制规范与合同效力》，6页以下，北京，中国民主法制出版社，2009。

成为法律上的不能，依据《合同法》第 110 条第 1 项、第 94 条第 1 项的规定，允许当事人主张解除合同。换一种表述就是，作为认定合同无效的依据，一定要慎之又慎，因而法律位阶要求要高；作为禁止人们为一定行为或不为一定行为的依据，面对幅员广阔、人口众多、事情复杂的客观实际，一律要求全国人民代表大会及其常务委员会、国务院作出规定，不太现实，也无效率，于是，法规、规章等位阶的法律规定应当登场。此其一。就系争案件而言，所涉及的法律规定不限于《北京市住建委关于落实本市住房限购政策有关问题的通知》（京建发[2011] 65 号）第 1 条、第 4 条后段等规定，该通知、尤其是其第 1 条、第 4 条后段等规定是贯彻落实《国务院办公厅关于进一步做好房地产市场调控工作有关问题的通知》（国办发［2011］1 号）第 6 条第 1 款、《北京市人民政府办公厅关于贯彻落实国务院办公厅文件精神进一步加强本市房地产市场调控工作的通知》（京政办发［2011］8 号）第 10 条的规定的。因而，系争案件所适用的法律规定，位阶可上溯至国务院的法律文件。此其二。

还有一种反对意见，即低位阶的法律规定，禁止人们为一定行为或不为一定行为，只能算作事实上的不能，而非法律上的不能。这更是不值一驳。其一，这不符合事实上的不能、法律上的不能各自的质的规定性；这没有弄清二者的区别及其标准。其二，这是对形式正义的否定，对法律性规范的蔑视，违反法治精神。

（2）情事变更须发生在合同成立以后，履行完毕之前。之所以要求情事变更须发生在合同成立以后，是因为若情事变更在合同订立时即已发生，则应认为当事人已经认识到发生的事实，合同的成立是以已经变更的事实为基础的，不允许事后调整，只能令明知之当事人自担风险。① 即使有证据表明当事人于订立合同时确实不知情事已经变更，也仍然不构成情事变更，而应依据意思表示错误的规则处理。之所以适用情事变更原则要求情事变更发生在履行完毕前，是因为合同因履行完毕而消灭，其后发生情事变更与合同无关。

---

① 见王利明、崔建远：《合同法新论·总则》，325～335 页，北京，中国政法大学出版社，1996。

(3) 须情事变更的发生不可归责于当事人，即由不可抗力及其他意外事故引起。若可归责于当事人，则应由其承担风险或违约责任，而不适用情事变更原则。

(4) 须情事变更是当事人所不可预见的。如果当事人在缔约时能够预见情事变更，则表明他承担了该风险，不再适用情事变更原则。对此，法发［2009］40号第2条规定："人民法院在适用情势变更原则时，应当充分注意到全球性金融危机和国内宏观经济形势变化并非完全是一个令所有市场主体猝不及防的突变过程，而是一个逐步演变的过程。在演变过程中，市场主体应当对于市场风险存在一定程度的预见和判断。人民法院应当依法把握情势变更原则的适用条件，严格审查当事人提出的'无法预见'的主张，对于涉及石油、焦炭、有色金属等市场属性活泼、长期以来价格波动较大的大宗商品标的物以及股票、期货等风险投资型金融产品标的物的合同，更要慎重适用情势变更原则。"

(5) 须情事变更使履行原合同显失公平。该显失公平应依理性人的看法加以判断，包括履行特别困难、债权人受领严重不足、履行对债权人无利益。

4. 情事变更与商业风险的区别

情事变更不同于商业风险：其一，商业风险属于从事商业活动所固有的风险，作为合同成立基础的客观情况的变化没有达到异常的程度，一般的市场供求变化、价格涨落等属于此类；而情事变更则是作为合同成立基础的环境发生了异常的变动。其二，对商业风险，法律推定当事人有所预见，能预见；对情事变更，当事人未预见到，也不能预见。其三，商业风险带给当事人的损失，从法律的观点看可归责于当事人；而情事变更则不可归责于当事人。对此，法发［2009］40号第3条规定："人民法院要合理区分情势变更与商业风险。商业风险属于从事商业活动的固有风险，诸如尚未达到异常变动程度的供求关系变化、价格涨跌等。情势变更是当事人在缔约时无法预见的非市场系统固有的风险。人民法院在判断某种重大客观变化是否属于情势变更时，应当注意衡量风险类型是否属于社会一般观念上的事先无法预见、风险程度是否远远超出正常人的合理预期、风险是否可以防范和控制、交易性质是否属于通常的'高风险高收益'范围等因素，并结合市场的具体情况，在个案中识别情势变更和商业风险。”

5. 情事变更原则在适用上的限制

有必要提请注意，对情事变更原则的适用，应当严格把握。对此，《最高人民法院关于正确适用〈中华人民共和国合同法〉若干问题的解释（二）服务党和国家的工作大局的通知》（法［2009］165号）第2条规定，对于法释［2009］5号第26条关于情事变更原则的规定，“各级人民法院务必正确理解、慎重适用。如果根据案件的特殊情况，确需在个案中适用的，应当由高级人民法院审核。必要时应报请最高人民法院审核”。

6. 情事变更原则的效果

情事变更原则在实体法上的效果，体现在三个方面：（1）“再交涉义务”。学说认为，在适用情事变更原则时，受有不利益的当事人可以要求相对人就合同内容重新协商，协商成功固然可喜，达不成一致意见也属正常，只要是依据诚实信用原则进行了交涉，就足够了。当事人一方悖于诚实信用与公平交易的原则，拒绝协商或终止协商，致对方以损害的，法院可以判令损害赔偿。① 虽然法释［2009］5号第26条没有赋予情事变更原则这项效果，但法发［2009］40号第4条则强调：“适用情势变更原则并非简单地豁免债务人的义务而使债权人承受不利后果，而是要充分注意利益均衡，公平合理地调整双方利益关系。在诉讼过程中，人民法院要积极引导当事人重新协商，改订合同；重新协商不成的，争取调解解决。”（2）变更合同，使合同的履行公平合理。变更合同可表现为增减标的数额、延期或者分期履行、拒绝先为履行、变更标的物。②（3）解除合同。变更合同仍不能消除显失公平的结果的，允许解除合同。

情事变更原则在程序法上的效果，表现在两个方面：（1）职权主义抑或当事人主义？传统上采取法院依职权公平裁量，变更或解除合同。学说有主张由当事人申请法院增减给付或变更其他原有的效果，采取当事人主义。（2）形成判决抑或确认判决？因适用情事变更原则，需要法官在裁判权范围内进行价值判断，才

① 见韩世远：《情事变更原则研究》，载《中外法学》，2000（4），453～454页。

② 见王利明、崔建远：《合同法新论·总则》，325～335页，北京，中国政法大学出版社，1996。

能完成工作，所以，称确认判决不适当，而是形成判决，即以裁判变更原来的合同关系，系一项形成性干预。①

7. 余论

在如今，适用情事变更原则解除合同，当事人双方不负违约责任，这是因为情事变更不可归责于双方当事人。但是，在情事发生重大变化之前，一方当事人已经存在违约行为，违约责任业已成立；其后才发生情事变更，进而合同因此而被解除，那么，原已存在的违约责任不应因合同基于情事变更原则而解除消失无踪，而是继续存在。

在这方面存在例证。某《ZC 无机发泡保温板联营协议》第 8 章第 2 条第 1 款第 1 项约定："首次付款：数额为协议履行保证金总额的 80%，计人民币 104 万元。须在本协议签署之日起 6 个工作日内，由甲方将款项划拨到本协议乙方账户内，逾期则本协议自动终止。二次付款：当乙方在规定时间内对生产线安装、调试完毕，且试生产产品合格（达到设计标准）后，甲方支付协议履行保证金的剩余款项，计人民币 26 万元，款项划拨到本协议乙方账户内。"

实际履行情况是，甲方并未依约将 104 万元人民币的保证金划拨到本协议乙方账户内，构成违约，依法成立违约责任。至于系争《ZC 无机发泡保温板联营协议》，尽管其第 8 章第 2 条第 1 款第 1 项约定有 104 万元人民币的保证金"须在本协议签署之日起 6 个工作日内，由甲方将款项划拨到本协议乙方账户内，逾期则本协议自动终止"，但因甲乙双方仍然继续履行系争《ZC 无机发泡保温板联营协议》，乙方在约定时间内对生产线安装、调试完毕，且试生产的产品合格（达到设计标准），这表明系争《ZC 无机发泡保温板联营协议》并未自动终止，而且直至诉讼，甲乙双方也未主张系争协议业已终止。

虽然其后政府出台政策，禁止此类生产线继续运营，系争《ZC 无机发泡保温板联营协议》适用情事变更原则，被依法解除，但甲方原应承担的违约责任仍需负责。

---

① 见彭凤至：《情事变更原则之研究》，60 页，台北，五南图书出版有限公司，1986；韩世远：《情事变更原则研究》，载《中外法学》，2000（4），455 页。

附：情事变更原则的案例分析

基本案情

23岁的新郎赖某从2002年年底就开始挑选婚庆公司为自已张罗于2003年5月18日举行的婚庆仪式。经过多方挑选，赖某选中了天津市南开区红地毯婚庆服务社。2002年12月19日，双方签订了“婚庆服务合同”，约定赖某举行婚礼的当天，由红地毯婚庆服务社为其提供北京的车队以及北京的主持人，等等。合同签订当日，赖某交付了1 000元定金。不料，2003年4月，京津两地先后出现了“非典”疫情。4月下旬，天津市人民政府发出公告，要求市民避免大型集会以及人群集会，以免传染传播“非典”。赖某考虑到红地毯婚庆服务社提供的车队以及主持人等服务人员都来自北京，有可能存在传染“非典”的不安全因素，于是，在4月28日给红地毯婚庆服务社打电话，提出了解除合同的要求，表示不再举行婚礼仪式。5月5日，赖某前往红地毯婚庆服务社，但解除合同的要求遭到拒绝，双方因此产生纠纷。经区消费者协会调解不成后，赖某向天津市和平区法院提起诉讼，请求解除《婚庆服务合同》，要求被告返还定金。原告的代理律师认为，赖某夫妇作出这样的选择，既符合政府的要求又有社会公德心、责任感，按照《民法通则》第107条规定，因不可抗力不能履行合同或者造成他人损害的，不承担民事责任。①

被告辩称：被告红地毯婚庆服务社已经做了一些准备工作，原告也将红地毯婚庆服务社所赠与的礼花6个、喜帖、红包、签名册取走。4月19日，红地毯婚庆服务社安排原告与来自北京的主持人见了面，并商定了婚礼议程。红地毯婚庆服务社也向此次婚礼主持人、化妆师、摄像师及车队交了相关费用。4月28日，原告来电话告知，婚期可能推迟，但未提出解除合同。就此，被告答复，如有变更须另签合同，但原告事隔一周于5月5日才到被告处，当时被告已经为准备原告的婚礼仪式支付了超过1 000元的费用。“非典”属于不可预见的突发事件，采取科学的预防措施是可以克服的，不属于不可抗力。不可抗力的后果是合同无

① 见张晓民、张战华：《这桩婚庆合同可否解除》，载《人民法院报》，2003-09-13，第4版。

法履行，而该服务合同却可以通过双方协商以延期举行婚礼或者缩小婚礼规模等方式予以变更，并非不可履行，且实际上合同也已经在履行过程中。而且政府对在“非典”期间举行婚礼等并未明令禁止，在这种情况下，让被告无条件地解除合同、退还定金是不公平的，故不同意原告的诉请。①

此案经过两次开庭，天津市和平区法院于日前作出一审判决：合同解除，判决生效后5日内，被告返还原告500元人民币。

判决的思路、观点

该案审判长刘文澄法官在谈到此案判决结果时认为，“非典”给该合同的正常履行带来了困难，这种造成合同不能正常履行的事由不可归责于原被告任何一方，由此形成的损失也不应由任何一方单独承担。同时，该合同虽未完全履行，但已经处在履行过程中，原告已经部分接受了被告的服务并依合同取得了应获赠的物品。被告已经部分地履行了自己的义务，付出了自己的劳动。鉴于原告已经在自己的家中举办了简单的婚礼，所以原被告间的服务合同已无继续履行的必要，该合同应予解除。对此产生的损失应当依据公平原则由原被告分担。至于被告提出其超过1 000元的损失，因证据不足，法院不予确认。赠品，因双方未提处分意见，不再归还。②

评释

笔者赞同主审法院的判决和审判长刘文澄先生的意见。首先，就“非典”与涉案的婚庆服务合同的关系而言，将“非典”纳入情事变更原则之中，而非定为不可抗力，符合事实和法理。尽管对于涉案当事人双方来说，“非典”确实具有不可预见、不可避免甚至不可抗拒的性质，似乎符合不可抗力的构成要素，但适用不可抗力规则而免除原告的责任，需要“非典”造成了涉案婚庆服务合同不能履行（《合同法》第94条第1项、第117条）。而据涉案的案情观察，难说涉案的婚庆服务合同因“非典”已经不能履行，只是硬要履行，一是极为困难，二是违反政府的行政命令。这表明，援用不可抗力规则处理涉案合同，不符合法律关

① 见张晓民、张战华：《这桩婚庆合同可否解除》，载《人民法院报》，2003-09-13，第4版。

② 见张晓民、张战华：《这桩婚庆合同可否解除》，载《人民法院报》，2003-09-13，第4版。

于不可抗力的规定，不符合法理。另辟蹊径则一片花明，“非典”已经导致了涉案合同履行困难，继续履行合同会酿成不当的甚至违法的后果，解除合同不但有利于衡平当事人双方之间的利益关系，而且是社会公共利益的需要。就是说，涉案事实符合情事变更原则所要求的条件。其次，主审法院对解除涉案合同的善后处理，也值得赞同。适用情事变更原则解除合同，只是任何一方当事人都不承担违约责任，客观原因造成的合同不能履行的风险还是要予以分配的。鉴于涉案合同已经部分履行了，需要对因此而形成的费用确定分担规则。主审法院判决由双方当事人分担，符合公平原则的要求，与“再交涉义务”制度的目的殊途同归。

第三节　合同履行的规则

一、履行主体

合同履行的主体，首先为债务人，包括单独债务人和共同债务人。其次，债务人的代理人也可代债务人为履行。还有，在某些情况下，第三人亦可为履行主体。

1. 债务人或其代理人

债务人履行时是否必须具有行为能力，由履行行为的性质决定。履行行为系事实行为（如在买卖A车的合同场合，出卖人交付A车，在中国等国家和地区不奉行物权行为理论的立法例上，属于事实行为）的，不要求债务人具有行为能力；是法律行为（如在委托合同的场合，若委托事务为受托人代为购买A房，则受托人履行该委托合同项下的债务即为代委托人与出卖人签订买卖A房的合同）的，需要债务人有行为能力，债务人为限制行为能力者，实施法律行为需要其法定代理人的同意。

此外，债务的履行需要债务人通过移转财产权利的方式来实施的，需要债务人对该项财产拥有处分权。

除法律规定、当事人约定、性质上必须由债务人本人履行的债务以外，履行可由债务人的代理人进行。代理人代为适当履行合同项下债务的行为，相当于债务人亲自履行的行为，发生债务消灭的效果。在该代理人在履行过程中存在过错时，债务人应就此向债权人承担民事责任，除非债权人与该代理人约定仅由该代理人自己负责。

该履行行为属于事实行为的，债务人无需具有行为能力，已如上述，就是该代理人不具有完全行为能力，仅具有限制行为能力的，亦无不可。该履行行为属于法律行为的，债务人本人虽然必须具有行为能力，但代理人不必是完全行为能力人，该代理人在履行阶段所为或所受意思表示的效力，不因该代理人属于限制行为能力人而发生变化。

2. 第三人

合同约定由第三人履行债务的，法律保护这种约定（参见《合同法》第65条等条文的规定）。这既是意思自治原则的体现，又是因为合同债务的适当履行有利于债权人实现其债权。就债权而言，其若可获得满足，履行行为究竟是由债务人所为抑或由第三人所为，已不重要。不过，需要注意，在下述情况下，债务不得由第三人履行：（1）当事人之间事先约定，债务不得由第三人履行。但该第三人就债务履行与当事人有利害关系的，仍可由第三人履行。还有，关于债务不得由第三人履行的约定，若系以侵害他人为主要目的者，则属于权利滥用，该约定应归无效。（2）第三人与债务履行无利害关系，经债务人异议后，债权人拒绝该第三人履行。在这种情况下，该第三人不得履行债务，即使硬性履行，也不发生清偿（消灭债务）的效果。（3）依债务性质不得由第三人履行。如果债务以一身专属的给付为其标的，如聘请歌星演唱或邀请学者演讲，那么其履行行为属于第三人所不能代替，不得由第三人履行。不过，有学说认为，债务即使具有专属性，如经债权人同意，依诚实信用原则仍可由第三人代为履行。[①] 这虽有道理，原则上值得赞同，但是，歌星演唱若为有偿演出

① 参见林诚二：《民法债编总论——体系化解说》，526～527页，北京，中国人民大学出版社，2003。

合同的内容，不同歌星的演唱效果不尽相同，则歌星的债权人与广大的买票入场的听众并非同一主体，各有其利益，因而，仅有债权人的同意，广大听众不赞同，也只得免除歌星在演出合同中的责任，不得免除歌星的债权人对听众的违约责任，因为歌星的债权人与广大听众之间的法律关系为另一合同关系。

在第三人履行债务的问题上，中国台湾地区"民法"第311条第2项但书规定，对于与债的履行有利害关系的第三人履行债务，无论债务人对此有无异议，债权人均不得拒绝该项履行。所谓与债的履行有利害关系的第三人，是指第三人因履行而发生法律上的利害关系。仅有事实上的关系，并无中国台湾地区"民法"第311条第2项但书规定的适用。一般地说，如物上保证人之于担保债务[①]，保证人之于被保证债务，合伙人之于合伙债务，均系利害关系人的著例，债权人对其清偿（履行）不得拒绝。[②] 清偿（履行），于债权人及利害关系人，均属有利，解释上应采从宽立场。例如，借款时在场的中人，如约定有催款责任，纵非保证人，偿还借款仍属有利害关系[③]；受让人或买受人于买卖物被查封时，于代为清偿（履行）亦属有利害关系。[④] 但仅有亲属关系，尚不能径行认为有利害关系。

至于连带债务人或不可分债务人，是否属于与履行有利害关系的第三人，学说的见解却不相同。一种意见认为，连带债务人、不可分债务人、保证人均属有利害关系的第三人，其履行即使受到债务人的异议，债权人也不得拒绝。[⑤] 通说则主张，此处所谓第三人，是指共同债务人以外的第三人。保证人、连带债务人

---

① 孙森焱教授认为，抵押权之实行虽非清偿，惟其得满足债权，其效果则与清偿无异，亦应认为有台湾地区"民法"第312条之适用。参见孙森焱：《民法债编总论》，757页，台北，三民书局，1997。林诚二教授赞同此说。参见林诚二：《民法债编总论——体系化解说》，529页，北京，中国人民大学出版社，2003。

② 见邱聪智：《新订民法债编通则》下，446页，北京，中国人民大学出版社，2004。

③ 见中华民国最高法院上字第1254号判例；邱聪智：《新订民法债编通则》下，446页，北京，中国人民大学出版社，2004。

④ 见中国台湾地区"最高法院"1976年1月20日"民庭庭推总会"决议；中国台湾地区"最高法院"1977年台上字666号判决；邱聪智：《新订民法债编通则》下，446页，北京，中国人民大学出版社，2004。

⑤ 参见郑玉波：《民法债编总则》，156页，台北，三民书局，1996。

负有自己的债务，其本身即为债务人，并非第三人。[①]

3. 履行辅助人

所谓履行辅助人，是指辅助债务人履行债务的人。如果说上文所述第三人系具有独立的法律人格之人，如《合同法》第65条规定的第三人、代为清偿制度中的第三人等，那么，履行辅助人则相反。在债务履行人的名义、清偿效果和责任承担方面，履行辅助人不具有独立的法律人格，其履行行为在名义上仍被视为债务人的履行，清偿效果是消灭债务人对债权人所承担的债务，不完全履行、迟延履行、不能履行等债务不履行的责任由债务人承担。

换个角度，也可以说第三人有狭义上的和广义上的两大类。狭义上的第三人，是指具有独立人格的第三人；广义上的第三人不但包括狭义上的第三人，还包括不具有独立的法律人格的履行辅助人。

［探讨］

甲拥有A地建设用地使用权，开始于A建设用地之上建造B建筑物。此时，甲和乙签订合作经营B建筑物的合同，约定乙负责完成B建筑物的建造，并有权以其名义将之出租于第三人。乙据此与丙签订B建筑物的租赁合同，约定由丙承租该建筑物，并向乙交付租金。待B建筑物竣工验收之后，甲和乙再次签订合同，约定取消乙就B建筑物向第三人出租的授权。于是，乙据此通知丙，因其出租B建筑物的授权已被甲取消，故他与丙签订的B建筑物租赁合同应予终止。在这种情况下，丙向甲主张租赁权，请求甲将B建筑物的占有移转于自己。甲也以B建筑物租赁合同业已终止为由拒绝向丙交付B建筑物。

在笔者看来，乙于其对B建筑物的处分拥有授权时与丙签订B建筑物租赁合同，该租赁合同为有效，且该有效性不会因其后甲和乙再次签订合同、取消乙对B建筑物租赁的处分权而化为乌有，道理在于：(1) 签订B建筑物租赁合同时乙享有处分权，这就决定了该处分权外化的效力一直持续到B建筑物租赁合同期满

① 见邱聪智：《新订民法债编通则》下，446页，北京，中国人民大学出版社，2004；林诚二：《民法债编总论——体系化解说》，526～527页，北京，中国人民大学出版社，2003。

之时，此后无需乙再次得到授权，亦无须乙一直享有该处分权。如同甲授权乙出卖其自行车，乙将该自行车出卖与丙之后1日，甲就取消了对乙的授权，但这不会导致该自行车买卖合同无效。(2) 甲和乙再次签订合同，取消甲对乙的授权。这是甲乙之间的事情，按照合同相对性原则，他们的约定不得对抗包括丙在内的第三人。

在B建筑物租赁合同继续有效的前提下，丙有权请求实际履行。如果甲对乙授与的是代理权，那么，向丙交付B建筑物的债务人是甲，不涉及履行辅助人的问题。如果甲对乙的授权不是代理权，那么，向丙交付B建筑物的债务人是乙，但因甲乃B建筑物的所有权人，且系占有人，故甲的身份系履行辅助人，丙有权请求甲这个履行辅助人将B建筑物交给自己。

另外一条路径是，丙援用《物权法》第241条的规定，以占有人的身份请求甲这个所有权人移转B建筑物的占有。

4. 受领人

履行合同只有在债权人受领时才能顺利地进行和完成。债权人享有给付请求权及受领权，当然有权受领给付，但有如下例外：(1) 债权人的债权经强制执行，禁止债务人向债权人为履行的；(2) 债权人受破产宣告的；(3) 在履行行为属于法律行为的情况下，债权人已经成为无行为能力或限制行为能力的人。不过，在第三种情况下，可由债权人的法定代理人受领。

债权人的代理人可以代为受领给付，受托人、清算人、质权人、破产管理人、代位权人等亦然，持有债权人签名的收据的人也可以受领给付。

合同约定由第三人受领给付的，依其约定（《合同法》第64条）。

债务人向除上述有给付受领权人以外的人（无受领权人）履行，不得向债权人主张消灭债权债务的效果（清偿效果），仅能向受领人依据不当得利请求返还受领的给付。不过，为了保护交易安全，并简化法律关系，中国台湾地区“民法”第310条规定了三种仍然可以发生清偿效力的例外情形：(1) 经债权人承认或受领人于受领给付后取得债权的，具有清偿的效力；(2) 债权的准占有人有足以使人认其为真实的债权人的表征的，其受领给付发生清偿的效果；(3) 除前两款情形外，于债权人因而受利益的限度内，发生清偿的效力。这有其道理，值得借鉴。

二、履行标的

1. 概述

履行标的，是指债务人应为履行的内容。它因合同关系不同而呈现出差异，如交付财物、移转权利、提供劳务、完成工作等。履行标的应根据这些具体内容加以确定。

履行必须依债务的本旨进行，而不得任意变更。因而仅为一部履行，或不以原定给付为履行，或因履行而负新债务，均非依债务本旨而为履行，不发生清偿使合同消灭的效力。唯债务人或因支付能力有限，有时不能完全依债务的本旨履行，此时若仍绝对贯彻上述须依债务本旨履行而不得变更的思想，不取救济之道，则对债务人有些苛刻，对债权人的保护也不见得有利，甚至可能发生债权无法实现的恶果。有鉴于此，法律应当允许当事人采取延缓履行、提前履行、部分履行、代物清偿、新债清偿、债的更改等补充救济措施。以下就部分履行、代物清偿、新债清偿等救济措施予以简要地介绍和探讨。

2. 部分履行

部分履行，从另一个角度描述，就是分期履行。从《合同法》第 72 条第 1 款关于“债权人可以拒绝债务人部分履行债务，但部分履行不损害债权人利益的除外”的规定可知，部分履行应当符合以下要件：(1) 部分履行的债务须为可分债务。部分履行是否可以，须看债务是否可分。债务不可分，且部分履行会损害债权人的利益的，不应被允许，除非债权人同意部分履行，愿意承受由此带来的不利。债务可分，且部分履行不损害债权人利益的，应予允许部分履行。(2) 部分履行不损害债权人的利益。即使债务可分，部分履行也未必不损害债权人的利益。在部分履行损害债权人利益的情况下，债权人有权拒绝债务人的部分履行。只有在部分履行不损害债权人利益的情况下，才可允许部分履行。(3) 债务人提出了部分履行的请求。

应当注意《民法通则》第108条关于“债务应当清偿。暂时无力偿还的，经债权人同意或者人民法院裁决，可以由债务人分期偿还。有能力偿还拒不偿还的，由人民法院判决强制偿还”的规定。它承认了两种部分履行（分期履行）的类型：一是经债权人同意而部分履行的类型；二是经人民法院裁决而部分履行的类型。其中经债权人同意而部分履行的类型，不受债务可分、部分履行不损害债权人的利益两个条件的限制，只要债务人请求和债权人同意即可部分履行。经人民法院裁决而部分履行的类型，至少应当具备债务可分的条件，因为法院无权一边倒地牺牲债权人的利益而允许将不可分债务人为地分割开履行。所以，对于此种类型的部分履行，法院应当考虑当事人的经济状况，衡量对债权人的利害影响，酌定相当期限，方可裁判。

3. 代物清偿

（1）代物清偿的界定

代物清偿，是指债权人受领他种给付以代原定给付而使合同关系消灭的现象。以衣料代偿工资，以谷物代偿租金等，均属此类。

（2）代物清偿的要件

A. 必须有原债的关系存在

代物清偿，旨在受领他种给付，代替原定给付而消灭债的关系，故必须双方当事人之间原来有债的关系存在。[①] 假如当事人误以为债权存在而签订代物清偿合同，则构成非债清偿，债务人可以根据《民法通则》第92条关于不当得利（在未承认物权行为无因性的中国法上，多数情况下为占有的不当得利）的规定，请求债权人返还该他种给付；也可依据《物权法》第34条关于物的返还请求权的规定，请求债权人返还该他种给付。

B. 必须有双方当事人关于代物清偿的合意

代物清偿为合同行为，因此，不但需要双方当事人均有相应的行为能力，而

① 见邱聪智：《新订民法债编通则》下，452页，北京，中国人民大学出版社，2004；林诚二：《民法债编总论——体系化解说》，538页，北京，中国人民大学出版社，2003。

且需要当事人双方有受领他种给付以代替原定给付的意思，且对给付内容达成合意，代物清偿始能成立。应当指出，签订代物清偿合同的当事人不以债权人和债务人为限，债权人与第三人订立代物清偿合同的，也得到法律的承认。[①]

C. 他种给付必须与原定给付不同

债务人所为的他种给付，其种类和内容必须与原定给付不同，并且，该他种给付必须符合可能、确定、合法的要件，但毋庸以价值相当为要件。[②]

该他种给付，可以是一般的动产或不动产的移转，也可以是票据的交付。[③]

如果以负担新债务而代替原定给付，是否可为代物清偿，则应区别所负担的新债务究竟属于有因债务还是无因债务，再下结论。如果新负担的为有因债务，则不得成立代物清偿，应属于债的更改，如以借款合同来代替买卖合同项下的付款义务。如果代替原定给付系负担无因债务，如约定交付自签支票以代替原定的买卖合同项下的付价款义务，而付价义务归于消灭，此时若买卖合同不存在，则债务人只有依不当得利的规定请求债权人返还。换句话说，不受原因的存在与否而影响支票的效力，故原定的买卖合同项下的付款义务因为负担无因债务而归于消灭时，即属于代物清偿，因为无因债务本身即为一种给付。[④]

D. 须债权人受领他种给付代原定给付

原定给付因债权人受领他种给付而归于消灭，故他种给付的目的，乃在对原定给付而为之。此点与新债清偿不同，新债清偿中的新债务和旧债务系为同一目的而同时并存，而因新债清偿的履行才使旧债务归于消灭，旧债务并非于新债清

---

① 见中华民国最高法院 1930 年上字第 488 号判例；中华民国最高法院 1939 年上字第 1977 号判例；邱聪智：《新订民法债编通则》下，452 页，北京，中国人民大学出版社，2004；林诚二：《民法债编总论——体系化解说》，538 页，北京，中国人民大学出版社，2003。

② 见中国台湾地区“最高法院”1963 年台上字第 3696 号判例；邱聪智：《新订民法债编通则》下，452 页，北京，中国人民大学出版社，2004；林诚二：《民法债编总论——体系化解说》，538 页，北京，中国人民大学出版社，2003。

③ 见郑玉波：《民法债编总论》，修订 2 版，陈荣隆修订，484 页，北京，中国政法大学出版社，2004。

④ 见林诚二：《民法债编总论——体系化解说》，538 页，北京，中国人民大学出版社，2003。

偿合同成立当时即归消灭。①

［辨析］

关于“代替清偿”与“专为清偿”的区别

所谓须受领他种给付代原定给付，日本有判例、学说称之为“代替清偿”。代物清偿的成立必须具备该项“代替清偿”的要件。与此有别的是“专为清偿”。所谓“专为清偿”，是指这样的现象：债务人虽然交付了不同于原定给付的他种给付，但原债并不因此而当然消灭，仅仅是债权人首先努力以该他种给付实现自己的债权，但未果时，债权人仍有权请求债务人清偿原债权。

区分“代替清偿”与“专为清偿”，在以券抵债的场合最有价值。现在一般的学说认为，在以证券、支票作为清偿手段进行交付的情况下，是否成立代物清偿，需要区分情形、准确把握，关键看当事人的目的。证券、支票虽为支付金钱的一种手段，但不如现金、邮政汇款那样确实，仍有一定的风险。因此，以证券、支票作为清偿既存债务的手段，以消灭特定的既存债务为目的而交付，并非以“代替清偿”为目的者，就不成立代物清偿。交付证券、支票，如无特别事由，应推定为“专为清偿”。交付证券、支票属于“专为清偿”时，债权人首先努力以证券、支票实现自己的债权，但当证券、支票不能兑现时，并不妨碍债权人请求债务人清偿既存债权。②

当然，判例并不一定按照上述观点裁判案件。判例最初认为，为清偿既存债务而交付证券、支票时，自然发生债的更改。③ 但究竟是债的更改还是代物清偿。实系对“专为清偿”的解释问题。④ 判例因此而逐渐修正推定为债的更改的

① 见林诚二：《民法债编总论——体系化解说》，539页，北京，中国人民大学出版社，2003。

② 见［日］於保不二雄：《日本民法债权总论》，庄胜荣校订，379页，台北，五南图书出版有限公司，1998。

③ 见日本1906年9月30日大民判（“民录”11辑1239页）；1906年12月18日大民判（“民录”11辑1797页）。

④ 见日本1917年6月9日大民判（“民录”23辑949页）；1918年4月25日大民判（“民录”24辑770页）。

观点[①]，改变为推定“专为清偿”[②]。然而，交付证券、支票只以消灭既存债务为目的时，是债的更改还是代物清偿？对此，判例尚未完全放弃债的更改的观点。[③]

按照现有的证券理论，不能认为证券、支票与既存债务成立有因果关系的更改。为消灭既存债务而交付“代为清偿”的证券、支票，往往视为代物清偿。因此，在消灭既存债务的同时，也消灭其担保。即证券、支票不能兑现时，既存债务不能复活。[④]

分析总结上述观点，似可得出如下结论：在日本，当事人交付证券、支票的目的系不再为原定给付，交付证券、支票代替了原定给付的履行，立即消灭原债关系的，成立代物清偿，原债关系业已消灭；当事人交付证券、支票的目的虽为消灭原债关系，但并非即时消灭原债关系的，交付证券、支票类似“担保”，原债权、债务均未消灭，只有待证券、支票兑现时，原债关系才归于消灭。

借鉴上述观点，形成中国民法上的规则及学说，可有如下几点：(1) 当事人明确约定交付证券、支票，立即消灭原债关系的，成立代物清偿；(2) 当事人约定交付证券、支票，属于“受领他种给付代原定给付”，或曰“代替清偿”的，也成立代物清偿，原债关系立即归于消灭。(3) 当事人交付证券、支票的目的虽为消灭原债关系，但并非即时消灭原债关系的，交付证券、支票类似“担保”，原债权、债务均未消灭，只有待证券、支票兑现时，原债关系才归于消灭。(4) 当事人约定不明甚至根本未予约定的，交付证券、支票，如无特别事由，应推定为“专为清偿”。交付证券、支票属于“专为清偿”时，债权人首先努力以证券、支票实现自己的债权，但当证券、支票不能兑现时，并不妨碍债权人请求债务人清偿既存债权。

---

① 见日本1918年10月29日大民判（“民录”24辑2079页）；1919年11月28日大民判（“民录”25辑2189页）。

② 见日本1920年1月29日大民判（“民录”26辑94页）；1922年4月8日大民判（“民集”1卷179页）。

③ 参照日本1920年5月15日大民判（“民录”25辑669页）；1923年6月13日大民判（“民集”2卷401页）。

④ 关于支票，有日本1919年4月1日大民判（“民录”25辑599页）；1920年5月15日大民判（“民录”26辑669页）。关于期票，有日本1926年11月9日大民判（“民录”2777辑12页）。

债权人受领他种给付，在他种给付为移转不动产所有权时，仅仅有表示移转的意思尚不足够，必须要办理移转登记手续，完成交付，才算成立代物清偿。①在他种给付为移转动产所有权时，需要将该动产交付。这反映出代物清偿为实践合同（要物合同）的特质。

［探讨］

《物权法》第28条的规定是否适用抵债之物所有权的移转？

上述传统民法的观点是否与中国《物权法》第28条关于“因人民法院、仲裁委员会的法律文书或者人民政府的征收决定等，导致物权设立、变更、转让或者消灭的，自法律文书或者人民政府的征收决定等生效时发生效力”的规定相抵触？这涉及《物权法》第28条规定的法律文书，是涵盖所有类型的判决书、裁决书，还是仅仅包括形成判决书、形成裁决书。在这个问题上，意见分歧，不得不辨。

一种观点认为，《物权法》第28条规定的法律文书，仅仅包括形成判决书、形成裁决书，如关于共有物分割的判决书，至于下列各种判决书、裁决书、调解书则不包含在内：(1) 命被告履行不动产登记的判决，性质上为给付判决，原告于取得该确定判决后，尚须持该判决书向不动产登记部门申请办理变更登记。登记完毕，原告才取得该项不动产的产权。(2) 相邻不动产物权人之间对其界限发生争执，起诉到法院，请求确认不动产的界限或设置界标。主审法院据此所为的判决，不是创设物权的判决。(3) 确认某建筑物为其所有或请求确定一定界限内的建设用地使用权归其享有的诉讼，属于确认不动产权属之诉，主审法院据此所为的判决为确认判决，并非《物权法》第28条所指的法律文书。(4) 按照《民事诉讼法》或《仲裁法》就某不动产变动事项所作成的和解或调解，尚无与形成判决、裁决同一的形成力，需要当事人持和解书或调解书到登记部门办理变更登记，否则，不发生物权变动的效力。②

---

① 见［日］於保不二雄：《日本民法债权总论》，庄胜荣校订，373页，台北，五南图书出版有限公司，1998。

② 参见谢在全《民法物权论》上册，修订2版，128～129页，台北，三民书局，2003。

另一种观点主张，上述设权或确权的判决书、裁决书、调解书本身，具有与登记、交付等公示方法相同的法律效力，因而依据此类法律文书而进行的物权变动，无须再进行一般的物权公示而直接发生效力。①

本书认为，在物权变动的双方当事人之间，称设权、确权或变动物权的判决书、裁决书、调解书本身具有与登记、交付等公示方法相同的法律效力，问题不大，但就物权取得人与第三人之间的关系而言，则不尽如此。例如，某主审法院应甲和乙的请求，判决准予将其共有的A楼及其相应的建设用地使用权作价分割，由乙取得产权。该判决书于2005年2月7日送达，依据《物权法》第28条的规定，A楼的所有权及基地的建设用地使用权于2005年2月7日全部归乙享有。在A楼及其相应的建设用地使用权一直没有办理过户手续、登记机关没有收到该判决书的情况下，甲于2006年1月20日向丙出示房地产产权证书、乙放弃优先购买权的声明（伪造得常人无法辨别真伪），将其原就A楼及其相应的建设用地使用权所享有的份额转让与丙，价格合理，并于2007年5月25日办理了过户手续。待乙知晓此情主张A楼及其相应的建设用地使用权的权属时，丙援引《物权法》第106条第1款的规定，对抗乙的主张，认为自己已经善意取得了A楼的所有权及基地的建设用地使用权。丙的主张应当得到支持。如果乙就A楼及其相应的建设用地使用权及时地办理了变更登记，那么丙就无权主张善意取得A楼及其相应的建设用地使用权。可见，设权、确权的判决书、裁决书、调解书本身与登记、交付的公示方法相比，在法律效力方面存在不同。

这个案例也告诉我们，在因人民法院、仲裁委员会的法律文书导致物权设立、变更、转让或者消灭的场合，人民法院、仲裁委员会应当把引起不动产物权变动的法律文书的副本抄送有关登记机关一份，以免无权处分的情况发生。如果人民法院、仲裁委员会没有抄送，那么物权取得人最好把法律文书的复印件送交有关登记机关，以免自己的合法权益遭受不必要的损失。

总的来讲，笔者赞同第一种观点，即，形成判决、形成裁决导致物权变动

---

① 见胡康生主编：《中华人民共和国物权法释义》，79页，北京，法律出版社，2007。

的，自形成判决书、形成裁决书送达当事人处时发生物权变动的效力；给付判决、给付裁决导致物权变动的，给付判决书、给付裁决书送达当事人处时，并不发生物权变动的效力，只有办理完毕登记（不动产场合）或完成交付（动产场合），才发生物权变动的效力。如此，判决、裁决以物抵债的，此类判决、裁决均为给付判决、裁决，抵债之物的所有权并非自判决书、裁决书送达当事人处时移转，只有办理完毕抵债之物的所有权过户登记（不动产场合）或完成交付（动产场合）时才发生移转。法释［2016］5号第7条已经承认了这种观点。

（3）代物清偿与附条件

代物清偿作为实践合同，其成立之时即为生效之日，似乎不可附生效条件（附停止条件）。不过，某些情况下附生效条件（附停止条件），只要不与代物清偿的本质属性相抵触，也未尝不可。有学说认为，如合同约定“当2010年6月6日届至而未清偿，抵债之物的所有权自动转归债权人”，则该代物清偿合同即为附生效条件（附停止条件）的合同。只不过在该抵债之物为该债权设立的质权或抵押权的标的物时，该约定因违反法律禁止流质或流押的强制性规定而归于无效。[①] 分析其义，所附条件为限制抵债之物所有权移转的时间效力，而抵债之物所有权移转属于代物清偿合同的内容（效力）。这符合笔者关于附生效条件（附停止条件）实质上是限制合同履行效力的附款之说，因此笔者表示赞同。

（4）代物清偿的效力

代物清偿合同成立，原债的关系归于消灭，债权的从属权利（如担保权）亦不存在，纵使代物清偿的他种给付存有瑕疵，原债权亦不复生，债权人也不能请求债务人为无瑕疵的给付，只得依据代物清偿合同的有偿性主张瑕疵担保责任。换句话说，代物清偿仅发生债的本体消灭的效力，并不能说当事人之间不存在其他法律关系。因其为有偿合同，故法律关于买卖合同中瑕疵担保的规定，在代物清偿合同场合有准用的余地。但法律关于买卖合同中债权人受领标的物义务、价

① 见［日］於保不二雄：《日本民法债权总论》，庄胜荣校订，375页，台北，五南图书出版有限公司，1998。

款支付义务、风险负担等规定，则不予准用。[①]

在合同关系系由两个以上的狭义债的关系构成的情况下，若代物清偿只是以他种给付代替其中一个狭义债的关系中的给付，则仅仅消灭该狭义债的关系，另一狭义债的关系继续存在。如此，合同关系尚未消灭。例如，在买卖A车的合同场合，若出卖人尚未将A车交付给买受人，双方当事人就该车款的给付达成协议，成立代物清偿合同，则只是消灭车款给付方面的狭义债的关系，A车买卖合同尚未消灭。与此有所不同，如果出卖人已将A车交付给了买受人，此时双方当事人就该车款的给付达成协议，成立代物清偿合同，则A车买卖合同消灭。

连带债务人、不可分债务人一人所为的代物清偿，使其他债务人一同免责。保证因保证人或主债务人为代物清偿而使两个债务一同消灭。

代物清偿毕竟不是清偿，只是类推适用法律关于清偿的规定，以他种给付代替原定给付，消灭原债关系，该效力源自代物清偿合同。在这样的背景下，不妨碍当事人双方以协议解除的方式动摇代物清偿合同的这种效力。[②]

有学说认为，在代物清偿合同被解除的场合，该合同消灭，当事人之间发生回复原状以及损害赔偿的效力，但此等效力仅具债权的效力，债务人仅负有回复原状及损害赔偿的义务，原债务并不当然因此复活，债权人自无从就原来的债权以及原来债务的担保为任何主张。[③] 这种观点在合同解除无溯及力的情况下可被中国大陆接受，但在合同解除有溯及力的场合则需再斟酌。因为代物清偿解除溯及既往地消灭，债权人受领的他种给付失去保有的原因（根据），应当返还给债务人，债权人的原债权并未获得实现，不使原定给付义务复活，如何保护债权人的合法权益？

---

① 见郑玉波：《民法债编总论》，修订2版，陈荣隆修订，484～485页，北京，中国政法大学出版社，2004；[日] 於保不二雄：《日本民法债权总论》，庄胜荣校订，381页，台北，五南图书出版有限公司，1998；邱聪智：《新订民法债编通则》下，453页，北京，中国人民大学出版社，2004；林诚二：《民法债编总论——体系化解说》，539页，北京，中国人民大学出版社，2003；王利明：《合同法研究》，第2卷，修订版，281页，北京，中国人民大学出版社，2011。

② 见 [日] 於保不二雄：《日本民法债权总论》，庄胜荣校订，381页，台北，五南图书出版有限公司，1998。

③ 见林诚二：《民法债编总论——体系化解说》，539页，北京，中国人民大学出版社，2003；邱聪智：《新订民法债编通则》下，453页，北京，中国人民大学出版社，2004。

有学说认为，债务人和债权人订立代物清偿合同时，如明知有害于债权人，仍有中国台湾地区“民法”第244条的适用，可成为撤销权的客体。[①] 这种见解在中国大陆可用于债务人以明显不合理的低价转让财产并造成债权人损害场合，而不得用于债务人无偿转让财产等行为造成债权人损害场合，因为中国大陆《合同法》第74条在后者场合未要求债务人及受益人知情。

(5) 中国法及其理论、实务的态度

对于代物清偿，《合同法》尚无明文加以规范，没有明确其构成要件，欠缺其法律效果的规范，表明它在《合同法》上为非典型合同。对其称谓，人们也大多冠以以物抵债或以物抵债合同等名称，不愿叫代物清偿。当然，学说认为，《物权法》第195条第1款等条文关于抵押权实现时抵押权人与抵押人协议以抵押财产折价的规定，实际上承认了一种代物清偿。

中国实务中的以物抵债，可分为两种情形：一种是当事人双方之间已就以物抵债达成了协议，且已经将该抵债之物现实地交付给了债权人，这符合德国、日本、中国台湾地区的民法所说的代物清偿；另一种是双方当事人仅就以物抵债达成了一致意见，却没有现实地交付该物的行为，表现为诺成性。就普遍性、常见性来讲，后者在中国实务中最为常见，代物清偿在中国的实务中倒不占多数。

对于只有双方当事人的合意而无债权人现实地受领给付事实的以物抵债合同，若按照代物清偿制度的规格衡量，则它们会因债权人未现实地受领抵债之物而没有成立，从而不具有合同有效及履行的法律效力。如此处理，有时会损害债权人的合法权益，与鼓励交易原则未尽相合，也不恰当地削弱了意思自治原则的功效。实务中很少这样操作，而是认定这样的以物抵债合同已经成立，在它们不存在违反法律、行政法规的强制性规定的情况下，也认定它们有效。

笔者赞同实务界的这种处理模式，理由在于：A. 中国现行法没有明文规定代物清偿，没有明确其构成要件，欠缺其法律效果的规范，一句话，代物清偿为非典型合同；同样的，中国现行法也没有明文规定诺成性的以物抵债合同，没有

① 见林诚二：《民法债编总论——体系化解说》，539页，北京，中国人民大学出版社，2003。

明确其构成要件，欠缺其法律效果的规范，也就是说，诺成性的以物抵债合同亦为非典型合同。既然都是非典型合同，如何对待它们，就不宜硬性地套用境外关于代物清偿的规则及其理论，削足适履式地、作茧自缚般地处理，而应更注重实际生活的本质要求，从更有利于实现当事人的合法权益、尽可能地贯彻意思自治原则（除非它违背公序良俗）的立场出发，来类推适用有关法律规定；若无法类推，则援用诚实信用及公平等民法的基本原则，予以裁判。据此思路处理，恐怕相当数量的诺成性的以物抵债合同都要有效。B. 合同演变的历史表明，实践合同（要物合同）在类型方面呈逐渐减少的趋势，在强调意思主义的背景下尤其如此。在中国现行法未将代物清偿作为典型合同予以规定的情况下，更应顺应这个潮流，没必要削足适履地受制于境外立法例关于要物合同的窠臼。C. 要求代物清偿合同为实践合同（要物合同），就像赠与合同采取实践合同说的境况那样，意味着代物清偿成立之日，就是合同消灭之时，哲学味浓厚，法锁的价值大为降低。在中国现行法未将代物清偿作为典型合同予以规定的情况下，分别承认作为实践合同的代物清偿和作为诺成合同的以物抵债，不贬低哲学意味，也不歧视法锁价值浓厚，不失为明智的选择。

总之，可取的思路及模式可有两种：一种是分别承认实践性的代物清偿合同和诺成性的以物抵债合同。对于前者，直接借鉴德国、日本、中国台湾地区的民法规则及其学说，确定其构成要件、法律效果，问题不大；对于后者，在构成要件方面不要求债权人现实地受领给付，其他方面，包括法律效果方面，中国大陆《合同法》总则、《民法通则》关于法律行为的规定均有适用的余地。另一种思路及模式是，将以物抵债合同作为统一的概念、制度，在成立要件上不要求债权人现实地受领给付，其他方面可以借鉴德国、日本、中国台湾地区的民法规则及其学说。至于当事人约定以物抵债合同以债权人现实地受领给付为必要的，则依其约定，应为当然。当然，中国大陆《合同法》总则、《民法通则》关于法律行为的规定均可适用。

(6) 以合法形式掩盖非法目的与以物抵债

一般地说，当事人各方一致同意以物抵债，法律没有必要禁止。不过，在特殊情况下，以物抵债只是表面的形式，实质却是在规避法律。例如，北京市出台摇号购买轿车的政策，为了缓解日益严重的交通拥堵而禁止牌照车转让。从法律角度讲，北京市的牌照汽车成为禁止流通物。在这种背景下，某甲和某乙约定，将某甲的牌照奔驰车抵给乙，以清偿某甲欠某乙的60万元人民币的债务。该以物抵债合同因违反了禁止流通物不得转让的效力性强制性规定而归于无效。

附：以物抵债的案例分析

案情概况

1995年3月31日、8月11日、8月15日，甲银行与乙公司签订了三份有价证券回购合同，回购期限为1年，系场外交易，甲银行分四次交付给乙公司4 000万元人民币。1997年1月27日，甲银行与乙公司签订两份《还款协议》。第一份协议的内容是：双方因回购业务，乙公司欠甲银行债务642.218万元；甲银行同意接收乙公司购买的丁国际租赁有限公司的"特种金融债券"627.8万元，用以抵偿双方的债权债务；乙公司同意将剩余的14.418万元另行支付。第二份协议的内容是：双方因回购业务，乙公司欠甲银行债务4 276.318万元（包括以前结算时未还14.418万元）；甲银行同意接收乙公司购买的丙证券公司的"特种金融债券"3 000万元，用以抵偿双方的债权债务；冲抵后乙公司尚欠甲银行资金1 276.318万元。两份协议还约定了利息的计算标准及冲抵后的计息方法。1月28日，丙证券公司与乙公司和甲银行签订一份《还本付息协议书》，约定：丙证券公司欠营业部资金3 000万元，双方同意用上述债券冲抵。乙公司用此3 000万元债券与甲银行冲抵同额的债权债务；债券期满后（债券期限3年，期满日为2000年1月28日），丙证券公司凭券将全部兑付资金4 080万元，按期足额划至甲银行账户，若到期兑付不能顺利进行，则责任由丙证券公司承担，甲银行不承担垫款兑付的责任，乙公司应协助甲银行做好还本付息工作。同日，乙公司与甲银行又签订了一份《补充协议》，约定："1. 乙公司应协助做好还本付息工作，即2000年1月28日，如丙证券公司不能按期足额将全部兑付资金4 080万元划至甲银行账户，乙公司保证无条件承担给甲银行按期足额还款的责任。2. 在第1条的基础上，甲银行同意乙公司用丙证券公司发行的3 000万元‘特种金融债券’抵偿所欠甲银行的债务。”1997年3月3日，甲银行签收乙公司用于抵偿债务的“特种金融债券”3 627.8万元（其中丙证券公司发行的“特种金融债券”3 000万元整；丁国际租赁有限公司发行的“特种金融债券”627.8万元）。同年6月16日，甲银行与乙公司签订一份《还款补充协议》，约定：双方就1997年1月27日签订的《还款协议》进行补充，乙公司于1996年12月25日偿还甲银行资金200万元，扣除此笔还款，截至1月28日，乙公司尚欠甲银行1 076.318万元，从1997年1月29日起按年利率18%计付利息。

丁国际租赁有限公司、丙证券公司发行的“特种金融债券”是经中国人民银行批准发行的。2000年8月2日，A省处置地方金融风险领导小组办公室发出A省处金办（2000）10号通知，A省政府决定对A省国际信托投资公司等八家信托、租赁公司（包括丙证券公司、丁国际租赁有限公司等）停业整顿，由此“特种金融债券”无法兑付。于是甲银行不再承认以该“特种金融债券”抵偿欠款，诉请乙公司偿还回购拆借资金5 156.318万元。

系争案件的焦点

如何认定“以券抵债”的法律性质及法律后果？该焦点问题至少涉及三个具体而要害的问题：其一，涉案系列还款协议约定乙公司以“特种金融债券”抵偿其对甲银行欠款债务的行为应如何定性？其二，《补充协议》中的“保证”是否构成《担保法》意义上的保证担保？其三，若构成《担保法》意义上的保证，则该保证的期限多长？

判决要旨及裁判思路

应当将涉案“以券抵债”系列协议认定为附条件的“代物清偿”或第三人代为履行债务，而不宜认定为《担保法》意义上的保证担保。

终审判决认为，首先，如果将涉案《还款协议》和《还本付息协议书》约定的“以券抵债”认定为代物清偿，那么《补充协议》第1条则是对该代物清偿特别设置的附加条件，第2条则是对这种附条件代物清偿的确认。就缔约目的而言，包括代物清偿在内的各种清偿方式均应以确保债务实现为目的，并按照有利于实现合同目的之方式履行债务。涉案《还款协议》等关于“以券抵债”的约定，体现出乙公司通过代物清偿方式清偿其对甲银行欠款债务的合同目的，而涉案《补充协议》两个条款的特别安排，则突出体现出债权人甲银行防御代物清偿方式所蕴含的债券不能兑付的法律风险和确保自身债权安全实现的缔约目的。应当看到，双方之间债务的原本状态是给付金钱债务，签订“以券抵债”协议和《补充协议》的目的，应在于清偿乙公司对甲银行的欠款债务，而不是进一步损害甲银行的权益，更非意在使乙公司将来通过对“保证”一词进行表面文义解释而轻易免除责任。丙证券公司的“特种金融债券”虽经中国人民银行批准发行，但亦存在届期不能兑付的可能，此系债券兑付风险之所在。为防止本应由乙公司负担的债券兑付风险因“以券抵债”的债券交付而转移给甲银行，在涉案债券于1997年3月3日交付之前，甲银行与乙公司于1997年1月28日签订《补充协议》，并特别强调第2条以第1条为基础，为“以券抵债”这种代物清偿行为附加生效条件，其合同目的明显在于防止兑付风险因债券交付而转移给甲银行，从而确保甲银行债权清偿的安全。因此，将涉案“以券抵债”协议以及《补充协议》的整体安排解释并认定为附条件的代物清偿，不仅符合当事人的缔约目的，而且符合《合同法》第62条第5项关于“履行方式不明确的，按照有利于实现合同目的的方式履行”的规定的精神。根据《合同法》第45条第1款关于“当事人对合同的效力可以约定附条件。附生效条件的合同，自条件成就时生效”的规定，尽管乙公司已实际交付债券，但由于涉案债券因发行人停业整顿而不能如期兑付，乙公司亦未按期足额划款，《补充协议》设置的代物清偿所附的生效条件未能成就，故乙公司的原有欠款债务并未消灭，其仍应清偿原欠款债务。此外，涉案两份《还款协议》以及《还本付息协议书》亦可被解释为乙公司对甲银行的欠款债务由丙证券公司通过债券兑付的方式代为履行，构成《合同法》第65条规定的由第三人向债权人履行债务的法律关系。涉案《补充协议》第1条的约定可谓对在第三人丙证券公司不能履行债务的情况下由债务人乙公司继续履行欠款债务的确认。根据《合同法》第65条关于“当事人约定由第三人向债权人履行债务的，第三人不履行债务或者履行债务不符合约定，债务人应当向债权人承担违约责任”的规定，由于作为第三人的丙证券公司未能履行约定债务，因此债务人乙公司应当向债权人甲银行承担违约责任，其欠款债务依法不能免除。

其次，本案当事人之所以会就《补充协议》第1条约定产生是否构成《担保法》意义上债权担保的争论，是因为该条约定中出现了“保证”一词。终审判决认为，由于语言文字本身具有多义性，因此依据《合同法》第125条第1款关于“应当按照合同所使用的词句”确定条款真意的规定，应着力于探寻合同条款的真意，而不应仅满足于对用语含义的表面解释，更不能拘泥于合同所使用的语句。因《担保法》意义上的保证担保是保证人对他人债务提供担保，故欲构成《担保法》意义上的保证担保，应以存在被担保的他人主债务为前提。在系争案件中，若要认定乙公司在《补充协议》第1条约定中作出的“保证”构成《担保法》意义上的保证担保，则必须认定丙证券公司向甲银行兑付债券义务属于被担保的他人主债务，进而必须认定乙公司对甲银行的欠款债务已因“以券抵债”而消灭。但如前所述，由于涉案“以券抵债”属于附条件的代物清偿或由第三人代为履行债务，而“以券抵债”所附生效条件并未成就，第三人丙证券公司亦未履行债务，乙公司的原欠款债务并未消灭，因而无法生成保证担保中被担保的他人主债务以及相应的保证担保。故终审判决认为，原审法院关于“由于乙公司自愿承担对丙证券公司发行债券到期兑付还款的担保责任，故乙公司为丙证券公司的保证人”的认定不妥。乙公司关于其应承担一般保证责任的主张于事实和法律均无据。

最后，对于《补充协议》第1条约定的“保证”的界定，终审判决认为，根据《合同法》第125条第1款关于应当按照合同的有关条款确定条款真意的规定，应将系争案件中《还款协议》、《还本付息协议书》和《补充协议》的全部条款作为一个统一整体，并从各合同条款之间的总体联系上阐明系争合同用语的含义。在系争案件中，由于《还款协议》和《还本付息协议书》确定了代物清偿或由第三人履行债务的法律关系，因此《补充协议》中的“保证”指向的是“以券抵债”这种代物清偿关系中替代给付物（行为）的品质，或指向的是由第三人履行债务关系中第三人的履行行为。而无论是代物清偿抑或是由第三人履行，因其清偿或履行的对象均是债务人的债务故该“保证”虽然具有担保功能，但并非《担保法》意义上的保证担保。具体而言：在代物清偿法律关系中，债务人的担保对象是他种替代给付标的物或行为没有瑕疵，否则债务人应当继续承担债务清偿责任。在由第三人履行债务的法律关系中，债务人的担保对象是第三人的履行行为，若第三人没有做出特定的履行行为或其履行不符合合同约定，则债务人构成违反担保义务而相应地承担违约责任。这种违约责任与保证人的保证责任不同，不是代第三人履行债务的责任，而是继续清偿自身债务的责任。因此，无论是代物清偿还是由第三人履行债务该债务关系与原债务人自身债务不同的仅仅是债务履行方式或债务履行主体，而债务内容本身并未发生实质变化，债务人所担保的代物清偿或第三人履行债务行为实质上仍是债务人自身的债务，所以系争案件中乙公司在《补充协议》第1条作出的“保证”或具有担保内容的承诺，实质是乙公司对其自身债务的担保，而不是对他人债务的担保。若仅因涉案《补充协议》中出现“保证”用语就将其认定为《担保法》意义上的保证担保，则将使本案陷入该保证是一般保证还是连带保证、保证期间是约定不明还是没有约定以及相应的保证期间是6个月还是2年的争论，并进而可能得出本应清偿自身欠款债务的乙公司最后因《补充协议》出现“保证”一词而免责的法律逻辑演绎结论。这种逻辑推演结论不仅与债权人甲银行同意接受债务人乙公司“以券抵债”的合同目的相悖，而且与甲银行同时缔结《补充协议》并在该协议中特别为“以券抵债”设置基础和生效条件的缔约目的相悖，更与《合同法》第125条关于应当按照诚实信用原则确定合同条款真意的精神相悖。故原审判决关于“因双方对保证方式没有约定，根据《担保法》第19条的规定，应认定乙公司承担连带保证责任”以及“严格按照合同文义，因双方该约定无法实际操作，应视为双方对保证期限约定不明。依照法释［2000］44号第32条第2项的规定，乙公司承担担保责任的期限为2年”的法律认定和法律适用不妥，终审判决予以纠正；但其判决乙公司承担清偿责任的结果正确，终审判决予以维持。乙公司关于其因保证期间已过而免责的主张于事实无据，终审判决不予支持。

评释

一、关于系争代物清偿合同是否附生效条件（停止条件）

（一）终审判决书没有否认如下事实和法律关系，并且在许多方面予以认定

1. 乙公司和甲银行于1997年1月27日签订的《还款协议》第5条关于“甲银行同意接收乙公司购买的丙证券公司经人行批准发行的‘特种金融债券’3 000万元用于抵偿双方的债权与债务”的约定，构成了代物清偿合同。

当然，准确地说，由于代物清偿合同是实践（要物）合同，1997年1月27日签订《还款协议》时尚未交付“特种金融债券”，双方之间成立的是以物抵债合同，乙公司于1997年3月3日向甲银行交付3 627.8万元“特种金融债券”时，代物清偿合同成立。由于中国现行法对以物抵债合同和代物清偿合同均未设置相应的规范，它们都是无名合同，我们不宜照抄德国、日本和中国台湾地区关于未交付标的物代物清偿合同即不成立的民法及其理论，而应同时承认以物抵债合同与代物清偿合同，在未交付标的物时作为以物抵债合同处理，而不作为代物清偿合同处理。①

由于没有关于生效的其他要求，系争代物清偿合同成立，也就生效了（《合同法》第44条第1款）。

2. 三方于1997年1月28日签订的《还本付息协议书》，只是对上述代物清偿合同内容的进一步确认和细化，没有变更。换句话说，系争代物清偿合同没有因此而受影响。

3. 双方于1997年1月28日签订的《补充协议》反映了如下内容：(1) 甲银行与乙公司签订代物清偿合同的动机，也是基础，即该协议第1条所说的“乙公司应协助做好还本付息工作，即2000年1月28日，如丙证券公司不能按期足额将全部兑付资金4 080万元划至甲银行账户，乙公司保证无条件承担给甲银行按期足额还款的责任”。该动机、基础在双方签订的《还款协议》及其第5条约定的代物清偿合同文本上没有作为合同条款出现，现在作为合同条款出现在《补充

① 见崔建远主编：《合同法》，5版，133页，北京，法律出版社，2010。

协议》中。(2) 继续承认代物清偿合同（《补充协议》第2条)。(3) 至于《补充协议》是否使得《还款协议》及其第5条约定的代物清偿合同变更为附生效条件(传统民法学说称之为附停止条件，中国民法著作多称之为附延缓条件，下同)的合同，终审判决书持肯定态度。

4. 对于系争《补充协议》第1条和第2条之间的关系，终审法院的判决书理解为，第2条确认此前已经成立的代物清偿合同，第1条是对代物清偿合同特别设置的附加条件。该附加条件属于《合同法》第45条第1款规定的附生效条件。

值得注意的是，终审判决书代替当事人修改了该附生效条件的内容，将“乙公司应协助做好还本付息工作，即2000年1月28日，如丙证券公司不能按期足额将全部兑付资金4 080万元划至甲银行账户，乙公司保证无条件承担给甲银行按期足额还款的责任”，修改为“涉案债券因发行人停业整顿而不能如期兑付，乙公司亦未按期足额划款”。

（二）批评意见

1. 《补充协议》第1条关于“乙公司应协助做好还本付息工作，即2000年1月28日，如丙证券公司不能按期足额将全部兑付资金4 080万元划至甲银行账户，乙公司保证无条件承担给甲银行按期足额还款的责任”的约定，不符合《合同法》第45条第1款规定的附生效条件（附停止条件)。如此断言的根据有六：其一，《补充协议》第2条写得清清楚楚：“在第1条的基础上”，甲银行同意乙公司以丙证券公司发行的3 000万元“特种金融债券”抵偿乙公司欠甲银行的债务。所谓“在第1条的基础上”，就是没有《补充协议》第1条约定的内容及其法律效果，甲银行就不同意以物抵债，就没有以物抵债合同。自1997年3月3日乙公司交付“特种金融债券”后该以物抵债合同成为代物清偿合同。这表明了《补充协议》第1条约定的内容及其法律效果是原因，签订以物抵债合同是结果。没有原因不会有结果，两者是前因后果的关系。也可以说两者是前提和结果的关系，第1条规定的内容及其法律效果是前提，第2条规定的以物抵债是结果。而《合同法》第45条第1款规定的附生效条件（附停止条件)，是该生效条件（停止条件）的约定与合同一同产生，准确地说，该生效条件（停止条件）约定就是该合同的组成部分，或曰该合同的附款[①]，不存在先有生效条件（停止条件）及其约定，后来才产生附生效条件（附停止条件）合同的因果关系。在附生效条件（附停止条件）的合同场合，生效条件（停止条件）与附生效条件（附停止条件）合同之间的关系是，生效条件（停止条件）限制合同的效力，而非欠缺生效条件（停止条件）即无合同。由此看出，系争代物清偿合同不同于《合同法》第45条第1款规定的附生效条件（附停止条件）及其合同。其二，《合同法》第45条第1款规定的附生效条件（附停止条件），是限制合同效力的，通说认为是限制合同生效的，即该条件不成就，合同就不生效。笔者的看法是限制合同履行效力的，即条件不成就，合同债务就可以不履行，债权人请求履行，债务人有权抗辩，不构成违约。[②] 依据笔者的这个观点衡量系争合同，终审法院的判决书将系争代物清偿合同认定为附生效条件（附停止条件）的代物清偿合同，其错误十分明显。退一步说，即使按照附生效条件（附停止条件）合同的通说，称系争代物清偿合同附生效条件（附停止条件），也不正确，因为系争《补充协议》第1条约定的内容及其法律效果，显然没有限制系争代物清偿合同的效力，因为它通篇都没有“只有……合同才生效”，或“只有……合同才开始履行”之类的表述。事实恰恰相反，自1997年3月3日乙公司将涉案“特种金融债券”交付给甲银行以后，系争代物清偿合同已经生效且履行完毕了。其三，附生效条件（附停止条件）合同中的生效条件（停止条件）约定，必须是当事人的意思表示，是对合同及其效力进行限制的意思表示，是合同内容的构成部分，而非合同内容以外的客观事实。这里所谓合同内容以外的客观事实，包括法律已经规定的合同生效的条件。例如，《中华人民共和国中外合资经营企业法实施条例》（2001年）第20条规定：“合营一方向第三者转让其全部或者部分股权的，须经合营他方同意，并报审批机构批准，向登记管理机构办理变更登记手续”（第1款）。“合营一方转让其全部或者部分股权时，合营他方有优先购买权”（第2款）。“合营一方向

① 见刘凯湘：《民法总论》，299页，北京，北京大学出版社，2006。

② 见崔建远：《合同法总论》上卷，218～219页，北京，中国人民大学出版社，2008；崔建远：《物权：规范与学说》上册，163页，北京，清华大学出版社，2011。

第三者转让股权的条件，不得比向合营他方转让的条件优惠”（第3款）。“违反上述规定的，其转让无效”（第4款）。该条规定的涉外股权转让合同以审批机构的批准为有效要件，就属于法定条件。系争《补充协议》第1条约定的是乙公司在一定条件下（2000年1月28日，如丙证券公司不能按期足额将全部兑付资金4 080万元划至甲银行账户）保证承担法律责任。保证承担法律责任是法律规定的责任类型，属于法定条件。而法定条件不属于附生效条件（附停止条件）合同中的条件[①]，不适用《合同法》第45条第1款的规定。在法定条件场合，合同的效力完全依据法律的规定，不适用附生效条件（附停止条件）合同的规定。境外判例及学说认为法定条件为假装条件，或曰非真正条件，与无条件同。[②] 其四，作为附生效条件（附停止条件）合同中的生效条件（停止条件），必须是成就不成就不确定的客观事实，而系争《补充协议》第1条约定的内容是已经确定成就的事实，而非成就不成就不确定的客观事实。之所以如此认定，是因为“2000年1月28日，如丙证券公司不能按期足额将全部兑付资金4 080万元划至甲银行账户，乙公司保证无条件承担给甲银行按期足额还款的责任”这句话中，主语是乙公司，谓语是保证无条件承担，宾语是给甲银行按期足额还款的责任。显然，重心在乙公司保证无条件承担给甲银行按期足额还款的责任，而乙公司保证无条件承担给甲银行按期足额还款的责任是确定的，而非不确定。就是说，这里不存在成就与否不确定的问题。因此，系争《补充协议》第1条约定的内容不符合《合同法》第45条第1款规定的附生效条件（附停止条件）。其五，将系争《补充协议》第1条约定的内容作为附生效条件（附停止条件），将系争代物清偿合同作为附生效条件（附停止条件）的合同，也不符合事实。众所周知，代物清偿合同是实践合同，自交付标的物时合同成立，同时即生效并履行完毕。[③] 具体到

---

① 见王泽鉴：《民法总则》，456页，台北，三民书局，2000；王利明：《民法总则研究》，591～592页，北京，中国人民大学出版社，2003；魏振瀛主编：《民法》，158页，北京，北京大学出版社、高等教育出版社，2007；刘凯湘：《民法总论》，303页，北京，北京大学出版社，2006。

② 见王泽鉴：《民法总则》，456页，台北，三民书局，2000。

③ 见史尚宽：《债法总论》，773页以下，台北，荣泰印书馆股份有限公司，1978；郑玉波：《民法债编总论》，修订2版，陈荣隆修订，483页以下，北京，中国政法大学出版社，2004；王利明：《合同法研究》，第2卷，修订版，279页以下，北京，中国人民大学出版社，2011。

本案，自1997年3月3日乙公司交付3 627.8万元“特种金融债券”给甲银行之日开始，代物清偿合同成立、生效、履行完毕。涉案“特种金融债券”的权益及风险全部归持有人承受，乙公司的债务归于消灭。面对此情此景，还说什么代物清偿合同尚未生效，岂不自欺欺人！其六，诚然，若泛泛而论，代物清偿合同并非一律排斥附生效条件（附停止条件），有学说认为，如合同约定“当2010年6月6日届至而未清偿，抵债之物的所有权自动转归债权人”，则该代物清偿合同即为附生效条件（附停止条件）的合同。只不过在该抵债之物为该债权设立的质权或抵押权的标的物时，该约定因违反法律禁止流质或流押的强制性规定而归于无效。[①] 分析其义，所附条件为限制抵债之物所有权移转的时间效力，而抵债之物所有权移转属于代物清偿合同的内容（效力），因而应当允许。可是，系争案件所约定的“乙公司应协助做好还本付息工作，即2000年1月28日，如丙证券公司不能按期足额将全部兑付资金4 080万元划至甲银行账户，乙公司保证无条件承担给甲银行按期足额还款的责任”，不是停止系争合同的效力，不是限制系争合同的内容（效力），仅仅是产生“乙公司保证无条件承担给甲银行按期足额还款的责任”。一句话，不符合代物清偿合同所附生效条件（附停止条件）的规格。再者，代物清偿具有担保功能，系指抵债之物交付于债权人所带来的效果，非指代物清偿的合意具有保证、抵押、质押等担保效能。系争合同约定“如丙证券公司不能按期足额将全部兑付资金4 080万元划至甲银行账户，乙公司保证无条件承担给甲银行按期足额还款的责任”，却是在代物清偿合意之外又约定了保证合同，而非代物清偿合同附加了生效条件（停止条件）。

2. 退一步说，即便系争《补充协议》第1条规定的内容属于附生效条件（附停止条件），也应当整体、全面地把握和理解它，不可断章取义，偷梁换柱。可是终审判决书代替当事人修改了该附生效条件（附停止条件）的内容，将“乙公司应协助做好还本付息工作，即2000年1月28日，如丙证券公司不能按期足额将全部兑付资金4 080万元划至甲银行账户，乙公司保证无条件承担给甲银行

① 见［日］於保不二雄：《日本民法债权总论》，庄胜荣校订，375页，台北，五南图书出版有限公司，1998。

按期足额还款的责任”，修改为“涉案债券因发行人停业整顿而不能如期兑付，乙公司亦未按期足额划款”。须知，系争《补充协议》第1条约定的是，“乙公司保证无条件承担给甲银行按期足额还款的责任”，其本意仅仅是乙公司保证承担给甲银行按期足额还款的责任，并非乙公司实际划款。此其一。所谓保证承担给甲银行按期足额还款的责任，是系争《补充协议》项下的债务，或是该种法律关系的内容，而乙公司实际划款则是履行该债务的行为，是该种法律关系内容的实现，两者分处于不同的领域。此其二。终审判决书偷换概念，使系争《补充协议》第1条约定的意思发生了根本改变，法律结果完全不同。换个角度说，按照系争《补充协议》第1条约定的内容，所谓条件已经成就了，即乙公司承担保证责任。至于实际承担与否，那是未来的事情。可是，将终审判决书修改的“丙证券公司若于2000年1月28日不能按期足额将全部兑付资金4 080万元划至甲银行账户，乙公司就应当实际划款”作为生效条件（停止条件），因乙公司确实尚未划款，代物清偿合同就尚未生效，乙公司的债务就继续存在。真是天壤之别！此其三。

3. 既然系争《补充协议》第1条约定的内容不属于《合同法》第45条第1款规定的附生效条件（附停止条件），那么就不存在什么代物清偿合同尚未生效的问题，就应当按照代物清偿合同的规则及其理论处理本案，即系争代物清偿合同已经生效，业已履行完毕，乙公司的债务在该抵债的范围内归于消灭了。终审判决书援用《合同法》第45条第1款的规定裁判，认定乙公司原有欠款债务并未消灭，显然错误。

4. 退一步说，即便将系争《补充协议》第1条约定的内容认定为《合同法》第45条第1款规定的附生效条件（附停止条件），也因系争《补充协议》约定的“乙公司应协助做好还本付息工作，即2000年1月28日，如丙证券公司不能按期足额将全部兑付资金4 080万元划至甲银行账户，乙公司保证无条件承担给甲银行按期足额还款的责任”这个生效条件（停止条件），已经成就，即乙公司的确在保证无条件承担给甲银行按期足额还款的责任，代物清偿合同就已经生效了，乙公司的债务在代物清偿的范围内消灭了。因此，终审判决书援用《合同法》第45条第1款的规定裁判，认定乙公司原有欠款债务并未消灭，同样是错误的。

5. 在系争代物清偿合同场合，乙公司向甲银行交付"特种金融债券"，合同即告成立。由于交付"特种金融债券"并非合同义务，在系争案件中，当事人任何一方均并不负主给付义务，亦无从给付义务。从合同关系义务群的纯理论上讲，依《合同法》第60条第2款等条文的规定，当事人负有附随义务。即便如此，在系争案件的事实层面，所谓附随义务也随着代物清偿合同的成立而立刻消失无踪了。无论是从一般情理上看，还是专就系争案件的实际情况观察，对所谓附随义务附生效条件，即对保密、告知、诚实信用等义务附生效条件，价值几何？我们知道，无论当事人约定与否，《合同法》第60条第2款等条文的存在，以及合同关系义务群理论的被认可，都使当事人双方负有附随义务，终审判决书却代替当事人订立合同，将系争代物清偿合同认定为附生效条件的合同，的确滑稽。

所以，终审判决书将系争合同认定为附生效条件的合同，与代物清偿合同的本旨相抵触。

二、关于本案是否适用《合同法》第65条的规定

终审判决书认为，系争《还款协议》和《还本付息协议书》亦可被解释为乙公司对甲银行的欠款债务由丙证券公司通过债券兑付的方式代为履行，构成《合同法》第65条规定的由第三人向债权人履行债务的法律关系（判决书第17页）。这是错误的，理由如下：

1.《合同法》第65条涉及的第三人，必须是签订合同以外的第三人，换个角度说，该第三人的债务不是自己约定的，而是他人为其约定的。与此不同，涉案丙证券公司作为缔约人亲自签订了《还本付息协议书》，是系争合同的当事人。①

即使联系系争《还款协议》的缔约人没有丙证券公司的事实，也推翻不了上

① 见崔建远：《合同法总论》上卷，84页，北京，中国人民大学出版社，2008。

述结论，因为系争《还本付息协议书》重复且细化了系争《还款协议》第5条关于代物清偿的约定，这意味着丙证券公司对此已经确认、承诺了，尤其是在终审判决书认定系争"五份合同相互关联，共同构成双方欠款债务之解决方案"的前提下，就更推翻不了上述结论。

2.《合同法》第65条涉及的第三人，仅仅负担义务，不享有合同项下的权利。[①] 与此不同，涉案丙证券公司不但负担兑付义务，而且享有权利，如基于系争《还本付息协议书》的约定而主张撤销或解除该协议书的权利、以已经代物清偿的法律效果对抗乙公司请求丙证券公司偿还3 000万元债务的权利、代位行使乙公司对甲银行的债权及其抗辩权等。

3.《合同法》第65条涉及的第三人，于其不履行合同当事人为其约定的债务时，不承担违约责任。与此不同，涉案丙证券公司不能兑付时须承担相应的民事责任。

4. 基于《合同法》第65条的规定，所形成的法律关系的内容是：债务人对债权人负有债务，但该债务属于补充债务，即第三人向债权人履行债务的义务应处于第一顺序，债务人向债权人履行债务的义务处于第二顺序，债权人必须先向第三人请求履行，不得先行请求债务人履行，只有在请求第三人履行债务但该第三人不履行时，债权人才可请求债务人履行债务。与此不同，涉案债务人乙公司已经因代物清偿合同的实际履行（时间是1997年3月3日乙公司交付"特种金融债券"时）而免去了债务，丙证券公司这个所谓第三人是唯一的债务人。

5.《合同法》第65条规定的第三人对债权人负有履行的义务，来自由第三人履行合同的约定，债务人承担的债务也源自该合同，并且债务人和第三人承担的债务大多是同质的。[②] 例如，债务人欠债权人一辆崭新的奔驰，第三人也负有向债权人交付一辆崭新的奔驰车的义务，除非以物抵债。与此不同，系争代物清偿合同中的债务，是两个不同法律关系中的债务：债务人乙公司承担的债务，是系争《还款协议》项下的偿还金钱的债务，适用《合同法》等债法的规定；而丙

① 见崔建远：《合同法总论》上卷，84页，北京，中国人民大学出版社，2008。

② 见崔建远：《合同法总论》上卷，84页，北京，中国人民大学出版社，2008。

证券公司承担的债务，不是来自系争《还款协议》的约定，而是按照法律规定而产生的证券法律关系中的债务——兑付义务，适用《证券法》的规定。两个不同法律关系中的债务不具有同一性，怎么能够第三人履行了债务就消灭了债权人的债权，债务人的债务也归于消灭？怎么能够第三人不履行时可由负担另外类型和性质债务的债务人履行呢？

6. 终审判决书一方面认定系争合同为代物清偿合同，另一方面认定该合同为《合同法》第65条规定的由第三人履行的合同，是自相矛盾的。其原因在于，《合同法》第65条规定的由第三人履行的合同成立、生效之时，并不消灭，而是存续到第三人适当履行完毕，在该第三人不履行时则由债务人适当履行完毕。与此不同，代物清偿合同为实践合同，一经合法成立，标的物交付完毕，合同也就归于消灭了，即合同成立之日就是合同消灭之时。这样，问题凸显出来了，同一个合同，同时被认定成《合同法》第65条规定的由第三人履行的合同——存续一段期间，代物清偿合同——合同成立之时即归于消灭。人们不禁要问，该合同到底是消灭了呢，还是存续着呢？

总之，终审判决书认为系争代物清偿合同适用《合同法》第65条的规定，是错误的。

三、关于系争《补充协议》第1条约定的“保证”是否属于《担保法》上的保证

1. 终审判决书认为，系争《补充协议》第1条约定的“保证”不属于《担保法》上的保证。根据之一是，《担保法》意义上的保证担保是保证人对他人债务提供担保，故欲构成《担保法》意义上的保证担保，应以存在被担保的他人主债务为前提。在系争案件中，债务人乙公司欠债权人甲银行的主债务仍然存在，无法生成保证担保中被担保的他人主债务以及相应的保证担保。

笔者认为，该认定的错误表现如下：(1) 上文的分析已经表明，债务人乙公司欠债权人甲银行的债务已经因代物清偿合同的成立、生效、履行而归于消灭了，而非并未消灭。(2) 在系争保证法律关系中，乙公司是保证人，丙证券公司是被担保人（主债务人），乙公司对债权人甲银行没有债务时，可以作保证人，

有债务时亦可作保证人，所以，终审判决书拟通过讨论乙公司对甲银行的债务尚未消灭来否定乙公司的保证人地位，思路偏差了。

2. 终审判决书为了否定系争“保证”是《担保法》意义上的保证，又创造了这样的理由：《补充协议》中的“保证”指向的是“以物抵债”这种代物清偿关系中替代给付物（行为）的品质，或指向的是由第三人履行债务关系中第三人的履行行为；而无论是以券抵债抑或是由第三人履行，因其清偿或履行的对象均是债务人的债务，故该“保证”虽然具有担保功能，但并非《担保法》意义上的保证担保。这里的错误表现在：(1) 将系争《补充协议》第1条约定的内容及其法律效果认定为担保“替代给付物（行为）的品质”或“第三人的履行行为”，即丙证券公司兑付“特种金融债券”的品质，一是不符合该条约定的文义，二是忘记了担保“替代给付物（行为）的品质”或“第三人的履行行为”是法定的瑕疵担保责任。[①] 而法定的瑕疵担保责任已由《合同法》第155条和第158条明文规定，无须当事人约定即可产生。如此，系争《补充协议》第1条的约定完全是多此一举。当事人有这么笨吗？三是混淆了瑕疵担保责任和系争《补充协议》第1条约定的“保证”的法律性质，因为担保品质的瑕疵担保责任属于违约救济，是违反第一性义务而产生的第二性义务，不是中性的，而是具有法律强制性的，在违反品质保证者有过错时是道德谴责和否定的结果，而系争《补充协议》第1条约定的乙公司“保证”责任是因丙证券公司不兑付而承担的“责任”，不是乙公司自己违约而承担的后果，它是普通的债务，是第一性义务，是中性的，不是违约救济，不是道德谴责和否定的结果。(2) 上文的分析已经十分清楚地表明，债务人乙公司欠甲银行的债务已因代物清偿而消灭，终审判决书却以没有消灭作为该项结论的基础、根据，基础不在，结论还能正确吗？

3. 终审判决书之所以否定系争《补充协议》第1条约定的“保证”，以及硬

---

① 参见郑玉波：《民法债编总论》，修订2版，陈荣隆修订，485页，北京，中国政法大学出版社，2004；邱聪智：《新订民法债编通则》下，453页，北京，中国人民大学出版社，2004；林诚二：《民法债编总论》，539页，北京，中国人民大学出版社，2003；王利明：《合同法研究》，修订版，第2卷，281页，北京，中国人民大学出版社，2011。

性地将系争代物清偿合同认定为附生效条件（附停止条件）的合同，及由第三人履行的合同，一个重要原因是甲银行签订系争合同的目的——防御代物清偿方式所蕴含的债券不能兑付的法律风险和确保自身债权安全实现（判决书第19页、第16页）。其要害在于：(1) 查阅终审判决书全篇，没有一处要考虑保护乙公司签订涉案合同的目的。难道乙公司就是十恶不赦的坏人吗？法院裁判不是代理人发表代理意见，主审法院应当站在客观、中立的立场，依法衡平涉案当事人各方的利益关系。(2) 甲银行同意以“特种金融债券”抵债，存在着该债券不能兑付的风险，可是也有早日得到兑付，开展其他业务所带来的利益，或者债券本身具有升值的空间；甲银行不同意以“特种金融债券”抵债，坚持乙公司偿还人民币，存在着乙公司无力偿还的风险。两种解决问题的方案都有利有弊，都有风险。终审判决书仅仅盯住兑付的风险，就据此将乙公司视为应予惩治的对象，有失偏颇。

四、关于乙公司承担保证责任的保证期间

《补充协议》第1条约定：“乙公司应协助做好还本付息工作，即2000年1月28日，如丙证券公司不能按期足额将全部兑付资金4 080万元划至甲银行账户，乙公司保证无条件承担给甲银行按期足额还款的责任。”《担保法》规定：“当事人在保证合同中约定，债务人不能履行债务时，由保证人承担保证责任的，为一般保证”（第17条第1款）；“当事人对保证方式没有约定或者约定不明确的，按照连带责任保证承担保证责任”（第19条）。依据上述规定，应当将《补充协议》第1条约定的保证认定为连带责任保证。但不论将乙公司的保证认定为连带责任保证还是一般责任保证，关于保证责任的保证期间，可以分别如下情况进行分析讨论：

1. 假如认定乙公司承担一般保证责任，则保证期间应为主债务履行期届满之日即2000年1月28日起6个月。

假如将《补充协议》第1条关于“乙公司应协助做好还本付息工作，即2000年1月28日，如丙证券公司不能按期足额将全部兑付资金4 080万元划至甲银行账户，乙公司保证无条件承担给甲银行按期足额还款的责任”的约定，仅仅认定为是乙公司这个保证人行使先诉抗辩权的约定，并据此反推出它约定的保证是一般保证，那么，该保证责任的期间就属于没有约定。按照《担保法》第25条第1款关于“一般保证的保证人与债权人未约定保证期间的，保证期间为主债务履行期届满之日起六个月”的规定，该一般保证的期间为2000年1月28日这个主债务履行期届满之日起6个月。

2. 假如认定保证人乙公司应承担连带保证责任，则保证期间仍然应当为主债务履行期届满之日起6个月。

若《补充协议》第1条约定的保证为连带责任保证，则所谓“乙公司应协助做好还本付息工作，即2000年1月28日，如丙证券公司不能按期足额将全部兑付资金4 080万元划至甲银行账户，乙公司保证无条件承担给甲银行按期足额还款的责任”，就并非关于先诉抗辩权行使的约定，而是约定了乙公司负有保证责任，接下来的工作，是确定该保证责任的期间。

《补充协议》第1条“如丙证券公司不能按期足额将全部兑付资金4 080万元划至甲银行账户”中的“按期”，指的是2000年1月28日这个主债务的履行期。“乙公司保证无条件承担给甲银行按期足额还款的责任”中的“按期”，指的也是丙证券公司按期足额将全部兑付资金4 080万元划至甲银行账户中的“按期”，亦即2000年1月28日。如此，保证期间与主债务的履行期间相同，均为2000年1月28日。按照法释［2000］44号第32条第1款关于“保证合同约定的保证期间早于或者等于主债务履行期限的，视为没有约定，保证期间为主债务履行期届满之日起六个月”的规定，涉案保证人乙公司承担保证责任的期间为自2000年1月28日起6个月。

退一步讲，“乙公司保证无条件承担给甲银行按期足额还款的责任”中的“按期”，固然指的是丙证券公司按期足额将全部兑付资金4 080万元划至甲银行账户中的“按期”，但这恰恰是重述主债务的履行期限，在复述丙证券公司按期足额将全部兑付资金4 080万元划至甲银行账户中的“按期”，而非在确定保证人乙公司的保证期间。如此，不宜认定涉案的保证期间与主债务的履行期间相同，均为2000年1月28日。疑问由此而生，涉案保证期间究竟是哪个时间段呢?《补充协议》第1条约定，丙证券公司于2000年1月28日不能按期足额将全部兑付资金4 080万元划至甲银行的账户即违约行为成立，保证人“乙公司保证无条件承担”保证责任。这表明了系争保证责任实际承担的条件由两个因素构成：一个是时间因素，为2000年1月28日；另一个是事实因素，为丙证券公司在这一天不能按期足额将全部兑付资金4 080万元划至甲银行账户。该条件成就时，乙公司实际承担保证责任的时间点开始。从这个意义上说，债权人甲银行有权请求保证人乙公司实际承担保证责任的开始时间为2000年1月28日。由于保证期间不得像普通债务履行期可以是期日那样，必须是一个期间，以免保证责任形同虚设，防止保证人轻易脱身；现在的问题成为，系争保证期间的终期在哪里，尚不得而知，结论是：乙公司承担保证责任的始期为2000年1月28日，至于终期，没有约定，即本案未约定保证期间（如前所言，保证期间必须有始期和终期）。

按照《担保法》第26条关于“连带责任保证的保证人与债权人未约定保证期间的，债权人有权自主债务履行期届满之日起六个月内要求保证人承担保证责任。在合同约定的保证期间和前款规定的保证期间，债权人未要求保证人承担保证责任的，保证人免除保证责任”的规定，此时保证人乙公司的保证期间仍然应认定为自主债务履行期届满之日起6个月。

4. 新债清偿

新债清偿，在中国现行法上缺乏规定，理论研究薄弱，但实务中却已有发生，有必要展开探讨。下文对它做一简要的介绍。

(1) 新债清偿的概念

新债清偿，又称新债抵旧、间接清偿、旧债新偿或间接给付，是指债务人因清偿旧债务，而与债权人成立负担新债务的合同。例如，因偿付租金、借款、价款而交付票据，即属新债清偿。[①] 其法律性质如下：A. 新债清偿为合同。新债清偿乃因清偿旧债务而负担新债务，债务人与债权人必须新签订合同。此点与代物清偿相同。B. 新债清偿乃因清偿旧债务而负担新债务的合同。新债清偿既为

① 见邱聪智：《新订民法债编通则》下，453页，北京，中国人民大学出版社，2004。

清偿旧债务而负担新债务，故新债清偿合同成立后，债务人即负担新债务。[①] C. 新债清偿是否为实践合同，存在着肯定说[②]与否定说[③]的分歧。中国大陆现行法对此尚无规定，需要总结实务经验，权衡各方利益，最后得出结论。从新债清偿合同成立旧债务并不因此而消灭，债务人不履行新债务时旧债务亦不消灭的法律效力方面观察，将新债清偿合同定为诺成合同更合逻辑。

（2）新债清偿的构成要件

新债清偿的成立需要具备以下要件：A. 债权人与债务人签订负担新债以消灭旧债的合同，即新债清偿合同。B. 债务人对债权人负有旧债务。即使债务人对债权人负担的旧债务已经罹于诉讼时效，也不妨碍新债清偿合同的成立。不过，如果旧债的关系已不存在（如引发旧债的合同不成立、被撤销、无效），那么新债清偿合同即无从成立。C. 以负担新债务为清偿旧债务的方法。新债清偿合同乃以负担新债务为履行旧债务的方法，因此新债务不履行时，旧债务并不消灭。这与代物清偿和合同更改不同，后二者场合债务人负担新债务并非履行旧债务的方法，而是代替旧债务，因此旧债务因代物清偿或合同更改即归消灭。[④]

（3）新债清偿的效力

新债清偿合同成立，旧债务并不因此而直接消灭，新债务与旧债务同时并存，债权人对旧债务的担保权等从权利仍然存在。不过，认定新债务与旧债务单纯并存，新债清偿将失去重要意义，因此，一般认为，新债务成立，旧债务即告暂时停止作用，债权人于新债务到期前，固然不得请求债务人履行旧债务，于新债务到期时，亦须先行请求债务人履行新债务。如新债务履行，旧债务便溯及既往地消灭，债权人不得就旧债务的关系为主张或请求。[⑤] 反之，如新债务届期不

---

① 见林诚二：《民法债编总论——体系化解说》，539～540页，北京，中国人民大学出版社，2003。

② 见史尚宽：《债法总论》，778页，台北，荣泰印书馆股份有限公司，1990；孙森焱：《民法债编总论》，776页，台北，三民书局，1997；林诚二：《民法债编总论——体系化解说》，540页，北京，中国人民大学出版社，2003。

③ 见邱聪智：《新订民法债编通则》下，453页，北京，中国人民大学出版社，2004。

④ 见林诚二：《民法债编总论——体系化解说》，540页，北京，中国人民大学出版社，2003。

⑤ 见中国台湾地区“最高法院”1952年台上字第86号判例；邱聪智：《新订民法债编通则》下，454页，北京，中国人民大学出版社，2004。

履行，则旧债务恢复作用，债权人仍可请求债务人履行旧债务。[①]

至于在新债务履行之前，关于旧债务的时效，依据多数说，时效即告中断。[②] 但也有学者认为，时效一度中断，必须重新起算；如嗣后视为不中断，时效回溯表见中断之时继续进行。对于债务人嗣后不履行新债务，债权人请求债务人履行旧债务的，中断说似有轻重失据之虞，解释上宜认为仅生时效不完成的效力。为避免混淆，特称之为中止。[③]

三、履行地点

履行地点，是指债务人应为履行行为的地点。在履行地点为履行，只要适当，即发生合同消灭的效力。在其他地点为履行则否。

当事人在合同中明确约定履行地点的，依其约定。该约定既可以在合同订立当时为之，也可在合同成立后履行债务前进行。合同对履行地点没有约定或约定不明确的，可以协议补充；不能达成补充协议的，按照合同有关条款或交易习惯确定（《合同法》第 61 条）。

当事人为多数人的，可以各自约定不同的履行地点。同一个合同中的数个给付不必约定相同的履行地点，尤其是双务合同中的两个债务，可以有两个履行地点。即使是一个债务，也可以约定数个履行地点，供当事人选择。

履行地点可由交易习惯确定（参见《合同法》第 61 条）。存在关于履行地点的交易习惯的，应遵从习惯，除非当事人之间另有约定。车站、码头的物品寄存，应在该寄存场所履行债务。

履行地点可由合同的性质确定。例如，不作为债务的履行地点应在债权人的所在地。

履行地点在法律有特别规定时，依其规定。例如，《票据法》（2004 年）第

① 见邱聪智：《新订民法债编通则》下，454 页，北京，中国人民大学出版社，2004。

② 见林诚二：《民法债编总论——体系化解说》，541 页，北京，中国人民大学出版社，2003。

③ 见邱聪智：《新订民法债编通则》下，454 页，北京，中国人民大学出版社，2004。

23 条第 3 款规定："汇票上未记载付款地的，付款人的营业场所、住所或者经常居住地为付款地"。

在按上述规则仍不能确定履行地点时，应按照《合同法》第 62 条第 3 项关于"履行地点不明确，给付货币的，在接受货币一方所在地履行；交付不动产的，在不动产所在地履行；其他标的，在履行义务一方所在地履行"的规定解决。

［引申］

以案说法：履行地点的重要性例证

基本案情

2010 年 11 月 16 日，买受人乙与出卖人甲签订了《售货合同》，其中第 1 条约定商品名称及规格：纯度最低为 99%的氢氧化钠（又名片碱），第 2 条约定氢氧化钠的数量为 1 000MT，第 3 条约定单价为 USD248/MT，第 5 条约定总值为 USD248 000.00，第 7 条约定装船港为中国新港，第 8 条约定目的港为伊朗的阿巴斯港，第 10 条约定保险由出卖人负担，第 11 条约定："由××签发的品质、重量（数量）检验证，作为交货的品质、重量（数量）的依据。Inspection：The Inspection Certificate of Quality and Weight（Quantity）issued by the sellers shall be taken as the basis for the shipping quality and weight（quantity）."

合同签订后，买受人乙依约向出卖人甲支付了相关的款项，但是经检验，出卖人甲所供货物纯度只有 21.57%。为此，买受人乙曾多次联系出卖人甲，要求其返还货款并赔偿由此给买受人乙造成的经济损失，但是至今未果。于是，买受人乙起诉到法院，第 1 项诉讼请求为解除《售货合同》；第 2 项诉讼请求为出卖人甲返还货款 248 000.00 美元；第 3 项诉讼请求为出卖人甲承担一切费用。

买受人乙在开庭审理前提交了下列证据：《售货合同》、买受人乙预付款付款水单、出卖人甲开具的形式发票、买受人乙尾款水单、要求付尾款前出卖人甲提供的提单复印件、收到尾款后出卖人甲提供的正式提单复印件、SGS Iran limited出具的检测报告、买受人乙将该检测报告通过电子邮件发送给出卖人甲，以及 SGS-CSTC Standards Technical Services Co.，Ltd 经出卖人甲申请检验而出具的检测报告。

买受人乙提交的SGS Iran limited出具的检测报告，确认出卖人甲对买受人乙交付的氢氧化钠（又名片碱）的检验结果为：

检测项目	单位	方法	结果
氢氧化钠	%（m/m）	Classic titormetery	21.57
碳酸钠	%（m/m）	ISO 3196	2.32
氯化钠	%（m/m）	ISO 981	73
氧化铁	%（m/m）	ASTM E291	96.009 1 ppm

买受人乙据此认为，出卖人甲交付的货物纯度只有21.57%，不符合《售货合同》的约定标准，同时其他指标也未达到约定标准。

不过，SGS-CSTC Standards Technical Services Co.，Ltd以出卖人甲为客户出具的氢氧化钠（又名片碱）检测结果则为：

分析项目	单位	分析方法	详细描述		检验结果
			最低	最高	
氢氧化钠	%（m/m）	GB/T4348.1—2000	99.0		99.25
碳酸钠	%（m/m）	GB/T 4348.1—2000	报告		0.35
氯化钠	%（m/m）	ISO 6227—1982（E）	报告		0.018
氧化铁	%（m/m）	ASTM E291—09	报告		0.002 6

该检测结果显示的氢氧化钠纯度符合《售货合同》对氢氧化钠（又名片碱）规格的约定标准。

判决要旨

《售货合同》第11条约定的中英文内容有所不同，中文未标明作为交货的品质、重量（数量）依据的检验证书由谁所签发，但英文明确由出卖人甲签发。主审法院认为，在中文未标明、英文标明且合同未明确中英文哪种文字为准的情况下，应确认英文标明的作为交货的品质、重量（数量）依据的检验证书由出卖人甲所签发为当事人的真实意思。

SGS-CSTC Standards Technical Services Co.，Ltd出具的检测报告的客户为

出卖人甲，该检测报告由买受人乙作为证据提交，应作为《售货合同》项下所交货物规格是否符合约定的依据。买受人乙提交的 SGS Iran limited 出具的检测报告的检测结果与前述报告的检测结果不一致，且作为《售货合同》项下所交货物规格是否符合约定的依据不足，主审法院不予采纳。

评释

首先，需要注意系争《售货合同》第 11 条约定的英文含义。

系争《售货合同》第 11 条的英文为："Inspection：The Inspection Certificate of Quality and Weight（Quantity）issued by the sellers shall be taken as the basis for the shipping quality and weight（quantity）."将之翻译成中文，应为"商品检验：由出卖人所签发的品质和重量（数量）检验合格证书作为装船时的品质和重量（数量）的依据。"

笔者特别提请注意：the shipping quality and weight（quantity），应为装船时的品质和重量（数量）。

问题、疑问由此而生，出卖人于涉案货物装船时单方面委托的有关检验机构签发的货物质量检验证书及其结论，应为判断涉案货物合格与否的依据吗？

其次，涉案货物装船时的货物质量检验证书及其结论的法律地位和效力。

按照法律及法理，涉案货物装船时的货物质量检验证书及其结论，并非总也不能作为判断涉案货物合格与否的依据。有下列情形之一的，涉案货物装船时的货物质量检验证书及其结论可以，也应当作为判断货物质量合格与否的依据：

(1) 交货地点为装船港，并且关于货物质量合格与否的判断标准，法律未设另外的规定，当事人亦无另外的约定。

(2) 交货地点虽非装船港，但法律设有明文规定，或当事人明确约定，涉案货物装船时的货物质量检验证书及其结论作为判断货物质量合格与否的依据。

复次，涉案货物于交货地点所作的检验文件及其结论的法律地位和效力。

按照法律及法理，只要法律没有相反的规定，当事人亦无相反的约定，所交货物的验收应在交货地点进行，并且，至少有买受人对货物的验收。买受人若对出卖人交付的货物在质量等方面有异议，必须按照《合同法》第 157、158 条的规定，适时提出异议，否则，视为货物合格。

即使存在两份关于涉案货物的质量检验证书及其结论，第一份为出卖人于装船港申请质检部门所作的检验证书及其结论，第二份为买受人于目的港申请质检部门所作的检验证书及其结论，并且它们的结论不一致，也应以买受人于目的港申请质检部门所作的检验结论为准。当然，出卖人对此持有异议的，应当以双方当事人共同指定的或它们共同委托裁判机关指定的质检部门出具的检验结论为准，除非法律另有规定或当事人另有约定。

主审法院的判决显然没有注意到这些，置买受人于目的港申请质检部门所作的检验证书及其结论于不顾，选取出卖人于装船港申请质检部门所作的检验证书及其结论，作为判断涉案货物合格的依据，不合法律及法理。

最后，系争案件中，判断所交货物合格与否的依据。

鉴于系争《售货合同》第 8 条约定目的港为伊朗的阿巴斯港，第 10 条约定保险由出卖人负担，我们有理由确信：系争合同的交货地点为目的港，即伊朗的阿巴斯港。

至于系争《售货合同》第 11 条约定“商品检验：由出卖人所签发的品质和重量（数量）检验合格证书作为装船时品质和重量（数量）的依据”，则是关于出卖人甲于装运港提供所交货物符合质量要求的义务的约定。依据该条约定，出卖人甲当然有义务于装运港提供所交货物符合质量要求的检验凭证。

这样理解，不仅因为系争《售货合同》第 11 条约定的文义是这样的，而且因为《合同法》第 153 条赋予（加于）了出卖人甲这样的义务。

但该检验凭证不作为所交货物合格的证据，除非买受人乙承认该检验凭证，或者系争合同明确约定出卖人甲的检验合格证书及其结论即为证明货物质量合格的唯一凭证，或者系争合同明确约定买受人乙无需再予检验。

这样认定的依据，首先是《合同法》第 157、158 条的规定。这些规定赋予了买受人乙验收所交货物的权利，当然也是义务，以保障作为一个理性人的买受人乙获得合格的货物。

这样认定也符合常理，即买受人乙验收货物的义务、权利，可以避免出卖人甲故意或疏忽地将不合格的货物说成是合格的，从而给买受人乙造成损失。试想，哪有一个正常的出卖人在交货时声称：我所交货物的质量不合格，数量短缺！

结合系争《售货合同》第8、10条等约定，可知本案的交货地点为伊朗的阿巴斯港。因此，只有在伊朗的阿巴斯港进行验收，才符合《合同法》第157、158条的规定，才符合法理，才会保障买受人受领合格的货物的权利。

据买受人乙所举证据，出卖人甲所交货物中，氢氧化钠（又名片碱）的纯度仅为21.57%，不符合系争《售货合同》的约定，构成违约，成立违约责任。

系争《售货合同》约定涉案氢氧化钠的纯度最低为99%，但出卖人甲所交氢氧化钠的纯度仅为21.57%，符合《合同法》第94条第4项规定的解除权产生的条件，买受人乙主张解除系争《售货合同》，应当得到支持。

由于出卖人甲违约，令其承担由违约造成的一切费用，符合法律及法理。

四、履行期

1. 履行期的概念

履行期，或清偿期，《合同法》称之为履行期限（第12条第1款第6项等），其含义如何，中外民法及其理论在界定上不尽一致。

在德国，像给付地点一样，给付时间属于给付的方式。与给付时间相关，有两个问题需要澄清，即从什么时点债权人可以要求债务人为给付以及债务人可以为给付。第一个问题涉及债务的请求期（点）(Fälligkeit)(请求权届至点)，第二个问题涉及（债务的）履行期（点）(Erfüllbarkeit)。债务履行期届至（fällig ist)，债务人可以履行，债权人若拒绝受领，就陷于受领迟延（《德国民法典》第293条以下）。只有当债务不仅履行期届至（erfüllbar ist)，而且请求期也届至时，债权人才可以强制履行；此时，债务人不仅可以给付，而且必须给付。给付的这两个方面——请求期和履行期，被规定在《德国民法典》第271条：如果当事人对履行时间没有约定，也不能通过情形[①]得出，那么根据第 271 条第 1 项的规定，债权人可以立即要求债务人履行，债务人也可以立即作出履行。根据第 271 条第 2 项的规定，债务立即届至请求期和履行期，也就是说请求期和履行期原则上从债务一产生就届至。但是，立即届至的请求期对债务人来说，有一个实施给付行为的适当时间。因此，立即给付的义务意味着，债务人必须尽快给付。不同于《德国民法典》第 121 条第 1 项第 1 款规定的“毫不迟延”，这里应当以一个客观的标准为基础。[②]

由此可知，在德国民法上，履行期和请求期重合之处，是一个时间点，而非一段期间。当事人约定，出卖人于 2011 年 1 月 1 日至 2011 年 3 月 3 日交货，这也不意味着 2011 年 1 月 1 日至 2011 年 3 月 3 日这段期间均为履行期和请求期，履行期和请求期仅指 2011 年 3 月 3 日这个时间点。债务人于 2011 年 3 月 3 日未履行，即构成迟延。至于 2011 年 1 月 1 日至 2011 年 3 月 2 日这段期间，其法律意义在于，债务人可以放弃期限利益，在 2011 年 1 月 1 日至 2011 年 3 月 2 日这段期间的任何一天为履行，债权人不得拒绝，否则，债权人陷于迟延。当然，履行期纯为债权人利益的，则另当别论。[③]

在日本，按照《法律学小辞典》的解释，履行期限，又叫清偿期，指的是债务人不得不履行（清偿）的时期。债务人在履行期限内不履行的，就构成履行迟延。例如，买卖双方约定 1 个月之后支付价金，但是买方过了 1 个月仍然没有支付价金的场合，构成履行迟延。[④] 与此同义或近义，於保不二雄教授阐释道：“清偿的时间指应进行清偿的时间，即履行期或清偿期……在履行期或清偿期内，债权人可以请求履行，债务人必须进行履行。履行期内如债务人不进行履行或债

① 此处的“情形”，是指没有约定或法律特别规定的情形。该情形通常要通过债的关系的性质、交易习惯、给付的特征等来判断。比如，在承揽合同中，要考虑工作物制作所需要的时间。

② Mathias Schmoekel，Jaochim Rueckert und Reinhard Zimmermann-Petr Groeschler：Historisch-kritischer Kommentar zur BGB，1. Teilband，Mohr Siebeck 2007，§§269－272. S. 813，Rn. 8.

③ 德国民法及其学说、判例关于履行期限的文献翻译及理解，系清华大学法学院副教授耿林博士，以及清华大学法学院教授王洪亮博士所为。特此致谢！

④ 见［日］金子宏、新堂幸司、平井宜雄编：《法律学小辞典》，3 版，1154 页，东京，有斐阁，1999。

权人不受领履行，就要承担迟延责任……随着履行期限届至，消灭时效开始进行。”[①] 这与《日本民法典》的有关规定相互印证，具有可信性。例如，《日本民法典》第 412 条规定：“①就债务的履行有确定期限时，债务人自其期限届至时起，负迟延责任。②就债务的履行有不确定期限时，债务人自其知道期限届至时起，负迟延责任。③就债务的履行未定期限时，债务人自接到履行的请求时起，负迟延责任。”《日本民法典》第 166 条第 1 项规定：“消灭时效，自权利可以行使时起进行。”[②] 显而易见，履行期·履行期届至·履行迟延三者间的关系，是自圆其说的，没有矛盾。

在中国台湾地区，学说将清偿期（履行期）界定为，债务人应为清偿的期日[③]，债务人应为履行的时期。[④] 也有学者同时着眼于债权人、债务人两个角度，谓清偿期系债务人应依债之本旨而为清偿，债权人得请求清偿的期日。[⑤] 这大体上与日本民法学说的界定相同，尤其是强调清偿期为“期日”（时间点）的界定，与日本的一致。

在中国台湾地区，有专家进一步辨析道：履行期（清偿期或给付期），谓债务人应为债务履行的时期。（1）此时期与债务发生的时期在观念上不同，在事实上也有先后之别；（2）履行期与债务人得为履行的时期不同；（3）履行期与债权人得请求债务人为履行的时期有别；（4）履行期与事实上为履行的时期不同。[⑥] 这与德国的民法及其学说对请求期、履行期的理解大体一致，尽管文字表述上略有差异。

与此有别，中国现行法及其理论在用语上没有刻意区分债权人得请求债务人

---

① 见［日］於保不二雄：《日本民法债权总论》，庄胜荣校订，344 页，台北，五南图书出版有限公司，1998。

② ［日］於保不二雄：《日本民法债权总论》，庄胜荣校订，345 页，台北，五南图书出版有限公司，1998。

③ 见孙森焱：《民法债编总论》下册，864 页，北京，法律出版社，2006。

④ 见郑玉波：《民法债编总论》，陈荣隆修订，490 页，北京，中国政法大学出版社，2004；邱聪智：《民法债编总论》下，457 页，北京，中国人民大学出版社，2004。

⑤ 见林诚二：《民法债编总论——体系化解说》，547 页，北京，中国人民大学出版社，2003。

⑥ 见史尚宽：《债法总论》，747～748 页，台北，荣泰印书馆股份有限公司，1978。

为履行的期限与债务人必须为履行的期限（履行期或曰履行期限），或者说，中国现行法及其理论所谓履行期，在外延上较德国、日本、中国台湾地区的为广，既包括它们所说的债务人可以为履行的时间、债务人必须为履行的时间，也含有它们所说的债权人得请求债务人为履行的期日。并且，在理解履行期时，区分一个时间点的履行期与一段期间的履行期。履行期为一个时间点的，既是债权人得请求债务人为履行的时间，也是债务人必须为履行的时间，在称谓和效果上与德国、日本、中国台湾地区的相同。履行期为一段期间的，如约定出卖人于2011年1月1日至2011年3月3日期间交货，则2011年1月1日至2011年3月2日为买受人（债权人）得请求出卖人（债务人）为履行的期限，2011年3月3日为债务人必须履行的时间。这无论是在称谓上，还是在含义上，都不同于德国、日本和中国台湾地区的。

这种不同，在法律结果上显现出差异。以约定出卖人于2011年1月1日至2011年3月3日期间交货为例，按照德国、日本、中国台湾地区的民法、判例及学说，买受人于2011年1月1日至2011年3月2日期间无权请求出卖人交货，若请求，则出卖人有权抗辩。该种抗辩无需主张，即可发生阻却给付请求的效果。与此不同，按照中国既有的通说，买受人于2011年1月1日至2011年3月2日期间有权请求出卖人交货，不过，出卖人享有履行期尚未届满的抗辩权。该种抗辩权至少在绝大多数情况下需要主张，通说认为必须主张，才发生阻却给付请求的法律效果。

比较而言，德国、日本和中国台湾地区关于请求期、履行期的界定，结合抗辩、抗辩权等制度考量，更有利于债务人。有鉴于此，笔者放弃原来赞同的通说，借鉴德国民法关于请求期·履行期·抗辩·抗辩权的学说，以及日本和中国台湾地区的民法关于履行期·抗辩·抗辩权的理论，采取如下观点：履行期，是指债务人依约或依法必须履行其债务的时间。在非继续性合同场合，履行期仅为一个时间点，而非一段期间；在继续性合同场合，某些债务（如承租人交付租金的义务）的履行期仅为一个时间点，而另一些债务（如房屋出租人移转租赁物使用权的义务）的履行期则为一段期间。

[延伸]

为了进一步明确中外民法理论的上述差异，笔者再从另一角度予以解说。假如在履行期的把握上采取中国大陆通说关于履行期的界定，在对履行期届至的界定上和迟延履行的认定上采取德国、日本或中国台湾地区的，则会出现谬误。对此，我们举例予以说明。某买卖合同约定，出卖人于2011年1月1日至2011年3月3日交付买卖物。在德国、日本或中国台湾地区的民法及其理论上，履行期不是2011年1月1日至2011年3月3日，而是2011年3月3日。2011年3月3日届至，也就是履行期届至，出卖人未交付买卖物构成迟延，没有不当。不过，改造一下，即在履行期的界定和把握上，按照中国大陆现行法的规定及其理论，在履行期届至和迟延的构成上，采取德国、日本或中国台湾地区的民法及其学说，则结论难被接受。请看：2011年1月1日至2011年3月3日，全部属于履行期；履行期届至，即2011年1月1日到来，出卖人未交付买卖物，构成迟延。估计没有人会赞同该项结论。

如何解决呢？其实不难。采取履行期为一个时间点的理论，即，出卖人虽可于2011年1月1日至2011年3月3日交货，但只有2011年3月3日才属于履行期，所谓履行期届至，并非2011年1月1日到来，而是2011年3月3日届至；2011年3月3日届满，出卖人未交付买卖物，才构成迟延。该项结论恐怕无人反对。

笔者强调继续性合同的特殊性，即，在继续性合同中，不应按照“整体合同”确定请求期·履行期·履行期届至·迟延履行之间的关系，而宜区别并依个别债权/债务确定这三者之间的关系。并且，迟延履行，就某些继续性债务而言，不是履行期届满，而是履行期届至。在此，试以雇用合同和租赁合同为例，分析说明：(1) 在雇用合同中，雇用期间不等同于履行期，判断雇员迟延履行与否，也不以雇用期届满为准。例如，甲雇用乙管理家务，期限为2009年3月6日至2010年3月6日。该项期限不是雇员乙的履行期限，而是雇用期限，也可以说是该雇用合同的存续期限。雇员乙的履行期宜以一天为一个单位计算，每一天产生一项债务/债权。2009年3月6日届至，乙没来甲家管理家务，就构成迟延履行。(2) 在租赁合同中，租赁期限（租期）不等同于履行期，判断出租人迟延履行与否，同样不以租赁期限届满为准。例如，甲将其住房出租给乙，约定租赁期限为2009年3月6日至2010年3月6日。2009年3月6日届至，也可以说届满，出租人甲未将租赁住房交付给乙，就构成迟延履行。若一方面维持2009年3月6日至2010年3月6日的租赁期限不变，另一方面约定2009年2月10日至2009年3月6日将该住房的钥匙交给乙，则出租人迟延与否的判断会发生一些变化。不是出租人于2009年2月10日（届至）未交钥匙，就构成迟延履行，而是出租人于2009年3月6日（届满）未交钥匙，才构成迟延履行。

［拓展］

在境外，所谓债权已届清偿期，在定有期限的债务场合，为其期限届至之时，在未定期限的债务场合，则为债务债权人请求之时。债务人是否陷于迟延，在所不问。[①] 在中国大陆的现行法上，作为抵押权、质权实行要件的债务人不履行到期债务，在定有期限的债务场合，应指该期限届满；在未定期限的债务场合，需要债权人先为催告，债务人于催告所指定的宽限期届满时仍不履行债务的，抵押权人或质权人可行使抵押权或质权。但在留置权场合则有所不同，在定有期限的债务场合应为该期限届至，留置权成立；在未定期限的债务场合，需要债权人先为催告，该催告所指定的宽限期届至，留置权成立。之所以如此，是因为若将留置权成立的时间点定在债务的清偿期届满，则会出现这样的局面：在债务的履行期届至但未届满时，债权人虽有权请求债务人履行债务，但债务人拒绝履行其债务并不构成违约，此时债务人请求债权人交付动产，债权人无权拒绝；债权人将动产交付给债务人后，于债务履行期届满时请求债务人清偿却遭到不法拒绝时，缺乏有效的救济手段，而把债权已届清偿期作为留置权成立的要件，则会避免上述现象。

① 见谢在全：《民法物权论》下册，修订2版，399～400页，台北，三民书局，2003。

2. 履行期的确定

履行期，合同有约定时，依其约定。当事人在合同中可以约定一宗债务划分为若干部分，每个部分各有一履行期；还可以约定数个履行期，届时可以选择确定；在双务合同中可分别约定两个对立债务的履行期。

履行期，法律有规定时，依其规定。例如，《深圳经济特区土地使用权出让办法》第 27 条规定："中标者应在合同生效之日起 60 日内付清全部地价款。"法律规定履行期（限），还有另外的情形，例如，《破产法》（2006 年）第 46 条第 1 款规定："未到期的债权，在破产申请受理时视为到期。"

履行期，还可依债务的性质确定。例如，在饭店预订酒席，依其性质，宴客之日为履行期。

依上述规则仍不能确定履行期时，应按照《合同法》第 61 条及第 62 条第 4 项关于"履行期限不明确的，债务人可以随时履行，债权人也可以随时要求履行，但应当给对方必要的准备时间"的规定加以确定。

就建设工程施工合同的履行期的认定，法释［2004］14 号设有如下特殊的规定，在建设工程施工合同场合应当优先适用：当事人对建设工程实际竣工日期有争议的，按照以下情形分别处理：（1）建设工程经竣工验收合格的，以竣工验收合格之日为竣工日期；（2）承包人已经提交竣工验收报告，发包人拖延验收的，以承包人提交验收报告之日为竣工日期；（3）建设工程未经竣工验收，发包人擅自使用的，以转移占有建设工程之日为竣工日期（第 14 条）。利息从应付工程价款之日计付。当事人对付款时间没有约定或者约定不明的，下列时间视为应付款时间：（1）建设工程已实际交付的，为交付之日；（2）建设工程没有交付的，为提交竣工结算文件之日；（3）建设工程未交付，工程价款也未结算的，为当事人起诉之日（第 18 条）。

3. 履行期的类型及意义

（1）概述

履行期有为债务人利益的，如在无利息的借款合同中，借款人可以随时偿还本金，出借人不得于履行期前请求偿还；有为债权人利益的，如在无偿保管合同中寄存人可提前领取保管物、随时领取保管物；也有兼为债权人和债务人利益的，如在附利息的借款合同场合，出借人不得强要借款人期前受领借款，同时借款人不得请求期前支付借款。[①]

(2) 履行期为债务人利益时的履行规则

在履行期为债务人利益的情况下，债权人不得随意请求履行。其道理在于，债务履行期尚未届至，债权处于效力不齐备的状态，缺乏请求力；债务人并无即时满足债权人请求履行的义务。此时，债权人自然无权请求债务人履行债务，倘若请求，债务人也有权抗辩。这不难理解。问题是，债务人将自己实际履行的义务提前，拟使债权人的债权尽早地成为效力齐备的债权，是否可以？这与诚实信用原则以及债务履行期是为债务人的利益还是为债权人的利益有关。

债务的履行期尚未届至，若债务履行期有利于债务人，则债务人提前履行，是在牺牲自己的期限利益，属于《合同法》第71条第1款后段所规定的“提前履行不损害债权人利益”的情形，应予允许，债权人对此不得拒绝。债权人虽然不得拒绝，但有权援用《合同法》第71条第2款关于“债务人提前履行债务给债权人增加的费用，由债务人负担”的规定。

应当看到，在极个别的情况下，即使期限利益在债务人一侧，提前履行也可能损害债权人的利益。例如，债权人为受领给付所租赁的仓库交付日期是与本合同的债务履行期相衔接的，在这种情况下，债务人提前履行，交付货物，会使债权人无处存放受领的货物，从而不是增加新的租金，就是导致货物因露天堆放受到损害。又如，在人潮如海的露天剧场交付巨资，极易被坏人发现而遭抢夺。于此场合，债权人仍有权援用《合同法》第71条第1款前段关于“债权人可以拒绝债务人提前履行债务”的规定。

---

① 见史尚宽：《债法总论》，749页，台北，荣泰印书馆股份有限公司，1978。史尚宽先生在该页注释中介绍，日本多数说和判例认为，在附利息的借款合同中，出借人可以抛弃期限利益，但应赔偿借款人所受的损失。

（3）履行期为债权人利益时的履行规则

需要注意的还有，债务的履行期在极少数情况下也有为债权人利益的，无偿保管合同即为一例。为债权人利益的履行期场合，原则上不允许债务人提前履行，以免损害债权人的利益。换句话说，债权人可以在履行期限届至前请求债务人为履行，但债务人无权强行要求债权人于期前受领给付。不过，也有极个别的情形，提前履行不损害债权人利益，如在储物场所面临被大火吞噬，保管物无处存放的场合，债务人提前履行，债权人不得拒绝（《合同法》第 71 条第 1 款后段）。

（4）履行期兼为债务人和债权人的利益时的履行规则

在履行期兼为债务人和债权人的利益的情况下，债务人无权强行要求债权人于期前受领，同时债权人无权请求债务人于期前履行。现行法存在着这些方面的规则。例如，《合同法》第 71 条规定："债权人可以拒绝债务人提前履行债务，但提前履行不损害债权人利益的除外。"单从"债权人可以拒绝债务人提前履行债务"一语，似乎尚难得出履行期限是为债务人的利益而设的结论，可能更容易使人觉得履行期限系为债权人的利益而设的，因为债权人可以拒绝债务人提前履行债务，但从"但提前履行不损害债权人利益的除外"的内容观察，可知该条涵盖了履行期为债务人的利益而设和履行期为债权人的利益而设两种情形：在债务人提前履行不损害债权人利益的情况下，债权人不得拒绝债务人的提前履行，这表明这种履行期是为债务人的利益而设的；在债务人提前履行损害债权人利益的情况下，债权人可以拒绝债务人的提前履行，这表明此类履行期是为债权人的利益而设的。

［探讨］

履行期为谁的利益，如何判断，值得探讨。笔者认为，履行期为谁的利益，其判断应有积极和消极两个方面的标准（考量）。在积极方面，期限利益或表现为期限利益的享有者享有现实或潜在的金钱价值，或表现为避免更大的风险，或表现为容许自己有较为充裕的时间筹集资金、租赁仓库、安装设备、购买原材料或寻觅担保人，甚至表现为稳定或增多客源、保持信誉、顺利经营等。在消极方面，表现为期限利益的享有者抛弃期限利益，提前履行，不得损害相对人的合法权益。假如抛弃期限利益，提前履行损害了相对人的合法权益，则该期限利益就不单纯地归属于一方，而应该说双方当事人都享有期限利益，或者说，期限利益既为债权人又为债务人。

4. 延缓履行

延缓履行，即债务人于履行期限届满时尚未履行，已经构成违约，应当承担违约责任。从这个意义上说，延缓履行不被允许。

如果债务人请求延缓履行且不承担违约责任，债权人全部同意，那么这意味着变更了履行期限，也就是顺延了履行期限。这符合《合同法》第77条关于合同变更的规定，法律应予认可。至于债权人主动允诺债务人延缓履行，更无必要干预。

5. 履行期与合同的存续期限之间的差别

履行期不同于合同的存续期限。合同的存续期限，在继续性合同中最有价值，合同的存续期限越长，继续性合同项下的权利义务在量的方面就越增加，在对价一定的前提下，当事人应当力争约定较长的存续期限。在非继续性合同场合，合同的存续期限所起的作用有限。例如，2009年3月2日签订的某汽车销售合同，约定出卖人于2009年5月10日交付该汽车，买受人于2009年4月20日付清全部车款，该合同存续到2010年12月1日。该存续期限的积极价值就不明显，即使出卖人一直到2009年12月2日也未交付汽车，也不影响买受人追究其违约责任。由于该违约责任自2009年5月11日就成立了，双方当事人之间存在着违约责任关系，该既存的法律关系不会因该汽车销售合同于2010年12月2日消失而化为乌有，而是替代了汽车销售合同关系而拘束着该双方当事人。即使如此，也不得否认合同的存续期限在非继续性合同中的意义：（1）在特定物买卖等合同中，如果不可抗力等客观原因造成不能履行，并且该状态一直持续到该合同的存续期限届满，那么，该合同关系归于消灭，且不产生违约责任。与此不同，在该合同的存续期限尚未届满的情况下，不可抗力等客观原因消失，债务人可以履行合同义务却不履行的，成立违约责任。(2) 在合同附停止条件、附始期的情况下，若一直到该合同的存续期限届满，停止条件也未成就，或始期没有届至，则该合同归于消灭，也不成立违约责任。与此不同，在该合同的存续期限尚未届满的情况下，所附停止条件成就或始期届至，债务人有义务开始履行其债务，若不履行，则成立违约责任。

五、履行方式

在德国民法上，履行方式包括履行地点、履行期、请求期等内容。① 与此不同，中国现行法上的履行方式，是与履行地点、履行期并列的概念。它是完成合同义务的方法，如标的物的交付方法、工作成果的完成方法、运输方法、价款或酬金的支付方法等。履行方式与当事人的权益有密切关系，履行方式不符合要求，有可能造成标的物缺陷、费用增加、迟延履行等后果。②

合同有关于履行方式的约定的，依其约定；无此约定时，宜采取公平合理的方式履行，履行方式依《合同法》第 61 条的规定及第 62 条第 5 项关于“履行方式不明确的，按照有利于实现合同目的的方式履行”的规定予以确定。美国《统一商法典》第 2—307 条规定，除非另有协议，买卖合同项下的所有货物必须一次全部提示交付，且只有卖方作此种提示交付，买方才有义务支付价款。但是，如果客观情况使卖方有权分批交货或使买方有权分批提货，则在价款可按比例分开计算时，卖方可以要求在其每次交货后取得相应价款。显然，它是以一次全部履行为原则，也不排除在特定条件下的分批履行。这可作借鉴。

---

① Palandt，Büergerliches Gesetzbuch，64. Aufl. C. H. Beck 2005，§271，S. 334 ff. Rn. 1.

② 见隋彭生：《合同法论》，309 页，北京，法律出版社，1997。

六、履行费用

履行费用，是指履行合同所需要的必要费用，如交付物品的费用、运送物品的费用、金钱邮汇的邮费，但是不包括合同标的本身的价值。在通常情况下，履行费用有运送费、包装费、汇费、登记费、通知费等。对于履行费用的负担，当事人有约定的依其约定；如无约定，按《合同法》第 61 条的规定，双方当事人可协议补充；不能达成补充协议的，按照有关条款或者交易习惯确定。如此仍不能确定的，按《合同法》第 62 条第 6 项关于“履行费用的负担不明确的，由履行义务一方负担”的规定解决。另外，因债权人变更住所或其他行为而导致履行费用增加的，增加的费用应由债权人负担。例如，债权人受领延迟而致使履行费用增加、债权人请求对物品特别包装而增加费用、债权人请求将物品送往履行地之外的地点而增加费用、因债权转移而增加费用等，依公平原则这些均应由债权人负担。

第四节　涉及履行的抗辩及抗辩权

一、涉及履行的抗辩及抗辩权的体系及作用

如同本书第六章“合同的履行”第三节“合同履行的规则”中“四、履行期”所述，本书将履行期界定为债务人必须依约或依法履行其债务的时间。不过，必须注意继续性合同的特殊性。具体些说，在非继续性合同场合，履行期仅为一个时间点，而非一段期间；在继续性合同场合，某些债务（如承租人交付租金的义务）的履行期仅为一个时间点，而另一些债务（如房屋出租人移转租赁物使用权的义务）的履行期则为一段期间。

涉及履行的抗辩及抗辩权，是指在符合法定条件时，当事人一方对抗相对人的履行请求，暂时拒绝履行其债务的抗辩或抗辩权。它包括附停止条件的抗辩、附始期的抗辩、履行期尚未届至的抗辩、履行期尚未届满的抗辩、不当履行的抗辩权[①]、时效完成的抗辩权、同时履行抗辩权、先履行抗辩权、不安抗辩权、留置权的行使[②]等。其中的附停止条件的抗辩、附始期的抗辩、时效完成的抗辩权等，在专家学者间已经形成共识，无须多言；对于履行期尚未届至的抗辩、履行期尚未届满的抗辩，韩世远教授等学者表示怀疑，需要辨明。

之所以说存在着履行期尚未届至的抗辩，是因为债务人在给付期之前并不负给付义务，债权人如在给付期之前请求给付，债务人即得以给付期尚未届至为由，拒绝给付。[③] 因为债务具有中性，不含有道德和法律的否定性评价，不得被强制执行，所以产生《合同法》第110条、第111条限定的情况——法律上或事实上不能履行、债务的标的不适于强制履行或履行费用过高、债权人在合理期限内未要求履行；只有在行为债务以外的债务被迟延履行、不完全履行、拒绝履行且债务人能够履行的情况下，才可强制执行。[④] 这从一个侧面表明，在债务履行期届至前，债务人有权拒绝债权人的给付请求，即存在着履行期尚未届至的

① 见［德］迪特尔·梅迪库斯：《德国债法总论》，杜景林、卢谌译，356页，北京，法律出版社，2004。

② 见［德］迪特尔·施瓦布：《民法导论》，郑冲译，603页以下，北京，法律出版社，2006。

③ 见孙森焱：《民法债编总论》下册，446页，北京，法律出版社，2006。

④ 对于行为债务，若要直接强制执行，则涉及是否侵犯人的行为自由的问题。一种观点认为，按照现代伦理，人的行为自由至高无上，不得强制。另一种观点主张，人的行为自由固然位阶甚高，但并非绝对禁止法院裁判债务人继续履行其行为债务，在债权人请求债务人继续履行行为债务的情况下，主审法院仍可裁判债务人继续履行其行为债务，如裁判债务人与预约人签订本约，或履行装修服务的义务，或履行继续施工的义务等，只不过法院同时或其后要裁判：债务人假如仍然拒绝履行此类行为债务，则须承担一定的损害赔偿金，甚至是惩罚性损害赔偿，以儆效尤。折衷说在赞同第二种观点的基础上，增加主审法院可以裁判代替履行的路径，当然也可直接裁判以损害赔偿甚至惩罚性损害赔偿代替直接强制（参见杨与龄编著：《强制执行法论》，10页，北京，中国政法大学出版社，2002；郭兵主编：《强制执行论》，220～221页，北京，人民法院出版社，2010；杨荣馨主编：《〈中华人民共和国强制执行法（专家建议稿）〉立法理由、立法例参考与立法意义》，509页，厦门，厦门大学出版社，2011）。笔者赞同折衷说。

抗辩。①

① 中国政法大学罗马法与意大利法研究中心、教育部法制史研究重点基地——中国政法大学法律史学研究院、意大利和中国"罗马法背景下的中国法典化与法学人才培养研究中心"、中国政法大学出版社于2009年10月24—25日在北京主办召开了第四届"罗马法·中国法与民法法典化国际研讨会"，笔者在2009年10月25日上午应邀做了"履行抗辩权探微"的大会报告，持履行期尚未届至的抗辩权、履行期尚未届满的抗辩权之说。休息时，中国政法大学副教授于飞博士向笔者提出，履行期尚未届至的抗辩权，应为履行期尚未届至的抗辩，为诉讼法上的抗辩，而非实体法上的抗辩权，因为债权的请求效力尚未发动，无需当事人主张，即可产生相应的法律效果。该意见具有警示性和启发性，值得重视，原因在于存在着德国民法及其学说关于"无需主张的抗辩"与"需要主张的抗辩"之间相区别的观点。"无需主张的抗辩"是法定的，不需要被告提出特别的申请，就自动产生效力，或是使请求权不发生（权利阻却的抗辩），或是使已经产生的请求权归于消灭（权利消灭的抗辩）；"需要主张的抗辩"依据被告的相关意愿产生效力（见［德］迪特尔·梅迪库斯：《德国民法总论》，邵建东译，82页以下，北京，法律出版社，2000）。在此，谨向于飞博士致以由衷的谢意！

不过，在本书定稿之前，笔者对于履行期·履行迟延·抗辩权问题一直采取通说的意见，特别是赞同以下观点，没有接受履行期尚未届至的抗辩、履行期尚未届满的抗辩的意见：(1) 抗辩权的界定仅仅要求抗辩权是对抗请求权的权利，其目的是永久地或暂时地阻止请求权的实施或使请求权减弱（见［德］卡尔·拉伦茨：《德国民法通论》，上册，王晓晔、邵建东、程建英、徐国建、谢怀栻译，谢怀栻校，328～329页，北京，法律出版社，2003），并未要求必须是对抗请求效力已经发动的请求权。特别是请求权可以通过当事人自愿履行而实现（见［德］卡尔·拉伦茨：《德国民法通论》上册，王晓晔、邵建东、程建英、徐国建、谢怀栻译，谢怀栻校，324页，北京，法律出版社，2003），可以作为被动债权而被抵销，这就更加不强调请求力必须已经发动。(2) 对需要主张的抗辩与无需主张的抗辩进行区分，从法律政策上看是很成问题的。人们经常说道，一种违反诚实信用原则的行为永远构成一种无需主张的抗辩，难道情况真的是这样吗？我们是不是应当让债务人自己来作出决定……为什么将债务未届清偿期的事实作为无需主张的抗辩，却将延期给付的事实作为需要主张的抗辩来对待呢？（见［德］迪特尔·梅迪库斯：《德国民法总论》，邵建东译，82页以下，北京，法律出版社，2000。）其实，按照存在效果说，在迟延履行的场合，同时履行抗辩权、先履行抗辩权无需主张即发生效力，反倒成了无需主张的抗辩。这表明，需要主张的抗辩与无需主张的抗辩的区分具有相对性和不确定性。(3)《德国民法典》第813条第2项规定："附期限的债务被提前清偿的，债务人不得请求返还，并不得请求提前清偿期间的利息。"中国台湾地区"民法"第316条规定："定有清偿期者，债权人不得于期前请求清偿，如无反对之意思表示时，债务人得于期前为清偿。"中国大陆《合同法》第71条规定："债权人可以拒绝债务人提前履行债务，但提前履行不损害债权人利益的除外。债务人提前履行债务给债权人增加的费用，由债务人负担。"所有这些规定，都表明对于履行期尚未届至的债务，只要债务人清偿了——包括债务人主动提前清偿和债权人于期前请求债务人清偿，债务人未作反对的表示而实施了履行行为，债权人就享有受领权和保有权，不构成不当得利，裁判机关不得依职权责令债权人返还或承担损害赔偿责任。这反映出债务人提出抗辩是必要的。(4) 有些民事诉讼法学家称，中国民事诉讼法及其学说并未区分抗辩和抗辩权。(5) 相当多的抗辩（权），在实体法和程序法上都有存在的空间。

如今，笔者借鉴德国、日本、中国台湾地区关于请求期·履行期·履行迟延·抗辩·抗辩权的民法学说，修正了以往的观点，将非继续性合同场合的履行期一律界定为一个时间点，而非一段期间，接受了履行期尚未届至的抗辩、履行期尚未届满的抗辩之说。至于有无必要区分履行期尚未届至的抗辩与履行期尚未届满的抗辩，尚需时日思考，因为这涉及债权人迟延构成的要件设计、债务人抛弃期限利益的权限、债权人利益的保护等问题。

之所以说存在着履行期尚未届满的抗辩，是因为迟延履行系债务人于履行期届满仍未履行债务的现象。这表明，在履行期届满前，债务人不履行债务，不构成迟延履行。既然不构成迟延履行，就不承担违约责任，这说明债务人享有履行期尚未届满的抗辩。[①] 对此，举例说明如下：某买卖合同约定，出卖人于2011年1月1日至2011年3月3日交货。买受人于2011年3月2日及此前请求债务人履行其债务，债务人享有履行期尚未届满的抗辩，有权拒绝履行其债务，不构成迟延，不承担违约责任。即便到了2011年3月3日，纯从理论上讲，债务人也可以履行期尚未届满作为抗辩，拒绝履行其债务。只不过2011年3月3日不履行，到了2011年3月4日，债务人就要承担迟延履行的违约责任。在这个意义上说，称履行期届至和履行期届满，实际意义不大。对此，笔者将在下文“同时履行抗辩权的成立要件”中进行较为详细的分析。

明确非继续性债务的履行期为一个时间点，以及履行期尚未届满的抗辩，意义是多方面的：其一，对于判断是否构成同时履行抗辩权具有价值。同时履行抗辩权的构成要件之二是，“须当事人双方互负的债务均已届履行期”。此处所谓“已届履行期”，存在着“履行期届至”和“履行期届满”两种理解；并且，在坚持同时履行抗辩权和先履行抗辩权并立的模式下，仅就非继续性合同的债务履行期而论，将履行期一律界定为一个时间点，任何一种理解都符合同时履行抗辩权成立的要求。但是，只有将“已届履行期”解释为“履行期届满”，才最能发挥同时履行抗辩权制度的功能，实现其价值；才能彻底避免负面后果。这是因为，在两项债务的履行期届至而未届满的场合，一方当事人请求相对人清偿，相对人有权以履行期尚未届满为由拒绝履行债务，且不构成违约，完全可以不求助于同时履行抗辩权，尽管他可以求助。但在履行期届满的情况下，债务人已不享有履行期尚未届满的抗辩，只有依赖于同时履行抗辩权一条路径，不然，只好应债权人的请求而履行债务。其二，对于判断在债权让与场合让与人或受让人为让与通

---

① 见［德］迪特尔·施瓦布：《民法导论》，郑冲译，620页，北京，法律出版社，2006；郑玉波：《民法债编总论》，修订2版，陈荣隆修订，275页，北京，中国政法大学出版社，2004；孙森焱：《民法债编总论》下册，446页，北京，法律出版社，2006。

知是否适当较为有益，即，在尚未为让与通知时，债务人于履行期间的任何一个时间点清偿，就使其债务归于消灭。自此时起，让与人或受让人为让与通知，债务人有权以其债务已因清偿而消灭为由拒绝向受让人履行；反之，债务人尚未履行时，让与人或受让人为让与通知，债务人则有义务向受让人清偿，否则，构成违约。其三，对于提存具有意义。众所周知，在履行期内，债务人可以选择任何一个时点履行，债权人无权拒绝受领，否则，构成提存的条件，也构成受领迟延；反之，债权人于期间内请求债务人清偿，债务人倒可以履行期尚未届满为由予以抗辩。其四，这里存在着抵销的问题。债权人于此期间主张抵销，只要抵销适状，可发生抵销的效果。

现在讨论不当履行的抗辩权。所谓不当履行的抗辩权，又叫不当给付的抗辩权，是指在债务人的给付存在瑕疵等不良给付的场合，债权人所享有的抗辩权。[①] 例如，某有偿委托合同约定，委托人应预付给受托人处理委托事务的必要费用3万元，用作交通费、缴纳预购定金等。受托人请求委托人依约预付，委托人却仅付1万元，拒付其余款项，且无正当理由。于此情形，受托人可以暂时拒绝处理委托事务，而不负违约责任。这里的预付处理委托事务的费用的义务，与处理委托事务的义务，显然不具有对价关系，因而没有同时履行抗辩权、先履行抗辩权应用的余地。[②] 假如不允许受托人行使抗辩权，暂时拒绝履行处理委托事务的义务，则无异于放纵违约的委托人，使受托人处于不利的境地，有失权衡。有鉴于此，承认不当履行的抗辩权，以补同时履行抗辩权、先履行抗辩权之缺，免得受托人自己为履行却无法获得委托人的给付，遭受损失，显然具有正当性。

扩而广之，之所以存在着不当履行的抗辩权，是因为债务人的给付不符合合同意旨，债权人无法就该不当给付实现其合同目的，于此场合，债权人若无拒绝为自己相应给付的抗辩权，就会一方面向债务人完全履行了债务，另一方面却得不到债务人的适当清偿，甚至无法获得损害赔偿等救济，这有失公正。特别是，

① 见［德］迪特尔·梅迪库斯：《德国债法总论》，杜景林、卢谌译，356页，北京，法律出版社，2004。

② 参见刘春堂：《民法债编各论》中，177页，台北，三民书局，2008。

在无偿委托合同等场合根本就不存在同时履行抗辩权、先履行抗辩权的情况下，以及在两项债务是否形成同时履行关系存有争议的情况下，承认不当履行的抗辩权，就更有意义。此其一。从道德和法律评价的层面讲，对债务人有过失的不当履行，应予否定性评价。责令债务人承担违约责任，固然是否定性评价的表现，赋权守约方暂时拒绝履行相应义务，使违约方得不到合同利益，亦为一种否定性评价。此其二。有鉴于此，即便在两项债务关系存在着同时履行抗辩权、先履行抗辩权的场合，另外再承认不当履行的抗辩权，使权利人多些选择的机会和手段，在个案中权衡利弊，选取最利于实现自己利益的抗辩权，也有积极的意义。此其三。

当然，在不当履行的抗辩权的适用范围方面应有一定的限制。例如，若不当履行较为轻微，对债权人的利益影响不大，则不宜允许债权人以此为由拒绝履行自己的债务。

视野再宽阔些，可以对抗当事人一方的给付请求权的，还有留置权等物权。留置权等物权不仅能够暂时地对抗领取/返还保管物、仓储物等标的物的请求，甚至可以彻底地消灭该种请求权。它们在对抗当事人一方请求权方面所起的作用，至少不亚于同时履行抗辩权、先履行抗辩权。

有疑问之处在于，既然有同时履行抗辩权、不安抗辩权等抗辩权存在，再强调履行期尚未届至的抗辩、履行期尚未届满的抗辩、不当履行的抗辩权等，是否多余？笔者认为，各抗辩及抗辩权存在的机理、重点、成立要件和运用领域不尽相同，各有其长处和作用。同时履行抗辩权存在的基础重在客观，在于给付（履行）的牵连性，该基础先天固有。而履行期尚未届至的抗辩、履行期尚未届满的抗辩的存在基础，重在义务未至必须履行的阶段，重在当事人的约定或法律的规定，在于当事人的意思自治，当事人或法律对于期限利益的分配、安排。不当履行的抗辩权存在的基础，重在善恶的处理，即对不当履行作否定性评价，从功能方面讲，补同时履行抗辩权、先履行抗辩权无法运用之缺。特别是，履行期尚未届至的抗辩、履行期尚未届满的抗辩，无需主张即可发生相应的法律效果，相较于同时履行抗辩权、先履行抗辩权和不安抗辩权，对债务人更为有利。

先天固有的，有些可以通过当事人的意思或法律的规定加以改变、排除。例如，主物和从物之间的主从关系、主权利和从权利之间的主从关系，本为法律顺应二物或二权间的牵连、贯彻效益原则而设，在这个意义上可说主从关系规则是“先天固有的”。不过，该规则可被法律、当事人的意思改变或排除。例如，在连带保证场合，主债务的诉讼时效中断，保证债务的诉讼时效不因此而中断（法释［2000］44号第36条第1款后段）。这给我们以启示，在双务合同的场合，在人们的视野中，一直是双务合同中的两项债务间的牵连性决定了同时履行抗辩权、先履行抗辩权、不安抗辩权存在的内在依据，两者间呈现着先天固有的关系。但是，法律的规定或当事人的意思，完全可以让履行期尚未届至的抗辩、履行期尚未届满的抗辩、不当履行的抗辩权等，以及留置权等物权，在双务合同中发挥作用，使它们与同时履行抗辩权、先履行抗辩权、不安抗辩权并存，由抗辩的享有人或抗辩权人或物权人在个案中审时度势地选择主张。

承认并强调履行期尚未届至的抗辩、履行期尚未届满的抗辩、不当履行的抗辩权等，以及留置权等物权，还有其意义：同时履行抗辩权、先履行抗辩权、不安抗辩权只存在于双务合同关系之中，对于单务合同需要履行抗辩及抗辩权的情形，无能为力。履行期尚未届至的抗辩、履行期尚未届满的抗辩以及留置权等权利，则不受双务合同、单务合同的限制，在双务合同、单务合同两个领域均可发挥积极的作用。不当履行的抗辩权在不真正双务合同中有其运用的空间。

二、双务合同履行中的抗辩权概述

双务合同履行中的抗辩权，是指在符合法定条件时，当事人一方对抗相对人的履行请求权，暂时拒绝履行其债务的权利。狭义的双务合同履行中的抗辩权包括同时履行抗辩权、先履行抗辩权和不安抗辩权。广义的双务合同履行中的抗辩权，既包括这三种履行抗辩权，又包括不当履行的抗辩权等抗辩权。不过，基于体系方面的考虑，以下所述双务合同履行中的抗辩权仅限于同时履行抗辩权、先履行抗辩权和不安抗辩权，除非另有指明。

双务合同履行中的抗辩权，是合同效力的表现。它们的行使，只是在一定期限内中止履行合同，并不消灭合同的履行效力。产生抗辩权的原因消失后，债务人仍应履行其债务。所以，双务合同履行中的抗辩权为一时的抗辩权、延缓的抗辩权。

双务合同履行中的抗辩权，对抗辩权人而言是一种保护手段，免去其履行后得不到相对人履行的风险，使相对人产生及时履行、提供担保等压力，所以它们是债权保障的法律制度。就其防患于未然这点来讲，作用较违约责任还积极，比债的担保亦不逊色。

行使同时履行抗辩权、先履行抗辩权和不安抗辩权，是权利的正当行使，而非违约，应受法律保护，不产生违约责任。在审判实务中，有些裁判文书误把不安抗辩权、同时履行抗辩权的行使当作“双方违约”处理，应予纠正。

三、同时履行抗辩权

（一）同时履行抗辩权概述

同时履行抗辩权，是指双务合同的当事人一方在相对人未为对待给付以前，可拒绝履行自己的债务之权。

同时履行抗辩权存在的基础是双务合同的牵连性。所谓双务合同的牵连性，是指给付与对待给付具有不可分离的关系，分为发生上的牵连性、存续上的牵连性和功能上的牵连性。所谓发生上的牵连性，是指一方的给付与相对人的对待给付在发生上互相牵连，即在一方的给付义务不发生时，相对人的对待给付义务也不发生。所谓存续上的牵连性，是指双务合同的一方当事人的债务因不可归责于双方当事人的事由而不能履行时，债务人免除给付义务，债权人亦免除对待给付义务。所谓功能上的牵连性，又称履行上的牵连性，是指双务合同的当事人一方所负给付与相对人所负对待给付互为前提，一方不履行其义务，相对人原则上亦可不履行。只有如此，才能维持双方当事人之间的利益平衡。同时履行抗辩权正是这种功能上的牵连性的反映。

上述思想乃诚实信用原则的应有之义，所以，同时履行抗辩权也是诚实信用原则所要求的。当然，诚实信用原则同时也限制了同时履行抗辩权的滥用。在当事人一方已为部分给付时，相对人若拒绝其给付有违诚实信用原则，则不得拒绝自己的给付。

（二）同时履行抗辩权的构成要件

1. 须当事人双方互负债务

（1）一般理论

传统民法认为，同时履行抗辩权的根据在于双务合同功能上的牵连性，因而同时履行抗辩权制度适用于双务合同，而不适用于单务合同和不真正的双务合同。

依逻辑，自然地，在传统民法上，可主张同时履行抗辩权的，系基于同一双务合同而生的对待给付。所谓本来意义上的同时履行关系，只存在于对价关系的债务之间[①]，指的就是这种情况。如果当事人双方的债务不是基于同一双务合同而发生，那么，即使两项债务之间在事实上有密切关系，当事人也不得主张同时履行抗辩权。因此，通说认为，成立同时履行抗辩权，必须有当事人双方基于同一双务合同互负债务这一要件。

［反思］

传统民法及其理论如此界定同时履行抗辩权，系紧紧抓住双务合同功能（履行）上的牵连性为同时履行抗辩权制度存在的正当理由的反映，确有道理；也为防止、禁止债务人动辄“抗辩”，拒不履行应当履行的债务提供了雄辩的依据，辩证地符合债所具有的死亡基因的要求。至于其他领域、其他类型的两项债务之间的相互关系，可发挥抵销等制度的作用。

不过，也应看到，人们已经习惯了在违约救济场合可有同时履行抗辩权作用的空间，接受了在合同被撤销、被解除等情况下恢复原状义务间成立同时履行抗

① 见［日］星野英一：《日本民法概论Ⅳ·契约》，姚荣涛译，刘玉中校订，39页，台北，五南图书出版有限公司，1998。

辩权的现状，并艰辛地、努力地倡导在主给付义务与从给付义务之间运用同时履行抗辩权。所有这些，都或多或少地、程度不同地在绞拧着同时履行抗辩权必以当事人因同一双务合同而互负债务为要件的窠臼，带有离心力的色彩。

从法律适用的层面来看，若将同时履行抗辩权的成立要件限于当事人因同一双务合同而互负债务，则在违约救济、合同被撤销、合同被解除等情况下成立同时履行抗辩权，就不是适用法律关于同时履行抗辩权的规定，而是准用或类推适用法律关于同时履行抗辩权的规定。准用，需要法律设有明文。类推适用，需要解释者寻觅许多理由，以得出案件事实与法定案型之间具有类似性的结论。所有这些，在中国均非易事。①

有鉴于此，考虑到《合同法》第66条前段只要求“当事人互负债务”，在文义上并未明文要求当事人互负的债务系基于同一双务合同产生，也未要求两个债务必须都是主给付义务；第66条后段明文规定“一方在对方履行债务不符合约定时，有权拒绝其相应的履行要求”，《合同法》已将违约场合成立的同时履行抗辩权作为“正统”的同时履行抗辩权。换个角度说，在违约救济场合成立的同时履行抗辩权，在合同被撤销、被解除等情况下恢复原状义务之间成立的同时履行抗辩权，主给付义务与从给付义务之间成立的同时履行抗辩权，都是在适用而非类推适用法律关于同时履行抗辩权的规定。这样考虑和处理问题，就可不再先把《合同法》第66条前段规定的“互负债务”限缩解释为基于同一双务合同而互负主给付义务（人为地束缚其手脚），然后再进行类推适用该条规定（再为其松绑）了，避免了“绕了一圈之后又回到了原地”的滑稽和高成本，也在一定限度内呼应了《合同法》第66条后段关于“一方在对方履行债务不符合约定时，有权拒绝其相应的履行要求”的规定，还体现了《合同法》总则兼有债法总则性质和作用的立法计划、立法目的，何乐而不为呢?!②

诚然，从同时履行抗辩权制度的演变史、勿忘同时履行抗辩权的立论基石、避免同时履行抗辩权酿成负面后果等方方面面权衡，我们还是应当坚持同时履行

① 这是中国政法大学副教授戴孟勇博士的意见，确有道理，特此致谢！

② 这是中国政法大学副教授戴孟勇博士的意见，确有道理，特此致谢！

抗辩权制度适用的核心领域依然是当事人因同一双务合同而互负债务的关系。在此前提下，适当扩张同时履行抗辩权运用的空间。

当事人双方互负的债务应具有对价关系。所谓对价关系，是指双方当事人所为给付，在主观上互相依存，互为因果而有报偿的关系。[①] 该对价关系不强调客观上等值，只要双方当事人主观上认为等值即可。

同时履行关系存在于对价关系之中，亦即主给付义务关系之中，已无疑问，是否也存在于从给付义务与主给付义务之间，则有争论。这表明，何种债务之间有对价关系，能否从公平原则出发认定非对价关系的两项债务之间也有同时履行关系[②]，是个十分重要的问题。近几年来，学说主张，在从给付义务的履行与合同目的的实现具有密切关系时，从给付义务和主给付义务之间存在着同时履行关系，产生同时履行抗辩权。[③]

［辨析］

主给付义务和附随义务之间可否成立同时履行抗辩权，争论较大。林诚二教授、王利明教授等持肯定的意见[④]，有的专家、学者则持否定的看法。笔者赞同后者，理由在于：首先，附随义务保护的利益为固有利益，债务人违反附随义务侵害的是债权人的固有利益；而债务人不履行给付义务侵害的是债权人的期待利益或信赖利益，固有利益和期待利益之间不具有牵连关系，固有利益和信赖利益之间亦然，所以在它们之间不成立同时履行抗辩权。其次，附随义务的特性决定了当事人必须遵守，不得违反，即使相对人不履行给付义务给自己造成了损害，

---

① 见孙森焱：《民法债编总论》下册，663～664页，北京，法律出版社，2006。

② 见［日］星野英一：《日本民法概论Ⅳ·契约》，姚荣涛译，刘玉中校订，39页，台北，五南图书出版有限公司，1998。

③ 见崔建远主编：《合同法》，3版，99页，北京，法律出版社，2003；韩世远：《合同法总论》，347～348页，北京，法律出版社，2004；魏振瀛主编：《民法》，417页，北京，北京大学出版社、高等教育出版社，2006。

④ 参见林诚二：《论附随债务之不履行与契约之解除》，载郑玉波主编：《民法债编论文选辑》中，872页，台北，五南图书出版有限公司，1984；王利明：《合同法研究》，第2卷，88页，北京，中国人民大学出版社，2003。

当事人一方也不得以不遵守附随义务为由对抗违约方，否则，就违反了诚实信用原则的本质要求。当然，在当事人违反附随义务的情况下，相对人若能够举证该项附随义务的违反致使自己的合同目的落空，则宜允许该相对人行使同时履行抗辩权。[①]最后，林诚二教授所说的附随义务，大部分不属于通说界定的附随义务。例如，土地买卖的立会测量义务，当事人约定的在出卖人交付作为买卖物的林木之前，买受人所负指定检查日期和检查的义务，在不动产买卖场合出卖人所负的登记义务，等等[②]，按照通说，都不是附随义务，其中多数为从给付义务，有些为不真正义务，如指定检查日期和检查的义务。这从他将其所称附随义务与王泽鉴教授所称从给付义务予以的比照分析中[③]可以得到印证。既然如此，按照关于从给付义务和附随义务的通说，林诚二教授所说的主给付义务和附随义务之间的关系，应当是通说语境中的主给付义务和从给付义务之间的关系；所谓主给付义务和附随义务之间可以成立同时履行抗辩权，应当是通说语境中的主给付义务和从给付义务之间可以成立同时履行抗辩权。王利明教授是将从给付义务和附随义务并列看待的[④]，因而，他一方面赞同主给付义务和从给付义务之间可以成立同时履行抗辩权，另一方面又赞同林诚二教授关于主给付义务和附随义务之间可以成立同时履行抗辩权的观点，不合逻辑。

(2) 类型分析

鉴于两项债务之间的关系较为复杂，以及同时履行抗辩权可能存在于非对价关系之中，本书借鉴日本、中国台湾地区的判例及学说，结合中国大陆的实际情况，分析给付类型和同时履行抗辩权之间的关系。为了避免前后叙述的重复，涉及先履行抗辩权的，也一并提及。

1) 在日本，有对价关系的债务——中心债务——之间，关于不动产买卖，

---

① 在2007年4月3日的清华大学法学院法学硕士研究生的“债权法专题研究”课上，高波等同学发表了关于附随义务与抗辩权之间关系的意见，值得肯定，并特此致谢！

② 见林诚二：《论附随债务之不履行与契约之解除》，载郑玉波主编：《民法债编论文选辑》中，867～868页，台北，五南图书出版有限公司，1984。

③ 见林诚二：《民法债编总论——体系化解说》，13页，北京，中国人民大学出版社，2003。

④ 见王利明：《合同法研究》，第2卷，88页，北京，中国人民大学出版社，2003。

协助登记义务与货款支付义务有同时履行关系，如果出卖人协助登记了，那么，即使没有交付标的物，买受人也不享有同时履行抗辩权。[①] 鉴于中国《合同法》规定出卖人负有转移买卖物所有权的义务（第130条），以及中国《物权法》采取房屋等不动产的物权变动以登记为生效要件的模式（第9、14条等），房屋出卖人不协助办理移转登记手续，房屋所有权就不会移转给买受人，就意味着出卖人没有履行移转房屋所有权的义务。就是说，出卖人协助办理移转登记手续的义务，在形式上为附随义务，实质上是移转买卖物所有权的主给付义务。于此场合，我们应当更加看重出卖人协助办理移转登记手续的实质，认定该项义务与买受人的付款义务形成同时履行关系，在出卖人怠于履行协助办理移转登记手续义务时，买受人有权行使同时履行抗辩权，拒付房款。在两项债务的履行期存在先后顺序的场合，成立先履行抗辩权。

2）继续性合同中存在诸多的期次履行，如一期给付、二期给付等，双方当事人是否仅得就每期的对待给付拒绝自己的履行，或可以一期未给付为理由而拒绝二期的对待给付？有学说主张，在继续性合同的场合，宜解释为当事人之间有按期计算对价的合意，就债务人已完成的给付，相对人无拒绝给付对价的抗辩权。至于相对人拒绝给付前期的对价，债务人是否可拒绝继续提出给付，应先看合同如何约定。例如，对于电力的断绝、电话的停话、天然气的断气等，合同应当约定有相当的要件。若无特别约定，则如报纸、牛奶的送达，因相对人迟延给付上期的对价，债务人可拒绝为本期的给付，应认为是基于继续性合同而产生的一方当事人的履行拒绝权，它与同时履行抗辩权尚有不同。唯若对价先付的继续性合同，在相对人未给付对价前，债务人固可行使同时履行抗辩权，相对人已给付对价而债务人竟未依约给付的，构成债务不履行，对于下期的给付，相对人可行使同时履行抗辩权。如果相对人已付清上期给付的价款，仅未清偿其应负担的运费，那么按照诚实信用原则，债务人尚不得据以拒绝本期的给付。还有，在继

---

① 《大判》1917年8月14日"民录"1650页（以不支付剩余货款为理由的解除合同，被判定有效），转引自［日］星野英一：《日本民法概论Ⅳ·契约》，姚荣涛译，刘玉中校订，39页，台北，五南图书出版有限公司，1998。

续性合同履行期间，因情事变更，商品价格高涨，出卖人欲调高售价，买受人相应不理时，应承认出卖人有权拒绝继续为给付。[①]

在中国大陆，由于《合同法》设置了先履行抗辩权，相当于把德国、日本、中国台湾地区等国家和地区民法上的同时履行抗辩权中的一部分履行抗辩权分离出来了，因而，在继续性合同的履行中，以一期未给付为理由拒绝二期的对待给付，恐怕应被归入先履行抗辩权的行使范畴；就每期的对待给付拒绝自己的履行，才属于同时履行抗辩权的范围。

当然，即使在中国现行法上，在继续性合同场合仍有同时履行抗辩权运用的情形。例如，某租赁合同约定，租期 2 年，每月租金 3 000 元人民币，承租人每月初付清租金。承租人于月初未付租金，出租人有权援用同时履行抗辩权的规定，暂时拒绝移转租赁物的使用权。

3）在日本，有判决认为，在继续性合同的一方当事人所承担的不是中心债务时，如租赁合同即使特别约定出租人有协助对方进行租赁权登记的义务，但该义务与租金支付义务之间不构成同时履行关系。[②] 这值得我们注意。在中国，在房屋租赁合同中，出租人在行政法上有将租赁合同办理登记备案的义务。该项义务与承租人的支付价金义务，不构成同时履行关系。

4）在日本，在租赁合同中，出租人修缮租赁物的义务与承租人支付租金的义务，似乎不处于对价关系之中，但是，就租赁物使用收益的减少额而言，这种减少的给付与相应租金之间构成同时履行关系。[③] 出租人不履行修缮义务，致使承租人不能对租赁物使用、收益的，承租人可以行使同时履行抗辩权，拒付租金。[④] 假

---

① 见孙森焱：《民法债编总论》下册，669 页，北京，法律出版社，2006。

② 《最判》1968 年 11 月 28 日“民集”2833 页“判民”129 中山案件（承认以不付租金为理由的解除合同），《法协》87 卷 4 号（有反对意见）。转引自［日］星野英一：《日本民法概论Ⅳ·契约》，姚荣涛译，刘玉中校订，39～40 页，台北，五南图书出版有限公司，1998。

③ 见［日］星野英一：《日本民法概论Ⅳ·契约》，姚荣涛译，刘玉中校订，40 页，台北，五南图书出版有限公司，1998。

④ 《大判》1915 年 12 月 11 日“民录”2058 页（因洪水而水车不能使用，判定其后可以拒付租金），《大判》1921 年 9 月 26 日“民录”1627 页“判民”135 我妻案件（租屋因遭水灾重创而不能使用，判定可以拒绝预付租金）。转引自［日］星野英一：《日本民法概论Ⅳ·契约》，姚荣涛译，刘玉中校订，40 页，台北，五南图书出版有限公司，1998。

如不允许承租人援用抗辩权，则出租人可以拖延数个期次的给付而不修缮租赁物，以谋取完全租金，显然有失公平。不过，在租赁物未达到不能使用、收益或未产生重大障碍的情况下，承租人不得拒付全部租金①，只能拒付与不能使用、收益部分比例相当的租金。② 此言非虚，值得赞同。此类情形，在中国现行法上，有时成立先履行抗辩权，有时构成同时履行抗辩权。

更有甚者，有日本学者主张，承租人就其因要求出租人修缮而受到的心理压力，也可以行使同时履行抗辩权，即可以拒付相当的租金。③ 据笔者观察，中国《合同法》就其立法目的而言，尚未承认违约的精神损害赔偿制度，审判实务虽然就骨灰盒丢失、产院遗失婴儿等案裁判了精神损害赔偿，但至今没有前进到租赁合同场合的心理压力的精神损害赔偿。如此，中国法不宜承认承租人就其因要求出租人修缮而受到的心理压力，而主张与相应租金之间成立同时履行抗辩权。

5）在建设工程合同中，承包方不提交包括竣工图在内的竣工报告和验收报告，就不能完成竣工验收，发包方就不能申请办理房屋所有权登记。如此，发包方可能因此遭受重大损失。有鉴于此，尽管承包方交付包括竣工图在内的竣工报告和验收报告的义务，与发包方支付工程款的义务，并不构成对价关系，但为了保护发包方的正当权益，在发包方因承包方不提交包括竣工图在内的竣工报告和验收报告而遭受重大损失的情况下，允许发包方行使同时履行抗辩权或先履行抗辩权，拒绝支付相应的工程款。

6）在公司作为长期买卖合同的买受人的情况下，出卖人拒开发票，致使买受人不能下账，会产生违反财会制度的后果：因该部分资金支出需要做挂账处理，无法纳税，会受到处罚；难以向出资人支付股息红利，影响出资人实现其合

---

① 《最判》1963年11月28日“民集”1477页；《最判》1968年11月21日“民集”2741页“判民”124加藤雅信案件，《法协》87卷4号（认可解除）。转引自［日］星野英一：《日本民法概论Ⅳ·契约》，姚荣涛译，刘玉中校订，40页，台北，五南图书出版有限公司，1998。

② 《大判》1916年5月22日“民录”1014页（池沼承租人请求七折支付租金，遭拒绝而并被解除合同的案件）。转引自［日］星野英一：《日本民法概论Ⅳ·契约》，姚荣涛译，刘玉中校订，40页，台北，五南图书出版有限公司，1998。

③ 见［日］星野英一：《日本民法概论Ⅳ·契约》，姚荣涛译，刘玉中校订，40页，台北，五南图书出版有限公司，1998。

法权益，甚至损害公司的声誉，导致股票下跌。如果这些后果严重，则意味着买受人签订长期买卖合同的目的落空，至少是部分落空，买受人应当有权行使同时履行抗辩权或先履行抗辩权，拒付相应的货款。

在商品房代理销售合同关系中，销售代理商不向房地产开发商转交销售商品房的发票或转交的发票不符合法律要求（如商品房销售地在甲市，却开出乙市的发票），可能导致税务机关不予扣除房地产开发商的成本，这至少会使开发商多纳30%的企业所得税，甚至缴纳更多的土地增值税。于此场合，销售代理商向房地产开发商转交销售商品房的合格发票，与开发商支付相应的酬金，两项债务虽非给付与对待给付的关系，但允许开发商援用同时履行抗辩权或先履行抗辩权，较为公平、合理。

7）甲公司中标后，与乙机关签订了承揽ITS系统的合同。此后，甲公司作为买受人与丙公司签订了《ITS系统所需设备销售合同》。在履行过程中，丙公司交付了全部货物，甲公司支付了85%的货款。现甲公司以丙公司仅仅提交了所交货物的10%的《合格证》和《产品检验报告》为由拒绝付清尾款。在这里，甲公司拒绝付清尾款属于《合同法》第66条规定的同时履行抗辩权或第67条规定的先履行抗辩权。丙公司对此坚决反对，理由是提交所供货物的《合格证》和《产品检验报告》属于从给付义务，而非主给付义务，与甲公司付清货款的主给付义务不构成对价关系，因此不符合《合同法》第66条规定的同时履行抗辩权或第67条规定的先履行抗辩权所需要的成立要件。笔者认为，在一般情况下，从给付义务与主给付义务的确不构成同时履行关系，但在本案中，丙公司不提交所供货物的《合格证》和《产品检验报告》，乙机关和甲公司就不能就ITS系统进行竣工验收，也就不能结算，从而甲公司无法取得约定报酬。此时，甲公司对外欠债巨大，只有从乙机关获得承揽报酬，才能免去被强制清算的危险。可见，丙公司提交所供货物的《合格证》和《产品检验报告》固然为从给付义务，但若不履行，则会给甲公司造成严重损害，致使《ITS系统所需设备销售合同》的目的不能实现。于此场合，承认同时履行抗辩权或先履行抗辩权成立，对甲公司十分必要。

需要指出，《ITS 系统所需设备销售合同》的交易基础，亦即甲公司签订《ITS 系统所需设备销售合同》的目的，如何确定，需要进一步研究。笔者初步认为，甲公司为了完成与乙机关之间的 ITS 系统承揽项目，才与丙公司签订《ITS 系统所需设备销售合同》，这表明“为了完成与乙机关之间的 ITS 系统承揽项目，才购买丙公司的有关设备”，是甲公司签订《ITS 系统所需设备销售合同》的动机，而非目的。一般说来，法律对于动机不予评价。不过，甲公司和丙公司就《ITS 系统所需设备销售合同》进行磋商和签订时，已经将自己与乙机关之间的项目以及该项目与《ITS 系统所需设备销售合同》之间的关系告知了丙公司，所以“为了完成与乙机关之间的 ITS 系统承揽项目，才购买丙公司的有关设备”这个动机就成了《ITS 系统所需设备销售合同》的交易基础，也可以说是合同目的。该交易基础或合同目的落空，应当承认甲公司享有合同解除权、履行抗辩权。当然，甲公司对此负有举证责任。

8）在股权转让关系中，目标公司的营业执照、建设用地使用权证（在《物权法》实施之前的法律上称作国有土地使用权证）、规划许可证、施工许可证、测绘文件、会计资料、文书档案等文件资料，不但是衡量所转让股权价值的重要的，有些甚至是不可或缺的凭证，而且是目标公司未来开展经营活动所必需的。因而，在股权转让合同关系的场合，转让方向受让方移交这些文件资料，虽为从给付义务，与受让方支付股权转让款的主给付义务并不构成对待给付关系，但是，转让方若无理地拒不履行该项从给付义务，则会使受让方在通过成为新股东而接管目标公司后，难以正常开展经营活动，诸如无法从事建筑施工、办理抵押贷款、申办预售许可或销售许可，在与交易相对人就买卖物的面积等事项发生纠纷时，没有依据作出解释、判断，等等。也就是说，转让方违反移交这些文件资料的从给付义务，也会导致受让方的合同目的落空。在存在如此后果的情况下，宜视为该从给付义务与受让方支付股权转让款的义务形成同时履行关系，受让方应有权援用《合同法》第 66 条或第 67 条的规定，行使履行抗辩权。

9）在日本，租赁合同终止时，押金返还与租赁物返还之间是否构成同时履行关系，尚有争论。近来的判决对此持否定态度[①]，源于重视实质妥当性，而非形式逻辑性：在日本的租房实践中，出租人返还押金时需要从中扣除清扫费以及屋内设施毁损费等，若承租人不先将房屋交还给出租人，则是否返还押金以及押金返还的数额，就无法确定，因此，日本最高裁判所认为这二者并不处于同时履行的关系。[②] 不过，有学者认为，肯定其同时履行关系更为妥当。[③]

笔者认为，首先需要明确，押金返还与租赁物返还分属两项合同及其终止所产生的义务，即使存在着抗辩权，也不属于本来意义上的同时履行抗辩权或先履行抗辩权制度的领域。不过，考虑到实际情况，讨论两者之间的相互关系也有其必要。众所周知，租赁合同场合的押金，其数额相较于租赁物的价值额明显偏低，如果囿于同时履行抗辩权或先履行抗辩权仅仅应用于对待给付关系的观点，那么押金返还与租赁物返还之间就不能准用同时履行抗辩权或先履行抗辩权的规定。但考虑到承租人抗衡出租人的手段极其有限，出租人返还押金一般来说不是件特别困难的事情，即使存在着困难，也不可归责于承租人，于此场合赋予承租人同时履行抗辩权或先履行抗辩权，有助于问题的早日解决，相对合理。

至于押金返还时，如何解决从押金中扣除清扫费以及屋内设施毁损费等问题，可以采取出租人和承租人双方现场勘查、核实的方法，确定出扣除的数额，当即双方各自履行其义务，彻底结束租赁关系。

据笔者了解的信息，于租赁合同终止的场合，在处理善后事宜时，相当一些出租人不适当地扩大租赁物的清扫费用（如承租人本已清扫彻底，符合约定、法定的标准，但出租人硬称不符合，指派他人高价清扫）、高估室内设施毁损的价值、侵吞承租人交付的押金。面对此类情况，如果否定承租人的抗辩权，则会使承租人处于极为不利的境地。

10）在日本，解除合同时双方回复原状的义务，构成同时履行关系（《日本

---

① 《最判》1974 年 9 月 2 日“民集”1152 页百选Ⅱ3，65 水本案件（206 页）。转引自［日］星野英一：《日本民法概论Ⅳ·契约》，姚荣涛译，刘玉中校订，41 页，台北，五南图书出版有限公司，1998。

② 见［日］内田贵：《民法 2·债权各论》，179 页，东京，东京大学出版会，2007。

③ 见［日］星野英一：《日本民法概论Ⅳ·契约》，姚荣涛译，刘玉中校订，41 页，台北，五南图书出版有限公司，1998。

民法典》第546条），出卖人在担保责任上的损害赔偿义务与买受人付清货款的义务（《日本民法典》第571条），承揽人的损害赔偿义务与定作人的支付报酬义务（《日本民法典》第634条第2项）、终身定期金的特别情况（《日本民法典》第691条）、租赁关系（《建筑物保护法》第2条）、预告登记担保关系（《预告登记担保合同法》第3条第2项），都准用或类推适用《日本民法典》第533条的规定，当事人可主张同时履行抗辩权。①

在中国，作为解除合同的效果之一的恢复原状，在给付物为有体物的情况下，从权利的角度观察，表现为给付人的物的返还请求权，它与受领人的（金钱的）不当得利返还请求权或损害赔偿请求权，一个是物权法上的权利，一个是债法上的权利，两者不构成同时履行关系。但给付人放弃物的返还请求权，而主张占有的不当得利返还请求权，则与受领人的（金钱的）不当得利返还请求权或损害赔偿请求权之间，形成同时履行关系。在租赁合同期满或解除的情况下，对于租赁物的返还，既有物的返还请求权的法律基础，也有合同义务的法律根据。出租人若选择前者，不存在同时履行抗辩权；若选择后者，则租赁物返还与损害赔偿等构成同时履行关系。

关于出卖人在担保责任上的损害赔偿义务与买受人付清货款的义务之间的关系，若出卖人的该项损害赔偿义务为其移转买卖物占有和所有权义务的转化形态，则该项损害赔偿义务与买受人付清价款的义务构成对价关系，在中国法上成立同时履行抗辩权或先履行抗辩权，应无问题。在买受人继续保留买卖物同时主张损害赔偿的场合，该项损害赔偿义务已不再是移转买卖物占有和所有权义务的转化形态，与买受人的付款义务不是对价关系，不成立严格意义上的同时履行抗辩权或先履行抗辩权。不过，考虑到中国《合同法》第66条后段的表述是“一方在对方履行债务不符合约定时，有权拒绝其相应的履行要求”，为了保护守约方的正当利益，承认买受人享有同时履行抗辩权或先履行抗辩权，可以拒付相应的而非全部价款，更为适当。

---

① 见［日］星野英一：《日本民法概论Ⅳ·契约》，姚荣涛译，刘玉中校订，41页，台北，五南图书出版有限公司，1998。

至于承揽人的损害赔偿义务与定作人的支付报酬义务之间的关系，基于同样的理由，也应这样处理。

11）在日本，双方当事人因撤销合同而负有的回复原状义务，与合同解除时的情况一样，构成同时履行关系。[①] 学者认为，这在一般情况下虽然妥当，但在因诈欺、胁迫而撤销合同的场合，如果联系《日本民法典》第295条第2项规定的“留置权”原则，则疑问会随之产生。因诈欺、胁迫而接受给付的人，可以行使同时履行抗辩权，拒绝返还，这是一个问题。[②]

合同撤销场合的回复原状义务，是否存在着同时履行抗辩权，涉及法律将欺诈者、胁迫者、乘人之危者置于何种法律地位，以及留置权的构成等问题。笔者认为，存在欺诈、胁迫、乘人之危原因的合同，在行使撤销权之前处于有效的状态，欺诈、胁迫、乘人之危的一方占有相对人交付的标的物，为有权占有，而非无权占有。在相对人无理地拒付报酬、价款的情况下，成立留置权，或者同时履行抗辩权或先履行抗辩权。如此，各方当事人的利益也是衡平的，不宜认为因为当事人一方实施了欺诈或胁迫的行为，或者乘人之危了，就任凭相对人不履行义务欺诈人、胁迫人或乘人之危人自己负担返还给付物的债务，承担未来无法获得对待给付的风险。占有给付物的当事人换成受欺诈、受胁迫、处于危难境地的一方时，成立留置权、同时履行抗辩权具有正当性，就更不言自明了。

在合同因欺诈、胁迫或乘人之危而被撤销的情况下，由于合同溯及既往地消灭（《民法通则》第59条第2款、《合同法》第56条前段），受领人占有给付物变成无权占有，此时，留置权欠缺成立要件，受领人不得再主张留置权，无论他为欺诈、胁迫或乘人之危的一方还是对方，均应如此。如此，不会出现如同某些日本学者所担心的是非颠倒的情形：若允许欺诈、胁迫或乘人之危的一方主张同时履行抗辩权，则法律后果无异于赋权他主张留置权。就是说，双方当事人因合

① 《最判》1953年6月16日“民集”629页；《最判》1973年9月7日“民集”1327页《判民》52事件星野，《法协》91卷3号。转引自［日］星野英一：《日本民法概论Ⅳ·契约》，姚荣涛译，刘玉中校订，41页，台北，五南图书出版有限公司，1998。

② 见［日］星野英一：《日本民法概论Ⅳ·契约》，姚荣涛译，刘玉中校订，41页，台北，五南图书出版有限公司，1998。

同撤销而负有的回复原状义务，与上文关于合同解除时的回复原状的说明一样，不再赘言。当然，严格说来，两者还是有点不同，即合同解除发生的回复原状义务及同时履行抗辩权，时常不需要交换给付的判决；而合同撤销发生的回复原状义务及同时履行抗辩权，则肯定有交换给付的判决。

12）在日本，有判决确认，清偿债务和受领证书之间构成同时履行关系。① 至于债权证书的返还与清偿债务之间，一般认为不构成同时履行关系。② 的确如此，证书的作用不同，对当事人利益的影响有别，受领证书与清偿债务之间的相互关系，不得一概而论地成立同时履行抗辩权或先履行抗辩权。只有在证书不交付会使受领人的利益受到重大影响时，才应赋予受领人以同时履行抗辩权或先履行抗辩权。

13）日本《预告登记担保合同法》规定，债权人在实行担保权时，如需要向债务人支付清算余额，则该支付与所有权转移登记（本登记），以及标的物的移交之间，构成同时履行关系（第 3 条第 2 项）。③ 这有其道理，值得中国法借鉴。因为不赋予债务人同时履行抗辩权或先履行抗辩权，很可能导致债务人丧失担保物的所有权，同时意味着多向债权人支付钱款，使债权人获得了“不当得利”，违反公平正义。若仅靠设置债务人事后向债权人追偿的补救措施，则在债权人的财产不足以清偿数个并存的债务时，债务人就难获全额偿付。

14）在日本，双务合同的一方当事人即使让与债权，该债权与对方的债权之间，仍存在着同时履行关系。④ 但是，一方的债务被更改，另一方的债务就失去

① 《大判》1941 年 3 月 1 日“民集”163 页 11 来栖案件，转引自［日］星野英一：《日本民法概论Ⅳ・契约》，姚荣涛译，刘玉中校订，42 页，台北，五南图书出版有限公司，1998。

② 见［日］星野英一：《日本民法概论Ⅳ・契约》，姚荣涛译，刘玉中校订，42 页，台北，五南图书出版有限公司，1998。

③ 见［日］星野英一：《日本民法概论Ⅳ・契约》，姚荣涛译，刘玉中校订，42 页，台北，五南图书出版有限公司，1998。

④ 《大判》1917 年 11 月 10 日“民录”1960 页。转引自［日］星野英一：《日本民法概论Ⅳ・契约》，姚荣涛译，刘玉中校订，42 页，台北，五南图书出版有限公司，1998。

同时履行的关系。[①] 这是由更改的特质决定的，即更改使旧、新债权（债务）的“同一性”消失。[②]

在中国，对于债权让与场合让与债权与相对人的债权之间是否存在同时履行抗辩权，应作肯定回答，因为《合同法》第 82 条明文规定：“债务人接到债权转让通知后，债务人对让与人的抗辩，可以向受让人主张。”此处所谓债务人可向受让人主张的抗辩，包括日本判例及学说所说的“该债权与对方的债权之间，仍存在着同时履行关系”的抗辩。

关于债务更改场合不成立同时履行关系，中国现行法及其理论是否同样如此？由于中国现行法没有区分合同更改和合同变更，把二者都叫作合同变更，这给规则的确定带来了困难。不过，笔者倾向于更改使旧、新债权（债务）的“同一性”消失的观点，因之赞同更改场合旧债务与新债务之间不存在同时履行抗辩权的意见。

至于合同更改产生的两项债务（债权）之间是否成立同时履行抗辩权，则与更改与否无关，仍应依通常的同时履行抗辩权规则予以确定，上述十四种类型的分析有其运用。

附：非对价关系与同时履行抗辩权的案例分析

合同约定

甲公司与乙公司于 1997 年 9 月 15 日签订了一份编号为 97TTNOR01 的合同，约定甲公司向乙公司购买一套口服液灌装及封口设备，型号 BF700，合同总价款为 400 000 美元，到货口岸是香港，卖方投保。合同约定的付款条件为：合同金额的 30%将作为定金由甲公司在合同签订后两个星期内用电汇的形式汇出；合同金额的 70%将由甲公司在货物装船之前 1 个月用不可撤销信用证开至乙公司的开户行，其中，合同金额的 60%将根据交货的船运单议付，合同金额的 10%

---

① 《大判》1921 年 6 月 2 日“民录”1048 页《判民》90 我妻案件。转引自［日］星野英一：《日本民法概论Ⅳ·契约》，姚荣涛 译，刘玉中校订，42 页，台北，五南图书出版有限公司，1998。

② 见［日］星野英一：《日本民法概论Ⅳ·契约》，姚荣涛译，刘玉中校订，42 页，台北，五南图书出版有限公司，1998。

将根据验收单据议付。甲公司交付定金 120 000 美元。合同还约定：乙公司只在生产模具及注塑机由同一个供应商提供并负责质量的情况下才能保证所提供的灌装及封口设备的运行质量，并且此生产模具及注塑机须以现有预制模生产出的“母瓶”为技术标准；乙公司在交付设备之前，甲公司应将 10 件已最后确认的包装形式样品和乙公司指定的材料寄给乙公司。

合同履行的情况

甲公司违反了系争合同关于“生产模具及注塑机由同一个供应商提供”的约定，作为衡量生产模具及注塑机是否合格的技术标准“母瓶”，也不是双方当事人口头商定的供应商提供的，而是由甲公司单方面寻觅的一家中国台湾公司制作并提供的。

在这种背景下，乙公司以甲公司提供给自己的“母瓶”质量不合格为由拒绝交付设备、拒绝返还 120 000 美元的定金。

甲公司在接到乙公司载有上述内容的通知后，主张乙公司交付设备，继续履行系争合同，否则，乙公司退还 120 000 美元的定金。同时，甲公司向乙公司保证：“乙公司交付的设备本身若为合格的产品，就不再承担任何民事责任。即使合格的型号为 BF700 的口服液灌装及封口设备安装运行后因‘母瓶’不合格而灌装及封口不合格，也是如此。”

但是，乙公司以要维护自己的商业信誉、防止他人盗窃该设备上附加的专利技术为由，仍然拒绝交付设备，也拒不返还定金。有鉴于此，甲公司起诉至滨海市中级人民法院。

卷宗中的证据显示：甲、乙公司双方对甲公司提供的“母瓶”进行了检验、鉴定，有一份经过甲、乙公司共同签署的检验、鉴定意见认为此类“母瓶”的质量符合技术指标；有若干份经过甲、乙公司共同签署的检验、鉴定意见认为此类“母瓶”不合格。

在诉讼过程中，乙公司举证并坚持“母瓶”不合格的检验、鉴定意见，而甲公司则没有坚持“母瓶”合格的检验、鉴定意见。

本案的焦点

甲公司未依约交付“母瓶”是否构成违约？若构成，乙公司可否行使抗辩权，拒不交付设备，拒不返还定金？

处理思路及意见

(1) 关于系争合同的定性和定位

系争合同并非单一的合同类型，而是由三份合同组合而成的非典型合同（无名合同）。其中之一是，带有定作性质的买卖合同，标的物是一套型号为 BF700 的口服液灌装及封口设备，合同总价款为 400 000 美元。其中之二是，甲公司向乙公司提供“母瓶”的合同，该合同没有对价，故为无偿合同；该合同附属于上述带有定作性质的买卖合同，作为为乙公司依“母瓶”的技术标准制作一套口服液灌装及封口设备的部分技术标准。其中之三是，定金合同，定金数额为 120 000 美元。

(2) 甲公司未依约提供“母瓶”，构成违约

甲公司向乙公司提供的“母瓶”，不是双方当事人口头约定的第三人制作并提供的，而是甲公司单方面寻觅的一家中国台湾公司制作并提供的。对此，甲公司未予否认。

因为甲公司确实没有遵循口头约定，擅自寻觅了一家中国台湾的公司制作并提供“母瓶”，加之甲公司没有坚持“母瓶”合格的检验、鉴定意见，所以合议庭采信了乙公司提供的“母瓶”不符合技术标准的检验、鉴定意见。在这样的背景下，我们只好得出这样的结论：甲公司未依约交付“母瓶”，已经构成违约，应当承担违约责任。由于甲公司向乙公司提供“母瓶”是其合同义务，甲公司没有适当履行，构成违约。

(3) 甲公司提供“母瓶”的义务属于何种性质和种类

甲公司提供“母瓶”的义务，不属于带有定作性质的买卖合同项下的义务，而是提供“母瓶”合同项下的义务。该项义务不决定带有定作性质的买卖合同的类型，也不是带有定作性质的买卖合同所必备的，因而，它不是带有定作性质的买卖合同的主给付义务。对此，详细分析如下：

带有定作性质的买卖合同项下的主给付义务，从甲公司方面说，是支付设备款，从乙公司方面讲，是交付型号为BF700的口服液灌装及封口设备。这两项义务形成对待给付关系，并决定了该合同的基本性质为买卖合同。不过，乙公司制作的型号为BF700的口服液灌装及封口设备，必须符合“母瓶”的技术标准。

甲公司提供“母瓶”的义务，属于另一合同，即提供“母瓶”合同。

当然，不容否认，从该项义务的作用观察，甲公司提供合格的“母瓶”，是乙公司承担型号为BF700的口服液灌装及封口设备运行质量的责任的前提，或者说是乙公司承担设备运行所生产的产品质量责任的条件。具体些说，若甲公司提供的“母瓶”质量合格，乙公司交付的型号为BF700的口服液灌装及封口设备安装运行后，不能够使口服液的灌装和封口合格，则乙公司须向甲公司承担相应的民事责任；反之，则乙公司无需向甲公司承担民事责任。仅就这个层面来讲，甲公司提供“母瓶”的义务属于不真正义务。当然，在系争问题上，该定性不发挥作用。

(4) 乙公司无履行抗辩权

1) 既然乙公司交付型号为BF700的口服液灌装及封口设备的义务，与甲公司提供“母瓶”的义务，分属两份合同，那么，这两项义务之间不可成立对价关系，不符合《合同法》第67条规定的要件，且未导致乙公司的合同目的落空，故不成立先履行抗辩权或同时履行抗辩权。所以，乙公司以甲公司提供的“母瓶”不合格为由拒付型号为BF700的口服液灌装及封口设备，不是在行使履行抗辩权，而是违约。

乙公司若以甲公司提供的“母瓶”不合格为由主张解除合同，可否得到支持？若解除的是提供“母瓶”的合同，则没有禁止的必要，但这对乙公司而言没有实质的价值，对甲公司来说没有负担。若乙公司主张解除的是带有定作性质的买卖合同，则在形式上该主张超越了合同的相对性，原则上不被允许。但即使放宽限制，不予禁止，也不得适用《合同法》第94条第3项的规定，只能适用第94条第4项的规定，即乙公司必须证明甲公司提供不合格的“母瓶”导致乙公司不能实现带有定作性质的买卖合同的目的，否则，也不被允许。因为甲公司未提供合同的“母瓶”没有导致乙公司不能取得设备款，即没有导致乙公司的合同目的落空，所以，乙公司无权以甲公司提供的“母瓶”不合格为由主张解除带有定作性质的买卖合同。

2）甲公司未提供合格的“母瓶”，乙公司据此拒绝返还定金，同样得不到支持。其理由如下：除非当事人特别约定，定金罚则适用于被担保合同被违反的场合，而在系争案件中，被担保的合同是带有定作性质的买卖合同，而非甲公司提供“母瓶”的合同。没有证据证明甲公司违反了带有定作性质的买卖合同，反倒是乙公司无理拒绝交付型号为 BF700 的口服液灌装及封口设备。也就是说，在带有定作性质的买卖合同关系中，违约的是乙公司，守约的是甲公司。乙公司应当双倍返还定金。

(3) 当事人的约定与同时履行抗辩权的成立

必须指出，以上所论是基于《合同法》第 66 条的规定，没有考虑当事人的约定因素。在实务中，当事人有时会约定，非对价关系的两项义务之间可以成立同时履行抗辩权，包括不真正双务合同关系场合可成立同时履行抗辩权。该约定的效力如何，有必要探讨。

此类约定是否发生法律效力，取决于《合同法》第 66 条关于同时履行抗辩权成立要件的规定是否为强制性规定。该规定若为强制性规定，则当事人关于非对价关系的两项义务之间可以成立同时履行抗辩权的约定，不会发生法律效力；若为任意性规定，其约定则有效。笔者认为，其一，同时履行抗辩权规范平衡的是当事人之间的利益关系，不是关于公共利益的规范，不涉及公序良俗原则。就是说，《合同法》第 66 条的规定不属于强制性规定。既然如此，当事人自得以意思表示予以变更。当事人关于非对价关系的两项义务之间可以成立同时履行抗辩权的约定，就是对《合同法》第 66 条规定的部分修改，法律应当认可。这个结论还可以通过下文的论述得到加强。其二，《合同法》第 66 条的规定在措辞上使用的是“一方在对方履行之前有权拒绝其履行要求”、“一方在对方履行债务不符合约定时，有权拒绝其相应的履行要求”，赋予当事人的是权利而非强加的义务。既然是权利，权利人就可以放弃，除非放弃会违反公序良俗或诚实信用的原则。

当事人关于非对价关系的两项义务之间可以成立同时履行抗辩权的约定，可以看作是非抗辩权人在给付和对待给付的关系上，甘愿承受更多的负担，同意强化对方的权利。这符合意思自治原则，而不涉及违反公序良俗原则、诚实信用原则的问题。既然如此，法律没有必要强加干涉。

但是必须注意，此类约定若具有《合同法》第 52 条规定的原因，则该约定无效，仍须按法律关于同时履行抗辩权的规定处理；若存在着《合同法》第 54 条规定的原因，则撤销权人撤销此类约定时，同样适用法律关于同时履行抗辩权的规定；若存有《合同法》第 47 条第 1 款前段、第 48 条规定的情形，则有关权利人不予追认此类约定时，亦然。

2. 须当事人双方互负的债务均已届履行期

(1) 互负债务均已届履行期的意义

《合同法》第 66 条前段规定“当事人互负债务，没有先后履行顺序”就其字面意思观察，似乎没有涉及债务已届履行期，如何解释，不无疑问，需要斟酌。假如因此而认为同时履行抗辩权的成立不以两项债务均已届履行期为必要，则这同适当履行与违约区别的理念及判断标准不尽一致，与履行期尚未届至的抗辩、履行期尚未届满的抗辩、不当履行的抗辩权等制度的立法目的及功能不相协调。就此看来，在解释论上，还得采取同时履行抗辩权以“须当事人双方互负的债务均已届履行期”为成立要件之一的学说。只不过《合同法》第 66 条前段关于“当事人互负债务，没有先后履行顺序”的规定，在履行期届至抑或届满方面“含糊”、“宽松”，为法律人探求能满足实际需求、符合法理、达到公平正义的意思，预留了空间。

(2) 关于已届履行期的辨析

已届履行期，也叫已届清偿期，简称为届期。对它的界定，至少有四种方案：第一种方案是承认履行期包括一个时间点和一段期间两类，将已届履行期一律界定为履行期届至。韩世远教授坚持该种方案。其缺点至为明显：一是在若干情况下不符合客观实际；二是在若干场合牺牲掉了后履行一方的期限利益；三是赋权违约方对抗守约方的履行请求，且不承担违约责任，是非颠倒。其中缘由将在下文详述。第二种方案是承认履行期包括一个时间点和一段期间两类，区分情况而确定已届履行期的含义。笔者以往采取该种方案。其优点是能够克服第一种方案的不足。其缺点有二：一是把非继续性债务的履行期区分为一个时间点和一段期间两类，远不如将非继续性债务的履行期一律界定为一个时间点合理，二是同时履行抗辩权的运用，必须视履行期届至和届满而定，这导致规则复杂。第三种方案是坚持履行期仅为一个时间点，把已届履行期一律界定为履行期届满。其优点明显：一是整齐划一；二是同时履行抗辩权与先履行抗辩权间的界限明确；三是解决问题的方案简明，而非复杂。其“问题”在于：一是需要经常地、大量地动用履行期尚未届满的抗辩，以免补救手段缺位；二是不好解释某些继续性债务的抗辩问题。例如，在租赁合同的场合，承租人按月支付租金，出租人依约将租赁物的使用权移转给承租人。只要履行期届至，出租人就得交付租赁物，没有履行期尚未届满的抗辩。再如，在雇用合同的场合，雇主按月支付报酬，雇员依约每天从事劳务。只要履行期届至，雇员就有义务从事劳务，也不享有履行期尚未届满的抗辩。第四种方案是坚持非继续性债务的履行期仅为一个时间点，对于继续性债务则采履行期可能是一段期间，区分情况而确定已届履行期的含义。即，在非继续性债务中，已届履行期一律为履行期届满/届至；在继续性债务中，有些已届履行期系指履行期届至，另一些已届履行期则为履行期届满。第四种方案的缺点是运作相对复杂，其优点是可避免其他方案的不足。

第三种方案和第四种方案之间的差异，从表面上看，至少有两点：一是第三种方案忽视了某些继续性债务的履行期届至即成立履行抗辩权的情况，二是已届履行期的含义有别，即，在第三种方案中，已届履行期一律为履行期届满，而在第四种方案中，已届履行期的含义视情况而定。

饶有趣味的是，在非继续性合同坚持债务的履行期仅为一个时间点的界定的场合，履行期届至作为同时履行抗辩权的成立要件，与履行期届满作为同时履行抗辩权的成立要件，存在些许差别。例如，当事人双方约定，出卖人于2011年1月1日交货。在将履行期届至作为同时履行抗辩权的成立要件的理论下，买受人于2011年1月1日请求出卖人交货，出卖人可以主张同时履行抗辩权，或履行期尚未届满的抗辩，暂不交货。而依履行期届满为同时履行抗辩权成立要件之说，出卖人于2011年1月1日不享有同时履行抗辩权。就是说，在履行期届至作为同时履行抗辩权的成立要件的场合，同时履行抗辩权运用的空间多些。不过，由于履行期尚未届满的抗辩制度的存在，违约责任构成的要求，以履行期届满作为同时履行抗辩权的成立要件，也不会发生不适当的结果。其原因在于：于此场合，出卖人拥有履行期尚未届满的抗辩，据此可以对抗买受人的交货请求，并且，无需主张即可发生该种法律效果，其强度优于同时履行抗辩权的效力。此其一。债务人尽管在履行期届至时可以援用履行期尚未届满的抗辩，拒绝债权人的履行请求，不履行其债务。但此种不履行的状况只会持续到履行期届满，一俟履行期届满，违约行为即告成立，债务人得承担违约责任。既然如此，赋权债务人于履行期届至时享有同时履行抗辩权，在利益的层面没有积极意义。此其二。这表明，在非继续性合同的场合，在确定同时履行抗辩权的成立要件时，我们可以忽略履行期届至与履行期届满的些许差别，将已届履行期一律界定为履行期届满。

比较起来，第一种方案绝不可取，第二种方案的运作较为复杂，第三种方案忽视了继续性债务的特殊性，第四种方案具有优势。笔者以往采取的是第二种方案，今后改采第四种方案。

这样，1）继续性债务的履行期一般为一段期间，该债务的对待给付债务基本上为一个时间点，两项债务的履行期之间的关系并不整齐划一，有些同时届至，有些同时届满。同时届至的例子，如某房屋租赁合同约定，2011年1月1日承租人支付租金，同日出租人移转租赁物的使用权。同时届满的例子，如某雇用合同约定，家政服务员甲于2011年1月1日至2011年1月15日开始工作，雇主乙于2011年1月15日付清酬金。2）非继续性债务的履行期一律为一个时间点，两项债务的履行期在届至、届满的方面，会出现如下情形：A. 在两项债务的履行期相同的场合，履行期同时届至，同时届满；B. 在两项债务的履行期有先有后的场合，应先履行的债务于履行期届满后，后履行债务的履行期才届至。鉴于《合同法》分设同时履行抗辩权和先履行抗辩权（第66条、第67条），“B”

的情形由先履行抗辩权管辖，同时履行抗辩权制度仅仅适用于“A”的场合。仅就此点看来，韩世远教授将已届履行期一律界定为履行期届至，确实不妥。

[论争]

为了便于读者了解韩世远教授与笔者论争的真实情况，明了论争的焦点，有必要简要地回顾双方在已届履行期界定方面的观点及其演变。

第一阶段：

韩世远教授和笔者都按照通说理解履行期，赞同履行期包括一个时间点和一段期间两种情形的观点，不但继续性合同场合是这样，非继续性合同场合也是如此。履行期为一个时间点的，如出卖人于2000年1月1日交货。履行期为一段期间的，如出卖人于2000年1月1日至2000年3月3日交货。

韩世远教授于其第一版《合同法总论》中在文字表述方面没有明确界定已届履行期的含义，但其插图5.6.3所标示的是出卖人A应当于1月30日交付标的物，B应当于2月28日支付价款。他认为A应享有同时履行抗辩权的初始时间为2月28日。[①] 这表明他于此处是按照一个时间点界定履行期的。

笔者在撰写《履行抗辩权探微》一文时，考察上述图示及其相应的文字叙述，感到无论是2月28日（韩世远教授认为A应享有同时履行抗辩权的初始时间点），还是1月30日，特别是1月31日，均为A履行债务的期限届满。就是说，韩世远教授讨论的同时履行抗辩权，实际上全是成立于履行期届满场合的。据此，笔者通过分析，指出将已届履行期界定为履行期届满，并赋予先履行一方A享有同时履行抗辩权，会带来极不适当的后果。[②]

第二阶段：

论争双方依然采取通说对履行期的理解。

韩世远教授于其第二版《合同法总论》中称笔者误解了其意，申明已届履行期系指履行期届至，而非届满。但同时，相应地，他将A、B的履行期由原来的

---

① 见韩世远：《合同法总论》，327～328页，北京，法律出版社，2004。

② 见崔建远：《履行抗辩权探微》，载《法学研究》，2007（3），76页以下。

一个时间点修改为一段时间。其图 5—6—3 标示出 A 交付标的物的期限为 1 月 30 日至 4 月 30 日，B 支付价款的期限为 2 月 28 日至 4 月 30 日。[①] 其第三版《合同法总论》承继这些观点，但增加了“在履行期为一时点场合，所谓‘已届履行期’指的便是到了约定的时间点，既可以说‘届至’，也可以说‘届满’”，只是“此时区分究为‘届至’抑或‘届满’已无实质意义”[②] 的说明。

笔者认为，在履行期为一个时间点的场合，将已届履行期称为届至或届满，有无其他意义暂且不论，但对于论争双方来说至少有一个意义，那就是韩世远教授于其第一版《合同法总论》中的图 5.6.3 所示及其相应的叙述，客观显现的是：他在履行期届满（至少对 A 的履行期而言如此）的意义上使用着已届履行期一词。笔者在《履行抗辩权探微》一文中据此展开分析，没有冤枉他。他称笔者在这个方面误解了其意，不符合事实。至于他自第二版《合同法总论》开始将已届履行期一律界定为履行期届至，则属另一问题，且笔者仍不赞同。

第三阶段：

韩世远教授依然采取通说对履行期的理解，笔者则通过比较法的考察，对非继续性债务的履行期采取其为一个时间点的界定，对某些继续性债务的履行期承认其为一段期间，而对另一些继续性债务的履行期则坚持其为一个时间点。相应地，变履行期尚未届至的抗辩权为履行期尚未届至的抗辩，改履行期尚未届满的抗辩权为履行期尚未届满的抗辩。

鉴于已届履行期的内涵和外延在同时履行抗辩权制度中意义重大，我们应当究明已届履行期的含义。现在，笔者就此展开辨析、辩驳和阐发。

韩世远教授将“已届履行期”界定为其仅仅指“履行期已‘届至’”，而不是“届满”。日语文献用语为“相手方の债务が弁济期にあること”，直译即“对方的债务已在清偿期”，没有清偿期“届满”的含义。道理在于，履行期到来（届至），债权人才可以行使债权，才可以请求债务人履行债务，债务人才有可能抗

① 见韩世远：《合同法总论》，2 版，249～250 页，北京，法律出版社，2008。

② 见韩世远：《合同法总论》，3 版，286～287 页，北京，法律出版社，2011。

辩，这才是成立同时履行抗辩权的初始时点。[①] 其观点存在着如下几个方面的缺陷：

1）从方法论的层面看：把日本民法及其学说关于“已届履行期”的界定，直接作为解释中国《合同法》第66、67条涉及的“已届履行期”的含义的依据，正当性和合理性均值怀疑，不符合法解释学的规则，在中国《合同法》并非依据日本民法及其学说制定的背景下，更是这样。其实，即使把若干国家或地区的立法例及其学说直接作为解释中国现行法规定的依据，也依然如此。此其一。境外的立法例及其学说若为合适，则可以作为解释中国现行法规定的参考（而非依据），在结合其他因素并论证清楚、有力的情况下，可主张对中国现行法的规定依境外立法例及判例、学说所赋予的意思予以解释。在境外的立法例及其学说不甚妥当，或在它于自己的法律体系中自洽，但照搬于中国现行法上却难以兼容的情况下，参考它也不妥当。机械地将日本民法及其学说对“已届履行期”的界定照搬到中国现行法上，即属此类。因为日本民法、判例及学说所称履行期仅为一个时间点，而韩世远教授所说履行期包括一段期间的类型，同为“届至”一词，所指对象却不相同。此其二。韩世远教授对日本民法学说并非都一律赞同，如日本民法的通说认为日本民法未采用物权行为制度，韩世远教授就不以此为据主张中国民法未采用物权行为制度，而是反其道而行之，坚持认为中国民法区分负担行为和处分行为，主张《合同法》上有物权合同。[②] 既然并不事事遵从日本民法及其学说，那么为什么在“已届履行期”的界定上偏偏忽视《合同法》第66条前段的明文规定，不经论证就直接依日本民法学说来认定中国《合同法》第66、67条涉及的“已届履行期”呢？此其三。

2）从论证方法上看：笔者已经并且正在指出，韩世远教授将“已届履行期”界定为仅仅指“履行期已‘届至’”，且坚持法律漏洞说，忽视或否认履行期尚未届满的抗辩（权）、不当履行的抗辩权发挥作用，会导致诸如偏袒违约方、不利

① 见韩世远：《合同法总论》，2版，249、250页，北京，法律出版社，2008；韩世远：《合同法总论》，3版，286页以下，北京，法律出版社，2011。

② 见韩世远：《合同法总论》，3版，2页以下，北京，法律出版社，2011。

于守约方的是非颠倒，时常牺牲后履行一方本应享有的期限利益等极不妥当的后果，并且列举、分析了若干例子。见[①]下文“（3）《合同法》设计的同时履行抗辩权与先履行抗辩权并存模式不存在法律漏洞”中将会详谈这个问题。韩世远教授对此视而不见，未逐一驳倒这些批评意见，不消除其法律漏洞说带来的严重缺陷，却依然我行我素地固守己见，诚非科学的态度。退一步说，韩世远教授即便驳倒了笔者关于履行期尚未届满的抗辩（权）、不当履行的抗辩权等抗辩权的存在及行使，便不存在法律漏洞的观点，但不修补其法律漏洞说带来的严重缺陷，其观点仍然立不起来，更不要说笔者对他的批评意见根本就未被驳倒了！

3）从比较法的角度看：日本民法及其学说将履行期界定为债务人不得不履行的时间。并且，债务人在履行期届至而不履行时，就构成履行迟延。[②] 如此，其所谓履行期只能是一个时间点，如 2011 年 1 月 1 日，不可能包括一段期间，如 2011 年 1 月 1 日至 2011 年 3 月 3 日。至于 2011 年 1 月 1 日至 2011 年 3 月 3 日的案型，只有 2011 年 3 月 3 日才是履行期，2011 年 1 月 1 日至 2011 年 3 月 2 日不是履行期。履行期既为一个时间点，那么，着眼于 2011 年 1 月 1 日的到来，就是届至；聚焦于 2011 年 1 月 1 日的完结，即为届满。对此，连韩世远教授自己都正面肯定[③]，怎么能说已届履行期不可能是届满呢？

这也给我们以警示：相同的术语，在不同的立法例上、不一样的语境下，可能含义不同。诸如债务人将于 2011 年 1 月 1 日至 2011 年 3 月 3 日期间履行之类，其中的 2011 年 1 月 1 日至 2011 年 3 月 3 日，在中国现行法及其理论上叫作履行期，但在日本、中国台湾地区的民法及其学说上则否，属于履行期的仅仅是 2011 年 3 月 3 日。在这样的背景下，履行期届至一词，在中外的民法及其理论上，称谓相同，但所指向的对象（情形）有别。就 2011 年 1 月 1 日至 2011 年 3

① 见崔建远：《履行抗辩权探微》，载《法学研究》，2007（3），46 页以下；崔建远：《履行抗辩权探微》，载中国政法大学罗马法与意大利法研究中心、教育部法制史研究重点基地——中国政法大学法律史研究院、意大利和中国罗马法背景下的中国法典化与法学人才培养研究中心、中国政法大学出版社主编：《第四节罗马法、中国法与民法法典化国际研讨会论文集》上，51 页以下，2009。

② 金子宏、新堂幸司、平井宜雄编：《法律学小辞典》，4 版，1154 页，东京，有斐阁，2010。

③ 见韩世远：《合同法总论》，3 版，286 页，北京，法律出版社，2011。

月3日这段期间而言，中国大陆民法通说所谓履行期届至，指向的日期是2011年1月1日；日本、中国台湾地区的民法及其学说所说的履行期届至，指向的则是2011年3月3日。将之应用到同时履行抗辩权领域，在日本、中国台湾地区的民法及其学说上，成立同时履行抗辩权的起始点是2011年3月3日；在中国大陆，按照韩世远教授关于"已届履行期"一律为履行期届至的思路及观点，成立同时履行抗辩权的起始点一律为2011年1月1日。可谓差之千里。

结论是：忽视中外民法及其理论的差别，照搬境外立法例及其学说的界定，可能会犯错误。

4）从语义分析的角度入手：以上文3）的分析为基础，在中国民法通说上，已届履行期，简称为届期，其含义就不是固定的一种，届满为其中之一。[①] 韩世远教授只固守一种界定，限于届至，只看到了开始，未顾及结尾，即届满，难免自我封闭。实际上，届至和届满在某些情况下的确不是泾渭分明的。例如，在履行期为某个一秒的场合，该一秒到来，可以说是届至，也可以称之为届满。又如，履行期为某一天，该日的00：00到来，既是届至，也是届满。更为明显的是，在瑕疵履行场合成立同时履行抗辩权，必然是履行期届满方可，仅仅是履行期届至，不构成瑕疵履行。可见，已届履行期，实际上排除不了届满。

其实，韩世远教授的阐释已经承认了履行期届满在某些场合为同时履行抗辩权的初始成立的要件。其第一版《合同法总论》第328页图5.6.3及其文字叙述所显示的，均为履行期届满成立同时履行抗辩权的情形。[②] 其第二版《合同法总论》在总的观点上强调已届履行期一律为履行期届至，修正此前的观点，其实不当。须注意，他修正得并不彻底，仍有文字承认履行期届满可成立同时履行抗辩权。他在讨论初始成立同时履行抗辩权时，把对方履行债务不符合约定作为同时履行抗辩权成立的要件之一[③]，就是在承认履行期届满为同时履行抗辩权初始成

① 参见邱聪智：《民法债编各论》上，姚志明校订，228页，北京，中国人民大学出版社，2006。

② 见韩世远：《合同法总论》，328页，北京，法律出版社，2004。

③ 见韩世远：《合同法总论》，2版，251页，北京，法律出版社，2008。

立的要件。其第三版《合同法总论》继续着该项意见。[①] 其所谓“履行期届满后，债务人虽非必然却有可能构成履行迟延（违约），虽不排除仍有同时履行抗辩权发挥作用的余地，这里显非同时履行抗辩权的初始成立问题，而是它是否延续存在的问题”[②]，已经清清楚楚地承认了这一点。且不说“延续存在”也是同时履行抗辩权在发挥作用，依《合同法》第66条后段的规定就是成立同时履行抗辩权；就连履行期届满是同时履行抗辩权的初始成立要件，也存在着例证：例证之一是债务的履行期为一个时间点的两项债务立于对价关系，于履行期届满时成立同时履行抗辩权，于履行期尚未届满时成立履行期尚未届满的抗辩（权）；例证之二是，在瑕疵履行场合，于履行期届满时成立同时履行抗辩权（《合同法》第66条后段）或先履行抗辩权，于履行期尚未届满时成立履行期尚未届满的抗辩（权）。

5）从中国现行法的规定看：《合同法》第66条后段规定：“一方在对方履行债务不符合约定时，有权拒绝其相应的履行要求。”由于该规定就是在列举同时履行抗辩权的情形，也就是在规定同时履行抗辩权，而非“视为”、“扩张”同时履行抗辩权；由于“对方履行债务不符合约定”的成立，必以该对方的履行期届满为条件，该条后段的规定就明确表明同时履行抗辩权有时要以履行期届满为要件之一。由此可知，韩世远教授所谓“履行期届满后，债务人虽非必然却有可能构成履行迟延（违约），虽不排除仍有同时履行抗辩权发挥作用的余地，这里显非同时履行抗辩权的初始成立问题，而是它是否延续存在的问题”[③] 的边界划分，显然不符合《合同法》第66条后段关于同时履行抗辩权的规定，是依其头脑中的同时履行抗辩权的边界，而非依中国现行法上的同时履行抗辩权的边界，来解释《合同法》第66条规定的。

其实，韩世远教授自己在列举和阐释同时履行抗辩权的第三个构成要件时，

---

① 见韩世远：《合同法总论》，3版，288页，北京，法律出版社，2011。

② 韩世远：《合同法总论》，3版，286页，北京，法律出版社，2011。

③ 韩世远：《合同法总论》，3版，286页，北京，法律出版社，2011。

已将“履行债务不符合约定”作为了同时履行抗辩权的成立要件之一[①]，这应当是符合《合同法》第 66 条规定本意的，而发生“履行债务不符合约定”时必然是履行期已经届满。由此可见，韩世远教授在解说同时履行抗辩权第一个构成要件时，将履行期届满排除在已届履行期的内涵和外延之外，前后不一致。

6）从履行抗辩及抗辩权体系方面看：韩世远教授为其观点辩护的理由，在其第一版和第二版的《合同法总论》中，明显地局限于履行抗辩权仅为同时履行抗辩权、不安抗辩权的框框里了[②]，忽视了履行抗辩及抗辩权包括多种类型这个事实。其第三版的《合同法总论》开始注意到抗辩权的多样化，看到了履行期尚未届满的抗辩（权）与债务履行之间存在着关系，只不过他没有用来深化研究，完善理论，而是用于全力否定笔者关于履行期尚未届满的抗辩（权）能够解决有关问题的看法上罢了。[③] 在笔者看来，韩世远教授所谓“法律漏洞”的情况（第二版《合同法总论》第 250 页、第三版《合同法总论》第 287 页中的图 5—6—3 所标示的情形：在 A 履行债务的期限为 1 月 30 日至 4 月 30 日，B 履行债务的期限为 2 月 28 日至 4 月 30 日的场合，2 月 28 日至 4 月 30 日期间若排斥同时履行抗辩权的运用，不允许 A 拒绝 B 的履行请求，就构成法律漏洞），完全可依履行期尚未届满的抗辩处理。需要提醒的是，韩世远教授与笔者之间的论争，是以他认为《合同法》关于同时履行抗辩权、先履行抗辩权和不安抗辩权的制度设计存在着法律漏洞为背景和前提的。笔者不同意他的法律漏洞说，认为法律漏洞的存在是以整个法律全无这方面的规定为条件的，只要法律规定有制度及规则调整这个问题，就不可说存在法律漏洞；对于韩世远教授所举“法律漏洞”之例，笔者认为用履行期尚未届满的抗辩（权）完全可以解决，何谈法律漏洞？最后，笔者此处所论，旨在表明《合同法》第 66、67 条的规定没有法律漏洞可言，并非一味地排斥同时履行抗辩权，并非总是不允许债务人在履行期尚未届满但具备同时履行抗辩权成立要件的情况下援用同时履行抗辩权。例如，在上文谈及的承租人

---

① 见韩世远：《合同法总论》，3 版，288 页，北京，法律出版社，2011。

② 见韩世远：《合同法总论》，2 版，249～251 页，北京，法律出版社，2008。

③ 见韩世远：《合同法总论》，3 版，286 页，北京，法律出版社，2011。

月初支付租金的案型中，支付租金的债务与移转租赁物使用权的债务，支付租金的履行期届至即可成立同时履行抗辩权。

7）从届期与两项债务间的关系看：须知，在同时履行抗辩权、先履行抗辩权和不安抗辩权的场合，届期，关乎两项债务的履行期，不可仅仅着眼于一项债务的履行期来思考问题，来界定届期。韩世远教授以其第二版《合同法总论》第250页、第三版《合同法总论》第287页中的图5—6—3所标示的两项债务的履行期的情形，来界定届期，犯了以偏概全的错误；表面上是照顾了两项债务，在某些场合实质上却有所忘记，下文的列举和分析会清晰地显现出这一点。在笔者看来，在坚持履行期包括一段期间的情形的背景下，将“已届履行期”一律界定为清偿期届至，显现出如下缺点：

A. 其第二版《合同法总论》第250页、第三版《合同法总论》第287页中的图5—6—3所示情形并未涵盖依逻辑和实务中所出现的全部案型，其第一版《合同法总论》第328页中的图5.6.3所标示的倒是囊括了所有的情形。实际上，韩世远教授承认履行期含有一段期间的类型，并将“已届履行期”一律界定为履行期届至，其图5—6—3仅为情形之一，依其逻辑，还会出现下述情形：A履行债务的期限为1月30日至4月30日，B履行债务的期限为2月28日至5月30日。依韩世远教授的逻辑，在5月5日，B请求A履行其债务时，A有权援用同时履行抗辩权，拒绝B的请求。于是出现了违约方有权拒绝守约方的给付请求且不承担违约责任的不当后果。这正是韩世远教授将履行期一律界定为履行期届至并坚持法律漏洞说的致命缺点。

本来，依据《合同法》第66、67条的设计，B于5月5日请求A履行其债务，A无权援用同时履行抗辩权，必须满足B的给付请求。反过来，A于5月5日请求B履行其债务，B享有先履行抗辩权，也有权援用履行期尚未届满的抗辩，并有权请求A承担违约责任。这完全符合公平正义的要求，从一个方面证明了《合同法》第66、67条设计的合理性。

B. 若将“已届履行期”一律界定为履行期届至，并将履行期届满排除于“已届履行期”之外，则会发生难以解释的情形。在实践中，有些场合的“已届履行期”只能解释为履行期届满，而不可能是履行期届至。瑕疵履行场合成立同时履行抗辩权，为其著例；部分履行与同时履行抗辩权之间的关系场合也有履行期届满时适用同时履行抗辩权制度的类型。

C. 依韩世远教授的观点，在下述案件类型中会判断失误：甲交付标的物的期间为2008年1月1日至2008年3月1日，乙付清货款的期间为2008年1月1日至2008年4月1日。按照韩世远教授在其第二版《合同法总论》第249页以下、第三版《合同法总论》第286页以下所述的判断标准，只能得出它适用同时履行抗辩权制度的结论，但事情在实际上比这复杂得多。对此，分析如下：a. 按照中国民法的通说，在2008年1月1日至2008年3月1日期间，甲和乙都享有同时履行抗辩权，乙还享有履行期尚未届满的抗辩权、先履行抗辩权。依据笔者如今采取的观点，甲的履行期仅为2008年3月1日，乙的履行期仅为2008年4月1日。在2008年1月1日至2008年3月1日期间，甲和乙都不享有同时履行抗辩权，乙享有先履行抗辩权、拥有履行期尚未届满的抗辩。b. 在2008年3月2日至2008年4月1日期间，甲于其未交付标的物的情况下请求乙支付货款，乙享有先履行抗辩权、履行期尚未届满的抗辩，甲自己不享有履行抗辩权。c. 在2008年4月2日之后，在甲和乙均未履行的场合，关于同时履行抗辩权、先履行抗辩权的效力，若采存在效果说，乙不是违约方，对甲享有同时履行抗辩权，甲对乙不享有此权，以免出现偏袒甲这个违约方的不当后果①；依据行使效果说，若乙主张先履行抗辩权，则抗辩权的情形如同存在效果说的场合，若未主张，则构成双方违约，甲和乙在违约救济的阶段都享有（继续履行、损害赔偿或支付违约金诸债务方面的）同时履行抗辩权。

同时，也应看到，将“已届履行期”一律界定为履行期届满，会增加履行期尚未届满的抗辩、不当履行的抗辩权发挥作用的空间，有时也会发生同时履行抗辩权、先履行抗辩权的运用，不会出现韩世远教授所认为的法律漏洞，不会剥夺当事人一方的救济权利。单就这方面来说，将“已届履行期”一概界定为履行期

① 遵从公平正义原则，在甲和乙均未履行（违约）的场合，不宜采取存在效果说。

届满，不算错误。不过，这样界定毕竟缩小了同时履行抗辩权制度、先履行抗辩权制度适用的范围，不尽符合它们的规范意旨；主要是不适用于某些继续性合同的履行抗辩的情形。

尽管如此，我们也必须看到，在绝大多数情况下，只有将“已届履行期”解释为“履行期届满”，才最能发挥同时履行抗辩权制度的功能，实现其价值。这是因为，在两项债务的履行期届至而未届满场合，一方当事人请求相对人清偿，相对人有权以履行期尚未届满为由拒绝履行债务，且不构成违约，完全可以不求助于同时履行抗辩权，尽管他可以求助。但在履行期届满的情况下，债务人已无履行期尚未届满的抗辩，只有依赖于同时履行抗辩权或不当履行的抗辩权或其他抗辩权，不然，只好应债权人的请求而履行债务。

行文至此，可知已届履行期，在非继续性合同场合，应是履行期届满/届至；在继续性合同场合，对某些债务而言依然指履行期届满，对另一些债务来说则指履行期届至。

(3)《合同法》设计的同时履行抗辩权与先履行抗辩权并存模式不存在法律漏洞

在明确了已届履行期的含义之后，接着探究中国《合同法》设计的同时履行抗辩权与先履行抗辩权并存模式是否存在法律漏洞的问题。

我们知道，同时履行抗辩权制度的目的之一是，表面上使双方当事人所负的债务同时履行，实质上起到逼迫欲请求相对人给付的当事人自己先为履行，然后请求相对人履行的效果，最终实现借助于合同获得物权或与物权价值相当的权利的目的。所以，只有双方当事人约定了相同的债务履行期限，或双方当事人没有约定先后履行顺序，或两项债务的履行期重叠且双方当事人均未违约，才可成立同时履行抗辩权。如果一方当事人负有先履行的义务，且不存在两项债务的履行期重叠的情形，就不由同时履行抗辩权制度管辖，而让位于先履行抗辩权或不安抗辩权或其他抗辩权，以及履行期尚未届满的抗辩。这与德国、日本、中国台湾地区的民法将先履行义务人不履行其债务场合相对人可以主张同时履行抗辩权的设计有所不同。[①]

按照笔者关于非继续性债务仅为一个时间点、已届履行期的界定，中国《合同法》第66条规定同时履行抗辩权、第67条规定先履行抗辩权，两权各司其职，加上履行期尚未届满的抗辩、其他抗辩权的衔接、配合，并无法律漏洞可言。

［论争］

对此，韩世远教授持有不同的看法："若依据《合同法》第67条（先履行抗辩权），所给出的答案是'先履行一方未履行的，后履行一方有权拒绝其履行要求'。从中看不出后履行一方请求先履行一方履行时，先履行一方能否以后履行一方未履行其到期债务为由拒绝履行。而依据《合同法》第68条（不安抗辩权），只是在出现所列信用不安事由时，先履行一方可以中止履行。"[②] 有鉴于此，"《合同法》第66条字面上虽然规定了'没有先后履行顺序'这一限定，尚不应就此作反面解释而排斥其他情形下亦可得发生同时履行抗辩问题，就前述设问，可以认定《合同法》存有法律漏洞。换言之，《合同法》只规定了履行期自始相同（没有履行先后顺序）的情形，而忽略了还可能存在债务履行期自始不同的情形。其实，作为同时履行抗辩权的要件之一，正如我妻荣先生所言，只是要求该权利行使之际对方的债务已在履行期而已，非谓须履行期自始相同"[③]。

韩世远教授的思绪并未到此为止，他实质是对《合同法》设置的先履行抗辩权制度抱有疑问，正所谓"这种理论构成是否有其正当性，固然还有待进一步观察，这涉及是否能够和是否有必要创立一套独立于同时履行抗辩权的理论"[④]。有的学者干脆否定《合同法》第67条的规定："从法规则自身的逻辑性、简练性

① 实际上，德国、日本、中国台湾地区的民法及其判例、学说已经禁止某些先履行义务人对后履行义务人主张同时履行抗辩权。见［德］迪特尔·梅迪库斯：《德国债法总论》，杜景林、卢谌译，356页以下，北京，法律出版社，2004；［日］星野英一：《日本民法概论Ⅳ·契约》，姚荣涛译，刘玉中校订，43页以下，台北，五南图书出版有限公司，1998。

② 韩世远：《合同法总论》，328页，北京，法律出版社，2004。韩世远教授于其第二版《合同法总论》（第250页以下）、第三版《合同法总论》（287页以下）中继续坚持其观点。

③ 韩世远：《合同法总论》，329页，北京，法律出版社，2004。韩世远教授于其第二版《合同法总论》（第249页以下）、第三版《合同法总论》（286页以下）中继续坚持其观点。

④ 韩世远：《合同法总论》，351页，北京，法律出版社，2004。

要求考虑，先履行抗辩规则无单独规定的必要性”①。

对于韩世远教授的上述看法，笔者持有不同意见。为了明确双方分歧所在，有必要首先呈现韩世远教授“前述设问”的情形。该“前述设问”，在韩世远教授所著第一版《合同法总论》第328页中的图5.6.3及其相应的文字叙述中，是A应当于1月30日交付标的物，B应当于2月28日支付价款，2月28日过后，A可否主张同时履行抗辩权。该“前述设问”，在韩世远教授所著第二版《合同法总论》第250页、第三版《合同法总论》第287页中的图5—6—3及其相应的文字叙述中，是A应当于1月30日至4月30日交付标的物，B应当于2月28日至4月30日支付价款，2月28日过后，A可否主张同时履行抗辩权。就该“前述设问”可以认定《合同法》存有法律漏洞。

必须指出，韩世远教授在三版《合同法总论》中设问的案型不同。其第一版《合同法总论》中的案型是A违约了，而第二版和第三版《合同法总论》中的案型是A尚未违约。

接下来，展开讨论，分八点阐释。

1）两项牵连债务在履行期方面的若干情形

我们具体考察作为履行抗辩权构成要件的两项牵连债务在履行期方面的若干情形，看看韩世远教授所认定的法律漏洞是否存在：A. 两项牵连债务的履行期相同，既包括法律和当事人均未规定两项债务的履行期，或规定了相同的履行期；也包括依韩世远教授关于履行期包含一段期间的观点，两项债务的履行期限届至的时间不同，但存在着重合的期间，先履行义务一方尚未违约的情形；还包括双方均已违约，由债务转化而成的继续履行或替代损害赔偿或填补损害赔偿的履行期限。B. 按照中国民法通说关于履行期的理解，甲方所负债务的履行期届满之后，间隔一段时间，乙方所负债务的履行期才届至。例如，甲方所负债务的履行期为2006年2月2日至2007年2月2日，乙方所负债务的履行期是2007年3月2日至2007年10月2日。C. 甲方所负债务的履行期届满之日，为乙方所负

① 朱广新：《先履行抗辩权之探究》，载《河南省政法管理干部学院学报》，2006（4），127页。

债务的履行期届至之时。例如，甲方所负债务的履行期为2006年2月2日至2007年2月2日，乙方所负债务的履行期是2007年2月2日至2007年10月2日。D. 甲方所负债务的履行期尚未届满，乙方所负债务的履行期已经届至，两项债务的履行期限有一重合期。例如，甲方所负债务的履行期为2006年2月2日至2007年2月2日，乙方所负债务的履行期是2006年10月2日至2007年5月2日，甲方直到2006年12月2日仍未履行，乙方也未履行。

上述“A”的情形，在采取中国民法通说关于履行期包含一段期间的理解的背景下，应当适用同时履行抗辩权制度，没有争议。但依笔者目前对履行期的界定、坚持同时履行抗辩权和先履行抗辩权并立的观点，“两项债务的履行期限届至的时间不同，但存在着重合的期间，先履行义务一方尚未违约的情形”，就不会存在了，同时履行抗辩权无从产生。

上述“B”的情形，按照中国民法通说，甲方于2007年3月1日及以前，请求乙方履行债务，乙方享有履行期尚未届至的抗辩，无论甲方履行自己的债务与否，均应如此。甲方于其未履行债务的情况下，自2007年3月2日起请求乙方履行债务，适用先履行抗辩权制度，不应有争论，除非坚决否定中国《合同法》第67条的规定。依据笔者如今关于履行期与履行抗辩及抗辩权的观点，甲方所负债务的履行期为2007年2月2日，乙方所负债务的履行期是2007年10月2日，在2007年10月2日之前，甲对乙不享有同时履行抗辩权，乙对甲拥有履行期尚未届满的抗辩，享有先履行抗辩权。

上述“C”的情形适用先履行抗辩权制度，应无疑问，除非坚决否认《合同法》第67条的规定。若主张适用同时履行抗辩权制度，则在中国现行法上，对于乙方来说没有必要，对于甲来说自然是件好事，但会有若干弊端，这将在下文“3)”至“7)”中详述。至于乙于2007年2月2日请求甲履行其债务，可否允许甲援用同时履行抗辩权对抗乙的给付请求，有两种方案，但实质结果并无二致：其一，允许甲行使同时履行抗辩权，使甲享有1天的期限利益，但甲若未履行，则自2007年2月3日起承担违约责任；其二，甲不行使同时履行抗辩权，必须满足乙的给付请求，以便不承担违约责任。就是说，所谓甲享有同时履行抗辩权，以便享有2007年2月2日的期限利益，只是表面上的，实质上并不享有。如此说来，采取何种观点无所谓，主要取决于论者的体系要求。这是笔者以往的看法，如今按照笔者关于履行期与履行抗辩、抗辩权的理解，则形成如下观点：甲方所负债务的履行期为2007年2月2日，乙方所负债务的履行期是2007年10月2日。在2007年10月2日之前，甲不享有同时履行抗辩权，乙拥有履行期尚未届满的抗辩，享有先履行抗辩权。

上述“D”的情形，在甲方和乙方均未构成违约的情况下，在甲方所负债务和乙方所负债务相重合的履行期间，即所举例子中的2006年10月2日至2007年2月1日（2日亦可）之间，甲方和乙方均可主张适用《合同法》第66条的规定，即有同时履行抗辩权制度适用的空间。如此解释，不违反《合同法》第66条前段关于“当事人互负债务，没有先后履行顺序”的规定。当然，于此场合，也可以不借助同时履行抗辩权达到目的，即甲方和乙方均可以履行期尚未届满为由而暂时拒绝履行其债务。还要说明，乙方也可以基于《合同法》第67条的规定，主张先履行抗辩权。但是，如果甲方已经违约了，即直到2007年2月2日，甲方仍未履行债务，那么，自2007年2月3日起，法律不应承认甲方享有同时履行抗辩权，其理由同样在下文“3)”至“7)”中阐明。这是笔者以往的观点，如今按照笔者关于履行期与履行抗辩、抗辩权的理解，则形成如下意见：甲方所负债务的履行期为2007年2月2日，乙方所负债务的履行期是2007年5月2日，2007年5月2日之前，甲方不享有同时履行抗辩权，乙方拥有履行期尚未届满的抗辩，享有先履行抗辩权。

2）如何对待我妻荣教授之语

我妻荣教授关于“在先履行义务人尚未履行时相对人债务已届履行期的场合，先履行义务人对相对人的请求可否提出同时履行的抗辩？作为一般性理论应该肯定。其原因是，作为同时履行抗辩权的要件应该解释为，仅仅要求在行使该权利时相对人的债务已届履行期，并不要求从开始履行期就是相同的”① 之语，

① ［日］我妻荣：《债权各论》上卷，徐慧译，86页，北京，中国法制出版社，2008。

作为对《日本民法典》第533条关于“双务契约的一方当事人，在相对人提供其债务履行以前，可以拒绝履行自己的债务。但相对人的债务未届清偿期时，不在此限”规定的解释，可能有必要性，因为该条前段的文义没有反映出债务履行期方面的要求；针对日本民法、判例和学说上没有先履行抗辩权制度的现状来说，我妻荣教授之语也有其必要性，因为日本民法、判例和学说上的同时履行抗辩权一项制度要担负起中国现行法上同时履行抗辩权和先履行抗辩权两项制度的任务。但须注意，我妻荣教授之语所针对的两项债务的履行期是这样的情形：出卖人交货的日期是1930年1月30日，买受人支付货款的日期为1930年2月28日，到了1930年2月28日，买受人请求出卖人交货，出卖人援用同时履行抗辩权，对抗买受人的交货请求。韩世远教授第一版《合同法总论》第328页的图5.6.3所示及其文字描述的情形，符合我妻荣教授的本意。[①] 于是，问题产生了，在没有先履行抗辩权的日本民法，又不采取存在效果说时，我妻荣教授的意见至少在某些情况下有其道理。但是，中国现行法设置了先履行抗辩权制度，韩世远教授又未加限定地主张存在效果说，这便与我妻荣教授所要解决的问题非常不同，他却仍然沿用我妻荣教授的观点和方法解决中国的问题，难谓妥当。此其一。即使在日本，对我妻荣教授之语若不加限制，也会出现纵容违约方、牺牲非违约方期限利益、是非颠倒的局面。实际上，日本民法的判例、学说确实设置了若干限制，这将在下文“3)”、“5)”、“6)”中加以分析和阐述。此其二。

需要强调，在同时履行抗辩权和先履行抗辩权并存、各有其适用范围的中国现行法上，若照搬我妻荣教授的观点，且将其作为确定《合同法》第66条规定的适用范围的标准，或者说作为同时履行抗辩权运用领域的标准，则不仅仅是在宣判《合同法》第67条为具文，直接或间接地在否定《合同法》第66条和第67条设置的模式，而且会带来诸如是非颠倒、无端地牺牲后履行一方的期限利益等

① 需要说明，韩世远教授于其第二版《合同法总论》第250页的图5—6—3、第三版《合同法总论》第287页的图5—6—3所示及其文字叙述的情形，已经改变了，不再是我妻荣教授之语所针对的情形。

更为严重的问题，极不可取。下文的分析会显现出这一点。

3）中国《合同法》第 66 条和第 67 条的规定不存在法律漏洞

韩世远教授称《合同法》第 66 条和第 67 条的规定存在法律漏洞。该漏洞何在？由于《合同法》第 67 条赋予了后履行一方以先履行抗辩权，后履行一方无需求助于《合同法》第 66 条的规定，即享有对先履行一方的抗辩权，《合同法》第 66 条的规定即使存在法律漏洞，漏洞也不表现在后履行一方的抗辩权方面。由于韩世远教授坚持同时履行抗辩权以两项债务的履行期均已届至为要件之一，在后履行一方的债务未届履行期时，先履行一方不应享有同时履行抗辩权，《合同法》第 66 条的规定即使存在漏洞，也不表现在这个领域。由于在后履行一方的债务尚未届期但其有难为对待给付之虞时，先履行一方可以基于《合同法》第 68 条和第 69 条的规定，主张不安抗辩权，拒绝履行自己的债务，因而《合同法》第 66 条的规定即使存在漏洞，也不应表现在这个场合。按照排除法，并且遵循中国民法关于履行期的通说，只剩下以下两种情形了：甲、韩世远教授于其第二版《合同法总论》第 250 页、第三版《合同法总论》第 287 页中的图 5—6—3 所标示的情形，即，A 履行债务的期限为 1 月 30 日至 4 月 30 日，B 履行债务的期限为 2 月 28 日至 4 月 30 日的场合。按照韩世远教授的逻辑，2 月 28 日后，或 2 月 28 日至 4 月 30 日期间，本应适用《合同法》第 66 条关于同时履行抗辩权的规定，但由于《合同法》第 67 条规定了先履行抗辩权，则不得适用关于同时履行抗辩权的规定，于是出现了法律漏洞。乙、韩世远教授在其第二版《合同法总论》第 250 页和第三版《合同法总论》第 287 页中图 5—6—3 的逻辑延伸、补齐，亦即第一版《合同法总论》第 328 页中图 5.6.3 所示及其文字叙述当然涵盖的案型，至少包括这样的情形：在 A 履行债务的期限为 1 月 30 日至 4 月 30 日，B 履行债务的期限为 2 月 28 日至 5 月 30 日的场合，于 5 月 1 日至 5 月 30 日期间，依韩世远教授的逻辑，A（先履行一方）应当享有同时履行抗辩权，但因《合同法》第 66 条和第 67 条的文义和它们的分工，A 倒不会享有同时履行抗辩权，于是，形成了法律漏洞。

有漏洞即应填补。在韩世远教授看来，《合同法》第 66 条适用的范围过于狭窄，应当扩张至两项债务存在着先后履行顺序、先履行一方的债务和后履行一方的债务均已届至履行期的领域。于此场合，承认先履行一方享有同时履行抗辩权，即，在后履行一方请求先履行一方清偿时，先履行一方可以拒绝履行自己的债务。①

对此，笔者分析、论证如下：

按照笔者如今关于履行期与履行抗辩、抗辩权的理解，A 的履行期为 4 月 30 日，B 的履行期为 4 月 30 日。双方的债务履行期相同，而非存在着先后履行顺序，与先履行抗辩权无关，谈不上由于《合同法》第 67 条设置了先履行抗辩权而导致了法律漏洞。4 月 30 日之前，任何一方均有履行期尚未届满的抗辩，均无同时履行抗辩权。4 月 30 日及以后，任何一方均有同时履行抗辩权。总之，在这种案型中，韩世远教授所说的法律漏洞、履行期尚未届满的抗辩派不上用场，全都不成立。

考虑到以往韩世远教授与笔者均赞同履行期包括一段期间的观点，按照对等原则，在承认履行期含有一段期间的前提下，笔者接着剖析韩世远教授的观点，证明其仍不成立。

《合同法》第 66 条前段关于“当事人互负债务，没有先后履行顺序”的规定涵盖韩世远教授第二版《合同法总论》第 250 页、第三版《合同法总论》第 287 页中的图 5—6—3 所标示的情形，即前文“甲”的情形，2 月 28 日后，或 2 月 28 日至 4 月 30 日期间，扩而广之，两项债务的履行期部分重叠期间，只要不存在着任何一方违约的情形，就符合《合同法》第 66 条前段关于“当事人互负债务，没有先后履行顺序”的规定，即符合《合同法》第 66 条关于同时履行抗辩权的规定，A 可援用该条的规定，行使同时履行抗辩权，B 既可行使先履行抗辩权，也可主张同时履行抗辩权，完全没有法律障碍。于此期间，在该领域，《合同法》不存在漏洞。就是说，韩世远教授截至目前看到的法律漏洞，根本就不

① 见韩世远：《合同法总论》，2 版，250～251 页，北京，法律出版社，2008；韩世远：《合同法总论》，3 版，286～288 页，北京，法律出版社，2011。

存在。[①]

实际上，还有另外的方案。虽然A（先履行一方）和B（后履行一方）都有权请求对方清偿，但被请求清偿的一方于其债务履行期尚未届满时享有一个选择权：可以履行其债务，也可以不理睬给付请求，一直等到债务履行期届满前再予以清偿。换句话说，在B请求A清偿时，A得以其债务履行期尚未届满（尚未违约）为由暂时拒绝履行其债务；在A请求B清偿时，B亦得以其债务履行期尚未届满（尚未违约）为由暂时拒绝履行其债务。具体到韩世远教授在其第二版《合同法总论》第250页、第三版《合同法总论》第287页中的图5—6—3所标示的2月28日至4月30日期间内，亦即其设问存在法律漏洞的期间，A、B均享有履行期尚未届满的抗辩权，该权同样能够达到同时履行抗辩权所欲达到的目的。[②]

遗憾的是，韩世远教授不但固执己见，而且讥讽笔者以往对他的批评成了“思维太极拳”，称笔者在过去肯定了法律漏洞的存在。[③] 其态度和说辞的要害在于，他没有平心静气地坐下来，认真阅读笔者当时对他的批评意见及其分析，未能客观地看待这些问题及意见。笔者当时对他的法律漏洞说采取了类型化的分析方法，对于他所提的漏洞，明确指出现行法及其理论已有解决之道；对于他所使用的填补漏洞的方法，清晰地告诫：它会导致违约方非但可以拒不履行其到期债务反而有权请求守约方履行、牺牲守约方的期限利益的不当后果。[④] 只要不带偏

① 在两项债务的履行期重叠期间，并且任何一方均未违约时，可存在同时履行抗辩权，先履行一方也享有此权。这是《合同法》第66条规定的题中应有之义。这个见解是中国政法大学副教授戴孟勇博士提出来的，特此致谢！

② 参见崔建远：《履行抗辩权探微》，载《法学研究》，2007（3），47页。

③ 见韩世远：《合同法总论》，2版，251页，北京，法律出版社，2008。韩世远教授在其《合同法总论》（第三版）中删除了这段议论，值得欢迎。

④ 见崔建远：《履行抗辩权探微》，载《法学研究》，2007（3），47页以下；崔建远：《履行抗辩权探微》，载中国政法大学罗马法与意大利法研究中心、教育部法制史研究重点基地——中国政法大学法律史学研究院、意大利和中国“罗马法背景下的中国法典化与法学人才培养研究中心”、中国政法大学出版社主编：《第四届“罗马法·中国法与民法法典化国际研讨会”论文集》（上），50页以下，北京，2009年10月24—25日；崔建远：《履行的抗辩权小论》，载早稻田大学孔子学院编：《早稻田大学孔子学院丛书2·日中民法论坛》，80页以下，东京，早稻田大学出版部，2010。

见，静下心来，细细思考，不难理解，也容易采取救济措施。韩世远教授在其第二版《合同法总论》中却没有这样做。还好，他在第三版的《合同法总论》中删除了这段议论，这是个进步。不过，他依然坚持其固有看法，并以下面这段话回应笔者的批评意见："……此时对于债务人是否同时存在履行期尚未届满的抗辩权？对此，尚不应一概而论地认为'债务人有权以履行期尚未届满为由予以抗辩'，而应进一步区分利益归属于哪一方当事人。如果期限利益归属于债务人，债务人可以有履行期尚未届满的抗辩权。如果期限利益归属于债权人，则不应认为债务人有履行期尚未届满的抗辩权。至此，既然履行期尚未届满的抗辩权并不能够完全解决问题，同时履行抗辩权在履行期限未届满场合便有独立存在的价值，就不应轻易予以否定。"① 从论证方法方面看，韩世远教授通过指出笔者对他的批评意见不成立而坚持自己以往的观点，较过去前进了一步。但客观事实是，他的该项反驳不成立，其法律漏洞说还是立不起来。对此，下文将详细剖析，暂且不表。

现在，重点讨论上文"乙"的情形。

"乙"的情形，依韩世远教授的逻辑同样构成法律漏洞，但笔者同样持否定说。我们知道，法律漏洞，是指实定法上反于法律意图的法律不完全性②，或者说，指法律体系上违反计划的不圆满状态。③ 其存在，是某个法律问题应有法律规范却欠缺该规范的现象，是针对整个法律制度、整部法律欠缺本应具有的法律规范而言的。此处所谓法律体系，是指一个具有内在一致目的的法律规范之整合体（an integrated body of rules）。④ 只要有法律制度及规范进行调整，不论它被置于法律的何编何章何节，就不得说存在着法律漏洞。至于是用同时履行抗辩

① 韩世远：《合同法总论》，3版，286页，北京，法律出版社，2011。

② 见［日］矶村哲：《现代法学讲义》，99页，东京，有斐阁，1978。转引自梁慧星：《民法解释学》，251页，北京，中国政法大学出版社，1995。

③ 见黄茂荣：《法学方法与现代民法》，308页，台北，自版，1993；黄建辉：《法律漏洞·类推适用》，21～22页，台北，蔚理法律，1988。转引自梁慧星：《民法解释学》，251页，北京，中国政法大学出版社，1995。

④ 见黄建辉：《法律漏洞·类推适用》，21页注3，台北，蔚理法律，1988。转引自梁慧星：《民法解释学》，251页，北京，中国政法大学出版社，1995。

权，还是用履行期尚未届至、履行期尚未届满的抗辩，抑或用不当履行的抗辩权等抗辩权，或曰解决该问题的法律规范是处于甲制度中还是处于乙制度中，属于立法技术层面的问题。此种现象在许多立法例上都存在，不应将其作为法律漏洞看待。

中国现行法到底有无妥善解决“乙”情形之道呢？回答是肯定的。按照如今笔者关于履行期与履行抗辩、抗辩权的理解，可形成如下观点：在所讨论的案型中，A履行债务的期限仅为4月30日，B履行债务的期限仅为5月30日。5月30日之前，A对B不享有同时履行抗辩权，B对A拥有履行期尚未届满的抗辩、先履行抗辩权。其中不存在着法律漏洞，履行期尚未届满的抗辩完全派得上用场，就是说，韩世远教授的观点不成立。

考虑到以往论争双方均赞同履行期包括一段期间的观点，按照对等原则，在承认履行期含有一段期间的前提下，笔者再剖析韩世远教授的观点，证明其不成立。

在承认履行期含有一段期间的背景下，“乙”的情形是，A履行债务的期限为1月30日至4月30日，B履行债务的期限为2月28日至5月30日，那么，在2月28日之前，A对B不享有同时履行抗辩权、先履行抗辩权，有可能享有不安抗辩权；B对A拥有履行期尚未届至的抗辩、先履行抗辩权。这些履行抗辩及抗辩权能够妥善解决履行抗辩的全部问题。此其一。在4月30日之前，上文已经讨论过，履行抗辩权同样能够妥善解决履行抗辩的全部问题。此其二。在5月1日至5月30日期间，B对A拥有先履行抗辩权、履行期尚未届满的抗辩；A对B，按照《合同法》第66条、第67条的规定及其规范意旨，不得享有同时履行抗辩权，可以享有不安抗辩权，也能妥善解决履行的全部问题。可是，按照韩世远教授的逻辑，A对B享有同时履行抗辩权，这酿成了极为不当的后果。其原因在于，在5月1日至5月30日期间，A已经违约了，按照韩世远教授力倡的存在效果说[①]，B即使没有明示行使履行抗辩权，也排除了自己债务的届期，

① 见韩世远：《合同法总论》，334～339页，北京，法律出版社，2004。

排除了履行迟延的构成，能够对抗 A 的给付请求，不存在 A 行使同时履行抗辩权的余地。即使不采取存在效果说，依据行使效果说，B 有权基于《合同法》第 67 条规定的先履行抗辩权对抗 A 的给付请求，也没有 A 行使同时履行抗辩权的机会。特别是，《合同法》奉行无过错责任原则，A 违约在先，往往成立违约责任，B 请求 A 承担继续履行或替代赔偿或填补赔偿的违约责任，依法有据，理应得到支持。假如按照韩世远教授的观点，赋予 A 以同时履行抗辩权，那么这就意味着承认了：按照存在效果说，因 A 已经享有了同时履行抗辩权，故 B 无权请求 A 继续履行或承担损害赔偿责任；按照行使效果说，在 B 请求已经违约的 A 继续履行或承担替代赔偿或填补赔偿责任时，A 有权行使同时履行抗辩权，即拒绝继续履行其债务或负责替代赔偿或填补赔偿，或者说 A 有权拒绝承担违约责任。这显然颠倒了是非，不符合违约责任制度和履行抗辩权制度的本质。美国有关的判例和学说也是如同笔者这样认识问题的。如果建筑商首先严重违约，则该违约使得业主中止履行有了正当理由，并且建筑商应当为其违法终止合同而构成的全部违约进行损害赔偿。[①] 如果业主没有随工程进度付款，建筑商中止了履行，而后业主没有治愈其违约行为，则建筑商有权视该违约行为为全部违约。[②] 这样，建筑商一方面有权就其放弃工程有抗辩权（如果业主起诉建筑商的话），而且就业主的全部违约有请求赔偿的权利（如果建筑商起诉业主的话）。[③] 再者，就逻辑而言，A 不履行已经构成了违约，却坚称自己的不履行是在行使同时履行抗辩权，显然颠倒了行使履行抗辩权可以阻却违约的理论，于理不合。[④] 不知此时此刻韩世远教授是否想到了他在合同解除的效果部分说过的一段话：债权人不应当因债务人的违约而额外丧失利益。法律立足公道，所要追求的是如何公平地

---

① K & G Constr. Co. v. Harris，164 A. 2d 451 (Md. 1960). 转引自［美］E·艾伦·范斯沃思：《美国合同法》，葛云松、丁春艳译，580 页，北京，中国政法大学出版社，2004。

② Zulla Steel v. A & M Cregos，415 A. 2d 1183 (N. J Super，1980). 转引自［美］E·艾伦·范斯沃思：《美国合同法》，葛云松、丁春艳译，587 页，北京，中国政法大学出版社，2004。

③ ［美］E·艾伦·范斯沃思：《美国合同法》，葛云松、丁春艳译，587 页，北京，中国政法大学出版社，2004。

④ 参见崔建远：《履行抗辩权探微》，载《法学研究》，2007 (3)，47～48 页。

保障债权人的应有或既有利益。[①] 此其三。

如果说在两项债务存在着先后履行顺序、先履行一方所负债务的履行期已经届满的领域，承认先履行一方享有同时履行抗辩权，且不将若干情形排除于同时履行抗辩权制度的适用范围，就是日本民法上的同时履行抗辩权制度的应有之义的话，那么，笔者敢说这种同时履行抗辩权制度确实应予修正。

中国现行法分设同时履行抗辩权和先履行抗辩权，就不会出现是非颠倒、无端牺牲后履行一方的期限利益的情形。本书断言，允许违约方利用同时履行抗辩权来实现拒绝承担违约责任的企图，肯定不是法律，至少不是中国法律设置同时履行抗辩权制度的目的。

至于在先履行一方所负债务和后履行一方所负债务均已届期的情况下，赋予后履行一方抗辩权，德国、日本、中国台湾地区的民法称之为同时履行抗辩权，但在中国现行法上，后履行一方的这种抗辩权不叫同时履行抗辩权，而称先履行抗辩权，亦无不可。

由此可见，中国现行法分设同时履行抗辩权和先履行抗辩权，不但能够满足当事人履行抗辩的需要，而且不至于是非颠倒，它恰当地分配了当事人的期限利益，使违约责任制度和履行抗辩权制度都能发挥正面的作用，应予肯定。[②] 至于《合同法》第 66 条关于“没有先后履行顺序”的表述，在解释上可以采取类型化的方法，视具体情况而将其界定为届至或届满，在某些继续性债务的场合可能还有重叠期间。

4）类比观察及其结论

从与债权人迟延制度类比的角度观察，认定《合同法》第 66 条、第 67 条并立的模式在同时履行抗辩权的构成要件方面存在着法律漏洞，也不尽妥当。在日本，受领迟延期间，债权人不能实施质权、抵押权，亦不能请求违约金、迟延利

---

① 见韩世远：《合同法总论》，3 版，534 页，北京，法律出版社，2011。

② 见崔建远：《履行抗辩权探微》，《法学研究》，2007（3），48 页。

息及其他由不履行产生的损害赔偿，并且不允许因不履行而解除合同。[①]《德国民法典》规定，债权人迟延期间，债务人仅承担故意及重过失的责任（第 300 条第 1 项），停止约定利息（第 301 条），免除收取孳息义务（第 302 条），并可请求赔偿增加的费用（第 304 条）。由此可知，在时常表现为不真正义务的受领义务（合作义务）被违反场合，尚且免除或减轻债务人的责任或其他负担，债权人要失掉一些利益，甚至是损害赔偿请求权之类的利益，举轻以明重，在先履行一方违反了真正义务时，更应免除后履行一方的一些负担，让先履行一方失掉若干利益，以作为对他的惩罚和对后履行一方的保护。于此场合，最轻的利益恐怕就是同时履行抗辩权。所以，在先履行一方不履行义务构成违约时，应当令其丧失同时履行抗辩权。

5）在若干场合禁止先履行一方主张同时履行抗辩权及其意义

据笔者掌握的文献，日本的判例、学说已经发现了，将已届履行期界定为履行期届至、允许先履行一方对后履行一方主张同时履行抗辩权，会带来种种不妥当的后果，于是采取种种措施加以补救。在下述情况下，先履行一方必须先行履行自己的义务，不得借助同时履行抗辩权来逃避。如此，同时履行抗辩权制度在这些场合没有适用的余地：A. 在继续性债务关系中，给付交换不能同时进行，否则，不断获得出租人给付的承租人，也必须不断地支付极小部分的对待给付（租金）。同样，在为一项借贷支付利息时，或在一项劳动关系中支付薪资时，亦为如此。于此种情形，并在此种期间内，必须要有一方当事人先为给付。[②] B. 在一方不先履行，另一方就不能履行的场合，先履行一方不得主张同时履行抗辩权。[③] 例如，在来料加工合同的场合，定作人不先提供材料，承揽人就无法加工。该定作人不享有同时履行抗辩权。C. 一方履行后，另一

① 见日本 1921 年 4 月 12 日大民判（“民录”26 辑 487 页）。转引自［日］於保不二雄：《日本民法债权总论》，庄胜荣校订，114 页，台北，五南图书出版有限公司，1998。

② 在这个问题上，《德国民法典》第 551 条、第 608 条和第 614 条的规定值得注意。见［德］迪特尔·梅迪库斯：《德国债法总论》，杜景林、卢谌译，356 页，北京，法律出版社，2004。

③ 见［日］星野英一：《日本民法概论Ⅳ·契约》，姚荣涛译，刘玉中校订，43 页，台北，五南图书出版有限公司，1998。

方才应该履行[1]，或者说另一方的履行是有前提条件的，该条件是一方的履行。于此场合，先履行一方不享有同时履行抗辩权。例如，某有偿定期保管合同约定实行报酬后付原则，于是，保管人必须先行保管，寄存人才有义务支付保管费。保管人对于寄存人关于履行保管义务的请求，不得援用同时履行抗辩权而拒绝实施保管行为。[2] D. 依合同意旨，先由一方履行，相对人对其提供的给付，确认后再为对待给付（比如出卖人将标的物送交指定场所，买受人检查后，再支付价款的场合）[3]，于此场合，该先履行一方不得就后履行一方未为对待给付主张同时履行抗辩权。E. 彼方不按债务本旨履行债务者，此方可以拒绝接受，并享有同时履行抗辩权。[4] 如果一方当事人不提供履行的意思很明确，那么，即使另一方当事人未提供履行，他也不享有同时履行抗辩权。[5] 对这段议论换个方向表述，就是先履行一方违约的，对守约方不得主张同时履行抗辩权。

日本民法的判例、学说的上述限制非常必要，其阻止、避免了先履行一方享有同时履行抗辩权可能产生的极不适当的后果。所以，我们要准确地、完整地把握日本民法上的同时履行抗辩权制度，不得忽视、舍去这些限制。与此类似的，至少有留置权制度。积极要件具备，虽然成立留置权，但若无消极要件的限制，则会产生债务人本应履行义务却借口享有留置权而不履行、违背公序良俗的后果。这从一个侧面证成着日本民法、判例和学说的上述限制的必要性。

与日本民法的模式不同，中国现行法及通说采取同时履行抗辩权与先履行抗辩权并立的模式，将存在先后履行顺序的合同关系交由先履行抗辩权制度解决，而不交由同时履行抗辩权制度管辖。如此一来，我们无须如同日本民法的判例、

---

① 见［日］星野英一：《日本民法概论Ⅳ·契约》，姚荣涛译，刘玉中校订，43页，台北，五南图书出版有限公司，1998。

② 见刘春堂：《民法债编各论》中，338页，台北，三民书局，2007。

③ 见［日］我妻荣：《债权各论》上卷，92页，东京，岩波书店，1954。转引自韩世远：《合同法总论》，3版，288页，北京，法律出版社，2011。

④ 见［日］星野英一：《日本民法概论Ⅳ·契约》，姚荣涛译，刘玉中校订，43页，台北，五南图书出版有限公司，1998。

⑤ 见［日］星野英一：《日本民法概论Ⅳ·契约》，姚荣涛译，刘玉中校订，44页，台北，五南图书出版有限公司，1998。

学说那样类型化地列举排除先履行一方享有同时履行抗辩权的情形，避免了挂一漏万，再加上履行期尚未届满的抗辩、有关抗辩权的衔接、配合，能够避免或能够妥当地解决日本民法上的那些问题，应当说是先进的。

对比中日民法解决履行抗辩问题的路径及方法，可以发现，日本民法及判例、学说奉行的是“同时履行抗辩权以及不安抗辩权＋排除若干情形适用同时履行抗辩权”模式，中国现行法采取的是“多种履行抗辩及抗辩权并存”模式。从处理结果须妥当的要求着眼，日本民法及判例、学说上的“同时履行抗辩权以及不安抗辩权”，非得配有“排除若干情形适用同时履行抗辩权”的消极要件不可；中国现行法上的“多种履行抗辩及抗辩权并存”模式，虽然无须配有“排除若干情形适用同时履行抗辩权”的消极要件，但不得将其限于同时履行抗辩权和先履行抗辩权两种抗辩权，其必须包括履行期尚未届满的抗辩，甚至不当履行的抗辩权等制度。平心而论，两种模式各有千秋，中国现行法上的模式至少不落后，只要我们对法律整体把握，而不是一叶障目不见泰山，就不会大惊小怪。

韩世远教授忽视了中日民法在制度设计上的这种差别，硬要拆卸中国现行法实行的“多种履行抗辩及抗辩权并存”模式，推崇日本民法的判例、学说奉行的“同时履行抗辩权以及不安抗辩权＋排除若干情形适用同时履行抗辩权”的模式，漠视甚至抵触履行期尚未届满的抗辩、有关抗辩权发挥作用，如此难免面临着如下尴尬的局面：在扩张中国现行法上的同时履行抗辩权制度的适用范围时，若不同时且全部引入日本民法的判例、学说已经实施的“排除若干情形适用同时履行抗辩权”的限制措施，则会产生本书一再指出的是非颠倒、无端地牺牲后履行一方的期限利益等严重不当的后果；在扩张中国现行法上的同时履行抗辩权制度的适用范围时，若否定中国现行法上的先履行抗辩权制度，同时且全部引入日本民法的判例、学说已经实施的“排除若干情形适用同时履行抗辩权”的限制措施，则是砸碎青瓷大碗换上玻璃杯，有些妄自菲薄，因为中国现行法上的制度完全能够解决日本民法的判例、学说已经实施的“排除若干情形适用同时履行抗辩权”的限制措施所要解决的问题；在扩张中国现行法上的同时履行抗辩权制度的适用范围时，若不完全否定中国现行法上的先履行抗辩权制度，同时且全部引入日本民法的判例、学说已经实施的“排除若干情形适用同时履行抗辩权”的限制措施，就是“重复建设”，除了增加制度及其理论的复杂性、法律适用的难度，没有积极的意义。韩世远教授迄今为止的观点是，既扩张中国现行法上的同时履行抗辩权制度的适用范围，也不完全否定中国现行法上的先履行抗辩权制度，同时部分引入日本民法的判例、学说已经实施的“排除若干情形适用同时履行抗辩权”的限制措施①，而未见其引入履行期尚未届满的抗辩、不当履行的抗辩权等，这非但“重复建设”，而且捅露了履行抗辩权大厦的天窗，导致了违约方可以对抗守约方的给付请求且不承担违约责任、无端牺牲后履行一方的期限利益的不当后果。

6）期限利益的保护及其路径

我们知道，尽管当事人约定一方负有先履行的义务的目的可能有所不同，但有一点肯定是共同的，那就是在民法上至少后履行一方享有期限利益。当事人的这种约定不违反强制性规定、不损害社会公共利益、不违背社会公德，因而，后履行一方的这种期限利益具有正当性，法律应当保护，除非另有更为正当的理由，不得剥夺。在构成不安抗辩权的场合，可以说保护先履行一方具有正当理由，故剥夺后履行一方的期限利益，无可非议。除此而外，剥夺负有后履行义务的一方的期限利益，正当理由何在？

赞同已经违约的先履行一方享有同时履行抗辩权的论者可能会说，后履行一方的期限利益，通过责令先履行一方承担损害赔偿（包括支付违约金，下同）责任的途径解决，不可以吗!?

笔者认为，这种想法本身就是厚此薄彼，没有把先履行一方和后履行一方放在同等的地位上，偏袒了先履行一方。的确，先履行一方于其履行完毕之后，追究后履行一方的违约责任，可能因后履行一方的责任财产不足以清偿数个并存的到期债权而实际上得不到损害赔偿。赋予先履行一方同时履行抗辩权，会使其除

---

① 见韩世远：《合同法总论》，329～330页，北京，法律出版社，2004；韩世远：《合同法总论》，2版，251页，北京，法律出版社，2008；韩世远：《合同法总论》，3版，287～288页，北京，法律出版社，2011。

去此种风险。基于平等保护各方当事人的原则，在不成立不安抗辩权的情况下，先履行一方自己未履行其债务，就请求后履行一方清偿，后履行一方本来可以行使先履行抗辩权或履行期尚未届至的抗辩或履行期尚未届满的抗辩，对抗先履行一方的给付请求，除去自己清偿完毕却无法得到先履行一方的给付或损害赔偿的风险；但是，按照韩世远教授主张的那样，允许已经违约的先履行一方享有同时履行抗辩权，因该权的享有和行使既可使先履行一方拒绝履行其债务，又可阻却成立违约责任，所以这就使后履行一方承受了无法得到先履行一方的给付或损害赔偿的风险，明显失衡。按照现代伦理，在后履行一方拥有足够的责任财产、先履行一方不履行其债务的情况下，赋予后履行一方先履行抗辩权，而不是赋予先履行一方同时履行抗辩权，是符合公平正义的。就是说，《合同法》分设同时履行抗辩权和先履行抗辩权是合理的，法律人没有理由改变它。[①] 行文至此，笔者再次想起韩世远教授在合同解除的效果部分说过的一段话：债权人不应当因债务人的违约而额外丧失利益。法律立足公道，所要追求的是如何公平地保障债权人的应有或既有利益。[②]

需要强调的还有，期限利益，不仅仅表现为该利益自身具有金钱价值，还表现为享有期限利益者避免自己负担更大风险，表现为容许自己有较为充裕的时间筹集资金、租赁仓库、安装设备、购买原材料或寻觅担保人，甚至表现为稳定或增多客源、保持信誉、顺利经营等。不赋予先履行一方对后履行一方享有同时履行抗辩权，可以使后履行一方免去更大的风险，可以使之有较为充裕的时间筹集资金、租赁仓库、安装设备、购买原材料或寻觅担保人，甚至稳定或增多客源、保持信誉、顺利经营等。而违约损害赔偿往往局限于期限利益自身的金钱价值，不足以填补后履行一方的“真实面貌”的损失。例如，在超市行业，超市经营者为了减少资金成本，通常是由供货商先行供货，超市经营若干时间后，再利用卖出货物收回的资金来向供货商支付价款。但是，若按照韩世远教授的观点，供货商就可以在超市的付款期届至后，以超市没有支付货款为由而行使同时履行抗辩

① 见崔建远：《履行抗辩权探微》，载《法学研究》，2007（3），49页。

② 见韩世远：《合同法总论》，3版，534页，北京，法律出版社，2011。

权，拒绝供货。如此，对超市行业会带来致命的损害，在实践中不太可能行得通。即便承认超市经营者有权追究供货商的违约责任，以填补其经营利润的损失，但供货商不供货而导致超市经营的货品减少并由此带来的客源减少、信誉降低、经营难以继续、员工无事可做或被削减工资等一系列负面后果，却是无法通过追究供货商的违约责任而填补的。① 此其一。在后履行一方拥有足够的责任财产、债务履行期已经届至的情况下，赋予先履行一方同时履行抗辩权，意味着取消或抑制着后履行一方的先履行抗辩权，使后履行一方彻底丧失了期限利益。这是违反公平正义的。此其二。在先履行一方不履行其债务构成违约时，若认定该不履行是在行使同时履行抗辩权，那么，就形成了该不履行既是同时履行抗辩权的行使又是违约行为的局面。于此场合，如何计算该不履行给后履行一方造成了多少损失？颇费思量。此其三。②

应当看到，当事人双方关于一方先履行的约定，实质上是理性人有目的地分配利益、分担风险的表现。法律直接规定一方先行履行，是立法者权衡利弊后所做出的最佳或较好的选择，至少在理论上是这样假定的。《合同法》第 66 条和第 67 条的规定意味着承认了这种约定和法律规定，保障着这种利益和风险的分配。若赋予先履行一方以同时履行抗辩权，则否定了这种约定或法律规定及其分配，使之失去意义。假如按照韩世远教授的观点，在实际操作上，至少在相当多的场合，就会出现如下不合理的局面：在后履行一方拟请求先履行一方为给付的场合，反倒是后履行一方自己要先为给付。其原因在于，同时履行抗辩权的效力之一是，后履行一方欲获得先履行一方的给付，必须自己先为给付。可见，赋予已经违约的先履行一方同时履行抗辩权，在客观上否定了意思自治原则，或使法律规定两项债务应有先后履行顺序的目的落空，极为有害。这个结论，既适合于先履行一方的不履行产生违约责任的场合，也适合于先履行一方的不履行未导致违

---

① 超市行业一般不允许供货商行使同时履行抗辩权的例证及论证，系中国政法大学副教授戴孟勇博士的意见，特此致谢！

② 见崔建远：《履行抗辩权探微》，载《法学研究》，2007（3），49 页。

约责任的情形。[①]

7）期限利益不可轻易剥夺

同时履行抗辩权制度建立的基础，如果仅仅在于给付和对待给付间的牵连关系，该制度在价值上是中立的，那么，认定《合同法》第 66 条、第 67 条的规定存在着韩世远教授所认为的法律漏洞，尚情有可原。但实际上，同时履行抗辩权制度得以建立，诚实信用原则也在起作用。[②] 公平对待双务合同的双方当事人[③]，是同时履行抗辩权制度的重要精神。所谓公平对待，就不是置当事人不违反法律及行政法规的强制性规定、不损害社会公共利益、不违背社会公德的真实的意思表示于不顾，就不是无端地剥夺后履行一方当事人的期限利益，就不是迁就已经违约的一方，并且基本上是有过错的一方。而承认先履行一方在自己违约的情况下享有同时履行抗辩权，恰恰是迁就了违约的一方，大多是有过错的一方，恰恰是忽视了意思自治，恰恰是无端地剥夺了后履行一方的期限利益。[④]

面对以上反驳他的意见、树立笔者观点的七点理由，韩世远教授仍不接受，抓住一点——履行期尚未届满的抗辩（权）与期限利益归属于债权人场合的抗辩权可否行使，不及其余——各种抗辩或抗辩权衔接、配合，解决履行抗辩问题，固守自己的观点。他说："……此时对于债务人是否同时存在履行期尚未届满的抗辩权？对此，尚不应一概而论地认为'债务人有权以履行期尚未届满为由予以抗辩'，而应进一步区分利益归属于哪一方当事人。如果期限利益归属于债务人，债务人可以有履行期尚未届满的抗辩权。如果期限利益归属于债权人，则不应认为债务人有履行期尚未届满的抗辩权。至此，既然履行期尚未届满的抗辩权并不能够完全解决问题，同时履行抗辩权在履行期限未届满场合便有独立存在的价

① 见崔建远：《履行抗辩权探微》，载《法学研究》，2007（3），49 页。

② 见苏俊雄：《契约原理及其适用》，111 页，台北，"中华书局"，1978；王利明：《合同法研究》，第 2 卷，75 页，北京，中国人民大学出版社，2003。

③ 见［日］星野英一：《日本民法概论Ⅳ·契约》，姚荣涛译，刘玉中校订，36 页，台北，五南图书出版有限公司，1998。

④ 见崔建远：《履行抗辩权探微》，载《法学研究》，2007（3），49～50 页。

值，就不应轻易予以否定。”①

在这里，有必要回顾双方论争的演进及各自的逻辑，以便辨别韩世远教授的上述回应是否正确。

第一阶段：

论争双方都赞同履行期含有一段期间的情形。

韩世远教授设计了下述案型：A和B签订有买卖合同，约定A应当于1月30日交付标的物，在B应当于2月28日支付价款。如果A一直没有履行，2月28日过后，B请求A交付标的物时，A应有权主张同时履行抗辩权。但《合同法》第66条、第67条的规定，却未赋予A该项抗辩权，形成法律漏洞。②

笔者撰文《履行抗辩权探微》，表达了这样的意思：1月30日届满，A未交付标的物，构成违约，2月28日过后，按照存在效果说，B不构成违约，依据行使效果说，B有权援用先履行抗辩权，没有给A行使同时履行抗辩权的机会。所以，不存在法律漏洞。更值得注意的是，韩世远教授的观点会导致下述极不适当的后果：违约的A非但可以援用同时履行抗辩权对抗守约的B的给付请求，而且自己不承担违约责任；无端牺牲了守约方B的期限利益。③

第二阶段：

论争双方都赞同履行期含有一段期间的情形。

韩世远教授没有明示接受笔者对其观点的任何一点批评意见，反倒是于其第二版《合同法总论》中讥讽笔者对其批评成了一场“思维太极拳”，并认为笔者承认了他所指出的法律漏洞说。但实际上，他修正了其第一版《合同法总论》中的案型，从其第二版《合同法总论》第250页中的图5—6—3所示案型观察，他已将“A应当于1月30日交付标的物”修改为“A履行债务的期限为1月30日至4月30日”；把“B应当于2月28日支付价款”修改为“B履行债务的期限为

① 韩世远：《合同法总论》，3版，286页，北京，法律出版社，2011。

② 见韩世远：《合同法总论》，328～329页，北京，法律出版社，2004。

③ 见崔建远：《履行抗辩权探微》，载《法学研究》，2007（3），46～50页。

2月28日至4月30日”[①]。请注意的是，韩世远教授于其第一版《合同法总论》中是将A和B的履行期均按照一个时间点来设计和分析的，这符合其借鉴日本民法及其学说的实际，他所认为的先履行一方A享有同时履行抗辩权的时段，实际上处于A违约的期间。其第二版《合同法总论》把A和B的履行期都变为一个时间段，即1月30日至4月30日和2月28日至4月30日，该时段中没有违约方。他认为先履行一方A于2月28日至4月30日这段期间享有同时履行抗辩权。这反倒违背了其借鉴日本民法及其学说的逻辑，因为日本民法上的一时性债务的履行期不含有一段期间。

笔者认为，这个差别具有实质的意义。其第一版《合同法总论》赋权违约方A对守约方B主张同时履行抗辩权，肯定是错误的。其第二版《合同法总论》中的2月28日至4月30日期间，A和B均未违约，赋权A享有同时履行抗辩权，符合在履行期含有一段期间界定下该抗辩权的运用领域。韩世远教授在拒不认错、回绝他人批评的前提下，修改了案型，也修正了结论的一部分，不符合科学的态度。

其后，鉴于《履行抗辩权探微》一文仅仅提及了履行期尚未届满的抗辩权，可能不够全面，笔者在第五版《合同法》，第四届罗马法、中国法与民法法典化国际研讨会上报告的《履行抗辩权探微》中，增加了涉及履行的抗辩权体系共同作用，以解决履行抗辩问题。

第三阶段：

韩世远教授依然赞同履行期含有一段期间的情形，而笔者改采区分情况而定的态度，认为非继续性债务的履行期仅为一个时间点。

韩世远教授于其第三版《合同法总论》中反击笔者的上述意见，其观点及逻辑是：履行期届满的抗辩权不是总能派上用场的，在期限利益归属于债权人时，债务人不得援用履行期尚未届满的抗辩（权）。于是，还得需要同时履行抗辩权，《合同法》第66条、第67条的规定存在着法律漏洞。至于依其观点及逻辑导致的极不适当的后果——违约方A有权拒绝守约方B的给付请求，且不承担违约

① 韩世远：《合同法总论》，2版，250页，北京，法律出版社，2008。

责任，再就是牺牲掉了守约方B的期限利益——他依然置之不顾。

现在，形势已经明朗：从笔者反驳的角度讲，在2月28日后，或2月28日至4月30日期间，假如存在着履行期尚未届满的抗辩不成立的情形，那么笔者批驳韩世远教授的观点可能站不住脚，至少不那么坚强有力；从韩世远教授固守的一侧看，他即使在履行期尚未届满的抗辩（权）方面胜利了，其观点仍然不可取，个中原因，既在于其观点带来的负面后果极为严重，又在于笔者引入了整个涉及履行的抗辩及抗辩权的体系，解决履行抗辩问题。他对此漠然甚至抵触。

如今，笔者面临的任务是，在继续指出其法律漏洞说不成立，其法律漏洞说带来的极不适当的后果的前提下，驳倒其"履行期届满的抗辩权不是总能派上用场的，在期限利益归属于债权人时，债务人不得援用履行期尚未届满的抗辩权。于是，还得需要同时履行抗辩权，《合同法》第66条、第67条的规定存在着法律漏洞"之说。

接下来，完成该项任务。

首先，韩世远教授之说存在着误导。笔者主张"履行期届至、履行期届满均为构成同时履行抗辩权的要件，均有同时履行抗辩权发挥作用的余地，究为何者，应视具体情况而定"① 毫无否认履行期尚未届满场合可行使同时履行抗辩权之意，上文对此已经论及。笔者所不赞同的是，韩世远教授不合理地扩大了同时履行抗辩权制度的适用范围，又不全部引入日本的"排除若干情形适用同时履行抗辩权"的限制措施，包括他拒绝承认履行期尚未届满的抗辩、不当履行的抗辩权等抗辩权发挥作用，这导致了违约方拒不履行自己的债务却有权请求守约方履行并不承担违约责任、无辜牺牲守约方期限利益的不当后果。笔者指出履行期尚未届满的抗辩、履行期尚未届至的抗辩、不当履行的抗辩权或其他抗辩权可以发挥作用，对抗违约方对守约方的履行请求，意在宣明：这些抗辩及抗辩权的存在

---

① 崔建远主编：《合同法》，5版，崔建远执笔，139页，北京，法律出版社，2010；崔建远：《履行抗辩权探微》，载中国政法大学罗马法与意大利法研究中心、教育部法制史研究重点基地——中国政法大学法律史学研究院、意大利和中国"罗马法背景下的中国法典化与法学人才培养研究中心"、中国政法大学出版社主编：《第四届"罗马法·中国法与民法法典化国际研讨会"论文集》上，47页，北京，2009年10月24—25日；崔建远：《履行的抗辩权小论》，载早稻田大学孔子学院编：《早稻田大学孔子学院丛书2·日中民法论坛》，80页以下，东京，早稻田大学出版部，2010。

并得行使，便可证明《合同法》第66条、第67条的规定不存在法律漏洞，韩世远教授所谓法律漏洞说是不成立的。笔者的论述毫无也看不出来有否认“同时履行抗辩权在履行期限未届满场合便有独立存在的价值”之意。

其次，笔者主张，法律体系上存在着各种各样的抗辩及抗辩权，可用来对抗债权人履行请求的，可能是其中的一种，也可能是两种以上；可能是履行期尚未届满的抗辩，也可能是履行期尚未届至的抗辩，还可能是不当履行的抗辩权，等等。总之，不会存在着无抗辩及抗辩权对抗业已违约的债权人请求履行的问题。[①] 韩世远教授仅仅以“履行期尚未届满的抗辩权并不能够完全解决问题”为由，反驳笔者对其法律漏洞说的批评，论证他自己的法律漏洞说正确，不能服人。其原因在于，退一步说，即便笔者所举履行期尚未届满的抗辩（权）不足以担当重任，还有其他抗辩权、其他制度可胜任工作，还是不存在法律漏洞。

再次，韩世远教授的该段辩解改变了话题。不要忘记，双方的争论在于，韩世远教授认为中国现行法设计的同时履行抗辩权和先履行抗辩权并立模式存在着法律漏洞，而笔者看不出有法律漏洞，重要的理由是履行期尚未届满的抗辩以及有关抗辩权完全能够解决韩世远教授的设问，而非承认还是否认“同时履行抗辩权在履行期限未届满场合独立存在的价值”。这从双方已经发表的全部作品可以看出来。[②] 韩世远教授于其第三版《合同法总论》第286页所作辩解，将人们的

---

① 见崔建远：《履行抗辩权探微》，载中国政法大学罗马法与意大利法研究中心、教育部法制史研究重点基地——中国政法大学法律史学研究院、意大利和中国“罗马法背景下的中国法典化与法学人才培养研究中心”、中国政法大学出版社主编：《第四届“罗马法·中国法与民法法典化国际研讨会”论文集》上，50页以下，北京，2009年10月24—25日；崔建远：《履行的抗辩权小论》，载早稻田大学孔子学院编：《早稻田大学孔子学院丛书2·日中民法论坛》，74页以下，东京，早稻田大学出版部，2010。

② 见韩世远：《合同法总论》，325页以下，北京，法律出版社，2004；韩世远：《合同法总论》，2版，248页以下，北京，法律出版社，2008；韩世远：《合同法总论》，3版，285页以下，北京，法律出版社，2011；崔建远主编：《合同法》，5版，崔建远执笔，135页以下，北京，法律出版社，2010；崔建远：《履行抗辩权》，载《法学研究》，2007（3），45页以下；崔建远：《履行抗辩权探微》，载中国政法大学罗马法与意大利法研究中心、教育部法制史研究重点基地——中国政法大学法律史学研究院、意大利和中国“罗马法背景下的中国法典化与法学人才培养研究中心”、中国政法大学出版社主编：《第四届“罗马法·中国法与民法法典化国际研讨会”论文集》上，45页以下，北京，2009年10月24—25日；崔建远：《履行的抗辩权小论》，载早稻田大学孔子学院编：《早稻田大学孔子学院丛书2·日中民法论坛》，80页以下，东京，早稻田大学出版部，2010。

视线引到了同时履行抗辩权在履行期限未届满场合独立有无存在的价值之上，偏离了争论焦点。

最后，退一步说，即便专就履行期尚未届满的抗辩而论，也可解决韩世远教授坚持的同时履行抗辩权和先履行抗辩权分立会出现无法可依的问题。换个角度说，韩世远教授所谓“如果期限利益归属于债权人，则不应认为债务人有履行期尚未届满的抗辩权。至此，既然履行期尚未届满的抗辩权并不能够完全解决问题”，那么，还得依赖同时履行抗辩权之说，站不住脚。对此，笔者逐层剖析如下：

从范围上看，“期限利益归属于债权人”大于“履行期为债权人利益”，履行期为债权人利益的，期限利益固然归属于债权人；履行期兼为债权人和债务人双方利益的，期限利益也有归属于债权人、债务人的一份。在履行期兼为债权人和债务人双方利益的场合，债权人要受包括履行期尚未届满的抗辩以及有关抗辩权的制约，不得如同无偿定期保管合同场合的寄存人那样，可以置履行期届满与否于不顾，随时取回寄存物。不然，就牺牲了债务人的期限利益。此其一。

履行期纯为债权人利益的，本来就寥寥无几，两项债务（立于对价关系）在履行上相互牵连、履行期纯为债权人利益的情形，即符合同时履行抗辩权的成立要求的、履行期纯为债权人利益的例子，究竟有没有，笔者尚未见到韩世远教授所举的例证。实际上，在双方论争的领域，即在两项债务立于对价关系中，或者说在同时涉及同时履行抗辩权、先履行抗辩权与履行期尚未届满的抗辩的问题上，不存在履行期纯为债权人利益的情形。换成另外的表述就是，在履行期纯为债权人利益的关系中，不存在履行期尚未届满的抗辩不成立，而成立同时履行抗辩权的情形。此其二。

不可忘记，履行抗辩权制度的目的及功能，在于避免债务人履行却得不到相对人的给付，以及阻却自己违约的成立。在履行期纯为债权人利益的情况下，不存在债务人履行却得不到债权人给付的问题，无需阻却自己违约的成立。要言之，在同时履行抗辩权、先履行抗辩权运用的领域，不存在履行期纯为债权人利益的情形。例如，在无偿保管合同关系中，返还保管物的期限的确是纯为寄存人

（债权人）利益的，但由于仅有返还保管物的债务，欠缺与之立于对立关系的债务，不成立同时履行抗辩权、先履行抗辩权，谈不上同时履行抗辩权与先履行抗辩权分立造成的法律漏洞。这不属于双方论争的范围，不是驳倒笔者关于履行期尚未届满的抗辩（权）存在、无需同时履行抗辩权之说的例子，也不是证明韩世远教授关于无履行期尚未届满的抗辩（权）存在就得同时履行抗辩权上阵之说的例证。此其三。

至于保管物的瑕疵致保管人以损害，或保管保管物发生了有益费用，所产生的损害赔偿请求权、有益费用偿付请求权与保管物返还请求权之间的关系，非属立于对价关系之列，至少多数说否认成立同时履行抗辩权。于此场合，有无履行期尚未届满的抗辩成立，同样超出了双方论争的范围。即便不成立履行期尚未届满的抗辩，也证明不了韩世远教授的观点。退一步说，即便采取扩张同时履行抗辩权类型的思想，损害赔偿请求权、有益费用偿付请求权与保管物返还请求权之间的关系，已非保管合同关系本身，而是保管合同关系的变形——法定债的关系。这些请求权之间已经发生了密切的牵连关系，即返还保管物的期限已经关涉到保管人的切身利益，寄存人若尚未付清损害赔偿金、有益费用，就可以随时领取保管物，则会损害保管人的合法权益。[①] 从这个意义上说，返还保管物的期限，既为寄存人（债权人）的利益，也事关保管人（债务人）的利益，而非纯为寄存人（债权人）的利益。此类情形已不属于履行期纯为债权人利益的情形了，履行期尚未届满的抗辩大有作为。此其四。

对于韩世远教授的期限利益归属于债权人、债务人无履行期尚未届满的抗辩权之说，笔者再举例证予以分析反驳。关于履行期纯为债权人利益的情形，史尚宽先生认为，在合同订立时，债权人受领标的物的困难为债务人所知，如买煤而无储藏处所，或缺乏运输工具，债权人可以履行期前请求履行，但债务人不得强要其期前受领。[②] 假定中国现行法承认该项观点，那么该案与履行抗辩权之间的

① 笔者对履行期为谁的考量，兼顾积极方面与消极方面。所谓消极方面，是指抛弃期限利益，提前履行，损害了相对人的正当权益。

② 见史尚宽：《债法总论》，749页，台北，荣泰印书馆股份有限公司，1978。

关系如何？A. 如果买受人已经付清煤款，那么不存在同时履行抗辩权等问题，不属于双方论争的范围。B. 在煤款先付的场合，在买受人已经付清煤款时，不发生同时履行抗辩权、先履行抗辩权、履行期尚未届满的抗辩问题，不属于论争的范围；在买受人尚未付款时，出卖人享有先履行抗辩权。C. 在煤款后付的场合，不要说买受人业已付清煤款，就是尚未付款，出卖人也不享有同时履行抗辩权、先履行抗辩权和履行期尚未届满的抗辩。这也不属于双方论争的范围，其非但未证明韩世远教授的观点，反倒在显示韩世远教授所谓“如果期限利益归属于债权人，则不应认为债务人有履行期尚未届满的抗辩权”之说，似乎是凭空想象出来的。此其五。

对于韩世远教授的期限利益归属于债权人、债务人无履行期尚未届满的抗辩权之说，笔者再联系中国台湾地区“民法”第225条的规定加以破解。史尚宽先生举例道，履行期纯为债权人利益的，有中国台湾地区“民法”第225条第2项规定的代偿请求权。[①] 经查，中国台湾地区“民法”第225条第1项规定：“因不可归责于债务人之事由，致给付不能者，债务人免给付义务。”该条第2项规定：“债务人因前项给付不能之事由，对第三人有损害赔偿请求权者，债权人得向债务人请求让与其损害赔偿请求权，或交付其所受领之赔偿物。”首先，在中国台湾地区“民法”第225条第1项的法定案型里，债务人的给付义务已被免除，且无违约责任的成立，按照风险负担归债务人主义，债权人的给付义务也随之消灭，不发生同时履行抗辩权、履行期尚未届满的抗辩的问题。中国大陆现行法对此尚无明文，假定承认，那么韩世远教授的观点仍不成立，因为存在着那么多的履行抗辩及抗辩权。其次，在中国台湾地区“民法”第225条第2项的法定案型里，债权人请求债务人让与其损害赔偿请求权，或交付其所受领之赔偿物，若债权人的给付义务业已消灭，则不成立同时履行抗辩权、履行期尚未届满的抗辩，不属于双方论争的范围；在债权人的给付义务依然存续的场合，在债务人向债权人让与其对第三人的损害赔偿请求权的义务，作为债务人给付义务的转化形态

① 见史尚宽：《债法总论》，749页，台北，荣泰印书馆股份有限公司，1978。

时，这两项义务存在着牵连关系，其履行期不再是纯为债权人的利益，而是兼为债权人和债务人的利益，发生履行抗辩权，这也不证明韩世远教授的观点。至于在债权人和该第三人之间，债权人的给付义务与该第三人的损害赔偿义务，非基于同一合同产生，在债权人与该第三人之间的关系方面不成立同时履行抗辩权、先履行抗辩权。此其六。

笔者剖析了三种履行期为债权人利益的场合，没有发现能够成立同时履行抗辩权或先履行抗辩权的情形，如此，无论在这三种场合能否运用履行期尚未届满的抗辩，都证明不了韩世远教授所谓“如果期限利益归属于债权人，则不应认为债务人有履行期尚未届满的抗辩权。至此，既然履行期尚未届满的抗辩权并不能够完全解决问题”，那么还得依赖同时履行抗辩权之说正确，实际上，它是个伪命题。

行文至此，已经明了：中国现行法将同时履行抗辩权与先履行抗辩权并存，加上履行期尚未届满的抗辩以及有关履行抗辩权的衔接、配合，不存在法律漏洞。在同时履行抗辩权、先履行抗辩权成立的场合，不存在履行期纯为债权人利益的情形，韩世远教授欲以期限利益归属于债权人场合不得援用履行期尚未届满的抗辩（权）来证明法律漏洞说成立，肯定达不到目的。总之，韩世远教授批评中国现行法采取同时履行抗辩权与先履行抗辩权并存的观点及其论证，均非正确。

8）不宜动辄认定法律漏洞

不要说《合同法》第66条至第69条设置的履行抗辩权模式，加上其他抗辩权的衔接、配合，完全能够圆满地解决各种履行抗辩问题；退一步说，即便有所不足，也不宜轻易认定其存在法律漏洞。因为填补法律漏洞，面临着诸多困难，实务中很可能不会按照漏洞填补的方法处理案件，这会导致不当的结果。

(4) 当事人的约定与同时履行抗辩权

需要辨明的还有，如果当事人约定履行顺序不同的两项债务之间可以成立同时履行抗辩权，那么应当如何对待？笔者认为，首先，考察此类约定是否违反强制性规定，是否损害社会公共利益，是否违背社会公德。若否，则约定有效；若是，则约定无效。其次，约定有效并不意味着此类抗辩权肯定就是同时履行抗辩权。因为《合同法》已经区分了同时履行抗辩权和先履行抗辩权，并规定了各自的规格。在个案中，履行顺序不同的两项债务之间成立的抗辩权，恐怕多数情况下是先履行抗辩权或不安抗辩权，不宜因当事人的命名而打乱固有的法律格局。再次，对“其次”需要限定，即，如果当事人约定的情形符合同时履行抗辩权的构成，不违反强制性规定，不损害社会公共利益，不违背社会公德，那么可以认定此类同时履行抗辩权。例如，当事人约定，履行顺序不同的两项债务均已届期后产生同时履行抗辩权，实质上是两项违约责任的债务之间构成同时履行抗辩权。对此，法律没有必要予以反对。最后，约定同时履行抗辩权的条件，若结果导致双方当事人之间的利益关系显失公平，则应当适用《合同法》第 54 条第 1 款第 2 项的规定，允许权利人撤销该项约定。①

(5) 同时履行抗辩权与先履行抗辩权并存的价值

综上所述，可知中国《合同法》将先履行抗辩权从同时履行抗辩权制度中独立出来，有着积极的意义：1) 它尊重了当事人合意分配利益、风险的意思。2) 它可以避免如下是非颠倒的情形：在由同时履行抗辩权一揽子解决履行抗辩的方案中，若不设置“排除若干情形适用同时履行抗辩权”的限制措施，则先履行一方已经违约，却可以借助行使同时履行抗辩权而拒绝后履行一方关于继续履行的请求，使中国《合同法》第 107 条以下规定的继续履行（强制的实际履行）徒有其名。3) 免去了境外民法上的同时履行抗辩权需要复杂解释的麻烦。日本民法将作为同时履行抗辩权成立要件之一的“已届清偿期”，解释为包含着一方负有先履行义务的情形，但同时必须对此再做限缩，将已经违约的先履行一方、其他场合必须先行履行义务的一方排除在享有同时履行抗辩权之外，如同上述“2)”所分析的那样，方能避免出现不适当的结果。而如此扩张、限缩的解释，显然比较复杂，一般人难以掌握。不是吗，韩世远教授就只注意到了部分“排除若干情形适用同时履行抗辩权”的限制措施，而忽视了履行期尚未届满的抗辩、不当履行

① 参见崔建远：《履行抗辩权探微》，载《法学研究》，2007 (3)，49～50 页。

的抗辩权等抗辩权的作用，这会导致极不适当的后果。4）更好地贯彻了公平原则，维护了后履行一方的期限利益。可见，那种认为中国现行法设计的同时履行抗辩权和先履行抗辩权并存模式存在法律漏洞，先履行抗辩权的独立缺乏正当性应予取消的看法，显然偏激，应予反思。

3. 须他方未履行债务或未提出履行债务

他方在向一方当事人请求履行债务时，须自己已为履行或已提出履行。他方若未履行债务或未提出履行债务，即请求债务人履行，则该债务人可行使同时履行抗辩权，拒绝履行自己的债务。①

所谓提出履行，又叫提出给付，包括言词提出。也就是说，他方于符合言词提出的要件时，为言词提出的，即为提出履行。于此场合，债务人不得拒绝对待给付，不可行使同时履行抗辩权。② 在这里，以言词提出给付应当伴有经证明的实现给付的现实能力，较为适当。正如有的理论认为，提出给付含有标的物被实际提出的意思，也包括以言词方式提出给付的类型。美国《合同法重述》（第2版）的评注解释道：当事人无须实际提出其应当交付的东西，只要"以言词方式提出给付……并且伴有经证明的实现给付的现实能力"，那就足够了（第238条的评注第b条）。③

他方已经适当履行了债务，仅仅剩下处于牵连关系另一端的债务人所负的债务，基于合同正义的要求，该债务人没有理由拒绝履行该项债务。他方履行的提

① 见史尚宽：《债法总论》，559页，台北，荣泰印书馆股份有限公司，1978；郑玉波：《民法债编总论》，陈荣隆修订，349页，北京，中国政法大学出版社，2004；孙森焱：《民法债编总论》，下册，670页，北京，法律出版社，2006；邱聪智：《新订民法债编通则》下，371页，北京，中国人民大学出版社，2004；王家福主编：《中国民法学·民法债权》，403页，北京，法律出版社，1991；崔建远主编：《合同法》，5版，139页，北京，法律出版社，2010；魏振瀛主编：《民法》，4版，442页，北京，北京大学出版社、高等教育出版社，2010；韩世远：《合同法总论》，3版，288页，北京，法律出版社，2011；李永军：《合同法》，523～524页，北京，法律出版社，2004。

② 见邱聪智：《新订民法债编通则》下，371页，北京，中国人民大学出版社，2004。

③ ［美］E·艾伦·范斯沃思：《美国合同法》，葛云松、丁春艳译，557页，北京，中国政法大学出版社，2004。

出在大多数情况下等同于履行[①]，如此，债务人也没有理由拒绝履行其债务，无权援用同时履行抗辩权、先履行抗辩权。

应予注意的是，他方所为对待给付或所提出的履行债务，必须符合债的本旨。如果他方为部分履行，尚未符合债的本旨，那么债务人原则上可以主张同时履行抗辩权，但给付可分的，债务人只可就该未履行的部分拒绝自己的给付。[②]例如，甲雇佣乙为其修剪园林内的树木，并清理垃圾，甲支付相应报酬。如仅因墙角一隅的垃圾未清理，或一处树木攀援墙生长至高处，致使不易修剪，甲援用同时履行抗辩权的规定，拒绝给付全部的报酬，即属不可。

再者，在债权人有数人且其给付可分的场合，债权人中的一人提出自己的给付，请求债务人履行该债权人应受领部分的给付时，债务人可否以其他债权人没有提出履行为由，拒绝履行？《德国民法典》第 320 条第 1 项中段的规定作了肯定的回答："双务合同当事人的一方应分别向数人为给付的，在全部对待给付未履行前，对于各人应受领的给付部分，得拒绝履行。"这有其道理，值得借鉴。因为可分的数个债权基于一个合同而产生的，对其应作与仅仅产生一个债权相同的处理，除非当事人另有约定。[③]

［思考］

对于当事人一方提出履行，相对人不可行使同时履行抗辩权，并非没有不同意见。王利明教授指出："仅仅提出履行，并不意味着原告已作出实际履行，更何况在提出履行后，也可能发生迟延履行、不适当履行等问题。既然迟延履行、不适当履行等会使被告援用同时履行抗辩权，则仅提出履行也应使被告有权援用同时履行抗辩权。否则，被告可能根本得不到对方的相对履行，或者所得到的给付与合同约定不符，则被告将会遭受不利的后果，这对于他来说显然是不公平

① Terence，Prime and Gary Scanlan，*The Law of Limitation*，Oxford：Oxford University Press，67 (2001).

② 见林诚二：《民法债编总论——体系化解说》，461 页，北京，中国人民大学出版社，2003。

③ 见史尚宽：《债法总论》，560 页，台北，荣泰印书馆股份有限公司，1978。

的。”[1] 这确有道理，值得重视。解决之道，可有种种，包括相对人也可以提出履行来应对。笔者在此处拟通过一个案例，讨论当事人一方提出履行，可以阻止相对人主张同时履行抗辩权的问题。

系争《融资合作分红协议》第 2.5 条约定：“甲公司资金支持 2.34 亿元在本协议签署生效之日起按项目资金需要，2011 年 7 月 31 日前及时注入 A 项目……注入甲公司专用账户。”实际履行的情况是，甲公司于 2011 年 7 月 26 日前已将 2.34 亿元人民币打入了甲公司在 B 银行开设的账户，与系争《融资合作分红协议》第 2.5 条的约定未合。不过，事出有因：(1) 合作的另外两方乙公司、丙公司提出了系争《融资合作分红协议》之外的条件，要求动用 40 万元人民币以上的资金时须经合作各方同意。由于各方合作的经历已经证明，合作各方在经营合作事业方面的理念相距甚远，各方分歧较大，乙公司、丙公司意在小规模、低成本、早见效的项目，而甲公司则志在标杆、长远、社会价值明显的项目；由于合作各方已经就若干事项达不成协议，无法进一步开展合作事业；由于合作事业动辄要斥巨资，几乎每项合作事项的进行都要动用远远超过 40 万元的资金；由于系争《融资合作分红协议》并无此类限制，甲公司无法也不能同意乙公司、丙公司两家的意见。(2) 注入系争《融资合作分红协议》第 2.5 条约定的专用账户的资金，非经合作各方全体同意并出具手续，无法动用，而合作项目急需巨资，这意味着甲公司将 2.34 亿元人民币打入该专用账户后难以及时、甚至不能用于合作项目上，会带来难以挽回的损失。若将该笔款项打入甲公司能够控制的账户，则能及时满足合作项目的资金需求。

甲公司将 2.34 亿元人民币打入自己控制的账户，情有可原：(1) 系争《融资合作分红协议》第 2.5 条约定的专用账户，是甲公司自己的账户，而非乙公司、丙公司两家的或其他当事人的账户，只不过该专用账户上的资金使用情况须受乙公司、丙公司两家的监管。甲公司将 2.34 亿元人民币实际打入的账户——甲公司在 B 银行开设的账户，依然是甲公司自己的账户，只是该账户上的资金使

[1] 王利明：《合同法研究》，修订版，第 2 卷，72～73 页，北京，中国人民大学出版社，2011。

用情况不受乙公司、丙公司两家的监管。(2) 开展合作事业，完成合作项目，系由甲公司实际运作，乙公司、丙公司两家并不参与实际经营，只是分红。可以说资金的使用权仅仅在甲公司，而不在乙公司、丙公司。后两家只是负责监管资金的使用情况，以免因资金的使用不当而造成损失。系争《融资合作分红协议》第2.5条约定将资金注入专用账户，目的即在于此。单从资金的使用角度讲，甲公司将2.34亿元人民币打入专用账户还是其公司账户，无关紧要。对于合作各方而言，甲公司不将2.34亿元人民币打入专用账户，其负面后果只是资金的使用情况脱离乙公司、丙公司两家的监管，别无其他。在这个意义上说，只要不影响乙公司、丙公司两家的分红，甲公司未将2.34亿元人民币打入专用账户，而是注入自己的单独账户，可以原谅。(3) 甲公司一直没有将2.34亿元人民币用于自己的业务，而是留给合作项目使用。(4) 甲公司积极开发合作项目，经常需要动用巨资，因上述“事出有因”却无法达到目的，将2.34亿元人民币打入自己控制的账户，就能够如愿以偿。(5) 甲公司虽知系争《融资合作分红协议》第2.5条约定了自己注入资金的时间和应当注入的专用账户，但因上述“事出有因”，为避免承担迟延打款的责任，向C公证处申请提存2.34亿元人民币，但该公证处答复未开展该项业务，提存未果。

在这样的背景下，甲公司于2011年7月26日前将2.34亿元人民币打入了甲公司在B银行开设的账户，而非系争《融资合作分红协议》第2.5条约定的专用账户，作为提出履行，不会出现王利明教授所担心的甲公司迟延履行或不适当履行的后果，应当准许。

如果该项结论是正确的，则下述意见可被接受：在合同履行的抗辩权领域，只要当事人以言词、行为向相对人表示履行，就可以要求相对人向自己履行，就不构成违约；相对人不得拒绝对待给付，不可行使同时履行抗辩权。他方履行的提出在大多数情况下等同于履行。如此，债务人也没有理由拒绝履行其债务，无权援用同时履行抗辩权、先履行抗辩权。众所周知，当事人行使同时履行抗辩权、先履行抗辩权，不构成违约。具体到本案，甲公司不但以言词，而且以实际行动将2.34亿元人民币打入自己控制的账户，而且此前数次与乙公司、丙公司两家协商打入资金的事宜，未果，才不得已地采取了该项措施，不构成违约，不负违约责任。

在种类物买卖且存在物的瑕疵的场合，买受人主张瑕疵而请求出卖人另行交付无瑕疵之物，买受人可否在出卖人另行交付无瑕疵之物前，主张同时履行抗辩，而拒绝支付价款？中国台湾地区的“民法”通说和实务均采肯定的见解，但林诚二教授则持否定说，认为买受人可请求另行交付，乃用尽同时履行抗辩权的结果，故不宜再给予其同时履行抗辩权，何况另行交付法并无次数限制。[①]

还要明确，他方未履行的债务或未提出履行的债务，与债务人所负的债务无对价关系的，在许多情况下，债务人不得就这部分给付主张同时履行抗辩权。只有在符合上文“1. 须当事人双方互负债务”中所列十四种非对价关系场合成立同时履行抗辩权的情形，他方未履行或未提出履行此类债务时，债务人才可主张同时履行抗辩权。

［探讨］

他方的对待给付可能，是否为同时履行抗辩权的成立要件之一

这是个复杂的问题，需要展开讨论。

在双务合同的情况下，他方在因不可归责于当事人双方的原因而不能履行时，却仍然请求债务人履行债务，债务人自然有权抗辩。不过，该抗辩却非同时履行抗辩。因为这种合同存续上的牵连关系问题，在德国法系交由风险负担规则解决，即，在因不可归责于当事人双方的原因，一方当事人全部不能履行时，相对人所负债务当然地、自动地归于消灭。既然债务不复存在了，那么即便不能履行的一方请求该相对人履行，该相对人予以对抗，这也不属于同时履行抗辩的范畴，而是无需主张的抗辩。退一步说，于此场合，即使该相对人没有积极抗辩，裁判人员也应依职权确认该相对人的权利。

当然，在因不可归责于当事人双方的原因致使债务人不能履行的情况下，债权人可以向债务人请求让与其损害赔偿请求权或交付其受领的赔偿物（金）。这

① 见林诚二：《民法债编总论——体系化解说》，461页，北京，中国人民大学出版社，2003。

是债权人的代偿请求权，属于新发生的债权，依双务合同的存续牵连关系的法理解释，债权人的对待给付不能免除。于此场合，债务人让与其损害赔偿请求权或交付其受领的赔偿物（金）的债务，与债权人的对待给付债务，形成对价关系，可以类推适用法律关于同时履行抗辩权的规定。①

因可归责于债权人的原因致使债务人不能履行的，债务人仍可请求债权人为对待给付，债权人无权援用同时履行抗辩权等规定拒绝履行自己的债务。

因可归责于债务人的原因致使其不能履行的，债权人可以向该债务人主张损害赔偿请求权或违约金支付请求权，按照交换说，该损害赔偿请求权或违约金支付请求权为原债权的延长变形，与该债务人对该债权人的对待给付请求权，立于对价关系，可有同时履行抗辩权制度的适用。不过，依据差额说，该损害赔偿系代替双务合同的履行而发生，因此，债权人不但可免于对待给付，而且可就双方的给付差额请求损害赔偿。这样，就不存在债务人对债权人的对待给付请求权，形不成立于对价关系的两项债务（债权），自无适用同时履行抗辩权制度的空间。②

因可归责于当事人双方的原因致使债务人不能履行的，法律后果如何，其说不一。其中，郑玉波教授认为，因不能履行造成的损失，应按照各方可归责事由的轻重确定分担比例，即债权人的对待给付不受影响，仍应照常履行，而债务人的给付不能转化为损害赔偿，与债权人的对待给付相对立，符合交换说的意旨。可有同时履行抗辩权制度的适用。至于债务人不能履行，债权人也有过失，按照过失相抵归责，减轻赔偿金甚至免除赔偿责任。③

与德国法系的规则及方法有所不同，中国现行法不问不能履行的原因，一律采取合同解除制度处理不能履行问题，风险负担规则反倒不太完备。即使是因不可归责于当事人双方的原因，致使一方当事人不能履行，相对人的债务也不当然地、自动地消灭。相对人欲免去自己的债务，必须借助于合同解除制度。

① 参见林诚二：《民法债编总论——体系化解说》，465页，北京，中国人民大学出版社，2003。
② 参见林诚二：《民法债编总论——体系化解说》，465页，北京，中国人民大学出版社，2003。
③ 见郑玉波：《民法债编总论》，387～388页，台北，三民书局，1996。

在因不可归责于当事人双方的原因致使不能履行，且合同解除的情况下，各方所负原给付义务不复存在，也不承担损害赔偿责任或支付违约金责任。这样，因无立于对价关系的债务，故不存在同时履行抗辩权及其行使的问题。就是因合同解除发生给付的返还（恢复原状），在给付物为有体物的场合，由于中国现行法没有采取物权行为理论，同时承认合同解除具有溯及既往的效力，有《物权法》第34条关于物的返还请求权规定的适用，却无同时履行抗辩权运用的空间。不过，在当事人放弃物的返还请求权，而主张占有的不当得利时，若双方均负返还义务，则有同时履行抗辩权制度适用的余地。再者，在给付非为有体物交付的情况下，产生不当得利返还，若双方均负返还的义务，则亦有同时履行抗辩权运用的机会。最后，若合同解除无溯及既往的效力，各方的返还均表现为不当得利返还，则可有同时履行抗辩权制度适用的余地。

在因可归责于债务人的原因致使不能履行的情况下，产生损害赔偿请求权或违约金支付请求权，债权人解除合同，免去自己的对待给付义务，不会成立同时履行抗辩权。但是，若债权人不解除合同，则给付义务继续存在。此时，债务人已经不能履行，也不可能有价值地提出履行，却请求债权人履行，债权人只好援用同时履行抗辩权的规定，拒绝履行自己的对待给付义务。

在因当事人双方的原因致使债务人不能履行的情况下，无论合同解除与否，都产生郑玉波教授所分析的情形，可有同时履行抗辩权制度的适用。

（三）同时履行抗辩权制度的适用范围

同时履行抗辩权制度主要适用于双务合同，如买卖、互易、租赁、承揽、有偿委托、保险、雇佣、劳动等合同。有疑问的是，合伙合同是否为双务合同。就互约出资而言，具有对待性，故通说认为合伙合同属于双务合同。因此，在合伙人中的一人向其他合伙人请求出资时，其他合伙人固可行使同时履行抗辩权，若由执行事务的合伙人或已出资的合伙人请求出资的，即不得以其他合伙人有尚未出资的为由拒绝自己的给付。否则，一方面因命被告出资的判决，不能依“交换给付判决”形式，以诉外的合伙人已出资为停止条件；另一方面也不能依判决对诉外的合伙人强制执行，所以在其他合伙人未为对待给付前，对该合伙人即无从强制执行。[①] 与此有所不同的观点则限缩同时履行抗辩权制度适用于合伙合同的范围，强调合伙以经营事业为目的，与买卖合同等以交换给付为主要目的的双务合同毕竟不同，所以，在二人合伙场合，同时履行抗辩权可以适用，但在三人以上合伙的情况下，则不适用。[②]

韩世远教授认为，在受赠人请求赠与人履行赠与义务场合，如果赠与人没有依据《合同法》第 192 条的规定，撤销赠与，那么在解释上宜认为可类推适用《合同法》第 66 条，赠与人可以基于同时履行抗辩权而拒绝给付赠与财产。[③] 这种观点不够全面，应予修正，原因在于：其一，同时履行抗辩权原则上要求两个债务给付立于对价关系，个别非对价关系的债务场合若适用同时履行抗辩权，则得具备特别的构成要件。在附义务赠与场合，受赠人所负担的义务与赠与人的赠与义务大多不属于对价关系，因而大多不得构成同时履行抗辩权。所以，应当首先区分附义务赠与合同的类型，然后确定是否存在同时履行抗辩权。其二，区分附义务赠与合同的类型，其意义还在于，有若干附义务赠与合同，是赠与人交付赠与物的义务的履行期间在先，受赠人的义务的履行期间在后。于此场合，受赠人的义务尚未届期，赠与人行使同时履行抗辩权的条件尚不具备。

上述立于对价关系的双方债务，尚应包括原给付义务的延长或变形，尤其是债务不履行的损害赔偿或让与请求权。例如，甲用 A 物与乙的 B 物互易，在因甲的过失致 A 物灭失时，甲应负债务不履行的损害赔偿责任。于此场合，乙对甲的损害赔偿请求权与甲对乙给付 B 物的请求权，可发生同时履行抗辩权。[④]

同时履行抗辩权在为第三人利益合同中有适用余地。例如，甲、乙约定，甲向乙购买钢材，价款 500 万元，丙对乙有直接请求交付该钢材之权，若甲届期不支付货款，则乙可以拒绝丙的交付钢材的请求。

在债权让与的情况下，可成立同时履行抗辩权。例如，甲将 A 车出卖给乙，

① 见孙森焱：《民法债编总论》下册，672 页，北京，法律出版社，2006。

② 见王泽鉴：《民法学说与判例研究》，第 6 册，142、144 页，北京，中国政法大学出版社，1998。

③ 见韩世远：《合同法总论》，347 页，北京，法律出版社，2004。

④ 见王泽鉴：《民法学说与判例研究》，第 6 册，142、144 页，北京，中国政法大学出版社，1998。

价款75万元，而乙将其对甲请求交付A车并转移所有权的债权让与于丙。在丙向甲请求履行时，甲可以乙未给付价款为由拒绝自己的履行。

在债务承担的情况下，同时履行抗辩权亦可以适用。例如，甲将A画卖给乙，价款30万元，由丙承担乙的债务，当甲向丙请求支付价款时，丙可以甲未对乙交画为由拒绝自己的履行。

在可分之债中，各债务对各债权各自独立，从而其发生原因即使为一个合同，除非一方的对待给付为不可分，也应各得就自己的部分独立为同时履行抗辩。①

同时履行抗辩权也可以适用于连带之债。例如，甲、乙向丙、丁购买1 000公斤乌龙茶，价款10万元，约定甲、乙和丙、丁均应负连带责任。当甲向丙请求交付1 000公斤乌龙茶时，丙可主张甲应支付全部价款的同时履行抗辩权。

当事人因合同不成立、无效、被撤销或解除而产生的相互义务，若立于对价关系，则可主张同时履行抗辩权。

（四）当事人迟延履行与同时履行抗辩权

1. 既有的学说

关于迟延履行与同时履行抗辩权之间的关系，存在两种对立的学说。履行抗辩权发生效力，需要权利人主张抗辩权，这是所谓“行使的效力”。坚持这种观点的学说为行使效果说，亦称行使效力说，在中国为通说。② 存在效力说，或曰存在效果说，认为同时履行抗辩权的存在本身即足以排除迟延责任，即，享有同时履行抗辩权的债务人，在相对人未为对待给付之前，自己的债务纵使已届清偿期而未清偿，也不陷于履行迟延。③ 不因迟延履行而产生对方当事人的损害赔偿请求权④，

① 见郑玉波《民法债编总论》，陈荣隆修订，386页，北京，中国政法大学出版社，2004。

② 见王利明：《论双务合同中的同时履行抗辩权》，载梁慧星主编：《民商法论丛》，第3卷，21～22页，北京，法律出版社，1995；崔建远主编：《新合同法原理与案例评释》上，王闯执笔，306～307页，长春，吉林大学出版社，1999。

③ 见［日］谷口知平、五十岚清编集：《新版注释民法》（13）债权（4），泽井裕、清井元补订，530页，东京，有斐阁，2006；史尚宽：《债法总论》，564页，台北，荣泰印书馆股份有限公司，1978；郑玉波：《民法债编总论》，380页，台北，三民书局，1996。转引自孙森焱：《民法债编总论》下册，676页，北京，法律出版社，2006。

④ 见日本《大判》1925年10月29日《评论》14卷，民812页。转引自［日］星野英一：《日本民法概论Ⅳ·契约》，姚荣涛译，刘玉中校订，38页，台北，五南图书出版有限公司，1998。

也不产生约定的迟延损害金请求权。[①] 在中国大陆，韩世远教授主张该说，他区分同时履行抗辩权“本体的效力”和“其他效力”。其中，“本体的效力”体现为拒绝履行权，“其他的效力”体现在对抵销的影响、对履行迟延构成及合同解除的影响等方面。他进而认为，拒绝履行需要积极主张，为同时履行抗辩权“行使的效力”，他采取行使效果说；而附同时履行抗辩权的债权不得被作为自动债权主张抵销，有同时履行抗辩权的债务人不陷于履行迟延，为同时履行抗辩权“存在的效力”，他采纳“存在效果说”[②]。按照存在效果说，同时履行抗辩权人即使没有按照约定的日期履行，也不因此而向相对人承担损害赔偿责任[③]，也不负担约定的迟延损害金。[④] 与此不同，行使的效力说则主张，同时履行抗辩权须经行使才能排除迟延责任。它有二种见解：其一，抗辩权之行使，溯及地排除已发生的迟延效果；其二，已发生的迟延责任，不因抗辩权的行使而受影响。[⑤]

2. 评论

在两项债务的履行期届至和届满的时间完全相同且履行期已经届满的场合，采取存在效力说，是否存有弱点？在笔者看来，采取存在效力说，就会出现双方当事人均不履行债务，却都不构成迟延履行，任何一方都不承担违约责任的现象。由于不构成违约责任，任何一方都不得请求法院强制相对人继续履行，颇有些双方僵持的意味。当然，对于这种现象也可以从积极的角度看待，就是促使欲获得相对人给付的一方主动地、积极地先履行自己的债务。在这个层面上观察，存在效力说利弊参半。此其一。按照存在效力说，一方当事人只要享有同时履行

① 见日本大判1917年10月27日“民录”1941页；大判1941年9月26日《新闻》4757号17页。转引自［日］星野英一：《日本民法概论Ⅳ·契约》，姚荣涛译，刘玉中校订，38页，台北，五南图书出版有限公司，1998。

② 见韩世远：《合同法总论》，334～339页，北京，法律出版社，2004。

③ 见日本大判1925年10月29日《评论》14卷，民812页。转引自［日］星野英一：《日本民法概论Ⅳ·契约》，姚荣涛译，刘玉中校订，38页，台北，五南图书出版有限公司，1998。

④ 见日本大判1917年10月27日“民录”1941页；大判1941年9月26日《新闻》4757号17页。转引自［日］星野英一：《日本民法概论Ⅳ·契约》，姚荣涛译，刘玉中校订，38页，台北，五南图书出版有限公司，1998。

⑤ See Larenz，Lehrbuch des Schuldrechts，Band I，Allgemeiner Teil，14. Aufl. 1986，S. 349f. 转引自王泽鉴：《民法学说与判例研究》，第6册，165页，北京，中国政法大学出版社，1998。

抗辩权，就不会陷于迟延。这使得履行期届满的法律效果打了折扣，与通常所认为的在履行期届满时债务人未履行债务的，构成违约的观念不符。这似乎是其弊。此其二。实务中反映出来的问题是，有相当一些案件，当事人未依约履行其债务，完全是疏忽大意的结果，甚至是恶意不履行，而非意识到自己享有同时履行抗辩权。但是，到了诉讼或仲裁阶段，为了逃避责任，才虚假陈述："我这是在运用同时履行抗辩权，不构成违约。"就是说，存在效力说在某种程度上催生背信。此其三。这告诉我们，存在效力说能发挥最大价值、最应被运用的领域，应是两项债务的履行期有先有后的场合。而这样的场合在中国现行法上已属先履行抗辩权制度作用的领域。换句话说，对于先履行抗辩权的效力，采取存在效力说，更具合理性；相应地，对于同时履行抗辩权的效力，采取存在效力说的空间被大大压缩。此其四。

面对这种情况，有必要限制存在效力说的运用范围。笔者认为，以下几种情形属于限制存在效力说的例证：

（1）在债权人未主张债务人构成迟延履行的情况下，存在效力说可资采纳，同时履行抗辩权的存在即排除了迟延履行的构成。在债权人已经请求债务人承担迟延履行的违约责任的情况下，债务人不行使同时履行抗辩权，主审法官没有义务审查他有无同时履行抗辩权，若仍依据存在效力说确定他不构成迟延履行，则会形成这样的局面：债务人未主张同时履行抗辩权，法官也未审查债务人有无该权，事实是模糊不清的。在这种情况下认定债务人未构成迟延，一是可能违反客观真实，二是对于债务人过于宽容，不尽妥当。反之，视为债务人已经默认了迟延履行的事实，更为允当。

（2）在抗辩权人已经明示放弃履行抗辩权的情况下，存在效力说失去了基础，不再发生抗辩权的效力。当然，如果该放弃会使债务人陷于极为不利的境地，违反债的本旨，那么法律应当承认债务人继续拥有履行抗辩权。例如，乙学校租赁甲公司的A楼作为教室，约定甲公司负有不干扰乙学校的教学活动的义务。在第一个半年的租赁期间，甲公司在A楼外施工，较为严重地影响了乙学校的正常教学，但乙学校明示地放弃了履行抗辩权，及时地将全额租金付给了甲公司。到了第二个半年的租赁期间，甲公司在A楼外围开设露天贸易市场，更是严重扰乱了乙学校的教学秩序。于此场合，乙学校应当享有履行抗辩权甚至解除权，不受前述所谓放弃履行抗辩权的影响，不然，就严重违反了公平正义。

（3）在债务人已经违约的情况下，债权人未履行其债务。对此，债权人向债务人说明的理由，不是因其享有同时履行抗辩权，而是自己暂时无力履行债务，请求债务人宽限数日。于此场合，债权人不得主张存在效力说，其行为构成违约。

（4）在债务人已经违约的情况下，债权人未履行其债务。对此，债权人没有向债务人明示这是其享有同时履行抗辩权的缘故，而是单方作出分次履行自己债务的计划，并通知债务人；或双方达成此类计划。于此场合，债权人不得主张存在效力说，其未履行债务的行为构成违约。

（5）在债务人违约的情况下，债权人没有向债务人明示同时履行抗辩权，而是部分履行其债务，在时效法上等于他承认自己负有债务，导致时效期间重新起算[①]，在抗辩权方面亦应认定他承认自己负有债务，不宜认定他有抗辩的意思，更不应认定他在行使抗辩权。例如，出租人提供的租赁物不合约定，承租人除支付部分租金以外未作其他意思表示；或向出租人说明自己资金困难，请求出租人宽限数日；等等，都不宜认定承租人有抗辩的意思，更不应认定他在行使抗辩权。

（6）在债务人交付的标的物有瑕疵，或存在其他违约的情况下，债权人未提异议，更未明示自己享有同时履行抗辩权，而是故意向债务人开出无法兑付的空头支票，以达债务人无法获得价款或酬金的目的。对于此类情况，即使债权人在其后的诉讼过程中主张交给债务人空头支票就是在行使抗辩权，也不宜支持，因为他内心欠缺抗辩的意思。

（7）一方当事人受领给付而拒不开具发票，只出具收条，相对人接受的，不宜就此范围内的债务主张同时履行抗辩权或先履行抗辩权。

---

① See David W. Oughton, et al., *Limitation of Actions*, London: LLP, 150 (1998). 转引自李永峰：《诉讼时效期间研究》，205页，清华大学法学院2007年博士学位论文。

(8) 存在效力说得以成立的基础之一在于，抗辩权以请求权的行使为前提，债权人未行使请求权，债务人无从积极地主张抗辩权，于是，在债权人尚未请求债务人履行其债务的情况下，债务人拥有履行抗辩权本身即可阻却违约的构成。既然如此，在债权人积极请求债务人履行债务的情况下，若债务人不积极对抗，依然沉默，则法律没有必要再予其优惠，不宜再采取存在效力说，而应改采行使效力说。

（五）债权人受领迟延与同时履行抗辩权

在双务合同中，债权人于其受领迟延场合，是否仍然享有同时履行抗辩权，存在着不同的观点。否定说主张，当事人一方既已提出给付，就与同时履行抗辩权的成立要件不相符合，并且若采肯定说，则无异要求当事人随时做给付的准备，不尽公平，故受领迟延的债权人不得再主张同时履行抗辩权。[①] 肯定说认为，在双务合同中，债权人受领迟延，债务人虽免负违约责任，但其固有的债务并未因此消失，对债权人所负债务不发生影响，其原有的同时履行抗辩权不因此而消灭。所以，债务人在债权人受领迟延后请求为对待给付，债权人仍可主张同时履行抗辩权。假如否认债权人享有同时履行抗辩权，则于债权人履行之后，债务人陷入无资力的状况，债权人的利益就失去保障，显失公平。该说为多数说。[②]

（六）部分履行与同时履行抗辩权

债务人原则上不享有部分履行的权利，因此，在双务合同的一方当事人提出部分履行时，相对人有权拒绝受领。不过，若拒绝受领部分给付违反诚实信用原则，比如“部分履行不损害债权人利益”（《合同法》第72条第1款），则债权人不得拒绝债务人的部分履行，并无行使同时履行抗辩权，拒绝债务人请求自己履行的余地。

需要说明，债权人即使受领了来自债务人的部分给付，也可以提出相应的对

① 见孙森焱：《民法债权总论》下册，671页，北京，法律出版社，2006；林诚二：《民法债编总论——体系化解说》，461页，北京，中国人民大学出版社，2003。

② 见孙森焱：《民法债权总论》下册，671页，北京，法律出版社，2006；林诚二：《民法债编总论——体系化解说》，461页，北京，中国人民大学出版社，2003。

待给付，亦可以就债务人尚未履行的部分主张同时履行抗辩权，拒绝自己该相应部分的给付，除非如此行事违背诚实信用原则。

（七）瑕疵履行与同时履行抗辩权

债务人瑕疵履行，债权人可请求其消除缺陷或另行给付，在债务人未消除缺陷或另行给付时，债权人有权行使同时履行抗辩权，拒绝支付相应的价款。

应注意，《合同法》尽管承认了物的瑕疵担保责任为独立的制度（第158条等），但未区分特定物的买卖和种类物的买卖，出卖人一律负有交付无瑕疵之物的义务。如此，出卖人交付了瑕疵之物，于其未消除缺陷或另行给付时，买受人有权主张同时履行抗辩权，拒绝支付相应的价款。在承揽合同中，承揽人负有完成无瑕疵工作的义务，有修补工作成果的缺陷的责任，在承揽人违反该义务及未承担该责任时，定作人有权主张同时履行抗辩权，拒绝支付相应的报酬。

一种观点认为，退货实即债权人行使受领拒绝权的表现，而且常常伴有解除合同的意思表示，退货本身就可以作为拒绝付款的理由，不必再另外主张同时履行抗辩权。[①] 笔者认为，在退货同时构成解除合同的情况下，“退货本身就可以作为拒绝付款的理由，不必再另外主张同时履行抗辩权”的观点成立。但是，退货可能只是买受人临时采取的中间救济措施，在法律允许的期限内，买受人要静观合同进程的发展变化，最终决定是解除合同，还是允许出卖人代物清偿或合同更改，甚至最终接受原给付物。在这些权利的行使或行为的完成均后于退货行为的情况下，买受人主张同时履行抗辩权均具有意义。其意义之一就是，在出卖人破产或其现实控制的财产不足以满足数个债权人所主张的债权场合，买受人付清货款却得不到货物的风险得以消除。

另一种观点认为，如果买受人主张减少价款，那么此种法律效果并非出卖人本来义务的变形或延长，并不构成同时履行抗辩。[②] 这有些绝对。在减少价款与违约损害赔偿并存的情况下，减少价款不是原债务的变形或延长。但是，取代违约损害赔偿的减少价款，在实质上是违约损害赔偿的一种表现形式，守约方于其

① 见韩世远：《合同法总论》，3版，291页，北京，法律出版社，2011。

② 见韩世远：《合同法总论》，3版，291页，北京，法律出版社，2011。

主张减少价款后不得再请求损害赔偿。此类减少价款应当是原债务的变形，与买受人的付款义务可以构成同时履行抗辩权。至于德国民法的通说将减少价款的权利作为一种形成权，旨在说明买受人一方的意思表示即可发生减少价款的法律效果（重在质的方面），此种权利不因出卖人的反对而转移，这并未否定减少价款的下述性质：它是出卖人违约所产生的后果，是出卖人的负担；有的减少价款是违约损害赔偿的特殊表现形式，而违约损害赔偿是原债务的变形。形成权也好，违约损害赔偿的特殊表现形式也罢，只是观察事物的角度不同的体现，取代违约损害赔偿的减少价款是原债务的变形这个定性和定位不会因此而改变。当然，减少价款作为形成权与作为违约损害赔偿，适用的规则会有明显的不同。

按照罗马法和大陆法系的观点，违约金为主债务的从债务。据此，违约金和主债务之间的关系不是对待给付关系，似无同时履行抗辩权的存在余地。但是，中国现行法将违约金作为违约责任的方式，大多是损害赔偿额的预定，这种赔偿性违约金应当是原债务的变形，与相对人的债务应当构成同时履行抗辩权。至于惩罚性违约金，并非损害赔偿额的预定。对此，可有两种思路：其一，惩罚性违约金可被分解为两部分，一部分相当于损害赔偿额，另一部分纯为惩罚性的负担。如此，可以就相当于损害赔偿额的部分成立同时履行抗辩权。其二，如果惩罚性违约金同一而不可分，那么，这种违约金不是原债务的变形，它与相对人的债务不构成同时履行抗辩权。笔者认为，按照第一种思路，守约方可以避免风险，限制了违约方先取得守约方的给付而自己无力承担违约责任的可能，因而它比较好地平衡了双方当事人的利益关系，较为可采。第二种思路没有这种优点，容易使守约方先给付而得不到违约方实际支付的违约金，显失权衡，不可取。

（八）同时履行抗辩权的效力

1. 同时履行抗辩权行使的方式

同时履行抗辩权，不问于诉讼上或诉讼外，均得行使。但即使于诉讼外曾经主张同时履行的抗辩权，于诉讼上仍应主张，法院始得斟酌。因为同时履行抗辩权的效力，仅在暂时地拒绝他方行使其请求权，抗辩权的行使，概由当事人自行斟酌决定，即使于诉讼外曾经主张此抗辩权，当其已生延缓他方请求权的效力，于诉讼上若未再主张，法院也无从斟酌了。[①] 由于中国现行法没有明确规定同时履行抗辩权行使的方式，上述操作及观点确有道理，中国民法及其学说应予借鉴。

［探讨］

实务中时常出现这样的情形，当事人一方拒绝履行其义务，当时并未明确说明这是在行使履行抗辩权，但在诉讼或仲裁的程序中称其拒绝履行是在行使履行抗辩权。对此，存有截然相反的两种见解。一种是认可该当事人的说法，另一种则不予认同，理由是他当时根本没有行使履行抗辩权的意识，只不过现在诉讼或仲裁了，律师帮他寻觅出来的法律依据。

笔者认为，只要这种拒绝履行符合履行抗辩权的成立要件，就应当认可该当事人在诉讼或仲裁过程中的说法，理由在于：当事人往往不是法律人，对其法律水平不宜要求太高，只要他实施的行为符合法律的规定，就应当赋予相应的法律效果，而不宜强求其准确、明确地援用出具体的法律条款。在这方面，美国判例、学说的下述观点值得借鉴：在对方当事人已经违约的情况下，如果受害方终止合同，法院并不会考察受害方的动机是否真的是因为对方的违约，甚至受害方是否知道违约的存在。[②]

2. 同时履行抗辩权与交换给付判决

就抗辩的效果而言，当事人一方或双方享有同时履行抗辩权，于自己给付之前，可否请求对待给付，尚可分二种不同形态：一为绝对牵连关系的制度；另一为相对牵连关系的制度。前者以为，合同当事人请求他方履行之时，须先为给付，若未能证明自己业已履行债务或提出给付，则其请求他方为对待给付，即为无理由。《瑞士债务关系法》采取这种制度（第 82 条）。后者则认为，合同当事人请求他方履行之时，毋庸证明自己业已履行或提出给付，如他方行使同时履行

① 见孙森焱：《民法债编总论》下册，674～675 页，北京，法律出版社，2006。

② See First Commonidity Traders v. Heinold Commonidities, 766 F. 2d 1007 (7th Cir. 1985). 转引自［美］E·艾伦·范斯沃思：《美国合同法》，葛云松、丁春艳译，587 页，北京，中国政法大学出版社，2004。

抗辩权，始有证明责任；而且，纵属未能证明，法院也不得认为原告的请求无理由，而应为原告提出对待给付时，被告应为给付的判决。德国、日本的民法（《德国民法典》第320条、第322条，《日本民法典》第533条）奉行这种制度。中国台湾地区“民法”亦然。[①] 因之，纵使原告未为对待给付，仍可请求被告给付；如被告未援用同时履行抗辩权，则法院应为原告胜诉的判决；如被告援用同时履行抗辩权，则法院仍不得驳回原告之诉，而为“被告应于原告给付××时给付原告××”的判决[②]，即通称的限制胜诉判决或交换给付判决。不过，对待给付未经起诉，尚不生既判力，故被告仍可于判决确定后请求原告给付，不发生一事不再理的问题。[③] 由于中国《合同法》和《民事诉讼法》对于履行抗辩权行使的判决及其方式未作明文规定，实务中的做法不尽一致，上述境外的操作及观点确有道理，因而中国民法及其学说应予借鉴。

3. 同时履行抗辩权与抵销

一种观点认为，双务合同的一方当事人，对于他方负有合同以外的他种债务的，如主张以之与他方所负双务合同的债务相互抵销，则他方当事人就双务合同所生债权虽仍存在，但其同时履行抗辩权消灭。按：双务合同的双方当事人原系互负债务，以自己所负债务的履行担保他方的对待给付获得清偿，也可因此促使他方当事人履行债务而满足自己的债权。现在，当事人一方的债权，已因抵销而获得满足，他方当事人虽仍保有双务合同所生的债权，但此项债权已经失其因双务合同具有的担保作用及促进作用，原有的同时履行抗辩权亦遭剥夺，此项结果显失公平。[④] 就是说，同时履行抗辩权，寓有担保作用，在同时履行抗辩权消灭前，一方当事人应不得主张以自己在双务合同项下的债权与他方当事人对自己所负的其他种类债务抵销，以免同时履行抗辩权横遭剥夺。例如，甲购买乙的A

① 见邱聪智：《新订民法债编通则》下，373页，北京，中国人民大学出版社，2004。

② 见中华民国最高法院1940年上字第895号判例；中华民国最高法院1948年上字第6217号判例；中国台湾地区“最高法院”1950年台上字第902号判例；邱聪智：《新订民法债编通则》下，373页，北京，中国人民大学出版社，2004。

③ 见邱聪智：《新订民法债编通则》下，373～374页，北京，中国人民大学出版社，2004。

④ 见孙森焱：《民法债编总论》下册，675～676页，北京，法律出版社，2006。

车，应支付价款50万元，如乙另欠甲50万元，此时甲尚不得主张抵销。[①] 因此，合同当事人一方，唯有就他方当事人的债权，提出自己的给付，以担保其履行，然后始得就自己的债权主张与他方的另一债权抵销。唯若当事人一方的债权系被动债权，经他方主张抵销，则无异于他方自愿放弃同时履行抗辩权而为债务的履行，主张抵销的他方当事人自愿承受不利益，自无禁止的必要。[②] 由于中国现行法没有明确规定同时履行抗辩权与抵销之间的运作程序和效果，上述境外的操作及观点确有道理，中国民法及其学说应予借鉴。

4. 存在效力与行使效力

同时履行抗辩权在未经行使以前，是否具有排除给付迟延的效力？存在着肯定说与否定说的分歧。肯定说也叫存在效力说，或曰存在效果说。否定说亦称行使效力说，或曰行使效果说。其较为详细的内容，上文“（四）当事人迟延履行与同时履行抗辩权”中已经论及，不再赘述。

5. 同时履行抗辩权与诉讼时效

同时履行抗辩权与诉讼时效制度之间的关系如何，中国现行法及司法解释尚无明确的规定，鉴于二者之间的关系复杂，有必要逐一分析。

（1）在采取存在效果说的前提下，如果当事人甲迟延履行，则当事人乙享有的同时履行抗辩权自然发生效力，故不构成违约；反之，如果当事人乙迟延履行，则当事人甲享有的同时履行抗辩权自然发生效力，也不构成违约。既然任何一方都不构成迟延履行，那么就不产生违约责任。既然没有违约责任，由于《民法通则》第137条规定的诉讼时效期间的起算以债权人知道或应当知道债权受到侵害为准，那么诉讼时效期间就不会起算，换句话说，没有诉讼时效制度适用的余地。

（2）在采取行使效果说的前提下，如果当事人甲迟延履行，当事人乙向其行使同时履行抗辩权的，则不构成违约。于此场合，当事人甲所负债务的诉讼时效

① 见邱聪智：《新订民法债编通则》下，374页，北京，中国人民大学出版社，2004。

② 见孙森焱：《民法债编总论》下册，676页，北京，法律出版社，2006；［日］星野英一：《日本民法概论Ⅳ·契约》，姚荣涛译，刘玉中校订，37页，台北，五南图书出版有限公司，1998。

期间已经起算，当事人乙所负债务的诉讼时效期间不起算。

(3) 在采取行使效果说的前提下，如果当事人甲迟延履行，当事人乙未向当事人甲行使同时履行抗辩权的，于其履行期届满时也构成违约。在这些场景中，当事人甲所负债务的诉讼时效期间已经起算，当事人乙所负债务的诉讼时效期间也开始起算。

(4) 在迟延履行以外的违约行为的情况下，存在效果说派不上用场，只有行使效果说一统天下。在这样的背景下，当事人甲违约，当事人乙向其行使同时履行抗辩权的，则不构成违约。于此场合，当事人甲所负债务的诉讼时效期间已经起算，当事人乙所负债务的诉讼时效期间不起算。与此有别，如果当事人甲违约，当事人乙未向当事人甲行使同时履行抗辩权的，于其履行期届满时也构成违约。在这些场景中，当事人甲所负债务的诉讼时效期间已经起算，当事人乙所负债务的诉讼时效期间也开始起算。

(5) 当事人甲出现了除迟延履行以外的违约行为，并且所负民事责任的诉讼时效已经完成；当事人乙也发生了除迟延履行以外的违约行为，只是其所负民事责任的诉讼时效因中断等原因而尚未完成。于此场合，当事人甲请求当事人乙实际承担民事责任，当事人乙可否援用同时履行抗辩权的规定，暂时拒绝承担该责任？若可以，则他在同时履行抗辩权制度中可以暂时拒绝承担该责任，在诉讼时效制度中会受到当事人甲主张诉讼时效已经完成的抗辩。这不违反公平正义，应作肯定的回答。

(6) 当事人甲出现了除迟延履行以外的违约行为，并且所负民事责任的诉讼时效已经完成；当事人乙也发生了除迟延履行以外的违约行为，只是其所负民事责任的诉讼时效因中断等原因而尚未完成。于此场合，当事人乙请求当事人甲实际承担民事责任，如果当事人甲可以援用同时履行抗辩权的规定，那么当事人乙会同时受到同时履行抗辩权的行使和诉讼时效完成两项抗辩的阻击，一方面难以自当事人甲处获得清偿，另一方面对抗不了当事人甲关于实际承担民事责任的请求（因为当事人甲所负责任已经罹于诉讼时效，有权不予实际承担，此时当事人乙便不得借行使同时履行抗辩权之名，主张当事人甲先予承担民事责任，然后才由自己向当事人甲实际承担责任），处于不利的境地。对于处于如此境地的当事人乙有无必要予以优惠保护？答案是似无必要，因为当事人乙会受到当事人甲关于诉讼时效完成的抗辩，这是无法调和的事实，即使法律不许当事人甲行使同时履行抗辩权，也改变不了这种结果。既然如此，不如一以贯之地将同时履行抗辩权制度贯彻到底，不在这种场合设置例外。

四、先履行抗辩权

（一）先履行抗辩权的概念

先履行抗辩权，是指当事人互负债务，有先后履行顺序的，先履行一方未履行其债务之前，后履行一方有权拒绝其履行请求，先履行一方履行债务不符合债的本旨的，后履行一方有权拒绝其相应的履行请求（《合同法》第 67 条）。

在传统民法上，有同时履行抗辩权和不安抗辩权的理论，却无先履行抗辩权的概念。相当于先履行抗辩权的抗辩权被认为包含在同时履行抗辩权之中，作为一种特殊情形处理。中国《合同法》则明确而独立地规定了这一抗辩权。先履行抗辩权发生于有先后履行顺序的双务合同中，只有在处于先履行顺序的债务超过了履行期、处于后履行顺序的债务才到了履行期的情况下，才有同时履行抗辩权的适用。这是先履行抗辩权不同于同时履行抗辩权之处。在先履行一方已经违约的场合，后履行一方援用先履行抗辩权，对抗违约方请求后履行一方履行。这是先履行抗辩权独立存在而非由单一的同时履行抗辩权制度一统天下所具有的明显价值。

[思考]

在同时履行抗辩权与先履行抗辩权并立的模式中，存在着两权如何分工的问题。假如遵循中国民法通说关于履行期含有一段期间的界定，按照履行期届至为先履行抗辩权的成立要件之一，则会形成先履行抗辩权与同时履行抗辩权相互交错、竞合增多的局面。例如，出卖人甲交付买卖物的期限为 2010 年 1 月 1 日至 2010 年 11 月 2 日，买受人乙付清货款的期限为 2010 年 10 月 5 日至 2010 年 12

月2日。若依履行期届至为先履行抗辩权的成立要件之一的观点，则于2010年10月5日至2010年11月2日期间，既可成立先履行抗辩权，也可成立同时履行抗辩权。但若按照“处于先履行顺序的债务超过了履行期、处于后履行顺序的债务才到了履行期”的意见，则不会出现竞合现象。笔者赞同避免竞合的观点。如此分工，可使同时履行抗辩权与先履行抗辩权各有其适用范围，界限清晰。尤其是在笔者改采非继续性债务的履行期一律为一个时间点的观点后，在两项非继续性债务的履行存在先后顺序的场合，不会有履行期重合的情形。如此，同时履行抗辩权与先履行抗辩权在这个领域不会发生竞合。

［论争］

有人反思道：《合同法》第67条规定的先履行抗辩权，是个错误，应当是抗辩。对此，笔者反驳如下：

(1) 法律设计抗辩权、抗辩、径直裁判权等制度、措施，不是盲目的、随意的，而是综合考虑了各种因素，贯彻了有关价值，权衡了利弊，而后作出的安排。法律人不宜甚至不可仅凭个别因素、少数因素，就作出判断，甚至结论。

所谓综合考虑了各种因素，贯彻了有关价值，权衡了利弊，至少包括如下方面：A. 是较为彻底地贯彻意思自治原则，将事情的决定权完全交给权利人决断，还是公权力直接给予权利人一定的帮助？抑或是由公权力独断？B. 是让权利人于其享有权利之时也承受一定的风险，如其怠于行使权利时丧失若干利益，落实权利义务相一致原则，还是把权利人看成11岁的未成年人，如同监护人与被监护人之间的关系那样，将其一切权利义务及其运作几乎全由公权力包揽下来，权利人自己主动行使权力、承担义务，公权力要密切关注，并乐见其成，权利人于其权利义务之上“睡眠”的，公权力便代其运用，使权利人“旱涝保收”？

履行抗辩权制度及措施属于“彻底地贯彻意思自治原则，将事情的决定权完全交给权利人决断”的体现；同时属于“让权利人于其享有权利之时也承受一定的风险，如其怠于行使权利时丧失若干利益，落实权利义务相一致原则”的制度安排。抗辩制度及措施则是既“贯彻意思自治原则”，同时也有“公权力直接给予权利人一定的帮助”、“权利人于其权利义务之上‘睡眠’的，公权力便代其运用，使权利人‘旱涝保收’”的功效；合同绝对无效制度及措施乃“由公权力独断”的代表。

对于及于同一双务合同产生的两项给付义务，在其履行方面，法律不予关注并配置相应的制约制度及措施，对民事权益的保护显然不力。但对此类相互牵连的两项给付义务的履行，法律配置“豪华的”、超强的制约制度及措施，则为对民事权益保护过度。对《合同法》第67条规定的法定案型由抗辩取代先履行抗辩权，是否属于对民事权益保护过度呢？

(2) 后履行义务者对抗先履行义务者的给付请求，必须具备正当性。以履行期尚未届至、履行期尚未届满为由予以抗辩，暂时拒绝履行自己的义务，其正当性明显且充分。后履行义务以先履行义务的实际履行作为先决条件（停止条件），在该条件尚未成就，即先履行义务者没有履行其义务时，后履行义务者予以抗辩，暂时拒绝履行其义务，其正当性也是充分的。总之，法律将履行期尚未届至、履行期尚未届满、停止条件尚未成就等作为抗辩，而非履行抗辩权，理由充分，正当性强。

履行期尚未届至、履行期尚未届满的抗辩能够保障后履行义务者有效地对抗先履行义务者的给付请求，无论先履行义务者是否适当地履行了自己的义务，都是如此。后履行义务以先履行义务的实际履行作为先决条件（停止条件），所形成的抗辩也能有效地对抗不履行自己义务的先履行义务者的给付请求。在这样的背景下，不惜违反相似的事物相同处理的公平理念，不顾具有牵连关系的两项给付义务之间都配置履行抗辩权的同一理念及制度设计，单单地将《合同法》第67条规定的法定案型设计为抗辩，理由显然不够充分。

(3) 进而言之，在不存在这些法定案型，仅仅具备《合同法》第67条规定的情形时，应当如何处理？对于赋权后履行义务者以抗辩的权限及效力，允许裁判者依职权径直援用法律的规定，驳回先履行义务者的给付请求，其正当性何在？难道仅仅因为两项义务的履行期有先有后，后履行义务者在道义上就可以拒不履行自己的义务吗？打个比方，甲和乙约定，二人都有义务奔赴前线杀敌，甲1月1日出发，乙2月1日出发，甲迟至2月2日才出发。于此场合，乙以甲迟延出发为由拒不于2月1日出发，其正当性足够吗？这就引申出一个问题：为什么在该案型中乙不得主张抗辩权或者抗辩？而在《合同法》第67条规定的法定案型中就允许后履行义务者行使履行抗辩权？原因之一是，在甲乙的案型中，尽管二人相互约定了各自的义务，也有使两项义务发生一定的联系之意，但毕竟义务履行的受益人不是甲乙彼此，而是国家利益、社会公共利益，也就是甲的义务和乙的义务之间没有不可分离的关系，即无发生上的牵连性、存续上的牵连性和功能上的牵连性。这样，赋权甲或乙享有履行抗辩权甚至抗辩，正当性存疑。而在《合同法》第67条规定的法定案型中两项给付义务具有不可分离的关系，二者是互相牵连的。据此，对于甲乙案型的处理，法律不从履行抗辩权或抗辩的角度设计救济措施，而是依赖强制继续履行、支付违约金或赔偿损失等措施，甚至于科以行政责任乃至刑事责任。对于《合同法》第67条规定的法定案型，法律考虑到两项给付义务之间的牵连关系，为达公平的结果，赋权后履行义务者以履行抗辩权，并伴有违约责任等措施。

(4)《合同法》第67条的设计基础是两项主给付义务之间具有牵连关系。此类牵连关系涉及的，主要是属于双方当事人之间的民事权益层面的问题，属于从公平的层面衡平双方当事人的合同利益的问题。解决它，应该充分尊重权利人的意思，更加倾听权利人的声音，而不宜越俎代庖，径直赋权裁判者直接干预。能够阻挡裁判者直接干预的措施，于此处恰恰是履行抗辩权，而非抗辩。可能缘于此，德国、日本、中国台湾等国家和地区的立法例及其学说，对于具有牵连关系的给付义务，是通过履行抗辩权制度及措施而非抗辩制度及措施来解决的。如果承认同时履行抗辩权、不安抗辩权，唯独否定先履行抗辩权，那么，必须具备充分、过硬的理由，否则，结论难以站得住脚。你目前所觅理由似乎不够。

(5) 相似的事物相同处理的原则应起作用。《合同法》第67条规定的法定案型与第68条及第69条规定的案型，都是对具有牵连关系的两项给付义务之间关系的处理方案。它们在本质、机理上应当一脉相承。对待它们的态度最好不偏不倚。对于不安抗辩权予以承认，对于先先履行抗辩权却予以否定，则没有做到相似的事物相同处理。

(6) 对于《合同法》第 67 条规定的法定案型，采用履行抗辩权的模式而非抗辩的模式，优点更多：A. 更尊重权利人的意愿及选择。如果后履行义务者不怕承担风险，不拒绝履行其义务，满足先履行义务者的给付请求，你裁判者干预什么？径直援用法律关于抗辩的规定，否定先履行义务者的给付请求，不是多管闲事吗?! 特别是，后履行义务者愿意满足先履行义务者的给付请求，故为对该给付请求予以抗辩，也觉得没有必要出庭。于此场合，裁判者却依职权援用抗辩，驳回原告关于履行的诉讼请求，颇似“猪八戒照镜子，里外不是人”，委实帮了倒忙。其实，于此场合，履行抗辩权制度而非抗辩制度显然更为适合。B. 如果当事人对其权益非常看重，就选用法律为其预备的附条件等制度及措施，在先履行义务者没有履行其义务却请求后履行义务者履行时，后履行义务者主张与否，都可以较为容易地达到对抗给付请求的结果。如果当事人对其合同利益怀有一颗平常心，平淡视之，没有刻意保护，那么，法律赋予其履行抗辩权，也就足够了，没有必要贯彻父爱主义。C. 后履行义务者可能考虑周全，行事有策略，是否主张权利，何时主张权利，取决于诸多因素，履行抗辩权较之抗辩更富有弹性，可能更有助于后履行义务者实现利益最大化。

(7) 最后，从解释论的角度看，《合同法》第 67 条规定的是履行抗辩权，而非抗辩。即使觉得履行抗辩权不如抗辩，拟改弦易辙，也得通过修订法律来实现。这就是立法论了。

(二) 先履行抗辩权的成立要件

按照《合同法》第 67 条的规定，构成先履行抗辩权须符合以下要件：

1. 须双方当事人互负债务

(1) 构成先履行抗辩权，需要双方当事人互负债务。这与同时履行抗辩权的构成相同，因为先履行抗辩权乃脱胎于同时履行抗辩权。

(2) 对于互负债务是否指两项债务处于互为对待给付的地位，同样应当采取与同时履行抗辩权相同的立场。因为这两种抗辩权成立要件的不同仅仅在于两项债务的履行顺序不同，其他方面没有特别的差异，所以，互负债务的要件规格，在先履行抗辩权和同时履行抗辩权中应当相同。就是说，在绝大多数情况下，两项债务处于互为对待给付的状态，若干场合允许非对价关系的债务成立先履行抗辩权。这一点，上文“三、同时履行抗辩权”中已经有所交代，此处不赘。

［辨析］

这里所谓当事人互负立于对价关系的债务，不一定是同一合同文本所产生的两项债务。如果同一合同文本仅仅载有一个合同，则只要审视该合同项下的两项债务是否成立先履行抗辩权即可。如果同一合同本文载有若干个合同，则必须先识别和锁定每一个具体的合同，然后就每一个合同审视其是否成立先履行抗辩权；原则上不得将其中的甲合同项下的债务与其中的乙合同项下的债务之间的关系适用法律关于先履行抗辩权的规定。该项原理也适应于同时履行抗辩权制度。对此，通过下面的案例予以说明。

某《股权联合收购协议》由原投资人甲与新投资人乙公司签订，其背景是原投资人甲已经受让了原股东丙在目标公司的30%股权，业已支付股权转让款2.04亿元人民币，尚有丙在目标公司的另外的40%股权需要受让，并支付股权转让款8 000万元人民币。另，目标公司在W市登记注册了全资子公司Y，Y公司拥有F建设用地使用权。

该《股权联合收购协议》约定，由新投资人乙公司代替原投资人甲向原股东丙支付股权转让款8 000万元人民币，以完成对目标公司的联合收购。接着，新投资人乙公司受让原投资人甲在目标公司持有的29%的股权，股权转让款为2.04亿元人民币。至此，新投资人乙公司持有目标公司69%的股权，但登记在丁的名下。目标公司的股权结构为：新投资人乙公司指定代表丁持有目标公司69%的股权，原投资人甲持有1%的股权，原股东丙持有30%的股权。新投资人乙公司同意，自其将股权转让款2.8亿元人民币汇至原投资人甲和新投资人乙公司指定的联名账户之日起90日内，一旦收到原投资人甲符合回购条件的回购股权的通知，就按照本协议的约定，将新投资人乙公司在目标公司持有的69%的股权转让（被回购）给原投资人甲，回购价款为2.8亿元人民币。在回购期限届满时，原投资人甲因其自身原因没有完成股权回购的，则新投资人乙公司有权在如下救济手段中任选其一而主张：单方面解除《股权联合收购协议》，并追究原投资人甲的违约金责任，数额为《股权联合收购协议》项下股权转让款总额的10%；或通知原投资人甲终止股权回购，不退还原投资人甲交付的定金2 950万元人民币。股权回购失败时，新投资人乙公司向原投资人甲支付2.04亿元人民币的股权转让款，若不及时支付，则按该转让款每日万分之二的比例支付违约金。

该《股权联合收购协议》还约定，原投资人甲应完成目标公司、目标项目（Y公司利用其F建设用地使用权开发建设的项目）、目标公司的全资子公司Y与原股东丙的移交，以及财务清理工作，新投资人乙公司有权对该项目工作（Y公司利用其F建设用地使用权开发建设）进行监管，原投资人甲和新投资人乙公司应指定人员接收下列工作：(1) 目标公司、目标项目（Y公司利用其F建设用地使用权开发建设的项目）、目标公司全资子公司Y公司，包括目标公司的营业执照、税务登记证、全部印章，目标项目（Y公司利用其F建设用地使用权开发建设的项目）已经取得的所有批准、许可文件等，Y公司的营业执照、税务登记证、全部印章。(2) 对目标公司进行财务清理，所有账务、票据齐全，且符合相关法律、法规及文件的规定；所有账务均应与目标项目的建设直接相关。(3) 目标公司的商业登记证明原件、公章及Y公司的营业执照原件、公章、合同专用章及目标项目（Y公司利用其F建设用地使用权开发建设的项目）土地使用权证原件由原股东丙移交给新投资人乙公司指定的人员保管。但新投资人乙公司应确保原投资人甲运作目标项目（Y公司利用其F建设用地使用权开发建设的项目）的使用需要。

在履行过程中，因原投资人甲缺乏资金而回购股权失败，新投资人乙公司书面通知终止股权回购。于是，原投资人甲请求新投资人乙公司支付2.04亿元人民币的股权转让款及其相应的利息。新投资人乙公司以原投资人甲严重违约在先为由，援用先履行抗辩权，暂时拒绝向原投资人甲支付2.04亿元人民币的股权转让款及其相应的利息。新投资人乙公司列举的原投资人甲严重违约情形如下：(1) 原投资人甲移交给新投资人乙公司的Y公司拥有的F建设用地使用权证处于注销状态；(2) 怀疑原投资人甲私刻、伪造了目标公司和Y公司的公章；(3) 原投资人甲拒绝了新投资人乙公司关于移交Y公司的有关证件、印章、批文、合同和其他资料的请求；(4) 原投资人甲以Y公司的名义对外签订了《借款合同》和工程施工合同。

笔者认为，新投资人乙公司所主张的先履行抗辩权不成立，理由如下：(1) 先履行抗辩权的成立，原则上需要处于先履行顺序的义务与处于后履行顺序的义务产生于同一个合同，但在系争案件中，新投资人乙公司却将不同法律关系中的义务搅在一起，主张先履行抗辩权，不能得到支持。实际上，系争《股权联合收购协议》囊括了几种法律关系，新投资人乙公司所负2.04亿元人民币股权转让款的支付义务，属于新投资人乙公司与原投资人甲于股权回购失败时形成的保有69%的股权及定金与支付2.04亿元人民币股权转让款的法律关系中的债务。该法律关系的主要内容为：新投资人乙公司的债务为向原投资人甲支付2.04亿元人民币股权转让款，新投资人乙公司的权利是保有在目标公司中69%的股权，以及2 950万元人民币的定金。而原投资人甲移交给新投资人乙公司的Y公司拥有的F建设用地使用权证处于注销状态、原投资人甲向新投资人乙公司移交Y公司的有关证件、原投资人甲涉嫌私刻和伪造了目标公司和Y公司的公章、原投资人甲以Y公司的名义对外签订了《借款合同》和工程施工合同，即便属实，也都不属于新投资人乙公司与原投资人甲于股权回购失败时形成的保有69%股权及定金与支付2.04亿元人民币股权转让款的法律关系，而是另外的法律关系的内容，且有的法律关系的主体另有其人。(2) 先履行抗辩权的成立，原则上要求两项债务立于对价关系之中，而新投资人乙公司所列原投资人甲未履行的义务，与新投资人乙公司支付2.04亿元人民币的义务，没有立于对价关系。

(3) 以上所言，总的讲没错，但也有进一步斟酌的必要。如何看待建设工程施工合同中的债务及其构成，即为一例。

在建设工程施工合同中，承包方完成合同约定的工程工作（包括质和量两个方面）为一项债务，发包方支付工程款为另一项债务，二者构成对待给付。如此认识，在处理债务履行、时效抗辩、违约责任成立、解除权产生甚至履行抗辩权等问题时，一般说来，不会出现不妥之处，可资赞同。但在某些情况下，将承包方完成合同约定的工程量再细分为若干项债务，而非一项债务；相应地，把发包方支付工程款的债务再对应地分解为若干项债务，而非一项债务，更为妥当。首先，这样将一项债务细分为若干项债务，是可能的，有依据的。因为承包方完成合同约定的工程量客观上是被分解为一个一个的工程形象进度的，发包方支付工程款实际上也是按照承包方的工程形象进度分期支付的。于是，一个工程形象进度可作为一项债务，就该工程形象进度付相应的工程款也可作为一项债务。这两项债务相互构成先后履行关系，可成立先履行抗辩权。其次，这样将一项债务细分为若干项债务，是必要的，有价值的。例如，在承包方已经施工的工程中仅有一处隐蔽工程未达约定的标准，其他已完工程均符合要求的情况下，可以容易地确定发包方先履行抗辩权的范围，即发包方仅就该隐蔽工程部分有权拒付相应的工程款，对于承包方已完工程的其他部分无权拒付工程款。与此不同，如果一律把承包方完成合同约定的工程工作（包括质和量两个方面）仅仅作为一项债务，将发包方支付工程款仅仅作为另一项债务，那么解决上述问题就遇到困难，即不易令双方当事人都服气地确定出发包方拒付工程款的数额。

把发包方支付工程款的债务再对应地分解为若干项债务，而非一项债务，还有其价值。例如，某《发电机组建设承包合同》第 23.2 条约定："承包方交给发包方某银行开出的二年期的 5%履约保函后，发包方应向承包方支付第七笔工程款。"对于该项约定，需要指出以下几点：首先，该项约定是合理的，因而是有效的。其道理在于，该《发电机组建设承包合同》虽有 5%质保金的约定，但该项质保金条款仅仅在工程竣工验收合格后才发挥作用，仅能用于此后工程出现的瑕疵的消除，不得用于工程竣工验收前的工程瑕疵的消除，在承包方违约给发包方造成较大损失的场合，它很可能不足以填补该项损失。此时，银行开出的 5%履约保函可填补该项损失，至少可补偿部分损失。其次，在该项约定有效的前提下，承包方交付二年期的 5%履约保函就成为一项债务，该项债务与发包方支付第七笔工程款的债务，虽然并非产生于同一项合同，但鉴于承包方不交付二年期的 5%履约保函确实会对发包方构成巨大的风险，不妨比照先履行抗辩关系处理，承认发包方可以准用《合同法》第 67 条关于先履行抗辩权的规定，在承包方不交付二年期的5%履约保函时，发包方有权拒付第七笔工程款。

需要说明，这种观点的成立必须以把发包方支付工程款的债务再对应地分解为若干项债务为前提。假如把承包方完成合同约定的工程工作（包括质和量两个方面）仅仅作为一项债务，将发包方支付工程款仅仅作为另一项债务，那么这种观点就难以成立。

2. 互负的债务须有先后履行顺序

（1）基本要求

构成先履行抗辩权，必须是互负的债务有先后履行顺序。如果两项对立的债务无先后履行顺序，就适用同时履行抗辩权，而不成立先履行抗辩权。至于两项债务的先后履行顺序是因当事人的约定而形成的，还是基于法律的直接规定而产生的，在所不问。

（2）互负的债务须有先后履行顺序的判断准则

若该债务为非继续性债务，按照非继续性债务的履行期一律为一个时间点的观点，则两项债务履行的先后顺序十分容易判断，一定是处于先履行顺序的债务超过了履行期、处于后履行顺序的债务才到了履行期。一项债务为继续性的，另一项债务为非继续性的，且非继续性的债务处于先履行顺序的，同样是处于先履行顺序的债务超过了履行期，处于后履行顺序的债务才到了履行期。若两项债务均为继续性债务，则所谓互负的债务须有先后履行顺序，可以是处于先履行顺序的债务到了履行期，并持续一段期间，处于后履行顺序的债务才到了履行期；也可以是处于先履行顺序的债务的履行期届满，处于后履行顺序的债务才到了履行期。

［辨析］

需要注意的是，实务中出现的下述情形，不应作为先履行抗辩权构成要件的互负的债务须有先后履行顺序对待。

某《煤矿转让协议书》第1条第2款前段约定："矿井财产包括：主井巷道950米，其中砖碹500米，煤巷450米；副井巷道700米，其中砖碹400米，煤巷300米。工业广场占地主井东400米至A矿西界，主井西150米，广场南北宽100米。”第2条约定：“本合同签订之日，受让方付给转让方定金50万元人民币，转让方在收到定金20日内，应将合法占地证件等相关手续一并移交给受让方，待转让方将转让的煤矿的采矿许可证、煤炭生产许可证、工商营业执照、矿长资格证及相关证件一并过户在受让方的名下，并确保以上‘四证’合法真实有效后付款180万元人民币，剩余价款待转让方将负责的所有手续和各项工作完善后全部付清。因转让发生的一切税费全部由转让方承担。”第3条第3款约定：“转让方负责办理该矿具有的工业广场征地手续和煤矿的两条通道，即广场至B公路的道路用地，广场到规划建设中的C公路的征地手续，并负责广场到C公路的道路的建设，其费用由转让方负责。”

上述第2条的约定清楚地表明了，受让方支付180万元转让款的义务为附履行条件的义务。该条件是“转让方将转让的煤矿的采矿许可证、煤炭生产许可证、工商营业执照、矿长资格证及相关证件一并过户在受让方的名下，并确保以上‘四证’合法真实有效”，只要该条件没有成就，受让方实际支付180万元转让款的义务就不会到来。

由于至二审判决送达之日转让方仍未将矿长资格证过户在受让方名下，也没有办理该矿具有的工业广场征地手续，转让方不仅构成违约，而且致使受让方实际支付180万元转让款的义务尚未到来。换言之，受让方仅仅负有在未来支付180万元转让款的义务，尚无实际支付180万元转让款的义务。由于该《煤矿转让协议书》没有另外约定受让方支付180万元转让款的履行期限，在转让方未将矿长资格证过户在受让方名下，也没有办理该矿具有的工业广场征地手续的情况下，受让方实际支付180万元转让款的义务至今也没有届期。既然如此，受让方不支付180万元转让款就谈不上违约，也谈不上拥有、行使先履行抗辩权的问题，因为先履行抗辩权的拥有、行使是以后履行一方的债务履行期届至为条件的。

(3) 履行期与先履行抗辩权、同时履行抗辩权之间的关系

为了更好地理解履行期与先履行抗辩权、同时履行抗辩权之间的关系，笔者

特作如下分析：

情形一：

甲交付标的物的时间为2008年3月1日，乙付清货款的时间为2008年4月1日，甲于其未交付标的物的情况下请求乙付清货款，乙享有先履行抗辩权、履行期尚未届至的抗辩或履行期尚未届满的抗辩，甲对乙不享有先履行抗辩权、同时履行抗辩权、履行期尚未届至的抗辩及不当履行的抗辩权。

情形二：

甲交付标的物的时间为2008年3月1日，乙付清货款的时间为2008年4月1日。虽然甲未于2008年3月1日交付标的物，但乙放弃了先履行抗辩权，于是，自2008年4月1日起，甲、乙双方均享有同时履行抗辩权，乙不再享有先履行抗辩权。

情形三：

甲交付租赁物的时间为2008年3月1日，乙于每月初支付租金。2008年3月1日届至，甲、乙双方均享有同时履行抗辩权，均无先履行抗辩权。

情形四：

继续性合同是否适用同时履行抗辩权或先履行抗辩权制度，需要区分情况而定。

在没有当事人的明确约定、法律的明文规定的情况下，对继续性合同宜解释为当事人之间存在着按期计算对价的合意，如此，就债务人已经完成的给付，相对人无拒绝支付对价的抗辩权。即使债务人未履行本期的给付，也是如此。倘若相对人拒绝支付前期的对价，那么债务人得否拒绝继续提出给付，得看合同的约定。若合同无约定，则如报纸、牛奶的送达，因相对人迟延支付上期的对价，债务人得拒绝为本期的给付。① 这种拒绝权符合中国《合同法》第67条规定的先履行抗辩权的要件。

---

①　见孙森焱：《民法债编总论》下册，669页，北京，法律出版社，2006。需要注意，孙森焱先生认为，该履行拒绝权系基于继续性合同所生的权利，不同于同时履行抗辩权。据此推论，该权也不同于中国大陆现行法上的先履行抗辩权。

在对价先付的继续性合同场合，相对人未支付对价，却请求债务人提出给付，如交付租赁物，债务人可行使同时履行抗辩权。[①] 若先付对价的日期先于债务人提出给付的始期，则债务人享有先履行抗辩权。

在对价先付的继续性合同场合，相对人已经支付对价，债务人却未提出给付，构成违约，对于下期的对价支付，相对人有权行使先履行抗辩权。[②]

如果相对人已付清上期给付的对价（如租金、酬金等），只是没有清偿应负担的运费，那么按照诚实信用原则，债务人尚不得据以拒绝本期的给付[③]，即不享有同时履行抗辩权或先履行抗辩权。

3. 先履行一方未履行或其履行不符合债的本旨

先履行一方未履行，既包括先履行一方在履行期限届至或届满前未予履行的状态（未构成违约），又包含先履行一方于履行期限届满时尚未履行的现象（已经构成违约）。先履行一方的履行不符合债的本旨，是指先履行一方虽然履行了债务，但其履行不符合当事人约定或法定的标准，应予补救。履行债务不符合债的本旨，在这里指迟延履行、不完全履行（包括加害给付、部分履行）等形态。

先履行一方未履行其债务或其履行不符合债的本旨，即请求后履行一方清偿，于此场合，后履行一方有权行使先履行抗辩权，也可以援用不当履行的抗辩权，有时还有权主张履行期尚未届满的抗辩，拒绝履行其债务。

应予说明，在先履行一方在履行期限届至或届满前未予履行（未构成违约），请求后履行一方清偿时，若后履行一方的履行期未届至，则他也享有履行期尚未届至的抗辩；若后履行一方的履行期已经届至但尚未届满，则后履行一方还有权主张履行期尚未届满的抗辩。

[探讨]

一般地说，先履行抗辩权与附生效条件（学说称之为附停止条件，或延缓条件，下同）本为不同领域的制度，两者在机理、法律构成和法律效果等方面均不

① 见孙森焱：《民法债编总论》下册，669页，北京，法律出版社，2006。

② 参见孙森焱：《民法债编总论》下册，669页，北京，法律出版社，2006。

③ 见孙森焱：《民法债编总论》下册，669页，北京，法律出版社，2006。

相同，在个案中不发生关联的情形较为常见：(1) 附生效条件的合同为单务合同时，根本不成立先履行抗辩权，附生效条件（附停止条件）与先履行抗辩权不发生关联，这十分明显，无需赘言。(2) 附生效条件的合同虽为双务合同，但受所附生效条件抑制的债务与另外的债务并不立于对价关系，要么是受所附生效条件抑制的债务并非主给付义务，而另外的债务正是主给付义务；要么是受所附生效条件抑制的债务为主给付义务，但另外的债务不是主给付义务。于此场合，原则上也不成立先履行抗辩权。(3) 按照民法通说，附生效条件的合同于所附条件尚未成就时不生效力，该合同项下的债务均未届期，甚至都没有产生，更遑论先履行抗辩权制度的适用了。因为先履行抗辩权适用于同一合同项下的两项债务已经产生，并且大多是先履行的义务已经届期的场合。

不过，事情并不总是这么简单，一个客观事实同时符合先履行抗辩权与附生效条件的构成，也是可能的，并且已经成为事实，下文将要评释的案型即为例证。

按照笔者关于附条件合同的观点，先履行抗辩权与附生效条件两项制度不搭界的情形有之，一个客观事实同时符合先履行抗辩权与附生效条件的构成的机会更多。对此，稍加分析如下：在笔者看来，所附生效条件成就前，附生效条件的合同已经具有法律效力，只是合同项下的债务的履行效力尚未发生；附生效条件成就时，债务的履行效力才发生，也可以说债务已经届期，债权人有权请求债务人履行其债务。[①] 据此可知：(1) 在先履行抗辩权成立于处在后履行顺序的债务尚未届期的场合，如果该债务属于附生效条件的债务，那么，所附生效条件尚未成就时，后履行一方可有援用先履行抗辩权的机会，也有权基于《合同法》第45条第1款关于附生效条件的规定，以所附生效条件尚未成就为由，对抗先履行一方（承担所附生效条件的债务的主体）的给付请求。换言之，一个客观事实同时符合先履行抗辩权与附生效条件的构成。（不过，后履行一方没有权利基于《合同法》第45条第1款的规定，请求先履行一方履行其债务。）(2) 在先履行

① 见崔建远：《合同法总论》上卷，2版，256～257页，北京，中国人民大学出版社，2011。

抗辩权成立于处在先履行顺序的债务已经届期的场合，附生效条件的债务处于后履行顺序，且所附的生效条件尚未成就时，如果信守履行抗辩权成立于两项债务均已届期场合的理念，则法律关于先履行抗辩权的规定没有适用的机会，却有履行期尚未届至的抗辩存在，有时成立不当履行的抗辩权；但若将先履行抗辩权的成立要件确定在先履行顺序的债务届期，而不问后履行顺序的债务届期与否，则可有先履行抗辩权运用的机会。至于《合同法》第 45 条第 1 款的规定，对于不同的当事人具有不同的意义。对于后履行一方来说，他可以基于该条款的规定，以所附生效条件尚未成就为由，对抗先履行一方的给付请求；对于先履行一方而言，他无权基于该条款的规定请求后履行一方履行其债务。(3) 所附生效条件已经成就时，对于后履行一方来说，不得援用《合同法》第 45 条第 1 款的规定对抗先履行一方的给付请求，除非他已经履行了债务；至于有无权利援用法律关于先履行抗辩权的规定对抗先履行一方的给付请求，取决于先履行一方是否违约了(如瑕疵给付、迟延履行)，若是，则后履行一方有权援用法律关于先履行抗辩权的规定，若否，则无权援用。①

既然客观实际存在着一个客观事实同时符合先履行抗辩权与附生效条件的构成的情形，那么，法律人有责任对此进行研究，并提出解决问题的对策。在此，笔者拟通过实务中发生的一个案例予以阐释。

合同约定的主要内容

发包人甲公司与承包人乙公司于 2003 年 1 月 17 日签订《S 市建设工程施工合同》，约定了(与评释密切相关的)如下内容：工程为 A、B、C、D 栋住宅楼及 E 栋裙楼，合同价款 18 910 万元人民币。承包人向现场工程师提交当月已完工程量报告的时间为每月 25 日，现场工程师接到报告后 7 日内按设计图纸核实已完工程量，并在 24 小时内通知承包人，承包人为计量提供便利条件并派人参加。承包人接到通知后不参加计量，计量结果有效，作为工程款支付的依据。在

① 这三点内容的原文存在着颠倒了“先履行顺序的债务”、“债权人”和“债务人”使用得不清晰、是否存在先履行抗辩权和《合同法》第 45 条第 1 款规定的情形有误的缺点，陈建同学发现并指出来了，才有目前的行文。特别感谢陈建同学！

确认计量结果后14日内，发包人应向承包人支付工程进度款。按约定的时间发包人应扣回的预付款，与工程款（进度款）同期结算。发包人不按合同约定支付工程款（进度款），双方未达成延期付款协议，导致施工无法进行，承包人可停止施工，由发包人承担违约责任。工程竣工验收合格后21日内，承包人向发包人递交竣工结算报告及完整的结算资料，双方按照协议书约定的合同价款及本施工合同条款约定的合同价款调整内容，进行工程竣工结算。发包人收到承包人递交的竣工结算报告及结算资料后28日内进行核实，给予确认或提出修改意见。经双方协商达成一致意见后，发包人通知经办银行向承包人支付工程竣工结算款。发包人收到竣工结算报告及结算资料后63日内无正当理由不支付工程竣工结算价款，从第64日起向承包人以银行同期贷款利率支付拖欠工程价款的利息，并承担违约责任。承包人收到竣工结算价款后14日内将竣工工程交付发包人。

2003年3月17日，发包人甲公司与承包人乙公司签订《工程承包补充协议书》，约定了（与评释密切相关的）如下内容：主体工程封顶后，合格部分工程进度款在15日内支付，其进度款按主体工程款累计的30%作为第一次支付，以后按每月支付10%，主体工程款支付到85%时停止支付。工程封顶进入装修阶段，按当月完成工程量的70%计算进度款，次月的第15日支付。工程竣工验收后，达到合格标准，工程款支付90%，工程结算款后留3%作工程质量保证金，其余款项一次付清。

合同履行概况

2003年6月6日，涉案工程开工，A、B、C、D栋主楼于2005年5月26日验收合格。

E栋裙楼自2004年1月2日起停工，其原因如何，系争双方各执一词。乙公司认为，《工程承包补充协议书》约定，E栋裙楼施工至28米，20米～28米为一层，非经双方协商一致，任何一方不得擅自变更合同约定。否则，应承担违约责任。但甲公司单方面违反合同约定，在24米处擅自分包增加钢结构层。且E栋裙楼于24米处结构层增加后，乙公司多次要求甲公司提供图纸以便施工，但甲公司一直没有提供合法的经设计单位确认的变更设计图纸，乙公司不可能继续施工。甲公司则辩称：E栋裙楼自开工以来一直处于不间断穿插作业状态，而不是自2004年1月2日停工至今。停工令属于工程施工中的重大事项，甲公司从未发布过停工通知。乙公司擅自停工，其行为已经构成违约，应承担违约责任。E栋裙楼至今未完工的责任完全在于乙公司。

2005年6月8日，乙公司向甲公司提交了《工程结算书》及其他资料。甲公司从2003年9月17日至2005年5月24日向乙公司支付的款项为10 840万元人民币。

诉讼请求及抗辩

乙公司诉至A法院，认为主体工程已于2004年5月封顶，2004年3月2日乙公司向甲公司及监理公司分别报送了工程预算书，承建面积为139 298.05平方米，工程造价为154 843 606.67元人民币。至今未收到甲公司的异议。故从2004年3月10日起，乙公司所报主体工程款理应视为被确认，可作为甲公司支付工程款的依据。从2003年6月起至2005年4月25日至，累计建设工程价款为192 897 964元人民币，扣除已付11 230万元人民币（含钢材款400万元人民币），共欠工程款80 597 964元人民币。该工程现已竣工验收合格，依据《工程承包补充协议书》的约定，甲公司应付工程进度款72 538 167元人民币，应付工程进度款利息3 283 330元人民币（截至2005年5月25日）。

甲公司的抗辩如下：(1) 乙公司未按合同约定完成承包范围内的全部工程内容，即E栋裙楼至今尚未封顶，装修部分仍未动工，整体工程没有全部完成，无法进行整体工程验收，也无法进行整体工程结算。(2) 乙公司称涉案工程已经竣工验收，单方面认定实际完成工程造价192 897 964元人民币，并以此认定甲公司拖欠工程进度款，结算工程余款，均无依据。(3) 系争合同约定，在整体工程竣工验收后，进行整体工程结算，工程结算后，才支付工程余款。E栋裙楼尚未完工，无法进行整体工程验收，也无法进行整体工程结算，工程余款也无法确定。

有关信息

关于E栋裙楼停工的原因、停工是否构成违约以及应如何承担违约责任等问题，甲公司已另案诉至S市中级人民法院，尚未结案。

判决要旨

系争《工程承包补充协议书》关于“主体工程封顶后，合格部分工程进度款在15日内支付，其进度款按主体工程款累计的30%作为第一次支付，以后按每月支付10%，主体工程款支付到85%时停止支付。工程封顶进入装修阶段，按当月完成工程量的70%计算进度款，次月的第15日支付。工程竣工验收后，达到合格标准，工程款支付90%，工程结算款后留3%作工程质量保证金，其余款项一次付清”的约定（第6条），表明系争合同的履行顺序为，乙公司先全垫资施工至封顶，甲公司再依照合同约定的比例支付工程进度款和工程款，因此，乙公司的垫资施工的履行义务在先，甲公司支付工程款的履行义务在后。甲公司以乙公司履行义务不符合约定为由拒绝支付工程款，是行使先履行抗辩权的行为，如该抗辩权成立，在法律效果上的表现是甲公司有权拒绝支付全部或部分工程款。因此，该抗辩权的行使是甲公司在本案诉讼中提出的攻击防御方法，应在本案中进行审理并作出裁判。

至于关于E栋裙楼停工的原因、停工是否构成违约以及应如何承担违约责任的另案诉讼，独立于本案甲公司主张的先履行抗辩权，且本案诉讼形成在前，因此甲公司主张的先履行抗辩权应在本案中进行审理。

E栋裙楼停工的原因在于，甲公司欲改变该楼的使用用途和设计并下令停工，但未按照合同的约定和建筑法律、法规的要求提供变更后的设计图纸，导致乙公司无法继续施工，并停工至今。因此，甲公司以乙公司未完成E栋裙楼建设至封顶的合同义务从而拒绝付款的抗辩权不能成立，甲公司应向乙公司支付相应的工程款。

评释

1. 甲公司抗辩用语的真实含义与相应的权利

笔者认为，判断判决要旨是否正确，界定清楚甲公司抗辩用语的真实含义，乃关键的一环。就其表述看，甲公司所为的抗辩，既未援用相应的法律条文，亦未套用相应的法学理论，基本上是白描式地叙述事实和提出诉讼请求。这就需要法律人依据法律及法理剖析、界定其法律意义。

(1) 甲公司关于拒付相应的工程进度款的抗辩，符合所附生效条件尚未成就的构成，因为系争《工程承包补充协议书》关于主体工程封顶后甲公司依一定比例支付工程进度款的约定，完全符合《合同法》第45条第1款规定的附生效条件。具体些说，主体工程封顶，属于未来发生的事实，且为发生不发生不确定的事实，系当事人双方合意的组成部分，也不违法。所有这些，都符合附条件合同中所附“条件”的规格。

(2) 甲公司关于拒付相应工程进度款的抗辩，也符合先履行抗辩权的构成要件，因为主体工程封顶的义务与支付相应工程款的义务均产生于同一个合同，且立于对价关系；主体工程封顶的义务的履行顺序在先，支付相应工程款的义务的履行顺序在后；至诉讼时主体工程尚未封顶，甲公司据此拒绝支付相应的工程款。所有这些，都符合《合同法》第67条规定的先履行抗辩权的成立要件。

在一个事实同时符合附生效条件尚未成就的抗辩与先履行抗辩权的构成时，权利人明确地主张其中一个，发生相应的法律效果，最为理想。但权利人未必是法律人，不见得明白援用哪一个法律条文，表达自己的意见。他虽予抗辩，但未明示地主张哪个抗辩，或者一并主张这些抗辩，也是常有之事。对此，我们不应苛求。权利人虽予抗辩，但未明示其抗辩的类型及相应的法律依据，或者同时主张数个抗辩（权），应为其自由，法律及裁判机构没有理由否认其抗辩的效果。

现在的问题是，在权利人虽予抗辩但未明示地主张哪个抗辩及相应的法律依据的情况下，裁判机构可否依职权认定权利人只是在主张其中的某一个呢？具体到系争案件，主审法院或仲裁机构有无权力认定甲公司仅仅是在行使先履行抗辩权呢？给出明确的答案并寻觅出充分的理由，既是急审判实务之所急，也是丰富、完善民法理论的需要。

2. 裁判机构可否运用释明权？

在一个事实仅仅符合所附生效条件尚未成就的抗辩，而不符合先履行抗辩权的成立要件，权利人虽予抗辩但未明示其抗辩的类型及其相应的法律依据的，裁判机构可以释明，也可以不予释明，依职权认定发生抗辩的法律效果即可。道理非常简单，所附生效条件尚未成就的抗辩，是无需主张的抗辩，裁判机构有权依职权认定抗辩的法律效果，何况权利人已经抗辩了呢！

在一个事实仅仅符合先履行抗辩权的成立要件，而不符合所附生效条件尚未成就的抗辩，权利人虽予抗辩但未明示其抗辩的类型及其相应的法律依据的，裁判机构同样可以释明，也可以不释明，直接认定权利人是在行使先履行抗辩权。之所以如此，是因为权利人未必是法律人，不宜苛求其字字句句均为法言法语。只要他表达了抗辩的意思，就应尽量地予以认定。

在一个事实同时符合所附生效条件尚未成就的抗辩与先履行抗辩权的构成的场合，如果权利人未作任何表示，裁判机构可职权直接引用《合同法》第 45 条的规定，认定抗辩的效果，但无权向权利人这样释明：你主张《合同法》第 67 条规定的抗辩权吗？因为按照民法通说，先履行抗辩权是需要主张的抗辩权，权利人不予主张，则不发生抗辩的效果。裁判机构关于权利人是否主张先履行抗辩权的释明，无异在提醒权利人主张先履行抗辩权，这在实质上损害了相对人的权益。即使按照存在效果说，也仅仅限于迟延履行的场合，发生先履行抗辩权的效果，其他不履行的场合，非经权利人主张，不发生先履行抗辩权的效果。在所谓"其他不履行的场合"，裁判机构不得释明。

在一个事实同时符合所附生效条件尚未成就的抗辩与先履行抗辩权的构成的场合，权利人虽予抗辩但未明示地主张哪个法律依据的情况下，裁判机构可以先予释明，由权利人明确其主张的法律及法理的依据，以便适用法律，解决争议；也可以不予释明，或者虽经释明但权利人仍不明确其抗辩类型和依据的（可能权利人不了解法律及法理），直接依职权认定发生所附生效条件已经成就的抗辩的法律效果。于此场合，笔者之所以主张裁判机构可以释明，是因为尚未发现两种抗辩的效果在个案中存在差异。

3. 生效条件尚未成就的抗辩与先履行抗辩权的应用顺序

在一个事实同时符合所附生效条件尚未成就的抗辩与先履行抗辩权的构成，权利人虽予抗辩但未明示地主张哪个的情况下，裁判机构应当按照下文阐释的规则及理由，适用《合同法》第 45 条的规定，确定权利人在主张所附生效条件尚未成就的抗辩。其具体理由如下：

(1)《合同法》第45条第1款规定的所附生效条件，在客观事实符合其规格时，自然发生法律效力，它属于不需主张的抗辩，而非需要主张的抗辩权。裁判机构可依职权径直援引之。与此不同，先履行抗辩权，需要权利人主张才发生法律效果，权利人未予主张，则不发生法律效力。即使迟延履行的场合成立先履行抗辩权，通说也坚持权利人必须主张。因此，在权利人所为的抗辩未明确是行使先履行抗辩权还是主张所附生效条件尚未成就的情况下，裁判机构推断其为所附生效条件尚未成就的抗辩，最为稳妥；假如认定权利人是在行使先履行抗辩权，则有裁判机构代替权利人在为表示之嫌。

(2)《合同法》第45条第1款规定的附生效条件，就其字面意思和规范意旨而言，并不强求所谓条件一定是违约行为，甚至绝大多数的条件均非违约行为。而《合同法》第67条规定的先履行抗辩权，其成立要件则包括先履行一方未履行或其履行不符合约定，就是说，在绝大多数情况下，先履行抗辩权的成立需要先履行一方已经违约这个要件。

在这种背景下，一个客观事实同时符合所附生效条件尚未成就的抗辩与先履行抗辩权的构成，原告若未以被告违约作为拒绝履行自己债务的抗辩理由，没有追究被告的违约责任，被告亦无关于原告违约的反诉的，则主审法院不宜认定原告的抗辩是在行使先履行抗辩权。个中缘由，恐怕在于审查是否成立先履行抗辩权，一般需要确定被告是否已经违约。在原、被告均未主张对方违约的场合，主审法院应当遵循不告不理的原则，不宜依职权径直审查原、被告违约与否。

我们正在讨论的系争案件，正是这方面的典型。对于甲公司以E栋裙楼尚未封顶为由拒绝支付相应工程进度款的抗辩，认定为它是在依据《合同法》第45条第1款的规定主张所附生效条件尚未成就，主审法院无需审查和确定乙公司尚未将E栋裙楼封顶是否违约；而认定为它是在行使先履行抗辩权，则需要判断和确定乙公司未将E栋裙楼封顶是否构成违约。由于甲公司并未以乙公司未将E栋裙楼封顶构成违约为由拒付相应的工程进度款，乙公司未将E栋裙楼封顶是否构成违约已经另行起诉到S市中级人民法院，因而，主审法院认定甲公司是在行使先履行抗辩权，是武断的，十分不妥。

(3) 先履行抗辩权是法定的，只要债权的效力是齐备的，就一定伴有该种抗辩权。当事人约定与否，并不影响其存在。与此不同，附生效条件则只有在当事人约定时才会存在。一般认为，凡是法律规定的，都推定当事人知晓。既然当事人已经了解先履行抗辩权的成立要件、行使方式和法律效果，却仍再约定附生效条件，就只能解读为当事人特别重视附生效条件，非常依赖附生效条件。在这种背景下，一个客观事实同时符合所附生效条件尚未成就的抗辩与先履行抗辩权的构成，权利人虽予抗辩，但没有明示地主张哪个，就应当依据意思自治原则，最大限度地尊重当事人的意思，认定权利人是在主张所附生效条件尚未成就的抗辩。这个结论，当然适合于我们正在讨论的系争案件。

(4) 附条件合同制度中有一个特殊的规则，即《合同法》第 45 条第 2 款规定的“当事人为自己的利益不正当地阻止条件成就的，视为条件已成就；不正当地促成条件成就的，视为条件不成就”。该项规则本身妥当地解决了善、恶的法律后果，恰当地衡平了当事人双方间的利益关系，裁判机构应当尽可能地予以适用，而不应规避其适用。先履行抗辩权制度本身则欠缺该项规则，欲解决此类问题，恐怕要借助于诚实信用原则。鉴于诚实信用原则系价值补充的弹性条款，当事人能否成功地借助，存在变数。像我们正在讨论的系争案件，E 栋裙楼尚未封顶是否为甲公司恶意阻止封顶，应当查清。若是，适用《合同法》第 45 条第 2 款的规定，诚为正当。主审法院在先履行抗辩权的框架下，而不是在援引诚实信用原则下，审查 E 栋裙楼尚未封顶归责于谁，超出了先履行抗辩权制度的负载量，不尽妥当。

4. 审查 E 栋裙楼尚未封顶归责于谁，程序违法

既然当事人已就审查 E 栋裙楼尚未封顶归责于谁向 S 市中级人民法院另案诉讼了，即便主审法院拟适用《合同法》第 67 条关于先履行抗辩权的规定，确定 E 栋裙楼尚未封顶是否属于乙公司违约，最终确定甲公司拒付相应的工程款有无依据，也应当先中止本案的诉讼，等待 S 市中级人民法院甚至二审法院的生效判决。但主审法院却置 S 市中级人民法院正在审理乙公司未将 E 栋裙楼封顶是否构

成违约以及由谁承担违约责任的事实于不顾，在原、被告均未于本案诉讼中主张对方违约的情况下，径直审查E栋裙楼尚未封顶的原因，并认定可归责于甲公司，这就使得当事人双方在S市中级人民法院的诉讼变得毫无意义，违背了当事人的真意，不合民事诉讼程序。此其一。假如S市中级人民法院经审理认定乙公司违约，可否如此判决呢？由于本案判决具有既判力，恐怕S市中级人民法院不好认定乙公司违约，难以判命其负违约责任。此其二。

主审法院如此裁判系争案件还产生了如下负面影响：(1) 直接剥夺了甲公司对违约责任争议的事实和法律适用进行举证、质证、辩论的诉讼权利。在甲公司和乙公司没有就E栋裙楼尚未封顶归责于谁、有无免责事由举证、质证和辩论的情况下，主审法院就依职权认定甲公司违约并承担违约责任的认定和判决，严重地违背了《民事诉讼法》的规定。(2) 在事实上直接剥夺了甲公司的上诉权。虽然在形式上甲公司可以对S市中级人民法院另案（关于E栋裙楼停工的原因、停工是否构成违约以及应如何承担违约责任等问题的诉讼案件）判决提出上诉，但因本案判决既判力的缘故，甲公司的上诉会流于形式。①

（三）先履行抗辩权与维修义务和维修费用间的关系

欲妥当解决这个问题，应当首先厘清维修义务与维修费用承担及损害赔偿义务之间的关系，然后才可较为顺利地确定维修义务的归属。如果把维修义务的承担和维修费用的负担捆绑在一起考虑，那么所谓“因承租人的原因导致租赁物毁损的，出租人不负维修义务”的规则及其学说，有其道理。与此有别，如果将维修义务与维修费用的负担分开考虑、确定，视维修为单纯地消除租赁物的瑕疵，维修义务仅为消除租赁物瑕疵的义务，至于维修费用，则由造成租赁物毁损的过错一方负担，那么，只要租赁物毁损，就应由出租人负责维修，即使该毁损系由可归责于承租人的原因所致，也应如此。因为使租赁物适合于约定的使用、收益乃租赁的本质特征所在，租赁物一旦出现缺陷，出租人就应加以消除。当然，当事人另有约定的，依其约定。不过，租赁物毁损系由承租人的原因所致的，维修

① 这两点负面影响系中国人民大学法学院的杨立新教授所提，特此致谢！

费用的相应部分由承租人负担；在非因承租人的原因（包括不可抗力、通常事变）造成的场合，维修费用由出租人承受。这种不问租赁物毁损原因一律使出租人承担维修义务的观点，符合《合同法》第 220 条关于“出租人应当履行租赁物的维修义务，但当事人另有约定的除外”的规定，因为该条规定并未区分租赁物毁损的原因。这种区分租赁物毁损的原因而确定维修费用负担主体的见解，符合《合同法》第 219 条关于“承租人未按照约定的方法或者租赁物的性质使用租赁物，致使租赁物受到损失的，出租人可以解除合同并要求赔偿损失”的规定，以及第 222 条关于“承租人应当妥善保管租赁物，因保管不善造成租赁物毁损、灭失的，应当承担损害赔偿责任”的规定。因为这两条所说的损害赔偿可以容纳维修费用。在整体上权衡，不违背公平正义。

需要指出，上述观点并无出租人在任何情况下均须承担维修义务之意。实际上，在承租人未按照约定的方法或租赁物的性质使用租赁物，致使租赁物受到损失的情况下，出租人可以援用《合同法》第 219 条的规定，通过解除租赁合同而免负维修义务。在因承租人的其他过错导致租赁物毁损的情况下，若租赁合同属于不定期租赁，则出租人可以援用《合同法》第 232 条的规定，通过解除租赁合同而达到免负维修义务的结果。

还应讨论的是，确定租赁物在因承租人的原因而毁损时出租人仍负维修义务的规则，这可能产生有过错的承租人援用同时履行抗辩权或先履行抗辩权等拒付租金或维修费用的后果，有必要设计应对方案。我们将维修义务和支付维修费用、租金之间的关系区分情况，讨论如下：(1) 承租人支付租金的义务在先，出租人履行维修义务在后，不存在有过错的承租人援用同时履行抗辩权或先履行抗辩权的余地，但有援用不安抗辩权的可能，尽管几率很低。若果真能成立不安抗辩权，则无可非议。因为维修义务和支付租金本不属于对价关系，所以通常不会成立不安抗辩权，承租人必须先行付清租金，否则要承担违约责任；只有当维修义务的不履行会导致承租人的租赁目的落空时，才例外地承认承租人享有不安抗辩权，以求平衡双方当事人的利益。于此场合，我们不得因为承租人对租赁物的毁损有可归责之处，就剥夺其保护合法权益的手段和机会，而应采取“功”“过”

分开的态度和处理方法。(2) 出租人履行维修义务在先，承租人支付租金在后，于此场合，因二者非对价关系，故一般不涉及履行抗辩权的问题，但在有确凿的证据证明承租人将无力支付租金时，可例外地承认出租人享有不安抗辩权，他（它）可暂时拒绝履行维修义务。此其一。在不成立不安抗辩权的前提下，出租人应当履行维修义务；若不履行，则承租人可追究其违约责任。不仅如此，在出租人不履行维修义务会导致承租人的目的落空或给承租人造成重大损失时，承租人还应有权援用先履行抗辩权。如此设计，符合租赁合同的本质特征，不得因为承租人对租赁物的毁损有可归责之处，就排除出租人的维修义务。对于出租人合法权益的保护，可求助于损害赔偿制度。当然，最为积极的防患于未然的措施，是出租人坚持在租赁合同中约定：在租赁物因承租人的原因而毁损时，承租人须先行支付租金，出租人才有义务履行维修义务。此其二。从租赁关系的整体审视这些结论，应认为其是完善租赁物在因承租人的原因而毁损时出租人仍负维修义务的规则，而非否定该规则的理由。(3) 承租人预付维修费用在先，出租人履行维修义务在后，承租人不预付维修费用，出租人可援用先履行抗辩权，暂时拒绝履行维修义务。这在承租人对租赁物的毁损有可归责之处的场合，是较为适当的规则。但其实际运用，恐怕需要当事人在租赁合同中约定两项债务的履行顺序。(4) 出租人履行维修义务在先，承租人支付维修费用在后，这是常态。于此场合，在出租人未履行维修义务时，承租人有权援用先履行抗辩权，拒付维修费用或损害赔偿金。不宜因承租人对租赁物的毁损有可归责之处，就剥夺其履行抗辩权。在这里，需要注意的是，在出租人履行了维修义务，有过错的承租人却无力支付维修费用或损害赔偿金时，如何保护出租人的合法权益？解决问题的方案之一是，出租人可援用不安抗辩权，来暂时拒绝履行维修义务；防患于未然的方案是，出租人在签订租赁合同时，约定有过错的承租人支付维修费用的义务应先于维修义务的履行。

（四）先履行抗辩权因约定而扩张或收缩

以上所论先履行抗辩权的成立要件，仅限于法律的规定，没有考虑当事人的约定因素。在实务中，当事人有时会约定先履行抗辩权的成立条件，使先履行抗辩权因此而扩张或收缩。

当事人关于先履行抗辩权成立条件的约定，是否发生法律效力，取决于《合同法》第 67 条关于先履行抗辩权成立要件的规定是否为强制性规定。该规定若为强制性规定，则当事人关于先履行抗辩权成立条件的约定不会发生法律效力；若为任意性规定，则当事人关于先履行抗辩权成立条件的约定有效，先履行抗辩权因此而扩张或收缩。笔者认为：其一，先履行抗辩权规范平衡的是当事人之间的利益关系，不涉及公序良俗原则。就是说，《合同法》第 67 条的规定不属于强制性规定。既然如此，当事人得以意思表示予以改变。当事人关于先履行抗辩权成立条件的约定，就是对《合同法》第 67 条规定的部分修改，法律应当认可。这个结论还可以通过下文的论述得到加强。其二，《合同法》第 67 条的规定使用的措辞是“后履行一方有权拒绝”，是赋予权利而非强加义务。既然是权利，那么权利人可以放弃，除非放弃违反公序良俗或诚实信用的原则。放弃先履行抗辩权不涉及违反公序良俗、诚实信用的原则的问题。当事人关于先履行抗辩权成立条件的约定，若表现为抗辩权的收缩，则可以视其为抗辩权人全部或部分放弃先履行抗辩权的表现；若表现为扩张，则可以将之理解为先履行一方在给付和对待给付的关系上，甘愿承受更多的负担，同意强化后履行一方的权利。这符合意思自治原则，而不涉及违反公序良俗原则、诚实信用原则的问题。既然如此，法律没有必要强加干涉。其三，不过，在个案中，放弃先履行抗辩权的表示作出之后，相对人严重违约，只有原来放弃履行抗辩权的当事人行使抗辩权才符合公平正义，才不会陷于极为不利的境地的，法律应当承认他继续享有履行抗辩权。①

当事人关于先履行抗辩权成立条件的约定，扩张了先履行抗辩权，实务中确有其例。

甲公司和乙公司均为房地产开发公司，双方于 2004 年 6 月 5 日签订的《A 宗国有土地使用权转让合同》第 5 条约定，合同签订后 5 个工作日内，乙公司向甲公司支付土地使用权转让的定金 1 500 万元人民币。第 6 条约定，乙公司在取

① 见崔建远：《履行抗辩权探微》，载《法学研究》，2007（3），53 页。

得有关行政主管部门的批复后 7 个工作日内，向甲公司支付土地使用权转让款 1 200 万元人民币；在工商行政管理部门办理完毕变更登记手续后 7 个工作日内，乙公司向甲公司付清余款 2 000 万元人民币。第 7 条约定，在乙公司向甲公司支付定金 1 500 万元人民币后，甲公司应当移交甲公司受让 A 宗土地使用权的《A 宗国有土地使用权出让合同》原件、已经缴纳土地使用权出让金的凭证、A 宗国有土地使用权证原件，否则，乙公司有权延期支付未支付的土地使用权转让款，直至甲公司履行完毕前述义务。

在履行合同的过程中，乙公司向甲公司及时且全额地支付了 1 500 万元人民币的定金，但甲公司没有向乙公司移交国有土地使用权出让合同原件、国有土地使用权证原件和已经缴纳土地使用权出让金的凭证。于是，乙公司拒绝向甲公司支付土地使用权转让款。双方因此诉讼到法院，甲公司请求乙公司承担逾期付款的违约责任，并请求解除《A 宗国有土地使用权转让合同》。乙公司则主张，其拒绝支付土地使用权转让款，是在依据《A 宗国有土地使用权转让合同》第 7 条的规定行使先履行抗辩权，不构成违约。因而，甲公司无权请求它承担违约责任，也无权解除《A 宗国有土地使用权转让合同》。

首先说明，该项约定赋予乙公司的抗辩权，与通说要求的两项义务原则上立于对价关系相比，有所不同。其原因在于，该项约定的两项义务并非立于对价关系，乙公司的义务是主给付义务，而甲公司的义务为从给付义务。在这里，疑问至少有两个：该项约定是否有效？若有效，则基于该约定成立的抗辩权是否为先履行抗辩权？

上文的阐释告诉我们，当事人关于先履行抗辩权构成要件的约定在一般情况下都是有效的。结合涉案案情，该项约定的有效性还有深层次的根据，兹分析如下：

(1) 土地使用权的性质和种类，决定着房地产开发建设的性质，决定着地上建筑物进入市场的自由度，因而决定着商品房开发企业的经营利润。按照国有土地使用权的取得方式，国有土地使用权分为“划拨土地使用权”和“出让土地使用权”两种，用地也相应地分为“划拨用地”和“出让用地”两种。“划拨用地”

不能用于商品房开发，对商品房开发企业无价值。以出让方式取得的“住宅用地”又分为“商品住宅用地”、“会员村住宅用地”和“职工公寓用地”等。在“职工公寓用地”上建造的房屋，不能作为商品房出售；在“会员村住宅用地”上建造的房屋在销售对象甚至价格等方面都会受到限制；只有以出让方式取得的“商品住宅用地”，才能用于真正意义上的住宅商品房开发，才会比较自由地销售，才会给开发商带来更大的利润。乙公司恰恰是商品房开发企业，受让A宗土地使用权的目的正是进行“住宅商品房”开发。这样，A宗土地的用途是“职工公寓用地”，还是“会员村住宅用地”，抑或是“商品住宅用地”，对乙公司来说至关重要。鉴于《A宗国有土地使用权转让合同》约定的土地用途为“商品住宅用地”，事实上是否如此，需要通过甲公司移交的《国有土地使用权证》才会清晰地看出来。

(2)《国有土地使用权证》上载明的国有土地使用权取得方式，是房地产开发企业判断土地使用权开发价值的重要依据。原告向被告提供已签署的完整的土地使用权出让合同、已缴纳土地使用权出让金的凭证对被告完成商品房的开发具有决定性的意义。由于《城市房地产管理法》(1994年)第44条规定：“商品房预售，应当符合下列条件：(一)已交付全部土地使用权出让金，取得土地使用权证书……”因而不提供已经缴纳土地使用权出让金的凭证，就不会顺利地预售商品房。这也是甲公司应当移交《国有土地使用权证》的原因。

同宗土地使用权的价格，会因为土地使用权的取得方式、用途及土地利用要求等因素的不同，出现重大的差异。土地使用权的取得方式对土地使用权的价格存在重大影响。如同上文所述，“划拨用地”不能用于商品房开发，对商品房开发企业无价值。只有“出让用地”才能用于商品房开发，只有“商品住宅用地”才能用于真正意义上的住宅商品房开发。

之所以说国有土地使用权的取得方式对国有土地使用权的价格存在重大影响，是因为：A.《国有土地使用权证》上载明的国有土地使用权的取得方式，是房地产开发企业判断国有土地使用权开发价值的重要依据。但仅仅靠《国有土地使用权证》不能明确国有土地使用权的权利状况与价格。为取得国有土地使用权而签署的全部合同文本与已经缴纳土地出让金的凭证，对判断、确定土地使用权人对该宗土地拥有的权利状况、价格及土地使用权人仍应承担的义务至关重要。B.《国有土地使用权证》的内容虽然反映了该宗土地的位置、面积、取得方式及用途，但未反映该宗土地的具体用途及该宗土地的建筑容积率、建筑密度、建筑限高、绿地比例及其他土地利用要求。即使国有土地使用权证载明土地的用途为“住宅用地”，也不能据此判断该土地使用权是用于开发“商品住宅”，还是用于开发“经济适用房”、“职工住宅”或“别墅”。要确认该宗土地的具体用途、建筑容积率、建筑密度、建筑限高、绿地比例及其他土地利用要求，需依据取得国有土地使用权的所有合同。C.《国有土地使用权证》只是一份临时的权利确认凭证。目前全国各地对发放《国有土地使用权证》的条件不同，故不同地方发放的内容相同的《国有土地使用权证》代表着不同的含义，要确认国有土地使用权人对一宗土地拥有的权利状态，必须核查其取得该宗土地使用权所签署的全部合同文本及已经缴纳土地出让金的凭证。

(3) 土地使用权的用途对土地使用权的价格存在重大影响。这是因为：A. 根据国务院于1990年颁布的《城镇国有土地使用权出让和转让暂行条例》第12条的规定，出让土地使用权的用途可分为：居住用地；工业用地；教育、科技、文化、卫生、体育用地；商业、旅游、娱乐用地；综合或者其他用地。B. 不同用途的土地使用权，其价格有天壤之别。以体育用地与居住用地为例，体育用地的市场价格相对而言就非常低，居住用地的市场价格就较高。C. 同为居住用地，其具体用途也有严格的区分，其价格也存在重大差别。以解困性质的经济适用房用地、单位联建房用地与商品住宅开发用地为例，经济适用房用地、单位联建房用地的价格相对而言就非常低，商品住宅开发用地的市场价格就很高。D. 同为商品住宅开发用地，由于政府规定的建筑容积率、建筑密度、建筑限高、绿地比例及其他土地利用要求的不同，价格差别也会达到惊人的地步。以一亩宗地为例，如建筑容积率为2，则在该亩宗地上可建造商品房1 332平方米；如建筑容积率为4，则在该亩宗地上可建造商品房2 664平方米。建筑容积率越高，每平方米商品房面积所分摊的土地使用权成本就越低，开发商的利润空间就越大。建筑容积率的大小，又受到建筑密度、建筑限高、绿地比例的牵制。故《城市房地产管理法》（1994 年）第 17 条规定："土地使用者需要改变土地使用权出让合同约定的土地用途的，必须取得出让方和市、县人民政府城市规划行政主管部门的同意，签订土地使用权出让合同变更协议或者重新签订土地使用权出让合同，相应调整土地使用权出让金。"2001 年《国务院关于加强国有土地资产管理的通知》第 2 条第 2 款规定："土地使用者需要改变原批准的土地用途、容积率等，必须依法报经市、县人民政府批准。对原划拨用地，因发生土地转让、出租或改变用途后不再符合划拨用地范围的，应依法实行出让等有偿使用方式；对出让土地，凡改变土地用途、容积率的，应按规定补交不同用途和容积率的土地差价"。

（4）甲公司仅仅移交国有土地使用权证仍不足够，还应当移交已经支付土地使用权出让金的凭证，不然，就会较为严重地影响乙公司的经营利益。这是因为：A. 在目前，土地使用权证尚不能完整表述证下国有土地使用权的权利状态。比如，取得国有土地使用权证并不表明土地出让金已足额支付。B. 进而，尚未付清土地使用权出让金，即使有《国有土地使用权证》，该宗国有土地使用权的流转自由度也会受到影响。例如，国土资源管理局可能对国有土地使用权的转让不予批准，或者设置其他障碍。

至于基于该约定成立的抗辩权是否为先履行抗辩权，笔者认为，《合同法》第 67 条的用语是"当事人互负债务"，没有明确互负的债务立于对价关系。在理论上，虽然包括笔者在内的专家学者大多认为，构成先履行抗辩权的两项债务原则上立于对价关系，对《合同法》第 67 条的规定也如此解释，但如同上文所述，越来越多的人承认有例外，即在某些情况下，非对价关系的两项债务之间也可以成立先履行抗辩权。既然如此，我们没有必要在对待当事人约定的先履行抗辩权上严苛，应当承认系争合同约定了先履行抗辩权。

如此，笔者赞同乙公司的观点。其理由如下：依据《A 宗国有土地使用权转让合同》的规定，乙公司的付款期限不是绝对的，而是有条件的，要受制于《A 宗国有土地使用权转让合同》第 7 条，即甲公司如不及时提供该条所要求的文件，则上述第 6 条约定的期限乙公司可以不必遵守，乙公司支付土地使用权转让款的期限没有届至，当然有权暂时拒绝付款。按照合同解释规则，在我们解释合同条款时，体系解释是应当采用的方法之一。所以，对《A宗国有土地使用权转让合同》第6条约定的理解，应当结合第7条的约定。

由于《A宗国有土地使用权转让合同》一方面约定了付款的具体日期，另一方面又约定了付款的条件，即如果甲公司不提供文件，那么乙公司可以暂时拒绝付款，因而，除非甲公司在合同约定的期限前提供文件，第6条约定的付款期限并不是乙公司的实际付款期限。在甲公司不提供其应当提供的文件的情况下，第6条约定的付款期限对于乙公司不产生合同效力，除非乙公司放弃抗辩权。

因此，如果要求乙公司必须遵守第6条所约定的付款期限，则甲公司必须在取得有关行政主管部门的批复后7个工作日内全面履行第6条约定的义务，这样乙公司才有义务全面遵守第6条约定的付款期限。换句话说，如果甲公司没有在取得有关行政主管部门的批复后7个工作日内全面履行第7条约定的义务，那么乙公司就有权暂时拒绝付款。一旦前述情形发生，第6条规定的付款期限就失去了意义。此处所谓“乙公司有权延期支付未支付的土地使用权转让款”，是指乙公司有权行使抗辩权，而抗辩权的行使，即暂时拒付相应的款项，并不构成违约。

当事人关于先履行抗辩权成立条件的约定，收缩了先履行抗辩权，也有例证。

甲公司和乙公司于2004年11月11日签订了A项目转让合同，约定甲公司将A项目的国有土地使用权、建筑物所有权、经营管理权及其他相关权益转让给乙公司，甲公司请求工商行政管理部门将A项目变更在乙公司名下。甲公司保证A项目的房地产没有抵押给他人，他人不享有就A项目的变价请求清偿的权利。乙公司向甲公司支付转让款3 000万元人民币，于工商变更登记完成后10日内，乙公司支付首笔转让款800万元人民币。其中的300万元人民币付给C市国土资源局，100万元人民币付给宗地的村委会，400万元人民币首先用于自办理乙公司报建A项目手续至具备开工条件必须发生的支出，再由甲公司向乙公司出具收款及支付凭证，并经由见证人丙公司见证签署后，乙公司向丙公司支付。2005年1月至5月30日，乙公司支付第二笔转让款800万元人民币。2006年年底前，乙公司付清余款。双方当事人还约定，在乙公司取得A项目的经营资格进行开发报建的过程中，若没有土地使用权手续和报建批办两方面的问题，则乙公司必须向甲公司付款，并提前到2005年6月3日进行，其他问题不足以影响乙公司的付款；若存有土地使用权手续或者报建批办的问题，导致乙公司无法正常开发报建，则乙公司有权拒付相应的转让款。

在履行过程中，乙公司发现，甲公司隐瞒了A项目已被抵押给了B银行，且B银行拟行使该项抵押权的情况。乙公司在将300万元人民币付给C市国土资源局、100万元人民币付给宗地的村委会后，支付报建A项目所需费用时，甲公司拒不出具收款凭证，丙公司拒不签署。于是，乙公司拒付第二笔和第三笔转让款。

甲公司催告乙公司继续付款，在遭到乙公司的拒绝后，向乙公司发出解除转让A项目合同的通知。在乙公司拒绝承认的情况下，甲公司起诉到法院，请求确认转让A项目合同已被解除。

在诉讼过程中，乙公司辩称，它拒付第二笔等转让款，不是违约，而是在行使先履行抗辩权，因而甲公司没有解除转让A项目合同的权利。

笔者认为，乙公司的观点不成立，理由如下：假如没有甲公司和乙公司关于拒付转让款条件的约定，那么甲公司隐瞒A项目已被抵押的事实，合同生效后抵押权人拟行使该项抵押权，会使乙公司遭受重大损失，已经构成严重违约，拒不出具收到乙公司付款的凭证，也属于违约行为，乙公司拒付相应的转让款，应当符合《合同法》第67条规定的条件。但是，由于转让A项目合同已经约定了乙公司拒付第二笔转让款的条件是，“在乙公司取得A项目的经营资格进行开发报建的过程中，若没有土地使用权手续和报建批办两方面的问题，则乙公司必须向甲公司付款，并提前到2005年6月3日进行，其他问题不足以影响乙公司的付款”，这就将甲公司隐瞒A项目已被抵押的事实、拒不出具收到乙公司付款的凭证排除在先履行抗辩权成立条件之外，乙公司再以甲公司隐瞒A项目已被抵押的事实、拒不出具收到乙公司付款的凭证为拒付第二笔转让款的事由，违反了当事人双方的约定，法院不可支持。

应当指出，对当事人关于先履行抗辩权成立条件的约定，法律并非毫无限制，至少以下两点不得忽视：A. 此类约定若具有《合同法》第 52 条规定的原因，或存在着《合同法》第 54 条规定的原因，权利人撤销了此类约定，或存有《合同法》第 47 条第 1 款前段、第 48 条规定的原因，有权人不予追认，那么此类约定仍不会按照当事人的意思发生法律效果。B. 在此类约定导致抗辩权在实质上成为同时履行抗辩权或不安抗辩权时，应当适用《合同法》关于同时履行抗辩权或不安抗辩权的规定，适用《合同法》总则和《民法通则》的有关规定，而不宜适用法律关于先履行抗辩权的规定。这样，可以保持各项法律规范乃至制度之间的衔接和配合。

（五）先履行抗辩权的行使

1. 问题的提出

先履行一方未依约履行，后履行一方于诉讼或仲裁之前一直沉默不语，在行为上属于在履行期届满时未履行自己的债务。只是在诉讼或仲裁过程中，在先履行一方主张构成双方违约时，后履行一方才抗辩曰："我是在运用先履行抗辩权，不构成违约。"对此，如何认定？由于在履行抗辩权的效力方面存在着行使效力说和存在效力说的分歧，若采取存在效力说，认定后履行一方虽未明示，但也是在运用先履行抗辩权，则结论是后履行一方不构成违约，他不但自己不承担违约责任，还有权追究先履行一方的违约责任；若采取行使效力说，则认定后履行一方业已违约较为容易，不过，也有个后履行一方于何时主张才发生先履行抗辩权的效力的问题。

实务中出现了不少这样的情形：后履行一方未依约履行其债务，其本意并非是运用先履行抗辩权，而是因其疏忽大意而忘记了履行债务，甚至是恶意地拒不履行债务。面对此情此景，不分青红皂白，一律认定后履行一方在运用先履行抗辩权，不成立违约责任，就违背了是非、善恶的规则。为了尽可能地贯彻是非、善恶的准则，在采取行使效力说的大背景下，我们必须明确如下规则：(1) 后履行一方于何时行使先履行抗辩权，才发生履行抗辩权的效力；(2) 后履行一方在何种情况下必须明示行使先履行抗辩权，才发生履行抗辩权的效力；（3）后履行一方在何种情况下可以默示地行使先履行抗辩权。

2. 行使方式的具体分析

先履行抗辩权的行使是否需要明示，不宜一概而论，而应区分情况，最后确定。

（1）先履行一方尚未构成违约，亦未请求后履行一方履行的，先履行抗辩权无需明示就发生效力；先履行一方请求后履行一方履行的，后履行一方援用先履行抗辩权，拒绝自己的履行，需要明示。

附带指出，在上述情况下，若为非继续性合同，则后履行一方享有债务履行期尚未届至或尚未届满的抗辩；若为继续性合同，则后履行一方也可以主张履行期尚未届满的抗辩。因为抗辩无需当事人明示主张，裁判机构可依职权援用，发生法律效力，所以，后履行一方虽未明示，但于诉讼或仲裁过程中援用了抗辩，当然发生应有的效力。

（2）先履行一方已构成违约，但未请求后履行一方履行债务，后履行一方运用先履行抗辩权是否需要明示，需要区分先履行一方违约的类型：先履行一方仅为迟延履行的，后履行一方运用先履行抗辩权无需明示；先履行一方的违约属于瑕疵给付等类型的，后履行一方行使先履行抗辩权需要明示。

先履行一方已构成违约，并请求后履行一方履行的，先履行抗辩权的行使需要明示。

附带指出，在“（2）”的情况下，若为非继续性合同，则后履行一方享有债务履行期尚未届至或履行期尚未届满的抗辩；若为继续性合同，则后履行一方也可以主张履行期尚未届满的抗辩。如同上述，抗辩无需当事人明示主张，裁判机构可依职权援用，发生法律效力。

（六）先履行抗辩权的效力

1. 先履行抗辩权行使的方式

先履行抗辩权，不问于诉讼上或诉讼外，均得行使。这与上文介绍的“同时履行抗辩权行使的方式”相同，不再赘述。

2. 先履行抗辩权与交换给付判决的排除与运用

就抗辩的效果而言，后履行一方享有先履行抗辩权，于自己给付之前，可以请求先履行一方履行，毋庸证明自己业已履行或提出给付，法院不得认为享有先履行抗辩权者的请求无理由，应当作出先履行一方应为给付的判决。不过，在双方的履行期有重叠情形且先履行一方未构成违约的情况下，若先履行一方主张同时履行抗辩权，则也应得到支持，应按上文关于“同时履行抗辩权与交换给付判决”的说明处理。

3. 先履行抗辩权与抵销

后履行一方，对于先履行一方，负有合同以外的他种债务，如主张以之与先履行一方所负的双务合同的债务相互抵销，确实符合抵销要件的，应予准许，先履行抗辩权因此而归于消灭。其道理如同上文“同时履行抗辩权与抵销”部分所述，不再赘言。

4. 存在效力与行使效力

先履行抗辩权在未经行使以前，是否具有排除给付迟延的效力？与上文“当事人迟延履行与同时履行抗辩权”中的论述大体相同，不再赘述。

5. 先履行抗辩权与诉讼时效

在先履行抗辩权的场合，两项债务的履行期届至和届满的时间点不同，诉讼时效期间的起算点自然有差异。在先履行义务已经罹于诉讼时效而后履行义务尚未罹于诉讼时效的场合，虽然抗辩权无诉讼时效规定适用的余地，但当先履行一方请求后履行一方履行债务时，若后履行一方有权援用先履行抗辩权对抗该项请求，则意味着先履行一方本应享有的时效利益消失殆尽，这对于先履行一方确实不公，而采取后履行一方丧失先履行抗辩权的态度，则可较好地衡平了双方的利益。

6. 不发生先履行抗辩权的效力的情况

不发生先履行抗辩权的效力的情况，本书在同时履行抗辩权的“存在效果说”及其限制部分（本章第四节“三、同时履行抗辩权”之“（四）当事人迟延履行与同时履行抗辩权”）中的有关剖析，也有所适合，此处不再赘言。现在需要阐明的是，在出卖人已经构成预期的不能履行场合，买受人虽然迟延付清购房款，但也有权追究出卖人不能履行的违约损害赔偿责任，对抗出卖人以其行使先履行抗辩权为由而不构成违约的主张。对此，以一个案例加以说明。

出卖人甲拥有坐落于北京市某地的A楼，先于2009年3月5日与购房人乙签订房屋买卖合同，约定2009年4月2日先付2 000万元人民币的购房款，2010年3月26日再付2 000万元人民币，2011年1月20日付清尾款2 000万元人民币，与此同时甲应当开始申请办理把A楼过户登记在乙名下的手续；甲若不能将A楼交付并过户登记给乙，则应赔偿乙1 000万元人民币的损失。

乙在2009年4月2日只付给甲500万元人民币，甲虽然受领了该款，但催告乙继续付款，同时在2009年4月10日又就A楼与丙签订房屋买卖合同，约定丙应于2010年3月20日前付清全部购房款6 000万元人民币，出卖人甲应于2010年3月20日开始办理A楼的过户登记手续。

丙依约付清了全部购房款，甲也依约将A楼交付并过户登记给丙了。

乙此时诉请甲继续履行系争房屋买卖合同，将A楼交付并登记给自己，并追究甲的违约责任。甲则以A楼已经交付并登记给丙为由对抗乙关于继续交付A楼的诉讼请求，以乙迟延付款在先为由行使先履行抗辩权，并进而主张，行使先履行抗辩权不构成违约，故不承担不能将A楼交付并登记给乙的违约损害赔偿责任。

笔者认为，甲一楼二卖，两个房屋买卖合同均为有权处分，又不存在《合同法》第52条和第53条规定的无效原因，故两个合同应为有效。甲将涉案A楼交付并登记给丙，按照《北京市高级人民法院关于审理房屋买卖合同纠纷案件适用法律若干问题的指导意见（试行）》第13条关于“出卖人就同一房屋分别签订数份买卖合同，在合同均为有效的前提下，买受人均要求继续履行合同的，原则上应按照以下顺序确定履行合同的买受人：（1）已经办理房屋所有权转移登记的；（2）均未办理房屋所有权转移登记，已经实际合法占有房屋的；（3）均未办理房屋所有权转移登记，又未合法占有房屋，应综合考虑各买受人实际付款数额的多少及先后、是否办理了网签、合同成立的先后等因素，公平合理的予以确定”的规定，比照法释［2012］8号第9条关于“出卖人就同一普通动产订立多重买卖合同，在买卖合同均有效的情况下，买受人均要求实际履行合同的，应当按照以下情形分别处理：（一）先行受领交付的买受人请求确认所有权已经转移的，人民法院应予支持；（二）均未受领交付，先行支付价款的买受人请求出卖人履行交付标的物等合同义务的，人民法院应予支持；（三）均未受领交付，也未支付价款，依法成立在先合同的买受人请求出卖人履行交付标的物等合同义务的，人民法院应予支持”的规定，甲将涉案A楼交付并登记给丙为其权利及其行使的表现，也符合债权平等原则及自愿履行原则，丙应取得涉案A楼的占有和所有权。

但是，甲毕竟无法依约将涉案A楼交付并登记给乙，构成预期的不能履行或典型的不能履行。现在面临的问题是，此种不能履行是否因甲以乙迟延付款在先为由主张先履行抗辩权而不构成违约。笔者认为，在一般情况下，一方迟延履行在先，相对人主张先履行抗辩权，暂时不履行自己的相应义务，的确不构成违约，不成立违约责任。但在系争案件中，甲恶意地一楼二卖，并已经确定地不能依约将A楼交付并登记给乙，却背信地利用法律的个别条文的规定，谋取不当利益，不宜得到支持。假如得到支持，就会违反公平正义。所以，在乙明确地援用《合同法》第108条的规定，追究甲违约损害赔偿责任的情况下，不宜承认甲于此场合享有并行使先履行抗辩权，乙所谓行使先履行抗辩权的行为，不发生履行抗辩权的效果。①

7. 先履行抗辩权与违约责任

先履行抗辩权的行使不影响后履行一方主张违约责任。

附：先履行抗辩权的案例分析

基本案情：

2006年4月5日，W市国土资源管理局从乙单位收回A号建设用地。2009

① 在当事人一方预期的不能履行的情况下，相对人虽然也已迟延，并追究当事人一方预期不能履行的违约损害赔偿责任的，不承认当事人一方的先履行抗辩权。这是中国政法大学的李永军教授与笔者讨论时首先提出来的观点，特此致谢！

年10月7日，W市土地交易中心受W市国土资源管理局委托挂牌出让A号地块的建设用地使用权。甲公司通过挂牌方式取得该宗土地的建设用地使用权，与W市土地交易中心签订了《成交确认书》。《成交确认书》规定："请持此确认书于15个工作日内向W市土地整理储备供应中心付清成交金额50%部分，在《成交确认书》签订之日起15个工作日内按照挂牌结果以及挂牌文件确定的内容与转让方签订《建设用地使用权转让补偿合同》。"随后，甲公司与乙单位签订了《建设用地使用权转让补偿合同》，约定乙单位保证A号地块的建设用地使用权无任何权利纠纷和争议，保证按照约定交付土地；甲公司保证按照约定分四期向乙单位支付补偿费。

在实际的履行过程中，乙单位认为甲公司是从自己手里受让的A号地块的建设用地使用权，乙单位的上级主管部门以公告方式对A号地块的建设用地使用权等提出异议，并导致甲公司无法办理报建手续、拆迁手续。从而发生纠纷。各方之间的法律关系如何？甲公司能取得A号地块的建设用地使用权吗？若能取得，是从何人之手取得呢？

分析

1.2009年，W市土地交易中心受W市国土资源管理局委托挂牌出让A号地块的建设用地使用权的行为，应被认定为建设用地使用权出让，而不是建设用地使用权转让。其理由如下：

(1) 国土资源管理局是建设用地使用权的出让主体

建设用地使用权出让，是国家将建设用地使用权在一定年限内出让给土地使用者，由土地使用者向国家支付地价款的行为。而建设用地使用权转让，是土地使用者将土地使用权再转移的行为，包括出售、交换和赠与（《物权法》第15条等将物权变动与引起变动的原因行为区分开来，若循此路，则建设用地使用权出让、转让可作为物权变动，就不同于建设用地使用权出售、赠与，因为后者属于引起物权变动的原因行为）。可见出让和转让所要求的一方主体是不同的，出让行为中的一方主体是国家，转让行为中的转让方是土地使用者，受让方将成为土地使用者。

本案中，甲公司通过挂牌方式取得该宗土地的建设用地使用权。招标拍卖是土地使用权出让的方式之一，而该建设用地使用权交易是W市土地交易中心代表W市国土资源管理局以招、拍、挂方式出让的，委托人是W市国土资源管理局，有证据《W市挂牌出让建设用地使用权公告》和《建设用地使用权挂牌竞买须知》予以证明。《成交确认书》规定，该宗土地待拆迁完毕后，甲公司按照法律法规规定持相关资料到W市国土资源管理局申请办理拆迁验收手续，签订《建设用地使用权出让合同》。上述内容证明了W市国土资源管理局是建设用地使用权交易的出让方。同时，W市土地整理储备供应中心受W市国土资源管理局的委托，于2008年7月23日向甲公司发出《工作联系函》就是否继续履行《成交确认书》进行了讨论，W市国土资源管理局还曾确定以两宗储备地块置换甲公司的用地，这也证明了W市国土资源管理局是建设用地使用权交易的出让主体。

(2) 甲公司取得土地使用权是基于W市国土资源管理局的出让行为

第一，W市国土资源管理局委托W市土地交易中心将该宗土地的建设用地使用权挂牌，甲公司通过竞买的方式取得该建设用地使用权，其法律基础是国土资源管理局的出让行为。

第二，从甲公司取得该建设用地使用权的内容和效力来看，甲公司取得的不是乙单位名下的建设用地使用权，而是与其内容和效力不同的另一建设用地使用权。甲公司不可能因乙单位的转让行为而取得该建设用地使用权，只能基于W市国土资源管理局的出让行为而取得。

根据《城市房地产管理法》(1994年) 第38条和第39条，以及《城镇国有土地使用权出让和转让暂行条例》第19条、第21条、第22条的规定，土地使用权的转让受到一定的限制：其一，未按土地使用权出让合同规定的期限和条件投资开发、利用土地的，土地使用权不得转让；其二，在土地使用权转让时，土地使用权出让合同和登记文件中所载明的权利、义务随之转移；其三，土地使用者通过转让方式取得的土地使用权，其使用年限为土地使用权出让合同规定的使用年限减去原土地使用者已使用年限后的剩余年限。本案中，乙单位提交的证据

《国有土地使用权证》表明该宗地块的土地使用权的类型为出让，土地用途为文体用地，土地使用权的期限为40年，至W市土地交易中心签发《成交确认书》之日，乙单位对该土地的使用权的剩余年限为35年。而《W市挂牌出让建设用地使用权公告》显示，甲公司取得的建设用地使用权的土地用途是商业用地，出让年限为40年。显然，甲公司取得的A号地块的建设用地使用权已不是（乙单位拥有的）原物及原权利，土地用途已改变，由原来的文体用地变为商业用地，建设用地使用权的年限已为40年，而不是转让行为要求的剩余期限35年。如果主张该建设用地使用权交易是转让行为，则既违反了上述《城市房地产管理法》第38条和第39条、《城镇国有土地使用权出让和转让暂行条例》关于土地使用权转让的规定，也不符合本案的事实。此外，《城镇国有土地使用权出让和转让暂行条例》第18条规定，土地使用者需要改变土地使用权出让合同规定的土地用途的，应当征得出让方同意并经土地管理部门和城市规划部门批准，依规定重新签订土地使用权出让合同。《W市土地储备管理办法》第8条也规定，改变批准用途用于商业等经营性用地或以出让方式取得土地使用权后无力进行开发的，应由政府收回进入土地储备。可见，在土地用途已改变的情况下，乙单位没有权利将其既有的土地使用权进行转让，这恰好证明了挂牌出让的A号地块的建设用地使用权是W市国土资源管理局出让的建设用地使用权。

第三，《成交确认书》并没有规定当事人在合同签订当时或稍后办理移转登记手续，而是规定由买受人甲公司在未来办理过户登记手续，这就使得甲公司取得A号地块的建设用地使用权非常类似于期房的买卖、未来物的买卖。期房的买卖不要求出卖人在签订房屋预售合同时对房屋享有所有权，未来物的买卖不被定性为出卖他人之物，因此，《成交确认书》不宜被定性为出卖他人之物的合同，而应比照期房买卖合同、未来物买卖合同，认定为出卖自己之物且合法有效的合同。否则，就是没有做到相似的事物相同处理。上列观点之所以成立，是因为现行法未规定买卖物的所有权自合同成立时移转，而是奉行买卖物的所有权自交付或登记时移转的原则（《民法通则》第72条第2款及其解释、《合同法》第133条及其解释），建设用地使用权自办理变更登记时转移（《物权法》第9条、第14

条等)。只要在履行期限届满时出卖人能够移转买卖物的所有权，就达到了买卖合同的目的，无须出卖人于订立买卖合同时即拥有买卖物的所有权。

2.《成交确认书》规定的“请持此确认书于15个工作日内向W市土地整理储备供应中心付清成交金额50%部分，在《成交确认书》签订之日起15个工作日内按照挂牌结果以及挂牌文件确定的内容与转让方签订《建设用地使用权转让补偿合同》”的条款，是建设用地使用权出让合同的一个组成部分，确定了出让金的支付方式。依据此条款，甲公司与乙单位签订的《建设用地使用权转让补偿合同》正是为了实际履行上述地价款而产生的。

根据《招标拍卖挂牌出让国有建设用地使用权规定》第20条第1款关于“以招标、拍卖或者挂牌方式确定中标人、竞得人后，中标人、竞得人支付的投标、竞买保证金，转作受让地块的定金。出让人应当向中标人发出中标通知书或者与竞得人签订成交确认书”的规定，W市土地交易中心与甲公司签订了《成交确认书》，并约定了成交价款的总额，还约定了双方在A号地块的土地拆迁完毕后签订《建设用地使用权出让合同》，对双方的权利义务作了分配。在《成交确认书》中规定甲公司与乙单位签订《建设用地使用权转让补偿合同》，其目的是保证《成交确认书》中所确认的合同内容的履行。按照《城镇国有土地使用权出让和转让暂行条例》的规定，土地使用权因土地使用权出让合同规定的使用年限届满、提前收回及土地灭失等原因而终止。国家应根据土地使用者的使用年限和开发、利用土地的实际情况给予相应的补偿。根据《W市土地储备管理办法》第11条的规定，在土地收归国有后，应由W市国土资源管理局负责退还乙单位未使用年限的土地出让金及对地块内建筑物进行补偿。政府在出让土地前应将地块收归国有，但是在政府无力支付回购款或不愿直接向原土地使用权人补偿时，可以确定由新的受让人(买受人)替政府向原土地使用权人垫付款项。本案即属于政府提前收回土地使用权的情形，W市国土资源管理局应当向乙单位支付提前收回土地的补偿，只是没有采取国土资源管理局直接向乙单位支付补偿款的方式，而是通过《成交确认书》确定甲公司将出让金的一部分支付给乙单位来实现的。本来应有的流程是：W市国土资源管理局从乙单位收回土地使用权，同时支付补偿款；W市国土资源管理局将位于该地段但性质不同的另一建设用地使用权出让给甲公司，甲公司支付出让金。本案的运作实际将上述流程做了一定程度的变通，呈现给人们的流程是：W市国土资源管理局将其后出现的“另一建设用地使用权”先出让给甲公司，同时获取出让金；甲公司和乙单位依政府部门的指示而签订《建设用地使用权转让补偿合同》，甲公司将出让金的一部分付给乙单位，实际上是代W市国土资源管理局支付给乙单位补偿款；而后，乙单位将土地使用权退回W市国土资源管理局；W市国土资源管理局再将其真正拥有的“另一建设用地使用权”实际出让给甲公司。乙单位既有的土地使用权和甲公司将要取得的建设用地使用权，是两项不同的建设用地使用权，发生联系的，只是所处的地段（宗地）相同。由此可见，甲公司和乙单位依照政府部门的指示签订《建设用地使用权转让补偿合同》，只是具有中国特色的实务运作中出现的措施，重在甲公司向乙单位支付补偿款，所谓建设用地使用权转让无非是为甲公司向乙单位支付补偿款寻找出来的理由，并非法律意义（真正意义、典型意义）上的建设用地使用权转让。因为乙单位并不享有甲公司在其后应取得的A号地块的建设用地使用权，乙单位将向W市国土资源管理局退回土地使用权，而不是向甲公司转让建设用地使用权。

上述分析并不表明乙单位在《建设用地使用权转让补偿合同》签订和履行阶段没有土地使用权，它的确拥有土地用途为文体用地、期限为40年的A号地块的土地使用权。按照这些合同的规定与政府部门的指示，乙单位在享受收取补偿款权利的同时，应负有交出建设用地和土地使用权的义务；从甲公司取得补偿款，向W市国土资源管理局退回土地使用权。与此相适应，乙单位对其将要退回的土地使用权也负有义务，如担保没有第三人主张租赁权、他物权等权利，以保障甲公司实现其合同目的。假如有第三人主张此类权利，则甲公司有权暂时拒付补偿款。

3. 甲公司有权向乙单位中止付款

根据《合同法》第60条第1款的规定，当事人应当按照约定全面履行自己的义务。在对方不依约履行合同时，当事人一方有权行使抗辩权。本案适用先履行抗辩权，即在当事人互负债务、有先后履行顺序的时候，先履行一方未履行的，后履行一方有权拒绝其履行要求。根据甲公司与乙单位签订的《建设用地使用权转让补偿合同》，甲公司应于本合同签订后60日内办理拆迁手续，乙单位应于甲公司办完拆迁手续后30日内进行地上建筑物拆除及场地腾空工作；乙单位于合同签订后90日内将A号地块交付给甲公司，实质上是退回W市国土资源管理局；甲公司分四次支付余款。可见双方的义务履行有先后之分。甲公司已按约定于11月支付第一笔款300万元人民币，但在12月支付第二笔款之前，由于乙单位的上级主管部门主张异议使报建手续无法办理，乙单位负有权利瑕疵担保义务（《合同法》第150条），对此负有责任，甲公司有权援用《合同法》第67条的规定，行使抗辩权，中止付款。

4. 乙单位无权解除合同

一方面，甲公司中止付款的原因是，乙单位的上级主管部门主张异议、W市规划局停止办理甲公司的报建手续。从《建设用地使用权转让补偿合同》的规定来看，乙单位负有权利瑕疵担保义务，由于第三人主张异议，甲公司中止付款具有正当性，不构成违约，乙单位自不享有解除权，无权解除合同。假如一定要“解除合同”，则是打着解除的旗号，实质上违约。

另一方面，前已述及，甲公司取得建设用地使用权是基于W市国土资源管理局的出让行为，《成交确认书》确定了W市国土资源管理局和甲公司的权利义务。《建设用地使用权转让补偿合同》是为了实现出让金的支付，以及将部分出让金作为W市国土资源管理局给乙单位的补偿款而签订的，其目的是协助W市国土资源管理局与甲公司的土地使用权交易顺利实施，乙单位并不是与甲公司进行土地使用权交易的主体；在《工作联系函》中W市国土资源管理局曾确定将甲公司用地与另两块地进行置换，希望甲公司明确是否继续讨论置换，这也表明了W市国土资源管理局希望继续履行合同的意愿。故乙单位无权解除合同。

（七）附停止条件与履行抗辩权之间的牵连/衔接

某房地产项目转让合同第1条约定，甲公司将其名下的房地产项目（国有土地使用权面积9 022.20平方米，已获批准的容积率7.99，已获批准建设的建筑面积61 485.00平方米）转让给乙公司。第2条约定：（1）受让方乙公司于本合同签署后7个工作日内向转让方甲公司支付履约保证金人民币500.00万元。(2) 2009年4月30日之前，乙公司再向甲公司支付项目转让款人民币2 000.00万元。(3) 乙公司的第三笔付款通过银行贷款的方式支付，甲公司承诺以涉案房地产项目为乙公司贷款融资提供担保。贷款经银行审批发放后，乙公司承诺将所贷款额的25%作为项目转让款支付给甲公司。乙公司承诺，该笔款项于2009年7月1日前办妥贷款手续。(4) 乙公司所贷之款中剩余75%的款项，由甲公司乙公司双方设立共管账户予以监管，保证乙公司将该部分资金全部用于涉案项目的后续开发建设。(5) 剩余部分的转让款由乙公司以价值相当的房产作为付款的抵押担保。乙公司承诺，在涉案项目达到销售条件后，每售出一处房产，所得收益的50%用于支付项目转让款。在涉案项目的产权过户之前，由甲公司乙公司共同销售房屋。上述转让款乙公司至迟应在本合同签署后2年内付清。(6) 乙公司付款至剩余人民币500万元时暂停支付，该部分款项作为甲公司对涉案项目有关抵押、查封、第三方主张权益等权利瑕疵及转让前债务履行承担的担保。该部分款项在本合同签署之日起2年内，如涉案项目无权属争议或债务纠纷，则乙公司一次性付清给甲公司。

在履行阶段，甲公司已将涉案项目过户至乙公司名下，乙公司付款的条件也已经成就，但乙公司以涉案项目的面积少于合同的约定、发票未开、某些费用未缴为由，援用《合同法》第66条或第67条的规定，行使抗辩权，不予支付。

分析系争合同的约定，不难发现，乙公司的付款义务属于附停止条件的债务，甲公司所交涉案项目果真有瑕疵、且乙公司的付款义务所附停止条件已经成就的话，则在乙公司一侧可能存在着履行抗辩权。如此，会发生附停止条件与履行抗辩权之间的牵连/衔接。对此，具体分析如下：

乙公司的付款义务所附停止条件尚未成就时，意味着乙公司的付款义务尚未届期，甲公司若请求乙公司履行其债务，乙公司可以援用《合同法》第45条第1款的规定予以抗辩，无需援用《合同法》第66条或第67条的规定行使其抗辩权，裁判者也可依职权适用《合同法》第45条第1款的规定，不支持甲公司的该项请求。

乙公司的付款义务所附停止条件已经成就时，付款义务的履行已经届期，乙公司应当履行付款义务。在甲公司所交涉案项目确实存在瑕疵的情况下，甲公司若请求乙公司履行其付款义务，则乙公司无权援用《合同法》第 45 条第 1 款的规定予以抗辩，但可以援用《合同法》第 66 条或第 67 条的规定行使其抗辩权。于此场合，便出现了先有附停止条件及其成就，接着履行抗辩权登场的情形。不过，在甲公司不存在违约的情况下，乙公司便无权援用《合同法》第 66 条或第 67 条的规定行使其抗辩权。于此场合，只有附停止条件制度的适用，却无履行抗辩权的运用。

五、不安抗辩权

（一）不安抗辩权的概念

不安抗辩权是大陆法系的制度。按照《德国民法典》的规定，因双务合同负担债务并向他方先为给付者，如他方的财产于订约后显形减少，有难为对待给付之虞时，在他方未为对待给付或提出担保之前，得拒绝自己的给付（第 321 条）。该权就是所谓的不安抗辩权。在后给付义务人订约后财产状况恶化，危及先给付义务人的债权实现的情况下，该制度能保护先给付义务人的合法权益，体现出实质正义。但比起英美法系的先期违约（anticipatory breach）制度，在保护先给付义务人方面稍逊一筹：（1）不安抗辩权行使的条件为后给付义务人的财产于订约后显形减少，有难为对待给付之虞；而先期违约成立的条件有拒绝履行（repudiation），债务人的经济状况不佳，商业信誉不好，债务人在准备履行及履行过程中的行为或债务人的实际状况表明债务人有违约的危险等。（2）不安抗辩权以先给付义务人可中止自己的给付为救济方法，迫使后给付义务人为对待给付或提供担保。但为对待给付或提供担保并非后给付义务人的义务，仅为一时对抗辩的再抗辩权的运用，后给付义务人不为对待给付或提供担保，先给付义务人是否有权解除合同，在许多国家的法律上比较模糊。而依先期违约制度，债权人享有积极主动的救济手段。在拒绝履行的情况下，债权人有选择权：承认先期违约，立即诉请损害赔偿并解除合同；或拒绝承认先期违约，使合同继续有效，拘束着双方当事人。在预期不能履行（prospective inability to perform）场合，债权人有权中止自己的履行，请求先期违约人提供担保。该担保未在合理的期限内提供的，债权人有权诉请损害赔偿并解除合同。

有鉴于此，中国《合同法》改造了大陆法系的不安抗辩权制度，适当吸收了英美法系的先期违约制度的合理成分，于第 68 条规定："应当先履行债务的当事人，有确切证据证明对方有下列情形之一的，可以中止履行：（一）经营状况严重恶化；（二）转移财产、抽逃资金，以逃避债务；（三）丧失商业信誉；（四）有丧失或者可能丧失履行债务能力的其他情形。"（第 1 款）"当事人没有确切证据中止履行的，应当承担违约责任。"（第 2 款）于第 69 条规定："当事人依照本法第六十八条的规定中止履行的，应当及时通知对方。对方提供适当担保时，应当恢复履行。中止履行后，对方在合理期限内未恢复履行能力并且未提供适当担保的，中止履行的一方可以解除合同。"

（二）不安抗辩权成立的条件

1. 双方当事人互负债务

这与同时履行抗辩权、先履行抗辩权场合所要求的相同，不再赘述。

2. 后履行义务人有丧失债务履行能力的极大可能

后履行义务人的期限利益应当受到保护，没有正当理由不得剥夺。不安抗辩权制度虽然是个正当理由，但剥夺后履行义务人的期限利益是有条件的，不允许先履行义务人在后履行义务人有履行能力的情况下行使不安抗辩权，只有在后履行义务人有不能为对待给付的现实危险，害及先履行义务人的债权实现时，先履行义务人才能行使不安抗辩权。

《合同法》第 68 条列举了三种典型的财产状况恶化的情形：其一，经营状况严重恶化；其二，转移财产、抽逃资金，以逃避债务；其三，丧失商业信誉。同时，抽象地规定"丧失或者可能丧失履行债务能力的其他情形"，以防止出现法律漏洞。前三项情形就其字面含义来说，无须达到"丧失或者可能丧失履行债务能力"的结果，但从立法目的和体系解释的层面考虑，须以"丧失或者可能丧失履行债务能力”为构成要素。

所谓“丧失或者可能丧失履行债务能力的其他情形”，应当包括以下类型：(1) 在承揽合同场合，承揽人于缔约后丧失履行能力，依约又不得转交他人完成工作；(2) 在劳务合同场合，提供劳务者于缔约后丧失履行能力[①]；(3) 在商品房预售合同场合，出卖人欠缺《建设用地使用权证》、《建设用地规划许可证》、《建设工程规划许可证》、《建筑工程施工许可证》、《商品房预售许可证》中的若干许可证，就很难保障办理完成不动产物权的移转登记，也就是说，买受人很可能无法取得所买商品房的所有权，这构成出卖人难为对待给付之虞，即可能丧失履行能力；(4) 在租赁房屋用于餐馆经营的场合，拟做餐馆的房屋距离居民楼太近，在这种情况下，行政主管机关依法拒发《餐饮服务许可证》，这构成出租人可能丧失履行能力；(5) 在租赁房屋用于酒店服务业的场合，拟做酒店客房及厨房的建筑物、构筑物及其附属设施消防验收不合格，并且情形严重，公安机关消防机构出具了《消防验收不合格意见》，这构成出租人可能丧失履行能力；等等。

应当说，无论是《合同法》第 68 条前三项规定的字面意思，还是其规范意旨，都是将后履行义务人的清偿能力不足作为先履行义务人行使不安抗辩权的要件之一，即关注的是后履行义务人的责任财产的价值额，而不是其拥有的特定物是否还存在。于是，产生一个疑问：在特定物买卖等场合，因出卖人将该特定物卖与他人、该特定物毁损灭失等原因，致使不能履行，不过，出卖人的责任财产非常充足，于此场合，买受人可否行使不安抗辩权？似应区分合同目的而定若买受人明示或者可以推知的意思，取得该特定物为唯一目的，则可以成立不安抗辩权；若买受人可以接受损害赔偿以替代该特定物的交付，则不应成立不安抗辩权。

法发［2009］40 号第 17 条规定：“在当前情势下，为敦促诚信的合同一方当事人及时保全证据、有效保护权利人的正当合法权益，对于一方当事人已经履行全部交付义务，虽然约定的价款期限尚未到期，但其诉请付款方支付未到期价

① 见任建民：《不安抗辩权若干问题研究》，清华大学 2005 年同等学力申请法学硕士学位论文，13 页。

款的，如果有确切证据证明付款方明确表示不履行给付价款义务，或者付款方被吊销营业执照、被注销、被有关部门撤销、处于歇业状态，或者付款方转移财产、抽逃资金以逃避债务，或者付款方丧失商业信誉，以及付款方以自己的行为表明不履行给付价款义务的其他情形的，除非付款方已经提供适当的担保，人民法院可以根据合同法第六十八条第一款、第六十九条、第九十四条第（二）项、第一百零八条、第一百六十七条等规定精神，判令付款期限已到期或者加速到期。”

另外，上述不能为对待给付的现实危险须发生在合同成立以后。如果在订立合同时即已存在，那么先履行义务人若明知此情却仍然缔约，法律则无必要予以特别保护；若不知此情，则还可以通过合同的撤销、合同的无效等制度解决。

不过，对此有反面见解，认为在合同订立时对待给付业已存在不安的情形，先履行一方于缔约时不知此情，不允许其援用不安抗辩权的规定，在利益衡量上有所失察。[①] 笔者则认为，采取这种观点又会形成如下局面：在合同因错误、欺诈等情况而成立的场合，先履行一方有重大误解，或受到了欺诈，或结果显失公平，于除斥期间并未主张撤销，按照《合同法》第 55 条的规定，其撤销权、变更权消失，应维持合同效力，现在反倒允许其行使不安抗辩权，变动法律关系，使相对人新增设置担保的义务，甚至忍受合同被解除的后果，是否存在着规避法律之虞？继续维持不安抗辩权制度的既有要件，视情况而决定依据诚实信用原则或情事变更原则等制度及规则，解决缔约之际存在不安情形的问题，是否更好？

最后，由于《合同法》第 68 条关于不安抗辩权的规定非属强制性规定，可以由当事人的约定予以变更，因而，当事人双方可以约定有别于《合同法》第 68 条规定的成立要件，不安抗辩权因此而扩张或收缩。当然，如果此类约定具有《合同法》第 52 条规定的原因，或含有《合同法》第 54 条规定的情形，被撤销权人将约定撤销，或存有《合同法》第 47 条第 1 款前段、第 48 条

---

① 见韩世远：《合同法总论》，3 版，310 页，北京，法律出版社，2011。

规定的原因，有权人不予追认，那么，不安抗辩权的成立仍须依据《合同法》第 68 条的规定，而非当事人的约定。还有，如果当事人关于不安抗辩权成立要件的约定，在实质上已经使抗辩权成为先履行抗辩权或同时履行抗辩权，那么，应当适用《合同法》关于先履行抗辩权或同时履行抗辩权的规定，适用《合同法》总则和《民法通则》的有关规定，而不再适用法律关于不安抗辩权的规定。

（三）不安抗辩权的行使

1. 不安抗辩权的行使概说

为了兼顾后履行义务人的利益，也便于他能及时提供适当担保，《合同法》明确地规定了不安抗辩权人的通知义务，即第 69 条前段的规定："当事人依照本法第六十八条的规定中止履行的，应当及时通知对方。"

为了防止不安抗辩权的滥用，《合同法》明确地规定了先履行义务人的举证责任，即第 68 条第 2 款规定："当事人没有确切证据中止履行的，应当承担违约责任"。据此规定，先履行义务人在举出相对人丧失或可能丧失履约能力的确切证据时，有权行使不安抗辩权；先履行义务人若没有举证出此类确切证据，则不享有不安抗辩权，他打着行使不安抗辩权的旗号而中止履行的，应当负违约责任。

2. 在继续性合同场合，由此类合同自身的特点所决定，不安抗辩权的行使存在特殊的要求

(1) 行使不安抗辩权还是任意解除合同，应当尊重当事人的选择

继续性合同存在着区别于一时性合同解除制度的任意解除制度，当事人一方可以随时解除合同，不依对方当事人反对与否为转移（《合同法》第 410 条）。在不安抗辩权产生的条件具备时，任意解除权行使的条件也成熟了，于是出现了解除合同和行使不安抗辩权竞合的现象。在这种情形下，权利人有权自由选择，行使不安抗辩权，或行使解除权。

(2) 先、后期次给付之间的关系与不安抗辩权

在继续性合同场合，先履行义务人可以本期次给付的不安抗辩权对抗后履行

义务人的给付请求。但后履行义务人可否以本期次给付的不安抗辩权对抗先履行义务人的后期次的履行？有学者认为，在通常情况下，不能允许先履行义务人以后履行义务人丧失了或可能丧失后期次给付的履行能力为由，行使不安抗辩权，拒绝自己本期次的履行：首先，不安抗辩权人负先履行的义务，对其权利的行使应严格限制。其次，从先履行抗辩权和不安抗辩权各自的目的及功能的比较来看，承认后履行义务人得以先履行义务人未履行其前期次的给付为由，行使先履行抗辩权，是为了从整体上维持当事人双方的权利义务的均衡和公平，而且，每期次的给付也呈对待交换状态。在前期次给付的履行未出现瑕疵，且先履行义务人业已履行了本期次给付的前提下，允许以后期次给付的义务人已经丧失了或可能丧失履行能力为由，行使不安抗辩权，显失公平。最后，不承认此种不安抗辩权不会发生上述先履行抗辩权讨论中的不公平现象。但是，倘若相对人的后期次给付关系到合同的整体，那么仍然不允许行使不安抗辩权，是否反而不公正了呢？有学者认为，在继续性合同中，手段与目的之间的关系存在于合同的整体，如果后期次给付的履行关系到合同的整体，那么应例外地承认其有不安抗辩权的行使。不过，在这种情况下，应严格当事人的举证责任，他不仅应对不安抗辩权的行使条件承担举证责任，而且应证明后期次给付的履行关系到合同的整体，后期次给付的不履行会使前期次给付的履行失去意义。①

3. 在不安抗辩权的行使效果上，如果相对人未在合理期限内恢复履行能力并且未提供适当的担保，那么，行使不安抗辩权的当事人可以选择解除合同。由继续性合同的特性决定，合同解除时不能恢复原状或不宜恢复原状，所以，合同的解除原则上没有溯及力，但如果合同还没有开始履行或先前的履行因为本期次履行能力的丧失而失去了意义，则可以有溯及力。②

（四）不安抗辩权的效力

在不安抗辩权的成立要件具备时：首先，在后履行义务人提供适当担保前，先履行义务人可以中止履行合同（《合同法》第68条、第69条中段）。其次，如

① 见李京法：《继续性合同基础理论研究》，清华大学法学院2003年法学硕士学位论文，46页。
② 见李京法：《继续性合同基础理论研究》，清华大学法学院2003年法学硕士学位论文，47页。

果后履行义务人对履行合同提供了适当担保，则不安抗辩权即归于消灭，先履行义务人应恢复履行（《合同法》第69条中段）。最后，在先履行义务人中止履行后，对方在合理期限内未恢复履行能力，也未提供适当担保的，中止履行的一方可以解除合同（《合同法》第69条后段）。

第五节　合同履行与权利转移

一、概述

从法律目的来看，合同关系为达到一定法律目的的手段。其首要法律目的，乃在将债权转变成物权或与物权具有相等价值的权利。[①] 合同关系的这种法律目的靠合同关系永续存在并不能达到，只有通过合同的履行使合同关系消灭方能实现。即使是在继续性之债场合，也是随着时间的推移，整体意义上的债在量的方面萎缩，个别债权在消失，物权或与物权价值相当的权利不断产生。就是说，合同的适当履行会导致物权或与物权具有相等价值的权利移转或取得。当然，在劳动、技术服务等合同中则不会发生物权或与物权具有相等价值的权利移转或取得，而是债权人获得他种形态的利益。

在不动产买卖中，不动产所有权自过户登记办理完毕时移转；在建设用地使用权的出让、转让中，建设用地使用权也是自过户登记办理完毕时移转（《物权法》第9条、第14条、第139条等）。

在动产买卖中，合同的履行会导致动产所有权的移转。按照《民法通则》第72条后段及《合同法》第133条、《物权法》第23条的规定，动产所有权自交付

① 见［日］石田文次郎：《财产法上动的理论》，324页，东京，严松堂书店，1942，转引自郑玉波主编：《民法债编论文选辑》上，32页，台北，五南图书出版有限公司，1984；林诚二：《论债之本质与责任》，载《中兴法学》，1978（13），转引自郑玉波主编：《民法债编论文选辑》上，32页，台北，五南图书出版有限公司，1984。

时起转移。

二、交付的法律意义

交付不仅为动产所有权移转的生效要件，而且应是许多动产物权变动的生效要件。例如，按照《物权法》的规定，交付质物是动产质权的设立要件（第 212 条），交付权利凭证是以不记名仓单等为标的物的质权设立的要件（第 224 条）。提单的交付等同于货物的交付，实现货物所有权的移转。提单的转让不仅转让单证本身，同时转让提单所代表的权利。①

首先说明，对于不动产的交付，法释［2003］7 号第 11 条第 1 款规定："对房屋的转移占有，视为房屋的交付使用，但当事人另有约定的除外。"需要注意，在现行法上，不动产的交付并非不动产物权变动的生效要件。

交付左右物权的变动，主要体现在动产物权领域。关于动产交付的界定与形态，简介和评论如下：

交付，即移转占有，包括现实交付、观念交付，以及仓单、提单等证券的交付或背书。观念交付包括简易交付、占有改定和指示交付诸形态。

（1）现实交付

现实交付，系指对动产的事实管领力的移转，使受让人取得直接占有（《物权法》第 23 条等）。取得直接占有，必须基于出卖人的意思，买受人自行占有不构成交付。在市场经济条件下，动产的交付时常假他人之手进行，主要有三种情形：A. 经由占有辅助人为交付。例如，甲售一车给乙，由甲的司机将该车交付给乙的司机。B. 经由占有媒介关系为交付。例如，甲将一匹马寄存于乙处，出售给丙，约定由甲将该马交给驯马人丁，代为训练。在乙依甲的指示将该马交付给丁时，在丁与丙之间成立占有媒介关系，丁为直接占有人，丙为间接占有人。C. 经由被指令人为交付。例如，甲售 A 画给乙，乙转售给丙，乙请甲径直将该

① 见司玉琢主编：《海商法专题研究》，68、94 页，大连，大连海事大学出版社，2002。

画交付于丙，甲同意并照办。于此场合，不能认为丙直接从甲处取得A画的所有权，因为丙可能不知道甲与乙之间的合同关系的性质和类型，即使为买卖合同，甲也可能保留A画的所有权。衡量当事人之间的利益状态，应认为移转所有权的让与合意在甲与乙、乙与丙之间分别成立。至于甲将A画交付给丙，应认为同时完成甲对乙的交付和乙对丙的交付。为解释这种合同关系，德国学说提出了被指令人的概念：关于甲与乙之间的让与所有权，指令丙为交付受领人；关于乙与丙之间的让与，也指令丙为交付受领人。因而，在甲将A画交付给丙时，在一个“法律的瞬间时点”由乙取得所有权，再移转于丙。换言之，丙取得A画所有权，并非直接来自甲，而是经由乙。[①]

（2）简易交付

简易交付，是指受让人已经占有动产，买卖等合同生效时移转动产所有权（《物权法》第25条）。之所以允许这种无形的交付，是因其交易便捷和符合效益原则。至于受让人占有动产的原因，是租赁、寄存还是借用或拾得遗失物，均在所不问。

（3）指示交付

指示交付，又称返还请求权让与，是指在动产由第三人依法占有的情况下，转让人将其对该第三人的返还请求权让与受让人，以代替现实交付（《物权法》第26条）。学说称之为让与返还请求权，或返还请求权代位。所让与的对第三人的返还请求权，兼指债权的返还请求权和物权的返还请求权。这是为了解决标的物仍在第三人占有时的问题，法律特别设计的规则。例如，甲出租A车与乙，后甲与丙又订立该车的买卖合同，甲可以将其对乙的返还A车的请求权让与给丙，以代交付，使丙取得对A车的所有权。指示交付可有三种情况：A.在转让人系间接占有人（如出租人、出借人、寄托人）时，可将他基于占有媒介关系（租赁、借用、寄存）所生的债权返还请求权让与受让人，以代交付。这种返还请求权的让与同时为间接占有的移转。应注意的是，这种情形并非所有物返还请

① 见王泽鉴：《民法物权·通则·所有权》，增补版，总第1册，134～136页，台北，三民书局，2003。

求权的让与，而是受让人因取得动产所有权，而得主张所有物返还请求权。B. 转让人既非间接占有人，亦无其他可让与的返还请求权，仅有所有物返还请求权。例如遗失A表并不知在何人之手。于此场合，通常认为转让人得让与其所有物返还请求权，以代交付。其理由有二：一是所让与的返还请求权不以对特定第三人为限；二是对第三人的返还请求权包括所有物返还请求权。C. 在动产所有权证券化时，其所有权的移转必须交付该证券，以代该动产之交付。①

（4）占有改定

占有改定，是指出卖人继续占有动产，出卖人与买受人订立合同，使买受人取得对动产的间接占有，并取得动产所有权（《物权法》第27条）。允许这种交付的原因，也在于简化动产所有权的移转。例如，甲出卖A钢琴给乙，如果甲尚需使用该琴参加比赛，那么可以与乙订立合同（移转A钢琴的所有权、借用A钢琴或租赁A钢琴），由乙取得间接占有，以替代现实交付，进而完成A钢琴所有权的移转。于此场合，出卖人对钢琴是直接占有还是间接占有，在所不问。②

（5）仓单、提单等证券的交付或背书

动产物权业已证券化为仓单、提单等证券的，此类证券的交付或背书代替了动产的交付，从而发生动产物权的变动（参见《海商法》第79条等）。

［反思］

《物权法》第26条将指示交付限定于“动产由第三人依法占有”的场合，作茧自缚，使一些本应通过指示交付来解决动产物权变动的问题却无法如愿，只得先由转让人从占有动产的第三人之处收回，再交给受让人，徒增周折和成本。如果删除“依法占有”的限定，就会使局面改观，使如下的问题可通过指示交付得到解决：在转让人为间接占有人时，可让与其基于侵权行为或不当得利而生的返还请求权。这种返还请求权的让与，与占有的移转无关。于此场合，所让与的也不是所有物返还请求权，而是受让人因取得所有权，而得主张所有物返还请

---

① 见王泽鉴：《民法物权·通则·所有权》，增补版，总第1册，137～139页，台北，三民书局，2003；谢在全：《民法物权论》上册，修订2版，152页，台北，三民书局，2003。

② 见王泽鉴：《民法物权·通则·所有权》，增补版，总第1册，137页，三民书局，2003。

求权。

《物权法》第26条将指示交付限定于“动产由第三人依法占有”的不足之二表现在：第三人对标的物的占有原有本权，但其后本权不复存在，导致第三人无权占有标的物，例如，第三人作为借用人占有借用物，其后借用合同终止，变为无权占有。在这些情况下，物权人将此类标的物出卖与他人，因不符合《物权法》第26条关于指示交付必须发生在“动产由第三人依法占有”的场合的要求，故只得先由转让人从占有动产的第三人之处收回，再交给受让人，徒增周折和成本。删除“依法占有”的限定，允许采取指示交付的方式，就会使局面改观。

《物权法》第26条将指示交付限定于“动产由第三人依法占有”的不足之三表现在：无法使受让人于让与合同生效不久就可取得标的物的直接占有，因为此时第三人对该标的物仍处于有权占有的状态。

为弥补《物权法》第26条规定的不足，在解释论上，应最大限度地限缩其中所言“法”的范围，将若干第三人无权占有的情形视为“依法”，而不作为“违法”对待。在这方面，最高人民法院在制定《物权法》的司法解释时大有作为。站在立法论的立场上，未来修改《物权法》时，应将《物权法》第26条中的“依法”二字删除。

[探讨]

让与的返还请求权若为债权的返还请求权，则按照《合同法》第80条第1款的规定，需要通知债务人，否则，让与对债务人不发生效力。让与的若为物权的返还请求权，是否需要通知第三人（占有动产之人），法律未作规定，则宜类推适用《合同法》第80条第1款的规定。[①]

三、船舶、航空器、机动车等物权的变动要件

应当指出，交付本非完全的公示方法，再加上有观念交付的存在，其无法完

① 见谢在全：《民法物权论》上册，修订2版，153页，台北，三民书局，2003。

全公示物权状况的缺点加深，故法律就某些动产的物权变动的公示，兼采登记的方法或将动产证券化，把交付作为动产物权变动的生效要件，将登记作为对抗（善意）第三人的要件。《物权法》第24条关于“船舶、航空器和机动车等物权的设立、变更、转让和消灭，未经登记，不得对抗善意第三人”的规定，显然采取了这种模式。①

将《物权法》第24条的规定解释为“把交付作为船舶、航空器和机动车等动产物权变动的生效要件，将登记作为对抗（善意）第三人的要件”，而非合同生效时发生物权变动；同时承认生产设备，原材料，半成品，产品，正在建造的建筑物、船舶、航空器，交通运输工具设立抵押权时，抵押权自合同生效时设立，登记为对抗善意第三人的要件，有如下理由支持：(1) 文义解释：该条没有正面规定船舶、航空器和机动车等动产物权变动的要件，既没有说自变动合同生效时发生物权变动，也没有说自登记完毕时发生物权变动，属于不完全法条，需要结合有关条文加以解释，于是有 (2) 体系解释和目的解释：该条处于《物权法》第二章“物权的设立、变更、转让和消灭”的第二节“动产交付”之下。该章共有三节，其中，第一节“不动产登记”，贯彻基于法律行为而发生的不动产物权变动以登记为生效要件的精神（《物权法》第9条第1款等），只承认法律另有规定不以登记为生效要件的例外；第二节“动产交付”，贯彻基于法律行为而发生的动产物权变动以交付为生效要件的原则（《物权法》第23条），同样只承认法律另有规定不以交付为生效要件的例外；第三节“其他规定”，贯彻非基于法律行为而发生的物权变动不以公示为生效要件的理念，只有遗赠导致的物权变动属于基于法律行为而发生的物权变动，也不要求公示作为物权变动的生效要件。现在的问题是，法律对船舶、航空器和机动车的物权变动是否例外地规定了不以交付为生效要件。《海商法》没有正面规定船舶所有权变动、船舶抵押权设立的生效要件，只是明确地将登记作为对抗要件（第9条、第13条第1款）；《民用航空法》同样未正面规定民用航空器所有权变动、民用航空器抵押权设立

① 见谢在全：《民法物权论》上册，修订2版，150页，台北，三民书局，2003。

的生效要件，只是明确地将登记作为对抗要件（第 14 条第 1 款、第 16 条）；《机动车登记办法》也没有正面规定机动车物权变动的生效要件。既然法律对于船舶、航空器和机动车的物权变动未作另外规定，那么，就应当按照动产物权变动的原则（《物权法》第 23 条）解释《物权法》第 24 条的规定，只有在设立抵押权时例外。(3)《物权法》第 24 条的规定原则上总揽船舶、航空器和机动车的所有权产生、转让，设立质权，设立抵押权，所有权消灭等类型的物权变动，且未设例外。而《物权法》第 212 条明确规定："质权自出质人交付质押财产时设立。"在这种情况下，只有将《物权法》第 24 条的规定解释为其贯彻的是"把交付作为船舶、航空器和机动车等动产物权变动的生效要件，将登记作为对抗（善意）第三人的要件"模式，才能自圆其说。当然，在设立抵押权时例外。假如将其解释为登记为船舶、航空器和机动车等动产物权变动的生效要件，则会造成《物权法》第 24 条和第 212 条之间的矛盾。(4) 与"(3)"的道理类似的还有，《物权法》第 188 条规定，以交通运输工具设立抵押权的，抵押权自抵押合同生效时设立，未经登记，不得对抗善意第三人。这表明以船舶、航空器和机动车设立抵押权，仍然不以登记为生效要件。(5) 在理论上，通说坚持中国法上的物权变动采取债权形式主义，《物权法》第二章等规定予以落实，只有土地承包经营权和地役权的设立采取了债权意思主义（第 127 条第 1 款、第 158 条），至于船舶、航空器和机动车的物权变动则未见有明确的条文采取债权意思主义。就此而言，也应当认为《物权法》对船舶、航空器和机动车的物权变动采取了以交付为生效要件的模式，而非合同生效时发生物权变动，只有在设立抵押权时例外。(6) 假如将登记作为船舶、航空器、机动车的诸物权变动的生效要件，则会产生负面的结果。其道理如下：《物权法》第 24 条明文规定登记为这些物权变动的对抗要件，而作为对抗要件的登记，难以时时、事事地表征着真实的物权关系。换句话说，登记所昭示的物权关系与真实的物权关系有时不一致。因此，假如把登记作为船舶、航空器、机动车诸物权变动的生效要件，则可能误将已经变动的船舶、航空器、机动车的物权关系当作尚未变动的物权关系，或者误将尚未变动的物权关系作为已经变动的物权关系看待。属于前者的例证有若干，例如，甲已经将作为买卖物的船舶现实地交付给了买受人乙，但尚未办理过户登记手续，若依据登记为船舶物权变动的生效要件说，则会仍然认为该船舶归甲所有，即使第三人明知该船舶所有权已经移转给乙的事实，乙也无权对抗该第三人。这显然违背了《物权法》第24条的规范意旨。属于后者的例证同样存在，例如，甲已经将作为买卖物的船舶现实地交付给了买受人乙，随后又将该船舶登记在第二个买受人丙的名下。于此场合，丙本来没有取得该船舶的所有权，但按照登记为船舶物权变动的生效要件说，可得出丙已经取得该船舶所有权的结论。这显然是不符合客观实际的，不适当地侵害了乙的合法权益。避免此类弊端的有效办法，就是坚持这样的观点：交付为船舶、航空器、机动车的诸物权变动的生效要件，登记仅为对抗善意第三人的要件。法释［2012］8号第10条、法释［2016］5号第6条及第20条已经承认了这种观点。

［探讨］

《物权法》第24条与第23条的规定，在个案中的适用，宜区分情况而作回答：（1）甲将其A船卖与乙，且已交付并办理了过户登记手续，后又卖与丙，无法交付和登记。于此场合，乙取得A船的所有权，并能对抗包括丙在内的一切人，应无疑问。甲和丙之间构成出卖他人之物的关系，按照《合同法》第51条的规定，乙有权不予追认甲和丙之间的买卖A船的合同，该合同因而消灭；丙不能请求甲履行合同，将A船交付并过户，只能依据《合同法》第58条的规定，请求甲承担缔约过失责任。不过，按照法释［2009］5号第15条关于“出卖人就同一标的物订立多重买卖合同，合同均不具有合同法第五十二条规定的无效情形，买受人因不能按照合同约定取得标的物所有权，请求追究出卖人违约责任的，人民法院应予支持”的规定，买卖A船的合同有效，但不影响A船所有权的归属，只是因甲无法将A船交付并登记给丙，成立违约责任。（2）甲将其A船卖与乙，尚未交付和登记，又将该船卖与丙，同样没有交付和登记。于此场合，两个买卖A船的合同都有效，按照债权平等和债务人任意履行的原则，谁先请求甲履行合同，甲也满足此项请求，则该买受人取得A船的所有权。当然，虽然后请求甲履行合同，但甲先满足该项请求，后请求者同样取得该船的所有权。需要说明，司法实务中，有些判决没有遵循债权平等和债务人任意履行的原则，在有证据证明后签订合同者明知出卖人一物多卖时，就不支持他（它）取得买卖物。对此，笔者持折衷的立场：有证据证明一物多卖符合《合同法》第 52 条第 2 项关于恶意串通损害第三人合法权益的规定的，可确认合同无效，恶意的买受人不得取得买卖物，否则，还是应当坚持债权平等和债务人任意履行的原则。(3) 甲将其 A 船卖与乙，尚未交付和登记，后又卖与丙，已经交付且办理了过户登记手续。于此场合，丙应当取得该船的所有权，并可对抗包括乙在内的所有的人。乙没有取得该船的所有权。(4) 甲将其 A 船卖与乙，已经交付，但未办理过户登记手续，后又卖与丙，没有交付和登记。于此场合，乙取得该船的所有权，但不能对抗包括丙在内的善意第三人。丙没有取得该船的所有权。(5) 甲将其 A 船卖与乙，且已交付，但未办理过户登记手续，后又卖与丙，没有交付但办理了过户登记手续。于此场合，乙取得了 A 船的所有权，但因尚未办理过户登记手续，不能对抗善意第三人；丙若不知甲已经将 A 船卖与乙的事实且无重大过失，则构成善意，乙也不能对抗丙。不过，丙和甲之间没有交付 A 船的行为，按照《物权法》第 23 条的规定，丙并未取得 A 船的所有权。如何解开此扣？笔者认为，应当准用《物权法》第 19 条第 1 款的规定，乙有权凭 A 船买卖合同和基于合法占有该船的事实，请求交通登记部门更正登记。丙若书面同意更正，则问题迎刃而解；若不同意，则因证据确凿，登记部门也应予以更正。更正后，乙及时办理登记手续，对抗他人。同时，甲也有义务和权利请求登记部门注销登记，因丙的 A 船所有权不符合事实。(6) 甲将其 A 船卖与乙，尚未交付，但已办理过户登记手续；后又卖与丙，已经交付但尚未办理过户登记手续。于此场合，丙取得了 A 船的所有权，但因尚未办理过户登记手续，不能对抗善意第三人；乙若不知甲已经将 A 船卖与丙的事实且无重大过失，则构成善意，丙也不能对抗乙。不过，乙和甲之间没有交付 A 船的行为，按照《物权法》第 23 条的规定，乙并未取得 A 船的所有权。在这种情况下，仍应准用《物权法》第 19 条第 1 款的规定，丙有权凭 A 船买卖合同和基于合法占有该船的事实，请求交通登记部门更正登记。乙若书面同意更正，则交通登记部门注销乙的登记，将 A

船的所有权登记在丙的名下；乙若不同意，则因证据确凿，登记部门也应予以更正。更正后，丙及时办理登记手续，对抗他人。同时，甲也有义务和权利请求登记部门注销登记，因乙的A船所有权不符合事实。(7) 甲将其A船卖与乙，交付采取了占有改定的方式，也办理了过户登记手续。此后，甲又与丙签订了A船的买卖合同，并将A船现实交付与丙。于此场合，谁取得A船的所有权？首先，乙取得了A船的所有权应无疑问。甲与丙之间的买卖关系为出卖他人之物的合同关系，按照《合同法》第51条的规定，乙若追认甲和丙之间的买卖合同，则该合同有效，丙可取得A船的所有权，乙丧失A船的所有权；乙若不追认甲和丙之间的买卖合同，则该合同归于消灭，丙是否取得A船，取决于如下因素：丙为善意时，买卖价格又合理，则丙基于《物权法》第106条第1款的规定取得A船的所有权；丙为恶意时，或虽为善意但买卖价格不合理，则丙不能取得A船的所有权。需要指出，法释［2009］5号第15条的规定，虽然修正了《合同法》第51条的规定，甲和丙之间的买卖合同有效，不受乙追认与否的左右，也不受丙善意、恶意的影响，但A船所有权的归属不因此而受影响。

特别需要指出的是，最高人民法院于2012年6月出台的法释［2012］8号，于第10条规定："出卖人就同一船舶、航空器、机动车等特殊动产订立多重买卖合同，在买卖合同均有效的情况下，买受人均要求实际履行合同的，应当按照以下情形分别处理：(一) 先行受领交付的买受人请求出卖人履行办理所有权转移登记手续等合同义务的，人民法院应予支持；(二) 均未受领交付，先行办理所有权转移登记手续的买受人请求出卖人履行交付标的物等合同义务的，人民法院应予支持；(三) 均未受领交付，也未办理所有权转移登记手续，依法成立在先合同的买受人请求出卖人履行交付标的物和办理所有权转移登记手续等合同义务的，人民法院应予支持；(四) 出卖人将标的物交付给买受人之一，又为其他买受人办理所有权转移登记，已受领交付的买受人请求将标的物所有权登记在自己名下的，人民法院应予支持。"尽管本书作者不赞同其中"均未受领交付，也未办理所有权转移登记手续，依法成立在先合同的买受人请求出卖人履行交付标的物和办理所有权转移登记手续等合同义务的，人民法院应予支持"的规定，但它毕竟已经发生了法律效力，在审判实务中恐怕会得到遵循。

四、买卖等合同关于动产所有权移转的约定及其效力

《物权法》未再沿袭《合同法》第133条后段关于“当事人另有约定的除外”的债权意思主义的思想，仅仅保留了“法律另有规定……除外”的但书，明文规定动产物权的变动以交付为生效要件（第23条），动产质权以交付质物为生效要件（第212条），只有动产抵押权、浮动抵押权除外（第180条第1款第4项和第6项、第181条、第188条、第189条第1款）。这是否意味着《合同法》第133条关于“当事人另有约定的除外”的但书不再有效？换个表述就是，在特定物买卖场合，当事人双方没有遵循《物权法》第23条等规定实施交易，而是约定该买卖物的所有权自买卖合同生效时移转。该项约定能否发生法律效力？回答这个问题，离不开确定《物权法》第23条、第5条等有关规定是否为强制性规定，以及物权法定主义是否含有物权公示的内容。

笔者认为，《物权法》第23条等关于“动产物权的设立和转让，自交付时发生效力”的规定，并非强制性规定。其理由如下：

首先，《物权法》之所以没有复制《合同法》第133条关于“当事人另有约定的除外”的但书，是因其重在维护《物权法》第9条第1款、第14条关于不动产所有权甚至不动产他物权的移转须以登记为生效要件的强制性规定，以及《物权法》第16条第1款关于公信力的强制性规定，防止当事人通过约定建筑物、构筑物及其附属设施的所有权自买卖、互易、赠与等合同生效时转移，来规避《物权法》的上述规定，并无坚决否认特定动产的所有权可以自买卖、互易、赠与等合同生效时移转之意。

其次，也是更为重要的是，虽然物权及其变动的公示关乎众人的利益，但善意取得等制度的存在，使得当事人双方约定特定物买卖的所有权移转时间点，也不会损及善意的交易相对人的合法权益，所以，不把《物权法》第23条等关于动产物权变动的公示要求划入强制性规定的范围，就并非强词夺理。

最后，联系现行法关于基于法律行为而发生的动产物权变动的下述规定，在整体上把握，《物权法》第 23 条等关于“动产物权的设立和转让，自交付时发生效力”的规定并非强制性规定的结论，就更加显现出道理：（1）《合同法》第 134 条允许买卖物的所有权保留，变更了《物权法》第 23 条的规定；（2）《物权法》第 29 条关于在因遗赠取得物权时自遗赠开始时发生效力的规定，显然没有遵循《物权法》第 23 条的规定；（3）《物权法》第 26 条承认了指示交付、第 27 条承认了占有改定，都变通了典型的交付形态。我们可以将之理解为《物权法》在实质上修正了交付为动产物权变动的生效要件的模式。此外，《物权法》第 127 条第 1 款关于土地承包经营权的设立不以公示为生效要件的规定、第 158 条前段关于地役权的设立不以公示为生效要件的规定，也在一定意义上加强了前述结论的可信度。

既然动产物权变动在公示方面的要求可由当事人通过约定加以改变，那么这就表明此类法律规定并非强制性规定。虽然法律关于物权法定主义的规定被认为是强制性规定，但是为了避免法律及其理论内容存在矛盾，不宜认定《物权法》第 5 条的规定包含公示强制的内容。由此可见，德国民法理论将物权法定主义限于类型强制和类型固定，确有道理。

总之，若当事人双方约定特定物的所有权自买卖合同生效时移转，则法律就不宜否定。若当事人双方无此约定，则就要完全按照《物权法》第 23 条等规定确定动产物权变动的时间点。其道理在于，相对于《合同法》第 133 条关于“当事人另有约定的除外”的但书，《物权法》第 23 条及第 212 条等规定更为理想，因为：按照动产的占有或交付确定动产物权的状态，更加符合物权及其变动的公示原则及其规范意旨；尽量使真实的物权关系与外观所表征的物权关系相一致，也与公信原则的创设前提之一相契合；在法律部门的分工方面，物权变动应由《物权法》而非《合同法》予以规范，在物权变动方面，《物权法》为“特别法”；再就是《物权法》相对于《合同法》为新法。

五、交付与合同的生效要件

交付为动产物权变动的生效要件，不同于交付为动产物权变动合同的生效要件。在前者情况下，债务人尚未交付动产，仅是动产物权未变动，他仍有义务交付动产，债权人也有权请求他交付动产，法院有权基于该请求而强制债务人交付动产。但在后者场合，不交付动产，动产物权变动合同即不生效，债权和债务均不产生，债权人无权请求债务人交付动产，只有当债务人于缔约有过失时，债权人才能请求他承担缔约过失责任。这对于债权人非常不利，担保权及其他物权的功能被人为地、不适当地扼杀了，债权人所能获得的损害赔偿因其仅是信赖利益的赔偿而时常低于动产物权变动合同有效场合的损害赔偿。可见，把交付动产作为动产物权变动合同的生效要件，实在不足取。遗憾的是，《担保法》第 64 条第 2 款却规定："质押合同自质物移交于质权人占有时生效。"如此，出质人不将质物交付于质权人占有，质押合同即不生效，债权和债务均不产生，质权人没有法律依据请求出质人交付质物，法院亦无根据强制出质人交付，质权人丧失了担保权的保障。若将交付质物作为质权产生的条件则会克服上述缺点。

《物权法》认识到了上述问题，已经作出了修正："当事人之间订立有关设立、变更、转让和消灭不动产物权的合同，除法律另有规定或者合同另有约定外，自合同成立时生效；未办理物权登记的，不影响合同效力"（第 15 条）。《物权法》特设第 178 条，明确规定："担保法与本法的规定不一致的，适用本法。"

应予指出的是，中国现行法上的某些规定把过户登记作为不动产买卖合同的成立要件。例如，《最高人民法院关于审理房地产管理法施行前房地产开发经营案件若干问题的解答》第 5 条规定："出让合同出让的土地使用权未依法办理审批、登记手续的，一般应当认定合同无效，但在一审诉讼期间，对于出让集体土地使用权依法补办了征用手续转为国有土地，并依法补办了出让手续的，或者出让未经依法批准的国有土地使用权依法补办了审批、登记手续的，可认定合同有效。"第 9 条规定："享有土地使用权的土地使用者未按照项目建设的要求对土地进行开发建设，也未办理审批手续和土地使用权转让手续，转让建设项目的，一般应当认定项目转让和土地使用权转让的合同无效。”第 14 条规定：“土地使用者就同一土地使用权分别与几方签订土地使用权转让合同，均未办理土地使用权变更登记手续的，一般应当认定各合同无效；……补办了土地使用权变更登记手续的，可认定该合同有效。”如此，办理过户登记手续只是签订土地使用权出让合同、土地使用权转让合同所做的工作，而不是履行合同义务。这种立法的最大缺点在于，当事人未办理过户登记手续，不动产买卖合同即不存在，产生不了合同债权和合同债务，买受人没有法律依据请求出卖人办理过户登记手续和取得不动产物权，只能请求出卖人承担缔约过失责任。为了解决这一问题，《最高人民法院关于审理房地产管理法施行前房地产开发经营案件若干问题的解答》第 12 条后段规定：“一方拖延不办，并以未办理土地使用权变更登记手续为由主张合同无效的，人民法院不予支持，应责令当事人依法办理土地使用权变更登记手续。”这样虽然能产生与过户登记不是不动产买卖合同的成立要件的立法模式同样的效果，但在理论上难以自圆其说，赋予法院责令当事人依法办理过户登记手续之权缺乏坚实的基础。

由此可知，《担保法》第 41 条后段关于“抵押合同自登记之日起生效”的规定，同样具有上述缺点，在合同未生效时，抵押权人没有法律依据请求抵押人及时办理抵押登记手续，亦应修正。

对于上述不适当的规定，亦应按照《物权法》第 178 条关于“担保法与本法的规定不一致的，适用本法”的规定及其精神处理。

此外，出租人履行租赁合同使承租人取得物权化的租赁权，出借人履行消费借贷合同（含借款合同）使借用人取得借用物的所有权，承揽人履行承揽合同使定作人取得定作物的所有权，转让方履行技术转让合同使受让方取得技术的专有权或使用权，转让方履行商标权转让合同使受让方取得商标专用权，等等，都是通过履行合同使债权转化为物权或与物权具有相等价值的权利的表现。

第二章

合同的保障

第一节　合同的保障概述

一、对于合同的保障的理解

合同的保障，实际是合同债权的保障。合同债权的保障，包括对于合同债权的存续和实现的保障。

由于债权关系的首要目的乃在于将债权变成物权或与物权具有相等价值的权利[1]，而在市场经济制度下，债权及其利息的享有是所有经济活动的目的，债权不复是旨在物权或物之享有的手段，其本身就是法律生活的目的[2]，因而对债权的实现予以保障属于债权保障的内容，人们容易理解。债的担保专为债权实现而

① 见林诚二：《论债之本质与责任》，载郑玉波主编：《民法债编论文选辑》上，32页，台北，五南图书出版有限公司，1984。

② 见［德］古斯塔夫·拉德布鲁赫：《法学导论》，米健、朱林译，64页，北京，中国大百科全书出版社，1997。

设，就更加证明了这一点。

保障债权存续也属于债权保障的范畴，则需要费些笔墨加以说明：第一，债权，对于债权人来说是利益，对于债务人而言则意味着负担，债务人否认它、侵害它系理性的选择之一，由此显现出保障合同权利的必要性。此处所谓保障债权，在逻辑上应当自债权产生时开始，于是，它将保障债权存续包括在内便是自然的结论。第二，在债务人乃至第三人不法侵害债权时，民事责任制度会威慑着此类不法之徒，也警戒着一般人，从而使债权得以存续。就是说，民事责任制度兼有保障债权实现和存续的功能。第三，一个法人没有责任财产，就难以维系其民事主体的资格，谈何债权的产生与存续？从广阔的背景来说，一个自然人没有责任财产，也难有知情之人与之签约，即难有其债权的产生与存续。可见，责任财产不仅是债权实现的保障，而且向前延伸到债权存续阶段起着保障的作用。第四，债的保全就是在维持责任财产，债的履行抗辩权在客观上也维持着责任财产，至少是迟滞着责任财产的减少，因而，如果说责任财产制度具有保障债权存续的作用，那么，债的保全、履行抗辩权等制度便随之具有保障债权存续的功能。

必须指出，债权保障的最终目的在于债权实现，使债权人获得物权或与物权价值相当的权利。如果债权只是存续而不会实现，那么，债权保障制度就不应当包含保障债权存续的内容了。强调这一点是必要的，因为债权实现，至少分为三种类型：一是债权立即消灭而实现，二是债权在履行期限届满前消灭而实现，三是债权在相当长的期限内存续而实现。第一种类型所对应的债权，以现物买卖场合产生的债权为典型，在债权让与的常态情况下，受让债权也包含在内。此类债权的实现表现为债权产生之时同时就是消灭之日。第二种类型所对应的债权，以存在着一定履行期限的非继续性债权为代表。合同成立但需要公证、有关部门批准等要件才能生效场合所产生的债权，在一定意义上也属于此类。这些债权的实现距债权产生要延后一段时间。第三种类型所对应的债权，以继续性债权为常态。此类债权的实现形态是，随着时间的推移，整体意义上的债在数量上不断萎缩，个别债权在消失，物权或与物权价值相当的权利不断产生。就第三种类型——债权在相当长的期限内存续而实现来说，债权保障包括保障债权实现和保障债权存续符合实际，也不矛盾。单从债权人方面观察，债权永不消灭且不断实现，最为理想。但就第一种类型——债权立即消灭而实现而言，人们期待的债权保障，或者说法律目的所决定的债权保障，不包含保障债权存续这项内容。在第二种类型中，债权实现和债权存续之间的关系，以及保障债权存续和保障债权实现之间的关系，介于前两种类型之间，表现为法律必须首先保障债权存续，债权无法存续便谈不上债权实现，即使在债权无法存续系因债务不履行所致，原债权转化为损害赔偿债权等情况下，虽然可以说债权实现了，但这种形态的实现往往并非债权人的理想期待。在这个阶段，保障债权存续和保障债权实现是统一的。但非继续性债权由其本质所决定，较长期地存续下去，意味着它未实现，只有在其履行期届满时或之前因适当履行而消灭，它才会实现。在这个阶段，保障债权存续和保障债权实现又存在着矛盾。

总而言之，我们既要在总体上把握债权保障含有债权实现的保障与债权存续的保障两方面的内容，又要区分情形，了解保障债权存续与保障债权实现在个别情况下是矛盾的。

二、关于债权保障者的分析

谁对债权的存续与实现予以保障？债权作为一项法律制度，人们马上想到的是法律对它予以保障。事实也的确如此，法律制度及其规则充当着债权保障的主干。同时，债权作为一种社会现象，反映着人与人之间的关系。若干种社会机制，包括非法律的机制，也能够保障债权的存续与实现。在我们的实际生活中，诸如同乡关系、同学关系、同事关系、师生关系，乃至预期未来可以利用的关系等，这些非法律的机制都因个案的实际情况而程度不同地在保障着债权的存续与实现。

因债权为一类民事权利，故在保障债权存续和实现的法律制度及其规则中，民法发挥着不可替代的主力军作用。再就是程序法的制度及其规则不可或缺，它们的缺位或者设置得不当，债权就不易实现；在债权受到不法侵害时，难以得到法律的救济。例如，在共同侵权的情况下，受害人本来享有向共同侵权行为人中的任何人主张损害赔偿的债权，但因程序法设置了必要共同诉讼制度，所以受害人便因个别的侵权行为人失踪等原因而得不到及时的救济，甚至其债权无法实现。除此而外，行政法、经济法乃至刑法等，在保障债权方面都有其地位及作用。

以上所言，大多为制度层面的保障。其实，在保障债权的存续和实现上，意识的和道德的作用不容低估。如果债权人没有权利意识，随意抛弃债权，那么还谈何债权的存续及其保障？如果债务人恶意违约，债权人熟视无睹，那么谈何债权的实现及其保障？反之，债权人念念不忘其债权，债务人诚实信用，认真遵守债的关系，积极履行债务，债权人适当受领，债权就会完全实现，债之目的因而达到。

不仅合法的制度及其规范，而且统治阶级的伦理道德、主流的意识，以及潜规则，对于债权的存续和实现都起着重要的作用，即使是某些非法的机制，在客观上也达到了债权实现的结果。例如，个别债权人借助于黑社会的势力，迫使债务人履行了债务。本书明确指出这一点，并非在赞美和倡导利用黑社会的势力保障债权的存续与实现，而是意在提请人们注意，我们应当认真研究黑社会势力保障债权存续与实现的成因、运作过程、利用手段、对于人们的思想的影响、给社会造成的后果，找出消灭这种现象的途径及办法，以便改进我们的工作，在法制的框架内解决债权的存续与实现的保障问题。

债权保障的理想状态有赖于整个社会环境的优化，试想，如果人人都诚实信用，各个国家机器均运转正常，那么何愁债权的实现以及存续?!

三、对于债权保障制度的理解

无论怎么说，在保障债权的存续和实现上，债权保障制度处于最为核心的地位，这是不争的事实。

应当指出，债权保障制度不是单一的法律制度，而是人们对于数项法律制度因其均具有保障债权的功能所作的概括和命名。并且，这种概括并非基于每项法律制度的积极特征所作的抽象，而是着眼于其消极特征——均具有保障债权的功能——而作出的归纳。所谓数项法律制度的消极特征，在这里主要指如下现象：债的担保制度专为保障债权实现而设，如果说流通抵押权以融资为主，担保债权实现系其兼顾项目，金钱担保尚有解决接受定金、押金或保证金的一方当事人资金困难的作用，那么，保全担保物权以及人的担保则以保障债权实现为其生命的价值所在，是其唯一的目的。责任财产不仅是债权实现的物质基础，而且是财产权人从事生产经营活动的生产资料，在财产权人为自然人的情况下，责任财产还是其生活资料。民事责任不仅是保障债权存续与实现的一般担保，而且同时具有谴责和否定过失之人实施不法行为的功能。抵销直接表现的面孔是债权的处分权能。债的保全直接的作用是保全责任财产，然后才会达到保全债权的目的。

…………

第二节　债权受到保障的机理

一、责任财产制度之于债权保障

在债权保障制度中，责任财产制度处于非常特殊的地位，起着多方面的作用。

责任财产是债权实现的物质基础，没有责任财产，债权就不会实现。其道理并不深奥：债权的实现有赖于债务的适当履行，在债务所指向的对象为有体物的情况下，该有体物是责任财产的组成部分；在债务所指向的对象为货币的情况下，该货币是责任财产的组成部分；在债务所指向的对象为权利的情况下，该权利是责任财产的组成部分。没有这些债务所指向的对象，扩而广之，没有责任财产，债务就无法履行，债权自然不能实现。

人们常说，民事责任系债的一般担保，没有民事责任制度，债务不履行的现象恐怕会时常出现。由此可见民事责任在债权实现方面的重要作用。而责任财产是连接民事责任与债权的物质桥梁（基础）。没有责任财产，民事责任就不会与债务人的具体财产——与其应承担民事责任的财产数额相当的财产——相结合，该财产的所有权更不会移转到债权人之手，这就出现了民事责任存续而不消灭的现象。对此，从债权的角度观察，就是债权转化成了损害赔偿请求权等新型的债权，此类新型债权与原债权具有同一性，它继续存在着，同时意味着原债权的“形”尽管不复存在，但其“实”却存续而未消灭。不过，债权不消灭，意味着债权人的目的未达到。即使是继续性债权，也是如此，因为在继续性债权场合只是整体意义上的债保持质的规定性，个别债权随着时间的推移和个别给付的适当履行而消灭，只有这样，才会实现债权人的目的；只要继续性债权发生质变，如变形为损害赔偿请求权等形态的债权，债权人的原目的就仍然会落空。

众所周知，债的担保系直接为债权实现而设的制度。其中的担保物权以担保物的存在为必要，而担保物是从责任财产中特意“圈定”的特定物；定金、押金和保证金在交付之前属于责任财产的一部分。可见，没有责任财产就不会产生担保物权、金钱担保。

债的保全是通过维持责任财产的范围而保全债权的制度，没有责任财产，债的保全便失去目标，失去意义。

抵销乃直接以责任财产中的特定债权与受动债权中的特定债权在相同的数额之内予以冲抵。无责任财产会使债权最终消灭，导致抵销难以成立或者抵销权失去行使的对象。

二、债的保全制度之于债权保障

债的保全是通过维持责任财产的范围，实际是债务人以己之力可控制的责任财产，而保全债权的制度。其中的债权人撤销权是以阻止债务人不当处分其财产的方式来达到责任财产的数额不减少的结果，债权人代位权则系将责任财产中的债权转化为所有权或行使请求权而实现对特定财产的实际控制，便于乃至增强责任财产在清偿方面的能力。无论哪种结果，都保全了债权，增强了债权实现的可能性。没有责任财产，债的保全制度便失去维持的对象，保全债权就成了空话；只有存在着责任财产，才有债的保全制度的用武之地；债的保全方式实际实行了，债权就确实地得到了保全。可见，责任财产是连接债的保全与债权的基础性制度，使得债权可以借助于债的保全制度（连同其他有关制度）而放心且安全地“瞄准于”责任财产之上。如果把责任财产比作水，那么，债的保全就是将这些水围起来的大堤，债权就是抽水机。债权的行使，相当于抽水机开动，其结果是抽水机将水抽到债权人的容器里，这就相当于债权人获得水的所有权。此时，债权实现了，债权人的目的也就达到了。

三、债的担保制度之于债权保障

1. 担保物权制度之于债权保障

担保物权和债权保障之间关系的机理呈现着另外的风貌。就担保物权所作用的财产方面而言，亦即就担保人的财产来说，其责任财产被划分为两部分：一部分是无强制执行障碍的责任财产；另一部分是存在着强制执行障碍的责任财产。

无强制执行障碍的责任财产，是地地道道的责任财产，为典型的责任财产。只要清偿期届至或者债务人愿意，此类责任财产随时可被用于清偿债权，使债权实现。

存在着担保物权的责任财产与此不同，它与清偿债权之间的关系比较复杂，需要类型化的分析，主要工作将在本章“第三节 责任财产的辨析”中完成，此处仅仅列举要点：（1）我们应持科学的发展观，注意到事物可能发生变化的一面，即，在债权的履行期限尚未届满、担保物权消失的情况下，对于担保物权人以外的债权人的债权而言，原担保物就是地地道道的责任财产；（2）我们应当把责任财产类型化，承认每类责任财产在清偿能力方面有强弱之别；（3）在担保人系债务人以外的第三人的情况下，债务人的责任财产状况不因担保物权的设定而发生变化，只是担保人的责任财产的状况有所改变，担保人的一般债权人无权就担保物而受清偿。

从债权人方面观察，在债权人不享有担保物权的情况下，其债权所欲“取走的”财产范围非常广泛，系债务人的全部财产，不像担保物权所作用的财产范围仅仅限于特定的财产那样狭窄。但是，债权原则上无排他性，以平等为原则，此债权与彼债权乃至所有的债权都共同地“瞄准着”责任财产的全部，拟从中“取走”债的标的物或与自己的价值额相当的财产。如此，只要责任财产的数额低于到期的且为债权人所主张的债权额，“如果债务人破产等，其一般财产的总额因不足债权额，债权人就不一定能得到完全的补偿”[①]。此其一。其二，在债权获得清偿（强制执行）之前，财产仍由债务人自由支配，只要未进入破产程序，它们就存在着被擅自处分的危险。[②] 为了改变这种状况，债权人通过设定担保物权，使其债权附着上担保物权，发生“化学反应”，于是，担保物权的优先性传递给被担保债权，此类债权从而具有优先受偿性。

这种法律赋予的优先性，使得担保债权优先于普通债权获得清偿，并且其既可以专门就担保物这个特定物来受偿相应的价值额，也可以从责任财产中“取走”数额相当的部分，以实现自己。当然，在后者场合担保债权没有优先性。但在前者情形，即使债务人的责任财产不足以清偿全部到期债权，因已作为担保物的财产不属于破产财产（超过担保债权额的部分除外）[《企业破产法》第113条的反对解释]，所以担保物权人有权就担保物优先受偿［《破产法》（2006年）第109条］。还有，“因对担保标的物具有直接变价之权，就所得价金复有优先于其他债权人而受清偿之权能，因之，亦排除债权平等原则之适用，于是债务之确实清偿得以充分确保”[③]。但应注意，抵押权人或其他担保物权人在破产还债案件受理后至破产宣告前请求优先受偿的，应经人民法院准许。由此可见，担保物权

① ［日］近江幸治：《担保物权法》，祝娅、王卫军、房兆融译，沈国明、李康民审校，4页，北京，法律出版社，2000。

② 见［日］近江幸治：《担保物权法》，祝娅、王卫军、房兆融译，沈国明、李康民审校，4页，北京，法律出版社，2000。

③ 谢在全：《民法物权论》中册，346页，台北，三民书局，2003。

在保障债权实现方面所具有的重要功能。

2. 人的担保制度之于债权保障

人的担保，是指在债务人的全部财产之外，又附加了其他有关人的一般财产作为债权实现的总担保。其形式主要是保证。保证，是指基于保证人和债权人的约定，当债务人不履行其债务时，保证人按照约定代债务人履行债务或承担民事责任。它在现行法上被分为一般保证和连带责任保证。

保证是以多个人的一般财产的总和作为责任财产，而这正是人的担保的本质属性。①

上述已经显示，人的担保方式的采用，对于非担保债权而言，债务人的责任财产无论是在质上还是在量上均无变化；对于担保债权来说，债务人的责任财产在质上没有恶化，在量上没有减少，相反，其他人的责任财产加入到担保债权的可供清偿的财产范围之内，在客观上意味着担保债权所能“作用的”责任财产在范围上扩张了。

3. 金钱担保制度之于债权保障

金钱担保，是指在债务以外又交付一定数额的金钱，该金钱的得失与债务履行与否联系在一起，使当事人双方产生心理压力，从而促其为避免自己的金钱损失而积极履行债务，保障债权实现的制度。② 其主要方式有定金、押金。

应当指出，金钱担保对于各方当事人的债权的保障力存在着强弱之别：在定金场合，对于接受定金的一方当事人来说，其债权的实现或变相实现的可能性较强，因为他已经受领了一定数额的金钱，在交付定金的一方当事人不履行债务时，他能够全部或部分地得到救济；可是对于交付定金一方当事人而言，一是寄希望于定金罚则的威力迫使接受定金的一方当事人履行债务，二是寄希望于接受定金的一方当事人拥有足够的责任财产，一旦这两个希望落空，定金的担保作用

---

① 见谢在全：《民法物权论》中册，346 页，台北，三民书局，2003；崔建远：《合同责任研究》，38 页，长春，吉林大学出版社，1992；崔建远主编：《合同法》，3 版，129 页，北京，法律出版社，2003。

② 见崔建远：《合同责任研究》，38 页，长春，吉林大学出版社，1992；崔建远主编：《合同法》，3 版，127 页，北京，法律出版社，2003。

与民事责任的作用便是相同的：均受制于债务人的责任财产的多寡，责任财产若足够清偿，那么债务人的债权至少可以变相实现；责任财产若不足以清偿数个并存的到期债权，那么，债权只能部分实现或全部不能实现。可见，它在担保交付定金一方当事人的债权方面相对弱些。

在押金场合，因押金的数额高于担保债权的价值额，故对于债权人的债权保障力极强。但对于债务人请求债权人返还押金的债权来说，则属于普通债权，不存在担保作用。

4. 所有权保留制度之于债权保障

所有权保留，对于出卖人的债权的保障较为明显：一是迫使买受人付清价款，不然，标的物的所有权就不移转与他；二是在买受人付不清价款时，出卖人除行使所有物返还请求权外，还可以就标的物的折旧债权与返还已收价款债权主张抵销，以避免或减轻自己遭受标的物折旧或灭失的损害。显然，对于买受人的债权来说，所有权保留没有保障作用。

5. 让与担保制度之于债权保障

让与担保分为动产让与担保和不动产让与担保。在前者的情况下，作为担保物的动产通过占有改定的方式移转其所有权，如果担保设定人系诚实信用之人，不再处分该动产，那么，该动产让与担保在保障债权实现方面的作用相同于质权；假如担保设定人为恶意之人，擅自将该动产让与善意第三人，那么，该第三人取得该动产的所有权，该债权与无担保的债权相差无几。

在不动产让与担保的情况下，担保设定人难以转让作为担保物的不动产，这对债权的担保作用比较可靠。

四、优先权之于债权保障

《合同法》规定了建筑工程的承包人的优先受偿权优先于抵押权和其他债权（第 286 条），最高人民法院于 2002 年 6 月 20 日公布的法释［2002］16 号规定，在消费者交付购买商品房的全部或大部分款项后，承包人就该商品房享有的工程款优先受偿权不得对抗买受人（第2条）；建筑工程款包括承包人为建设工程应当支付的工作人员报酬、材料款等实际支出的费用（第3条）。该解释妥当与否暂且不论，在保障工程款债权、消费者请求开发商交付商品房债权、承包人的工作人员的报酬债权的实现方面，此类优先权显然功不可没，超过了抵押权和质权等担保方式。

五、履行抗辩权制度之于债权保障

履行抗辩权是暂时维持责任财产的法律措施之一。它之所以是维持责任财产的制度，乃因为在正常情况下，债权人行使其到期债权，债务人得从其责任财产中取走数额相当的财产来满足债权人的请求，责任财产的数额就减少相应的部分。但是，只要履行抗辩权存在并且依法行使，债权请求权就被暂时地抑制住，责任财产就不会因债权的行使而减少。它之所以是暂时地维持责任财产的制度，乃因为履行抗辩权是一时的抗辩权，而非永久的抗辩权，一旦条件消失，债权请求权就会畅通地行使，债权实现，债务人的责任财产的数额相应地减少。

当然，这也不绝对，在双务债的情况下，拥有责任财产的债务人也享有对应的债权，其责任财产虽然因其债务的履行而减少相应地数额，但又因其债权的实现而回复如初，甚至增加。

六、抵销制度之于债权保障

就行使抵销权之债权人而言，在债务人资力不足之场合下，仍能为自己的债权受到确实及充分清偿利益，这时的主动债权人对于被动债权人宛如具有类似于担保地位之机能。故抵销之目的为简易及公平，机能为担保。①

① 见刘得宽：《抵销在担保上的机能》，载郑玉波主编：《民法债编论文选辑》中册，964页，台北，五南图书出版有限公司，1984。

《破产法》（2006年）第40条规定，债权人在破产申请受理前对债务人负有债务的，可以向管理人主张抵销。但是，有下列情形之一的，不得抵销：1）债务人的债务人在破产申请受理后取得他人对债务人的债权的；2）债权人已知债务人有不能清偿到期债务或破产申请的事实，对债务人负担债务的；但是，债权人因为法律规定或有破产申请1年前所发生的原因而负担债务的除外；3）债务人的债务人已知债务人有不能清偿到期债务或破产申请的事实，对债务人取得债权的；但是，债务人的债务人因为法律规定或有破产申请1年前所发生的原因而取得债权的除外。

抵销使得主动债权在实际上具有了优先性，对于其实现明显地具有保障的作用。

七、预告登记之于债权保障

依据《城市房地产管理法》的规定，商品房预售，预售人应当按照国家有关规定将预售合同报县级以上人民政府房产管理部门和土地管理部门登记备案（第45条第2款）。由于这种登记备案制度未赋予预购人登记备案的请求权，且登记备案对于作为义务人的预售人不利，至少没有益处，因而作为预售人的开发商大多故意拖延申请办理登记备案，预购人无相应的请求权督促，无可奈何，这导致其请求开发商交付商品房的债权只是一个呈现着平等性的债权，在开发商将预售给预购人的商品房再次出售或抵押给他人并且办理了相应地登记手续的情况下，预购人对抗不了第二个买受人的房屋所有权或他人的抵押权，可能遭受重大损失。这种制度的设计不能说是有效率的。

《物权法》已经设置了预告登记制度："当事人签订买卖房屋或者其他不动产物权的协议，为保障将来实现物权，按照约定可以向登记机构申请预告登记。预告登记后，未经预告登记的权利人同意，处分该不动产的，不发生物权效力"（第20条第1款）。这告诉我们，房屋买卖等合同项下的债权一经办理了预告登记，开发商等转让人将合同标的物出卖或抵押给第三人，若未经预告登记的债权人同意，则第三人不能取得合同标的物的所有权或他物权。这里所谓他物权，大多为抵押权，也可以是建设用地使用权等。十分明显，就预告登记的债权人和受让合同标的物的第三人之间的关系而言，预告登记对债权实现具有强大的保障作用。[①] 一方面，预告登记归列在债法领域中，因为它担保的是以物权变动为内容的债法上的请求权；另一方面，预告登记又属于物权法范畴，因其效力具有物权性质。故而，可将预告登记标志为，以保护物权变动的请求权为目的的，具有物权效力的担保手段。[②]

八、程序之于债权保障

权利既为法律所赋予之力，则私权从动的理论观察，必伴有诉权，否则私权失之诉权，私权何能受到法的保护？又何能具有法律经济意义？[③] 其实，不仅是诉权在保障债权等权利的实现，而且所有的程序都起着重要的作用，正所谓程序是实体之母，或程序法是实体法之母。[④] 的确，程序可决定权利的有无、权利效力的强弱、权利的顺序和权利的质变。[⑤] 具体到债权保障也是如此。没有相应的程序制度，债权就无法实现，如共同侵权的共同诉讼制度，或难以实现，或实现得不佳，如债权人代位权制度。

---

① 应当指出，就《物权法》第20条第1款规定的文义观察，预告登记的效力是绝对的，即在转让人处分已经办理了预告登记的合同的标的物场合，不是受让人取得合同标的物的所有权或抵押权等他物权相对于债权人无效，而是受让人根本就没有取得合同标的物的所有权或他物权。既然受让人尚无合同标的物的所有权或他物权，那么，预告登记的债权人及第三人都无权主张对合同标的物的所有权或他物权，转让人对于该标的物所有权的效力也受到了较大的限制。

② 见［德］鲍尔、施蒂尔纳：《德国物权法》上册，张双根译，419页，北京，法律出版社，2004。

③ 见林诚二：《论债之本质与责任》，载郑玉波主编：《民法债编论文选辑》上，43页，台北，五南图书出版有限公司，1984。

④ 见［日］谷口安平：《程序的正义与诉讼》，增补版，王亚新、刘荣军译，7页，北京，中国政法大学出版社，2002。

⑤ 见崔建远：《关于制定合同法的若干建议》，载《法学前沿》，第2辑，35～38页，北京，法律出版社，1998。

九、财产保全措施之于债权保障

查封、扣押的财产，在解封之前，不得执行，一经解封，即可强制执行。可见，它们具有被用于清偿债权的可能性，对于未来届期的债权而言可能更能起到保障的作用。

十、意识和道德之于债权保障

具有充分的责任财产只不过为债权实现提供了物质前提，只要债务人为恶意之人，将财产转移、挥霍，债权就仍有实现不了的危险。在这里，债务人的诚实信用非常重要。

十一、社会关系之于债权保障

即使债务人背信弃义，拒不履行债务，坚决反对承担责任，但只要责任财产尚存，社会力量，包括黑社会组织，就可以逼迫债务人履行债务，以实现债权。

第三节　责任财产的辨析

责任财产在保障债权方面所处的地位及所起的作用如此关键，确实应当引起我们的重视。鉴于既有的理论在责任财产方面着墨不多，且存在着不同的界定和认识，本节专就责任财产予以辨析。

一、责任财产的界定与表现形态

1. 关于责任财产的界定

责任财产，望文生义，是指债务人用于履行债务及承担民事责任的财产。就特定债权而言，债权产生，就借助于债务而当即指向了责任财产中的特定物；就种类债权来说，债权产生，便以债务为媒介将其效力指向了债务人的全部财产。总之，债务人，再扩及于一切行为人，他们对外活动都是以其全部财产作为履行债务的总担保的，该财产即为责任财产，又叫一般财产。正所谓债务人所有的财产，都是责任财产。[①] 多年来，许多人都这样界定和认识责任财产，但实际上，问题并不如此简单。

首先涉及的是，由于债务人在不断地实施法律行为及事实行为，处分其全部财产中的部分财产，不论是特定物还是种类物，因而，债务人的全部财产在数额上甚至于在质上始终处于不断变化之中。这对责任财产有无影响？本书认为，从时间的角度观察，对于责任财产的把握和确定，不宜按照债权产生之时债务人的全部财产的状况及数额来确定责任财产的范围，而应当以债权实现也就是债务履行之时债务人的全部财产的状况及数额确定责任财产的范围，除非债务设立之日就是债务履行之时。例如，甲于 2000 年 1 月 1 日设立债务，其全部财产为 10 万元人民币，该债务的履行期为 2001 年 2 月 2 日，届时甲的全部财产为 20 万元人民币。甲的责任财产是 20 万元人民币而非 10 万元人民币。又如，甲于 2000 年 1 月 1 日对乙设立债务之时，其全部财产为 10 万元人民币，该债务的履行期为 2002 年 3 月 20 日。其中价值 3 万元人民币的卡车已经抵押给债权人丙，甲对丙的债务须于 2002 年 1 月 1 日清偿。有学说认为，此处 3 万元人民币的卡车已经抵押给丙，故不属于责任财产，于是甲的责任财产只有 7 万元人民币。本书则主张，既然责任财产系用于清偿债务及承担责任的财产，债务设立时并不清偿，而是债务履行时才将特定财产移转给债权人，那么，确定甲的责任财产，应当以甲向乙清偿债务的时间即 2002 年 3 月 20 日为准，而非以该债务设立之时即 2000 年 1 月 1 日为界限，就是不言自明之理。

上述例子实际上提出了第二个问题，即责任财产是否以能够强制执行的为限？如果答案是肯定的，那么能够强制执行的时间界限如何确定？这是把握和理

① 见［日］佐藤幸治、藤田宙靖等编修：《法律学用语词典》，944 页，东京，三省堂，2003。

解责任财产的第二个要点。因责任财产系用于履行债务及承担责任的财产，此类债务的履行及责任的承担不是通过债务人的行为而是通过移转其财产权实现的，所以，只有财产权移转给债权人才算债务人履行了债务或承担了责任，财产权不移转便未清偿债务，也未完全承担责任。财产权移转需要财产可以被强制执行，不然，财产权移转至少有时会成为空话。就此说来，责任财产应当是能够被强制执行的财产。不过，可以强制执行的时间同样不宜以债务设立之时为界限，而应当以债务清偿期届满之时为准，其道理仍然是只有债务清偿时才需要执行债务人的财产。

问题还在于，实际情况是，债务设立时当事人难以断定债务清偿期届满时强制执行的状态消失与否，而客观上需要此时确定责任财产的范围，对此应当如何解决？本书认为，一个民事主体，只要是个市场主体，实施法律行为及事实行为，其责任财产就始终处于变化的状态。所以，在债务设立时确定责任财产的范围，象征的意义远远大于实用的价值，不如采取务实的态度，以债务清偿期届满乃至进入破产程序之时为准确定责任财产的范围。此其一。其二，债权人为预测交易风险的需要，在债的关系成立之时评估债务人的责任财产，是可以理解的，甚至是必要的。于此场合，既然是“预测”、“评估”，那么就不宜精益求精，模糊些的态度比较可取。就是说，对于财产在债务清偿期届满时可否被强制执行，应当予以宽泛地把握，可以将债务设立时已经处于查封、扣押状态的财产，以及已经设定了担保物权的财产作为责任财产。

把握责任财产的第三个要点是，责任财产在内部存在着不同的类型，每种类型的责任财产在保障债权方面存在着差别，即保障力存在着强弱之分。如果否定这种观点，以最强的保障力作为确定责任财产的标准，那么责任财产的范围就比较狭窄，债权产生之时处于查封、扣押状态下的财产，于其上已经设定了抵押权等担保物权的财产，都会被排除在责任财产的范围之外。可是，如果在债权实现之时查封、扣押已不复存在，担保债权寿终正寝，那么这些财产不就都完全符合责任财产的规格了吗?! 为了避免这种尴尬的局面出现，为了使理论符合债权清偿与责任财产之间关系的实际，本书坚持在责任财产内部存在着保障力有强有弱的意见，承认已被查封、扣押的财产在某些情况下仍然属于责任财产。

把握责任财产还涉及诸如财产的含义、查封和扣押等对责任财产的影响、责任财产的表现形式等一系列问题，这将在下文“2”中阐述。

2. 责任财产中的“财产”的含义

在法律规定及学说上，财产的含义存在着差异，责任财产中的“财产”究竟指什么，需要辨析。

第一种含义的财产，是指一种支配财物的绝对权……财产一词，不仅常常被不加区别地用来指有货币价值的权利客体，而且还常被用来指人们对财物的权利。因此，土地和动产都被说成是财产；而所有权、终身财产权以及地上权之类的权利也被说成是财产。但是，正确的法律术语总是用财产这个词来指人对于物的权利。①

第二种含义的财产，是指一个人所有的具有金钱价值的各种权利的总和。在德国民法上，财产总是和一个特定的人相联系的，一个人的财产是这个人所有的具有金钱价值的各种权利的总和。② 分解开说：其一，财产是一个特定人的各种权利的总和，而不宜说成是土地、机器、戒指等物的总和。“任何财产的直接的组成部分都不是属于财产的权利的客体；财产是指权利人对他所有物的所有，财产并不是物本身；财产是指债权，而不是他人根据债权可以提出请求的给付标的。”③ 其二，只有具有金钱价值的权利才属于财产，纯粹的人格权和具有人身性的家庭权利不属于财产。其三，与纯粹经济意义上的财产包括消极的财产（负债）不同，私法意义上的财产不包括一个人的债务。其四，法律意义上的财产是

① 见［英］《不列颠百科全书》，15版，第15卷，46～56页，海外出版社（Oversea Publishing House），1980。转引自上海社会科学院法学研究所编译：《民法》，45页，上海，知识出版社，1981。

② 见［德］卡尔·拉伦茨：《德国民法通论》上册，王晓晔、邵建东、程建英、徐国建、谢怀栻译，谢怀栻校，410页，北京，法律出版社，2003；王泽鉴：《民法总则》，222页，台北，三民书局，2000。

③ ［德］冯·图尔：《德国民法总论》，第1卷，18章第2节，318页，东科尔与洪布洛特出版社（Duncker & Humblot）柏林，1910。转引自［德］卡尔·拉伦茨：《德国民法通论》上册，王晓晔、邵建东、程建英、徐国建、谢怀栻译，谢怀栻校，410页，北京，法律出版社，2003。但是，梅迪库斯持有不同的意见，他认为物也属于财产。见［德］迪特尔·梅迪库斯：《德国民法总论》，邵建东译，889页，北京，法律出版社。2000。

指“总财产”，而不是“净财产”。所谓“净财产”，就是积极财产减去消极财产的差。在民法上，一个人的财产和一个人现在所能有的东西是一致的，即使积极财产和消极财产相等，即“净财产”为零，该人也有“总财产”。民法是把财产和总财产等同起来规定的。[①]

第三种含义的财产，是指某人的权利和对他人所负的财产债务。在苏联民法上，虽然有的学说对财产的界定与德国民法理论对财产的界定相同，但“在个别场合下，民事立法在比较广泛的意义上使用财产这一概念：其中不仅包括某人的权利，而且也包括他对他人所负的财产债务，即包括资产和负债。苏俄民法典第四百一十八、四百二十条和其他条文在谈到继承财产时，正是在这种广义的意义上使用财产的概念的。继承人所接受的财产是死者的财产权和债务的总和。1936年2月15日苏联人民委员会‘关于转让国营企业、建筑物和工程设施的程序’的决议（《苏联法规汇编》，1936年第11期，第93号）也是在这一意义上谈到财产的”[②]。

本书认为，所谓财产是指权利人对他所有物的所有，财产并不是物本身，此为一家之言，但也应当允许他说存在。“在我国立法中，‘财产’一词在个别场合下也作为物来解释。”[③] 本书赞同归属于主人的物为财产[④]这种观点，如此，财产便既包含权利，也包括物。此其一。行为人对于他人的债务显然不会构成对债权的一般担保，故不属于责任财产的范畴。“我国民事法律中在谈到财产时，大都指的是财产权，而不把负债看成是财产的一部分；相反，把财产看成是偿付债务

① 见［德］卡尔·拉伦茨：《德国民法通论》上册，王晓晔、邵建东、程建英、徐国建、谢怀栻译，谢怀栻校，410～411页，北京，法律出版社，2003。

② ［苏联］坚金、布拉图斯主编：《苏维埃民法》，第1册，中国人民大学民法教研室译，264～265页，北京，法律出版社，1956。

③ ［苏联］坚金、布拉图斯主编：《苏维埃民法》，第1册，中国人民大学民法教研室译，265页，北京，法律出版社，1956。

④ 见中国社会科学院语言研究所词典编辑室编：《现代汉语词典》，98页，北京，商务印书馆，1981。

的客体。”[①] 此其二。能够用货币衡量评价的权利才属于财产，纯粹的人格权和具有人身性的家庭权利不属于财产，也不属于责任财产。此其三。把责任财产仅仅限于绝对权，过于狭小，不符合中国的实际。因为有些债权可以直接作为赔偿的标的物，代物清偿场合即如此，直接抵销的债权显然为责任财产；即使不可直接作为赔偿的标的物，债权实现便转换成有体物或有价证券等形态的财产，也可被用作清偿他人的债权。就是说，债权应当属于责任财产的范围。此其四。即使“法律意义上的财产是指‘总财产’，而不是‘净财产’，所谓‘净财产’，就是积极财产减去消极财产的差”[②] 的观点，在一般意义上成立，但此处所谓“总财产”与责任财产制度中所说的“总财产”还是不同，责任财产制度中的“总财产”不包含财产性债务。此其五。

3. 责任财产的表现形态

责任财产不仅限于物，也包括权利。在请求交付物或请求腾出房屋场合，债务人占有标的物就是责任财产。[③]

此处所谓权利，首要的是所有权，因为有体物在法律上主要以所有权来体现，在这个意义上可以说有体物与其所有权具有同一性。因为只有在有体物上才能设定所有权，故无必要区分所有权与其客体。实际上，所有物与所有权常常是可以替代的。[④]

其次，因为用益物权本身即具有财产价值，加上其收益权还能产生利益，所以可把它们作为责任财产中的财产。

再次，行为人所享有的债权在总的理论上属于责任财产，但在法律技术上，在具体实施的过程中，比较复杂。直接抵销的债权，应当为责任财产。无法实现的债权不是有积极价值的责任财产。转让债权所获得的对价也是责任财产。

---

① ［苏联］坚金、布拉图斯主编：《苏维埃民法》，第1册，中国人民大学民法教研室译，265页，北京，法律出版社，1956。

② 见［德］卡尔·拉伦茨：《德国民法通论》上册，410～411页，王晓晔、邵建东、程建英、徐国建、谢怀栻译，谢怀栻校，北京，法律出版社，2003。

③ 见［日］佐藤幸治、藤田宙靖等编修：《法律学用语词典》，944页，东京，三省堂，2003。

④ See B. Nicholas, An Introduction to Roman Law, Oxford, Oxford University Press, 107 (1962).

在债权作为责任财产方面，需要特别指出来的是定金债权、押金债权和保证金债权。在设立定金、押金或保证金的担保方式的情况下，定金、押金和保证金是否属于责任财产？属于谁的责任财产？在这些担保方式设立之时，定金、押金、保证金的所有权已经由交付金钱或代替物的当事人处转移到接受此类金钱或者代替物的当事人之手，“定金之交付，同时即为其所有权之移转”①，交付此类金钱或代替物的当事人对此类金钱或代替物仅仅享有债权，故金钱担保属于债权性质的担保方式。于此场合，从交付定金、押金、保证金的当事人方面观察，其责任财产的范围未因定金、押金、保证金的交付而增减，但在形态上则有所变化，即定金、押金、保证金由原来的货币这种一般种类物（货币所有权）或代替物（所有权或有价证券）转化为债权。从接受定金、押金、保证金的当事人方面描述，其责任财产中增加了货币（货币所有权）或代替物（所有权或有价证券）的数额，但新负担了相应数额的债务。由于债务不属于责任财产的范围，接受定金、押金、保证金的当事人的责任财产的数额增加了。

最后，担保物权是否为担保物权人的责任财产？应当区分保全担保物权与流通担保物权而有不同的答案。

属于流通担保物权的为证券化的抵押权，在德国法上还有土地债务。抵押权的证券化，一种是将抵押权直接证券化，《德国民法典》第 1 116 条的规定为其典型代表，日本的《抵当证券法》将抵押权与担保债权一并证券化，亦可归属此类。另一种是资产证券化，即由金融中介机构将不动产抵押贷款债权、汽车贷款债权和信用卡债权等流动性较低的资产，转换为证券的形式，再向投资人销售，使金融资产得以流通，以筹措资金的制度。此制以 20 世纪 70 年代美国政府不动产贷款协会所发行的不动产抵押证券（mortgage，backed securities）为其嚆矢，由于金融市场的自由化与国际化发展，其后遂相继为欧、日等国家和地区所继受。中国台湾地区也予以仿效，于 2002 年 6 月 20 日制定了“金融资产证券化条例”。金融机构得依该条例的规定，将住宅抵押贷款债权、汽车贷款债权与其他

① 郑玉波：《民法债编总论》，修订 2 版，陈荣隆修订，312 页，北京，中国政法大学出版社，2004。

贷款债权及其担保物权等金融债权，信托于受托机构（即创始机构），由受托机构以该资产为基础发行受益债券，获取融资。①

德国法规定的土地债务，赋予了持有人通过变价从该不动产上获得一笔金钱的权利。② 土地债务对于债权不具有从属性，可以独立成立，不需要以某个债权的存在为条件。因其相对比较稳定，不受债权变动的影响，所以在实务中较不动产抵押权更受宠爱。③ 土地债务具有让与性，债权人可以将其转让与他人。登记式土地债务可以经过合意和对新债权人的登记而转让（《德国民法典》第 873 条、第 1192 条第 1 项、第 1154 条第 3 项）。公函式土地债务的转让可以不要求在土地簿中登记。在土地簿之外转让土地债务，依据《德国民法典》第 1192 条和第 1154 条的规定，要满足下列条件：签订转让合同；转让的书面声明；土地债务公函的交付。④ 土地债务的受让人在土地簿之外获得土地债务之后，可以按照《德国民法典》第 894 条的规定随时请求原债权人办理变更登记。⑤

在流通抵押权的情况下，为了保护交易安全，立法者放弃了抵押权的严格的从属性⑥，使其起着媒介投资手段的重要作用。它本身就具有财产价值，且具有让与性。土地债务也是如此。这样，它们作为责任财产的组成部分，可以理解。

在保全担保物权的场合，担保物权具有从属性，即担保物权是因债权的保全而存在的，如果不存在债权那么也就不存在担保物权。⑦ 这决定了保全担保物权不得脱离担保债权而单独移转。⑧ 同时，担保物权具有变价权能，担保物权人可

---

① 见王文宇：《资产证券化法制之基本问题研究》，载《月旦法学》，2002（88），103 页；王志诚：《特殊目的公司与投资人之保护机制》，载《月旦法学》，2002（88），103 页，谢在全：《民法物权论》中册，372～373 页，台北，三民书局，2003。

② 见［德］曼弗雷德·沃尔夫：《物权法》，吴越、李大雪译，421 页，北京，法律出版社，2002。

③ 见［德］曼弗雷德·沃尔夫：《物权法》，吴越、李大雪译，416 页，北京，法律出版社，2002。

④ 见［德］曼弗雷德·沃尔夫：《物权法》，吴越、李大雪译，432 页，北京，法律出版社，2002。

⑤ 见［德］曼弗雷德·沃尔夫：《物权法》，吴越、李大雪译，433 页，北京，法律出版社，2002。

⑥ ［德］曼弗雷德·沃尔夫：《物权法》，吴越、李大雪 译，459 页，北京，法律出版社，2002。

⑦ 见［日］近江幸治：《担保物权法》，祝娅、王卫军、房兆融译，沈国明、李康民审校，11 页，北京，法律出版社，2000。

⑧ 参见《德国民法典》第 1153 条第 1 项；［德］曼弗雷德·沃尔夫：《物权法》，吴越、李大雪译，459 页，北京，法律出版社，2002。

将担保物变卖或拍卖变价，以达到其担保债权优先受偿的目的。[①] 可以说，保全担保物权只有附着在债权上才会有价值，并且其价值因担保债权的保全和实现而体现出来，它一旦脱离担保债权，即使勉强地独立存续着，也表现不出财产价值来。因而，保全担保物权不属于担保物权人的责任财产。这个结论还可以通过这样的事实得到验证：担保物权人的债权人不会就担保物权人这个债务人所拥有的抵押权、质权或留置权等保全担保物权本身来实现其债权，而是在这些担保物权所担保的债权实现的情况下，就该债权所换取的物权或与物权的价值相当的权利请求清偿，或就担保物权人这个债务人的其他责任财产受偿，至多就担保物权人转让这些担保物权（假如可能的话）所获得的对价来主张由担保物权人这个债务人清偿。

担保物权对于担保物权人的责任财产有无影响呢？回答是肯定的。担保物权人借助这些担保物权实现其被担保的债权，实现债权所形成的结果——转换成的物权或与物权价值相当的权利——构成责任财产。

二、责任财产与一身专属权财产

实际上，即使债务人具有财产权的财产也未必都是责任财产，一身专属权的财产即为一例。[②] 例如，债务人的心脏起搏器、假肢、近视镜等为债务人的生活乃至生命的延续所必需，不应作为责任财产用于清偿债权。

三、责任财产与法律禁止扣押的财产

所谓法律禁止扣押的财产，是指该财产系为维持当事人及与其共同生活的亲属生活等所必需的，不得供强制执行的财产。[③] 法律禁止扣押的财产，不是责任

① 参见［日］近江幸治：《担保物权法》，祝娅、王卫军、房兆融译，沈国明、李康民审校，3页，北京，法律出版社，2000。

② 见［日］佐藤幸治、藤田宙靖等编修：《法律学用语词典》，944页，东京，三省堂，2003。

③ 参见郑玉波：《民法债编总论》，修订2版，陈荣隆修订，437页，北京，中国政法大学出版社，2004。

财产。[①] 按照责任财产系可被强制执行的财产，并且不考虑时间因素的学说，这系当然的结论。即使不采此说，如果法律禁止扣押的状态一直持续，直到债务消失也未改变，那么，此类财产仍不宜作为责任财产看待，因为只要债务人不用其作为清偿的标的物，就达不到债权实现的目的。该结论在德国法上似乎不成问题，因为《德国民法典》第400条明确规定禁止扣押的债权不得让与。但应注意到，日本有学者认为，禁止扣押不过为保护债权人，对于不依债权人的意思的处分，予以禁止而已，债权人依自己的意思所为的处分，当不在禁止之列。[②] 就是说，此类债权只要债权人同意其作为强制执行的对象，就成为责任财产。但是，如果法律禁止扣押的状态并非一直持续，那么，它有可能被用作清偿债权，所以，绝对地将法律禁止扣押的财产一律排除在责任财产的范围之外，未必合适。

四、责任财产与可被强制执行的财产

为了实现某种请求，成为强制执行对象的财产，叫作责任财产。[③] 这在日本系有力说。本书认为，成为强制执行对象的财产，固然可为责任财产，但因强制执行的对象多种多样，不可强制执行也有暂时的和长期的之分，故应当类型化。按照上文关于以债务清偿期届满之时为界限的观点，如果清偿期届满前不可强制执行的现象消失，那么，债务设立时不可被强制执行的财产仍然是责任财产；如果清偿期届满时不可强制执行的状态仍未消失，那么，债务设立时不可被强制执行的财产便不是责任财产。例如，担保物在担保权有效存续期间，不可作为其他债权的清偿标的而被强制执行，但当担保物权消失时，它便可以作为其他债权的清偿标的。这从下文的分析中可以看出来。

---

① 见［日］佐藤幸治、藤田宙靖等编修：《法律学用语词典》，944页，东京，三省堂，2003。

② 见［日］於保不二雄：《债权总论》，275页，东京，有斐阁，1959。转引自郑玉波：《民法债编总论》，修订2版，陈荣隆修订，437页，北京，中国政法大学出版社，2004。

③ 见［日］佐藤幸治、藤田宙靖等编修：《法律学用语词典》，944页，东京，三省堂，2003。

五、责任财产与担保物

我妻荣教授指出，近现代法上的债权为确保其清偿力而从总财产中抽出其担保价值。不动产、动产，特别是流通中的及在库的商品的担保制度的显著发展，在加工材料、生产工具等动产，担保价值抽出的现象也逐步显著，终于发展到将经营中的企业本身的担保价值抽出的地步。① 内田贵教授认为，没有构成担保标的的财产，是债务人的一般财产，成为债务人的责任财产。② 可见，将担保物从责任财产中排除出去了。王泽鉴教授在讨论抵押权的效力是否及于抵押物的从物时指出，抵押权设定后增加的从物，若为抵押权的效力所及，则抵押权人就从物的变价优先受偿，等于从抵押人的一般担保财产中划出一部分，归于抵押物中，共同担保因而减少，一般债权人难免蒙受损失。为兼顾各方当事人的利益，原则上应认为抵押权的效力及于抵押权设定后增加的从物，若因此而影响到一般债权人的共同担保，则抵押权人于实行抵押权时，虽然可以把抵押物与从物一同拍卖，但就该从物无优先受偿权。一般债权人主张抵押权人无优先受偿权的应负举证责任。③ 字里行间，若明若暗地表达着担保物不属于责任财产的范围的观点。

在这个问题上，本书对责任财产予以宽泛地把握，在责任财产内部区分清偿能力的强弱，兹分析如下：(1) 在不存在《合同法》第286条规定的优先权的情况下，存在着担保物权的责任财产只能用于清偿担保债权，不得用于清偿其他债权。在这个意义上，这种责任财产并非真正的责任财产，难怪有学者将责任财产界定为“没有构成担保标的的财产，是债务人的一般财产，成为债务人的责任财产。”④ 当然，本书并不赞同这种界定，觉得它过于机械，缺乏发展的眼光，未看到事物可能发生变化的一面。因为在债权的履行期限尚未届满时，一旦担保物

---

① 见［日］我妻荣：《债权在近代法中的优越地位》，王书江、张雷译，谢怀栻校，218页，北京，中国大百科全书出版社，1999。

② 见［日］内田贵：《民法Ⅲ·债权总论·担保物权》，106页，东京，东京大学出版会，1996。

③ 见王泽鉴：《民法学说与判例研究》，第3册，366～369页，北京，中国政法大学出版社，1998。

④ ［日］内田贵：《民法Ⅲ·债权总论·担保物权》，106页，东京，东京大学出版会，1996。

权人放弃其担保物权，或担保物权消失，对于担保物权人以外的债权人的债权而言，原担保物就是地地道道的责任财产，为典型的责任财产。(2) 在存在《合同法》第 286 条规定的优先权，并且该优先权在顺序上优先于担保物权的情况下，担保物只能用于清偿优先权所担保的债权，除非标的物存在着剩余额，不得用于清偿担保物权所担保的债权，更不许用于清偿无担保的一般债权。这种情况下的担保物不是真正意义上的责任财产。但用发展的眼光来看，一旦优先权、担保物权统统消失，该担保物就是典型的责任财产。所以，本书不同意将担保物排除在责任财产的范围之外，而是采取把责任财产类型化、每类责任财产在清偿能力方面有强弱之别的模式。(3) 在担保物权被权利人放弃或被保证、并存的债务承担等担保方式替代的情况下，该担保物成为真正的责任财产，不仅对于其他债权人的债权是这样，对于原担保物权所担保的债权也是如此。(4) 之所以说担保物在担保物权存续期间不是典型的责任财产，是因为只要债权人不是担保物权人，该债权人就无权请求强制执行担保物以实现自己的债权。这与责任财产的规格确实不完全符合。(5) 在担保人与债务人为同一人的情况下，对其所为的分析及结论如同上述。在担保人系债务人以外的第三人的情况下，结论则有所不同，即，债务人的责任财产状况不因担保物权的设定而发生变化，只是担保人的责任财产的状况有所改变，担保人的一般债权人无权就担保物而受清偿。

还有必要指出，按照保卢斯（Paulus）的观点，担保性所有权将——通常包含于所有权中的——处分权限与作为责任客体的财产相区分。在担保性所有权存续期间，处分权限归属于担保权利人，然而，在责任法上，因担保而被让与的标的物仍属于供担保者的财产。① 拉伦茨教授对此持肯定态度。② 在这方面，显然更不能接受担保物不是责任财产的观点。

① 见［德］卡尔·拉伦茨：《法学方法论》（学生版），陈爱娥译，323 页，台北，五南图书出版有限公司，1996。

② 见［德］卡尔·拉伦茨：《法学方法论》（学生版），陈爱娥译，323 页，台北，五南图书出版有限公司，1996。

六、责任财产与货币

行为人所拥有的货币、可以自由处分的物是最有实现价值的责任财产。

七、责任财产与查封、扣押的财产

被查封、扣押的财产，在解封之前，不得执行，一经解封，即可强制执行。可见，它们具有用于清偿债权的可能性，将其排除在责任财产的范围之外，至少不准确。区分解封之前的查封、扣押的财产与解封之后的查封、扣押的财产，各自定性，效果更好。

八、责任财产与提存的标的物

在提存的情况下，提存的标的物的所有权移转问题比较复杂，需要区别情形而确定。在提存的标的物为货币或其他可替代物的情况下，此时的提存可被看成是一种向第三人履行的消费保管合同，提存的标的物的所有权，自提存时起移转给提存部门，自债权人从提存部门领取提存的标的物时起移转给债权人。[①] 在提存的标的物是特定物的情况下，日本有学说认为，提存的标的物的所有权由提存人直接移转给债权人。[②] 中国台湾地区有学说认为，在提存的标的物为动产时，其所有权自债权人对于提存表示为承诺时移转与债权人，若为不动产，则其所有权须经登记始行移转。[③] 在中国大陆，韩世远教授认为，在提存的标的物为动产的情况下，债权人对于提存表示为承诺时或向提存部门请求领取提存的标的物

① 见韩世远：《合同法总论》，663页，北京，法律出版社，2004。

② 见［日］於保不二雄：《债权总论》（新版），410、411页，东京，有斐阁，1972。转引自韩世远：《合同法总论》，662～663页，北京，法律出版社，2004。

③ 见史尚宽：《债法总论》，800页，台北，荣泰印书馆股份有限公司，1978。

时，动产所有权移转；在不动产的情况下，其所有权自登记时才移转。[①]

既然提存的标的物的所有权已经转移，不再属于债务人的财产，那么，它就不在责任财产的范围之内。但应看到，提存的标的物存在着因债权人放弃等原因而取回的可能。在提存的标的物被取回的情况下，应当回归为责任财产。

第四节 债权保障制度间的交互作用

一、概述

上文的分析已经显现出各项债权保障制度不是各自孤立的，而是相互联系的，甚至发挥着交互的作用。

若以“保障”为坐标，则从最终的意义上观察，尤其是采取走马观花的方式进行观察时，可以发现，以债权实现为目的，各个债权保障制度都为此而存在，而运作，如同千条江河归大海。就是说，每个债权保障制度都与债权及其实现相联系。

但只要仔细审视，就会发现它们保障债权的地位和方式存在着差异，形成若干层次。这通过下文的分析就会明了。

二、表现形态

1. 责任财产、一般担保和民事责任具有内在的统一性

按照一般担保说，民事责任系保障债权实现的一般担保。责任作为由所有一般财产而产生的财产责任，自然附随于所有的债务。因此一般责任为债权的效力

① 见韩世远：《合同法总论》，663页，北京，法律出版社，2004。

或效果。[①] 在这个意义上，民事责任与一般担保系同一个事物，只不过一般担保完全着眼于债权的存续与实现，民事责任的质的规定性则相对丰富，民事责任不仅担保着债权的存续与实现，而且评价着特定的人及其行为。

民事责任担保着债权的存续与实现，系担保着债权能够从责任财产之中取得特定物或者其他财产。在债权自然实现的情况下，是债务的履行将债权与责任财产中的特定物或其他财产直接联系起来；在债务不履行的情况下，则由民事责任来实现债权与责任财产中的特定物或其他财产之间的联系。[②] 民事责任于其被实际承担之前，将债权的效力指向了责任财产的全部，只有在被实际承担之时及其后，也就是债权正在消亡或者已经消失之时，债权的效力才从责任财产的全体限缩至其中的具体财产。可见，民事责任在存续期间，其效力覆盖于责任财产的全体，两者具有内在的统一性。

2. 责任财产系诸多法律制度的中间保全标的

债的保全维持着责任财产的范围；履行抗辩权迟滞着债务人的责任财产在数量上的减少；抵销乃将责任财产中的债权形式转换成物的形态，防止责任财产中有体物的比重降低；预告登记制度会使债权人的责任财产中的债权形式易于转换成物的形态，阻止责任财产中的不良资产的比重增加；债的担保制度和优先权制度同样如此。可见，责任财产成了这些制度保全的标的。

3. 责任财产系若干法律制度存在的物质基础和法律基础

债的担保制度、《合同法》第 286 条规定的优先权制度都是建立在债务人的责任财产中的特定财产之上的担保制度，法国法上的一般优先权是直接以债务人的责任财产为对象的，可见，没有责任财产便无它们的存在，责任财产成了它们存在的物质基础和法律基础。

① 见［日］於保不二雄：《日本民法债权总论》，庄胜荣校订，72 页，台北，五南图书出版有限公司，1998。

② 参见林诚二：《论债之本质与责任》，载郑玉波主编：《民法债编论文选辑》上，28 页，台北，五南图书出版有限公司，1984。

4. 各债权保障制度间的相互排斥

某些债权保障制度间的相互排斥也是明显的，例如，以债务人及其责任财产为观察的基点，若债务人的责任财产中的特定物成了担保物，则相对于其他共同债权人来说，债务人的责任财产的质量便恶化了，以至于有学说将担保物排除于责任财产的范围；在责任财产与担保物完全重合的情况下，只要担保物权人行使其担保物权，其他债权人就该物所能请求债务人承担的民事责任便形同虚设。

…………

第三章

合同的保全

第一节　合同的保全概述

合同的保全，准确地说是合同债的保全，是指法律为防止债务人的财产不当减少或难以现实地支配而给债权人的债权及其实现带来危害，允许债权人代债务人之位向第三人行使债务人的权利，或请求法院撤销债务人与第三人的法律行为的法律制度。其中，债权人代债务人之位，以自己的名义向第三人行使债务人的权利的法律制度，叫作债权人代位权制度；债权人请求法院撤销债务人与第三人的法律行为的制度，称为债权人撤销权制度。为适应加强对债权人保护的趋势，《合同法》第 73 条、第 74 条分别确立了债权人代位权制度和债权人撤销权制度，填补了中国民事立法的一项空白，意义重大。法释［1999］19 号及法释［2009］5 号对这两项制度进一步细化，值得重视。

合同债的保全涉及第三人，其效力属于合同的对外效力。本来，合同以相对性为原则，债权人不得直接支配债务人的人身、行为及其财产，更不得直接支配第三人的人身、行为及其财产；债权人不得干涉债务人与第三人的法律行为，但合同债的保全则使债权人的权利涉及了第三人的行为或财产，严重干涉了债务人与第三人的行为自由。

立法者何以突破传统民法的“合同相对性原则”，而赋予债权人代位权和撤销权？其立法的基础在于全面衡量债权人、债务人、第三人（义务人）各方的利益关系：债权人的合法债权应当得以实现；债务人对该第三人怠于行使其权利，对债权人又陷于迟延，陷于非正当性的状态；至于第三人，要么是其义务本应履行却未履行（债权人代位权的场合），要么是无偿地或以明显不合理的低价受让给付且主观上明知（债权人撤销权的场合）。面对此情此景，为什么非得受制于合同的相对性这个教条，而违背现代伦理呢？

在权衡各方利益关系方面，债权人的合法债权应当得以实现这个因素，在考量因素中处于较为重要的位置。其道理在于，债权需要债务的适当履行才能实现，债务的履行多体现为从债务人的总财产中分离出一定的财产给债权人。如此，债务人的总财产即“责任财产”的状况如何，直接影响着债权人的债权实现情况。因为责任财产不仅为某一债权人的债权的一般担保，而且是全体债权人的债权的共同担保，所以，责任财产的减少往往害及债权人的债权实现，即民事责任在保障债权的实现上受责任财产的多寡的限制。为防止责任财产的减少害及债权人的债权实现，固然可以通过特别担保手段来保障债权实现，但特别担保亦有其弱点。例如，抵押权等的设立需当事人办理登记手续；留置权则限于特定的债权债务；保证等既需要保证人等第三人的同意，又难逃责任财产减少害及债权实现的命运；定金对于交付定金者的保护不力。有鉴于此，法律在特别担保和民事责任之外，设置合同债的保全制度。其中的撤销权系为恢复债务人的财产而立，代位权在日本民法、中国台湾地区“民法”上系为保持债务人的财产而设。合同债的保全被用来维持和恢复债务人的责任财产，因而，合同债的保全又称作责任财产的保全。对中国大陆《合同法》第 73 条规定的债权人代位权、第 74 条规定的债权人撤销权，也应如此解释，尽管法释［1999］19 号第 20 条规定了“由次债务人向债权人履行清偿义务”。它们对债权实现起着积极的保障作用，能防债权不能实现于未然。

第二节　债权人代位权

一、债权人代位权的概念分析

债权人代位权，是指当债务人怠于行使其对第三人享有的权利而害及债权人的债权时，债权人为保全其债权，可以自己的名义代位行使债务人对第三人之权的权利。

债权人代位权起源于法国习惯法[①]，《法国民法典》设有规定（第1166条），称其为“间接诉权”或“代位诉权”（action oblique，action indirecte，action subrogatoire）。《德国民法典》和《瑞士债务关系法》均未规定债权人代位权，原因在于德、瑞两国法关于强制执行方法的规定颇为完备，没有特别承认债权人代位权的必要。而法国法关于强制执行的规定不完备，为了弥补这种缺陷，民法上规定了债权人代位权。日本和中国台湾地区的民法继受了这一制度。中国大陆《民事诉讼法》关于强制执行的措施也算是比较完备，在这种背景下，《合同法》（第73条）还规定债权人代位权，既是完善实体法上的债权保障制度（包含民事责任、履行及其抗辩权、合同保全、合同担保、抵销等）的需要，又可为解决困扰中国企业多年的“三角债”问题多提供一个可资利用的手段。

对于债权人代位权在法律上的性质，有不同见解。学说上曾出现过代理权说、为自己的委托说，现在的多数意见采固有权利说。因为债权人代位权是债权人以自己的名义，行使债务人的权利的权利，所以不是代理权，而是债权人固有的权利。而在固有权利说内部，也有不同认识，需要进一步辨析。

债权人代位权，是债权人为保全其债权而代债务人行使其权利，在性质上为

① 就此有不同见解，比如有的认为起源于罗马法，有的认为起源于日耳曼法，但以起源于法国习惯法较具说服力。参见［日］松坂佐一：《债权人代位权之研究》，8页以下，东京，有斐阁，1950。转引自韩世远：《合同法总论》，368页，北京，法律出版社，2004。

基于债权人的债权而发生的实体法上的权利，其内容在于行使债务人的权利[①]，借以保持债务人的责任财产，而非扣押债务人的财产权利或就收取的财产有优先受偿权，不是诉讼法上的权利。当然，债权人代位权虽名曰权利，但实质上是权能，盖必须先有债权而后才有代位权能的作用[②]，它是债权人的债权的效力表现，是债权的一项权能。

债权人代位权，不是债权人对于债务人或第三人的一般的债权请求权。一般的债权请求权是债权人请求债务人直接向自己为给付，而传统民法上的债权人代位权并无使债权人直接请求次债务人（债务人的义务人）清偿并使自己的债权优先受偿的效力。《合同法》关于债权人代位权的规定，未涉及债权人直接请求次债务人清偿并使自己的债权优先受偿的效力。法释［1999］19号第20条虽有“由次债务人向债权人履行清偿义务”的规定，但这是否即明确了债权人代位权具有使债权人直接请求次债务人清偿并使自己的债权优先受偿的效力，并非毫无疑问。其原因在于，对法释［1999］19号第20条关于“由次债务人向债权人履行清偿义务”的规定，可有不同的解读，盖“次债务人向债权人履行清偿义务”的依据可以有如下几种：债务人（次债务人的权利人）的指令，或债权人、债务人和次债务人之间的约定，或法律的直接规定，甚至是债权人的请求。次债务人依债权人的请求而直接向债权人给付，并使债权人的债权在客观上优先受偿，在下述场合最为常见且合理：债权人在行使代位权时仅有他自己在行使对债务人的债权，债务人的其他债权人都在债权上睡眠。既然如此，难道还要行使代位权的债权人或债务人逐一地问询其他共同债权人是否分享次债务人的清偿吗？所以，在依债务人即次债务人的权利人的指令、债务人的共同债权人都在债权上睡眠等情况下，所谓“次债务人向债权人履行清偿义务”，并不表明债权人代位权具有使债权人直接请求次债务人清偿并使自己的债权优先受偿的效力。[③]

---

① 见邱聪智：《新订民法债编通则》下，303页，北京，中国人民大学出版社，2004。

② 见林诚二：《民法债编总论——体系化解说》，406页，北京，中国人民大学出版社，2003。

③ 当然，按照最高人民法院负责草拟法释［1999］19号的法官们的本意，法释［1999］19号第20条关于“由次债务人向债权人履行清偿义务”的规定，意在赋予代位权具有使债权人优先获得清偿的效力。

债权人代位权不是直接代理关系中的代理权。债权人代位权与代理权虽然都是可行使他人的权利，但债权人行使代位权，系以自己的名义，而非以债务人的名义，债权人代位权乃债权人固有的权能，并非来自债务人的授权[①]；而委托代理中的代理权须有被代理人的授权，指定代理场合的代理权来自有关机关的授权。所有这些，都表现出债权人代位权与直接代理权之间的区别。

债权人代位权也不是固有意义上的形成权。它行使的效果，是债务人与第三人之间的法律关系发生变更，这虽与形成权相类似，但债权人代位权不是依债权人一方的意思表示而形成法律上的效力，形成次债务人履行（对债务人的）义务的法律效果的，恰恰是债务人（对次债务人）所享债权的效力表现，只不过此次行使该债权的主体，不是债务人这个本来的债权人，而是债权人这个代位权人。所谓债务人与次债务人之间的债权债务关系发生变化，其实并未超出债务履行、债权实现的范畴，即债的关系的框架。假如非从法律关系形成的角度观察不可的话，那么，该法律关系的形成也不是债权人代位权的直接效力，而是代位权使债权人可以依赖债务人的权利而向次债务人主张。所以，债权人代位权不是固有意义上的形成权，而是以行使他人权利为内容的法定权能。因而，债权人在行使代位权时应尽善良管理人的注意。

称债权人代位权并非固有意义上的形成权，还因为债权人代位权虽然行使了，但并不见得奏效，在次债务人由于种种原因而未清偿时，仅凭债权人一方的意思表示，债务人与次债务人之间的法律关系是断然不会发生变更的。而固有意义上的形成权的行使，必定会形成一种法律关系，这不依相对人同意与否、配合或反对、作为或不作为而转移。由此显现出债权人代位权与固有意义上的形成权的差异。

债权人代位权，虽然称之为代位，但其与一般所称的代位，性质上亦有不同。盖以一般所称代位，乃指权利因法律规定而当然移转另一主体之意，如连带债务人清偿代位、利害关系人清偿代位、保证人清偿代位、物上保证人清偿代位

① 见邱聪智：《新订民法债编通则》下，304页，北京，中国人民大学出版社，2004；林诚二：《民法债编总论——体系化解说》，406页，北京，中国人民大学出版社，2003。

等，均属此类。与此有所不同，债权人代位权的代位，仅指权利行使上的代位而已，并不发生权利的当然移转，也不因债权人行使代位权而移转于该债权人。[①]

总之，债权人代位权属于债权的对外效力，是从属于债权的特别权利，或者说，是债权的一种法定权能。无论当事人是否约定，债权人都享有它。作为债权人的固有权利，被学界通说认为属于广义的管理权。[②]

二、债权人代位权的成立要件

(一) 债务人享有对于第三人的权利

债务人对于第三人的权利，为债权人代位权的标的。债权人代位权属于涉及第三人之权的权利，若债务人享有的权利与第三人无涉，则自不得成为债权人代位权的行使对象。

债务人享有的对于第三人的权利，可以先于债权人所欲保全的债权（被代位债权）产生，也可以后于该债权成立。[③]

关于债务人对于第三人的权利的范围，《合同法》规定为到期债权（第 73 条），法释［1999］19 号进一步限定于具有金钱给付内容的到期债权（第 13 条第 1 款）。在这里，至少有两大方面的问题需要探讨：一是此处所谓“到期”的含义如何；二是限于到期债权是否妥当。

此处所谓“到期”，究为何意，需要区分情况，加以判断：(1) 在第三人对于债务人的债务履行期为期日的场合，是指该期日届至，也是届满。在这种情况下，债权人行使代位权，请求第三人履行其对债务人的债务，该第三人无权抗

---

① 见邱聪智：《新订民法债编通则》下，304 页，北京，中国人民大学出版社，2004；林诚二：《民法债编总论——体系化解说》，406～407 页，北京，中国人民大学出版社，2003。

② 见［日］於保不二雄：《债权总论》，新版，162 页，东京，有斐阁，1972；［日］奥田昌道：《债权总论》，增补版，256 页，日本，悠悠社，2000；史尚宽：《债法总论》，445 页，台北，荣泰印书馆股份有限公司，1978。转引自韩世远：《合同法总论》，369 页，北京，法律出版社，2004。

③ 见中国台湾地区“最高法院”1983 年台上字第 3534 号判例；邱聪智：《新订民法债编通则》下，304 页，北京，中国人民大学出版社，2004。

辩，从而达到债权人代位权制度的立法目的。(2) 在第三人对于债务人的债务的履行期表现为期间的情况下，把“到期”解释为第三人对于债务人的债务的履行期届满，结果如同“(1)”中所述，亦不成问题。但是，如果将“到期”解释为债务履行期届至，则该第三人有权以其债务履行期尚未届满为由抗辩，暂时拒绝履行其债务，债权人行使代位权便受到了阻碍，只好等待该债务履行期届满时再为请求，才能达其目的。由此看来，将“到期债权”的“到期”统一解释为债务履行期届满，比较合适。当然，拟制的到期则另当别论。(3) 在个别情况下，宜将此处所谓“到期”解释为真正的到期和拟制的到期。承认拟制的到期，主要是为了解决第三人破产等场合债权人是否可以行使代位权的问题。

《合同法》及法释［1999］19号将被代位债权局限于具有金钱给付内容的到期债权，过于狭窄，不符合债权人代位权制度的立法目的，这使该制度难以发挥应有的效能，应予目的性扩张。

首先，如果债务人的债权未到期，则第三人可以此为由拒绝提前履行，债权人当然无法行使代位权。但在第三人破产的场合，由于破产宣告时未到期的债权，视为已到期债权，债权人当然可以代位申报加入破产债权，在债务人怠于申报时尤应如此。在不修正《合同法》第73条的规定及法释［1999］19号第13条第1款的规定的背景下，为使债权人在这种情况下可以代位行使债务人的债权，且具有直接的法律依据，只好采取拟制的技术，把本未到期的债权视为已经到期的债权。站在立法论的立场上，未来修法时应当放宽在履行期限方面的限制。

其次，构成债务人的责任财产者，不限于债权，包括已经罹于时效的债权、物权及物权请求权、形成权、抵销权、债权人撤销权、受领权、继承回复请求权、扣减请求权、时效抗辩权等[①]，只要行使的结果能使债务人的责任财产得以维持，就应在可被代位之内。不仅如此，诉讼法上的公权利，如起诉、申请强制

---

① 参见中国台湾地区“最高法院”1959年台上字第209号判例；中国台湾地区“最高法院”1963年台上字第681号判例；中华民国最高法院1932年上字第305号判例；中国台湾地区“最高法院”1970年台上字第4045号判例；邱聪智：《新订民法债编通则》下，305页，北京，中国人民大学出版社，2004。

执行、申请发还担保物、申请注销登记等[1]，同样有助于债务人责任财产的维护，亦应允许代位行使。

最后，从比较法的角度看，《法国民法典》第1166条规定，债权人得行使债务人对第三人的一切权利和诉权；日本和中国台湾地区的民法及其理论认为，可代位行使的债务人对第三人的权利十分广泛，以至于采用了“属于债务人的权利”的概括。

当然，专属于债务人的权利，不适于强制执行，自不得作为债权人代位权的标的。总的来讲，不得作为债权人代位权标的的权利，大致有如下几类：(1) 非财产权，如婚姻撤销权、离婚请求权、亲权等权利；(2) 禁止查封让与的权利，如退休金请求权、抚恤金请求权、禁止融通物使用权，以及不作为债权、劳务债权等权利；(3) 专由债务人行使的权利，如非财产损害赔偿请求权，扶养请求权等；(4) 性质上不得由他人行使的权利，如提起上诉的权利、抗告的权利、声明异议的权利等。[2]

通过以上的分析，可知中国大陆《合同法》第73条的规定仅仅将到期债权作为债权人代位权的标的，过于狭窄，有违债权人代位权制度的目的，应采取目的性扩张的方法，适当地扩张债权人可代位行使的权利范围。笔者认为，基于债权人代位权在于维持债务人责任财产的目的要求，考虑到被代位权利可否由他人代为行使的属性，兼顾各方当事人的利益衡平，可代位行使的债务人对于第三人的权利，应包括如下几类：(1) 债权，包括基于合同产生的债权、不当得利返还请求权、基于无因管理而生的债权、基于单方允诺产生的债权、缔约过失场合的损害赔偿请求权、可由他人代为行使的侵权损害赔偿请求权、相邻关系中的损害赔偿请求权等；(2) 物权及物上请求权、包括所有权及其请求权、土地承包经营权及其请求权、建设用地使用权及其请求权、地役权及其请求权、抵押权及其请求权、质权及其请求权、留置权及其请求权等；(3) 以财产利益为目的的形成

---

① 见中国台湾地区“最高法院”1980年台抗字第204号裁定；中国台湾地区“最高法院”1984年台抗字第472号裁定；邱聪智：《新订民法债编通则》下，305页，北京，中国人民大学出版社，2004。

② 见邱聪智：《新订民法债编通则》下，306页，北京，中国人民大学出版社，2004。

权，如变更权、撤销权、解除权、抵销权等；（4）以财产利益为目的的让与权、清偿受领权等；（5）诉讼上的公权利、如代位提起诉讼的权利、申请强制执行的权利、申请注销登记的权利。

如此扩张债权人可代位行使权利的范围，对债务人负有义务的第三人，就不再限于次债务人，应扩至承担物权法上义务、程序法上义务的第三人等。对此，不可不察。

中国现行法同样贯彻专属于债务人自身的权利不得作为债权人代位权标的的精神，《合同法》于第73条第1款后段宣示“债权专属于债务人自身的”不得由债权人代位行使，法释［1999］19号第12条将《合同法》第73条第1款规定的专属于债务人自身的债权，解释为“基于扶养关系、抚养关系、赡养关系、继承关系产生的给付请求权和劳动报酬、退休金、养老金、抚恤金、安置费、人寿保险、人身伤害赔偿请求权等权利”。这告诉我们，这些权利不得由债权人代位行使，也就是不得作为债权人代位权的标的。

不过，应当看到，法释［1999］19号第12条未将不作为债权、劳务债权、技能债权、税金债权、罚金债权等列入不得代位行使的权利范围，过于谨慎，应在适当时期予以修正。一般认为，不作为债权、劳务债权、技能债权，其实现与债务人的资力无关，债权人代位行使也起不到维持债务人责任财产的作用，故不得作为债权人代位权的标的。

（二）债务人怠于行使其权利

所谓怠于行使其权利，按照传统的观点，是指债务人应行使并且能行使而不行使其权利。所谓应行使，是指若不及时行使，则权利将有消灭或丧失的可能。例如，请求权将因时效完成而被义务人抗辩，受偿权将因不申报破产债权而丧失。所谓能行使，是指不存在行使权利的任何障碍，债务人在客观上有能力行使其权利。所谓不行使，即消极地不作为，是否出于债务人的过错，其原因如何，均在所不问。[①] 另外，日本有判例认为，债务人逾期履行时，债权人无

① 欧阳经宇：《民法债编通则实用》，224页，台北，汉林出版社，1977。

须催告债务人行使其权利。[①]

如此解释怠于行使其权利，可能符合债权人代位权制度的立法目的，因为民法应当尽可能地遵循债的相对性原则，尽量减少突破债的相对性原则带来的震荡。据此，在下述情况下债权人代位权制度便不得适用：债务人甲无行为能力，且无监护人，无法向其债务人乙主张债权，这导致了债务人甲的债权人丙难以实现其对债务人甲的债权。

其实，甚至更应看到，债权人代位权制度应当受制于债均应适当履行的原则，满足和促进货畅其流的经济要求。在债务人甲、债务人乙的债务均已届期甚至陷于迟延的情况下，尽快清偿才是对适当履行原则、货畅其流的本质要求的亡羊补牢。在债务人甲主观上松懈、懒惰时如此，在债务人甲客观上无法请求债务人乙清偿的场合亦然。如果这是正确的，那么，债权人代位权的成立要件局限于债务人甲主观上“怠于行使其权利”，就过于狭窄了，遗漏了“债务人甲无行为能力，且无监护人，无法向其债务人乙主张债权”等客观上无法行使其权利的情形，构成未认知的法律漏洞。

有法律漏洞就应当填补，于此处填补的方法应当是目的性扩张，具体到中国现行法，就是承认《合同法》第 73 条第 1 款正文关于“因债务人怠于行使其到期债权，对债权人造成损害的”规定适用范围狭窄，应将其适用范围扩张至“债务人甲无行为能力，且无监护人，无法向其债务人乙主张债权”等客观上无法行使其权利的领域，允许债务人甲的债权人丙诉请债务人乙履行其债务。顺此思路，可将法释［1999］19 号第 13 条第 1 款关于“债务人不履行其对债权人的到期债务，又不以诉讼方式或者仲裁方式向其债务人主张其享有的具有金钱给付内容的到期债权，致使债权人的到期债权未能实现”的规定，看成包含了“债务人甲无行为能力，且无监护人，无法向其债务人乙主张债权”等客观上无法行使其权利的情形，从而抑制法释［1999］19 号第 13 条第 1 款的负面效果，张扬其正面作用。

---

① 见日本 1932 年 7 月大民判（“民集”11 卷第 1498 页）。转引自［日］於保不二雄：《日本民法债权总论》，庄胜荣校订，158 页，台北，五南图书出版有限公司，1998。

如此解释《合同法》第73条第1款正文，具有实践价值。例如，甲于步行中被某运输公司的司机李某撞伤，甲被送往丙医院紧急抢救。出警现场的某公安局交通警察大队出具的《道路交通事故认定书》认定交通肇事司机李某负全责，甲不承担责任。后经司法鉴定认定甲为“智力缺损、精神障碍”，被某精神病院诊断为“脑器质性精神疾病所致精神障碍，颅脑损伤后综合征”。甲已无法律意义上的意思，没有意思能力请求肇事司机李某承担侵权损害赔偿责任。在这样的情况下，应认定为构成法释［1999］19号第13条第1款规定的“债务人不履行其对债权人的到期债务，又不以诉讼方式或者仲裁方式向其债务人主张其享有的具有金钱给付内容的到期债权，致使债权人的到期债权未能实现”，即满足《合同法》第73条第1款正文关于债权人代位权成立的要求，甲的债权人丙医院应有权援用《合同法》第73条的规定请求债务人李某清偿其对甲的债务。假如拘泥于传统理论对于“怠于行使其权利”的解释，债务人甲的债权人丙就不得援用《合同法》第73条第1款正文的规定，诉请债务人乙承担其侵害债务人甲的赔偿责任。

需要说明，此处所谓怠于行使其权利中的权利，学说认为不包含权能，因为权能乃权利的作用，不可代位。假如不是整体地行使债权或物权，仅仅是单独、确定的使用、收益或处分，那么一定不可代位行使，否则，就干涉了债务人的自由。[①] 至于行使债权整体必然要行使其中的权能，行使物权肯定会行使其中的权能，则以代位行使权利论，而不视为单纯地行使权能，因为此时的权利与其权能是浑然一体的，而不是分离的。

［辨析］

如何判断行使权利或权能

乙欠甲100万元，乙仅有房屋一栋，若乙将之卖给丙，则可得价款300万元。于此场合，假如乙怠于向丙索取价款，那么甲即可代位向丙行使支付价款的请求权。但是，如果乙没有出售该房屋，而是把它用作“养蚊子”，则甲不得代

① 见林诚二：《民法债编总论——体系化解说》，407页，北京，中国人民大学出版社，2003。

位乙使用（即甲自己住）、收益（出租）、处分（出售）该房屋。[①] 这形象、明确，确有道理，值得赞同。

此外，有学说认为，债务人的期待权也不得由债权人代位行使。[②] 对此，应予赞同，因为期待权属于效力不齐备的权利，其履行期尚未届满，甚至没有届至，欠缺请求力等效力。

还要说明，受偿在性质上虽属权限，但实务和通说都认为代位权人可于诉之声明中要求代位受领。[③] 该项结论值得赞同，因为受偿作为债权的一种效力，与债权连为一体，行使该权限，也可看作行使权利。实际上，将请求代位受偿直接地、简化地看成行使权限，而不是单纯地为了表达方面的周延、全面，特意将其叙述为行使债权及其受领权限，也未尝不可。

传统理论认为，债务人怠于行使其权利，主要表现为根本不主张权利或迟延行使权利。如果债务人已经行使自己的权利，那么纵使其方法不当或后果不利，债权人也不得再行使代位权[④]，更不得依债权人的主观意愿来认定债务人行使对于第三人权利的方法适当与否，及后果的好坏。例如，债务人承诺了于其不利的代物清偿或因不适当的诉讼方法而败诉[⑤]，债权人对此即使并不欢迎，也不得代替债务人擅自坚持于己有利的代物清偿或另行其他的诉讼方法。对于由此而给债权人带来的不利，可以借助其他制度予以补救。例如，在债务人的诉讼方法不适当时，为防止因诉讼方法不当而败诉，最终导致债务人的责任财产在数量上减

---

① 见林诚二：《民法债编总论——体系化解说》，407页，北京，中国人民大学出版社，2003。

② 见林诚二：《民法债编总论——体系化解说》，409页，北京，中国人民大学出版社，2003。

③ 见中华民国最高法院1932年上字第305号判例；中国台湾地区“最高法院”台上字第404号判例；中国台湾地区“最高法院”1975年台上字第2916号判例；林诚二：《民法债编总论——体系化解说》，407～408页，北京，中国人民大学出版社，2003。

④ 参见日本最判昭28·12·14“民集”7·12·1386；［日］奥田昌道：《债权总论》，增补版，258页，东京，悠悠社，2000；［日］田山辉明：《债权总论》，70页，横滨，成文堂，1993；中国台湾地区“最高法院”1961年台上字第408号判例；邱聪智：《新订民法债编通则》，下，305页，北京，中国人民大学出版社，2004。

⑤ 参见日本1909年2月27日大民判（“民录”14辑150页）。转引自［日］於保不二雄：《日本民法债权总论》，庄胜荣校订，158页，台北，五南图书出版有限公司，1998。

少，债权人有权以诉讼辅助人的身份（《日本民事诉讼法》（1999年）第42条），个别情况下以当事人的身份（《日本民事诉讼法》（1999年）第47条），参加诉讼，以保全自己的权利。

在这方面，中国现行法修正了"怠于行使权利主要表现为根本不主张权利或迟延行使权利"的界定，将债务人怠于行使其权利的情形扩展了。相应地，债权人行使代位权的机会也就增多了，合同相对性原则的适用领域也就随之缩小。例如，法释［1999］19号第13条第1款规定，债务人在不履行其对债权人的到期债务的情况下，债务人不以诉讼方式或仲裁方式向其债务人主张到期债权，就构成怠于行使其对于第三人的权利。

法释［1999］19号第13条第1款的规定，有其正面作用：诉讼方式或仲裁方式能够清晰地显示出债务人行使权利了，证明力最为直接和确凿；而非诉讼方式、仲裁方式，即债务人直接请求第三人履行的方式，在识别债务人对次债务人是否确实行使权利的问题上，相对困难。因为行使权利与否更多地取决于债务人、第三人是否承认，债务人实际上未行使权利却谎称已经行使了，甚至于债务人和次债务人恶意串通欺骗债权人，均不易查清。法释［1999］19号第13条第1款只承认债务人以诉讼方式或仲裁方式请求次债务人履行为行使权利，即可不让债务人、次债务人谎称已经行使权利的企图得逞。

法释［1999］19号第13条第1款的正面作用还表现在，它可以将上文所论"债务人甲无行为能力，且无监护人，无法向其债务人乙主张债权"纳入《合同法》第73条第1款的适用范围。

但是，法释［1999］19号第13条第1款的规定的负面作用更大：(1) 它漠视《民法通则》、《合同法》、《物权法》等现行法规定的权利行使的多种途径和方式，人为地、不当地排除了当事人最为常态的行使权利的形式。权利人直接向义务人主张权利，最为便捷和经济，系权利行使的常态。通过诉讼方式行使权利，一般说来，应为不得已之事。因此，凡是未明文规定必须以诉讼方式行使权利的，均应允许权利人直接向义务人主张。中国现行法设置明文，要求权利的行使必须采取诉讼方式的，比较少见。举其要者，如意思表示存在瑕疵、显失公平场合，撤销权的行使，需要采取诉讼的方式（《合同法》第 54 条第 2 款后段）；债权人撤销权的行使需要向人民法院请求（《合同法》第 74 条第 1 款）；集体经济组织、村民委员会或其负责人作出的决定侵害集体成员合法权益的，受侵害的集体成员行使撤销权，需向人民法院请求（《物权法》第 63 条第 2 款）；等等。但是，对于普通债权、物权的行使，《民法通则》、《合同法》、《物权法》等法律、法规并未规定必须采取诉讼的方式。如此，债务人直接向其义务人主张权利，为其自由，在《民法通则》、《合同法》、《物权法》上本为正当，可是法释［1999］19 号却剥夺了债务人依其意愿选择行使权利的方式的自由，至少在债务人尚未向其债权人清偿时是这样的，似有违反上位法之嫌。(2) 无论最高人民法院是否意识到，适用［1999］19 号第 13 条第 1 款的规定的前提和结果，是在认定债务人不通过诉讼方式向其义务人主张权利为"怠于行使其到期债权"，也就是不当，其实质是将权利的合法行使当作了过失的表现，含有否定之意，至少在债务人尚未向其债权人清偿时是这样。其价值导向，善恶的区分和把握，均值商榷。(3) 债务人直接向其义务人主张权利，较通过诉讼方式请求成本低得多，法释［1999］19 号第 13 条第 1 款的规定迫使债务人采取诉讼方式请求次债务人履行，不然就运用同样是通过诉讼方式行使的债权人代位权机制，无疑增加了成本，不尽符合效益原则。

至于将债务人直接请求次债务人履行的权利行使形式排除于怠于行使权利的形态之外，可能出现债务人、次债务人谎称行使权利的情形，存在着不足。对此，法律人可通过修正判断债务人行使权利的标准来解决。笔者主张，判断债务人是否怠于行使其权利，不宜限于行使权利的过程，而应兼顾行使权利的结果，即，在债务人直接请求次债务人履行义务的情况下，我们不过分纠缠于债务人是否向次债务人主张了权利这个过程，而是更看重次债务人是否已向债务人清偿的结果，只要在债务履行期届满时次债务人尚未清偿，债务人又未通过诉讼方式或仲裁方式请求，就认定债务人怠于行使其权利。这样，债务人、次债务人谎称债务人已经行使权利了，就变得没有实际价值。

另外，在债务人以加害债权人为目的而行使权利的情况下，为保护债权人的合法权益，可以借助于债权人撤销权制度，由债权人将债务人行使权利的行为予以撤销，来恢复、维持债务人的责任财产，保全权利。①

（三）债务人已陷于迟延

在债务人迟延履行以前，债权人的债权能否实现，难以预料，若在这种情况下允许债权人行使代位权，则对于债务人的干预实属过分。反之，若债务人已陷于迟延，怠于行使其权利，且又无资力清偿其债务，则债权人的债权已经有不能实现的现实危险，此时已发生保全债权的必要。故债权人代位权应以债务人陷于迟延为成立要件。但也有例外，虽然债务未届履行期，但对专为保存债务人权利的行为（保存行为），如中断诉讼时效、申请预告登记、申请物权登记、申报破产债权等，例外地不须等到债务人迟延履行即可代位行使。原因在于，这些权利因其性质须及时行使，行使的目的及结果在于维持债务人责任财产的现状，符合债权人代位权的目的。② 若不及时行使该代位权，等到债务人迟延履行时债务人的权利已经消灭，则无代位之可能。况且，这种保存行为不同于实行行为，其行使不构成对债务人行为的干涉，而是有利于债务人的行为。

（四）对债权人造成损害

债权人代位权的目的，既然在于债权的保全，那么就需要债权人于其债权有不能受偿的危险时，才可行使代位权；债务人怠于行使其权利，对于债权人的债权并无影响的，法律就没有必要以突破合同相对性原则、干预债务人自由的重大代价来赋予债权人代位权。③《合同法》第 73 条及法释［1999］19 号第 11 条注意到了这一点，规定上述三个要件加上对债权人造成损害都具备时，债权人代位权才成立。

债务人怠于行使其到期债权，对债权人造成损害，也可称作“有保全债权的必要”。所谓有保全债权的必要，是指债权人的债权，有不能依债的内容获得满

---

① 见［日］於保不二雄：《日本民法债权总论》，庄胜荣校订，158 页，台北，五南图书出版有限公司，1998。

② 见邱聪智：《新订民法债编通则》下，307 页，北京，中国人民大学出版社，2004；林诚二：《民法债编总论——体系化解说》，409 页，北京，中国人民大学出版社，2003。

③ 见邱聪智：《新订民法债编通则》下，306 页，北京，中国人民大学出版社，2004。

足的现实危险，因而有代位行使债务人的权利以便实现债权的必要。

此处所谓必要的判断，传统见解认为，必须是债务人已陷于无资力的状态。所谓无资力，也叫欠缺支付能力，传统学说认为，是指债务人负债超过资产（包括信用能力），不能清偿其债务的现象。对保全债权的必要，之所以解释为债务人无支付能力，是因为保全的对象为债务人的责任财产，其作用本为强制执行的准备，充其量亦仅责任财产的维护而已，如债务人的责任财产，尚足以担保其所有负债，则债权实现仍无可虞，自不宜承认债权人代位权，妨害债务人的权利自由。① 纵使是给付特定物的债权，也是债权，假如为保全已特定债权，而不问债务人的资力如何，都可行使代位权，也已超过保全制度的立法目的，且干预自由行使权利的原则。② 这是“无资力说”。

但是，将债权人代位权的规范功能完全局限于一般财产的保全，使其仅生准备强制执行的作用，显然过于消极，事实上也难以发挥应有的作用。在这种情况下，债权人可以按照民事诉讼法关于强制执行的规定，直接查封债务人对第三人的权利（或其标的），而清偿自己的债权，何必代位行使？何况按照通说，因第三人履行而产生的利益直接归属于债务人的责任财产，债权人却须为代位权诉讼付出相当的成本。为了避免债权人代位权制度的目的落空，在特定物债权方面，学理上仍有逐渐趋于特定物债权实现的阐扬，认为只要特定物债权的实现发生障碍，债权就有保全的必要。③ 例如，甲购买乙的A物，未受领便转卖与丙，若甲怠于向乙行使交付请求权，则丙的债权将无法实现，所以，丙不问甲有无资力均可代位请求乙交付A物。④ 这就是“特定物债权说”。中国台湾地区“最高法院”有判例采纳了这种见解。⑤

时至今日，多数赞同“无资力说”和“特定物债权说”并存，各有其适用领

---

① 见邱聪智：《新订民法债编通则》下，306页，北京，中国人民大学出版社，2004。

② 见林诚二：《民法债编总论——体系化解说》，408页，北京，中国人民大学出版社，2003。

③ 见邱聪智：《新订民法债编通则》下，306～307页，北京，中国人民大学出版社，2004。

④ 见欧阳经宇：《民法债编通则实用》，225页，台北，汉林出版社，1977。

⑤ 见中国台湾地区“最高法院”1958年台上字第1815号判例；中国台湾地区“最高法院”1957年台上字第422号判例。转引自邱聪智：《新订民法债编通则》下，307页，北京，中国人民大学出版社，2004。

域的模式。在不特定物债权及金钱债权的场合，对债权有无保全必要的判断，运用“无资力说”；在特定物债权的情况下，对债权有无保全必要的判断，采用“特定物债权说”。不过，在特定物债权的实现发生障碍，债权人代位行使债务人对第三人的权利时，不是请求该第三人交付该特定物，而是主张损害赔偿或支付违约金的，因该损害赔偿请求权或支付违约金请求权与一般债权在性质上没有两样，也应以无资力为要件。①

“无资力说”符合债权—民事责任（一般担保）—责任财产的法律构造，即在不特定物债权及金钱债权的情况下，债权的效力无法直接及于债务人的责任财产，只有借助于民事责任（一般担保）制度，才可使债权的效力及于这些责任财产。在债权人代债务人之位向第三人请求时，更是如此。既然将债务人的责任财产与债权人的债权联系，那么，依合同的相对性、债权与责任财产之间的关系等一般原理，债权人应当就债务人的责任财产来主张，准确地说，是就债务人现时可直接控制的责任财产而请求。颇似“近水楼台先得月”，债权人先就债务人现时可直接控制的责任财产而实现其债权，既容易达到目的，又不“违反”合同的相对性原则，还可免去与第三人交涉带来的麻烦和成本，符合各方面的利益要求。因此，债权人向债务人直接请求履行，无需什么债务人无资力等条件。不然，就没有处理好合同关系与破产、代位权等制度的分工与衔接。

但是，在债务人现时可直接控制的责任财产不足以清偿数个并存的债务时，仍不区分情况地一律不允许债权人代位向第三人主张，这对债权人甚至债务人都可能是个损失，何况该第三人也确实有义务履行其债务。有鉴于此，在不特定物债权及金钱债权的情况下，债权人代位权的行使，以债务人无资力为要件，是必要的、妥当的。

“特定物债权说”更强调了债权与其标的物之间的密切关系，债权的效力直接及于作为标的物的特定物，特定物债权通过实际履行而实现，无须借助于一般担保制度，这可以将效力范围从债务人的全部财产（责任财产）收缩至该特定物

① 见邱聪智：《新订民法债编通则》下，307页，北京，中国人民大学出版社，2004。

本身。既然已经聚焦于该特定物而非泛泛的责任财产，那么可以暂时不考虑债务人的其他责任财产，债权人直接就该特定物实现其债权，同样无需以债务人无资力为条件。该项结论在债权人和债务人之间毫无疑问，在该特定物由第三人直接控制的情况下，则遇到了合同相对性的障碍。这也是较长时期内“特定物债权说”没有粉墨登场的原因。

随着合同相对性在若干领域被突破，法律人的思想越来越解放，利益衡量而非形式逻辑越来越受到重视，应当全面衡量债权人、债务人、第三人（义务人）各方的下述利益关系：债权人的合法债权应当得以实现，第三人这个义务人也应履行其义务，加上债务人对该第三人怠于行使其权利，对债权人又陷于迟延，已经处在了非正当的状态，甚至处于可受责难的境地。面对此情此景，为什么非得受制于合同的相对性这个教条，而违背现代伦理、权衡失当呢？

所以，中国《合同法》及其理论也应当采取“无资力说”和“特定物债权说”并存、各有其运用领域的模式，即在不特定物债权及金钱债权的场合，对债权有无保全必要的判断，运用“无资力说”；在特定物债权的情况下，债权人代位请求第三人实际履行的，则采用“特定物债权说”。不过，债权人代位请求第三人承担损害赔偿责任或支付违约金的，依然奉行“无资力说”。

需要指出，中国法所采用的“无资力说”，应被稍加修正。笔者认为，判断债务人是否陷入无资力，不宜简单地以债务人的责任财产额与债务人所负债务的总额加以比较，而应采取这样的思路：以债务人现时可直接控制的财产为限，来认定其有无清偿债权的资力。在债务人现时可直接控制的财产不能清偿债权人的债权时，即认定债务人无资力。其道理在于：(1) 债务人的责任财产，包括债务人对于第三人的债权在内，而债权并非都能得到实现。一旦债权不能实现，债务人就可能或必然无力清偿债权人的债权，致使债权人受到损害。这已经具备了债权人代位权的一个构成要件。(2) 债权人代位权就是要代债务人行使其债权，债务人对于第三人的债权是债权人代位权的对象，是需要借助于债权人代位权制度实现的权利。既然如此，把债务人对于第三人的债权作为债务人有资力的证明，就违背了债权人代位权制度的目的及功能，使之总也不具备构成要件。有鉴于此，对于无资力的判断，应当另辟蹊径。笔者认为，应当以债务人现时可直接控制的财产为限，来认定其有无清偿债权的资力。在债务人现时可直接控制的财产不能清偿债权人的债权时，即认定债务人无资力。

有保全债权的必要，还应当包含这样的意思：债权人行使代位权，原则上要求债权已届清偿期。不过，在紧急保全债权时可以承认例外，如裁判上的代位、保存行为。

（1）裁判上的代位

在日本法上，债权在履行期限届至前，因债务人不行使权利，有不可能保全或保全发生困难之虞时，债权人可以经过法院的许可行使代位权（《日本民法典》第423条第2项，《非诉事件程序法》（2011年）第85条至第91条）。[①] 这为保全债权所必需，值得中国法重视。

（2）保存行为

保存行为乃防止债务人减少财产的行为。例如，在日本，在债务人的权利即将罹于消灭时效时，实行时效中断，进行保存登记；在第三债务人破产时，申报债权。由于这些行为对债务人没有任何不利，加上急需保存的情形较多，日本民法允许债权人在债权届期前代位行使债务人的权利，无需法院的批准（《日本民法典》第423条第2项但书）。[②]

三、债权人代位权的行使

1. 行使的主体

除依债权性质不适合代位而为保全的以外（如以劳务为内容的债权或不作为债权，但在其转化为损害赔偿请求权时，不在此限），凡属债权人，原则上均可

① 见［日］於保不二雄：《日本民法债权总论》，庄胜荣校订，158页，台北，五南图书出版有限公司，1998。

② 见［日］於保不二雄：《日本民法债权总论》，庄胜荣校订，159页，台北，五南图书出版有限公司，1998。

为代位权的主体。[①] 债务人的各个债权人在符合法律规定的条件下均可以代位行使债务人的权利。于此场合，这些债权人作共同原告。

2. 债权人以自己的名义行使代位权

债权人是以代位权人的地位行使债务人的权利，自然应以代位权人即债权人的名义行使，行使时应尽善良管理人的注意，因为行使代位权属于干预债务人权利的行为，债权人若未尽善良管理人的注意义务，给债务人造成损害，则应负损害赔偿责任。[②]

3. 债权人以诉讼方式行使代位权

(1) 必要性

《合同法》第73条明文规定，债权人代位权的行使采取诉讼方式。其立法理由如下：

A. 债权人代位权必须通过诉讼方式行使，若允许在诉讼外行使，则不易达到债权保全的目的。例如，因时效中断之起诉、因执行异议之起诉，均须采取诉讼方式。

B. 查清系争案件的事实，明确真实的法律关系，是妥当处理系争案件的前提。债务人对于第三人是否确实拥有权利，拥有多少权利，在该权利上有无限制等，债权人有时不太清楚，而债务人参与诉讼，这些问题会轻而易举地得到解决。

C. 债权人代位权必须通过诉讼方式行使，其重要原因在于：一方面，只有诉讼方式才能保证某个债权人行使代位权所获得的利益能够在各个共同债权人之间合理分配；另一方面，只有诉讼方式才能有效地防止债权人滥用代位权，如防止其随意处分债务人的权利或将债务人的权利用以充抵自己的债权，同时也能够有效地防止债权人与其他未行使代位权的债权人、债务人以及次债务人之间因代位权的行使而发生不必要的纠纷。[③]

---

① 见林诚二：《民法债编总论》，409页，北京，中国人民大学出版社，2003。

② 见林诚二：《民法债编总论》，410页，北京，中国人民大学出版社，2003。

③ 见王利明、崔建远：《合同法新论·总则》，386页，北京，中国政法大学出版社，1996。

(2) 诉讼当事人

债权人作为原告，共同债权人在符合法律规定的条件下均可作为共同原告。债务人为实体法上的第三人。法释［1999］19号第16条第1款将次债务人作为被告。

学说对原告、被告的规定没有异议，存在意见分歧的是法释［1999］19号第16条第1款关于“债权人以次债务人为被告向人民法院提起代位权诉讼，未将债务人列为第三人的，人民法院可以追加债务人为第三人”的规定。

反对者指出，债权人作为理性人，对于有无必要将债务人列为第三人应当清楚，主审法院应当尊重债权人的决定。置该决定于不顾，放弃居中裁判的立场，依职权追加债务人为第三人，实属干预过分。

赞同者则认为，债权人未必是法律人，不见得知晓债务人参与诉讼或仲裁的必要性，或者即使了解这点但因其不熟悉程序也未将债务人列为第三人；再者，在债权人不清楚债务人对于第三人是否确实拥有权利、拥有多少权利、该权利上有无限制等事实时，债务人参与诉讼或仲裁，显然有助于查清案件事实，较为顺利地解决纠纷。就此看来，在债权人未将债务人列为第三人时，主审法院依职权直接把债务人追加为第三人，是可以接受的。再说，中国现行法并无关于主审法院在裁判案件时立场中立的规定。

(3) 诉讼管辖

债权人依照《合同法》第73条的规定提起代位权诉讼的，由被告住所地人民法院管辖（法释［1999］19号第14条）。

债权人以境外当事人为被告提起代位权诉讼的，人民法院根据2007年修订的《民事诉讼法》第241条即自2013年起实施的《民事诉讼法》第265条的规定确定管辖（法释［2009］5号第17条）。

两个或两个以上债权人以同一次债务人为被告提起代位权诉讼的，人民法院可以合并审理（法释［1999］19号第16条第2款）。在这方面，有学者指出，在债权人有数人时，纵最初有行使代位权之人，除因债权人于本诉中败诉的以外，其他债权人仍可行使代位权。若因其他情形已受败诉的确定判决，则不得认定债务人怠于行使其权利，无保全的必要，其他债权人不得行使代位权。[①]

需要注意，如果一个或数个债权人已就某项债权行使了债权人代位权，那么，其他债权人就不得就该项债权再行使代位权，提起代位权诉讼；若提起，人民法院便予以驳回。不过，其他债权人可以就另外的债权行使代位权，除非不具备代位权行使的要件；也可以起诉债务人，请求其履行债务，以实现其债权。

还需注意，债权人向人民法院起诉债务人以后，又向同一人民法院对次债务人提起代位权诉讼，符合《合同法》第73条第1款规定的“债务人怠于行使其到期债权，对债权人造成损害的”条件，以及法释［1999］19号第13条的相应解释，并符合2007年修订的《民事诉讼法》第108条即自2013年起实施的《民事诉讼法》第119条规定的起诉条件的，人民法院应当立案受理；不符合《合同法》第73条第1款规定的“债务人怠于行使其到期债权，对债权人造成损害的”条件，以及法释［1999］19号第13条的相应解释的，告知债权人向次债务人住所地人民法院另行起诉（法释［1999］19号第15条第1款）。

债务人在代位权诉讼中对债权人的债权提出异议，经审查异议成立的，人民法院应当裁定驳回债权人的起诉（法释［1999］19号第18条第2款）。

受理代位权诉讼的人民法院在债权人起诉债务人的诉讼裁决发生法律效力以前，应当依据2007年修订的《民事诉讼法》第136条第5项［2012年《民事诉讼法》第150条第5项］的规定中止代位权诉讼（法释［1999］19号第15条第2款）。

（4）代位权诉讼中的抗辩

在代位权诉讼中，次债务人对债务人的抗辩，可以向债权人主张（法释［1999］19号第18条第1款）。

（5）代位权诉讼中的财产保全

在代位权诉讼中，债权人请求人民法院对次债务人的财产采取保全措施的，

① 见林诚二：《民法债编总论——体系化解说》，411页，北京，中国人民大学出版社，2003。

应当提供相应的财产担保（法释［1999］19号第17条）。

4. 行使范围

由债权人代位权的规范意旨决定，债权人代位权的行使范围自然应被限制在保全债权的必要范围内。该范围，《合同法》第73条第2款前段表述为“代位权的行使范围以债权人的债权为限”。在该必要范围内，债权人可以同时或顺次代位行使债务人的数个权利。但在行使一个权利就足以达到目的时，不得行使其他权利。[①] 在应代位行使的权利的价值超过债权保全的程度时，只有在必要的限度内，分割债务人的权利，债权人才能行使代位权。但在债务人的权利不能分割行使时，债权人可以行使全部的权利。[②]

《合同法》第73条第2款前段所谓“债权人”，是限于行使代位权的债权人，还是也包括其他共同债权人？就《合同法》第73条第2款前段的文义来看，似应为行使代位权的债权人。如此解释也符合法释［1999］19号第20条关于“债权人向次债务人提起的代位权诉讼经人民法院审理后认定代位权成立的，由次债务人向债权人履行清偿义务，债权人与债务人、债务人与次债务人之间相应的债权债务关系即予消灭”的规定。“由次债务人向债权人履行清偿义务，债权人与债务人、债务人与次债务人之间相应地债权债务关系即予消灭”，行使代位权的债权人自然无权行使超过其债权范围的权利。但是，若采取行使代位权所获财产直接归入债务人的责任财产的“入库规则”，其他共同债权人已经向债务人主张权利，则行使范围应扩及已经主张权利的共同债权人的债权，不然，代位权人虽然付出了较高的成本却难以使自己的债权全部得到满足。

在代位权诉讼中，债权人行使代位权的请求数额超过债务人所负债务额或超过次债务人对债务人所负债务额的，对超出部分人民法院不予支持（法释［1999］19号第21条）。

---

① 见［日］於保不二雄：《日本民法债权总论》，庄胜荣校订，165页，台北，五南图书出版有限公司，1998。

② 见史尚宽：《债法总论》，452页，台北，荣泰印书馆股份有限公司，1978。

5. 可代位行使的行为类型

债权人行使代位权，限于保存行为和实行行为，原则上不包含处分行为。① 例如，不允许免除单纯债务、放弃权利、延缓受偿期限等处分行为。但是，如代位权的标的为易于腐烂变质之物，则应允许代位债权人享有处分权。② 不仅如此，在与债务人的全部财产相关联，为保全债务人的财产所必要时，日本判例允许将债权、撤销权、解除权、买回权等权利的行使，以及买卖、抵销、变更等的交换利益行为，当作一种管理行为而加以实施。③ 例如，在债务人对次债务人的债权未附担保，而次债务人对债务人的债权却附有担保的场合，债权人代位债务人主张抵销，债务人提供的担保即归消灭，对于债务人的责任财产自有裨益，应当允许。④

有必要指出，中国存在着保存行为不可代位行使的意见，理由为《合同法》及法释［1999］19号并未对债权人的保存行为作出例外规定，且代位权制度是个崭新的制度，在具体操作时容易出现问题，因此，在目前的审判实务中不宜将代位权的适用扩张至债权人的保存行为。⑤ 但是，保存行为不同于实行行为，不构成对债务人行为的干涉，而是有利于债务人的行为，因而，日本及中国台湾地区的立法对其均明确肯定。《合同法》虽没有明文规定，却有其解释存在的余地，立法机关人士也已作了这种解释。《合同法》关于债权人代位权的规定本来就先天不足，最高人民法院的司法解释本应积极地弥补立法的不足，却反其道而行之，再施阉割手术。与日本判例在其立法基础上对债权人代位权制度开展的多姿多彩的扩张适用相比，中国法律的发展，的确任重而道远。⑥

---

① 见史尚宽：《债法总论》，452页，台北，荣泰印书馆股份有限公司，1978；胡康生主编：《中华人民共和国合同法释义》，122页，北京，法律出版社，1999。

② 见邱聪智：《新订民法债编通则》下，308页，北京，中国人民大学出版社，2004。

③ 见［日］於保不二雄：《日本民法债权总论》，庄胜荣校订，165页，台北，五南图书出版有限公司，1998。

④ 见林诚二：《民法债编总论——体系化解说》，411页，北京，中国人民大学出版社，2003。

⑤ 见王闯：《最高人民法院〈关于适用中华人民共和国合同法若干问题的解释（一）〉的解释与适用》，载李国光主编：《经济审判指导与参考》，第2卷，46页以下，北京，法律出版社，2000。

⑥ 见韩世远：《合同法总论》，379页，北京，法律出版社，2004。

6. 债权人代位权行使的期限限制

由于债权人的代位权不是固有意义上的形成权，债权人行使它的期间不宜适用除斥期间的规定。

因为债权人的代位权是债权人以行使债务人对于第三人的权利为内容的法定权能，涉及债权人对于债务人的债权，以及债务人对于第三人的权利，所以，债权人在行使该权的期间上要受到双重限制：其一，受到债权人对于债务人的债权所要求的履行期限、诉讼时效期间、权利失效（期间）制度的限制。就是说，如果债权人对于债务人的债权尚未届期，那么，债权人欲行使代位权，债务人有权抗辩。即使债务人对于债权人的债务已届履行期，但因债权人怠于主张其债权，致使该债权超过了诉讼时效期间，当债权人行使代位权时，债务人亦可抗辩。退一步说，即使不存在履行期限、诉讼时效方面的问题，如果债权人的债权不行使的期间过长，以至于使人相信债权人不会再行使其权利，那么，债权人再行使其债权就有悖于诚实信用原则，也不应允许债权人再主张该债权。这就是权利失效（期间）制度。其二，受到债务人对于第三人的权利所要求的期间的限制。如果债务人对于第三人的权利为债权，则要受到该项债权的履行期、诉讼时效期间的限制；如果债务人对于第三人的权利是物权及物权请求权，则物权本体不受诉讼时效的限制，似无不同意见，但物权请求权是否受诉讼时效的限制，法无明文，学说上尚有争论，多数说认为排除妨害请求权、消除危险请求权不适用诉讼时效制度，不登记物权的返还请求权适用诉讼时效制度，登记物权的返还请求权则不适用；如果债务人对于第三人的权利是抵销权等形成权，那么该权利显然受到除斥期间的制约；如果债务人对于第三人的权利是对重大误解等民事行为的撤销权或变更权，那么该权利还要受到诉讼行使方式的拘束；如果债务人对于第三人的权利是诉讼上的权利，那么该权利必须适用程序法的规定。

在物权及其请求权方面，同样存在着权利失效（期间）制度的限制。如果债务人对于第三人的物权请求权不行使的期间过长，以至于使人相信该债务人不会再行使其物权请求权，那么，债务人再行使其物权请求权就有悖于诚实信用原则，也不应允许他再主张该物权请求权。

四、债权人代位权的效力

（一）对债务人的效力

1. 债务人是否丧失处分权

在债权人行使代位权后，债务人对于代位权标的的处分权应否受到限制，学说上颇有争论。

“肯定说”主张，在债权人将代位权行使的事实通知债务人后，或在债务人已经知晓债权人行使代位权后，债务人对于债权人代位行使的权利，不得再予以行使，不得为处分行为，不得提起为行使权利的诉讼。① 这符合债权人代位权制度的目的，原因在于对于债务人的处分权能若不加以限制，允许债务人任意处分其财产，则债权人代位权制度的目的可能落空。这是“肯定说”。

“否定说”则认为，如何保全债权，民事诉讼法上有保全程序的规定，债权人如不依法实施冻结、查封，则理应自行负担风险，“肯定说”似有使债权人代位权发挥冻结、查封程序的作用之虞，与交易安全的保护亦有抵触，解释上应以“否定说”为当。②

“否定说”兼顾实体法和程序法，使二者相互衔接、配合，有其道理。法释[1999] 19 号第 17 条关于“在代位权诉讼中，债权人请求人民法院对次债务人的财产采取保全措施的……”的规定，也点明了债权人代位权制度与民事诉讼法上的财产保全制度的衔接，“否定说”在中国现行法上的依据更为充分。

当然，即使按照“肯定说”，对于超过债权人代位请求数额的债权部分，只要能够将之区隔出来，债务人也有处分的权能，可以向有管辖权的法院另行提起诉讼，只是在代位权诉讼的裁决发生法律效力以前，债务人提起的诉讼应当依法

① 见［日］於保不二雄：《日本民法债权总论》，庄胜荣校订，166 页，台北，五南图书出版有限公司，1998。

② 见邱聪智：《新订民法债编通则》下，308 页，北京，中国人民大学出版社，2004；林诚二：《民法债编总论——体系化解说》，412～413 页，北京，中国人民大学出版社，2003。

中止（参照法释［1999］19号第22条）。

2. 诉讼时效的中断

债权人提起代位权诉讼的，应当认定对债权人的债权和债务人的债权均发生诉讼时效中断的效力（法释［2008］11号第18条）。

在这里，值得讨论的是，于债务人的债权额超过债权人的债权额场合，债权人可代位行使的以其债权额为限（一部请求），对于超过的部分，是否亦因代位权诉讼的提起而一并发生诉讼时效中断的效果。就时效中断的理论基础而言，学说上存有“权利行使说”和“权利确定说”的争论，前者系自实体法的立场出发理解时效制度，后者则是站在诉讼法的立场理解时效制度。就代位权诉讼中的一部请求，自实体法而言，属于仅就债权中的一部分主张权利；自诉讼法而言，一部请求已是一个独立的诉讼请求（诉讼物），因而，时效的中断宜认为仅就一部债权发生，并不当然及于剩余部分。这种观点与法释［2008］11号第11条关于“权利人对同一债权中的部分债权主张权利，诉讼时效中断的效力及于剩余债权，但权利人明确表示放弃剩余债权的情形除外”的规定不一致，不会被裁判部门采纳。

3. 代位行使债权所得利益是否直接归属债务人

传统观点认为，行使债权人代位权就是行使债务人的权利，其行使的效果直接地归属债务人，成为全体债权人的共同担保。代位的债权人也不能因代位而取得优先受偿权，只能与其他债权人平等地接受清偿。[①] 即使在债权人受领交付场合，也必须将该交付作为对债务人（次债务人的债权人）的清偿，而不能将它直接作为对债权人自己债权的清偿。[②] 对于这种将行使代位权取得的财产先加入债务人的责任财产的做法，韩世远教授称之为“入库规则”[③]。该规则的道理在于，代位权本身与代位权的客体并不是一回事，代位权虽归债权人享有，但代位权的客体却是归属于债务人的，故代位权行使的结果也应归属于债务人。换言之，债

① 见［日］於保不二雄：《日本民法债权总论》，庄胜荣校订，167页，台北，五南图书出版有限公司，1998。

② 见［日］奥田昌道：《债权总论》，增补版，268页，东京，悠悠社，2000。

③ 见崔建远、韩世远：《合同法中的债权人代位权制度》，载《中国法学》，1999（3）。

权人代位权虽是为了让债权人保全自己的债权，却并非是使债权人的债权直接获得满足，而是一种对全体债权人的共同担保的制度，是一种保全债务人责任财产的制度（即共同担保的保全），债权人代位权是要通过这种“共同担保的保全”来实现债权人“自己债权的保全”①。债权人代位权行使的效果直接归属于债务人。如债务人仍怠于受领，则债权人可代位受领。另外，债权人可通过执行程序使其债权受偿。

在司法解释上，是由次债务人向债权人履行清偿义务，债权人和债务人、债务人和次债务人之间相应的债权债务关系即予消灭（法释［1999］19号第20条）。对此，有两种对立的解释：一种意见认为，行使代位权的结果不归属于债务人，而是直接地归属于债权人，或认为债权人具有直接（优先）受偿的权利。此类观点，难谓妥当。认为代位权行使的结果不归属于债务人，直接地归属于债权人，将无异于使债权人代位权成为债务人债权的法定移转，结果是，债权人并非以自己的名义行使他人的权利，而是在以自己的名义行使自己的权利，显然有悖于代位权制度的基本含义。② 另一种意见认为，所谓次债务人向债权人履行清偿义务，实质上是在金钱债务场合，借助于抵销制度，使代位权制度发挥了简易的债权回收手段的功能。须予注意的是，虽然债权人事实上具有优先受偿的效果，但在法律上债权人并不当然具有优先受偿权，代位权行使的效果并非直接地归属于债权人，而是借助于抵销制度间接地归属于债权人。在非金钱债务场合，构成抵销适状的（参照《合同法》第99条第1款），可发生抵销权，也可由债权人主张抵销。③

据笔者所知，次债务人向债权人履行清偿义务，属于何种性质，《合同法》在制定过程中对此没有确定，留待学说和司法解释根据实务的发展而适时地作出判断，法释［1999］19号的本意确实是赋予债权人优先受偿权。在该司法解释草案的研讨会上，绝大多数专家学者认为，在债权人代位权制度中，赋予债权人

① ［日］奥田昌道：《债权总论》，增补版，250页，东京，悠悠社，2000。

② 见韩世远：《合同法总论》，388～389页，北京，法律出版社，2004。

③ 见韩世远：《合同法总论》，388～389页，北京，法律出版社，2004。

优先受偿权，存在如下弊端：(1) 违反债权平等原则。各个债权人的债权一律平等，这是原则。拟打破这种平等，得有相当的理由，如为设立抵押权等。债权人主张了代位权，本已扩张了债权的效力，实属优惠，再赋予其债权优先受偿的效力，更是厚此薄彼。这里出现的局面是，债权人对债务人提起普通诉讼，法律不赋予此债权优先受偿的效力，债权人提起代位权诉讼，反倒赋予此债权优先受偿的效力，这不禁使人要问：同样是提起诉讼，为何效果的差距如此巨大？根据何在？(2) 违反共同担保原则。债务人的责任财产是全部债权人的债权的一般担保，债务人对于第三人的债权属于责任财产的范畴，其实现而转化的有形财产应当作为共同担保的责任财产，而不宜直接归行使代位权诉讼的债权人独有。赋予债权人的债权优先受偿的效力，是对共同担保原则的破坏。

笔者认为，赋予债权人的债权优先受偿的效力，还有如下不足或与有关制度及规则相抵触：(1) 赋予债权人的债权优先受偿的效力，虽有利于鼓励债权人行使代位权，但与它给整个民法制度及其理论造成的破坏相比，此种优点微不足道。(2) 不赋予债权人的债权优先受偿的效力，奉行“入库规则”，在绝大多数情况下，与赋予债权人的债权优先受偿效力的结果相同。例如，A. 在债权人提起代位权诉讼，其他债权人没有向债务人主张其债权、没有向次债务人主张代位权的情况下，次债务人的清偿虽然名义上归属于债务人，但也不影响债权人债权的自然实现。B. 在次债务人向债务人清偿的场合，债权人请求债务人清偿，债务人无权拒绝，债权人没有义务留着财产等待着睡眠的其他共同债权人醒来共沾利益。C. 在次债务人直接向债权人履行的场合，按照“入库规则”，给付物虽然交付给了债权人，但债权人并不能取得给付物的所有权，因债权人对该给付物所有权的取得尚无合法根据，所以，该给付物对于债权人来说属于不当得利，债权人负有向债务人返还不当得利的债务。不过，该返还债务与债务人对债权人的债务，若表现为金钱债务或其他类型的同种类债务，符合抵销权的要件，则债权人可主张抵销，无需实际返还不当得利。[①] 这在客观上使得债权“优先实现”。(3) 在债权人提起代位权诉讼，其他债权人也提起此类诉讼的情况下，合并审理（法释［1999］19号第16条第2款），首先提起诉讼的债权人无权优先受偿。(4) 在债权人提起代位权诉讼，其他债权人向债务人提起普通诉讼的场合，代位权诉讼得中止（法释［1999］19号第15条第2款），债权人的债权也无法优先受偿。这是因为，按照债法原理，法律人应当尽量遵循合同相对性原则而非轻易突破之，尽可能地由债权人直接向债务人主张债权，而非轻易允许债权人越过债务人直接向次债务人请求清偿，债权人仅为一人时如此，为数人即共同债权人时亦然。(5) 中国民法通说认为，债权人撤销权兼具形成权和请求权的性质，其行使一方面使债务人和第三人实施的法律行为归于无效，另一方面又使债务人的责任财产回复至行为前的状态。[②] 所谓使债务人的责任财产回复至行为前的状态，就是“入库规则”。于此场合，债权人无需再行提起代位权之诉即可请求债务人为清偿。就是说，债权人就债务人的财产没有优先受偿的权利。法释［1999］19号没有在债权人撤销权制度中规定债权人优先受偿，也表明了这一点。实际上，债权人行使撤销权，就因撤销而回复由债务人直接控制的财产获得清偿，与债权人行使代位权而获得清偿，相差无几。我们认为，单单赋予债权人行使代位权时的优先受偿权，违反了相似的事务相同处理的公平理念。

既然如此，不惜大面积地破坏民法制度及其理论，赋予债权人的债权优先受偿的效力，有些得不偿失。就此看来，“入库规则”最具合理性。

有鉴于此，对法释［1999］19号第20条关于“由次债务人向债权人履行清偿义务”的规定，可不作债权人就次债务人的给付享有优先受偿权的解释，而将

---

① 存在“反对说”：代位权人受领的债务人对于第三人债权，与债务人对代位权人的债权，在性质上不许抵销。参见中国台湾地区“民法”第334条但书；邱聪智：《新订民法债编通则》下，310页，北京，中国人民大学出版社，2004。

② 见张广兴：《债法总论》，207～208页，北京，法律出版社，1997；王利明：《合同法研究》，第2卷，165页，北京，中国人民大学出版社，2003；崔建远主编：《合同法》，3版，118页，北京，法律出版社，2003；韩世远：《合同法总论》，396～397页，北京，法律出版社，2004；魏振瀛主编：《民法》，343页，北京，北京大学出版社、高等教育出版社，2006；崔吉子：《债法通论》，53页，北京，北京大学出版社，2006。

之解读为：它并未否定“入库规则”，而是在无其他共同债权人主张或依债务人的指令所为诸种情况下，次债务人交付标的物或提供劳务的中性的路线图。其根据在于，如同本节“一、债权人代位权的概念分析”中所指出的那样，该规定可有不同的解读，盖“由次债务人向债权人履行清偿义务”的依据可以有几种：债务人（次债务人的权利人）的指令，或债权人、债务人和次债务人之间的约定，或法律的直接规定，甚至是债权人的请求。在依债务人即次债务人的权利人的指令、债务人的共同债权人都在债权上睡眠等情况下，所谓“由次债务人向债权人履行清偿义务”，并不表明债权人代位权具有使债权人直接请求次债务人清偿并使自己的债权优先受偿的效力。

在没有抵销场合，若债务人未为任意履行，债权人欲实现其债权，则依据《民事诉讼法》（2013 年）第 224 条、第 236 条、第 242 条，第 243 条、第 244 条和第 254 条的规定，以及法释［2015］5 号第 463 条、第 488 条、第 489 条、第 491 条、第 492 条、第 508 条、第 510 条规定，强制执行次债务人的财产。

4. 费用的负担

债权人行使代位权的必要费用，由债务人负担（《合同法》第 73 条第 2 款后段），从权利的角度来说，该债权人享有费用偿还请求权。在债权人行使代位权属于对共同债权人的债权为保全时，此种费用可以作为共益费用，代位权人就债务人的责任财产具有使其债权受偿的效力。

此处所谓必要费用，范围如何？法无明文。诉讼费用、为诉讼调查取证所必须支出的费用、为财产保全所支出的费用、债权人代为受领次债务人的给付所支出的费用等，应当在内。当然，债权人行使代位权胜诉的，按照法释［1999］19 号第 19 条的规定，诉讼费用由次债务人负担，从实现的债权中优先支付。

需要讨论的还有，此处所谓必要费用，是否包括代位权诉讼所支付的律师代理费、差旅费。鉴于代位权诉讼的确需要支付律师代理费、差旅费，鉴于法释［1999］19 号第 26 条前段明确规定“债权人行使撤销权所支付的律师代理费、差旅费等必要费用，由债务人负担”，鉴于债权人撤销权和债权人代位权的规范目的相同或相近，二者的行使都必须经过诉讼程序，在代位权行使的必要费用的范围方面，准用法释［1999］19号第26条前段的规定，有着较为充分的理由。

为诉讼调查取证所必须支出的费用、为财产保全所支出的费用、债权人代为受领次债务人的给付所支出的费用、律师代理费、差旅费等费用，原则上应由债务人负担，还有法定委托关系说[①]、无因管理准用说等理论的支持。

按照法定委托关系说，在债权人代位权行使的过程中，债权人和债务人之间依法当然成立委托关系，债权人是受托人，债务人为委托人，代位行使债务人对于第三人的权利则属委托事务。依据委托关系，受托人在处理委托事务中所支出的必要费用自然由委托人负担，即使在此过程中受托人具有过失，也是如此。所以，债权人这个受托人行使代位权所支出的必要费用，即处理委托事务所支出的必要费用，应当由债务人这个委托人负担。

依据无因管理准用说，债权人行使代位权，相当于债权人（管理人）实施无因管理，应解释为未违反债务人（本人）的意思且有利于债务人（本人），为诉讼调查取证所必须支出的费用、为财产保全所支出的费用、债权人代为受领次债务人的给付所支出的费用、律师代理费、差旅费等费用，就是在无因管理过程中发生的必要费用，理应由债务人（本人）负担。只是特定物债权因代位权行使而实现，因规范性质及功能均为有异，并无债务人的利益归属及债权人全体均沾的问题，尚无无因管理费用求偿的适用。[②] 当然，存在着“反对说”，认为债权人行使代位权欠缺为债务人谋利益的管理意思，债权人和债务人之间不成立无因管理。[③]

鉴于为诉讼调查取证所必须支出的费用、为财产保全所支出的费用、债权人代为受领次债务人的给付所支出的费用、律师代理费、差旅费等费用由债务人负担更为合理，鉴于债权人行使代位权在主观上不见得均有管理意思，法定委托关系说不失为一种可取的理论。当然，无因管理准用说也并非绝对不可成立，在债权人具有将第三人履行的利益归入债务人的责任财产的意思，即管理意思的情况

① 见［日］於保不二雄：《债权总论》，新版，176页，东京，有斐阁，1972。

② 参见邱聪智：《新订民法债编通则》下，310页，北京，中国人民大学出版社，2004。

③ 见林诚二：《民法债编总论》，414页，北京，中国人民大学出版社，2003。

下，可成立无因管理。不过，在债权人不具有此种管理意思的场合，则不构成无因管理。

5. 受领并保管第三人给付的标的物与留置权

代位权人受领第三人给付的标的物，并因保管该物而支出必要费用的，产生必要费用偿还请求权。该必要费用偿还请求权与该标的物属于同一法律关系，应当成立留置权。代位权人可就该留置物的变价使其必要费用偿还请求权优先受偿。① 而在债权人事实上优先受偿场合，其行使代位权的必要费用则不再构成共益费用，因而不应当再发生上述优先受偿权。

6. 代位权诉讼的裁判效力是否及于债务人

在债权人因行使代位权，对第三人提起诉讼而获得裁判时，债务人或其他债权人参加诉讼的，参加者不得主张本诉讼的裁判不当，亦即为该裁判的效力所及。②

（二）对第三人的效力

债权人代位行使的系债务人的权利，债权人的地位不宜超越债务人，亦即第三人对债务人原有的法律地位不因代位权行使而受影响。因此，第三人对债务人的抗辩权，无论是本于原法律关系的抗辩（包括权利发生的抗辩、权利存续的抗辩和权利消灭的抗辩），抑或是抵销抗辩，第三人均可以之对抗行使代位权的债权人。③ 不过，如果采取债权人代位权的行使发生限制债务人处分权的效力的观点，则于债权人行使代位权后，因债务人处分其财产而发生的抗辩权，第三人不得用来对抗债权人。④

---

① 参见［日］奥田昌道：《债权总论》，增补版，268 页，东京，悠悠社，2000；林诚二：《民法债编总论》，414 页，北京，中国人民大学出版社，2003。

② 见邱聪智：《新订民法债编通则》下，309 页，北京，中国人民大学出版社，2004；林诚二：《民法债编总论》，413 页，北京，中国人民大学出版社，2003。

③ 见中国台湾地区“最高法院”1951 年台上字第 304 号判例；邱聪智：《新订民法债编通则》下，309 页，北京，中国人民大学出版社，2004；林诚二：《民法债编总论》，413 页，北京，中国人民大学出版社，2003。

④ 见邱聪智：《新订民法债编通则》下，309 页，北京，中国人民大学出版社，2004。

（三）对债权人的效力

若认为法释［1999］19 号第 20 条关于“由次债务人向债权人履行清偿义务”的规定，确认了行使代位权的债权人有权直接请求第三人向其履行，使其债权具有优先受偿的效力，那么，债权人代位权就具有使第三人履行的利益直接归属于债权人的效力。当然，笔者不赞同这种解释。

在采取“入库规则”的情况下，债权人不得对其他共同债权人主张优先受偿权。不过，债务人如同意以该利益清偿其对代位债权人的负债，其他共同债权人又未主张其债权，或代位债权人依强制执行程序行使的，则应认为发生清偿的效力。笔者赞同这种观点，不过，同时强调，不应忽视下述实际情形及结果：（1）在债权人提取代位权诉讼，其他债权人没有向债务人主张其债权、没有向第三人主张代位权的情况下，第三人的清偿虽然名义上归属于债务人，但不影响债权人债权的自然实现。（2）在第三人向债务人清偿的场合，债权人请求债务人清偿，债务人无权拒绝，债权人没有义务如同保管人那样守着次债务人给付的财产等待着睡眠的债权人醒来共沾利益。（3）在第三人直接向债权人履行，但其他共同债权人向债务人主张债权的场合，按照“入库规则”，给付物虽然交付给了债权人，但债权人并不能取得给付物的所有权，该给付物对于债权人来说属于不当得利，债权人负有向债务人返还不当得利的债务。不过，该返还债务与债务人对债权人的债务，若表现为金钱债务或其他类型的同种类债务，符合抵销权的要件，则债权人可主张抵销，无需实际返还不当得利。这在客观上使得债权“优先实现”。

至于债权人于代位受领第三人的给付后，可否主张抵销，存在着“肯定说”与“否定说”的争论，已如前述。笔者原则上赞同“肯定说”，但强调“返还债务与债务人对债权人的债务，表现为金钱债务或其他类型的同种类债务”这个要件。

对于行使代位权所生必要费用，债权人应享有偿付请求权，但在“特定物债权说”运用的领域除外。上文已述，不再赘言。

第三节　债权人撤销权

一、债权人撤销权概述

（一）债权人撤销权的界定

债权人撤销权，是指债权人对于债务人所为的危害债权的行为，可请求法院予以撤销的权利。因为《合同法》第 74 条规定债权人撤销权必须以诉讼方式行使，这就会同时产生实体法和程序法上的效果，故债权人撤销权又被称为废罢诉权或撤销诉权。①

（二）债权人撤销权的规范功能

债权人撤销权和债权人代位权同属合同债的保全制度，其结果均足发挥保全债务人责任财产的功能。唯就权利行使的作用而言，二者仍有功能上的差异。即债权人代位权系以债务人的现有权为范围，对于既成的社会秩序尚无破坏，制度运作上的考虑较为单纯；债权人撤销权则不以债务人的现有权为限，其行使结果，足以破坏既成的社会制度，制度运作上的考虑较为复杂。② 情况的确如此。

债权人撤销权的行使，具有“侵略性”，足以引起现有秩序的不安，于其作用可否如债权人代位权那样赋予实现特定物债权的功能，法律评价上难免颇费思量。中国台湾地区的司法实务在较长的时期固持肯定看法，唯为学理多所疑虑。中国台湾地区“民法”债编修正，为了杜绝争议，特别宣示“不得仅为保全特定债权而行使撤销权”的立法政策，以免债权人撤销权流为实现特定债权的作用。③ 这是经过验证的结论，值得赞同。

（三）债权人撤销权的性质

债权人撤销权的性质如何，众说纷纭，莫衷一是。兹对有代表性的几种界定

① 见林诚二：《民法债编总论》，414 页，北京，中国人民大学出版社，2003。
② 见邱聪智：《新订民法债编通则》下，310 页，北京，中国人民大学出版社，2004。
③ 见邱聪智：《新订民法债编通则》下，310～311 页，北京，中国人民大学出版社，2004。

简介如下，通过比较分析，选择其中之一。

1. 形成权说

形成权说认为，债权人撤销权是一种具有依债权人的意思而撤销债务人与第三人之间的法律行为（诈害行为）的效力的形成权。依此说，撤销权诉讼为形成之诉。该说主张的“撤销法律行为”，为法律用语，并以形成权概念为基础，从形式逻辑上讲最为明白简洁。但是这一说法不仅超越保全责任财产的目的，强调撤销的绝对效力而引起不当交易关系的混乱，而且为取回责任财产还要援用债权人代位权，往往并不符合这一制度的目的。①

2. 请求权说

请求权说认为，债权人撤销权是向因债务人的行为而受利益的第三人直接请求返还的债权。该说的本质在于取回因诈害行为而散失的责任财产。它是德意志普通法兴起后的通说，最能适合债权人撤销权制度的目的。但 20 世纪开始强调形成权概念，使请求权说在形式逻辑上存在矛盾，特别是，在责任财产仍然存在，并未散失的情况下，成立了会导致责任财产散失的诈害行为，例如，赠与、买卖、保证等合同虽已订立但未实际履行，或免除债务的意思表示已经到达债务人之处，此类诈害行为是否能作为债权人撤销权的标的？采取请求权说予以说明，显然尴尬。其原因在于，撤销了这些诈害行为，却因第三人并未从债务人处受领财产而不存在请求返还的债权，不但表现出请求权说欠缺客观基础，而且使撤销成了只开花不结果的作秀。②

请求权说的内部又分为基于法律规定的返还请求权、基于侵权行为的返还请求权及类似于不当得利返还请求权等观点。依此说，撤销权诉讼为给付之诉。

3. 折衷说

折衷说认为，撤销权兼具形成权与请求权的性质。债权人撤销权的行使，一

① 见［日］於保不二雄：《日本民法债权总论》，庄胜荣校订，170 页，台北，五南图书出版有限公司，1998。

② 见［日］於保不二雄：《日本民法债权总论》，庄胜荣校订，170 页，台北，五南图书出版有限公司，1998。

方面使债务人与第三人之间的法律行为归于无效；另一方面又使债务人的责任财产回复至行为前的状态。依此说，撤销权诉讼通常兼具形成之诉与给付之诉两种性质。中国学者多采此说。

4. 责任说

责任说是20世纪50年代出现的新学说，由德国学者保卢斯（G. Paulus）最先提倡[①]，影响及于日本。[②] 责任说将债权人撤销权作为一种伴有“责任上的无效”效果的形成权，撤销权诉讼便是一种形成诉讼。[③] 责任说尽管有力，但在日本尚属少数说，其基本构思如下：迄今为止的学说认为，是财产从债务人名下转移到受益人处（财产流失的物权效果）有害债权人，故欲恢复责任财产，须实际上（在物权上）将取回的财产归到债务人名下。责任说对此提出批评，认为准确而言，是财产物权流失的反射效果同时使它不再构成债务人的责任财产（责任法上的效果）有害债权人，故欲恢复责任财产，只要撤销这一反射性效果使之归于无效（责任上的无效）即可。[④] 撤销的效果是使撤销的相对人处于以其取得的财产对债务人的债务负责的状态。换言之，撤销的相对人只是被置于一种物上保证人的地位（物的有限责任），因而对于债务人的地位并不生任何影响。撤销权诉讼的被告，是仅以受益人或转得人为被告即可，并不必以债务人为被告。就债权人与撤销的相对人之间的责任关系的具体实现而言，债权人可以请求通过强制执行来直接实现（作为撤销的结果，债权人拥有了对于受益人或者转得人的强制执行容忍请求权），不必将脱逸财产实际归还给债务人。使责任关系具体实现的手续，是与撤销诉讼一起或另行提起的责任诉讼（作为一种给付诉讼的强制执行容

① Gotthard Paulus, Sinn und Formen der Gläubigeranfechtung. Archiv für die civilistische Praxis Bd. 155, S. 277 ff., 1956. 日本学者对该文的介绍，参照［日］下森定：《关于保罗〈债权人撤销权的意义及诸形态〉一文》，载《法学志林》，第56卷第3号（1958年），205页以下。

② 参见［日］下森定：《关于债权人撤销权的一个考察》，载《法学志林》，第57卷第2号，3、4合并号（1959～1960年）；［日］中野贞一郎：《债权人撤销诉讼和强制执行》，载《民事诉讼杂志》，第6卷，53页，后收于《诉讼关系与诉讼行为》（1961年）。

③ ［日］下森定：《债权法论点笔记》，120页，东京，日本评论社，1990。

④ 参见下森定教授于2002年11月1日于清华大学法学院所做讲演《日本民法中的债权人撤销权制度及其存在的问题》。

忍诉讼)。[①] 该说的难点在于，与德国法不同，日本法上没有责任之诉的诉讼形式，中国法亦然。

（四）债权人撤销权与其他撤销权

《合同法》第18条规定了要约的撤销权，第54条规定了意思表示瑕疵、显失公平场合的撤销权。第47条和第48条规定了效力待定合同中的撤销权。《物权法》第63条第2款规定了在集体经济组织、村民委员会或其负责人作出的决定侵害集体成员合法权益的场合，受侵害的集体成员的撤销权；第78条第2款规定了在业主大会或业主委员会作出的决定侵害业主合法权益的场合，受侵害的业主的撤销权。这些撤销权与债权人撤销权均有差别，主要表现在如下几点：

1. 撤销的对象不同。《物权法》上的两种撤销权以有关主体作出的决定为对象，而非合同。《合同法》第18条规定的撤销权以要约为对象，亦非合同。《合同法》第54条规定的撤销权虽以合同为对象，但构成合同的意思表示存在瑕疵，或合同显失公平（其实，此类合同同样是意思表示存在瑕疵，若无瑕疵，即使显失公平也原则上不允许撤销）。《合同法》第47条、第48条规定的撤销权以效力待定的合同为对象。与这些都不相同的是，债权人撤销权的对象并非是意思表示存在瑕疵的合同，亦非效力待定的合同，在合同当事人之间也不宜用显失公平来判断。

2. 撤销权的法律性质不同。债权人撤销权的法律性质如何，虽然见解不一，已如上述，但至少可认定它并非民法上典型的形成权。有学者称债权人撤销权乃流动开放的概念，尚难给予机械封闭的定义[②]，多数说认为它兼具形成权与请求权的性质。与此不同，上述其他各种撤销权均为典型的形成权。

3. 法律效果不同。债权人撤销权直接发生债权性或物权性的利益返还请求权（后者且包括所有物返还请求权），上述其他撤销权只具有形成权的功能，即仅仅使被撤销的对象归于消灭，至于撤销后发生的不当得利返还请求权或物权请

① 见［日］下森定：《债权法论点笔记》，120页，东京，日本评论社，1990。

② 见邱聪智：《新订民法债编通则》下，312页，北京，中国人民大学出版社，2004。

求权等后果，并非撤销权的直接效力，而属另外的法律制度。[①]

（五）债权人撤销权制度的沿革

债权人撤销权起源于罗马法，由罗马法务官保罗（Paulus）创设，故又被称为保罗诉权（actio pauliana）。查士丁尼《法学总论（法学阶梯）》对其有明文规定（Inst.，4.6.6.）。[②] 后世许多法律都继受了它，有些是规定在民法典中的，比如《法国民法典》［第1167条，称废罢诉权（action paulienne）］、《日本民法典》（第424条）以及中国台湾地区“民法”（第244条）；而德国采用特别法；瑞士规定在破产法中（第285～292条）。

二、债权人撤销权的成立要件

（一）概述

罗马法将债务人的行为分为有偿行为与无偿行为。在无偿行为场合，仅有客观要件即可行使撤销权，而在有偿行为场合，还应具备主观要件。《德国民法典》、《瑞士债务关系法》和中国台湾地区“民法”加以继受，规定：在有偿行为的情况下，债权人撤销权以债务人有恶意为成立要件；在无偿行为的情况下，该撤销权的成立不要求主观要件，因为无偿行为的撤销，仅使受益人失去无偿所得的利益，并未损害其固有利益，法律应首先保护受危害的债权人的利益。[③] 中国大陆《合同法》对债务人以明显不合理的低价转让财产并造成债权人损害场合，要求债权人撤销权的行使以受让人知情为要件；而对无偿转让财产等行为造成债权人损害场合，债权人行使撤销权未要求债务人及受益人知情。在解释上，应认为这借鉴了德国等民法的理论。就是说，在有偿行为场合，债权人撤销权以债务人有恶意为成立要件，以受让人或转得人有恶意为行使要件。[④] 有鉴于此，下文

---

① 参见邱聪智：《新订民法债编通则》下，312页，北京，中国人民大学出版社，2004。

② 参见［罗马］查士丁尼：《法学总论——法学阶梯》，张企泰译，207页，北京，商务印书馆，1989。

③ 值得注意的是，另外还有一类模式，不区分有偿行为抑或无偿行为，对债权人撤销权的要件（主观方面与客观方面）统一把握，该模式以法国法和日本法为代表。

④ 见在日本民法理论上，并不作此种“成立要件”与“行使要件”的区分，统一地将其作为成立要件。

分别介绍债务人的行为系无偿行为时债权人撤销权的成立要件、债务人的行为系有偿行为时债权人撤销权的成立要件。

（二）债务人的行为系无偿行为时的成立要件

1. 须为行为前成立的债权

此处所谓行为前成立的债权，其中的“债权”，是指债权人对于债务人享有的债权；“行为”，是指债务人与第三人实施的诈害行为。换句话表述，即为债权人对于债务人的债权，在债务人与第三人实施诈害行为时就已经存在。

因为债权人撤销权，旨在保障债权人的债权，可否行使，本应以债权成立时债务人的财产状况为判断标准，所以，债务人实施诈害行为后成立的债权人对于债务人的债权，不得溯及既往而主张债权人撤销权，原因在于行为当时尚无诈害行为可言。同理，合同关系成立在前而其履行在后的，也不得将该履行行为作为诈害行为而主张撤销。合同关系更新的，对更新前的诈害行为也不得主张撤销，因为旧债务已告消灭。[①]

债务人的代理人实施的法律行为，直接对债务人发生效力，所以自然可以成为撤销的标的。

债务人以外的人实施的法律行为不能成为撤销的标的。例如，为了债务人而约定，对自己的不动产设定抵押权的人，让与其不动产的行为[②]；受益人实施的让与行为或者设定抵押权的行为[③]；等等，都不能成为撤销权的对象。

2. 行为前成立的债权须为金钱债权或可转换为金钱债权的债权

债权人撤销权既为合同债的保全，那么其债权只有为金钱债权或可转换为金钱债权的债权，才可允许债权人据此债权行使债权人撤销权。对不能转换为金钱债权的债权，不得行使债权人撤销权。反之，如为金钱债权或可转换为金钱债权的债权，即使其附有条件或期限或因时效完成而产生抗辩权，也可行使债权人撤销权；附有保证的债权亦同。即使附有担保物权，如担保物的价值不足以清偿债

① 见邱聪智：《新订民法债编通则》下，312页，北京，中国人民大学出版社，2004。

② 见日本1904年2月9日大民判“民录”9辑132页。

③ 见日本1917年3月30日大民判“民录”22辑671页；1919年11月25日大民判“民录”24辑2254页。

务，亦享有债权人撤销权。[①]

3. 债务人所为的行为系无偿行为

债务人的无偿行为，系债权人撤销权的标的。对此，《合同法》第74条第1款前段关于“因债务人放弃其到期债权或者无偿转让财产，对债权人造成损害的，债权人可以请求人民法院撤销债务人的行为”的规定，以及法释［2009］5号第18条关于“债务人放弃其未到期的债权或者放弃债权担保，或者恶意延长到期债权的履行期，对债权人造成损害，债权人依照合同法第七十四条的规定提起撤销权诉讼的，人民法院应当支持”的规定，确认了这种观点。

这些可被撤销的法律行为，既有合同，也有单独行为，但不包括债务人单纯的不作为。学说认为，赠与、无息借贷、保证等真正有效的合同，遗赠、捐助、债务免除等真正有效的单独行为，均可作为债权人撤销权的标的，而无效的法律行为、债务人单纯的不作为、事实行为不得撤销。无效的法律行为当然无效，无须撤销，债权人只需主张无效，即可保全自己的权利。事实行为，无论其为作为还是不作为，无从撤销。[②] 至于准法律行为可否作为债权人撤销权的标的，通说和实务均持否定态度。[③]

4. 须债务人的行为有害于债权人的债权

所谓有害于债权人的债权，是指债务人减少其积极财产（如让与所有权、设立他物权、免除债权等），或增加消极财产（如承担债务），足以减少其一般财产，削弱共同担保，使债权受有损害而不能获得完全清偿的现象。[④] 现存财产的

① 见邱聪智：《新订民法债编通则》下，313页，北京，中国人民大学出版社，2004；林诚二：《民法债编总论——体系化解说》，416页，北京，中国人民大学出版社，2003。

② 见［日］於保不二雄：《日本民法债权总论》，庄胜荣校订，172页，台北，五南图书出版有限公司，1998；邱聪智：《新订民法债编通则》下，313页，北京，中国人民大学出版社，2004；林诚二：《民法债编总论——体系化解说》，416页，北京，中国人民大学出版社，2003。

③ 见中国台湾地区“最高法院”1953年台上字第323号判例；钱国成：《民法判决研究》，46页，台北，自版，1958；邱聪智：《新订民法债编通则》下，313页，北京，中国人民大学出版社，2004。

④ 见中国台湾地区“最高法院”1959年台上字第1750号判例；中国台湾地区“最高法院”1961年台上字第841号判决；邱聪智：《新订民法债编通则》下，314页，北京，中国人民大学出版社，2004；林诚二：《民法债编总论——体系化解说》，416页，北京，中国人民大学出版社，2003。

变形，例如买卖、互易等，不一定导致资力减少的结果，只要有相当的对价，就不属于有害债权的行为。债务人实施使债权受有损害而不能获得完全清偿的行为，通称之为诈害债权的行为，或径称之为诈害行为。

诈害行为乃债权人撤销权成立的中心要件。是否有害于债权人的债权，而构成诈害行为，不宜如债权人代位权那样采取“无资力说”和“特定债权说”并存、各有其运用领域的模式，而应一律以“无资力说”来判断债务人的行为是否害及了债权人的债权，构成诈害行为。其道理在于，在债权人代位权制度中，债务人的义务人本应履行其义务却不履行，应受责难；债权人代位行使债务人对于其义务人的权利，并未损害他们的利益，亦未侵害他们的自由，“对于第三人、债务人，都能造成原来应有的状态，所以其影响力很小”①，对债权人行使代位权的限制不宜过严。不论是债务人无资力导致不特定物债权及金钱债权产生保全的必要，还是债务人因其义务人不交付特定物而无法清偿债权人的特定物债权，都成立债权人代位权。与此不同，债权人撤销权具有“侵略性”，其行使，便否认了债务人实施的行为，撕毁了一个市场主体的各个交易行为。回复了第三人因债务人免除行为而消灭的债务，取回了第三人因债务人赠与而获得的财产。实际上，无论是从合同的相对性原则来讲，还是遵从交易安全原则的要求，债权人都不宜、不得撤销另外两方市场主体的正常的交易行为，只有在为数不多的情况下，才不得已地允许撤销。这从《物权法》第 20 条第 1 款的规定及其效力可以得到印证。该条款仅仅赋权办理了预告登记的债权人或若干物权人不同意处分人再次处分预告登记权利的标的物，并且使该不同意具有否定该再次处分所引发的物权变动的效力。因此，对债权人撤销权的构成和行使必须严加限制。再者，若采“特定债权说”，则债务人免除第三人给付特定物债务、债务人将特定物赠与第三人的行为，都能被认定为害及了债权人的债权，构成了诈害行为，债权人可将之撤销。如此一来，会导致如下复杂且不太合理的结局：在债权人行使撤销权之前，该第三人已将该特定物出卖给下手，甚至已经交付或办理完毕移转登记手

① ［日］於保不二雄：《日本民法债权总论》，庄胜荣校订，169 页，台北，五南图书出版有限公司，1998。

续，本属有权处分，该下手有充分依据取得该特定物的所有权。可是，现因债权人行使撤销权，该第三人出卖该特定物反倒变成了无权处分，效力待定，该下手能否保有住该特定物成为疑问，除非债务人追认该交易行为，或该交易具备《物权法》第106条第1款规定的要件，该下手善意取得该特定物。如果排斥“特定物债权说”，一律采取“无资力说”，就不会出现上述复杂且不尽合理的局面。

因此，在债权人撤销权制度中，当下学说对有害债权的判断均采“无资力说”。但如何认定债务人无资力，观点不同。瑞士民法认为无资力是指“债务超过”（überschulden），而德国和奥地利的民法则把“支付不能”（Zalungsunfähigkeit）认为是无资力。不过，后来已改采更为宽松的标准，只要发生履行困难，即可认定为债权受到损害，可行使债权人撤销权。在中国法上，宜采“债务超过说”，即如果债务人在处分其财产后便不具有足够资产清偿债权人的债权，就认定该行为有害债权，债权人可行使撤销权。如果债务人在处分其财产后仍有清偿债权人债权的资产，就不能认为该行为有害债权。

需要具体讨论的，至少有清偿、提存、抵销、设立抵押权、债务人资力变动、无权处分的承认与有害债权之间的关系。

债务人就现存债务为清偿，固然产生减少积极财产的结果，但同时也减少消极财产，对于债务人的资力并无影响，难谓有害债权，故不得将之认定为诈害行为，不许债权人行使撤销权。[①] 提存、抵销亦应为同一解释。不过，期前清偿牺牲了期限利益，在代物清偿场合代偿物的价值高于债权额的，若导致债务人的资力减弱，害及一般债权的，则仍属诈害行为，可被撤销。[②]

债务人以其所有的财产设立抵押权，同时向他人借款。该设立抵押权的行为，没有影响债务人的资力，非属诈害行为。但是，先有债权的存在，在其后为

---

① 见中国台湾地区“最高法院”1966年台上字第2839号判例；邱聪智：《新订民法债编通则》下，315页，北京，中国人民大学出版社，2004。

② 见中国台湾地区“最高法院”1966年台上字第2839号判例；邱聪智：《新订民法债编通则》下，315页，北京，中国人民大学出版社，2004；林诚二：《民法债编总论——体系化解说》，417页，北京，中国人民大学出版社，2003。

之设立抵押权，即所谓旧债新押，则属无偿行为，若害及债权，则债权人有权撤销。[①] 至于为他人债务承担保证责任或设立抵押权、质权，均属无偿行为，应当成为债权人撤销权的标的。在提供的担保可以撤销的情况下，即使担保物权已经实行或保证责任已经实际承担，债权人仍可撤销而请求返还相关钱款。[②] 在这方面，中国大陆《企业破产法》第31条规定，对没有财产担保的债务提供财产担保的行为，债权人可以撤销（第3项）。对未到期的债务提前清偿的行为，亦可撤销（第4项）。此外，第32条规定，人民法院受理破产申请前6个月内，债务人不能清偿到期债务，并且资产不足以清偿全部债务或明显缺乏清偿能力，仍对个别债权人进行清偿的，管理人有权请求人民法院予以撤销。但是，个别清偿使债务人财产受益的除外。

债务人实施法律行为时尚有资力，但其后因情事变动而变成无资力的，债权人不得撤销该法律行为，因为有无诈害债权应以行为时的资力状态为判断标准。反之，行为时无资力，其后变为有资力的，则因诈害状态已经除去，亦因债权已无保全的必要，而不得再行撤销。[③]

第三人无权处分债务人的财产，债务人对此予以承认，无权处分合同有效，若该合同为有偿且其对待给付相当，则债务人的资力未受影响，债权人不得将之撤销；若该合同为无偿，或虽有偿但代价过低，则债务人的资力受到影响，债权人可以将之撤销。无权代理的承认，亦作同一解释。[④]

5. 债务人的行为必须以财产为标的

所谓以财产为标的的行为，是指在财产上受到直接影响的行为。之所以将债权人撤销权的标的限于债务人以财产为标的的行为，是因为债权人撤销权的目的在于维持债务人的责任财产，债务人的行为，非以财产为标的者，本与责任财产

---

① 见中国台湾地区“最高法院”1962年台上字第3528号判例；邱聪智：《新订民法债编通则》下，315页，北京，中国人民大学出版社，2004。

② 见中国台湾地区“最高法院”1984年台上字第2696号判例；邱聪智：《新订民法债编通则》下，315页，北京，中国人民大学出版社，2004。

③ 见邱聪智：《新订民法债编通则》下，315～316页，北京，中国人民大学出版社，2004。

④ 见邱聪智：《新订民法债编通则》下，316页，北京，中国人民大学出版社，2004。

无关，债权人对之自无撤销权可言。因此，如结婚、收养或终止收养、继承的放弃或承认等行为，不以财产为标的，即使对债务人的财产发生不利的影响，债权人也不得撤销。债务人拒绝受领利益的，亦应为同一的解释。例如，债务人拒绝对要约承诺，债权人不得撤销债务人的该拒绝行为。①

在这里，成问题的是，债务人放弃继承，可否作为债权人撤销权的标的。中国台湾地区的审判实务采取否定见解，认为债权人不得主张撤销。② 但有学者认为，继承人放弃继承，在性质上亦为遗产的处分，属于以财产为标的的行为，如其结果有害债权，则应允许债权人撤销。③ 学说见解更有道理，值得借鉴。

只要具备以上要件，不要求债务人主观上明知其行为有害债权人的债权，债权人即可行使撤销权。

（三）债务人的行为系有偿行为时的成立要件

债务人所为的行为若为有偿行为，则债权人撤销权的成立要件，除上述无偿行为的有关要件外，尚需主观要件。

1. 客观要件

客观要件包括：（1）须为行为前成立的债权；（2）行为前成立的债权须为金钱债权或可转换为金钱债权的债权；（3）债务人所为的行为系有偿行为；（4）须债务人的行为有害于债权人的债权；（5）债务人的行为必须以财产为标的。其中的“（1）”、“（2）”、“（4）”和“（5）”与上文“（一）债务人的行为系无偿行为时的成立要件”相同，不再赘述。“（3）债务人所为的行为系有偿行为”，在《合同法》第74条第1款中段上叫作“债务人以明显不合理的低价转让财产”，法释［2009］5号第19条第3款增加了“债务人以明显不合理的高价收购他人财产”。

---

① 见邱聪智：《新订民法债编通则》下，316页，北京，中国人民大学出版社，2004。

② 见中国台湾地区“最高法院”1984年2月28日民事庭会议决议。

③ 见戴修瓒：《民法债编总论》，192页，台北，自版，1955；王伯琦：《民法债编总论》，191页，台北，正中书局，1962；孙森焱：《民法债编总论》，462页，台北，三民书局，1979；戴东雄：《继承法实例研究》，176页以下，台大法学丛书，1982；邱聪智：《新订民法债编通则》下，316页，北京，中国人民大学出版社，2004；林诚二：《民法债编总论——体系化解说》，418页，北京，中国人民大学出版社，2003。

依法释［2009］5号第19条第3款的规定，债务人以明显不合理的高价收购他人财产的，人民法院可以根据债权人的申请，参照《合同法》第74条的规定予以撤销。

对于《合同法》第74条第1款中段所谓“明显不合理的低价”，法释［2009］5号第19条明确了判断标准：人民法院应当以交易当地一般经营者的判断，并参考交易当时交易地的物价部门指导价或市场交易价，结合其他相关因素综合考虑予以确认（第1款）。转让价格达不到交易时交易地的指导价或市场交易价70%的，一般可以视为明显不合理的低价；转让价格高于当地指导价或市场交易价30%的，一般可以视为明显不合理的高价（第2款）。

应当看到，按债权人撤销权制度的立法目的衡量，《合同法》第74条第1款中段规定的可撤销的有偿行为过于狭窄，法释［2009］5号第19条第3款增加债务人以明显不合理的高价收购他人财产为可撤销的对象，仍不足以使债务人的责任财产总是维持在适当状态，以保障债权人的债权得以实现。据此应得出结论：只要债务人的行为减少了责任财产，并害及债权人的债权，就应成为撤销权行使的对象。为此应通过目的性扩张的方法，补充进催告、通知让与债权、为中断诉讼时效而承认债务等准法律行为，以及虽未施行法律行为而法律上给予同一后果的行为，如撤销或不予追认被当作实施了法律上的追认。还有，一般来说，单纯诉讼行为不得撤销，但裁判上的和解抵销、放弃请求、承诺等减少财产或增加财产负担的适法行为，也可以撤销。①

2. 主观要件

在债务人的行为系有偿行为的情况下，债权人撤销权的成立，还需要债务人的恶意、受益人的恶意等主观要件。

(1) 债务人的恶意

恶意，又称明知，有意思主义与观念主义的界定分歧。按照意思主义，债务人在行为时须有诈害的意思。按照观念主义，债务人须明知有损害债权人的权

① 见［日］於保不二雄：《日本民法债权总论》，庄胜荣校订，172页，台北，五南图书出版有限公司，1998。

利，即，以预见其行为可能引起或增加其无资力状态为已足，不以有积极损害的期望为必要。法国民法、日本民法和中国台湾地区“民法”采纳了后者。

债务人的恶意，以行为时为准。行为时不知，而后为恶意的，不成立诈害行为。其不知是否出于过失，在所不问。

诈害行为由债务人的代理人实施的，其恶意的有无，就代理人的主观状态加以判断。债务人虽有恶意，但事实上未产生有害于债权人的结果的，不成立撤销权。

(2) 受益人的恶意

受益人，在《合同法》中被称为“受让人”(第 74 条第 1 款后段)，在法释(1999) 19 号中被称为“受益人或受让人”(第 24 条)，是指基于债务人的行为而取得利益的人。他通常为与债务人发生法律行为的相对人，但在为第三人利益的合同中受益人为该第三人。

受益人的恶意，是指第三人在取得一定财产或取得一定财产利益时，已经知道债务人所为的行为有害于债权人的债权，也就是说已经认识到了该行为对债权损害的事实，至于受益人是否具有故意损害债权人的意图，或是否曾与债务人恶意串通，不在考虑之列。

为第三人利益的合同，以第三人（受益人）有恶意为已足，与债务人成立法律行为的相对人是否有恶意，在所不问。

受益人必须在受益时为恶意，在受益后才为恶意的，债权人不得行使撤销权。在受益人受利益与债务人行为在时间上不一致时，只要受益人在受益时为恶意，不论行为时是善意还是恶意，就认定为恶意。

[探讨]

对《合同法》第 52 条第 2 项所说的“第三人”存在着“特定第三人说”和“不特定第三人说”，如果采取“特定第三人说”，就会出现这样的情形：在个案中，债务人的诈害行为，既符合《合同法》第 74 条第 1 款规定的债权人撤销权的构成要件，又具备《合同法》第 52 条第 2 项规定的“恶意串通，损害第三人利益”的要件。依据前者，债权人有权撤销该诈害行为；按照后者，债务人的诈害行为无效。它们的法律后果有所不同：(1) 若绝对适用《合同法》第52条第2项而排斥第74条和第75条的规定，则债务人的诈害行为无效，且不依债务人、债权人和第三人的意志而转移。若允许适用《合同法》第74条和第75条的规定，则债权人有选择的余地，可以审时度势，不行使撤销权。(2) 若适用《合同法》第52条第2项的规定，则可能产生《合同法》第59条规定的将取得的财产返还给第三人的后果。若允许适用《合同法》第74条和第75条的规定，则不会出现返还财产与第三人（债权人）的后果，只有债务人的责任财产回复至诈害行为前的状态的现象。(3) 适用《合同法》第52条第2项的规定，第三人能否作为原告主张债务人和相对人实施的诈害行为无效，法律尚无明文，审判实务做法不一。与此不同，适用《合同法》第74条和第75条的规定，债权人是当然的原告，没有法律障碍。(4) 若绝对适用《合同法》第52条第2项而排斥《合同法》第74条和第75条的适用，则是在彻底贯彻绝对无效制度，全力维护立法者关注的法律秩序，落实立法者的理念。若允许适用《合同法》第74条和第75条的规定，则较为灵活，给债权人提供了选择有利于己的救济路径。于此场合，如何适用法律，利益攸关，颇费思量。本书倾向于债权人有权选择适用法律的观点，理由在于：(1)《合同法》第52条第2项关于“恶意串通，损害第三人利益的合同无效”的规定，有别于同条项关于“恶意串通，损害国家利益的合同无效”的规定，后者乃强制性规定毫无疑义，前者则不如此简单。当所谓第三人系特定之人时，《合同法》第52条第2项关于“恶意串通，损害第三人利益的合同无效”的规定，调整的便是特定当事人之间的利益，可能不是社会公共利益。在调整的是非社会公共利益的情况下，可以不把《合同法》第52条第2项关于“恶意串通，损害第三人利益的合同无效”的规定作为强制性规定看待，为债权人选择法律的适用提供空间。(2) 债权人的合法权益应当得到保护，由债权人选择适用法律最能达到这一目的。因为适用《合同法》第52条第2项的规定，存在着原告适格的要求，就是说，审判实务一般不允许第三人提起确认合同无效之诉，除非第三人是利害关系人。在债权人请求法院确认债务人的诈害行为无效时，一旦主审法院不承认债权人为利害关系人，拒绝受理债权人这个第三人提起的无效确认之诉，同时禁止债权人援用《合同法》第74条和第75条的规定，那么债权人就难有进攻之道，获救之途。如果允许债权人选择，那么局面就会改观。

(3) 转得人的恶意

在有些立法例上，规定有转得人（如《日本民法典》第424条第1项；中国台湾地区“民法”第244条第4项)。所谓转得人，是指自受益人处取得权利的人。《合同法》虽未明文规定转得人，但规定了受让人（第74条第1款)。该受让人既应指自债务人处直接取得权利的人，即受益人，也应当包含自受益人处取得权利的人，即转得人。因为转得人亦为受让人。

如此，在对转得人主张撤销权场合，债权人应以转得人受让财产时有恶意（即知道对债权人造成损害）为其行使撤销权的要件，如果转得人受让财产属善意，且价格合理，则可以阻止债权人撤销权的成立或行使，这是交易安全的需要。转得人对于“不知”是否具有过失，在所不问；纵然事后知道，其受让时属善意之事实亦不因此而改变。相应的举证责任问题，宜由转得人就自己的善意进行举证。

(4) 举证恶意及推定

债务人、受益人、转得人的恶意，一般由债权人举证证明。不过，价格明显过低的，宜推定其恶意的存在。[①] 在不动产交易场合，足以认定有协助债务人隐匿财产，致难以执行之虞的，也应认定为恶意的存在。[②]

三、债权人撤销权的行使

(一) 行使的主体

债权人撤销权的行使主体，是指因债务人的行为而使债权受到损害的债权

---

① 见中国台湾地区“最高法院”1962年台上字第302号判例；邱聪智：《新订民法债编通则》下，318页，北京，中国人民大学出版社，2004。

② 此为日本实务的立场。转引自邱聪智：《新订民法债编通则》下，318页，北京，中国人民大学出版社，2004。

人。如果债权人为多数人，那么，既可以由全体债权人共同享有并行使债权人撤销权，也可由每个债权人独立享有并行使。不过，因债权人撤销权行使的目的在于保障全体债权人的共同利益，所以，每个债权人行使债权人撤销权将对全体债权人的利益发生效力。

（二）行使的方式

1. 采取诉讼方式的必要性

债权人撤销权由债权人以自己的名义在诉讼上行使。之所以要求以诉讼的形式行使，是因为债权人撤销权对于第三人的利害关系重大，应由法院审查该撤销权的主体、成立要件，以避免撤销权的滥用，达到债权人撤销权制度的立法目的。

2. 诉讼主体

在债权为连带债权的情况下，所有的债权人可作为共同原告主张债权人撤销权，也可以由其中的一个债权人作为原告。在后者情况下，其他共同债权人不得再就该撤销权的行使提起诉讼。

债权人依照在《合同法》第 74 条的规定提起撤销权诉讼时只以债务人为被告，未将受益人或受让人列为第三人的，人民法院可以追加该受益人或受让人为第三人（法释［1999］19 号第 24 条）。

［反思］

对于撤销权诉讼的被告是谁，因对债权人撤销权性质的认识不同而有不同的主张。在日本的折衷说上，并不以债务人为被告，而是由债权人对受益人或转得人主张权利，由债权人任意选择以哪一个为被告。而中国台湾地区有判例认为，撤销之诉，如其请求撤销的债务人行为系债权行为，且为单独行为，则仅以债务人为被告；如为合同，或同时就债权行为和物权行为予以撤销，则应以债务人及其相对人为被告，且必须一同被诉，否则应认为其当事人的适格有欠缺。[①] 中国大陆民法学说在借鉴境外判例学说的基础上，采取折衷说，认为当债务人的行为属单独行为时，应以该债务人为被告；在债务人与第三人通过合同已经移转财产

① 见中华民国最高法院 1939 年上字第 978 号判例。

时，原则上应以债务人与第三人为被告；若财产尚未移转，则应以债务人为被告；在给付之诉涉及受益人时，受益人也是被告。不然，财产已经自债务人处移转至受益人甚至转得人，以债务人为被告，不但债务人行为的种类、性质和效果难查清楚，而且无法通过该诉讼请求受益人或转得人返还该项财产。另一种意见认为，该第三人（受益人或受让人）不作为被告，而作为诉讼上的第三人。

3. 管辖

债权人撤销权诉讼，由被告住所地人民法院管辖（法释［1999］19号第23条）。

两个或两个以上债权人以同一债务人为被告，就同一标的提起撤销权诉讼的，人民法院可以合并审理（法释［1999］19号第25条第2款）。

4. 撤销权诉讼的性质

撤销权诉讼兼有给付之诉与形成之诉的性质。如依形成之诉，则仅撤销债务人的行为即可达到增加债务人共同担保的目的。例如，债务人与第三人成立动产买卖合同，在尚未交付该动产时，债权人撤销权的行使采用形成之诉便足够了，不需要再提起给付之诉。但在动产已经交付，动产所有权已经转移给该第三人的情况下，撤销权的行使不仅需撤销该动产买卖合同，而且需依给付之诉请求该第三人返还该动产①，请求该第三人注销所有权移转登记。

5. 行使的时间限制

撤销权自债权人知道或应当知道撤销事由之日起1年内行使。自债务人的行为发生之日起5年内没有行使撤销权的，该撤销权消灭（《合同法》第75条）。之所以如此，是由于如果允许债权人长时间拥有撤销权，那么必然会影响到交易的安全。另外，经过长时间后，善意、恶意等的证明会变得困难。

6. 行使的范围

《合同法》第74条第2款前段规定，撤销权的行使范围以债权人的债权为限。其目的在于尽可能降低撤销权的行使对交易安全的影响，在依据法释

① 见史尚宽：《债法总论》，477页，台北，荣泰印书馆股份有限公司，1978。

[1999] 19 号第 20 条关于“债权人向次债务人提起的代位权诉讼经人民法院审理后认定代位权成立的，由次债务人向债权人履行清偿义务，债权人与债务人、债务人与次债务人之间相应的债权债务关系即予消灭”的规定，处理撤销判决的利益的背景下，《合同法》第 74 条第 2 款前段关于“撤销权的行使范围以债权人的债权为限”的规定，有其道理。不过，在诈害行为的标的物为一套房屋等不可分物，债权人的债权数额仅为该房屋价值一部分的场合，仅限于债权额主张撤销并要求返还，显然不当。于此场合，宜认为债权人有权就该套房屋的诈害行为行使撤销权。此其一。如果按照“入库规则”处理撤销判决的利益，即，因行使撤销权而取回的财产或代替原来利益的损害赔偿，均归属于债务人的责任财产，属于全体债权人的共同担保，则《合同法》第 74 条第 2 款前段关于“撤销权的行使范围以债权人的债权为限”的规定，有时会导致极不妥当的后果。例如，行使撤销权的债权人的债权数额为 50 万元，其他共同债权人的债权数额为 300 万元，债务人赠与甲的汽车价值 50 万元，以明显不合理的低价出卖与乙的房屋价值 120 万元。在这种情况下，若仅允许债权人撤销赠与甲 50 万元汽车的合同，甲返还的 50 万元的汽车由全体债权人按债权比例受偿，则其不合理性一目了然。只有承认债权人有权撤销赠与汽车的合同、以明显不合理的低价买卖房屋的合同，全体债权人就价值 170 万元的汽车、房屋实现其债权，才公平合理。在这个意义上，下述观点具有合理性：债权人撤销权行使的目的在于保全所有的债权，因而其行使范围不以保全行使撤销权的一般债权人享有的债权额为限，而应以保全全体一般债权人的全部债权为限度。①

四、债权人撤销权的效力

1. 对债务人和受益人的效力

债权人依照《合同法》第 74 条的规定提起撤销权诉讼，请求人民法院撤销

① 见王家福主编：《中国民法学·民法债权》，张广兴执笔，186 页，北京，法律出版社，1991。

债务人放弃债权或以不合理的低价转让财产的行为，人民法院应当就债权人主张的部分进行审理，依法撤销的，该行为自始无效（法释［1999］19号第25条）。就是说，中国现行法对债权人撤销权未采纳责任说。

如债务人和受益人的交易行为尚未发生物权变动的效果，则债权人撤销权仅发生形成权的效力。如债务人和受益人之间已经完成交付，则受益人尚需负返还财产的义务，亦即债权人撤销权同时发生形成权和请求权的效力。有学者认为，债务人或受益人可以提出相当价额给债权人，以阻止撤销权的行使。如此，则债权人撤销权仅仅产生请求权的效力；至于受益人和债务人之间的关系，则依权利瑕疵担保责任处理。① 这样，考虑到了方方面面，值得我们借鉴。

2. 对转得人的效力

中国台湾地区"民法"债编修正，于第244条第4项增订："债权人依第一项或第二项之规定声请法院撤销时，得并声请命受益人或转得人回复原状。但转得人于转得时不知有撤销原因者，不在此限。"其立法理由为："对转得人可否声请回复原状？现行条文亦无规定。唯学者通说以为转得人于转得时知悉债务人与受益人间之行为有撤销原因者，债权人撤销之效果，及于该转得人。如转得人于转得时不知有撤销之原因，则应依物权法上善意受让人之规定，取得权利，不得令其回复原状。如此，方足以维护交易安全并兼顾善意转得人之利益，爰增订第四项规定（日本民法第四百二十四条第一项但书参考）。"② 道理已经阐明，值得我们借鉴。

如此，受益人和转得人均为恶意，而他们实施的行为为撤销效力所及的，债权人可直接向转得人请求返还利益。此时，债权人对转得人前手和受领人，也有回复原状请求权。受益人和转得人负不真正连带债务，债权人可分别或同时主张全部清偿。③

3. 对债权人的效力

债权人撤销权的目的既在于确保债务人一般责任财产的担保，那么，因行使

① 见邱聪智：《新订民法债编通则》下，319页，北京，中国人民大学出版社，2004。

② 转引自邱聪智：《新订民法债编通则》下，319页，注3，北京，中国人民大学出版社，2004。

③ 见邱聪智：《新订民法债编通则》下，319～320页，北京，中国人民大学出版社，2004。

撤销权而取回的财产或代替原来利益的损害赔偿，均归属于债务人的责任财产，属于全体债权人的共同担保，应按债权数额比例分受清偿，行使撤销权的债权人对之并无优先受偿的权利。但因强制执行而支出的费用及其他为债权人共同利益而支出的费用可求偿于债务人的，可根据强制执行的规则就强制执行的财产先受清偿。①

4. 撤销之诉判决的效力

为撤销之诉的当事人应受判决效力的拘束。应受该判决效力拘束的特定继承人、标的物占有人或其他第三人，均不得再就该法律关系有所争执。可申请强制执行者亦限于行使撤销权的债权人。至于其他债权人，既非判决效力所及，则不得依该判决申请强制执行。而且，即使债权人于撤销之诉受败诉判决确定后，其他债权人仍可就同一诈害行为再行提起诉讼，请求撤销。还有，其他债权人可就撤销之诉确定的债务人的权利，申请执行法院对之强制执行。例如，若撤销判决系撤销债务人赠与合同，则赠与物所有权即回复为债务人所有，其他债权人可申请对该赠与物为强制执行。②

五、债权人撤销权的消灭

债权人撤销权的行使，足以破坏现存的社会秩序，且使交易安全制度受到相当考验。故《合同法》不但严格其成立要件，而且限制其行使时间，以免滋生流弊，特于第75条规定：撤销权自债权人知道或应当知道撤销事由之日起1年内行使。自债务人的行为发生之日起5年内没有行使撤销权的，该撤销权消灭。

此处所谓1年期间、5年期间，不是诉讼时效期间，而是除斥期间。这样认定的理由，包括债权人撤销权具有形成权的性质，该期间为不变期间，不存在中止、中断、延长的情形。

此处所谓事由，系债权人撤销权要件的各项事由的简称，在无偿行为的场合

① 见孙森焱：《民法债编总论》下册，553页，北京，法律出版社，2006。
② 见孙森焱：《民法债编总论》下册，553页，北京，法律出版社，2006。

指债权人知道或应当知道有诈害事实，在有偿行为的场合尚须知道或应当知道诈害意思。

有判例、学说认为，该除斥期间是否经过，债权人知道或应当知道撤销事由与否，纵未经当事人主张或抗辩，法院亦应先为调查认定，以为判断的依据。[①]

① 见中国台湾地区"最高法院"1996年台上字第1941号判例；邱聪智：《新订民法债编通则》下，321页，北京，中国人民大学出版社，2004。

第四章

合同的担保

第一节　合同的担保概述

一、合同的担保的概念

合同的担保，实际上是合同债的担保，是促使债务人履行其债务，保障债权人的债权切实得以实现的法律措施。

合同的担保有一般担保和特别担保之分。一般担保，是指债务人必须以其全部财产作为履行债务的总担保。它不是特别针对某一项合同债的，而是面向债务人成立的全部合同的。换句话说，“债务人的一般财产，并非分别担保各个单独之债权，乃构成全体债权人的共同担保，即责任财产”[①]。如此，它在保障债权实现方面显现出了弱点，即在债务人没有责任财产或责任财产不足的情况下，债权人的债权便全部不能或不能全部实现。在担保债权实现上具有优势的，当属特

① 孙森焱：《民法债编总论》下册，506 页，北京，法律出版社，2006。

别担保。所谓特别担保，即通常所言之担保，亦即《担保法》、《物权法》上的担保，在现代法上包括人的担保、物的担保和金钱担保，以及所有权保留。本章所论即为这种担保。

既然担保对于债权的实现具有如此明显的效果，传统民法理论为什么还将民事责任作为一般担保呢？原来，一般地说，债务指向的对象仅仅是债务人责任财产之中的某特定之物或某部分财产，而非债务人的责任财产的全部。这在债务被适当履行的情况下倒没有什么，不会出现问题。但是，在债务不履行且无法实际履行的情况下，债权的实现便出现了障碍，即债权的法律效力并不直接指向标的物以外的其他责任财产，债权人凭什么将该“其他责任财产”或其一部纳入自己的效力范围呢？裁判机关凭什么能够强制执行该“其他责任财产”或其一部呢？于此场合，正是由于民事责任的存在并发挥作用，才将债权与债务人的全部责任财产之间连接了起来，使得债权的效力能够及于债务人的全部责任财产。民事责任的这种将债权的效力延伸于标的物以外的责任财产的作用，就是所谓一般担保之义。换言之，一般担保的概念把普通债务与民事责任区分开来。

二、合同担保与反担保

（一）人的担保

人的担保，是指在债务人的全部财产之外，又附加了其他有关人的一般财产作债权实现的总担保。其形式主要是保证，即基于保证人和债权人的约定，当债务人不履行其债务时，由保证人按照约定代债务人履行债务或承担民事责任的担保形式。

（二）物的担保

物的担保，是以债务人或其他人的特定财产作为清偿债权的标的，在债务人不履行其债务时，债权人可以将财产换价，并从中优先受清偿，使其债权得以实现的担保形式。其方式主要有抵押权、质权、留置权和优先权。广义的物的担保，还包括所有权保留。应当指出，中国现行法虽然从整体上规定了抵押权，但证券抵押尚付阙如。而证券抵押恰恰是以担保方式作为投资手段的重要方式，在高度发达的市场经济中起着重要作用，中国立法亦应予以确认。

所谓所有权保留，是指标的物虽然交付了，但其所有权仍然保留在出让人之手，待一定的条件成就时该所有权才转移给受让人的制度。它在分期付款买卖中运用得最为广泛。在分期付款买卖合同约定有所有权保留的条款的情况下，买卖物的所有权不因交付发生变动，而是待买受人付清全部价款时才转移。这样，会促使买受人积极支付价款，保障出卖人获得全部价款。《合同法》已经规定了这种担保方式（第134条），值得肯定，因为市场经济是信用经济，信用经济必定产生分期付款买卖方式。在分期付款买卖日益增多的形势下，所有权保留是买受人于价款付清前可以先占有、使用标的物，同时能保障出卖人的价款债权得以实现的较为理想的担保方式。应当指出，所有权保留还存在着其他的类型，例如日本有所谓“延长的所有权保留”和“扩大的所有权保留”，前者指在生产、流通过程中，原材料供应商为了担保价金债权而在原材料及其加工物上保留所有权。由于这种供应商的所有权保留与融资者的让与担保权在加工物上会发生冲突，在日本这种所有权保留很少使用。① 所谓“扩大的所有权保留”，是指在继续性买卖关系中，基于全部买卖商品与全部价金债权的牵连关系，为担保全部债权而保留全部买卖商品的所有权。它也被日本学者称为“根所有权保留”② 或“无限所有权保留”③。

关于所有权保留的条款的认定，在实务中存在着分歧。例如，在三套MS5001型燃气轮发电机组转让合同纠纷中，涉及的最主要的法律文件有出卖人和买受人于2004年5月15日签订的《成套机组转让合同》，买受人于2004年12

① 见［日］近江幸治：《担保物权法》，祝娅、王卫军、房兆融译，沈国明、李康民审校，270页，北京，法律出版社，2000。

② ［日］高木多喜男：《担保物权法》，348～350页，东京，有斐阁，1984。转引自梁慧星：《日本现代担保法制及其对我国制定担保法的启示》，载梁慧星主编：《民商法论丛》，第3卷，186页，北京，法律出版社，1995。

③ ［日］米仓明：《所有权保留的实证研究》，115页，载《法学协会杂志》，第81卷5号，转引自［日］近江幸治：《担保物权法》，祝娅、王卫军、房兆融译，沈国明、李康民审校，271页，注释1，北京，法律出版社，2000。

月 1 日签署的《承诺书》，出卖人、买受人和保证人三方于 2005 年 2 月 5 日签订的《保证合同》。其中，《承诺书》在说明了买受人因资金困难而未付清购机款并请求谅解之后，“郑重承诺，在 2005 年 4 月 30 日前我公司支付上述款项中的 300 万元人民币到贵公司账上，同年 6 月 30 日前将余款 690 万元人民币全部付清。若不能如期付清上述款项，我公司向贵公司所购的三套 MS5001 型燃气轮发电机组的所有权仍归贵公司所有，原已支付给贵公司的所有购机款归贵公司，同时贵公司拥有向我公司要求经济赔偿的权利”。《保证合同》开首约定：“甲方和乙方于 2004 年 5 月 15 日签订了《成套机组转让合同》，由甲方向乙方出售发电机组，甲方已依合同向乙方交付了发电机组，乙方仅向甲方支付部分货款，仍欠 990 万元人民币未付。乙方又于 2004 年 12 月 1 日向甲方承诺，在 2005 年 6 月 30 日前再还清余下欠款 690 万元人民币，乙方若不能如期还清上述款项，乙方向甲方所购的三套 MS5001 型燃气轮发电机组的所有权仍归甲方所有，原已支付给甲方的所有购机款归甲方，同时甲方拥有向乙方要求经济赔偿的权利。”随后的约定基本上属于保证责任的内容，即保证人于买受人乙方不履行承诺的债务时，承担保证责任。

有专家认为，解释该《承诺书》约定的意义，应当依其字面含义，而其字面所表达的意思是，只要买受人不能如期付清购机款，买受人向出卖人所购的三套 MS5001 型燃气轮发电机组的所有权就仍归出卖人所有。所谓三套 MS5001 型燃气轮发电机组的所有权就仍归出卖人所有，是指买受人将其所购的三套 MS5001 型燃气轮发电机组退还给出卖人。此处所谓买受人将其所购的三套 MS5001 型燃气轮发电机组退还给出卖人，即为解除合同。

该专家继续指出，实际履行的情况是，出卖人已经将合同项下的三套 MS5001 型燃气轮发电机组交付给了买受人，但买受人在支付了 1 310 万元人民币的部分购机款之后，尚有 690 万元人民币的尾款至今没有付清，因而，三套 MS5001 型燃气轮发电机组应当退还给出卖人，合同已经解除，出卖人无权请求买受人付清尾款。

笔者则认为，该系争约定不属于解除条件，而是关于所有权保留的约定。其理由有四：第一，《合同法》第 134 条规定：“当事人可以在买卖合同中约定买受人未履行支付价款或者其他义务的，标的物的所有权属于出卖人。”该系争约定的表述为：买受人若不能如期付清购机款，则买受人向出卖人所购的三套MS5001型燃气轮发电机组的所有权仍归出卖人所有。两相对照，极其相似，其差别是次要的，是非本质的。于是，可以断言该约定符合所有权保留条款的规格。第二，出卖人已经完全依约交付了三套MS5001型燃气轮发电机组，不存在违约行为。而买受人仅仅支付了1 310万元人民币，尚欠690万元人民币的购机款，违反了双方签订的《成套机组转让合同》。至此，出卖人和买受人均未表达退货的意思，没有解除《成套机组转让合同》的行为。相反，倒有继续履行合同的证据，这就是《承诺书》和《保证合同》的有关约定。第三，买受人于2004年12月1日向出卖人发出的《承诺书》的第一自然段，说明未付清购机款的原因是其资金困难，并请求出卖人予以谅解；第二自然段开首便十分明确地表达了继续支付购机款的意思，并作出了具体的付款计划；最后才表达了“若不能如期付清上述款项，我公司向贵公司所购的三套MS5001型燃气轮发电机组的所有权仍归贵公司所有，原已支付给贵公司的所有购机款归贵公司，同时贵公司拥有向我公司要求经济赔偿的权利。”三方当事人于2005年2月5日签订的《保证合同》的第一自然段，系《承诺书》中“郑重承诺”的复写，其后基本上是关于保证责任的规定。没有关于解除《成套机组转让合同》的约定，而是表达了继续履行《成套机组转让合同》的意思。第四，《承诺书》和《保证合同》都约定了，若因买受人不能付款而退货，则买受人已经支付的购机款不再退还。这不符合解除权产生的条件的规格，因为在合同解除场合，已经履行的债务应恢复原状。恢复原状就包括退还已付的购机款。此其一。由于本案的买受人只是个转手人，三套MS5001型燃气轮发电机组已经转由案外人安装、使用，因而，如果退货，则需要再次拆卸三套MS5001型燃气轮发电机组，由案外人返还给本案的买受人，再由买受人返还与出卖人，需要支付不少的费用。尽管在返还方式上可以是由案外人直接交付给出卖人，但由此而降低的费用是有限的。从社会的层面观察，增加了成本。一句话，将《承诺书》约定的内容解读为其含有解除权产生的条件，不符合效益原则。此其二。

（三）金钱担保

金钱担保，是在债务以外交付一定数额的金钱，该特定数额的金钱的得丧与债务履行与否联系在一起，使当事人双方产生心理压力，从而促其积极履行债务，保障债权实现的制度。其主要方式有定金、押金。

（四）让与担保

所谓让与担保，是指债务人或第三人为担保债务人履行其债务，将担保标的物的权利移转于债权人，待债权获得清偿时，担保标的物的权利复归于债务人或第三人，在债务不履行时，债权人可以就该担保标的物受偿的非典型担保。以标的物是动产抑或不动产为标准，它分为动产让与担保和不动产让与担保。关于动产让与担保，中国现行法尚未规定，仅仅设置了动产抵押权制度。关于不动产让与担保，建设部于2001年修订的《城市房地产抵押管理办法》是将其作为在建工程抵押权加以规定的（第11条、第28条），法释［2000］44号亦然（第47条），实务中盛行的按揭属于不动产让与担保的范畴。应当注意，将在建工程作为标的担保物权，以及将实质上是按揭的关系作为抵押关系，均不符合抵押权的性质要求，莫不如作为不动产让与担保，更为顺畅。在制定《物权法》的过程中，相当的专家学者主张规定此类担保方式。

（五）反担保

所谓反担保，是指在商品贸易、工程承包和资金借贷等经济往来中，为了换取担保人提供保证、抵押或质押等担保方式，由债务人或第三人向该担保人新设担保，以担保该担保人在承担了担保责任后易于实现其追偿权的制度。该新设担保相对于原担保而言被称为反担保。《担保法》第4条第1款规定："第三人为债务人向债权人提供担保时，可以要求债务人提供反担保。"《物权法》第171条第2款再次重申。

关于反担保提供者的范围，《担保法》第4条第1款和《物权法》第171条第2款仅仅规定债务人为反担保的提供者，忽视了债务人委托第三人向原担保人提供反担保的情形。按本条侧重保护原担保人的合法权益、换取原担保人立保的立法目的和基本思想衡量，法条文义涵盖的反担保提供者的范围过狭，不足以贯彻其立法目的，构成一法律漏洞。对该漏洞的弥补应采取目的性扩张方式，将第三人提供反担保的情形纳入本条的适用范围。法释［2000］44号第2条第1款已经作了这样的解释，值得肯定。

关于反担保的方式，不能认为《担保法》规定的五种担保方式均可作反担保的方式：首先，留置权不能为反担保的方式：因为按《担保法》第4条的规定，反担保产生于约定，而留置权发生于法定。留置权在中国法上一律以动产为客体，价值相对较小，在主债额和原担保额均为巨大的场合，把留置权作为反担保的方式实在不足以保护原担保人的合法权益。其次，定金虽然在理论上可以作为反担保的方式，但因为支付定金会进一步削弱债务人向债权人支付价款或酬金的能力，加之往往形成原担保和反担保不成比例的局面，所以在实践中极少采用。在实践中运用较多的反担保形式是保证、抵押权，然后是质权。不过，在债务人亲自向原担保人提供反担保的场合，保证就不得作为反担保的方式。原来，保证之所以能起到担保作用，是因为债务人自己的责任财产可能薄弱，甚至化为乌有，设立保证之后，便在债务人的责任财产之外再加上保证人的责任财产，增大了债权实现的财产范围，从而保障债权实现。可是，假如反担保的方式也采取保证的形式，则会形成债务人既向原担保人负偿付因履行原担保而生之必要费用的义务，又向原担保人承担保证债务，债务人和保证人合二而一的局面，起不到反担保的作用。只有债务人以其特定财产设立抵押权、质权，作为反担保的方式，才会实际地起到保护原担保人的合法权益的作用。至于实际采用何种反担保的方式，取决于债务人和原担保人之间的约定。在第三人充任反担保人的场合，抵押权、质权、保证均可采用，究竟采取何者，取决于该第三人（反担保人）和原担保人之间的约定。

［案例分析］

在1 000万元人民币、800万元人民币的借款担保关系中，不存在什么反担保。

1. 背景和前提

就甲公司向某农村商业银行股份有限公司贷款1 000万元人民币、向某交通银行贷款800万元人民币的还本付息债务，丙公司充任保证人，提供担保。这涉及如下法律关系：(1) 甲公司与某农村商业银行股份有限公司之间的借款合同关系，于此关系中，甲公司负有偿还贷款 1 000 万元人民币及其利息的债务，某农村商业银行股份有限公司享有相应的债权；(2) 甲公司与向某交通银行之间的借款合同关系，于此关系中，甲公司负有偿还贷款 800 万元人民币及其利息的债务，某交通银行享有相应的债权；(3) 甲公司与丙公司之间的委托合同关系，于此关系中，甲公司系委托人，丙公司系受托人，后者受前者的委托，为其还本付息的债务出任保证人。

2. 系争《协议书》第 1 条约定所谓反担保

在这样的背景下，系争《协议书》第 1 条约定，就上述担保，乙公司为丙公司提供反担保，反担保的形式为连带责任保证，保证期限自该协议生效之日起 2 年，保证范围有贷款本息、违约金等。

3. 系争《协议书》第 1 条约定的所谓反担保不成立

结合系争《协议书》第 1 条的约定，观察和分析法释［2000］44 号第 2 条关于“反担保人可以是债务人，也可以是债务人之外的其他人”（第 1 款），以及“反担保方式可以是债务人提供的抵押或者质押，也可以是其他人提供的保证、抵押或者质押”（第 2 款）的规定，可知系争《协议书》第 1 条约定的乙公司向丙公司提供的连带责任保证，不是反担保。其道理在于，按照法释［2000］44 号第 2 条第 2 款关于“反担保方式可以是债务人提供的抵押或者质押，也可以是其他人提供的保证、抵押或者质押”的规定，只有在债务人乙即系争《协议书》中的乙公司以外的第三人提供反担保时，才可以有保证的反担保形式，在债务人即系争《协议书》中的乙公司亲自提供反担保时不得采取保证的担保形式，只可采取抵押权、质权的担保形式，在理论上也可以有定金的形式。

法释［2000］44 号第 2 条第 2 款如此规定是正确的。原来，保证之所以能起到担保作用，是因为债务人自己的责任财产可能薄弱，甚至化为乌有，设立保证之后，便在债务人的责任财产之外再加上保证人的责任财产，增大了债权实现的财产范围，从而保障债权实现。可是，在债务人亲自向原担保人提供反担保的场合，若采取保证的形式，则会形成债务人既向原担保人负偿付因履行原担保而生之必要费用的义务，又向原担保人承担保证债务，债务人和保证人合二而一的局面，其结果是没有增大责任财产的范围，没有扩展责任财产的数量，起不到反担保的作用。只有债务人以其特定财产设立抵押权、质权，作为反担保的方式，才会实际地起到保护原担保人的合法权益的作用。

具体到系争《协议书》案件，担保人是丙公司，债务人是乙公司，系争《协议书》第1条约定债务人乙公司向担保人丙公司提供担保，采取连带保证的形式，恰恰是债务人和保证人合二而一，起不到反担保的作用，因而不是反担保，不发生反担保的法律效力。

总之，在1 000万元人民币和800万元人民币的借款担保及反担保中，不存在乙公司提供反担保的问题，丙公司无权请求乙公司承担反担保责任。

4. 系争《协议书》第2条约定的800万元人民币不成立现行法上的任何担保形式

系争《协议书》第2条约定，2012年5月31日，乙公司向某农村商业银行股份有限公司DF支行借款800万元人民币，此款由丙公司使用应由其归还，但是一旦发生丙公司为乙公司代偿事宜，丙公司即不用再向乙公司归还此款，该800万元人民币作为乙公司为丙公司提供的担保。

应当说，该约定属于何种法律关系、发生什么法律效果，不太清楚。笔者只好设定几种可能，一一分析。

1. 如果丙公司未为乙公司代偿，那么，就不发生什么800万元人民币担保的问题，而是丙公司向乙公司偿还800万元人民币，于此关系中，丙公司是债务人，乙公司是债权人。据此，反倒是丙公司应当向乙公司偿还800万元人民币的债务。

2. 如果确实发生了丙公司为乙公司代偿事宜，那么，发生该800万元人民币是否构成担保的问题。于此场合，该800万元人民币不属于定金，也不属于保证金，还不属于押金。因为该800万元人民币由乙公司交给丙公司时，它是民间借贷合同的标的物，于此关系中，丙公司是债务人，乙公司是债权人。这种800万元人民币的借贷合同关系属于主债关系，该800万元人民币是主债关系中的标的物。而定金、保证金、押金的担保关系属于从债；同时，定金、保证金、押金的合同属于实践合同，以金钱的交付为成立要件。如此，在系争《协议书》案件中，假如存在定金、保证金、押金的担保，且乙公司作为担保人，那么，就必须是乙公司再向丙公司另外支付800万元人民币，否则，就不会成立定金、保证金、押金的担保。在系争《协议书》的卷宗材料中，笔者没有发现这方面的证据。依据目前的证据材料，系争《协议书》第2条约定的800万元人民币不会是定金、保证金、押金的担保，而是民间借贷合同关系的标的物。

系争《协议书》第2条约定的800万元人民币之上也不成立留置权，因为按照《物权法》第231条关于"债权人留置的动产，应当与债权属于同一法律关系"的规定，该800万元人民币之上若成立留置权，则必须是丙公司作为债权人，而且必须是丙公司与乙公司发生了另外一个产生债权债务的关系，如承揽关系、运输关系等，而不可能是借贷合同关系。笔者在系争《协议书》的卷宗材料中没有发现发生承揽关系、运输关系之类的法律关系的证据，只有民间借贷合同关系的证据，所以，根据目前的证据，该800万元人民币之上也不存在留置权。

系争《协议书》第2条约定的800万元人民币也不成立保证担保，因为保证不是债权人就保证人的特定财产行使担保权，而是就保证人的全部责任财产实现其保证担保。而涉案800万元人民币起初是乙公司的特定财产，不是其全部的责任财产；后来是丙公司的特定财产，也不是其全部的责任财产。所以，涉案800万元人民币不会成立保证。此其一。假如认定涉案800万元人民币会成立保证，且乙公司是保证人，丙公司是债权人（被担保人），那么，就意味着乙公司同时是债务人和保证人，而在保证关系的场合，保证人必须是债务人之外的第三人才可以。所以，涉案800万元人民币不会成立保证。此其二。

系争《协议书》第2条约定的800万元人民币还不成立抵押权、质权，因为如同上文所述，涉案800万元人民币属于民间借贷合同关系这种主债的标的物，而假如成立抵押权、质权的话，则必须是乙公司在主债关系的标的物之外，另外提供物品，才会如愿以偿。笔者在系争《协议书》案件的卷宗材料中没有发现发生此类法律关系的证据，所以，根据目前的证据，涉案800万元人民币之上也不存在抵押权、质权。

总之，系争《协议书》第2条约定的800万元人民币，不符合现行法上的任何一种担保形式的要件，故系争《协议书》第2条约定800万元人民币作为担保，这属于缔约人发生了法律上的错误，而法律上的错误不作为错误看待，不依当事人的认识为准，而完全根据法律的本意发生法律效果。一句话，涉案800万元人民币不属于我国现行法上的任何担保形式，不发生担保的法律效力。乙公司和丙公司双方在这方面的法律错误，不改变这个结论，故丙公司无权就该800万元人民币请求乙公司承担什么担保责任。

其实，在笔者看来，系争《协议书》第2条约定的“一旦发生丙公司为乙公司代偿事宜，丙公司即不用再向乙公司归还此款，该800万元人民币作为乙公司为丙公司提供的担保”，应属于抵销，即，丙公司为乙公司代偿时乙公司欠丙公司800万元人民币债务，该债务与丙公司欠乙公司的800万元人民币债务相互抵销。

设立反担保的行为是法律行为，必须符合《民法通则》第55条规定的有效条件。而每种反担保的方式又各有其特定的成立要件，因此尚需符合《担保法》和《物权法》于相应条款规定的特定成立要件。例如，《担保法》第38条和第39条规定，设立抵押权须有抵押合同并须具有书面形式与相应条款；第41条规定以土地使用权、地上房屋等设立抵押的，应当办理登记手续。反担保采抵押权方式的，亦然。

依反担保设立的目的要求，反担保的实行，应于原担保实行之后。

根据物权法教材和合同法教材的分工，本章仅介绍和讨论保证、定金两种担保方式。

三、合同担保的法律性质

（一）合同担保具有从属性

这里的从属性，是指合同担保从属于主债，以主债的存在或将来存在为前提，随着主债的消灭而消灭，一般也随着主债的变更而变更。

应该看到，对从属性的理解和要求，存在着严格和宽松之分。中国以往关于担保的著述均严格要求先有主债存在，后有担保产生。绝对贯彻这一观点，就排除了为将来存在的债权设定担保的情况。《担保法》已经明确规定了最高额保证（第14条）和最高额抵押（第59～62条），允许为将来存在的债权预先设立保证或抵押权。《物权法》就最高额抵押权设置了专节（第203条以下）。所有这些，显然是从宽把握合同担保的从属性的。

从宽把握担保的从属性，承认担保的相对独立性也是其表现之一。所谓承认担保的相对独立性，不但表现为担保可以有长于被担保债权的存续期间、担保可有自己单独的消灭事由，还表现为担保人负担重于主债务人的义务和责任。例如，某增资扩股安排协议约定：目标公司及其原股权人对于认购增资股不保本，也不保障固定收益。不过，担保协议却约定：保证人对于认购增资股者（新股权人）承担保本和保障8%收益的责任。尽管此类担保约定使得担保人的责任超过了主债务人的义务，似乎不符合担保的从属性，但因担保人系实力强大的公司，其利益和负担由其与目标公司之间的法律关系解决，担保约定乃出自其真实意思，不构成《合同法》第52条规定的无效原因，应当有效。

更需注意的是，国际贸易中出现的"不可撤销的保函"、"见索即付的保函"、"见单即付的保函"等，独立于主债关系，属于独立提保，中国司法裁判机关承认其法律效力。有些专家、学者呼吁，在国内贸易中也应承认此类保函/独立保证的有效性。此类担保仅有补充性和保障债权切实实现性，欠缺从属性。德国法上的土地债务根本没有从属性，是具有独立性的物的担保；流通抵押权虽有从属性，但为了保护因信赖债权存在而受让的人时，从属性会被击破。① 证书式的证券抵押权完全按照有价证券法的基本规则确定，即债券的所有人或指示证券的权利人就是抵押权人（《德国民法典》第1187条第3句）。② 在抵押权善意取得的情况下，受让人获得的只是一项抵押权，绝对没有取得对人债权。③ 这至少表明从属性被大大弱化了。

---

① ［德］鲍尔、施蒂尔纳：《德国物权法》下册，申卫星、王洪亮译，28、40、42～43页，北京，法律出版社，2006。

② ［德］鲍尔、施蒂尔纳：《德国物权法》下册，申卫星、王洪亮译，43页，北京，法律出版社，2006。

③ ［德］鲍尔、施蒂尔纳：《德国物权法》下册，申卫星、王洪亮译，95页，北京，法律出版社，2006。

以上情形告诉我们：担保的从属性更多的是立法政策使然，法律完全可以根据实际生活的需要而漠视从属性，承认独立性的担保类型。

（二）合同担保具有补充性

这里的补充性，是指合同的担保一经有效成立，就在主债关系的基础上补充了某种权利义务关系，如保证法律关系、抵押法律关系、质押法律关系、定金法律关系等。换句话说，构成担保必须具有两种以上的法律关系，一是被担保的主债关系，二是保障主债切实实现的法律关系，即担保法律关系。担保法律关系充当补充的权利义务关系。

担保法律关系的存在和发挥作用，产生如下法律效果：或是使保障债权实现的责任财产（一般财产）扩张，或是使债权人就特定财产享有了优先权，或是使当事人对特定数额的金钱有得丧的可能和机会，从而大大增加了债务人适当履行其债务的压力，极大地提高了债权人的债权得以实现的可能性。当然，在主债关系因适当履行而正常终止时，补充的义务并不实际履行；只有在主债务不履行，并且担保人又无抗辩事由时，补充的义务才履行，使主债权得以实现。

（三）合同担保具有保障债权切实实现性

这是从合同担保的功能来看合同担保的法律性质，是从合同的担保和民事责任的区别上考察合同的担保的法律特征。

大陆法系和前苏联民法认为，违约金属于合同的担保的范畴。中国法学界也有不少著述持这种观点，甚至有人认为合同的担保是一种违约责任。这就有必要认清合同的担保和民事责任的联系与区别。

合同的主要效力在于履行，只有债务人按合同的约定适当履行其债务，合同目的才能达到，当事人的需要才能得到满足。“债权关系之首要法律目的，乃在将债权转变成物权或与物权具有相等价值之权利。故从法律目的来说，债权关系之目的，不在于债务人约定给付之‘实行’，而系在于债务人约定给付之使债权人获得满足。”[①] 在债务人为自己的利益或因其他原因而不能履行其债务时，合

① 林诚二：《论债之本质与责任》，载郑玉波主编：《民法债编论文选辑》上，32 页，台北，五南图书出版公司，1984。

同目的就会落空，债权人就不能全部或全部不能实现其债权。为避免这种结果发生，促使债务人适当履行其债务，民法特设民事责任制度，借以令违约人在无免责事由的情况下承受负担，使债务人积极而适当地履行其债务，从而保障债权人的债权得以实现。从这个意义上说，民事责任也是对合同债的担保。所谓"责任云者，言对于债务履行之担保也"①；"强制取得之责任关系，附加于债务关系，债务关系才有拘束力，从而，为实现债之目的，责任乃具担保之作用"②。

但是，在担保合同债权切实实现这点上，民事责任毕竟有其不足：其一，民事责任的方式之一是强制履行，而在具体的案件中，强制履行并不总是可能的。其二，虽然从总体上说，民事责任具有促使债务人履行其债务，从而实现债权人债权的作用，但在具体的案件中，它毕竟是制裁债务人于不履行之后，不易保障债权人于未受损害之前，因此过于消极。其三，请求债务人承担民事责任的权利终究属于债权范畴，它同其他债权至多处于平等地位，如果债务人不断参与新的合同等债权关系，处分其财产，致使其丧失或降低支付能力，那么债权人仍难免不受损害。其四，在债务不履行时成立民事责任，有时以债务人或有关第三人有过错为必要条件。在过错归责而债务人无过错地未履行债务的情况下，不能成立民事责任，这使得债权人的损失得不到补偿。为弥补民事责任在保障债权实现方面的种种不足，需要充分发挥合同担保的作用。在保障债权实现这点上，合同担保不受或少受债务人财产状况的限制，即使债务人的一般财产不足以清偿数个并存的债权，被担保的债权一般也能得以实现。具体而言，在人的担保情况下，通过扩张一般担保的财产数量，即不但把债务人的全部财产作为责任财产，也把保证人、连带债务人或并存的债务承担人的全部财产纳入可以履行债务的范畴或列入可以承担责任的系列，大大提高了债权实现的可能性和现实性。在物的担保的

① 诸葛鲁：《债务与责任》，载郑玉波主编：《民法债编论文选辑》上，20页，台北，五南图书出版公司，1984。另见林诚二：《论债之本质与责任》，载郑玉波主编：《民法债编论文选辑》上，38页，台北，五南图书出版公司，1984；郑玉波：《民事责任之分析》，载郑玉波主编：《民法债编论文选辑》上，61页，台北，五南图书出版公司，1984。

② 林诚二：《论债之本质与责任》，载郑玉波主编：《民法债编论文选辑》上，28页，台北，五南图书出版公司，1984。

情况下，通过使债权人对债务人或第三人的特定财产享有优先受偿权的形式来使债权得到满足。在所有权保留的情况下，通过在买受人全部付清价款之前不移转标的物所有权来促使买受人积极支付全部价款，即使买受人不付清价款，出卖人也能基于所有物返还请求权取回标的物，从而免受损害。在金钱担保的情况下，通过特定数额的金钱得丧的规则效力使当事人产生心理压力，为避免自己的金钱损失而积极履行债务，保障债权切实实现。总之，合同担保具有保障债权切实实现的性质，违约责任在这点上远比合同担保逊色。①

合同担保和民事责任的区别还表现在，前者大多不以过错为要件，不具有惩罚性，存在着担保权人享有收益的问题。②

综上所述可知，视合同担保为一种违约责任，把违约金定性为合同担保并不妥当。违约金责任具备违约责任的特点，不与合同担保同类。例如，在惩罚性违约金责任场合，在《合同法》分则对特定类型的违约行为实行过失归责、当事人双方约定以过失为构成要件的情况下，违约金责任的成立，以违约行为和过错为要件，它对债权实现的保障直接受债务人的财产状况的左右。如果说违约金具有担保作用，也并未超出其他违约责任方式所具有的担保作用的限度。正如有的学者所言："违约金作为财产责任的一种表现形式，不具有与财产责任不同的任何特殊作用。"③ 因此，中国现行法把违约金责任作为违约责任的方式加以规定，而未把它列入担保体系，是十分科学的。

四、担保作用

（一）引言

以上所述将一般担保与担保之间的区别、联系以及演进关系基本上揭示出来

① 见崔建远：《合同责任研究》，38～40页，长春，吉林大学出版社，1992。

② 见崔建远：《合同责任研究》，38～40页，长春，吉林大学出版社，1992。

③ ［苏］A. A. 法因斯坦：《社会主义组织之间的合同责任》，黄欣译，江平、黄道秀校，27页，北京，法律出版社，1984。

了，但介于二者之间的特定账户、连带债务（含连带责任，下同）、并存的债务承担、履行抗辩权、债的保全、预告登记、抵销、保证金诸种制度的法律地位、法律作用、法律效力又如何呢？是属于担保还是其他的措施呢？

（二）特定账户与担保或其作用

特定账户，如果满足了法释［2000］44号第85条规定的成立质权的要求，即债务人或第三人将特定账户移交给债权人占有作为债权的担保的，就在该特定账户之上设立了质权，归属于物的担保范畴；特定账户如果没有满足法释［2000］44号第85条规定的成立质权的要求，即债务人或第三人未将特定账户移交给债权人占有，就没有设立质权。

此时，特定账户的法律性质及效力如何呢？在开户行与特定账户管控者之间，主体应为开户行和特定账户管控者，特定账户应为客体，既不是主体，也不是法律关系的内容。作为一个客体，自然谈不上担保，因为担保是反映着权利义务关系的制度。由于开户行和特定账户管控者之间的权利义务关系不符合物权法律关系，特定账户与该权利义务关系结合在一起，也不会成为物权关系，或者说不会成为物的担保类型。

通说认为，开户行和特定账户管控者之间的权利义务关系，属于一般的债的关系。作为该种关系的客体，特定账户不会属于担保，甚至不属于一般担保。

可能有人会说，特定账户里的资金不是保证金吗？对此，笔者将在下文予以回答。

不过，相对而言，特定账户中的资金与债务人的其他责任财产毕竟有所隔离，特别是存放信托资金的特定账户还具有相对独立性，这在一定程度上阻止了许多债权人就特定账户的资金主张清偿的请求权，使得某个或某些债权人拥有较多的机会就特定账户中的资金实现其债权，从而显现出担保作用。

（三）连带债务与担保或其作用

连带债务（含连带责任，下同），即在多数债务人场合下，每个债务人都有义务向债权人清偿全部债务的现象。于此场合，债权实现所及的责任财产在范围上扩张了，即全部连带债务人的所有的责任财产都是债权实现的责任财产，这显然增加了债权实现的可能性，非常不同于单个债务人的责任财产作为债权实现的一般担保。在这个意义上说，连带债务与保证极为相像，符合担保的特性，而不同于民事责任这种一般担保。

但是，如果将补充性、从属性作为担保必须具备的法律特征和条件，则结论会有所不同。

按照补充性的要求，构成担保至少要有两层法律关系，一是被担保的主债关系，二是担保法律关系。在连带债务的场合，各个债务不分主次，即各个连带债务关系都处于同一层面，没有呈现被担保的主债关系与担保法律关系的状态。就此说来，连带债务不符合担保的全部规格要求，按照严格的担保标准衡量，不宜将连带债务划入担保之内。

根据从属性的要求，能够成为担保的法律关系必须是从属于被担保的主债关系。据此衡量连带债务，不难发现各个连带债务之间没有高低、先后之分；连带债务与债权之间的关系仅仅为单一的债的关系，并不存在两种以上的法律关系，即一面是债权，一面是（连带）债务。从这方面来说，不将连带债务划入担保之列，道理是充分的。

在这个方面，笔者以往从连带债务、并存的债务承担扩张了担保债权实现的责任财产的范围这个角度出发，认为它们不同于民事责任，而属于担保的范围。① 如今，更关注担保的全部法律特征和规格要求，并据此衡量某法律措施是否属于担保，因而，不再将连带债务承担划归担保的范围。从另外的角度说，按照以往的观点，对于连带债务，不但适用自己的法律规范，还要适用担保的法律规范；而依据如今的看法，它便不再适用担保的法律规范。这个结论不因有些担保具有独立性而无从属性而改变。

但是，连带债务制度毕竟扩张了作为债权切实实现的物质基础的责任财产的范围，不同于普通债务及民事责任制度，故而展现出担保作用，并且强于特定账户、履行抗辩权、债权人撤销权、奉行“入库规则”的债权人代位权等制度、措

① 参见崔建远：《合同法总论》中卷，293页，北京，中国人民大学出版社，2012。

施的担保作用。

（四）并存的债务承担与担保或其作用

并存的债务承担，也叫附加的债务承担，或重叠的债务承担，或债务加入，是指第三人加入债的关系，与原债务人共同承担同一责任的现象。新加入的债务人即承担人只不过是分担了原债务人的负担，并未使原债务成为从债务，亦未使之变为补充性的债务；承担人分担的债务同样没有变为从债务及补充性的债务。

并存的债务承担与保证债务，有相同的一面，如均为增加了担保债权实现的责任财产的数量；更有不同之点：(1) 保证债务乃于债务人不履行债务时，保证人代债务人履行或承担赔偿责任的债务，系属从属债务；而并存的债务承担则系由承担人负担主债务，债权人系对承担人及原债务人直接发生债的关系，相互间没有主从关系。[①] (2) 在一般保证场合，保证人享有先诉抗辩权，而并存的债务承担不存在先诉抗辩权。

总之，并存的债务承担不符合担保关于从属性和补充性的性质要求，不属于担保系列。这个结论同样不因有些担保具有独立性而无从属性而改变。有鉴于此，需要修正笔者的下述思路及观点：从并存的债务承担扩张了担保债权实现的责任财产的范围这个角度出发，认为它不同于民事责任，而属于担保的范围。[②]

但是，并存的债务承担终究增加了担保债权实现的责任财产的数量，相较于普通债务、民事责任、未满足质权设立要件的特定账户、履行抗辩权、债权人撤销权、奉行“入库规则”的债权人代位权等制度、措施具有明显的担保作用。

［以案说法］

上述关于连带债务、并存的债务承担不宜划归担保之列的观点，在个案中显现出价值。对此，以下述案件为例加以说明。

(1) 关于连带责任还款人约定的解释

某《借据》约定，LXF公司自2013年8月14日借孙某400.00万元人民币，

① 参见孙森焱：《民法债编总论》下册，814页，北京，法律出版社，2006。

② 参见崔建远：《合同法总论》中卷，293页，北京，中国人民大学出版社，2012。

2013 年 8 月 28 日还。同时约定，连带责任还款人有张某、臧某、田某。

如何认定张某、臧某、田某所负连带责任的含义，是处理该案首先要解决的问题。假如按照系争《借据》的字面所昭示的连带责任对待，且自系争《借据》成立之时张某、臧某、田某即承担连带责任，那么，张某、臧某、田某与 LXF 公司就均为借款合同的当事人。于此场合，有两种可能：第一种可能是，系争《借据》所形成的借款合同若属于《合同法》上的借款合同，则该借款合同为诺成合同，张某、臧某、田某就应当享有取得借款的债权；第二种可能是，系争《借据》所形成的借款合同若为民间借贷合同，则该借款合同为实践合同，出借人孙某将该笔款项交付给张某、臧某、田某和 LXF 公司时该借款才合同成立，张某、臧某、田某也应当取得该笔款项的一部分。就是说，无论哪种可能，张某、臧某、田某都应取得该笔款项的一部分，才符合张某、臧某、田某是借款人一方的一分子并进而承担连带责任的要求。可是，在事实上张某、臧某、田某没有取得该笔款项的一分钱。就此看来，系争《借据》约定张某、臧某、田某为连带责任还款人，这属于法律上的错误。而法律上的错误不应依当事人的意思表示确定，而应按照事物的本来的法律属性定性。如此，系争《借据》约定张某、臧某、田某为连带责任还款人，不应被解读为张某、臧某、田某为 LXF 公司的借款承担连带责任，换句话说，张某、臧某、田某不是一般意义上的连带责任人。

假如按照系争《借据》的字面所表达的意思，将张某、臧某、田某所负连带责任理解为系争《借据》成立之后，即 LXF 公司和孙某发生借款合同关系之后，张某、臧某、田某才加入债务人的行列，并对出借人孙某承担连带责任，那么，它属于并存的债务承担，或曰债务加入。但这不符合事实，因为张某、臧某、田某是系争《借据》形成当时在其上签字，允诺对还款承担连带责任的，而非系争《借据》形成之后的某个时间点才允诺的。再者，尽管并存的债务承担可由债务人 LXF 公司与承担人（加入人）张某、臧某、田某签订并存的债务承担合同而产生，但是他们应将该债务承担的事实通知债权人孙某。可是，证据清单中没有这方面的证据，而且，张某一直否认自己为连带责任人，自认为保证人。就此看来，系争《借据》约定的张某、臧某、田某为连带责任还款人，不属于并存的债务承担。

根据排除法，张某、臧某、田某在系争案件中属于连带责任保证人。

(2) 张某、臧某、田某可以援用保证期间届满的抗辩

张某、臧某、田某在系争案件中属于连带责任保证人，因此，他们与孙某之间的法律关系应当适用《担保法》及法释［2000］44号关于连带责任保证的规定。

根据《担保法》第26条的规定，在连带责任保证的场合，保证人与债权人未约定保证期间的，债权人有权自主债务履行期届满之日起6个月内要求保证人承担保证责任。在合同约定的保证期间和前款规定的保证期间，债权人未要求保证人承担保证责任的，保证人免除保证责任。

系争《借据》未约定保证人张某、臧某、田某向债权人孙某承担保证责任的期间，约定主债务履行期为2013年8月28日，那么，按照《担保法》第26条的规定，保证期间应为2013年8月29日至2014年2月28日。系争案件的证据显示，保证人张某、臧某、田某收到JZ市人民法院出具的孙某追加被告张某的《传票》日期为2014年4月29日。2014年7月28日，JZ市人民法院裁定准许孙某撤诉。2014年7月29日，孙某将借款人LXF公司，保证人张某、臧某、田某列为共同被告再次起诉至JZ市人民法院。此时距离保证期间届满之日已经超出了5个月的时间，因此，保证人张某、臧某、田某不再承担保证责任。

(3) 连带债务、并存的债务承担是否归属于担保在系争案件中的价值

假如将连带债务、并存的债务承担也归属于担保，进而论证出它们与连带责任保证具有类似性，那么，对系争《借据》文义的解释价值就大大降低，甚至没有必要。因为张某、臧某、田某与LXF公司向孙某承担连带债务也好，张某、臧某、田某加入LXF公司对孙某所负债务，形成并存的债务承担也罢，抑或是张某、臧某、田某作为连带责任保证人，都可以基于《担保法》第26条的规定提出抗辩，从而不再承担责任。但是，连带债务、并存的债务承担不属于担保，便不得适用《担保法》第26条的规定，债务人不会因债务履行期届满之日起满6个月而免负责任。

（五）履行抗辩权与担保或其作用

履行抗辩权不具备担保所要求的从属性、补充性和保障债权切实实现性，故而非属担保。但结合本书“第二章　合同的保障”中“第二节　债权受到保障的机理”之“五、履行抗辩权制度之于债权保障”中的分析，可知履行抗辩权也增加了债权实现的可能性，从而显现出担保作用，当然，它要弱于连带债务、并存的债务承担、抵销等制度、措施的担保作用。

（六）债的保全与担保或其作用

结合本书“第二章　合同的保障”中“第二节　债权受到保障的机理”之“二、债的保全制度之于债权保障”，以及本章本节的分析，可知债的保全制度仍不符合担保关于从属性、补充性的要求，在保障债权切实实现方面也较担保间接些，除非赋予债权人代位权优先受偿的效力。可见，债的保全不属于担保范畴，只是具有担保作用，并且强于履行抗辩权的担保作用，弱于连带债务、并存的债务承担、抵销等制度、措施的担保作用。

（七）预告登记与担保或其作用

《物权法》第20条赋予预告登记较为强大的法律效力：使已经办理了预告登记的债权具有否定后发生的不动产物权变动或抵押权设立的效力，或者说使后发生的不动产物权变动或抵押权设立相对于该债权无效，促使此类债权得以实现。

必须看到，预告登记只是使登记的债权在某些效力方面变得强大了些，并不具有使登记的债权具有直接实现的效力，加之它不存在从属性和补充性的法律性质，即不符合担保的规格要求，不属于担保，但较未被预告登记的债权容易实现些，用具有担保作用描述更为贴切。

（八）抵销与担保或其作用

学说认为，就行使抵销权之债权人言，在债务人资力不足之场合下，仍能为自己的债权受到确实及充分清偿利益，这时的主动债权人对于被动债权人宛如具有类似于担保地位之机能。故抵销之目的为简易及公平，机能为担保。[①] 在债权

① 刘得宽：《抵销在担保上的机能》，载郑玉波主编：《民法债编论文选辑》中册，946页，台北，五南图书出版公司，1984。

实现的直接性和快捷性方面，抵销胜于物的担保、人的担保。在双方的债权都能借助于抵销而得到实现的意义上，抵销也优于金钱担保。就此说来，抵销有资格跨入担保的行列。但是，抵销终究是债权的效力表现，不表现为在一个债的关系之外另外存在一个法律关系，不具有担保所需要的从属性和补充性，因而仍不属于担保之列，不适用《担保法》、《物权法》关于担保的相关规定，姑且称之为具有担保作用，且远胜于连带债务、并存的债务承担、履行抗辩权、债的保全等制度、措施的担保作用。

毋庸讳言，抵销在保障债权切实实现方面也有其弱点，这在下述情况下更加清楚明了：(1)《破产法》(2006 年) 第 40 条规定，债权人在破产申请受理前对债务人负有债务的，可以向管理人主张抵销。但是，有下列情形之一的，不得抵销：A. 债务人的债务人在破产申请受理后取得他人对债务人的债权的；B. 债权人已知债务人有不能清偿到期债务或破产申请的事实，对债务人负担债务的；但是，债权人因为法律规定或有破产申请一年前所发生的原因而负担债务的除外；C. 债务人的债务人已知债务人有不能清偿到期债务或破产申请的事实，对债务人取得债权的；但是，债务人的债务人因为法律规定或有破产申请一年前所发生的原因而取得债权的除外。(2) 附有同时履行抗辩权的债权，不得以之为主动债权而主张抵销，否则即为剥夺相对人的抗辩权。(3) 第三人的债权，即使取得该第三人的同意，也不能以之为抵销。(4) 依债的性质不得抵销的债务。

(九) 将进口汽车的合格证交给贷款人银行占有与担保作用

实务中出现了汽车进口商从银行贷款，依双方约定将进口汽车的合格证交给贷款人银行占有的情况。由于汽车进口商没有进口汽车的合格证便办理不了一系列手续，致使无法销售进口汽车，这迫使汽车进口商积极地依约还本付息，确保了贷款人银行的权益。在一定意义上说，这比设定抵押权、质权或寻觅保证人的效果还要好。由此产生了将进口汽车的合格证交给贷款人银行占有属于担保的议论。但笔者认为，担保具有特定的含义，促使债权实现的措施很多，并非促使债权实现的措施均为担保。由于将进口汽车的合格证交给贷款人银行占有没有增加责任财产的范围，没有使得被担保债权具有优先受偿的效力，没有使贷款人预先获得一笔款项可以在未来冲抵一部或全部债权，一句话，不具有担保的质的规定性，不符合担保的规格，故其不属于担保。但它确实促使贷款本息债权顺利实现，可以说它具有担保作用。

（十）小结

行文至此，不难知晓，不符合质权设立要件的特定账户、连带债务、并存的债务、履行抗辩权、债的保全、预告登记、抵销等制度、将进口汽车的合格证交结贷款人银行占有等措施不符合担保的全部规格要求，不宜作为担保，不适用《物权法》、《担保法》关于担保的相关规定，以免导致不当的后果；也免去理论体系出现裂痕，无法自圆其说。不过，在保障债权切实实现上，它们毕竟优于普通债务及民事责任，显现出担保作用。有鉴于此，笔者以担保作用命名和描述，以此既表明它们与担保之间的联系性和区别性；也将它们与普通债务及民事责任相区别。如果这是正确的，也是必要的，则可以换个角度说，担保无疑具有担保作用，但具有担保作用的未必都是担保。对此，在构建理论体系和适用法律时务必谨记。

应当看到，民事责任、不符合质权设立要件的特定账户、连带债务、并存的债务、履行抗辩权、债的保全、预告登记、抵销等制度、将进口汽车的合格证交给贷款人银行占有等措施所发挥的担保作用，在表现形式上有些微妙的变化，在作用的强弱方面参差不齐。

所谓担保作用在表现形式上有些微妙的变化，例如，民事责任的担保作用是这样的情形：它使债务人产生压力，感到与其不履行债务而承担民事责任以及其他负担，倒不如适当履行其债务，在经济上更为合算，效益更高（且不说道义上的了），于是适当履行债务，而非不履行，从而使债权人的债权得以实现。这表现出民事责任在保障债权实现方面完全受制于债务人的责任财产的状况，担保作用有限。在这个层面，普通债务不会强于违约责任等民事责任，履行抗辩权也是如此，担保作用相当微弱。再如，连带债务的担保作用则是另外的情形：供清偿债务的责任财产范围扩张了，连带债务人的数量越多，扩张得越广泛，越有助于债权切实实现。又如，抵销的效力是直接使抵销相应的债权得以实现，其担保作用最为强烈。

以上关于一般担保、担保、担保作用的界定及阐释，不是混淆一般担保、担保和担保作用，而是反映着各个法律概念、各项法律制度之间的层次关系：债权的实现有赖于债务的适当履行；债务之所以能被适当履行源于民事责任的存在和作用的发挥；担保的设立和运作能够弥补民事责任的先天不足，更有助于债权的实现；连带债务、并存的债务等若干制度、措施也发挥着担保作用。

五、“非典型担保”是否为担保

（一）问题的提起

近些年来，实务中出现了如下新情况：（1）当事人双方成立了借贷合同关系，同时或其后又签订商品房买卖合同，借款人作为出卖人，出借人作为买受人，约定借款人不依约还本付息时，出借人有权请求借款人移转商品房的所有权。对此，有学术观点甚至判决认为，在借贷关系成立的前提下，签订商品房买卖合同并办理备案登记的行为，足以构成一种非典型担保。[①]（2）当事人双方成立了股权转让合同关系，同时或其后又签订商品房买卖合同，股权受让人作为出卖人，股权转让人作为买受人，约定股权受让人不依约付清股权转让款时，股权转让人有权请求股权受让人移转商品房的所有权。对此，同样有人认为商品房买卖合同系对付清股权转让款义务履行的“非典型担保”。

（二）论争

1. 思考路径及方法

这种思路及观点有法律及法理依据吗？回答这个问题，首先必须明确，此处所谓“非典型担保”，不是德国法那样的让与担保，而是上文“（一）问题的提

① “广西嘉美房地产开发有限责任公司与杨伟鹏商品房销售合同纠纷再审案”（最高人民法院（2013）民提字第135号），见北大法宝，http://www.pkulaw.cn/fulltext_form.aspx?Gid=121004671&Db=pfnl，2015年3月31日最后访问；《中国裁判文书网》，http://www.court.gov.cn/zgcpwsw/zgrmfy/ms/201309/t20130924_156631.htm，2015年4月5日最后访问；《动宾五谷养生坊的博客》，见http://blog.sina.com.cn/s/blog_af00b91e0102vcjn.html，2015年4月5日最后访问。

起”所引案情下学术观点、裁判文书所称的“非典型担保”。假如这样的“非典型担保”确属担保，就要适用《物权法》、《担保法》关于担保的规定；反之，就不得，至少是不宜适用《物权法》、《担保法》关于担保的规定。

上文“（一）问题的提起”所引案情下学术观点、裁判文书所称的“非典型担保”，到底是不是担保呢？“非典型担保”系相对于典型担保而言的担保，类似典型合同和非典型合同，故此在质的规定性方面它依然是担保，只不过不是法律设置较为详尽规范的担保，而是法律尚未周密规范的但却符合担保规格要求的措施。既然如此，回答时不可“拍脑袋”式地草率从事，而应以担保的概念、法律性质、法律结构作为衡量、判断的标准，两相对照，而后下结论。

2.“非典型担保”不具有从属性

假如商品房买卖合同构成对借款合同关系的担保，就应当符合这样的法律结构：借款合同关系是主债，商品房买卖合同关系是从合同关系。

如果借款合同特别是商品房买卖合同明确约定了后者系前者的从合同关系，这就为商品房买卖合同关系成为“非典型担保”提供了前提。当然，仅凭此点尚不可断言商品房买卖关系属于“非典型担保”，还得判断它是否具有补充性和保障债权实现性。如果借款合同特别是商品房买卖合同没有约定后者系前者的从合同关系，那么，商品房买卖合同关系肯定不是中国现行法所承认的担保，因为中国审判实践只在国际贸易中承认了独立担保，而此处商品房买卖合同关系不同于国际贸易中的独立担保。

在“广西嘉美房地产开发有限责任公司与杨伟鹏商品房销售合同纠纷再审案”中，系争合同缺乏商品房买卖合同系借款合同从合同的约定，因此所谓“在借贷关系成立的前提下，签订商品房买卖合同并办理备案登记的行为，足以构成一种非典型担保”的断语，实在唐突、草率。

3.“非典型担保”不具有补充性

假如商品房买卖合同构成对借款合同关系的担保，就应当符合这样的法律结构：借款合同关系是主债，商品房买卖合同关系对于借款合同关系起着补充作用。

如果借款合同特别是商品房买卖合同明确约定了后者对前者起着补充作用，

借款人不还本付息，出借人就有权请求借款人履行商品房买卖合同，通过移转涉案商品房的占有和所有权来实现自己的利益，这就为商品房买卖合同关系成为“非典型担保”提供了前提。当然，仅凭此点尚不可断言商品房买卖关系属于“非典型担保”，还得判断它是否具有从属性和保障债权切实实现性。如果借款合同特别是商品房买卖合同没有约定后者对前者起着补充作用，那么，商品房买卖合同关系肯定不是中国现行法所承认的担保。

在“广西嘉美房地产开发有限责任公司与杨伟鹏商品房销售合同纠纷再审案”中，系争合同缺乏商品房买卖合同对借款合同起着补充作用的约定，因此所谓“在借贷关系成立的前提下，签订商品房买卖合同并办理备案登记的行为，足以构成一种非典型担保”的断语，实在缺乏事实依据。

在“朱俊芳与山西嘉和泰房地产开发有限公司商品房买卖合同纠纷案”[①]中，双方当事人基于同一笔款项先后签订商品房买卖合同和借款协议，并约定如借款到期，偿还借款，商品房买卖合同不再履行；若借款到期，不能偿还借款，则履行商品房买卖合同。如同山西省太原市中级人民法院认为的，双方签订的商品房买卖合同是双方当事人的真实意思表示，且在国家规定的相关部门登记备案，应认定有效。双方在合同履行过程中又签订了借款合同，该合同仅是商品房买卖合同的补充。[②] 如此说来，此处商品房买卖合同符合构成担保关于补充性的规格要求。只不过商品房买卖合同产生的仅为普通的债的关系，出借人朱俊芳实现其权利完全受制于借款人山西嘉和泰房地产开发有限公司的责任财产的状况，至多起到民事责任那样的担保作用，不符合担保关于保障债权切实实现的规格要求，该商品房买卖合同关系仍不是中国现行法所承认的担保。

4. “非典型担保”不具有保障债权切实实现性

假如商品房买卖合同构成对借款合同关系的担保，商品房买卖合同关系就应

---

① 《最高人民法院公报》，2014（12）（总第218期），见 http：//www. cdtlzy. gov. cn/defalutone/13833. aspx。

② “朱俊芳与山西嘉和泰房地产开发有限公司商品房买卖合同纠纷案”，载《最高人民法院公报》，2014（12）（总第218期），见 http：//www. cdtlzy. gov. cn/defalutone/13833. aspx。

当具备这样的法律效力和功能：它较普通债务及民事责任更有助于还本付息债权的实现，不受制于借款人的责任财产的状况。

商品房买卖合同关系具有这样的法律效力和功能吗？因为商品房买卖合同的成立和生效未使出借人取得物权，不符合《物权法》第5条等条款规定的物权法定主义，所以，该商品房买卖合同关系不会成为担保物权。由于商品房买卖合同的成立和生效未使出借人取得一定数额的金钱，该商品房买卖合同关系不会是金钱担保。因为借款人和出卖人系同一人，不符合保证人须为债务人以外的人这个规格要求，所以该商品房买卖合同关系并不会是保证。如同上文关于提保的从属性的阐释，因为出借人实现其权利完全受制于借款人的责任财产的状况，至多起到民事责任那样的担保作用，不符合担保关于保障债权切实实现的规格要求，该商品房买卖合同关系仍不是中国现行法所承认的担保。

可能有人会说，商品房买卖合同履行完毕，出借人不就取得了涉案商品房的所有权了吗?！这不是保障债权实现了吗?！须知，构成担保所要求的“保障债权切实实现性”具有特定含义，也就是上段所阐释的那种情形。商品房买卖合同关系不具备此种意义的“保障债权切实实现性”。并且，判断一项措施是否构成担保，不是从该项措施的实现后果看的，而是在该项措施成立、生效之时就已经确定下来的。倘若以该项措施的实现后果作为判断标准，那么，众多的债的关系于其适当履行时就都变成了担保，都得适用《物权法》、《担保法》关于担保的规定。这不但使得判断一项措施是否为担保变得飘忽不定，于该项措施设立之时不可、也不能断定，只有待“秋后算账”时才尘埃落定，使得法律系行为规范的愿景和落实无从谈起；而且使得不同法律制度、措施之间的界限、分工变成空谈，它们之间的衔接和配合也难以操作。

5.“非典型担保”并非担保

既然商品房买卖合同关系不属于担保，在法律适用时就不得适用《物权法》、《担保法》关于担保的相关规定，因此，最高人民法院（2013）民提字第135号民事判决书所谓“双方之间成立借贷关系，签订商品房买卖合同并办理商品房备案登记的行为，则系一种非典型担保。杨伟鹏作为债权人，请求直接取得商铺所有权的主张，违反了禁止流质原则，不予支持”[①] 之说；最高人民法院（2011）民提字第 344 号民事判决“裁判要旨”所谓“借款到期，借款人不能按期偿还借款。对方当事人要求并通过履行《商品房买卖合同》取得房屋所有权，不违反《担保法》第四十条、《物权法》第一百八十六条有关‘禁止流押’的规定”[②] 之论，就是法律适用错误。

6. 如何看待当事人将其作为担保的意图？

有人或许会说：当事人，至少出借人签订商品房买卖合同或股权转让合同或其他类型的合同时是将它们作为借款合同项下债权的担保的呀，按照意思自治原则，它们不是债的担保吗？对此，笔者回应如下：（1）当事人欲将它们作为借款合同项下债权的担保，深藏于其内心，这属于动机。此类动机若未表示于外部，成为合同的内容，亦无确凿证据证明担保意图成为借款合同的交易基础，那么，法律不宜对之评价，不可赋予其法律效果。也就是说，当事人将商品房买卖合同或股权转让合同或其他类型的合同作为借款合同项下债权的担保的动机，不会导致商品房买卖合同或股权转让合同或其他类型的合同质变为债的担保。（2）当事人若将这样的动机表示于外部，成为合同的内容，或有证据证明它们成为借款合同的交易基础，那么，它们影响借款合同或商品房买卖合同或股权转让合同或其他类型的合同的效力，甚至合同项下的权利义务，但不会导致商品房买卖合同、股权转让合同或其他类型的合同质变为债的担保。其道理在于，担保物权具有其质的规定性，特别是在《物权法》奉行严格的物权法定主义（第 5 条）的背景下，它们不符合担保物权的规格，不属于担保物权。商品房买卖合同、股权转让合同或其他类型的合同成立甚至生效，未使借款人的责任财产增加，所以，

① “广西嘉美房地产开发有限责任公司与杨伟鹏商品房销售合同纠纷再审案”（最高人民法院（2013）民提字第 135 号），见北大法宝，http：//www. pkulaw. cn/fulltext _ form. aspx? Gid＝121004671&Db＝pfnl，2015 年 3 月 31 日最后访问；《中国裁判文书网》，http：//www. court. gov. cn/zgcpwsw/zgrmfy/ms/201309/t20130924_156631. htm，2015 年 4 月 5 日最后访问；《动宾五谷养生坊的博客》，见 http：//blog. sina. com. cn/s/blog_af00b91e0102vcjn. html，2015 年 4 月 5 日最后访问。

② “朱俊芳与山西嘉和泰房地产开发有限公司商品房买卖合同纠纷案”，载《最高人民法院公报》，2014（12）（总第 218 期），见 http：//www. cdtlzy. gov. cn/defalutone/13833. aspx。

这些合同不会成为人的担保；它们未使出借人先行取得一定数额的金钱，故而这些合同不会成为金钱担保；它们也不符合《合同法》第 134 条规定的所有权保留的规格要求，不具备《合同法》第 286 条规定的优先权的条件。一句话，它们不属于中国现行法上债的担保范畴。(3) 诘问、反驳随之而来：你这样认识问题，究竟置当事人的担保意图于何地呢？笔者回应道：假如当事人以为中国现行法关于债的担保的规定涵盖上述商品房买卖合同关系等法律关系，假若当事人以为商品房买卖合同、股权转让合同或其他类型的合同就是债的担保，那么，这属于法律上的错误。对于法律上的错误，原则上不予救济，对其意思基本上不赋予其法律效果。如同当事人误将买卖合同作为货物运输合同，法律及裁判机构不会依其错误而把买卖合同作为货物运输合同处理一样。再说，当事人的此类错误这大多属于动机错误，法律对此也不予以救济；即使视为内容错误，也只是变更或撤销合同的问题，不发生《担保法》、《物权法》规定的债的担保的法律效果。

7. 不得轻易进行制定法外的法律续造

在这里，涉及系争案件可否进行制定法外的法律续造。中国现行法设置了物的担保、人的担保、金钱担保、所有权保留、优先权等担保方式。无论从担保制度的立法计划、立法目的方面审视，还是从担保功能方面考量，系争案件的情形都不属于狭义的法律解释范畴，假如将系争案件的商品房买卖合同关系作为担保，那么，也属于对担保法律的漏洞补充，因为中国现行法设置的担保制度不存在这样的法律漏洞。按照排除法，它们只能算作制定法外的法律续造。

可是，法院从事制定法外的法律续造，必须满足若干前提条件，其中之一是仅凭单纯的法律解释乃至法律漏洞的填补所得答案不能满足最低的要求。该最低要求或是来自法律生活中不可反驳的需求，或是源于法律规范实用性的要求，或是基于事物的本质及（作为整体法律秩序基础的）法伦理上的要求。① 可是，最高人民法院（2011）民提字第 344 号民事判决和最高人民法院（2013）民提字第

① 见［德］卡尔·拉伦茨：《法学方法论（学生版）》，陈爱娥译，333 页，台北，五南图书出版公司，1996。

135号民事判决创设“非典型担保”，并非来自法律生活中不可反驳的需求，也不是源于法律规范实用性的要求，还不是基于事物的本质及（作为整体法律秩序基础的）法伦理上的要求，简言之，不符合从事制定法外的法律续造的要件。在笔者看来，按照系争商品房买卖合同（有的案件是股权转让合同，有的案件是其他合同）的本来属性和种类，解决系争问题，没有发现什么不妥。

六、诉讼程序中的担保和诉讼程序外的担保

依是否在诉讼程序中设立作标准，担保可分为诉讼程序中的担保和诉讼程序外的担保。后者为常态的担保，前者在《民事诉讼法》上有财产保全措施中的担保（第100条、第101条、第104条）、先予执行措施中的担保（第107条）、执行程序中的担保（第231条）。

前后二者有许多不同点：(1) 发生的场合不同：后者发生于正常的经营活动之中；前者发生于诉讼程序中或当事人提起诉讼之前，但与诉讼活动有关。换句话说，诉讼程序中的担保属于公法上的制度，诉讼程序外的担保属于私法上的制度。[①] (2) 权利人不同：诉讼程序外的担保，担保权人与债权人是同一个人，即担保法律关系中的权利人就是被担保债权关系中的债权人；而诉讼程序中的担保，担保权人是审理案件的人民法院，并非债权人。诉讼程序中的担保是向人民法院提出的，人民法院对担保人的资格及所担保的内容进行了审查，各方面的权利义务关系均比较清楚，对于担保人应否承担责任以及承担什么样的责任均比较明确。因此，当需要担保人承担责任时，不必再经过诉讼程序，可以由人民法院直接裁定。(3) 产生的根据不同：后者是基于保证合同的约定而产生的；前者是基于《民事诉讼法》的有关规定或人民法院的要求而产生的。从另外的视角观察，诉讼程序外的担保，依据《担保法》和《物权法》的规定，在其设立和存续方面需要存有被担保的债的关系，债的关系不存在，担保关系也会因无所依附而

① 诉讼程序中的担保属于公法上的制度，这是中国人民大学法学院的肖建国教授于2015年12月29日举行的“诉讼保全保险实务问题探究”研讨会上提出来的。特此致谢！

归于消灭。即使是最高额抵押和最高额保证，如果被担保的债的关系最终未能产生，担保也要归于消灭。至于独立担保，则另当别论。与此有别，诉讼程序中的担保，在担保权人（主审法院）和担保提供人（原告）之间不存在被担保的债的关系。(4) 目的不同：诉讼程序外的担保是为了保障债权实现或债权人不受损害而设立和存续的；诉讼程序中的担保因发生的诉讼阶段不同及针对的对象不同而有其不同的目的。财产保全和先予执行是为了使被采取诉讼保全措施或被采取先予执行措施的当事人，不致因申请人的错误申请而遭受损失；财产保全措施是为了防止其移转财产，逃避其最终可能要履行的义务；执行阶段的担保是为了达到暂缓执行的目的，同时又不至于使被执行人在暂缓执行期间丧失履行能力而最终不能履行人民法院的判决。(5) 所担保的债务的具体内容不同：诉讼程序外的担保，所保障的内容是债务人履行债务以及不履行债务所产生的赔偿责任或支付违约金；诉讼程序中的担保，所保障的是使申请人或被申请人的合法权益不至于在人民法院的诉讼中，因当事人的错误申请而遭受不必要的损失。① (6) 诉讼程序外的担保，可以担保债权的全部，也可以担保债权的一部；与此不同，诉讼程序中的担保，不得仅仅担保其申请保全的财产数额的一部。② (7) 诉讼程序中的担保，《民事诉讼法》不承认一般保证之类的担保方式，不适用《担保法》关于先诉抗辩权的规定，一俟申请保全错误，主审法院即可实行担保权；而诉讼程序外的担保，《担保法》承认一般保证，承认先诉抗辩权。③ (8) 担保人若为债务人以外的第三人，则于其承担担保责任之后，有权向债务人追偿；与此不同，诉讼程序中的担保，担保人不享有此类追偿权。④

由这些差异甚至是实质性的差别决定，诉讼程序中的担保首先适用《民事诉

① 见刘成祥：《保证制度的若干理论与实务》，吉林大学法学院1986年硕士学位论文，63页。

② 这点区别是北京大学法学院的尹田教授于2015年12月29日举行的“诉讼保全保险实务问题探究”研讨会上提出来的。特此致谢！

③ 这点区别是中国人民大学法学院的肖建国教授、清华大学法学院的崔建远教授于2015年12月29日举行的“诉讼保全保险实务问题探究”研讨会上提出来的。特此致谢！

④ 这点区别是北京大学法学院的尹田教授、傅郁林教授和中国人民大学法学院的杨立新教授和肖建国教授于2015年12月29日举行的“诉讼保全保险实务问题探究”研讨会上提出来的。特此致谢！

讼法》及有关程序法的有关规定，即使《民事诉讼法》及有关程序法欠缺有关规定，也并非当然适用《担保法》、《物权法》关于担保的规定。是否比照《担保法》、《物权法》关于担保的规定处理诉讼程序中的担保问题，需要根据具体案情，依据诚实信用等基本原则，权衡利弊，而后决定。

第二节　保　证

一、保证概述

（一）关于保证的界定

保证，是指第三人和债权人约定，当债务人不履行其债务时，该第三人按照约定履行债务或承担责任的担保方式。这里的第三人叫作保证人；这里的债权人既是主合同等主债的债权人，又是保证合同中的债权人；这里的“按照约定履行债务或承担责任”称为保证债务，也有人称作保证责任。

保证关系的当事人是谁？对此主要有两种观点：一种观点认为，保证是保证人和债权人之间的合同关系；另一种观点则认为，保证是保证人、债权人和债务人之间的法律关系，是主合同、委托合同及保证合同三组关系的总和。[①] 本书赞同第一种观点。其理由在于，虽然保证一般是由主债务人委托保证人承保而产生的，但不能因此而改变保证关系的性质。主债务人和保证人之间的关系，一般属于委托合同关系，在个别情况下为无因管理关系，然而无论何者都不会是保证合同关系。主债务人和债权人是通过主合同相连接的，它们之间可能是买卖合同关系，也可能是借款合同关系，等等。主债务和保证债务之间的联系在于，主债务的不履行是保证债务履行的法律事实，但它们分属于不同的合同关系，属于不同

---

① 见苏惠祥主编：《中国当代合同法论》，172～173页，长春，吉林大学出版社，1992；李国光、奚晓明、金剑锋、曹士兵：《关于适用〈中华人民共和国担保法〉若干问题的解释理解与适用》，165页，长春，吉林人民出版社，2000。

的因果链条，不能依据这种联系就把主债务人视为保证合同的当事人。只不过债权人既是主合同的债权人，又是保证合同的债权人；主债务人既是主合同的债务人，又是委托合同的委托人，或是无因管理中的本人；保证人既是保证合同的债务人，又是委托合同中的受托人或是无因管理中的管理人。这种重叠和联系正反映了复杂的社会关系中人的角色的多重性，但多重性角色只能表明社会关系的复杂性，却证明不了几种合同关系变为一种合同关系。在此处所指就是证明不了主合同关系、委托合同关系变成保证合同关系。明确这一点，有助于正确适用法律。解决保证合同纠纷，应该适用保证规范，而不应适用法律关于委托合同、无因管理等的规定。只有在处理保证人和主债务人之间的关系时，若有委托合同，才适用法律关于委托合同的规定；若无委托合同，则适用法律关于无因管理的规定，也可能适用《侵权责任法》的规定。

（二）保证的法律性质

1. 保证具有附从性

保证债务以主合同的存在或将来可能存在为前提，随主合同的消灭而消灭。其范围和强度不得超过主合同中的债务，不得与主合同债务分离而为移转。这些就是保证的附从性，具体表现在以下几个方面：

首先，成立上的附从性。保证以主合同的成立为前提，于其存续中附从于主合同。保证虽对于将来或者附条件的合同也可成立，但这并非附从性原则的例外。

其次，范围和强度上的附从性。由保证的目的决定，保证的范围和强度原则上与主合同债务相同，不得大于或强于主合同债务。保证债务与主合同债务毕竟属于两个债务，它们的范围和强度当然可以有差异。但是，保证债务因具有附从性，故不得超过主合同债务的范围和强度。如有超过，则应缩减至主合同债务的程度。例如，保证债务的数额不得大于主合同债务的数额，应随着主合同债务额的降低而降低。在对附条件的主合同债务为无条件保证的场合，只成立附有与主合同债务同一条件的保证债务。约定保证债务的履行期早于主合同债务的履行期的，该约定的期限无效，保证债务的履行期为自主债务履行期届满之日起6个月或

2 年。约定保证债务的利息高于主合同债务的利息的，应缩减至主合同债务的利息。约定主合同债务人仅就其重大过失负责的，保证人也只就其重大过失负责。[①]

再次，移转上的附从性。在保证期间，债权人依法将主债权转让给第三人的，保证人在原保证担保的范围内继续承担保证责任。在保证合同另有约定的，按照约定（《担保法》第 22 条）。在保证期间，债权人许可债务人转让部分债务，保证人书面同意的，应当对此承担保证责任；保证人未书面同意的，保证人对未经其同意转让部分的债务，不再承担保证责任。但保证人仍应对未转让部分的债务承担保证责任（法释［2000］44 号第 29 条）。

最后，变更、消灭上的附从性。在主合同债务消灭时，保证债务也随之消灭。例如，在主债务因主合同解除而消灭、因适当履行而消灭时，保证债务也随之消灭。在主合同债务变更时，保证债务一般随之变更，但不得增加其范围和强度。在这方面，《担保法》第 24 条关于“债权人与债务人协议变更主合同的，应当取得保证人书面同意，未经保证人书面同意的，保证人不再承担保证责任。保证合同另有约定的，按照约定”的规定有些绝对，法释［2000］44 号作了若干调整：“保证期间，债权人与债务人对主合同数量、价款、币种、利率等内容作了变动，未经保证人同意的，如果减轻债务人的债务的，保证人仍应当对变更后的合同承担保证责任；如果加重债务人的债务的，保证人对加重的部分不承担保证责任”（30 条第 1 款）。“债权人与债务人对主合同履行期限作了变动，未经保证人书面同意的，保证期间为原合同约定的或者法律规定的期间”（第 30 条第 2 款）。“债权人与债务人协议变动主合同内容，但并未实际履行的，保证人仍应当承担保证责任”（第 30 条第 3 款）。

2. 保证具有独立性

保证债务虽附从于主合同债务，但并非成为了主合同债务的一部分，而是另一个独立的债务，在附从主合同债务的范围内有独立性。因此，保证合同可以约定保证债务仅担保主合同债务的一部分，保证债务的范围和强度可以不同于主合

① 见史尚宽：《债法总论》，830 页，台北，荣泰印书馆股份有限公司，1978。

同债务，保证债务可以有自己独立的变更或消灭原因。此外，保证合同还可以单就保证债务约定违约金，保证人可以单就部分债务提供担保。对于保证合同所发生的抗辩权，保证人可以单独行使。

尤其需要指出的是，在国际贸易中运用的诸如“不可撤销的保函”、“见索即付的保函”、“见单即付的保函”等，独立于主债关系，不因主债的不成立、无效、被撤销等而归于消灭，保证人不享有和无权行使债务人对债权人所拥有的抗辩权，债权人许可债务人转让债务，以及债权人和债务人修改主合同，不构成保证人不负保证责任的原因，因而其被称为独立保证。[①] 例如，某《不可撤销还款担保函》约定，保证人应根据本担保函对贷款人承担连带保证责任。不论什么原因，一旦借款人未能按照协议约定的期限偿还（包括但不限于贷款本金、利息、延迟利息、费用和赔偿金等）任何到期应付金额，借款人保证无条件地、单独地和直接地向贷款人偿还上述全部款项。保证人不得以贷款人尚未对借款人提起诉讼或尚未对借款人主张其他可主张的权利，或以借款人具有清偿能力或借款人尚未破产为由，拒绝或拖延履行担保责任。保证人无条件放弃对贷款人的先诉抗辩权（第 2 条）。保证人应根据本担保函对贷款人承担见索即付的保证责任。只要借款人未按期清偿协议项下任何款项（包括但不限于贷款本金、利息、延迟利息、费用和赔偿金等应付金额），保证人就应保证于收到贷款人的书面支付请求后，在本担保函约定的期限内无条件向贷款人履行担保义务，并将有关款项支付给贷款人或根据贷款人的指示进行划款。同时，保证人的保证责任不受借款人和第三人签订的任何协议的影响，也不受借款人破产、清算、修改公司章程或其他变更的影响。保证人不享有任何检索抗辩权（第 3 条）。保证人应根据本担保函对贷款人承担持续不断的保证责任。保证人不可撤销地声明和承诺，贷款人和借款人在本担保函有效期间如果需要对本协议进行修改或延长还款期限，那么，保证人无须得到来自任何形式的通知。本担保函应保持持续不断的效力。借款人和贷款人在不通知的情况下对还款期限作出任何变更依本担保函均视为已经得到保

① 见曹士兵：《中国担保诸问题的解决与展望——基于担保法及其司法解释》，22～23 页，北京，中国法制出版社，2001。

证人的同意和确认，不构成保证责任得以部分或全部免除的条件（第4条）。保证人授权贷款人，在借款人未按期偿还协议项下任何应付款项或保证人未能按期履行本担保函项下的支付义务时，直接从担保人的账户上主动扣除相应的款项，以抵销保证人对贷款人的负债。贷款人在采取上述扣款措施前，无须取得保证人的同意，亦无须事先通知保证人（第7条）。

在上述约定中，第4条中段所谓“保证人不可撤销地声明和承诺，贷款人和借款人在本担保函有效期间如果需要对本协议进行修改或延长还款期限，那么，保证人无须得到来自任何形式的通知”，显然违反了中国现行法关于主合同变更需要通知保证人的规定，也没有理由地突破了合同相对性原则，扩张了借款合同的约束范围，容易造成显失公平的后果，使保证人陷于极为不利的境地，不应当有效。第4条后段所谓“借款人和贷款人在不通知的情况下对还款期限作出任何变更依本担保函均视为已经得到保证人的同意和确认，不构成保证责任得以部分或全部免除的条件”，明显违反了民事主体的沉默视为同意的意思表示必须由法律明文规定或当事人约定的原则；因为保证人不是借款合同的当事人，而是第三人，所以它也不合理地突破了合同的相对性原则，不具有法律拘束力。

在上述约定中，第7条所谓“保证人授权贷款人，在借款人未按期偿还协议项下任何应付款项或保证人未能按期履行本担保函项下的支付义务时，直接从担保人的账户上主动扣除相应的款项，以抵销保证人对贷款人的负债。贷款人在采取上述扣款措施前，无须取得保证人的同意，亦无须事先通知保证人”，一是没有充分理由地突破了合同相对性原则；二是滥用了抵销权，没有理由地侵害了保证人的共同债权人的合法权益，赋予了借款合同的约定具有颠覆债权平等原则的魔力，即约定使得贷款人这个普通债权人对于保证人的普通债权变成了优先于其他普通债权人的普通债权的权利。有鉴于此，此类约定不具有法律效力。

最高人民法院对独立保证的态度是，区分国内的和国际的两种情形，承认独立保证在对外担保和外国银行、机构对国内机构担保上的效力，认为独立保证在国际是当事人自治的领域。对于国内企业、银行之间的独立保证采取否定的态度，不承认当事人对独立保证的约定的法律效力。最高人民法院屡次以判决的形式，否定了独立保证在国内运用的有效性。[①]

应当指出，票据保证具有独立性，体现在被保证人的签名因其欠缺行为能力而无效的，被保证人不承担票据债务，保证人的签名依然有效，保证人仍应承担保证责任。

某《最高额保证合同》约定，保证人承诺本合同约定的保证责任不因借款合同无效而免除（第3条第2款）。本书认为，该约定违反从属性，应属无效。

3. 保证具有补充性或连带性

按照《担保法》第17条和第18条等条款的规定，保证分为一般保证和连带责任保证。在一般保证中，先由主债务人履行其债务，只有在对其财产强制执行而无效果时才由保证人承担保证责任。否则，保证人对债权人可拒绝承担保证责任。这种性质就是保证的补充性。它不同于本章第一节阐述的担保的补充性，但以那种在主债关系之外补充了另一类法律关系的补充性为前提。在连带责任保证中，不存在上述履行的前后限制，在主债务人不履行主合同债务时，债权人可以请求主债务人履行债务，也可以请求保证人在其保证范围内承担保证责任。这就是保证的连带性。

附：保证案例分析

基本案情：

甲和乙于2007年4月7日签订了《借款协议》，第1条约定甲借给乙3 000万元人民币；第2条约定，借款期限为2007年4月7日至2007年4月16日；第3条约定，丙公司对该笔借款承担连带保证责任；第4条约定，出借款项的履行过程是，甲委托丁公司将款汇至戊公司设在A银行的某账号上。

证据显示，丁公司系甲的关联企业，戊公司为乙的关联企业。丁公司和戊公司之间的资金往来多笔，乙自认收到了1 000万元款项，但无2007年4月7日至2007年4月16日之间的往来款项。没有证据证明，丁公司汇给戊公司的款项，

① 见曹士兵：《中国担保诸问题的解决与展望——基于担保法及其司法解释》，27页，北京，中国法制出版社，2001。

系按甲的指示，作为借给乙的款项处理的；亦无证据证明，戊公司得到了乙的指示而接受甲所出借的款项。

判决要旨：

某终审法院的民事判决书认为，乙与其控制的关联企业戊公司在法律人格上混同，戊公司在系争案件中的借贷行为的法律后果由乙承担。

上述1 000万元人民币的款项由乙偿还，丙公司作为乙的连带责任的保证人，应当承担连带保证责任。其理由是，丙公司承担的连带保证责任属于单个的普通保证，而非最高额担保。作为普通保证，其既可以是对已经发生的债务提供担保，也可以是对将来发生的债务提供担保。因此，在系争《借款协议》只约定借款期限为10天的情况下，不管乙自认甲的1 000万元款项是发生在2007年4月7日之前还是之后，保证人丙公司均有义务承担保证责任。

评释：

(1) 关于连带责任保证所担保的主债

中国现行法贯彻担保具有从属性和特定性的原则。所谓特定性，是指被担保债权须特定，在物的担保场合还包括担保物须特定。所谓从属性，是指保证、抵押权等从属于被担保债权，若无被担保债权，则无保证等担保。关于担保的从属性和特定性之间的关系，包括这样的内容：被担保的主债特定，才谈得上担保从属于该主债，将来发生的债务若不特定化，则担保的从属性无从谈起。处理系争案件，也得如此。

基于系争《借款协议》的约定，按照中国现行法的规定及其精神，系争案件中被担保的债权，包括两个：一是该《借款协议》约定的发生于2007年4月7日至2007年4月16日之间的借款本金及其利息（第2条），并且必须是甲委托丁公司汇至戊公司设在A银行某账号的款项（第4条）；另一个是在借款人乙没有按时全额偿还该本息时产生的违约责任（《合同法》第107条以下，《担保法》第21条）。该违约责任产生于2007年4月16日的次日，自此时起诉讼时效期间开始起算（《民法通则》第137条）。该违约责任，从乙一方观察，是乙承担损害赔偿责任或支付违约金；就出借人甲一方而言，就是甲享有损害赔偿请求权或支付违约金请求权。

上述两个债权（一个本来意义上的债权，一个救济权）均为保证担保的对象。至于2007年4月16日之后甲出借给乙的款项，就不再是保证人丙公司承担保证责任的范围了。

没有证据证明，甲和乙之间发生了上述两个债权。至于甲的关联企业丁公司与乙的关联企业戊公司之间的资金往来，显然超出了上述两个债权的范围，不在系争保证担保的范围之内。其道理在于，没有证据证明这些资金往来得到了甲的授权或指示、乙的授权或指示，无此类授权、指示，就不得认定甲和乙是当事人（出借人、借款人）。

既然没有系争保证担保所担保的债权，那么，某终审法院的民事判决书认定和判决丙公司承担连带保证责任，就是错误的。

(2) 关于人格混同与乙应否为其关联企业戊公司承担债务

笔者之所以断言，丙公司所负的保证担保没有所担保的主债，还在于系争案件不得适用公司人格否认（揭开公司的面纱）规则，不得责令乙为其关联企业戊公司所欠债务承担责任。

在法律上，乙与其关联企业戊公司系各自独立的两个人格，一般是各自对外承担各自的责任。再有，包括中国现行法在内的各国和地区的法律对适用公司人格否认（揭开公司的面纱）规则都非常谨慎，或者说只有在极端的情况下才适用该规则。即便适用，也限于公司资本不充足加上非自愿交易、股东存在着欺诈或者错误、公司的管理和运作没有严格遵守公司程式、对单一营业实体虚假分割等情形。①

在本案中，乙的关联企业戊公司发生资金往来，该关联企业戊公司的债权人，包括甲，向该关联企业戊公司主张债务及责任，按照公司人格否认（揭开公司的面纱）规则，应当是在下述情况下该主张才能成立：乙的关联企业戊公司资本不充足加上非自愿交易，或者乙存在着欺诈或错误，或者乙的关联企业戊公司

① 见施天涛：《公司法论》，63页以下，北京，法律出版社，2005。

在管理和运作方面没有严格遵守公司程式，或者乙为逃避债务及责任而对其关联企业戊公司虚假分割。没有证据证明存在着这些情形，所以，某终审法院的民事判决书所谓“可以认定乙与其控制的关联企业戊公司在法律人格上混同，也可以认定乙与其控制的关联企业戊公司在本案中的借贷行为的法律后果由乙承担”，是滥用公司人格否认（揭开公司的面纱）规则，是不能接受的。

(3) 关于连带保证担保特定债权

某终审法院的民事判决书认为：丙公司承担连带保证责任，且该保证“属于单个的普通保证，而非最高额担保。作为普通保证，其既可以是对已经发生的债务提供担保，也可以是对将来发生的债务提供担保”。

该项意见，只有在已经发生的债务、将来发生的债务系特定债务，且保证合同明确约定保证人就是担保该特定债务的背景下，才是正确的。如果将来发生的债务不特定，例如甲对乙笼统地说，“我担保你未来承担的债务”，那么普通保证不成立。据此可知，某终审法院的民事判决书的下述意见也需要推敲：“在本案2007年4月7日《借款协议》只约定借款期限为10天的情况下，不管乙自认甲的1 000万元款项是发生在2007年4月7日之前还是之后，保证人丙公司均有义务承担保证责任。”

在本案中，2007年4月7日之后发生的借款本息，若作为保证担保的主债，则必须是发生在2007年4月16日之前的借款本息。若是发生在2007年4月17日及以后的借款，则不属于系争保证担保的范围，不然，就违反了中国现行法关于包括保证在内的担保必须具有从属性和特定性的要求。

证据显示，某终审法院的民事判决书所判的丙公司承担保证责任的主债，即乙从甲处借来的借款本息，都是发生在2007年4月7日之前的，以及2007年4月17日及以后的，因而也是违反法律的，应予修正。

(4) 关于系争连带保证责任是否超过了保证责任期间

在系争案件的审理过程中，丙公司提出了连带保证责任超过了保证期间的观点。其实，乙及丙公司证明了连带责任保证没有担保的主债，已经足够了，再主张连带保证责任超过了保证期间，似有承认主债存在之意，纯属画蛇添足。

为了讨论问题，按照甲的诉求，假定系争案件存在着主债，看看丙公司的连带保证责任是否超过了保证期间。

系争《借款协议》约定，借款期限为2007年4月7日至2007年4月16日。须注意，2007年4月7日至2007年4月16日，不是乙偿还本息债务的履行期，而是甲将借款付给乙的履行期。系争《借款协议》没有约定乙偿还本息的期限，就是说，乙偿还本息的债务属于未约定履行期限的债务。对于此类债务的履行期，应按照《合同法》第62条第4项关于"履行期限不明确的，债务人可以随时履行，债权人也可以随时要求履行，但应当给对方必要的准备时间"的规定确定。具体到本案，应是甲催告乙偿还本息，该催告确定的宽限期为乙偿还本息债务的履行期。在该宽限期届满时，乙仍未偿还的，对甲应承担违约责任。

有证据证明，甲催告乙偿还本息时确定的宽限期的最后期日是2007年8月15日。乙于该日没有偿还本息，应承担违约责任。

系争《借款协议》也没有约定保证责任期间。于此场合，应适用《担保法》第26条第1款关于"连带责任保证的保证人与债权人未约定保证期间的，债权人有权自主债务履行期届满之日起六个月内要求保证人承担保证责任"的规定，确定丙公司的保证责任期间。

由于甲催告确定的宽限期的最后期日为2007年8月15日，丙公司承担连带保证责任的期限应为2007年8月15日届满之日（实际操作时为次日）起加上6个月，即2007年8月16日至2008年2月17日。

甲于2008年2月5日向一审法院提起民事诉讼，诉请乙承担还本付息的责任，并诉请丙公司承担连带保证责任，正好在连带责任保证期间之内。假如丙公司的连带保证责任确实存在，那么，甲诉请之时尚在连带保证责任期间之内，丙公司不得以连带保证责任期间届满甲才主张丙公司承担连带保证责任为由，予以抗辩。丙公司对甲享有的抗辩，只能是系争连带责任保证没有担保的主债。

（三）保证与保证保险的区别

保证和保证保险各自的法律性质及相互间的关系如何，理论界和实务界的看法不一。厘清它们之间的关系，有助于进一步认识保证的法律性质，适当地适用法律，准确地确定有关主体所承受的权利义务，界定免责事由以及所能援引的抗辩。有鉴于此，笔者对保证保险是否为保证也发表浅见。

在保证保险场合，借款人（投保人）不履行借款合同项下的偿还本息的债务，保险人向被保险人（贷款人，即金融机构）承担保证保险合同项下的保险金责任。就贷款人（被保险人）的本息债权获得清偿而言，增加了保险人的一般财产作为总担保，与保证场合被担保债权以债务人的责任财产和保证人的责任财产作为一般担保的情形类似，保证保险具有担保作用。

不过，担保作用与担保并非同一概念，担保作用在外延上较为广泛，虽然可以说凡是担保都具有担保作用，却不可以说具有担保作用的都是担保。例如，抵销、违约金责任、赔偿责任等都有担保作用，但无人把它们作为与抵押权、保证等平起平坐的特别担保。由此看来，仅仅凭保证保险具有担保作用不可以将之划入保证的范畴。笔者认为，在把《担保法》上的保证作为典型状态的背景下，保证保险与保证毕竟存在着若干不同，况且某些差别还是根本性的，加上《保险法》（2009年）又把它作为保险的一种予以规范，笔者尽管承认保证保险具有担保作用，但仍采取保证保险有别于保证的见解，兹详述如下：

1. 保证是基于保证合同产生的法律关系，其当事人是债权人和保证人，享有保证债权的人，即有权请求保证人承担保证责任的人，是保证合同的当事人，而非当事人以外的第三人。与此有别，保证保险是基于保证保险合同而产生的法律关系，其当事人为保险人和投保人（借款人），享有保险金理赔请求权的人，是被保险人（贷款人），系当事人以外的第三人，而非保证保险合同的当事人。之所以说被保险人（贷款人）并非保证保险合同的当事人，是因为被保险人（贷款人）并非缔约人，没有就保证保险合同的订立为意思表示。此其一。被保险人（贷款人）并不享有保证保险合同项下的全部权利义务，仅仅享有于保险事故发生时请求保险人承担保险金责任的权利，以及相应的抗辩权。例如，他不享有解除保证保险合同的权利，不负担交付有关单证的从给付义务或附随义务，也不完全承受《合同法》第60条第2款规定的附随义务。很难想象合同当事人欠缺如此众多的权利义务。此其二。被保险人（贷款人）若为保证保险合同的当事人，则保证保险合同便不受《合同法》第 64 条的限制，但事实并非如此，保证保险合同必定适用《合同法》第 64 条的规定。而按照《合同法》第 64 条的文义和规范目的，该条规定的合同为涉他合同，有权请求债务人履行债务之人（第三人）并非该涉他合同的当事人。就是说，被保险人（贷款人）不是保证保险合同的当事人，而是第三人，是享有直接请求权的第三人。此其三。总之，享有合同项下债权的人——债权人/被保险人（贷款人），在保证合同场合是合同当事人，在保证保险合同场合不是合同当事人，而是第三人。

2. 在保证保险合同场合，借款人作为投保人，必然承担交付保险费的债务，该债务是合同债务，且为主给付义务。与此不同，保证合同为无偿、单务的合同，不存在支付费用的问题。即便将视野超出保证关系，将债务人考虑进来，存在着债务人和保证人之间的委托合同关系或无因管理关系，债务人向保证人支付酬金或无因管理的费用，也是保证以外的法律关系的内容，而非保证合同项下的权利义务。何况委托合同为无偿合同，债务人并不支付酬金呢！

3. 由上述“1”决定，倘若保证保险合同约定的，不是保险人向被保险人（贷款人）承担保险金责任，而是约定了保险人向被保险人（贷款人）承担《担保法》规定的保证责任，那么，因被保险人（贷款人）不是合同当事人，没有参与保证保险合同的签订，所以该保证责任的成立要件、赔偿范围及相关抗辩权等条款并非出自被保险人（贷款人）的意思表示，可能于其不利。而这是不应当的。根据合同相对性原则和利益衡量的规则，被保险人（贷款人）不宜完全受这些条款的约束。这些条款所产生的利益，不得低于保证保险合同赋予被保险人（贷款人）请求保险人承担保险金责任的利益，否则，被保险人（贷款人）有权援用《保险法》（2009 年）关于保险金责任的规定，请求保险人予以理赔。与此不同，在保证场合，因保证责任完全是由债权人和保证人协商约定的，反映了双方当事人真实的意思表示，不违反法律、行政法规的强制性规定，不悖逆公序良俗原则，所以债权人和保证人均应受其约束，不存在上述那样的“这些条款所产生的利益，不得低于保证保险合同赋予被保险人（贷款人）请求保险人承担保险金责任的利益，否则，被保险人（贷款人）有权援用《保险法》（2009 年）关于保险金责任的规定，请求保险人予以理赔”的限制及救济。

4. 在连带保证场合，是债务人和保证人连带地向债权人负责。与此有别，在保证保险场合，不存在连带责任的现象，而是保险人、借款人（投保人）分别承担不同合同中的债务。具体些说，保险人基于保证保险合同向被保险人（贷款人）承担保险金责任，借款人（投保人）依借款合同向被保险人（贷款人）承担不还本付息或迟延还本付息的责任。

在一般保证场合，保证人享有先诉抗辩权，在债权人尚未就债务人的财产强制执行无效果前，其有权拒绝债权人关于承担保证责任的请求。与此不同，在保证保险场合，保险人无先诉抗辩权，在保险事故已经发生的情况下，保险人必须满足被保险人（贷款人）关于保险人负责理赔的请求。

5. 在保证场合，保证人在实际承担了保证责任之后，对债务人必然享有追偿权。与此有别，在保证保险场合，保险人在向被保险人（贷款人）实际承担了保险金责任之后，对投保人（借款人）可能享有代位追偿权。例如，投保人（借款人）对准时如数地还本付息已经准备就绪，已经前往被保险人（贷款人）处办理，不料，遭到歹徒绑架，未能履行借款合同项下的还本付息债务。按照《合同法》第 121 条的规定，借款人（投保人）仍然需要向贷款人（被保险人）承担违反借款合同的责任，只不过，可向该绑架人追偿。于此场合，保险事故已经发生，保险人有义务向被保险人（贷款人）承担保险金责任。保险人理赔完毕，有权向该绑架人（第三人）追偿，在借款人（投保人）已经从该绑架人处获得损害赔偿的情况下，保险人有权向该投保人（借款人）追偿。当然，在有些场合，如借款人（投保人）因自然界的事件而非可归责于自己的原因，而未能依约还本付息的情形，保险人不享有该代位追偿权。这是因为保险的要义是分散风险，假如一律赋予保险人代位追偿权，那么就违反了保险的要义。

保证中的追偿权存在的机理在于，保证人承担保证责任，对债权人与保证人之间的关系来说，形式上属于清偿自己的债务，但对主债务人和保证人之间的关系而言，实质上仍然属于清偿他人（主债务人）的债务。于是，自然有“保证人承担保证责任后，有权向债务人追偿”（《担保法》第 31 条）的必要。

而保证保险中的代位追偿权，乃法定的债权移转，即被保险人（贷款人）对借款人（投保人）请求承担违反借款合同的责任这种债权法定地移转给保险人。

二、保证合同

（一）保证合同的概念分析

保证合同，是指保证人与债权人订立的在主债务人不履行其债务时，由保证人承担保证债务的协议。

保证合同是单务合同、无偿合同。在保证合同中，只有保证人承担债务，债权人不负对待给付义务，故而保证合同为单务合同。在保证合同中，保证人对债权人承担保证债务，债权人对此不提供相应代价，所以保证合同为无偿合同。“有偿的约定承受保证契约之订立者，非保证契约，乃为保证契约之预约。”①

保证合同为诺成合同。保证合同因保证人和债权人协商一致而成立，不需另交标的物，所以它为诺成合同。

保证合同为要式合同。《担保法》第 13 条规定：“保证人与债权人应当以书面形式订立保证合同。”这表明中国法上的保证合同为要式合同。

保证合同为附从性合同。除涉外的不可撤销的保函等独立保证以外，主合同有效成立或将要成立，保证合同才发生效力。所以，主合同无效，不论什么原因使然，保证合同均为无效，从而表现出附从性。正因这种主从关系，所以，保证合同无效，并不必然导致主合同无效。但当事人另有约定的，依其约定（《担保法》第 5 条第 1 款后句）。

（二）当事人

保证合同的当事人为保证人和债权人。债权人可以是一切享有债权之人，但原则上必须是个别的特定之人。其为自然人、其他组织抑或为法人，均无不可。

---

① 史尚宽：《债法总论》，843 页，台北，荣泰印书馆股份有限公司，1978。

保证人问题较为复杂，以下作较为详细的讨论。

1. 主债务人不得同时为保证人。如果主债务人同时为保证人，那么这意味着责任财产未增加，仍然只是主债务人以其一般财产作一般担保，保证的目的落空。所以，主债务人不得同时为保证人。

2. 国家机关原则上不得为保证人。这是因为国家机关主要从事国家活动（包括立法活动、行政活动、司法活动等），其财产和经费来源于国家财政和地方财政的拨款，并主要用于符合其设立宗旨的公务活动。虽然国家机关也进行一些民事活动，如购置办公用品、兴建或购买公务员住宅等，但仍以必要和可能为前提。因此，国家机关的财产和经费若用于清偿保证债务，则不仅与其活动宗旨不符，也会影响其职能的正常发挥。此外，国家机关在对外代表国家从事管理活动时，所欠债务由国家承担责任。国家机关以机关法人名义从事民事活动，以财政所拨预算经费为限，而预算经费为其担负的国家职能活动所必需，在经费紧张的今日，一般无剩余可言。故国家机关一般不具有代偿能力，由其作为保证人并不能保证债权的实现。为此，《担保法》第8条开首便规定："国家机关不得为保证人，但经国务院批准为使用外国政府或者国际经济组织贷款进行转贷的除外。"外国政府贷款和国际经济组织贷款一般由国家有关主管机关负责借入，然后按有关规定转贷给国内有关单位。在转贷时，一般要求国内借款单位提供还款担保，这种担保得由国家机关提供。如外国政府贷款的转贷，就要求借款单位提交省、直辖市、自治区或计划单列市计委的还款担保。①

法释［2000］44号第3条规定："国家机关和以公益为目的的事业单位、社会团体违反法律规定提供担保的，担保合同无效。因此给债权人造成损失的，应当根据担保法第五条第二款的规定处理。"

3. 学校、幼儿园、医院等以公益为目的的事业单位、社会团体也不得作保证人（《担保法》第9条）。公益乃不特定之多数人的利益，一般是非经济利益。如果允许上述机构为债权人提供担保，那么这极有可能减损其用于公益目的的财

① 见董开军主编：《〈中华人民共和国担保法〉原理与条文释义》，51～53页，北京，中国计划出版社，1995。

产，无疑有违公益法人的宗旨。因此，法律不允许它们作保证人。[1]

但应看到，在实践中，有些事业单位利用本单位所拥有的技术或知识，向社会提供有偿服务，取得了一定的报酬。这些单位除了国家或地方的财政拨款外，尚有自己的经济收入。有些事业单位实行了企业化管理，自负盈亏；还有些事业单位按照有关规定既从事国家核拨经费的工作，又从事经营活动。因而，对事业单位法人可否充任保证人，不可一概而论。对那些领取《企业法人营业执照》或国家政策允许从事经营活动的事业单位法人，应当认为其有从事保证活动的权利能力，可以充任保证人。对此，法释［2000］44号规定，从事经营活动的事业单位、社会团体为保证人的，如无其他导致保证合同无效的情况，所签订的保证合同应当认定为有效（第16条）。

4. 企业法人的分支机构、职能部门，因其主体资格、清偿能力等方面的原因，也不宜充任保证人。《担保法》第10条规定："企业法人的分支机构、职能部门不得为保证人。企业法人的分支机构有法人书面授权的，可以在授权范围内提供保证。"对此，法释［2000］44号加以了细化及弹性处理，具体些说，企业法人的分支机构经法人书面授权提供保证的，如果法人的书面授权范围不明，那么，法人的分支机构应当对保证合同约定的全部债务承担保证责任（第17条第2款）。企业法人的分支机构经营管理的财产不足以承担保证责任的，由企业法人承担民事责任（第17条第3款）。企业法人的分支机构提供的保证无效应当承担赔偿责任的，由分支机构经营管理的财产承担。企业法人和债权人都有过错的，应当根据其过错程度各自承担相应的民事责任；债权人无过错的，由企业法人承担民事责任（第17条第4款）。

5. 股份有限公司和有限责任公司的财产为股东或出资人所出，并最终归他们所有，因而公司的工作人员不得擅自以此作保证财产，损害股东、出资人的合法权益，除非具备《公司法》（2013年）规定的条件。按照《公司法》（1993年）第60条（即《公司法》（2013年）第16条以及第148条第3项）的规定，公司

[1] 见董开军主编：《〈中华人民共和国担保法〉原理与条文释义》，51～53页，北京，中国计划出版社，1995。

向其他企业投资或为他人提供担保，依照公司章程的规定，由董事会或股东会、股东大会决议；公司章程对投资或担保的总额及单项投资或担保的数额有限额规定的，不得超过规定的限额（第16条第1款）。公司为公司股东或实际控制人提供担保的，必须经股东会或股东大会决议（第16条第2款）。前款规定的股东或受前款规定的实际控制人支配的股东，不得参加前款规定事项的表决。该项表决由出席会议的其他股东所持表决权的过半数通过（第16条第3款）。《公司法》（2013年）第148条第3项规定，董事、高级管理人员不得违反公司章程的规定，未经股东会、股东大会或董事会同意，将公司资金借贷给他人或以公司财产为他人提供担保。

法释［2000］44号第4条规定，董事、经理违反《公司法》（1993年）第60条（即《公司法》（2013年）第16条以及第148条第3项）的规定，以公司资产为本公司的股东或其他个人债务提供担保的，担保合同无效。除债权人知道或应当知道的外，债务人、担保人应当对债权人的损失承担连带赔偿责任。

当然，从法理上讲，董事、经理违反《公司法》（1993年）第60条（即《公司法》（2013年）第16条以及第148条第3项）的规定，本属公司内部关系的内容，对于广大的普通市场主体而言，难以查询清楚董事、经理的具体权限、职责，即便能够调查了解，成本也过于高昂。从交易安全和效率原则上看，法释［2000］44号第4条关于董事、经理违反《公司法》（1993年）第60条（即《公司法》（2013年）第16条以及第148条第3项）的规定，以公司资产为本公司的股东或其他个人债务提供担保的，担保合同无效的规定，不太妥当。未来修法时应予修正。

6.《担保法》第7条规定，充任保证人应具有代为清偿债务的能力，简称为代偿能力。该能力的内涵和外延如何界定，需要探讨。在保证系单纯地为担保债权人不因债务人违约而受损害的场合，或保证责任为连带赔偿责任的场合，保证人拥有足额的财产即为有代偿能力。在保证责任必须是保证人代债务人实际履行主合同、主合同债务又非金钱债务的情况下，保证人仅有足额的金钱而无实际履行主合同约定的物品、技能等，就不算具有代偿能力。还应指出，判断保证人是否具有足额的代偿财产，在时间方面不能一概而论。在保证合同成立时保证人就有足额的代偿财产固然表明保证人有代偿能力；在保证合同成立时虽无足额的代偿财产，但于实际承担保证责任时将确定地具有足额的财产，亦为保证人有代偿能力。

在这里，存在的疑问是，保证人有无代偿能力是否影响保证合同的效力。法释［2000］44号有意澄清，其第14条规定："不具有完全代偿能力的法人、其他组织或者自然人，以保证人身份订立保证合同后，又以自己没有代偿能力要求免除保证责任的，人民法院不予支持。"参与该司法解释草拟的法官对此进一步解释道，保证人是否具有代偿能力并不应影响保证合同的有效性，理由如下：代偿能力不属于行为能力范围；代偿能力属于一种不定量；排除代偿能力作为保证人资格的要件，并不违背保证制度的目的；不将代偿能力作为保证人资格的要件，有助于促使债权人慎重审查保证人的代偿能力，确保自己债权的实现；中国《担保法》没有将履行能力作为保证人资格的必要条件。①

7. 充任保证人是否需要有行为能力，学术界有不同看法。在保证人亲自签订保证合同的情况下，由于保证合同为一法律行为，需要保证人具有行为能力。从《担保法》第10条关于"企业法人的分支机构、职能部门不得为保证人。企业法人的分支机构有法人书面授权的，可以在授权范围内提供保证"的规定来看，保证人应有行为能力。没有行为能力的法人的分支机构、职能部门欲充任保证人尚需法人的授权，实际上它们是居于法人的代理人的地位订立保证合同的。

至于银行的支行、分理处取得授权的方式，一种意见认为中国现行法已经总体授权它们有以法人的名义签订储蓄、借款、保证、抵押、质押等合同的权限；另外的意见则区分情况，主张银行的支行、分理处在签订保证、抵押、质押等合同时必须出示法人的授权书，只有这样才能表明其具有代理权。本书倾向于前者。

（三）保证合同的内容和形式

按照一般的理解，保证合同的内容是指，保证人承担的保证债务（保证责

① 见李国光、奚晓明、金剑锋、曹士兵：《关于适用〈中华人民共和国担保法〉若干问题的解释理解与适用》，95～99页，长春，吉林人民出版社，2000。

任）和享有的抗辩权、债权人享有的请求保证人承担保证债务的债权。因为这些权利义务主要通过保证合同的条款来体现和固定（未通过合同条款体现的权利义务由法律规范直接规定或由法官补充），所以，保证合同的内容也可指保证合同的条款。

根据《担保法》第 15 条的规定，保证合同具有以下内容或曰条款：

1. 被保证的主债权种类和数额

被保证的主债权种类，如借款合同中的还本付息债权、买卖合同中的请求交付标的物或支付价款的债权等均属此类。此处还有专属性的问题需要讨论。与被担保债权相对应者为被担保的债务，该债务是否有非专属性的限制呢？在我国，连带责任保证虽然包括保证人与债务人承担连带债务和保证人就主债务承担连带民事责任两种形式，但最终均可归结为承担连带民事责任的方式。由于连带民事责任不存在专属性问题，在连带责任保证中，主债务既可以是非专属性的债务，也可以是专属性的债务。在一般保证方式中，我国法未明确指出被担保的债务不得为专属性的债务。从法释［2000］44 号第 13 条关于“保证合同中约定保证人代为履行非金钱债务的，如果保证人不能实际代为履行，对债权人因此造成的损失，保证人应当承担赔偿责任”的规定来看，允许被担保的债务为专属性的债务。因债务人不履行专属性的债务可转化为赔偿责任，故保证人可承担该责任。

自然债务是否得为保证的对象，应分两种情形而定：其一，在保证成立后主债务变为自然债务的，例如在主债务因时效完成而变为自然债务时，保证虽不因之而失效，但保证人得主张主债务人的时效完成的抗辩，即使债务人抛弃该抗辩权，保证人也有权主张。[①] 其二，对时效已经完成的自然债务进行保证，其保证仍为有效，于此场合不得主张主债务的时效已经完成的抗辩（法释［2000］44 号第 35 条）。但学说认为，保证人不知时效完成的事实且无重大过失的，应有权抗辩。

被担保的债权，也可以是将来可能发生的债权。《担保法》第 14 条规定：

① 见郑玉波：《民法债编各论》，下，826 页，台北，三民书局，1981。

“保证人与债权人……也可以协议在最高债权额限度内就一定期间连续发生的借款合同或者某项商品交易合同订立一个保证合同。”这就是所谓“最高额保证”。

2. 债务人履行债务的期限

债务人履行债务的期限是衡量债务人是否违约的标准之一，也是保证人是否实际承担保证责任的因素之一，因而应该明确规定。它有两种情形：一为期日，二为期间。

3. 保证的方式

保证的方式包括一般保证方式和连带责任保证方式。不同的保证方式对当事人的利益有较大影响，应予明确规定。未约定时按连带责任保证论（《担保法》第19条）。

4. 保证担保的范围

保证担保的范围依当事人在保证合同中的约定确定，无约定时按《担保法》第21条的规定处理，即包括主债权及利息、违约金、损害赔偿金和实现债权的费用。

在这里，需要讨论的是，在一俄罗斯钢材买卖合同纠纷案件中，买受人乙公司向出卖人甲公司依约交付了100万元人民币的定金，与保证人丙公司签订了保证合同，但未约定担保范围；与丁公司签订了财团抵押合同，但未办理抵押登记手续。合同的履行情况是，出卖人届时无货可交，经催告依然如故，构成根本违约。乙公司请求丙公司承担保证责任，是否包括100万元人民币定金的双倍返还？笔者持否定态度，因为定金合同与俄罗斯钢材买卖合同为各自独立的合同，定金之债不属于该买卖合同项下的主债权及其利息，亦不属于该买卖合同被违反所产生的违约金、损害赔偿金，更不属于乙公司实现债权的费用。一句话，它不属于《担保法》第21条规定的担保范围。不过，乙公司可以曲线救国，不请求丙公司承担100万元人民币定金的双倍返还责任，而是将100万元人民币定金乃至更多数额作为甲公司违约造成损失的一部分，作为甲公司承担违约责任的内容之一，请求丙公司代甲公司承担损害赔偿责任。

5. 保证期间

保证期间为保证责任的存续期间，事关保证人和债权人之间的债权债务能否行使或履行，也是确定保证债务和诉讼时效关系的依据，保证合同应明确约定。无此约定的，在连带责任保证的情况下，“债权人有权自主债务履行期届满之日起六个月内要求保证人承担保证责任”（《担保法》第26条第1款）。在一般保证场合，“保证期间为主债务履行期届满之日起六个月”（《担保法》第25条第1款）。“保证合同约定保证人承担保证责任直至主债务本息还清时为止等类似内容的，视为约定不明，保证期间为主债务履行期届满之日起二年”（法释［2000］44号第32条第2款）。最高额保证合同对保证期间没有约定或约定不明的，如最高额保证合同约定有保证人清偿债务期限的，由主从关系决定，此类约定大多无法律拘束力，于是，保证期间应当确定为自清偿期届满之日起6个月。没有约定债务清偿期的，保证期间为自最高额保证终止之日或自债权人收到保证人终止保证合同的书面通知之日起6个月（法释［2000］44号第37条）。

必须指出，当事人双方关于保证期间的约定未必一律有效。在连带责任保证的情况下，约定的保证期间若短于债务履行期限，则这意味着保证人实际上不可能承担保证责任，故此类约定不发生法律效力。在一般保证的情况下，约定的保证期间若在强制执行主债务人的财产无效果的情形出现之前便已经届满，则这同样意味着保证人实际上不会承担保证责任，故此类约定也不发生法律效力。从立法论的层面来讲，一般保证期间的起算点应当是强制执行主债务人的财产无效果之时。其理由将在“保证债务与诉讼时效”部分阐明。

6. 双方认为需要约定的其他事项

双方认为需要约定的其他事项，主要指赔偿损失的范围及计算方法、是否设立反担保等。

在一个具体的保证合同中，不完全具备上述条款，尚可补正。其补正依《合同法》第61条和第62条的规定，如此仍不能补正的，法官可依职权填补漏洞。

关于保证合同的表现形式，《担保法》第13条要求保证合同采取书面形式。至于具体方式，可以有所变通。法释［2000］44号第22条规定：“第三人单方以书面形式向债权人出具担保书，债权人接受且未提出异议的，保证合同成立。主合同中虽然没有保证条款，但是，保证人在主合同上以保证人的身份签字或者盖章的，保证合同成立。”这表明法律关于保证合同形式的规定不是强制性规定。

（四）保证合同的不成立、无效及所生责任

按照现行法的规定，保证合同无效或保证人不承担保证责任的情形如下：(1) 法人的分支机构、职能部门未经法人书面授权或超出授权范围与债权人订立保证合同的，保证合同无效（《担保法》第 29 条前段，法释［2000］44 号第 17 条、第 18 条），但法人的分支机构、职能部门签订保证合同构成表见代理的，依据《合同法》第 49 条的规定，该法人不得主张保证合同无效。(2) 主合同当事人双方串通，骗取保证人提供保证的，保证人不承担民事责任（《担保法》第 30 条第 1 项）。(3) 主合同债权人采取欺诈、胁迫等手段，使保证人在违背真实意思情况下提供保证的，保证人不承担民事责任（《担保法》第 30 条第 2 项）。(4) 主合同债务人采取欺诈、胁迫等手段，使保证人在违背真实意思的情况下提供保证的，债权人知道或应当知道欺诈、胁迫事实的，保证人不承担民事责任（《担保法》第 30 条、法释［2000］44 号第 40 条）。在保证人受欺诈、胁迫而签订保证合同场合，该规定为特别规定，应当优先适用，主合同的债权人、债务人无权援用《合同法》第 54 条第 2 款的规定予以抗辩。(5) 国家机关未经国务院批准而与债权人订立保证合同的，保证合同无效（《担保法》第 8 条）。(6) 学校、幼儿园、医院等以公益为目的的事业单位与债权人订立保证合同的，保证合同无效（《担保法》第 9 条）。(7)《公司法》(2013 年）第 16 条第 2 款、第 148 条第 3 项规定，董事、高级管理人员不得违反公司章程，未经股东会、股东大会或董事会的同意，以公司财产为公司股东、实际控制人或其他人的债务提供担保。如果违反了，按照法释［2000］44 号第 4 条前段的精神，担保合同应当无效。

［思考］

《公司法》(2013 年修订）第 16 条第 1 款规定：“公司向其他企业投资或者为他人提供担保，依照公司章程的规定，由董事会或者股东会、股东大会决议；公司章程对投资或者担保的总额及单项投资或者担保的数额有限额规定的，不得超过规定的限额。”该法第 16 条第 2 款规定：“公司为公司股东或者实际控制人提供担保的，必须经股东会或者股东大会决议。”如果未经股东会或者股东大会决议，公司的股东、董事、实际控制人以公司的财产为自己或他人提供担保，或者违反了公司章程关于以公司财产提供担保限额的规定，那么符合《合同法》第50条关于越权行为的规定。就是说，在相对人知道或者应当知道该越权行为的情况下，公司有权主张该担保行为不约束它，它不承担该担保责任；在相对人不知道也不应当知道该越权行为的情况下，公司无权否认该担保行为及其责任，即该后果由公司承受。

应当看到，未经股东会或者股东大会决议，公司的股东、董事、实际控制人以公司的财产为自己或他人提供担保，或者违反了公司章程关于以公司财产提供担保限额的规定，这些都属于公司内部关系的范畴，对于广大的普通市场主体而言，难以查询清楚董事、经理的具体权限、职责，即便能够调查了解，成本也过于高昂。由此绝对地影响公司与交易相对人之间的法律行为的效力，即按照法释[2000] 44号第4条前段的规定处理，不太符合交易安全原则，而适用《公司法》(2013年修订) 第16条和《合同法》第50条的规定，则通盘考量了交易安全和善意、恶意、过错几项因素，相对合理，值得肯定。

法释［2000］44号还专就对外担保合同规定了如下的无效原因：（1）未经国家有关主管部门批准或登记对外担保的；（2）未经国家有关主管部门批准或登记，为境外机构向境内债权人提供担保的；（3）为外商投资企业注册资本、外商投资企业中的外方投资部分的对外债务提供担保的；（4）无权经营外汇担保业务的金融机构、无外汇收入的非金融性质的企业法人提供外汇担保的；（5）主合同变更或债权人将对外担保合同项下的权利转让，未经担保人同意和国家有关主管部门批准的，担保人不再承担担保责任，但法律、法规另有规定的除外（第6条）。

本来，现行法关于对外担保无效的规定，均源自部门规章，按照《合同法》第52条第5项及法释［1999］19号第4条的规定，认定合同无效所依据的法律限定在法律、行政法规，部门规章和地方规章不得作为认定合同无效的依据。但这有时不符合实际的需要。对此，《合同法总论》（上卷）已经作了较为详尽的分析[①]，此

① 见崔建远：《合同法总论》上卷，286～291页，北京，中国人民大学出版社，2008。

处不赘。

还应指出，法释［2000］44号对保证合同承认有可以撤销的原因。债务人和保证人共同欺骗债权人，订立主合同和保证合同的，债权人可以请求人民法院予以撤销。因此给债权人造成损失的，由保证人和债务人承担连带赔偿责任（第41条）。

在主合同不成立、无效或被撤销时，保证合同也丧失法律效力。中国法律规定保证人就其过错承担相应的民事责任，即缔约过错责任，其承担责任的方式为赔偿损失（《担保法》第5条，法释［2000］44号第4条后段、第7条、第8条）。

其赔偿范围是债权人相信保证合同有效但实际上无效所受损失的赔偿，即信赖利益的赔偿。在主合同有效、保证合同无效的情况下，该信赖利益的赔偿表现为：(1) 缔约费用，包括邮电费用、赴订约地所支出的合理费用；(2) 准备接受保证人承担保证责任所支出的合理费用；(3) 债权人支出上述费用所失去的利息；(4) 丧失签订有效的保证合同的机会所遭受的损失。

前三项为直接损失，在所立保证为一般保证和连带责任保证中没有区别。后一项为间接损失，在所立保证为一般保证的场合，只要未出现对债务人的财产依法强制执行无效果的事实，债权人就能够从债务人处实现债权，实际上无需保证人承担保证责任，保证合同有效抑或无效没有关系，就是说，债权人不存在该项间接损失，保证人不负赔偿间接损失之责；在对债务人的财产依法强制执行无效果的情况下，实际上需要保证人承担保证责任，保证合同的有效抑或无效直接影响到（债权人）债权实现的程度，债权人因保证合同无效而遭受的该项间接损失，保证人应负责赔偿，具体数额依个案而定，难以用一抽象术语概括。在所立保证为连带责任保证场合，债务人迟延履行、不完全履行、拒绝履行、不能履行均可产生违约责任，保证人在任何一种情况下均负相应的责任，其责任范围应当包括债权人遭受的间接损失，只不过具体数额需要依个案而定。

在主合同和保证合同均为无效的情况下，保证人所负的信赖利益的赔偿，同样包括债权人的直接损失和间接损失。其直接损失包括缔约费用和相应的利息，一般不包括准备接受保证人承担保证责任所支出的费用。因为债权人在明知主合同无效乃至明知保证合同无效时，不应作接受保证责任的准备。这里的间接损失的数额因主合同无效而相对降低，比在主合同有效但保证合同无效情况下的间接损失额低些。

为使在保证合同无效、被撤销时保证人承担缔约过错责任更具有可操作性，法释［2000］44号区分情况而作了如下规定：(1) 在董事、高级管理人员违反《公司法》(2013年) 第16条、第148条第3项的规定，违反公司章程，未经股东会、股东大会或董事会的同意，以公司财产为公司股东、实际控制人或其他人的债务提供担保，担保合同因此而无效的情况下，除债权人知道或应当知道的外，债务人、担保人应当对债权人的损失承担连带赔偿责任（第4条）。但是，若适用《合同法》第50条关于越权行为的规定，结果则有所不同。(2) 主合同有效而担保合同无效，债权人无过错的，担保人与债务人对主合同债权人的经济损失，承担连带赔偿责任；债权人、担保人有过错的，担保人承担民事责任的部分，不应超过债务人不能清偿部分的二分之一（第7条）。(3) 主合同无效而导致担保合同无效，担保人无过错的，担保人不承担民事责任；担保人有过错的，担保人承担民事责任的部分，不应超过债务人不能清偿部分的三分之一（第8条）。

三、保证方式

（一）一般保证与连带责任保证

保证方式在中国现行法上被分为一般保证和连带责任保证。所谓一般保证，是指当事人在保证合同中约定，在债务人不能履行债务时，保证人承担保证责任的保证（《担保法》第17条第1款）。[①] 所谓连带责任保证，是指当事人在保证合同中约定保证人与债务人对债务承担连带责任的保证（《担保法》第18条第1

① 需要注意，这里的“不能履行”，应当严格按照传统民法及其理论关于不能履行的界定予以解释，既不包括金钱债务场合债务人暂无资金而无法付清届期钱款的情形，也不包括种类物之债场合仅仅是债务人届期没有标的物交付给债权人的情形。

款)。这两种保证之间最大的区别在于保证人是否享有先诉抗辩权。在一般保证的情况下，保证人享有先诉抗辩权，即“一般保证的保证人在主合同纠纷未经审判或者仲裁，并就债务人财产依法强制执行仍不能履行债务前，对债权人可以拒绝承担保证责任”(《担保法》第 17 条第 2 款)。而在连带责任保证的情况下，保证人不享有先诉抗辩权，即“连带责任保证的债务人在主合同规定的债务履行期届满没有履行债务的，债权人可以要求债务人履行债务，也可以要求保证人在其保证范围内承担保证责任”(《担保法》第 18 条第 2 款)。

上述情况表明，保证人在不同的保证方式中所处的地位不同，其利益受到法律保护的程度也有差异。一般而言，保证人在一般保证中的地位较为优越，往往并不实际承担任何责任；保证人在连带责任保证中的地位不太有利，只要债务人不履行其债务，保证人就得满足债权人提出的承担保证责任的请求。于此场合，法律对保证人和债务人同等保护。既然如此，保证人承担何种方式的保证责任就显得十分重要，需认真对待，最好是在保证合同中明确约定。“当事人对保证方式没有约定或者约定不明确的，按照连带责任保证承担保证责任”(《担保法》第 19 条)。

（二）单独保证与共同保证

保证方式，从保证人的数量的角度来看，尚有单独保证和共同保证之分。单独保证是指只有一个保证人担保同一债权的保证。除非另有指明，我们通常所说的保证就是指的单独保证。

共同保证是指数个保证人担保同一债权的保证。具体而言，一是保证人必须二人以上，至于是自然人还是法人抑或是法律认可的其他组织，在所不问；二是数个保证人担保同一债务，如果数个保证人分别保证各自的债务，彼此之间无关联，那么仍为单独保证，而非共同保证。

数个保证人和债权人签订一个保证合同固然可以成立共同保证，而签订数个保证合同共同担保同一债权也可以成立共同保证，并且这些合同是同时成立还是先后成立，彼此间有无意思联络，均在所不问。[1]

① 见郑玉波：《民法债编各论》下，890～891 页，台北，三民书局，1981。

关于共同保证的效力，《担保法》第 12 条规定："同一债务有两个以上保证人的，保证人应当按照保证合同约定的保证份额，承担保证责任。没有约定保证份额的，保证人承担连带责任，债权人可以要求任何一个保证人承担全部保证责任，保证人都负有担保全部债权实现的义务。已经承担保证责任的保证人，有权向债务人追偿，或者要求承担连带责任的其他保证人清偿其应当承担的份额。"学说认为，这种连带系保证人之间的连带，而非保证人与主债务人之间的连带，故谓之"保证连带"，以与"连带责任保证"有所区别。这种保证人既然不与主债务人负连带责任，那么其保证债务除具有从属性外，还具有补充性，因此，各保证人对于债权人均有先诉抗辩权。这种观点在以一般保证为典型方式的立法上有理有据，但在现行法上未必完全如此。因为《担保法》把一般保证和连带责任保证均视为常态，甚至规定"当事人对保证方式没有约定或者约定不明确的，按照连带责任保证承担保证责任"（《担保法》第 19 条）。该法第 12 条关于共同保证的规定并未排除连带责任保证的适用。法释［2000］44 号规定，在两个以上保证人对同一债务同时或分别提供保证时，各保证人与债权人没有约定保证份额的，应当认定为连带共同保证（第 19 条第 1 款）。在连带责任保证的场合，若有数个保证人担保同一债权，那么其保证债务就无补充性，各保证人对于债权人亦无先诉抗辩权，债权人既可以向债务人主张，也可以请求任何一个保证人承担全部保证责任（第 20 条第 1 款），即债务人和各个共同保证人之间存在着连带责任。连带共同保证的保证人以其相互之间约定各自承担的份额对抗债权人的，人民法院不予支持（第 19 条第 2 款）。

不论是在一般保证还是在连带责任保证中，既然数个保证人之间负连带责任，那么就应适用连带债务的规范，即使其给付可分，也不得对债权人主张分割利益。[①] 这类保证人对主债务人来说，因无分担部分可言，所以一个保证人在承担全部保证债务后，可以向主债务人追偿。但各保证人之间仍有分担部分问题，于是，已经承担保证债务的保证人有权请求免负保证责任的保证人实际承担其应

① 见郑玉波：《民法债编各论》下，890～891 页，台北，三民书局，1981。

当负担的份额。[①]

应该指出，《担保法》允许数个保证人约定各自应负的保证份额，并据此执行（第12条前段）。

（三）定期保证与无期保证

保证方式依保证是否定有期限作标准，可划分为定期保证和无期保证。定期保证是指保证合同约定有保证人承担保证责任的期限，保证人仅于此期限内负其责任，债权人未在此期限内对债务人或保证人提起诉讼或申请仲裁的，保证人即免负其责。无期保证是指保证合同未约定保证期限，债权人有权自主债务履行期届满之日起6个月内或2年内请求保证人承担保证责任的保证（法释［2000］44号第32条）。主合同对主债务履行期限没有约定或约定不明的，保证期间自债权人要求债务人履行义务的宽限期届满之日起计算（法释［2000］44号第33条）。最高额保证合同对保证期间没有约定或约定不明的，如最高额保证合同约定有保证人清偿债务的期限，则保证期间为自清偿期限届满之日起6个月。没有约定债务清偿期限的，保证期间为自最高额保证终止之日或自债权人收到保证人终止保证合同的书面通知之日起6个月（法释［2000］44号第37条）。可见，所谓无期保证中的无期，只是保证合同未约定期限，法律早已规定了期限。

（四）有限保证与无限保证

依当事人是否约定保证担保的范围为标准，保证方式可以划分为有限保证和无限保证。所谓有限保证，是指当事人自由约定担保范围的保证。当然，该约定的范围不得超出主债务的范围，这是由保证的附从性决定的。所谓无限保证，是指当事人未特别约定保证担保的范围，依据法律的规定确定该范围的保证。

（五）继续的保证与一时的保证

依保证是否具有继续的债权关系的特征为标准，保证方式还可以划分为继续的保证和一时的保证。前者是指具有继续的债权关系特征的保证，如职务保证、租赁的保证，以及支票透支、赊卖货物等继续的交易关系的保证。后者是指具有

① 见郑玉波：《民法债编各论》下，890～891页，台北，三民书局，1981。

一时的债权关系特征的保证，如普通买卖的价款保证、普通借款的保证等。[①]

（六）将来债务的保证与既存债务的保证

保证方式还有将来债务的保证和既存债务的保证之分。前者指为将来存在的债权债务设定的保证，如最高额保证。后者指为已经存在的债权债务设定的保证，这是保证的常态。

四、保证担保的范围

保证担保的范围，亦即保证债务的范围，或称保证责任的范围。《担保法》第21条第1款对此规定："保证担保的范围包括主债权及利息、违约金、损害赔偿金和实现债权的费用。保证合同另有约定的，按照约定。"该规定赋权当事人可以单就本金债权为保证，不保证利息，也可以仅就债权的一部分设定保证，还可以只保证缔结保证合同时已存的债权，而不及后扩张的部分。应注意，基于保证的附从性，约定的保证担保的范围不得超出主债务的数额，否则，超出部分无效。

在当事人未约定保证担保的范围时，基于《担保法》第21条的规定，保证人应对主债的全部债务承担保证责任。所谓全部债务，包括主债权及利息、违约金、损害赔偿金和实现债权的费用。

需要讨论的问题还有，在主合同未约定违约金，当事人一方依定金合同的约定向相对人支付了定金，该相对人已经违约的情况下，该笔定金是否属于保证担保的范围？这是实务中提出来的问题。本书认为：(1) 在保证合同明确约定了定金为保证担保的范围的情况下，保证人应当就债权人已经向债务人支付的定金承担保证责任。(2) 在保证合同没有约定定金为保证担保的范围的情况下，因为定金合同不是主合同的组成部分，而是主合同的从合同，定金债权并非主债权，亦非主债权的转化形态，所以，定金不属于保证担保的范围，保证人就定金不承担保证责

① 见张龙文：《民法债权实务研究》，223页，台北，汉林出版社，1977。

任。(3) 债权人可以将定金作为债务人违约给自己造成损失的一部分，划归损害赔偿金，依据《担保法》第21条的规定，请求保证人承担保证责任。如果债权人仅仅把定金的本体数额作为债务人违约所造成的损失，请求保证人就此承担保证责任，那么，只要举证证明其已经依约支付了定金即可；如果债权人将双倍的定金数额作为债务人违约所造成的损失，那么，请求保证人就此承担保证责任，还需要负进一步的举证责任。(4) 押金、保证金是否属于保证担保的范围，也应如此处理。

五、债权人与保证人之间的关系

（一）债权人的权利

1. 债权人请求保证人承担保证责任的前提和条件

债权人对保证人享有请求其承担保证责任（履行保证债务）的权利。该权利的行使以主债务人不履行其债务为前提，以保证责任已届承担期为必要。在一般保证中，在保证责任已届承担期时，虽然债权人有权行使上述请求权，但在主债务人已经适当给付或承担应负责任的情况下，或在对主债务人的财产依法强制执行有效果的情况下，保证人有权主张先诉抗辩权，拒绝承担保证责任。如果保证人不行使抗辩权，那么，债权人可以对主债务人和保证人有效地行使两个请求权，并可以同时或先后请求其为全部或一部的履行。当然，在任何一方为一部或全部清偿时，其债务（责任）因而缩减或消灭。在连带责任保证中，保证责任已届承担期，债权人请求保证人实际承担保证责任的，保证人无先诉抗辩权，但有主债务已适当履行或相应责任已经承担的抗辩权。

2. 债权人请求保证人承担保证责任的期间

债权人请求保证人承担保证责任的期间：(1) 有约定时依约定，但约定的期间不得早于或等于主债务的履行期限。(2) 当事人无约定，或者约定的期间早于或等于主债务的履行期限的，债权人请求保证人承担保证责任的期间，应自主债务履行期届满之日始，至6个月届满时止（《担保法》第25条第1款、第26条第1款）；保证合同约定保证人承担保证责任直至主债务本息还清时为止等类似内容的，债权人请求保证人承担保证责任的期间为自主债务履行期届满之日起2年（法释［2000］44号第32条第2款）。(3) 但在保证人有权行使先诉抗辩权的情况下，保证人不负迟延责任。于此期间，债权人不得以保证责任与他对保证人的债务加以抵销。(4) 债权人申报债权后在破产程序中未受清偿的部分，保证人仍应承担保证责任。债权人要求保证人承担保证责任的，应当在破产程序终结后6个月内提出（法释［2000］44号第44条第2款）。

（二）保证人的保证责任

1. 保证责任与保证债务的关系

保证责任，并非保证人违反民事义务的后果，而是直接基于保证合同而产生的第一性义务，按照法学界关于责任为违反第一性义务所产生的第二性义务的通说，它不是民事责任，而是真正的民事义务，称为保证债务。但是按照大陆法系关于民事责任为债的一般担保的通说，保证责任的确为债的一般担保，加上民法学界已经习惯把保证债务叫作保证责任，所以，本书仍把保证责任和保证债务作为同义语来使用。

2. 代偿能力与保证责任的承担

具有代偿能力的保证人承担保证责任，这无疑义。问题在于，不具有完全代偿能力的法人、其他组织或自然人，以保证人的身份订立保证合同，与《担保法》关于保证人应具有代偿能力的要求（第7条）不一致，如何处理？法释［2000］44号规定，他们以自己没有代偿能力为由要求免除保证责任的，人民法院不予支持（第14条）。该司法解释还具体规定，企业法人的分支机构经法人书面授权提供保证的，如果法人的书面授权范围不明，那么法人的分支机构应当对保证合同约定的全部债务承担保证责任（法释［2000］44号第17条第2款）。企业法人的分支机构经营管理的财产不足以承担保证责任的，由企业法人承担民事责任（法释［2000］44号第17条第3款）。

结合程序法考虑这个问题，应适用法释［2000］44号第124条关于“企业法人的分支机构为他人提供保证的，人民法院在审理保证纠纷案件中可以将该企业法人作为共同被告参加诉讼。但是商业银行、保险公司的分支机构提供保证的除外”的规定，以求快捷、经济。

3. 在最高额保证合同场合保证责任的承担

在最高额保证合同的不特定债权确定后，保证人应当对在最高债权额度内一定期间连续发生的债权余额承担保证责任（法释［2000］44 号第 23 条）。

4. 主合同解除与保证责任的承担

在主合同解除后，保证人对债务人应当承担的民事责任仍应承担保证责任，除非保证合同另有约定（法释［2000］44 号第 10 条）。

5. 特殊的保证责任

保证责任的典型形式是在主债务人不履行债务时，保证人代为履行或承担赔偿责任。如果借款人未专款专用致使不能及时或全部还本付息，即构成违约，那么，于此场合保证人向债权人承担的是典型的保证责任。如果借款人未专款专用并未造成不能及时或全部还本付息的后果，那么，于此场合保证人向债权人承担的责任是一种特殊的保证责任。例如，法释［2000］44 号第 26 条规定，第三人向债权人保证监督支付专款专用的，在履行了监督支付专款专用的义务后，不再承担责任。未尽监督义务造成资金流失的，应当对流失的资金承担补充赔偿责任。又如，法释［2000］44 号第 27 条规定，保证人对债务人的注册资金提供保证的，债务人的实际投资与注册资金不符，或抽逃、转移注册资金的，保证人在债务人注册资金不足或抽逃、转移注册资金的范围内承担连带保证责任。

至于实务中出现的“保证协助借款人筹集资金以偿还贷款”、“保证债务人将所借资金投入生产过程所产出的产品合格”等所谓的“保证”，实质上是安慰函，不发生《担保法》所设置的保证的效力。

（三）保证人的权利

保证合同是单务、无偿的合同，保证人对债权人不享有请求给付的权利，所享有的只是抗辩权或其他防御性的权利。兹介绍与分析如下：

1. 主张债务人权利的权利

保证具有附从性，因而主债务人对于债权人所有的抗辩或其他类似的权利，保证人均可主张。

(1) 关于主债务人的抗辩权

《担保法》第20条第1款前段规定："一般保证和连带责任保证的保证人享有债务人的抗辩权。"该抗辩权主要有三类：其一，权利未发生的抗辩权。例如，主合同未成立，保证人对此不知情，于此场合，保证人可对债权人主张主债权未成立的抗辩。其二，权利已消灭的抗辩权。例如，主债权因适当履行而消灭。保证人可对债权人主张权利已消灭，拒绝债权人的履行请求。其三，拒绝履行的抗辩权。例如，时效完成的抗辩权、同时履行抗辩权、不安抗辩权、先履行抗辩权等。即使债务人放弃上述抗辩权，保证人也有权主张，因为保证人主张主债务人的抗辩权并非代为主张，而是基于保证人的地位而独立行使。

(2) 关于主债务人的其他类似权利

这里的其他类似权利有撤销权和抵销权。在撤销权方面，例如，在主债务人对其主合同有撤销权时，保证人对债权人可以拒绝履行，也就是保证人可以把主债务人的撤销权作为自己抗辩的事由。

2. 基于保证人的地位而特有的抗辩权

基于保证人的地位而特有的抗辩权，在实体法上，就是先诉抗辩权，一般保证的保证人享有此权。

先诉抗辩权，又称检索抗辩权，是指保证人在债权人未就主债务人的财产依法强制执行而无效果时，对于债权人可拒绝清偿的权利。《担保法》未使用这个表述，而是采用"就债务人财产依法强制执行仍不能履行债务前，对债权人可以拒绝承担保证责任"(第17条第2款)的用语，由于金钱债务没有不能履行，种类债务也大多不构成不能履行，因而，在种类之债及金钱之债中，一般保证就会名存实亡，保证责任基本上不会实际承担，先诉抗辩权变成无条件的、永不消失的权利。这显然违背《担保法》的立法目的，需要重新诠释这里的"不能履行"，将"就债务人财产依法强制执行仍不能履行债务前，对债权人可以拒绝承担保证责任"解释为"就债务人财产依法强制执行无效果前，对债权人可以拒绝承担保证责任"。所谓的依法"强制执行无效果"，包括执行结果不能清偿债务或不足清偿债务诸情形。例如，拍卖主债务人的财产无人应买，或拍卖所得价款仅能清偿一部分债务，或主债务人虽有财产却不知其所在等。对此，法释［2000］44号第131条已经明确：“本解释所称‘不能清偿’指对债务人的存款、现金、有价证券、成品、半成品、原材料、交通工具等可以执行的动产和其他方便执行的财产执行完毕后，债务仍未能得到清偿的状态。”

把《担保法》第17条第1款规定的“当事人在保证合同中约定，债务人不能履行债务时，由保证人承担保证责任的，为一般保证”之中的“债务人不能履行债务”，解释为不包括在金钱债务场合债务人没有资金付清届期的欠款（破产场合的情况复杂，暂不议论）；将《担保法》第17条第2款关于“就债务人财产依法强制执行仍不能履行债务前，对债权人可以拒绝承担保证责任”的规定，解释为“就债务人财产依法强制执行无效果前，对债权人可以拒绝承担保证责任”，在实务中已经显示出重要价值。例如，某《补充协议》第1条约定：“甲方应协助做好还本付息工作，即2001年2月26日，如债务人丙公司不能按期足额将全部兑付资金3 060万元划至乙方账户，则甲方保证无条件地承担给乙方按期足额划款的责任。”由于该《补充协议》的其他条款以及涉案的法律文件再无甲方保证责任的约定，认定甲方承担保证责任的方式和保证期间只好完全依赖该条的约定。假如按照《担保法》第17条第1款关于“当事人在保证合同中约定，债务人不能履行债务时，由保证人承担保证责任的，为一般保证”的界定的字面意思，第17条第2款关于“就债务人财产依法强制执行仍不能履行债务前，对债权人可以拒绝承担保证责任”这种一般保证人实际承担保证责任的条件的表述，也就是一般保证人享有先诉抗辩权及其行使条件的表述，确定甲方所负保证责任的方式，那么，似乎可以推断出甲方承担的是一般保证责任。有些法律人也是如此理解的，因为《补充协议》第1条约定的甲方实际承担保证责任的条件是“如债务人丙公司不能按期足额将全部兑付资金3 060万元划至乙方账户”，而“债务人丙公司不能按期足额将全部兑付资金3 060万元划至乙方账户”，与《担保法》第17条第1款关于“当事人在保证合同中约定，债务人不能履行债务时”的表述、第17条第2款关于“就债务人财产依法强制执行仍不能履行债务”的表述相像。但实际上，这种理解是不适当的，因为《补充协议》第1条所谓债务人丙公司不能按期足额将全部兑付资金 3 060 万元划至乙方账户，包括若干情形：(1) 丙公司确实没有资金划至乙方账户，也没有不动产等财产可以实行强制措施；(2) 丙公司拥有足额的资金却故意拒付给乙方；(3) 丙公司虽无资金但有可予强制执行的不动产等财产，只是拒不抵偿给乙方；等等。其中的“(1)”符合传统民法及其学说所界定的“债务人不能履行债务”、“就债务人财产依法强制执行无效果”的含义。“(2)”、“(3)”则不构成“债务人不能履行债务”、“就债务人财产依法强制执行无效果”。就是说，《补充协议》第 1 条约定的“债务人丙公司不能按期足额将全部兑付资金 3 060 万元划至乙方账户”，可能构成“就债务人财产依法强制执行无效果”，也可能不构成。在不构成时，保证人甲方仍得承担保证责任，显然不符合一般保证（责任）的规格。如此看来，《补充协议》第 1 条约定的保证责任，究竟是一般保证责任，还是连带保证责任，仅就其文义来说，尚难确定。在这种情况下，依据《担保法》第 19 条关于“当事人对保证方式没有约定或者约定不明确的，按照连带责任保证承担保证责任”的规定，应当将《补充协议》第 1 条约定的保证责任认定为连带责任保证。

假如将《补充协议》第 1 条关于“甲方应协助做好还本付息工作，即 2001 年 2 月 26 日，如债务人丙公司不能按期足额将全部兑付资金 3 060 万元划至乙方账户，则甲方保证无条件地承担给乙方按期足额划款的责任”的约定，仅仅认定为是甲方这个保证人行使先诉抗辩权的约定，并据此反推出它约定的保证是一般保证，那么，该保证责任的期间就属于约定不明或没有约定。按照《担保法》第 25 条第 1 款关于“一般保证的保证人与债权人未约定保证期间的，保证期间为主债务履行期届满之日起六个月”的规定，该一般保证的期间为 2001 年 2 月 26 日这个主债务履行期届满之日起 6 个月。

反之，将《补充协议》第 1 条约定的保证认定为连带责任保证，所谓“甲方应协助做好还本付息工作，即 2001 年 2 月 26 日，如债务人丙公司不能按期足额将全部兑付资金 3 060 万元划至乙方账户，则甲方保证无条件地承担给乙方按期足额划款的责任”，就并非关于先诉抗辩权行使的约定，而是约定了甲方负有保证责任，接下来的工作，是确定该保证责任的期间。对此，可有如下几种理解：

第一种理解："如债务人丙公司不能按期足额将全部兑付资金 3 060 万元划至乙方账户"中的"按期"，指的是 2001 年 2 月 26 日这个主债务的履行期，且该履行期为一期日，而非期间。"甲方保证无条件地承担给乙方按期足额划款的责任"中的"按期"，指的也是债务人丙公司按期足额将全部兑付资金 3 060 万元划至乙方账户中的"按期"，亦即 2001 年 2 月 26 日。如此，保证期间与主债务的履行期间相同，均为 2001 年 2 月 26 日。于是，按照法释［2000］44 号第 32 条第 1 款关于"保证合同约定的保证期间早于或者等于主债务履行期限的，视为没有约定，保证期间为主债务履行期届满之日起六个月"的规定，系争保证人甲方承担保证责任的期间为自 2001 年 2 月 26 日届满时起 6 个月。

第二种理解："甲方保证无条件地承担给乙方按期足额划款的责任"中的"按期"，固然指的是债务人丙公司按期足额将全部兑付资金 3 060 万元划至乙方账户中的"按期"，但这恰恰是重述主债务的履行期限，在复述债务人丙公司按期足额将全部兑付资金 3 060 万元划至乙方账户中的"按期"，而非在确定保证人甲方的保证期间，因为"甲方"是主语，"承担"是谓语，"给乙方按期足额划款的责任"是谓语"承担"的宾语，"按期"并非谓语"承担"的状语。只有在"按期"是谓语"承担"的状语时，"按期"才是保证人甲方承担保证责任的期间。如此，不宜认定系争的保证期间与主债务的履行期间相同，均为 2001 年 2 月 26 日。疑问由此而生，系争保证期间究竟是哪个时间段呢？《补充协议》第 1 条约定，债务人丙公司于 2001 年 2 月 26 日不能按期足额将全部兑付资金 3 060 万元划至乙方账户——违约行为成立，保证人"甲方保证无条件地承担"保证责任，这表明了系争保证责任实际承担的条件由两个因素构成：一个是时间因素，为 2001 年 2 月 26 日；另一个是事实因素，为债务人丙公司在这一天不能按期足额将全部兑付资金 3 060 万元划至乙方账户。在该条件成就时，甲方实际承担保证责任的时间点开始。从这个意义上说，债权人乙方有权请求保证人甲方实际承担保证责任的开始时间为 2001 年 2 月 26 日。必须注意，保证期间不得像普通债务履行期可以是期日那样，必须是一个期间，以免保证责任形同虚设，防止保证人轻易脱身。现在的问题成为，系争保证期间的终期在哪里，尚不得而知。结论是：系争甲方承担保证责任的始期为 2001 年 2 月 26 日，至于终期，没有约定。

按照惯例和法理，当事人没有约定终期，主审法官有权确定一个合理的保证期间，此处是确定一个合理的终期。保证合同为无偿合同，保证人处于不利地位，决定了法律人在确定该合理期间时应当尽可能地优惠保证人。如此，将该保证期间的终期确定为 2001 年 8 月 26 日，即保证期间为主债务履行期届满之日起 6 个月，而非 2003 年 2 月 26 日，即保证期间为主债务履行期届满之日起 2 年，才贯彻了优惠于保证人的精神。

第三种理解：系争案件的判决书认为，债务人丙公司履行兑付义务的日期为 2001 年 2 月 26 日，保证人甲方承担按期划款义务的日期亦为 2001 年 2 月 26 日，而严格按照合同文义，因双方的该约定无法实际操作，所以应视为双方对保证期间约定不明。依照法释［2000］44 号第 32 条第 2 款关于“保证合同约定保证人承担保证责任直至主债务本息还清时为止等类似内容的，视为约定不明，保证期间为主债务履行期届满之日起二年”的规定，保证人甲方承担保证责任的期间为 2 年。这难以令人苟同，理由在于：（1）所谓“双方的该约定无法实际操作”，不是法定的确定保证期间的因素，亦无法理上的依据，所以，将“双方的该约定无法实际操作”作为“应视为双方对保证期间约定不明”的原因，从而得出“双方对保证期间约定不明”的结论，实在不足取。（2）法释［2000］44 号第 32 条第 2 款的完整的、真实的规范意旨，并非将当事人双方对保证期间“约定不明”作为将保证期间确定为“主债务履行期届满之日起二年”的原因（理由），而是把“保证合同约定保证人承担保证责任直至主债务本息还清时为止等类似内容的”，作为将保证期间确定为“主债务履行期届满之日起二年”的原因（理由）。至于中间加上“视为约定不明”六个字，乃因保证期间的确定依据要么是当事人的约定，要么是法律的直接规定，而法律的直接规定发生效力限于当事人对保证期间未作约定或约定不明的场合，而非“保证合同约定保证人承担保证责任直至主债务本息还清时为止等类似内容的”场合。法释［2000］44 号之所以没有把所有的“约定不明”都作为将保证期间确定为“主债务履行期届满之日起二年”的原因（理由），是因为保证期间为 2 年的确定并非《担保法》的本意，司法解释不宜超越法律规定的范围而直接创造法律规范，只是考虑到“保证合同约定保证人承担保证责任直至主债务本息还清时为止等类似内容”表现出债权人如此约定是在积极地维护自己的合法权益，不同于债权人未约定保证期间，对自己的权益有些漠视，故在保护的力度上应有所加强，才特意优惠了 2 年的保证期间；假如仍然将保证期间确定为 6 个月，那么对债权人未免有所不公。①

先诉抗辩权既可通过诉讼方式行使，也可以在诉讼外行使。但按照《担保法》第 17 条第 3 款的规定，在下列三种情况下不得行使：其一，债务人住所变更，致使债权人要求其履行债务发生重大困难，包括债务人下落不明、移居境外，且无财产可供执行（法释［2000］44 号第 25 条）。本书认为，住所变更无论是在国内迁徙还是移居国外，并不限定，关键是导致债权人请求主债务人履行债务发生重大困难。对重大困难的判断，应综合诉讼及执行的难易程度、债务人的财产状况等客观情况进行。住所变更的时间，必须是在保证合同成立之后，而不能是成立之前或当时。其二，人民法院受理债务人破产案件，中止执行程序。债权人于此期间不能从主债务人处获得满足，甚至将来也是如此，只有保证人实际承担保证责任才会实现债权，于是法律不允许保证人行使先诉抗辩权。其三，保证人以书面形式放弃先诉抗辩权。既然保证人放弃此权，那么，法律就无必要对其特别保护，故而不允许其再主张先诉抗辩权。

基于保证人的地位而特有的抗辩权，结合程序法，保证人可以基于法释［2000］44 号第 130 条关于“在主合同纠纷案件中，对担保合同未经审判，人民法院不应当依据对主合同当事人所作出的判决或者裁定，直接执行担保人的财产”的规定，对抗债权人关于承担保证责任的主张。

3. 基于一般债务人的地位应有的权利

在保证关系中，保证人是债务人，因而一般债务人应有的权利，保证人也应享有。例如，在保证债务已经单独消灭时，保证人有权主张；在保证债务未届清偿期场合，保证人有权抗辩；在保证合同不成立、无效或被撤销致使保证债务不

① 见李国光、奚晓明、金剑峰、曹士兵：《关于适用〈中华人民共和国担保法〉若干问题的解释理解与适用》，146～147 页，长春，吉林人民出版社，2000。

存在时，保证人有权拒绝履行保证债务；在保证债务罹于诉讼时效时，保证人亦可拒绝负责。

六、保证人与主债务人之间的关系

保证本为保证人和债权人之间的关系，其效力原本不包含保证人和主债务人之间的关系，但保证人和主债务人之间毕竟存在着追偿权、代位权和保证责任除去请求权等内容，故有必要讨论。

（一）保证人的追偿权

1. 保证人的追偿权的概念

保证人的追偿权，又称保证人的求偿权，是指保证人在承担保证责任后，可以向主债务人请求偿还的权利。保证人承担保证责任，对债权人与保证人之间的关系来说，形式上属于清偿自己的债务，但对主债务人和保证人之间的关系而言，实质上仍然属于清偿他人（主债务人）的债务。于是，自然有“保证人承担保证责任后，有权向债务人追偿”（《担保法》第31条）的必要。

2. 保证人的追偿权的要件

（1）必须是保证人已经对债权人承担了保证责任。此处所谓对债权人承担了保证责任，包括保证人代债务人向债权人为主债关系中的给付义务的清偿，或向债权人承担损害赔偿责任，保证人向债权人为代物清偿或以物抵债，或抵销，或提存。[①] 保证人的追偿，必须限于自己有所给付，致使有偿地消灭主债务人对于债权人的责任。假如自己毫无给付，仅因其尽力致使主债务消灭，如说服债权人，使债权人免除主债务人的债务，则不得向主债务人追偿。[②]

（2）必须使主债务人对债权人因保证而免责。如果主债务人的免责不是由保证人承担保证责任的行为引起的，那么保证人就没有追偿权。再者，在保证人的给付额高于主债务人的免责额时，如以价值超过主债务数额之物抵债或代物清

---

① 见刘春堂：《民法债编各论》下，365页，台北，三民书局，2008。

② 见刘春堂：《民法债编各论》下，365页，台北，三民书局，2008。

偿，保证人只能就免责额追偿；在保证人的给付额低于主债务人的免责额时，保证人只能就给付额追偿。[①]

（3）必须是保证人没有赠与的意思。这是保证人的追偿权的消极要件，保证人在行使追偿权时不必就此举证。

3. 保证人的追偿权的效力

（1）在保证人受主债务人的委托而为保证场合的效力

如果保证人系基于主债务人的委托而产生的，那么保证人和主债务人之间的关系属于委托合同关系，应适用委托合同规范处理。具体而言，保证人为受托人，他承担保证责任而使主债务人（委托人）免去对债权人的责任，属于处理委托事务。于是，保证人承担保证责任所支付的原本、利息和必要费用均可向主债务人追偿；保证人承担保证责任因不可归责于自己的事由，遭受损害的，可向主债务人请求损害赔偿。不过，保证人不得基于委托合同关系，请求主债务人预付承担保证责任所需必要费用，因为这与保证的目的不合。[②]

保证人接受委托而为保证，基于受托人的地位，承担保证责任应当顾及主债务人的利益，故于其知悉主债务人有权利不发生、权利已经消灭或拒绝给付等各种抗辩或抗辩权时，自应对债权人行使；若不行使，而对债权人承担保证责任的，该项付出不构成委托合同中的必要费用，不得向主债务人追偿。至于保证人不知主债务人享有这些抗辩或抗辩权，向债权人承担保证责任的，仍可认为该项付出系因处理委托事务而支出的必要费用，保证人有权向债务人追偿。不过，保证人如因过失而不知主债务人享有上述抗辩或抗辩权，以致向债权人承担保证责任，则应对主债务人因此遭受的损失承担赔偿责任。再者，保证人在向债权人承担保证责任后，怠于通知主债务人，致主债务人因不知其情事而再向债权人为清偿的，应当解释为保证人丧失对主债务人的追偿权。[③]

---

① 见刘春堂：《民法债编各论》下，365～366页，台北，三民书局，2008。

② 见刘春堂：《民法债编各论》下，366～367页，台北，三民书局，2008。

③ 见史尚宽：《债法各论》，871～872页，台北，荣泰印书馆股份有限公司，1981；刘春堂：《民法债编各论》下，367页，台北，三民书局，2008。

（2）保证人未受主债务人委托而为保证

如果保证人和主债务人之间为无因管理关系，保证人承担保证责任符合法律规定、社会常理及主债务人的正确意见，那么，保证人就此支付的原本、利息和必要费用可请求主债务人偿还，如有损害尚可请求赔偿。假如保证人承担保证责任违反法律规定、社会常理、主债务人的正确意见，那么，保证人就此支付的原本、利息和必要费用虽可向主债务人追偿，但也只能在主债务人获得利益的限度内主张。法释［2000］44号规定，保证人于其自行履行保证责任时，其实际清偿额大于主债权范围的，保证人只能在主债权范围内对债务人行使追偿权（第43条）。

（3）共同保证人的追偿权

关于共同保证人的追偿权问题，应分别情况予以对待：其一，如果保证人之间按份对主债务承担保证责任，则各个保证人按份向债权人履行保证债务。按份共同保证的保证人在按照保证合同约定的保证份额承担保证责任后，在其履行保证责任的范围内对债务人行使追偿权（法释［2000］44号第21条）。保证人履行的债务大于其保证债务的，其大于部分无权向主债务人主张追偿。其二，如果各共同保证人对债务负连带保证责任，则每一个保证人都有义务向债权人履行全部保证债务。各保证人在履行保证债务后，有权就该债务向主债务人追偿。向主债务人不能追偿的部分，由各连带保证人按其内部约定的比例分担。没有约定的，平均分担（法释［2000］44号第20条第2款）。其三，在人民法院受理债务人破产案件后，债权人未申报债权的，各连带共同保证的保证人应当作为一个主体申报债权，预先行使追偿权（法释［2000］44号第46条）。

（4）预先行使追偿权

《担保法》第32条规定："人民法院受理债务人破产案件后，债权人未申报债权的，保证人可以参加破产财产分配，预先行使追偿权。"这包括两种情况：其一，在主债务人破产时，已经履行保证债务的保证人可以其追偿权为破产债权，参加破产程序。保证人履行了自己承担的保证债务的，即从债权人处取得代位权和向主债务人的追偿权。如果主债务人破产，那么保证人可以破产财产的债权人的身份参加破产程序，并以其对主债务人的追偿权为破产债权，从破产财产中获得清偿。其二，在主债务人破产时，保证人并未实际履行保证债务的，亦可以将来的追偿权为破产债权，参加破产程序。保证人虽然尚未实际履行保证债务，但主债务人既已破产，自然不能履行其主债务，于此场合，债权人要求保证人履行保证债务几乎是必然的。因此，应当允许保证人以将来的追偿权为破产债权，参加破产程序。这从法释［2000］44号第44条第2款关于“债权人申报债权后在破产程序中未受清偿的部分，保证人仍应当承担保证责任。债权人要求保证人承担保证责任的，应当在破产程序终结后六个月内提出”的规定中可以看出。因为在连带保证的情况下，债权人可以要求保证人或主债务人任何一方首先履行义务；而在一般保证的情况下，根据《担保法》第17条第3款的规定，保证人不享有先诉抗辩权，即此时也等同于连带保证。因此，当债权人不申报债权时，应当允许保证人预先行使追偿权。但是，债权人已经以其债权总额为破产债权参加了破产程序的，保证人就不得再以将来的追偿权参加破产清偿。这是因为：1）此时债权人已经参加了破产程序，如果允许保证人的追偿权再加入破产债权，则实质上会产生同一债权双重加入的结果。2）同时，既然债权人参加了破产程序，债权人的债权已通过破产程序得到部分满足，那么，对保证人而言，也无所谓追偿权问题。3）即便债权人未能依破产程序获得全部清偿，虽然他可就未清偿部分要求保证人履行，但由于债权人已加入破产程序，保证人即使对这部分债务为履行，也仍不能再加入破产程序。4）债权人获部分清偿后，破产程序已告结束，保证人也无从加入破产程序，他因履行保证债务而遭受的损失只能由其自身承担，这由其承担保证责任的风险所致。①

（5）保证人向物上保证人的追偿

在既有人的担保又有物的担保的情况下，保证人在承担了保证责任之后，在物上保证人为主债务人的情况下，可以向物上保证人（主债务人）追偿；在物上保证人为第三人的情况下，只要各担保人之间已经约定了各自的担保份额，保证

① 见刘成祥：《保证制度的若干理论与实务》，吉林大学法学院1986年硕士学位论文，64～65页。

人就不宜援用法释［2000］44号第38条第1款后段的规定，要求物上保证人向自己清偿应当分担的份额。其理由如下：其一，多个担保方式共同担保同一个债权，在性质和功能上没有按份担保的天然要求，而是各自承担着担保全部债权的责任。其二，担保责任并非终局的责任，只是过渡性质的债务，最终的责任由主债务人承担。既然如此，在无分担份额约定的情况下，令各担保人依照份额来承担担保责任，意味着人为地把法律关系复杂化了，增加成本。对此，回想一下对连带债务场合的内部关系都是按份处理，而不再按连带处理，就会明白。当然，在法释［2000］44号第38条第1款后段关于“当事人对保证担保的范围或者物的担保的范围没有约定或者约定不明的，承担了保证责任的担保人，可以……要求其他担保人清偿其应当分担的份额”的规定未修改之前，允许保证人请求其他担保人分担相应的份额，有法律根据。

但是，必须指出，法释［2000］44号第38条第1款后段的规定不合法理，也有失权衡。其原因在于：其一，所谓“当事人对保证担保的范围或者物的担保的范围没有约定或者约定不明的”，是个伪问题。因为只要未约定或约定不明，担保范围就可以依据《担保法》第21条、第46条或第67条的规定，《物权法》第173条的规定，加以确定，范围就是明确的。在这样的情况下，还允许承担担保责任者请求其他担保人分担相应的份额，同样是人为地将法律关系复杂化，增加成本。其二，这降低了共同保证、共同抵押等制度的存在价值，显得法律规定它们是在浪费笔墨。其三，这使担保人面临着随时被人追讨甚至陷入诉讼的境况。

(6) 保证人的追偿权与诉讼时效

保证人的追偿权为一新成立的权利，应适用《民法通则》第135条规定的2年时效，并从保证人承担保证责任之日起开始计算（法释［2000］44号第42条第2款）。

(7) 追偿权行使的方式

在主债务人不主动偿还债务的情况下，保证人既可以采取一般途径请求债务人偿还，也可以依靠司法途径主张。人民法院判决保证人承担保证责任或赔偿责任的，应当在判决书主文中明确保证人享有追偿权。判决书未予明确追偿权的，保证人只能按照承担责任的事实，另行提起诉讼（法释［2000］44号第42条第1款）。

（二）保证人的代位权

1. 保证人的代位权的概念

保证人的代位权，是指保证人在向债权人承担保证责任后，可以取代债权人对于主债务人的地位，行使其债权的权利。

保证人的代位权系取得债权人对于主债务人的权利，是代位债权人行使债权人对于主债务人的权利，在结果上保证人可请求债权人将其对主债务人的对待给付交付于自己①；而债权人代位权系债权人以自己的名义代位行使债务人对于第三人的权利，且通说认为行使的结果依据“入库规则”处理，两者不同。

2. 保证人的代位权的构成要件

（1）必须是保证人已经向债权人承担保证责任

此处所谓向债权人承担保证责任，固然指保证人代债务人向债权人为主债关系中的给付义务的清偿，或向债权人承担损害赔偿责任，就是保证人向债权人为代物清偿或以物抵债，或抵销，或提存，只要能够消灭主债关系，均属向债权人承担保证责任。②

（2）必须是保证人对主债务人有追偿权

保证人的代位权系为确保其追偿权而设，所以保证人只有对主债务人享有追偿权，才有代位权。这也决定了保证人的代位权的范围，不得超过保证人的追偿权的范围，亦即不得超过保证人承担保证责任的限度。③

3. 保证人的代位权的效力

保证人取得债权人对于主债务人的债权，或者说，债权人对于主债务人的债权

---

① 见郑玉波：《民法债编各论》下，6版，853～854页，台北，三民书局，1981；刘春堂：《民法债编各论》下，369、371页，台北，三民书局，2008。

② 见刘春堂：《民法债编各论》下，369页，三民书局，2008。

③ 见刘春堂：《民法债编各论》下，369页，三民书局，2008。

在保证人承担保证责任的限度内移转给保证人。此种取得、移转，属于法定取得、移转，保证人一经承担保证责任，便当然地取得债权人对于主债务人的债权，或者说债权人对于主债务人的债权当然地移转给保证人，无须当事人的意思表示。①

因为这种依法律规定而当然发生的债权移转，其效果与按照法律行为成立的债权让与无异，所以，不但原本债权，而且该债权的担保，如抵押权、质权、留置权或保证等，以及该债权的其他从属权利及瑕疵，如利息、违约金、主债务人对债权人的抗辩等，也一同移转给保证人，保证人代位取得的债权，与原债权相同。②

保证人仅仅承担了部分保证责任的，债权人对于主债务人的债权只能部分移转给保证人，债权人仍保留未受清偿部分的债权。于此场合，保证人所取得的债权与债权人所保留的债权并存。因为债权人的利益不应因保证人承担保证责任而受影响，所以，保证人代位权的行使，不得有害于债权人的利益，从而，主债务有物上保证的，债权人可优先行使该担保物权。③

4. 追偿权与代位权的关系

保证人的追偿权系保证人对主债务人的权利，为新成立的权利；代位权系保证人取得债权人对于主债务人的债权，且为债权人原有的权利，并非新成立的权利。这两种权利可以并存，保证人可以选择行使，也可一并行使，唯其中任一权利因行使而达到目的时，另一权利即归消灭。④

七、保证债务与诉讼时效

（一）保证期间与诉讼时效的区别

对于保证期间是否为诉讼时效期间，存在不同意见，本书持否定说。其理由

① 见刘春堂：《民法债编各论》下，369～370 页，台北，三民书局，2008。

② 见中华民国最高法院 1929 年上字第 1235 号判例；中华民国最高法院 1929 年上字第 1561 号判例；郑玉波：《民法债编各论》下，6 版，852 页，台北，三民书局，1981；刘春堂：《民法债编各论》下，369～370 页，台北，三民书局，2008。

③ 见刘春堂：《民法债编各论》下，370 页，台北，三民书局，2008。

④ 见刘春堂：《民法债编各论》下，371～372 页，台北，三民书局，2008。

如下：（1）按照《担保法》的规定，保证期间允许当事人约定，并且首先看约定，只有在当事人没有约定，或约定的保证期间早于或等于主债务的履行期限时，才采用法律规定的保证期间（第25条、第26条）。法释［2000］44号第32条承继了这种精神，又有所发展。而诉讼时效期间一律由法律规定，不允许当事人约定。当事人违反法律规定，约定延长或缩短诉讼时效期间、预先放弃诉讼时效利益的，人民法院不予支持（法释［2008］11号第2条）。这与德国民法及其学说关于“虽然消灭时效可以减轻，但不得排除或加重之。这即是说，延长消灭时效期间通常是无效的”① 的精神不尽一致。（2）如果保证期间届满，债权人一直未向保证人主张履行保证债务，保证债务也未随着主债务的诉讼时效的中断而改为适用诉讼时效期间，那么，保证债务消失，亦即债权人对保证人的债权不复存在（《担保法》第25条第2款、第26条第2款）。就是说，保证期间届满使债权本体消灭。而诉讼时效期间届满，仅仅使债务人产生抗辩权，并不消灭债权自身。（3）按照法释［2000］44号的规定，保证期间不因任何事由而发生中断、中止、延长的法律后果（第31条）。而依据《民法通则》的规定，诉讼时效存在中断、中止、延长的制度，尽管有的不同时具备这三项制度（第137条、第139条、第140条）。（4）在保证期间内，债权人请求保证人承担保证责任，只要保证人无抗辩事由，保证期间就功成身退，让位于诉讼时效期间（《担保法》第25条第2款、法释［2000］44号第34条）。这一现象本身就表明保证期间不是诉讼时效期间，因为若它为诉讼时效期间，就不会存在着上述“保证期间就功成身退，让位于诉讼时效期间”的问题。（5）保证合同约定有保证期间的，保证期间的起算点为当事人约定的开始时日。保证合同无此约定的，保证期间的起算点为主债务履行期届满的次日。而诉讼时效期间的起算则有所不同，按照法释［2000］44号的规定，一般保证的债权人在保证期间届满前对债务人提起诉讼或申请仲裁的，从判决或仲裁裁决生效之日起，开始计算保证合同的诉讼时效期间（第34条第1款）。连带责任保证的债权人在保证期间届满前要求保证人承担保

① ［德］迪特尔·梅迪库斯：《德国民法总论》，邵建东译，93页，北京，法律出版社，2000。

证责任的，从债权人要求保证人承担保证责任之日起，开始计算保证合同的诉讼时效期间（第 34 条第 2 款）。

附带指出，保证期间也不是除斥期间，理由如下：(1) 保证期间允许甚至倡导约定，而除斥期间为法定期间，只有解除权可以约定除斥期间（《合同法》第 95 条第 1 款）。(2) 保证期间届满，消灭的是债权及其有关的从权利、从义务。而除斥期间届满，消灭的是形成权。(3) 在保证期间内，债权人请求保证人承担保证债务的，保证人若无抗辩权的行使，则保证期间功成身退，诉讼时效期间取而代之。除斥期间不存在这个现象。(4) 保证期间的起算点的确定如同上述，除斥期间的起算点则因立法者对于不同类型的除斥期间持有不尽相同的价值取向和利益衡量而形形色色。

1. 起算点为权利人知道或应当知道撤销事由之时

除斥期间的起算点为权利人知道或应当知道撤销事由之时的，计有如下几种：(1) 在可撤销的合同场合，撤销权的除斥期间自撤销权人知道或应当知道撤销事由时起算（《合同法》第 55 条第 1 款）；(2) 在债权人撤销权的情况下，撤销权的除斥期间自债权人知道或应当知道撤销事由之日起算（《合同法》第 75 条前段）；(3) 在赠与人的法定撤销权的场合，撤销权的除斥期间自赠与人知道或应当知道撤销原因之日起算（《合同法》第 192 条第 2 款）；(4) 在赠与人的继承人或法定代理人的撤销权的场合，撤销权的除斥期间自该继承人或法定代理人知道或应当知道撤销原因之日起算（《合同法》第 193 条第 1 款）；(5) 在协议实现抵押权损害其他债权人利益的情况下，其他债权人撤销该协议的权利，其除斥期间的起算点为知道或应当知道撤销事由之日（《物权法》第 195 条第 1 款）。

2. 起算点为份额转让之时

共有人的优先购买权，其除斥期间的起算点为份额转让之时（《物权法》第 101 条）。

3. 相对人行使催告权，确定除斥期间的起算点

除斥期间的起算点由相对人行使催告权予以确定的，计有如下情形：(1) 在限制行为能力人订立合同场合，相对人通过催告，确定 1 个月除斥期间的起算点

(《合同法》第47条第1款)；(2) 在无权代理场合，相对人通过催告，确定1个月除斥期间的起算点(《合同法》第48条第2款)；(3) 法律没有规定、当事人也没有约定解除权行使期间的，相对人通过催告，确定解除权除斥期间的起算点(《合同法》第95条第2款)。

4. 起算点为行为发生时

起算点为行为发生时的，计有如下情形：(1) 在效力未定的合同场合，相对人的撤销权的除斥期间，其起算点应为合同成立之时(《合同法》第47条第2款及其解释、第48条第2款及其解释)；(2) 债权人撤销权的5年除斥期间，其起算点为债务人的行为发生之日(《合同法》第75条后段)；(3) 委托合同中的任意解除权，其除斥期间的起算点为合同成立之日(《合同法》第410条)；(4) 建筑物区分所有场合业主的撤销权，其除斥期间的起算点应为业主大会或业主委员会的决定公布之时(《物权法》第78条第2款)。

5. 起算点为通知到达或披露义务履行完毕之时

(1) 承租人的优先购买权，其除斥期间的起算点应为出租人通知承租人出卖租赁物之时(《合同法》第230条)。(2) 在间接代理的情况下，第三人的选择权的除斥期间，其起算点为代理人披露委托人之时(《合同法》第403条)。

6. 起算点为形成权成立之日

在商品房买卖合同解除的场合，对解除权的除斥期间法律没有规定或者当事人没有约定……对方当事人没有催告的，其起算点为解除权发生之日(法释[2003]7号第15条第2款)。

保证期间是不同于诉讼时效、除斥期间的期间，具有自己的独立地位和价值。因它具有消灭债权本体的效力，所以不妨称其为失权期间。

(二) 一般保证债务与诉讼时效期间的起算、中断、中止

1.《担保法》第25条第2款及法释[2000]44号第34条第1款的缺陷

必须指出，《担保法》第25条第2款关于在合同约定的保证期间和法定的保证期间，“债权人未对债务人提起诉讼或者申请仲裁的，保证人免除保证责任；债权人已提起诉讼或者申请仲裁的，保证期间适用诉讼时效中断的规定”的规

定，存在问题。因为保证债务的诉讼时效期间尚未起算，何谈中断？此其一。其二，债权人对债务人提起诉讼或申请仲裁，主债务诉讼时效中断，但在就债务人的财产强制执行无效果的事实出现之前，保证人有权拒绝履行保证债务，即不构成保证债务的履行迟延，也就是债权人的债权尚未遭受到来自保证人的违约行为的损害，因而，按照《民法通则》第 137 条前段关于诉讼时效期间自权利人知道或应当知道其权利受到侵害时起算的规定衡量，保证债务的诉讼时效期间不起算。法释［2000］44 号第 125 条关于“一般保证的债权人向债务人和保证人一并提起诉讼的，人民法院可以将债务人和保证人列为共同被告参加诉讼。但是，应当在判决书中明确在对债务人财产依法强制执行后仍不能履行债务时，由保证人承担保证责任”的规定，坚持了《民法通则》的这个思想。诉讼时效期间不起算，也就无所谓诉讼时效的中断。

法释［2000］44 号意识到了《担保法》第 25 条第 2 款规定的不当，试图加以修正，于其第 34 条第 1 款规定：“一般保证的债权人在保证期间届满前对债务人提起诉讼或者申请仲裁的，从判决或者仲裁裁决生效之日起，开始计算保证合同的诉讼时效。”这避免了《担保法》第 25 条第 2 款存在的“未起算，却中断”的逻辑错误，但仍然存在问题：其一，它不符合《民法通则》第 137 条关于诉讼时效期间起算点的规定，因为判决或仲裁裁决生效之日，对主债务人的财产强制执行有无效果并不清楚，只要未出现对主债务人的财产强制执行无效果的事实，保证人就有权行使先诉抗辩权，可以拒绝履行其保证债务。“在保证人得为检索抗辩之期间，保证人不负迟延责任。”① 也就是只要债权人对保证人的债权尚未受到保证人不当行为的侵害，依据《民法通则》第 137 条前段关于诉讼时效期间起算点的规定的反面推论，保证债务的诉讼时效期间就仍不开始进行计算。其二，它同法释［2000］44 号第 125 条后段关于“应当在判决书中明确在对债务人财产依法强制执行后仍不能履行债务时，由保证人承担保证责任”的规定不一致，走到了另外的方向。其三，它同法释［2000］44 号第 36 条第 1 款前段关于

① 史尚宽：《债法各论》，855～856 页，台北，荣泰印书馆股份有限公司，1981。

“一般保证中，主债务诉讼时效中断，保证债务诉讼时效中断”的规定相抵触，即按照法释［2000］44号第34条第1款的规定，保证债务的诉讼时效期间开始起算，而依据第36条第1款前段的规定，保证债务的诉讼时效中断。

2. 确定一般保证债务的诉讼时效期间的起算、中断的路径

解决上述问题的路径可有两条，一是解释论，二是立法论。为了法律适用的安定性、稳定性和统一性，在目前适宜采纳前者。依据解释论，法释［2000］44号第34条第1款的规定不符合《民法通则》关于诉讼时效期间起算的规定，且该不符合并无适当的理由，依据下位阶规范不得抵触上位阶规范的原则，在确定保证债务的诉讼时效期间的起算点上，应当适用《民法通则》第137条的规定，而非适用法释［2000］44号第34条第1款的规定。

应当看到，由于《担保法》第25条第2款的规定更不合逻辑，仅仅固守着上述解释论尚不能完满地解决问题。从理想的角度出发，在编纂我国民法典时，有必要采取立法论的立场，重新设计一般保证债务的诉讼时效期间的起算点，修正《担保法》第25条第2款以及法释［2000］44号第34条第1款的规定。我们应予坚持的观点是，将《民法通则》第137条前段关于“诉讼时效期间从知道或者应当知道权利被侵害时起计算”的规定落实到保证债权债务的诉讼时效期间的起算上，在一般保证场合，债权人的债权受到保证人不履行保证债务的侵害，是在保证人不再享有先诉抗辩权却拒绝债权人关于履行保证债务的请求之日，债权人作为一名理性人对此事实应当知道，保证债务的诉讼时效期间应当开始起算。详细些说：(1) 在债务人陷于破产、债务人住所变更致使债权人请求债务人履行发生重大困难、保证人书面放弃先诉抗辩权的情况下，这些事由之一出现，债权人即有权请求保证人履行保证债务。保证人拒绝债权人的请求，在债权人指定的期限届满时不承担保证责任的，构成对债权的侵害。债权人作为一名理性人对此事实应当知道，于是，诉讼时效期间开始起算。(2) 除上述情况之外，对主债务人的财产强制执行无效果之日，无需债权人催告保证人即应履行保证债务，他却拒绝债权人关于履行保证债务的请求，构成对债权的侵害，债权人作为一名理性人对此事实应当知道，于是，保证债务的诉讼时效期间开始起算。(3) 在强制执

行主债务人的财产无效果之后，债权人向保证人催告履行保证债务，该催告指定的履行期限届满，保证人仍不履行保证债务，构成对债权的侵害。债权人作为一名理性人对此事实应当知晓，于是，保证债务的诉讼时效期间开始起算。

这样一来，可能产生下述问题：在当事人双方约定了一般保证期间，且该期间较短，在对主债务人的财产强制执行无效果的情形尚未出现时，该保证期间就已经届满的情况下，应当认定该约定的保证期间无效，改为适用法定的一般保证期间，不然，就意味着允许保证人一方面答应承保，另一方面巧妙地逃避保证责任的承担，致使债权的保证形同虚设。

3. 对不同意见的回应

与本书的上述意见不同，有专家学者认为，对一般保证人只需要在实体审理和执行中肯定其为第二顺序债务人，就满足了先诉抗辩权的要求，没有必要处处体现“先诉抗辩权”，不能机械地认为先诉抗辩权可以对抗法院的审理，对抗诉讼时效期间的起算。比如《德国民法典》第 202 条规定，时效因给付迟延或义务人由于其他原因暂时有权拒绝给付而中止，但不适用于……先诉抗辩权……由此可见，先诉抗辩权不能导致诉讼时效期间的中止，当然更不能阻止诉讼时效期间的起算。[①] 对此，笔者不能苟同：其一，这违背了《民法通则》关于诉讼时效期间起算点以权利人知道或应当知道权利受到侵害为准的精神。而诉讼时效制度及法律关于起算点的规定属于强行性规定，除非存在着坚强有力的理由，例如，在个案中只有放弃某个具体规范的适用，改为采用民法的基本原则裁判案件，才更为公平合理，我们个人无权修正诉讼时效期间起算点的规定。其二，所谓“对一般保证人只需要在实体审理和执行中肯定其为第二顺序债务人，就满足了先诉抗辩权的要求”之说，如果其含义是指在对主债务人的财产强制执行无效果前，保证人有权拒绝履行其保证债务，且不构成迟延履行，那么，债权人的债权就未受到侵害，依据《民法通则》第 137 条关于诉讼时效期间起算点的规定，保证债务的诉讼时效期间不起算。从论者关于“在实体审理和执行中肯定其为第二顺序债

① 见曹士兵：《中国担保诸问题的解决与展望——基于担保法及其司法解释》，141 页，北京，中国法制出版社，2001。

务人”的表述来看，该论者是在上述意义上使用的，按理应该承认诉讼时效期间不起算的结论，但论者却拒绝承认这一结论，一方面承认保证人为第二顺序债务人①，另一方面又承认保证债务的诉讼时效期间重新开始计算。这显得不合逻辑。论者的上述观点还不符合法释［2000］44号第125条关于“一般保证的债权人向债务人和保证人一并提起诉讼的，人民法院可以将债务人和保证人列为共同被告参加诉讼。但是，应当在判决书中明确在对债务人财产依法强制执行后仍不能履行债务时，由保证人承担保证责任”的规定。其三，起算不起算诉讼时效期间与对抗不对抗法院审理案件没有必然关系。在诉讼时效期间进行中，法院可以审理案件，例如，法院审理已经构成违约的案件。在诉讼时效期间尚未开始进行的背景下，法院也可以审理案件，例如，法院审理合同所附的停止条件是否成就，合同义务是否已届清偿期的案件。难道在后者场合，债务人行使对抗债权人的履行请求权的抗辩权，就是在对抗法院的审理吗？把行使先诉抗辩权以迟滞诉讼时效期间的起算称为对抗法院审理，过于言重了。其四，所谓“先诉抗辩权不能导致诉讼时效期间的中止，当然更不能阻止诉讼时效期间的起算”欲通过举重明轻的推理来否定先诉抗辩权的行使迟滞诉讼时效期间的起算的理论，这实际上存在着误解。因为在已经有保证期间发挥作用的情况下，诉讼时效期间起算点定得早，意味着提前了保证期间的开始时间，留给债权人行使债权的时间相对短，对债权人并不利；反之，确认先诉抗辩权的行使迟滞诉讼时效期间的开始，留给债权人较多的时间，同时，也顺延了保证人承担保证责任的时间，形成双赢，是适当的制度设计。诉讼时效期间的中止则是有利于债权人，使债权人行使债权的时间相对延长了。这种利益不应由保证人正当地行使先诉抗辩权而获得。因为保证人行使先诉抗辩权本是保障他自己的合法权益，若因此导致诉讼时效期间中止，则债权人有更长的时间追究其保证责任。这不是搬起石头砸自己的脚吗？一部善法不应如此设计制度。所以，《德国民法典》第202条第2款规定，时效不因先诉抗辩权的行使而中止，是适当的利益衡量。由此可知，在这里，起算、中

① 作为第二顺序债务人，他拒绝履行就未侵害债权人的债权。

止不是同一方向上的东西，而是非此即彼的关系。

4. 一般保证债务的诉讼时效期间的中断

关于保证债务的诉讼时效期间中断的问题，宜按照下述规则解决：在一般保证的保证期间之内，债权人请求债务人履行债务，倘若没有采取提起诉讼或申请仲裁的方式，那么，按照《担保法》第 25 条第 2 款前段的规定，保证人免负保证责任；如果债权人采取了提起诉讼或申请仲裁的方式，那么，依据《担保法》第 25 条第 2 款后段的规定，保证期间适用诉讼时效的规定。按照法释［2000］44 号第 34 条的规定，保证债务的诉讼时效期间开始计算，可是依据第 36 条第 1 款前段的规定，保证债务的诉讼时效期间随着主债务诉讼时效期间的中断而中断，出现了抵触，需要协调。

5. 所谓“保证期间适用诉讼时效中断的规定”辨析

在这里，还有以下几个问题需要明确：其一，《担保法》第 25 条第 2 款后段规定：“债权人已提起诉讼或者申请仲裁的，保证期间适用诉讼时效中断的规定。”首先说明，依据上文的分析，保证债务一旦适用诉讼时效的规定，保证期间必然功成身退；诉讼时效中断，应当发生在诉讼时效期间起算之后的时段里，诉讼时效期间尚未起算，何谈诉讼时效中断？所以，不存在什么“保证期间适用诉讼时效中断的规定”的问题。推测该条款的意思，似乎在说：提起诉讼、申请仲裁是一般保证债务的诉讼时效期间的中断事由。这样，问题变为一般保证债务的诉讼时效中断，是否还需要对保证人提起诉讼或申请仲裁？其二，《担保法》第 25 条第 2 款后段把中断事由限定为债权人提起诉讼或申请仲裁，与《民法通则》第 140 条关于起诉、诉外请求和债务人同意履行其义务为中断事由的规定不一致，如何适用？

对于第一个问题，应作下述回答：主从债务之间的关系原则上适用从债务随主债务变动的规则。保证债务是主合同债务的从债务，应随主合同债务的变动而变动，因而，在主合同债务的履行期届满时，因债权人对债务人提起诉讼或申请仲裁而适用诉讼时效中断的规定的，一般保证债务也随之适用诉讼时效期间中断的规定，这样才顺理成章。当然，债权人对主债务人和保证人均提起诉讼或申请仲裁，或者债权人仅对保证人提起诉讼或申请仲裁（如在新的诉讼时效期间内，债权人仅仅向保证人主张）的，只要保证人无抗辩理由，一般保证债务适用诉讼时效中断的规定就更明确无疑。如果债权人仅对保证人而不对债务人提起诉讼或申请仲裁，那么因主合同债务不是保证债务的从债务，所以，主合同债务的履行期间就不能因此而适用诉讼时效中断的规定。

对于第二个问题，应作如下释答：《担保法》为特别法，《民法通则》为普通法，前者应优先于后者而适用。据此，债权人提起诉讼或申请仲裁才是一般保证债务适用诉讼时效期间中断的事由，债权人对主债务人的诉外请求或主债务人同意履行义务不是一般保证债务适用诉讼时效期间中断的事由。这是因为此时只存在主债务人向债权人所为使诉讼时效期间中断的行为，并不存在债权人积极主动地行使其权利的事实。虽然在债权人和主债务人之间的权利关系存续期限上有加以调整的必要，即债权人可以向主债务人主张债权的期限应予延长，但是，债权人和保证人之间的保证责任关系中并未出现导致调整存续期限的新因素。按照诉讼时效制度的目的衡量，在这种情况下不存在通过时效中断制度来特别保护债权人的必要性。

债权人对主债务人的诉外请求不是一般保证债务适用诉讼时效期间中断规定的事由，其主要原因在于，诉外请求的真实性不易考证，有时会出现这样的情况：债权人在约定的保证期间或法定的保证期间之内并未向主债务人主张债权，保证责任本应被免除，但债权人和主债务人却恶意串通，谎称债权人在上述期间内已主张过权利，这导致一般保证债务适用诉讼时效期间中断的规定，保证人继续承担保证责任。如果仅把诉讼上请求作为一般保证债务适用诉讼时效期间中断的事由，那么就会改变上述不公正的结局。当然，这样规定也有弊端，即交易成本大大增加，不符合效率优先原则。

6. 一般保证债务与诉讼时效期间的中止

关于一般保证债务与诉讼时效期间的中止的问题，法释［2000］44 号第 36 条第 2 款后段规定：“主债务诉讼时效中止的，保证债务的诉讼时效同时中止。”本书认为，只有在保证债务的诉讼时效期间已经开始起算的情况下，依据主从关系原理，认定主债务诉讼时效期间中止的，保证债务诉讼时效期间才中止；在保证债务的诉讼时效期间尚未起算的情况下，主债务的诉讼时效期间中止，并不引起保证债务的诉讼时效期间中止。所以，从立法论的立场出发，在制定民法典时，对此规定应予修改。

另外，一般保证债务作为独立于主债务的债务，其诉讼时效期间可以单独地因不可抗力或其他障碍致使债权人不能行使其债权的事由出现而中止。

（三）连带责任保证债务与诉讼时效期间的起算、中断、中止

1. 连带责任保证债务与诉讼时效期间的起算、中断

在连带责任保证债务场合，不存在先诉抗辩权，主债务的履行期届至，债权人就有权请求保证人履行保证债务，但保证人可以主债务履行期尚未届满为由予以抗辩，不产生担保责任；在主债务的履行期届满时，主债务人和保证人都未履行债务的，债权人的债权受到了侵害，主债务和保证债务的诉讼时效期间均开始起算。不过，这依然是立法论。作为解释论，仍应按照法释［2000］44号第34条第2款关于“连带责任保证的债权人在保证期间届满前要求保证人承担保证责任的，从债权人要求保证人承担保证责任之日起，开始计算保证合同的诉讼时效”的规定，处理纠纷。该规定将保证债务适用诉讼时效期间的起算点确定在“债权人要求保证人承担保证责任之日”。具体些说，在连带责任保证的情况下，在保证期间尚未届满之时，债权人请求债务人履行债务的，按照《民法通则》第140条前段的规定，主债务的诉讼时效中断，但依据《担保法》第26条第2款的规定的反面推论，保证债务的诉讼时效期间不受影响。只有债权人在此期间请求保证人承担保证责任，保证人才有义务实际承担保证责任。债权人在保证期间内未请求保证人承担保证责任的，按照《担保法》第26条第2款的规定，保证人免负保证责任。

2. 连带责任保证债务与诉讼时效期间的中止

关于连带责任保证债务与诉讼时效期间的中止的问题，法释［2000］44号第36条第2款规定：“主债务诉讼时效中止的，保证债务的诉讼时效同时中止。”笔者认为，只有在保证债务的诉讼时效期间已经开始起算的情况下，依据主从关

系原理，认定主债务诉讼时效期间中止的，保证债务诉讼时效期间才中止；在保证债务的诉讼时效期间尚未起算的情况下，主债务的诉讼时效期间中止，并不引起保证债务的诉讼时效期间中止。所以，从立法论的立场出发，在制定民法典时，对此规定应予修改。

（四）关于保证债务的诉讼时效期间中断是否影响主债务的诉讼时效期间中断

《关于民法通则的意见》第173条第2款规定，权利人向债务保证人主张权利的，可以认定诉讼时效期间中断。这不符合主债务与保证债务之间为主从关系的事实和原理，即“保证债务因时效而消灭时，主债务不因而消灭。其他对于保证人之履行请求或其他时效之中断，对于主债务不生效力”①。从立法论的立场出发，这项规定应予修正。中国民法典应采纳保证债务的诉讼时效期间中断，不导致主债务的诉讼时效期间中断的理论。在目前，应当通过解释论的路径解决问题，适用如下规则：当适用具体的法律规则解决案件会出现极不适当的结果时，应当放弃适用该项具体规则，改用民法的基本原则处理纠纷。

八、保证责任的免除

保证责任的免除，又称保证债务的免除，本指对已经存在的保证责任基于法律的规定或当事人的约定加以除去的现象。这里为叙述方便，将根本就未产生保证责任、保证人不负责的现象也放在保证责任的免除的标题下进行讨论。

1. 主合同当事人双方串通，骗取保证人提供保证的，必须保护保证人的利益，保证人不承担保证责任（《担保法》第30条第1项）。

2. 主合同债权人采取欺诈、胁迫等手段，使保证人在违背真实意思的情况下提供保证的，也应当保护保证人的利益。《担保法》第30条第2项规定保证人不承担保证责任。

3. 主合同债务人采取欺诈、胁迫等手段，使保证人在违背真实意思的情况

① 史尚宽：《债法各论》，869页，台北，荣泰印书馆股份有限公司，1981

下提供保证的，在债权人知道或应当知道欺诈、胁迫事实的情况下，保证人不承担保证责任（法释［2000］44号第40条）。其反面推论是，债权人不知道也不应当知道欺诈、胁迫事实的，保证人仍然承担保证责任。须注意，债权人是否知道或应当知道主债务人采取欺诈、胁迫等手段，使保证人在违背真实意思的情况下订立保证合同，由保证人举证证明。该反面推论应否成立？回答是肯定的，理由在于，在债务人欺诈、胁迫保证人，导致保证合同成立，债权人不知也不应知此事的情况下，欺诈、胁迫的原因存在于债务人和保证人之间的委托合同中，而不存在于保证合同中，在不采取保证合同以委托合同为自己的原因，进而保证合同的效力受委托合同的效力左右的法制下，保证合同依然有效，保证债务继续存在。①

4. 保证合同约定，在债权人转让其债权时，保证责任免除的，应依其约定。无此约定的，保证人在原担保的范围内继续承担保证责任（《担保法》第22条）。所谓约定债权人转让其债权时保证责任免除，包括保证人与债权人事先约定仅对特定的债权人承担保证责任或禁止债权转让，债权人转让其债权的，保证人不再承担保证责任（法释［2000］44号第28条后段）。还有，债权人将对外担保合同项下的权利转让，未经担保人同意和国家有关部门批准的，担保人不再承担担保责任，除非法律、法规另有规定（法释［2000］44号第6条第5项）。

中国现行法确实存在此类“另有规定”。例如，法发［2009］19号第3条第2款后段规定：“国有银行向金融资产管理公司转让不良债权，或者金融资产管理公司收购、处置不良债权的，担保债权同时转让，无须征得担保人的同意，担保人仍应在原担保范围内对受让人继续承担担保责任。担保合同中关于合同变更需经担保人同意或者禁止转让主债权约定，对主债权和担保权利转让没有约束力。”

5. 在保证期间，债权人许可债务人转让债务，但未经保证人的书面同意，由于这极可能损害保证人的利益，《担保法》第23条规定，保证人不再承担保证

① 参见曹士兵：《中国担保诸问题的解决与展望——基于担保法及其司法解释》，166～167页，北京，中国法制出版社，2001。

责任。法释［2000］44号将其精确化为："保证期间，债权人许可债务人转让部分债务未经保证人书面同意的，保证人对未经其同意转让部分的债务，不再承担保证责任。但是，保证人仍应当对未转让部分的债务承担保证责任"（第29条）。

6. 债权人和债务人协议变更主合同，但未经保证人同意，这极可能损害保证人的合法权益。对此种情况，《担保法》第24条规定，保证人不再承担保证责任，除非当事人有相反的约定。法释［2000］44号则区分情况，采取利益衡量的方法，作不同的处理：在对外担保的情况下，主合同变更未经担保人同意和国家有关部门批准的，担保人不再承担担保责任，除非法律、法规另有规定（第6条第5项）。在保证期间，债权人与债务人对主合同的数量、价款、利率等内容作了变动，未经保证人同意的，如果减轻债务人的债务，那么保证人仍应当对变更后的合同承担保证责任；如果加重债务人的债务，那么保证人对加重的部分不承担责任（第30条第1款）。债权人与债务人对主合同的履行期限作了变动，未经保证人书面同意的，保证期间为原合同约定的或法律规定的期间（第30条第2款）。债权人与债务人协议变动主合同的内容，但并未实际履行的，保证人仍应当承担保证责任（第30条第3款）。如果忽略下位阶规范不得抵触上位阶规范的原则，那么，法释［2000］44号的规定更为合理。

由于《合同法》没有区分合同的变更和合同的更改，现行法上所谓变更实际上包含着更改，而在更改的场合，合同债失去同一性，原主债上附着的保证应当归于消灭。故从法理上讲，合同实质变更（更改）的，保证应当消灭，不论是否增加了保证人的负担，除非保证人愿意继续承担保证责任。

7. 在一般保证的情况下，债权人于保证期间内未对债务人提起诉讼或申请仲裁的，保证人免除保证责任（《担保法》第25条第2款前段）。在连带责任保证的情况下，债权人于保证期间内未要求保证人承担保证责任的，保证人免除保证责任（《担保法》第26条第2款）。

8. 在同一债权既有保证又有物的担保的情况下，保证责任如何承担，何时免除？

《担保法》规定，保证人对物的担保以外的债权承担保证责任（第28条第1

款）。在债权人放弃物的担保时，保证人在债权人放弃权利的范围内免除保证责任（第28条第2款）。法释［2000］44号对此有所修改：同一债权既有保证又有第三人提供的物的担保的，债权人可以请求保证人或物的担保人承担担保责任。当事人对保证担保的范围或物的担保的范围没有约定或约定不明的，承担了担保责任的担保人，可以向债务人追偿，也可以要求其他担保人清偿其应当分担的份额（第38条第1款）。同一债权既有保证又有物的担保的，物的担保合同被确认为无效或被撤销，保证人仍应当按合同的约定或法律的规定承担保证责任（第38条第2款）。债权人在主合同履行期届满后怠于行使担保物权，致使担保物的价值减少或毁损、灭失的，视为债权人放弃部分或全部物的担保。保证人在债权人放弃权利的范围内减轻或免除保证责任（第38条第3款）。这些规定有利有弊，《物权法》吸收其利而规定："被担保的债权既有物的担保又有人的担保的，债务人不履行到期债务或者发生当事人约定的实现担保物权的情形，债权人应当按照约定实现债权；没有约定或者约定不明确，债务人自己提供物的担保的，债权人应当先就该物的担保实现债权；第三人提供物的担保的，债权人可以就物的担保实现债权，也可以要求保证人承担保证责任。提供担保的第三人承担担保责任后，有权向债务人追偿"（第176条）。显然，三部法律的规定存在着矛盾，需要解决。对此，笔者提出如下思路及方案：

（1）就《物权法》和《担保法》之间的关系而言，由于《担保法》第28条的规定弊大于利，《物权法》第176条的规定较为合理，若依特别法优先于普通法解决矛盾，则难以消除《担保法》第28条的弊端，因而，应当按照《物权法》第178条关于"担保法与本法的规定不一致的，适用本法"的规定，使《物权法》第176条优先于《担保法》第28条而适用。

（2）就《物权法》和法释［2000］44号之间的关系而论，前者的位阶高于后者的位阶，按照下位阶规范不得抵触上位阶规范的原则，《物权法》的规定优先适用，只有《物权法》无规定之处才适用法释［2000］44号第38条的规定。

（3）《物权法》第176条中段关于"没有约定或者约定不明确，债务人自己提供物的担保的，债权人应当先就该物的担保实现债权"的规定，具有合理性，值得肯定。因为债务本应由债务人履行，所以首先就债务人提供的物的担保实现债权，符合这个机理。此其一。担保责任并非终局的责任，只是过渡性质的债务，最终的责任由主债务人承担。假如首先就人的担保实现债权，保证人或连带债务人承担了人的担保责任后再向主债务人追偿，那么法律关系会变得复杂化，徒增成本。对此，回想一下连带债务场合的内部关系都是按份处理，而不再按连带处理，就会明白。此其二。虽然相较于债权人请求保证人或连带债务人承担人的担保责任，行使物的担保权的确增大了成本，但由于该项成本由担保物的变价负担（《物权法》第 173 条、第 195 条），加上在该变价不足以清偿债权时，债权人仍有权请求保证人或连带债务人承担人的担保责任，因而债权人不会遭受不利。此其三。

(4)《物权法》第 176 条中段关于“没有约定或者约定不明确……第三人提供物的担保的，债权人可以就物的担保实现债权，也可以要求保证人承担保证责任”的规定，同样合理，值得肯定。其道理在于，多种担保方式共同担保同一个债权，在性质和功能上没有按份担保的天然要求，而是各自承担着担保全部债权的责任。此其一。在当事人没有约定先就何种担保实现债权，或约定不明确的情况下，债权人自由决定就何种担保实现其债权，符合权利的本质，也符合趋利避害的经济人的本性。此其二。

(5)《物权法》第 176 条前段关于“被担保的债权既有物的担保又有人的担保的……债权人应当按照约定实现债权”的规定，把当事人关于债权人首先行使哪种担保方式的约定置于优先地位，符合意思自治原则和案情实际，较《担保法》和法释［2000］44 号的规定先进，应予肯定。不过，约定担保责任的承担顺序，情形复杂，需要区别对待。

1）如果物上保证人和债权人约定由保证人先履行保证责任，那么，保证人就有权主张，该约定对自己这个第三人不发生拘束力，根据在于合同的相对性原则；保证人也可以援用《合同法》第 52 条第 2 项的规定，主张此类约定因物上保证人和债权人恶意串通损害第三人的合法权益而无效。

至于保证人同意该约定，意味着保证人默认自己是唯一的担保人，没有寄希望于他人加入到担保人的行列之中；保证人愿意受其单方允诺的约束，必须先承担保证责任。对于此项约定，还可以解释为保证人和债权人重新签订了一份合同，变更了原来的保证合同，保证人同意先承担保证责任。

2）在保证合同已经明确约定，债权人不得放弃行使担保物权，否则，保证人有权拒绝承担保证责任的情况下，债权人违反该项约定，与物上保证人约定在保证人不能代偿债务时债权人才能行使担保物权的，保证人获得救济的途径如下：可以援用保证合同关于“债权人不得放弃行使担保物权，否则，保证人有权拒绝承担保证责任”的约定，对抗债权人请求其承担保证责任的行为，并追究债权人的违约责任；或援用《合同法》第52条第2项的规定，主张该约定属于物上保证人和债权人恶意串通损害第三人的合法权益而无效。

3）如果保证人和债权人约定先就物的担保实现债权，那么，物上保证人若为债务人，则其无权对抗此类约定，原因在于《物权法》第176条的规定，以及尽量简化法律关系及降低成本的要求；物上保证人若为第三人，则可以主张该项约定对自己没有法律约束力，根据在于合同的相对性原则。

至于物上保证人同意该约定，意味着物上保证人默认自己是唯一的担保人，没有寄希望于他人加入到担保人的行列之中；物上保证人愿意受其单方允诺的约束，必须先承担物上保证责任。

结合程序处理上述问题，应适用法释［2000］44号第128条第2款关于“同一债权既有保证又有物的担保的，当事人发生纠纷提起诉讼的，债务人与保证人、抵押人或者出质人可以作为共同被告参加诉讼”的规定，以便快捷、经济。

（6）法释［2000］44号未一律贯彻债权人自主选择行使担保方式的思想，而是引入了过失思想，于第38条第3款规定了减轻或免除保证责任的事由。在物的担保由债务人自己提供的情况下，债权人怠于行使担保物权，致使担保物的价值减少或毁损、灭失的，意味着增高了保证人承担保证责任的可能性，甚至使保证人实际履行保证债务。这种由债权人的过失导致的后果不宜由保证人承受，而应由债权人自食其果。所以，法释［2000］44号的这个设计具有合理性，《物权法》第176条的规定忽视了过失思想，应当反思。至于在物的担保由第三人提供的场合，原则上应采取上文“（4）”的分析，不将债权人怠于行使担保物权认定为过失，不产生减轻或免除保证责任的后果，除非如此处理违反诚实信用原则。如此看来，法释［2000］44号第38条第3款的规定需要目的性限缩，将第三人提供物的担保的情形排除在外。

（7）法释［2000］44号第38条第1款后段关于“当事人对保证担保的范围或者物的担保的范围没有约定或者约定不明的，承担了担保责任的担保人，可以向债务人追偿，也可以要求其他担保人清偿其应当分担的份额”的规定，显然是承认了各个担保人对于抵押权人负有连带责任，准用了连带债务的规定，在各个担保人之间确定了按份责任。这种制度设计有利有弊，其利在于，就共同保证来说，只要各个共同保证人没有约定按份承担保证责任，就一律使其负连带责任，并赋予承担了保证责任的保证人向其他共同保证人追偿的权利，符合共同保证之债的机理。还有，若各个抵押物有其内部分担担保债权的金额，则于抵押权人选择就一个或部分抵押物申请拍卖或变卖，就其卖得价款受偿的债权额，超过该抵押物应分担的数额时，为谋物上保证人之间和后顺序抵押人之间的公平，该抵押物所有权人在该超过分担额的范围内，对未被拍卖或变卖的其他第三人提供作担保的抵押物，承受抵押权人的权利，有权追偿。[①] 此其一。该规定使各个担保人均承担担保责任，分散了负担。此其二。该规定也有助于避免下述现象：抵押人乙和抵押权人甲恶意串通，私下确定变卖或拍卖抵押人丙所有的抵押物，或使保证人丁承担保证责任，使被担保债权获得清偿，从而使抵押人乙所有的抵押物免于被变卖或拍卖。此其三。同时，该款规定也存在着明显的弊端：1）在每位担保人均不知尚有其他担保人存在的情况下，其意思表示即为使自己的抵押物承担全部担保责任，或自己承担全部的保证责任，其本无连带负责及向其他担保人追偿的意思。该规定却硬性地令每位担保人连带负责，各担保人在实际承担担保责任后再向其他担保人追偿，不符合意思自治原则。2）在债权人甲的债权先有保证人乙作保，后有抵押人丙以其A房地产提供抵押的情况下，抵押人丙声称抵

① 参见谢在全：《民法物权论》下册，修订2版，212～213页，台北，三民书局，2003。

押权人（债权人）甲会先请求保证人乙承担保证责任，A房地产不会被债权人甲变卖或拍卖，甚至出示了书面协议，这致使其债权人丁同意以其B房地产置换A房地产，且先将B房地产过户登记在抵押人丙的名下。在这种背景下，如果不承认担保人之间互有追偿权，则在保证人乙承担了保证责任并使债权人甲的债权获得清偿的情况下，抵押人丙的清偿能力未受影响，债权人丁处于较为有利的地位；反之，保证人乙在承担保证责任后，向抵押人丙追偿，致使A房地产被抵给保证人乙，债权人丁就处于不利的境地。3）各个担保人负有担保责任的法律行为不同，或者说并非基于同一原因，却使其承担连带责任，除非法律设有明文，在法理上并无当然的结论。特别是，除了共同抵押，担保物权的本质和效力关系，完全不同于连带之债的关系，各个担保物权之间本无连带或按份的效力，谈不上物上保证人之间的追偿问题。至于各个物上保证人、债权人共同约定，由物上保证人连带负责，以及物上保证人之间可以追偿，那是当事人从外界硬加上去的，法律只是尊重意思自治才予以认可的。4）“从程序上讲费时、费力、不经济。”5）“向其他担保人追偿可操作性很差。向其他担保人追偿，首先面临的一个问题就是如何计算追偿份额。在保证与担保物权并存的情况下确定份额是很难的。”[①] 有鉴于此，《物权法》没有规定担保人之间相互追偿。

但须注意，物权法，就其固有的目的及功能而言，仅仅规制物权的问题，用益物权之间的确不存在相互连带及追偿的属性和效力，至于担保物权，除了共同抵押权，也不存在追偿的问题。就此说来，《物权法》未规定物上担保人之间相互追偿，诚为安分守己。同时，也正因为物权法不管债的事情，债法自然按照自身的规律设置债的规则，包括共同保证人之间的连带责任及追偿的规定，《物权法》对此予以尊重，不作相反的规定，就是尊重的表现。由此可知，《物权法》没有规定担保人之间相互追偿，并不意味着否定了《担保法》第12条及法释［2000］44号第19条、第20条关于共同保证人在负连带保证责任场合享有追偿权的规定。在这个问题上，不存在《物权法》第178条规定的“担保法与本法的

① 胡康生主编：《中华人民共和国物权法释义》，361页，北京，法律出版社，2007。

规定不一致的，适用本法”的情况。就是说，承担了全部保证责任的保证人仍有权向没有承担责任的其他保证人追偿。

该项结论从另一个侧面表述就是，对于法释［2000］44 号第 38 条第 1 款后段关于“当事人对保证担保的范围或者物的担保的范围没有约定或者约定不明的，承担了担保责任的担保人，可以向债务人追偿，也可以要求其他担保人清偿其应当分担的份额”的规定，应作目的性限缩，即该规定仅仅适用于共同保证和共同抵押的领域。对于《物权法》第 176 条的规定同样应作目的性限缩，即它仅仅适用于共同保证和共同抵押以外的场合。

9. 以新贷还旧贷与保证之间的关系。

（1）法释［2000］44 号第 39 条第 1 款的规定及其分析。

债务人以新贷还旧贷变相顺延了还债期间，在存在保证的情况下，无形中延长了保证期间，增加了保证人实际承担保证责任的风险。为了保护保证人的合法权益，法释［2000］44 号规定，主合同当事人双方协议以新贷偿还旧贷，除保证人知道或应当知道的外，保证人不承担民事责任（第 39 条第 1 款）。

［辨析］

此处所谓主合同双方协议，出借人银行与借款人双方签署以新贷偿还旧贷的合同书，或有证据证明双方存在着这样的口头协议，固然为其表现，就是虽无此类书面或口头协议，但在某些情况下行为的实施也可作为此处的主合同双方协议。例如，甲银行于 2011 年 3 月 1 日放贷给乙公司 1 443 万元人民币，在该笔借款尚未还本付息的背景下，甲银行与乙公司于 2012 年 2 月 6 日签订《借款合同》，约定借款 2 733 万元人民币，用于乙公司的厂房建造，2016 年 2 月 6 日前还清本息。该笔借款依约定打入乙公司的账户，然后划转入乙公司的关联公司丙公司的账户，再划转入乙公司的另一家关联公司丁公司的账户，于 2016 年 8 月 5 日划回乙公司的账户。乙公司将此款还回甲银行，偿付 1 443 万元人民币的旧贷。就偿付 1 443 万元人民币的旧贷而言，虽无证据证明甲银行和乙公司之间签订了书面协议，但偿付 1 443 万元人民币的旧贷这个行为本身就是一个法释［2000］44 号第 39 条第 1 款所谓协议——以新贷偿还旧贷的协议。

法释［2000］44号第39条第1款的规定适用于以下情况：1）在前一借款合同（旧贷）没有保证人，而后一借款合同（新贷）有保证人的情况下，对于债权人来说是由无担保的贷款变成了有担保的贷款，对保证人而言等于直接承担了已经不能归还贷款的保证责任。2）在前一借款合同（旧贷）的保证人为甲，后一借款合同（新贷）的保证人为乙的情况下，前一借款合同（旧贷）因新贷还了旧贷而履行完毕，甲的保证责任自然消灭，从结果上等于保证人乙承担了甲的保证责任。因此，在上述两种情况下，如果不事先把该情况告知后一保证人，则属于借款合同的当事人恶意串通欺骗保证人，保证人不应当承担保证责任。当然，保证人知道或应当知道新贷还旧贷，仍愿意为其担保的，便无欺诈因素在内，保证人应当依其约定承担保证责任。①

在这里，保证人知道或应当知道的判断标准在实务中成为突出问题。有证据表明，保证人的法定代表人知道主合同当事人双方协议以新贷偿还旧贷的；保证人的法定代表人在担保为偿还旧贷而设新贷的合同书上签名的；有证据表明，保证人的其他管理人员明知主合同当事人双方协议以新贷偿还旧贷的，该管理人员以经办人的名义在担保为偿还旧贷而设新贷的合同书上签名，并盖有保证人的合同专用章的，均为保证人知道或应当知道，保证人应当承担保证责任。

（2）法释［2000］44号第39条第2款的规定及其分析。

法释［2000］44号第39条第2款规定：新贷与旧贷系同一保证人的，不适用第39条第1款的规定。

该款适用于这样的情况：前后两份借款合同由同一个保证人担保，该保证人不论是否知道或应否知道，均应承担保证责任。②

笔者认为，债务人的偿还能力随着时间的推移会变化，在旧贷期间，债务人有清偿能力，保证人不会实际承担保证责任，即使承担了，也能够追偿回来。但

---

① 见李国光、奚晓明、金剑锋、曹士兵：《最高人民法院关于适用〈中华人民共和国担保法〉若干问题的解释理解与适用》，165～166页，长春，吉林人民出版社，2000。

② 见李国光、奚晓明、金剑锋、曹士兵：《最高人民法院关于适用〈中华人民共和国担保法〉若干问题的解释理解与适用》，167页，长春，吉林人民出版社，2000。

在新贷期间，债务人的财产状况恶化，保证人得实际承担保证责任，甚至于无法追偿。由此看来，法释［2000］44号第39条第2款的规定存在着不妥之处。

10. 保证合同约定，在主合同解除后，保证人不再对债务人承担的民事责任负保证责任的，依其约定（法释［2000］44号第10条）。

11. 一般保证的保证人在主债权履行期间届满后，向债权人提供了债务人可供执行的财产的真实情况的，债权人放弃或怠于行使权利致使该财产不能被执行，保证人可以请求人民法院在其提供的可供执行的财产的实际价值范围内免除其保证责任（法释［2000］44号第24条）。

附：特殊保证的案例分析

1989年8月14日，A公司（真正的买受人）委托B公司（形式上的买受人），代为进口家禽及饲料加工项目设备，合同号为AA-89011。据此，B公司和O国的C公司（出卖人）于1989年10月10日在北京签订家禽及饲料加工设备项目引进合同，合同号为CDKAA-P89074。该合同于1989年12月经O国的国际开发署和中国对外经济贸易部批准生效，其第1条规定，B公司（形式上的买受人）在向C公司（出卖人）支付合同项下的所有款项，首先应利用O国提供的赠款，不足部分使用由O国出口金融公司提供的卖方信贷。第2条规定，付款采用电汇方式，B公司（形式上的买受人）在向C公司（出卖人）付款时，应通过北京H银行付至O国的N银行的C公司账户。C公司（出卖人）在向B公司（形式上的买受人）付款时，应通过O国的N银行付至北京H银行总行的B公司账户。第3条规定，B公司应按照以下百分比和方式向C公司支付金额为2 900万元的价款：（1）第一次付款：数额为1 153 200 000元的第一批政府赠款，用于支付第4条规定的预付定金；（2）第二次付款：卖方信贷，将用于第5条规定的其余价款1 729 800 000元。

为担保买方及时如数地支付款项，H银行于1990年2月14日向C公司开出了不可撤销的保函，充任保证人，形成保证关系Ⅰ。

应A公司的申请，1989年5月24日，G银行向H银行开出一份《不可撤销的信用担保函》，受益人为H银行，形成保证关系Ⅱ。该保函规定："现我行应申请人A公司要求，开立以贵行为受益人的不可撤销的人民币信用担保函。我行保证：当申请人A公司收到B公司收取合同预收金的通知书时，应立即将款汇入B公司在贵行开立的指定账户。如申请人A公司不能按期将所需资金调入B公司在贵行的指定账户，使贵行无法对外支付，贵行可主动将上述款项从我们G行的账户划账，并按照贵行的规定支付利息或罚息。我们保证不以任何理由拒付。由于汇率变化而引起的本担保函金额不足支付时，本担保金额做相应调整。本担保函自出具之日起生效，有效期至引进设备贷款支付完毕日终止。”

B公司和C公司均依约履行了各自的合同债务，未发生纠纷。保证人H银行因此未承担对外的保证责任。但当B公司（形式上的买受人）基于委托合同请求委托方A公司（真正的买受人）偿付2 900万元的款项时，委托方A公司无资金可付。于是，B公司转向保证人G银行请求其承担保证责任，遭拒。现在，保证人H银行请求保证人G银行承担保证责任，又遭拒。

本书认为，处理此案，应当按照如下思考路径：

1. G银行承担保证责任，需要具备两个前提条件：一是保证合同有效；二是承担保证责任的条件成就。本案中，《不可撤销的信用担保函》虽然作为独立保证不得发生法律效力，但作为非独立保证还是具有法律效力的。这样，系争案件的关键在于承担保证责任的条件成就与否？

2. 确定《不可撤销的信用担保函》的法律性质和种类。对于《不可撤销的信用担保函》的法律性质和种类，存在着反担保说、普通保证说、特殊保证说的分歧。

(1) 按照反担保说，H银行是B公司的保证人，G银行是H银行的反担保人。只有H银行这个保证人承担了保证责任，反担保人G银行才应当承担保证责任。本案中，因为保证人H银行未承担保证责任，所以，反担保人G银行无须向H银行承担责任。

(2) 按照普通保证说，G银行是普通保证人，而非反担保人，是第一个保证人H银行的普通保证人。其保证责任不以第一个保证人H银行是否实际承担了保证责任为条件。本案中，即使第一个保证人H银行未实际承担保证责任，但因“申请人A公司不能按期将所需资金调入B公司在贵行的指定账户”已成事实，故第二个保证人G银行也应当向第一个保证人承担保证责任。

(3) 特殊保证说。持特殊保证说者认为，反担保说不能成立，理由有二：第一，系争案件不符合反担保的法律架构。详细些说，若为反担保，则必须是第一个保证人H银行请求其委托人（债务人）B公司向自己提供反担保，至于是B公司以其特定的财产设立抵押权、质权，或支付定金，还是B公司委托第三人提供担保，在所不问。可是，系争案件并非如此，而是与B公司无关的G银行基于A公司的委托，向H银行出具了《不可撤销的信用担保函》。第二，该保函承诺的G银行实际承担责任的条件，并非为在H银行向O国的C公司承担了保证责任之后，G银行即得向H银行承担反担保责任，而是约定了“申请人A公司不能按期将所需资金调入B公司在贵行的指定账户，使贵行无法对外支付”为第二个保证人G银行实际承担责任的条件。显然，这不是反担保责任的条件。我们应当全面审视保证责任的条件，不能断章取义。“申请人A公司不能按期将所需资金调入B公司在贵行的指定账户，使贵行无法对外支付”，是两个条件的统一，缺一条，保证责任都不承担。

系争案件中第一个保证人H银行和第二个保证人G银行之间的关系，也不是《担保法》及其司法解释所规定的普通保证关系，理由也是两个：第一，从法律构造上看，若为普通保证，则要么是第一个保证人H银行应为A公司的债权人，也是第二个保证人G银行的债权人（保证关系Ⅱ场合）；要么是B公司为A公司的债权人，也是第二个保证人G银行的债权人（保证关系Ⅱ场合），但系争案件中并非如此。第二，从保证责任的承担条件来看，若为普通保证，则第二个保证人G银行承担保证责任的条件应当是债务人不履行债务，可是，系争案件中，第二个保证人G银行承担责任的条件却是“申请人A公司不能按期将所需资金调入B公司在贵行的指定账户，使贵行无法对外支付”。

至此可知，系争案件中第二个保证人G银行和第一个保证人H银行之间的保证关系Ⅱ是不典型的保证关系，也不是反担保关系，不得直接适用典型的保证、反担保的法律规定，其法律效力应当依当事人的约定确定。

3. 处理意见。本书赞同特殊保证说，虽然“申请人A公司不能按期将所需资金调入B公司在贵行的指定账户”成为事实，但“贵行无法对外支付”的条件没有成就，所以G银行对H银行无需承担保证责任。

第三节　定　金

一、定金的概念分析

（一）关于定金的界定

定金，是指合同当事人为了确保合同的履行，依据法律规定或当事人双方的约定，由当事人一方在合同订立时，或订立后、履行前，按合同标的额的一定比例，预先给付与对方当事人的金钱或其他代替物。

（二）定金的法律性质

1. 定金属于金钱担保

定金是通过一方当事人向对方当事人交付一定数量的金钱或其他代替物，履行与否与该特定数额的金钱或其他代替物的得失挂钩，使当事人产生心理压力，从而积极而适当地履行债务，以发挥担保作用。它与人的担保和物的担保有不同的机理，属于金钱担保。

2. 定金合同为实践合同

定金的成立，不仅须有双方当事人的合意，而且应有定金的现实交付，具有实践性。主合同可以是实践性的，也可以是诺成性的。定金合同必须是实践性的，仅有设立定金的合意，而无定金的实际交付，不产生定金合同，定金之债不成立。《担保法》第90条后段关于“定金合同从实际交付定金之日起生效”的规定，法释［2000］44号第119条关于“实际交付的定金数额多于或者少于约定数额，视为变更定金合同；收受定金一方提出异议并拒绝接受定金的，定金合同不生效”的规定，可以视为承认了定金合同为实践合同。之所以如此解释，是因为《担保法》等尚未明确区分合同成立和合同生效，而是时常将二者混为一谈。在将二者明确区分的情况下，法释［2000］44号第119条的规定是合理的。

3. 定金合同为从合同

定金的有效以主合同的有效成立为前提，定金合同是主合同的从合同。在主合同无效时，定金合同亦无效，除非担保合同另有约定（《担保法》第5条第1款后段）。这表明定金合同具有从属性。

（三）定金与相关概念的比较

1. 定金与预付款

虽然定金和预付款都可以是一方向另一方交付一定的金钱，但二者的法律性质和效力却存在很大差别：其一，定金是一种担保方式，不属于债务的履行范畴，至于在实际履行过程中定金抵充部分价金，需要付款的债务人单方作出意思表示，甚至得有双方当事人的合意；而支付预付款当然属于价金支付债务的一部分，并且是提前履行部分债务，其作用在于使接受预付款的一方获得期限利益，支付预付款只是在客观上起到了保障相应地债权实现的作用。其二，定金的交付形成了一个定金合同，独立于也从属于主债关系；而预付款的支付属于履行主债的一部分，不构成一个独立的合同，也无所谓支付预付款和主债务的从属关系。其三，定金一般是一次性交付；预付款可以分期支付。[①] 其四，定金的类型较多，作用也有差异。有的是主合同的成立要件，有的起证明主合同存在的作用，有的是解除主合同的代价，有的是签订主合同的担保。预付款原则上没有这些性质和作用，但实务中出现了把预付款作为合同生效的先决条件和解除条件的现象。例如，某互联网专线接入服务协议第8.1条规定："自本协议签订后10日内，甲方向乙方支付接入服务预付款共计1万元人民币，甲方按期交纳1万元人民币的接入服务预付款，为本协议生效的先决条件；如果甲方在本协议签订后10日内未能按期交纳1万元人民币的接入服务预付款，本协议即刻终止。"此类约定不违反法律的强制性规定，也没有害及专线接入服务协议、预付款的本质和

① 见苏惠祥主编：《中国当代合同法论》，204页，长春，吉林大学出版社，1992。

作用，没有必要否认其法律约束力。其五，当事人一方不履行主合同并达到严重程度，适用定金罚则。预付款则无此效力，而是在标的物正常交付的情况下，交付预付款的一方再补交剩余的价款即可。在交付标的物的一方违约的情况下，如果交付预付款的一方解除合同，那么他有权请求返还预付款；如果他不解除，则有义务继续交付剩余的价款。

2. 定金与押金

定金和押金均属于金钱担保范畴，都是当事人一方按约定给付与相对人的金钱或其他代替物，在合同适当履行后，都发生返还的法律后果。但它们仍为不同的担保方式：其一，定金的交付通常是在合同订立时或履行前，具有预先给付的特点；押金的交付，或与履行主合同同时，或与履行主合同相继进行，不是预付。其二，定金担保的对象是主合同的主给付；押金担保的对象往往是主合同中的从给付。其三，定金的数额低于主合同的标的额，且不得超过法定的比例；押金的数额往往高于或等于被担保的债权额。其四，定金具有在一方违约时丧失或双倍返还的效力；押金没有双倍返还的法律效果。

3. 定金与价款或租金

价款，在此处包括买卖合同中的价款、房地产转让合同中的转让款、股权转让合同中的转让款等。定金为担保方式，价款为交易的对价，二者具有本质的不同，十分明显。这里之所以提及它们，是因为在实务中常有合同约定："在……条件下，定金转化为价款"或"在……情况下，定金转化为租金"，而在这些约定变成现实时，定金担保即不复存在，从而影响当事人双方的利益分配。例如，某《合同书》第4条第1项规定："乙方应于本合同签署之日支付甲方人民币伍佰万元，该定金于支付最后一笔转让款时转化为转让款。"第4条第2项规定："乙方应于甲方交付A地块的同时支付甲方第二笔定金壹仟玖佰万元，该定金于支付最后一笔转让款时转化为转让款；乙方并应同时支付首期转让款人民币壹仟贰佰万元。"第4条第4项规定："乙方应于甲方交付A地块后的两年内支付甲方第三期转让款人民币捌仟肆佰万元，扣回已付定金贰仟肆佰万元，实际支付陆仟万元。"该《合同书》的这些约定表明，定金，只有在满足约定的条件时才变成转让款，在满足约定的条件之前仍为定金。按照定金和转让款各自的性质及功能，定金在转化为转让款之后便不再具有担保的性质及功能，不再适用定金罚则的规定。双方当事人如果完全履行了该《合同书》第 4 条第 4 项的规定，则定金消失，即使此后任何一方违约，也不会产生定金罚则的结果。

4. 定金与保证金

(1) 总说

在期货交易、国有土地使用权出让、建设工程、长途电话业务合作、租赁、房屋装修等合同或法律关系中，时常出现保证金的担保方式。其种类和性质复杂，对于债权的保障作用也多种多样。由于《合同法》等现行法对其尚未定性和定位，保证金合同属于非典型合同，或曰无名合同。关于非典型合同的法律适用，虽然一般有类推适用说、吸收说、结合说，但由于法释［2000］44 号第 118 条规定："当事人交付留置金、担保金、保证金、订约金、押金或者订金等，但没有约定定金性质的，当事人主张定金权利的，人民法院不予支持"，因而保证金不得类推适用定金罚则，除非当事人明确约定了定金罚则的效力。此其一。保证金合同时常不是类型结合合同的态样，而是单一合同的态样，因而结合说、吸收说往往派不上用场。此其二。有鉴于此，贯彻意思自治原则，按照当事人的约定赋予保证金以法律效果，是我们时刻牢记的准则。此其三。单行法、部门规章、司法解释规定的保证金，实务中出现的保证金，形形色色，因此，对于被排除在定金范围之外的保证金，必须予以类型化，确定每种类型的保证金的效力。此其四。

(2) 对法律、规章、司法解释规定的保证金的简要梳理

现行法对此未设统一规定，某些单行法、部门规章、司法解释一事一议式地规定了一些保证金。其中，有些保证金属于担保，有些则否，兹简要地梳理如下：

A. 属于担保的保证金

a.《招标投标法》第 60 条第 1 款规定："中标人不履行与招标人订立的合同的，履约保证金不予退还，给招标人造成的损失超过履约保证金数额的，还应当对超过部分予以赔偿；没有提交履约保证金的，应当对招标人的损失承担赔偿责

任。”这种保证金具备从属性、补充性和保障债权切实实现性，故为担保，且属金钱担保。

b. 法释［2000］44号规定：“债务人或者第三人将其金钱以特户、封金、保证金等形式特定化后，移交债权人占有作为债权的担保，债务人不履行债务时，债权人可以以该金钱优先受偿”（第85条）。“当事人交付留置金、担保金、保证金、订约金、押金或者订金等，但没有约定定金性质的，当事人主张定金权利的，人民法院不予支持”（第118条）。此处所谓保证金具备从属性、补充性和保障债权切实实现性，故为担保，且属质权。

c. 法释［2012］8号第21条规定：“买受人依约保留部分价款作为质量保证金，出卖人在质量保证期间未及时解决质量问题而影响标的物的价值或者使用效果，出卖人主张支付该部分价款的，人民法院不予支持。”此种保证金具备从属性、补充性和保障债权切实实现性，故为担保，且属金钱担保。

d.《建设工程质量保证金管理暂行办法》（建设部、财政部建质［2005］7号）规定：“本办法所称建设工程质量保证金（保修金）（以下简称保证金）是指发包人与承包人在建设工程承包合同中约定，从应付的工程款中预留，用以保证承包人在缺陷责任期内对建设工程出现的缺陷进行维修的资金”（第2条第1款）。“缺陷责任期内，由承包人原因造成的缺陷，承包人应负责维修，并承担鉴定及维修费用。如承包人不维修也不承担费用，发包人可按合同约定扣除保证金，并由承包人承担违约责任。承包人维修并承担相应费用后，不免除对工程的一般损失赔偿责任”（第8条第1款）。“由他人原因造成的缺陷，发包人负责组织维修，承包人不承担费用，且发包人不得从保证金中扣除费用”（第8条第2款）。“缺陷责任期内，承包人认真履行合同约定的责任，到期后，承包人向发包人申请返还保证金”（第9条）。“发包人在接到承包人返还保证金申请后，应于14日内会同承包人按照合同约定的内容进行核实。如无异议，发包人应当在核实后14日内将保证金返还给承包人，逾期支付的，从逾期之日起，按照同期银行贷款利率计付利息，并承担违约责任。发包人在接到承包人返还保证金申请后14日内不予答复，经催告后14日内仍不予答复，视同认可承包人的返还保证金申请”（第 10 条）。此种保证金具备从属性、补充性和保障债权切实实现性，故为担保，且属金钱担保。

B. 不属于担保的保证金

a. 从《期货交易管理条例》第 21 条第 2 款关于“期货公司在注销期货业务许可证前，应当结清相关期货业务，并依法返还客户的保证金和其他资产。期货公司分支机构在注销经营许可证前，应当终止经营活动，妥善处理客户资产”的规定，难以判断保证金具有从属性、补充性和保障债权切实实现性，因而难谓其为担保。由于该条例第 29 条第 2 款规定“期货交易所向会员收取的保证金，属于会员所有，除用于会员的交易结算外，严禁挪作他用”，第 29 条第 3 款规定“期货公司向客户收取的保证金，属于客户所有，除下列可划转的情形外，严禁挪作他用：（一）依据客户的要求支付可用资金；（二）为客户交存保证金，支付手续费、税款；（三）国务院期货监督管理机构规定的其他情形”，此处保证金不属于担保，因其不符合保证金自其交付时起归债权人所有的基本属性。其实，即使按照《期货交易管理条例》第 40 条关于“会员在期货交易中违约的，期货交易所先以该会员的保证金承担违约责任；保证金不足的，期货交易所应当以风险准备金和自有资金代为承担违约责任，并由此取得对该会员的相应追偿权”（第 1 款）；“客户在期货交易中违约的，期货公司先以该客户的保证金承担违约责任；保证金不足的，期货公司应当以风险准备金和自有资金代为承担违约责任，并由此取得对该客户的相应追偿权”（第 2 款）的规定，期货交易保证金也不具备从属性、补充性和保障债权切实实现性，因而不属于担保。

b.《招标拍卖挂牌出让国有建设用地使用权规定》（国土资源部令第 39 号）第 21 条规定：“中标人、竞得人应当按照中标通知书或者成交确认书约定的时间，与出让人签订国有建设用地使用权出让合同。中标人、竞得人支付的投标、竞买保证金抵作土地出让价款；其他投标人、竞买人支付的投标、竞买保证金，出让人必须在招标拍卖挂牌活动结束后 5 个工作日内予以退还，不计利息。”其中，所谓“中标人、竞得人支付的投标、竞买保证金抵作土地出让价款”，表明保证金属于预付款；所谓“其他投标人、竞买人支付的投标、竞买保证金，出让人必须在招标拍卖挂牌活动结束后 5 个工作日内予以退还，不计利息”，难以看出保证金是否属于担保。

C. 难以判断是否属于担保的保证金

a.《保险法》第 165 条第 1 项规定：违反本法规定，未按照规定提存保证金或违反规定动用保证金的，由保险监督管理机构责令改正，处 5 万元以上 30 万元以下的罚款；情节严重的，可以限制其业务范围、责令停止接受新业务或吊销业务许可证。

该条项的规定没有彰显出保证金是否具备从属性、补充性和保障债权切实实现性，故而单从该条项的规定尚难判断此处保证金是否属于担保。

b.《政府采购货物和服务招标投标管理办法》（财政部令［2004］第 18 号）规定：“招标采购单位应当在招标文件中明确投标保证金的数额及交纳办法。招标采购单位规定的投标保证金数额，不得超过采购项目概算的百分之一”（第 36 条第 1 款）。“投标人投标时，应当按招标文件要求交纳投标保证金。投标保证金可以采用现金支票、银行汇票、银行保函等形式交纳。投标人未按招标文件要求交纳投标保证金的，招标采购单位应当拒绝接收投标人的投标文件”（第 36 条第 2 款）。“联合体投标的，可以由联合体中的一方或者共同提交投标保证金，以一方名义提交投标保证金的，对联合体各方均具有约束力”（第 36 条第 3 款）。“招标采购单位应当在中标通知书发出后五个工作日内退还未中标供应商的投标保证金，在采购合同签订后五个工作日内退还中标供应商的投标保证金。招标采购单位逾期退还投标保证金的，除应当退还投标保证金本金外，还应当按商业银行同期贷款利率上浮 20%后的利率支付资金占用费”（第 37 条）。

这些条款同样没有彰显出保证金是否具备从属性、补充性和保障债权切实实现性，故而单从这些规定亦难判断此处保证金是否属于担保。

c.《建设工程质量保证金管理暂行办法》（建设部、财政部建质［2005］7 号）规定：“发包人应当在招标文件中明确保证金预留、返还等内容，并与承包人在合同条款中对涉及保证金的下列事项进行约定：（一）保证金预留、返还方式；（二）保证金预留比例、期限；（三）保证金是否计付利息，如计付利息，利息的计算方式；（四）缺陷责任期的期限及计算方式；（五）保证金预留、返还及工程维修质量、费用等争议的处理程序；（六）缺陷责任期内出现缺陷的索赔方式”（第3条）。“缺陷责任期内，实行国库集中支付的政府投资项目，保证金的管理应按国库集中支付的有关规定执行。其他政府投资项目，保证金可以预留在财政部门或发包方。缺陷责任期内，如发包方被撤销，保证金随交付使用资产一并移交使用单位管理，由使用单位代行发包人职责”（第4条第1款）。“社会投资项目采用预留保证金方式的，发、承包双方可以约定将保证金交由金融机构托管；采用工程质量保证担保、工程质量保险等其他保证方式的，发包人不得再预留保证金，并按照有关规定执行”（第4条第2款）。“建设工程竣工结算后，发包人应按照合同约定及时向承包人支付工程结算价款并预留保证金”（第6条）。“全部或者部分使用政府投资的建设项目，按工程价款结算总额5%左右的比例预留保证金”（第7条第1款）。“社会投资项目采用预留保证金方式的，预留保证金的比例可参照执行”（第7条第2款）。

这些条款依然没有彰显出保证金是否具备从属性、补充性和保障债权切实实现性，故而单从这些规定还是难以判断此处保证金是否属于担保。

（3）对实务中运用的保证金的梳理

从有助于解决问题而非纯逻辑的美观出发，下述对实务中运用的保证金的类型及其分析，没有完全遵循统一的区分标准。

1）备用金类型的保证金

有的保证金无定金罚则的效力，只是作为当事人一方履行付款义务的备用金，被存储于双方当事人指定的账户上或债权人的账户上，在该当事人未及时或未如数地支付应付款额时，相对人有权从保证金中提取相应的数额。这种保证金对于债权人的债权而言具有较强的保障作用。

属于当事人一方履行付款义务的备用金的情形，如某《长途电话业务合作协议》第3条第2款第F项约定：“保证金：自合同生效之日起乙方应向甲方支付保证金人民币60万元，如果甲方实际流量连续两个月达到或超过400万分钟，则在最近一个缴费期内补交保证金20万元；随甲方流量每增加100万分钟，保证金依此类推，若出现不正常缴费，则以保证金抵充；如合同解除甲方应在合同解除后一个月内将保证金归还乙方。”第 4 条第 C 款规定：“乙方逾期未及时向甲方付款，甲方有权首先从保证金抵充（当未清缴话费总额达到保证金总额 80%时，甲方有权在 5 个工作日内让乙方蓄补同等数额的保证金，若乙方未能按时履行，甲方有权停止双方业务合作，并保留对未清缴话费的追缴权利），剩余部分乙方应向甲方支付滞纳金，滞纳金每日应按应付款项的千分之三计算。”其中，“抵充”属于履行债务；“乙方未能按时蓄补同等数额的保证金，甲方有权停止双方业务合作”，是将乙方蓄补同等数额的保证金作为乙方的主给付义务，乙方违反该主给付义务构成违约，产生解除权，甲方可以行使解除权。再如，某《担保合作协议书》第 4 条第 3 款约定：被保证人同意，在本次向某银行贷款人民币 7 000 万元后，将贷款总额的 30%作为保证金存入保证人指定的账户；保证人保证在被保证人贷款到期日前 10 个工作日内，将保证金全额退还至被保证人的贷款账户，由贷款银行监管；被保证人同意承担该保证金应分担的贷款利息。

2）预付款类型的保证金

有的是名为保证金，实为预付款。它使债权提前全部或部分地得到实现。就这部分债权来说，保证金实际上起到了保障债权实现的作用，但就尚未清偿的债权部分而论，保证金显然不是担保方式，如果说它有担保作用，那么至多与违约责任的担保作用相当。

3）租赁保证金

某《房屋租赁合同书》约定：承租人应在本合同签订后 5 个工作日内向出租人交纳 2 个月的租金作为租赁保证金，共计 806 400 元人民币（第 3 条第 2 项）。在本合同终止时，出租人收取的租赁保证金除用以抵充合同约定的应由承租人承担的费用外，剩余部分由出租人无息退还给承租人（第 3 条第 4 项）。承租人未经出租人同意而将租赁房屋整体转租给第三人的，出租人有权解除本合同，且不再退还租赁保证金，同时承租人还得承担违约责任（第 6 条）。在政府规划建设征用、自然灾害或不可抗力致使承租人不能正常使用租赁房屋时，本合同自行终止，出租人退还保证金，双方按当年实际使用时间结算租赁等各项费用，互不承担违约责任

（第 9 条第 3 款）。从这些约定可知，此类租赁保证金具有预付部分租金、双方当事人清结合同履行和返还租赁房屋所需费用的备用金、承租人承担违约责任的备用金、在合同因不可归责于双方当事人的原因而终止时予以退还的性质。

4）装修保证金

某《房屋租赁合同》约定，承租人在按照本合同约定进行装修时，应交纳装修保证金，共计人民币 10 万元给出租人，在承租人装修完毕的 3 日内，若无其他纠纷，则出租人应将该保证金全额退还（第 4 条第 4 款）。其中所谓“其他纠纷”，包括承租人因违反法律、法规、规章的规定，违反本合同的约定，擅自改变租赁房屋的主体结构、损坏各种专用部分的管道和电梯等共用部分、乱倒垃圾等而发生的纠纷。在承租人对上述行为产生的费用、损害赔偿金等需要承担责任时，出租人乃至物业管理公司有权从装修保证金中扣除。

5）质量保证金

在买卖、建设工程施工等合同场合，当事人约定有质量保证金，甚至法律直接规定质量保证金。因为只有在买卖物符合约定时才有义务支付该笔金钱、在建设工程于其质量保证期届满时质量符合约定时才有义务支付或返还该笔金钱，所以称其为质量保证金。对此，法释［2012］8 号也有反映，于其第 21 条规定：“买受人依约保留部分价款作为质量保证金，出卖人在质量保证期间未及时解决质量问题而影响标的物的价值或者使用效果，出卖人主张支付该部分价款的，人民法院不予支持。”这一方面可以促使出卖人消除瑕疵，另一面保护买受人的合法权益。

6）定金类型的保证金

根据当事人的意思和合同全部条款的关联性，有的保证金应被认定为定金。例如，甲乙双方就 A 项目于 2004 年 7 月 8 日签订了《销售合作协议》，其中的第 7 条约定：“本协议签订之日，乙方给付甲方保证金壹佰万元整。甲方保证履行本协议，若违约则双倍返还保证金并承担乙方一切损失，保证金冲抵乙方应支付的首期包销款。”仅就该约定的文义观察，该保证金与定金相比，既有相同的一面，即甲方（接受保证金的一方）违约，应双倍返还保证金，也有不同的一面，即未约定这样的效力：乙方（给付保证金的一方）违约，甲方不予返还保证金。

如果将它解释为当事人疏忽而遗漏了“乙方（给付保证金的一方）违约，甲方不予返还保证金”的约定，存在着合同漏洞，则可以认为这是关于定金的约定；如果认为当事人的本意就是其文义昭示的内容，那么，它就不是关于定金的约定。究竟如何认定？可以通过目的解释、体系解释等方法澄清该约定的含义。目的解释在本案中有些困难，体系解释比较容易。其原因在于，甲乙双方于2004年8月26日签订了《终止协议》，该协议第1条约定：“本终止协议签字盖章之日起，原《销售合作协议》终止执行，双方互不追究违约责任。”第2条约定：“本终止协议签字盖章当日，双方重新签订《销售合作协议》，乙方根据双方于二〇〇四年七月八日签订的A项目《销售合作协议》已支付给甲方的100万元保证金转化为新的《销售合作协议》中乙方应支付甲方的部分定金。”甲乙双方于当日（2004年8月26日）就A项目签订了新的《销售合作协议》，该协议未再规定保证金，通篇未出现保证金的字样，而是约定了定金，其第7条约定：“本协议签订之日，乙方给付甲方定金1 300万元（含乙方已支付甲方的100万元保证金），该定金由乙方根据甲方的付款委托直接支付项目土地出让金，余款再划入甲方账户。该1 300万元定金按归还当日银行一年固定贷款利率计算利息（自该1 300万元实际支付之日起的一年时间归还）。甲方保证履行本协议，若违约则双倍返还定金并承担乙方的一切损失。”第10条第2款第1项约定：“如由于甲方原因，导致以下情况发生，或由于甲方股东违约，则乙方有权解除本协议，甲方应承担乙方的相应经济损失，并于10内双倍返还乙方支付的定金。”尤其是前述第7条括号内的话，十分明显地将乙方按照甲乙双方于2004年7月8日所签《销售合作协议》第7条的规定支付的100万元“保证金”，认定为“定金”，这与甲乙双方于2004年8月26日签订的《终止协议》第2条关于“乙方根据双方于二〇〇四年七月八日签订的A项目《销售合作协议》已支付给甲方的100万元保证金转化为新的《销售合作协议》中乙方应支付甲方的部分定金”的约定互相印证，令人信服地表明该“保证金”是定金。

7）保有返还请求权的保证金

如果上文所引“本协议签订之日，乙方给付甲方保证金壹佰万元整。甲方保证履行本协议，若违约则双倍返还保证金并承担乙方一切损失，保证金冲抵乙方应支付的首期包销款”的字面文义所昭示的含义是当事人的本意，那么，仅仅有接受保证金的一方违约须双倍返还保证金，而交付保证金的一方违约并不丧失请求返还保证金的权利，只是实际上并不返还，是“冲抵”首期包销款。可见，此类保证金只具有定金的部分效力，可称之为保有返还请求权的保证金。

8）无双倍返还效力的保证金

有的保证金具有如下效力：交付保证金的一方当事人不履行债务，保证金归接受它的一方当事人所有，接受保证金的一方当事人不履行债务，不负双倍返还的责任。可见，此类保证金只具有定金的部分效力，可称之为无双倍返还效力的保证金。

9）作为动产质权标的物的保证金

法释［2000］44 号第 85 条规定：“债务人或者第三人将其金钱以特户、封金、保证金等形式特定化后，移交债权人占有作为债权的担保，债务人不履行债务时，债权人可以以该金钱优先受偿。”这承认了此类保证金之上竖立着动产质权。此处所谓保证金，包括信用证开证保证金、银行承兑汇票保证金、按揭贷款保证金、期货交易保证金等类型。

二、定金的种类

定金制度，古已有之，中外皆用。但因时代、场所及交付阶段的不同，其性质和效力也不尽一致。举其要者有如下五类：

（一）成约定金

成约定金，是指作为合同成立要件的定金，因定金的交付，合同才成立。成约定金是德国固有法的制度，称为手金（Handgold）。德国的现行法未规定这种制度，但因其奉行合同自由原则，所以允许当事人约定成约定金。中国法释［2000］44 号允许当事人约定以交付定金为主合同成立或生效的要件（第 116 条前段），承认了成约定金，不过，对此持比较宽松的态度：在主合同已经履行或已经履行主要部分的情况下，即使给付定金的一方尚未交付定金，主合同仍然成立或生效（第116条后段）。

（二）证约定金

证约定金，是指以定金为订立合同的证据。这种定金不是合同的成立要件，仅以证明合同成立为目的。在罗马法，定金通常有证约定金的性质。德国普通法及近代多数国家的立法，多承认这种定金。对于此类定金，中国现行法虽无明文，但学说大多认为，定金的交付一般都标志着合同的存在，所以，有证明合同成立的作用。对方当事人若否认合同成立，则须举证定金的交付另有原因和作用，而非主合同成立的标志。还有，在合同存在着无效、可撤销或效力未定的原因时，合同被确认为无效、被撤销、不被追认，定金的交付，只能证明合同成立，至于合同的效力如何，适用相应的法律规定。

（三）违约定金

违约定金，是指交付定金的当事人若不履行债务，则接受定金的当事人有权不予返还；接受定金的一方若不履行债务，则须双倍返还的定金（《担保法》第89条）。此类定金，就其能够担保债权实现，尤其是使部分债权已经实现的角度观察，属于担保方式，确定无疑；其具有间接强制当事人履行债务的效力，在这点上其与违约金相同，两者的不同表现为定金是事先交付，而违约金是在违约责任成立之后支付。于是，在关注定金和违约金的类似性的层面上，将此类定金命名为违约定金。违约定金通常兼有证约定金的作用。

（四）解约定金

解约定金，是指以定金为保留合同解除权的代价，也就是交付定金的当事人可以抛弃定金以解除合同，而接受定金的当事人也可以双倍返还定金来解除合同。在罗马法上，除当事人另有约定以外，定金不当然具有解除权保留的效力。普鲁士民法、奥地利民法、德国民法、瑞士民法都承继了罗马法的上述思想，只有法国民法和日本民法规定解约定金为定金通常的性质。中国的《民法通则》、《担保法》和《合同法》均未规定解约定金，但法释［2000］44号明确承认了此类定金：在定金交付后，交付定金的一方可以按照合同的约定以丧失定金为代价解除主合同，收受定金的一方可以双倍返还定金为代价解除主合同（第117条前段）。这种类型的定金已被当事人运用。例如，某《房屋租赁合同》第 4.1 条约定："在本合同签订后 5 个工作日内，承租人应向出租人支付租赁定金 400 万元人民币。记租日前，本合同因不可抗力而不能履行超过 6 个月的，出租人应在不可抗力确定之日后的 5 个工作日内将定金全额返还给承租人。出租人收到定金后，如提出解除该租赁合同，应双倍返还该笔定金给承租人；如承租人提出解除该租赁合同，则无权请求返还该笔定金。"

（五）立约定金

立约定金，是指为保证正式缔约而交付的定金。此类定金的效力为，交付定金的当事人若拒绝立约，则丧失定金；接受定金的当事人若拒绝立约，则应加倍偿还定金。中国在 1949 年以前，即有出卖土地先成立押议后订立正式合同的习俗。在现行法上，法释［2000］44 号规定，当事人约定以交付定金为订立主合同担保的，给付定金的一方拒绝订立主合同的，无权要求返还定金；收受定金的一方拒绝订立主合同的，应当双倍返还定金（第 115 条）。这些都是承认立约定金的表现。立约定金在实务中已经出现。例如，张某和某房地产公司于 2001 年 2 月 1 日签订了一份认购商品房的预购单。其中约定，张某向某房地产公司交付定金 1 万元，双方应于 2001 年 2 月 15 日前签订正式的商品房预售合同，如逾期未签订合同，则张某所交付的定金予以取消，预购单自动解除。张某交付的该笔定金属于立约定金。①

三、定金的成立

在中国现行法上，定金合同为要式合同，定金的成立必须有书面定金合同（《担保法》第 90 条前段）。定金合同不仅需要当事人双方的意思表示一致，而且需要现实交付定金。定金合同从实际交付定金之日起生效（《担保法》第 90 条）。关于定金交付的时间，《担保法》规定由当事人在定金合同中约定（第 90 条中

① 见苏文能、黄毅：《本案应否双倍返还定金》，载《人民法院报》，2003－01－12，第 3 版。

段)。在这里，存在着带有规律性的规则：立约定金必须在主合同订立之前交付，否则，起不到担保主合同订立的作用；成约定金原则上在主合同订立之前或成立之时交付，这是由此类定金为主合同的成立要件的性质和功能决定的，不过存在例外，即主合同已经履行或已经履行了主要部分的，即使定金尚未交付，也视为主合同已经成立；证约定金通常于主合同成立时交付，以确实起到证明合同成立的作用；违约定金和解约定金既可以在主合同成立时交付，也可以在主合同成立后、履行前交付，因为在这段期限内的任何时刻交付，违约定金的功效都是一样的。

定金的标的，一般为金钱，在少数情况下是其他代替物。在金钱以外的物作定金标的的场合，之所以要求为代替物，是因为接受定金的当事人不履行债务的，必须双倍返还，而不代替物为定金标的的无法双倍返还。定金的数额由当事人约定，但不得超过主合同标的额的20%（《担保法》第91条）。超过的部分，人民法院不予支持（法释［2000］44号第121条）。

定金的交付是仅转移定金的占有权还是转移定金的所有权？对此尚有争论，本书赞同后者。因为在定金以金钱为标的时，法谚有“货币属于其占有者”之说，意指货币的所有权与占有融为一体，取得货币的占有即取得货币的所有权，丧失货币的占有即丧失货币的所有权。这是由货币的本质、货币的价值和交易的需要决定的。[①] 接受者收取定金后可任意处分的事实也证明了上述结论的正确性。这一结论也适用于代替物为定金标的的场合，因为接受定金的当事人收取代替物后，可以任意消费和为法律上的处分，显现出所有权的性质和效力。

四、定金的效力

1. 成约定金和证约定金的效力

成约定金的效力是，定金的交付使主合同成立，不交付则原则上主合同不成

① 见郑玉波：《民法物权》，417～418页，台北，三民书局，1988。

立，不发生定金罚则的效力（法释［2000］44 号第 116 条）。证约定金的效力在于证明合同成立，不具有罚则的效力。

2. 解约定金的效力

解约定金具有解除合同的效力，该效力的发生以定金的丧失或双倍返还为条件：交付定金的一方丧失定金返还请求权，将合同解除；收受定金的一方双倍返还定金，将合同解除（法释［2000］44 号第 117 条）。因为定金的丧失或双倍返还为解除条件的全部内容，解约人有无过错并非解除条件的构成要素，所以，解约定金的效力不以解约人有过错为发生要件。并且，只要解约定金的合同中没有解约人承担违约责任的约定，那么，解约人除承受定金丧失或双倍返还的负担之外，无需承担违约责任。还有，在解约定金合同已经成立并生效的情况下，主合同具备了法律规定的或当事人约定的解除权发生的条件，解约人据此行使解除权，将主合同解除，完全适用法定解除或约定解除的规则，解约定金的效力不发生。

3. 立约定金的效力

立约定金的效力在于，给付定金的一方只有丧失定金的返还请求权才可以拒绝订立主合同，若保有该请求权则必须订立主合同；收受定金的一方若保有定金就必须订立主合同，只有双倍返还定金才可以拒绝订立主合同（法释［2000］44 号第 115 条）。

4. 违约定金的效力

（1）违约定金罚则生效的主观要件

违约定金具有预付违约金的性质，它是为制裁债务不履行而交付的。正因为违约定金系为制裁债务不履行而交付的，所以，定金罚则的生效以存在可归责于当事人的事由为要件。当合同因不可归责于当事人的事由而不能履行时，任何当事人都不应受到制裁，定金应当返还。对此，法释［2000］44 号第 122 条已经明确规定："因不可抗力、意外事件致使主合同不能履行的，不适用定金罚则。因合同关系以外第三人的过错，致使主合同不能履行的，适用定金罚则。受定金处罚的一方当事人，可以依法向第三人追偿。"其中，在实行过错责任原则的法制下，所谓“因合同关系以外第三人的过错，致使主合同不能履行的，适用定金罚则”，属于当事人为他人的过错承担责任，也可以解释为由于可归责于当事人的原因而承担责任。所以，对于此类情形仍然可以解释为定金罚则的生效以存在着可归责于当事人的事由为要件。法释［2003］7号第4条关于“出卖人通过认购、订购、预订等方式向买受人收受定金作为订立商品房买卖合同担保的，如果因当事人一方原因未能订立商品房买卖合同，应当按照法律关于定金的规定处理；因不可归责于当事人双方的事由，导致商品房买卖合同未能订立的，出卖人应当将定金返还买受人”的规定，也表现出定金罚则以可归责于当事人的原因为主观要件。[①] 当然，当事人若特别约定，将主观因素排除在定金罚则的生效条件之外，则应当依其约定。

违约定金必须在存在着可归责于当事人一方的事由而不履行债务时才发生制裁效力，或者说定金罚则生效，其具体内容如下：给付定金的一方不履行约定的债务的，无权要求返还定金；收受定金的一方不履行约定的债务的，应当双倍返还定金（《民法通则》第89条第3项、《担保法》第89条后段）。

（2）违约定金罚则生效的客观要件

违约定金是否在任何类型的债务不履行中都发生上述效力呢？违约定金在债务人拒绝履行和不能履行两种情况下发生罚则效力，这为司法解释和学说共同承认。但在逾期履行、不完全履行的情况下，是否适用定金罚则则存在着分歧意见。有的持否定说，有的则赞同适用定金罚则。例如，原《农副产品购销合同条例》第17条第6款和第18条第6款规定，供方不完全履行预购合同的，应加倍偿还不履行部分的预付定金；需方不完全履行预购合同的，无权收回未履行部分

---

① 戴孟勇博士认为，由于《合同法》奉行了无过错责任原则，因而有的违约金责任的成立无需过错，违约定金罚则的生效亦应如此处理。这确有道理，在立法论上值得赞同。只是司法解释规定违约定金的罚则生效须有可归责于当事人一方的事由，在解释论上似难改变。若要改变，则只得求助于《合同法》为上位阶规范，司法解释为下位阶规范，后者不得抵触前者的规则。

需要指出的还有，全国人民代表大会常务委员会法制工作委员会的一些专家认为，《合同法》并未确立无过错责任原则，仍然贯彻了过错责任原则。如此，定金罚则需要可归责于当事人一方的规则及其理论还得坚持。

的预付定金。最高人民法院《关于在审理经济合同纠纷案件中具体适用〈经济合同法〉的若干问题的解答》第 8 条第 3 款后段规定："其他允许给付定金的各类经济合同不完全履行的，也可以照此办理"。在《合同法》草案的研讨过程中，一些专家坚持，只有在拒绝履行和不能履行的情况下，才适用定金罚则。有些专家学者则主张，不完全履行、迟延履行致使合同目的落空的，适用定金罚则，否则，不适用定金罚则。与此类似的表述是，不完全履行、迟延履行给债权人造成重大损失的，发生定金罚则生效的后果，不然，不发生不再返还或双倍返还的效果。法释［2000］44 号于第 120 条明确规定："因当事人一方迟延履行或者其他违约行为，致使合同目的不能实现，可以适用定金罚则。但法律另有规定或者当事人另有约定的除外。当事人一方不完全履行合同的，应当按照未履行部分所占合同约定内容的比例，适用定金罚则。"

正因定金罚则以违约致使合同目的不能实现为暗含的生效条件，在当事人违反从给付义务或者附随义务时，往往没有导致合同目的落空，所以，从给付义务或附随义务的违反一般不适用定金罚则。

五、定金合同的终止

定金合同的终止，应当适用合同终止的一般原因。对此，不再多论。在这里需要讨论的是，定金合同终止的特殊原因。例如，某《房屋租赁合同》第 4.1 条约定了解约定金，第 4.2 条接着约定："本合同第 4.1 条规定的定金仅适用于租赁物交付之前合同的履行。合同履行后定金于租赁期内转为租金，直接冲抵每月应付的保底租金，直至全部冲抵完毕，冲抵的最后一个月保底租金的不足部分，由承租人补齐。"不难理解，该笔定金转为保底租金之日，就是该解约定金合同终止之时。

第五章

合同的转让

第一节　合同的转让概述

合同的转让，准确地说是合同权利、义务的转让，是指在不改变合同关系内容的前提下，合同关系的一方当事人依法将其合同的权利、义务全部或部分地转让给第三人的现象。

合同的转让，按照所转让的内容的不同可以分为：合同权利的转让、合同义务的移转、合同权利和义务的概括转让。后者也叫合同权利和义务的一并转让。同时，以上各种类型的合同转让可以是全部转让，也可以是部分转让。不同类型的合同的转让的条件和效力不尽相同。

合同的转让，有的基于法律的直接规定而发生，此类转让称为法律上的转让，如依继承法的规定，被继承人死亡，包括合同权利、义务在内的遗产即移转于继承人；有的基于法院的裁决而发生，此类转让称作裁判上的转让；有的基于法律行为而发生，此类转让名为法律行为上的转让，如遗嘱人以遗嘱将其合同权利转让给继承人或受遗赠人，或转让人与受让人订立转让合同而将合同权利、义务转让。其中，通过转让合同而转让合同权利，属于债权让与；通过转让合同而转让合同义务，称为债务承担。以下两节重点介绍债权让与、债务承担和债权债务的概括转让。除非另有说明，债权让与限于合同权利的让与，债务承担单指合同义务的承担，债权债务的概括转让仅指合同权利义务的概括转让。

早期罗马法认为债是特定人之间的关系，债权为联结债权人与债务人的法锁，变更其任何一端，都将使债的关系失去同一性，因此债的当事人绝对不可变更，从而认定债权不得让与，债务亦不得移转。嗣后因社会交易日益频繁复杂，债权让与为社会实际生活所要求，债权不得让与的理论才逐渐改变。把债权关系固定于同一债权人与债务人之间而不许变更，债权依然不能完全失去人身色彩。如欲使债权完全失去人身色彩而表现为纯粹的经济关系，就必须承认债权转让的可能性。① 罗马法先是允许以债的更改方式移转债权，至程式诉讼时期，债权让与方式改变为债权人可以委任第三人以诉讼代理人的名义诉追债务人。此时的第三人并非单纯的代理人，他所收取的债权，并不向债权人交付。帝政时期，诉讼代理人可以自己的名义行使诉权。起诉后，法官将其诉讼委任通知债务人，即发生诉讼拘束的效力，债务人受通知后，即不得再向债权人履行债务。最后，裁判官法规定债权让与在让与人和受让人之间的让与行为成立时，发生债权让与的效果，债务人自接受让与通知时受其拘束。② 到了查士丁尼大帝时代，逐渐认许一般的转让契约。但是，即使在认许之后，仍存在着是债权本身移转还是诉讼权移转的争论。③ 特别是在运用这一制度时，还有著名的阿那斯达希乌斯敕法（lex Anastasiana）的限制，即规定受让人不得向债务人请求多于其债权应得价金之额。结果，债权可以转让这一法律性质实际上只有极为有限的意义。④ 应当看

① 见［日］我妻荣：《债权在近代法上的优越地位》，王书江、张雷译，谢怀栻校，22页，北京，中国大百科全书出版社，1999。

② 见陈朝璧：《罗马法原理》，204～206页，台北，“商务印书馆”，1979。

③ 参见 Rudolph Sohm，Institutionen，17. Aufl. 1923，S. 463ff。转引自［日］我妻荣：《债权在近代法上的优越地位》，王书江、张雷译，谢怀栻校，22页，北京，中国大百科全书出版社，1999。

④ 见［日］我妻荣：《债权在近代法上的优越地位》，王书江、张雷译，谢怀栻校，22页，北京，中国大百科全书出版社，1999。

到，债的标的物的自然增减，或债的标的在法律上的增减，原来的给付因债务不履行而变为损害赔偿给付，并不影响债的同一性，应予正视。于是，近代法律抛弃罗马法的钻牛角尖式的思维方式，在合同自由原则的支配下，原则上承认债权的让与和债务的承担。债权可以考虑变更其要素而无损其同一性。因此，在以合同变更债的要素场合，除了特别的更改合同或完全替换标的物或变更债的发生原因之类外，尤其是除了没有明确表示维持债的同一性的意思外，一般都认为债不失去其同一性。①

债务承担制度亦经历了从不被承认到在符合一定条件时允许的变化过程。后世民法大都承认了债权让与、债务承担和债权债务的概括移转。中国法亦然。

第二节　债权让与

一、债权让与的概念

债权让与，是指不改变债权关系的内容，债权人通过让与合同将其债权移转于第三人享有的现象。其中的债权人叫作让与人，第三人称为受让人。

债权让与和债权让与合同不是同一个概念，而是具有联系和区别的两个范畴。正所谓“债权让与是债权的转让行为，而不是一个合同（一项允诺）”②。详细些说，债权让与，是指债权自其主体处移转到受让人之手的过程，是债权变动的一种形态，在不承认物权行为制度及其理论的法制下，它属于事实行为。同时，它也是债权归属于受让人的一种结果。而债权让与合同则为引起债权让与的一种法律事实，并且，因其以当事人的意思表示为要素，故它属于一种法律行

① 见［日］於保不二雄：《日本民法债权总论》，庄胜荣校订，277页，台北，五南图书出版有限公司，1998。

② ［美］E·艾伦·范斯沃思：《美国合同法》，葛云松、丁春艳译，721页，北京，中国政法大学出版社，2004。

为；因其在让与人和受让人之间产生了债权债务，故它属于债权行为。当然，因中国现行法未采纳物权行为制度及其理论，所以，除非上下文的需要，不单独使用债权行为的概念，本书遵循这个技术规范。

[论争]

韩世远教授批评笔者将债权让与描述为事实行为，宣扬唯有承认处分行为才合理，而按照韩世远教授一贯奉行的区分负担行为与处分行为的立场[①]，依据德国民法及其学说关于物权行为属于处分行为的观点，韩世远教授是将债权让与作为物权行为看待的。对此，笔者回应如下：

1. 韩世远教授张冠李戴，误解了笔者所界定和分析的对象。笔者所谓债权让与系事实行为之说，乃针对债权由转让人之手移转至受让人之处——债权变动而言的，认为债权让与这个债权变动是事实行为，而非在描述和定性中国现行法上引发债权变动的原因行为——笔者所称的债权让与合同，亦非在描述和定性德国民法、中国台湾地区的“民法”上引发债权变动的原因行为——准物权行为（它们大多被称作债权让与契约）。其实，德国、中国台湾地区的民法及其理论，也不认为债权变动意义上的债权让与属于法律行为。若韩世远教授把这个意义上的债权让与定性为法律行为，则肯定是大错而特错的。

在债权让与领域，韩世远教授所谓法律行为，从其第三版《合同法总论》第460页以下的叙述来看，针对的是引发债权变动的法律事实，他叫作债权让与合同。不过，他所称的债权让与合同不同于笔者所称的债权让与合同，是指处分行为。由于他认为中国现行法上有物权合同[②]，他推崇负担行为——处分行为的构造和分析工具，其语境下的处分行为就是物权行为，在债权让与领域更为准确的叫法是准物权行为。他所称的债权让与合同这个物权行为的原因，他叫作债权让与约定或债权让与协议。该债权让与约定/债权让与协议属于负担行为，产生债

---

① 见韩世远：《合同法总论》，541页以下，北京，法律出版社，2004；韩世远：《合同法总论》，2版，406～410页，北京，法律出版社，2008；韩世远：《合同法总论》，3版，460～462页，北京，法律出版社，2011。

② 见韩世远：《合同法总论》，3版，2页，北京，法律出版社，2011。

权债务，与笔者所说的债权让与合同为同一个事物。

在笔者的视野和逻辑里，债权让与这个债权变动由债权让与合同这个被德国民法学说称作债权行为的法律事实引发，只有两个环节。图示如下：

债权让与合同（法律事实：既产生债权债务关系，也引发债权变动）——→债权让与（债权变动）

在韩世远教授的视野和逻辑里，也是德国、中国台湾地区的民法及其理论的视野和逻辑，日本民法多数说的视野和逻辑，债权让与这个债权变动由债权让与合同这个物权行为引发，该物权行为的原因是债权让与约定这个债权行为，存在着三个环节。图示如下：

债权让与约定（产生债权债务）——→债权让与合同（法律事实：仅引发债权变动）——→债权让与（债权变动）

笔者把处于结果位置的债权让与即债权变动界定为事实行为，而未将处于结果位置之前位置的引发债权变动的原因行为，界定为事实行为。韩世远教授批评说：你错了，不应是事实行为，而应为法律行为。该批评意见关公战秦琼了，据此而发的一切议论恐怕都难以成立了。

2. 其实，问题的实质在于，德国、中国台湾地区的民法及其理论，认为债权让与之中含有物权意思，从中抽象出准物权行为，再回过头来说，债权让与这个债权变动由该准物权行为引发。笔者则客观陈述：中国现行法没有从债权让与抽象出准物权行为，债权让与这个债权变动乃由债权让与合同（德国民法学说称作债权行为，韩世远教授叫作债权让与约定或债权让与协议）引发。在这种架构下，笔者提出了债权让与这个债权变动系事实行为的看法，以期符合中国现行法的立法计划和立法目的。若一定要争论，则应当分析、论辩笔者关于“债权让与这个债权变动系事实行为”、“中国现行法没有从债权让与抽象出准物权行为，债权让与这个债权变动乃由债权让与合同引发”的看法，能否站得住脚。

为了辨明真相，探究符合中国现行法的理论，假定韩世远教授没有搞错批评的对象，他就是针对笔者的这两个断语而作出的议论，则双方继续争鸣下去。以下的讨论建立在该项假定之上。

债权让与，在债权从让与人到受让人间的运动，被描述为事实行为，在某些具有公示方式的债权从让与人移转到受让人之处时，的确具有移转的外观，如同出卖人将作为买卖物的有体物交付与买受人的运动轨迹。在回答并描述此类现象时，德国和中国台湾地区的民法学说抽象出物权行为，不承认物权行为理论的学说则将其界定为事实行为。对此，韩世远教授欣然接受。令人疑惑的是，对于某些具有公示方式的债权从让与人移转到受让人之处，具有移转外观的现象，韩世远教授为什么不遵循相似的事务相同处理的规则呢？

韩世远教授质问："所谓债权让与之'事实行为'又表现在哪里呢？"

笔者告之：就表现在这里——

在票据债权等场合，债权移转的事实行为具有明显的外观。在普通债权，尤其是普通的现实债权场合，债权的即刻让与，欠缺有形的交付等外观。即使如此，为了体系和前后一贯的需要，建立统一的理论，对于没有公示方式的现实债权的即刻让与，仍可将此类债权从让与人到受让人的运动解释为事实行为。在这里存在着债权移转的"逻辑上的一秒"。存续"一秒"的事实行为也是客观存在，而非子虚乌有。

韩世远教授对此无法理解或不愿如此认识，迷惑地也可能是清醒地质疑"债权让与之'事实行为'又表现在哪里呢？"这颇有些只许州官放火，不许百姓点灯的味道。事实是，物权行为理论运用"逻辑上的一秒"甚于笔者的抽象，不止一次地将韩世远教授看不到"行为"的现象界定有物权行为。例如，在占有改定、指示交付的场合，德国和中国台湾地区的民法规定物权变动依然发生，学说认为此类物权变动依然是由物权行为引发的。在这里，同样未见买卖物从出卖人到买受人间的物理运动，与现实债权的即刻让与的现象没有两样，德国和中国台湾地区的民法学说却认为在前者场合存在着物权行为，在后者场合存在着准物权行为，韩世远教授对此从未指责，至少是默认。笔者将这些权利的运动描述为事实行为，韩世远教授却大加指责，其双重标准的态度和行事风格跃然纸上。

韩世远教授的思维方式存在的问题还表现在，权利及其运动的观念化，占有的观念化，在这里被他抛弃了。在他眼里，似乎是只有物理形态的标的物及其所承载权利的运动，诸如交付、付款及其权利的运动，才叫“行为”，虽然不见交付等有形外观，但买卖物所有权依然从出卖人移转给买受人、债权依然从让与人移转至受让人的此类观念化的权利运动，在韩世远教授眼里就不是行为！或是他自己喜爱有加的观念化的权利运动，诸如占有改定、指示交付等场合的权利运动，依然叫行为；而我们注意到的债权让与等观念化的权利运动，就不得叫作行为！

3. 韩世远教授还质问道：“如果接受《合同法》对买卖合同等‘对负担行为与处分行为一体把握，将处分行为纳入债权行为之中’的论断，为何还要单独提出一个有别于债权让与合同（债权行为）的债权让与之‘事实行为’呢？区分的价值到底如何?”①

首先说明，对负担行为与处分行为一体把握，不是笔者的概括。暂时推测，它可能是，至少包含着这样的含义：买卖等合同生效履行，买卖物的所有权即发生移转，而非像德国民法及其理论那样，中间再加上个物权行为，作为引发买卖物所有权移转的法律事实。按照笔者关于买卖等合同为一个法律行为，只是含有两个效果意思的观点，结论更是如此。如果是这样，那么，探究买卖物所有权运动、债权变动具有何种属性，占据什么地位，以区别于买卖合同、赠与合同、债权让与合同的性质和作用，价值非常明显。须知，当事人的典型交易目的，并非是成立买卖合同、债权让与合同，而是取得买卖物的所有权（买卖场合）、债权（债权让与场合）等权利。

其次，先矫正韩世远教授关于“单独提出一个有别于债权让与合同（债权行为）的债权让与之‘事实行为’”的提法。笔者没有单独提出债权让与这个事实行为，从与韩世远教授主张处分行为/物权行为的论争过程来看，事实行为说系伴随着处分行为/物权行为而出现的；从法律事实与债权变动之间的相互关系上看，事实行为系与债权让与合同这个法律行为对应的。有鉴于此，更正韩世远教授关于单独提出的命名，改称特别提出。

---

① 韩世远：《合同法总论》，2版，409页，北京，法律出版社，2008；韩世远：《合同法总论》，3版，461页，北京，法律出版社，2011。

只要静思细想，就不难发现，特别提出债权让与这个事实行为，区分债权让与合同和债权让与这个事实行为，具有多方面的价值。首先这是逼上梁山的结果，面对物权行为论者咄咄逼人的进攻，基于立法计划、立法目的的专家、学者被迫做出的回应。

一个不容抹杀的事实是，在新中国成立之后，一直到《经济合同法》、《民法通则》、《城市房地产管理法》等法律的颁行，学说并未区分债权让与合同和债权让与，并将债权让与界定为事实行为。这种区分，就其产生的时刻而言，是为了对应地回答物权行为理论者的质疑，对物权行为理论所涉及的有关方面在不确立物权行为的架构下给出说明，从而在正反两面都不存在障碍，以树立其自己的观点，而不像有些学者只顾自己的理论体系而置反对说的全部论据和论证于不顾，或者抓住反对意见的某点攻击一通，对难以驳倒的则视而不见。试想，假如没有物权行为理论的大厦，没有某些物权行为论者的咄咄逼人，我们也大可不必如此耗费笔墨地说明。对于此类耗费笔墨的说明，有的物权行为论者批评笔者关于物权行为与中国民法的分析复杂。岂不知，他自己是始作俑者，逼迫我们回应。可是某些具有优越感的学者却毫无自省之意。如果论争的各方把精力放在许多亟待解决的问题上，那么会更符合社会生活的需要。

再次，将债权变动、物权变动统一解释为事实行为，更符合相似的事务相同处理的规则要求，便于体系化的理论形成，可使某些物权变动的规则较为容易地类推适用到债权让与。

复次，也是重要的，笔者特别提出债权让与这个事实行为，区分债权让与合同和债权让与这个事实行为，具有更为积极的价值，为妥当适用法律所必需。如果不承认中国现行法上的债权让与为物权行为，仅仅为事实行为，那么，对于债权让与这个债权变动，就不适用《民法通则》等法律关于法律行为的规定，而适用关于事实行为的规则，某些方面会类推适用《物权法》关于物权变动的规定。如果区分债权让与合同和债权让与这个事实行为，则债权让与合同不成立、被撤销、无效会直接而非间接地否定债权让与这个债权变动的效力。

最后，区分债权让与合同这个原因行为与债权让与这个事实行为，也会自觉不自觉地凸显债权让与合同的地位和效力。普通债权的现实移转（变动）往往不具有有形的外观，仅有债权从转让人之手移转给受让人的结果（当然，这是当事人的核心的合同目的），不具有约束转让人和受让人的法锁力量，反映不出转让人的瑕疵担保义务及责任，受让人支付多少对价及支付的时间、方式等众多内容，距离担保的设立和消失等法律现象过远，而在不良资产打包转让较为普遍的现阶段，这些债权、债务以及责任的约定恰恰是不可或缺的、非常关键的、十分重要的。可谓结果单纯，过程和手段复杂。这些内容恰恰是债权让与合同本身或其相关的内容。显而易见，重视、研讨债权让与合同，具有十分重要的意义。反观中国台湾地区民法上的债权让与理论，几乎倾全部笔墨叙述债权让与这个准物权行为问题，对债权让与合同一笔带过。这种路径和方法不利于全面而妥当地解决中国大陆的不良资产打包转让问题。

区分债权让与合同和债权让与这个事实行为，所具有的积极价值，还表现在未来债权让与、现实债权于未来某个时刻移转的场合，凸显债权让与合同这个法锁，先重视和解决该阶段的问题。

韩世远教授等物权行为理论的爱好者不是推崇德国民法及其理论区分物权行为与债权行为的学说细腻、缜密吗？我们区分债权让与合同这个原因行为和债权让与这个事实行为，也具有这方面的价值。但遗憾的是，对于德国学者阐释民法细腻、缜密的风格，韩世远教授喜爱有加，但对于中国学者阐释民法细腻、缜密的做法，韩世远教授却大加指责。

4. 需要申明，韩世远教授在该领域的批评中，称笔者“将处分行为纳入债权行为之中”，是其不尊重客观事实的表现。纵观笔者撰写的《无权处分辨》[①]和主编的《合同法》[②]教材，一直都在使用“买卖合同”等概念，且主张“买卖合同”含有两个效果意思——引发债权债务的效果意思和引发物权变动的效果意思，只有在上下文需要时才使用“债权行为”、“物权行为”的称谓，从未“将处

① 见崔建远：《无权处分辨》，载《法学研究》，2003（1），6页以下。

② 见崔建远主编：《合同法》，崔建远执笔，3版，北京，法律出版社，2003；4版，北京，法律出版社，2007；5版，北京，法律出版社，2010。

分行为纳入债权行为之中”。该项问题下文还将讨论，暂且不表。

韩世远教授以梁慧星教授将买卖合同等场合标的物所有权的移转作为事实行为为论据[①]，批评笔者将债权让与作为事实行为的思路及观点，耐人寻味。假如韩世远教授是站在赞同梁慧星教授观点的立场上发表此类议论，那么，这无异于否定自身，因为他将此处所有权的运动作为物权行为，而否认其事实行为的性质。假如他是以梁慧星教授将买卖合同等场合标的物所有权运动描述为事实行为，而未对债权让与作事实行为的定性，来批评笔者的观点，那么，这只有在赞同梁慧星教授观点的前提下才可能具有一定的说服力，韩世远教授其实并不赞同梁慧星教授的这种观点，却用之来批评笔者的观点，属于何种逻辑？是说梁慧星教授没有一错到底，而笔者错得更远？还是在说梁慧星教授的观点具有权威性，韩世远教授自己尚未将债权让与定性为事实行为，笔者界定了，就肯定错了？纵观韩世远教授的全部观点及其论证，他批评梁慧星教授观点的不只一处、两处，并未完全信奉。这样，基于自己的需要而作取舍，其说服力大打折扣。

5. 韩世远教授令人诧异的论争思路和方式还有，他在批评笔者不按照准物权行为分析债权让与的做法和理论时称：“这种解释一方面强调不区分负担行为与处分行为，另外一方面却将上述‘综合’了两类不同效果意思的法律行为称为‘债权行为’(负担行为)，实属以偏概全”[②]。其中，需要辩白和回应的不少，主要的有以下几点：

(1) 在不区分物权行为和债权行为的法制及其理论的背景下，在不对应着物权行为理论而议论的场合，把买卖合同、债权让与合同（在韩世远教授那里叫作债权让与约定或债权让与协议）等叫作债权行为，的确画蛇添足，不如径直称作买卖合同、债权让与合同等。对此，笔者在撰写《无权处分辨》一文时就是如此行事的[③]，在2003年修订《合同法》(第3版）时不下一次地交代过：“因债权合

① 见韩世远：《合同法总论》，2版，409页，北京，法律出版社，2008；韩世远：《合同法总论》，3版，460～461页，北京，法律出版社，2011。

② 韩世远：《合同法总论》，2版，409页，北京，法律出版社，2008；韩世远：《合同法总论》，3版，461页，北京，法律出版社，2011。

③ 见崔建远：《无权处分辨》，载《法学研究》，2003 (1)，6页以下。

同的概念系相对于物权合同的概念而具有存在价值，又因中国现行法未采纳物权行为独立性和无因性制度及其理论，所以，除非上下文表述的需要，本书一般不使用债权合同的称谓，而采用合同的概念。”① “债权让与和债权让与合同不是同一个概念，而是具有联系和区别的两个范畴。债权让与，是指债权自其主体处移转到受让人之手的过程，是债权变动的一种形态，在不承认物权行为制度及其理论的法制下，它属于事实行为；同时，它也是债权归属于受让人的一种结果。而债权让与合同则为引起债权让与的一种法律事实，并且，因其以当事人的意思表示为要素，故它属于一种法律行为；因其在让与人和受让人之间产生了债权债务，故它属于债权行为。应予注意，郑玉波教授所使用的‘债权让与契约’一语，指的是准物权契约，即债权由让与人处移转到受让人之手的行为，而非债权合同。当然，因中国现行法未采纳物权行为制度及其理论，所以，除非上下文的需要，不单提债权行为的概念，本书遵循这个技术规范。”② 对于这样的认识和思路，笔者在2007年年初修订《合同法》（第4版）时再次重申：“由于债权合同的概念系相对于物权合同的概念而具有存在价值，由于中国现行法未采纳物权行为独立性和无因性制度及其理论③，将中国合同法上的合同称为债权合同反倒画蛇添足。有鉴于此，除非上下文表述的需要，本书一般不采用债权合同的概念，而径称合同。”④ “债权让与和债权让与合同不是同一个概念，而是具有联系和区别的两个范畴。债权让与，是指债权自其主体处移转到受让人之手的过程，是债权变动的一种形态，在不承认物权行为制度及其理论的法制下，它属于事实行为；同时，它也是债权归属于受让人的一种结果。而债权让与合同则为引起债权让与的一种法律事实，并且，因其以当事人的意思表示为要素，故它属于一种法律行为；因其在让与人和受让人之间产生了债权债务，故它属于债权行为。当然，因中国现行法未采纳物权行为制度及其理论，所以，除非上下文的需要，不

① 崔建远主编：《合同法》，3版，崔建远执笔，1页，北京，法律出版社，2004。

② 崔建远主编：《合同法》，3版，崔建远执笔，165页，北京，法律出版社，2004。

③ 见梁慧星：《如何理解合同法第51条》，载《人民法院报》，2000-01-08；谢怀栻等：《合同法原理》，102页以下，北京，法律出版社，2000；崔建远：《无权处分辨》，载《法学研究》，2003（1），5页。

④ 崔建远主编：《合同法》，4版，崔建远执笔，1页，北京，法律出版社，2007。

单提债权行为的概念，本书遵循这个技术规范。”[①] 笔者主编的《合同法》（第5版）坚持了上述见解。[②] 韩世远教授所著的《合同法总论》（第2版）出版于2008年3月，且其中批评笔者关于债权让与的观点时基本上都是针对笔者主编的《合同法》（第3版）、《合同法》（第4版）中的叙述和论证，可是他对这些教材中的上述完整的表述视而不见，舍近求远，翻找出韩海光先生和笔者合著的早在2003年发表的《债权让与的法律构成论》[③] 中的个别表述，批判一通，在批评别人“以偏概全”时自己却在断章取义，除了为了论战而论战，科学的态度不知去向。

（2）韩海光先生和笔者合作撰写的《债权让与的法律构成论》，使用债权行为和物权行为的术语，乃因为许多地方都在对比德国法、法国法、日本法和中国法，不得不提及债权行为、物权行为的术语。此其一。《债权让与的法律构成论》的原文是“在我国民法上，区别债权让与和债权让与合同两个范畴。债权让与，是指债权自其主体处移转到受让人之手的过程，是债权变动的一种形态，因不承认物权行为制度及其理论，它属于事实行为；同时，它也是债权归属于受让人的一种结果。而债权让与合同则为引起债权让与的一种法律事实，并且，因其以当事人的意思表示为要素，故它属于一种法律行为；因其在让与人和受让人之间产生了债权债务，故它属于债权行为。”[④] 它是在平行地分析“债权让与”和“债权让与合同”两个范畴时，在将债权让与合同作为引发债权让与的法律事实的情景之中，在对比着二者剖析各自的法律性质、界定各自的概念时，在对应着德国民法关于债权让与的法律构造理论的背景下，才使用“债权行为”一语的。在这种区分着“债权让与”和“债权让与合同”且要对后者进行定性和定位的语境中，称“债权让与合同则为引起债权让与的一种法律事实”，“因其在让与人和受让人之间产生了债权债务，故它属于债权行为”，应当是情有可原的，除非从鸡

① 崔建远主编：《合同法》，4版，崔建远执笔，201页，北京，法律出版社，2007。

② 见崔建远主编：《合同法》，5版，崔建远执笔，207页以下，北京，法律出版社，2010。

③ 见韩海光、崔建远：《债权让与的法律构成论》，载《法学》，2003（7），55～61页。

④ 韩海光、崔建远：《债权让与的法律构成论》，载《法学》，2003（7），57～58页。

蛋里挑骨头。此其二。原文附有注释，标明引自笔者主编的《合同法》（第3版）第165页。而《合同法》（第3版）第165页的表述不仅有《债权让与的法律构成论》引用的那段文字，还有接下来的“当然，因我国现行法未采纳物权行为制度及其理论，所以，除非上下文的需要，不单提债权行为的概念，本书遵循这个技术规范”这段说明。《债权让与的法律构成论》使用“债权行为”一语的背景和原因，是“上下文的需要”，一清二楚，只要法律人平心静气，就能正确对待。如此明明白白，韩世远教授却视而不见或有意割裂，令人难以理解。此其三。虽然债权让与合同中含有发生债权债务的效果意思和债权变动的效果意思，但在必须将它归类、不允许游荡于两者之间的情况下，为了能够统一说明现实债权的即刻让与、现实债权于未来让与、未来债权的让与等各种情形，着眼于债权让与合同的主要属性而暂且忽视其次要性质，称其为“债权行为”，也未尝不可，因其符合逻辑和认识事物性质的方法。假如将债权移转的效果意思放在债权移转结果的层面，那么，就容易走向承认物权行为的结论和学说，因为在物权行为理念的主导下将该效果意思与债权变动相互结合，从而得出准物权行为的结论。假如将债权移转的效果意思放在债权移转结果的层面，那么，就无法说明在未来债权的让与、现实债权于未来让与场合债权让与合同自成立至债权实际移转阶段的性质，因为债权于此阶段尚未发生变动，该效果意思与外观自无表现的机会、空间，不好说存在着法律行为，可事实上已经出现并存续着法律行为，那就是债权让与合同。此种揭示事物属性的方法，在建设用地使用权出让合同、政府采购合同、劳动合同等定性和定位中都被运用，民法学者、行政法学者、经济法学者、劳动法学者概莫能外。例如，对于建设用地使用权出让合同，在命名和归类方面，暂时忽略建设用地使用权出让合同的行政法律关系的色彩，而将其纳入民法范畴，作为民法上的合同看待，只是在处理案件时不忘行政法的适当适用。对政府采购合同同样如此。至于劳动合同，则是以劳动法律关系为主，在处理案件时可能要适用《合同法》的有关规定。试问，韩世远教授于此场合能够骑墙吗？宜说建设用地使用权合同为民法合同和行政法合同吗？此其四。在这点上，正好显现出不承认物权行为理论及其体系的方便和优势。德国、中国台湾地区的民法理论，以及日本民法的有些学说，在债的移转领域，大谈特谈债权让与为准物权行为，忽视所谓债权行为意义上的债权让与合同，在未来债权的让与、现实债权于未来让与的场合，由于尚不存在所谓物权行为，又不注重债权行为，属于“不务正业”。当然，若大家熟知于此场合须适用或准用关于买卖合同或赠与合同等规定的规则，则另当别论。如果中国学者不清楚债权让与场合适用或准用关于买卖合同或赠与合同等规定的规则，那么就会出现不当的后果。此其五。不承认物权行为理论及其体系，在债法领域讨论债权让与合同，正好内容和形式相统一。此其六。概念，至少绝大多数概念都舍去了被概括事物的若干属性，本为正常。韩世远教授所用概念也大多如此。可是，为了论争，韩世远教授忘记了这一点，给笔者扣上“以偏概全”的帽子。其不知，依其以偏概全的理念及标准，他自己使用的众多概念、表述都“以偏概全”了。此其七。

6. 韩世远教授坚持把债权让与作为一种处分行为亦即物权行为，其正面论证的理由计有四点。对此，笔者分析如下：

(1) 其前两点理由乃后两点理由的铺垫，交代债权转让系基于法律行为的债权变动，为得出该法律行为即为物权行为的结论埋下伏笔。在这里，在债权让与这个债权变动由合同引起的背景下，双方的论争不在于该合同是否为法律行为。没有人反对该合同为法律行为，没有人将该合同界定为事实行为，除非他脑子进水了。从这个意义上说，前两点理由并非真正的理由。双方的分歧点在于，韩世远教授认为该合同为物权合同，笔者坚持它在中国现行法上不是物权合同。

(2) 在债权让与这个债权变动由合同引起的背景下，韩世远教授于此处所述观点，就表面观察，与笔者的观点似乎没有不同。但必须注意，在实质上，双方的指代相距甚远，韩世远教授所指的引起债权变动的法律行为（债权让与合同），区别于债权让与约定/债权让与协议，系物权行为；而笔者所指的引起债权变动的法律行为，则非物权行为，虽然它也被称作债权让与合同，但不同于韩世远教授在这里所使用的债权让与合同概念。

(3) 韩世远教授的第三点理由是：“作为《合同法》‘总则’第5章中的规定，此处的合同，有别于‘分则’中的买卖合同、赠与合同等具体合同，而是一种抽象的合同。”[①] 其中，需要澄清和商榷之点如下：

1）韩世远教授在前两个理由中陈述债权变动由法律行为引起，其行文内容和方式，容易使人把笔者所谓债权让与（债权变动）为事实行为与韩世远教授此处所说的法律行为对比，误解为双方系对同一个对象进行定性和定位，只是各自有各自的看法。其实，双方所指的对象完全不同，韩世远教授所谓法律行为，指的是债权变动的原因，从时间过程来看，属于债权变动之前的事物；笔者所谓事实行为，针对的是债权变动本身，而非债权变动的原因，不属于债权变动之前的事物。

2）韩世远教授的观点，存在着这样的逻辑：《合同法》使用债权人转让权利（第 79 条以下），不同于买卖合同、赠与合同，在于债权转让合同是处分行为，亦即物权行为，而买卖合同等是负担行为，亦即债权行为。

必须指出，这是由韩世远教授不了解《合同法》的立法过程、立法精神所致。在《合同法》立法过程中，谢怀栻先生特意指出，中国台湾地区“民法”上的买卖合同，包括有体物的买卖和权利的买卖（转让），《德国民法典》上的买卖合同仅指有体物的买卖。中国大陆《合同法》宜借鉴《德国民法典》的模式，买卖合同的标的物仅限于有体物，不包括权利。为了区别有体物的买卖与权利的买卖，把有体物的买卖合同叫作买卖合同，由《合同法》予以规范；将权利的买卖合同称作权利转让，留给单行法规定。如此设计的优点是，对于权利的买卖（转让），优先适用有关权利转让的特别法的规定，此类特别法没有规定或规定不适当的，才适用《合同法》关于买卖合同的规定。谢怀栻老师在这里所说的权利的转让，指的是权利的买卖，是法律行为，而非权利变动本身。[②] 与会专家、学者接受了谢怀栻老师的意见，全国人民代表大会常务委员会采纳了这种方案。由此可知，《合同法》使用的债权转让术语，至少在许多场合就是债权买卖或债权赠与，债权转让合同就是债权买卖合同或债权赠与合同，并非像韩世远教授自己猜

---

① 韩世远：《合同法总论》，2 版，410 页，北京，法律出版社，2008；韩世远：《合同法总论》，3 版，462 页，北京，法律出版社，2011。

② 见崔建远：《物权：规范与学说》下册，804 页，北京，清华大学出版社，2011。

想的那样，债权转让合同纯属债权处分的意义。此其一。《合同法》及其以前的《城市房地产管理法》等法律、法规、规章，使用权利转让、房地产转让等概念，时常不指债权变动、物权变动，而是指引起债权变动、物权变动的合同，相当于德国民法所说的债权行为；或者是有时指物权变动、债权变动，有时指引起物权变动、债权变动的合同。例如，《城镇国有土地使用权出让和转让暂行条例》第19条前段规定："土地使用权转让是指土地使用者将土地使用权再转让的行为，包括出售、交换和赠与。"不难看出，该条例所规定的土地使用权转让，首先不是土地使用权由转让人之手移转到受让人之处的物权变动，更非物权行为，而是出售、交换和赠与土地使用权等合同。再如，法释［2005］5号第7条规定："本解释所称的土地使用权转让合同，是指土地使用权人作为转让方将出让土地使用权转让于受让方，受让方支付价款的协议。"该项界定是《合同法》第130条关于买卖合同定义的翻版。如此，可以断言：此处所谓合同、协议，同样指引起物权变动的原因行为，而非物权行为。在相当长的历史时期，中国法及司法实务坚持房屋买卖合同以办理完毕过户登记手续为生效要件，系典型的将物权变动与其原因行为捆绑在一起的表现。[①] 中国现行法真正明确区分物权变动与其原因行为的，是《物权法》(第15条等)。这告诉我们，《合同法》使用的债权转让，《城市房地产管理法》使用的房地产转让、房地产不得转让，与如今的《物权法》将物权转移称作物权变动（含物权转让），把引起物权变动的合同叫作土地承包经营权合同、建设用地使用权转让合同、抵押合同等的概念及表述不同，韩世远教授套用《物权法》上的概念运用规则，解释《合同法》上的债权转让、债权转让合同、债权转让约定，不合历史解释规则，造成了严重的混乱。此其二。

3）韩世远教授将债权让与定性为处分行为的第三点理由，即"作为《合同法》'总则'第5章中的规定，此处的合同，有别于'分则'中的买卖合同、赠与合同等具体合同，而是一种抽象的合同"，应属自已说。此处所谓"抽象的合

① 见崔建远：《物权：规范与学说》上册，109页以下，北京，清华大学出版社，2011。

同”，含义如何，颇费猜想。[1] 它是指处分行为、物权行为吗？如此界定符合韩世远教授证明其论点的思路。但笔者觉得欠缺说服力，因为个案的债权让与合同与个案的买卖合同在抽象、具体方面没有程度的差异；在“类”的意义上，债权让与合同与买卖合同在抽象、具体方面亦无程度的不同。这毫不奇怪，《合同法》在立法设计时学习了德国民法区分权利买卖合同与有体物买卖合同、将前者叫作权利转让的模式，债权让与合同就是债权买卖合同或债权赠与合同。对债权让与合同与买卖合同，既可按照德国民法的思维抽象出物权行为，也可以遵循法国民法的思维不抽象出物权行为。看来，归根到底是学或不学德国民法上物权行为制度及其理论的问题。由于《合同法》的立法计划、立法目的没有物权行为的一席之地，我们不应从债权让与这个债权变动中抽象出物权行为。总之，所谓抽象的合同，乃韩世远教授脑海里先有处分行为/物权行为的结论，为“顺理成章”地得出该项结论而特意创造出来的，可谓量身定做。依据“抽象的合同”、“具体合同”的分类和路径来证明债权让与合同为物权行为，十分牵强，欠缺说服力。

(4) 韩世远教授将债权让与定性为处分行为的第四点理由，即“关于这种抽象的合同，法律规范的重点不是债权债务的发生及履行，而是合同权利（债权）的变动及其法律后果。……我们从《合同法》关于债权让与的规定（第79～83条）中，看到的是债权变动问题，而不是债权债务问题；换言之，我们看到的只

---

[1] 所谓抽象的合同、具体合同，也可能有其他意思：(1) 韩世远教授把债权让与合同称为“抽象的合同”，将买卖合同称为“具体合同”。所谓“抽象的合同”，是指“玄”的合同、“虚”的合同，与“实实在在”的合同、“看得见摸得着”的合同相对？似乎不是，因为债权让与合同也是“实实在在”的合同，无论是笔者视野中的债权让与合同，还是韩世远教授眼中的债权让与合同，都是这样。更为重要的是，这种理解证明不了韩世远教授关于债权让与为处分行为（物权行为）的结论。他不会用证明不了自己结论的东西作为证明理由。(至于“看得见摸得着”的合同，确实有所区别。笔者眼中的债权让与合同仍属“看得见摸得着”的合同，但韩世远教授视野中的债权让与合同，因其为处分行为、物权行为，故不好说是“看得见摸得着”的合同，至少在许多拟制的场合如此。不过，这不影响“抽象的合同”非指“玄”的合同、“虚”的合同的结论。) (2) 所谓“抽象的合同”，是指物权行为和债权行为统一的合同？仍然不是。首先是因为韩世远教授批评了梁慧星教授关于《合同法》对负担行为和处分行为一体把握的观点。其次是因为对买卖合同也可作同样的理解，况且韩世远教授反对债权让与系包括处分行为和负担行为在内的混合体之说。(3) 所谓“抽象的合同”，是指合同约定的内容概括、不详细？应当不是，因为债权让与合同未约定的，或约定不明的，适用《合同法》关于买卖合同的规定，何况还有《合同法》第61条、第62条所定规则的适用。再说，概括、详细方面的论据证明不了债权让与为处分行为的论点。

是权利的处分（债权让与合同），而不是债务的负担（债权让与约定）”，也难获赞同，原因在于：1）有体物的处分、权利的处分，乃客观存在，各国、地区概莫能外，所有的立法例均予承认。规定了权利的处分，与承认了物权行为，并无必然的因果联系。换个角度说，处分及其行为，只有在将处分行为与负担行为明确分工，各司其职，并把物权行为和债权行为纳入其中的法制下，才可能、可以就此推论出法律规定了物权的处分、债权的处分，甚至于规定了处分行为，就是承认了物权行为；在未刻意区分处分行为和负担行为，或者即使有所区分，但不将处分行为和负担行为如同德国民法及其学说那样分工，不采纳物权行为的法制下，不存在法律规定了权利的处分就是承认了物权行为的逻辑。只存在着这样的定理：在法律确立了物权行为制度的背景下，某个具体条文规定了权利的处分及其行为，该法律行为就是物权行为。不存在着这样的逆定理：在缺乏物权行为的立法计划、立法目的的背景下，某个或某些法律规定了权利的处分及其行为，就是法律承认了物权行为。如此，韩世远教授在此采取的“因为法律规定了权利的处分，所以法律承认了物权行为；因法律规定了债权让与合同，故法律承认了准物权行为”的推论，是违反逻辑的。2）《合同法》第 79～83 条中不乏债权债务方面的内容。例如，《合同法》第 79 条第 2 项关于按照当事人约定不得转让的债权不得转让的规定，显然包含着当事人的约定产生了不得转让的债务之意；债权人违反了该项约定，须向债务人承担违约责任。这些均属债权债务的范畴。又如，《合同法》第 80 条第 1 款关于“债权人转让权利的，应当通知债务人。未经通知，该转让对债务人不发生效力”的规定，不限于转让人处分债权的内容，也包括债权人和债务人之间的债的关系，以及受让人（新债权人）与债务人之间的债的关系。还如，《合同法》第 82 条关于抗辩的规定，至少包含债权债务关系中的抗辩，无法排除债的关系。其实，韩世远教授自己都说，该“抗辩包括足以阻止或排斥债权的成立、存续或行使的一切事由在内。”可见，韩世远教授所谓“我们从《合同法》关于债权让与的规定（第 79～83 条）中，看到的是债权变动问题，而不是债权债务问题”，不合事实，前后矛盾。3）退一步说，《合同法》第 79～83 条即便全部为债权变动的规定，也证明不了韩世远教授的结论。其道理在于，法律作为一个整体，具有内在的相互衔接、配合乃至补充的机能。《合同法》第79～83条的规定所蕴含的规则，绝不仅限于条文字面所显现的规则，还要依据有关规则及原理衍生/延生出有关规则。这些条文至少不排斥产生债权债务关系的债权让与合同（韩世远教授称之为债权让与约定或债权让与协议，他所说的债权让与合同在其理论体系中属于物权合同），不排斥《合同法》关于买卖合同的规定所确立的相关规则。至于该合同的内容，可由当事人的具体约定加以明确、固定，可由《合同法》关于买卖合同的规定予以补充，甚至还要适用《合同法》的总则乃至《民法通则》的有关规定。这如同《物权法》重点规定物权变动，但不排斥土地承包经营权合同、建设用地使用权出让合同和建设用地使用权转让合同一样。对土地承包经营权合同、建设用地使用权出让合同和建设用地使用权转让合同的定性和定位，即使遵从德国民法的思维，也不可说它们是物权合同。《合同法》第79～83条的现状，恰恰是优先适用权利转让（买卖）规定、欠缺此类规定或规定不明时适用《合同法》关于买卖合同的规定这个立法精神的体现，系立法技术使然。就是说，依《合同法》是重点规定债权变动还是重点规定引起债权债务的合同，判断不出其承认还是否认物权合同来，也就达不到证明债权让与为处分行为/物权行为的目的，得不出“我们看到的只是权利的处分（债权让与合同），而不是债务的负担（债权让与约定）”这样的结论。4）其实，问题的关键，不在于法律规定物权变动、债权变动的条文及其所占的比重，而在于该法是否有设置物权行为的立法计划、立法目的。若有，哪怕物权行为的条文少之又少，也有物权行为的存在并发生相应的法律效果，如《德国民法典》；若无，即使关于物权变动、债权变动的规定较多，也无物权行为的存在，如法国民法及判例。

（5）韩世远教授不但在此处，而且在他处，多次利用负担行为和处分行为的概念与分类来证明其观点，特别是他认为负担行为和处分行为的概念的提出，是法学研究对生活现象提炼的结果，有助于分清问题，是法律思维的利器①，似乎是负担行为和处分行为的概念须臾不可离开，而在德国民法及其学说赋予负担行

① 见韩世远：《合同法总论》，3版，461～462页，北京，法律出版社，2011。

为和处分行为固定含义与功能的背景下，结论自然是必须承认物权行为，必须承认债权让与系物权行为。在中国现行法上，事实果真如此吗？笔者分两方面举例分析。

1）从中国现行法的规定来看：

众所周知，德国民法及其学说区分处分行为和负担行为、物权行为与债权行为的实际益处在于：A. 处分行为应适用标的物特定原则，即物权行为或准物权行为至迟于其生效时，其须属特定，并须就一个标的物作成一个物权行为或准物权行为（一物一权原则）。反之，负担行为不受此限制。B. 有效的处分行为，以处分人有处分权为要件，无处分权而处分权利标的物者，为无权处分，效力未定。反之，负担行为则不以处分人有处分权为必要。C. 物权行为适用公示原则，即物权的变动须有一足由外界可以辨认的征象，以维护交易安全，避免第三人遭不测之损害。准物权行为（如债权让与），尚欠公示方法，故无善意取得制度。[①] 债权行为则不强调公示，大多也难以公示。

这些意义在中国现行法上欠缺不少：A. 在一物一权主义方面，中国现行法有时未予贯彻。例如，《城市房地产管理法》第 38 条[②]设计的房地产转让制度，与德国法关于须就一个标的物作成一个物权行为或准物权行为（一物一权原则）的模式不同。其原因在于，在中国现行法上，土地和房屋是两个不同的不动产，是两个物。假如按照德国法及其理论的路径，那么，《城市房地产管理法》第 38 条涉及的房地产转让，即房地产转让合同，应当是两个法律行为——处分行为/物权行为，一个是土地使用权转让的处分行为/物权行为，另一个是房屋所有权移转的处分行为/物权行为。但这不尽符合中国现行法的规定、实务和大多数理论的认识。实务和大多数理论（物权行为论除外）都认为房地产转让合同是一个

① 见王泽鉴：《民法总则》，284～285 页，台北，三民书局，2000。

② 见《城市房地产管理法》(2007 年) 第 38 条规定："下列房地产，不得转让：(一) 以出让方式取得土地使用权的，不符合本法第三十九条规定的条件的；(二) 司法机关和行政机关依法裁定、决定查封或者以其他形式限制房地产权利的；(三) 依法收回土地使用权的；(四) 共有房地产，未经其他共有人书面同意的；(五) 权属有争议的；(六) 未依法登记领取权属证书的；(七) 法律、行政法规规定禁止转让的其他情形。"

法律行为，而非两个法律行为。房地产转让合同适当履行完毕，发生两个物权变动的后果，一个是土地使用权转让（由转让方处移转到受让方之手），该物权变动以移转登记为必要；另一个是房屋所有权移转（由转让方处移转到受让方之手），该物权变动亦以移转登记为必要。[①] B. 在处分权影响法律行为的效力方面，中国现行法没有遵循德国法关于处分行为和负担行为二分、明确分工各自任务的架构。例如，《合同法》第 51 条的规定反映出买卖等合同的效力也受有无处分权的影响。[②] C. 在所谓处分行为适用公示原则方面，即物权变动必须以公示为生效要件方面，中国现行法上存在着反证。例如，《农村土地承包法》规定，土地承包合同生效，承包方取得土地承包经营权（第 22 条后段），登记不是土地承包经营权移转的要件，只是确认土地承包经营权的程序（第 23 条第 1 款）。土地承包经营权采取互换、转让方式流转，当事人要求登记的，应当向县级以上地方人民政府申请登记。未经登记，不得对抗善意第三人（第 38 条）。一句话，土地承包经营权的变动不以公示为生效要件。《物权法》固定了这些精神（第 127 条、第 129 条）。又如，《物权法》第 158 条规定："地役权自地役权合同生效时设立。当事人要求登记的，可以向登记机构申请地役权登记；未经登记，不得对抗善意第三人。" D. 物权行为，价值中立，至少通说认为其不因违反公序良俗而无效。中国现行法恐怕做不到听任债权让与损害社会公共利益、违背社会公德依然赋予其法律效力。假如某国有资产管理公司将 1 亿的不良债权赠与敌对国，或赠与某地下卖淫集团以供其收买少女卖淫，那么债权让与肯定无效。不认为中国现行法关于债权让与的规定含有准物权行为，而是债权让与合同（非物权行为）引发债权让与（债权变动），最容易得出这样的结论，最能顺畅地达到法律行为不得损害社会公共利益、不得违反社会公德的基本原则的要求。

这告诉我们，负担行为和处分行为/债权行为与物权行为二分，并明确分工各自的任务，在德国和中国台湾地区的民法及其理论上是利器，在不采纳物权行为的法制上，比如在中国现行法上，它在若干领域都不灵光。

---

① 见崔建远：《物权：规范与学说》下册，803 页以下，北京，清华大学出版社，2011。

② 详细分析，参见崔建远：《无权处分辨》，载《法学研究》，2003（1），3～23 页。

2）从韩世远教授运用的结果来看：

对于负担行为和处分行为/债权行为与物权行为二分，并明确分工各自的任务，韩世远教授推崇备至，赞美其为利器，并积极地运用于中国现行法。笔者予以提醒的是，利器用得不好，反倒会伤及自已，把自己的法律体系及其理论砍杀得千疮百孔。例子之一是，韩世远教授运用该种利器解释中国现行法上的债权让与，却在批评笔者关于债权让与这个债权变动为事实行为的观点时将之认定为法律行为、处分行为，显然错误，砍伤了自己。例子之二是，从韩世远教授认为《合同法》第 79 条至第 83 条规定的是债权处分、规定了债权处分就是承认了处分行为的逻辑来看，他至少在某些时候将债权变动与债权处分视为同一个东西了，因为债权处分的重心在转让人一方，不考虑或不重视相对人一方，而《合同法》第 79 条至第 83 条在相当多的情况下关注着转让人和受让人之间的关系，此时为债权变动。债权变动，只有在德国法系才抽象出准物权行为，在法国法系则否。例子之三是，韩世远教授运用该种利器解释《合同法》第 51 条的规定，主张欠缺处分权，只是处分行为效力待定，负担行为的效力不因此而受影响①，结果是无法圆满解释《合同法》第 58 条规定的“合同无效或者被撤销后，因该合同取得的财产，应当予以返还；不能返还或者没有必要返还的，应当折价补偿。有过错的一方应当赔偿对方因此所受到的损失，双方都有过错的，应当各自承担相应的责任”。因为按照债权行为和物权行为二分、各有其功能的架构及理论，返还基于合同而取得的财产，其法律基础都是不当得利。既然如此，还区分能返还与不能返还或无必要返还并赋予不同的救济方式，是不合法理的。例子之四是，韩世远教授明确宣布该种利器仅在个别场合使用。② 物权行为原则是物权法的结构原则，直接决定着物权法的结构，决定着这座大厦的结构、态样；基于物权法和债法相互关系，它也影响着债法的结构、态样。这样的原则、利器不贯穿于这个物权法，体现于债法，大厦不就走样了吗？利器变成了钝器。例子之五是，韩世远教授主张解除权行使的行为引起物权变动，依其逻辑，负担行为与处

① 见韩世远：《合同法总论》，218 页以下，北京，法律出版社，2011。

② 见韩世远：《合同法总论》，226 页，北京，法律出版社，2011。

分行为的区分，也应当能运用于这个场合。于是，问题产生了：解除权行使的行为是处分行为吗？若是，则它直接——而非再有媒介——引起物权变动，如给付物所有权复归于出卖人。事实显非如此，因为韩世远教授认为解除权行使的行为产生恢复原状义务，该义务的履行，导致物权变动。一句话，并非解除权行使的行为直接引起物权变动。若非，则应为负担行为，可是，在负担行为和处分行为的架构下，负担行为不引起物权变动。

在此略抒似乎题外话的己见：与解释某些不大影响其他制度、规则的相对孤立的规定可以较为大胆些地采取客观解释论不同，对结构原则及功能类似的法律制度、规则进行解释，不容动辄采取客观目的解释，不然，解释者心目中的客观目的不一，解释出来的制度、规则面目多样、多变，如何保障法制的统一、权威?!

7. 韩世远教授经常援引日本民法及其学说论证自己的观点，意在增强说服力，比如在同时履行抗辩权问题上特别推崇我妻荣教授的观点。在此处，为了证明将债权让与定性和定位为处分行为、物权行为的正确性，他再次以日本民法虽然在物权变动方面不承认物权行为，但在债权让与领域却承认债权让与合同/物权行为为论据。笔者提醒的是，他应当了解甲斐道太郎教授的下述观点："日本民法上的财产转移法，一般被认为是立足于法国民法的基本原理，并且考虑到其与物权行为理论的并列关系，下面这样的构成也是有可能的。即在日本民法中，原则上债权发生转移乃基于原因行为（即基于债权契约）的效果；只有在例外的情形下才存在作为处分行为的债权让与契约。"①

二、主要立法例关于债权让与的理论构成②

（一）德国民法上的理论构成

近代民法将债权视为财产的一种，并原则上允许债权的自由让与，因此在探

① ［日］西村信雄编：《注释民法 11・债权 2》，341 页，东京，有斐阁，1965。

② 这部分内容源自韩海光先生与笔者合作研讨债权让与问题的结晶。凡是日文文献及其所及内容，均为韩海光先生所做，笔者负责润色、适当"改造"的工作。特此感谢韩海光先生！

讨债权让与的问题时，可以将之与物权变动的问题并列考虑，但同时又须注意债权让与中特有的问题。众所周知，关于物权变动的立法例，最具代表性的有德国的形式主义和法国的意思主义。前者区分债权行为（负担行为）和物权行为（处分行为），承认物权行为的独立性与无因性。而后者在物权变动中，对债权行为和物权行为不作区分，仅基于当事人的意思表示而发生物权变动的效果。那么在标的物是“债权”，而不是“有体物”的情况下，其法律构成如何呢？我们通过下文的“例 1”加以说明。

例 1：甲乙签订赠与合同，甲将自己对丙的 10 万元债权赠送给乙。并且在签订合同后，甲将上述让与事实通知了丙。

德国民法理论认为，在这个例子中存在两个合同，一个是甲乙间的赠与合同，依该合同，仅仅产生甲向乙转移 10 万元债权的债务，并不发生债权转移的效果。这就是所谓的债权合同，也叫负担行为。另一个是甲乙之间形成的 10 万元债权移转的合意，可称之为债权让与行为或债权让与契约。[①] 它直接发生债权转移的效果，不同于前述产生债务的负担行为，而属于处分行为。因为该契约类似于产生物权变动效果的物权行为，只是其标的物是债权而非有体物，所以又被称为准物权行为，或准物权合同（契约），以区别于典型的物权行为。[②] 对于债权行为与准物权行为之间的关系，德国民法也采取与物权变动相同的法律构成，即承认准物权行为的独立性和无因性。即使甲乙间的赠与合同无效或被撤销，准物权行为的效力也不受影响，即该债权仍然有效地转移给乙。

（二）法国民法上的理论构成

与《德国民法典》不同，《法国民法典》未把债权让与放置于债权总则中，

① 为了区别作为债权行为的债权让与合同与作为准物权行为的债权让与行为两个概念，本书把前者叫作债权让与合同，或直接根据上下文及其内容而称之为买卖合同、赠与合同或代物清偿等；将后者取名为债权让与行为或债权让与契约。虽然中国大陆的现行法上，在概念上不再区分契约与合同，但因笔者的词汇贫乏，本文才不得已地如此使用契约和合同的概念。

② 在这里值得一提的是《荷兰民法典》。《荷兰民法典》将物的让与和债权的让与都归为物权行为，因而两者都作为“财产的转移”（Übertragang von Gütern）在《荷兰民法典》第三编第 83 条以下被加以规定。参照［德］海茵·科茨（Hein Kötz）：《欧洲契约法Ⅰ》，［日］潮见佳男、中田邦博、松冈久和译，501 页，京都，法律文化出版社，1999。

而是把它规定在买卖契约法中，视其为买卖契约的一种形态，即债权的买卖，属于出卖人履行其转移标的物义务的一种方式。①② 债权让与和有体物买卖在法律构成上完全相同，即在债权合同以外无须任何独立存在的所谓物权行为。债权发生转移只不过是该债权合同生效的结果。无论标的物是有体物还是债权，法国民法对物权行为的存在本身都持否定态度。既然不承认物权行为的独立性，自然也就不会产生在债权行为无效或被撤销时，对物权行为的效力有无影响的问题，因此在采取法国民法的理论构成中，也就没有讨论有因性或无因性的必要。

从法国民法的立场来看上面的例1，它只存在一个合同，即甲将10万元债权赠与乙的赠与合同。而10万元债权由甲转移到乙乃是该赠与合同生效的当然结果，无须有独立于该赠与合同的其他任何处分行为。需要注意的是，债权让与不同于有体物买卖之处，在于不需要交付（动产的情形）或登记（不动产的情形），在没有当事人的特别约定或法律的限制规定时，因债权合同的生效当然地发生债权转移的效果。

（三）日本民法上的理论构成

日本民法上的理论构成有些独特。在物权变动的问题上，日本民法采取与法国民法相同的立场，其判例和通说否认物权行为的独立性和无因性，认为仅仅基于债权合同即可发生物权的变动。有趣的是，在债权让与的问题上，不少学说却没有逻辑地沿袭上述思维，而是追随德国民法学说，认为债权让与属于"准物权

① 与《法国民法典》采取相同构成的还有《西班牙民法典》（第1526条）。当然，现代的法国民法和西班牙民法并不排斥买卖之外的其他原因行为。因而有学者批评这种规定方法是过时的。比如海茵·科茨教授认为"债权让与的原因行为并不限于买卖契约，也包括赠与、担保的合意等其他情况，所以很明显不能像《法国民法典》那样将之规定于买卖法，而是必须抽取其共通项放在债权总论部分"。（［德］海茵·科茨（Hein Kötz）：《欧洲契约法Ⅰ》，［日］潮见佳男、中田邦博、松冈久和译，501页，京都，法律文化出版社，1999。）

② 《法国民法典》第1689条规定："债权，对第三人的权利或诉权（action）的转移，通过让与人与受让人之间权利证书的交付进行。"另外，债权于当事人之间的转移，在买卖契约缔结的同时发生（《法国民法典》第1138条）。对于这一点没有任何异议。见［日］西村信雄编：《注释民法11·债权2》，340页，东京，有斐阁，1965。

契约”，并承认其具有独立性。[①] 不过在有因或无因的问题上，判例与多数学说采取有因性的立场，这一点又不同于德国民法。[②]

在上述“例1”中，日本民法认为存在两个合同，即甲乙间的赠与合同（原因行为或称负担行为）和甲乙间的债权让与契约（处分行为或称准物权行为）。在承认准物权行为独立这一点上，日本民法与德国民法相同。但是，在甲乙间的赠与合同无效或被撤销的情况下，该债权让与契约也因之失效，不发生债权移转的效果。日本民法这种承认有因性的立场又与德国民法相左。

至于为何采取这样的理论构成，其理由未必明确。比如我妻荣教授认为：“债权让与契约以债权的转移为内容，这同让与人或赠与人负担债权转移义务的买卖或赠与契约（原因行为），在理论上有明显的不同。将这种在理论上具有不同属性的契约作为处分行为，以便同原因行为加以区别，或者根据其性质称之为准物权行为都是妥当的。”[③] 不过，他同时又指出：“在债权买卖或赠与的场合，认为实际上必须有与上述契约不同的债权让与契约存在的观点是错误的。而是应该仅仅作为一个契约解释的问题来对待，根据实际情况作出相应的解释。盖因债权让与契约同买卖契约、赠与契约同样通过不要式的意思表示而表现，即使在理论上属于不同的存在，而实际上通过同一行为而表现，也是不存在任何障碍的。”[④]

当然，对于多数说的理论构成存在着不同意见。例如，甲斐道太郎教授认为，上述理论构成在承认物权行为独立性的德国民法体系中是正确的，但是“日本民法上的财产转移法，一般被认为是立足于法国民法的基本原理，并且考虑到其与物权行为理论的并列关系，下面这样的构成也是有可能的。即在日本民法

① 见［日］伊藤进等：《民法讲义4·债权总论》，242页，东京，有斐阁，1977；［日］潮见佳男：《债权总论Ⅱ》，2版，516页，东京，信山社，2001。

② 大判昭和3·12·19民集7卷1119页判决认为：债权让与的契约被解除后，该债权当然地复归。此外，最判昭和43·8·2民集22卷8号1558页对他人债权让与的判决中表明：在让与他人所有之债权的契约中，让与人在事后取得该债权的情况下无须任何意思表示，该债权即转移到受让人。

③ ［日］我妻荣：《新订债权总论》，526页，东京，岩波书店，1964。

④ ［日］我妻荣：《新订债权总论》，527页，东京，岩波书店，1964。

中，原则上债权发生转移乃基于原因行为的效果（即基于债权契约）；只有在例外的情形下才存在作为处分行为的债权让与契约。”[①] 由此可见，在日本的学说中，即使是倾向于采取法国民法之理论构成的，也不否认债权让与为处分行为的例外。[②]

然而无论采取什么样的理论构成，最终目的还是要解决实际问题。在仅从法理构成上难以分辨孰优孰劣的情况下，是否有利于解决实际问题，成为重要的判断标准。

债权让与中的债权，在日本大致可以分为三类，包括指名债权、证券债权及证券化的债权。所谓指名债权，亦称记名债权，是指表示特定债权人姓名的，债权的成立和让与不需要债权证明文书的制作和交付的普通债权。[③] 所谓证券债权，是指债权的成立、持续、让与、行使必须随同有证券的债权，即所谓债权的证券化。在证券债权中，证券和债权是一体化的。它是为加强债权的财产性、让与性而创设的。[④] 所谓证券化的债权，是介于指名债权和商法上的有价证券之间的债权，如购物券、入场券等。这三种债权的性质在许多方面大相径庭，这使得其在涉及债权转移时也各具特点。以日本民法为例，指名债权属于典型的民法上的债权，民法有关债权让与的条文主要是为了规范指名债权的让与。有价证券具有流通性，且流通性为其基本属性，其转让依据日本商法及公司法、证券法、票据法、支票法等特别法的规定，而不适用民法有关债权让与的条文。[⑤] 此类债权

---

① ［日］西村信雄编：《注释民法 11・债权 2》，341 页，东京，有斐阁，1965。

② 比如西村信雄教授指出，即使否认债权让与行为独立性的学说，也承认在作为对既存债务的清偿而进行的权利转移或者当事人有特别约定的情况下，存在与原因行为无关的处分行为（见［日］西村信雄编：《注释民法 11・债权 2》，340 页，东京，有斐阁，1965）。

③ 见［日］内田贵：《民法・Ⅲ・债权总论・担保物权》，194、218 页，东京，东京大学出版会，1996；［日］平井宜雄：《债权总论》，2 版，132 页，大阪，弘文堂，1994。

④ 见［日］於保不二雄：《日本民法债权总论》，庄胜荣校订，305 页，台北，五南图书出版有限公司，1998。

⑤ ［日］内田贵：《民法・Ⅲ・债权总论・担保物权》，194、218 页，东京，东京大学出版会，1996；［日］平井宜雄：《债权总论》，2 版，132 页，大阪，弘文堂，1994。

的让与，不仅需要让与合同的生效，还需要证券的背书交付。[①] 对于介于两者之间的证券化的债权，《日本民法典》第469～473条对此进行了规定，但是多数学说认为，这些规定由于历史的局限性，内容很不成熟而且不能适应现实的需要，在当今几乎没有实际意义。[②] 对于不记名债权，《日本民法典》第86条第3款视其为动产，但一般认为应该依据有价证券的规定处理。[③]

在日本，存在着以担保其他债权为目的而让与债权的情形，即所谓债权让与担保。此类债权让与不属于中国《合同法》（第79～83条）调整的范围，中国物权法草案曾经规定过让与担保，但已被删除。这样，债权让与担保的法律效果，主要依据合同自由原则加以解决，而非基于《物权法》的规定。

在日本的判例上，存在着以征收债务为目的而让与债权的情形：一种是单纯的仅仅授予征收权能，另一种是信托让与债权。第一种让与，并非真实意义上的债权让与，所谓受让人并未取得债权，而只是以自己的名义取得征收债务的权能而已。因此，所谓让与人并未失去债权的处分权，在受让人进行征收时，让与人可以自行征收、免除或者和解。债务人在收到让与通知后，如有可以抵销的对抗事由，则可以向受让人主张抵销。与此相反，出于征收目的的受让人虽然可以在征收范围内向债务人行使债权人的权利，但未经让与人承诺，不得再向第三人让与债权或授予征收权能。第二种让与，即以征收为目的的信托债权让与，是超越征收债务经济目的的法律上的债权让与，但受让人只能在征收目的范围内行使债权，仍是一种委托行为。受让人不得超越标的物的范围行使债权，否则，就要承担债务。让与的债权从让与人移转至受让人，受让人可以在对外关系中行使债权人的权利，如可以向债务人免除债务，无论债务人是否了解信托目的，债务均归消灭。但由于受让人的免除行为超越了征收目的，受让人必须对让与人负担损害

---

① 见［日］於保不二雄：《日本民法债权总论》，庄胜荣校订，280页，台北，五南图书出版有限公司，1998。

② 参见［日］内田贵：《民法・Ⅲ・债权总论・担保物权》，194、218页，东京，东京大学出版会，1996；［日］平井宜雄：《债权总论》，2版，132页，大阪，弘文堂，1994。

③ 参见［日］内田贵：《民法・Ⅲ・债权总论・担保物权》，218页，东京，东京大学出版会，1996。

赔偿责任。[①] 这两种类型的债权让与，不是中国《合同法》上的债权让与，中国现行的征收法规也无这方面的规定，本书不论及这种债权让与。

（四）中国台湾地区“民法”上的理论构成

中国台湾地区“民法”及其学说完全追随德国民法及其理论，视债权让与为准物权行为，而非债权合同，时常使用债权让与契约的表述。[②] 换句话说，他们所谓的“债权让与契约”对应着中国大陆现行法上的“债权让与”，他们所谓的“原因行为”或“基础行为”对应着中国现行法上的“债权让与合同”；在他们的术语中，“债权让与”和“债权让与契约”指的是同一个事物，是准物权行为，不同于中国大陆现行法上的作为事实行为的“债权让与”。

（五）中国大陆《合同法》上的理论构成

在中国大陆，《合同法》规范的债权让与（第79～83条），主要是普通债权的让与，相当于日本民法上的指名债权的让与。有价证券的让与，首先适用《票据法》等商事法的规定，商事法没有规定的，才适用《合同法》的有关规定。购物券、入场券等证券化的债权，有的被中国现行法禁止，允许使用且可以转让的，也首先适用特别法的规定，没有特别法或特别法没有规定的，才适用《合同法》的有关规定。下文所论的债权让与，除非特别指明，均为普通债权（指名债权或记名债权）的让与。

（六）简要的分析、评论

债权让与不同于物权变动，这不仅是因为指名债权不同于物权，而且是因为二者对于公示的要求不同。物权变动必须通过移转占有、登记等公示形式对外表现出来。[③] 而债权的让与，除非法律、行政法规规定转让债权应当办理批

① 参见［日］於保不二雄：《日本民法债权》，庄胜荣校订，282～283页，台北，五南图书出版有限公司，1998。

② 见郑玉波：《民法债编总论》，修订2版，陈荣隆修订，434页，北京，中国政法大学出版社，2004；林诚二：《民法债编总论——体系化解说》，493页，北京，中国人民大学出版社，2003；邱聪智：《新订民法债编通则》下，420页，北京，中国人民大学出版社，2004；另可参见［日］於保不二雄：《日本民法债权总论》，庄胜荣校订，281页，台北，五南图书出版有限公司，1998。

③ 参见［德］迪特尔·梅迪库斯：《德国民法总论》，邵建东译，169页，北京，法律出版社，2000。

准、登记手续，无须采用特别的公示方式（《合同法》第87条），无登记、占有移转的要求，让与合同生效，债权立即移转给受让人，无须有形的履行行为，连债权证书都不必交付。即使在对已经做成债权证书的债权进行让与时，必须交付债权证书，也不过是一种证据手段而已。[①] 交付证书属于履行从给付义务。

当然，应当指出，如果当事人特别约定在债权让与合同成立之后的某个时间点债权才移转，那么，只要该约定不违法，就应依其约定。如果拟转让的是未来的债权，该债权移转的时间点则在债权成立之时，甚至于在其后的当事人约定的日期。

债权让与，是债权人处分其权利的表现，类推《合同法》第132条第1款、第51条等规定，需要债权人享有处分权。应该指出，“处分”虽然通常是指处分行为，在德国民法和中国台湾地区“民法”上，处分行为主要是指物权行为和准物权行为，但是，广义的处分也包括负担行为。[②] 例如，中国台湾地区“民法”第819条第2项规定：“共有物之处分、变更及设定负担，应得共有人全体之同意。”此处所谓“处分”，应从广义，包括负担行为在内，故私卖共有物，未得其他共有人之同意，系属效力未定，自得因其他共有人之承认而溯及既往发生效力。[③] 中国大陆民法未采纳物权行为制度及其理论，故所谓处分，更应包含所谓的债权行为，至为明显。

债权让与制度。在合同生效与权利移转的关系上，债权让与非常类似于现物买卖，债权让与合同（德国民法所谓的债权行为）的生效和债权从让与人处移转至受让人处的行为或曰债权变动的结果，是同时发生的，即使按照物权行为理论的分析框架，也是“负担与处分的合意合并于一个表示（至多可说其间有‘逻辑的一秒钟’）”，“整个交易简单到三种合意（一个债权合意、两个物权合意）可与

① 参见［德］迪特尔·梅迪库斯：《德国民法总论》，邵建东译，284页，北京，法律出版社，2000。

② 见王泽鉴：《民法学说与判例研究》，第4册，136～137页，北京，中国政法大学出版社，1998。

③ 见王泽鉴：《民法学说与判例研究》，第5册，59页，北京，中国政法大学出版社，1998。

事实行为的‘交付’同时完成，以至物权得即时移转”①。尽管我妻荣教授把债权让与作为准物权行为，但是他也认为，因债权让与契约②同买卖契约、赠与契约一样通过不要式的意思表示而表现，所以，即使在理论上属于不同的存在，而实际上通过同一行为而表现是不存在任何障碍的。③ 在债权让与场合，失去了交付、登记这些识别物权行为的外观标志，也使得对交付、登记是否为物权行为的组成部分的争论不再必要，使得法国民法的债权意思主义彰显出简洁合理性。④既然如此，从《合同法》第 54 条第 1 款第 1 项、第 58 条、第 97 条体系化解释的规则出发，不认为《合同法》第 79 条等关于债权让与的规定承认了准物权行为，更为妥当。此其一。

其二，保护交易安全是承认（准）物权行为的一个理由，唯有采取形式主义才最能达到保护交易安全的目的，但是，德国、日本和中国台湾地区的民法理论，在债权让与领域，却都认可意思主义的模式，而不强调形式主义的模式。这样，没有第三人可以识别债权变动的外观，如何保护交易安全？《德国民法典》承认物权行为理论乃为交易安全的初衷如何实现？由此显现出将债权让与定性为准物权行为的缺陷。

对此，物权行为论者或许会说，债权本身不具公示性，故准物权行为亦不需要公示性，可采意思主义，不应像要求物权行为那样要求准物权行为。对此，笔者回应如下：即使按照物权行为理论的逻辑，诸如购物券等所载明的债权具有公示方法，此类债权的让与也应当贯彻交易安全原则，此处的准物权行为也应当采取形式主义，而非意思主义。可事实并非如此，不能不说物权行为理论存在着不足。

依据中国台湾地区“民法”第 294 条第 2 项的规定及其解释，债权人与债务人特约，债权不得让与，在受让人知晓该特约时，不能有效取得债权，只有在受

---

① 苏永钦：《跨越自治与管制》，228 页，台北，五南图书出版有限公司，1999。

② 此处所谓债权让与契约，是指准物权行为。

③ 见［日］我妻荣：《新订债权总论》，527 页，东京，岩波书店，1964。

④ 见崔建远、韩海光：《债权让与的法律构成论》，载《法学》，2003（7），58 页。

让人为善意时，才赋予善意受让人保护。[①] 本来，既然采纳物权行为无因性原则，那么受让人应当取得债权，不受其是否善意的影响，也不受债权让与合同这个原因行为有效无效的影响。中国台湾地区“民法”在债权让与问题上妥协，反倒表明其采纳准物权行为理论的不适当性。

三、债权让与和相关概念的比较

（一）债权让与和债权让与担保

债权让与担保虽未被中国《物权法》规定为物权，但在实务中当事人各方约定了债权让与担保的情况下，不妨依据意思自治原则，承认其债权效力，除非该项约定违反了法律、行政法规的强制性规定，损害了社会公共利益，违背了社会公德。在该项约定有效的前提下，如何甄别债权让与和债权让与担保，显示出积极意义。

概括地说，债权让与和债权让与担保存在着如下不同点：（1）在债权让与场合，受让人是终局地取得债权，除非当事人之间另有约定；而在债权让与担保场合，债权让与大多是暂时性的，当债务人适当履行债务后，债权又回归于让与人。（2）债权让与，在成立要件上，债权人无需交付债权证书，但在法律效力上，不仅债权本体移转于受让人，而且债权凭证等文件也随之移转；在债权让与担保场合，债权人无需交付债权证书。[②]（3）债权让与对债务人发生效力，在中国现行法上以通知债务人为条件；债权让与担保对债务人发生效力，有的以记载有债权确定交付日期的书面形式向债务人为通知，有的需要得到债务人的承诺。[③]

（二）债权让与和债权质权

债权让与和债权质权也不相同：（1）在中国现行法上，债权让与完全属于债

① 见苏永钦：《跨越自治与管制》，240页，台北，五南图书出版有限公司，1999。

② 见许多奇：《债权融资法律问题研究》，75～76页，北京，法律出版社，2005。

③ 见［日］椿寿夫：《现代契约与现代债权之展望（3）·担保契约》，74页，东京，日本评论社，1994。转引自许多奇：《债权融资法律问题研究》，78页，北京，法律出版社，2005。另见王闯：《让与担保法律制度研究》，35页，北京，法律出版社，2000。

法的范畴，而债权质权则为物权的一种。(2) 债权让与必须受《合同法》第 79 条至第 83 条的调整，条件较为严格；债权质权，受《担保法》第 75 条至第 81 条、动产质押一般规定的规制，《物权法》第 223 条至第 230 条的规范，以及法释 [2000] 44 号第 97 条至第 106 条的调整，尚无明文规定当事人禁止设质的特约可阻碍债权质权的设立。(3) 债权让与，《合同法》等尚未要求采取书面形式，债权让与自让与通知到达债务人处时对债务人发生效力。而债权质权的设定，《物权法》第 224 条及《担保法》第 64 条规定采取书面形式，以债券等为标的物的，《物权法》第 224 条规定，尚须交付权利凭证，质权自权利凭证交付时设立，没有权利凭证的，质权自有关部门办理出质登记时设立；对于债务人的效力，尚无明文规定以通知为要件。法释 [2000] 44 号规定，以汇票、支票、本票出质，出质人与质权人没有背书记载“质押”字样，以票据出质对抗善意第三人的，人民法院不予支持（第 98 条）；以公司债券出质的，出质人与质权人没有背书记载“质押”字样，以债券出质对抗公司和第三人的，人民法院不予支持（第 99 条）。以应收账款出质的，《物权法》第 228 条第 1 款规定，当事人应当订立书面合同，质权自信贷征信机构办理出质登记时设立。一律没有通知债务人的要求。

四、债权让与制度的法律结构

债权让与、债权让与合同（基础行为、原因行为）和产生债权的行为之间的关系重要且复杂，需要辨析。

此处所谓产生债权的行为，是指产生将要被转让的债权的法律行为，亦即产生债权让与合同的标的物的法律行为。产生债权的行为大多是合同，如买卖合同、赠与合同、互易合同、借款合同等。至于所谓基础行为（原因行为），并非此类产生将要被转让的债权的法律行为，而是指债权让与合同的具体表现形式，可能是买卖合同，可能是赠与合同，也可能是代物清偿合同，还可能是信托合同等。有学者认为，以委任（委托）索取债权的目的或委任（委托）保管财产的目的等，可以作为债权让与这个准物权行为的目的。[①] 换言之，债权让与合同是个总称谓，在个案中，债权让与合同，或表现为买卖债权的合同，或表现为赠与债权的合同，或表现为代物清偿合同，或表现为信托合同，等等。不过，德国和中国台湾地区的民法及其理论，不常用债权让与合同的范畴，更多的是使用基础行为（原因行为）或基础合同的概念。债权让与，就是债权让与合同（或是买卖债权的合同，或是赠与债权的合同，或是代物清偿合同，或是信托合同，等等）生效的结果。在这里，必须注意，虽然都叫买卖合同、赠与合同等，但作为产生债权的行为的买卖合同、赠与合同不同于作为基础行为（原因行为）的买卖合同、赠与合同，它们是不同的事物，合同的当事人、标的物等均不一致。举例来说，甲公司和乙于 2002 年 6 月 2 日订立一个买卖奥迪车的合同，约定甲公司于 2002 年 9 月 1 日将奥迪车交付与乙，乙同时支付价款 32 万元。乙于 2002 年 7 月 15 日和丙签订转让奥迪车请求权的合同，并于当日把书面通知送达于甲公司。乙和丙之间的转让奥迪车请求权的合同，实际上是乙把该奥迪车请求权出卖给了丙，丙将向乙支付价款 32 万元。其中，甲公司和乙之间的买卖合同是产生债权的行为。乙和丙之间的奥迪车请求权转让合同就是基础行为（原因行为），在中国大陆的民法上也被叫作债权让与合同。奥迪车请求权于 2002 年 7 月 15 日由乙转让至丙的现象，就是债权让与。在这里，买卖奥迪车的合同（产生债权的合同）提供转让奥迪车请求权的合同（债权让与合同）的标的物，转让奥迪车请求权的合同（债权让与合同）系奥迪车请求权让与（债权让与）的法律事实。换言之，转让奥迪车请求权的合同（债权让与合同）是奥迪车请求权让与（债权让与）的原因行为；奥迪车请求权让与（债权让与）为转让奥迪车请求权的合同（债权让与合同）生效的结果（相当于有体物买卖合同履行的结果）。

图示如下：

---

① 见孙森焱：《民法债编总论》下册，694 页，台北，三民书局，1997。

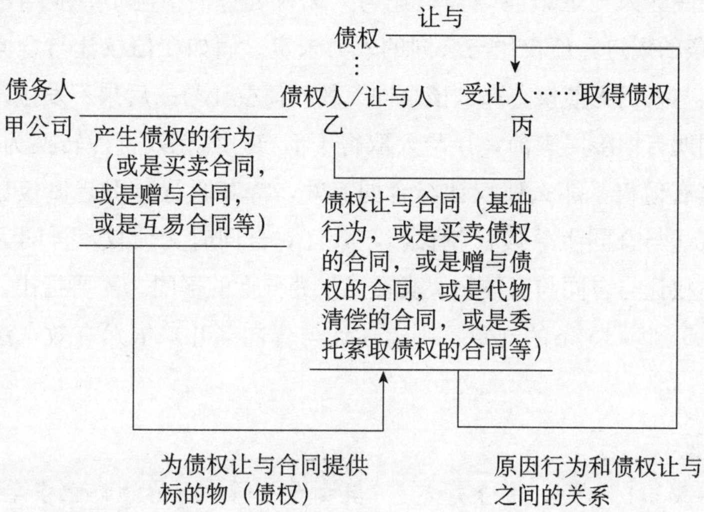

中国大陆的某些著述，把产生债权的行为，如上文所举的甲公司和乙之间的买卖奥迪车的合同，看作债权让与的原因行为。这存在着以下不妥：其一，这种观点未能清晰地反映当事人之间的分层次的、功能不同的法律关系；其二，这种观点略去了债权让与合同和产生将要被转让的债权的合同之间的联系。

实际上，（1）产生将要被转让的债权的合同无效、被撤销、被解除、不被追认，使得债权不存在，即债权让与合同的标的物不存在。债权让与合同成立时该债权就不存在的（如在产生将要被转让的债权的合同无效场合），构成自始不能，如果该债权的不存在对于任何人均为如此，例如，行刺公民的债权、买卖走私汽车的债权等，那么，就是自始客观不能，债权让与合同自始失去其目的，失去其意义，失去其客体，故不发生法律效力①；如果该债权的不存在只是对于让与人而言，他人可以拥有该债权，那么，就是自始主观不能，于此场合，让与人订立债权让与合同，属于让与他人债权，成为无权处分的一种。在受让人不知此情且无重大过失的情况下，准用《合同法》第 150 条的规定，让与人承担权利瑕疵担

① 见 Larenz，Schuldrecht，Bd. I，S. 88。转引自王泽鉴：《民法学说与判例研究》，第 3 册，59 页，北京，中国政法大学出版社，1998。

保责任；在受让人知道或应当知道让与人无权处分的情况下，应当准用《合同法》第51条的规定，债权让与合同的效力未定。假如在债权让与合同履行期限届满前，让与人仍无债权，那么该合同无效，债权让与的后果不发生；倘若在债权让与合同履行期限届满前，让与人取得了债权，如无效行为转换为有效行为，使让与人享有债权，那么债权让与合同有效，待其履行时引起债权让与。实际上，因债权让与合同生效债权就移转，故订立合同时无债权，合同无效应为常态。这是债权让与合同与有体物买卖在无权处分上的不同。需要指出，若准用法释［2009］5号第15条的规定，则上述让与合同（Ⅱ）依然有效，法律结果就相对简单。

［反思］

法释［2009］5号第15条规定："出卖人就同一标的物订立多重买卖合同，合同均不具有合同法第五十二条规定的无效情形，买受人因不能按照合同约定取得标的物所有权，请求追究出卖人违约责任的，人民法院应予支持。"该规定实际上承认了出卖他人之物或转让他人权利的合同可有效，因为违约责任以存在有效合同为前提。这也就承认了买卖等合同的效力不受处分权有无的影响，显然已经修正了《合同法》第51条的规定。对此，笔者简要评论如下：

首先，必须看到，法释［2009］5号第15条的规定过于绝对，且不说它直接与《合同法》第51条的立法计划、规范意旨相抵触，就是撇开《合同法》第51条的规定不管，它也忽视了《合同法》第52条以外的若干无效的情形。例如，在无行为能力人出卖他人之物或转让他人权利时，不但标的物的权属不发生移转的效力，而且买卖合同或转让合同本身也归于无效。

其次，法释［2009］5号第15条的规定也忽视了出卖他人之物或转让他人权利同时构成撤销事由、撤销权人行使撤销权的情形。例如，在出卖他人之物或转让他人权利的情况下，若买卖合同或转让合同存在着错误、欺诈或胁迫，则这些合同可被撤销。一旦撤销权人行使撤销权，买卖合同或转让合同便自始失去法律约束力。在这种情况下，显然不会成立违约责任，买受人无法向无权处分人追究违约责任。

再次，法释［2009］5号第15条的规定还忽视了出卖他人之物或转让他人权利同时符合《合同法》第47、48条规定的效力待定原因、有关权利人不予追认的情形。例如，出卖他人之物同时符合无权代理，在被代理人不予追认该无权代理行为的场合，同样不会成立违约责任，买受人只得主张缔约过失责任。

复次，法释［2009］5号第15条的规定不合逻辑。原因在于，在区分负担行为和处分行为的德国民法上，两种行为各负其责，负担行为不需处分权。在不区分这两种行为的中国现行法上，买卖等合同同时肩负着发生债权债务和引起物权变动的双重任务，自然需要处分权。可是，该司法解释却将处分权置之度外，即便欠缺处分权，买卖等合同也有效。在逻辑上不尽完美。

最后，应当承认，在实务上，众多法院都依据法释［2009］5号第15条的规定裁判案件，使买受人、受让人可追究出卖人、让与人的违约责任。其利，它较为周到地保护了善意的买受人、受让人；其弊，它对恶意的买受人、受让人同样优惠，有失权衡。从立法法及其理论上讲，法释［2009］5号相对于《合同法》为下位阶的规范，不应与《合同法》的规定相抵触，抵触的，不应有效。应当承认，此类情形在中国较为普遍，司法解释的若干规定又确实具有优越性，一律机械地按照立法法及其理论处理，其效果不见得最佳。

有鉴于此，对法释［2009］5号第15条这把双刃剑，可有若干处理方案：(1) 继续按照《合同法》的立法计划、立法目的、体系及制度安排，解释其第51条的规定，结论是买卖等合同因欠缺处分权而效力待定，而法释［2009］5号第15条的规定作为下位阶的法律文件，在与《合同法》第51条的规定相抵触时，不具有法律效力。对于所谓不具有法律效力，可软化处理，在具体操作上，可以是限缩法释［2009］5号第15条规定的含义，将出卖他人之物或转让他人权利的合同排除在外。(2) 为了利益衡量，不太顾及形式逻辑，认为法释［2009］5号第15条适用于出卖他人之物或转让他人权利的合同场合，并不是建立在承认物权行为理论的基础之上的。(3) 法释［2009］5号第15条的规定承认了物权行为理论。究竟选取哪种方案？

法释［2012］8号第3条在理念和观点上与法释［2009］5号第15条的相

同，所以笔者对法释［2009］5 号第 15 条的评论完全适合于对法释［2012］8 号第 3 条。

笔者认为，从立法计划、立法目的、法律体系及制度安排来看，中国现行法没有承认物权行为，最高人民法院出台的司法解释中也有相当数量的规定与物权行为的理论不符，加上按照物权行为理论无法解释《合同法》第 52 条第 4 项，第 54 条第 1 款第 1 项、第 58、97 条等条款的规定，过于偏袒恶意的买受人、受让人，漠视无过错的出卖人、转让人的权益，是非不分，有失权衡，所以，第三种方案不可取。至于前两种方案的选取，可以继续思考。

（2）债权不存在的情况出现于债权让与合同成立之后的，构成嗣后不能。在嗣后不能场合，债权让与合同有效，只是构成违约，让与人向受让人承担违约责任。

五、债权让与、债权让与合同和原因行为

债权让与，若为准物权行为，则必有原因（原因行为），债权让与合同是其原因行为。客观上虽然有原因，但法律不一定采取有因性原则。在德国、中国台湾地区的民法及其理论上，债权让与是个准物权行为，债权让与合同（基础行为、原因行为）系另一个法律行为，属于债权行为；债权让与这个准物权行为独立于债权让与合同（基础行为、原因行为），债权让与合同（基础行为、原因行为）是债权让与的原因行为。两者不但分离，而且，该原因行为不成立、无效、被撤销、被解除等，债权让与这个准物权行为照样有效，债权让与的效果依然发生。简言之，债权让与这个准物权行为采取无因性原则。

在中国大陆，债权让与完全采取意思主义的变动模式，债权的移转乃让与合同生效的当然后果，无需其他要件，除非当事人另有约定。不仅如此，债权的移转无需有形的履行行为。这样，债权让与紧紧“附随”于让与合同，如果说存在着自己的独立表现形式，那么也仅仅在于“逻辑上的一秒”；没有自己的“独立价值”，也就无需所谓原因或原因行为。

因为中国大陆的民法未采纳物权行为的独立性和无因性制度及其理论，所以债权让与并非一个法律行为，而是一个事实行为，也指债权归属于受让人这种结果。从事实行为的构成方面观察，事实行为不以表现内心的意思内容为必要，乃无关于心理的行为。[①] 既然不考虑心理，便谈不上当事人的法律目的，尤其是主观目的。由于事实行为不以意思表示为要素，不要求效果意思，因而"法律目的"这个原因便不需要。就是说，债权让与这个事实行为和债权让与合同之间的关系，以无因性关系予以说明可能并不妥当。

再者，中国法虽不具有德国法系那样的债权让与这个准物权行为的效力不受让与合同影响的意义，但可能有债权让与正当性的意义。但是，债权让与的正当性，在不承认物权行为理论的立法例上，完全可以用让与合同及其生效来说明，用不着舍近求远地去寻找"原因"。

尽管如此，但鉴于既有的著述大多论述债权让与的原因或原因行为，且存在不适当的观点，本书仍要简单地说明这个问题，所持的基本观点，一是因债权让与自债权让与合同生效时完成，故讨论有因、无因在中国法上大多是债权让与合同是否有因，而非准物权行为有因抑或无因；二是应该类型化，不可一概而论。(1) 票据债权让与采取无因性原则，这是票据法的原则要求。(2) 在日本、中国台湾地区的法律上，证券化的债权采取无因性原则，这符合商事交易的特点和商事法的特殊性。"受让人之善意取得债权，除了在有价证券之情形，原则上并不可能……因为在债权并无可资认定权利存在之外在表征。"[②] 在中国，票据债权以外的证券化债权是否采取无因性原则，尚不明确，中国法应当借鉴日本法在这方面的规定。(3) 在普通债权的让与合同存在《合同法》第 52 条、《民法通则》第 58 条规定的原因时，让与合同无效。这些无效原因与债权让与合同的法律目的（原因）密切联系，不被法律认可时，因中国民法未承认物权行为独立性和无因性制度，故不发生债权让与的效果。可以说，在这些情况下，债权让与是有因的。并且，由于中国法的无效是绝对的无效，法律对于存在无效原因的合同绝不

① 见王泽鉴：《民法总则》，276 页，台北，三民书局，2000。
② 黄立：《民法债编总论》，611 页，北京，中国政法大学出版社，2002。

允许其发生法律效力。所以，如果当事人以其意思排除上述原因，那么该排除的意思表示无效。(4) 在债权让与合同存在《合同法》第 54 条、《民法通则》第 59 条规定的原因时，并且这些可撤销的原因与债权让与合同的法律目的（原因）共进退、同命运，如果撤销权人行使撤销权，那么同样因中国民法未承认物权行为独立性和无因性制度，不发生债权让与的效果。可以说，在这些情况下，债权让与仍然是有因的。撤销权人不行使撤销权，合同继续有效，发生债权让与的效果。但这不是债权让与无因的例证，相反，可以解释为是债权让与有因的表现。在债权让与合同存在着可撤销的原因场合，双方当事人达成协议，排除撤销权的行使，按照合同自由原则，应当允许。可以将这种现象解释为撤销权人不行使其撤销权。为防止当事人一方欺诈、胁迫或乘人之危，又利用约定无因性阻却撤销权的行使，法律不应当承认当事人事先作出的下述约定：在债权让与合同存在撤销原因场合，债权让与具有无因性。(5) 在其他情况下，当事人可以约定债权让与具有无因性，即债权让与的效力不受债权让与合同不成立、被解除等情况的影响。当事人无此类约定，债权让与为有因。这是由中国民法总体上采取有因原则所决定的解释原则。

六、债权让与合同的条件

在德国民法和中国台湾地区“民法”上，债权让与系准物权行为，属于处分行为，而处分行为以处分人具有处分权为生效条件，无处分权人从事债权让与，无效。[①] 所以，它们讨论债权让与的条件，重点在考察是否存在着债权，若存在债权，则接下来考察它是否具有让与性。至于债权让与合同，则受到冷遇，因为它只是债权让与这个处分行为的原因行为，而德国民法、中国台湾地区“民法”又实行无因性原则，故它们只是在考察债权让与的原因时，才提到诸如买卖、赠与、信托、委任（委托）、代物清偿等具体的原因。与此不同，在中国大陆的民

① 见［德］迪特尔·梅迪库斯：《德国民法总论》，邵建东译，169 页，北京，法律出版社，2000。

法上，债权让与系事实行为，为债权让与合同生效的结果，它完全是债权让与合同这个“债权合同”的效力表现。如此，与其说让与人需要拥有有效的债权、具有处分该债权的权限，是债权让与这个债权变动结果的条件，莫不如说其为债权让与合同的有效条件，更为准确。当然，这一结论的得出，不是依据德国民法关于负担行为无需处分权的理论，而是类推《合同法》第 132 条、第 51 条的规定，基于负担行为也需让与人具有处分能力的法律及其理论。① 有鉴于此，下文讨论债权让与合同的条件。

（一）须存在有效的债权

根据《合同法》第 79 条的规定及其解释，类推《合同法》第 132 条、第 51 条的规定，可知债权让与合同需要让与人拥有有效的债权，具有处分该债权的权限。以不存在或无效的债权让与他人，或以已经消灭的债权让与他人，都将因标的物不存在或标的不能而导致债权让与合同不成立，或效力待定。这是不同于德国民法、中国台湾地区“民法”之处。

有效的债权，是指该债权真实存在且并未消灭，但这并不意味着它一定能够得到实现，也就是说，让与人仅负有保证它确实存在的义务，并不负有保证债务人能够清偿的义务。

对有效的债权应从宽解释，不要求它必须是效力齐备的债权。以下类型的债权也可以作为让与的标的：（1）在继续性合同场合，虽然其存续期间是不确定的，有些关系还可以被任意终止，但让与其中的债权仍被美国的一些法院视为对既存债权的让与。② 本书赞同此类判决，理由如下：不要说诸如供电、水、天然气等继续性合同不得任意解除，此类合同项下的债权具有现实性和确定性，就是诸如委托等继续性合同可以任意解除，其债权也是现实的，甚至是确定的。其现实性和确定性不但表现在这些债权为既存的债权，只不过有的可能是尚未届期，而且表现为当相对人没有正当理由地“解除”合同时，此类债权转化为损害赔偿

① 详细论述，见崔建远：《无权处分辨》，载《法学研究》，2003（1），3～24 页。

② Citizens Loan Assn v. Boston & Me. R. R.，182 N. E. 696（Mass. 1907）. 转引自［美］E·艾伦·范斯沃思：《美国合同法》，葛云松、丁春艳译，714 页，北京，中国政法大学出版社，2004。

债权。该损害赔偿债权也是现实的和确定的。(2) 附停止条件或附始期的合同所生债权，已有基础法律关系存在，但必须在将来有特定事实的添加才能发生的债权等，也可成为让与的标的。[①]由于条件尚未成就，该债权尚未成为一项可以请求相对人履行的权利。即使尚未成就的条件就是债权人自身的给付行为（比如以交换履行为推定条件的情形），亦复如此。此类债权尽管附有条件，但仍然是已经存在的权利。[②] (3) 已罹诉讼时效的债权，只是效力不齐备，债权实体并未消失，并且，只要债务人愿意且已实际履行，就不得请求返还给付（《民法通则》第 138 条）。既然如此，转让人和受让人自愿达成债权转让合同，法律没有必要禁止。(4) 可撤销的合同所生的债权，在除斥期间终止前，有消失的可能性。不过，合同只要未被撤销，就具有法律拘束力，该合同项下的债权就是有效的、确实存在的。就是说，债权让与合同具有标的物，并且，该标的物确定、可能、合法。既然如此，转让人和受让人自愿达成债权转让合同，法律没有必要禁止。当然，此类债权毕竟存在着风险，让与人对此负有告知义务。让与人不履行此类义务，构成欺诈，受让人对债权让与合同享有撤销权。(5) 享有选择权的债权等内容不确定的债权，其不确定性表现在给付的内容方面，并不表现为债权不存在，也不表现为该权是债权以外的他种权利。尤其是该不确定性能够变为确定性，并且将不确定性变为确定性的权利在债权人之手。因而，只要债权人行使选择权等确定内容的权利，债权就肯定成为完全确定的债权。只要承认此类债权可以让与，受让人也就理所当然地承受此类选择权等确定的权利，不会遭受损失。既然如此，法律应当承认此类债权的让与。(6) 成为权利质权标的的债权，属于确定、有效的债权，只是其上载有负担。只要受让人于其受让时知晓该种负担，预知权利质权实行的可能，债权让与合同的效力就不因权利质权的存在而受到影响。

---

① 见刘绍猷：《“将来之债权”的让与》，载郑玉波主编：《民法债编论文选辑》中，883 页以下，台北，五南图书出版有限公司，1984。

② 见［美］E·艾伦·范斯沃思：《美国合同法》，葛云松、丁春艳译，713 页，北京，中国政法大学出版社，2004。

未来的债权可否让与的问题，经历了一个演变过程。未来的债权若要让与，则理论上的困难在于，人们如何能够即时转让其尚未拥有的东西？正所谓自己无有，不得与人（nemo dat qui non habet）。[①] 尽管如此，美国和英国的一些判例仍然克服了理论上的困难，对未来债权的让与采取了这样的论证过程：意图对尚不存在的某合同项下的权利进行让与的，该让与行为在让与人嗣后订立合同之时，对受让人发生"衡平法上的债权让与"（equitable assignment）的效力。[②] 当然，有些法院没有采纳这样的分析路径，在某应收账款的案件中，法院认为：为了对贷款进行担保而让与应收账款的，让与将来的应收账款的部分是无效的。[③]

未来债权的让与在实务中也存在着困难。如果允许一个人让与尚不存在的合同项下的权利，那么这意味着允许这个人让与其在将来任何时间可能获得的任何合同权利。如果允许人们通过这种让与方式把他们的未来所得用来出售或设定担保，那么这将会助长许多短视行为，法院对此持保留意见是完全可以理解的。[④] 而且，如果人们能够将其未来所得置于债权人无法影响的状态，那么就会发生欺诈的风险。[⑤] 承认衡平法上的债权让与的那些法院，在为了解决理论上的困难而采取的解决办法中，也为解决实务中的困难找到了答案。它们认为，对未来债权的衡平法上的让与，对让与人和债务人来说是有效的，但是对善意的受让人来说，则没有效力。[⑥] 此外，有些法院还认为，未来债权的让与不能对抗一个已经

---

① O' Niel v. Wm. B. H. Kerr Co., 10 N. W. 573 (Wis. 1905). 转引自［美］E·艾伦·范斯沃思：《美国合同法》，葛云松、丁春艳译，714页，北京，中国政法大学出版社，2004。

② Tailby v. Izon, 523 (H. L. 1888). 转引自［美］E·艾伦·范斯沃思：《美国合同法》，葛云松、丁春艳译，715页，北京，中国政法大学出版社，2004。

③ In re Nelson's Estate, 233 N. W. 115 (Iowa 1930); Taylor v. Barton Child Co., 117 N. E. 43 (Mass. 1917). 转引自［美］E·艾伦·范斯沃思：《美国合同法》，葛云松、丁春艳译，715页，北京，中国政法大学出版社，2004。

④ Orkow v. Orkow, 23 P. 2d 723 (N. Y. 1961)。转引自［美］E·艾伦·范斯沃思：《美国合同法》，葛云松、丁春艳译，716页，北京，中国政法大学出版社，2004。

⑤ Taylor v. Barton Child Co. 转引自［美］E·艾伦·范斯沃思：《美国合同法》，葛云松、丁春艳译，716页，北京，中国政法大学出版社，2004。

⑥ State Factors Corp. v. Sales Factors Corp., 12 N. Y. S. 2d (App. Div. 1939). 转引自［美］E·艾伦·范斯沃思：《美国合同法》，葛云松、丁春艳译，716页，北京，中国政法大学出版社，2004。

实施了扣押的债权人（attaching creditor），这意味着，一旦合同订立，无担保的债权人就可以对该权利实施扣押。[①] 再者，它也意味着，如果让与人破产，那么这种债权让与不能够对抗让与人的破产受托人。[②] 这使得已经让与了未来债权的让与人不必提供担保就能获得信用，因为在让与人破产时，债权人实施扣押的权利以及请求权并不会因让与人之前的衡平法上的债权让与而受到影响。[③]

这显然是不利于受让人和让与人的，美国《统一商法典》对此予以了改变，规定担保协议中可以约定，某项债务或所有债务……由嗣后取得的担保物进行担保（第9—204条第1款）。[④]

在德国和中国台湾地区的民法及其理论上，债权让与为准物权行为，债权让与契约生效，债权就发生让与的效果，不需要履行行为，其中的债权应当是业已存在的债权，不会是未来产生的债权，这是贯彻物权行为的标的物须特定、让与人必须具有处分权等原则的当然结果。当然，完全如此满足不了实际生活的需要，如在让与担保场合，常常是概括性地对多数的并且部分为将来的债权进行处分，以及秘密地让与将来状态的仓库而不通知债务人。[⑤] 于是，有学说认为，依《德国民法典》第185条第2项的规定，让与他人的债权既可事后补成，将来债权的让与何独不然，且在法条上既无反对的规定，自应采肯定的见解。[⑥] 处分他人的权利，处分者于事后取得该项权利时，如认为有效，则把将来债权事前预定加以处分，自应认为有效。盖自己既可处分他人的金钱债权，为何自己不能处分

① Harold Moorstein & Co. v. Excelsior Ins. Co., 254 N. E. 2d 766 (N. Y. 1969). 转引自［美］E·艾伦·范斯沃思：《美国合同法》，葛云松、丁春艳译，716页，北京，中国政法大学出版社，2004。

② Manchester Natl. Bank v. Roche, 186 F. 2d 827 (1st Gir. 1951). 转引自［美］E·艾伦·范斯沃思：《美国合同法》，葛云松、丁春艳译，716页，北京，中国政法大学出版社，2004。

③ 见［美］E·艾伦·范斯沃思：《美国合同法》，葛云松、丁春艳译，716页，北京，中国政法大学出版社，2004。

④ 见［美］E·艾伦·范斯沃思：《美国合同法》，葛云松、丁春艳译，717页，北京，中国政法大学出版社，2004。

⑤ 见［德］迪特尔·梅迪库斯：《德国债法总论》，杜景林、卢谌译，546页，北京，法律出版社，2004。

⑥ V. Tuhr的观点。转引自刘绍猷：《“将来之债权”的让与》，载郑玉波主编：《民法债编论文选辑》中，891～892页，台北，五南图书出版有限公司，1984。

自己所贷出的债权呢?[1] 我们应当区分法律行为的成立要件和效力发生要件，后者并不以法律行为存在为前提，而以效力发生时有其存在为已足。[2] 具体到债权让与就是，在债权让与的原因行为成立之时，债权不必已经特定，在债权让与的效力发生之际，债权特定即可。

与德国、中国台湾地区的民法及其理论不同，中国大陆现行法没有采取物权行为理论，解释未来债权的让与，不似德国民法学说那样费力。在中国大陆现行法上，所谓“债权让与”并非准物权行为，而是事实行为，或者说债权归属于受让人的结果，于是，不得说““债权让与’（‘债权让与契约’）生效，债权就发生让与的效果，不需要履行行为”；只可谓“债权让与合同成立并生效，债权就发生让与的效果，不需要履行行为，至少不需要履行主给付义务，但有时需要履行诸如交付债权凭证等从给付义务。”并且，由于中国大陆现行法上的“债权让与合同”相当于德国、日本、中国台湾地区的民法及其理论上的“原因行为”（基础行为），不以标的物须特定为原则，至于让与人必须具有处分权，也要弹性解释[3]，因而，在某些情况下，作为标的物的债权可以是未来成立的债权。

尽管如此，但是本书认为，将来的债权届时能否存在，不确定性很大，以此类债权为让与合同的标的物，使受让人承受了较大的风险。有鉴于此，除非债权让与合同明确约定把将来的债权作为标的物，且不违反强制性规定，不损害社会公共利益，不违背社会公德，原则上不承认将来的债权作为让与合同的标的物。

《欧洲合同法原则》已经承认了将来的债权可以转让（第11：202条（2））。

（二）被让与的债权须具有让与性

债权让与，系债权从让与人处移转到受让人之手的过程，更是一种结果。这个结果得以成为现实，债权具有让与性是必要条件。债权没有让与性，相当于有体物为禁止融通物，不会发生移转的法律效果。在近现代，债权一般都应具有让

① Enneccerus_Lehmann的观点。转引自刘绍猷：《“将来之债权”的让与》，载郑玉波主编：《民法债编论文选辑》中，892页，台北，五南图书出版有限公司，1984。

② ［德］耶林的观点。转引自刘绍猷：《“将来之债权”的让与》，载郑玉波主编：《民法债编论文选辑》中，892～893页，台北，五南图书出版有限公司，1984。

③ 详细论述，见崔建远：《准物权研究》，123～129页，北京，法律出版社，2003。

与性。这是由市场经济的投资流动化要求所决定的，并由此打破了债权仅存在于特定人之间的法律观念，确立了债权的财产权性质和财富性质。[①] 只要债权让与不违反法律的强制性规定、社会公共秩序和社会公德，就应如此。在美国，法院可能判定一个意图的债权让与因为违反公共政策而无效，正如法院可能基于同样的理由判定一个合同没有强制执行效力一样。例如，某个政府官员意图让与其尚未得到的薪金的行为，被法院认定为无效，因为法院认为允许政府官员让与其将来的薪金会对他的劳务提供构成损害。此外，制定法经常基于公共利益而对债权让与设定限制。几乎所有的州都通过制定法来限制受雇人让与工资请求权，联邦政府和部分的州也限制让与公共合同项下的付款请求权。[②]

但问题还有另一面，债权毕竟不同于物权，其具有特定的债务人，而且种类、内容也不由法律确定，而是基于各种各样的交易关系、个别地创立发生的。因此，即使在原则上已经承认债权让与自由，仍不能无视特定债务人的立场以及交易关系的个性、特殊性，不得不设定范围相当大的重大例外规则。[③] 例如，人格的信赖关系等个人色彩浓厚的关系，需要尊重，债权仍有不适于让与的。[④] 又如，基于社会政策、保护社会公共利益、维护社会公德的需要，债权让与的范围也应受到一定的限制。《合同法》第 79 条明确规定三类债权不得转让：根据合同性质不得转让的债权、按照当事人约定不得转让的债权、依照法律规定不得转让的债权。

1. 根据合同性质不得让与的债权

根据合同性质不得让与的债权，也叫债权性质不容许让与的债权，原是指改变债权人就不能维持同一性或就不能达到债权目的的债权。日本的判例对此的解

---

① 见［日］於保不二雄：《日本民法债权总论》，庄胜荣校订，279 页，台北，五南图书出版有限公司，1998。

② 见［美］E・艾伦・范斯沃思：《美国合同法》，葛云松、丁春艳译，708 页，北京，中国政法大学出版社，2004。

③ 见［美］E・艾伦・范斯沃思：《美国合同法》，葛云松、丁春艳译，708 页，北京，中国政法大学出版社，2004。

④ 见郑玉波：《民法债编总论》，修订 2 版，陈荣隆修订，435 页，北京，中国政法大学出版社，2004。

释是，无论是否以特别关系为债权发生原因，或是否需要债权人的行为，或是否为金钱债权，皆无关系。[①] 根据合同性质不得让与的债权，通常包括如下种类：

(1) 因债权人变更而引起给付内容变更的债权

所谓因债权人变更而引起给付内容变更的债权，例如，在专门为教授特定人外语的合同，专门为特定人绘肖像画的合同等场合，其债权如果发生让与，那么合同给付内容会发生变化，合同会丧失同一性，因而基于此类合同而产生的债权不得让与。[②]

对于因债权人变更而引起给付内容变更的债权，日本民法学说认为，此类债权的让与往往丧失债的同一性，因而不得让与。多数说认为，这种债权完全没有可让与性，因而此种债权的让与契约（准物权行为）无效，债权不因让与契约（准物权行为）发生转移。即使在债权人、债务人和债权受让人三者间形成合意的情况下，也不属于债权的让与，应视其为债的更改。[③]

与此不同，德国民法并不认为此类债权的让与契约（准物权行为）绝对无效，只是在对债务人的关系上无效。在没有得到债务人承诺的情况下，该债权继续作为债权人的财产而存在；在得到债务人承诺或同意的情况下，该债权让与契约（准物权行为）就完全有效。须注意的是，在债务人的承诺或同意是在债权让与合同缔结后作出的情况下，该承诺或同意不具有溯及既往的效力。[④]

中国台湾地区"民法"学说继受了上述关于债权人变更会使给付内容完全改变的债权不具有让与性的观点。[⑤]

美国《统一商法典》(2001 年) 规定，货物买卖合同项下权利的让与，若实

① 见日本 1907 年 4 月 17 日大民判"民录"12 辑 524 页。转引自［日］於保不二雄：《日本民法债权总论》，庄胜荣校订，285 页，台北，五南图书出版有限公司，1998。

② 见［日］於保不二雄：《日本民法债权总论》，庄胜荣校订，286 页，台北，五南图书出版有限公司，1998；郑玉波：《民法债编总论》，435 页，台北，三民书局，1996；黄立：《民法债编总论》，613 页，北京，中国政法大学出版社，2002。

③ 见［日］我妻荣：《新订债权总论》，522 页，东京，岩波书店，1964。

④ 见［日］西村信雄编：《注释民法 11·债权 2》，351 页，东京，有斐阁，1965。

⑤ 见郑玉波：《民法债编总论》，466 页，台北，三民书局，1996；黄立：《民法债编总论》，613 页，北京，中国政法大学出版社，2002。

质性地变更了债务人的义务，实质性地增加了债务人依原合同承担的负担或风险，或实质性地损害了债务人获得对待给付的机会，则无效（第 2—210 条第 2 款）。① 不过，债务人若同意，则此类债权仍然可以让与。至于债务人同意是发生债权让与的效果，还是消灭了原债的关系而代之以债的更改，需要根据个案予以确定。② 因为这项限制并非基于对债权让与的任何敌意，而是考虑到债务人在缔约之时的正当预期，它旨在保护债务人，债务人自然可以放弃它。③

中国大陆民法对于何种性质的债权不得让与，未作明文规定，学说赞同债权人变更会使给付内容完全改变的债权不具有让与性的观点。④

(2) 因债权人变更，债权行使会产生显著差异的债权

雇佣、委托、租赁、借用等合同，均以特定当事人之间的信赖关系为基础，债务人只愿意对该债权人才承担给付义务，其缔约目的就是对该债权人为给付。如果债权人变更，则债权的行使方法势必发生变更。例如，借用人怠于注意致使借用物毁损或毁损的巨大危险，出借人可以解除合同，而借用人是否怠于注意，出借人是否解除合同，则因人而异。⑤ 所以此类债权不得让与，让与时常构成合同解除的原因。

但应注意，不允许这种债权让与的最终目的是保护债务人，因此在债务人同意让与的情形下，该种债权具有可让与性。⑥ 在法律未否认此类债权的让与性的

① 见［美］E·艾伦·范斯沃思：《美国合同法》，葛云松、丁春艳译，708～709 页，北京，中国政法大学出版社，2004。

② 见［日］於保不二雄：《日本民法债权总论》，庄胜荣校订，286 页，台北，五南图书出版有限公司，1998；史尚宽：《债法总论》，680～681 页，台北，荣泰印书馆股份有限公司，1978。

③ 见［美］E·艾伦·范斯沃思：《美国合同法》，葛云松、丁春艳译，709 页，北京，中国政法大学出版社，2004。

④ 见张广兴：《债法总论》，236～238 页，北京，法律出版社，1997；王利明主编：《民法》，310 页，北京，中国人民大学出版社，2000；魏振瀛主编：《民法》，354 页，北京，北京大学出版社、高等教育出版社，2000；崔建远主编：《合同法》，3 版，170 页，北京，法律出版社，2003。

⑤ 见［日］於保不二雄：《日本民法债权总论》，庄胜荣校订，286 页，台北，五南图书出版有限公司，1998；孙森焱：《民法债编总论》下册，699 页，台北，三民书局，1997。

⑥ 见［日］林良平、石田喜久夫、高木多喜男：《债权总论》，改订版，436 页，东京，青林书院，1982；［日］潮见佳男：《债权总论Ⅱ》，2 版，533 页，东京，信山社，2001。

情况下，也没有必要禁止此类债权让与。①

上述观点符合债权的法律性质和客观实际，中国大陆的民法应予借鉴。

(3) 应在特定当事人之间进行决算的债权

所谓应在特定当事人之间进行决算的债权，最为典型的是《日本商法典》第529条以下规定的交互计算合同。② 承认这种合同项下的债权具有让与性，势必使得交互计算的目的难以达成，因而，日本的判例③和通说都认为此类债权不具可让与性。④

在中国台湾地区，也有学说认为交互计算范围内的债权，不得让与。不过，此种特殊关系一旦除去，其债权的让与性，仍可恢复。⑤

因侵权行为而产生的损害赔偿请求权，也属于特定当事人之间的债权，该类债权能否让与的问题，需要从财产性损害赔偿和精神性损害赔偿的角度分别考虑。对于前者，日本民法的通说认为可以让与，对于后者则存在学说的对立。否认精神损害赔偿债权让与性学说的最大理由是，该债权具有严格的属人性质，其行使也应限于侵权行为的受害人。笔者以为，若强调精神损害赔偿的一身专属性，则推出不得让与的结论，若着眼于精神损害赔偿的内容多为一定财物的给付，则其与其他债权没有本质的不同。这属于立法政策或法律解释的问题。

(4) 预约上的债权

有判例及学说认为，预约上的债权多以预约当事人之间的信任关系为基础而发生，未得预约的义务人承诺，不得让与。例如，消费借贷以借用人的信用为基础，借用人的更迭对于贷与人的利害有重大影响，基于消费借贷预约的权利，在性质上不得让与。但在无偿保管的预约场合，债权人是谁非为要素，应当解释为

---

① 参见［日］於保不二雄：《日本民法债权总论》，庄胜荣校订，286页，台北，五南图书出版有限公司，1998。

② 交互计算契约是指存在交易行为的当事人之间，对一定时期内相互之间发生的债权债务的总额抵销后，负有余额债务的一方向对方清偿的契约。

③ 见日本大判昭和11·3·11民集15·320。

④ 见［日］伊藤进等：《民法讲义4》(债权总论)，247页，东京，高阳堂，1977；［日］我妻荣：《新订债权总论》，522页，东京，岩波书店，1964。

⑤ 见郑玉波：《民法债编总论》，466页，台北，三民书局，1996。

无须预约义务人的承诺，预约上的债权可以让与。[①]

（5）某些不作为债权

一般来说，不作为债权只是为了特定债权人的利益而存在，如果允许债权人让与不作为债权，那么无异于为债务人新设义务，显然于债务人不公，所以原则上不允许让与不作为债权。但有时不作为债权可以附属于其他法律关系一同被让与，如竞业禁止的债权可以与营业一同让与。[②] 又如，在企业兼并场合，被兼并企业所享有的不作为债权应当移转给兼并企业。

（6）某些属于从权利的债权

从权利一般随着主权利的让与而让与，原则上不得与主权利相分离而单独让与。例如，保证债权系为担保主债权而存在，它若与主债权分离，则将失去担保性质，所以不得单独让与，但可以随同被担保的主债权的让与而让与。

如果从权利可与主权利分离而单独存在，则可以单独转让。例如，已届清偿期的利息债权可以与本金债权相分离而单独让与，盈余分配请求权可与股权分离而单独让与。[③]

2. 按照当事人的约定不得让与的债权

（1）概说

根据合同自由原则，当事人可以在不违反法律的强制性规定、社会秩序和公共道德的前提下，自由约定合同的内容。因而，当事人在合同中可以特别地约定禁止债权人让与合同债权的内容，并具有法律效力，于是，此类债权便不具有让与性。不过，《国际保理公约》（第6条第1款）等法律文件，就应收账款等债权禁止让与特约则持相反的见解。

（2）禁止让与特约的方式

禁止让与特约属于民法上的意思表示，应适用民法有关意思表示的规定。它可以在订立合同时以一个条款的形式出现，也可以在合同成立后另订一个合同，

① 见史尚宽：《债法总论》，675页，台北，荣泰印书馆股份有限公司，1978。

② 见史尚宽：《债法总论》，680页，台北，荣泰印书馆股份有限公司，1978。

③ 见史尚宽：《债法总论》，676页，台北，荣泰印书馆股份有限公司，1978。

但必须在合同债权让与之前作出，否则，便不具有影响合同债权让与的效力。该约定可以采取口头方式，也可以采取书面方式。①

(3) 受禁人的范围

特约不得受让债权的人，简称受禁人，其范围可以是泛指，即约定合同债权不得让与一切他人；也可以是特指，即指明合同债权不得让与某人或某些人。②

(4) 禁止让与的期限

禁止让与的期限，可以约定在合同整个有效期内均不得让与债权，也可以约定债权在一定期间内不得让与。

(5) 禁止让与特约的法律效力

关于禁止债权让与的特约具有何种法律效力，中国法未作明文规定。《德国民法典》规定其为有效（第 399 条）；《日本民法典》承认其效力，但其不得对抗善意第三人（第 466 条第 2 项）；中国台湾地区“民法”与《日本民法典》的态度相同（第 294 条第 2 项）。

值得注意的是，国际上以及中国澳门的一些法律文件对待禁止债权转让约定的态度发生了较为明显的变化。

《法国民法典》没有规定禁止债权转让约定的效力问题，学者也未对此展开讨论。但从它所崇尚的财产自由转让的理念来看，禁止债权转让约定的效力是值得怀疑的。最近，法国 Court de cassation 的判例认为，受让人并非所转让原始合同的当事人，因此不受禁止债权转让条款的约束，得有效受让债权，要求债务人偿付。③

《澳门商法典》第 879 条规定：“转让人与其债务人间关于转让人有义务不将其债权让与第三人之约定，在任何情况下均不得对抗保理人，而转让人须承担倘有之民事责任。”

《俄罗斯联邦民法典》第 828 条规定：“即使客户与其债务人之间存在禁止或

① 见史尚宽：《债法总论》，681 页，台北，荣泰印书馆股份有限公司，1978。

② 见史尚宽：《债法总论》，681 页，台北，荣泰印书馆股份有限公司，1978。

③ See Cass. Con. 21st November 2000, D, 2001, p. 123, obs. Valerie Avena-Robardet. 转引自高润恒：《保理合同中的应收账款债权转让研究》，清华大学法学院 2006 年博士学位论文，123～124 页。

者限制让与请求权的协议，向保理商的让与金钱请求权仍为有效。“如果客户违反他与债务人之间关于禁止或者限制让与请求权的协议而让与了请求权，则本条第1款的规定并不免除客户因该让与而对债务人负担的义务或责任。”①

《国际保理公约》规定：“尽管供应商与债务人间订立有禁止转让应收款的任何协议，供应商向保理人转让的应收款仍应有效”（第6条第1款）。但是缔约国可以对这一点予以保留，“缔约国可以随时作出声明，如果在订立货物买卖契约时债务人营业所位于该国内，根据第6条第1款进行的让与对该债务人无效”（第18条）。当然，即使否定其对外效力，该约定在债权出让人和债务人内部仍然有效，只是变成了损害赔偿之债。“第1款不应影响供应商根据诚信原则对债务人所承担的任何义务，或者在违反货物买卖契约条款作出的让与方面对债务人的任何责任”（第6条第3款）。②

应该说，对禁止债权转让特约的对外效力予以最大程度否定的，是美国《统一商法典》（2001年）第9—406（d）条的下述规定：如果应收账款债务人和转让人之间约定禁止、限制或要求应收账款人或在本票上负有义务的人同意应收账款、担保债权凭证、物体财产付款或本票的转让或转移、或其中的担保权益的创设、附系、完善或执行，则此约定无效。同样，如果双方约定转让或转移或担保权益的创设、附系、完善或执行可以引起不履行、违约、索赔权、主张、抗辩、终止、终止权或在应收账款、担保债权凭证、物体财产付款或本票下的救济，则此约定亦为无效。③ 也就是说，应收款的转让不仅为有效，而且债务人不得由此

① 第832条同时规定，债务人因供应商违反关于禁止或限制请求权让与的协议而可能向供应商提出的请求，对保理商不生效力。债务人不得以此对抗保理商，主张抗辩或抵销。但是需要注意的是，禁止转让特约绝对无效的规定仅适用于保理合同，在一般债权转让场合俄罗斯法采的是绝对有效的原则。

② 转引自高润恒：《保理合同中的应收账款债权转让研究》，清华大学法学院2006年博士学位论文，124页。

③ 但是必须注意的一点就是，对于并不直接地禁止、限制或取得债务人同意方可转让的条款，而是设置转让障碍的条款，第9—406（d）条并未否定其效力。仔细研究第9—406（d）条就可以发现，这一条所针对的只是禁止、限制或要求取得同意的约定，而非实际上妨碍转让的所有条款［properly read, however, subsection (d) reaches only covenants that prohibit, restrict, or require consents to assignment; it does not override all terms that might “impair” an assignment in fact.］。

而获得要求转让人赔偿的权利。①

《联合国国际贸易中应收款转让公约》基本沿用了美国《统一商法典》(2001年)的立场，完全否定了禁止债权转让特约的对外效力，其第9条第1款规定："初始转让人或任何后续转让人和债务人和任何后续受让人之间以任何形式限制转让人转让权的任何协议②，都不影响应收款转让的有效性。"该公约不区分受让人的主观状态，即使受让人为恶意也如此，"非协议当事人的任何人不得仅因知悉该协议而承担责任"(第9条第2款)。它与《国际保理公约》的不同之处在于，该规定不仅限于"禁止转让"，还包括任何对转让的"合同限制"，而且不允许缔约国予以保留。它认为，通过此改变，受让人不需要在签订转让协议时关注是否存在类似的限制条款，并且不会承担非合同上的义务(即受让人并不因知晓限制转让条款的存在而承担责任)，从而减少缔约成本，促进信用的扩大。③ 在禁止债权转让特约的内部效力上，《联合国国际贸易中应收款转让公约》也予以了限制，虽然"本条不影响转让人因违反上述协议所应承担的任何义务或责任，但该协议的另一方不得仅以此种违反为理由而解除原合同或转让合同"(第9条第2款)④。

《国际保理公约》、《联合国国际贸易中应收款转让公约》及美国《统一商法典》(2001年)等法律文件否定禁止债权转让特约的对外效力，换句话说，债权不因债权人和债务人约定禁止转让而丧失让与性，有其合理性：(1)它反映

---

① 参见美国《统一商法典》第9—406(d)条的正式评论。转引自高润恒：《保理合同中的应收账款债权转让研究》，清华大学法学院2006年博士学位论文，125页。

② 转让的合同限制或限制应收账款转让的条款，不仅仅限于禁止转让的条款，还包括以任何形式限制应收账款转让的条款；不仅仅限于初始转让人和债务人在原始合同中约定的限制条款，还包括他们在原始合同之外约定的限制转让条款；不仅仅限于初始转让人与债务人之间的限制转让条款，还包括后续转让人与债务人，初始转让人与受让人以及后续转让人与受让人之间的限制转让条款。但是，限制转让条款并不包括保密条款，即债权人和债务人约定对应收账款的有关信息负有保密义务的条款，虽然遵守保密条款的实际后果必然是限制转让人转让其应收账款。转引自高润恒：《保理合同中的应收账款债权转让研究》，清华大学法学院2006年博士学位论文，125页。

③ 该规定同样适用于应收账款再转让中的限制条款问题。转引自高润恒：《保理合同中的应收账款债权转让研究》，清华大学法学院2006年博士学位论文，125页。

④ 高润恒：《保理合同中的应收账款债权转让研究》，清华大学法学院2006年博士学位论文，125～126页。

了商事流转宜便捷、迅速的要求，有利于善意的受让人顺利地取得债权；而违反禁止让与特约时让与债权无效的规则，则不利于交易安全，阻碍了流通。(2) 它符合合同的相对性原则。按照合同的相对性原则，债权人和债务人之间的约定，原则上只能约束双方当事人，不具有约束第三人的效力，债权人违反此项特约，向债务人承担违约责任就足够了，影响债权人和第三人之间签订的债权让与合同的效力，就有些过分。可贯彻违反禁止债权转让特约时转让无效的规则，意味着债权人和债务人之间的约定约束了受让人，而这样并无充分的理由。(3) 违反禁止让与特约时让与债权无效的规则，赋予了当事人意思过强的效力，不尽符合当事人意思与上升为法律的国家意志之间的辩证关系。有鉴于此，中国在编纂民法典时可以就应收账款等类型的债权设置条文，排除禁止债权转让特约的对外效力。

但作为解释论，目前尚须依据《合同法》第 79 条第 2 项的规定，确定禁止债权转让约定的法律效力。鉴于该项规定仅仅表达了“按照当事人约定不得转让”的意思，尚未明确债权人违反此类约定而擅自转让债权的具体后果，可以借鉴有关立法例及其理论作出解释。还有，在债权人违反禁止让与特约而让与债权场合，债务人对此予以承认，特约是否不再影响让与的效力？在德国存在着不同的意见，梅迪库斯教授持肯定态度，理由在于，禁止让与通常仅应保护债务人，并且没有什么利益与债务人对此作出的放弃相抵触。[①] 本书赞同这种观点，认为在中国应当如此处理，除非债务人放弃禁止让与特约违反了法律、行政法规的强制性规定，损害了社会公共利益，违背了社会公德。

依据《日本民法典》和中国台湾地区“民法”确定的原则，债权人违反禁止让与的约定而让与债权，如果债权让与合同符合有效要件，那么，受让人只要不

① 见［德］迪特尔·梅迪库斯：《德国债法总论》，杜景林、卢谌译，550 页，北京，法律出版社，2004。

知情，不论就此有无过失，就依然取得该债权，债务人无权对抗善意的受让人[①]，待债务履行期届至时，受让人有权请求债务人清偿。[②] 不过，债权人擅自让与债权违反了他与债务人之间的合同，债务人可以追究债权人的违约责任。但是，如果受让人为恶意，那么，债权让与的效力如何，存在不同的观点。其中，债权效果说认为，让与人和受让人之间的债权让与行为仍属有效，仅债务人可以提出恶意的抗辩，主张债权让与行为无效。物权效果说则主张，此禁止债权让与的约定不仅使债权人负有不得让与的义务，也使债权失其让与性，违反此约定所为债权让与不生效力。虽然此约定系为债务人的利益而设，似乎只能由债务人主张债权让与不生效力，但在这里采取绝对无效的态度，第三人也可以主张债权让与无效。还有，该无效，不仅指债权让与对于债务人而言不生效力，在让与人和受让人之间也归于无效，因为受让人明知该债权不得转让，于是准物权行为无效。[③] 不过，若债务人事后同意该债权让与，则可使债权让与有效。[④] 因为债权自由让与是近代以来的民法的原则，不得让与属于例外，所以，债务人主张此项例外，认为受让人为恶意的，应负举证责任。[⑤]

"禁止债权让与的约定有效，但不得对抗善意第三人"，区分了法律禁止债权让与和当事人约定禁止债权让与的不同效力强度和效力范围，兼顾和平衡了财产权的流通性、意思自治、交易安全几项价值，区分当事人的不同主观状态而异其

① 这里的善意受让人不同于善意取得中的善意受让人，因后者发生在出卖他人之物场合，其善意是指受让人不知情出卖人无处分权，且无重大过失。此其一。一般认为，债权无公示方法，即使公示了，也无公信力，故不存在善意取得。但少数说认为，有的债权有公示方法，如购物券所载明的债权等，它们应当适用善意取得制度。本书表示赞同区分情况分别处理的方案。此其二。

② 见郑玉波：《民法债编总论》，修订2版，陈荣隆修订，436页，北京，中国政法大学出版社，2004；孙森焱：《民法债编总论》下册，700页，台北，三民书局，1997。

③ 见孙森焱：《民法债编总论》下册，700页，台北，三民书局，1997；黄立：《民法债编总论》，614页，北京，中国政法大学出版社，2002。

④ 参见BGHE40，156，Esser/Schmidt，S 37/I；史尚宽：《债法总论》，682页，台北，荣泰印书馆股份有限公司，1978；黄立：《民法债编总论》，614页，北京，中国政法大学出版社，2002。

⑤ 见郑玉波：《民法债编总论》，修订2版，陈荣隆校订，436页，北京，中国政法大学出版社，2004。

效力，在中国大陆《合同法》第79条第2项没有修订之前，可以借鉴这种模式。但应注意，德国民法和中国台湾地区“民法”及其理论所谓债权让与（行为）有效或无效，指的是债权让与这个准物权行为有效或无效，中国大陆民法未采纳物权行为制度及其理论，对此不得照搬，而应改造，宜形成这样的规则：其一，在受让人为善意的情况下，债权让与合同有效，即债权人和债务人之间关于禁止债权让与的约定，不得对抗善意受让人，待债务履行期届至时，受让人有权请求债务人清偿。不过，债务人可以追究债权人的违约责任。其二，在受让人为恶意场合，如果债务人不提出抗辩，那么，让与人和受让人之间的债权让与合同有效；如果债务人提出受让人为恶意的抗辩，主张债权让与合同无效，那么，应当予以支持。

3. 依照法律规定不得让与的债权

法律规定债权不得让与，即该债权为禁止流通物，让与人和受让人签订让与该债权的合同，构成自始客观不能，合同无效。于此场合，债务人有权拒绝向受让人履行债务。

依照法律规定不得让与，在中国现行法上，有《保险法》关于“按照以死亡为给付保险金条件的合同所签发的保险单，未经被保险人书面同意，不得转让或者质押”（第34条第2款）的规定。《担保法》虽有关于最高额抵押担保的主合同债权不得转让的规定（第61条），不过，《物权法》已经取消了该项规定。

在某些立法例及其理论上，法律禁止扣押的债权不得让与。所谓禁止扣押的债权，是指维持当事人及其共同生活的亲属生活等所必需的，不得供强制执行的债权。[①] 这在德国法上似乎不成问题，因为《德国民法典》第400条明确规定禁止扣押的债权不得让与。但应注意到，日本有学者持相反的意见，认为禁止扣押不过是为了保护债权人，对于不依债权人的意思而为的处分，予以禁止而已，若

① 参见郑玉波：《民法债编总论》，修订2版，陈荣隆修订，437页，北京，中国政法大学出版社，2004。

债权人依自己的意思而为处分，则当不在禁止之列。[①]

（三）让与人和受让人须就债权的转让意思表示一致

依据《合同法》第二章关于合同的订立的规定和《民法通则》关于意思表示和法律行为的规定，债权让与合同的成立，必须是让与人和受让人就债权的转让意思表示一致。

七、债权让与合同的撤销

在美国法上，债权让与可以被撤销，在衡平法上，无偿的债权让与之所以能被让与人撤销，乃是基于“衡平法不帮助自愿者”这句格言中所蕴含的法律理念。因此，17世纪末普通法在接受了债权可以让与这项衡平法规则时，也接受了关于无偿的债权让与这个例外。[②]一般说来，无偿的赠与性债权让与具有可撤销性。[③]不过，如果受让人已经受领了给付，那么，让与人的撤销权即告消灭，受让人可以保有所受领的东西。[④]让与人（乙）撤销一个可撤销的债权让与，其方式或是向债务人（甲）或受让人（丙）进行通知，或是从债务人处受领给付，或是将同一债权让与给另一受让人（丁）。[⑤]

虽然中国法与美国法存在着约因制度有无的不同，导致了二者在认定无偿合同的效力方面存在着差异，但在债权让与合同应当适用法律关于可撤销的规定方面，两国的法律是一致的。就是说，在中国，只要债权让与合同存在着《合同

① 见［日］於保不二雄：《债权总论》，275页，东京，有斐阁，1959。转引自郑玉波：《民法债编总论》，修订2版，陈荣隆修订，437页，北京，中国政法大学出版社，2004。

② 见［美］E·艾伦·范斯沃思：《美国合同法》，葛云松、丁春艳译，718～719页，北京，中国政法大学出版社，2004。

③ See Adams v. Merced Stone Co.，178 p. 498（Cal. 1917）. 转引自［美］E·艾伦·范斯沃思：《美国合同法》，葛云松、丁春艳译，718页，北京，中国政法大学出版社，2004。

④ 见［美］E·艾伦·范斯沃思：《美国合同法》，葛云松、丁春艳译，720页，北京，中国政法大学出版社，2004。

⑤ 见［美］E·艾伦·范斯沃思：《美国合同法》，葛云松、丁春艳译，718页，北京，中国政法大学出版社，2004。

法》第54条规定的可撤销的原因之一，当事人就可主张让与合同变更或撤销。

八、债权让与合同的效力

（一）债权让与合同的生效

债权实际上发生让与，需要成立的债权让与合同生效。该合同一经生效，债权即移转给受让人，不存在有体物买卖那样有形的履行行为。当然，在将来的债权让与场合，债权让与合同生效，使得受让人立即取得请求让与人移转将来的债权的权利，作为让与合同的标的物的债权实际移转，需要到该债权存在时才有可能。还有，当事人约定债权于未来的某个时间点移转的，依其约定，除非该约定违反法律、行政法规的强制性规定，违背社会公共利益或社会公德。

债权让与合同的生效，适用《合同法》第三章关于合同的效力的规定。首先，让与人和受让人一般均应具有完全的行为能力。按照《合同法》第47条第1款的规定，限制行为能力人经其法定代理人同意或追认，也可以订立让与合同。无行为能力人与他人签订债权让与合同的，其法律效力应当准用《合同法》第47条的规定。纯获利益的受让，则无须其法定代理人的同意。其次，需要让与人享有处分权。再次，需要让与合意真实。最后，需要该合意合法。这包含两层含义：一是债权让与合同的内容合法，例如，不得恶意串通损害国家、集体或第三人的合法权益，不得以合法形式掩盖非法的目的，不得损害社会公共利益，不得违背社会公德，以及不得违反法律、行政法规的其他强制性规定等；二是债权让与合同的形式应合法，此类合同原则上为不要式合同，无须采取特别的方式。但法律对债权让与有特别规定或当事人有特别约定的，应依法律的规定或当事人的约定。《合同法》第87条规定，债权人转让权利或债务人转移义务，法律、行政法规规定应当办理批准、登记等手续的，依照其规定。应当注意，法释[1999]19号规定，在一审法庭辩论终结前当事人仍未办理批准手续的，或仍未办理批准、登记等手续的，人民法院应当认定该合同未生效；法律、行政法规规定合同应当办理登记手续，但未规定登记后生效的，当事人未办理登记手续不影响合同的效力（第9条）。

（二）债权让与合同的生效在让与人和受让人之间产生的效果

债权让与合同的生效，在让与人和受让人之间形成如下法律后果：

1. 法律地位的取代

在债权让与合同生效后，如果让与合同规定债权于未来的某个时间点移转，那么让与人仍然享有债权，尚未退出债权债务关系，只是就他和受让人之间的关系而言，其债权受到限制，如未经受让人授权不得行使债权；受让人并未取得被让与的债权，只是开始享有取得债权的期待权，也就是享有于约定的时间点取得债权的权利，同时有权援用债权人对债务人的抗辩权，如同时履行抗辩权、履行期尚未届至的抗辩权等。有人说得好："受让人承受了让与人的法律状况"（the assignee stands in the shoes of the assignor），受让人"按照原样"（warts and all）承受让与人所享有的权利。唯有如此，才可有效地保护受让人的合法权益，阻止让与人放任债务人实施有害受让人权益的行为，更可防范让与人与债务人恶意串通损害受让人的合法权益。

按照对等原则，债务人也可以向受让人主张原来可向让与人主张的抗辩或请求权。因为，对那些根据协议而发生的、如果没有发生债权让与则债务人本可以向让与人主张的抗辩或请求权，债权让与并不能剥夺之。债务人可以向受让人主张这些抗辩和请求权，不论债权让与之时受让人是否知道它们的存在，也不论让与之时它们是否存在。这些抗辩事由包括因为欠缺对价、公共政策上的原因、未能满足防止欺诈法的要求等原因，而导致合同不具有强制执行力；还包括因为诸如当事人欠缺行为能力，错误、虚假陈述或胁迫等原因导致合同可撤销。[①] 除了对价（consideration）制度在中国现行法上没有位置、防止欺诈法规定的影响合同效力的因素种类与中国现行法的规定略有出入、当事人欠缺行为能力在中国现行法上为效力待定外，美国法的上述意见均可资借鉴。

未来债权的让与，也大致如此，只是某些抗辩权尚不存在。

---

① 见［美］E·艾伦·范斯沃思：《美国合同法》，葛云松、丁春艳译，724～725页，北京，中国政法大学出版社，2004。

在债权为现实存在且全部让与的场合，该债权即由原债权人（让与人）移转于受让人，让与人脱离原债的关系，受让人取代让与人的法律地位而成为新的债权人。《金融资产管理公司条例》（国务院令第 297 号，2000 年 11 月 1 日通过）规定："金融资产管理公司收购不良贷款后，即取得原债权人对债务人的各项权利。原借款合同的债务人、担保人及有关当事人应当继续履行合同规定的义务"（第 13 条）。但在债权部分让与时，让与人和受让人共同享有债权。

对此，有学者持有异议："在债权让与协议成立后，还需要一定的法律事实才能使债权发生实际的移转，而这种事实就是通知。因此，在通知之前，不能认为债权已经移转，因此受让人并非债权人，也不能以债权人的身份进行通知……在债权人进行通知以前，标的债权并未实际移转，受让人并未成为标的债权的债权人。"[①] 坚持这种观点的主要理由是，作为对人权的债权如果对债务人的效力都没有发生，那么不可能认为债权已经发生变动。因而通知债务人应是债权变动的要件。[②] 债权的效力主要体现为对债务人的拘束力，不能拘束债务人的"债权"很难认为是真正的债权，因此从法理上很难说得过去。[③]

对于这种批评，有学者加以反驳：这种见解混淆了债权归属和债权让与对债务人发生效力两个现象、两层法律关系。在意思主义下，让与人和受让人达成债权让与合意，债权就发生转移，成为受让人的责任财产。如果没有通知债务人，那么债务人仍然可因向让与人给付而消灭债务，这可谓对债务人没有发生效力。但是，如果债务人知悉债权让与，即不得再向让与人为给付，那么怎么能说对债务人没有发生效力呢？而且债务人因知悉债权让与而向受让人清偿，受让人即得保留此给付，这正是债权保持力的体现。如果对债务人没有发生效力，那么债务

---

① 尹飞：《债权让与通知的主体及效力》，载王利明主编：《判解研究》，第 3 辑，136～137 页，北京，人民法院出版社，2002。王利明教授也认为，没有通知债务人的，债权仍未被转让，受让人实际上并没有取得债权。参见王利明：《合同权利转让中的若干问题》，载王利明：《民商法研究》，第 6 辑，520 页，北京，法律出版社，2004。

② 见叶金强：《公信力的法律构造》，4 页，北京，北京大学出版社，2004。

③ 见中国人民大学民商事法律科学研究中心：《中国民法典学者建议稿及其立法理由——债法总则编·合同编》，124 页，北京，法律出版社，2005。

人所为的给付构成非债清偿，还需要再向让与人清偿，此对债务人不利，更不利于鼓励债务人主动清偿债务。即使债务人果真不知悉债权让与的事实，也有错误清偿的情形，此时如果承认受让人享有债权，那么他就可保有该项给付，这对受让人来说减少了受让的债权得不到清偿的风险，对社会而言，降低了成本，有利无害。因此可以说，债权既因转让人和受让人的让与合意而转移，就已经对债务人发生了效力，只不过该效力不齐备，受让人的债权仅有给付受领权和给付保有权，有时欠缺给付请求权。[①] 所谓基于债之关系首先产生债权而后产生请求权，债权为债之实体上的权利，而请求权是为债权之实现所延伸出来的关于债权之行使或保护的权利[②]，表达出了一定的意思。此其一。其二，法律规定在通知债务人前，债务人对让与人清偿亦为有效，主要是出于保护债务人的合法权益以及降低成本的考虑，在债务人不知债权转移而误向让与人清偿的情况下，其债务消灭，且不承担债务不履行责任。这样，成本也最低。[③]

第二种观点的不当还表现在，当受让人将其受让的债权出质、设立让与担保、再转让时，可能给第三人带来损失，害及交易安全。在债权已经公示的情况下，会破坏善意取得制度的适用。

2. 从权利随主权利的移转而移转

根据民法学原理，在主债权发生移转时，其从权利原则上应随之一同转移，但该从权利专属于债权人自身的除外（《合同法》第 81 条）。随同主债权移转而一并移转的从权利，包括担保权和其他从权利。

（1）此处所谓担保权，包括担保物权、保证债权、定金债权、押金债权和保证金债权等。在保证的情况下，在债权让与时保证原则上随之移转，即“保证人在原保证担保的范围内继续承担保证责任”（《担保法》第 22 条前段），“但是保

① 见高润恒：《保理合同中的应收账款债权让与研究》，清华大学法学院 2006 年博士学位论文，94～95 页。

② 见黄茂荣：《债法总论》，第 1 册，35 页，北京，中国政法大学出版社，2003。以债权指称债权人对于特定债务人得请求给付之权利的内容，以请求权指称权利之行使或保护而赋予各别得为请求的权利。

③ 见高润恒：《保理合同中的应收账款债权让与研究》，清华大学法学院 2006 年博士学位论文，94～95 页。

证人与债权人事先约定仅对特定的债权人承担保证责任或者禁止债权转让的，保证人不再承担保证责任”（法释［2000］44号第28条后段）。

质权、留置权随着被担保债权的让与而移转，只是因其以占有为本质要件，所以需要向受让人转移标的物的占有。[①] 在这里，值得注意的是，商人之间因营业关系而占有的动产，及其因营业关系所生的债权，被视为有牵连关系，可成立留置权。假如此项留置权也随同债权让与而移转，则留置物的占有即与原来的营业关系失去联系，其留置权所依的牵连关系便失去根据。因此，在解释上应认为，在债权移转时，此项留置权并不随同移转。[②]

抵押权随着被担保债权的让与而移转，有法释［2001］12号第9条的如下规定：“金融资产管理公司受让有抵押担保的债权后，可以依法取得对债权的抵押权，原抵押权登记继续有效。”

因为此类抵押权不是初始产生的，对于受让人而言是继受取得，所以放弃登记为生效要件的物权变动模式，若采取债权意思主义，则在让与人和受让人之间的关系方面没有问题，在不强调体系化的背景下，可以接受。但考虑到交易安全，应当奉行不办理移转登记不得对抗善意第三人的原则。在解释论的层面，认定该项规定的文义涵盖过宽，不符合法律保护交易安全的目的，存在着法律漏洞，应当限缩其适用范围，设置但书，即不办理抵押权移转登记的，不得对抗善意第三人。[③]

至于最高额抵押权，根据《担保法》的规定，抵押权不能与担保债权分离而单独转让，只能随所担保的债权一并转让。问题不在于此，而在于《担保法》第61条关于“最高额抵押的主合同债权不得转让”的规定。完全而绝对地禁止最高额抵押担保的债权转让，起码违反债权自由转让的原则，更重要的在于它不符

---

① 见［日］於保不二雄：《日本民法债权总论》，庄胜荣校订，281页，台北，五南图书出版有限公司，1998。

② 见史尚宽：《债法总论》，684页，台北，荣泰印书馆股份有限公司，1978；孙森焱：《民法债编总论》下册，786页，北京，法律出版社，2006。

③ 见高润恒：《保理合同中的应收账款债权转让研究》，清华大学法学院2006年博士学位论文，107～108页。

合市场经济的内在要求。所以，必须解决最高额抵押担保的债权可以转让的问题。[①] 法释［2001］12 号已经有所作为，于第 8 条规定："人民法院对最高额抵押所担保的不特定债权特定后，原债权银行转让主债权的，可以认定转让债权的行为有效。"这显然承认了在最高额抵押决算后，债权可以转让。按照抵押权从属性原则，最高额抵押权也随同移转。唯此司法解释适用范围有限，仅用于金融资产管理公司收购、管理、处置国有银行不良贷款。[②] 理解法释［2000］44 号第 83 条的规定可知，一般说来，最高额抵押所担保的不特定债权于特定后，债权已届清偿期的，最高额抵押权人可以根据普通抵押权的规定行使其抵押权。按照普通抵押权行使抵押权应当包括转让。

上述工作虽然必要，但解决问题仍然不够全面、彻底，法律文件的位阶也不太高。欲彻底地解决最高额抵押权满足市场经济发展要求的问题，需要通过立法论确立最高额抵押担保的债权可以移转的原则，不许转让作为例外。[③]《物权法》完成了这项工作，于第 204 条规定："最高额抵押担保的债权确定前，部分债权转让的，最高额抵押权不得转让，但当事人另有约定的除外。"它表达了二层意思：其一，最高额抵押担保的债权一经确定，该项债权连同抵押权即可转让；其二，即使最高额抵押担保的债权尚未确定，当事人的下述约定亦发生法律效力：A. 部分债权转让的，抵押权也部分转让，原最高额抵押所担保的债权额随之减少；B. 部分债权转让的，全部抵押权随之转让，未转让的部分债权成为无担保权的债权。[④] 该项规定可资赞同，因为它贯彻了意思自治原则，把握住了最高额抵押权已经普通抵押权化的机理，体现了普通抵押权担保的债权可以转让的精神。

所谓抵押权移转上（或处分上）的从属性，是指抵押权须附随于所担保的债

---

① 见崔建远：《抵押权探微》，载《法学》2004（4），80 页。

② 见高润恒：《保理合同中的应收账款债权转让研究》，清华大学法学院 2006 年博士学位论文，107～108 页。

③ 见崔建远：《抵押权探微》，载《法学》，2004（4），80 页。

④ 见全国人大常委会法制工作委员会民法室编：《中华人民共和国物权法条文说明、立法理由及相关规定》，370 页，北京，北京大学出版社，2007。

权，才能转让或成为其他债权的担保，抵押权不得与债权分离而单独转让或作为其他债权的担保。《物权法》第 192 条关于“抵押权不得与债权分离而单独转让或者作为其他债权的担保。债权转让的，担保该债权的抵押权一并转让，但法律另有规定或者当事人另有约定的除外”的规定，《担保法》第 50 条关于“抵押权不得与债权分离而单独转让或者作为其他债权的担保”的规定，明确承认了抵押权的这种属性。这是由抵押权为保全担保物权的性质和作用决定的。

［探微］

1.《物权法》第 192 条前段所谓“抵押权不得与债权分离而单独转让”，包括下列三种情形：

A. 抵押权人不得将抵押权单独转让给他人，而自己保留债权。否则，该转让因违反《物权法》第 192 条和《担保法》第 50 条的禁止性规定而无效，受让人不能因此而取得抵押权。

于此场合，抵押权转让合同是否当然无效，存有疑问。德国、中国台湾地区的民法及其理论区分债权行为和物权行为，抵押权转让合同为债权行为，抵押权让与是物权行为，所谓单独让与抵押权无效，指的是物权行为无效。中国大陆《物权法》未承认物权行为，抵押权转让合同不是物权行为，抵押权让与为事实行为，或者说是抵押权转让合同生效及履行的结果。事实行为难谓无效，尽管《物权法》区分了物权变动与其原因行为（第 15 条），但探究《物权法》第 192 条和《担保法》第 50 条的禁止性规定的规范意旨，可知单独转让抵押权而自己保留债权的，法律不赋予抵押权转让的效力。鉴于抵押权转让合同也违反了禁止性规定，考虑到假如使抵押权转让合同有效，会出现受让人有权请求转让人转让抵押权的结果，从而致使《物权法》第 192 条和《担保法》第 50 条的立法目的落空，应当令抵押权转让合同归于无效。

B. 抵押权人不得将债权单独转让给他人，而自己保留抵押权。无论当事人有无关于抵押权随着被担保债权的让与而转让的约定，抵押权都原则上随同被担保债权一并移转给受让人，且无须征得抵押人的同意（《合同法》第 81 条前段），但该抵押权为登记抵押权的，必须办理变更登记（《合同法》第 87 条，《物权法》

第9条第1款、第187条)。

债权人(抵押权人)和受让人明确约定仅让与债权,抵押权不随之转让的,不损害抵押人的利益,亦未增加债务人的负担,应予允许。不过,此时的抵押权没有所担保的债权存在,由其保全担保物权的性质决定,已经失去存续的价值,应归消灭,抵押人可主张注销抵押登记。①

C. 抵押权人不得将债权和抵押权分别转让给不同的主体。抵押权人若将被担保债权和抵押权分别转让给不同的主体,则就债权的让与而言,因抵押权人将抵押权另转让给他人,可知当事人间的真实意思表示仅仅是让与债权,受让人取得的仅为无抵押权担保的普通债权;就抵押权的转让而言,不发生抵押权转让的效果(抵押权转让合同也归于无效),抵押权仍存留于抵押权人手中。但此种抵押权已成为无债权的抵押权,违反抵押权成立上的从属性,应归于消灭。②

2.《物权法》第192条前段所谓抵押权不得与债权分离而作为其他债权的担保,换句话表述,是说抵押权仅仅可以与被担保债权一起为其他债权设立债权质权。该债权质权仍以债权为质物,但该债权(质物)附有抵押权的担保。于是,A. 抵押权人仅以抵押权供作担保,自己保留债权的,不仅违反《物权法》第192条和《担保法》第50条的规定,也违反物权法定主义,属于创设以抵押权为担保物的抵押权或质权的情形,法律不承认此类“抵押权”或“质权”,令其无效。B. 抵押权人仅以债权设质,而自己保留抵押权的,不违反抵押权处分上的从属性或其他的从属性。因为抵押权人未仅单独处分其抵押权,在仅以其债权出质后,该债权仍然存在于抵押权人(债权人)之手,不发生无债权存在的问题,所以抵押权人有权仅以债权出质,成立无担保的债权质权。至于该债权质权的效力是否及于抵押权,虽然存在着反对说,但依据抵押权从属于被担保债权的法理和《合同法》第81条前段的规定,应作肯定的回答。C. 抵押权人分别将债权和抵押权为他人提供担保的,就债权而言,属于抵押权人以债权为标的物单独为他人设立质权,合法有效,只不过属于无附随抵押权担保的债权质权;就抵押

① 参见谢在全:《民法物权论》中册,修订2版,383页,台北,三民书局,2003。
② 参见谢在全:《民法物权论》中册,修订2版,383页,台北,三民书局,2003。

权来说，属于债权人单独以抵押权为他人设立质权，违反物权法定主义，法律不承认此类“质权”，令其无效。①

3. 相关问题。

A. 当事人就抵押权的设立，特别约定债权让与时抵押权不随同移转的，该项特约在当事人之间可视为抵押权的约定消灭事由。如果此后有债权让与的情事，则构成抵押权消灭的原因，抵押人可请求注销该抵押权的登记。只是当该特约未办理登记，债权的受让人或质权人不知该特约而取得该抵押权时，应受到登记的公信力的保护。②

B. 当事人欲以抵押权为担保权的标的物的，必须将该抵押权附随于被担保债权一并为之，成立附随抵押权的债权质权。通说认为，于此场合，应办理抵押权随同被担保债权出质的登记。③

(2) 所谓其他从权利，包括利息债权、违约金债权和损害赔偿请求权等。其中，利息债权若尚未届期，则自然属于从权利，它应随原本债权一同移转；但已经届期却尚未支付的利息，即迟延利息，具有独立地位，与从权利并不相同，不得当然随同原本债权一同移转。不过，利息债权毕竟为原本债权的扩张，与原本债权相伴为其常态，于是，中国台湾地区“民法”第295条第2项规定：“未支付之利息，推定其随同原本移转于受让人。”此种推定，可以反证推翻。④ 这有其合理性，值得我们重视。

(3) 形成权的类型较多，需要区分情况而定。与请求权相结合、功能在于实现债权的形成权，如选择权、催告权，应当与债权一同移转。与债的关系（而非单一的债权）相结合、与当事人的地位有关系的形成权，如解除权、撤销权等，

① 参见谢在全：《民法物权论》中册，修订2版，382～383页，台北，三民书局，2003。

② 参见谢在全：《民法物权论》中册，修订2版，383页，台北，三民书局，2003。

③ 见谢在全：《民法物权论》中册，修订2版，383页，台北，三民书局，2003。

④ 见郑玉波：《民法债编总论》，修订2版，陈荣隆修订，439页，北京，中国政法大学出版社，2004。

只有在概括承受的情况下，才随着债权债务的概括移转而移转。[①] 在（单纯的）债权让与，债权人仍负有债务，继续为债权关系的当事人的情况下，如果解除权等形成权随着债权让与而移转，那么会出现下述不合理的局面：让与人应当解除合同以保护自己的合法权益，却因无解除权而束手无策；或者让与人坚持合同继续有效以获得期待利益，却因受让人行使解除权而期待落空。

（4）债权瑕疵随同移转。债权的让与只是变更债权的主体，该债权的性质不因此而有所变更，故因债权的性质所定的期间，对债权的受让人，自然适用[②]；债权存在的瑕疵，也移转于受让人。[③] 于此场合，若让与的债权自身存在类似有体物那样的瑕疵，则应类推适用中国《合同法》第155条和第158条关于物的瑕疵担保责任的规定，令让与人承担物的瑕疵担保责任；若让与的债权存在着第三人主张的情形，则应类推适用中国《合同法》第150条及第151条关于权利瑕疵担保的规定，让与人对受让人承担权利瑕疵担保责任，除非受让人在订立合同时知道或应当知道第三人对该债权享有权利。

在实务中，出现了让与人和受让人之间约定，债权瑕疵属于商业风险，由受让人承担。例如，某《受托管理处置不良贷款债权转让合同》第2条约定"风险揭示"，其中第3款约定："受让人被告知并完全理解，其受让的'债权资产'及其从权利，可能存在着瑕疵或尚未发现的缺陷，以至于受让人预期利益无法完全实现"（第1项）。"受让人受让的'债权资产'及其从权利可能存在的瑕疵或缺陷包括但不限于下列一项或多项：（1）'债权资产'债务人已经破产、注销、吊销营业执照或下落不明；（2）'债权资产'已过诉讼时效期间，同时缺少诉讼时效中断、中止的任何证明；（3）'债权资产'的担保合同本身因违反法律规定而无效或被撤销，担保人没有过错或仅承担一部分过错责任；（4）'债权资产'的保证合同约定债权不可转让或只对特定债权人承担保证责任；（5）'债权资产'

---

① 见史尚宽：《债法总论》，684页，台北，荣泰印书馆股份有限公司，1978；郑玉波：《民法债编总论》，修订2版，陈荣隆修订，439页，北京，中国政法大学出版社，2004。

② 参见1937年渝上字第1219号判例。

③ 见史尚宽：《债法总论》，688页，台北，荣泰印书馆股份有限公司，1978；黄立：《民法债编总论》，618页，北京，中国政法大学出版社，2002。

的保证在保证合同约定或法律规定的保证期间内因没有向债务人或保证人主张权利，而造成保证人不再承担保证责任或免责；（6）‘债权资产’的保证已过诉讼时效期间，同时缺少诉讼时效中断、中止的任何证明；（7）‘债权资产’的保证人已经破产、注销、吊销营业执照或下落不明；（8）‘债权资产’的担保物权因担保物灭失，且没有代位物或其他物上代位权可行使；（9）‘债权资产’的抵押合同应办理抵押登记而未办理，抵押合同实际未生效；或因动产抵押合同未办理抵押登记而抵押物已为第三人善意取得；（10）债权存在，但债权证明文件缺失；（11）其他‘债权资产’及其从权利的瑕疵或重大缺陷”（第 2 项）。

在这里，值得讨论的至少有：1）此处所谓“风险揭示”应如何定位和定性；2）这些约定是否有效。

该《受托管理处置不良贷款债权转让合同》第 1 条第 2 款约定：“本合同中的‘风险’是指，‘债权资产’因法律政策、债权本身以及‘债权证明文件’等方面原因导致的不能全部或部分实现的可能性，以及受让人因受让‘债权资产’而造成的经济损失和预期利益无法实现的可能性。”据此可知，该《受托管理处置不良贷款债权转让合同》第 2 条约定并列举的“风险揭示”属于免责条款。

这些免责条款有效否？（1）《合同法》第 150、151、155、158 等条的规定，不属于强制性规定，表明当事人可以通过约定瑕疵担保责任的免除而改变或排除《合同法》第 150、151、155、158 等条规定适用于特定的案件，系争《受托管理处置不良贷款债权转让合同》第 2 条约定排除了《合同法》这些规定的适用，并非不可以。（2）当然，仅有中国视角远非足够，必须是系争《受托管理处置不良贷款债权转让合同》第 2 条的约定不存在《合同法》第 52 条规定的无效原因，不存在《合同法》第 54 条规定的可撤销的原因。检索系争《受托管理处置不良贷款债权转让合同》第 2 条的约定，尚未发现具有《合同法》第 52 条规定的无效原因。其中是否存在《合同法》第 54 条规定的可撤销原因？需要举证。即便有，受让人不于 1 年除斥期间主张撤销，系争《受托管理处置不良贷款债权转让合同》第 2 条的约定继续有效。

需要注意的是，在有体物的连环买卖等情况下，合同相对性原则起着十分明显的作用：第一个买受人B向出卖人A主张瑕疵担保责任，第二个买受人C只能向第一个买受人B主张瑕疵担保责任，无权请求出卖人A承担瑕疵担保责任。与此不同，在债权连环让与的情况下，处理规则比较复杂，宜区分情形而做判断：

1)“债权”产生于绝对无效的合同，债权人与受让人（Ⅰ）签订让与合同（Ⅰ），其后，受让人（Ⅰ）以让与人的身份与受让人（Ⅱ）签订让与合同（Ⅱ），也以让与人的身份与受让人（Ⅲ）签订让与合同（Ⅲ）。由于没有债权这个标的物，且数个让与合同都构成自始客观不能履行，让与合同（Ⅰ）、让与合同（Ⅱ）、让与合同（Ⅲ）均应无效。

在这种背景下，不但受让人（Ⅰ）有权向让与人（债权人）就该债权主张物的瑕疵担保责任，而且受让人（Ⅱ）也有权向让与人（债权人）就该债权主张物的瑕疵担保责任，却无权向受让人（Ⅰ）主张。若构成权利瑕疵担保，并责令让与人（债权人）就该债权向受让人（Ⅰ）承担权利瑕疵担保责任，则尚需受让人（Ⅰ）对该债权存在着权利瑕疵不知情且无重大过失。若构成权利瑕疵担保，并责令让与人（债权人）就该债权向受让人（Ⅱ）承担权利瑕疵担保责任，则尚需受让人（Ⅱ）对该债权存在着权利瑕疵不知情且无重大过失。若构成权利瑕疵担保，并责令让与人（债权人）就该债权向受让人（Ⅲ）承担权利瑕疵担保责任，则尚需受让人（Ⅲ）对该债权存在着权利瑕疵不知情且无重大过失。

就受让人（Ⅱ）有权向让与人（债权人）主张债权的瑕疵担保责任而言，合同的相对性于债权让与场合已被突破。之所以如此，是因为在有体物的买卖场合，标的物的所有权随着交付（动产场合）或登记（不动产场合）已经转移了，该标的物所附着的瑕疵也随之转移了，买受人（Ⅱ）自然只能向买受人（Ⅰ）主张瑕疵担保责任；而此处所论的债权让与的场合，则是作为标的物的债权自始就不存在，受让人（Ⅰ）并未受让到该债权，或者说他也是个“受害人”，该债权的瑕疵并未移转到受让人（Ⅰ）之手，而是作为该债权的组成因素与该债权同命运，该债权继续由让与人（债权人）享有，该债权的瑕疵也继续留在让与人（债权人）之处。因此，受让人（Ⅱ）甚至于受让人（Ⅲ），都只得向让与人（债权人）主张瑕疵担保责任，而无权向受让人（Ⅰ）主张债权的瑕疵担保责任。同理，受让人（Ⅲ）也无权向受让人（Ⅱ）主张瑕疵担保责任。此其一。由于各个转让合同均为无效，在各个让与人有过错的情况下，各个受让人有权依据《合同法》第58条的规定，请求让与人承担损害赔偿责任；受让人也有过错的，就其过错承担相应的责任。此其二。

2）债权产生于有瑕疵的合同，债权人与不知情且无重大过失的受让人（Ⅰ）签订让与合同（Ⅰ），其后，受让人（Ⅰ）以让与人的身份与不知情且无重大过失的受让人（Ⅱ）签订让与合同（Ⅱ），受让人（Ⅰ）也以让与人的身份和受让人（Ⅲ）签订让与合同（Ⅲ）。于此场合，若这些合同被撤销，则瑕疵担保责任的承担情形与上述“1)”中的分析相同，不再赘述。

3）债权虽产生于有瑕疵的合同，债权人与受让人（Ⅰ）签订让与合同（Ⅰ），其后，受让人（Ⅰ）以让与人的身份与受让人（Ⅱ）签订让与合同（Ⅱ），受让人（Ⅰ）也以让与人的身份和受让人（Ⅲ）签订让与合同（Ⅲ），但各个受让人均不行使撤销权，各个让与合同都继续有效。于此场合，该债权的瑕疵由谁承担？应当遵循如下规则：

由于原债权及其瑕疵于债权让与场合一并移转给受让人，若该债权存在物的瑕疵，则受让人（Ⅰ）有权向让与人（债权人）就该债权主张物的瑕疵担保责任；若该债权存在权利瑕疵，则受让人（Ⅰ）有权向让与人（债权人）就该债权主张权利瑕疵担保责任，除非受让人（Ⅰ）在订立让与合同时知道或有重大过失地不知该债权存在着权利瑕疵。

同理，受让人（Ⅱ）有权向受让人（Ⅰ）亦即让与人（Ⅱ）就该债权的瑕疵主张担保责任。并且，若该债权存在物的瑕疵，则受让人（Ⅱ）有权向受让人（Ⅰ）亦即让与人（Ⅱ）就该债权主张物的瑕疵担保责任；若该债权存在权利瑕疵，则受让人（Ⅱ）有权向受让人（Ⅰ）亦即让与人（Ⅱ）就该债权主张权利瑕疵担保责任，除非受让人（Ⅱ）在订立让与合同时知道或有重大过失地不知该债权存在着权利瑕疵。

以此类推，受让人（Ⅲ）有权向受让人（Ⅰ）亦即让与人（Ⅱ）就该债权的瑕疵主张担保责任。并且，若该债权存在物的瑕疵，则受让人（Ⅲ）有权向受让人（Ⅰ）亦即让与人（Ⅱ）就该债权主张物的瑕疵担保责任；若该债权存在权利瑕疵，则受让人（Ⅲ）有权向受让人（Ⅰ）亦即让与人（Ⅱ）就该债权主张权利瑕疵担保责任，除非受让人（Ⅲ）在订立让与合同时知道或有重大过失地不知该债权存在着权利瑕疵。

（5）专属于让与人自身的从权利并不随之移转（《合同法》第 81 条后段）。

所谓专属于让与人自身的从权利不随债权让与而移转，例如，在保证合同约定专为债权人而设定保证责任的情况下，该保证责任便与原债权人不可分离，不随同主债权让与而移转于受让人。再如，商人之间所产生的留置权，为担保其因营业关系而成立的债权，就是说，留置权与债权人而非同债权相结合，由于债权让与并未消灭债权人与另一商人之间债的关系，债权让与，留置权并不随同移转。①

3. 从给付义务的履行

让与人应将债权证明文件全部交付与受让人，并告知受让人行使合同权利所必要的一切情况。对此，《合同法》虽未规定，但根据诚实信用原则，应将债权证明文件全部交付与受让人，属于让与人的从给付义务；应告知受让人主张债权的必要情况，为让与人的附随义务。

所谓债权证明文件，包括债务人出具的借据、票据、合同书、账簿等。所谓应告知受让人主张债权的必要情况，一般指债务的履行期、履行地、履行方式，债务人的住所，债权担保的方式，以及债务人可能会主张的抗辩等。②

再有，让与人占有的债权担保物，应全部移交受让人占有。

4. 让与人不负担保债务人支付能力的责任

中国台湾地区"民法"第 352 条规定："债权之出卖人，对于债务人之支付

---

① 见史尚宽：《债法总论》，684 页，台北，荣泰印书馆股份有限公司，1978；黄立：《民法债编总论》，618 页，北京，中国政法大学出版社，2002。

② 见孙森焱：《民法债编总论》，下册，788 页，北京，法律出版社，2006；邱聪智：《新订民法债编通则》下，425 页，北京，中国人民大学出版社，2004；林诚二：《民法债编总论——体系化解说》，498 页，北京，中国人民大学出版社，2003。

能力，除契约另有订定外，不负担保责任。”中国台湾地区“最高法院”认为：“诉争甘薯之给付请求权，既经上诉人合意受让于前，复由让与之被上诉人通知债务人某某于后，即生移转的效力，是上诉人提起请求给付此项甘薯之诉，仅得对于该债务人为之，纵令该债务人因无支付能力延不履行，而依‘民法’第三百五十二条之规定，除其让与契约另有订定外，被上诉人仍不负担保责任。”① 这有其道理，值得借鉴，理由在于：债权，虽须债务人适当履行才可实现，但与债务人毕竟分属两个领域，让与的标的物是债权，而非债务人及其支付能力；何况债务人即使支付能力强劲，背信而拒不清偿，也并非鲜见。

九、债权让与对于债务人的效力

（一）概说

由于中国民法未采纳物权行为制度及其理论，所谓债权让与对于债务人的效力，当指债权移转给受让人的结果与债务人之间的关系，或者说债权让与合同生效的结果对于债务人的效力，并非准物权行为对于债务人的法律效力。

债权的自由转让必须在不损害债务人现存利益的前提下进行，债务人不应因债权的让与而增加负担或丧失应有的权利。应该说，对债务人的保护和促进债权的自由流转，是债权让与制度的一个问题的两个方面。所以债权让与对于债务人的效力，主要是从保护债务人利益的角度出发而规定的，具体涉及对债务人的债权让与通知，及由此引起的权利义务。

（二）对债务人的债权让与通知

债权让与合同一经成立并生效，在让与人和受让人之间立即发生债权让与的效果。但由于债权让与合同不具有公示性，债务人可能不知道债权让与的事实，于是仍然有权向原债权人履行合同债务。如果允许债权让与合同自成立时对债务

① 中国台湾地区“最高法院”1954年台上字第122号判例。转引自林诚二：《民法债编总论——体系化解说》，498页，北京，中国人民大学出版社，2003。

人也同时生效，那么，债务人因不知债权让与的事实而为给付却不发生清偿的效果，同时对新债权人（受让人）负有债务不履行的责任，显然不公平。于是，为了保护债务人的合法权益，许多立法例就债权让与对债务人在何种条件下生效作了限定，有以下三种主义：严格限制主义，即债务人同意原则；自由主义，即债权自由让与原则；折衷主义，即让与通知原则。

相比较而言，折衷主义既维护了债务人的利益，又保障了债权的自由流转，合理地平衡了当事人之间的利益关系，在立法价值上实现了静的安全与动的安全的结合。这种模式获得了中国大多数学者的赞同：它一方面考虑到了债务人的利益，要求债权人或受让人在债权让与达成合意后及时地通知债务人，避免债务人因不知情而受到损失；另一方面，它充分尊重了债权人处分其债权的自由，有利于鼓励债权转让，符合市场经济发展的需要。① 正因如此，《合同法》采取了折衷主义，于第 80 条第 1 款规定："债权人转让权利的，应当通知债务人。未经通知，该转让对债务人不发生效力。"这突破了《民法通则》以债务人同意为生效要件的模式，具有进步性。《合同法》实施后，根据特别法优先于普通法或新法优于旧法的原则，在合同债权转让问题上自应放弃债务人同意的原则，而采用让与通知主义。

这样，在《合同法》上，债务人在收到债权让与通知之后，应承认受让人为债权人，不得再向原债权人（让与人）为清偿或其他免责行为，否则，不发生清偿的效果，免责行为也归于无效。受让人对于债务人可以主张权利。当然，在当事人另外约定了债权移转的时间点或被转让的债权为未来的债权的场合，情况较为复杂，下文将作具体分析。

所谓"未经通知，该转让对债务人不发生效力"，就是在让与通知前，债务人对于原债权人（让与人）的清偿、免责行为，或让与人对于债务人为免除或抵销，应当有效。② 受让人对于债务人不得主张债权，受让人请求债务人向其为清

① 见王利明、崔建远：《合同法新论·总则》，431～432 页，北京，中国政法大学出版社，1996。

② 见史尚宽：《债法总论》，691 页，台北，荣泰印书馆股份有限公司，1978。

偿的，债务人有权抗辩①，因而，债务人对于受让人得拒绝清偿，受让人对于债务人的时效中断、实行担保权、申请破产等行为，也不能视为有效。②但是，在让与通知前，债务人对受让人的清偿及其他免责行为应视为有效，让与人对债务人的抵销、免除也应视为有效。③ 受让人实施时效中断的行为若含有债权让与通知的意思，则债权让与对于债务人发生效力。还有，在让与通知前，受让人对于债务人为抵销或免除的意思表示，其中含有让与通知的内容的，债权让与对于债务人发生效力。④

债权让与通知，法律性质为观念通知，通知人无须有效果意思，也不需要债务人承诺。唯观念通知属于准法律行为⑤，可以准用《民法通则》关于意思表示及法律行为的有关规定，通知到达债务人处始生效力。

在美国，《统一商法典》规定，债权让与的通知应当具有充分性（sufficient of notification），即，通知必须被债务人实际收到（第 9—318 条第 3 款，第 1—201 条第 26、27 款）；通知必须说明“到期或即将到期的款项已被让与，并且债务人应当向受让人付款”（第 9—318 条第 3 款）；通知必须“合理地指明所让与的权利”（第 9—318 条第 3 款）。此外，根据债务人的要求，“受让人必须及时地提供合理的证据，以证明债权已经被让与”（第 9—318 条第 3 款）；如果受让人

---

① 有学者认为，在让与通知到达债务人处之前，即使债务人已经知晓了债权让与的事实，受让人也无权请求债务人向其清偿（见郑玉波：《民法债编总论》，修订 2 版，陈荣隆修订，442 页，北京，中国政法大学出版社，2004）。但本书认为，由让与通知的目的和作用决定，如有证据证明债务人已经知晓了债权让与的事实，债权让与对于该债务人应当发生效力。

② 见［日］於保不二雄：《日本民法债权总论》，庄胜荣校订，295 页，台北，五南图书出版有限公司，1998；郑玉波：《民法债编总论》，修订 2 版，陈荣隆修订，442 页，北京，中国政法大学出版社，2004。

③ 见［日］於保不二雄：《日本民法债权总论》，庄胜荣校订，295 页，台北，五南图书出版有限公司，1998。

④ 见史尚宽：《债法总论》，691 页，台北，荣泰印书馆股份有限公司，1978。

⑤ 见中华民国最高法院 1939 年上字第 1284 号判例；中华民国最高法院 1931 年上字第 58 号判例；孙森焱：《民法债编总论》下册，789 页，北京，法律出版社，2006；邱聪智：《新订民法债编通则》下册，426 页，北京，中国人民大学出版社，2004；［日］於保不二雄：《日本民法债权总论》，庄胜荣校订，293 页，台北，五南图书出版有限公司，1998。

未能做到这一点，那么，债务人可以向让与人付款（第9—318条第3款）。① 这些为保护债务人的合法权益所必需，值得中国法借鉴。

债权让与通知，可以采取诉讼通知的形式，但通常采取非诉的形式。让与债权的意思表示自到达债务人及其继承人或其代理人时生效。

在金融资产管理公司受让国有银行债权后，原债权银行在全国或省级有影响的报纸上发布债权转让公告或通知的，人民法院可以认定债权人履行了《合同法》第80条第1款规定的通知义务（法释［2001］12号第6条）。

债权让与通知的相对人，为债务人及其继承人或其代理人。债务人之所在不明又无代理人的，依日本判例应对不在者的财产管理人为通知。②

连带债务，对于债权人而言虽然视为同一债务，但就债务人方面观察，却是每位债务人各自负担全部给付内容的独立债务。这样，债权人可以就其对于连带债务人一人的债权而单独让与，向该债务人为让与通知。如果以对于全体债务人的债权为让与，那么，应通知全体债务人。只有这样，债权让与的效力才会对全体债务人发生。如果仅仅向其中一位债务人为让与通知，则债权让与只对该债务人发生效力。③

债权让与通知的时间，首先，需要明确的是，由让与通知属于观念通知的性质决定，在债权让与合同签订之前为让与通知的，因尚无债权让与的事实，故该让与通知不发生法律效力。其次，在债权让与合同签订之后为让与通知的，如果被让与的是未来的债权，那么让与通知自到达债务人处时发生法律效力，无需于其后债权现实地产生时再为让与通知。④ 最后，在现存债权作为标的物，债权让与合同已经签订的情况下，让与通知应于何时作出，宜区别情况而定，兹分述如下：

1. 在债务的履行期届满之前，债务人尚未清偿的，将债权让与的事实通知

① 见［美］E·艾伦·范斯沃思：《美国合同法》，葛云松、丁春艳译，722页，北京，中国政法大学出版社，2004。

② 见史尚宽：《债法总论》，690页，台北，荣泰印书馆股份有限公司，1978。

③ 见史尚宽：《债法总论》，690页，台北，荣泰印书馆股份有限公司，1978。

④ 见史尚宽：《债法总论》，691页，台北，荣泰印书馆股份有限公司，1978。

债务人，债权让与对于债务人发生效力。假如债务人在收到让与通知后仍向让与人为给付，那么，不发生清偿的法律效果，受让人有权请求债务人向其给付。不过，虽然债务的履行期尚未届满，但已经届至，债务人于此期间适当地履行了债务，债权人其后将债权让与的事实通知债务人，尽管该通知早于债务履行期届满前，债务人也有权对抗受让人的给付请求。

2. 在让与人或受让人怠于为债权让与的通知，债务人不知债权让与的事实，仍然向让与人（原债权人）为给付的，债务人对受让人因此而未获清偿或未能及时获得清偿的后果不承担民事责任；在债务人尚未履行的情况下，如果债权让与通知迟于债务履行期，使债务人难以向受让人履行，只能向让与人清偿，则债务人有权拒绝向受让人给付，仍然可以向让与人履行，并就此不负民事责任。换言之，在债务人收到债权让与通知之前，对让与人所为的给付有效，即债务人仍以让与人为债权人而为履行，同样可以免除其债务，受让人不得以债权已经让与为由，要求债务人继续履行，而只能请求让与人返还所受领的债务人的给付。

3. 在债务的履行期限已经届满、债务人尚未履行的情况下，让与人或受让人才将债权让与的事实通知债务人的，只要债务人此时能够向受让人履行，债权让与对债务人就应当有效。其道理在于，假如因让与通知迟于债务的履行期限，就赋予债务人拒绝向受让人履行的权利，那么这会使问题的处理迂回曲折，徒增成本，不符合效率原则，莫不如承认债权让与通知对于未为履行的债务人具有法律效力，即债务人自接到该通知时起有义务向受让人为给付。不过，由此给债务人增加的负担，应当由怠于为债权让与通知的让与人或受让人承受。换句话说，债务人若尚未给付，则自收到债权让与的通知时起，应当将受让人作为债权人而履行债务，于此场合，他对让与人的履行不能构成债的清偿，其债务不能免除，仍须向受让人履行债务。让与人仍然受领债务人的给付的，属非债清偿，债务人可以请求返还。

4. 在债务的履行期已经届满、债务人收到债权让与通知前已经向让与人履行的情况下，让与通知才到达债务人处的，债务人有权拒绝受让人的给付请求，并不承受由此增加的负担。

在让与人怠于为债权让与的通知，致使债务人因不知债权让与而向让与人清偿的情况下，在美国法，受让人可以基于让与人违反了担保（breach of warranty）而要求其承担责任。如果某人以盖印契据的形式让与了某项权利，或有偿地让与了某项权利，那么该让与人就默示地作出担保：他不会进行任何使债权让与的价值落空或减损的行为。他若嗣后受领了债务人的给付，则应当承担违反担保的责任。《合同法重述》（第 2 版）第 333 条规定了有偿让与债权场合让与人的默示担保。这样，如果债务人就其向让与人的清偿没有法律责任，那么受让人就有权向让与人行使给付的追索权。需要注意的是，《合同法重述》（第 2 版）第 338 条之实例解说第 1 条表明，受让人基于让与人违反担保而向其主张的损害赔偿数额，可能取决于受让人能否要求债务人承担责任。[①] 这有其道理，符合违约责任的构成及其理论。但需注意，中国法及其理论无违反担保（breach of warranty）和违反条件（breach of condition）之分，而是一律称之为违约行为[②]，在让与人怠于为债权让与的通知，致使债务人向让与人为清偿时，具备了让与人违反债权让与合同的要件，受让人有权基于让与合同的约定和法律的规定，向让与人追究违约责任，包括要求其支付违约金、赔偿损失。

让与通知为观念通知，可准用法律关于意思表示的规定。因而，让与通知存在《合同法》第 52 条规定的无效的原因时，当然无效，债权让与对债务人不发生效力。至于让与通知可否撤销，《合同法》规定，债权人转让权利的通知不得撤销，但经受让人同意的除外（第 80 条第 2 款）。

应当指出，债权让与必须通知债务人的原则还存在一些例外情况，主要表现为以下几点：

---

① 见［美］E·艾伦·范斯沃思：《美国合同法》，葛云松、丁春艳译，722 页，北京，中国政法大学出版社，2004。

② 违约行为严重与否，原则上不影响违约金责任、损害赔偿的成立，但在合同解除权是否产生方面存在着差别。在普通法上，在违反条件场合，守约方可以解除合同并主张支付违约金或损害赔偿，违反担保场合，只得主张支付违约金或损害赔偿，不得解除合同。这类似于我国法上的，根本违约场合，守约方可以解除合同并请求支付违约金或损害赔偿，而轻微违约场合，大多不产生解除权，守约方只得请求支付违约金或损害赔偿。

1. 证券化债权让与不以通知债务人为要件。例如指示债权，以背书和票据的交付而移转；无记名债券，如火车票、电影票等，则仅以债券的交付而移转债权，均不需通知债务人；票据债务人负有按照票据上载明的权利绝对履行的义务，而不得以未收到让与通知为由拒绝履行。

2. 特殊债权的移转必须办理登记手续，例如电话使用权的过户。

3. 当事人之间特别约定债权不得让与的，债权人欲让与债权，应当征得债务人的同意。当然，站在立法论的立场上，在应收账款债权等让与场合，中国法若追随国际潮流，规定当事人关于禁止债权转让的特约不影响债权移转于受让人的效力，那么，此处所谓征得债务人同意的要求则不再必要。

关于何人为债权让与通知，中国《合同法》第 80 条第 1 款规定，让与人（债权人）为债权让与的通知人。《日本民法典》第 467 条第 1 项的规定亦然。这过于狭隘，排除了受让人可以为让与通知的情形，构成一个法律漏洞。实际上，早在罗马法时期，对于让与应由何人通知债务人的问题，学者之间就曾有过争论。有人主张，既然受让人握有债权，那么应由受让人通知债务人；也有人主张，让与通知乃让与人放弃债权的行为，应由让与人通知；还有人主张，无论让与人通知还是受让人通知，其结果相同，二者均值赞同。后者得到大家的认可，并体现在查士丁尼法典的具体规定中。[①]《法国民法典》继受罗马法，规定让与人和受让人双方都可以通知。目前大多数国家的立法采纳此例。所以，对中国《合同法》第 80 条第 1 款规定形成的法律漏洞，可以通过目的性扩张予以填补，允许受让人也作为让与通知的主体，从而有利于灵活地解决实际中的问题。但从保护债务人履行安全的角度考虑，受让人在为让与通知时，必须举证证明自己已经取得了债权，例如，债权让与合同、让与公证书等，否则，债务人可以拒绝履行。

最后应当指出，从《合同法》第 80 条第 1 款的规定来看，其似采严格让与通知主义，即债权人转让权利的，应当通知债务人，否则，对其不产生让与的效力。但是，如果有证据证明该债务人已经知晓了债权让与的事实，仍向让与人履

① 见陈允、应时：《罗马法》，2 版，248 页，上海，商务印书馆，1933。

行债务，则显然有违于诚实信用原则。于此情形，不能免除其对受让人的债务。① 当然，对此应由受让人负责举证。

（三）表见让与及其效力

当债权人将债权让与第三人的事项通知债务人后，即使债权让与并未发生或该让与无效或被撤销，债务人基于对让与通知的信赖而向该第三人所为的履行仍然有效，债务人仍得以其对抗受让人的事由对抗让与人。此类虽无债权让与的事实，而债权让与通知仍然有效的现象，学说称之为表见让与，或曰让与通知的特殊效力。

表见让与之所以被承认，原因在于，让与人将让与债权的事实通知债务人，即是表明让与人已非债权人，债务人对于让与人所为通知是否符合事实并无审查义务，故实际上纵无债权让与的事实，或虽有让与事实而有无效的原因，或已经撤销而失去效力，倘若债务人已因其通知而向受让人为清偿、抵销或其他免责行为，那么所有得对抗受让人的事由，也均可对抗让与人。即使债务人明知债权让与合同不存在或无效，也是如此。②

当然，对于"即使债务人明知债权让与合同不存在或无效，也是如此"，有学者指出，它与法律不保护恶意的原则相悖，是否妥当，值得商榷。③

由于让与人的通知具有如此强劲的特殊效力，且涉及受让人的利益，因而让与通知的撤销，自应获得受让人的同意，否则，不发生撤销的效力。倘若债权让与合同并不存在或有无效的原因，受让人却不同意让与人撤销让与通知，则让与人只有遵循诉讼程序，请求以判决命受让人同意。④

表见让与一般只有在债权人为让与通知行为时才能产生，如果由受让人为让与通知，则不产生表见让与的效力。也就是说，即使受让人已将债权让与通知了债务人，而在债权未能让与或让与无效时，债务人也不能以其对抗受让人的事由

---

① 参见《意大利民法典》第1264条。

② 见王伯琦：《民法债编总论》，262页，台北，正中书局，1962；孙森焱：《民法债编总论》，下册，790～791页，北京，法律出版社，2006。

③ 见邱聪智：《新订民法债编通则》下，427页，注1，北京，中国人民大学出版社，2004。

④ 见孙森焱：《民法债编总论》下册，791页，北京，法律出版社，2006。

对抗让与人。[①] 不过，受让人在为债权让与通知行为时，提出了债权已经归属于他的充分证据，足以表明债权已经发生了移转的，尽管实际上并未让与，但是在此情形，本书认为仍可构成表见让与。

再者，让与人将债权让与的事实通知债务人，倘若债权并未让与或其让与无效，那么债务人因而主张受让人非债权人，拒绝向其给付的，法律应予准许。只不过债务人若因认识错误，以合法移转误认为无效，则即应负担风险。[②]

（四）抗辩（权）的援用

1. 债务人对让与人所享有的抗辩（权），大多可以向受让人主张

根据《合同法》第 82 条的规定，在债务人接到债权转让通知时，债务人对让与人的抗辩，可以向受让人主张。这是因为债权让与是债之主体的变更，并不改变债的内容，债的同一性不因债权让与而丧失。由此决定，债权原有的瑕疵，不能不随同移转于受让人，所以债务人可以对抗原债权人的事由，自然可以对抗新的债权人。该对抗受让人的抗辩（权）制度，正是“债务人不能因债权让与而受有不利益”原则的体现。

债务人可以对抗让与人的事由，亦为对抗受让人的事由，兼指实体法上的抗辩（权）和诉讼法上的抗辩（权）。有见解认为，举凡足以阻止或排斥债权的成立、存续和行使的事由，仅需债务之于受通知时已经存在的，均可成立。[③]

债务人可对抗受让人的实体法上的抗辩（权），包括（1）债权不发生的抗辩：例如，合同不成立或被撤销或被确认为无效的抗辩（权）；（2）债权消灭的抗辩：例如，对于让与人行使撤销权、解除权而致债权消灭的抗辩，以及清偿、提存的抗辩；（3）拒绝给付的抗辩：例如，履行期尚未届至的抗辩，已罹诉讼时效的抗辩权等，以及在原债权人将合同上的权利单独让与第三人，自己保留合同债务时，债务人基于让与人不履行对应债务而产生的同时履行抗辩权、不安抗辩

---

① 见郑玉波：《民法债编总论》，修订 2 版，陈荣隆修订，443 页，北京，中国政法大学出版社，2004。

② 孙森焱：《民法债编总论》下册，791 页，北京，法律出版社，2006。

③ 见中国台湾地区“最高法院”1963 年台上字第 1085 号判例。

权等。[①]

债务人可对抗受让人的诉讼法上的抗辩（权），例如，协议管辖的抗辩、仲裁条款的抗辩等。[②]

以上抗辩事由，必须于债务人受让与通知时业已存在，方可对抗受让人；在受让与通知以后才发生的事由，则不在此限，因其并非原债权的瑕疵。[③]

附：案例分析

甲、乙、丙三家公司合作投资开发A宗建设用地，约定甲公司出资1 500万元人民币，乙公司出资800万元人民币，丙公司出资700万元人民币，以甲公司的名义与国土资源管理部门签订A宗建设用地使用权出让合同，交纳出让金1 500万元人民币。在甲公司向该国土资源管理部门交纳的1 500万元人民币出让金中，有500万元人民币依国土资源管理部门的指示向丁公司支付。

其后，甲公司从合作投资开发A宗建设用地的项目中退出，甲、乙、丙三方协议，由乙、丙二公司退回甲公司投入的1 500万元人民币，由此形成债的关系，甲公司享有1 500万元人民币的债权，乙、丙二公司负有1 500万元人民币的债务。

甲公司将该1 500万元人民币的债权转让给戊公司，乙、丙二公司也参与了该合同的签订，视为甲公司已经通知了该债权转让（其实，也是乙、丙二公司同意了该债权转让）。

问题在于，丁公司虽然给甲公司开具了500万元人民币的收款收据，但甲公

---

① 见孙森焱：《民法债编总论》下册，792页，北京，法律出版社，2006；邱聪智：《新订民法债编通则》下，427页，北京，中国人民大学出版社，2004；林诚二：《民法债编总论——体系化解说》，502页，北京，中国人民大学出版社，2003。

② 见孙森焱：《民法债编总论》下册，792页，北京，法律出版社，2006；邱聪智：《新订民法债编通则》下，427页，北京，中国人民大学出版社，2004；林诚二：《民法债编总论——体系化解说》，502页，北京，中国人民大学出版社，2003。

③ 见孙森焱：《民法债编总论》下册，792页，北京，法律出版社，2006；邱聪智：《新订民法债编通则》下，427页，北京，中国人民大学出版社，2004；林诚二：《民法债编总论——体系化解说》，502页，北京，中国人民大学出版社，2003。

司并未付款。在这样的情况下，甲公司、丁公司与该国土资源管理部门签订合同，确定甲公司不再向丁公司付款，改由该国土资源管理部门与丁公司直接结算。这使得甲公司实际投资不是1 500万元人民币，而是1 000万元人民币。它对乙、丙公司的债权也不是1 500万元人民币，而是1 000万元人民币。它转让给戊公司的债权实际上也应该是1 000万元人民币。

在这里，乙、丙二公司对甲公司可以主张，自己仅仅负有1 000万元人民币的债务。并且，乙、丙二公司的该种抗辩可以向戊公司主张。

债务人对于受让人享有程序法上的抗辩（权）。例如，被告得以约定的仲裁条款，对抗受让人。判决的既判力对于受让人为有效。[①]

在受让人再将债权移转时，债务人有权以其对抗受让人（Ⅰ）甚至于受让人（Ⅱ）的抗辩，对抗再受让人（转得人）。[②]

2. 债务人对于让与人所享有的抗辩（权），有些不得向受让人主张

必须指出，债务人对于让与人的抗辩（权），并非总能够对抗受让人，存在着若干不得对抗的情况。

债务人所享有的对抗受让人的抗辩（权），可以预先或在嗣后与受让人协商一致予以抛弃。[③]

抗辩纯为对于让与人个人的事由的，债务人不得以之对抗受让人。例如，让与人虽对债务人约定不请求履行，但债务人也不得以此约定对抗受让人。[④]

日本民法上所谓保留异议的承诺，是指债务人在承诺债权让与时，不保留任何债权不成立、成立时有瑕疵、债权消灭及其他可对抗让与人的抗辩的单纯承诺。债务人就债权让与作出不保留异议的承诺，一般受让人即可相信该债权不存在任何抗辩事由。法律为保护受让人的信赖、保障债权让与的安全，特别承认不

① 见史尚宽：《债法总论》，693页，台北，荣泰印书馆股份有限公司，1978。
② 见史尚宽：《债法总论》，693页，台北，荣泰印书馆股份有限公司，1978。
③ 见史尚宽：《债法总论》，693页，台北，荣泰印书馆股份有限公司，1978。
④ 见史尚宽：《债法总论》，694页，台北，荣泰印书馆股份有限公司，1978。

保留异议承诺的公信力，从而使抗辩力丧失。不保留异议的承诺丧失抗辩的后果，只在债务人和受让人之间发生，对于第三人的权利没有任何影响。[①] 中国现行法没有规定此类制度，反倒是承认债务人的抗辩权（《合同法》第82条等）。不过，既然法律允许债务人援用抗辩权乃为保护债务人的利益，那么，如果债务人和受让人就放弃援用抗辩权达成协议，或债务人单方允诺放弃抗辩权，则只要不涉及第三人的利益，不违反法律的强制性规定，就应予允许。

在美国，曾经存在过消费者对零售商的抗辩权，不得向受让零售商付款请求权的融资机构主张的情形。例如，融资机构通过可流通本票使其不再受到消费者所享有的抗辩的束缚。具体做法是，赊账购物的消费者不仅要签署买卖合同，而且要签署一份本票，在该本票上，消费者允诺向零售商或持票人支付价款。让与付款请求权的零售商在该本票上背书，指示该款项应向融资机构支付。根据可流通票据的规则，如果融资机构善意、有偿地接受该票据，并且不知消费者享有的任何抗辩，那么它就符合了"正当持票人"（a holder in due course）的要件。作为"正当持票人"，融资机构可以对消费者强制执行该票据，可以对抗消费者提出的抗辩（比如零售商违反担保，或者有欺诈行为）。[②]

又如，融资机构不使用独立的本票，而是要求零售商在买卖合同中加入一项"放弃抗辩"（waiver-of-defense）条款。根据该项条款，消费者同意，如果付款请求权让与给融资机构，那么消费者将不对受让人提出任何抗辩。法院一般认为，在融资机构已经基于对该项条款的信赖而支付代价后，消费者就不得对融资机构主张任何抗辩，但可对零售商主张。[③]

这显然不利于消费者，19世纪50年代初期，法院开始认为，与零售商有密

---

① 见［日］於保不二雄：《日本民法债权总论》，庄胜荣校订，299、300页，台北，五南图书出版有限公司，1998。

② 见［美］E·艾伦·范斯沃思：《美国合同法》，葛云松、丁春艳译，727页，北京，中国政法大学出版社，2004。

③ 见［美］E·艾伦·范斯沃思：《美国合同法》，葛云松、丁春艳译，727页，北京，中国政法大学出版社，2004。

切关系的融资机构不能成为正当持票人[1]，也不能受到放弃抗辩条款的保护。[2] 19 世纪 70 年代初，绝大多数州制定了消费者交易的法律，禁止流通本票放弃抗辩条款的使用：要么限制它们的效力，要么完全剥夺它们的效力。于是，联邦贸易委员会（the Federal Trade Commission）制定了一项规范此类交易的规则，将违反该规则的行为确定为不公平交易行为（an unfair trade practice）。根据这些法律，无论零售商和融资机构之间是否存在着密切关系，融资机构都承受与零售商相同的法律状态，受到所有可以对零售商主张的抗辩和请求权的约束。消费者若在发现货物瑕疵之前向融资机构支付了货款，那么对融资机构享有返还请求权。美国《统一商法典》对此不愿意表明立场，一般性地承认了使用本票和放弃抗辩条款的效力，除非制定法或者判例为供消费之物的买受人……确定了不同的规则（第 9—206 条）。[3]

切断消费者的抗辩权，虽然有助于合同权利的自由让与，却损害了作为弱者的消费者的合法权益，与中国《消费者权益保护法》的宗旨不符，不应被采纳。

美国的有关判例认为，如果债务人对让与人享有的抗辩，致使受让人无法执行其受让的权利，那么，受让人可以向让与人行使追索权。如果债务人没有作出免除担保的表示，那么，有偿地让与债权的让与人就默示地担保：所让与的权利确实存在，并且不存在任何针对让与人的有效请求权或抗辩，除非是在让与之时已经说明了的或显然存在的那些请求权或抗辩。[4] 让与人还默示地担保，他不会进行任何使债权让与的价值落空或减损的行为，而且他并不知道任何会导致这种

---

① Mutual Fin Co., v. Martin, 63 So. 2d 649, 653 (Fla. 1953). 转引自［美］E·艾伦·范斯沃思：《美国合同法》，葛云松、丁春艳译，728 页，北京，中国政法大学出版社，2004。

② Fairfield Credit Corp. v. Donnelly, 264 A. 2d 547 (Conn. 1969). 转引自［美］E·艾伦·范斯沃思：《美国合同法》，葛云松、丁春艳译，728 页，北京，中国政法大学出版社，2004。

③ 见［美］E·艾伦·范斯沃思：《美国合同法》，葛云松、丁春艳译，728～729 页，北京，中国政法大学出版社，2004。

④ Bouknight v. Mitchell, 129 S. E. 134 (S. C. 1924). 转引自［美］E·艾伦·范斯沃思：《美国合同法》，葛云松、丁春艳译，729 页，北京，中国政法大学出版社，2004。

结果的事实存在。[①] 这种意见有助于受让人达到受让债权的目的，中国法可以有条件地借鉴。中国法及其理论可以这样设计：在债务人主张对让与人的抗辩，致使受让人达不到受让债权的目的场合，如果受让人对此类抗辩不知且无重大过失，则有权请求让与人消除此类抗辩或直接承担违约责任。

（五）抵销的主张

根据《合同法》第 83 条的规定，在债务人接到债权让与通知时，债务人对让与人享有债权的，债务人仍然可以依法向受让人主张抵销。这是因为在债权转让之前，债务人既享有到期债权，可以同原债权人享有的债权相抵销，若因债权的转让，使债务人丧失抵销的权利，则于其明显不公。同时，抵销权是自债权适于抵销时发生的，在债权转让之前已经产生的抵销权，自不应因债权的让与而消灭。

债务人对于受让人主张这种抵销，得具备如下要件：（1）必须是债务人在收到让与通知时对让与人享有债权，该债权可以成立于让与合同成立之前，也可以发生于让与合同成立之后，但不得发生于让与通知到达债务人处之后；（2）必须是债权的清偿期先于所让与的债权或者同时届至，不得迟于所让与的债权的清偿期。[②]

这样，在受让人受让债权之后，尚未行使的情况下，债务人向受让人主张抵销，受让人只好向让与人主张瑕疵担保责任，成本增加。并且，在让与人的财产不足以清偿数个到期的债权时，受让人就会遭受损失。看来，受让人为了避免此类风险，需要采取有关的预防措施，诸如请求让与人提供担保、援用《合同法》第 150 条等规定请求让与人承担瑕疵担保责任、设法使债务人书面放弃这种抵销权等。

抵销，在诉讼程序上，需要以诉讼请求或仲裁请求的方式提出，若为被告或被申请人主张，则仅仅以抗辩的方式可能得不到支持，需要以反诉或反请求的方式主张，才会得到审判庭或仲裁庭的支持。

---

① P. N. Cray & Co. v. Cavalliotis，276 F. 565（E. D. N. Y. 1921）。转引自［美］E·艾伦·范斯沃思：《美国合同法》，葛云松、丁春艳译，729～730 页，北京，中国政法大学出版社，2004。

② 见郑玉波：《民法债编总论》，修订 2 版，陈荣隆修订，445 页，北京，中国政法大学出版社，2004。

应当指出，债务人并非在任何情况下都拥有抵销权。例如，债务人于收到让与通知前与让与人签订租赁合同，取得租金债权，假如该债权的清偿期在被让与债权的清偿期之后，那么债务人不得以该租金债权抵销受让人受让的债权。因为债务人取得对于让与人的债权较已经让与的债权在清偿期方面过迟。[①] 美国《统一商法典》规定，应收账款受让人的权利，受到因为债务人和让与人之间的其他合同而发生的抗辩或者请求权的约束，只要它的“发生”（accrues）时间是在债务人收到债权让与通知之前（第9—318条第1款）。受让人仅仅受到在应收账款债务人收到债权让与通知之前的请求权的约束，而不受任何此后发生的请求权的约束（第9—318条第1款之评注第1条）。对那些不适用《统一商法典》的债权让与来说，它们所适用的规则通常取决于特定州关于抵销权的法律。[②] 其中，有的判决认为，债务人在收到债权让与的通知后，对让与人取得的与该债权无关的请求权，不能与受让人的请求权相抵销。[③] 而另一些判决宣明，受让人的抵销主张是不应得到支持的，除非主张抵销的债权在让与通知之时已经到期、可以支付并且具有可诉性。[④]

（六）债权让与和诉讼时效

债权让与的通知是否构成诉讼时效的中断，《合同法》对此尚无明文，但若干司法解释持肯定的见解。例如，法释［2001］12号规定：“债务人在债权转让协议，债权转让通知上签章或者签收债务催收通知的，诉讼时效中断。原债权银行在全国或者省级有影响的报纸上发布的债权转让公告或通知中，有催收债务内容的，该公告或通知可以作为诉讼时效中断证据”（第10条）。法函［2002］3号规定：“金融资产管理公司在全国或省级有影响的报纸上发布的有催收内容的

---

① 见史尚宽：《债法总论》，695页，台北，荣泰印书馆股份有限公司，1978。

② 见［美］E·艾伦·范斯沃思：《美国合同法》，葛云松、丁春艳译，731页，北京，中国政法大学出版社，2004。

③ Cronkleton v. Hastings & Realty Corp.，278 N. W. 144（Neb. 1938）. 转引自［美］E·艾伦·范斯沃思：《美国合同法》，葛云松、丁春艳译，731页，北京，中国政法大学出版社，2004。

④ St. Louis Natl. Bank v. Gay，35 p. 876（Cal. 1894）. 转引自［美］E·艾伦·范斯沃思：《美国合同法》，葛云松、丁春艳译，731页，北京，中国政法大学出版社，2004。

债权转让公告或通知所构成的诉讼时效中断，可以溯及金融资产管理公司受让原债权银行债权之日；金融资产管理公司对已承接的债权，可以在上述报纸上以发布催收公告的方式取得诉讼时效中断（主张权利）的证据。”法释〔2008〕11号第19条第1款规定：“债权转让的，应当认定诉讼时效从债权转让通知到达债务人之日起中断。”

概括地说，上述司法解释在一定领域承认了债权让与通知为诉讼时效中断的事由，是否合法、合理？这涉及《民法通则》第140条关于诉讼时效中断的文义，价值取向，究竟侧重于保护债务人，还是倾向于受让人及让与人。从以下方面着眼，上述司法解释可资赞同：（1）消灭时效之要旨，并非在于侵夺权利人的权利，而在于给予义务人一保护手段，使其无须详察事物即得对抗不成立的请求权。[①]（2）诉讼时效制度不保护睡眠的权利人，发出让与通知表明债权人没有在债权上睡眠，由此利于得出诉讼时效中断的结论。（3）有学说主张，“提示债权让与字据，可解释为有中断的效力”[②]；“虽然债权让与通知的目的在于指示债务人向新的债权人履行债务，但其中当然含有向债务人主张债权的意义。因此，依民法关于债权人的请求可引起诉讼时效中断的规定，债权让与应构成消灭时效中断的原因。”[③]

不过，聚焦下述各点，严格解释《民法通则》第140条关于诉讼时效中断的文义，则疑问丛生：（1）权利人主张权利、义务人同意履行义务，要求更高，不仅需要债权人清醒，而且要有他主张权利的积极行动；不仅债务人承认权利的存在，而且有其进一步的同意履行。（2）债权让与通知是一种观念通知，让与人或受让人将债权让与这种事实告知债务人[④]，无论通知的主体内心是如何想的，意

---

① 见［德］迪特尔·梅迪库斯：《德国民法总论》，邵建东译，91页，北京，法律出版社，2000。

② 史尚宽：《债法总论》，692页，台北，荣泰印书馆股份有限公司，1978。

③ 张广兴：《债法总论》，242页，北京，法律出版社，1997；崔建远主编：《合同法》，3版，178页，北京，法律出版社，2003。

④ 见［日］於保不二雄：《日本民法债权总论》，庄胜荣校订，293页，台北，五南图书出版有限公司，1998；郑玉波：《民法债编总论》，修订2版，陈荣隆修订，441页，北京，中国政法大学出版社，2004。

欲发生何种法律效果，都改变不了法律预定的结果——债权让与对于债务人具有拘束力，债务人向受让人履行才发生债的清偿、债务人的债务归于消灭的效果。显然，这不同于债权人请求债务人履行义务、提起诉讼和债务人同意履行义务。债权人请求债务人履行义务，为民法上的意思通知，属于准法律行为的范畴。[①]（3）日本、中国台湾地区的民法规定债务人承认为时效中断事由。债务人承认，系指有可能享受时效利益之人向有可能因时效而失去权利之人表示已知其权利之存在。承认之所以为中断事由，不仅因为权利的存在由此得到确认，更重要者在于即使权利人不行使权利，也无从责备其怠慢。故而承认只被认为系以观念通知而生时效中断的效力，不需以“对相对人之权利有处分之能力与权限为必要”[②]。与此有所不同，中国大陆《民法通则》规定的中断事由之一，不是债务人承认，而是债务人同意履行义务，其法律性质如何，值得讨论。有学说认为它属于意思表示。[③] 中国台湾地区“民法”第 77 条规定：“限制行为能力人为意思表示及受意思表示，应得法定代理人之允许。”其中法定代表人的允许，乃事先的同意。事后的同意，称为承认。允许系有相对人的单独行为，其意思表示须向限制行为能力人或其相对人为之。[④] 债务人同意履行债务，与此类似，可作相同的解释，即它属于债务人的承诺，为意思表示。众所周知，意思通知、意思表示与观念通知显然存在着实质的不同，除非有重大的理由，不得赋予其相同的法律效果。就此看来，法释［2008］11 号第 19 条第 1 款关于“债权转让的，应当认定诉讼时效从债权转让通知到达债务人之日起中断”的规定，法释［2001］12 号第 10 条关于“债务人在债权转让协议，债权转让通知上签章或者签收债务催收通知的，诉讼时效中断。原债权银行在全国或者省级有影响的报纸上发布的债权转让公告

① 见史尚宽：《债法总论》，586、588 页，台北，荣泰印书馆股份有限公司，1978。当然，也有观点认为，债权人请求债务人履行义务属于意思表示（见王泽鉴：《民法总则》，571 页，台北，三民书局，2000；黄立：《民法总则》，479 页，北京，中国政法大学出版社，2002）。

② ［日］四宫和夫：《日本民法总则》，唐晖、钱孟姗译，朱柏松校订，328 页，台北，五南图书出版有限公司 1995。

③ 魏振瀛主编：《民法》,2 版，202 页，北京，北京大学出版社、高等教育出版社，2006。

④ 见王泽鉴：《民法总则》，349 页，台北，三民书局，2000。

或通知中，有催收债务内容的，该公告或通知可以作为诉讼时效中断证据”的规定，以及法函［2002］3号关于“金融资产管理公司在全国或省级有影响的报纸上发布的有催收内容的债权转让公告或通知所构成的诉讼时效中断，可以溯及金融资产管理公司受让原债权银行债权之日；金融资产管理公司对已承接的债权，可以在上述报纸上以发布催收公告的方式取得诉讼时效中断（主张权利）的证据”的规定，在理论上有说不通之处。

再者，笔者还认为，在法释［2001］12号第10条后段关于“原债权银行在全国或者省级有影响的报纸上发布的债权转让公告或通知中，有催收债务内容的，该公告或通知可以作为诉讼时效中断证据”的规定中，所谓“有催收债务内容”，已经表明它含有债权人向债务人主张债权的意思表示，符合《民法通则》第140条规定的诉讼时效中断的事由的规格，应当引起诉讼时效的中断。至于该条前段的规定，如“债务人在债权转让协议，债权转让通知上签章或者签收债务催收通知的，诉讼时效中断”，过于绝对，站在立法论的立场上，应当区分如下类型而异其效力：(1) 债务人签收债务催收通知，可以视为债务人收到债权人主张其债权的意思表示，从而引发诉讼时效的中断。不过，在该债权的诉讼时效期间已经届满时，不会发生诉讼时效中断的效果。(2) 债务人在不含有债务催收内容的债权转让通知上签章，仅仅表明债务人收到了该通知，没有表现出债务人同意履行该债务的意思，故不构成诉讼时效中断的事由。(3) 债务人在债权转让协议上签章，如果该债权转让协议未载有要求债务人履行债务或债务催收的内容，那么原则上不发生诉讼时效中断的效果；反之，则引起诉讼时效的中断。

实务中出现了如下案件，保证债务的诉讼时效是否中断，值得探讨。某债权转让协议约定，2 000万元人民币的贷款债权由甲银行于2001年5月6日转让给乙资产管理公司，保证债务仍然按照原保证合同的约定执行。甲债权银行、乙资产管理公司和保证人丙三方都已经在该债权转让协议上签字盖章。乙资产管理公司一直向债务人主张，没有请求保证人承担保证责任，待向保证人主张时，保证期间已经届满。关于保证债务的诉讼时效中断与否，存在着不同意见。笔者认为，应当区别情况而作判断：(1) 在该债权转让的事实没有通知与债务人的情况下，债务人享有抗辩权，可以主张该债权转让对自己不发生效力，拒绝向受让人履行债务。保证人有权援用债务人的这种抗辩，拒绝承担保证责任。(2) 在该债权转让已经通知了债务人的情况下，债务人无权拒绝向受让人履行债务，保证人无法援用债务人拒绝向受让人履行的抗辩，但在保证期间届满之后，受让人才请求债务人履行债务的，保证人有权以保证期间届满为由拒绝承担保证责任。(3) 在连带责任保证且保证期间尚未届满的情况下，在债权让与通知中含有债务催收内容的，按照《民法通则》第 140 条前段的规定，主债务的诉讼时效中断，但依据《担保法》第 26 条第 2 款的规定的反面推论，保证债务的诉讼时效期间不受影响。只有受让人在此期间请求保证人承担保证责任，保证人才有义务实际承担保证责任。受让人在保证期间内未请求保证人承担保证责任的，按照《担保法》第 26 条第 2 款的规定，保证人免负保证责任。(4) 在一般保证且保证期间之内，债权人仅仅将债权让与通知了债务人的，即使其中含有催收债务的内容，只要受让人没有提起诉讼或申请仲裁，请求债务人履行债务，按照《担保法》第 25 条第 2 款前段的规定，保证人免负保证责任；如果受让人已经提起了诉讼或申请了仲裁，请求债务人履行债务，那么，依据《担保法》第 25 条第 2 款后段的规定，保证期间适用诉讼时效的规定。按照法释 [2000] 44 号第 34 条的规定，保证债务的诉讼时效期间开始计算，可是依据第 36 条第 1 款前段的规定，保证债务的诉讼时效随着主债务诉讼时效的中断而中断，出现了抵触，需要协调。第 36 条第 1 款的规定存在着“未开始，却中断”的逻辑问题，而第 34 条的规定则无此瑕疵。

(七) 债权让与对于第三人的效力

1. 债权的二重让与

(1) 现存债权的二重让与

债权的二重让与，是指让与人和受让人（Ⅰ）签订关于债权 A 的让与合同（Ⅰ），然后又同受让人（Ⅱ）签订关于债权 A 的让与合同（Ⅱ）的现象。其法律效果比较复杂，需要做类型化的分析。

第一种类型的债权二重让与，必须符合下述条件：现存债权作为让与的标的物，当事人没有约定债权于未来的某个时间点移转。以下讨论这种类型的债权二重让与。

在让与合同（Ⅰ）生效，且债权让与及时通知了债务人的情况下，债权让与的结果，不仅拘束着让与人和受让人（Ⅰ），而且债务人也必须承认，就是包括受让人（Ⅱ）在内的其他人也无权否认。于此场合，对于让与合同（Ⅱ）而言，让与人系无权处分，如果受让人（Ⅱ）不知道债权 A 已经让与给了受让人（Ⅰ），且无重大过失，那么准用《合同法》第 150 条的规定，让与合同（Ⅱ）有效，只是由于受让人（Ⅱ）不能取得债权 A，让与人须向受让人（Ⅱ）承担违约责任；如果受让人（Ⅱ）已经知道或应当知道债权 A 已经让与给了受让人（Ⅰ），则准用《合同法》第 51 条的规定，让与合同（Ⅱ）的效力未定。在效力未定场合，若经受让人（Ⅰ）追认，则让与合同（Ⅱ）有效，债权 A 让与给受让人（Ⅱ）；若在受让人（Ⅰ）不予追认、让与人在让与合同（Ⅱ）生效时仍未取得债权 A（实际上难以取得）的情况下，让与合同（Ⅱ）无效，让与人向受让人（Ⅱ）承担缔约过错责任。需要注意，法释［2009］5 号第 15 条关于“出卖人就同一标的物订立多重买卖合同，合同均不具有《合同法》第 52 条规定的无效情形，买受人因不能按照合同约定取得标的物所有权，请求追究出卖人违约责任的，人民法院应予支持”的规定，以及法释［2012］8 号第 3 条的规定，已经修正了《合同法》第 51 条的规定，据此处理，让与合同（Ⅱ）也有效，让与人向受让人（Ⅱ）承担不能履行的违约责任。[①]

在让与合同（Ⅰ）生效，未将债权 A 让与给受让人（Ⅰ）的事实通知债务人，却通知债权 A 已经转让给了受让人（Ⅱ）的情况下，债务人向受让人（Ⅱ）

① 对于出卖他人之物、转让他人债权而言，按照法释［2009］5 号第 15 条的规定，买卖合同、让与合同为有效，而依据《合同法》第 51 条的规定，在买卖物的所有权人、债权人不予追认的情况下，买卖合同、让与合同无效。如何解决这种法律上的矛盾，需要探讨。在实务中，众多法院都依据法释［2009］5 号第 15 条的规定裁判案件，可使买受人、受让人追究出卖人、让与人的违约责任。其利，这较为周到地保护了善意的买受人、受让人；其弊，它对恶意的买受人、受让人同样优惠，有失权衡。从立法法及其理论上讲，法释［2009］5 号相对于《合同法》为下位阶的规范，不应与《合同法》的规定相抵触，抵触的，不应有效。应当承认，此类情形在我国较为普遍，司法解释的若干规定又确实具有优越性，一律机械地按照立法法及其理论处理，其效果不见得最佳。

清偿，不负民事责任，只是受让人（Ⅱ）获得了不当得利，应当返还给受让人（Ⅰ）。[①②] 当然，按照有的立法例及其理论，在债务人明知受让人（Ⅱ）尚未受让债权却向其清偿的情况下，不构成不当得利。[③]

需要说明，于此场合，由于中国现行法不承认物权行为制度，在受让人（Ⅱ）自债务人处获得的给付为有体物场合，受让人（Ⅰ）向受让人（Ⅱ）主张的不当得利返还，其利益表现，不会是标的物的所有权，要么是占有，要么是债务人请求受让人（Ⅱ）返还给付物的权利。

在两个让与合同均已签订，债务人均未收到债权让与的通知的情况下，让与合同（Ⅰ）有效，让与合同（Ⅱ）符合《合同法》第150条和第151条规定的条件的，也有效。于此场合，因债权让与合同对于第三人不待通知就已经发生了效力，故债务人无论是向受让人（Ⅰ）还是向受让人（Ⅱ）为给付，都发生清偿的法律效果，债务人所承担的债务消灭。此其一。但是，债权毕竟从债权让与合同（Ⅰ）生效时就已经归属于受让人（Ⅰ）了，所以，受让人（Ⅱ）并不享有债权，接受的给付没有合法根据，构成不当得利，应当将所受给付返还给受让人（Ⅰ）。在受让人（Ⅱ）取得的给付表现为有体物的情况下，不当得利的利益形态，要么是标的物的占有，要么是债务人请求受让人（Ⅱ）返还标的物的权利，不会是标的物的所有权。此其二。由于让与合同（Ⅱ）为有效，受让人（Ⅱ）因此所受的损失，可依据违约责任制度向让与人求偿。在让与合同（Ⅱ）约定有违约金时，受让人（Ⅱ）可请求让与人支付违约金。否则，请求让与人赔偿损失。此其三。如果受让人（Ⅱ）在签订受让合同（Ⅱ）时为恶意，则受让合同（Ⅱ）效力待定，只有让与合同（Ⅰ）是确定的有效。于此场合，除非受让人（Ⅰ）追认让与

---

① 见郑玉波：《民法债编总论》，修订2版，陈荣隆修订，478页，北京，中国政法大学出版社，2004。

② 需要说明，于此场合，由于中国现行法不承认物权行为制度，在受让人（Ⅱ）自债务人处获得的给付为有体物场合，受让人（Ⅰ）向受让人（Ⅱ）主张的不当得利返还，其利益表现，要么是占有，要么是债务人请求受让人（Ⅱ）返还给付物的权利。下文涉及此类情形的，均应如此理解。

③ 见郑玉波：《民法债编总论》，修订2版，陈荣隆修订，478页，北京，中国政法大学出版社，2004。

合同（Ⅱ），受让人（Ⅱ）接受债务人的给付没有合法根据，所受领的给付构成不当得利，应当返还给受让人（Ⅰ）。在受让人（Ⅱ）取得的给付为有体物时，该不当得利的利益形态，要么是标的物的占有，要么是登记，要么是债务人请求受让人（Ⅱ）返还标的物的权利。需要说明，即使准用法释［2009］5号第15条和法释［2012］8号第3条的规定，让与合同（Ⅱ）仍然有效，结论依然如故。此其四。至于让与人（原债权人）和受让人（Ⅱ）之间的关系，由于让与合同（Ⅱ）因未获受让人（Ⅰ）的追认而无效，受让人（Ⅱ）只能向让与人（原债权人）追究缔约过失责任。不过，若准用法释［2009］5号第15条和法释［2012］8号第3条的规定，则让与合同（Ⅱ）仍有效，依然成立不能履行的违约责任。此其五。在这里，债务人如果具有过失，那么，其给付行为不发生清偿的效果，由此增加的费用应当自负。此其六。在债务履行期尚未届满的情况下，债务人向受让人（Ⅱ）给付而未向让与人（原债权人）履行，在让与人（原债权人）和债务人之间不构成违约。但在债务履行期届满的情况下，债务人若向受让人（Ⅱ）清偿，而未向让与人（原债权人）履行，则构成违约，得向原债权人承担违约责任［原债权人再向受让人（Ⅰ）承担违反债权让与合同的民事责任］。此其七。但须注意，让与人（原债权人）二重让与也有过失，应当适用与有过失规则，减少债务人的赔偿数额。此其八。如果债务人向让与人（原债权人）为清偿，那么，只要符合债权的本质，就当然发生清偿效果。然后，让与人（原债权人）对受让人（Ⅰ）负返还不当得利的义务。如果受让人（Ⅰ）还有损失，那么，有权对让与人（原债权人）主张违约损害赔偿。如果债务人向受让人（Ⅰ）为清偿，那么，只要符合被转让的债权的本质，就应承认其法律效力，以免造成浪费。此其九。

在两个让与合同均已签订，二重的债权让与均已通知，但债务人最先收到第二个债权让与的通知的情况下，如果债务人在第二个债权让与的通知到达后，第一个债权让与的通知到达前，已经向受让人（Ⅱ）为清偿，那么债务人的债务就归于消灭，不负担民事责任；受让人（Ⅱ）对受让人（Ⅰ）负有返还不当得利的义务。[1] 如果在第一个债权让与的通知到达后，债务人才为清偿，那么学说认为，债务人可以选择清偿的对象，既可以向受让人（Ⅰ）为清偿，根据是受让人（Ⅰ）系真正的债权人；也可以向受让人（Ⅱ）为清偿，根据是表见让与。不过，受让人（Ⅱ）负有向受让人（Ⅰ）返还不当得利的义务。[2] 笔者认为，在这种情况下，应当承认例外，即债务人在明知受让人（Ⅱ）并非真正的债权人时，仍向其清偿，对因此造成的损失应负赔偿责任，对债权让与通知有过失的让与人或受让人也应承担相应的责任。于此场合，主张损害赔偿者应负举证债务人恶意的责任。

在这个领域，美国《统一商法典》设置的备案在先规则，具有特色，发生着不同于上述结果的效力。根据该法第 9—402 条第 1 款的规定，在两个有偿的受让人之间的竞争中，首先将融资说明书备案，并在其中说明了债权让与的受让人享有优先权。如此，第二个受让人可能因为先行备案而优先于第一个受让人。该项规则使得受让人可以信赖备案制度：如果在受让债权之前，拟受让债权的人查阅了备案文件，发现该项权利并不存在其他的融资说明书，那么就可以立即备案，从而取得优先于任何其他受让人的权利，即使其他受让人的债权让与发生在先。[3] 符合交易安全原则，为该项制度的优点。但若被中国法借鉴，则必须先行修订《合同法》第 51 条关于无权处分的规定，不然，规范之间存在着矛盾。此其一。其二，在美国法上，在债权的二重让与场合，似乎是两个让与合同均为有效，备案的受让人享有优先权。这被借鉴到中国法上的未来债权的让与、当事人约定现存债权让与于未来的某个时间点转让两种情形，以及第二个受让人不知道现存债权已被让与，且无重大过失的情形，可以理解。但在现存债权的即刻让与，第二个受让人已经知道或有重大过失地不知道的情况下，不会是两个债权让

① 见郑玉波：《民法债编总论》，修订 2 版，陈荣隆修订，446 页，北京，中国政法大学出版社，2004。

② 见郑玉波：《民法债编总论》，修订 2 版，陈荣隆修订，446 页，北京，中国政法大学出版社，2004。

③ 见［美］E·艾伦·范斯沃思：《美国合同法》，葛云松、丁春艳译，735 页，北京，中国政法大学出版社，2004。

与合同都确定地有效，第二个债权让与合同处于效力待定的状态，第二个受让人尚未拥有债权。于此场合，第一个受让人已经确定地拥有了债权，用不着以优先权规则解决这里的问题。

(2) 债权于未来移转情况下的二重让与

这部分讨论的债权的二重让与，符合下述条件：现存债权作为标的物，当事人约定债权于未来的某个时间点移转。

在符合这些条件的前提下，债权人让与其债权，纯属正当，只是在让与合同（Ⅰ）成立并生效之时，作为标的物的债权尚未移转给受让人（Ⅰ）。在这种背景下，债权人和受让人（Ⅱ）签订让与合同（Ⅱ），仍属债权人让与自己的债权，而非处分他人的债权，于是，让与合同（Ⅱ）也有效。但由于只有一个标的物，结果是一份让与合同得以实现，该合同的受让人取得债权；另一份让与合同成为不能履行，由违约责任制度解决，该合同的受让人有权请求让与人支付违约金或赔偿损失。

由于让与合同的特性之一是无需让与人有形履行，让与合同约定的债权移转的时间点届至，该债权就立即移转给受让人，除非当事人另有约定或所要让与的是未来债权。于是，二份让与合同中哪份合同约定的债权移转的时间点早，债权就由该合同中的受让人取得。

如果债务人只收到了一份让与通知，其中所指受让人正是实际拥有债权的受让人，那么，债务人有义务向该受让人清偿，若向另一位受让人履行，则属于非债清偿，债务人的债务并不因此而消灭，非债权拥有者的受让人承担不当得利返还的义务。

如果债务人只收到了一份让与通知，其中所指受让人并未实际取得债权，那么按照表见让与的规则处理，不再赘言。

如果债务人收到了二份让与通知，每份通知所指受让人不一致，那么处理规则如同上文“(1) 现存债权的二重让与”中所言，不再赘述。

(3) 未来债权的二重让与

由于在未来债权作为让与的标的物场合，让与合同（Ⅰ）成立并生效之时，作为标的物的债权并未移转给受让人（Ⅰ），债权人和受让人（Ⅱ）签订让与合同（Ⅱ），非属无权处分，因而，让与合同（Ⅰ）和让与合同（Ⅱ）均为有效。但由于只有一个标的物，因而一份让与合同得以实现，该合同的受让人取得债权；另一份让与合同成为不能履行，由违约责任制度解决，该合同的受让人有权请求让与人支付违约金或赔偿损失。

由于债权让与无需有形的履行行为，未来债权变为现存债权的时间点，若早于二份让与约定的债权移转时间点，则二份让与合同中哪份合同约定的债权移转的时间点早，债权就由该合同中的受让人取得；未来债权变为现存债权的时间点，若晚于二份让与合同约定的债权移转的时间点，或在二份让与合同约定的债权移转的时间点之间，则债权归属于哪个受让人，取决于让与人的意思表示。如果让与人明确表示了该债权归属于哪个受让人，则依其意思表示。该意思表示最好是让与人直接向受让人表示，通知债务人向哪个受让人清偿亦可。

如果债务人只收到了一份让与通知，其中所指受让人正是实际拥有债权的受让人，那么，债务人有义务向该受让人清偿。若其向另一位受让人履行则构成非债清偿，债务人的债务并不因此而消灭，非债权拥有者的受让人承担不当得利返还的义务。

如果债务人只收到了一份让与通知，其中所指受让人并未实际取得债权，那么按照表见让与的规则处理，不再赘言。

如果债务人收到了二份让与通知，每份通知所指受让人不一致，那么处理规则如同上文“（1）现存债权的二重让与”中所言，不再赘述。

2. 有利害关系的第三人为清偿

在债务人自己为清偿时，纵为表见让与，其清偿也有效力，债务人的债务消灭。这种情形，如果就债的履行有利害关系的第三人（如保证人）为清偿，那么是否受同样的保护？中国台湾地区“民法”及其理论持肯定态度。此外，在债务人收到债权让与通知前，上述第三人已经向原债权人为清偿的，其清偿有效，因为此类第三人既就债的履行与债务人有同等的利害关系，则关于保护债务人的规定，应当扩张解释适用于第三人。[①] 至于无利害关系的第三人为清偿，原则上不能受此等保护，自不待言。[②]

［探讨］

债权打包让与合同为无名合同。对其处理，可有如下两种方案：

第一种处理方案：将打包的债权拆包，就每一项债权专门成立一个债权让与，分别赋予其法律效力。这种方案的优点在于，它符合债权让与的传统意义，符合《合同法》规定的债权让与的模式，符合法解释学关于非典型合同适用法律的规则。同时有其缺点，那就是它不符合当事人的原意，违反了意思自治原则；在当事人没有明确约定债权让与价款的具体构成、没有明确债权让与价款的计算公式或方法场合，由于合同约定的债权让与价款是就整包债权整体估算的，每笔债权的让与价款究竟是多少，难以确定。在双方诉争到裁判机构时，更是各说各的道理，使得裁判者感到相当棘手。

不容忽视的是，第一种处理方案不符合公平正义，其道理在于，在不良债权打包转让的交易中，一包不良债权中往往存在着实质上“优良”的债权——完全可以实现的债权，也存在着实质上不良的债权。正因存在着实质上不良的债权——难以实现的债权，有时此类债权在整包转让债权中所占比重还不小，所以，在不良债权打包转让的交易中，作为转让标的物的整包债权数额较大，而让与价款却低得可怜。例如，某《受托管理处置不良贷款债权转让合同》约定，作为转让标的物的“债权资产”为48 801 952.21元人民币（第3条），而转让标的物的整体作价人民币450 000元。在这种背景下，假如不将45万元人民币的让与价款作为整包债权的价款，而是作为每笔让与债权的价款的算术和，简单地用整包债权的数额与每笔债权数额之比、用让与总价款与每笔债权价款之比处理纠纷，就不可避免地导致如下不合理的结果：整包债权中在实质上“优良”的债权实现了，其数额可能远远高于让与债权价款的数额，全归受让人享有；而实质上劣质债权因存

---

① 见史尚宽：《债法总论》，698页以下，台北，荣泰印书馆股份有限公司，1978。

② 见郑玉波：《民法债编总论》，修订2版，447页，北京，中国政法大学出版社，2004；孙森焱：《民法债编总论》，712页，台北，三民书局，1997。

在《合同法》第52条规定的无效原因（如根本违法的债权、假造的债权等）而归于无效，或因存在《合同法》第54条规定的可撤销原因（如显失公平、欺诈等）而被撤销，就这些部分让与人返还相应的债权让与价款给受让人，就意味着商业风险全由让与人承受，所有的"好处"都由受让人取得，显失公平。

第二种处理方案：将一包债权视为一个物，只成立一个债权让与合同。这种方案尽管存在着不符合《合同法》规定的债权让与模式，受让人难以追究瑕疵担保责任的弱点，但更有如下优点：(1) 从当事人双方的真意看，第二种处理方案符合当事人的原意，贯彻了意思自治原则。(2) 从债权让与对价方面看，在当事人没有明确约定债权让与价款的具体构成、没有明确债权让与价款的计算公式或方法场合，第二种处理方案符合债权让与的价款是就"整包债权"计算的客观事实，无需裁判者确定每个具体债权的让与价款，免去棘手的问题。(3) 从公平正义的层面看，在不良债权打包转让的交易中，采用第二种处理方案，让与债权的价款是就整包债权算定的，无需将之分解为每笔让与债权的价款，不再简单地用整包债权的数额与每笔债权数额之比、用让与总价款与每笔债权价款之比处理纠纷，就避免了采用第一种处理方案导致的不合理结果，从而符合公平正义的要求。(4) 就笔者掌握的信息看，实务中多采取第二种方案。有鉴于此，笔者赞同第二种处理方案。如此，需要适时修正《合同法》，或尽快出台司法解释，以便法律适用。①

第三节　债务承担

一、债务承担的概念

所谓债务承担，是指债的关系不失其同一性，债权人或债务人通过与第三人

① 见崔建远：《债权让与续论》，载《中国法学》，2008 (3)。

订立债务承担合同，将债务全部或部分地移转给第三人承担的现象。该第三人叫作承担人。

债务承担合同成立并生效，债务就发生转让的效果，不需要有形的履行行为。这是债务承担合同与有体物买卖合同的明显不同点。

德国民法、中国台湾地区“民法”奉行物权行为制度，认为债务承担系一准物权行为。① 中国大陆民法未采纳物权行为理论，故债务承担是一事实行为，也是承担人承受债务的结果。

债务承担不同于物权变动，这不仅是因为债务不同于物权，而且是因为二者对于公示的要求不同。物权变动必须通过移转占有、登记等公示形式对外表现出来。② 至于债务承担，除非法律、行政法规规定转让债务应当办理批准、登记手续，无须采用特别的公示方式（《合同法》第 87 条）。

与债务承担类似的制度，是履行承担。所谓履行承担，是指债务人与第三人约定，由第三人负担对债权人给付。债务承担与履行承担的区别如下：(1) 履行承担因债务人与承担人之间签订合同而引起，而债务承担则可能由承担人与债权人签订合同，或承担人与债务人签订合同，或承担人与债权人及债务人成立三面合同而发生。(2) 履行承担的承担人，只对债务人负担清偿其债务的义务，对债权人并不直接负担债务，因此，债权人无从直接请求承担人清偿债务或向其主张债权；而债务承担的承担人为债务人，对债权人负担债务，负有清偿债务的义务。③

二、债务承担制度的法律结构

债务承担、债务承担合同、产生债务的合同是不同的范畴，需要辨明。所谓

---

① 见中华民国最高法院 1933 年第 426 号判例；孙森焱：《民法债编总论》下册，801 页，北京，法律出版社，2006；邱聪智：《新订民法债编通则》下，429 页，北京，中国人民大学出版社，2004；林诚二：《民法债编总论——体系化解说》，505 页，北京，中国人民大学出版社，2003。

② 参见［德］迪特尔·梅迪库斯：《德国民法总论》，邵建东译，169 页，北京，法律出版社，2000。

③ 见林诚二：《民法债编总论——体系化解说》，506 页，北京，中国人民大学出版社，2003。

产生债务的合同，顾名思义，就是将被转让的债务得以产生的合同，系为债务承担合同提供标的物的合同。所谓债务承担合同，德国民法、中国台湾地区“民法”时常称之为基础行为或原因行为，是指债务人或债权人和承担人签订的将债务转让给承担人的合同。它可以由债务人和承担人协商签订，也可以由债权人和承担人协商订立，甚至于由承担人和债权人及债务人三方协商共同签订。[①] 所谓债务承担，就是债务由债务人处移转到承担人之手的过程，德国民法、中国台湾地区的民法称之为准物权行为，在不承认物权行为制度及其理论的法制上，其为一事实行为；同时，也是债务归承担人承受的结果。举例来说，甲出卖给乙一袋大米，甲与丙订立债务承担合同，由丙承受交付一袋大米的债务。于此场合，丙取得债务叫作债务承担，甲和丙之间订立的合同为债务承担合同（基础行为），甲和乙之间的买卖合同关系，是产生债务的合同。

在中国大陆，存在着把产生债务的合同称为原因行为的观点。这有几点不妥：其一，未清晰地反映当事人之间的分层次的、功能不同的法律关系。其二，这意味着略去了债务承担合同（基础行为）与发生债务的合同之间的关系。实际上，产生债务的合同无效、被撤销、被解除、不被追认，使得债务不存在，即债务承担合同（基础行为）的标的物不存在。债务承担合同（基础行为）成立时该债务就不存在的，构成自始不能，如果该债务的不存在对于任何人均为如此，例如，行刺公民的债务，交付走私汽车的债务等，那么，就是自始客观不能，债务承担合同（基础行为）自始失其目的，失其客体，故不发生法律效力；如果该债务的不存在只是对于债务人而言，他人可以拥有该债务，那么，就是自始主观不能，于此场合，债务人订立债务承担合同（基础行为），属于转让他人债务，成为无权处分的一种，应当准用《合同法》第 51 条的规定，债务承担合同（基础行为）的效力未定。假如在债务承担合同（基础行为）履行期限届满前，债务人仍无债务，那么该合同无效，债务承担的后果不发生；倘若在债务承担合同履行期限届满前，债务人取得了债务，如无效行为转换为有效

① 见郑玉波：《民法债编总论》，修订 2 版，447 页，陈荣隆修订，北京，中国政法大学出版社，2004。

行为，那么，债务人负有债务，债务承担合同（基础行为）有效，待其履行时引起债务承担。实际上，因债务承担合同（基础行为）生效债务就移转，故订立合同时无债务，合同无效应为常态。这是债务承担合同与有体物买卖在无权处分上的不同。

债务承担这个结果能否实现，完全取决于债务承担合同（基础行为/原因行为）是否有效，债务承担合同（基础行为/原因行为）有效，债务就移转于承担人，债务承担实现；债务承担合同无效，债务承担的效果不发生，该债务仍由债务人来负。由此可见，把产生债务的合同作为债务承担的原因行为，是一种误解。债务承担合同（基础行为）才是债务承担的原因行为。假使采取无因性原则，那么也是债务承担不受债务承担合同（基础行为/原因行为）无效、被撤销、被解除等的左右，只要符合自己的要件，债务承担就发生法律效力。

三、债务承担、债务承担合同与原因行为

债务承担作为一种事实行为、一种结果，考虑其原因及其行为的场合较少。如果要考虑其原因行为，那么该原因行为是债务承担合同（基础行为），而非产生债务的合同。在中国，所谓有因或无因，通常指的是债务承担合同有因或无因。既然如此，债务承担及债务承担合同（基础行为）是否采取无因性原则呢？在中国法上应该区分情况而定：（1）债务承担合同（基础行为）在存在《合同法》第52条、《民法通则》第58条规定的原因时，无效。这些无效原因与债务承担合同的法律目的（原因）密切联系，不被法律认可时，因中国民法未承认物权行为制度，故不发生债务承担的效果。就是说，在这些情况下，债务承担合同（基础行为/原因行为）是有因的。如果联系债务承担，也可以说它有因。并且，因为中国现行法上的无效是绝对的无效，法律对于存在无效原因的合同绝不允许其发生法律效力，所以，如果当事人以其意思排除上述原因，那么该排除的意思表示无效。（2）债务承担合同（基础行为）存在《合同法》第54条、《民法通则》第59条规定的原因，且这些可撤销的原因与债务承担合同的法律目的（原

因）共进退、同命运时，如果撤销权人行使撤销权，那么同样因中国民法未承认物权行为制度，故不发生债务承担的效果。就是说，在这些情况下，债务承担合同（基础行为）仍然是有因的，也可以说债务承担是有因的。撤销权人不行使撤销权，合同继续有效，发生债务承担的效果。但这不是债务承担合同（基础行为/原因行为）、债务承担本身无因的例证，相反，可以将之解释为是债务承担合同（基础行为/原因行为）、债务承担本身有因的表现。债务承担合同（基础行为/原因行为）存在着可撤销的原因，双方当事人达成协议，排除撤销权的行使，按照合同自由原则，应当允许。可以将这种现象解释为撤销权人不行使其撤销权。为防止当事人一方欺诈、胁迫或乘人之危，又利用约定无因性阻却撤销权的行使，法律不应承认当事人事先作出的下述约定：在债务承担合同存在撤销原因场合，债务承担具有无因性。（3）在其他情况下，当事人可以约定债务承担具有无因性，即债务承担的效力不受债务承担合同（基础行为/原因行为）不成立、被解除等因素的影响。当事人无此类约定，债务承担为有因。这是由中国民法总体上采取有因原则所决定的解释原则。

四、免责的债务承担

（一）免责的债务承担的界定

债务承担，按照承担后原债务人是否免负责任，可以分为免责的债务承担和并存的债务承担。其中，免责的债务承担，是指第三人取代原债务人的地位而承担全部债务，债务人脱离狭义债的关系的债务承担方式。并存的债务承担，将在下文讨论。

（二）免责的债务承担的条件

1. 承担人和债务人签订债务承担合同

债务人和承担人签订债务承担合同，从意思自治的角度着眼，债务人和承担人的意思表示一致，债务承担合同即成立，债权人的同意只是债务承担合同的生效要件。在债权人同意之前，债务承担合同处于效力未定的状态。

(1) 须存在有效的债务

存在着有效的债务是债务承担合同具有标的物的表现，在债务承担合同订立时，如果作为标的物的债务因违反强行性规定而无效，那么，债务承担合同无效；如果债务根本就不存在，并且对于任何人均为如此，意味着债务承担合同没有标的物，那么，债务承担合同同样无效；如果该债务对于其他人而言还存在，那么，准用《合同法》第51条的规定，合同的效力待定。不过，若依据法释［2009］5号第15条和法释［2012］8号第3条的规定处理，则债务承担合同的效力不因此而受影响。

产生债务的合同虽然存在可撤销或解除的事由，但在被撤销或被解除之前，仍可就该债务成立有效的债务承担合同。但若产生债务的合同随后被撤销或被解除，则债务承担合同便失去标的物，其效力如何，应类型化，适用上一自然段所阐述的规则。

就将来发生的债务也可以设立债务承担，只不过只有在该债务成立时，才能发生转移的效果。

诉讼中的债务也可以由第三人承担，在诉讼中对原债务人的判决，对免责的债务承担人有效。

(2) 被移转的债务应具有可移转性

不具有可移转性的债务，若成为债务承担合同的标的物，则合同的效力必受影响，要么无效，要么效力待定。为保障债务承担合同有效，法律要求债务具有可移转性。以下债务不具有可移转性，但其程度有所不同，对于债务承担合同效力的影响也有差异：

1) 性质上不可移转的债务。它是指与特定债务人的人身具有密切联系的债务，需要债务人亲自履行，因而不得移转。这种债务一般是以特定债务人的特殊技能或特别的人身信任关系为基础而产生的。前者如以某著名演员的表演为标的的合同义务、以某画家绘画为标的的合同义务等；后者如以对某人的特别信任为基础而成立的委托合同等，这种债务一般不能发生移转，否则会使债权人的预期目的落空。但是，如果债权人同意此类基于特别信任而产生的债务由他人承担，那么，就是承认承担人的给付是在履行原债务，自然应予允许。[①]（当然，对此可有宽严两种解释：严格地解释，这种债务承担实际上是变更了原债务的质，发生了债的变更；宽松的解释则仍为债务承担。）可见，对于此类债务的可移转性，在要求上不太严格，以至于《合同法》对此未设明文。

2）当事人特别约定不得移转的债务。债务人违反该约定，将该债务转让给受让人，债务承担合同是否有效？一种观点认为，债务承担合同成立并生效，意味着债务人和债权人将他们原来禁止转让的约定废止，承认该债务可以移转，因而债务承担合同有效。[②] 这符合意思自治的精神，可以赞同。当然，债务人或债权人任何一方坚持原约定，都会影响到债务承担合同的效力。

3）强制性规范规定不得转让的债务。债务承担合同以此类债务为标的物，构成自始客观不能，合同无效，不发生债务承担的结果。

（3）须承担人和债务人协商一致

债务承担要求承担人就债务承担与债务人意思表示一致。该意思表示一致就是一个合同，名为债务承担合同，其订立及效力应适用《合同法》总则关于合同订立的规定和《民法通则》关于意思表示及法律行为的规定。这就要求承担人应具有完全行为能力，当事人的意思表示须真实，债务承担合同的内容不得违反强制性规定、不得损害社会公共利益、不得违背社会公德，当事人不得基于非法原因而成立债务承担等。

（4）须经债权人同意

债权人同意，必定是债务承担合同对于债权人的生效要件。其原因在于，债的关系建立在债权人对债务人的履行能力了解和信任的基础上，债务人的支付能力，对于债权人权利的实现至关重要。如果债务人未经债权人同意而将债务移转给承担人，那么在该人无足够的资力和信用履行债务时，债权人的利益可能会遭受损失。为了保护债权人的利益不受债务人和承担人之间的债务承担合同的影响，应以债权人同意为债务承担合同对于债权人的生效要件（《合同法》第84

① 见史尚宽：《债法总论》，706页，台北，荣泰印书馆股份有限公司，1978。
② 见史尚宽：《债法总论》，706页，台北，荣泰印书馆股份有限公司，1978。

条）。对此，未见有不同的意见。

有疑问之处在于，《合同法》第 84 条关于“债务人将合同的义务全部或者部分转移给第三人的，应当经债权人同意”的规定，未言明债权人同意是债务承担合同的生效要件，抑或只是对于债权人的生效要件。

一种观点认为，债权人同意只是债务承担合同对于债权人的生效要件，即使债权人拒绝承认该合同，该合同对于债权人虽然对抗不了，但在债务人和承担人之间已经发生效力，债务已经转移给承担人，因此债务人于清偿债务之后，可以依据中国台湾地区“民法”第 312 条的规定，对于承担人行使权利。①

笔者认为，在中国大陆民法上，不宜采纳此说，其理由如下：

其一，A. 在债权人拒绝同意债务承担的情况下，仍然承认债务承担合同在债务人和承担人之间有效，意味着在债务人和承担人之间，债务人不再负有向债权人清偿的义务，而是承担人负有向债权人清偿的债务。但承担人“受让”的该项债务却因债权人不予认可而对债权人不生效力，承担人若硬要向债权人清偿，债权人又拒绝受领，则承担人的所谓债务没有任何积极的价值，债务人对于债权人仍然负有债务。这在客观上否定了债务已经移转的效果。B. 在这里，必须注意，与有体物的买卖不同，债务和债权系对立的统一体，两者共存共亡，缺少任何一个，另一个不会存在，或者说没有价值。在债权人起初拒绝同意，事后又拒绝受领的情况下，承担人所承担的“债务”实际上并无对应的债权，从实质的意义上讲，承担人无债务可负。这等于没有标的物。订立债务承担合同之时，即无标的物，按《合同法》第 51、132 条等规定的精神，该合同的效力未定。

为了论证“债权人同意只是债务承担合同对于债权人的生效要件”的观点，反对笔者的意见，有学者认为，即使债权人不同意，使债务承担合同有效，有利于承担人获得损害赔偿，或依约请求债务人支付违约金。对此，笔者认为：A. 在债权人起初拒绝同意，事后又拒绝受领的情况下，承担人的积极利益并未减

---

① 见孙森焱：《民法债编总论》下册，724 页，台北，三民书局，1997。

少，谈不上受到了损害。于是，无论债务人对此有无过失，对于承担人均不负损害赔偿责任。B. 反对笔者意见的某些学者接着反驳说，如果债务承担合同中约定有违约金呢？笔者的回答是：一则，由于不能履行场合的违约金属于损害赔偿额预定的违约金，它有推定损失发生的效力，因而，如果没有损失发生，或损失与利益相抵销，那么只要违约方能够举证证明，就可以免除违约金。[①] 就是说，此类违约金责任可因债务人的主张而化为乌有，承担人的期待成为泡影。二则，退一步说，按照债权人同意只是债务承担合同对于债权人生效的要件的观点，在债务承担合同的标的物是既有的债务，且当事人就债务转移的时间点没有约定的情况下，债务自承担合同成立并生效时就已经转移了，债务人没有反悔的余地，也就是说，不存在所谓“债务承担合同有效，有利于承担人获得损害赔偿，或依约请求债务人支付违约金”的问题。

其二，此类债务承担合同非常类似于赠与合同，其中，债务人类似于受赠人，承担人类似于赠与人，而在赠与合同中，约定受赠人承担向赠与人支付违约金的责任，是极为反常的。由此看来，这种方案缺乏实际价值。

其三，对于债务人来讲，因债权人不同意债务承担合同，故他对债权人所负债务仍未免除，仍须应债权人的请求而履行债务，但该债务却已经不属于他。于此场合，债务人向债权人清偿，就他和承担人之间的关系而言，意味着替承担人履行债务。事后，原债务人还得请求承担人返还不当得利，真是徒增成本。债务人向承担人移转了无法履行的债务，应否承担责任？简直复杂透顶，且无价值。有鉴于此，莫不如把债权人同意作为债务承担合同的生效要件，债权人不同意，债务承担合同不生效力，更为简洁、经济、合理。

其四，当然，如果只有基于利益衡量等实际需要，才能妥当地处理问题，那么，尽管上述解释违反一般人的思维习惯，但是也可以采纳。物权行为理论在德国民法上的命运为其例证。但问题在于，上述观点缺乏实际价值。应当指出，在欠缺合同成立与有效的要件的情况下，仅仅依靠利益衡量来认定合同成立乃至有

① 见张龙文：《民法债权实务研究》，68页，台北，汉林出版社，1977。

效，没有重大理由，没有万不得已的情况，不宜赞同。因为这非常容易带来类似向一般条款逃逸的后果，造成法律适用的多样性，缺乏安定性。①

关于债权人同意的方式，明示或默示均可，不要求必须采取一定方式。债权人即使未明确表示，但如果其向承担人请求履行或受领承担人的履行，那么这亦表明其同意。

债权人拒绝债务承担的，可以明示亦可默示。在债权人同意之前，承担人与债务人的债务承担合同属于效力未定的法律行为，债务人或承担人为了避免债务承担合同的效力久悬不决，可以定相当期限催告债权人于此期限内对同意与否进行答复；债权人逾期不答复的，即可推定其拒绝同意。

(5) 债务承担合同的形式

债务承担合同为不要式合同，无论书面形式还是口头形式，均无不可，但双方当事人的意思表示须为明示。不过，根据《合同法》第87条的规定，债务人转移合同义务，法律、行政法规规定应当办理批准、登记等手续的，自办理上述手续后才可生效。当事人之间约定须履行特定形式的，如公证，也需依法办理才能生效。

2. 债权人和承担人签订债务承担合同

债权人和承担人签订债务承担合同，以转让债务，也得存在着有效的债务、债务有让与性等要件，这些在上文"债务人和承担人签订债务承担合同"部分已经讨论过了，此处不赘。

《合同法》第84条规定："债务人将合同的义务全部或者部分转移给第三人的，应当经债权人同意。"按该条的字面理解，似乎只有债务人才有权移转债务，其未规定债权人对债务进行移转的权利。不过，由于债务是为了债权人的利益而设的，在债务的移转问题上，债权人拥有比债务人更优越的地位，根据"举重明轻"的解释规则，应当认为既然债务人可以移转债务，那么债权人当然也可以移转债务。所以，第三人（承担人）完全可以通过与债权人订立债务承担合同进行债务的移转。

---

① 详细的论述，见崔建远：《概念·特征·构成要件·价值判断》，载崔建远主编：《民法九人行》，第2卷，65～66页，香港，金桥文化出版（香港）有限公司，2004。

债权人和承担人订立的债务承担合同，自双方达成合意时成立。该合同的订立应按《合同法》第二章关于合同的订立的规则进行，同时适用《民法通则》关于意思表示及法律行为的规定。例如，承担人应为具有完全行为能力之人，债务承担不得违反强制性规定，不得损害社会公共利益，不得违背社会公德，意思表示真实等。债务承担合同存在无效、可撤销、效力未定的原因，被确认为无效、被撤销、不被追认后，不产生债务承担的效果，债务人不脱离合同关系，仍负有原债务。

债权人和承担人订立债务承担合同，是否需要取得债务人的同意？在一般情况下，承担人代债务人履行债务，对债务人并无不利，债务人一般不会反对，即使债务人反对，而承担人自愿代其履行，债权人又愿意接受承担人的履行，自无使债务承担合同归于无效的必要，所以承担人和债权人订立的债务承担合同，不必经债务人同意即可生效。[①] 对此，必须指出三点：其一，承担人代债务人清偿债务之后，他和债务人之间是否形成无因管理关系，主张偿还必要费用能否得到支持，取决于这种关系是否符合无因管理的构成要件。实务中，有的承担人为了自己的利益甚至有意坑害债务人，自愿替债务人清偿债务。于此场合，承担人不得依据无因管理主张费用的偿还。其二，必须承认以下例外：有偿债务承担须经债务人同意；债务人和债权人事先订有禁止债务移转特约的，须经债务人同意；债务承担给债务人增加负担的，须经债务人同意。[②] 其三，承担人违反债务人的意思承担债务的案件，在中国实务中已经发生了，中国现行法却无相应的规定，其效力如何，值得探讨。《日本民法典》第 474 条第 2 项规定，没有利害关系的第三人，不得违反债务人的意思进行清偿。循此精神，日本民法通说认为，如果债务人有反对的意思，那么合同不生债务承担的效力。[③] 是否违背债务人的意思，应当以债务承担合同订立时为标准，其举证责任由主张违背债务人意思的一

---

① 见张广兴：《债法总论》，244 页，北京，法律出版社，1997；［德］迪特尔·梅迪库斯：《德国债法总论》，杜景林、卢谌译，566 页，北京，法律出版社，2004。

② 见崔建远主编：《合同法》，3 版，184 页，北京，法律出版社，2003。

③ 见［日］我妻荣：《新订债权总论》，567 页，东京，岩波书店，1964；［日］奥田昌道：《债权总论》，增补版，470 页，东京，悠悠社，1992。转引自韩世远：《合同法总论》，574～575 页，北京，法律出版社，2004。

方负担。[1] 在中国法上，可以参考上述见解予以解释。[2]

虽然承担人和债权人订立债务承担合同一般不必经债务人同意即可成立，但应通知债务人，以免债务人向债权人清偿，增加成本。在未通知债务人的情况下，债务转移只在债权人和承担人之间生效，对债务人不生效力，不过，在通知之前，债务人向债权人所为的履行有效。

附：承担人和债权人签订承担合同的案例分析

基本案情

甲公司与乙公司于2004年8月20日签订《合作协议书》，约定从2003年1月到2003年9月，甲公司应付乙公司的货款以及乙公司应付甲公司的佣金；核对并确认了从2003年1月到2003年9月双方的往来账目，具体项目及数额，见作为附件的《对账表》及乙公司货物往来明细表A、B（从2003年1月15日至2004年4月），“乙公司货款往来结算总说明”的附表二“乙公司调拨给丙公司货物及代垫付部门费用情况表”，附表三“丙公司调入乙公司货物款项表”，附表四“佣金结算明细表”、附表五“丙公司经乙公司直接出口货物明细表”。

分析意见

终审民事判决将甲公司与乙公司在2004年8月20日签订的《合作协议书》认定为买卖合同，并将该案作为一般买卖合同纠纷处理，不符合该案的真实情况。实际上，两个公司之间的《合作协议书》，并非买卖合同，而是兼具债权转让、债务承担协议和对账单的性质。具体分析如下：

《合作协议书》中核对并确认的所谓从2003年1月到2003年9月的往来账目，在性质上属于债权转让和债务承担协议，亦即由甲公司承担丙公司对乙公司所负的货款债务，丙公司对乙公司享有的佣金债权则由甲公司享有。其理由如下：

1.《合作协议书》中确认的往来账目范围是从2003年1月到2003年9月。这一事实同时有双方的《对账表》及乙公司货物往来明细表A、B（从2003年1

① 见韩世远：《合同法总论》，575页，北京，法律出版社，2004。
② 见韩世远：《合同法总论》，575页，北京，法律出版社，2004。

月 15 日至 2004 年 4 月），“乙公司货款往来结算总说明”的附表四“佣金结算明细表”为证。

但是，根据甲公司的营业执照复印件，可以看出甲公司成立于 2003 年 9 月 24 日。也就是说，在 2003 年 9 月 24 日之前，甲公司尚未成立，不具有主体资格，因而不可能与乙公司产生业务往来，当然也不会发生支付货款和佣金的债权债务关系。

2. 该《合作协议书》中确认的所谓从 2003 年 1 月到 2003 年 9 月，甲公司应付乙公司的货款以及乙公司应付甲公司的佣金，事实上从未发生过，因为甲公司在 2003 年 9 月 24 日才成立。

从“乙公司货款往来结算总说明”的附表四“佣金结算明细表”中可以看到，从 2003 年 1 月起到 2003 年 9 月止，乙公司一直是在和丙公司发生业务往来，亦即由丙公司为乙公司出口货物并向乙公司支付货款，乙公司则向丙公司支付佣金。这一事实同时可以由“乙公司货款往来结算总说明”的附表二“乙公司调拨给丙公司货物及代垫付部门费用情况表”、附表三“丙公司调入乙公司货物款项表”、附表五“丙公司经乙公司直接出口货物明细表”证明。

3. 从丙公司和甲公司的登记资料中可以看出：丙公司的登记股东是李某，该公司于 2004 年 3 月 31 日结业；甲公司的法定代表人是张某，该公司于 2003 年 9 月 24 日成立。显然，甲公司与丙公司乃是两个独立的公司，两者之间并不存在投资控股、企业分立、企业合并等任何有可能使甲公司继受丙公司的主体资格的法律关系。甲公司与乙公司的《合作协议书》中所谓“2003 年元月至 2004 年 7 月份，乙公司经甲公司（原丙公司）出售速冻蔬菜产品给 ZUMDIECK 等客户”，试图使人形成甲公司是从丙公司变更而来的印象，真实情况显然不是如此。

4. 根据上述事实及理由可以认定，甲公司与乙公司的《合作协议书》中约定的如下事项——从 2003 年 1 月到 2003 年 9 月，甲公司应付乙公司的货款以及乙公司应付甲公司的佣金——并不是对双方之间的真实业务往来所作的对账单性质的约定，而是分别属于债权转让和债务承担，具体言之：

(1) 乙公司应支付甲公司佣金若干的约定，在性质上属于债权转让，亦即将丙公司对乙公司享有的佣金债权转移给甲公司享有。但是，该《合作协议书》中并无债权人丙公司的签字或盖章，这表明没有取得丙公司的同意，显然不符合《合同法》第79条以下关于债权转让的规定，损害了债权人丙公司的利益，因此其约定是无效的。

(2) 甲公司应向乙公司支付货款若干的约定，在性质上属于债务承担，亦即由甲公司承担丙公司对乙公司所负的货款债务。在债务承担中，虽然债权人（即乙公司）与承担人（即甲公司）订立的债务承担协议，无需征得债务人（即丙公司）的同意即可生效，但债务承担协议的生效及履行，必须以债务人（即丙公司）对债权人（即乙公司）所负的债务真实、合法、确定为前提。

在本案中，虽然乙公司和甲公司在《合作协议书》中约定了还款数额，但因法院未将丙公司追加为第三人，导致丙公司（即债务人）对乙公司（即债权人）是否拖欠货款以及拖欠货款的具体数额是多少等重要事实都无法查清，故而债权人（即乙公司）与承担人（即甲公司）订立的债务承担协议实际上属于标的不确定，该债务承担协议因标的不确定而归于无效。尤其是，如果法院最终查明丙公司并不拖欠乙公司货款，那么乙公司与甲公司之间订立的债务承担协议更应被认定为无效。

在债务承担协议中，没有债务人的参与和确认，是不能仅仅以债权人与承担人双方自行约定由承担人承担的债务数额为准的，因为债务数额的确定属于债权人与债务人之间的法律关系，显然不能由债权人与承担人自行约定。在本案中，由于丙公司对乙公司所负的债务没有查清，因而如果允许甲公司和乙公司抛开丙公司而单独确定该债务数额并可代为偿还，那么甲公司在偿还之后就要以其认定并偿还的数额向丙公司追偿，结果将会损害丙公司的利益，显然不能允许。

(三) 免责的债务承担合同的效力

1. 承担人成为债务人

免责的债务承担合同一经生效，承担人就取代原债务人，成为新债务人；原债务人脱离狭义债的关系，由承担人直接向债权人承担债务，嗣后承担人不履行债务，应当承担债务不履行责任，原债务人不再承担责任。原债务人对承担人的偿还能力并不负担保义务。

2. 承担人的抗辩（权）

（1）承担人可援用债务人对于债权人的抗辩（权）承担人既因承担债务而为债务人，则原债务人基于原债的关系对于债权人的抗辩（权），承担人均可继续援用。对此，《合同法》第85条明确规定，债务人转移义务的，新债务人可以主张原债务人对债权人的抗辩。

承担人可援用的原债务人对于债权人的抗辩（权），包括债务成立的抗辩（如债的关系无效）、债务存续的抗辩（如同时履行抗辩权）和诉讼时效完成的抗辩。[①] 不过，若债务人已经抛弃抗辩（权），则承担人无从行使。[②]

由于债务人所可对抗债权人的事由，承担人亦可以之对抗债权人，因而关于承担债务的诉讼时效，亦应以原债务的诉讼时效为计算标准。[③] 其后债务人实行清偿的，承担人也免负责任。[④]

（2）承担人所可援用的抗辩，仅以原债的关系为限，而且不得以属于债务人的债权为抵销。其原因在于，原债务人既因承担人的债务承担而脱离债的关系，如允许承担人以属于债务人的债权与债权人享有的债权为抵销，则无异于承认承担人可处分债务人的权利。[⑤]

解除权、撤销权等形成权，与合同当事人的地位紧密相连，仅有合同当事人

① 见孙森焱：《民法债编总论》下册，808页，北京，法律出版社，2006；邱聪智：《新订民法债编通则》下，433页，北京，中国人民大学出版社，2004；林诚二：《民法债编总论——体系化解说》，509页，北京，中国人民大学出版社，2003。

② 见孙森焱：《民法债编总论》下册，808页，北京，法律出版社，2006。

③ 中国台湾地区“最高法院”1978年3月14日“民庭庭推总会”决定：“债务之承担债务人虽有变更，而其债务仍为同一之债务，并非成立新债务，原债务之性质及内容均不变更，且参照‘民法’第三百零三条第一项上段规定，债务人所得对抗债权人之事由，承担人亦得以之对抗债权人，则关于承担之债务之消灭时效，自应自该债务原来请求权可得行使时起算。”转引自邱聪智：《新订民法债编通则》下，433页，注3，北京，中国人民大学出版社，2004；林诚二：《民法债编总论——体系化解说》，509页，北京，中国人民大学出版社，2003。

④ 见中国台湾地区“最高法院”1959年台上字第199号判例；邱聪智：《新订民法债编通则》下，433页，注4，北京，中国人民大学出版社，2004。

⑤ 见孙森焱：《民法债编总论》下册，808～809页，北京，法律出版社，2006；邱聪智：《新订民法债编通则》下，433页，北京，中国人民大学出版社，2004；林诚二：《民法债编总论——体系化解说》，510页，北京，中国人民大学出版社，2003。

始得行使，在单纯的债权让与、债务承担的场合，并不随同移转，须于债务人行使解除权或撤销权后，合同因此归于消灭，承担人始得援用其抗辩事由而拒绝给付。[①] 因为解除权、撤销权与合同当事人的地位紧密相连，涉及对价关系，且在双务合同场合，虽有债务承担，但债务人仍可能为对价的债权人，故其不宜随债务的移转而移转，何况承担人并非原合同的当事人。[②]

(3) 承担人可否以承担债务的原因关系的事由对抗债权人。中国台湾地区"民法"规定："承担人因其承担债务之法律关系所得对抗债务人之事由，不得以之对抗债权人"（第 303 条第 2 项）。这是因为债务承担属于准物权行为，而准物权行为为无因行为，原因关系的存在与否，对于债务承担这个准物权行为的效力，不发生影响。原因行为纵然无效或被撤销，债务承担这个准物权行为仍属有效。就承担人与债权人之间的关系而言，因债权人承认债务承担这个准物权行为，故该行为对于债权人便发生效力，倘若承担人可以其承担债务的法律关系所得对抗债务人的事由来对抗债权人，那么这将使债权人蒙受不测之损害。[③]

与此有别，在中国大陆民法上，债务承担、债务承担合同大多采取有因原则，债务承担合同这个原因行为无效、被撤销，会导致债务承担的效力丧失，债务复归于原债务人。如此，承担人时常可以原因行为无效、被撤销等对抗债权人。

3. 从属于原本债务的义务的移转

《合同法》第 86 条前段规定，债务人转移义务的，新债务人应当承担与主债务有关的从债务。这是因为从属于原本债务的义务原属全部债务的组成部分，如与其原本债务割裂，则损及债务的同一性，故原则上债务的从属义务应随原本债务的移转而移转。

所谓从属于原本债务的义务，包括利息债务、违约金债务等。利息债务，若属原本债务的利息债务，则应随原本债务的移转而移转于承担人；但若属迟延的

---

① 见孙森焱：《民法债编总论》下册，808 页，北京，法律出版社，2006。

② 见林诚二：《民法债编总论——体系化解说》，509～510 页，北京，中国人民大学出版社，2003。

③ 见孙森焱：《民法债编总论》下册，809 页，北京，法律出版社，2006；林诚二：《民法债编总论——体系化解说》，510 页，北京，中国人民大学出版社，2003。

利息债务，即已届清偿期而未支付所产生的利息债务，则因其已与原本债务分离而具有独立性，而非从属于原本债务的债务，故承担债务者并不当然承担此项债务。[①] 关于违约金债务，债务人的债务移转于承担人时，倘若尚未发生违约行为，违约金债务尚未发生，唯关于违约金的约定，则不因债务承担而妨碍其存在。在承担人承担债务以后，发生违约的，承担人自应负担，债权人有权请求承担人依约支付违约金。反之，如在承担人承担债务以前，违约行为已经发生，违约金债务已经存在，则因其具有独立性，是否由承担人一并承担债务，应当探求当事人的真意而后确定。具体些说，违约金债务属于损害赔偿额的约定的，只有在债务承担合同明确约定由承担人负担时，才随同原本债务的移转而移转给承担人；若约定债务人不于适当时期或不依适当方法履行债务时应支付违约金，承担人于承担原本债务时，则不当然承担该笔违约金债务。[②]

从属于原本债务的义务原则上移转于承担人，不过尚有例外：(1)《合同法》第 86 条后段规定，从债务专属于原债务人自身的，不随同原本债务而移转。所谓专属于原债务人自身的义务，例如，债务人应为债权人提供服务，以抵充利息的，如其债务由第三人承担，则原债务人的债务已经移转于该第三人，即不再负担利息债务，自无继续向债权人提供服务的必要。至于第三人承担债务，并不当然承担提供服务的义务，因为原债务人提供的服务具有专属性。[③] (2) 第三人就债权所提供保证、抵押权或质权等担保，系因对债务人的资力、信用、相互协助或情谊，具有个别的信赖关系，倘若债务由另一第三人承担，则提供担保的第三人对于该承担人未必具有相同的信赖关系，自不得强制提供担保的第三人继续为承担人提供信用而负担保义务。当然，提供担保的第三人对于债务的承担予以承认的，即是表示该第三人愿意提供信用，其担保义务继续存在；否则，就债权所为的担保因债务的承担而归于消灭。如果就债权提供担保的第三人承担了债务，那么就保证而言，由债务人保证自己债务而不合保证的本旨，保证债务归于消

---

① 见孙森焱：《民法债编总论》下册，810 页，北京，法律出版社，2006。

② 见孙森焱：《民法债编总论》下册，810 页，北京，法律出版社，2006。

③ 见孙森焱：《民法债编总论》下册，810 页，北京，法律出版社，2006。

灭；就物上保证论，犹如债务人自己提供担保物权，应当继续有效。[①]

五、并存的债务承担

（一）概说

并存的债务承担，又称附加的债务承担，或重叠的债务承担，指第三人（承担人）加入债的关系之中，与原债务人一起向债权人承担同一债务的现象。

并存的债务承担与保证债务，有相同的一面，如均为增加了担保债权实现的责任财产的数量；更有不同之点：（1）保证债务乃于债务人不履行债务时，保证人代债务人履行或承担赔偿责任的债务，系属从属债务。而并存的债务承担则系由承担人负担主债务，债权人系对承担人及原债务人直接发生债的关系，相互间没有主从关系。[②]（2）在一般保证场合，保证人享有先诉抗辩权，而并存的债务承担不存在先诉抗辩权。

并存的债务承担，有的依据法律的直接规定而成立，不论当事人的真意如何，简称为法定的并存的债务承担；有的由当事人约定产生，简称为约定的并存的债务承担。法定的并存的债务承担，其成立要件和法律效果均由法律直接规定，此处不赘。以下仅讨论约定的并存的债务承担，径称为并存的债务承担。

（二）并存的债务承担合同的条件

1. 须债务系有效的债务

并存的债务承担，需要该债务有效，与免责的债务承担中一样，上文已经讨论过，此处不赘。

2. 债务具有移转性

并存的债务承担若对承担人发生效力，则可能将由他向债权人清偿，因而要求债务具有移转性，否则，承担人无法向债权人清偿原本属于债务人的债务。对此，免责的债务承担中同样讨论过，也不再叙述。

① 见孙森焱：《民法债编总论》下册，811页，北京，法律出版社，2006。

② 见孙森焱：《民法债编总论》下册，814页，北京，法律出版社，2006。

3. 当事人就并存的债务承担达成合意

所谓当事人就并存的债务承担达成合意，包括三种情形：(1) 承担人和债权人就并存的债务承担达成合意；(2) 承担人和债务人就并存的债务承担达成合意；(3) 承担人、债权人和债务人三方共同形成并存的债务承担合意。以下分别介绍和讨论。

(1) 承担人和债权人就并存的债务承担达成合意，并存的债务承担合同成立，对债务人有利，无须取得其同意即发生效力。由于债权人和原债务人之间的债的关系并未因债务承担合同的签订而受影响，债务人未必参与合同的订立。倘若债务人曾参与而明示与承担人负连带责任，则成立连带债务。若未参与，则成立不真正连带债务。①

(2) 承担人和债务人就并存的债务承担达成合意，并存的债务承担合同也成立，无须债权人承认。因为债务人和债权人之间维持原有债的关系，承担人加入其中，承担与债务人同一内容的债务，为债权担保的责任财产因此而扩张，对债权人有利，且未变更债权人和债务人原有债的关系，因此，无须债权人的承认即可有效成立。这不同于免责的债务承担的成立须经债权人同意。②

[引申]

如与履行承担相结合，便与第三人利益合同相类似，则因为有履行承担合同，第三人对债务人负有履行债务人债务的义务，而与中国台湾地区“民法”第269条第1项关于“要约人得请求债务人向第三人为给付”的规定相当。此时，单就并存的债务承担与债权人之间的关系而言，也可类推适用中国台湾地区“民法”第269条第2项的规定，于债权人未表示享受该履行承担的利益前，承担人可变更或撤销其履行承担合同；债权人表示享受其利益的意思的，承担人承担债务。至于中国台湾地区“民法”第269条第3项的规定，则无类推适用的余地，因为债权人虽曾表示不拟享受其合同的利益，但在债务人或承担人未变更或撤销

① 见孙森焱：《民法债编总论》下册，814～815页，北京，法律出版社，2006。

② 见孙森焱：《民法债编总论》下册，815页，北京，法律出版社，2006；林诚二：《民法债编总论——体系化解说》，513页，北京，中国人民大学出版社，2003。

其合同之前，债权人仍不得重新表示享受合同的利益。[①]

(3) 承担人、债权人和债务人三方共同形成并存的债务承担合意，并存的债务承担合同成立，更不成为问题，不再展开论述。

[论争]

一种观点认为，并存的债务承担合同，如果是承担人和债务人签订的，那么便具有使债权人对承担人取得债权的效果，在这个意义上，它属于一种为第三人利益的合同。因而，尽管债权人没有参与，但是并存的债务承担合同仍然有效。当然，债权人对承担人取得债权，通常要以债权人受益的意思表示为必要。[②] 对此，应当有条件地接受。其原因在于，第一，在并存的债务承担场合，倘若原债务经撤销或解除而归于消灭，那么承担合同也溯及既往地终止。就此看来，并存的债务承担合同可被认为有因合同。与此有别，在为第三人利益的合同场合，债务人之所以同意向第三人清偿，可能存在着原因行为，或是债权人对该第三人负有债务，或是债务人对该第三人负有另一合同项下的义务。此类原因行为不成立、被撤销或归于无效，并不影响为第三人利益合同的效力。就是说，就这方面而言，为第三人利益的合同为无因合同。[③] 第二，承担人和债务人依据《合同法》第 84 条关于部分转让合同债务的规定，签订并存的债务承担合同，且约定各自承担按份债务，则该债务人的加入，相对于债务人承担的债务而言，没有增加作为一般担保的责任财产的数量。因而，承担人的加入不一定有利于债权人，在加入的承担人非诚实信用之人或责任财产薄弱的情况下，还必定有害于债权人。有鉴于此，必须确立这样的规则：只有债权人同意，按份的并存的债务承担合同才会拘束债权人。第三，即使承担人和债务人对于债权人连带地承担清偿责

① 见孙森焱：《民法债编总论》下册，815 页，北京，法律出版社，2006；林诚二：《民法债编总论——体系化解说》，513 页，北京，中国人民大学出版社，2003。

② 见韩世远：《合同法总论》，581 页，北京，法律出版社，2004。

③ 参见孙森焱：《民法债编总论》下册，816 页，北京，法律出版社，2006；邱聪智：《新订民法债编通则》下，435 页，北京，中国人民大学出版社，2004；林诚二：《民法债编总论——体系化解说》，514 页，北京，中国人民大学出版社，2003。

任，虽然可以将债务人和承担人签订的债务承担合同视为一种为第三人利益的合同，但也必须注意《合同法》第 64 条规定的为第三人利益合同，未赋予第三人对债务人的直接请求权，所以，在并存的债务承担场合，完全依赖《合同法》第 64 条规定的模式，债权人可能因承担人的拒绝履行而全部或部分地无法实现其债权。因而，比较周延的表述是，在承担人和债务人签订并存的债务承担合同的情况下，在未通知债权人更未经债权人同意时，承担人有权基于债务承担合同而向债权人为适当履行，但债权人有权拒绝受领，也有权受领；在承担人没有向债权人提供履行场合，债权人对承担人没有直接的给付请求权。债权人若享有对承担人的直接请求权，则必须对并存的债务承担合同表示同意，或者说同意接受承担人的给付。

（三）并存的债务承担合同的效力

1. 并存的债务承担合同成立之时，也就是生效之日，除非当事人另有约定。

2. 并存的债务承担合同若由承担人和债权人签订，则其目的是担保原债务人的债务，承担人负担原债务同一内容的债务，自然以债务人的存在为要件。倘若原债务经撤销或解除而归于消灭，那么承担合同也溯及既往地终止。就此看来，并存的债务承担合同可被认为有因合同。①

3. 承担人承担的债务以承担时的原债务为限度，不得超过原债务。其原因在于，承担债务的目的无非是担保原债务，倘若承担债务重于原债务，那么就不是并存的债务承担。当然，不妨就原债务的一部分而为承担。

4. 并存的债务承担合同生效，第三人（承担人）加入到债的关系中来，成为另一债务人，与原债务人一起向债权人负担债务。在这里，存在的疑问是，承担人和原债务人之间的关系，以及他们和债权人之间的关系如何？因中国现行法缺乏规定，故需探讨。

（1）在当事人之间无约定时，承担人和债务人负同一债务。所谓承担人和债

① 见孙森焱：《民法债编总论》下册，816 页，北京，法律出版社，2006；邱聪智：《新订民法债编通则》下，435 页，北京，中国人民大学出版社，2004；林诚二：《民法债编总论——体系化解说》，514 页，北京，中国人民大学出版社，2003。

务人负同一债务，其含义在不同的立法例及判例学说上存在着差别。在日本，存在着承担人和债务人向债权人承担连带责任的判例和学说[①]，不过，现在的民法通说认为，如果以并存的债务承担发生连带债务，那么难免使债权人遭受不测之损害，不如采取如下观点：只要当事人没有表示出发生连带债务关系的意思，便解释为不真正连带债务关系。[②] 在中国民国时期和今日的中国台湾地区，判例和通说主张，承担人与债务人负连带债务。[③] 在中国大陆，多数说赞同连带责任的观点[④]，也有少数说采取类型化的方法，在当事人无约定的情况下，使承担人和债务人负连带责任；当事人约定负按份责任的，依其约定。[⑤] 还有学说倾向于不真正连带责任说。[⑥]

在当事人之间无约定时，由于承担人与原债务人乃基于个别的原因负担同一内容的债务，不符合连带债务的规格，宜为不真正连带债务。[⑦] 原债务无效或被撤销的，并存的债务承担合同因之无效，似无连带债务的适用。[⑧] 假如将其认定为连带债务，那么将发生当事人所未预期的效果。例如，原债务已经罹于诉讼时效的，承担人即可援用之而免其承担的债务，显然不当。[⑨]

（2）在当事人之间有约定时，依其约定。如约定承担人和债务人负担按份责

① 见日本最判昭41·12·20民集20·10·2139。转引自韩世远：《合同法总论》，581页，北京，法律出版社，2004。

② 参见［日］本城成雄、宫本健藏：《债权法总论》，2版，228页，京都，嵯峨野书院，2001。转引自韩世远：《合同法总论》，581页，北京，法律出版社，2004。

③ 见中华民国最高法院1934年度上字第1377号判例；中国台湾地区"最高法院"1988年度台上字第96号裁判；史尚宽：《债法总论》，716页，台北，荣泰印书馆股份有限公司，1978；郑玉波：《民法债编总论》，修订2版，陈荣隆修订，455页，北京，中国政法大学出版社，2004。

④ 见王家福主编：《中国民法学·民法债权》，87页，北京，法律出版社，1991；张广兴：《债法总论》，249页，北京，法律出版社，1997；王利明：《合同法研究》，第2卷，254页，北京，中国人民大学出版社，2003。

⑤ 见崔建远主编：《合同法》，3版，181～182页，北京，法律出版社，2003。

⑥ 见韩世远：《合同法总论》，582页，北京，法律出版社，2004。

⑦ 见林诚二：《民法债编总论——体系化解说》，514页，北京，中国人民大学出版社，2003。

⑧ 见孙森焱：《民法债编总论》下册，816页，北京，法律出版社，2006；邱聪智：《新订民法债编通则》下，435页，北京，中国人民大学出版社，2004。

⑨ 见孙森焱：《民法债编总论》下册，816页，北京，法律出版社，2006。

任，则依其约定。由于此类约定可能损害债权人的利益，此类并存的债务承担应当征得债权人的同意，若债权人不同意，则原债务人仍须承担全部债务。如果约定承担人和债务人负担连带债务，则债权人可以请求任何一位债务人履行全部债务。如果约定承担人和债务人负不真正连带责任，那么也尊重其约定。不然，照抄照搬境外的规定及其理论，假如一律采取连带责任或不真正连带责任，那么会使得实务中发生的承担人和债务人约定按份负责的债务承担案件，完全没有法律条文可资援用，相当的法官感到裁判此类案件困难，莫不如在现行法的框架内承认按份负责的并存的债务承担类型，更为务实。至于其他类型的并存的债务承担，则宜视社会发展状况而定，目前还可承认不真正连带债务的类型。

5. 承担人对于债权人的抗辩权。并存的债务承担人对于债权人的抗辩事由，应类推适用免责的债务承担的规定。具体些说：(1) 债务人因其法律关系所得对抗债权人的事由，承担人也可以之对抗债权人。这是因为承担的债务以原债务的内容为内容。再者，因承担人不得擅自处分债务人的权利，故也不得以属于债务人的债权为抵销。(2) 承担人在和债权人订立债务承担合同时，不得以其与债务人之间因承担债务的法律关系所得对抗的事由，对抗债权人。①

6. 当事人就债权所为的担保，无论是人的担保还是物的担保，因原债务人于并存的债务承担合同成立后并未脱离债的关系，皆不受影响，故债权人于并存的债务承担后，仍可对于保证人或物上保证人行使担保权。但是，这仅仅对原债务人继续有效，对于承担人而言，则非经当事人承认，对承担人的债务不发生担保的效力。②

附：特殊债务承担的案例分析

基本案情

乙方自 1994 年起至 1998 年 12 月 30 日止向甲方拆借资金 2 183 万元人民币，没有偿还。于是，甲乙丙三方于 1998 年 12 月 30 日签订了协议书，其内容如下：

① 见孙森焱：《民法债编总论》下册，817 页，北京，法律出版社，2006。

② 见林诚二：《民法债编总论——体系化解说》，515 页，北京，中国人民大学出版社，2003。

甲乙双方共同确认，乙方尚欠甲方拆借款本金200万美元，截至1998年12月31日尚欠利息63.7万美元。折合人民币约为2 183万元（第1条）。鉴于乙方目前资金困难，甲方同意乙方以其全资子公司丙方的资产抵偿上述债务（第2条）。丙方的资产为某地2号楼，丙方同意以该楼的相应房产抵偿乙方所欠甲方的债务。经协商，按该楼现状作价2 100元/平方米，甲方可取得该楼10 395平方米面积的房产（第3条）。甲方应取得的房产应当过户到甲方或甲方指定的公司名下，具体手续由丙方办理。甲方同意预支60万元人民币过户费用，丙方以该楼房产476平方米的面积作抵押，并另行签订抵押合同。此款由甲方交由北京律师事务所代管，根据甲方的授权确定支付过户费用的金额和时间。此款在扣除甲方按比例应分摊的国家规费后，余额部分应在过户执行完毕后5日内返还给甲方（第4条）。乙方保证房产已经达到现状水平（见附件），否则就差缺部分由乙方向甲方承担保证责任（第5条）。丙方在本协议第5条的过户费到北京律师事务所后的80个工作日内完成产权过户工作，每逾期1天，按本协议第1条所确认的欠款数额的每日万分之四向甲方支付违约金（第6条）。甲方取得上述房产产权后，甲乙双方的债权债务即告终结。在甲方未取得上述房产产权之前，甲乙双方的债权债务关系仍然有效（第7条）。甲方取得上述房产产权后，本协议签订之日后的利息不计。如果由于丙方的原因或者不可抗力的原因，致使甲方无法取得上述房产产权，则本协议签订之日后的利息应当计算（第8条）。本协议一式六份，甲乙丙三方各执两份为凭，具有同等法律效力。三方代表签字盖章后即发生法律效力（第9条）。

1999年12月29日，甲方和乙方又签订协议，约定如因不可抗力原因甲方无法取得上述协议约定的抵债房产，则乙方仍应向甲方承担法律责任。

丙方一直在履行上述协议，但至2004年，甲方得知丙方没有将抵债房产过户到甲方或者甲方指定的项目公司戊公司，而是过户到了丙方自己的名下。

2004年，乙方和丙方将上述房产用来抵偿乙方欠其债权人丁方的债务，并办理了强制公证文书，丁方向某法院申请强制执行，查封了上述房产。

分析意见

如何解决该案，存在着争论，主要有三种意见。

第一种观点认为，系争合同属于由第三人履行合同，甲方为债权人，乙方为债务人，丙方为第三人，应当适用《合同法》第65条的规定。既然如此，当第三人丙方不履行将抵债房产过户到甲方或者甲方指定的项目公司戊公司的义务时，按照《合同法》第65条的规定，债务人乙方有义务向债权人甲方偿付2 183万元人民币。

第二种观点则主张免责的债务承担说，认为甲乙丙三方协议第2条至第6条的规定，表达了由第三人丙方受让债务人乙方的债务，甲方对此予以同意，至此，乙方即退出了乙方欠甲方2 183万元人民币的债务关系。在合同履行过程中，丙方没有依约将抵债房产过户到甲方或者甲方指定的项目公司戊公司，而是过户到了丙方自己的名下，构成违约，应当承担违约责任，甲方可以请求丙方继续履行该项义务，或承担损害赔偿责任。至于乙方，已经退出债权债务关系，不再负有向甲偿付2 183万元人民币的义务。

第三种观点认为，甲乙丙三方协议的第2条规定了第三人丙方加入甲乙之间的债务关系当中，第3条规定了丙方债务指向的标的物及其具体因素，第4条至第6条规定了丙方履行其债务的具体细节。这些条款均未言及乙方的债务是否免除，乙方是否自丙方承担债务时起退出债务关系，值得注意。

在这种情况下，我们应当寻觅其他证据，作出判断。这方面的证据有两份。

第一份证据依然是甲乙丙三方协议。甲乙丙三方协议第7条关于“甲方取得上述房产产权后，甲乙双方的债权债务即告终结。在甲方未取得上述房产产权之前，甲乙双方的债权债务关系仍然有效”的规定，已经清楚地表明了债务人乙方仍然留在债务关系之中，只不过附有免除条件，即甲方自丙方处取得抵债房产。只要该免除条件没有成就，乙方的债务就不能被免除。在系争案件中，甲方一直没有取得丙方的抵债房产，乙方的债务继续存续。

第二份证据是甲乙于1999年12月29日签订的协议。该协议约定，如因不可抗力原因甲方无法取得上述协议约定的抵债房产，则乙方仍应向甲方承担法律责任。对此，应当按照举轻以明重的方法予以解释，即连不可抗力造成的风险都由乙方承受，因乙方的全资子公司丙方的过错致使甲方无法取得甲乙丙三方协议约定的抵债房产，乙方就更应向甲方承担法律责任。

归结上述，可知系争案件不是免责的债务承担，乙方的债务及责任并未因丙方成为另一债务人而得以免除。在这里，仍有疑问：乙方和丙方均对甲方承担责任，是否构成了并存的债务承担？

众所周知，典型的并存的债务承担，不但是既有的债务人和新加入的债务人均对债权人负责，而且是债权人有权同时请求并存的债务人清偿，再就是既有债务人和新加入的债务人所负债务的形态是相同的。但在系争案件中，新加入的债务人丙方承担的债务形态是将某地2号楼过户给甲方，不同于乙方应向甲方支付2 183万元人民币的债务；在丙方的履行期限内，乙方的债务履行效力受到抑制，甲方不得请求乙方付清2 183万元人民币，只有在丙方于履行期满仍为将某地2号楼过户给甲方时，甲方才有权请求乙方付清2 183万元人民币。

至于判断系争案件是否属于由第三人履行的合同，一个简易的方法是，看债权人对于第三人是否享有直接的给付请求权。如果否，则该合同是由第三人履行的合同；如果是，则该合同就不是由第三人履行的合同，因为由第三人履行的合同必须适用《合同法》第65条的规定，而该规定没有赋予债权人对于第三人的直接请求权。观察甲乙丙三方协议，可知债权人甲方对于第三人丙方享有直接的给付请求权，故可以得出结论，系争合同不是由第三人履行的合同，也就不得主张在第三人丙方不履行其债务时，债权人甲方有权请求乙方履行债务。

行文至此，可以认定系争合同为特殊的并存的债务承担，债务人乙方偿付2 183万元人民币的债务没有被免除，只是债务范围是否为2 183万元人民币尚需再论，可有如下方案：

方案一：企业间的借贷合同无效，利息被收缴

《最高人民法院关于对企业借贷合同借款方逾期不归还借款的应如何处理的批复》（1996年9月23日）规定，企业借贷合同违反有关金融法规，属无效合同。合同期限届满后，借款方逾期不归还本金，当事人起诉到人民法院的，人民法院除应按照最高人民法院法［经］发［1990］27号《关于审理联营合同纠纷

案件若干问题的解答》第 4 条第 2 项的有关规定判决外，对自双方当事人约定的还款期满之日起，至法院判决确定借款人返还本金期满期间内的利息，应当收缴，该利息按借贷双方原约定的利率计算，如果双方当事人对借款利息未约定，则按同期银行贷款利率计算。借款人未按判决确定的期限归还本金的，应当依照《民事诉讼法》第 232 条的规定加倍支付迟延履行期间的利息。据此规定，债务人乙方偿付的欠款不是借款本金 200 万美元及其利息 63.7 万美元，折合人民币约为 2 183 万元，而是须扣除利息 63.7 万美元，只要偿还借款本金 200 万美元即可。

企业间的借贷合同无效，利息被收缴，在如今的裁判实务中已不多见，但也鲜有支持借款人偿付利息的判决书、裁决书。

方案二：企业间的借贷合同无效，不当得利返还

企业间的借贷合同无效，约定的利息条款亦然，即使对利息不作收缴处理，贷款人也无请求借款人偿付利息的合同依据。但是考虑到房地产等行业，借款人利用借款获取了丰厚的利润，在不收缴利息的背景下，他显然获得了利益，而贷款人受到了损失；损失和获益之间存在着因果关系；借款人取得这些利益没有合法根据，构成了不当得利。据此思路处理，按照《关于民法通则的意见》第 131 条关于返还的不当利益，应当包括原物和原物所生的孳息的规定，系争案件的债务人乙方不但应当偿还借款本金 200 万美元，而且应偿付相应的利息。至于利息的数额，可由债权人甲方举证证明。如果乙方认为甲方举证的数额有误，那么可以反证推翻，发生举证责任的转换。在乙方反证成立且有具体的获益数额的情况下，甲方若不能否定，则以此为准确定不当得利返还的范围；若能反证否定且有具体的数额，则以此为准确定不当得利返还的范围。在乙方反证推翻甲方的举证，但无具体数额，甲方也不能举证确定具体的获益数额的情况下，主审法官或仲裁员不宜驳回甲方的诉求，而应当行使自由裁量权，可以比照人民银行同期贷款利率计算。

本书认为方案二兼顾了各方的利益，比较符合今天的实际情况，可资赞同。

第四节　合同权利义务的概括移转

一、概述

所谓合同权利义务的概括移转，也叫合同权利义务的一并转让，是指原合同当事人一方将其合同权利义务一并移转给第三人，由该第三人概括地继受这些权利义务的法律现象。

合同权利义务的概括移转，可以是基于法律的规定而产生的，被称为法定概括移转。《合同法》第90条对此作了规定："当事人订立合同后合并的，由合并后的法人或者其他组织行使合同权利，履行合同义务。当事人订立合同分立的，除债权人和债务人另有约定的以外，由分立的法人或者其他组织对合同的权利和义务享有连带债权，承担连带债务。"

合同权利义务的概括移转，也可以是基于当事人之间的法律行为而产生的，被称为意定概括移转。《合同法》第88条对后者作了规定："当事人一方经对方同意，可以将自己在合同中的权利和义务一并转让给第三人。"

合同权利义务的概括移转，可以是合同权利义务全部由出让人移转至承受人，即全部移转。全部移转将使承受人取代出让人的法律地位，成为合同关系的新当事人。

合同权利义务的概括移转，也可以是合同权利义务的一部分由出让人移转至承受人，即一部移转。一部移转时出让人和承受人应确定各自享有的债权和承担的债务的份额和性质，如果没有约定或约定不明确，则视为连带之债。

二、合同权利义务的概括移转的种类

（一）合同承受

合同承受，又称合同承担，是指合同关系一方当事人将其合同上的权利和义

务全部地移转给该第三人，由该第三人在移转范围内承受合同上的地位，享受合同权利并负担合同义务。

合同承受一般是基于当事人和第三人之间的合同而发生。《合同法》第88条对此作了规定，当事人一方经对方同意，将自己在合同中的权利和义务一并转让给第三人。合同承受有时也可以基于法律的直接规定而发生。例如，《合同法》第229条规定："租赁物在租赁期间发生所有权变动的，不影响租赁合同的效力。"据此可知，当买卖租赁物时，基于"买卖不破租赁"的原则，买受人除可取得物的所有权外，还承受该租赁物上原已存在的租赁合同关系的出租人的法律地位。此种合同权利义务的概括移转并非基于当事人的意志，而是基于法律的直接规定，因而属于法定移转。

合同承受既转让合同权利，又转让合同义务，因而被移转的合同只能是双务合同。单务合同只能发生特定承受，即债权让与或债务承担，不能产生概括承受。

根据《合同法》第88条的规定，合同承受必须经对方当事人的同意才能生效。因为合同承受不仅包括合同权利的移转，还包括合同义务的移转，所以当事人一方通过合同承受对合同权利和义务进行概括移转的，必须取得对方的同意。在取得对方当事人同意后，合同承受生效，承受人完全取代出让人的法律地位，成为合同关系的当事人，出让人脱离合同关系。其后，如果承受人不履行合同义务，那么也不能再诉请原当事人承担责任。

合同承受，在德国民法、中国台湾地区"民法"上是一种无因行为，因而承受人得对抗出让人的事由，不得用以对抗相对人；但在中国大陆民法上，它时常为有因行为，于是在承受合同无效、被撤销等情况发生时，承受人可以之对抗相对人。

（二）企业的合并与分立

企业合并，是指两个或两个以上的企业合并为一个企业。企业分立则是指一个企业分立为两个及其以上的企业。企业的合并和分立不同于企业破产，为了保证相对人和合并、分立企业的利益，根据主体的承继性原则，企业合并或分立之前的合同债权和债务应由合并或分立后的企业承担。对此，《民法通则》第44条第2款明确规定："企业法人分立、合并，它的权利和义务由变更后的法人享有和承担。"《合同法》坚持了这一立场，于其第90条规定："当事人订立合同后合并的，由合并后的法人或者其他组织行使合同权利，履行合同义务。当事人订立合同后分立的，除债权人和债务人另有约定的以外，由分立的法人或者其他组织对合同的权利和义务享有连带债权，承担连带债务。"

企业合并或分立后，原企业的债权债务的移转，属于法定移转，因而不须取得相对人的同意，依合并或分立后企业的通知或公告发生效力。通知的方式可以是单独通知，也可以是公告通知。公告通知的，应当保证在一般情形下能为相对人所知悉。通知到达相对人或公告期满时，原债权债务即移转于合并或分立的新企业，该企业成为合同关系的当事人，享有一切债权，承担一切债务。当然，若此时新设企业尚未办理企业设立登记手续，则债务须待企业设立登记完毕时才实际由新设企业承受。

（三）合同权利义务概括移转的效力

合同权利义务的概括移转既包括合同权利的转让，也包括合同义务的移转，因而根据《合同法》第89条的规定，涉及合同权利转让的部分可准用有关债权让与的有关规定，涉及合同义务移转的则准用债务承担的有关规定。债权让与和债务承担产生的法律效力，例如从权利或从债务的一并移转，抗辩权的随之移转等，也同样适用于合同的概括转让。

更有甚者，因为债权让与或债务承担，只是单纯的合同权利转让或合同义务移转，所以使第三人成为新的债权人或债务人。由于第三人作为债权的受让人或债务的承担人并非原合同的当事人，与原债权人或原债务人的利益不可分离的权利，并不随之移转于受让人或承担人。但在合同的概括转让的场合，因为合同权利和义务的承受人完全取代了原当事人的法律地位，合同的内容也原封不动地移转于新当事人，所以，与债权让与、债务承担有所不同，依附于原当事人的一切权利和义务，包括追认权、选择权、解除权、撤销权等，都将随之而移转于承受人。

（四）合同权利义务的转让与仲裁条款的拘束力

【案例】

1993年3月23日，申请人甲公司与第一被申请人乙公司、第二被申请人丙公司共同签署了本案合作合同，约定共同出资设立合营公司。合营公司的投资总额为130万美元，注册资本为100万美元。其中，申请人以现汇出资32万美元，占注册资本的32%；第一被申请人以土地29亩的使用权折价36万美元作为出资，占注册资本的36%；第二被申请人亦以现汇出资32万美元，占注册资本的32%。合同第12条约定，从营业执照签发之日起30天内，申请人和第二被申请人缴完出资额，第一被申请人应在2个月内将土地交给合营公司使用。合营公司在经营过程中，出现周转资金不足时，由董事会研究决定，按投资比例筹集或向银行贷款。第13条约定，任何一方如向第三者转让其全部或部分出资额，则其他两方有优先购买权，分购金额由另两方商定。第40条约定，任何一方未按合同规定缴交出资额，从逾期第1个月起，每逾期1个月，违约一方应缴付应交出资额的5%违约金给守约的一方。如逾期3个月仍未提交，则除累计缴付应交出资额的15%违约金外，守约一方有权终止本合同，并要求违约方赔偿损失。第41条约定，由于一方的过失，造成本合同及其附件不能履行或不能完全履行时，由过失的一方承担责任。第44条约定，合营期满或提前终止合营，合营公司应依法进行清算，清算后的财产，根据三方投资比例进行分配。第47条约定，凡因执行本合同所发生的或与本合同有关的一切争议，双方应通过友好协商解决，如果协商不能解决，那么应提交S仲裁委员会，根据该会的仲裁程序暂行规则进行仲裁，仲裁裁决是终局的，对双方都有约束力。

1993年4月30日，合营公司取得外经贸桂合作字（1993）204号《中华人民共和国外商投资企业批准证书》，并于其后领取了营业执照。

其后，在履行本案合作合同过程中，双方当事人发生争议，经协商未能解决，申请人遂依据合同第47条仲裁条款的约定向S仲裁委员会提请仲裁。

关于合营公司合同书中的仲裁条款是否拘束第三被申请人丁公司的问题：第三被申请人丁公司于2006年9月18日向S仲裁委员会提出《异议书》，认为申请人甲公司申请仲裁的依据是合营公司合同书、合营公司章程，异议人丁公司并未在这两份文件上签过字，自己是于2000年12月6日通过购买丙公司在合营公司中的股权而成为股东的。据此，异议人丁公司也就享有了合营公司合同书、合营公司章程中规定的权利和义务。但是不能认为异议人丁公司同时也接受了上述合同书及章程里关于仲裁的约定。因为根据《仲裁法》第19条第1款前段的规定："仲裁协议独立存在"。既然是独立存在，那么，异议人丁公司作为后来的接手者，对于先前其他股东在合同及章程里所约定的仲裁协议是承认或否认，也就需要独立作出意思表示。事实上，异议人丁公司在转让股权合同第5条里，也作出了表示，即"本合同争议的解决受中华人民共和国法律保护和管辖"。这样的措词，不能认定是"仲裁协议"，而应该是异议人丁公司否定仲裁的明确表示。故此，本异议人丁公司认为，合营公司的股东们的仲裁协议在前，本异议人丁公司的非仲裁意思表示在后，且该意思表示经过了公证，其证明力更强制于前者，如欲开庭仲裁，恐有违《仲裁法》第4条规定的自愿原则。

仲裁庭认为，仲裁协议并非整齐划一，至少有两种表现形式：第一种表现形式是，根据当事人的意思表示，仲裁协议完全独立于交易合同，仲裁协议和交易合同完全是各自独立的两份合同。此类"仲裁协议"，不但在法律效力方面不因交易合同的变更、解除、终止或无效而失去效力，在要约、承诺和表现形式方面也是完全独立交易合同的。这种形式的仲裁协议比较少见，因为仲裁协议是就交易争议的解决方式所达成的共识，没有交易合同项下的权利义务，进而因履行义务和行使权利而发生的争议，争议的解决方式也就失去了对象和积极的意义。第二种形式的仲裁协议或仲裁条款，是根据当事人的意思表示，仲裁协议或仲裁条款为交易合同中载有的仲裁条款或"仲裁协议"，而非完全独立于交易合同的另外一份合同。这种形式的仲裁协议或仲裁条款，具有两面性：其一，它是交易合同这个整体中的组成部分，在要约、承诺和合同文本等方面与交易合同整体融合在一起，不具有独立的意义；其二，它同时具有相对的独立性，即，它在存续和法律效力方面具有独立性，不因交易合同的不成立、被撤销、不被追认、终止或无效而不复存在，而无效。这种形式的仲裁协议或仲裁条款更具有积极的价值，更为常见。

仲裁庭注意到，涉案的“仲裁条款”属于第二种形式的仲裁条款，即，它不是完全独立于合营公司合同书的另外一份协议或一项条款，而是合营公司合同书中的一个条款。

仲裁庭还注意到，《仲裁法》第19条第1款规定的全文是：“仲裁协议独立存在，合同的变更、解除、终止或者无效，不影响仲裁协议的效力。”我们解释法律，首先要考虑其文义，但不得拘泥于文字；文义若有多种含义，则需要运用体系解释、法意解释和目的解释。分析《仲裁法》第19条第1款的规定，可知其中所言的“仲裁协议独立存在”，并非指仲裁协议绝对独立于所谓的“合同”，而是相对于载有仲裁条款或仲裁协议的“合同”的整体而言的“独立存在”，这种意义上的“独立存在”具有特定的含义，就是在“合同”变更、解除、终止或者无效时，本来作为“合同”组成部分的“仲裁协议”不随着“合同”的整体而一同消灭，而是在“合同”的其他部分消灭时“仲裁协议”继续有效。引申言之，《仲裁法》第19条第1款的规定并没有表达下述意思：在“合同”项下的权利义务一并转让时，“仲裁协议”仍然独立地、继续地拘束着原当事人，不拘束已经取代原当事人的受让人。仲裁庭认为，这样理解《仲裁法》第19条第1款的规定是正确的。因为原当事人已经退出了法律关系，不再承受“合同”项下的权利义务，包括不承受从权利和从义务，他不会再因“合同”发生纠纷，也就无需“仲裁协议”所约定的解决纠纷的方式了。既然如此，令“仲裁协议”继续拘束着他有何价值呢?! 只有“仲裁协议”或“仲裁条款”拘束着受让人才顺理成章。

当然，依据意思自治原则，当事人在转让“合同”项下的权利义务时，特约仲裁协议或仲裁条款不再拘束受让人，换言之，受让人与其他当事人一起排斥了采用仲裁解决争议的方式，自无不可。但这样的特约需要明示，因为默示作为意思表示需要法律的明文规定或当事人的特别约定。没有证据表明，异议人丁公司在签订合营公司合同书时明确地表示了不再受其中的仲裁条款的拘束。

仲裁庭注意到，异议人丁公司在其《异议书》中，将转让股权合同第5条关于"本合同签订、效力、解释、履行及争议的解决均受中华人民共和国法律保护和管辖"的约定，解释为丁公司否定仲裁的明确表示。仲裁庭认为，这不符合《仲裁法》的原意，不符合某市对外贸易经济合作局于2001年3月12日下发的某市外经贸资［2001］04号《关于合营公司要求变更投资者的批复》的意思，不符合意思表示的理论，不符合合同解释的规则，仲裁庭不予采纳。

仲裁庭注意到，丙公司和丁公司于2000年12月6日签订了转让股权合同，约定丙公司将其在合营公司总股额的32%股权转让给丙公司。对此，某市对外贸易经济合作局予以了批准，于2001年3月12日下发了某市外经贸资［2001］04号《关于合营公司要求变更投资者的批复》，其第1条言明："同意你公司董事会决议更改投资者，由丙公司变更为丁公司，同时，合同、章程等相应条款作相应变更。"某市工商行政管理部门已经办理了变更登记，丁公司已经取得了丙公司在合营公司中32%的股权。对此，丁公司已经自认了。某联合会计师事务所于2005年8月6日出具的《审计补充说明》载明，合营公司实收丁公司2 880 000.00元人民币。

这些事实和证据表明，丁公司已经取代了丙公司在合营公司中的法律地位，享有合营公司总股份32%的股份。由于股权标志着股东在公司中的地位，含有一系的列权利和义务，其中包括遵从通过仲裁解决争议的义务；由于涉案股权转让，属于继受取得，因而被转让的股权及其附着的从权利和从义务一并转让，包括遵从通过仲裁解决争议的义务。

没有证据表明，丁公司在受让股权的有关法律文件中明示地表达了不受仲裁协议或仲裁条款的拘束。所以，合营公司合同书中的仲裁条款拘束着丁公司。仲裁庭在此特别提示，丁公司举证认可的2001年3月10日签订的合营公司合同书，载有仲裁条款（第47条）。

基于上述，仲裁庭认为，丁公司须受合营公司合同书的拘束。

仲裁庭注意到，某市对外贸易经济合作局于2001年3月12日下发的某市外经贸资［2001］04号《关于合营公司要求变更投资者的批复》第2条规定"合同章程其他条款不变”。所谓“其他条款”包括仲裁条款。就此可以得出这样的结论：合营公司合同书中的仲裁条款拘束着丁公司。

至于异议人丁公司在其《异议书》中，称“本案现在出现了合营公司的两个章程，一个是申请人提交的，签订于1993年3月23日的章程，上面有明确的仲裁条款但没有异议人的签字。另一个是第一被申请人——乙公司提交的，签订于2001年2月3日的章程。上面有异议人签字但完全没有仲裁条款。”其意在论证它不受仲裁管辖。

仲裁庭认为，异议人丁公司的这个理由不能成立。因为合营公司合同书第47条规定了仲裁条款，按照《中华人民共和国中外合作经营企业法实施细则》第10条第4款关于“合作企业协议、章程的内容与合作企业合同不一致的，以合作企业合同为准”的规定，合营公司合同书和合营公司章程的规定有不一致的,应当以合营公司合同书为准，而非以合营公司章程为准。如此，合营公司合同书载有仲裁条款,丁公司没有签字的合营公司章程欠缺仲裁条款，于此场合，应当据此确定仲裁管辖，因而，仲裁庭不支持异议人丁公司的这项异议。

总之，合营公司合同书拘束着丁公司,其中的仲裁条款亦然，丁公司是V20060147号合营公司合作经营案的被申请人。

余论

如果仲裁协议独立于交易合同，在转让合同权利义务时，债权人隐瞒了仲裁协议的存在，债务人也从未向受让人披露过，那么于此场合，受让人受不受仲裁协议的约束？笔者认为，此类合同权利义务的转让合同系因欺诈而成立的，受让人可以援引《合同法》第54条第2款和第55条的规定，撤销该合同，当然要受除斥期间的限制。

第六章

合同的变更

第一节　合同的变更概述

合同的变更有广义的和狭义的区分。广义的合同变更，包括合同内容的变更与合同主体的变更。合同内容的变更，是指当事人不变，合同的内容予以改变的现象。它属于狭义的合同变更。合同主体的变更，是指合同关系保持同一性，仅改换债权人或债务人的现象。不论是改换债权人，还是改变债务人，合同主体的变更都发生合同权利义务的移转，移转给新的债权人或债务人。因此，合同主体的变更实际上是合同权利义务的转让，分为合同权利的转让、合同义务的转让和合同权利义务的概括转让。通常所谓合同的转让，并非当事人各方已达成的合意的转让，而是合同权利义务的转让，因为合意与特定的当事人密切相连，在客观上无法转让，只有非人身专属性的权利、义务才有可能转让。本节仅讨论合同内容的变更，简称为合同的变更。

合同的变更，从其原因和程序上着眼，在中国合同法上可有如下类型：(1) 基于法律的直接规定变更合同，如债务人违约致使合同不能履行，履行合同的债务变为损害赔偿债务；（2）在合同因重大误解、显失公平而成立的情况下，以及在合同因欺诈、胁迫、乘人之危而成立又不损害国家利益的场合，有权人可诉请变更或撤销合同，法院或仲裁机构裁决变更合同；（3）在情事变更使合同履行显失公平的情况下，当事人诉请变更合同，法院或仲裁机构依职权裁决变更合同；（4）当事人各方协商同意变更合同；（5）其他类型的形成权人行使形成权使合同变更。

基于法律的直接规定而变更合同，法律效果可直接发生，不以法院或仲裁机构的裁判或当事人协议为必经程序。例如，债务人违约使履行合同的债务变为损害赔偿债务，系当然发生，但可由当事人协商损害赔偿额，亦可诉请法院或仲裁机构予以裁判。对此，本书在违约责任等章节讨论，本章不论。

在合同因重大误解、显失公平而成立的情况下，以及在合同因欺诈、胁迫、乘人之危而成立又不损害国家利益的场合，有权人可诉请变更或撤销合同，均需通过法院或仲裁机构的裁决将合同变更或撤销的方式。对此，本书在合同的效力一章已经讨论过，此处不赘。

适用情事变更原则，无论是解除合同还是变更合同，均须法院或仲裁机构的裁判。对此，本书已在合同的履行一章讨论了，亦不赘述。

合同的变更基于形成权人单方意思表示的，如选择权人行使选择权，使合同变更。对此，本书已在合同的履行等章节有所涉及，同样不再转论。

有鉴于此，本章重点介绍和探讨“（4）当事人各方协商同意变更合同”的类型。

渊源于罗马法思想，传统民法理论认为，合同的变更分为债的要素变更与非要素变更。所谓债的要素变更，是指给付发生重要部分的变更，导致合同关系失去同一性。对于重要部分，应依当事人的意思和一般交易观念加以确定。按照一般交易观念或当事人的意思，认为给付的变更已使合同关系失去同一性的，即为债的要素变更，不再属于合同的变更，而为合同的更改，或曰合同更新。例如，买卖汽车变为买卖拖拉机，承揽债务变更为支付一定货币的债务，租赁甲楼变更为租赁乙楼等，均为债的要素变更，合同关系失去同一性，不再属于合同的变更，而应为合同的更改。与此相反，非要素的变更未使合同关系失去同一性，当然为合同的变更。标的物数量的少量增减、履行地点的改变、履行期限的顺延等均属此类。

应注意的是，现代民法认为，属于要素变更从而导致合同关系同一性丧失的情形，已属例外，主要表现在当事人有明确意思表示的场合。对于中国合同法应否区分合同的变更和合同的更改，学者们的意见尚不一致。合同的变更未使合同关系失去同一性，合同债权所附着的利益和瑕疵原则上继续存在，而合同的更改已使合同关系失去同一性，旧债权所附着的利益与瑕疵归于消灭，法律效果明显不同。因而，区分合同的变更与合同的更改，即区别要素的变更与非要素的变更，在理论上更为合理，只是《合同法》未作如此区分。有鉴于此，以下所论合同的变更，限于非要素的变更，至于要素的变更，单作一节，以“合同的更改”为题加以介绍。

第二节　狭义的合同变更

一、合同变更的条件

（一）原已存在着合同关系

合同的变更，是改变原合同关系，无原合同关系便无变更的对象，所以合同的变更离不开原已存在着合同关系这一条件。合同无效，自始即无合同关系；合同被撤销，合同自始失去法律约束力，亦无合同关系；追认权人拒绝追认效力未定的合同，仍无合同关系。在这些情况下，自无变更合同的余地。

原合同虽存有撤销原因，但在撤销权行使前，该合同依然有效，不妨碍双方当事人协商一致，变更合同。原合同虽存有效力待定的原因，但当事人协商一致予以变更，消除效力待定的原因，系积极而正面的措施，没有否定的必要，应予鼓励；即便变更没有消除效力待定的原因，也无关紧要，因为变更后的合同依然视情况的不同而分别适用法律关于生效履行、不成立、被撤销或无效的规定，不会产生进一步负面的结果。

（二）合同的内容发生变化

合同的变更采狭义说，不包括合同主体的变更，仅指合同内容的变更。因此，合同内容发生变化是合同的变更不可或缺的条件。

所谓合同内容的变化，在合同变更与合同更改两立的模式中，应当包括以下类型：

1. 合同标的物在质量、数量方面的变更。通过约定，将合同标的物数量增加或减少，属于合同的变更，当无疑义。至于通过约定将标的物品质改变、规格更改等情形，在尚未导致标的物变为另一标的物的情况下，依然属于合同的变更；但倘若已经使得此标的物变为彼标的物的，则属于合同的更改，而非变更。

2. 合同履行条件的变更。所谓合同履行条件，包括履行期限、履行地点、履行方式以及结算方式等。当事人通过约定将原约定的履行期限、履行地点、履行方式、结算方式等予以改变，属于合同的变更。

3. 合同价金的变更。当事人通过约定将原约定的合同价款或酬金予以增减，属于合同的变更。通过约定改变利率，增减利息的数额，亦为合同的变更。

4. 合同所附条件或期限的变更。例如，所附条件的除去或增加，所附期限的延长或提前，所附条件的构成要素增加或减少等。

5. 合同担保的变更。例如，基于当事人的意思表示，合同担保消灭或新设等。

6. 从给付义务、附随义务的变更。例如，原约定股权转让方保障股权转让获得主管机关的批准，现变更为保障拟转让的股权上没有任何负担。

7. 违约责任的变更。例如，将原约定的每日万分之三的违约金变更为每日万分之二点五，把迟延履行的违约金和瑕疵给付的违约金累计变更为只能选择其一。

8. 解决争议方法的变更。例如，原约定双方发生争议时交由某仲裁委员会裁决，后约定变更为交由人民法院判决；原约定双方发生纠纷时交由斯德哥尔摩仲裁院仲裁，后约定变更为交由中国国际经济贸易仲裁委员会仲裁。

9. 排除法定义务的变更。合同约定的条款没有改变，但依据《合同法》第60条第2款等规定产生的，当然作为合同内容的附随义务，基于《合同法》第135条、第136条等规定产生的，当然作为合同内容的从给付义务，却全部或部分地被双方当事人于其后签订的合同所排除，在该约定排除有效的情况下，便构成了合同变更。

（三）当事人就合同的变更已经协商一致

合同的变更，一律由当事人各方协商一致，达不成协议便不发生合同变更的法律效力（《合同法》第77条、第78条）。

这里的协商一致，实际上是订立一个新合同，仍需经过要约、承诺程序。其要约人须是原合同的一方当事人，受要约人须是原合同的另一方当事人，若为其他人发出变更合同的要约，或其他人受变更合同的要约，都不发生合同变更的效果。这里的要约，是变更原合同的要约，须包含变更原合同内容这一要点，若含有责任的有无以及责任的分担的意思，则更佳。这里的承诺，是对该要约的同意。

所谓协商一致，自然是真正的意思表示一致，若含含糊糊，或者说对合同变更的内容约定不明确，适用《合同法》第78条关于“当事人对合同变更的内容约定不明确的，推定为未变更”的规定。

对于“对合同变更的内容约定不明确”，或从另一面表述“对合同变更的内容约定明确”，应如何把握，值得推敲。

1. 当事人各方以语言或文字将原合同的约定清楚、明确地予以改变，如将原合同约定的价款从200万元提到220万元，把原合同约定的履行期2010年3月9日调整为2010年3月9日至2010年9月6日，等等，均为对合同变更的内容约定明确，应当发生合同变更的法律效力。

2. 对合同的债权、债务的变更约定明确，但对某些附随义务的变更约定不明确，不宜一律推定为合同未变更，而应视具体情况来确定合同变更与否。例如，某商品房预售合同约定的房款为210万元人民币，双方共同办理房屋所有权的移转登记手续，合同签订后100天之内通知入住，保障规划小区安全，后变更房款为 250 万元人民币，开发商独自办理过户手续，买受人支付代理费，合同签订后 150 天之内通知入住，规划小区安全保障问题再议。上述变更，只有最后一项不清，其他各项都清楚明确。笔者认为，约定清楚明确的各项，应当发生变更的效力，规划小区安全保障一项仍按原约定，即由开发商或其委派的物业服务公司负责安全。我们不可因规划小区安全保障的变更约定不明确而否定其他内容的变更。

3. 对合同的变更采用一份完整的合同文本予以明确，固然可发生合同变更的效力，采取若干份文件的形式，逐项变更原合同的内容，只要是意思表示一致，也可发生合同变更的效力。例如，某《合同书》第 11 条第 1 款约定："本合同的变更须经甲、乙双方同意，并签署书面变更文件；甲、乙双方通过函件往来或会议纪要对合同的变更具有合同变更的效力。"其中，"甲、乙双方通过函件往来或会议纪要对合同的变更具有合同变更的效力"，应被法律承认。

4. 对合同内容的变更约定不甚明确，可否通过《合同法》第 61 条、第 62 条的规定加以确定，承认合同变更？答案是否定的，因为《合同法》第 61 条、第 62 条的规定是填补合同漏洞所应遵循的规则，适用它们的前提是合同存在漏洞，合同无漏洞时，不得援用这两条规定。所谓合同漏洞，就是合同应该约定却未约定的情形。在合同变更的场合，原合同对有关事项已有明确的约定，不存在合同漏洞；当事人对合同内容的变更约定不明确的，仍应以原约定的内容为准，不存在适用《合同法》第 61 条、第 62 条规定的余地。

5. 当事人各方以语言或文字将原合同的约定清楚、明确地予以改变，固然是约定明确，即便是没有采取这样的方式，而是用其他可以无误地判断出改变了原合同约定的方法，也应认定为"对合同变更的内容约定明确"。关于这一点会在下文通过若干案例分析进一步阐释。

需要说明的还有，《合同法》第 78 条对于变更内容约定不明确的后果，使用的是"推定为未变更"，而非"视为未变更"，预留了当事人举证成功已经就合同变更达成合意、从而推翻该推定的空间。例如，变更原合同的新合同确实不甚清楚，但当事人一方举证出这样的证据：他（它）发给相对人的变更的要约函件，相对人在该函件签署了“完全同意”的字样，并在其上加盖了相对人的公章。如此，应当认定当事人双方就合同内容的变更达成了合意，且约定明确，发生合同变更的法律效力。

附：行为，沉默之于合同变更

1. 引言。

《合同法》第77条规定，当事人双方可以合意变更合同，第78条强调：“当事人对合同变更的内容约定不明确的，推定为未变更。”此处所谓约定明确，或其反面——约定不明确，在以言词、文字变更合同的情况下，相对容易认定；但仅仅存在某种或某些具体的行为，甚至是沉默，当事人一方就据此主张合同已经变更了，应否得到支持？这是越来越常见且亟待解决的现实问题。笔者梳理和总结实务中这方面的案例，就此发表意见，谨供大家批评。

2. 合同约定了一定事实所导致的法律效果，在该事实出现以后，当事人一方所为一定行为含有的意思与该合同约定的法律效果正好相反，另一方当事人对此保持沉默，没有主张该合同约定的法律效果，此时，应当认定当事人一方所为行为与另一方当事人的沉默达成了变更该合同的合意，该合同已经变更。

例如，某《ZC无机发泡保温板联营协议》约定：“首次付款：数额为协议履行保证金总额的80%，计人民币104万元。须在本协议签署之日起6个工作日内，由甲方将款项划拨到本协议乙方账户内，逾期则本协议自动终止。二次付款：当乙方在规定时间内对生产线安装、调试完毕，且试生产产品合格（达到设计标准）后，甲方支付协议履行保证金的剩余款项，计人民币26万元，款项划拨到本协议乙方账户内。”

该协议的实际履行情况是，甲方并未依约将104万元人民币的保证金划拨到本协议乙方账户内。不过，甲乙双方仍然继续履行系争《ZC无机发泡保温板联营协议》，乙方在约定时间内对生产线安装、调试完毕，且试生产的产品合格（达到设计标准）。这表明系争《ZC无机发泡保温板联营协议》并未自动终止，而且直至诉讼，甲乙双方也未主张系争协议业已终止。

乙方依约对生产线安装、调试完毕，且试生产的产品合格（达到设计标准），甲方对此未加反对，默示地予以接受，这些行为和默示已经变更了系争《ZC无机发泡保温板联营协议》关于104万元人民币的保证金“须在本协议签署之日起6个工作日内，由甲方将款项划拨到本协议乙方账户内，逾期则本协议自动终止”的约定。并且，甲乙双方在诉讼过程中都没有主张系争协议业已终止的事实，进一步证实了前述变更。

之所以认定乙方依约对生产线安装、调试的行为，与甲方未加反对，放任乙方依约所为这种默示[①]，已经达成了变更系争《ZC无机发泡保温板联营协议》的合意，变更了系争《ZC无机发泡保温板联营协议》，是因为乙方依约对生产线安装、调试的行为表达了与系争协议关于甲方逾期划款“则本协议自动终止”的约定相反的意思。之所以认定乙方这些行为表达了与系争协议约定的终止后果相反的意思，是因为按照系争协议的约定，此时系争协议已经终止了，乙方对涉案生产线安装、调试的义务已经不复存在，但乙方却仍在“履行”已经不复存在的约定义务。当然，仅有乙方这些单方行为所含有和表达出来的意思——变更系争协议的要约，尚不足以变更系争《ZC无机发泡保温板联营协议》。之所以认定系争协议已经变更，是因为还存在着甲方同意该种要约的承诺，只不过这种承诺不是明示的，而是以沉默的方式表达的——甲方对于乙方安装、调试涉案生产线的行为不加制止，任其所为。在此种情况下，双方之间的关系，应根据系争协议加以处理，而不是按照侵权（从乙方实施行为的角度观察）或不当得利（从甲方就乙方行为获得了利益的层面审视）的规则处理——与系争协议全部约定所不同的，只是甲方逾期划款“则本协议自动终止”的约定不再发挥作用，失去效力而已。

有必要强调，上述结论，是以当事人任何一方没有重申系争《ZC无机发泡保温板联营协议》关于104万元人民币的保证金“须在本协议签署之日起6个工作日内，由甲方将款项划拨到本协议乙方账户内，逾期则本协议自动终止”的约

① 沉默与默示之间存在着差异，有些沉默与意思表示无关；有些沉默是对他人意思表示的反对，而非同意；有些沉默才是赞同他人的意思表示。只有最后一种沉默才是默示，即以沉默的方式表示同意他人意思表示之意，其他类型的沉默不是默示。鉴于本书的沉默一词常常是在同意当事人一方明示的意思表示、所为一定行为的意义上使用的，即所谓沉默原则上是指同意当事人一方的意思表示（包括明示的言词和代表意思表示的行为），沉默与默示基本上是在相同的意义上使用的，除非另有说明。

定为前提的，如果当事人一方申明系争协议的该项约定，那么，就不得将“甲方未反对乙方依约对生产线安装、调试的行为”视为变更了系争协议。

3. 合同约定的存续期限即将届满，合同项下的义务已经基本履行完毕，当事人一方却主动履行尚不存在的义务，相对人接受的，应当视为变更了合同的存续期限。

继续性合同的特点在于，时间因素在合同履行上居于重要地位，总给付的内容取决于应为给付时间的长短，换言之，随着履行时间的推移，在当事人之间不断地产生新的权利义务。[①] 继续性合同在权利义务方面呈现出质和量相同或相似的权利义务反复出现，表现在合同履行方面则是重复出现形态相同或相近的给付。由此决定，某特定的继续性合同期满时或期满前，只要有当事人双方同意延长合同的合意，无需重新协商具体的权利义务条款，就产生合同项下的全部的权利义务。据此，在某特定的继续性合同期满时或期满前，当事人一方实施的行为与假如该合同继续存在就应发生的义务的履行形态相符，另一方当事人予以接受的，也应当认为延长了既有合同的存续期限，即发生了合同变更，即使在这个过程中当事人双方均无明示的表示。例如，房屋租赁合同到期或即将到期，承租人却支付下个月或下个年度的租金，出租人也予以接受，应视为房屋租赁合同的存续期限已经变更（也可以视为双方当事人新签了房屋租赁合同）。

上述分析及其结论是否适合于一时性合同，应谨慎对待。一时性合同不具备下述特征：时间因素在合同履行上居于重要地位，总给付的内容取决于应为给付时间的长短，即随着履行时间的推移，在当事人之间不断地产生新的权利义务。在一时性合同的场合，该合同期满后，即便续期也很难说合同价格、履行方式相同于原合同的约定，甚至于履行期限也不见得相同于原合同的约定，尤其是原合同项下权利义务所附担保不会随着合同续期而当然地延续。当然，态度不宜绝对，如果一时性合同期满时或期满前，当事人一方实施的行为与假如该合同继续

---

① *Christodoulou*，Vom Zeitelement im Schuldrecht：Vorstudien aus der Sicht des Dauerschuldverhältnisses，Diss. Hamburg，1968. 转引自王泽鉴：《民法债编总论·基本理论·债之发生》，总第1册，110页，台北，三民书局，1993。

存在就应发生的义务的履行形态完全相符，其他合同元素也相符，另一方当事人予以接受的，即使在这个过程中当事人双方均无明示的表示，也应当认为延长了既有合同的存续期限，即发生了合同变更。

4. 当事人一方明确表示变更交货时间，另一方当事人未为明示的表示，但所为给付正好符合变更后的交货时间，而与既存合同关于交货时间的约定不一致。在这种情况下，该履行行为是对变更交货时间的意思表示的同意。与此有别，如果另一方当事人实际履行的行为在时间方面既与系争合同的约定不符，也与当事人一方关于变更交货时间的书面要约不一致，那么，该履行行为便不是对变更交货时间的意思表示的同意，不发生变更系争合同的效力。

对此，笔者拟以下面的纠纷为例进行分析和说明。某《风电场工程35kV组合式变压器协议》约定："本合同设备的交货期及交货顺序应满足工场建设设备安装进度和顺序的要求，应保证及时和部套的完整性。交货时间为2010年7月1日至30日交货完毕。具体的交货时间和批次，按买受人的书面通知执行。如工程上的原因，买受人需推迟供货，出卖人不向买受人收取设备在工厂的保管和场地占用费。"（第6.1条）"本合同一经生效，合同双方均不得擅自对本合同的内容（包括附件）作任何单方面的修改，任何一方对合同内容以书面形式提出变更、修改、取消或补充的建议，该项建议应以书面形式通知对方并经双方签章确认。如果该项修改改变了交货进度，应在收到上述修改通知书后的7个工作日内，提出影响交货期的详细说明。双方同意后经双方法定代表人或委托人（须经法定代表人书面授权委托）签章后方能生效。将修改后的有关部分抄送原合同的有关部门和单位。"（第15.1条）

买受人于2010年6月29日发给出卖人一份《业务传真函》，内容为："我司与贵司签订的《风电场工程35kV组合式变压器协议》66台箱变的供货时间现确定为：2010年8月15日到11台；2010年8月25日到11台；2010年9月5日到11台；2010年9月15日到11台；2010年9月25日到11台；2010年10月5日到11台。请贵司据此安排好生产和发货，并请在发货前3天再联系一次确定最后发货期。"

在庭审过程中，出卖人称其口头表示过对此不予同意，但没有书面证据予以证明，买受人则不接受出卖人的这个当事人陈述。涉案证据显示，出卖人已经实际交货了，只是交货时间既未遵循系争《风电场工程35kV组合式变压器协议》第6.1条约定的交货时间（2010年7月1日至30日交货完毕），亦未按照买受人于2010年6月29日发给出卖人的《业务传真函》所列的变更供货时间，而是于2010年9月17日交货18台，2010年10月26日交货15台，2010年11月12日交货15台，2010年11月16日交货18台。

应当说，按照系争协议第6.1条关于“如工程上的原因，买受人需推迟供货，出卖人不向买受人收取设备在工厂的保管和场地占用费”的约定，尤其是结合系争合同第15.1条的约定予以解释，并未赋予买受人单方面变更交货时间的权利，只是在买受人顺延受领涉案设备的场合，免除其支付保管费和场地占用费的义务。

从系争协议第15.1条的约定看，变更交货时间，必须具备双方当事人签章的书面合意，任何一方当事人的单方意思表示都不发生合同变更的效力。涉案证据没有证明经双方当事人签章的同意变更交货时间的书面合意。

至此，该案所引出的问题是：A. 买受人书面提出变更交货时间的要约，出卖人实际履行的行为是否为承诺？B. 出卖人实际履行的行为未构成承诺，是否为一新要约？它能否演进到变更合同的结果？

对此，本书持如下意见：若出卖人依买受人所要约的交货时间实际履行，则应认为出卖人同意了买受人关于变更交货时间的要约，符合承诺的规格，当事人双方合意变更了合同。如果出卖人没有依买受人所要约的交货时间实际履行，就未满足承诺的条件要求，因而只能算作新要约，在这个阶段当事人双方尚未就变更交货时间达成合意。

尽管出卖人既未依买受人所要约变更的交货时间交货，也未依合同约定的时间交货，但买受人受领了货物，这是否意味着当事人双方达成了变更合同的合意？这需要区分情况而定：A. 买受人受领了货物，但并未免除出卖人的违约责任的，不宜认定当事人双方已经变更了交货时间，因为假如视为变更了交货时间，就意味着出卖人按时履行了合同，就不宜称出卖人已经违约。B. 买受人受领了货物，同时免除了出卖人支付违约金或赔偿损失的责任的，可有两种解读：第一种解读是，出卖人交货是要约，买受人受领是承诺，他们已经协议变更了交货时间，出卖人据此交货，属于依约履行，因而不承担违约责任。第二种解读是，出卖人交货，买受人受领货物，属于《合同法》第107条规定的继续履行范畴，这仍然是出卖人承担违约责任的表现，只不过买受人将出卖人本应承担的支付违约金或赔偿损失的责任免除罢了。既然出卖人仍在承担违约责任的一部分，并且该责任的成立是依合同约定的交货时间为基准所作的判断，那么，就应当说交货时间没有变更。

这个结论得到了下述证据的支持：双方当事人于2010年8月29日签订的《风电场工程35kV组合式变压器补充协议》第1条约定："买卖双方原定的《风电场工程35kV组合式变压器协议》中用于一期项目的33台箱式变压器仍按原合同执行（包括技术协议和价格等）。"这十分清楚地否定了买受人关于变更交货时间的书面要约，也表明出卖人实际交货的行为不发生变更系争《风电场工程35kV组合式变压器协议》关于交货时间的约定的效果，一句话，买受人的书面要约和出卖人的实际履行，都没有变更系争协议。

当然，假如出卖人实际交付涉案设备的行为在时间上符合买受人书面变更交货时间的要约，在质量和数量上符合系争《风电场工程35kV组合式变压器协议》的约定，就可以将出卖人的该种实际履行视为同意了买受人关于变更交货期间的书面要约，变更了系争协议。

5. 当事人一方实施了特定的行为，相对人对此保持沉默，可否认定系争合同已被变更？对此，应区别不同情况加以讨论。若系争合同明文约定，当事人一方实施了特定的行为，相对人对此明知而不作反对表示的，视为其同意，那么，这对于系争合同是个变更；若系争合同无此约定，法律亦无此类规定，那么，当事人一方实施的行为和相对人对此保持的沉默，都不构成对系争合同的变更。

以下以借名登记合同为例加以说明。在某借名登记合同中，出名人（A不动产的名义所有权人）违反借名登记合同的约定，将登记在自己名下的A不动产出卖与第三人丙，借名人（A不动产的实际所有权人）对此完全知晓却沉默不语，这是否变更了系争借名登记合同？笔者认为，这应当区分情况而定。

(1) 出名人与第三人丙签订A不动产买卖合同，其意思表示仅仅向丙发出，而未向借名人发出。这对于借名人而言，不构成要约，因为作为要约，该意思表示必须向受要约人（承诺人）发出。于此场合，借名人的沉默不语，难被认定为指向出名人发出了一个意思表示，更难以将之作为承诺的意思表示。其道理在于，承诺乃受要约人向要约人发出的完全同意要约的意思表示，既然借名人不是受要约人，那么，其沉默不语即便作为意思表示，也绝非承诺。如此，没有法律及法理依据将上述出名人擅自出卖A不动产的行为与借名人的沉默不语认定为变更了系争借名登记合同。

(2) 出名人当着借名人的面将A不动产出卖与第三人丙，借名人对此沉默不语，是否可以解释为变更了借名登记合同？回答仍然是否定的，因为出名人的这种（向借名人发出的）通知不是意思表示，至多算作观念通知，显然不构成承诺。由于合意乃两个以上的意思表示一致的结果，一个（向第三人发出的）意思表示与一个观念通知甚至事实行为难以形成合意，因而，上述出名人将A不动产出卖与丙的意思表示与借名人沉默不语没有成立一个合同，也就不能因此而变更借名登记合同。所以，借名人的沉默不语仍然算不上承诺。此其一。何况通说认为，除非法律设有明文或当事人明确约定，沉默不构成意思表示，所以，在法律和当事人均未明确规定借名人的沉默为同意借名人将A不动产出卖与丙的情况下，借名人沉默不语不构成承诺。此其二。

(3) 如果系争借名登记合同明文约定，出名人擅自将A不动产出卖与丙，借名人对此明知而不作反对表示的，视为其同意，那么，这对于借名登记合同关于出名人不得擅自处分A不动产的条款而言，是个变更。其道理在于，借名登记合同已经约定了沉默是意思表示，是同意出名人处分A不动产的意思表示，由此决定，此时此刻，借名人的沉默不语就是同意出名人出卖A不动产的承诺，换言之，这种出名人的行为，加上借名人的沉默，共同变更了借名登记合同，具体地说，变更了借名登记合同关于“出名人不得擅自处分A不动产”的条款。

6. 一方当事人瑕疵给付在先，守约方给予宽限期，令其消除瑕疵，对于是否请求违约方支付违约金或赔偿损失及解除合同，则没有表态。当然，此时诉讼时效期间和除斥期间均未届满。在这种情况下，守约方责令违约方消除瑕疵的行为，不是对于履行期限的变更，也不是对于违约方所付支付违约金或赔偿损失的责任的免除。

在这方面确有实例：某《IT设备定购合同》约定，出卖人应于2009年4月1日交付IT设备。但实际履行情况是出卖人于2009年4月1日交付的IT设备不合格。买受人和出卖人于2009年8月24日开会，协商处理方案。出卖人确定于2009年8月24日前消除瑕疵，买受人予以接受，不过，对于是否解除系争合同和追究出卖人的违约责任，则未表态，也可以说沉默。

对于这种现象如何认定？某裁判机构认为："在出卖人于2009年4月1日迟延履行后，买受人并没有要求出卖人履行合同否则解除合同的催告程序，其仅要求出卖人继续履行的行为可以认为是对交付期限的调整和延续。在2009年8月24日的会议中，买受人确定了一个9月15日的期限，出卖人也接受，这可以认为是对原4月1日履约期限的变更，同时，在8月24日的会议上买受人并没有做出9月15日之后解除合同的意思表示，因此9月15日并非买受人给予出卖人的'宽限期'(根据《合同法》第94条第3项的规定，当事人一方迟延履行主要债务，经催告后在宽限期内仍未履行，守约方有法定的合同解除权)。

"买受人在超过自行确定的9月15日期限后，仍然要求出卖人继续修改升级完善V-Key内含的解压软件，并答应提供验收标准。根据《合同法》第91条关于'债权人免除债务的，合同的权利义务终止'的规定，免除部分债务的，合同义务部分终止，买受人要求继续履行，未提出解除合同的行为构成了对追究出卖人迟延履行违约责任的放弃。

"因此，买受人与出卖人双方的原定履约日期为2009年4月1日，但是在出卖人迟延后，一方面买受人要求继续履行的行为调整了原定4月1日的履约期限，而出卖人继续履行构成了接受，双方协商一致的行为构成了对原合同期限的变更；另一方面买受人的行为又要求或者默认了出卖人继续履行，免除了出卖人未能在2009年4月1日按时交付的违约责任。同时也表明，双方都认可出卖人一直到2009年4月1日未完成符合约定技术标准的解决方案。”

笔者无法同意上述裁判文书的意见及其逻辑，道理如下：

(1) 在出卖人迟延履行后，违约责任立即就产生了，买受人何时请求出卖人实际承担，取决于许多因素，其中有策略的考虑（如为了使出卖人没有抵触地调试已交设备或更换合格的设备，暂不声明追究违约责任问题），只要没有超过诉讼时效期间，没有明确表示放弃追究出卖人的违约责任，就不得认定为买受人放弃了追究违约责任的权利。

(2) 中外的合同法及其理论都认为，交付的货物质量不合格，一般应给违约方一个消除缺陷（《合同法》叫作修理）的机会，也是一段期限（宽限期）。“公平观念要求，应当给违约方一段时间——即使只是一段很短的期间——来治愈其违约，如果它能够治愈的话。”① 给这个机会、宽限期，不是免除违约责任，而是限制守约方立即解除合同。“法律要求在终止合同之前给违约方一段时间的目的，是给他一个机会来治愈违约，因此违约方治愈违约行为的可能性在决定受害方在终止前必须等待多久的问题上，就特别重要。”② 所以，买受人给出卖人继续修改升级完善V-Key内含的解压软件的机会、宽限期，绝不可理解为买受人放弃追究违约责任，而应理解为在该宽限期尚未届满时不得解除合同。“出卖人的治愈并没有消灭其因为违约而发生的责任。一旦出卖人违反合同并且负有损害赔偿责任，出卖人就不能够以更换或者修理瑕疵货物的方式来单方消灭该责任。”③

(3)《民法通则》第138条规定：“超过诉讼时效期间，当事人愿意履行的，

① Farnsworth, Edward Allan, *Farnsworth on Contracts* (3ed), Vol. 2, Aspen Publishers, 2003, p. 525. ［美］E·艾伦·范斯沃思：《美国合同法》，葛云松、丁春艳译，586页，北京，中国政法大学出版社，2004。

② Farnsworth, Edward Allan, *Farnsworth on Contracts* (3ed), Vol. 2, Aspen publishers, 2003, p. 525. ［美］E·艾伦·范斯沃思：《美国合同法》，葛云松、丁春艳译，588页，北京，中国政法大学出版社，2004。

③ Farnsworth, Edward Allan, *Farnsworth on Contracts* (3ed), Vol. 2, Aspen publishers, 2003, p. 525. ［美］E·艾伦·范斯沃思：《美国合同法》，葛云松、丁春艳译，586页，北京，中国政法大学出版社，2004。

不受诉讼时效限制。”法释[2008] 11号第22条规定：“诉讼时效期间届满，当事人一方向对方当事人作出同意履行义务的意思表示或者自愿履行义务后，又以诉讼时效期间届满为由进行抗辩的，人民法院不予支持。”就是说，诉讼时效期间届满后，债务人自愿履行债务的，债权人有权接受；债务人事后反悔，往回索要的，法院不予支持。

在系争案件中，买受人请求出卖人承担责任的权利距离诉讼时效期间届满还有较长的期间，本应比诉讼时效期间届满更受保护，可是，裁判文书认定买受人放弃了这些权利，这反不如诉讼时效期间届满时受到的待遇。这是有失权衡的，是不公正的。

(4) 在系争案件中，诉争合同约定的履行期届满前，任何一方都没有提出变更履行期，双方当事人也没有就履行期的变更达成协议。而按照法律及法理，履行期的变更应当在履行期届满之前由当事人协商一致。至于履行期届满之时债务人交付的设备不符合约定，已经不属于履行期变更的范畴了，而是属于违约及其责任的问题了。

(5) 合同的变更必须是变更的意思表示明确，否则应按照《合同法》第78条的规定，推定为合同未变更。本案的情形，是买受人给出卖人继续修改升级完善V-Key内含的解压软件的机会、宽限期，正好是守约方给违约方治愈的机会，而非明确变更合同，所以，按照《合同法》第78条的规定，推定为合同未变更。

(6) 法释［2012］8号第19条关于“买受人在合理期间内提出异议，出卖人以买受人已经支付价款、确认欠款数额、使用标的物等为由，主张买受人放弃异议的，人民法院不予支持，但当事人另有约定的除外”的规定，第24条第2款关于“买卖合同约定逾期付款违约金，买受人以出卖人接受价款时未主张逾期付款违约金为由拒绝支付该违约金的，人民法院不予支持”的规定，支持了笔者的上述观点。

(7) 对于上述意见及其理由，再较为详细且具体化地阐释如下：

第一，如果履行期尚未届满（如约定1月1日至2月1日交货，在2月1日到来前），出卖人交付的货物有瑕疵，买受人有权请求出卖人消除瑕疵（修理、更换、重作），只要出卖人在2月1日到来前将瑕疵消除，买受人就无权请求出卖人支付违约金或赔偿损失。

第二，如果履行期尚未届满（如约定1月1日至2月1日交货，在2月1日到来前），出卖人交付的货物有瑕疵，买受人有权请求出卖人消除瑕疵（修理、更换、重作）；在2月1日到来前，出卖人和买受人达成协议，将履行期延长至3月1日。在这种情况下，只要出卖人在3月1日到来前（而不是在2月1日到来前）将瑕疵消除，买受人也无权请求出卖人支付违约金或赔偿损失。

第三，在履行期尚未届满（如约定1月1日至2月1日交货，在2月1日到来前）的情况下，出卖人交付的货物有瑕疵，买受人有权请求出卖人消除瑕疵（修理、更换、重作）。出卖人在2月1日仍未将瑕疵消除，构成违约，买受人有权援用《合同法》第111条及第158条等，请求出卖人承担赔偿损失等责任，同时有权援用《合同法》第94条第4项的规定解除合同。

第四，在履行期尚未届满（如约定1月1日至2月1日交货，在2月1日到来前）的情况下，出卖人交付的货物有瑕疵，买受人有权请求出卖人消除瑕疵（修理、更换、重作）。出卖人在2月1日仍未将瑕疵消除，构成违约。此时，或者其后，买受人要求出卖人在3月1日前继续消除瑕疵，但对于是否追究违约金责任或赔偿损失没有表态。对此，不得认定当事人双方变更了履行期并放弃了追究出卖人违约责任的权利。因为此时违约责任已经成立，买受人请求出卖人承担违约责任的权利已经存在，责任的承担、权利的行使受诉讼时效制度的管辖，而不是受合同履行期的管辖，此其一。所谓“买受人要求出卖人在3月1日前继续消除瑕疵”，即使买受人对此没有明示该期限是什么性质，该期限也属于宽限期，属于违约责任制度的组成部分，而不属于违约前的合同履行期制度，此其二。所谓“买受人要求出卖人在3月1日前继续消除瑕疵”，可能含有几种意思，例如，可能是目前要求出卖人消除瑕疵、以后再请求支付违约金、赔偿损失，也可能是是否追究违约金责任、赔偿损失，留待双方协商；还可能是免除一切违约责任，等等。在它可能有几种意思的情况下，按照《合同法》第78条的规定，推定为合同没有变更，此其三。这样解释符合下述理念：一方是违约方，另一方是守约方，在如何解释摇摆不定时，不应作有利于违约方的解释，此其四。这样解释，符合法释［2012］8号第24条第2款规定的精神。上文已述，不再赘言，此其五。

(8) 在合同条款、当事人的行为所含有的意思有几种可能，究竟是哪种意思不清楚、明确的情况下，应对此类合同条款、当事人的行为作不利于有过错的违约方的解释。

7. 债务人逾期交货，债权人就货物质量表示认同，要求债务人继续交货，而对于逾期交货的责任是否追究未予表态，对此，不应解释为债权人放弃了追究违约责任的权利，不应解释为变更了合同关于违约责任的约定。

对此，笔者拟以下面的系争案件为例予以分析和说明。在当事人签署的《2010年民政部救灾物资政府采购合同》中，有如下约定："合同签订后30天交货完毕"（第1条第4款）。"首件检验、封存：在合同签订后7日内，供方提供首件产品及主辅材料，送至需方指定的专业质量检验部门进行检验，生产和使用的面料、里料、絮料、拉链应与投标文件提供的生产厂商及检验内容一致……"（第5条第2款第1项）"最终验收：在产品全部制作完成后，由需方或其指定的专业检验部门对产品进行验收，生产和使用的面料、里料、絮料、拉链应与首件产品的生产厂商及检验内容一致……"（第5条第2款第3项）"供方逾期交货的，逾期5天内（含第五天），供方应向需方支付合同总价10%的违约金；逾期6天至10天（含第十天），供方应向需方支付合同总价20%的违约金；逾期11天至15天（含第十五天），供方应向需方支付合同总价40%的违约金"（第7条第3款）。"……供方逾期交货的，供方应在发货前与需方协商，需方仍需要的，供方应照数发货，并支付逾期交货的违约金；需方不再需要的应当在接到供方通知后15天内通知供方，办理解除合同手续，逾期不答复的视为同意发货"（第7条第5款）。

实际履行情况是，供方第一批交货逾期1个月，第二批交货逾期39天，第三批交货逾期44天。

供方对此辩解：需方在《救灾睡袋验收检验单》的签署中选择了“合格，同意发货”栏，没有就逾期明示追究我方的违约责任，而是要求我方继续交货，这就默示了交货期限的顺延，变更了交货期限。

对此，笔者不予赞同，理由如下：

(1) 众所周知，供方承担逾期交货的违约责任是以其逾期交货为条件的，假如需方默示了交货期限顺延（变更交货期限），供方就没有逾期交货，也就不负逾期交货的违约责任。换言之，只要供方承担逾期交货的违约责任继续存在，就不可认为需方要求供方继续交货系默示交货期限顺延（变更交货期限）。如果这样的理念和观点是正确的，那么，系争《2010年民政部救灾物资政府采购合同》第7条第5款关于“……供方逾期交货的，供方应在发货前与需方协商，需方仍需要的，供方应照数发货，并支付逾期交货的违约金；需方不再需要的应当在接到供方通知后15天内通知供方，办理解除合同手续，逾期不答复的视为同意发货”的约定，就十分清楚地明确了需方要求供方继续交货不是放弃追究供方逾期违约的责任，而是仍然有权请求供方就其逾期交货承担违约责任。

(2)《救灾睡袋验收检验单》在“检验记录”栏目设有三个信息项，一是“一致性检验问题改进情况”，二是“外观检验情况”，三是“材料检验情况”。有关各方在“一致性检验问题改进情况”信息项签署的意见是“基本改进”。有关各方在“外观检验情况”信息项签署的意见是“外观检验合格”。有关各方在“材料检验情况”信息项签署的意见是“材料检验合格”。

《救灾睡袋验收检验单》在“检验结果”栏设有“合格，同意发货”、“不合格，不同意发货”、“恢复后重新检验”、“其他说明”。有关各方选择了“合格，同意发货”。

这是否意味着需方放弃了追究供方逾期交货的违约责任，需方默示地顺延了供方交货期限呢？回答是否定的，因为《救灾睡袋验收检验单》没有设置“交货迟延及其处理”之类的信息项，验收的是货物的质量，“检验结果”栏中的“其他说明”也是关于质量及其改进方面的意见。所以，以《救灾睡袋验收检验单》未提及交货逾期及其处理的意见为由，认定需方默示地顺延了供方交货期限，难有说服力。

(3) 涉案证据证明，需方及时地指出了供方逾期交货并表态不予赞同。这也佐证了需方并未默示顺延了供方交货期限，也未放弃追究供方逾期交货的违约责任的权利。

(4) 如同上文所述，只要需方于诉讼时效期间内没有明示放弃追究供方逾期交货的违约责任，就得认为需方仍然享有请求供方就其逾期交货承担违约责任的权利，至于需方在诉讼时效期间之内的任何一天明示请求供方就其逾期交货承担违约责任，那是需方的自由，其中含有策略、时机的考虑。在系争案件中，需方请求供方承担违约责任的权利距离诉讼时效期间届满还有较长的期间，本应比诉讼时效期间届满更受保护，假如认定需方放弃了这些权利，反不如诉讼时效期间届满时受到的待遇。这是有失权衡、不公正的。

8. 两方当事人均向对方发出了解除合同的通知，是否意味着双方就解除合同达成了合意？笔者认为需要具体分析，不得一概而论，理由如下：(1) 如果首先发出解除通知的一方享有解除权，那么，按照《合同法》第 96 条的规定，该解除通知到达相对人处发射管合同解除的效力，合同自此已告解除，这符合形成权及其行使的法理，其后，另一方当事人发出解除合同的通知时已无解除的对象，其实该方当事人的解除权已因合同业已消灭而不复存在。此时，没有合同解除的合意而言。(2) 如果首先发出解除通知的一方不享有解除权，那么，该解除通知并不发生解除的效果，合同继续存在，此时，另一方享有解除权，并向相对人发出了解除合同的通知，同样依据《合同法》第 96 条的规定，该解除通知自到达相对人处时发生解除的效力。就是说，于此场合，合同解除乃解除权这种形成权行使的法理后果，而非双方当事人达成解除协议的结果。(3) 如果双方都不享有解除权，又都向相对人发出了解除合同的通知，那么，可有两种解决方案：其一，按照交错要约理论，认为于此场合形成了解除合意，合同即告解除；其二，不接受交错要约理论，按照每一方发出的解除通知都是要约，而无承诺，故没有形成解除合意。鉴于中国多数说接受交错要约理论，笔者赞同于此场合双方达成了解除合意的观点。

附：案例分析

甲服装工业公司委托其副总经理王某全权负责办理该公司和乙房地产公司合建住房合同之事，乙房地产公司委托其副总经理张某全权负责办理该公司和甲服装工业公司合建住房合同之事。1990年9月5日，王某和张某各自以其公司的名义签订了《合建住房合同》(涉案第一份合同)。该合同约定，由甲服装工业公司提供国有土地使用权，由乙房地产公司负担原住户的动迁和回迁、住房设计、施工。此外，合同还约定乙房地产公司将在工程竣工时向甲服装工业公司无偿提供4套二居室的住房，每套的面积为60平方米；2套三居室的住房，每套的面积为80平方米。这些住房全部集中在一个单元。这些住房加上原住户回迁的住房的总面积不超过1 800平方米。合同生效后，甲服装工业公司便把这6套期房分配给了内部职工，副总经理王某分得1套三居室的住房。

2000年1月20日，乙房地产公司和丙房地产公司签订《转让合同》(涉案第二份合同)，乙房地产公司将其上述债权债务一并转让给丙房地产公司。当它们请求甲服装工业公司对此予以同意时，甲服装工业公司提出，必须另外再无偿提供给1套二居室的住房，或60 000元人民币；原来答应提供的6套住房的朝向全部改为面南。乙房地产公司和丙房地产公司均予同意。三方签订了转让合同，还办理了公证手续。

2001年1月7日，市政府发布条例，每个房地产开发公司的开发地点相对固定，不得逾越。据此，丙房地产公司无资格在甲服装工业公司提供的国有土地使用权处进行房地产开发建设。同年6月3日，在市政府的主持下，乙房地产公司和丙房地产公司再次签订《转让合同》(涉案第三份合同)，丙房地产公司将其上述债权债务一并转让给乙房地产公司，包括甲服装工业公司享有的全部债权。甲服装工业公司对此完全同意。三方再次办理了公证手续。

因为动迁未控制好原住户的数量和人数，所以有些原住户迁入了相当的人口，按照我国的分户政策，有些人口多的住户要分得2套住房，这造成了分配给原住户的住房套数增加。因为住房设计提高了住房标准，所以回迁所需的住房的面积和无偿提供给甲服装工业公司的住房面积超出了1 800平方米。

乙房地产公司完全兑现了回迁住房，也向甲服装工业公司交付了4套二居室的住房，但以所交付住房的总面积超过1 800平方米，其无义务再交付2套三居室的住房为由，拒绝继续交付2套三居室的住房。

甲服装工业公司的副总经理王某和乙房地产公司的副总经理张某继续交涉，双方于2001年11月21日签订《补充协议》(涉案第四份合同)，乙房地产公司将于2001年12月3日异地交付给甲服装工业公司2套三居室的住房。甲服装工业公司在按时交付1套面积为130平方米的三居室住房后，再次拒绝继续交付剩余的1套三居室住房。

经过甲服装工业公司的副总经理王某和乙房地产公司的副总经理张某再次交涉，双方于2001年12月30日签订《补充协议》(涉案第五份合同)，约定乙房地产公司将于2002年1月3日异地交付给甲服装工业公司1套三居室的住房。此时乙房地产公司的总经理李某坚决反对履行该协议。

甲服装工业公司起诉到法院，请求乙房地产公司履行协议。乙房地产公司的抗辩理由有：(1) 乙房地产公司已经全部履行了合同，面积还超出了其义务范围。(2) 后两份补充协议的签订为其副总经理张某的无权代理行为，乙房地产公司未给副总经理张某授予代理权。(3) 后两份补充协议系在副总经理王某请客送礼的背景下签订的。乙房地产公司反诉，请求甲服装工业公司返还1套三居室的住房，或负责赔偿乙房地产公司因此所遭受的损失。

甲服装工业公司的法定代表人在2000年更换为马某，马某出证，甲服装工业公司的副总经理王某签订后两份补充协议未经其授权。

对于副总经理王某的请客送礼行为，主审法院未查实。

解决该案的思考路径应为：

(1) 关于涉案合同的法律效力

被告乙房地产公司认为原告甲服装工业公司的副总经理王某签订第四份合同、第五份合同没有代理权，甲服装工业公司的法定代表人对此不予追认；乙房地产公司的副总经理张某亦无代理权，乙房地产公司的法定代表人同样不予追认，故系争第四份合同、第五份合同项下的权利义务只能由王副总经理、张副总经理个人承受，两家公司与此无关。

从证据来看，甲服装工业公司在与乙房地产公司签订合建住房合同前，召开了领导班子会议，决定由其副总经理王某负责涉案合建住房的全部事项。乙房地产公司也有此类决议，由其副总经理张某负责涉案合建住房的全部事项。没有证据证明，两家公司再有其他授权行为，也没有撤销王副总经理、张副总经理代理权的行为。

笔者认为，在这里，判断王副总经理、张副总经理在签订系争第四份、第五份合同时有无代理权，离不开确定系争的5份合同是五个交易还是一个交易的问题。假如系争的5份合同是五个交易，那么，在签订每份合同时，王副总经理、张副总经理均须获得一个授权，否则，就构成无权代理。王副总经理、张副总经理在签订系争第四份、第五份合同时没有获得这样的授权，故系争第四份、第五份合同为无权代理情况下签订的，应按无权代理的规定处理。与此不同，若系争的5份合同是同一个交易，则王副总经理、张副总经理的代理权源自两家公司的领导班子的会议决议，此外无须其他授权，纵使王副总经理、张副总经理在签订系争第四份、第五份合同时没有获得另外的授权，也属于有权代理，除非两家公司作出了撤销代理权的决定或通知。但没有证据表明存在着这样的撤销代理权的决定或通知。

一句话，王副总经理、张副总经理在签订系争第四份、第五份合同时享有代理权，不存在着无权代理的问题。这两份合同不存在无效或被撤销的原因，按照《民法通则》第63条第2款的规定，应当有效，由两家公司承受系争合同项下的权利义务。

(2) 关于合同的变更

在5份合同都有效的情况下，它们存在着不一致之点，以哪份合同规定的为准？

系争第一份合同，即《合建住房合同》约定，无偿提供给甲服装工业公司的6套住房和原住户回迁房的总面积不得超过1 800平方米。实际履行的结果是，在乙房地产公司交付给甲服装工业公司第四套住房时，总面积已经突破了1 800

平方米的限制。这就产生了一个问题：如果以涉案第一份合同为准，后签四份合同没有变更第一份合同，则突破1 800平方米的限制，甲服装工业公司基于系争第四份、第五份合同获得第五套、第六套住房，便无合同依据，也就没有法律依据；只有当后签四份合同变更了第一份合同，包括变更了1 800平方米的限制时，甲服装工业公司基于系争第四份、第五份合同获得第五套、第六套住房才有合同依据，同时也就具有法律依据。

在这里，存在着以第一份合同为准的观点与以最后的合同为准的意见之争。笔者赞同这样的看法：以最后的合同为准，只有后签合同没有改变第一份合同约定之处才以第一份合同约定为准。其道理如下：

首先，从理论和实际生活看，就同一事项先后签订数份合同，就当事人的本意而言，肯定是要改变原合同的约定，不然，当事人签订第二份、第三份等合同干什么？除非当事人双方另有相反的明确约定。就此说来，本案共有5份合同，且约定的内容不一致，应当以最后的合同约定为准，后签合同没有改变第一份合同约定之处，才以第一份合同约定的为准。

其次，应当类推适用《继承法》第20条第2款关于“立有数份遗嘱，内容相抵触的，以最后的遗嘱为准”的规定，确定以最后签订的合同为准，确定双方的权利义务。

笔者主张类推适用的根据在于，合同和遗嘱之间虽然存在着差异，即合同是双方乃至多方当事人意思表示一致的合意，而遗嘱仅为单方当事人的意思表示，且为死因行为；但除此之外，二者的共性更多。如果把二者之间的差异放置于评价的重要地位，那么，表明二者不具有类似性，不得类推适用；如果把二者的共性放在评价的重要地位，那么，表明二者具有相似性，则可以类推适用。在数份遗嘱或合同存在着抵触，需要确定以何者为准的问题上，遗嘱和合同的共性更加重要，更应受到重视，换句话说，遗嘱和合同，在与法律评价有关的重要观点上一致，应当作相同的评价。于是，按照类似的事务相同处理的规则，可以类推。

再次，系争第一份合同，即《合建住房合同》关于无偿提供给甲服装工业公司的6套住房和原住户回迁房的总面积不得超过1 800平方米的约定，已经被后签合同变更了。尽管系争第三份、第四份、第五份合同没有一句措辞改变第一份合同关于 1 800 平方米的限制，也因如下原因而得出变更了关于 1 800 平方米的限制：1）系争第三份合同约定了无偿提供给甲服装工业公司 6 套房屋的具体位置，而且已经含有面积的约定，设计图纸明确标有具体的面积；2）系争第四份和第五份合同约定了具体的房屋位置，期房有图纸标明的面积、现房有具体的面积。

笔者认为，本案合同的变更方式具有特色，它是后签合同通过 6 套住房和原住户回迁房的具体化（包括设计图纸标明面积和现房实有面积）的方式，显示总面积已经超过了 1 800 平方米，从而变更了系争第一份合同的约定。

笔者赞同这种意见，还有国务院关于住房标准的政策支持。国务院对于住房明确要求具有两个缺一不可的标准，即住房不但有一定的面积，而且有套数的标准；在几代同堂的情况下，套数不够，无法分户，即使住房的面积再大，也不符合住房要求。具体到本案，甲服装工业公司已经将 6 套住房预先分配给职工租住，乙房地产公司若不给第五套、第六套住房，则会有两家职工无处居住。这是不能允许的。

最后，总面积突破 1 800 平方米的限制的责任在乙房地产公司，它自己设计住房，擅自提高了标准，导致了总体上住房套数减少；更重要的原因是它没有及时请求派出所冻结拆迁地居民的户口，相当的住户闻知拆迁，纷纷迁入户口，致使几代同堂的现象大增，乙房地产公司不得不多拿出若干套住房补偿回迁户，大大降低了利润率。这些负担理应由具有过错的乙房地产公司负担，而不得转嫁到甲服装工业公司身上。

（四）须遵守法律要求的方式

对合同的变更法律要求采取一定方式的，须遵守此种要求。《合同法》第 77 条第 2 款规定，法律、行政法规规定变更合同应当办理批准、登记等手续的，依其规定。《保险法》第 20 条第 2 款规定："变更保险合同的，应当由保险人在保险单或者其他保险凭证上批注或者附贴批单，或者由投保人和保险人订立变更的书面协议。"当事人对合同变更的形式有特别约定的，亦应依其约定。法律、行政法规未规定特定形式的，当事人亦无特别约定的，合同变更可采取任何形式。

二、合同变更的效力

合同的变更，在变更后的合同内容不违反法律、行政法规的强制性规定，不损害社会公共利益，不有违社会公德的情况下，发生合同变更的法律效果。

合同的变更，主要是在保持原合同关系的基础上使合同内容发生变化，合同变更的实质是以变更后的合同代替了原合同。因此，在合同发生变更以后，当事人应当按照变更后的合同内容为履行，任何一方违反变更后的合同内容都将构成违约。

合同变更原则上仅向将来发生效力，对已经按原合同所为的给付无溯及力，已经履行的债务不因合同的变更而失去法律根据，任何一方不能因合同的变更而要求对方返还已为的给付，当事人另有约定的除外。

合同变更仅对已经变更的部分发生效力，未变更部分的权利义务继续有效。

所谓已经变更的部分、未变更的部分，会发生在当事人对合同内容的变更有些约定十分明确而有些则不明确的场合。遇此情景如何确定变更的效力？笔者认为，一般说来，变更合同内容约定明确的部分，发生变更合同的效力；约定不明确的部分，不发生合同变更的效力。不过，在使约定明确的部分发生合同变更的效力会违背合同的本旨，较为严重地损害当事人一方合法权益的情况下，应认为整个合同没有变更。

根据《民法通则》第115条的规定，合同变更不影响当事人要求赔偿损失的权利。狭义的合同变更是否与损害赔偿并存，应依当事人的约定而定。双方当事人就损失的赔偿有约定的，依其约定；无此约定的，则无赔偿责任。

附：合同变更与损害赔偿的案例分析

基本案情

2008年8月22日，原告一作为甲方（转让方）、原告二作为乙方（转让方）与被告作为丙方（受让方）就目标公司的股权转让签订了《关于目标公司股权转

让之框架协议书》(以下简称《框架协议》)。《框架协议》主要约定如下:

鉴于目标公司系甲方和乙方出资设立的有限责任公司，目标公司注册资本为人民币 3 800 万元，甲方出资 3 500 万元人民币（其中 980 万元为债转股），持有目标公司 92.11%的股权；乙方出资 300 万元人民币（其中 200 万元为债转股），持有目标公司 7.89%的股权。现甲方和乙方希望出售目标公司的全部股权，丙方同意受让目标公司全部股权。

标的股权，是指转让方持有的，拟根据本协议转让给受让方的目标公司 100%的股权，对应的目标公司出资为人民币叁仟捌佰万元（RMB 38 000 000.00 元）。

《框架协议》第 4 条第 5 款约定:“……该保证金的剩余款项，及相关款项自本协议签订之日起 6 个月后至 2 年内产生的同期银行定期存款利息自本协议签订之日起 2 年届满之日起 2 个工作日内，由受让方直接汇入转让方指定银行账户。”第 4 条第 6 款约定:“原告一甲方和原告二乙方在此共同确认：乙方已经授权甲方代为收取乙方依据本协议有权收取的任何款项，受让方按照本协议约定向甲方支付各期款项即视为妥善履行了受让方在本协议项下承担的向转让方（甲方及乙方）支付本协议项下股权转让价款的义务，甲方和乙方之间有关款项分配等任何事项之纠纷均与受让方无关，也与被收购后的目标公司无关。”

原告一于 2010 年 8 月 23 日，即协议约定的股权转让尾款支付最后期限 2010 年 8 月 24 日的前一天，以电子邮件通知被告将股权转让尾款的收款人账户由“对公”账户改为原告二的个人即“对私”账户。被告收到通知、经咨询银行后，即告知原告一：因收款人账户由“对公”账户改为“对私”账户，需要提交相应的资料。原告一表示同意，于 2010 年 8 月 31 日向被告寄送了相应资料。

判决要旨

根据《框架协议》第 4 条第 5 款，以及第 4 条第 6 款的约定，原告二已经授权原告一代为收取系争合同项下的任何款项，其中应当包括股权转让尾款；被告向原告一支付了股权转让款，即视为履行了向两申请人支付股权转让款的义务。而事实上前三期股权转让款也确实由被告支付到原告一的公司账户。

原告一通过电子邮件通知被告更改股权转让尾款的收款账户，被告接受了原告一的账户更改要求，双方当事人实际上对《框架协议》有关股权转让尾款支付的收款人及其账户的约定进行了变更。由于收款账户由“对公”账户改为“对私”账户，银行要求提交相应资料，需要办理相关手续的时间，双方经多次协商达成了一致意见。2010年8月31日，原告一向被告寄送了相应资料，这时已经比协议约定的支付股权转让尾款的最后期限晚了7天。被告在收到资料后，于2010年9月2日向银行递交了相关文件，得到银行同意后，即于2010年9月7日向原告二的账户支付了股权转让尾款。

按照《合同法》第77条关于“当事人协商一致，可以变更合同”的规定，以及关于要约、承诺的相关规定，结合上述事实及协议的约定，原告一首先提出变更股权转让尾款的收款人及其账户，应视为在履行合同中提出的新的要约；被告虽然提出过异议，但在原告一坚持其主张并同意按照银行的要求办理相关手续的条件下，最终被告与其达成一致意见，并付诸实施。对此，应视为双方在履约中将支付股权转让尾款所约定的收款人、收款账户以及最终付款期限进行了变更。而被告在约定变更后的合理时间内按照原告一的要求支付了股权转让尾款，这显然是双方合意、积极努力的成果。故此，原告一的有关被告逾期支付股权转让尾款构成违约的主张不能成立，主审法院不予支持。

评释

笔者不赞同上述意见，理由如下：

(1) 被告称：“被告逾期向原告一支付股权转让尾款，是由于原告一在《框架协议》约定的最后支付期限的前一天，突然改变付款账户造成的。”此处所谓改变付款账户，是指原告一通知被告由“对公”账户改为“对私”账户。这不合法，只有完成一系列手续，才由不合法变为合法。而完成这些手续需要时日，即便完成，也肯定超过了约定的付款日期。何况双方可能达不成改变付款账户的一致意见呢？被告作为一个理性人，应当清楚这一点，从卷宗证据看，被告也确实了解这些。

在这个过程中，没有证据证明原告一提出过于此场合免除被告迟延付款的责任。

在上述背景下，被告有义务采取措施避免承担责任。这些措施可有：1）立即向原账户付款；2）告知原告改变账户不合法，变不合法为合法需要时日，由此造成的损失，我方不承担责任；3）提存。没有证据证明被告采取了这些措施之一。被告显然具有过失，应当承担责任。

(2) 这种迟延付款的违约责任，在合同变更前已经存在了。只要变更的意思表示中没有免除该种责任的内容，违约方就应承担该种责任。《合同法》第 97 条规定，合同解除后，守约方有权要求对方赔偿损失。连合同解除都不免除违约损害赔偿，举重以明轻，合同变更场合更不免除业已存在的违约责任，除非当事人另有约定。

第三节　合同的更改

一、合同更改的概念

(一) 合同更改的界定

合同的更改，又称合同的更新，是指债务人和债权人成立新债务同时消灭旧债务的合同。例如，支票债务到期，以新票换取旧票，即属债的更改。[①]

(二) 合同更改的法律性质

1. 合同更改为一个合同

合同更改虽然发生旧债务消灭和新债务发生两方面的效力，但非为两个合同，而是一个合同。[②]

因合同更改为合同，故关于合同更改的成立适用《合同法》关于合同订立和合同效力的规定。

---

① 见林诚二：《民法债编总论——体系化解说》，542 页，北京，中国人民大学出版社，2003。

② 见史尚宽：《债法总论》，781 页，台北，荣泰印书馆股份有限公司，1978。

合同更改也可附条件，但须注意，附条件的合同更改不同于无条件的债务附加条件。①

2. 合同的更改为有偿合同

因为更改场合新债务的成立乃以消灭旧债务为目的，新债务与旧债务之间有对价关系，所以合同的更改属于有偿合同。②

3. 合同的更改为有因合同

合同的更改旨在以新债务的发生而使旧债务消灭，新债务不发生时，则旧债务不消灭，或旧债务不消灭时，新债务即无从成立。因此，新债务的发生与旧债务的消灭之间有因果关系。这表明合同的更改为有因合同。③

至于新债务产生与旧债务消灭之间的关系，在解释上有变形说和代位说，后者为如今的通说。④

4. 合同更改以更改意思为要素

所谓更改意思，是指因新债务的产生而使旧债务消灭的意思。新债务的产生并非当然地直接消灭旧债务。只有在当事人有更改意思时，新债务的产生才使旧债务消灭。⑤

合同更改，旨在更改，非如免除，仅依当事人的意思而使旧债务消灭，除当事人的意思以外，尚须有新债务产生，才会使旧债务消灭。如果新债务无效，旧债务就不消灭。⑥

5. 合同更改以各个债务的消灭和成立为目的

在将合同更改规定为有名合同的立法例及其学说上，全部债的关系，如买卖合同项下的全部债权债务关系，不是合同更改的对象。合同更改以各个债务的消灭和成立为目的。当然，按照合同自由原则，允许当事人通过约定将全部债的关

① 见史尚宽：《债法总论》，781 页，台北，荣泰印书馆股份有限公司，1978。

② 见林诚二：《民法债编总论——体系化解说》，542 页，北京，中国人民大学出版社，2003。

③ 见林诚二：《民法债编总论——体系化解说》，542 页，北京，中国人民大学出版社，2003。

④ 见史尚宽：《债法总论》，781 页，台北，荣泰印书馆股份有限公司，1978。

⑤ 见史尚宽：《债法总论》，781～782 页，台北，荣泰印书馆股份有限公司，1978。

⑥ 见史尚宽：《债法总论》，782 页，台北，荣泰印书馆股份有限公司，1978。

系变更（不失同一性），或依两个合同使既存关系消灭且成立新关系，或依一个合同使既存关系消灭而成立新关系。①

（三）合同更改与代物清偿的联系与区别

合同更改与代物清偿的相同点在于，为使旧债务消灭须有当事人的合意。两者的不同点在于，代物清偿为实践合同（要物合同），必须有现实的交付，债权人受领现实的给付；而在合同更改的场合，债权人一般仅取得新成立的债权，尚未现实地受领给付。②

合同更改有债权人或债务人交替时，不同于代物清偿，其比较明显，因为后者的当事人保持不变。合同更改在当事人保持不变，尤其是当事人代替债务的履行而负担无因债务（如发交票据）的情况下，合同更改与代物清偿如何区别，则非常困难。在德国，通说以有因债务变为无因债务的，成立合同更改，因此，当事人发交票据以代替债务的履行，属于更改。日本民法也将以代替债务的履行而发行汇票视为更改。这是接受罗马法以无因行为的口约为新债务发生的原因，同时为更改合同的思想的体现。史尚宽先生则认为这属于代物清偿，理由是：(1) 更改须以一个合同而使旧债务消灭与新债务产生，但无因债务系依独立的无因行为而发生。(2) 更改为有因合同，而无因新债务的负担则与此相反，即旧债务即使无效，新无因债务仍应有效成立，只不过因无法律上的原因，可以请求返还或可依抗辩获得保护。假如定性和定位为更改，则票据此时也应为无效，可事实并非如此。而定性和定位为代物清偿，则可免此困难。③ 孙森焱先生着眼于有因、无因，认为若负担无因债务，则因负担无因债务即为一种给付，不受原因的存在与否而影响其效力，约定原定的给付因负担无因债务而归于消灭的，属于代物清偿；反之，约定负担有因债务的，则为更改。④

① 见史尚宽：《债法总论》，782 页，台北，荣泰印书馆股份有限公司，1978。
② 见史尚宽：《债法总论》，783 页，台北，荣泰印书馆股份有限公司，1978。
③ 见史尚宽：《债法总论》，782～783 页，台北，荣泰印书馆股份有限公司，1978。
④ 见孙森焱：《民法债编总论》下册，854 页，北京，法律出版社，2006。

二、合同更改的成立要件

1. 必须存在旧债务。合同的更改以消灭旧债务为原因，因此，必须有旧债务存在，才有消灭可言。如无旧债务，合同的更改不成立。至于旧债务究竟属于自然债务或可撤销而尚未撤销的债务，则非所问。

2. 必须成立新债务。新债务不成立、被撤销、无效，合同的更改也归于无效，旧债务继续存在。

3. 必须是合同的要素发生变更。所谓合同的要素，是指合同的主体和合同的客体。合同的更改，必须是合同的要素有所变更，如仅变更履行期限、履行地点、标的物数量、附加担保、变更附款，因与合同的要素无关，不成立合同的更改。[①]

4. 必须有更改的意思。如不具备此种意思，而仅变更主体的，则属债权让与或债务承担；仅变更客体的，由于当事人未另有约定，应视为间接给付。[②]

5. 必须有适法的当事人。更改合同的当事人，因更改的种类不同而有差异。(1) 在债权人变更的场合，需要旧债权人、新债权人和债务人三方面签订合同。(2) 在债务人变更的场合，需要债权人和新债务人两方面签订合同。当然，原债务人参与，亦无不可，此时即为三方面签订合同。(3) 在标的变更的场合，合同当事人仍为原债权人和原债务人。[③]

三、合同更改的效力

1. 更改合同成立后，旧债务因此消灭，旧债务从属的债务和担保，如利息、

① 参见林诚二：《民法债编总论——体系化解说》，542 页，北京，中国人民大学出版社，2003；邱聪智：《新订民法债编通则》下，455 页，北京，中国人民大学出版社，2004。

② 见林诚二：《民法债编总论——体系化解说》，543 页，北京，中国人民大学出版社，2003。

③ 见林诚二：《民法债编总论——体系化解说》，543 页，北京，中国人民大学出版社，2003。

违约金、物的担保、人的担保等，均随之消灭。但当事人可以特别约定使物的担保继续担保新债务，如担保系由第三人提供的，则应征得该第三人同意。①

2. 更改合同成立后，新债务因此而产生。此时，新债务并非旧债务的延续或继续，二者之间不具备同一性。因此，债务人不得再对债权人主张旧债务的抗辩权。但由于旧债务因合同的更改而消灭，债务人不履行债务时，债权人只能依据新的合同关系对债务人主张权利。②

① 见林诚二：《民法债编总论——体系化解说》，543～544 页，北京，中国人民大学出版社，2003。

② 见林诚二：《民法债编总论——体系化解说》，544 页，北京，中国人民大学出版社，2003。

第七章

合同的解除

第一节　合同的解除概述

一、合同解除的界定

合同解除，是指在合同成立以后，当解除的条件具备时，因当事人一方或双方的意思表示，使合同关系自始或仅向将来消灭的行为，也是一种法律制度。

在适用情事变更原则时，合同解除则指履行合同实在困难，若履行则显失公平，法院判决或仲裁机构裁决合同消灭的现象。这种解除与一般意义上的解除相比，有一个重要的特点，就是法院或仲裁机构直接基于情事变更原则加以认定，而不是通过当事人的解除行为。本章所论的合同解除不包括此种解除，除非特别说明。

韩世远教授不赞同上述界定和认识，他认为法定解除具有使"合同义务的解放"、非违约方"交易自由的回复"、违约方"合同利益的剥夺"的功能。[①] 对

① 见韩世远：《合同法总论》，2版，451页，北京，法律出版社，2008。

此，本书评论如下：首先，这并非是针对中国现行法规定的概括。其次，即使按照德国民法关于清算了结说的观点，在合同解除的场合，合同义务也没有完全解放，附随义务等必须继续遵守。最后，即使按照韩世远教授赞同的“合同解除清算了结说”行事，在清算时对业已履行的给付也不总是返还给给付人，在给付表现为劳务的提供，或有体物的交付或移转登记，但于解除时该给付物已经毁损灭失或移转给第三人等场合，尤其如此。于此场合受领人依然享受了给付人所提供的劳务，或取得了标的物的所有权（只不过其后因他种原因而丧失），合同利益，至少是某种合同利益，并未被剥夺。如果此处的受领人为违约方，则不可说违约方的合同利益完全被剥夺。

二、合同解除的性质

上述界定的合同解除，具有如下法律性质：

（一）合同解除大多以有效成立的合同为标的

1. 以有效成立的合同为标的，是合同解除区别于合同无效、合同撤销、要约或承诺的撤回诸制度的重要之点

中国合同法设置解除制度的目的是解决如下矛盾：合同有效成立之后，由于主客观情况的变化，合同的履行成为不必要或不可能，如果再让合同继续发生法律效力，约束当事人双方，则不但对其中一方甚至双方有害无益，而且有时会阻碍市场经济的顺利发展；只有允许有关当事人解除合同，或赋予法院适用情事变更原则的权力，才会使局面改观。由此可见，合同的解除制度是要解决有效成立的合同提前消灭的问题。[①] 这是它同无效、履行、撤回诸制度的不同之处，与可撤销也有区别，这将在下文讨论。

合同无效，在中国现行法上，是指徒具成立形式而严重欠缺有效要件的合同自始且根本不发生法律效力的制度，不会以有效成立的合同为标的，只能以

① 必须指出，对于已经成立但尚未生效的合同，有的仲裁机构已经裁决准予解除。

严重欠缺有效要件的合同为对象。[①] 合同的适当履行，是指当事人按合同规定的标的及质量、数量，按合同规定的履行期限、履行地点、履行方式等，全面地适当地加以履行，使合同的目的得以实现。可见，适当履行是使合同正常消灭的原因，与解除这种使合同提前消灭的原因相差甚远。在合同问题上，撤回是要约或承诺的撤回，而不可能是合同的撤回。因为合同一般以承诺生效为其成立时间，承诺一经生效便不能撤回，所以不论是要约还是承诺的撤回，都发生于合同成立之前，撤回是阻止合同有效成立的行为，不会以有效成立的合同为标的。

归结上述，可知合同的解除、无效、撤销和适当履行在职能上各不相同，各有其适用范围，共同构成合同消灭（终止）的体系。在立法时既应使它们分工明确，又要使它们衔接配合。

2. 已经成立但未生效的合同可以作为解除的对象

合同已经成立了，但尚未生效，在此期间，一方当事人实施了严重的不法行为，致使对方当事人若继续固守该合同，等待生效，就会遭受重大损失。在这种情况下，该对方当事人主张解除该合同，应否得到支持？这是实务向我们法律人提出的一个亟待解决的问题，在此，以下述案件为例加以研讨。

案例一：某房产有限公司由A国的有限公司和丙房地产公司出资成立。李某与该房产有限公司于2000年6月23日签订了《项目及股权转让合同》，并得到了丙房地产公司的确认。该《项目及股权转让合同》约定：(1) 转让“旧城改造项目”的开发经营权。“旧城改造项目”的用地面积为45 679平方米，建筑容积率1∶2，建筑面积约80 000平方米。(2) 某房产有限公司将整个“旧城改造项目”转让给李某（包括以前在该项目所投入的款项在内），同意将公司股权、法人等手续转让给李某，手续由李某办理；某房产有限公司将转让的一切手续、文件转交给李某。李某以人民币4 000万元将“旧城改造项目”的所有权全部买

① 需要说明，我国《合同法》第52条规定的合同无效为绝对无效，只要存在着无效的原因，合同必须无效，不依任何人的意志为转移。与此有别，《合同法》第80条第1款规定，债权让与场合未将债权让与通知债务人的，该债权让与对债务人不发生效力，则使此类债权让与合同仅仅相对于债务人无效。该无效属于相对无效。

下，承继某房产有限公司退出本项目的一切手续和投资额及延续本项目的开发、经营及管理，某房产有限公司将开发公司的股权、法定代表人等转到李某。(3) 李某在签订“旧城改造项目”后3天内将200万元人民币汇入A国的有限公司指定的银行账户，同时某房产有限公司把自己的财务章、公章及文件移交李某；李某在2000年10月8日前将300万元人民币汇入A国的有限公司指定的银行账户；余款中的1 500万元人民币，李某在2001年内分批汇入A国的有限公司指定的银行账户，如有尾数付不清的部分，可用楼宇抵顶。(4) 某房产有限公司在收到李某支付的人民币1 500万元后，应把本项目所有权（包括开发公司的法定代表人、股权）一并转归李某；负责把本项目前期发生的一切费用、清单及原始票据交给李某，负责李某付给的现金及分得楼宇的税费，负责协助李某与村委会签订有关本项目的开发合同。李某负责按第3条付款的有关约定付款给A国的有限公司，负责楼宇抵顶部分分给某房产有限公司的住宅按每平方米3 000元人民币结算，负责自筹资金开发本项目并在实施过程中承担所发生的一切责任(包括经济责任和法律责任)。(5) 本合同书签订前某房产有限公司所发生的一切债权债务与李某无关，本合同书签订后所发生的一切债权债务概与A国的有限公司无关；双方在签订合同时，某房产有限公司应将以前付款清单详细列明及李某今后拆迁须付款的清单详细列明，并经丙房地产公司及双方确认并加盖公章；按照双方确认后的清单数目为准；本合同的签订需经某房产有限公司、丙房地产公司的确认并加盖公章。

由于系争股东系A国的有限公司，股权转让须经有关主管机关审批。但实际情况是该股权转让未经有关主管机关的审批。

因为股权受让人李某仅仅支付了884万元人民币的股权转让款，且经股东A国的有限公司的多次催要，李某仍未付清其余的转让款，所以，A国的有限公司提起诉讼，以李某严重违约为由请求解除《项目及股权转让合同》，重新经营管理某房产有限公司。

由于《项目及股权转让合同》的缔约双方为李某和某房产有限公司，而非A国的有限公司，原告不适格。但李某在诉讼过程中认可了A国的有限公司的诉讼地位，且认可了《项目及股权转让合同》约定的股权转让方实际上是A国的有限公司。

裁判机关支持了A国的有限公司解除《项目及股权转让合同》的主张。这有根据吗？

案例二：甲公司兼并乙公司，双方签订了兼并合同，其中约定以若干行政主管部门落实一系列优惠政策、放贷银行免除乙公司迄今为止拖欠放贷银行的贷款利息作为合同的生效条件。在合同虽已签订但未满足生效条件的情况下，双方当事人即开始履行合同。但在确定乙公司的法定代表人等问题上分歧严重，乙公司的大多数职工也反对兼并，并拒绝工作，不断上访，导致公司无法正常运作甚至生产停顿，甲公司兼并乙公司的预期目的难以达到、预期利益化为泡影。有鉴于此，加上大部分优惠政策落实无望、放贷银行明确拒绝免除乙公司的借款利息，甲公司提出解除兼并合同。乙公司以合同解除只能对有效的合同为对象作为理由，予以抗辩。该兼并合同可以解除吗？

本书认为，已经成立但未生效的合同的前途如何，应区分情形而定。第一种情形是合同无效。例如，《中外合资经营企业法实施条例》（2001年）第20条规定，合营一方向第三者转让其全部或部分股权的，须经合营他方同意，并报审批机构批准，向登记管理机构办理变更登记手续（第1款）。违反这些规定的，其转让无效（第4款）。[①] 上文所述案例一中的《项目及股权转让合同》，因对外经济与贸易委员会不予批准，未经工商行政管理机关办理股权变更登记手续，违反了《中外合资经营企业法实施条例》（2001年）第20条的规定，应归于无效，

① 《中外合资经营企业法实施条例》第20条第4款使用的术语是"转让无效"，未言明是不发生股权转让（类似于物权变动）的效力，还是股权转让合同无效。按照该行政法规的立法目的，"转让无效"指的是股权转让合同无效，审判和仲裁的实务也基本上按照此种解释予以裁判。如今，我国《物权法》第15条等规定区分了物权变动与其原因行为，未办理物权登记的，不影响原因行为的效力。如果据此模式和理念解释《中外合资经营企业法实施条例》第20条第1款和第4款的规定，就会得出与以往解释不同的结论，即政府审批部门不予批准涉外股权转让的，仅仅是股权没有移转，受让人没有取得股权，但股权转让协议不因此而无效；在不存在《合同法》第52条、第47条、第48条和第51条规定的原因的情况下，合同有效。鉴于我国审判和仲裁的实务基本上继续沿袭以往的理念和操作，本书也暂不改变。

不再适用合同解除制度。[①] 第二种情形是，当事人通过其行为或言词，已经变更了原合同的生效条件，变更后的合同已经生效了。例如，当事人在合同中约定了始期或停止条件，在始期尚未届至、停止条件尚未成就的情况下，双方当事人都已经履行了主要义务，或一方当事人履行了主要义务，对方认可，则宜认定该合同已经变更，去除了始期或停止条件。此类合同可以是解除的对象，未见反对的意见。[②] 第三种情形是，已经成立但尚未生效的合同因约定的解除条件成就或终期届满而彻底地失去效力。例如，某涉外《股权转让合同》第 31 条约定："本合同如自签字盖章之日起 18 个月内，政府主管部门未审批的，自动失去效力。"该合同只要自签字盖章之日起已逾 18 个月，即使政府主管部门并未作出不予批准的决定，也归于消灭。第四种情形是，已经成立但尚未生效的合同，既非无效，又未经变更成为有效，继续处于尚未生效的状态。例如，合同虽然尚未满足《中外合资经营企业法实施条例》（2001 年）第 20 条第 1 款规定的条件，但并非审批机构不予批准，只是尚待时日，它就属于尚未生效的合同。此类合同可否解除，尚存疑问。韩世远教授持保留、观望的态度。[③]

本书认为，已经成立但未生效的合同可以作为法定解除的对象，理由如下：（1）解除以有效成立的合同为对象，这是学说的意见，并且是尚未遇到已经成立但尚未生效的合同可否解除的案件之前的观点。这是笔者在法学硕士学位论文《论我国的合同解除》[④] 中提出来的，后来在《中国民法学·民法债权》一书中

① 在这里，需要注意三种不同的制度及法律后果：合同若正处于主管部门的审批过程中，尚未被批准，则为未生效，而非无效；只有审批部门明确拒绝批准，合同才无效；若合同约定了存续期间，在该期间届满时主管部门尚未批准，合同自动消灭。

② 对已经成立但尚未生效的合同可否解除的问题，应当做类型化的工作，以及当事人通过其行为实际上已将合同变更，变更后的合同已经生效。这个思路来源于清华大学 2005 级民商法学硕士学位研究生在"债权法专题研究"课上发表的讨论意见。特此感谢！

③ 见韩世远：《合同法总论》，511 页，注 2，北京，法律出版社，2011。

④ 见崔建远：《论我国的合同解除》，吉林大学法律系 1984 年法学硕士学位论文，7 页。在该学位论文中，笔者将经济合同解除的法律性质概括为四点：合同解除以有效成立的合同为对象、合同解除必须具备解除条件、合同解除必须有解除行为和合同解除的效力或是向将来发生或是溯及既往。

公开发表[①]，并被国内诸多作品沿用。[②] 其实，中国现行法并未明文规定被解除的合同仅仅限于已经生效的合同，没有禁止解除已经成立但未生效的合同。在这样的背景下，如果只有允许解除已经成立但尚未生效的合同，才会有公正合理的结果，那么，就不宜固守旧论，而应当重新界定中国现行法上的解除对象。(2) 依据合同神圣或合同严守的原则，合同一经有效，就必须遵守，不得擅自变更或解除。即使如此，在主客观情况发生变化，继续严守合同会带来不适当的后果的情况下，法律也允许当事人解除合同。既然已经发生法律效力的合同尚且可以解除，不再受合同严守原则的束缚，那么，举重以明轻，尚未生效的合同，其约束力弱甚至没有，就更应当允许将其解除了，除非阻止此类合同生效履行且宜提前消灭的正当事由不存在。(3) 对于尚未生效的合同，若不允许解除，则该合同要么较长时间地停止在这种状态，要么发展到生效履行的阶段，而这两种结果对于无辜的当事人均为不利，该当事人强行废除该合同，至少构成缔约过错责任，并不适当。如果允许该当事人解除合同，则不会出现此类不适当的结果。(4) 其实，合同存在着死亡的基因，终将消灭。在中国现行法上，合同消灭的制度有无效、撤销、效力待定场合的不予追认、清偿和解除等。[③] 已经成立但未生效的合同在不存在着无效、撤销、效力待定的原因场合，其消灭显然不适用无效、撤销、效力待定的制度，因其尚未生效也不适用清偿的制度。剩下的解除制度，应作为被首选的目标，因为已经生效的合同若提前归于消灭，属于合同解除制度的范畴，尚未生效的合同提前消灭也这样处理，比较合适。[④]

法释［2010］9 号已经采纳了已经成立但未生效的合同可以解除的观点，于第 5 条规定："外商投资企业股权转让合同成立后，转让方和外商投资企业不履

① 见王家福主编：《中国民法学·民法债权》，363 页，北京，法律出版社，1991。

② 见崔建远主编：《合同法》，3 版，189 页，北京，法律出版社，2003；王利明主编：《民法》，378～379 页，北京，中国人民大学出版社，2000；韩世远：《合同法总论》，2 版，455 页，北京，法律出版社，2008；马俊驹、余延满：《民法原论》，2 版，613 页，北京，法律出版社，2005。

③ 在因不可抗力等客观原因致使合同不能履行的情况下，德国法系采取合同自动消灭由当事人负担风险的模式，故风险负担制度在德国法系也是合同消灭的制度。但我国现行法将该制度分解开来，合同消灭的层面由合同解除制度解决，合同不能履行所致损失问题不排斥由风险负担制度处理的方式。

④ 见崔建远：《合同解除的疑问与释答》，载《法学》，2005（9），73～74 页。

行报批义务，经受让方催告后在合理的期限内仍未履行，受让方请求解除合同并由转让方返还其已支付的转让款、赔偿因未履行报批义务而造成的实际损失的，人民法院应予支持。”第6条规定：“外商投资企业股权转让合同成立后，转让方和外商投资企业不履行报批义务，受让方以转让方为被告、以外商投资企业为第三人提起诉讼，请求转让方与外商投资企业在一定期限内共同履行报批义务的，人民法院应予支持。受让方同时请求在转让方和外商投资企业于生效判决确定的期限内不履行报批义务时自行报批的，人民法院应予支持”（第1款）。“转让方和外商投资企业拒不根据人民法院生效判决确定的期限履行报批义务，受让方另行起诉，请求解除合同并赔偿损失的，人民法院应予支持。赔偿损失的范围可以包括股权的差价损失、股权收益及其他合理损失”（第2款）。第8条规定：“外商投资企业股权转让合同约定受让方支付转让款后转让方才办理报批手续，受让方未支付股权转让款，经转让方催告后在合理的期限内仍未履行，转让方请求解除合同并赔偿因迟延履行而造成的实际损失的，人民法院应予支持。”

事情至此尚未完结，原因在于，法释［2010］9号的上述关于解除未生效合同的规定，是以当事人一方不履行报批义务这些作为合同生效要件的义务为解除条件的，而非以当事人一方“不履行”[①]主给付义务或从给付义务为解除条件的。在合同未生效的场合，当事人一方“不履行”主给付义务、从给付义务时，相对人可否援用《合同法》第94条的有关规定，主张解除合同，仍需讨论。

鉴于中国现行法设置的合同解除制度包括约定解除、协议解除和法定解除[②]诸类型，有必要分别讨论每种解除与已经成立但未生效的合同之间的关系，检验上述结论是否适当。

已经成立但未生效的合同中约定了解除权产生的条件，或当事人各方事后达成了解除该合同的协议，在实务中存在此类情况。例如，《A股份有限公司股份

① 本来，履行主给付义务应以合同生效为前提，合同尚未生效，主给付义务的履行期尚未届至，债务人至少享有期限利益，没有义务现时履行主给付义务。因此，特将不履行一词加上双引号。

② 协议解除的条件为各方当事人协商一致，这是《合同法》第93条第1款的明文规定。从这个角度观察，协议解除也属于法定解除。

转让协议》第 28.5 条约定:“如自本协议书签署之日起十八个月后，本次股份转让仍未生效或者出现其他政府审批障碍而导致本次股份转让无法实施，则转让方与受让方应在本协议签署之日起十八个月届满后三个月内就是否继续履行本协议书进行协商，协商不一致的，可以解除本协议书。如本协议书因此解除，各方保证各自承担在本次股份转让发生的成本及费用，互不追究，但各方另有约定的除外。但因本协议书任何一方过错导致本次股份转让未能生效或无法实施，该方不得依据本条提出责任豁免。”此类约定乃当事人各方真实的意思表示，且不违反法律、行政法规的强制性规定，亦不违背公共秩序、善良风俗，法律应予承认。如此，在约定的解除权产生的条件成就时，应允许该解除权的行使；或当事人各方达成了解除的协议的，在该解除协议生效之时，已经成立但未生效的合同归于解除。

对已经成立但未生效的合同，依据《合同法》第 94 条第 1 项的规定予以解除，不存有法律上的障碍，理论上也能自圆其说。

有疑问的是，当事人能否基于《合同法》第 94 条第 2 项至第 4 项的规定，主张解除此类合同。本书认为，回答这个问题牵涉到债务的分类、未履行效力不齐备的合同是否构成违约、先期违约及其类比，需要较为详细地分析。

关于债务的分类，学说上已经承认了效力齐备的债务和效力不齐备的债务，或者说完全债务和不完全债务（unvollkommene Verbindlichkeiten）。[①] 德国法甚至承认了赌博、约定婚姻居间报酬等均不设定“债务”类型的不完全债务。[②] 举重以明轻，已经成立的合同具有合法性，只是尚未生效，基于此类合同产生的债务，更应属于不完全债务，是债务的一种类型。

既然合同没有生效，这种类型的不完全债务自然未届履行期，那么，债务人未予履行就不会构成迟延履行。

① Fikentscher, Schuldrecht, S. 47.；王泽鉴:《民法债编总论·基本理论·债之发生》，总第 1 册，40～41 页，台北，三民书局，1993。

② 见［德］迪特尔·梅迪库斯:《德国债法总论》，杜景林、卢谌译，19～20 页，北京，法律出版社，2004。

在债务人自愿履行不完全债务的情况下，如果该履行不符合约定或法定，是否构成不完全履行？回答是肯定的。其理由之一是，《合同法》第 62 条第 4 项规定，履行期限不明确的，债务人可以随时履行债务。比照该规定的精神，可以认为，债务人自愿履行不完全债务，意味着放弃了期限利益，债务的履行期限因此而届至。其理由之二是，即便履行期明确，但按照《合同法》第 71 条第 1 款关于“债权人可以拒绝债务人提前履行债务，但提前履行不损害债权人利益的除外”的规定，除了履行期纯为债权人的情况，债务人也有权提前履行。并且，债务人提前履行时，债权人若无其他理由地不受领，就构成债权人迟延。这种特例也模糊了不完全履行情况下的履行期届至。其理由之三是，前两项理由显示，不完全履行的构成至少在形式上没有履行期限届至这个要件，换句话说，不完全履行指的是债务人所为的给付存在着瑕疵，不看重履行期的届至与否。

债务人明确表示，无论何时都不会履行不完全债务，或以自己的行为表明不履行该债务，是否构成先期违约？本书持肯定态度，因为先期违约的要害就是，在履行期届满之前（《合同法》第 94 条第 2 项、第 108 条）或在履行期届至前（普通法的模式），债务人明确表示或以自己的行为表明不履行合同义务（《合同法》第 94 条第 2 项、第 108 条），或债务人明确拒绝履行其债务或客观预期不能（普通法）。债务人明确表示或以自己的行为表明不履行不完全债务，必定在“履行期届满之前”，也自然在“履行期届至前”，宜按先期违约对待。

归结上述，已经成立但尚未生效的合同，产生了不完全债务；债务人若已经履行了不完全债务，则只是不完全；或债务人明确表示不履行不完全债务，或以自己的行为表明不履行不完全债务，则构成了先期违约，债权人可以援用《合同法》第 94 条第 2 项或第 4 项的规定，主张解除合同。

世界上的事情确实复杂，其表现之一是，合同未生效，可能是某特定合同的部分条款未生效，而其他部分已经生效。在某特定合同由一系列合同文件组成的场合，这种部分生效、部分未生效的情形已经发生。

案例三：《A 股份有限公司股份转让协议》附有《关于 A 股份有限公司股份转让过渡期安排的协议》、《关于 A 股份有限公司员工安置安排》、《关于 A 股份有限公司盈利目标之承诺函》、《受让人的法人代表甲对本次收购行为承担连带责任之不可撤销的承诺函》四份文件。该《A股份有限公司股份转让协议》第26条约定："本协议书自各方法定代表人或授权代表签字并加盖公章之日起成立。"第27条约定："本次股权转让自以下条件全部成就且其中最晚成就之日起生效：(1) 转让方的股东大会批准转让方向受让方转让其持有的本协议书项下的目标公司（A股份有限公司）的股份；(2) 目标公司（A股份有限公司）的股东大会批准本次向受让方协议转让标的股份；(3) 本次股份转让经中国证监会审核无异议；(4) 受让人向目标公司（A股份有限公司）的股东发出的《要约收购报告书》经中国证监会核准无异议，且《要约收购报告书》生效且要约收购完成；(5) 本次股权转让获得国有资产监督管理部门批准；(6) 本次股权转让获得主管外商投资审批部门批准。"

该《A股份有限公司股份转让协议》经双方当事人签字盖章，按照《合同法》第25条的约定，以及该《A股份有限公司股份转让协议》第26条的约定，已经成立。不过，该《A股份有限公司股份转让协议》尚未经国有资产监督管理部门批准，也未经中国证监会核准，依据《中外合资经营企业法实施条例》(2001年) 第20条及法释［1999］19号第9条第1款前段的规定，以及该《A股份有限公司股份转让协议》第27条的约定，尚未生效。

现在，受让方认为，转让方违反了《关于A股份有限公司股份转让过渡期安排的协议》，主张解除《A股份有限公司股份转让协议》。我们暂且不做转让方是否违反了《A股份有限公司股份转让协议》的事实认定的工作，仅仅为了探讨这里特有的解除问题，假定转让方已经违反了《关于A股份有限公司股份转让过渡期安排的协议》，回答受让方有无权利解除《A股份有限公司股份转让协议》的疑问。

在这里，特别需要探讨的是，尚未生效的合同可否有部分生效的情形？若有，其根据是什么？

首先，上文案例中《A股份有限公司股份转让协议》第22.2条约定："受让方承诺因其主观、恶意的过错导致本次股权转让未获审核和批准机关批准而造成本协议无法履行，在该事实发生次日起5个工作日内，受让方向转让方支付人民币1 200万元的违约金。上述受让方的过错是指应当履行相关法定或约定或承诺的义务而受让方因主观、恶意的过错不履行的，包括但不限于：1）受让方对其具备本次收购目标公司（A股份有限公司）的投资者资格的陈述与保证不真实，或因未履行其作出的有关投资者资格的承诺，而导致本次股份转让不能获得批准；2）受让方未履行且也无法继续履行要约收购义务而导致本次股份转让失败。”笔者认为，受让方承担该条项约定的违约金责任，必须以该条项已经生效为前提条件，假如该条项尚未生效，则不可能成立违约金责任，只好产生缔约过失责任。这告诉我们，该《A股份有限公司股份转让协议》在总体上尚未生效，但其中的第22.2条却已经生效。

其次，按照该《A股份有限公司股份转让协议》第34.2条关于“本协议书附件是本协议书不可分割的组成部分，各附件一经各方签署，即具有与本协议相同的法律效力”的约定，作为该《A股份有限公司股份转让协议》附件之一的《关于A股份有限公司股份转让过渡期安排的协议》，也是该《A股份有限公司股份转让协议》不可分割的组成部分。依据该《关于A股份有限公司股份转让过渡期安排的协议》第3条第7款关于“本协议经各方签署之日起生效，为《A股份有限公司股份转让协议》之附件，与《A股份有限公司股份转让协议》一并适用，是《A股份有限公司股份转让协议》不可分割的组成部分”的约定，《关于A股份有限公司股份转让过渡期安排的协议》因已被各方签署而发生了效力。这表明该《A股份有限公司股份转让协议》在总体上尚未生效，但为其不可分割的组成部分的《关于A股份有限公司股份转让过渡期安排的协议》却已经生效。

行文至此，需要回答：这种总体上尚未生效但部分条款业已生效的合同，可否作为解除的对象？既然完全尚未生效的合同都可以作为解除的标的，部分生效部分未生效的合同就更不必说了。难以回答的不在这里，而在于一方当事人违反的是业已生效部分的义务，相对人却要解除尚未生效部分的合同，可否得到支持？对此，笔者提出如下看法：

（1）理清问题：《合同法》第94条第2项至第4项等规定的解除类型及其运

作，是当事人一方违反了已经生效的合同项下的义务，相对人的解除权因此而产生，解除权被行使，该已经生效的合同归于解除；或是当事人一方违反了尚未生效的合同项下的义务，相对人的解除权因此而产生，解除权被行使，该尚未生效的合同归于解除。这种现象可被概括为A合同被违反，A合同被解除，而非B合同被解除。但上文所提“一方当事人违反的是业已生效部分的义务，相对人却要解除尚未生效部分的合同”的问题，则有所不同，或属于A合同被违反，相对人却要解除B合同；或属于某合同的A部分被违反，相对人却要解除该合同的B部分。

（2）对策方案：尚未生效部分的合同（或）条款和已经生效部分的合同（或）条款，若为各自独立，仅为类似“单纯外观结合的合同联立”情形的，则一方当事人违反了尚未生效部分的合同（或）条款，相对人只能据此解除该部分的合同（或）条款，解除的效力不及于已经生效部分的合同（或）条款；一方当事人违反了已经生效部分的合同（或）条款，相对人只能据此解除该部分合同（或）条款，解除的效力不及于尚未生效部分的合同（或）条款。尚未生效部分的合同（或）条款和已经生效部分的合同（或）条款，若为类似“一份合同的效力或存在依存于另一份合同的效力或存在的合同联立”情形的，则应贯彻解除被依存合同（或）条款的、依存合同（或）条款同其命运的原则。如此，尚未生效部分的合同（或）条款为已经生效部分的合同（或）条款所依存的，则解除尚未生效部分的合同（或）条款时，已经生效部分的合同（或）条款亦随之解除，解除已经生效部分的合同（或）条款时，尚未生效部分的合同（或）条款并不必然被解除；已经生效部分的合同（或）条款为尚未生效部分的合同（或）条款所依存的，解除已经生效部分的合同（或）条款时，尚未生效部分的合同（或）条款随之解除，解除尚未生效部分的合同（或）条款时，已经生效部分的合同（或）条款并不必然被解除。

（3）对策方案：尚未生效部分的合同（或）条款和已经生效部分的合同（或）条款，尽管在缔约双方看来“不可分割”，但在法律上却属于类似“典型合同附其他种类的从给付”，也应当贯彻这样的规则：一方当事人违反从给付义务的，相对人只能据此解除该部分合同条款，典型合同不因此而被解除；一方当事人违反典型合同项下的义务的，相对人有权据此解除典型合同，从给付义务部分随之被解除。

(4) 对策方案：尚未生效部分的合同（或）条款和已经生效部分的合同（或）条款，尽管在缔约双方看来“不可分割”，但在法律上却属于类似“类型结合合同”，各部分合同（或）条款彼此之间居于等值的地位，原则上也应当贯彻这样的规则：一方当事人违反某部分合同（或）条款的，相对人只能据此解除该部分的合同（或）条款，除非解除该部分合同（或）条款会使其他部分的合同（或）条款失去存续的价值，或无法独立存在。

需要强调指出，解除尚未生效部分的合同（或）条款并未导致已经生效部分的合同（或）条款失去存续的价值，亦未导致已经生效部分的合同（或）条款无法独立存续的，则解除尚未生效部分的合同（或）条款应予承认；但倘若解除尚未生效部分的合同（或）条款致使已经生效部分的合同（或）条款失去存续的价值，或使已经生效部分的合同（或）条款无法独立存续的，则不应支持解除尚未生效部分的合同（或）条款。

需要强调指出的还有，解除已经生效部分的合同（或）条款没有导致尚未生效部分的合同（或）条款失去存续的价值的，亦未导致尚未生效部分的合同（或）条款无法独立存续的，则解除尚未生效部分的合同（或）条款应予承认；但倘若解除已经生效部分的合同（或）条款已经导致尚未生效部分的合同（或）条款失去存续的价值的，或使尚未生效部分的合同（或）条款无法独立存续的，则不应支持解除尚未生效部分的合同（或）条款。

(5) 对策方案：尚未生效部分的合同（或）条款和已经生效部分的合同（或）条款，已经密切结合，不可分割，解除任何部分的合同（或）条款，都会使其他部分的合同（或）条款失去存续的价值，或无法独立存续。于是，一方当事人违反尚未生效部分的合同（或）条款所产生的义务场合，相对人有权解除合同的全部；一方当事人违反已经生效部分的合同（或）条款所产生的义务场合，相对人亦有权解除合同的全部。

（6）对策方案：具体到上文所示案例，《A 股份有限公司股份转让协议》和《关于 A 股份有限公司股份转让过渡期安排的协议》，既有各自独立的一面，也有后者是前者不可分割的组成部分的一面。说它们各自独立，是因为各自的标的不同，各自的目的及任务有别，各自的生效要件相异，绝非同一典型合同里的不同条款，并无必然结合在一起的天性，而是不同合同因当事人的意思而“组合”在一起。说它们不可分割地组成了合同，是因为当事人各方“为确保本次股份转让符合法律法规的要求，保障和明确过渡期间协议各方各自的权利和义务，妥善安排过渡期间目标公司（A 股份有限公司）的经营运作”（《关于 A 股份有限公司股份转让过渡期安排的协议》的序言）而特意如此约定的。如此，判断受让方有无权利解除《A 股份有限公司股份转让协议》，还不宜简单地套用非典型合同的法律适用的规则，而应当有所突破。

转让方违反《关于 A 股份有限公司股份转让过渡期安排的协议》，没有导致《A 股份有限公司股份转让协议》不能履行，也没有使受让方成立《A 股份有限公司股份转让协议》的目的落空，则受让方不得以转让方违反了《关于 A 股份有限公司股份转让过渡期安排的协议》为由，解除《A 股份有限公司股份转让协议》。

转让方违反《关于 A 股份有限公司股份转让过渡期安排的协议》，虽然尚未导致《A 股份有限公司股份转让协议》不能履行，但有使该合同成为不能履行之虞（巨大的现实危险），受让方有权援用《合同法》第 94 条第 2 项的规定，主张解除《A 股份有限公司股份转让协议》。

转让方违反《关于 A 股份有限公司股份转让过渡期安排的协议》，导致了《A 股份有限公司股份转让协议》不能履行，受让方有权援用《合同法》第 94 条第 4 项的规定，主张解除《A 股份有限公司股份转让协议》。

转让方违反《关于 A 股份有限公司股份转让过渡期安排的协议》，虽然不会导致《A 股份有限公司股份转让协议》不能履行，但致使受让方遭受重大损失或使其合同目的落空，受让方有权援用《合同法》第 94 条第 4 项的规定，主张解除《A 股份有限公司股份转让协议》。

3. 原则上不得解除的合同

还需要指出，有些合同原则上不得解除，有些合同在特殊的情况下或在特定的阶段不得被解除。

(1) 适用《合同法》第403条的规定，外贸代理人履行信息披露义务、第三人行使选择权、委托人行使介入权的合同，一经生效，便发生效力，不得解除；即使当事人硬性“解除”，也不影响已经披露信息和选择权、介入权行使所形成的法律结果。其道理并不复杂，此类合同生效之日就是选择权和介入权行使之时，而选择权和介入权这些形成权一经行使，便归于消灭，或者说结束①；同时，也形成了特定的法律关系，甚至由此又形成了其他法律关系。假如允许当事人解除此类合同，那么，一是意味着已经消灭的权利复活，二是会导致基于选择权、介入权的行使所形成的法律关系被废止，使社会秩序紊乱。这两种结局都是不应允许的。所以，除非存在着重大理由，外贸代理人履行信息披露义务、第三人行使选择权、委托人行使介入权的合同，原则上不得解除。

(2) 在出租人侵害承租人的优先购买权的情况下，承租人援用《合同法》第230条关于承租人优先购买权的规定，主张出租人和第三人（相对人）签订的买卖合同无效，表示以同等条件购买租赁物，支持与否，意见不一。如今，法释[2009] 11号第21条已经明确：“出租人出卖租赁房屋未在合理期限内通知承租人或者存在其他侵害承租人优先购买权情形，承租人请求出租人承担赔偿责任的，人民法院应予支持。但请求确认出租人与第三人签订的房屋买卖合同无效的，人民法院不予支持。”本书完全赞同该条贯彻的精神，但这不是此处讨论的重点。此处所要解决的是，出租人一方面侵害了承租人的优先购买权，另一方面主张解除租赁合同，可否得到支持。

对此，本书区分情况而有不同的结论。在承租人已经违反租赁合同，且已符合法定或约定的解除条件的情况下，出租人虽然就租赁物与当事人签订了买卖合同，并侵害了承租人的优先购买权，但出租人依法或依约主张解除租赁合同，仍

① 见[德]卡尔·拉伦茨：《德国民法通论》上册，王晓晔、邵建东、程建英、徐国建、谢怀栻译，谢怀栻校，261页，北京，法律出版社，2003。

应得到支持。在出租人先主张解除租赁合同、后与第三人签订租赁物买卖合同的情况下，尤其如此。因为出租人已经享有解除权，行使该权乃其权利；加上侵害承租人的优先购买权至多发生违约责任，这不应影响解除权的行使。此其一。在出租人没有违约，且当事人双方没有约定解除权产生条件，又未事后达成解除合同的协议的场合，出租人无权解除合同，因为没有解除权产生及行使的依据。出租人没有侵害承租人优先购买权时如此，侵害了承租人优先购买权时更应如此，不然，就是非颠倒。此其二。

（3）合作建房场合，房屋已经竣工验收，即使一方当事人在建造房屋过程中已经违约了，如拒绝依约出资、拒绝依约将出资的建设用地使用权办理移转登记手续等，也不宜解除。因为各方合作的事项已经基本完成，仅仅剩下了合作成果的分配，只要依约分配就履行了合同。而此时解除合同则会导致事情的复杂化，如需要适用不当得利制度，可能主张违约损害赔偿，甚至需要对建设用地使用权进行复原登记、对新建房屋予以确权等。这些善后的结果妥当与否，难以预料。

（4）合伙合同，乃多方当事人意思表示一致的产物，合伙人共同出资甚至共同管理，共存共荣。假如因个别合伙人不出资等违约行为而解除合伙合同，就会导致合伙项目前功尽弃，极可能损害已经适当履行了义务的合伙人的合法权益。所以，除非全体合伙人同意或满足了合伙合同规定的多数决，不得因个别合伙人不出资等违约行为而解除合伙合同。

（5）《保险法》规定，保险合同成立后，保险人不得解除保险合同，除非保险法另有规定或保险合同另有约定（第 15 条）。货物运输保险合同和运输工具航程保险合同，在保险责任开始后，合同当事人不得解除合同（第 50 条）。《机动车交通事故责任强制保险条例》规定，保险公司不得解除机动车交通事故责任强制保险合同；但是，投保人对重要事项未履行如实告知义务的除外（第 14 条第 1 款）。投保人不得解除机动车交通事故责任强制保险合同，但在被保险机动车被依法注销登记的、被保险机动车办理停驶的、被保险机动车经公安机关证实丢失的情况下除外（第 16 条）。

（6）《律师法》（2007 年）第 32 条第 2 款规定，委托人可以拒绝律师为其继续辩护或代理；律师接受委托后，无正当理由的，不得拒绝辩护或代理，但委托事项违法，委托人利用律师提供的服务从事违法活动或委托人隐瞒事实的，律师有权拒绝辩护或代理。单就作为受托人的律师的解除权而言，委托合同不是解除的对象。

（7）单务合同是否作为解除的对象，《法国民法典》（第1184条）、《德国民法典》（新债法第323条、第324条）、《瑞士债务关系法》（第107条、第109条）都持否定态度，日本民法没有明确规定，判例承认法定解除适用于单务合同①，但学说对此持有异议，现今的有力说亦然。② 在中国，郭明瑞教授和韩世远教授都赞同法定解除仅对于双务合同具有意义。③ 笔者则主张中国现行法上的合同解除制度对于双务合同和单务合同均有其适用，理由如下：

1）应当看到，中国现行法上的合同解除，不限于违约解除，也包括不可抗力致使不能实现合同目的的合同解除，还有不以违约作为解除权产生条件的约定解除，以及协议解除。在后三种场合，允许解除单务合同，会使债务人免去债务的束缚，使债权人及时脱离已经没有积极意义的合同关系，免负附随义务等负担，轻装上阵，进行新的交易，显然十分必要。

2）中国现行法上的合同解除，不但包括违约解除，也包括德国、日本和中国台湾地区等国家或地区所说的合同终止。须注意，这些立法例及其理论上的任意终止，包括任意终止无偿委托（任）合同、无偿保管（寄托）合同。由于中国现行法上将它们所谓的终止也叫解除，并且，《合同法》第410条规定了任意解除，其中包括任意解除无偿委托合同这种单务合同；《合同法》第376条第1款规定了寄存人可随时领取保管物，这表明不论保管期限是否约定及是否明确，寄

---

① 见日本大判昭8·4·8民集12卷561页等。转引自韩世远：《合同法总论》，597页，北京，法律出版社，2004。

② 见［日］我妻荣：《债权各论》上卷，148页，东京，岩波书店，1954；［日］星野英一：《民法概论Ⅳ（契约）》，70页，东京，良书普及会，1986。转引自韩世远：《合同法总论》，597页，北京，法律出版社，2004。

③ 见郭明瑞：《论合同的解除》，载中国法学会民法学经济法学研究会编：《企业·证券·合同》，298页，北京，人民法院出版社，1992；韩世远：《合同法总论》，597页，北京，法律出版社，2004；韩世远：《合同法总论》，3版，509页，北京，法律出版社，2011。

存人均可随时解除保管合同，包括无偿保管合同。[①] 显然，称中国现行法关于合同解除的规定不适用于单务合同，不符合事实。

3）即便局限于违约解除的类型讨论单务合同可否作为合同解除的对象，采否定意见也有其弊端，持肯定看法有着积极的价值。

A. 在违约解除的情况下，承认单务合同适用解除制度，免除了债务人的债务，债权人得不到合同约定的标的物或服务，至多能够请求债务人支付违约金或赔偿金，而不解除合同也能获得此类救济。就此看来，单务合同作为违约解除的对象，似乎时常有利于债务人（违约方），而不利于债权人（守约方）。对此，笔者认为，一般而言，作为一个理性人，债权人会权衡利弊而作出决定。将是否解除的权利赋予债权人（守约方），而非法律禁止解除，更能适应千变万化的客观实际。退一步说，即使债权人（守约方）果真选择了解除合同，且结果于其不利，也是他自己所愿。此其一。于债权人负有附随义务、负担场合，不允许解除合同，债权人受此类义务的束缚，一不小心，还可能承担违约责任。此其二。

B.《合同法》第 94 条第 2 项规定的解除条件，包括履行期届至前债务人明确表示或以其行为表明不履行主要债务。在单务合同场合，债务人于履行期届至前明确表示或以其行为表明不履行主要债务，允许债权人援用《合同法》第 94 条第 2 项的规定，解除单务合同，至少在许多情况下具有积极的意义。例如，如果无息借款合同中的借款人明确表示届时不偿还本金，或将其财产挥霍或转移致使届时无力偿还本金，那么，允许出借人（贷款人）援用《合同法》第 94 条第 2 项的规定，或者第 203 条的规定，解除借款合同，提前收回本金，尤其在借款人没来得及挥霍或转移财产的情况下提前收回，显然具有积极的意义。

在这里，需要提及的是，韩世远教授主张，以《合同法》对借款合同所做规范设计实系以有息借款合同为预设对象，这可以从第 196 条对借款合同的定义中出现的“并支付利息”反映出来。如此设计的规范，并不能够当然地适用于原则上作为无息借款合同的自然人之间的借款合同的，比如第 200 条、第 201 条、第

① 关于无偿保管合同适用终止制度的理由，见邱聪智：《新订债法各论》中，姚志明校订，293 页，北京，中国人民大学出版社，2006。

202 条、第 204 条、第 205 条等，均不适用于无息借款合同，第 203 条关于"借款人未按照约定的借款用途使用借款的，贷款人可以停止发放借款、提前收回借款或者解除合同"的规定，处于此规范体系之中，自应限缩于有息借款合同。[①]

其缺陷表现在如下方面：其一，韩世远教授是在"一般法定解除权仅对于双务合同具有意义。以下结合'分则'的规定具体分析"的题目下议论的，他对自然人之间的无息借款合同不适用解除制度的分析及其结论，是为"一般法定解除权仅对于双务合同具有意义"的断语服务的。在此，他忽视了《合同法》关于借款合同的规定理所当然地适用于法人与自然人之间、金融机构与法人之间（基于特殊政策而产生）的无息借款合同，他仅仅以自然人之间的无息借款合同分析的结论，意欲得出"一般法定解除权仅对于双务的借款合同具有意义"的结论，以偏概全。其二，韩世远教授忽视了这样的事实和思维方法：《合同法》完全以有息借款为预设对象设计借款合同规范及其体系，即便事实果真如此，也是不适当的，因为《合同法》要一体适用于法人之间、自然人之间、法人与自然人之间的民事合同、商事合同，本应全面而周延地设计规范及其体系。本该清楚明了地规定，却语焉不详。遇此情况，就需要法律人的目光来回而全面地巡视于《合同法》分则、总则的规定，乃至于《民法通则》的有关规定，确定具体条文的含义及适用范围。本该规定而未规定，构成法律漏洞。有漏洞就应予填补，或用类推适用的方式，或用目的限缩的方式，或用目的性限缩的方式等。循此思路及方法，对于无息借款可否解除的问题，在《合同法》第 203 条关于借款合同解除规定的适用范围不尽明了的情况下，韩世远教授钟情的法定解除使"合同义务的解放"、非违约方"交易自由的回复"、违约方"合同利益的剥夺"就应得到贯彻，《合同法》总则第 94 条关于合同解除条件的规定就应发挥作用。如此，《合同法》第 203 条的规定的适用范围不是被限缩于有息借款合同，而是应适用于自然人之间的无息借款合同，才会使"贷款人容忍借款人使用贷款、日后才可收回"的合同义务获得解放，才会剥夺借款人无偿使用贷款的合同利益，才不至于导致《合

① 见韩世远：《合同法总论》，2 版，453 页，北京，法律出版社，2008；韩世远：《合同法总论》，3 版，509～510 页，北京，法律出版社，2011。

同法》第94条规定解除的目的在借款合同领域落空。如此解释的价值在下述情况下更加凸显出来：借款人财产状况恶化，又将贷款用于违法犯罪或毫无前途、届时无法收回的领域，承认作为自然人的贷款人享有并行使解除权，显然具有积极的意义。韩世远教授在这里的失当表现在，其目光局限于《合同法》的局部规范体系来解释第203条，再就是忽视了法定解除制度的目的及功能。其三，韩世远教授称《合同法》第201条的规定不适用于无息借款合同，过于武断，并不适当。因为第201条分为两款，第1款关于“贷款人未按照约定日期、数额提供借款，造成借款人损失的，应当赔偿损失”的规定，至少在多数情况下也适用于无息借款合同，才较为适当。

C. 无偿委托合同作为解除的对象，笔者亦持赞同的态度。其理由之一是，若有确凿的证据证明，受托人无资力，将故意或重大过失地为委托人购买质量低劣的货物，任凭此情发展，委托人因此遭受的损失无法从受托人处获得偿付，那么，允许委托人援用《合同法》第94条第2项或第410条的规定解除合同，并取消授权，阻止受托人实施上述有害的行为，其益处不言自明。在有确凿的证据证明受托人怠于处理委托事务的情况下，承认委托人的解除权及其行使，亦然。

在这里，有必要评论韩世远教授以德国民法、日本民法规定随时解除（第651条）被有些学者认为“有很多问题点，内容也不明确”为由，得出将来对中国《合同法》第410条作解释论展开时需要解决的结论，联系其总题目推测其意思，还是不承认无偿委托合同作为解除对象。① 在笔者看来，韩世远教授如此否认无偿委托合同作为解除对象，勉强得不能再勉强。其原因在于：a. 不可忽视的是，中国《合同法》上的解除，包括德国民法、中国台湾地区“民法”上的合同终止。b. 从事物的实质方面讲，在受托人和委托人之间水火不相容的情况下，一定要维持委托合同关系，结果可能非常糟糕，唯有允许一方享有并行使解除权，才是上策。c.《日本民法典》第561条和中国《合同法》第410条规定的任意解除，《德国民法典》第671条第2项和中国台湾地区“民法”第549条规定

① 见韩世远：《合同法总论》，3版，510页，北京，法律出版社，2011。

的任意（随时）终止，可能“有很多问题点，内容也不明确”，但这只是需要解决和明确的问题，而非废止任意（随时）解除的理由，原因在于无偿委托合同以当事人间的信赖为基础，法律拘束力相对较弱，不宜强拉硬配。韩世远教授批评他人“因噎废食”，自己反倒“因噎废食”了。笔者认为，解决的方案，可有进一步严格解除的条件、增大损害赔偿的数额等选项。

D. 在无偿保管合同场合，保管人故意或重大过失地毁损保管物，或擅自将保管物交由不负责任的第三人保管等情形发生时，寄存人享有解除权，可审时度势，行使解除权，将保管物提前取回，避免损失，尤其在保管物具有特殊意义的情况下，更具有积极的价值。况且，在定期无偿保管合同场合，寄存人随时可请求取回保管物，不定期无偿保管合同场合更是如此，已为众多的立法例及其学说所承认。若把寄存人的这种权利叫作解除权，则无须再论；即便不把这种权利叫作解除权，也与承认无偿保管合同可以作为解除的对象，殊途同归。

承认无偿保管合同可以解除，对于保管人具有意义。例如，保管人在发现保管物会给自己造成较大损失（如保管物为放射性物品、传染性物品等）时，享有解除权，可以援用《合同法》第 94 条第 4 项的规定，非常必要。

4）《合同法》允许赠与合同的任意撤销（第 186 条第 1 款）、法定撤销（第 192 条、第 193 条）。此类撤销在实质上与合同解除相同，而与通常意义上的撤销（第 54 条）不同。赠与合同为单务合同或不真正双务合同，法律允许撤销——实质上的解除，这表明解除单务合同具有意义。

韩世远教授不同意上述意见，认为中国《合同法》规定的任意撤销和法定撤销就是赠与的撤销，“立法用语已表明它并不属于赠与合同的解除；德国民法称之为‘赠与的撤回’（BGB §530 Winderruf der Schenkung），并非合同解除”①。联系与韩世远教授在物的瑕疵担保责任是否被统合到违约责任责任等问题上的争论，笔者发现韩世远教授特别强调法律用语所起的作用，而笔者时常更关注事物的本质。在辨别合同解除与合同撤销、撤回三个概念和制度的含义和分工上，论

① 韩世远：《合同法总论》，3 版，509 页，北京，法律出版社，2011。

争的双方又遇到这个问题。

其实，韩世远教授自己也没有一以贯之地以法律用语确定概念的含义，如他认为，《合同法》第 111 条的“请求减少价款”应当是“主张减少价款”[①]。他也并非总是信守法律的明文规定，在法律的规定、用语不合他的观点时，就另当别论，他明确反对《合同法》第 203 条规定的借款合同的解除、第 410 条规定的委托合同的解除，就是例证。

［延伸］

法律的用语有时并未显露全部的含义，法律条文表述的实质内容不一定与其文义一致，存在着例证：(1)《民法通则》第 43 条规定：“企业法人对它的法定代表人和其他工作人员的经营活动，承担民事责任。”众所周知，此类经营活动一定产生义务、权利，以及违反义务的第二性义务——民事责任。该条没有分列企业法人对它的法定代表人和其他工作人员的经营活动，应承受民事权利、民事义务，承担民事责任，而是统一称之为承担民事责任，于是，民事责任包含民事权利、民事义务，以及违反民事义务的第二性义务——民事责任，换句话说，民事权利、民事义务也是民事责任。这种解释符合《民法通则》第 43 条规定的字面含义，但不符合民事责任的通说，混淆了民事权利、民事义务和民事责任的区别，打乱了它们的分工，摧毁了各自的构成，破坏了它们之间的衔接和配合，代价十分昂贵。权衡利弊，不如采取另外的解释路径，即把《民法通则》第 43 条的规定看成是举重以明轻，对企业法人的法定代表人和其他工作人员的经营活动，连民事责任都由企业法人承担，何况民事权利、民事义务？这样，既保持了民事责任的传统含义，区分了民事权利、民事义务和民事责任，又厘清了该条的含义，使民事责任限缩到固有的内涵和外延，也符合《民法通则》的立法本意，何乐而不为！如此一来，法律条文的字面含义与条文的实质内容不尽相符。(2)《民法通则》第 63 条第 2 款规定：“代理人在代理权限内，以被代理人的名义实施民事法律行为。被代理人对代理人的代理行为，承担民事责任。”此处所谓民事责任就其字

---

① 韩世远：《履行障碍法的体系》，352 页，北京，法律出版社，2006。

面观察，应当包括代理行为所产生的民事权利、民事义务和一般意义的民事责任，但不如采取举重以明轻的解释方法，作与《民法通则》第43条同样的解释，从而使法律条文的字面含义与条文的实质内容不完全相符。(3)《民法通则》第137条表述的20年期间，就其文义看它为诉讼时效期间的一种。但它的起算点的确定标准不同于诉讼时效期间，它不适用中止和中断的规定，都表明它不同于诉讼时效期间，不如被划归另类，可被命名为权利保护期间或失权期间等。这样，法律条文的文义和实质内容大相径庭。

解释法律不拘泥于条文的字面含义，早有先例。例如，《德国民法典》第242条关于诚实信用的规定，从其字面上看，限于现存的债务关系，但在后来的发展中，该条规定亦被用来设定债务关系（如在相邻权的情形）。[①] 再如，《日本民法典》第419条所谓“不可抗力”，并不能从严格意义上来看待，应当理解为“不能归责于债务人之事由”的同义语。[②]《日本民法典》第709条规定：“因故意或过失侵害他人权利或受法律保护的利益的人，对于因此所生的损害，负赔偿责任。”从其文义看，侵权责任的方式显然不包括侵害排除，但其判例、学说基于利益衡量而承认侵害排除为侵权责任的方式，其中的生活利益说认为，请求排除妨害、寻求特殊救济措施的请求权是《日本民法典》第709条所规定的侵权行为的当然法律效果。[③]

耐人寻味的还有，《法国民法典》对于侵权行为原则上以过失为成立要件。关于由物本身事实所产生的损害，唯有动物及建筑物为例外，可无须证明占有人

---

① 见［德］迪特尔·梅迪库斯：《德国债法总论》，杜景林、卢谌译，121～122页，北京，法律出版社，2004。

② 见［日］於保不二雄：《日本民法债权总论》，庄胜荣校订，89页，台北，五南图书出版有限公司，1998。

③ 见大阪地方法院1955年4月5日下级民事判例集第6卷，第2379页；甲府地方法院1955年11月11日判决，民事判例集第6卷，第2379页；名古屋地方法院1967年9月30日判决，平判例时报第213号，第237页。［日］泽井裕：《公害停止行为的法理》，23～43页，东京，日本评论社，1976；［日］泽井裕：《公害的私法研究》，3页，东京，一粒社，1969；［日］竹内保雄：《停止行为命令》，载［日］加藤一郎编：《公害法的生成与展开》，436页，东京，岩波书店，1970；［日］伊藤高义：《停止请求权》，载《现代损害赔偿法讲座（5）》，396页，东京，日本评论社，1973。转引自罗丽：《中日环境侵权民事责任比较研究》，350～352页，长春，吉林大学出版社，2004。

或所有人的过失而请求赔偿，其余则统须依一般原则，非有过失不负责任。到了19世纪末叶，机械的使用日益频繁，建筑物以外的其他无生命物，如车辆、机器等所可致人的损害，倘若证明占有人或所有人的过失，十之八九无法获得赔偿。这在正义道德上是说不过去的事，在法律上是无法补救的。到了1896年，法律人忽然发现了第1 384条的第1项。以往对这项规定的解释，仅是同条第2、3、4项及第1 358条、第1 386条的一段开场白，向来的判例学说从未重视它。但法国最高法院民庭于1898年6月16日的一件判决里，挑出了"对于所占有之物所致之损害亦应负责"这一句，断章取义，认为这是关于无生命物所致的损害，无须证明占有人之过失即得请求赔偿的一般规定。这是奇妙的新发现，亦是理性的新创造。这是逻辑的矛盾，亦是艺术的和美。①

所有这些都表明：虽然在绝大多数情况下，法律条文的文义与立法者所意欲界定的概念、所意欲规定的制度及规则是一致的，但也有不相同的情形。完全依赖法律条文的文义解释和适用法律，有时会造成不适当的后果。

行文至此，不禁使我们想起来下面一段话：法律的解释适用，一方面须以实体法的规定为其依据；另一方面又须兼顾社会需要及实际目的（Praktische Zielzesetzung），判例学说处此情况，颇有左右为难之势。拘泥于法律文义，于法虽有所据，但未能实践法律的实际目的；反之，若偏重实际目的，则脱离实体法愈远，自由造法的性质愈浓，难免影响法律适用的安定性。②

对于撤销的概念和制度的含义和应用领域，中国《合同法》第54条、第55条、第74条、第75条等是将有效的合同作为撤销的对象的，对此，韩世远教授是承认的。③ 只不过他在赠与合同场合没有一以贯之，又说"撤销制度适用的对象是效力不完全的合同；解除适用的对象则是有效合同。"即便如此，人们不禁

① 见王伯琦：《法学，科学乎？艺术乎？》，载《王伯琦法学论著集》，20～21页，台北，三民书局，1999。

② 见王泽鉴：《民法学说与判例研究》，3册，274页，北京，中国政法大学出版社，1998。

③ 见韩世远：《合同法总论》，2版，155页以下、300页以下，北京，法律出版社，2008；韩世远：《合同法总论》，3版，182页，北京，法律出版社，2011。

要问：《合同法》规定的赠与撤销针对的是“效力不完全的合同”吗？解除的对象在任何情况下都有效的合同吗？法释［2010］9号第5条、第6条第2款和第8条的规定，已经承认了尚未生效的合同可以解除，否定了韩世远教授的看法。

对于撤回的概念和制度的含义和应用领域，韩世远教授在讨论限制行为能力订立合同的效力时，发表过意见：“撤回是指意思表示或法律行为在发生效力之前，予以追回的行为”[①]。这符合中国《合同法》及其通说关于撤回概念的界定。笔者也赞同“撤回”是针对尚未生效的意思表示的而言的概念和制度这种通说。遵循此义理解合同的消灭，不宜将已经有效的赠与合同提前消灭称之为赠与合同的撤回。但遗憾的是，韩世远教授却以“德国民法称之为‘赠与的撤回’（BGB §530 Winderruf der Schenkung），并非合同解除”来反驳笔者提出的合同解除之说，至少暗含着赞同德国民法观点之意。于是，矛盾显现了：《合同法》第186条第1款规定的赠与合同的任意撤销，第192条、第193条规定的法定撤销，都是以已经生效的合同为对象的，而撤回是以未生效的法律行为为标的的，怎么可以德国民法关于赠与的撤回的质的规定性来反驳笔者的看法呢?![②]

需要注意，中国《合同法》上的解除，重在提前终止有效的合同，至于是因一方当事人违约而提前终止，还是非因违约而提前终止，甚至是不讲任何原因而随时终止，均在所不问，或者准确地说，那只是合同解除制度内部的类型划分问题。就此说来，《合同法》第186条第1款、第192条、第193条所称“撤销”，就是合同解除。

最后，韩世远教授仅凭德国民法上的“赠与的撤回”称谓就断定中国《合同法》上赠与的撤销不是赠与合同的解除，在方法论上殊值商榷。继续性合同不因违约而解除，德国民法同样不叫解除，而谓终止，该如何处理呢？韩世远教授自

---

① 韩世远：《合同法总论》，3版，210页，北京，法律出版社，2011。

② 据某些留德学者介绍，德国民法此处称赠与的撤回，而不叫作合同的解除，并非意指将未生效的赠与合同提前废止，仍指已经生效的赠与合同提前结束。之所以不称作赠与合同的解除，是因为如今的合同解除在法律效果方面采取清算了结说，而已经生效的赠与合同的提前结束在法律效果方面不采清算了结说。为了显示区别，称为赠与合同的撤回。如果这符合德国民法的实际，则赠与合同的“撤回”不同于中国现行法上的“撤回”。看来，在比较法上，仅凭字面意思就断言什么、什么，可能要犯错误。

己仍然称之为合同解除。[①] 退一步说，假如中国民法完全沿袭德国民法而来，每项制度、规则及其理论都一一继受，依据德国民法关于“赠与的撤回”的设计来认定中国《合同法》第186条第1款、第192条、第193条所称“撤销”绝非合同解除，尚有一定的说服力；但在中国《合同法》及其理论系借鉴了多国和地区的民法及其理论，以及若干国际法律文件精神及规定的事实面前，立足于自己的国情，解决中国问题而设置法律制度及规则，拥有相当的中国元素的情况下，却以德国民法的称谓来解释中国《合同法》第186条第1款、第192条、第193条所称“撤销”，显然难以服人。看来，以他国和地区的民法及其理论的称谓、设计等来反驳他人的观点，证成自己的见解，时常是凭其主观好恶来决定的。

不得不再次指出，韩世远教授再次地用境外某个国家或地区的民法及其学说来直接界定中国现行法及其理论上的概念[②]，是不妥当的。笔者重申，中国《合同法》并不是依据德国民法制定的，对中国《合同法》制度及规定的解释，不得直接依据德国民法及其学说。不过，如果我们通过介绍、分析、论证德国民法及其学说合理、正确来说明中国法的规定如此解释，可使中国法自洽，符合中国实际，那么倒是可取的路径及方法。

5)《合同法》第195条规定：“赠与人的经济状况显著恶化，严重影响其生产经营和家庭生活的，可以不再履行赠与义务。”其中所谓“不再履行赠与义务”，如果是终局的状态，实际是终止赠与合同项下的权利义务，在中国现行法上，就是解除赠与合同；在赠与人明确表示了解除的意思时尤其如此。这样认

① 见韩世远：《合同法总论》，2版，448页，北京，法律出版社，2008；韩世远：《合同法总论》，3版，509页，北京，法律出版社，2011。

② 韩世远教授在解释《合同法》第66条、第67条涉及的“已届履行期”时，就单一地依据日本民法及其学说所持已届履行期系指履行期届至，来认定中国《合同法》第66条、第67条涉及的已届履行期为履行期届至（见韩世远：《合同法总论》，3版，286页，北京，法律出版社，2011）。其实，日本民法、判例和学说将非继续性债务的履行期理解为一个时间点，其所谓届至是指该时间点到来；而韩世远教授所理解的履行期，包含一段期间的情形，于此场合的所谓届至肯定不同意日本民法、判例和学说所说的届至。例如，某买卖合同约定，出卖人于2011年1月1日至2011年3月3日交货。日本民法、判例和学说所谓的届至，是指2011年3月3日，而韩世远教授所说的届至则指2011年1月1日。可见，二者差别十分明显。

定，完全符合上文“4)”关于中国现行法上合同解除的界定，结论可靠。

此外，需要批评的还有韩世远教授的下述看法：“因为受赠人不承担对待给付义务，因而不存在构成违约的问题。”笔者认为，这种观点过于绝对，不符合客观事实。我们通过以下例子加以说明：在附负担的赠与合同场合，受赠人故意或过失地不履行相应的义务，在负担表现为将捐赠的房屋用作学生教室时，受赠人却将该房屋用作小商品商店；在负担表现为将赠书用于学生课外读物时，受赠人却将该书用作出租赚钱；等等。这些义务尽管均非对待给付的义务，但被违反时亦应构成违约。

附负担的赠与场合，承认合同解除，对受赠人有利。例如，赠与物为废物或污染源，没有积极的利用价值，在不构成无效的原因的情况下，承认受赠人享有解除权，显然具有积极的意义。例如，承认受赠人享有解除权，可以避免因接受废物导致付出仓储的费用、处置的费用，避免污染酿成更为严重的后果。

(8) 为第三人利益的合同是否可由债权人解除，存在不同意见。有学说（否定说）区别约定解除权与法定解除权，认为就约定解除权而言，因其系由当事人于基本行为的补偿关系所订定，与第三人条款同为合同的内容，当事人自得本于行为的订定，行使其约定解除权；至于法定解除权的行使，除得第三人同意以外，不得为之，因为债务不履行所发生的损害赔偿请求权与第三人基于为第三人利益的合同所取得的权利为同一的权利，当事人不得将之变更或消灭，否则，第三人的债务不履行损害赔偿请求权将无由发生，对其权益影响甚大。① 该说在中国大陆有其拥护者：在第三人未表示受领前，利益乃尚未臻确定，故债权人与债务人可以变更或解除合同；第三人表示受领后，利益业已确定，不容剥夺，债权人与债务人不得变更第三人的约款或解除合同。② 反对说（肯定说）则认为，法定解除权的发生原因乃为法律所明定，纯为保护债权人所设约定，民法关于为第

① 史尚宽：《债法总论》，597 页，台北，荣泰印书馆股份有限公司，1978；郑玉波：《民法债编总论》（修订 2 版），陈荣隆修订，361～362 页，北京，中国政法大学出版社，2004；王泽鉴：《法律思维与民法实例》，131 页，台北，三民书局，1999；［德］迪尔克·罗歇尔德斯：《德国债法总论》，沈小军、张金海译，沈小军校，381 页，北京，中国人民大学出版社，2014。

② 胡康生主编：《中华人民共和国合同法释义》，3 版，128 页，北京，法律出版社，2013。

三人利益的合同的规定，既未限制当事人行使因法定原因所发生的撤销权，当不宜限制当事人行使法定解除权。① 由于第三人的取得权利系直接本于当事人的合同，就一般情形而言，当事人并未赋予与第三人得以排除当事人解除合同的独立的权利，故应以肯定说为是。②

笔者基本上赞同肯定说，理由如下：A. 在为第三人利益的合同场合，在是否允许当事人解除合同的问题上，仅就为第三人利益的合同项下债权人与债务人之间的利益关系而言，它与买卖、租赁、承揽、技术开发、技术转让、客运等非为第三人利益的合同之间基本相同，不存在实质的差异。尤其在不真正为第三人利益的合同场合更是如此。所谓“第三人利益契约，并非一种具有与典型契约相对立意义之特殊契约，不过系于当事人所订立之契约中，而将其法律效果之一部归属于第三人”③。在这个意义上，可以说没有理由不允许为第三人利益的合同的当事人基于约定事由或法定事由而解除合同，换句话说，债权人的包括解除权在内的权益不宜轻易被否定或被剥夺。之所以顾虑并讨论为第三人利益的合同场合当事人是否享有解除权，主要是因为存在着第三人的权益的保护问题。如果该第三人的利益能够得到有效保护，不因或少因解除为第三人利益的合同而有实质的影响，那么，就应当允许当事人基于约定事由或法定事由而解除合同。众所周知，在为第三人利益的合同场合，存在着补偿关系和对价关系，前者系债权人甲与债务人乙之间的原因关系，又叫内部关系或资金关系；后者乃债权人甲与第三人丙之间的原因关系，亦称外部关系。债权人甲之所以愿意约定由债务人乙向第三人丙为给付，使第三人丙取得利益，乃因其可以从第三人丙取得对价。如此，在第三人尚未向债权人甲支付该对价的情况下，为第三人利益的合同具备了解除权产生和行使的条件，解除权人将为第三人利益的合同解除，债权人甲基于对价关系请求第三人丙支付对价时，第三人丙援用《合同法》第 66 条规定的同时履

① 胡长清：《中国民法债编总论》下册，405 页，上海，商务印书馆，1947；孙森焱：《民法债编总论》下册，703～704 页，北京，法律出版社，2006。

② 刘春堂：《民法债编通则（一）·契约法总论》，262 页，台北，三民书局，2001。

③ 刘春堂：《民法债编通则（一）·契约法总论》，255 页，台北，三民书局，2001。

行抗辩权或第 67 条甚至第 68 条、第 69 条规定的不安抗辩权，暂时拒绝支付对价，甚至援用《合同法》第 107 条以下请求债权人甲承担违约责任，维护自己的权益，不会因为第三人利益的合同而遭受额外的损失。就是说，于此场合没有充足的理由禁止解除为第三人利益的合同。B. 在第三人丙已经向债权人甲支付了对价的情况下，解除为第三人利益的合同，使得第三人丙无权请求债务人乙履行为第三人利益的合同项下的义务，第三人丙似乎遭受了损失。不过，在真正为第三人利益的合同场合，若债务人乙构成违约，第三人丙"则可请求赔偿债务人未向自己为给付所生之损害"[①]。再者，第三人丙也可能基于对价关系向债权人甲主张有权权利，从而保护其利益。既然如此，禁止债权人甲基于约定事由或法定事由解除为第三人利益的合同，理由似乎不足。C. 在为第三人利益的合同系双务合同，且债权人甲违约，债务人乙基于约定事由或法定事由解除合同的背景下，第三人丙同样无法请求债务人乙向自己为给付，如何救济？在第三人丙尚未向债权人甲支付对价时，对价关系中若有相应的约定，如明确约定了对价关系与为第三人利益的合同之间相互牵连，尤其是第三人丙在两个法律关系中的权利和义务相互挂钩，那么，第三人丙据此约定向债权人主张其权利；若无相应的约定，似应允许第三人丙援用《合同法》第 68 条、第 69 条规定的不安抗辩权，对抗债权人甲关于支付对价的请求。第二条路径是，债权人甲违约系相对于债务人乙而言的，债务人乙不再向第三人丙为给付，由于《合同法》奉行无过错责任原则（第 107 条），相对于第三人丙而言债务人乙仍然构成违约，第三人丙对债务人乙仍然享有不履行债务的损害赔偿请求权。第三条路径是，在债务人乙怠于追究债权人甲的违约责任时，第三人丙援用《合同法》第 73 条规定的债权人代位权，向债权人甲主张权利。如此，第三人丙的权益也可得到保护，不必禁止解除为第三人利益的合同。D. 紧接着"C"的场景讨论，在第三人丙已经向债权人甲支付了对价的场合，对价关系中若有相应的约定，如明确约定了对价关系与为第

① 中国台湾地区"最高法院"1984 年台上字第 836 号判例；中国台湾地区"最高法院"1977 年台上字第 1204 号判例；孙森焱：《民法债编总论》下册，706 页，北京，法律出版社，2006；刘春堂：《民法债编通则（一）·契约法总论》，263 页，台北，三民书局，2001。

三人利益的合同之间相互牵连，尤其是第三人丙在两个法律关系中的权利和义务相互挂钩，那么，第三人丙据此约定向债权人主张其权利，从而维护自己的权益；若无相应的约定，那么，可以考虑“C”中的第二条路径或第三条路径。结论同样是，第三人丙的权益也可得到保护，不必禁止解除为第三人利益的合同。

E. 诚然，解除为第三人利益的合同，对第三人丙肯定带来不便甚至损失，并使几个法律关系的处理复杂化。在这个意义上说，对是否允许解除为第三人利益的合同持审慎的态度是正确的，否定说有其道理。但是，权衡利弊，笔者认为肯定说的理由更充分些。

还需说明，《合同法》第 64 条规定“债务人未向第三人履行债务或者履行债务不符合约定，应当向债权人承担违约责任”，而非向第三人承担违约责任，依其文义该合同似乎为不真正为第三人利益的合同，第三人丙于其中享有的权利有限。如果是这样，一方面的结论是，在解除这一点上，因为第三人对债务人的权利有限，所以可以忽略第三人的因素，遵循买卖、租赁、承揽等束己合同适用解除的规则即可，无须特别限制当事人解除为第三人利益的合同的权利；另一方面的结论是，依《合同法》第 64 条的规定，假如第三人无权请求债务人向自己承担违约责任，那么，上文“B”、“C”、“D”中有关第三人丙请求债务人乙承担违约责任的分析便不再适合。

接下来分析，第三人丙基于为第三人利益的合同受领了债务人乙所为的给付场合，当事人是否有权解除为第三人利益的合同？在受领对象为劳务或动产或无须办理过户登记的情况下，意味着为第三人利益的合同已经履行完毕，从逻辑上讲，合同已经消灭，不存在解除的空间；自利益衡量方面看，也不应允许当事人解除为第三人利益的合同，否则，废止业已形成的法律秩序，甚至牵涉一般第三人，动荡太大，得不偿失。在受领的对象为不动产之类需要办理过户登记才发生物权变动的场合，如果已经办理完毕过户登记手续，那么，情形和法律结论如同上述，不应存在解除为第三人利益的合同的余地；如果尚未办理过户登记手续，尽管标的物的物权变动尚未完成，债务人所负合同义务尚未全部履行完毕，但一般也不宜允许解除为第三人利益的合同，道理仍然是废止业已形成的法律秩序，甚至牵涉一般第三人，动荡太大，得不偿失。但是，如果存在无需保护第三人而应优惠保护当事人的特殊情形，证据充分、确凿，则不妨允许当事人解除为第三人利益的合同。

（二）合同解除必须具备解除的条件

1. 合同解除以具备法定的或约定的条件为必要

合同一经有效成立，就具有法律效力，当事人双方都必须严格遵守，适当履行，不得擅自变更或解除。这是中国法律所规定的重要原则（《合同法》第 8 条第 1 款）。只是在主客观情况发生变化使合同履行成为不必要或不可能的情况下，合同继续存在已经失去积极意义，并将造成不适当的结果时，才允许解除合同。这不仅是解除制度存在的依据，也表明合同解除必须具备一定的条件，否则便是违约，不发生解除的法律效果，而产生违约责任。当然，委托等继续性合同的任意解除则另当别论。中国法律对合同解除的条件作了比较详尽的规定，表明了对合同解除的允许和限制。《合同法》第 93 条第 1 款和第 94 条规定了适用于一切合同的解除条件，学说称为一般法定解除条件。该法第 164 条至第 167 条、第 219 条等规定了仅适用于特别合同（如买卖、租赁等合同）的解除条件，学说称为特别的法定解除条件。

2. 违反从给付义务与合同解除

合同解除的条件中，有些是违约行为，即违反合同义务的行为。众所周知，合同义务分为主给付义务、从给付义务和附随义务等类型。违反主给付义务且达到一定程度，《合同法》第 94 条等条文明确规定，可以解除合同，这无疑问。需要讨论的是，违反从给付义务是否允许解除合同。对此，我们通过一件案例加以分析。

2000 年 11 月 21 日，出租人甲和承租人乙签订了《房屋租赁合同》，由 1 个前言和 9 个条文组成。其前言的主要内容是，出租人承诺对所出租的楼层依法享有所有权，依法出租。合同的第 1 条约定，出租楼层坐落的方位、建筑面积和出租楼层的用途。第 2 条约定，租赁期为 10 年，从出租人将出租楼层装修完毕，承租人验收合格当日起计算。第 3 条约定，自双方在本合同上签字盖章之日起 3

日内，承租人向出租人支付定金 60 万元人民币。在承租人对租赁物 A 房予以验收并认为合格时，该定金转为第一年的部分租金，第一年租金的不足部分，承租人在租赁物验收合格后 3 日内付齐。出租楼层的租金在第一年为每平方米 4.8 元人民币，从第二年起每年递增 2%。从第二年起，租金按半年支付，承租人应于每半年的第一个月内付清。第 4 条约定，出租人负责装修工作及费用，装修方案由承租人决定。装修标准由双方共同商定（见装修合同），装修工期 2 个月，费用 50 万元人民币，交工时能满足乙方开始工作要求。出租人应为承租人提供 2 个停车位，费用由出租人负担。第 5 条约定，在租赁期限内如一方违约，除赔偿守约方实际损失外还需支付违约金 120 万元人民币，但因不可抗力造成的不能履行除外。如在本合同签订 30 日内，出租人不能出示所出租楼层的所有权证证明，视为出租人违约。第 6 条约定了争议的解决方式。第 7 条约定了本合同的份数。第 8 条约定了本合同自双方签字盖章后产生法律效力。第 9 条约定了本合同的附件范围。

《房屋租赁合同》签订的当天，承租人向出租人支付定金 60 万元人民币，其后又支付 40 万元的款项作为租金。但在合同签订后 30 日届满时，出租人未能提供所出租楼层的房屋所有权证，自合同签订后第 140 天，承租人通知出租人，如果再不出示房屋所有权证，将解除合同。此时，出租人出示了出租人的法定代表人对所出租楼层的所有权证。有鉴于此，承租人再次通知出租人，如不能出示出租人对所出租楼层的所有权证，则会解除合同，并请求出租人支付 120 万元的违约金。出租人以正在办理所出租楼层的所有权移转手续为由，拒绝了承租人的请求。承租人除了支付 40 万元的租金，出租人以 60 万元的定金冲抵了部分租金外，一直以出租人严重违约为由拒付其余的租金。于是，承租人于 2003 年 6 月 15 日不再使用 A 房，声称已经解除了合同，理由是出租人违反了主要条款规定的重要义务，且经催告仍未履行。

笔者认为，双方当事人在合同中约定，出租人对于租赁物必须享有所有权，且应当在租赁合同签订 30 日内，向承租人出示对租赁物的所有权证证明，这应当属于主要条款。

但主要条款不一定产生主给付义务，换句话说，主给付义务与主要条款并非一一对应的关系，主给付义务的认定标准，不在于合同当事人对某项义务重视与否，而是它必须是合同关系所固有、必备的并决定合同类型的义务。由于《合同法》第212条规定，租赁合同是出租人将租赁物交付承租人使用、收益，承租人支付租金的合同；第224条第1款规定，承租人经过出租人同意可以转租；由于租赁合同不同于买卖、互易、赠与合同之处，主要在于不移转租赁物的所有权，因而系争案件的出租人对于租赁物享有所有权并非租赁合同必须具备的条件，且租赁合同不会因出租人对租赁物有无所有权而发生类型的变化。因此，出租人对于租赁物享有所有权的义务不符合主给付义务的规格。

出租人对于租赁物享有所有权的义务，要么是从给付义务，要么是附随义务。由于该项义务是当事人双方约定的，而非基于诚实信用原则产生的，不属于《合同法》第60条第2款、第68条和第69条等规定的通知、协助、保密等义务的类型；由于它可以独立以诉的形式请求履行；由于它不是为了确保承租人的固有利益不受损害，而是具有给付的内容，本书确信它是从给付义务，而非附随义务。

出租人违反从给付义务，确实构成了违约。但并非只要当事人一方违约，对方当事人即可解除合同，解除权的产生必须符合《合同法》第94条第2项至第4项以及其他法律及其他条文所规定的条件。在系争案件中，出租人从未明确拒绝过办理出租房屋的所有权移转登记手续，没有将出租房屋毁损灭失，也未将它出卖、赠与、置换，故不符合《合同法》第94条第2项规定的条件，承租人不得援用该条项主张解除合同。

承租人一再催告出租人出示出租房屋的所有权证证明，援用《合同法》第94条第3项关于“当事人一方迟延履行主要债务，经催告后在合理期限内仍未履行”的规定，主张解除系争合同。本书认为，该项主张不应得到支持，因为该条项所谓“主要债务”，主要指双务合同中立于对价关系的债务，即给付义务[①]，

---

① 见韩世远：《合同法总论》，606页，北京，法律出版社，2004。

此类义务应为主给付义务。违反从给付义务，只有在使承租人的合同目的落空或遭受重大损失的情况下，才能产生解除权。在系争案件中，承租人一直利用租赁物从事营业活动，且生意兴隆，谈不上目的落空及遭受重大损失，故承租人尚无基于《合同法》第 94 条第 3 项的规定而产生的解除权。

当然，租赁合同作为继续性合同，承租人可以随时“解除”合同（终止合同），在本案，承租人可以运用类推适用的方法，援用《合同法》第 410 条关于任意解除的规定，主张“解除”该租赁合同，但因其没有正当事由要承担损害赔偿责任。

从给付义务被违反，一般不产生解除权。对此，有通过合同约定予以明确的。例如，某《房屋租赁合同》第 7.5 条约定：“出租人应在租赁房屋的改造工程交接日起 2 个月内向承租人提供合法有效的该租赁房屋的权属证明、改造工程监理报告、消防验收意见书和电气检测意见书等作为本合同的附件。如因出租人不按照本条的约定提供相关的合法文件，致使承租人无法按期开业，甚至导致合同无法履行的，出租人应向承租人承担违约责任。”联系该合同将该条款放置于第 7 章“交房时间和交房条件”之中，另设第 17 章“本合同的生效、变更、终止和解除”，其中于第 17.3 条至第 17.6 条、第 17.11 条约定本合同的解除及其原因，于第 17.7 条、第 17.8 条约定本合同的终止及其原因，进行体系化的解释，可知上述第 7.5 条约定的并非本合同解除的条件，而是表达出这样的意思：当事人违反从给付义务、附随义务的，产生违约责任，但一般不产生解除权。当然，在笔者看来，该约定仍有可完善之处，即应承认例外却未承认。从最佳的设计来说，该合同应当这样约定：出租人不按照本条的约定提供相关的合法文件，构成违约，出租人应承担违约责任，但不得据此解除本合同。不过，出租人不按照本条的约定提供相关的合法文件，导致合同无法履行的，承租人有权解除本合同。

3. 违反附随义务与合同解除

通说认为，违反附随义务，原则上不得解除合同，只能请求损害赔偿。不过，有学者主张，附随义务若已成为了合同的要素，不履行会导致合同目的不能达到的，可例外地承认解除权的发生。例如，房屋租赁合同中特别约定，承租人负担固定资产税的缴纳，承租人违反该项义务，便使出租人有权解除合同。[①] 其实，中国现行法已经在若干情形承认了附随义务的违反有时可以导致合同的解除。例如，《保险法》规定，投保人故意隐瞒事实，不履行如实告知义务的，或因重大过失未履行如实告知义务，足以影响保险人决定是否同意承保或提高保险费率的，保险人有权解除保险合同（第 16 条第 2 款）。被保险人或者受益人在未发生保险事故的情况下，谎称发生了保险事故，向保险人提出赔偿或给付保险金的请求的，保险人有权解除保险合同，并不退还保险费（第 27 条第 1 款）。法释［2004］14 号规定，发包人不履行合同约定的协助义务的，致使承包人无法施工，且在催告的合理期限内仍未履行相应义务，承包人请求解除建设工程施工合同的，应予支持（第 9 条第 3 项）。再如，上述某《房屋租赁合同》第 7.5 条前段关于“出租人应在租赁房屋的改造工程交接日起 2 个月内向承租人提供合法有效的该租赁房屋的权属证明、改造工程监理报告、消防验收意见书和电气检测意见书等作为本合同的附件”的约定中，交付改造工程监理报告书的义务，依有关学说，为附随义务。如此，若出现该条款后段规定的“因出租人不按照本条的约定提供相关的合法文件……导致合同无法履行的”情况，那么承租人应有权解除该租赁合同。当然，出现这种情况的可能性极小。

（三）合同解除原则上必须有解除行为

解除的条件不过为合同解除的前提，由于中国法律并未采取当然解除主义，当解除的条件具备时，合同并不必然解除，欲使它解除，一般还需要解除行为。

解除行为是当事人的行为，当事人是解除行为的主体。虽然上级主管部门的行政命令对于合同的解除有时会起重要的作用，但是该行政命令并不是解除行为，仅有行政命令不能发生合同解除的效果，只有行政命令被当事人所接受时，才会发生解除的效果。这也正说明解除行为是当事人的行为。

不过，适用情事变更原则时的解除，是由法院或仲裁机构根据具体情况而裁

① 见日本福冈高判昭 31·6·18 下“民集”7 卷 6 号 1578 页。转引自韩世远：《合同法总论》，610 页，北京，法律出版社，2004。

决的，不需要解除行为。由于人们通常所谓合同解除不包括适用情事变更原则而产生的解除，本章所论合同解除也予遵从，除非另有说明。

解除行为有两种类型，一是当事人双方协商同意，另一是解除权人一方发出解除的意思表示。

（四）解除的效果是使合同关系消灭

合同解除的法律效果是使合同关系消灭。但其消灭是溯及既往，还是仅向将来发生？各国的立法不尽相同。一类是使合同关系自始消灭，即溯及合同成立之时消灭，发生与合同从未订立相同的后果，承认合同解除有溯及力；另一类是使合同关系自解除时消灭，解除以前的债权债务关系依然存在，不承认解除有溯及力。德国法系区分解除和终止，解除一般适用于违反非继续性合同场合，并具有溯及力。当然，如今已有变化，下文再述。终止一般适用于继续性合同场合，没有溯及力。原苏联民法不论非继续性合同抑或继续性合同，原则上都使解除无溯及力。在中国，解除的效力如何，法律尚无直接规定，有人认为解除无溯及力。本书认为，研究这个问题，固然不能忽视解除的本来性质，也不能漠视实际情况。在实践生活中，确实有些合同的解除有溯及力较好，也有些合同的解除无溯及力更适当。这个问题将在第四节中详述。如果这种观点是正确的话，那么解除就与无效、撤销不同。因为无效、撤销一律有溯及力。它也与附解除条件不同，因为所附的解除条件成就，附解除条件的民事法律行为只向将来消灭。

三、解除与有关制度的区别

在合同法中，解除与有些制度相似，需要加以区分，在区分中进一步认识解除的法律性质。

（一）解除与终止

终止，在德国法系通常称为告知，与解除有密切关系，并且有共同点。19世纪末，德国起草民法第一草案时，曾经把它作为解除的一种类型，但是在制定民法第二草案时，立法者认为终止与解除的性质毕竟不同，开始把二者分开，不但名称不一样，效果也不同。后来，其他大陆法系国家的判例学说也多区别解除与终止，认为终止是由当事人一方为意思表示，使继续性合同关系向将来消灭的行为，是一种与解除并列的法律制度。当事人终止合同的权利叫终止权，是一种形成权。合同终止仅使继续性合同关系自终止之日起向将来消灭，以前的合同关系仍然有效，因而终止不发生恢复原状的后果，当事人基于合同所为的给付不用返还。此外，终止的原因也不限于违约，当事人基于自己的需要而提出终止，一般也予允许。而解除仅以违约为产生原因，在效力上溯及至合同成立之时，于是便要恢复原状。这样，解除和终止便成为不同的概念，不同的制度。不过，如今的德国民法通说认为，合同解除不再是消灭合同关系，只不过是转变为清算关系。① 这样，在溯及力的方面，合同解除和合同终止已经趋同了。

在中国，终止概念的含义不尽一致：有时与合同消灭同义，这种意义上的终止便成为解除的上位概念；有时为解除的一种类型；有时则是与解除并列的概念。这种状况应予改变。经过实践检验证明，把终止作为解除的一种类型，把这种意义的终止直接称为解除，不再用终止字样，不至于发生不适当的后果。在合同消灭的意义上使用终止，与法人终止、委托终止等一致起来，效果更佳。《合同法》把终止作为与合同消灭相同的概念使用，而把德国法所称的终止直接叫作解除。

［讨论］

明确合同解除与合同终止的含义，具有实际价值。例如，某《户外广告牌租赁合同》第10条第1款约定：“承租人未按本合同第六条约定的数额、期限、方式支付租金，属于违约，本合同自动解除，出租人不再返还承租人已经支付的广告费。”

该合同履行的实际情况是，出租人依约向承租人提供了户外广告牌，而承租人却未按《户外广告牌租赁合同》第6条的约定支付租金，构成违约。至此，该

① E. Wolfe，Rueckritt，Vertretenmussen und Verschulden，AcP153，97. 转引自黄立：《民法债编总论》，530页，北京，中国政法大学出版社，2002。

《户外广告牌租赁合同》是否已经解除，双方当事人的看法不一，诉至法院。

在庭审辩论过程中，双方围绕着“自动解除”的用语争论不休。承租人抓住系争《户外广告牌租赁合同》第10条第1款所使用的（自动）解除这一用语，套用《合同法》第93条、第94条规定的合同解除，主张系争《户外广告牌租赁合同》第10条第1款约定的自动解除，就是《合同法》第93条、第94条规定的合同解除。既然是此处的合同解除，就必须遵循《合同法》第96条第1款的规定，出租人须向承租人发出解除合同的通知，系争《户外广告牌租赁合同》才被解除；否则，系争《户外广告牌租赁合同》就未被解除。没有证据证明出租人向承租人发出过解除系争《户外广告牌租赁合同》的通知，因而系争合同并未解除，继续有效。

其实，系争《户外广告牌租赁合同》第10条第1款约定的自动解除，并非《合同法》第93条、第94条规定的合同解除，而是《合同法》第45条第1款规定的附解除条件。既然是附解除条件，且该解除条件已经成就，系争《户外广告牌租赁合同》就当然地、自动地消灭，无需待所谓的解除通知到达承租人处才发生合同解除的效力。所以，承租人主张系争《户外广告牌租赁合同》未被解除，继续有效，是站不住脚的。

该案给我们以警示：在实务中，订立合同附解除条件，用语宜明确，没有歧义。假如系争《户外广告牌租赁合同》第10条第1款的约定换个表述方式，称“承租人未按本合同第6条约定的数额、期限、方式支付租金，属于违约，本合同自动终止”，或称“承租人未按本合同第6条约定的数额、期限、方式支付租金，属于违约，本合同自动消灭”，就不会出现上述纠缠。

（二）解除与撤销

解除和撤销虽然都是合同消灭的制度，但两者之间既有明显的区别，也有重合的现象。如何解决，耐人寻味。它们之间的区别点如下：其一，从适用范围来看，撤销的适用范围比较广泛，不仅适用于欠缺有效要件的合同领域，而且适用于有瑕疵的意思表示及民事行为场合；而解除仅仅适用于有效成立的合同提前消灭的领域，有时适用于已经成立但未生效的合同类型。其二，从发生原因来看，撤销的原因由法律直接规定，而解除的原因既有法律规定的，如不可抗力致使合同不能实现目的；也有当事人约定的，如在买卖合同中约定，在将来买受人转产时产生解除权。其三，从发生的效力来看，撤销都有溯及力，《民法通则》第59条第2款规定，被撤销的民事行为从开始起无效；而解除则往往无溯及力，只有在当事人有特别约定或法律有特别规定及违约解除非继续性合同时，才有溯及力。其四，从事由产生的时间来看，产生解除权的事由发生在合同成立之后，而撤销的事由则发生在合同成立之前。

但应看到，虽然就绝大多数情形而言，合同解除的对象是完全符合有效要件、不存在效力瑕疵的合同，而可撤销的合同却是意思表示不真实或在结果上显示公平的合同，是欠缺有效要件的合同；但在少数情况下，可撤销的合同因撤销权人尚未行使撤销权而仍然具有法律效力，如果此时该合同也存在着解除的原因，那么它就成为了解除的对象；如果当事人一方或双方欲通过解除的方式将其消灭的话，那么应予允许。例如，甲企业自称有坐落于A地的大厦，价值1亿元人民币，卖与乙公司，但实际上该大厦归属于丙公司，只是被错误登记于甲企业的名下。该房屋买卖合同约定，乙公司于2000年6月21日支付第一笔房款3 000万元人民币，于2000年12月7日支付第二笔房款5 000万元人民币，于2001年4月9日支付第三笔房款2 000万元人民币。甲公司于2000年6月22日交付买卖物的钥匙。乙公司依约支付了第一笔房款，甲公司也交付了钥匙。但乙公司逾期支付第二笔房款。甲公司经过催告，未果，便援用《合同法》第107条等规定，请求乙公司承担违约责任。乙公司经过调查，发现了甲公司未将买卖物的真实的权属情况告知自己，于是援用《合同法》第54条第2款的规定，主张撤销该合同。

在此类合同既可以通过撤销的途径归于消灭，又可以采取解除的方式归于终止的情况下，应当确立何种规则？

笔者认为：(1) 在撤销权人和解除权人为同一人，且撤销权与解除权均未超过除斥期间的情况下，可以由该当事人选择消灭合同的方式；在撤销权的除斥期间已经届满时，该当事人只能采取解除的途径消灭合同，选择撤销的方式则不应得到法院或仲裁机构的支持。当然，如果双方当事人根据《合同法》第93条第1款的规定，协议解除，意味着撤销权人、解除权人放弃了撤销权、解除权，就应当承认协议解除的效力。(2) 在撤销权人和解除权人系不同的当事人，且撤销权和解除权均未超过除斥期间的情况下，如果双方当事人根据《合同法》第93条第1款的规定，协议解除，意味着撤销权人、解除权人放弃了撤销权、解除权，就应当承认协议解除的效力。如果未形成协议解除，则应当确立如下的(3)、(4)规则。(3) 在撤销权人和解除权人系不同的当事人，且撤销权和解除权均未超过除斥期间的情况下，如果只有一方当事人行使形成权，不论是行使撤销权还是行使解除权，那么均应得到支持，因为另一方当事人未行使权利，即在权利上睡眠，法律没有必要对其特别保护。(4) 在撤销权人行使撤销权，同时，解除权人也行使解除权，双方又不能和解的情况下，应当区分情况而定：1) 在合同因重大误解、显示公平而订立，撤销权人具有过失的情况下，解除权人没有过失，如果解除条件是撤销权人违约，则采取解除合同的方式，解除权人可以追究撤销权人的违约责任。对于撤销权人而言，过分不合理的繁重的合同负担得以免除；对于解除权人来讲，这比允许撤销人撤销合同并承担缔约过错责任更为有利，应当说兼顾了双方当事人的利益。而支持撤销权人行使撤销权，只是救济了撤销权人，漠视了解除权人的合法利益，于此场合，解除权人而非撤销权人更应受到法律的保护。既然如此，法律就应当支持解除权的行使，不承认撤销权的行使及其效果。当然，如果解除条件不是撤销权人违约，例如，不可抗力发生导致合同目的落空，或当事人双方约定的解除条件出现，且属于不可归责于双方当事人的原因，就是说，双方当事人应当受到平等保护，那么，究竟是支持撤销权的行使还是支持解除权的行使，撤销权人均须就其重大误解或者形成显示公平的过失承担责任，结果没有差别，确定一种后果即可。2) 在合同因欺诈、胁迫、乘人之危而订立的情况下，撤销权人即受欺诈人、受胁迫人、处于危难境地之人，最应当得到法律的特别保护，裁判机构应当支持撤销权的行使并确认其法律效果，即由欺诈人、胁迫人、乘人之危人承担缔约过错责任，能够体现出对撤销权人的特别保护；反之，如果允许欺诈人、胁迫人、乘人之危人通过行使解除权将合同解除，那么，因行使解除权系合法行为，解除权人不承担违约责任，同时，因撤销权人未行使撤销权，能否追究欺诈人、胁迫人、乘人之危人的缔约过错责任，在中国现行法未设明文的背景下就成为悬念。可见，存在着不利于受欺诈人、受胁迫人、处于危难境地之人的可能。既然如此，法律就应当支持受欺诈人、受胁迫人、处于危难境地之人行使撤销权，除非有证据表明欺诈人、胁迫人、乘人之危人行使解除权对受欺诈人、受胁迫人、处于危难境地之人没有损害。

（三）解除与附解除条件

在附条件的法律行为中，有所谓附解除条件。所附的解除条件成就时，法律行为消灭。就此看来，解除与它有共性。但二者更有差异：其一，所附的解除条件原则上可以附加于一切法律行为及意思表示，并不限于合同；但合同解除则只适用于合同领域。其二，在法律行为中附解除条件，目的是限制法律行为的效力，满足当事人特定的需要，为此当事人以意思表示对法律行为加上附款；合同解除不是合同的附款，并且往往不是基于当事人的约定，而主要是基于法律规定。其三，所附的解除条件成就，附解除条件的法律行为当然且自动地消灭，无需当事人再有什么意思表示；在合同解除的情况下仅仅具备解除的条件还不能使合同消灭，必须有解除行为才能使合同实际解除。其四，所附的解除条件成就，附解除条件的法律行为一般是向将来失去效力；合同解除则既有向将来发生效力的，也有溯及合同成立当初的。

四、合同解除的类型

合同解除的情况比较复杂，所需条件、所经程序和所生效力不尽一致。为了便于掌握和研究，有必要将合同解除类型化。

（一）单方解除与协议解除

单方解除，是解除权人行使解除权将合同解除的行为。它不必经过相对人的同意，只要解除权人将解除合同的意思表示直接通知对方，或经过人民法院或仲裁机构向对方主张，即可发生合同解除的效果。在德国等国家或地区的民法上，其合同解除就是指的单方解除，以一方违约为解除权产生的原因。在中国法律上，合同解除不仅包括单方解除，也包括协议解除，并且单方解除的条件也不以一方违约为限。

协议解除，是当事人双方通过协商同意将合同解除的行为。它不以解除权的存在为必要，解除行为也不是解除权的行使。协议解除在大陆法系称为合意解除、解除契约或反对契约，是无解除权的当事人双方的合意，以第二契约解除第一契约，使第一契约的效力溯及消灭。“买卖契约因合意而缔结，同样，在契约开始履行之前，它也因相反的合意而解除。”[①] 大陆法系认为，合意解除与民法所规定的合同解除在性质上根本不同，不适用民法关于合同解除的规定，其效力应依当事人的约定而发生。[②] 中国法把协议解除作为合同解除的一种类型加以规定，理论解释也不认为协议解除与合同解除判若两制，而是认为既具有与一般解除相同的属性，也有其特点，如解除的条件为双方当事人协商同意，并不因此损害社会公共利益，解除行为是当事人的合意行为等。

批评《合同法》将协议解除归为合同解除制度的，大有人在。[③] 有学者提出如下三点理由来论证其观点：(1) 关于解除权运作的规则，对协议解除没有适用的余地，协议解除和解除权的行使在构造上大异其趣，没有必要将二者“拉郎配”式地捆绑在一起。(2) 将性质完全不同的协议解除和行使解除权解除合同捆绑成合同解除制度，势必使合同解除制度内部充满矛盾，甚至可能“因为内部矛盾而自己推翻自己”。其矛盾的表现之一是，协议解除的标的包括有效的合同和效力存在瑕疵的合同，而以解除权为必要的合同解除是以有效合同为标的的；其矛盾的表现之二是，以解除权为必要的合同解除具有溯及力，而溯及力对于协议解除没有意义；其矛盾的表现之三是，合同解除一般不影响当事人请求损害赔偿的权利，这对协议解除亦无适用余地。在协议解除场合，双方当事人已对各自的

---

① [古罗马] 保罗语，载 [古罗马] 优士丁尼：《买卖契约》，刘家安译，159页，北京，中国政法大学出版社，2001。

② 见史尚宽：《债法总论》，509页，台北，荣泰印书馆股份有限公司，1978。

③ 见马俊驹、余延满：《民法原论》下，617页，北京，法律出版社，1998；蔡立东：《论合同解除制度的重构》，载《法制与社会发展》，2001 (5)，43～44页。

权利义务作出了具体的重新安排，也就没有必要通过行使损害赔偿请求权调整他们之间的法律状态，尽管损害赔偿请求权是达成协议解除要考虑的重要因素。(3) 合同订立的规则完全可以有效地规制合同的协议解除。对此，本书释答如下：

其一，如果说法律可以将不可抗力致使不能实现合同目的问题由风险负担制度管辖，也可以将其交由合同解除制度解决，或使其归属于其他什么制度，取决于立法政策，那么，协议解除则不同，它是客观存在的，即使法律不设明文，协议解除也发生废止既有合同的效力，除非它违反强行性规定。余下的只是把它放置何处的模式设计问题。将其归入合同解除制度之中，则合同解除是广义的；使其独立，则合同解除为狭义的。显然，这不是对错的问题。

其二，合同订立的规则，按照《合同法》的设计，包含缔约人、缔结合同的过程、合同成立及其判断规则、缔约过错责任等项内容（第 9 条～第 43 条），而不包含合同生效的规范，而协议解除恰恰重在反对合同（将既有的合同废止的合同，新签订的合同）发生法律效力，从而把既有的合同废止。协议解除制度应当包含反对合同的订立、生效和具体的效力表现。把它归入合同订立制度之中，有些削足适履的味道，不符合《合同法》区分合同成立和合同生效的制度设计，实为不妥。

其三，协议解除不适用以解除权为必要的合同解除的规则，是法律可以将它们分开、选择狭义解除模式的原因，但不当然是反对法律将它们统归于合同解除、设置广义的合同解除的理由。其道理在于，一项法律制度再细化为若干亚制度，一项亚制度和其他亚制度之间不许相互准用法律规范，只要法律及其解释对此予以明确，就不会在法律适用时带来不适当的后果，应当被允许。例如，养殖所适用的规范和捕捞所适用的规则基本上不同，但不妨碍养殖权和捕捞权共处于渔业权制度之中。

其四，把协议解除归入合同解除制度中，势必使合同解除制度内部充满矛盾之说，可被简称为“内部充满矛盾说”，这需要澄清。何谓制度内部充满矛盾？如果一项法律制度内部存在着不同的规则，即使它们各自适用的范围清晰无误，也叫内部充满矛盾的话，那么，这种现象在民法中比比皆是，可以听之任之，无须大惊小怪。不是吗?! 在民事主体制度中，自然人和法人在人格权、继承等方面往往要分别适用不同的规则，完全正当；在合同制度中，有偿合同和无偿合同在民事责任的构成、解除的条件上，大多要分别适用不同的规则，纯属正常；在法律事实制度中，法律行为和事实行为在引起法律关系的变动上，存在着适用意思自治原则还是法定主义调整模式的区别，具有意义；各种债的关系均有自己的构成要件，法律效果也有所差异，被德国、日本和中国海峡两岸的民法所肯认，难以逆转。可见，一项法律制度可以细化为若干亚类型，只要每一种亚类型都有其清晰的构成要件和相应的法律效果，亚类型之间的边界明确，就不叫法律制度内部充满矛盾，而叫“和而不同”，是常态。将协议解除归入合同解除制度之中，就属于上述情形，无可厚非。

其实，在合同解除制度中，这种“和而不同”的情形，不限于协议解除和以解除权为必要的解除之间的关系，还有如下类型：约定解除和违约解除在解除条件及其发生的原因、法律效果的确定等方面时常不统一；《合同法》第 410 条规定的任意解除与《合同法》第 94 条第 3 项和第 4 项规定的合同解除，差异巨大；《合同法》第 94 条第 3 项和第 4 项规定的合同解除与《保险法》第 15 条规定的投保人的任意解除、第 17 条第 2 款规定的不履行如实告知义务时的解除，也非常不同。对于后面几种类型，未见“内部充满矛盾说”提出批评。假如坚持按照同一标准对待相同或相近的事物的原则，“内部充满矛盾说”就应当批评上述设置，但事实上它却沉默不语，这有采取双重标准之嫌。

我们所要反对的法律制度内部充满的矛盾，应当是另外的类型。例如，不可化解的规范矛盾，立法应当尽量避免或减少的法律制度内部充满矛盾的类型等。所谓立法应当尽量避免或减少的法律制度内部的矛盾，包括可化解的规范矛盾、价值判断矛盾。例如，预期不能履行场合，究竟是适用《合同法》第 108 条、第 94 条第 2 项的规定，还是适用《合同法》第 68 条和第 69 条的规定？颇费斟酌，因为它们不但在构成要件上存在着不同，而且在法律效果方面也有区别。此类不一致，才构成矛盾，才是应当避免的。协议解除归入合同解除制度之中，显然不属于这些情形。

其五，从正面说，法律及其理论有时需要确定类型，把已经有效成立或者已经成立但尚未生效的合同提前消灭的现象都归结为合同解除，为其表现之一。从合同消灭的角度观察，协议解除不归入合同解除制度中，归到何处？至于它被归入合同解除制度后产生的法律要件、法律效力等不统一，可以通过亚类型化的办法解决。

诚然，将协议解除归入合同解除制度之中，主要是就解除的消极特征立论，合同解除为上位概念，统辖协议解除、以解除权为必要的解除。相对而论，就其消极特征立论仍有其积极意义，例如，便于法律人全面把握、形成抽象理论和制度、促成类型化等。债和债法就是如此。

其六，以协议解除的对象不限于有效成立的合同，而以解除权为必要的解除则以有效成立的合同作为标的为由，反对将协议解除归入合同解除制度之中，也不妥当。从协议解除方面看，协议解除的对象仍然受到限制，例如，存在无效原因的合同不应当允许协议解除，在效力待定场合，限制行为能力人、无权代理人、无权处分人与相对人“协议解除”，其实是不追认前一个效力待定合同的表现，是另定一个合同，并且该合同同样是效力待定的；从以解除权为必要的解除方面观察，既有学说对于合同解除对象的概括需要修正，因为实务中已经有裁决书对当事人将已经成立但尚未生效的合同解除予以了确认，上文已述，不再赘言。

其七，协议解除归入合同解除制度之中，有其历史背景。1981 年的《经济合同法》（已被废止）对于经济合同的解除，包括一方当事人违约情况下的解除，一律采取协议的方式（第 27 条、第 28 条），在这种背景下，把协议解除放置于合同解除制度之中，符合其逻辑。这与中国民事诉讼法长期重视调解原则相辅相成。此其一。1993 年修正的《经济合同法》（已被废止）只是将不可抗力致使经济合同的全部义务不能履行、另一方没有在约定的期限内履行义务，修正为解除权产生的条件，对于典型的协议解除则未加修改（第 26 条）。这种处理方式也影响到了《合同法》。此其二。中国立法有个传统的考虑，认为百姓不熟悉、不善于运用协议解除的方式实现自己的利益，法律明确规定协议解除的方式，起到提示和示范的作用。如果将协议解除排除在合同解除制度之外，那么将之规定于何处？恐怕将它放置于合同解除制度中还是最佳的方案。此其三。

当然，从立法论的层面上讲，未来的中国民法典在合同解除制度中可以不明文规定协议解除，依据合同自由原则承认其法律地位。

（二）法定解除与约定解除

合同解除的条件由法律直接加以规定者，其解除为法定解除。在法定解除中，有的以适用于所有合同的条件为解除条件，有的则仅以适用于特定合同的条件为解除条件。前者称为一般法定解除，后者称为特别法定解除。中国法律普遍承认法定解除，不但有关于一般法定解除的规定，而且有关于特别法定解除的规定。

约定解除，是当事人以合同形式约定为一方或双方保留解除权的解除。其中，保留解除权的合意，被称为解约条款。解除权可以保留给当事人一方，也可以保留给当事人双方。保留解除权，可以在当事人订立合同时约定，也可以在以后另订立保留解除权的合同。《合同法》第 93 条第 2 款对此予以规定，值得肯定。因为约定解除是根据当事人的意思表示产生的，其本身具有较大的灵活性，在复杂的事物面前，它可以更确切地适应当事人的需要。当事人采取约定解除的目的虽然有所不同，但主要是考虑到当主客观上的各种障碍出现时，可以从合同的拘束下解脱出来，给废除合同留有余地，以维护自己的合法权益。作为一个市场主体，为了适应复杂多变的市场情况，有必要把合同条款规定得更细致、更灵活、更有策略性，其中应包括保留解除权的条款，使自己处于主动而有利的地位。

约定解除在中国的实务中已经得到了运用。例如，2002 年 6 月，杨某与 B 房地产开发有限责任公司签订了购买该公司开发的书香庭项目 2102 室的商品房买卖合同，并支付了首付款。合同约定，房款总额为 328 859 元人民币，“出卖人应当在 2002 年 6 月 23 日前”将房屋交付给买受人，且“除了不可抗力外，出卖人应于 2002 年 7 月 1 日前完成社区绿化，如在规定日期内未达到使用条件，买受人有权解除合同，出卖人应于 30 日内将房款退还买受人，并支付房款总额

3%的违约金”。“逾期交房超过30天，买受人解除合同的，出卖人应当自买受人解除合同通知到达之日起30天内退还全部已付款，并按买受人累计已付款的2%向买受人支付违约金。”但直到2002年9月6日，B房地产开发公司才向杨某提供入住通知书，杨某为此已支付装修设计费2 500元，并且该社区的绿化工程始终没有完工。杨某一纸诉状将B房地产开发公司告上了某法庭。该法庭经审理后判决支持原告的诉讼请求，允许原告解除合同，被告承担相应的赔偿责任，支付两项违约金，并赔偿杨某的装修设计费损失。[①] 再如，某《合同书》第5条第2项约定：“甲方应于本合同签署后六个月内向乙方交付A地块。甲方于交地前五天应向乙方发出交地书面通知，乙方应于接收该通知后安排于该交地日期支付甲方第二笔定金及首期转让款，接受土地并向甲方出具已交付本项目用地的证明，如果乙方无正当理由由于收到通知后五个工作日内不支付第二笔定金或首期转让款，或不接受土地，或不出具上述证明，则甲方有权解除本合同。”

[探讨]

1. 约定解除的识别

有些约定，在表面形式上似乎属于他种法律制度或规则，但实质上应为约定解除。例如，某《股权联合收购协议》约定：本协议签署后，原投资人甲拒绝与新投资人乙公司按本协议约定的交易条件签署相关文件及/或拒绝向新投资人乙公司提供与本次股权转让相关的文件及/或办理相关的手续的，及/或原投资人甲未按照回购期限支付回购定金的，及/或原投资人甲未按照本协议约定的条件和期限回购股权的，均视为原投资人甲根本违约。在这种情况下，新投资人乙公司有权单方面解除本协议，原投资人甲应向新投资人乙公司支付本协议项下股权转让款总额10%的违约金，或通知原投资人甲终止股权回购，并不退还2 950万元人民币的定金。

对该《股权联合收购协议》约定的“……视为……根本违约”，望文生义地理解，似为当事人双方关于根本违约的界定，即将“本协议签署后，原投资人甲拒

① 见原静：《社区绿化写进合同 未按期完工业主退房》，载《人民法院报》，2003-09-18，第7版。

绝与新投资人乙公司按本协议约定的交易条件签署相关文件及/或拒绝向新投资人乙公司提供与本次股权转让相关的文件及/或办理相关的手续的，及/或原投资人甲未按照回购期限支付回购定金的，及/或原投资人甲未按照本协议约定的条件和期限回购股权的”，“均视为原投资人甲根本违约”。不过，笔者则持不同的看法，认为不宜将该约定认定为关于根本违约的界定，而应将其解释为约定了解除权产生的条件，即“本协议签署后，原投资人甲拒绝与新投资人乙公司按本协议约定的交易条件签署相关文件及/或拒绝向新投资人乙公司提供与本次股权转让相关的文件及/或办理相关的手续的，及/或原投资人甲未按照回购期限支付回购定金的，及/或原投资人甲未按照本协议约定的条件和期限回购股权的”，均为新投资人乙公司享有并行使解除权的条件。如此解释的理由在于：(1) 根本违约具有质的规定性，对其内涵和外延，法律人已经基本上达成了共识。假如任凭当事人通过约定改变根本违约的内涵和外延，则会导致根本违约概念的不确定性，弊大于利。(2) 该《股权联合收购协议》约定的措词是“视为”，这本身就表明，当事人不欲通过约定改变根本违约的内涵和外延，只是将若干情形“当作”根本违约对待，以达适用某些法律规定的目的，产生某些法律后果。(3) 整体审视该约定，不难发现当事人双方是想将其约定的若干情形与解除权规则、定金罚则联系起来。就是说，在当事人双方约定的情形之一出现时，新投资人乙公司便享有解除权和不退还定金之权。当事人双方之所以如此约定，动机可能方方面面，但有一点是肯定的：按照中国现行法及其理论，在约定的一些情形出现时，可能不得适用《合同法》第 94 条第 3 项和第 4 项关于解除权产生并行使的规定，因为约定的有些情形未致合同目的的落空，约定的有些行为不属于不履行主给付义务；也可能无法适用定金罚则或不退还全额的定金，因为定金罚则确定地适用于不能履行、拒绝履行两种场合，至于其他违约行为的场合，要么不退还一定比例的定金，要么不适用定金罚则。如今，通过当事人双方的上述约定，便排除了这些障碍，只要约定的情形之一出现，新投资人乙公司就可以单方面地解除《股权联合收购协议》并追究原投资人甲的违约金责任，或通知原投资人甲终止股权回购，并不退还 2 950 万元人民币的定金。

既然如此，将该约定的情形解释为解除权产生的条件和适用定金罚则的条件，可能更符合当事人双方的本意，妥当地适用法律。

2. 约定解除与法定解除之间的关系

实务中的案件引出了需要讨论的问题：当事人在合同中约定了解除权产生的条件，是否就不得适用法律规定的解除权产生的条件？系争《商品房代理销售合同》约定了两项解除条件：第一项是销售代理商销售策划代理权不得转让，否则，房地产开发商有权解除该销售代理合同；第二项是如果销售代理商服务不到位，房地产开发商有权责令销售代理商整改，如果几次整改后仍未被房地产发展商认可，则房地产开发商有权解除该合同。

后因种种原因，房地产开发商于2002年8月22日发函给销售代理商，依据《合同法》第410条及第94条第4项的规定，主张解除《商品房代理销售合同》，销售代理商则认为，合同约定的两项解除条件合法有效，且已经排斥了法定解除条件的适用，因为按照意思自治原则的要求，当事人的约定处于优先的地位。鉴于两项约定的解除条件均未成就，即系争合同中没有产生解除权，房地产发展商无权援用法律关于解除条件的规定，不得解除合同。这是约定解除条件排斥法定解除条件说。

与此相对的是法定解除条件大于约定解除条件说，即任何时候法定解除条件都可以适用，否则，法律规定解除条件便失去了意义。意思自治原则不是至高无上的，而是受到强制性规定、社会公共利益、社会公德限制的。

本书持折衷说，其要点包括：(1) 在约定的解除条件已经涵盖了全部解除条件的情况下，只要这些约定不违反法律、行政法规的强制性规定，不违反社会公共利益，不违背社会公德，不会导致极不公正的后果，约定的解除条件成就，法定解除条件就不再适用，这是奉行意思自治原则的当然结论。例如，如果当事人双方在合同中约定，任何一方迟延履行主要债务，不待催告即可解除合同。这虽然明显不符合《合同法》第94条第3项关于迟延履行主要债务场合解除权须经催告程序才可行使的规定，但该约定若系当事人双方真实的意思表示，则无损害社会公共利益、社会公德之虞，也没有在当事人之间造成利益关系的严重失衡，法律没有必要否定其效力。但若造成严重失衡，只有限制该约定条件的适用范围才会公平合理，则应当予以限制。例如，某合同约定，承租人迟延交付租金30天，出租人有权径直解除合同，无需催告。承租人装修花去3 000万元人民币左右。在实际履行过程中，遇北京2008年奥运会期间，因管制而使酒店的经营状况不尽如人意，收入锐减，承租人只是分几次陆续交付了10万元、30万元人民币，出租人通过诉讼方式行使解除权，请求解除该租赁合同。(2) 在约定的解除条件没有涵盖全部解除条件的情况下，在未涵盖的领域，法定解除条件自有其适用余地，这是法律行为调整模式和法定调整模式相互衔接配合的当然要求，是法定解除制度的目的表现。(3) 如果约定的解除权产生的条件，尤其是排除法定解除权的约定，将造成极不适当的后果，或违反了强制性规定，或损害了社会公共利益，或违背了社会公德，则此类约定无效。例如，约定排除《合同法》第94条第1项和第4项规定的解除权，意味着强令已经不能履行的合同继续存在，除了使不能实现合同目的的合同继续束缚着当事人，阻碍当事人轻装上阵外，没有任何积极的价值。故此类约定应当无效。再如，约定排除《合同法》第410条规定的任意解除权，若与现代法律关于人身自由、行为自由的伦理不抵触，则该约定有效，当事人任何一方都不得援用《合同法》第410条将委托合同解除；若违反了现代法律关于人身自由、行为自由的伦理，则此类约定无效，无论是委托人还是受托人，都有权援用《合同法》第410条将委托合同解除。

据此分析上述案件，不难发现，不存在销售代理商转让代理权的事实，故约定的第一项解除条件未成就，政府主管部门未完全批准调整方案，销售代理商对此没有“整改”的可能及余地，故约定的第二项解除条件也没有成就，既然如此，当事人就完全有权援用法定的解除条件，主张解除合同。

3. 约定解除条件可以包含政府行为

出卖人和买受人于2009年1月10日签订了《A商铺买卖合同》，约定出卖人应当在房屋交付后240天内即2010年5月26日办理完毕A商铺的初始登记。若出卖人无法在A商铺交付后360天内即2010年9月23日办理完毕初始登记，则买受人有权在2010年9月23日之后半年内即2011年3月23日之前通知出卖人解除合同。该合同还约定，如因出现暴乱、恐怖行为、罢工、政府行为或政策发生变动、法律法规变化、政府主管机关、测量机构原因导致时间延误、误差、自然灾害、战争等非出卖人可预见、控制并可避免的事件或其他不可抗力事件，出卖人延期交付商铺、不能履行合同或履行不符合本合同约定的，那么，出卖人不承担违约赔偿责任。

合同的履行情况是，买受人于2009年3月3日付清了全部房款，出卖人于2009年9月28日取得竣工验收备案文件，并在当日将A商铺交付给买受人，于2010年12月2日通知买受人办理A商铺的过户登记手续。此时，买受人不同意办理A商铺的过户登记手续，并于2010年12月20日向出卖人发出了解除《A商铺买卖合同》的通知。

出卖人未能在约定的期限内办理登记，原因在于政府部门职能管理中有关接受公共设施的职能不明，相互扯皮、推诿，迟至2010年8月10日才受理出卖人关于A商铺的初始登记申请，同年10月13日公告初始登记，同年11月24日核准登记。出卖人在其中没有任何过错。

在这种背景下，关于《A商铺买卖合同》是否已经解除，意见不一。否定说的主要理由是，A商铺未于2010年9月23日办理完毕初始登记，责任全在政府，出卖人在其中没有任何过错，没有违约，因此解除条件不具备，买受人无权解除《A商铺买卖合同》。笔者不赞同这种意见，思路及理由如下：

(1) 合同解除不属于违约责任的范畴，而是合同不宜继续存在时的救济手段。因而，合同解除制度有自己的原则及规则，而非照搬违约责任制度的原则及规则。合同解除制度可以吸收过错责任原则的某些精神、元素，也可以不吸收。约定解除制度就更是如此，意思自治原则在其中发挥重要的作用，法律应最大限度地尊重当事人的意思，尽可能地尊重当事人关于解除权产生条件的约定。如此，在约定解除的场合，当事人可以将违约行为作为解除权产生的条件，也可以把违约行为以外的事实作为解除权产生的条件，包括将政府行为作为解除权产生的条件。

顺便提及，《合同法》对于违约责任也没有奉行过错责任原则（第107条等)，而是贯彻无过错责任原则，在若干领域承认过错责任。既然如此，法律人就更不宜强求约定解除权产生的条件必以过错违约为限，排斥政府行为作为解除权产生的条件。

(2) 当然，这不意味着当事人随意约定解除权产生的条件，也不是说当事人约定的解除权产生的条件在任何情况下都是有效的。正确的思路及做法是，我们应当审视：约定的解除权产生的条件是否违反法律、行政法规的强制性规定，是否损害社会公共利益，是否违背社会公德。若是，则约定无效，当事人不得据此主张解除合同；若不，则约定有效，当事人有权据此主张解除合同。就本案来看，当事人约定的解除权产生的条件，不违反法律、行政法规的强制性规定，不损害社会公共利益，不违背社会公德，应当有效。

(3) 在政府行为与合同之间的关系方面，政府行为具有强制性，当事人无力对抗，至少在某些情况下符合《合同法》第 117 条第 2 款关于不可抗力系指不能预见、不能避免并不能克服的客观情况的规定。《合同法》第 94 条第 1 项允许在不可抗力致使不能实现合同目的时解除合同，自然允许在政府行为构成不可抗力致使不能实现合同目的时解除合同。既然法律已将政府行为致使不能实现合同目的作为法定解除权产生的条件，就没有理由禁止当事人将政府行为致使合同目的不能实现约定为解除权产生的条件。

诚然，某些政府行为能够被当事人事先预见，或可以避免，此类政府行为便不属于不可抗力。于此场合，只要当事人没有过错，就可以比照《合同法》第 94 条第 1 项的规定处理。

总之，《合同法》明文将不可抗力致使不能实现合同目的作为解除权产生的法定条件，通过解释，政府行为致使合同目的不能实现也属于解除权产生的法定条件。基于法律如此设计的同样理由，当事人完全有权约定政府行为、不可抗力致使不能实现合同目的为解除权产生的条件。再基于意思自治原则，当事人完全有权剔除“致使不能实现合同目的”这一因素，径直约定政府行为、不可抗力为解除权产生的条件。

(4) 英美法上的合同落空原则、大陆法系的情事变更原则都将政府行为作为合同解除的条件（原因），在政府行为导致合同目的落空或合同履行显失公平的情况下，当事人已经诉请裁判机构据此解除系争合同的，裁判机构可依职权将系争合同解除。中国法释［2009］第 5 号第 26 条承认了情事变更原则，在政府行为导致合同目的落空或合同履行显失公平的情况下，当事人已经诉请裁判机构据此解除系争合同时，允许裁判机构可依职权将系争合同解除。同理，当事人完全有权约定政府行为系解除权产生的条件。

(5) 系争《A 商铺买卖合同》约定，如因出现暴乱、恐怖行为、罢工、政府行为或政策发生变动、法律法规变化、政府主管机关、测量机构原因导致时间延误、误差、自然灾害、战争等非出卖人可预见、控制并可避免的事件或其他不可抗力事件，出卖人延期交付商铺、不能履行合同或履行不符合本合同约定的，那么，出卖人不承担违约赔偿责任。

十分明显，该约定仅仅将政府行为导致出卖人逾期办理 A 商铺登记，作为免除出卖人违约责任的条件，而未将政府行为导致出卖人逾期办理 A 商铺登记，作为限制买受人解除合同的条件；换句话说，该约定不含有政府行为导致出卖人逾期办理 A 商铺登记时不许买受人解除系争合同的意思。就是说，按照当事人的本意，不论 A 商铺的登记逾期的原因是否为政府行为，只要至 2010 年 9 月 23 日时未办理完毕 A 商铺的初始登记，买受人就有权解除《A 商铺买卖合同》。

有必要指出，解除权的行使并非绝对自由，也受到若干限制，包括不得违反诚实信用原则及禁止权利滥用原则。假如买受人据此约定解除《A 商铺买卖合同》会导致极不适当的结果，则出卖人可以援用诚实信用原则及禁止权利滥用原则，反对买受人行使解除权。

4. 约定解除与附解除条件的区别

(1) 问题的提起

某《售房合同书》第 4 条约定：甲如不能在 2001 年 12 月 31 日前将 B 号房屋的户名过到乙名下，除应如数退还乙所付全部款外，还应对乙作适当经济赔偿，包括房屋装修费，因追索房产证而导致的误工损失费、交通费、诉讼费、聘请律师等费用。

该约定是属于附解除条件，还是构成约定解除？如果属于附解除条件，那么售房合同便为附解除条件的法律行为，按照《合同法》第 45 条第 1 款后段的规定，当解除条件成就时，售房合同失效，并且是自动地、当然地归于消灭。甲在 2001 年 12 月 31 日未能将 B 号房屋的所有权过户到乙名下，条件已经成就，那么，无须当事人通知解除合同，售房合同便自此自动地、当然地终止，甲移转 B 号房屋所有权的义务随之消灭，因而，乙请求甲立即给其办理房屋所有权的过户手续，没有依据。

如果该第 4 条的约定构成了约定解除，则售房合同不是附解除条件的法律行为，不会因所谓解除条件成就而当然地、自动地终止，而是约定的解除合同的条件出现时，解除权产生。至于合同是否解除，要看解除权人是否行使解除权。解除权人若通知对方解除合同，则该通知到达对方时发生解除合同的效果；解除权人不作此类意思表示，则合同继续有效。[①] 如果把《售房合同书》第 4 条的约定视为构成了约定解除的话，那么，因甲在 2001 年 12 月 31 日未能将 B 号房屋的所有权过户到乙名下，乙自此取得解除权。乙若行使该解除权，通知甲《售房合同书》作废，那么，该合同归于消灭；乙若不行使解除权，仍然请求甲向其移转 B 号房屋的所有权，那么，应当得到支持。

总之，《售房合同书》第 4 条的约定，假如构成约定解除，那么乙能请求甲继续履行售房合同，进而取得 B 号房屋的所有权；倘若属于附解除条件，因系争合同已经终止，甲不再负有移转 B 号房屋所有权的义务，则乙便不能取得涉案房屋的所有权。可见，准确地定位《售房合同书》第 4 条的约定，对解决 B 号房屋所有权移转与否的问题至关重要。

(2) 约定解除和附解除条件之间的区别

为了准确定位《售房合同书》第 4 条的约定，我们先考察约定解除与附解除条件之间的区别。

所谓约定解除，是指当事人以合同形式，约定为一方或双方保留解除权的解

---

① 参见崔建远主编：《合同法》，3 版，193 页，北京，法律出版社，2003。

除。《合同法》第93条第2款规定了这种解除类型。所谓附解除条件法律行为中的解除条件，是限制合同等法律行为效力消灭的条件，即已经发生的合同等法律行为在解除条件成就时失去效力，在解除条件不成就时保持其效力。《合同法》第45条第1款后段对此予以了规定。它们之间存在着如下区别：

①约定解除是一种与法定解除并列的合同解除类型，系一项独立的法律制度，关于解除权保留的意思表示只是法律行为的组成部分。保留解除权的意思表示，被称为解约条款。而附解除条件只是一种约款，属于意思表示的范畴，必须被置于合同等法律行为之中，成为其意思表示的部分，而不是游离于合同等法律行为之外，才会发挥作用。②约定解除只适用于合同领域；而附解除条件不仅可以是合同的有机构成部分，也可以存在于单方法律行为之中。③解除权可以保留给当事人一方，也可以保留给双方。附解除条件场合不存在解除权及其行使的问题。④在约定解除的情况下，约定的产生解除权的条件成就时，解除权产生，解除权人若行使解除权，则合同归于消灭；解除权人若不行使解除权，则合同继续有效。与此不同，在附解除条件的法律行为中，解除条件成就时，法律行为当然失去效力（《合同法》第45条第1款后段），即使有一方当事人欲使法律行为继续有效，也是枉然。⑤在约定解除的情况下，基于当事人双方的约定，合同解除可以溯及既往地发生效力，也可以只向将来消灭合同关系。合同消灭引起的“清算”问题，适用《合同法》第97条的规定。但所附解除条件的成就，原则上并无溯及的效力。法律行为因所附解除条件成就而消灭的，当事人之间的偿还义务，依不当得利的规定。[①] 当然，在中国现行法上，在法律行为因所附解除条件成就而溯及既往地消灭时，可能有物的返还请求权发生。

（3）某《售房合同书》属于附解除条件的合同

就解决某《售房合同书》的需要而言，上述第一、第二两点区别派不上用场，第三、第四两点区别则处于关键地位。

就《售房合同书》第4条的文义分析，它没有表达下述意思：甲在2001年

① 参见中国台湾地区“最高法院”民刑事裁判选辑，第6卷第1期，23页；王泽鉴：《民法总则》，462页，台北，三民书局，2000。

12 月 31 日未能将 B 号房屋的所有权过户到乙名下时，乙“可以”或“有权”将售房合同解除。也就是说，该条的约定未给当事人任何一方保留解除权，按照上述第三点区别标准，该第 4 条的约定不符合约定解除的要件。

《售房合同书》第 4 条约定，甲在 2001 年 12 月 31 日未能将 B 号房屋的所有权过户到乙名下时，甲应如数退还丙所付的全部房款，并作适当经济赔偿。换一种表达方式就是，售房合同消灭，双方之间恢复原状。按照上述第四点区别标准，该第 4 条的约定正符合附解除条件的要求，而不符合约定解除的特征。

把《售房合同书》第 4 条的约定作为附解除条件，便有如下结论：由于该条件系由双方约定的，在它已经发生法律效力的情况下，原则上只有双方同意，才可以将其排除。在系争案件中，乙请求甲办理 B 号房屋所有权的移转登记手续，是单方面改变原来的双方的约定，即不让某《售房合同书》自动地、当然地消灭，而是继续有效。对此，甲不予认可，于是乙单方面地改变双方关于附解除条件的原有约定，不能发生预期的效力，该意思表示不具有排除附解除条件的效力。换言之，原来约定的附解除条件依然有效，它不会转换为约定解除，最终的结果是某《售房合同书》照样自动消灭。

正因乙与甲之间的售房合同已于 2001 年 12 月 31 日自动消灭，所以，乙请求甲把 B 号房屋的所有权过户到她名下，便没有法律根据。

（三）任意解除与非任意解除

任意解除，在中国现行法上存在着若干类型：(1) 在继续性合同场合，当事人任何一方都可以双方的信任基础已经丧失为由而行使解除权的解除。《合同法》第 410 条前段规定的“委托人或者受托人可以随时解除委托合同”，属于此类。这种类型的任意解除，已被当事人所运用。例如，某《房屋租赁合同》第 17.6 条约定：“双方有权根据自身经营情况单方面提前终止本合同，但须提前 3 个月书面通知对方，并向对方支付相当于下一年度 3 个月租金的违约金。”(2) 承揽工作项目是为定作人的利益而进行的，甚至有的仅仅对定作人有意义，如果情事变更等原因使承揽工作变得对定作人已经没有意义、没有必要，却仍要定作人忍受承揽人继续完成工作的结果，那么显然是不合理的。在此类情况下，允许定作人解除合同，同时充分赔偿承揽人的损失，是适当的。对此，任何国家或地区的立法例均予认可[①]，中国《合同法》亦然（第268条）。（3）此外，对于某些合同，基于特别的立法政策，法律赋予了特定当事人任意解除权。例如，《保险法》第15条规定："除本法另有规定或者保险合同另有约定外，保险合同成立后，投保人可以解除合同，保险人不得解除合同。"再如，《农村土地承包法》第29条前段规定："承包期内，承包法可以自愿将承包地交回发包方。"

与此不同，在多数情况下，单纯的信任基础丧失尚不足以产生解除权，法律也未基于其他的特殊理由赋予特定当事人任意解除权，当事人若想解除合同，就必须具备约定的或法律特别规定的解除条件，诸如一方当事人的违约行为并达到相当的程度，不可抗力等客观原因致使不能实现合同目的等。条件具备，解除权产生，解除权的行使导致合同解除。我们将此类解除称为非任意解除。

任意解除和非任意解除存有共同点，表现在都以解除权的存在和行使为必要，更有区别之处：（1）解除的对象不同。任意解除的对象是特别强调信任基础的继续性合同，而非任意解除的对象主要是一时性的合同，当然，当事人约定继续性合同必须符合特定的条件才可以解除，否则，以违约论处的，此类解除也属于非任意解除。（2）解除权产生的条件不同。在任意解除场合，解除权产生的条件是作为合同基础的信任丧失，且对于信任基础丧失与否的认定，基本上取决于解除权人的表示，判断的客观标准未受到足够的重视。换言之，此类解除权的产生表面上有条件限制，实质上如同没有一般。除此而外，某些法律出于对某些特殊当事人优惠保护的立法政策，未附加条件地赋予了任意解除权。与此不同，在非任意解除场合，解除权的产生条件受到严格限制。（3）解除行为是否为合法行为的不同。由上述第二点差别所决定，任意解除实际上细分为两种不同的类型，一种是解除权基于正当事由而产生的解除，另一种是没有正当事由的解除。前一种解除属于真正的解除，解除权的行使是合法行为。后一种解除只具有解除之名，实质上是不法行为，会产生民事责任。非任意解除没有这样的划分，解除权

① 见［日］星野英一：《日本民法概论Ⅳ·契约》，姚荣涛译，刘玉中校订，248页，台北，五南图书出版有限公司，1998。

的行使一律为合法行为，本身不产生民事责任。（4）解除权的享有人存在着差异。在以继续性合同为对象的任意解除场合，任何一方当事人都享有解除权，只有在一方当事人行使解除权时，合同自该解除的通知到达对方当事人之处时才解除，对方当事人有异议的，可以由人民法院或仲裁机构确认；假如双方当事人都行使了解除权，则合同自解除的通知先到达一方当事人之处时解除。非任意解除有所不同，解除权基于违约行为而产生的，仅仅归守约方享有，违约方无解除权；解除权基于不可抗力致使不能实现合同目的而产生的，才归双方当事人享有。在解除权只能归特定的当事人一方享有这点上，以承揽合同、保险合同、农村土地承包合同为对象的任意解除，接近于非任意解除。

应当注意，《合同法》第 410 条关于“委托人或者受托人可以随时解除委托合同。因解除合同给对方造成损失的，除不可归责于该当事人的事由以外，应当赔偿损失”的规定，在实务中出现了一些负面的作用。例如，委托事务接近完成，甚至于受托人为履行委托事务而专门设立了公司，从事委托合同约定的业务，受托人即将据此而取得可观的合同利益，恰在此时，委托人援用该条规定而主张解除合同，有的以其解除存在着不可归责于己的事由作为根据，拒绝承担损害赔偿责任；有的虽然寻觅不出不可归责于己的事由，从而承担损害赔偿责任，但因赔偿范围受到因果关系等因素的制约，赔偿数额远远低于委托合同继续有效给受托人带来的利益。如何妥善地解决此类问题，是法律人回避不了的。在此，以“上海盘起贸易有限公司与盘起工业（大连）有限公司委托合同纠纷案”为例，加以研讨。该案的案情大致如下①：

2000 年 7 月，日本盘起工业株式会社（以下简称日本盘起）的法定代表人森久保有司经与梁崇宣磋商后，签署了《建设盘起中国营销网络、设立上海盘起的决定》（以下简称《决定》），决定成立上海盘起贸易有限公司（以下简称上海盘起），由梁崇宣负责建设、经营、管理盘起中国营销网络，确认上海盘起为盘起集团成员，是盘起集团在中国（不含台湾、港澳地区）的唯一销售代表机构。

① 案情信息全部来自《上海盘起贸易有限公司与盘起工业（大连）有限公司委托合同纠纷案》，载《中华人民共和国最高人民法院公报》，2006（4），30～31 页。

上海盘起是在中国注册的有限责任公司，作为独立法人，独立经营，亏损自负，利益自留。盘起集团将以最优惠的价格供给上海盘起产品。该《决定》还就经营业务、公司管理等作了约定。随后，森久保有司与梁崇宣签订了《委托书》，约定梁崇宣代表日本盘起及其关联企业负责建设、管理、运营盘起集团在中国地区（不含台湾、港澳地区）营销网络的销售机构和渠道，组建、经营、管理上海盘起及其他相关销售机构，委托梁崇宣担任上海盘起的股东、董事、董事长。其权限、责任和具体事宜以《决定》为准，日本盘起负责协调、责成盘起集团内各部门、各关联企业与上海盘起缔结业务关系协议书。同时，约定受托人梁崇宣同意无条件地接受委托人对委托事项的撤销。

同年7月28日，上海盘起经工商行政管理部门批准成立，为有限责任公司，注册资本为人民币100万元，其中梁崇宣出资90万元，毕春生出资10万元，法定代表人为梁崇宣。公司的经营范围为模具及零部件，机械配件、五金工具、金属制品（专项审批除外）、塑料制品、化工原料（除危险品外）的销售。

同年8月，上海盘起与森久保有司作为法定代表人的盘起工业（大连）有限公司（以下简称大连盘起）签订了《业务协议书》，就大连盘起委托上海盘起在中国地区（不含台湾、港澳地区）的销售事宜双方协议、确认如下：双方相互确认系盘起集团的成员，在盘起工业的事业上有共同的利益和责任；大连盘起作为盘起集团在中国的制造基地，有责任按照盘起集团的标准，按质、按时、按量地供给上海盘起所需的产品；上海盘起作为盘起集团在中国地区的销售代表机构，有责任开拓、发展盘起集团及大连盘起的产品在中国地区的市场；大连盘起委托上海盘起在中国地区销售其生产经营的产品，不再委托、建立其他的销售机构和渠道，如有必要，须事前与上海盘起建立协议；上海盘起负责建设、管理、运营的销售机构和渠道，根据客户需求可自行购买其他厂商的产品进行销售活动；大连盘起将以最优惠的价格供给其产品，并无偿提供、转让给上海盘起在中国地区的销售权、商标使用权及其他无形资产，上海盘起保证正确使用其销售权、商标及无形资产等。同时约定本协议有效期为20年，自2000年9月1日至2020年8月31日。

上述协议签订后，双方开始合作。上海盘起以传真或电子邮件等方式向大连盘起订购各种模具及配件，进行销售活动。上海盘起还通过发布广告、印发宣传册、参展及办展会等多种形式宣传大连盘起的产品，开拓市场，并相继建立广东、青岛、苏州、昆山、天津、杭州等营销点，形成了一定规模的销售网络。对货款的结算期限，双方没有明确约定。截至 2002 年 4 月，上海盘起共有人民币 5 916 866.41元尚未付给大连盘起，但大连盘起此前没有催收过。2002 年 4 月 19 日，日本盘起森久保有司签署《撤销委托书的决定》，以上海盘起严重拖欠大连盘起货款，且其财务和销售活动缺乏透明度为由，决定撤销他与梁崇宣签署的委托书及其附件，并撤销上海盘起。当日，大连盘起以上海盘起拖欠货款为由向法院提起诉讼。同月 22 日，日本盘起及大连盘起又作出对梁崇宣个人的《撤销委托书的决定》，并于当日向梁崇宣送达上述决定书。同日，大连盘起又向销售系统各员工发布《关于撤销广东盘起工业销售有限公司和上海盘起贸易有限公司的决定》，并先后向客户发出《紧急通知》、《敬告客户》，重审大连盘起不再授权广东盘起、上海盘起经营盘起品牌产品；今后只对在大连盘起购买的盘起产品，大连盘起才承担相关产品责任等。同日，大连盘起在上海、天津、东莞建立直属的营业所，销售自己的产品。同年 7 月，又相继建立重庆出张所、青岛出张所进行销售活动。

截至 2002 年 4 月，上海盘起组建及经营投入（含公司开办、软件开发、固定资产投入等费用）为人民币 743 169.25 元，促销活动投入（广告宣传、展览及其他促销费用）为人民币 919 597.32 元。

上海盘起向辽宁省高级人民法院提起诉讼，诉请判令大连盘起撤销未经上海盘起同意成立的销售机构，公开赔礼道歉、恢复名誉；大连盘起赔偿损失人民币 5 000 万元，并承担诉讼费用。

辽宁省高级人民法院（2003）辽民三合初字第 34 号民事判决认为，系争《业务协议书》是一种商务委托，其订立和履行是基于当事人的相互信任，一旦这种信任发生动摇，根据《合同法》第 410 条的规定，双方均可解除合同，而不适用实际履行原则。故大连盘起关于协议已被依法解除不应继续履行的抗辩成立，对上海盘起要求继续履行该协议的诉讼请求不应支持。……大连盘起终止协议致使协议不能继续履行，不可归责于大连盘起。但大连盘起提前终止协议，给上海盘起造成一定的经济损失，应当赔偿。由于该损失具有不确定性，且《合同法》第410条又赋予当事人随时解除权，上海盘起主张合同解除后的预期利益损失的赔偿，缺乏法律依据，应不予支持。[①]

上海盘起不服辽宁省级人民法院（2003）辽民三合初字第34号民事判决，上诉至最高人民法院。最高人民法院经过审理，作出了（2005）民二终字第143号民事判决书。该判决书认为，《业务协议书》确立了委托合同关系。委托合同基于当事人之间的相互信任而订立，亦可基于当事人之间信任基础的动摇而解除。大连盘起解除对上海盘起的委托合同关系，属于依据《合同法》第410条行使法定解除权，但该解除行为给上海盘起造成的损失，大连盘起应当依法承担相应的赔偿责任。原审判决令大连盘起向上海盘起赔偿因解除委托合同而造成的直接损失1 662 766.57元（原审判决表述为1 662 766.07元系笔误），是正确的，本院予以维持。至于大连盘起是否应向上海盘起赔偿可得利益损失问题，本院认为，虽然当事人依据《合同法》第410条的规定行使法定解除权，亦应承担民事责任，但这种责任的性质、程度和后果不能等同于当事人故意违约应承担的违约责任。根据本案法律关系的性质和实际情况，不宜对"赔偿损失"作扩大解释。原审法院认定事实清楚，适用法律并无不当。[②]

首先须辨明，日本盘起的法定代表人森久保有司签署《撤销委托书的决定》，撤销《委托书》及其附件，并撤销上海盘起公司，虽曰"撤销"，但并不符合《合同法》第54条和第55条规定的撤销，也不符合该法第74条规定的债权人撤销权的构成，考察其真实意思，应当是"解除"，换句话说，他是在解除《委托书》及其附件。

① 见《上海盘起贸易有限公司与盘起工业（大连）有限公司委托合同纠纷案》，载《中华人民共和国最高人民法院公报》，2006（4），32页。

② 见《上海盘起贸易有限公司与盘起工业（大连）有限公司委托合同纠纷案》，载《中华人民共和国最高人民法院公报》，2006（4），35页。

其次，日本盘起的法定代表人森久保有司解除《委托书》及其附件，是解除日本盘起和梁崇宣之间的委托关系，终止上海盘起公司。上海盘起未付给大连盘起人民币 5 916 866.41 元的货款，不是这种委托关系的内容，根据合同的相对性，日本盘起的森久保有司以“上海盘起严重拖欠大连盘起货款”为由，解除《委托书》及其附件，终止日本盘起和上海盘起之间的委托法律关系，没有法律依据，不应得到支持。

所谓上海盘起的“财务和销售活动缺乏透明度”，即使确有其事，也没有证据表明它构成违约行为。如此，它不是违约解除的条件。

综上，日本盘起的森久保有司不得基于上海盘起违约而援用《合同法》第 94 条第 2 项至第 4 项的规定，主张解除合同，换言之，其签署《撤销委托书的决定》的请求权基础不是《合同法》第 94 条第 2 项至第 4 项。

再次，系争法律关系和两审法院审理判决的，不是日本盘起和上海盘起之间的法律关系，也不是森久保有司和上海盘起及梁崇宣之间的法律关系，而是上海盘起和大连盘起之间的委托合同关系。

由于系争《撤销委托书的决定》、《委托书》和《业务协议书》均未约定上海盘起将货款付给大连盘起的日期，上海盘起欠大连盘起人民币 5 916 866.41 元货款的债务构成一项未定履行期限的债务。此类债务的履行，按照《民法通则》第 88 条第 2 款第 2 项和《合同法》第 62 条第 4 项的规定，债权人应当催告债务人，指定一个履行期，该期限届满，债务人仍未履行债务的，构成违约。具体到系争案件，大连盘起应当向上海盘起催告，指定一个付款的日期，该日期届满，上海盘起仍未付清人民币 5 916 866.41 元的全部货款，才构成“严重拖欠大连盘起货款”，即构成逾期付款的违约行为。在大连盘起没有催告上海盘起付清货款的情况下，上海盘起向大连盘起支付人民币 5 916 866.41 元货款的债务尚未届履行期，它没有支付该笔款项的事实，并不构成违约。因而，大连盘起主张解除《业务协议书》，终止双方的委托合同关系，其请求权基础不是《合同法》第 94 条第 2 项至第 4 项。

从案情看，大连盘起解除《业务协议书》所依据的是《合同法》第410条，两审法院的判决都支持了这一主张。

复次，单就《合同法》第410条的文义观察，委托合同中当事人的任意解除权没有条件限制，任何一方都可以随时以双方的信赖基础丧失为由将合同解除。但是，我们从法意解释和目的解释入手，结论就不会如此简单。

江平教授认为，委托合同本有民事委托和商事委托之分，民事委托合同大多为无偿、不要式的合同，其信任所指主要是受托人的人品及办事能力，受托人是基于既有的甚至是先天具有的人品及办事能力处理或管理委托人的事物，往往是顺便帮助委托人完成其事项，不需要额外增加费用专为委托事项培养能力。即使委托人随时终止委托合同，受托人也无经济损失。所以，各国或地区的民法大多规定当事人可以随时（或曰任意）解除（或曰终止）委托合同，《合同法》第410条就是这种思潮的产物，这种规定的模仿。与此不同，商事委托合同的常态是有偿合同、要式合同，其信任所指是受托人的商誉及经营能力，有的受托人专为委托事项而成立公司来经营委托事务，有的为完成委托事务而改变自己的经营方向、经营领域，有的为完成委托事务要投入大量的人力和物力，来开拓市场，联系客户，等等。一旦委托人随时解除合同，受托人就要遭受重大损失，甚至公司终止。对于这些受托人显然应当予以周到的保护。

解决此类问题，从立法论的层面讲，中国未来的民法典应当明确限定商事委托合同的解除权；站在解释论的立场，则应当进行下述工作：《合同法》第410条关于任意解除合同的规定，从整个法律体系的目的审视，其适用范围过宽，应当予以限缩，只适用于无偿的或非等价的委托合同的，不再适用于等价的委托合同。否则，那些专为委托事务而成立公司从事经营活动，或为完成委托事务而改变自己的经营方向、经营领域，或为完成委托事务要投入大量的人力和物力，来开拓市场，联系客户的受托人，会遭受重大损失，显失公平。

在日本，有判例和学说认为，如果事务的处理不仅以委任人的利益，也以受任人的利益为目的，则委任人不得依据《日本民法典》第651条第1项实施解除合同。[①]

委任关系所以得任意终止，乃因其在沿革上原为无支付对价义务的无偿契约，在本质上与有偿为前提的营业交易有异。[②]

日本学者广中俊雄教授从分析实践中的判例得出了一般性规则：《日本民法典》第 651 条第 1 项关于“各当事人，无论何时，均得将委托解除”的规定，只适用于无偿委托，无偿委托的解除则应当考虑适用该条以外的规则，从而对解除的根据进行类型化的作业。因为无偿委托合同虽然是诺成合同，但其法律拘束力很弱。这样，《日本民法典》第 651 条第 1 项适用于无偿委托，不仅仅根基于通常所说的委托合同是以当事人双方之间的信赖关系为基础的合同这个学说，而多是根基于无偿委托本来就是一种很难赋予完全的法律拘束力的社会关系这一认识的。《日本民法典》第 651 条第 2 项所规定的损害赔偿责任的要件非常严格，这也是由于考虑到该条适用于无偿委托，为了保护委托人对于受托人的无偿性约束的信赖而设定的。[③] 这可以作为我们解释中国《合同法》第 410 条规定的参考。

最后，关于合同解除的赔偿损失问题（见本章第四节）：

两审法院均认为，系争案件的损失赔偿是合同解除之后的损失赔偿，《合同法》第 410 条后段的表述为“因解除合同给对方造成损失的，除不可归责于该当事人的事由以外，应当赔偿损失。”这与《瑞士债务关系法》的规定相同，属于信赖利益的损害赔偿，即当事人相信该合同有效，且存续到终期届满之时或履行

---

① 见日本大判 1920 年 4 月 24 日民录 562 页（丙对债权人甲负有债务，甲对债权人乙负有债务，甲委托乙向丙讨债，约定以讨得的债款的一部分作为手续费给予乙，并以此清偿其对乙的债务。）转引自［日］星野英一：《日本民法概论Ⅳ·契约》，姚荣涛译，刘玉中校订，260 页，台北，五南图书出版有限公司，1998。

② 见［日］中田裕康：《继续的役务契约的问题点》下，NBL，39 页，1996（602）；［日］丸山绘美子：《对继续的役务提供契约的解消的考察》（三），载《法学》（第 61 卷），1997（5），137～138 页。转引自陈洸岳：《继续性服务提供契约之任意终止权》，载《财产法学篇》（一），375 页，台北，学林文化事业有限公司，2002。

③ 见［日］广中俊雄：《委托与“解除”》，载［日］松坂佐一、西村信雄、舟桥纯一等：《契约法大系Ⅳ·雇佣·请负·委任》，293 页，东京，有斐阁，1963。转引自张孜：《委托合同中的任意解除权研究》，清华大学法学院 2005 年法学硕士学位论文，25 页。

完毕之时，但因当事人一方行使任意解除权而使合同终止，由此给相对人造成的损失。

日本《特别商交易法》第 17 条之十规定，服务受领人于受领业者的文书 8 日后，仍得不具任何理由地、单方面地解除契约。于此场合，虽解除者需对业者为损害赔偿，但赔偿范围受到一定限制，且因该规定的强制性，禁止当事人关于中途解除权的约定不生任何效力，对于违约金的约定亦以该规定所定金额为限。该规定被誉为"超越传统民法理念的划时代的特例"。

第二节 合同解除的条件

一、合同解除的条件概述

合同解除的条件，因解除有法定解除与约定解除之分，而有法定解除的条件和约定解除的条件之别，法定解除的条件又有一般法定解除和特别法定解除的条件之分。约定解除及其条件在上文已述，特别法定解除的条件因合同的种类和性质而千差万别，难以在此一一详察，本节仅讨论一般法定解除的条件。

《合同法》规定的一般法定解除的条件，大致有三大类型：一是协议解除的条件，二是不可抗力致使不能实现合同目的，三是违约行为。其中所谓违约行为，原则上是指债务人违反合同的主义务。违反从义务及附随义务一般不得解除合同，但致合同目的落空时可以解除合同。

二、协议解除的条件

协议解除的条件，是当事人双方协商一致，是将原合同加以解除的协商一致，也就是在双方之间又重新成立了一个合同，其内容主要是把原来的合同废弃，使基于原合同发生的债权债务归于消灭（《合同法》第 93 条第 1 款）。

在采用合同形式把既有的合同加以解除这点上，协议解除与约定解除相似，但二者更有不同：约定解除是以合同来约定当事人一方或双方享有解除权，而协议解除是以一个新合同来解除既有的合同，与解除权无关。

协议解除是采取合同的形式，因此它要具备合同的有效要件：当事人有相应的行为能力；意思表示真实；内容不违反强行性规定，不损害公序良俗；要采取适当的形式。

三、不可抗力致使不能实现合同目的

（一）不可抗力的内涵与外延

所谓不可抗力，《民法通则》第 153 条规定，是指不能预见、不能避免并不能克服的客观情况。《合同法》第 117 条第 2 款完全重复了这种界定。但如此界定并不完全合理，因为在实际生活中有的客观情况虽未同时具备三个“不能”，也应当被认定为不可抗力。例如，甲将其坐落于山坡上的 A 房出卖与乙，约定 3 月 15 日交付。3 月 10 日气象台发布天气预报，称 3 月 11 日会发生特大山洪。此时，甲、乙均已预见到该房可能被山洪冲毁，但无法避免，也不能克服。在该房被山洪毁灭时，仍应构成不可抗力致使甲不能履行。在这方面，有些商人就高明得多。例如，某《合同书》第 8·1·2 条约定：“不可抗力指自然力或社会动乱的破坏作用，如地震、台风、洪水、水灾、战争等，而这些又是一名有经验的承包商 a）不能合理预见的；b）能合理预见的但不能 1）合理采取措施对此类损失或破坏进行防范，或 2）合理地对下述进行保险：（1）战争、敌对行动（无论宣战与否）、入侵、外敌行动，动乱、飞机或其他飞行装置的坠落和产生的压力波；（2）非合同双方所引起的爆炸、火灾或其他事故。”

许多事实表明，对于不可抗力，完全不允许当事人约定，限制过死，有时不尽符合生活实际，结果不适当；若任凭当事人自由约定，就会混淆不可抗力和通常事变的界限，甚至于把当事人一方的过错行为约定为不可抗力，以逃避承担违约责任。如此看来，折中较为合适，即允许当事人约定不可抗力的范围，但不承认约定改变不可抗力的质的规定性。

（二）不可抗力与合同效力之间的关系

不可抗力致使不能实现合同目的，该合同应该消灭。但通过什么途径消灭，各国和地区的立法并不一致。德国法系采取合同当然且自动消灭的原则。基本上由债务人承担风险，而不是通过合同解除的方式。这种立法表面上看不拖泥带水，解决问题干脆利落，但实际上却没有顾及当事人如何采取救济措施，把损失降低到最低限度，有将复杂问题简单化之嫌。英美法系用合同落空原则解决不可抗力及其他意外事故致使合同不能履行的问题，确认合同解除。但这种解除不经过固有意义上的程序，即不是通过当事人的解除行为，而是由法官裁决。中国《合同法》允许当事人通过行使解除权的方式将合同解除（第 94 条第 1 项）。最高人民法院通过司法解释予以贯彻，如法释［2003］7 号规定，因不可归责于当事人双方的事由未能订立商品房担保贷款合同并导致商品房买卖合同不能继续履行的，当事人可以请求解除合同，出卖人应当将收受的购房款本金及其利息或定金返还买受人（第 23 条）。在实务中，有的合同直接贯彻了这种精神，采取了这种模式。例如，某《经销协议》第 18.4 条约定："在不可抗力存在之时，本协议不终止。"

应当指出，法释［2009］5 号将不可抗力导致合同履行困难、继续履行显失公平的情形排除于情事变更原则适用范围，造成法律漏洞，显然不适当。

（三）学术论争

有学者对于中国《合同法》将不可抗力作为解除权产生的条件提出批评：《合同法》第 118 条已经规定，因不可抗力而不能履行合同的一方当事人应当及时通知对方当事人，这样，是否还有必要再通过普通的解除权行使的方式解除合同呢？既然合同目的已经不能实现，这时让当事人享有解除权，从反面讲是赋予其权利以保持合同效力（即不行使解除权），而这样做实际上已经没有意义了，而通过自动解除的方式结束合同关系，或许更好。[①]

① 见韩世远：《合同法总论》，2 版，595 页，北京，法律出版社，2004；韩世远：《合同法总论》，3 版，507 页，北京，法律出版社，2011。

不错，自动解除是一种方案，且为德国、日本、中国台湾地区等国家和地区的民法所采纳。考察这些立法例，会发现它们关于民事责任的构成及免责条件规定得比较清晰，对于不可归责于双方当事人的客观原因造成的不能履行，设置了明确的风险负担规则。在这种背景下，自动解除合同模式，既能使合同消灭的时间和范围十分明确，又使责任的有无、风险的分配清楚无疑，善后工作便较为顺利和妥当。

与此有别，关于风险负担，中国《合同法》未设立统一的规则，只在买卖、租赁、技术开发合同等场合作出了明确的规定，例如，在买卖合同场合以交付主义为原则（第 142 条、第 144 条、第 145 条等），但因买受人的原因致使标的物不能按照约定的期限交付的，买受人应当自违反约定之日起承担标的物毁损、灭失的风险（第 143 条）。在租赁合同场合采取出租人主义（第 231 条）。在技术开发合同场合分配风险的依据，依次是约定、交易习惯、合理分担（第 338 条第 1 款）。在承揽、建设工程、技术转让、保管、行纪等合同场合则欠缺风险负担规则。在货物运输、仓储等合同场合的风险负担采取的是何种主义，尚不明确，需要解释。《合同法》第 311 条关于“承运人对运输过程中货物的毁损、灭失承担损害赔偿责任，但承运人证明货物的毁损、灭失是因不可抗力、货物本身的自然性质或者合理损耗以及托运人、收货人的过错造成的，不承担损害赔偿责任”的规定，既是承运人的免责条件，同时属于不完整的风险负担规则。所谓不完整，是指它未明确由谁负担风险。如果承运人对于货物的毁损、灭失既不负责赔偿，又不退还运费，那么，风险由托运人负担；如果承运人只是不负赔偿责任，运费必须退还给托运人，那么，风险负担采取的是承运人主义。《合同法》第 394 条后段关于“因仓储物的性质、包装不符合约定或者超过有效储存期造成仓储物变质、损坏的，保管人不承担损害赔偿责任”的规定，内容属于保管人的免责条件，同时应当为不完整的风险负担规则，其不完整同样指未明确风险由谁负担，需要结合个案予以解释，才会补正成完整。如果保管人不但免负损害赔偿责任，而且有权保有仓储费，则它采取了存货人或仓单持有人负担主义；如果保管人只是免负损害赔偿责任，无权保有或请求仓储费，则它采取的是保管人主义。

在法律未规定、当事人也未约定风险由谁负担或规定得模糊不清的情况下，合同自动解除虽然可使合同归于消灭及其始点变得清晰，但风险却往往难以令人满意地被自动分配，只有当事人双方协商一致或按照当事人一方的意思表示确定了风险由谁负担，才会使问题得到全部解决。如此，仅就彻底地解决问题而论，自动解除与通过解除程序使合同消灭时常没有区别。此其一。自罗马法以来，不可抗力都是关于民事责任是否免除问题的制度，其自身不当然地与合同解除相联系。即使是中国现行法也未否认不可抗力为免责条件，《民法通则》只明确了不可抗力免责条件的性质和作用（第107条），未言及不可抗力与合同解除制度之间的关系。[①]《合同法》因其必须设置违约责任及其免责条件、合同解除等制度，加上立法政策的缘故，故于第94条第1项规定不可抗力致使不能实现合同目的场合，当事人可以解除合同；于第117条规定，根据不可抗力的影响，部分或全部免除责任，除非法律另有规定；当事人迟延履行后发生不可抗力的，不能免除责任。由此使得不可抗力成为影响合同效力和减免民事责任的原因。在理论上，何种场合部分免责，何种情形全部免责，至今未形成共识[②]；在实务中，债务人在个案中是否承担责任、承担多大的责任，具有不确定性。在这种背景下，自动解除虽然可以清楚地界定合同消灭及其始点，但债务人是否因不可抗力而免责或免责的范围有时仍不明确。也就是说，干脆利落地了结合同关系的目的至少可能部分落空，还需要依据当事人一方的意思表示或双方当事人的合意确定民事责任问题。这在实际效果上与采取解除程序相差无几。此其二。日本等国家和地区的民法规定及其理论，是它们的，不一定中国民法及其学说亦然，关键要解决问题，在风险负担规则欠缺时，不协商如何办？境外的规定及其学说，为论者所用，并非作为非如此不可的根据。不是吗，德国采取物权行为的无因性，韩世远教授就没有接受，日本通说不采物权行为独立性和无因性，韩世远教授亦未遵循。此其三。在情事变更原则的适用上，韩世远教授特别欣赏并倡导“再交涉义

① 可能是立法分工和立法技术的原因使然。

② 见崔建远：《合同责任研究》，267～269页，长春，吉林大学出版社，1992。

务”，强调双方当事人就合同内容重新协商。[①] 不可抗力作为合同解除的条件，情况与情事变更原则极为类似，却不赞同双方当事人协商合同解除的后果，前后不一。此其四。

至于韩世远教授关于采取合同解除模式，“从反面讲是赋予其权利保持合同效力（即不行使解除权），而这样做实际上已经没有意义了”的观点，笔者认为，站在解释论的立场上，应当这样认识：（1）有无意义应当就解除模式的整体观察，仅从保持合同效力一面得出结论，可能是片面的。从上文的“此其一”和“此其二”的讨论中可知，在中国现行法关于风险负担规则存在欠缺及个别模糊和不可抗力免责不完全明确的情况下，无论是运用解除程序还是采取自动解除模式，实际效果时常相近，这就表明解除模式具有意义，而非“实际上已经没有意义”。（2）不仅如此，解除模式还有积极的价值，即，由于有了解除程序，当事人双方能够互通情况，互相配合，积极采取救济措施，因此具有优点。对此，请注意《国际商事合同通则》（第 6.2.3 条第 1 款）、《欧洲合同法通则》（第 6.111 条第 2 款）在情事变更原则的效力方面增加了当事人的再交涉义务这个动向。再交涉义务使得双方当事人协商处理善后事宜，所定方案可能更加符合实际情况，更加具有操作性，便于执行。这与适用解除程序解决不可抗力等客观原因导致合同不能履行问题，有异曲同工的意味。韩世远教授自己不是欣赏和倡导再交涉义务、先让当事人各方协商吗?!（3）解决不可抗力或其他意外事故造成的合同不能履行问题，采用合同解除的方案，不独中国法如此设计，普通法早就确立了这种模式。假如它果真“没有意义”，可能早就被普通法修正了。（4）既然合同已经因不可抗力而不能履行了，保持合同效力反倒东施效颦。这似乎是解除模式的缺点，但称其有缺点，也主要是按照形式逻辑思考所得出的结论，是把当事人各方当成非理性、漠视自己权益的人看待的结果。如果立足于实质的层面，我们就会发现，将不可抗力作为合同解除的条件，是赋予各方当事人解除权，任何一方行使解除权，合同即归于消灭。在当事人是理性人、经济人的背景下，无论是债

① 见韩世远：《情事变更原则研究》，载《中外法学》，2000（4），453～454 页。

权人还是债务人，都会审时度势地行使解除权，将于其不利的合同解除，除非他（它）们全都漠视自己的权益，任凭已经没有积极价值的合同继续存在。分解开来说，从债务人方面观察，债务人因其债务已经不能履行，且不因此而承担民事责任，即使债权人不行使解除权而保持了合同效力，也不改变这种状况。况且，假如保持合同效力可能产生不利后果的话，债务人就可以通过自己行使解除权而阻止该不利后果的发生。站在债权人的方面观察，保持合同效力虽然使债权人的债务继续存在，但债权人可以通过援用中国《合同法》第 66 条的同时履行抗辩权，避免承担违约责任，更为彻底的解决方式是，通过行使解除权而消除自己的债务，从而免遭损失。

对于韩世远教授关于"《合同法》第 118 条已经规定因不可抗力而不能履行合同的一方当事人应当及时通知对方当事人，这样，是否还有必要再通过普通的解除权行使的方式解除合同呢"的诘问，笔者回应如下：此通知不同于彼协商，阶段、功能均不相同。这里的通知属于观念通知，不含解除的内容，因为解除通知属于意思表示。须知，观念通知与意思表示具有本质的不同。此其一。通知，是单方面的意见，相对人不见得认同，不协商一致，纠结还是不得释然，矛盾依旧困扰着双方。此其二。换个思维便可释然，即借助《合同法》第 118 条的规定，债务人向对方通知不可抗力致使不能履行合同的情况，增加解除合同的内容，不会增加通知人的成本，一举两得。此其三。

最后，在不可抗力致使合同一部不能或导致迟延履行的情况下，合同不立即消灭而是继续存在，尚有益处，为债权人请求债务人继续履行尚能履行的给付提供了前提，也使得债权人追究债务人的违约责任，更符合形式逻辑的要求。

需要指出的还有，韩世远教授在世界潮流方面有些为我所用，英美法系将不可抗力作为解除的条件，1980 年《联合国国际货物销售合同公约》亦然，按照韩世远教授追赶世界潮流的理念，应当赞同中国《合同法》将不可抗力作为解除条件的设计，但却没有。

当然，以上所述均为解释论，站在立法论的立场，可以放弃合同解除的模式，对于因不可归责于双方当事人的原因致使合同不能履行采取合同自动消灭、由风险负担规则解决的模式，只不过必须满足风险负担规则完整和明确、不可抗力免责清晰的前提条件。不具备这些前提条件，合同解除模式就有存在的合理性、必要性。并且，即使站在立法论的立场上，解除模式也可以存续。

（四）余论

《合同法》第94条第1项的规定，仅就其文义看，没有规定通常事变（不可抗力以外的客观原因）致使不能实现合同目的时可否据此解除合同。为了解决实务中出现的问题，应当承认通常事变致使不能实现合同目的时可以据此解除合同。其路径有二：其一，采取类推适用的方法，以不可抗力与通常事变具有类似性为由，类推适用《合同法》第94条第1项的规定，允许在通常事变致使不能实现合同目的时解除合同；其二，借鉴日本民法判例、学说将不可抗力解释为不能归责于当事人之事由[①]的方法，扩张不可抗力的含义，认为不可抗力也包括通常事变，从而援用《合同法》第94条第1项的规定，主张解除合同。

从减少法律漏洞的立法论层面考虑，应将《合同法》第94条第1项的规定完全变脸为"不可归责于双方当事人的原因致使合同不能履行"的表述。如此，一方面涵盖不可抗力、通常事变造成合同不能履行时可以解除的所有情况，避免法律漏洞；另一方面限缩"不能实现合同目的"的范围，将虽属"不能实现合同目的"但却非"不能履行"的情形排除在外，交由情事变更原则处理，划清（客观原因致使不能履行场合）合同解除与情事变更原则之间的界限，合理确定《合同法》第94条第1项与法释［2009］5号第26条各自的适用范围。

四、迟延履行

（一）履行期不重要时，迟延履行作为解除条件的限定

1. 概说

《合同法》第94条第3项规定的解除条件是，当事人一方迟延履行主要债

① ［日］於保不二雄：《日本民法债权总论》，庄胜荣校订，89页，台北，五南图书出版有限公司，1998。

务，经催告后在合理期限内仍未履行。该项解除权行使的条件，至少有如下问题需要澄清和解除：（1）迟延履行的含义及其限定；（2）催告及合理期限；（3）主要债务的含义；（4）《合同法》第94条第3项规定的目的性限缩。以下分别予以讨论。

2. 迟延履行

迟延履行，又称债务人迟延，是指债务人能够履行，但在履行期限届满时却未履行债务的现象。它作为合同解除的条件，因合同性质不同而有不同的限定。

根据合同的性质和当事人的意思表示，履行期限在合同的内容上不特别重要的，即使债务人在履行期限届满后履行，也不至于使合同目的落空。在这种情况下，原则上不允许债权人立即解除合同，而由债权人向债务人发出履行催告，给他规定一个宽限期。债务人在该宽限期届满时仍未履行的，债权人有权解除合同（《合同法》第94条第3项）。最高人民法院的某些司法解释贯彻了这种精神。例如，法释［2004］14号规定，合同约定的期限内没有完工，且在发包人催告的合理期限内仍未完工的，发包人可以请求解除合同（第8条第2项）。发包人未按约定支付工程价款的，致使承包人无法施工，且在催告的合理期限内仍未履行相应义务，承包人请求解除建设工程施工合同的，应予支持（第9条第1项）。

3. 催告及宽限期与解除权、违约责任

《合同法》第94条第3项涉及了催告及合理期限。所谓催告，是指在债务人没有履行债务的场合，债权人请求其在一个合理的期限内继续履行的现象，属于意思通知。[①] 其中的合理期限，就是宽限期，也叫延展期。在该宽限期届满前，债务人保质保量地履行了债务的，债权人不得行使解除权，只能就债务人此前的迟延履行主张违约金、赔偿损失的违约责任。在该宽限期届满时，债务人仍未履行债务，包括根本没有履行、虽然履行了但质量或数量不符合约定，债权人有权行使解除权，将合同解除，并可同时请求债务人承担支付违约金、赔偿损失的违约责任。

① 见郑玉波：《民法债编总论》，修订2版，陈荣隆修订，275页，北京，中国政法大学出版社，2004。

催告，最好是采取典型的形态，如守约方发给违约方一个载有宽限期的通知，令其于合理期限内继续履行债务；使用变形形态，只要是符合催告的本质要求，也未尝不可。

值得探讨的是，此处所谓变形形态包括哪些？对此，我们通过分析下述情形，从一个侧面展示思路和观点。在迟延履行的场合，债权人从未向违约方发出过于合理期限内继续履行的通知，便径直通知违约方解除合同。于此场合，按照《合同法》第94条第3项的规定，因欠缺催告，不发生合同解除的效力。专家学者一般都这样把握，据笔者了解的实务情况，裁判机构也是如此处理的，值得赞同。现在的问题是，可否将此类解除合同的通知视为催告，在其后守约方诉请人民法院或仲裁机构确认系争合同解除的场合，裁判机构确认系争合同已被解除？

若采否定说，有其道理，因为催告并非意思表示，仅为意思通知，而解除通知为意思表示。此其一。其二，催告含有两方面的意思：一是守约方要求违约方继续履行其债务，只不过该继续履行必须在指定的合理的期限内完成；二是违约方在该合理期限内没有继续履行，则守约方有权行使解除权，将合同作废。而守约方径直通知违约方解除合同，仅仅含有一层意思，没有要求违约方于合理期限内继续履行其债务的意思，不太符合催告的规格。

若取肯定说，也说得过去，道理在于：（1）该解除通知的文义所含有的意思，正是催告含义中的第二层意思。（2）《合同法》第94条第3项已经明文规定，迟延履行非定期行为须经催告方可解除合同；守约方径直通知违约方解除合同，不会发生解除的效果，这意味着违约方仍负继续履行的义务；该解除通知犹如警钟，要求违约方继续履行。在这个意义上说，它也含有催告的第一层意思。至于催告载有一定的期限，而径直通知解除中欠缺该一定期限，这只是单纯观察字面意思得出的结论，在实际上，裁判机构会依职权确定出合理期限。如此理解，径直通知解除合同符合催告的构成，将之作为催告的一种表现形式，可以接受。（3）在违约已经持续相当长的期间的场合，将径直通知解除合同作为催告的一种表现形式，在守约方其后诉请人民法院或仲裁机构确认合同解除的情况下，裁判机构直接认定为符合《合同法》第94条第3项规定的要求，确认系争合同已被解除，符合效率原则，有利于守约方，具有正当性。需要注意，在径直通知解除合同距离诉请人民法院或仲裁机构确认合同解除之间的间隔过短，不符合宽限期必须合理这一要求的情况下，裁判机构不可直接确认合同已被解除，而应查实违约方的态度，若违约方明确表示不拟继续履行，则可直接确认系争合同已被解除，若违约方明确表示尽快继续履行，则不宜直接确认系争合同已被解除。

两相比较，肯定说更具优势，笔者赞同肯定说。

关于宽限期与解除权乃至与违约责任之间的关系，以实务中的案例加以说明：

甲公司向乙公司定购A起重机，双方签订了《A起重机定购合同》，该定购合同第4条第1款约定，乙公司应于2009年4月10日前将起重机的部件全部发到甲公司的现场。第9条第2款约定，乙公司未能在上述日期交清全部货物，超过15天以上的，甲公司有权解除合同，并有权请求乙公司赔偿损失并支付违约金。合同生效后，乙公司未能在2009年4月10日交清全部货物，经甲公司数次催告后仍未交清全部货物。甲公司于2009年6月15日向乙公司发出《关于督促履行〈A起重机定购合同〉的通知书》，其中第三点称："贵司务必于2009年7月30日前交清全部货物，该2009年7月30日是我司给予贵司的最后期限，并不表示原合同交货日期的变更，原合同的交货日期仍为2009年4月10日。"第四点称："如贵司在2009年7月30日前仍未交清全部货物的，我司将依约终止合同，并追究贵司的违约责任及损失赔偿责任。"

这是较为典型的催告解除案型。乙公司已经违约的事实，不因该通知书给乙公司交清全部货物的宽限期（2009年6月15日至2009年7月30日）而改变，乙公司须就此承担赔偿损失并支付违约金的责任。当然，假如该通知书明确免除了乙公司的违约责任时，则乙公司不再承担赔偿损失并支付违约金的责任。此其一。该宽限期仅仅是甲公司行使解除权的期限，即在2009年7月30日届满时，乙公司交清了全部货物，则甲公司无权解除合同；在2009年7月30日届满时，乙公司仍未交清全部货物的，则甲公司便有权解除合同。此其二。

4. 两次催告与解除权

根据《物权法》第168条第2项的规定，在有偿利用供役地的情况下，约定的付款期间届满后，在合理期限内经供役地权利人两次催告，地役权人仍未支付费用的，供役地权利人有权解除地役权合同。就该规定的文义，可作如下解释：

若该地役权合同约定有明确的付款期限，则该期限届满时，无须供役地权利人催告，地役权人就陷入履行迟延。若地役权合同没有规定明确的付款期限，则根据《合同法》第62条第4项的规定，供役地权利人应首先向地役权人催告，确定合理的宽限期。该宽限期届满时，地役权人仍不付款的，方陷入履行迟延。

在确定履行迟延后，供役地权利人还要“在合理期限内经两次催告”。这里的“合理期限内”，是指约定的付款期间届满后才开始起算的期限，而且是包含着供役地权利人两次催告所用时间在内的合理期限，不是指供役地权利人第一次催告处于合理的期间内，而第二次催告的时间点已经超出了合理期限。换言之，两次催告均在合理期限内。还有，合理与否的判断，既不是看该期间是否符合供役地权利人单方面的利益需要，也不是看该期间是否符合地役权人单方面的利益需要，而是以一个理性人的合法权益所需要的期限为准。

在两次催告后，地役权人仍未给付费用的，供役地权利人方可行使解除权。

值得讨论的是，在地役权合同没有约定明确的付款期限，供役地权利人首先向地役权人催告，确定合理的宽限期。该宽限期届满时，地役权人仍未付款，构成恶意迟延，仍给他两次催告的优惠，有些怂恿，也不符合效率原则，莫不如仍然遵循《合同法》第94条第3项的规定处理，即宽限期届满仍未付款的，供役地权利人即有权解除地役权合同。

5. 主要债务及其辨析

《合同法》第94条第3项规定的解除条件是，当事人一方迟延履行主要债务，经催告后在合理期限内仍未履行。其中的主要债务如何界定，无论在理论上还是实务中，都值得重视。

在某《房屋租赁合同》案中，依据约定，出租人在本合同签订30日内未能向承租人出示所出租楼层的所有权证证明的义务，构成了违约。承租人就此可否解除合同？本书认为，如果承租人依据《合同法》第94条第3项的规定主张解除合同，则需要论证成功出租人于系争合同签订后30日内向承租人出示租赁楼层的所有权证证明的义务，属于《合同法》第94条第3项规定的“主要债务”；如果承租人依据《合同法》第94条第4项的规定主张解除合同，则需要承租人证明出租人违反了出示租赁楼层的所有权证证明的义务，致使系争合同的目的没有达到，也与该项义务的性质和种类有关。

为了清楚地回答第一个问题，须先明确《合同法》第94条第3项规定的“主要债务”的性质和种类。对此，可有“质”和“量”两个方面的观察。在“质”的方面，一种观点认为，该条项规定的“主要债务”，主要是指双务合同中立于对价关系的债务，即给付义务。[①] 另一种观点则主张，“主要债务”是实现合同目的必须履行的义务。[②] 本书认为，第一种观点有可取之处，即把主要债务与给付义务联系起来，不过，需要作如下修正：其一，主要债务原则上不包括从给付义务，仅仅指主给付义务。这不仅是因为在双务合同中，一方的从给付义务与对方的主给付义务不构成对价关系，一方的从给付义务与对方的从给付义务难以用对价关系来描述，在单务合同中从给付义务不可能是“主要债务”，还因为主要债务“类似于英美法上的根本契约义务（fundamental terms and condition)”[③]。其二，主要债务不仅存在于双务合同中，而且存在于单务合同中。明确这一点，在无偿保管合同等单务合同场合，债务人违约，如保管人故意或重大过失地毁损保管物或擅自将保管物交由不负责任的第三人保管等，寄存人等债权人可以解除合同，显然具有积极的价值。在“量”的方面，主给付义务若不可分，则《合同法》第94条第3项所说的“主要债务”自然指债务的全体；若可分，有时“主要债务”仍指债务的全体，有时则可以是债务的部分。属于后者的，如买卖10吨小麦的合同场合，“主要债务”可以是9.5吨小麦。再如，721亩建设用地使用权转让合同中，“主要债务”可以是总转让款2.5亿元人民币的2.4亿元人民币。

---

① 见韩世远：《合同法总论》，606页，北京，法律出版社，2004。

② BGH (13.3.56) BB56/577.578 Sub6. 转引自金勇军：《一般交易条款的解释》，载《法学》，1997(5)，43页。

③ 金勇军：《一般交易条款的解释》，载《法学》，1997(5)，43页。

在系争房屋租赁合同中，出租人负有的出示租赁楼层的所有权证证明的义务，是否属于《合同法》第94条第3项规定主要债务呢？认定的思路及依据是什么？

不难发现，系争合同的前言强调出租人对其出租的楼层须享有所有权，9个条文中有一个条款强调，出租人负有于系争合同签订后30日内向承租人出示租赁楼层的所有权证证明的义务，足见当事人双方对它的重视。应当说当事人双方关于出租人对所出租的楼层享有所有权、出租人于特定期限内出示租赁楼层的所有权证证明的约定，属于合同的主要条款。

基于主要条款产生的义务大多属于主给付义务，但也可能产生从给付义务。何以如此？在于主给付义务的性质和种类不取决于当事人的约定，而是由它系债的关系所固有、必备并决定债的类型[①]这三要素决定的。系争合同中的出租人对所出租的楼层享有所有权、出租人于特定期限内出示租赁楼层的所有权证证明的义务，不是租赁合同所必备的，有无此类义务都不影响租赁合同的定性和定位，所以它不是主给付义务。既然如此，承租人以出租人违反了该项义务为由，主张解除系争合同，就不符合《合同法》第94条第3项的规定。

承租人若依据《合同法》第94条第4项的规定主张解除系争合同，必须举证证明，出租人违反了该项义务导致合同目的不能达到。鉴于承租人在一年有余的时间里都在占有、使用系争租赁物，不能支持承租人的该项主张。

需要讨论的还有，实务中出现了这样的案例：

甲、乙、丙三方于2003年2月18日签订了《中外合资经营A房地产开发有限责任公司合同》，约定每位合资者的出资为200万元人民币，出资期间为2003年3月6日至2003年12月30日。任何一方不按本合同规定交付出资额，从逾期第一个月起，每逾期一个月，违约方应当向守约方支付尚未交付出资额部分5%的违约金。若逾期三个月仍未交付出资额，守约方不但可以请求违约方累计支付尚未交付出资额部分15%的违约金，而且有权终止本合同，并可请求违约

① 见王泽鉴：《民法债编总论·基本理论·债之发生》，总第1册，26～27页，台北，三民书局，1993。

方赔偿损失。在履行该合同的过程中，甲方一直没有出资，乙方和丙方在出资期间没有催告过，它们作为共同原告于2005年12月5日向法院提起诉讼，请求甲方支付违约金，并请求终止《中外合资经营A房地产开发有限责任公司合同》。

按照《合同法》第94条第3项的规定，乙方和丙方未经催告即主张解除合同，不应得到支持。但依据《中外合资经营A房地产开发有限责任公司合同》，乙方和丙方的请求则有其根据，因为合同只约定合资者连续逾期三个月不交付出资额的，守约的合资者即可解除合资合同，没有要求先行催告。法律规定和当事人约定不一致，以何者为准？笔者认为，结合系争案件判断《合同法》第94条第3项的规定，可知它仅仅关涉到合资各方的利益，不涉及社会公共利益，立法目的不外乎对逾期履行的当事人稍微宽容一些。由此断定，该项规定并非强制性规定，可以由当事人通过约定排除或修改，乙方和丙方关于解除中外合资合同的请求应当得到支持。

6. 对《合同法》第94条第3项的规定应予目的性限缩

在前述甲公司和乙公司就《A起重机定购合同》发生的纠纷中，乙公司所承做的A起重机是为甲公司特制的、非标准的、非通用的起重机，没有其他用户。由于政府强制乙公司搬迁厂房，乙公司的资金短缺，乙公司未能在约定的期限内制造完成A起重机，在甲公司允许的宽限期届满时虽未交清部件并组装完毕，但事实上已经制造完成了70%左右的工作。按照《合同法》第94条第3项的规定，甲公司有权将系争《A起重机定购合同》解除，并追究乙公司的违约责任。可是，这样一来，乙公司制造完成的70%左右的A起重机的部件，就会成为废铜烂铁，乙公司将损失惨重。如果不允许甲公司解除系争《A起重机定购合同》，令乙公司在限定的期限内完成全部工作，甲公司受领A起重机，同时请求乙公司承担违约责任，则较为公允，也符合效益原则。这提醒我们，《合同法》第94条第3项的规定，在适用范围方面可能过于宽泛了，似应适当地限制其适用范围，以免产生不适当的结果。

笔者认为，在普通的买卖合同、委托合同、居间合同、技术咨询合同、技术服务合同等领域，适用《合同法》第94条第3项的规定，确定解除权及其行使的条件，较为适当；但在承揽合同、勘查合同、设计合同、建设工程施工合同等场合，承揽人、勘察人、设计人或施工人若已完成大部工作，仅仅是交付工作成果迟延，特别是迟延得不太久时，不宜机械地适用《合同法》第 94 条第 3 项的规定，定作人或发包人仅仅催告一次，确定一个期限，待该宽限期届满时承揽人、勘察人、设计人或施工人仍未交付工作成果的，就准许它（他）们行使解除权，将合同解除，极有可能使已经完成的大部工作丧失其价值，因为此类工作成果基本上都是非通用的、特定用途的，难有其他用户，只好留在承揽人、勘察人、设计人或施工人之手，变成废铜烂铁。这样，对承揽人、勘察人、设计人或施工人显然过于苛刻；从社会层面观察，这浪费了人力、物力，显然不符合效益原则。莫不如限缩《合同法》第 94 条第 3 项的适用范围，改为如下规则：在承揽合同、勘察合同、设计合同、建设工程施工合同等场合，承揽人、勘察人、设计人或施工人未能在约定或法定的日期交付工作成果，经定作人或发包人催告，在宽限期届满时仍未交付工作成果的，尚需定作人或发包人举证证明其合同目的因此而落空，才允许行使解除权，将合同解除；定作人或发包人若未能举证证明其合同目的落空，仅凭承揽人、勘察人、设计人或施工人未能在宽限期内交付工作成果的事实，仍不许其行使解除权，这样就较好地平衡了各方当事人的利益关系，在社会层面也符合效益原则。当然，承揽人、勘察人、设计人或施工人恶意不依约交付工作成果的，则应径直适用《合同法》第 94 条第 3 项的规定，甚至径直适用《合同法》第 94 条第 2 项的规定，允许定作人或发包人解除合同。

如果上述观点成立，则应确立这样的规则：在承揽合同、勘察合同、设计合同或建设工程施工合同等场合，遇有承揽人、勘察人、设计人或施工人未能在约定的期限内交付工作成果，甚至在宽限期届满时亦未交付成果的，不宜适用《合同法》第 94 条第 3 项的规定，而应适用《合同法》第 94 条第 4 项的规定，由定作人或发包人举证其合同目的是否因承揽人、勘察人、设计人或施工人的迟延而落空，若举证成功，则允许定作人或发包人行使解除权；若举证不成功，则不允许其行使解除权。但在承揽人、勘察人、设计人或施工人恶意迟延的情况下，则仍适用《合同法》第 94 条第 3 项的规定，甚至径直适用《合同法》第 94 条第 2

项的规定，允许定作人或发包人解除合同。

在货运合同场合，如果托运的货物已在运输途中，但未能在约定的期限抵达目的港或目的站，一般也不宜机械地适用《合同法》第 94 条第 3 项，而应适用《合同法》第 94 条第 4 项的规定。不然，双方当事人的成本就会不必要地增加，对收货人也无积极的意义。当然，在承运人恶意迟延，给托运人或收货人造成严重损失的，托运人或收货人有权采取救济措施，另觅其他的承运人，援用《合同法》第 94 条第 3 项的规定，将合同解除。

值得注意的是，1980 年《联合国国际货物销售合同公约》奉行了严格限制合同解除权的理念及相应的制度设计。例如，其第 49 条第 2 款规定，卖方迟延交货的场合，买方在知道交货后一段合理时间内通知解除买卖合同，应受法律支持和保护，但是，若此合理时间一经届满，卖方已经交付了货物的，那么，买方不再享有解除权。再如，其第 64 条第 2 款规定，买方迟延履行义务的场合，卖方在知道买方履行义务前通知解除买卖合同，受法律支持和保护，如果卖方没有这样做，而是在买方支付货款时才通知解除合同，则不发生合同解除的效果，即此时买方已经丧失了合同解除权。

（二）履行期特别重要时，迟延履行与解除权的产生

根据合同的性质和当事人的意思表示，履行期限在合同的内容上特别重要，债务人不于此期限内履行，就达不到合同目的。在这种情况下，债务人未在履行期限内履行，债权人可以不经催告而径直解除合同（《合同法》第 94 条第 4 项）。例如，甲为庆祝其母 60 大寿，向乙蛋糕店定制蛋糕一份，约定于寿筵开始时交付。该履行期限即属特别重要，届时乙未能履行，甲得不经催告而迳行解除合同。最高人民法院的司法解释同样贯彻了这种思想。例如，法释［2003］7 号规定，根据《合同法》第 94 条的规定，出卖人迟延交付房屋或买受人迟延支付购房款，经催告后在 3 个月的合理期限内仍未履行，当事人一方请求解除合同的，应予支持，但当事人另有约定的除外（第 15 条第 1 款）。法律没有规定或当事人没有约定，经对方当事人催告后，解除权行使的合理期限为 3 个月。对方当事人没有催告的，解除权应当在解除权发生之日起 1 年内行使；逾期不行使的，解除

权消灭（第 15 条第 2 款）。商品房买卖合同约定或《城市房地产开发经营管理条例》第 33 条规定的办理房屋所有权登记的期限届满后超过 1 年，由于出卖人的原因，导致买受人无法办理房屋所有权登记，买受人请求解除合同和赔偿损失的，应予支持（第 19 条）。

最后指出，《合同法》第 94 条第 4 项规定的“不能实现合同目的”，在债务人不履行定期行为（履行期特别重要，直接关涉合同目的）的情况下，是直接推定由此造成债权人不能实现合同目的，无需债权人再举证证明债务人的违约给自己造成了严重损失，然后才可得出不能实现合同目的的结论。

五、拒绝履行

拒绝履行，又称毁约，是指债务人能够履行却不法地对债权人表示不履行。拒绝履行一般表现为债务人明确表示不履行其债务，也有时以其行为表示不履行债务的意思，如债务人将应交付的特定的买卖物又转卖他人。它作为合同解除的条件，一是要求债务人有过错，二是拒绝履行为违法，三是有履行能力。

在这里，需要首先讨论《合同法》第 94 条第 2 项规定的是拒绝履行，还是先期违约（预期违约）。按照《合同法》的立法说明，《合同法》承认了先期违约（预期违约）。

《合同法》第 68 条、第 69 条、第 108 条和第 94 条之间的关系如何，学界对此至今都争论不休。对于其中第 68 条、第 69 条的规定，虽然一致认为它们确立了不安抗辩权制度，但对于第 108 条规定的意义却认识不一，通说坚持它是关于先期违约（预期违约）的规定。[①] 那么，第 94 条在表述上与第 108 条接近，又该如何理解呢？

---

① 在草拟和讨论中国合同法草案的过程中，王利明教授和笔者一直坚持中国合同法要采纳先期违约制度，但这是以不同时规定不安抗辩权制度为前提的。一旦该方案未被采纳，《合同法》设置的是不安抗辩权制度，那么，笔者就不把《合同法》第 108 条的规定理解为承认了先期违约，而是把它解释为关于拒绝履行的规定。

众所周知，不安抗辩权为大陆法系的制度，先期违约则系普通法系上的规则，两者的功能大体相当。尽管有人认为，德国民法上也有先期违约[①]，但通说认为大陆法系无先期违约制度，普通法系无不安抗辩权制度。如此，它们各自的内部是和谐的。中国《合同法》将它们一并纳入，尤其是把第108条解释为规定了先期违约，就带来了较大的问题：其一，第108条规定的情形与普通法系的先期违约存在着出入。先期违约包括拒绝和预期不能履行两种类型，后者既指因不可归责于债务人的原因而预期不能履行，也包括债务人自己的行为造成的预期不能履行。《合同法》第108条规定的情形欠缺因不可归责于债务人的原因而预期不能履行这种类型。其二，在普通法上，先期违约行为发生在履行期限届至前；而中国《合同法》第108条规定在履行期限届满之前。这个差别可能导致效果的巨大不同：在一时性合同场合，债务人虽然表示过拒绝履行或在客观上预期不能，但在履行期限届满前，债务人又实际履行，或恢复了履行能力并愿意实际履行，就不宜认定债务人违约，债务人有权抗辩债权人的违约请求权，除非债务人原来表示的拒绝履行已经给债权人造成了重大损失。与此有别，在继续性合同的情况下，于履行期届至前，债务人表示拒绝履行或在客观上预期不能，构成先期违约；于履行期限内，债务人拒绝履行或在客观上预期不能，就现实地构成违约（而非先期违约），须向债权人承担违约责任，除非存在免责事由。由此可见，《合同法》第108条规定的制度确实不同于普通法系上的先期违约，并且把判断先期违约的期限定在合同履行期届满之前，有时混淆了先期违约和真正违约的界限，不尽科学。其三，依据先期违约制度，债权人可以立即同意债务人的先期违约，并马上请求债务人承担违约责任；也可以拒绝债务人的先期违约行为，请求他信守合同，履行其债务，不过，要承担于此期间发生的不能履行的风险。《合同法》第108条仅仅规定了马上请求债务人承担违约责任的救济方式，未提请求债务人信守合同，履行其债务的路径；实际上，是否可以解除合同也不清楚。如果主张解除合同，就必须援用《合同法》第94条第2项。可是，第94条第2项

---

① 见［德］罗伯特·霍恩、海因·克茨、汉斯·莱塞：《德国民商法导论》，楚健译，谢怀栻校，113页，北京，中国大百科全书出版社，1996。

与第 108 条在表述上又存在差异，就文义而言，尚不能保证一律援用成功。这又表现出它与先期违约的不同。其四，适用《合同法》第 68 条和第 69 条的规定，主张不安抗辩权，需要承担繁重的举证责任，而援用第 108 条的规定，则无此类举证负担。功能相近的两项制度，如此失去权衡，难谓成功。其五，最大的问题在于，上述设计违反了同一部法律不宜规定功能相同或相近的制度这个原则。这一缺陷如何补救？在解释论的层面上，应当把第 108 条规定的制度解释为拒绝履行；站在立法论的立场上，就是编纂中国民法典时明确地把第 108 条完全按照拒绝履行的规格加以表述。

债务人拒绝履行，债权人可否不经催告而径直解除合同，学界意见不一致。《合同法》不要求债权人为履行催告，可径直解除合同（第 94 条第 2 项）。这种思想在最高人民法院的有关司法解释中得到了落实。法释［2004］14 号规定，明确表示或以行为表明不履行合同主要义务的，发包人可以请求解除合同（第 8 条第 1 项）。法释［2005］5 号规定，当事人请求按照订立合同时的市场评估价格交纳土地使用权出让金的，应予支持；受让方不同意按照市场评估价格补足，请求解除合同的，应予支持。因此造成的损失，由当事人按照过错承担责任（第 3 条第 2 款）。

六、不完全履行

不完全履行，是指债务人虽然以适当履行的意思进行了履行，但不符合法律的规定或合同的约定。不完全履行可分为量的不完全履行和质的不完全履行。债务人以适当履行的意思提供标的物，而标的物的数量有所短缺的，属于量的不完全履行。它可以由债务人补充履行，使之符合合同目的，但在某些情况下，如果债务人不进行补充履行，或补充履行也不能达到合同目的，债权人就有权解除合同。债务人以适当履行的意思提供标的物，但标的物在品种、规格、型号等质量方面不符合法律的规定或合同的约定；或标的物有隐蔽缺陷；或提供的劳务达不到合同规定的水平，都属于质的不完全履行。于此场合，多由债权人或法律给债务人一定宽限期，使之消除缺陷或另行给付，以达到合同目的。如果在此期限内未能消除缺陷或另行给付，致使不能实现合同目的，那么，解除权产生，债权人可解除合同。还有，债务人的履行有缺陷，给债权人造成了额外的损害，如债务人交付的牛患有传染病，使债权人原有的5头牛受传染而病死，为加害给付，属于积极的债权侵害。加害给付致使债权人不能实现合同目的时，解除权产生，债权人可解除合同。《合同法》第94条第4项后段关于“其他违约行为致使不能实现合同目的”为解除条件的规定，可解释为承认了不完全履行致使不能实现合同目的为合同解除的条件。

这种解释的合理性和可取性，从最高人民法院的司法解释中得到了印证。

法释［2003］7号规定，因房屋主体结构质量不合格不能交付使用，或房屋交付使用后，房屋主体结构质量经核验确属不合格，买受人请求解除合同和赔偿损失的，应予支持（第12条）。因房屋质量问题严重影响正常居住使用，买受人请求解除合同和赔偿损失的，应予支持（第13条第1款）。交付使用的房屋存在质量问题，在保修期内，出卖人应当承担修复责任；出卖人拒绝修复或在合理期限内拖延修复的，买受人可以自行或委托他人修复。修复费用及修复期间造成的其他损失由出卖人承担（第13条第2款）。出卖人交付使用的房屋套内建筑面积或建筑面积与商品房买卖合同约定面积不符，合同有约定的，按照约定处理；合同没有约定或约定不明确的，按照以下原则处理：（1）面积误差比绝对值在3%以内（含3%），按照合同约定的价格据实结算，买受人请求解除合同的，不予支持；（2）面积误差比绝对值超出3%，买受人请求解除合同、返还已付购房款及利息的，应予支持。买受人同意继续履行合同，房屋实际面积大于合同约定面积的，面积误差比在3%以内（含3%）部分的房价款由买受人按照约定的价格补足，面积误差比超出3%部分的房价款由出卖人承担，所有权归买受人；房屋实际面积小于合同约定面积的，面积误差比在3%以内（含3%）部分的房价款及利息由出卖人返还买受人，面积误差比超过3%部分的房价款由出卖人双倍返还买受人（第14条）。法释［2004］14号规定，已经完成的建设工程质量不合格，并拒绝修复的，发包方可以请求解除合同（第8条第3项）。

提供的主要建筑材料、建筑构配件和设备不符合强制性标准的，致使承包人无法施工，且在催告的合理期限内仍未履行相应义务，承包人请求解除建设工程施工合同的，应予支持（第9条第2项）。法释［2005］5号规定，受让方擅自改变土地使用权出让合同约定的土地用途，出让方请求解除合同的，应予支持（第6条）。

从以上所述可知，不完全履行场合并非总可解除合同，必须致使合同目的不能达到的，方可行使解除权。这与英美法、1980年《联合国国际货物销售合同公约》所奉行的根本违约才能解除合同的模式相一致。1980年《联合国国际货物销售合同公约》第49条第1款第1项规定，卖方不履行其在合同或本公约中的任何义务，等于根本违反合同时，买方有权解除合同。第51条第2款规定，买方只有在卖方……不按照合同规定交付货物等于根本违反合同时，才可以通知解除合同。第64条第1款第1项规定，买方不履行其在合同或本公约中的任何义务，等于根本违反合同时，买方有权解除合同。

所谓根本违约（fundamental breach），按照1980年《联合国国际货物销售合同公约》第25条的界定，是指一方当事人违反合同的结果，如使另一方当事人遭受损失，以至于实质上剥夺了他（它）基于合同规定有权期待得到的利益，除非违约方没有预见而且一个与违约方同类的理性人处于相同情况下也不能预见到会发生这种结果。

在这里，应当如何理解不完全履行致使合同目的不能达到中的“合同目的不能达到”？

经查，《合同法》第94条第4项的表述，是合同法立法过程中几经反复，最终才确定下来的。考察其变化过程，有助于理解《合同法》第94条第4项规定的“不能实现合同目的”的含义。由全国人民代表大会常务委员会法制工作委员会委托的12个单位草拟的，由梁慧星教授及张广兴研究员、傅静坤教授等专家、学者统稿完成的，于1995年1月提交给法制工作委员会的《中华人民共和国合同法（建议草案）》使用的是“合同目的”的表述（第100条），法制工作委员会于1995年10月16日完成的《中华人民共和国合同法（试拟稿）》则改称为“严重影响订立合同所期望的经济利益”（第 58 条第 2 款第 2 项），1996 年 6 月 7 日完成的《中华人民共和国合同法（试拟稿）》予以承继（第 70 条第 2 项），1997 年 5 月 14 日完成的《中华人民共和国合同法（征求意见稿）》亦然（第 66 条第 2 项），1997 年 9 月 20 日完成的《中华人民共和国合同法（征求意见稿）》则改为“不能实现合同目的”的表述，1998 年 8 月 20 日完成的、提交常务委员会审议的《中华人民共和国合同法（草案）》却又回复为“严重影响订立合同所期望的经济利益”，1998 年 12 月 21 日完成的、提交常务委员会第三次审议的《中华人民共和国合同法（草案）》再次回到“不能实现合同目的”的表述（第 95 条第 4 项）。最终，《合同法》采取了“不能实现合同目的”的表述。

这告诉我们，在《合同法》上，“不能实现合同目的”与“（严重）影响订立合同所期望的经济利益”具有相同或相似的含义。我们应从违约行为给守约方造成的经济损失的角度界定不能实现合同目的的意义。如此，所谓不完全履行致使合同目的不能实现，可被界定为不完全履行（严重）影响了当事人订立合同所期望的经济利益。

这个结论，从全国人民代表大会常务委员会法制工作委员会民法室关于《合同法》第 94 条第 4 项关于“履行期限构成合同的必要因素，超过期限履行将严重影响订立合同所期望的经济利益；继续履行不能得到合同利益；债务人拒绝履行合同的全部义务；履行质量与约定严重不符，无法通过修理、替换、降价的方法予以补救”[①] 等解释中得到印证。

七、债务人的过错造成不能实现合同目的

（一）法律依据

不可抗力致使不能实现合同目的，《合同法》第 94 条第 1 项规定为合同解除的条件；债务人的过错造成不能实现合同目的，按照相似的事务相同处理的规

① 胡康生主编：《中华人民共和国合同法释义》，3 版，178 页，北京，法律出版社，2013。

则，亦应作为合同解除条件。《合同法》第 94 条第 4 项后段关于“其他违约行为致使不能实现合同目的”为解除条件的规定，可解释为包含债务人的过错造成不能实现合同目的为解除条件这一类型。

这种解释的合理性，从最高人民法院的司法解释中得到了印证。

1. 在商品房买卖合同订立后，出卖人未告知买受人又将该房屋抵押给第三人或出卖给第三人场合，法释［2003］7 号规定，无法取得房屋的买受人可以请求解除合同、返还已付购房款及利息、赔偿损失，并可以请求出卖人承担不超过已付购房款一倍的赔偿责任（第 8 条）。

2. 在出卖人故意隐瞒没有取得商品房预售许可证明的事实或提供虚假商品房预售许可证明，故意隐瞒所售房屋已经抵押的事实，故意隐瞒所售房屋已经出卖给第三人或为拆迁补偿安置房屋的事实诸情况下，法释［2003］7 号规定买受人可以请求解除合同，可以请求返还已付购房款及利息、赔偿损失，并可以请求出卖人承担不超过已付购房款一倍的赔偿责任（第 9 条）。

3. 法释［2003］7 号规定，商品房买卖合同约定，买受人以担保贷款方式付款、因当事人一方原因未能订立商品房担保贷款合同并导致商品房买卖合同不能继续履行的，对方当事人可以请求解除合同和赔偿损失（第 23 条前段）。

4. 法释［2003］7 号规定，因商品房买卖合同被确认无效或被撤销、解除，致使商品房担保贷款合同的目的无法实现，当事人请求解除商品房担保贷款合同的，应予支持（第 24 条）。

5. 法释［2005］5 号规定，土地使用权出让合同的出让方因未办理土地使用权出让批准手续而不能交付土地，受让方请求解除合同的，应予支持（第 4 条）。

从上述司法解释的规定不难看出，债务人的过错造成合同目的不能达到的，合同可被解除。

（二）金钱给付与不能实现合同目的

在某《股权转让合同》纠纷案中，由于当事人双方存在着其他法律关系的缘故，约定的股权转让款很低，主要是象征意义。受让方因此而一直没有支付股权转让款。几年后，该股权在价格方面较诉争《股权转让合同》签订时增长数倍，转让方便以受让方尚未支付股权转让款导致其合同目的落空为由主张解除该《股权转让合同》。

对其主张，裁判人员看法不一。笔者认为，金钱给付作为合同的标的，一旦迟延付款便认为构成不能实现合同目的，就意味着只要迟延付款一刻就允许相对人解除合同。这存在着如下问题：首先，不符合迟延履行制度的意义，因为债务人于金钱债务场合没有依约付款，即构成迟延履行，自然适用法律关于迟延履行的规定，而不宜绕过此类规定舍近求远地适用其他规定。其次，仅就合同解除制度而言，迟延履行场合的合同解除，《合同法》第 94 条设计了两种亚类型，一是对于非定期行为的迟延履行必须先行催告，债务人于催告所设宽限期届满时仍不履行的，债权人才有权解除合同；二是对于定期行为的迟延履行则无需催告即可径直解除合同。金钱债务的履行，除非当事人特别约定，应为非定期行为的债务。既然如此，债务人迟延付款时径直适用《合同法》第 94 条第 4 项的规定，这显然背离了《合同法》第 94 条第 3 项关于迟延履行场合须经催告方可解除合同的立法目的，实在不足取。我们应当区分情况而分别处理：(1) 债务人明示拒绝付款的，相对人有权援用《合同法》第 94 条第 2 项的规定，径直解除合同。(2) 债务人未明示拒绝付款的场合，有充分、确凿的证据证明以金钱给付为标的的合同属于定期行为的，相对人可以援用《合同法》第 94 条第 4 项的规定径直解除合同。(3) 除上述两种情况以外的场合，金钱给付作为合同标的，该合同不属于履行期特别重要的合同（定期行为），而属于履行期不重要的合同（非定期行为）。于此场合，相对人欲解除合同，必须按照《合同法》第 94 条第 3 项的规定，先行催告债务人；只有在债务人于宽限期届满时仍未给付前款时，相对人方可解除合同。

值得讨论的还有，买受人或受让人已经支付了绝大部分货款或转让款，仅有尾款尚未付清，出卖人或转让人虽经催告，但买受人或出卖人仍未付清，于此场合，出卖人或转让人可否援用《合同法》第 94 条第 3 项的规定，主张解除系争合同？对此，观点不一。笔者赞同这样的观点：一般地说，买受人或受让人业已支付绝大部分货款或转让款，出卖人或转让人的合同目的已经基本实现，若允许出卖人或转让人解除系争合同，不合《合同法》第 94 条第 3 项的规范意旨，违反公平正义，也颠覆了业已形成的社会秩序，在社会公共利益的视野下观察，得不偿失。当然，出卖人或转让人若举证成功，买受人或受让人未付尾款，导致了出卖人或转让人的合同目的落空，则有权援用《合同法》第 94 条第 4 项的规定，主张解除系争合同。

（三）受领全部的价款、出让金、股权转让款与不能实现合同目的

一种意见认为，在买卖、建设用地使用权出让和转让、股权转让等合同的场合，出卖人、出让人、转让人获取了全部价款、出让金、转让款或股权转让款，其合同目的便完全实现，不得以买受人拒不受领买卖物、出让人拒不办理建设用地使用权的过户登记、拒不办理股权的移转登记为由，认定出卖人、出让人、转让人的合同目的落空，从而允许其解除合同。这有些绝对，应予修正，区别情况而作判断较为适宜。

笔者认为，在相当的场合，出卖人、出让人、转让人获取了全部价款、出让金、转让款或股权转让款，其合同目的确实业已实现，的确不得以买受人拒不受领买卖物、出让人拒不办理建设用地使用权的过户登记、拒不办理股权的移转登记为由解除合同。但在某些情况下，买受人拒不受领买卖物，又无法提存的，出卖人因此承受种种负担，如寻觅仓储、处理保险事宜、另觅买受人等。受让人拒不办理建设用地使用权的过户登记手续，转让人可能承受该建设用地因未开发超过 2 年而被无偿收回的风险、不符合再受让其他宗地的建设用地使用权的条件、不再享受税负优惠的政策、影响上市公司的业绩等。此类负担、后果的出现，仍使已经获取了价款、出让款、转让款的出卖人、出让人、转让人的合同目的落空，在出现此类负担的情况下，应当承认已经获取了价款、出让款、转让款的出卖人、出让人、转让人享有解除权，并允许其行使该权解除合同。

（四）交付的货物不合格与不能实现合同目的

交付的货物不符合当事人的约定或国家标准、行业标准，是否构成不能实现合同目的，需要具体问题具体分析。对此，以下述硫黄《购销合同》纠纷案为例予以分析。

基本案情

2008年7月买受人甲公司与出卖人乙公司通过传真方式签署了某《购销合同》，其主要内容为：买受人甲公司向出卖人乙公司购买块状硫黄，单价USD775/MT CFR Qingdao CY（中国A港集装箱堆场），数量4 000吨（允许10%溢短装），总价3 100 000.00美元（+/-10%）。合同规定，装运期为2008年8月31日前通过集装箱装运，采用集装箱吨袋包装。该《购销合同》的主要条款如下：

第1条 商品及规格

1.1 商品：块状硫黄

1.2 Specifications：

Purity	99.80 pct Min,
Ash Content	0.10 pct Max,
Carbon	0.03 pct Max,
Free Acid	0.03 pct Max,
Moisture	0.50 pct Max.

1.3 包装：集装箱吨袋

1.4 原产地：Y国或T国

第2条 单价—数量—总价

2.1 单价：USD775/MT CFR 中国A港集装箱堆场

2.2 数量：四千吨（10%溢短装）出卖人选择

2.3 总价：3 100 000.00美元（+/-10%）

第3条 交货

3.1 装运：2008年8月31日前通过集装箱装运

3.2 目的港：中国A港

3.3 允许分批装运

3.4 允许轮船运输

第4条 支付

4.1　支付：由一流银行开具出卖人接受的、不可撤销的、提单日后90天的100%货值的信用证。信用证要在2008年7月20日前抵达出卖人，否则出卖人有权取消合同并索赔引起的损失。

…………

第5条　保险及检验

…………

5.2　检验：质量和数量的检验由独立的检验机构进行检验，在装货港检验由出卖人承担费用，他们作出的检验结果视为最终结果对双方具有同等约束力。买受人有权在卸货港对货物进行复检，并有权利根据买卖双方共同指定独立商检方所出具证书进行索赔。

第6条　权利和风险

硫黄所有权损失、损坏的风险在装运港货物越过船舷时，由出卖人转移到买受人。

该《购销合同》项下货物到货日期和数量分别为：

抵达日期	提单号	提单日	数量（净重）
2008/9/5	NYKS5550067390	2008/7/24	853.980（MT）；
2008/9/25	NYKS5550069660	2008/8/5	262.680（MT）；
2008/9/	ZIMUMER0803865	2008/8/14	783.720（MT）；
2008/9/	ZIMUMER0804136	2008/8/31	646.730（MT）；
2008/9/	ZIMUMER0804144	2008/8/31	745.498（MT）；
2008/9/	ZIMUMER0804065	2008/8/25	644.840（MT）；

以上合计：3 937.448（MT）。

第一批货物到港后，买受人认为出卖人交付的货物与合同约定不符，于是在2008年9月19日立即书面通知出卖人要求根据合同约定对货物进行复检。同日，出卖人回复买受人，要求买受人安排法定检验机构作好分析、取证和定损工作，同时声称马上安排业务人员和SGS赴港口检验，并承诺根据检验报告给予买受人补偿。同日，在收到出卖人的回复后，买受人立即联系甲检验公司对货物进行复检并书面告知出卖人：买受人已向甲检验公司申请检验、取证和定损，并请出卖人予以确认。

此后，出卖人方工作人员回函予确认（出卖人对此予以否认）。在这种情形下，为行使合同赋予的对货物复检的权利，买受人委托了甲检验公司对货物分批进行了检验，甲检验公司分别于2008年10月8日、2008年10月28日、2008年10月31日、2008年11月3日（先后两次）出具了5份检验鉴定报告，检验结论表明：(1) 与《购销合同》约定的5个质量指标对比，到货的5个批次的全部货物中，仅有一个批次的货物即644.840吨批次符合约定的质量指标；而其他四个批次货物中，其中三个批次货物有四项指标（即纯度、含碳量、灰分、酸度）不符合合同约定；另一个批次即783.720吨批次有三项指标（即纯度、含碳量、灰分）不符合合同指标。(2) 全部批次的货物内均混有小石块或细小石粒等固体杂质，且这些杂质分布比较均匀。鉴定报告认为硫黄混有的这些杂质在装箱之前就已经存在。(3) 2008年11月8日，买受人致函出卖人并提出货物质量异议，但出卖人一直未予正式答复。

对于853.980吨、262.680吨、783.720吨、646.730吨、745.498吨批次共3 292.608吨硫黄，因含有大量杂质，同时理化指标不符合合同关于相关指标的最大值和最小值的规定，买受人认为，出卖人已经构成根本违约。

对于644.840吨批次的硫黄，尽管理化指标符合合同约定但因含有大量杂质，无法用于正常生产硫酸产品。如果使用，将对买受人的硫酸生产线造成严重损坏，甚至造成人员伤亡。事实上，2008年9月5日，买受人将运抵A港的部分硫黄运回买受人仓库，并作为生产硫酸的原料使用。买受人在使用含有杂质的硫黄生产硫酸过程中，硫酸生产线的熔硫槽、管线发生堵塞，造成硫酸生产系统停产，根本无法生产出买受人需要的合格产品。因此，买受人认为，对该批货物，出卖人也构成根本违约。

对于买受人的上述诉讼请求，出卖人均予以反驳，认为出卖人向买受人交付的全部硫黄货物完全符合合同的约定，完全能够实现合同的目的，本案货物即便在杂质或理化指标等方面不符合本案合同的约定（出卖人对此予以否认），这充其量也仅仅是一般性违约，不构成“根本”或“严重”违约，也没达到不能实现合同目的的程度。

争议焦点

本案的争议焦点是，出卖人交付的硫黄质量不合格，是否使买受人订立合同的目的落空。

分析

1. 引言

对于系争《购销合同》项下的货物质量是否符合系争《购销合同》的约定，买受人和出卖人之间存在着严重的分歧意见。

对于系争《购销合同》项下的货物在装货港装运时的检验结果，双方当事人均未提出质量异议，只是在目的港卸货后复检阶段，买受人以甲检验公司出具的5份《残损鉴定》为据，提出系争《购销合同》项下的货物不符合约定的意见。出卖人则从否定甲检验公司出具的5份《残损鉴定》的证据效力和提交乙检验公司出具的《检验报告》两个大的方面，证明所交货物不存在瑕疵，完全符合合同约定，对抗买受人的主张。

这样，在到港货物是否符合约定的问题上，焦点为甲检验公司出具的5份《残损鉴定》和乙检验公司出具的《检验报告》的证据效力。如果甲检验公司出具的5份《残损鉴定》具有证据效力，被主审法院采信，则结论为系争《购销合同》项下的到港货物质量不符合约定；如果甲检验公司出具的5份《残损鉴定》无证据效力，主审法院不予采信，而乙检验公司出具的《检验报告》具有证据效力，并被主审法院采信，则结论为系争《购销合同》项下的到港货物质量符合约定，买受人关于退货等诉讼请求难以得到支持。

2. 关于甲检验公司出具的5份《残损鉴定》的证据效力

甲检验公司出具的5份《残损鉴定》有无证据效力，直接关系到系争《购销合同》项下的货物质量是否合格，最终决定着涉案当事人的主张能否成立，十分重要。它牵涉若干方面，主审法院对此逐一分析。

2.1　关于甲检验公司出具的5份《残损鉴定》的证据效力系争《购销合同》

项下的货物质量合格与否的观点及其证据

买受人以其委托的甲检验公司出具的5份《残损鉴定》为据，认为系争《购销合同》项下的货物仅有一个批次的货物即644.84吨批次符合规定的质量指标，其他四个批次货物均存在着质量问题，其中三个批次货物有四项指标（即纯度、含碳量、灰分、酸度）不符合合同规定，另一个批次即783.72吨批次有三项指标（即纯度、含碳量、灰分）不符合合同指标；全部批次的货物内均混有小石块或细小石粒等固体杂质，且这些杂质分布比较均匀。甲检验公司出具的《残损鉴定》认为，硫黄混有的这些杂质在装箱之前就已经存在。

对此，出卖人从否定甲检验公司出具的5份《残损鉴定》的法律效力和提交乙检验公司的检验报告两个大的方面，证明所交货物不存在瑕疵，完全符合合同约定。

关于甲检验公司出具的5份《残损鉴定》可否作为本案的证据，出卖人认为，甲检验公司出具的5份《残损鉴定》皆系受买受人单方委托所进行的检验并出具的鉴定，而非受买受人和出卖人的共同指定所进行的检验，故买受人无权将《残损鉴定》作为其索赔的依据。

同时，出卖人以其委托的乙检验公司出具的检验报告，证明其交付的全部硫黄货物完全符合合同的约定，完全能够实现合同的目的，从而否定甲检验公司出具的5份《残损鉴定》的效力。

2.2 关于甲检验公司出具5份《残损鉴定》是基于买受人的单方委托还是共同委托的分析

出卖人主要从买受人单方委托甲检验公司出具5份《残损鉴定》的角度，来否定该《残损鉴定》的证据效力。买受人则从及时通知出卖人共同委托独立商检方、出卖人业已同意委托独立的商检方两个方面维持其主张，反驳出卖人的观点。

主审法院注意到，系争《购销合同》第5.2条约定，在卸货港复检应由买卖双方共同指定的独立商检方进行。主审法院同时注意到，买受人以张某同意涉案双方共同指定独立的商检方为由来论证出卖人业已同意共同指定独立的商检方，而出卖人则以张某非其工作人员、亦未授权他处理与本案货物有关的争议诸方面来反驳买受人的意见。主审法院也注意到了下述事实：系争《购销合同》项下的货物到港后，买受人书面通知了出卖人，要求根据合同规定对货物进行复检。

如果按照买受人的陈述，出卖人业已同意复检，则甲检验公司对系争《购销合同》项下的货物进行检验符合系争《购销合同》第5.2条关于双方共同指定独立商检方进行检验的要求，因而，甲检验公司检验到港的涉案货物并出具《残损鉴定》，就值得重视。

如果确认出卖人关于"甲检验公司出具的5份《残损鉴定》皆系受买受人单方委托所进行的检验并出具的鉴定，而非受买受人和出卖人的共同指定所进行的检验"的意见，则出卖人不顾买受人关于共同指定独立商检方检验到港货物的请求，包括拟委托甲检验公司对到港的涉案货物予以复检的请求，不顾买受人于2008年11月6日发给出卖人《告知函》邀请出卖人到买受人处协商处理此事的请求，却又单方委托乙检验公司出具检验报告，不符合诚实信用原则，违反了《合同法》第60条第2款规定的协助义务，出卖人应承担于其不利的法律后果，换言之，应认定委托甲检验公司出具5份《残损鉴定》为合法有效。

2.3 关于出具5份《残损鉴定》的甲检验公司的资质

主审法院注意到了出卖人的下述意见及其思路：甲检验公司并未证明其具有对用硫黄生产硫酸的工艺和设备出具鉴定意见的相关资质，甲检验公司若无出具相关鉴定意见的资质，则其出具5份《残损鉴定》就难以具有证据效力。

主审法院认为，买受人就甲检验公司具有出具5份《残损鉴定》的资质已经举证证明了，而出卖人未能举证推翻买受人的举证；加上出卖人也委托了乙检验公司就涉案货物出具了《检验报告》，而乙检验公司与甲检验公司属于同一系统，这就使出卖人否定甲检验公司资质的意见欠缺说服力，因而，主审法院认可甲检验公司的资质。

2.4 关于鉴定涉案块状硫黄质量所依据的标准

系争《购销合同》既无块状硫黄质量的约定，又无对块状硫黄检验方法和检验标准的条款，需要按照《合同法》第154条关于"当事人对标的物的质量要求没有约定或者约定不明确，依照本法第六十一条的规定仍不能确定的，适用本法第六十二条第一项的规定”的规定，予以补充。于此场合，《合同法》第61条的规定于此处派不上用场，只得求助于《合同法》第62条第1项关于当事人对“质量约定不明确的，按照国家标准、行业标准履行；没有国家标准、行业标准的，按照通常标准或符合合同目的的特定标准履行”的规定。

工业硫黄的相关国家标准，即GB/T2449—2006。甲检验公司接受买受人的委托，以GB/T2449—2006为判断基准，对系争块状硫黄的质量进行鉴定，并出具了《咨询分析意见》。该《咨询分析意见》第2条第1款第2项认为，按照GB/T2449—2006工业硫黄国家标准，硫黄的优等品、一等品、合格品是不允许有大块的砂石存在的；而出卖人交付的涉案块状硫黄内均混有小石块或细小石粒等固体杂质，且这些杂质分布比较均匀，即质量不合格。

出卖人否认该《咨询分析意见》的法律效力，理由如下：关于GB/T2449—2006工业硫黄国家标准的性质及其适用范围，中华人民共和国的相关法律法规已有明确规定。《标准化法》第7条规定，国家标准分为强制性标准和推荐性标准。该法第14条规定，强制性标准必须执行，不符合强制性标准的产品，禁止生产、销售和进口；而对于推荐性标准，国家鼓励企业自愿采用。《国家标准管理办法》第4条规定，国家标准的代号由大写汉语拼音字母构成，强制性国家标准的代号为“GB”，推荐性国家标准的代号为“GB/T”。据此可知，GB/T2449—2006工业硫黄国家标准显然为推荐性标准，由企业自愿采用。系争合同中并未约定适用GB/T2449—2006工业硫黄国家推荐标准，因此该国家标准不适用于诉争案件。此其一。买受人在庭审中称，对于涉案货物质量的确认，合同有约定的，适用合同约定；合同没有约定的，应参考GB/T2449—2006工业硫黄国家标准。买受人的这种主张显然没有任何合同依据和法律依据。作为中国大陆以外的出卖人，并不了解中国大陆的各项标准和规定，只能根据系争合同中关于货物品质的约定行事。因此，对涉案块状硫黄品质的衡量标准只能依据系争合同的约定，即只能依据系争合同的约定来认定其是否存在质量问题，而不能依据GB/T2449—2006工业硫黄国家标准来认定其是否合格。此其二。

主审法院不赞同出卖人的上述意见，因为从方法论上讲，合同的标的物必须确定，而标的物的确定离不开标的物的质量和数量，即标的物的质量必须确定下来。至于采取何种确定标的物的方法，需要个案分析。当事人有约定的，依其约定；无约定的，依《合同法》第154条及第61条、第62条的规定。在诉争案件中，就是必须依《合同法》第62条第1项关于当事人对“质量要求不明确的，按照国家标准、行业标准履行；没有国家标准、行业标准的，按照通常标准或符合合同目的的特定标准履行”的规定。此其一。由于《合同法》第62条第1项没有将国家标准限于强制标准，没有将国家推荐标准排除在外，加之该条项规定通常标准也可作为判断合同项下货物的质量是否合格的标准，举轻以明重，GB/T2449—2006作为国家标准应当用于诉争案件结论可信。此其二。在这里，需要解决的是标的物的质量问题，而非合同的效力。纵观《合同法》的整个体系及精神，只有在决定合同效力时强调法律的位阶，即必须是违反法律、行政法规的效力性的强制性规定的合同才无效，违反其他位阶的法律、行政法规原则上不影响合同的效力；至于确定诸如标的物的质量等事项的法律依据，并不强调法律的位阶。因此，GB/T2449—2006作为国家标准，尽管是推荐性的国家标准，也可以作为判断出卖人交付的系争合同项下的硫黄是否合格的标准。此其三。退一步说，假如因GB/T2449—2006为推荐性国家而弃之不用，则填补系争《购销合同》欠缺涉案块状硫黄质量及其检验标准约定的漏洞的依据便无处寻觅，案件纠纷会久拖不决。这显然不应被允许。鉴于买卖物的质量及其鉴定标准不可或缺，鉴定机构、裁判机构必须选取鉴定买卖物质量的标准和方法；鉴于《合同法》第62条第1项排列的鉴定买卖物质量的标准依次为国家标准、行业标准和通常标准/符合合同目的的特定标准，鉴定机构、裁判机构选择GB/T2449—2006工业硫黄国家标准，来判断涉案块状硫黄的质量，无可非议。所以，出卖人关于“GB/T2449—2006工业硫黄国家标准显然为推荐性标准，由企业自愿采用。系争合同中并未约定适用GB/T2449—2006工业硫黄国家推荐标准，因此该国家标准不适用于系争案件”的看法，没有法律依据和合同依据，难获支持。此其四。

2.5　关于《残损鉴定》中结论的检测分析依据

主审法院注意到了出卖人的下述观点：甲检验公司于其《残损鉴定》中，在表述其观点和结论意见以前使用了“经多方咨询”的定语，即其观点、结论是“多方咨询”的结果，而非其自身的专业意见，但是甲检验公司既未提供证据证明其“咨询”的对象，也未提供证据证明这些“咨询意见”的真实性、权威性；甲检验公司的前述观点和结论中反复使用“势必”、“很可能”、“后果不堪设想”等不确定性以及非专业性的用语，这样的结论本身便不具备可信度。

主审法院同时注意到了买受人有针对性的如下辩解：买受人认为甲检验公司出具的《残损鉴定》详细阐述了检验的过程（五批次检验过程基本相同）：观察⟶清点⟶计数⟶随机挑选⟶取样⟶对样品的物理外观描述⟶挑选石块⟶称重，之后将取样带回实验室进行分析化验，并出具了量化数据，并指出其检验的标准为GB/T2449—2006，最后对可能造成的结果进行了阐述并作出结论。而且，买受人还提供了详细的检测报告，而出卖人提供的《检验报告》反而存在出卖人认为《残损鉴定》存在的那些问题，即未说明得出报告结论的分析依据，更未提供具体的量化数据对其结论予以说明。最重要的是，出卖人未提供乙检验公司出具《检验报告》所需的依据检测分析报告，显然，出卖人在对待《残损鉴定》和《检验报告》上采用了自相矛盾的标准。

主审法院还注意到，甲检验公司对于涉案货物样品的分析化验是其亲自进行的，化验结果显示涉案货物在质量方面不符合系争《购销合同》的约定，因此有关货物物理指标的检验是科学的，应当予以采纳；对于《残损鉴定》中的“货物贬损情况”部分，针对甲检验公司就硫黄生产硫酸的工艺以及设备等鉴定意见和定损结论等，使用了“咨询”、“经多方咨询”、“势必”、“很可能”等词语。对此，主审法院认为，一位专家或一家鉴定机构出具鉴定意见，完全以其知识和能力，以自己的口吻，做出结论，固然可取；就是赞同、采纳其他权威的咨询意见，也未必就完全不可信，未必就是错误的。关键在于，赞同、采纳其他权威的意见，同时提供证据证明其他权威的确是权威，同时提供证据证明其他权威的咨询意见的真实性、权威性，其证据力就强，没有同时提供这些证据，其证据力就相对弱些，甚至根本不可信。没有证据显示，出卖人提出了有力的证据，已经证明了甲检验公司出具的《残损鉴定》关于“使用该批硫黄，将会对硫黄生产造成以下影响或损失”的结论，是不可信的。在这种情况下，主审法院宁肯采信甲检验公司出具的《残损鉴定》及其结论。

主审法院比较分析诉争双方当事人在检测分析结论方面的辩论意见后，总的讲，买受人方面的意见说服力强些，主审法院更倾向于接受买受人的主张。

2.6 关于报检编号为26200800178、26200800172和26200800179的三份《委托检测协议书》和《检测报告》中注明的“样品生产商”为“T国”，而本案货物的产地为“Y国”问题

主审法院注意到出卖人的如下意见：无论是《委托检测协议书》还是《检测报告》，皆未显示检测样品系系争《购销合同》项下货物，更无样品的存放和保管方式及状态的说明，特别是其中报检编号为26200800178、26200800172和26200800179的三份《委托检测协议书》和《检测报告》中注明的“样品生产商”为“T国”，而本案货物的产地为“Y国”，显然这些样品并非来自系争《购销合同》项下的货物。因此，买受人提交的各份《检测报告》与本案货物无关，甲检验公司出具的5份《残损鉴定》中硫黄理化指标检测结果并非系争《购销合同》项下货物的理化指标，各份《残损鉴定》反映的货物情况与本案事实不符。

主审法院认为，系争《购销合同》第1.4条约定货物的原产地为Y国或T国，《检测报告》上写生产商为“T国”或“Y国”，不违反系争《购销合同》的约定。买受人坚持检测样品系系争《购销合同》项下货物，出卖人没有举证推翻该项主张，主审法院采纳买受人的辩解。

2.7 关于报检编号分别为26200800188和26200800184的《委托检测协议书》中注明的“样品生产商”仅为“非洲”而非Y国的问题

主审法院注意到了出卖人的如下意见：报检编号分别为26200800188和26200800184的《委托检测协议书》中注明的“样品生产商”仅为“非洲”而非Y国，且在与其相对应的两份报检编号相同的《检测报告》中皆未注明样品产地或生产商，故此两份《检测报告》所检测的样品也不能证明是来自系争《购销合同》项下的货物。同时，出卖人注意到，与前述三份《检测报告》不同的是，这

两份《检测报告》中皆未注明样品中存在杂质，故样品也未经将杂质混匀、缩分和研磨的处理，而其中报检编号为26200800188的《检测报告》的样品理化指标检测结果则完全符合系争《购销合同》的约定。

主审法院认为，系争《购销合同》第1.4条约定货物的原产地为Y国或T国，《检测报告》上写生产商为“非洲”，不违反系争《购销合同》的约定。买受人坚持检测样品系系争《购销合同》项下货物，出卖人没有举证推翻该项主张，主审法院采纳买受人的辩解。

2.8 关于《残损鉴定》和《检验报告》之间的关系

主审法院注意到了出卖人的下述意见：货物检验和货物残损鉴定是甲检验公司的两种完全不同的业务，与其相对应的报告也是完全不同的检验报告和残损鉴定报告，故此函中提到的“商检报告”系指“检验报告”，而并非买受人提交的《残损鉴定》。该函中所述已收到的第一批抵港货物853.980吨的商检报告，系指出卖人收到的其委托乙检验公司检验第一批货物的《检验报告》，为了核实情况，出卖人也请买受人提供其他四批货物的商检报告（而非《残损鉴定》），以便参考，而不是据其赔付或处理。

主审法院也注意到了买受人的下述辩解：一般而言，甲检验公司会根据委托人的要求对待检的货物提供相应的服务，如客户仅要求对待检货物进行一般的品质检验，甲检验公司就只对待检物进行相应的理化指标分析，不做评价鉴定，所出具的报告为《检验报告》；若客户不仅要求对待检物进行一般的理化分析，还要求根据理化分析的结果对待检物进行致损原因判断、估定残损货物贬值程度和损失情况的鉴定分析，那么，甲检验公司还会在理化分析的基础上，对残损货物贬值程度和损失情况进行分析鉴定，所出具的报告为《残损鉴定》。因此，《残损鉴定》的内容涵盖了《检验报告》的内容，在对货物进行理化分析这一点上，《残损鉴定》和《检验报告》的内容应是一致的。也就是说，检验报告的名称只是形式问题，而检验报告的内容则是实质问题。买受人索赔的依据正是甲检验公司出具的报告的内容，而非一个简单的报告名称。

买受人的辩解具有说服力，主审法院予以采信。

2.9　关于复检的时间、地点

主审法院注意到了出卖人的下述质疑：

2.9.1　买受人未在卸货港对货物进行检验，而是在货物已经运回其工厂后才提出了所谓货物质量索赔，按照系争《购销合同》的约定，它无权向出卖人提出索赔。

系争《购销合同》第5.2条明确约定，买受人只是有权在卸货港对货物进行复检，其条件是双方共同指定独立的商检方。买受人提交的《残损鉴定》认为货物中含有大小不一的石块、石粒等，尽管这种情况并未违反合同的约定，但买受人还是依据《残损鉴定》对此项认定而提出了诉讼请求。如果这种情况属实的话，那么在卸货港对货物进行初步的目视验货是完全可以发现其中的所谓石块、石粒的，而无需通过其使用生产后才能够发现。但是，买受人并未按照系争《购销合同》的约定在卸货港进行复检，而是在将货物运回其工厂并进行了生产后才提出货物质量索赔，这显然违反了系争《购销合同》的规定。

2.9.2　目前已经确认的事实是，第一批到港货物的检验地点是在买受人的工厂进行的。对此，买受人称：根据1980年《联合国国际货物销售合同公约》第38条的规定，如果确有需要，货物可以不在卸货港检验而是在运到目的地后进行检验；出卖人在签订合同时就知道买受人是在买受人公司所在地L市使用合同货物，需要将合同项下货物从卸货港中国A港运至L市；因此，在L市进行抽样检验也符合国际贸易管理和国际公约的相关规定。

对此，出卖人认为：1980年《联合国国际货物销售合同公约》第38条规定：(1) 买方必须在按情况实际可行的最短时间内检验货物或由他人检验货物。(2) 如果合同涉及货物的运输，检验可推迟到货物到达目的地后进行。(3) 如果货物在运输途中改运或买方须再发运货物，没有合理机会加以检验，而卖方在订立合同时已知道或理应知道这种改运或再发运的可能性，检验可推迟到货物到达新目的地后进行。按照前述规定，买方对货物的检验必须尽早进行，但最迟也应在目的港进行，除非买方指示货物改运或者变更发运至新的目的港，则检验最迟应在新的目的港进行，条件是卖方在订立合同时便已经知道或应当知道此种变更的可能性。

首先需要说明的是，系争《购销合同》并未约定货物的用途，买受人在签订系争《购销合同》时也未向出卖人告知其购买货物的用途，也未告知将在L市使用货物，更未告知可能发生的任何改运或重新发运的可能性，因此即便发生改运或变更发运的情况，1980年《联合国国际货物销售合同公约》第38条第3款的规定也不适用；其次，1980年《联合国国际货物销售合同公约》第38条第3款规定的是货物发生改运或买方重新指定新的目的港的情况，与买受人所称的从目的港中国A港到其工厂L市的运输毫无关系。因此，买受人对本案货物的复检只能在卸货港中国A港进行，否则买受人就丧失了主张所谓货物质量与合同不符的权利。

主审法院也注意到了买受人针对以上异议所发表的反驳意见：

买受人对货物质量的检验时间、地点符合合同的约定，不存在不合理之处。另外，买受人提出索赔的期限合理，不存在出卖人所谓的索赔期限不合理的问题。

2.9.3 关于复检的时间

根据系争《购销合同》第5.2条的约定，买受人有权在卸货港对货物进行复检，但该条并没有规定买受人对货物进行复检的时间限制。事实上，第一批货物到于2008年9月5日到港，买受人发现货物不符后于两周内立即通知出卖人对货物进行复检，甲检验公司分别于2008年10月8日、10月28日、10月31日、11月3日（两次）先后出具了5份检验鉴定报告。买受人在收到上述5份检验鉴定报告后又于2008年11月6日向出卖人提出了正式的索赔。从以上货物复检的检验过程看，买受人申请复检的时间以及提出索赔的时间都没有违反合同的约定，同时也没有超出合理的时间限制。

《合同法》第158条规定，当事人没有约定检验期间的，买受人应当在发现或应当发现标的物的数量或质量不符合约定的合理期间内通知出卖人。因合同中对检验时间没有约定，故买受人在发现货物的质量问题后及时通知了出卖人，符合《合同法》关于在合理期间内通知卖方的规定。

1980年《联合国国际货物销售合同公约》第38条第1款规定:“买方必须在按情况实际可行的最短时间内检验货物或由他人检验货物。”买受人申请复检的时间是在发现货物质量后的第一时间通知出卖人并要求复检，在出卖人不予配合复检的情形下，买受人亦及时申请了权威的商检机构进行检验。买受人的复检符合公约规定的“按情况实际可行的最短时间内检验货物或由他人检验货物”的规定。

2.9.4　关于货物复检的地点问题

本案事实情况是：除了第一批货物中的部分货物是在买受人的存储车间取样外，第一批货物中的其他部分货物以及以后四个批次的货物的取样地都是在卸货港中国A港查勘检验并取样。另外，由于买受人和出卖人在系争《购销合同》以前的硫黄交易中没有出现质量问题，出于对出卖人的信任和以往的交易惯例，因而，买受人对第一批货物中的部分货物没有在卸货港中国A港直接检验，而是在运到买受人存储车间发现问题后才申请复检。根据国际贸易的通常做法（见1980年《联合国国际货物销售合同公约》第38条），如果确有需要，则货物可以不在卸货港检验而是在运到目的地后进行检验。出卖人在签订合同时就知道买受人是在买受人公司所在地L市使用系争合同项下的货物，需要将合同项下的货物从卸货港中国A港运输至L市。因为本案货物采用集装箱运输、吨袋包装，且数量大，仅第一批次的货物数量就多达700吨袋，加之出于对出卖人的信任，所以，第一批货物中的部分货物是在抵达L市后才进行检验的。因此，在L市进行抽样检验也符合国际贸易惯例和国际公约的相关规定。

主审法院认为，按照系争《购销合同》第5.2条的约定以及惯例，检验应当在卸货港中国A港。主审法院注意到，除了出卖人交付的系争《购销合同》项下的第一批硫黄中的部分硫黄是在买受人的存储车间取样外，第一批硫黄中的其他部分硫黄以及以后四个批次的硫黄的取样地都是在卸货港中国A港查勘检验并取样的。对于在卸货港中国A港查勘检验并取样的检验结论，主审法院予以采信。对于第一批货物中的部分货物未在卸货港中国A港取样的检验，买受人应当就其检验程序是否合法和检验结论是否具有证据效力，承担更加严格的举证责任。尽管如此，鉴于买受人对于第一批硫黄126.870吨不要求退货，出卖人从复检地点角度否定甲检验公司出具5份《残损鉴定》的意见，就否定买受人退货126.870吨硫黄的诉讼请求来说，可以被主审法院接受，但若用来否定买受人退货3 810.578吨硫黄的诉讼请求，则没有证据支持，不能被主审法院所接受。

2.9.5　小结：甲检验公司出具的5份《残损鉴定》具有证据效力，主审法院予以采信。如此可确定，出卖人交付的系争《购销合同》项下的货物质量不符合约定。

3. 关于乙检验公司出具《检验报告》的证据效力

对于乙检验公司出具《检验报告》的证据效力，买受人发表了如下评论意见：出卖人单方委托的乙检验公司出具的5份《检验报告》不具有法律效力。其理由如下：(1) 根据系争《购销合同》第5.2条的约定，在目的港对货物进行复检，应由买卖双方共同指定独立的商检方进行，因此，出卖人理应与买受人共同委托检验机构以完成复检。与买受人共同确定商检机构是出卖人的合同义务，出卖人单方委托商检机构在目的港检验货物违反了合同的约定。另外，出卖人单方委托的商检发生在买受人提出货物质量异议、出卖人要求买受人安排法定检验、买受人请出卖人确认由甲检验公司进行复检而出卖人予以确认之后。出卖人在开庭前抛出该《检验报告》的行为，已经清楚地表明出卖人从一开始就缺乏与买受人一道对货物进行复检的诚意。(2) 出卖人开庭前提交的乙检验公司的《检验报告》有很多值得怀疑之处。买受人有充足的理由认为该《检验报告》是本案诉讼程序开始后出卖人补做的，而且倒签了日期。其理由如下：1) 该报告是乙检验公司出具的，从其中的一份《检验报告》显示的编号SDY0901077来看，该《检验报告》是2009年1月出的，却将日期倒签为2008年10月15日。另外，该《检验报告》上还显示有出卖人所在B市办事处的传真号码（66227361）和日期（2009年2月26日）。其他4份《检验报告》也有同样问题存在。这些痕迹都表明，这5份《检验报告》的编号日期均是在2009年1月，而出卖人是在2009年2月26日才首次拿到这5份《检验报告》。这也就不难理解为什么出卖人在合议庭组成前向主审法院申请延期2个月提交本案答辩状和证据。买受人认为，主审法院不合理地延长答辩和反诉期限的决定不仅对买受人不公平，而且从客观结果上为出卖人在诉讼过程中制造证据提供了便利。买受人认为，在这种违反诉讼程序的情况下，出卖人提交的证据应视为无效。出卖人提交的《检验报告》作为无效证据，主审法院不应予以采纳。2）应向进口商品卸货口岸所在地检验检疫机构申请鉴定。按照国家质量监督检验检疫总局颁发的《进口商品残损检验鉴定管理办法》（2007年10月1日）第9条的规定，申请鉴定当事人应向进口商品卸货口岸所在地检验检疫机构申请鉴定。本案卸货地在中国A港，甲检验公司也在A市，出卖人却舍近求远、不合情理地违反该管理办法，没有委托甲检验公司而是向乙检验公司申请到A市鉴定，个中原因，不言自明。而买受人对货物的复检是在卸货港中国A港委托甲检验公司检验鉴定并出具报告。由此可见，出卖人违反了《进口商品残损检验鉴定管理办法》的相关规定。买受人认为，出卖人的5份《检验报告》因违反了检验程序的规定而归于无效，主审法院不应予以采信。3）出卖人的《检验报告》涉嫌违反了乙检验公司关于检验鉴定的内部程序。买受人提交的甲检验公司出具的5份《检验报告》分别附具了甲检验公司委托专业实验室对硫黄的检测结果，即S省出入境检验检疫局检验检疫技术中心的检测报告，但出卖人提交的乙检验公司出具的5份《检验报告》却未能附具委托专业实验室对硫黄的检测结果。经买受人调查了解，甲检验公司由于没有专门的实验室对硫黄进行技术检测，一般都是委托"S省出入境检验检疫局检验检疫技术中心"对硫黄出具检测报告，然后再由甲检验公司根据"S省出入境检验检疫局检验检疫技术中心"的检测报告而出具检验鉴定结论。乙检验公司作为甲检验公司的分公司事实上也应遵循与此相同的内部委托检验程序，但出卖人提供的5份《检验报告》却没有附具类似的S省出入境检验检疫局检验检疫技术中心的检测报告。因此，买受人认为，出卖人提交的检验报告因违反其内部检验程序的规定而归于无效，主审法院不应予以采信。事实上，经买受人调查了解，乙检验公司在为出卖人提供检验报告时根本没有委托有资质的机构出具检测结果就直接出具了《检验报告》。买受人认为，出卖人的检验报告因没有相应的技术检测结果而不应予以采信。由于买受人调取这些方面的证据存在显而易见的困难，买受人特提请主审法院要求出卖人提交其内部委托对硫黄的技术检测结果或主审法院认为必要可以主动对此事进行相关调查。如若出卖人不能提供其内部委托对硫黄的技术检测结果或报告，则应视为出卖人无法证明其提交的乙检验公司的《检验报告》具有相应的依据。相应地，乙检验公司出具的《检验报告》也因无检测依据而归于无效，主审法院不应予以采信。出卖人提交的《检验报告》内容简单，没有对检验过程的详细描述，没有对数据的分析、说明，并有自相矛盾之处。例如，《检验报告》(SDY0901078 号) 第 1 页显示的出具日期“2008.10.25”与该报告第 3 页显示的出具日期“2008.10.15”矛盾，由此可见，出卖人出具的《检验报告》有伪造之嫌，不足以采信。综上所述，买受人认为，出卖人单方委托的乙检验公司出具的 5 份《检验报告》结果应视为无效，对买受人不具有法律拘束力。

主审法院也注意到了出卖人的如下辩解：买受人未提供任何证据证明出卖人提交的乙检验公司出具的各份《检验报告》系伪造，因此其质疑没有任何根据。出卖人提交的乙检验公司出具的各份《检验报告》合法有效，该检验师现场取样是经过买受人现场人员同意的，否则无法取样，即便买受人现在对此否认，这也不能影响检验的效力。故 5 份《检验报告》应作为认定本案事实的依据。买受人称，按照《进口商品残损检验鉴定管理办法》的规定，申请鉴定应向进口商品卸货口岸所在地检验检疫机构申请鉴定。出卖人认为：1)《进口商品残损检验鉴定管理办法》是由国家质量监督检验检疫总局颁布的一项部门规章，不具备法律法规的效力，其效力仅限于其部门内部。2) 出卖人委托的检验机构与买受人委托的是同一家检验机构，即均为甲检验公司，《检验报告》也是由该检验机构出具的。如果买受人认为其委托的检验机构即为货物卸货口岸所在地的检验机构，那么此主张也同样适用于出卖人委托的检验机构。至于乙检验公司接受出卖人的委托后具体指派其 Y 市的检验人员还是其他地区的检验人员进行检验，这是乙检验公司自己内部安排、分工的事情，对检验效力本身并无影响。实际上，正是考虑到买受人已单方委托甲检验公司进行了所谓的残损鉴定，为了保证检验结果的客观性，才由乙检验公司对货物另行进行了检验，该检验无可非议。3)《进口商品残损检验鉴定管理办法》仅适用于在发生货物残损时由收货人或贸易当事方向检验机构申请对货物残损进行的检验和鉴定，不适用于贸易当事方对货物申请的常规检验。而出卖人提交的证据显示，本案到港货物完全符合货物的约定，不存在任何残损或质量问题，因此出卖人申请乙检验公司对本案货物进行的是常规检验，乙检验公司出具的也是《检验报告》，而非残损鉴定，故不适用《进口商品残损检验鉴定管理办法》。也是基于同样的原因，出卖人在其2008年12月5日的函中提到的也是“商检报告”，而非“残损鉴定”。由乙检验公司委托S省出入境检验检疫局检验检疫技术中心对硫黄出具检测报告，然后再由乙检验公司出具检验鉴定结论，并称出卖人提交的《检验报告》违反了这一内部检验程序的规定而归于无效，对此，出卖人指出：其一，按照买受人的说法，委托S省出入境检验检疫局检验检疫技术中心出具检测报告是乙检验公司的“一般”做法，但买受人并未对此说法予以证明。即便按买受人的此种说法，该“一般”做法也并非买受人所言的所谓“内部检验程序”，更无因未委托S省出入境检验检疫局检验检疫技术中心进行检测便导致其检验报告无效的规定。买受人的上述主张完全是无稽之谈。其二，出卖人已经提交证据证明，出卖人委托的乙检验公司已经委托Y市能源监测中心及Y市节能协会对本案硫黄进行了检测，且结果完全符合系争《购销合同》的约定，乙检验公司也是依据此检测结论出具了5份《检验报告》。其三，买受人称，“中国实验室国家认可委员会（CNAL）”已于2006年3月31日被新成立的“中国合格评定国家认可委员会（CNAS）”所取代，因此“中国实验室国家认可委员会（CNAL）”颁发的所有认可证书随着机构的更替而不再具有法律效力，并主张出卖人提交的“中国实验室国家认可委员会（CNAL）”认可证书（NO. L2726）已经失效，“Y市能源监测中心”不是国家认可的实验室检验机构。同时，买受人还提交了一份注明为“中国合格评定国家认可委员会实验室认可证书附件（No. CNAS L2726）”的网页打印件，认为Y市节能协会不具有国家认可的检验硫黄的资质和技术能力。对于买受人的以上主张，出卖人认为：其一，中国实验室国家认可委员会（CNAL）是经中国国家认证认可监督管理委员会批准设立并授权，统一负责实验室和检查机构认可及相关工作的国家认可机构，成立于2002年7月，是在原国家技术监督局成立的实验室国家认可组织中国实验室国家认可委员会（CNACL）和原国家进出口商品检验局成立的进出口领域的实验室和检查机构能力资格认可的国家实验室认可组织——中国国家出入境检验检疫实验室认可委员会（CCIBLAC）的基础上合并成立的。而中国合格评定国家认可委员会（CNAS）于2006年3月31日正式成立，是在原中国认证机构国家认可委员会（CNAB）和原中国实验室国家认可委员会（CNAL）基础上整合而成的。截至2008年7月底，累计实验室认可数量已经达到3 355个。国务院对国家机关包括各部委、机构进行整编、合并或分立是社会和经济发展的需要，特别是改革开放以来，这种机构改革更为频繁。但是，机构的重置并不影响原设机构在其主管领域颁发的各类权利证书、资质证书的效力，这是机构变更的最基本原则，也是维护社会稳定和社会个体权利所必需的。举个简单的例子，国家土地和房产管理部门多年来分分合合，几经更迭，但是不论机构建制如何改变，这些部门颁发的土地使用权证书和房产所有权证书的效力皆不受影响；与此相同，目前的商务部也是在原对外经济贸易合作部、内贸部等部门的基础上合并成立的，但原各部委颁发的各类权证如进出口权等还是依然有效。因此，买受人以中国实验室国家认可委员会并入中国合格评定国家认可委员会为由而断言原中国实验室国家认可委员会颁发的实验室认可证书已经失效，是没有任何依据的错误臆断。况且，出卖人提交的Y市能源监测中心的中国实验室国家认可委员会认可证书（NO. L2726）注明的发证日期为2006年6月30日，是由中国实验室国家认可委员会在中国合格评定国家认可委员会成立时间（2006年3月31日）以后颁发的，这说明中国实验室国家认可委员会在中国合格评定国家认可委员会成立后依然独立行使其职能，其颁发的认可证书合法有效；同时，中国实验室国家认可委员会认可证书（NO. L2726）注明的有效期至2011年6月29日，因此Y市能源监测中心具备实验室认可证书是毋庸置疑的事实。其二，1982年4月，Y地区行政公署批准成立了Y地区能量测试站；1984年3月，更名为Y市能源监测站；1997年8月，更名为Y市能源监测中心；2000年，该中心率先在国内同行业第一家通过《中国实验室》国家认可，取得了国际ISO/IEC通行证，其出具的检验、监测报告在亚太地区四十多个国家获得认可。而Y市节能协会是下设在该中心的一家独立的组织，与Y市能源监测中心并非同一个机构。出卖人提交的本案硫黄货物的化验分析检验报告是由Y市能源监测中心及Y市节能协会共同出具的。Y市能源监测中心具备国家认可的实验室检测资质。买受人提交的中国合格评定国家认可委员会实验室认可证书附件也说明Y市节能协会也获得了中国合格评定国家认可委员会的实验室认可证书，具备就“灰分”、“全硫”、“全硫含量”、“全水分”、“水分”、“元素分析”、“游离酸”等元素成分进行检测的资质，因此Y市能源监测中心及Y市节能协会出具的5份《检验报告》合法有效，乙检验公司依据该5份《检验报告》而出具的5份相对应的《检验报告》合法有效，证明本案货物完全符合系争《购销合同》的约定。其三，买受人还提出，Y市能源监测中心和Y市节能协会出具的5份《检验报告》中委托单位名称为“Y商检公司”，并非“乙检验公司”，且该《检验报告》没有说明样品的来源、原产地等，而出卖人也未说明其与乙检验公司出具的5份《检验报告》的对应关系。出卖人在此需要说明的是，首先，“Y商检公司”即为“乙检验公司”，这一点买受人是十分清楚的；其次，Y市能源监测中心和Y市节能协会出具的5份《检验报告》皆表明检验的硫黄样品系由委托方提供，即是乙检验公司采集的本案货物的样品；最后，Y市能源监测中心和Y市节能协会出具的5份《检验报告》的样品理化指标数据与甲检验公司出具的5份《检验报告》的理化指标数据是一一对应且完全吻合的。其四，从买受人自己提供的材料看，买受人并没提供S省出入境检验检疫局检验检疫技术中心的实验室认可证书及显示其检测范围的附件，故买受人并没证明该技术中心有对本案货物进行理化指标检测的资质和能力，而甲检验公司基于该技术中心的检测报告所出具的《残损鉴定》自然也是缺乏根据的。其五，买受人还称，乙检验公司出具的《检验报告》中一页上的日期错误以及出卖人提交的其复印件上显示的传真时间为2009年2月份，并据此妄称乙检验公司出具的《检验报告》系伪造及倒签，这完全是毫无根据的臆想。《检验报告》一页上的日期有误系打印错误，而其复印件显示的传真时间是出卖人将其代为传真转发给H律师事务所的时间，并非《检验报告》的出具时间。

主审法院注意到，买受人提交的甲检验公司出具的5份《残损鉴定》、出卖人提交的乙检验公司出具的《检验报告》，都程度不同地存在着形式上或实质上的瑕疵。但相较而言，乙检验公司出具的《检验报告》，瑕疵更重。还有，甲检验公司出具的5份《残损鉴定》、乙检验公司出具的《检验报告》都是针对系争《购销合同》项下的货物所做的质量检验，结论却大相径庭，两者不能同时为真，主审法院不得同时采信。有鉴于此，主审法院对于乙检验公司出具的《检验报告》不予采信，而采信甲检验公司出具的5份《残损鉴定》。

4. 关于买受人有无权利退货

买受人于其诉讼请求中对系争《购销合同》项下的3 810.578吨硫黄（3 937.448吨—126.870吨＝3 810.578吨）要求退货，对其已经使用的126.87吨硫黄不再要求退货。

《合同法》第111条规定了质量不符合约定的，对方当事人可以要求退货。

退货与合同效力之间的关系存在着两种情形：一种情形是把《合同法》第111条和《合同法》第110条联系起来适用，退货并不终止合同关系，而是请求出卖人按照合同约定交付合格的货物；另一种情形是将《合同法》第111条和当事人的约定、《合同法》第94条等有关解除、终止的规定结合起来适用，退货就是解除合同并恢复原状，出卖人依约供货的义务消失，买受人请求出卖人依约供货的权利同时消灭。由于买受人在请求退货的同时没有援引《合同法》第110条的规定，没有请求出卖人继续依约交付硫黄，而是一直主张出卖人交付的硫黄质量不符合约定，并依据系争《购销合同》第5.2条的约定主张权利（make claim），可以断定其请求退货就是解除系争《购销合同》并恢复原状。

这里所谓解除系争《购销合同》，不是诉争双方当事人协商一致将系争《购销合同》解除，而是买受人一方行使解除权将系争《购销合同》解除。买受人有无该项解除权，以及该项解除权行使的条件是否具备，需要审核，以免权利行使不当，损害出卖人的合法权益。

系争《购销合同》第5.2条约定，买方有权在卸货港对货物进行复检，并依据买卖双方共同指定的独立商检方所出具的证书“make claim”。所谓“make claim”，不限于损害赔偿，亦指继续履行、损害赔偿、解除合同等请求形态。由于系争《购销合同》额外条款之2约定：“本合同的中文翻译仅供参考，凡因执行本合同或与本合同有关事项所发生的一切争执的解决均以英文条款为准”，英文文本的《购销合同》第5.2条赋予了买方（买受人）“make claim”的权利，包括继续履行、损害赔偿、解除合同等请求权，而不是仅仅有损害赔偿请求权。

买方（买受人）享有解除权，其产生及其行使的条件如何？系争《购销合同》虽未全部而详细地列举，但分析该《购销合同》第5.2条的约定可知，卖方（出卖人）所交付的货物质量不符合约定，为买方（买受人）行使解除权的条件之一。至于该货物质量不符合约定达到何种程度才能解除合同，系争《购销合同》则语焉不详，需要适用《合同法》第94条第4项等规定加以解决。

按照《合同法》第94条第4项的规定，买受人解除系争《购销合同》，仅仅存在着出卖人交付的硫黄质量不符合约定的事实并不足够，尚须硫黄质量不符合约定的事实致使买受人不能现实其合同目的。1980年《联合国国际货物销售合同公约》第25条规定的根本违约和第49条等规定的宣告合同无效（解除合同），也属于《合同法》第94条第4项规定的“不能实现合同目的”的情形。实际上，《合同法》第94条第4项规定的不能实现合同目的时可解除合同，与1980年《联合国国际货物销售合同公约》第25条规定的根本违约和第49条等规定的宣告合同无效（解除合同），殊途同归。

《合同法》第94条第4项规定的“不能实现合同目的”，其含义如何，法无明文，学界观点不一，需要解释。具体到系争案件，需要联系系争案件的相关事实，来确定买受人的合同目的。

学说认为，买卖合同，无论标的物是什么，当事人是何种类型，都具有相同的目的，即典型交易目的，从出卖人方面来看是取得价款的所有权，从买受人方面观察是取得标的物的所有权。在这个层面上，出卖人取得价款的所有权，买受人取得标的物的所有权，均为合同目的。不过，必须指出，如果机械地将取得标的物所有权这个抽象视角下的典型交易目的作为《合同法》第94条第4项所说的合同目的，作为涉案买受人的合同目的，会出现极不合理的现象：即便标的物在品质上极其劣质，在数量上严重短缺，买受人无法使用，由于买受人已经取得了它的所有权，也算达到了合同目的，不得主张解除合同。换句话说，机械地把这种抽象视角下的典型交易目的作为《合同法》第94条第4项所说的合同目的，作为本案买受人的合同目的，显然违反了买受人的本意，因为买受人签订系争《购销合同》绝非旨在取得质量低下的硫黄；也模糊了根本违约和轻微违约之间的界限，因为这样会使《合同法》第94条第4项强调“不能实现合同目的”的要素失去意义和价值，会使人们无法准确地确定合同解除的条件，难以适当地适用合同解除制度。有鉴于此，在本案中，不宜把取得硫化罐所有权这种抽象视角下的典型交易目的等同于买受人的合同目的。

假如买受人将系争《购销合同》项下的硫黄用于生产过程，假如这些硫黄可以用于买受人的生产过程，换句话说，系争《购销合同》项下的硫黄的用途，那么，可否作为买受人的合同目的？主审法院认为，在区分目的和动机的情况下，将系争《购销合同》项下的硫黄用于买受人的生产过程，是买受人取得系争《购销合同》项下的硫黄及其所有权的目的，而买受人基于系争《购销合同》取得硫黄是签订该签争《购销合同》的目的。众所周知，目的之目的是动机，不再是目的，所以，将系争《购销合同》项下的硫黄用于买受人的生产过程，是系争《购销合同》的动机，而非目的。换句话说，买受人对于涉案硫黄的用途距离买受人的合同目的有些远隔。

诚然，当事人签订合同的动机只是在大多数情况下不得作为合同目的，并非在任何情况下都不得视为合同目的。在当事人明确地将其签订合同的动机告知了对方当事人，并且作为成交的基础，或者说作为合同的条件；或者虽然当事人在签订合同时没有明确告知，合同中也没有将该动机条款化，但有充分且确凿的证据证明该动机就是该合同（交易）成立的基础，也可以甚至应当将此类动机视为合同目的。具体到本案，假如买受人在签订系争《购销合同》时明确地告知出卖人：拟购买的硫黄就是用于自己的生产过程的，若出卖人交付的硫黄不符合生产的要求，就会退货，对此有确凿的证据证明，那么，买受人将所购硫黄用于其生产过程的动机，可以视为合同目的；或者系争《购销合同》的条款里显示出买受人的该动机已经成为系争《购销合同》的内容，成为了系争《购销合同》的组成部分，那么，买受人将所购硫黄用于其生产过程的动机，也可以视为合同目的。但事实是，系争《购销合同》没有将所谓买受人把所购硫黄用于生产过程的意思写入其中，所谓买受人把所购硫黄用于生产过程的意思，没有成为系争《购销合同》的内容。没有证据证明买受人把所购硫黄用于生产过程的动机作为签订系争《购销合同》的基础。

基于这样的认识和判断，加上买受人自己也未能举证证明购买涉案的硫黄是用于自己的生产过程的，主审法院将不支持买受人的第二项诉讼请求，即不支持所谓出卖人违约给买受人造成的无法正常生产硫酸的经济损失人民币 689 400.00 元及其赔偿这一诉讼请求，以求主审法院的意见和判决前后一致，在整体上协调。

既然如此，以系争《购销合同》项下的硫黄可否用于买受人的生产过程为标准，判断系争《购销合同》项下的硫黄质量不符合约定是否构成了不能实现《合同法》第 94 条第 4 项所说的合同目的，是否构成了不能实现涉案买受人的合同目的，路径有误。换句话说，即不能将系争《购销合同》项下硫黄的用途这个动机与系争《购销合同》的合同目的混为一谈。看来，确定买受人的合同目的，尚须另觅路径。买受人签订系争《购销合同》，约定涉案硫黄的规格（第 1.1 条）、检验（第 5.2 条）、免责条款（第 7 条），目的是取得数量足够、质量合格的硫黄，而非单纯的硫黄所有权。由此可知，买受人取得系争《购销合同》项下的数量足够、质量合格的硫黄及其所有权，是系争《购销合同》中买受人的合同目的。

既然出卖人交付的系争《购销合同》项下的硫黄中三个批次货物有四项指标（即纯度、含碳量、灰分、酸度）不符合合同约定；另一个批次即 783.720 吨批次有三项指标（即纯度、含碳量、灰分）不符合合同指标，本身就给买受人造成了严重损失，可以说不能实现买受人的合同目的，那么，买受人请求退货，解除系争《购销合同》，就符合《合同法》第 94 条第 4 项的规定，主审法院予以支持。

退一步说，即便将系争《购销合同》项下的硫黄用于生产过程这个动机认定为合同目的，就买受人和出卖人所举证据来说，出卖人也未能推翻不符合约定的硫黄已经导致买受人不能实现合同目的的结论。其理由在于，从举证责任的分配观察，买受人提交的甲检验公司出具的《残损报告》载明："经多方咨询，我们得知如果使用该批硫黄，将会对硫黄生产造成以下影响或损失……"

出卖人否定甲检验公司出具的《残损报告》中的上述结论的思路及逻辑是："甲检验公司并未证明其具有对用硫黄生产硫酸的工艺和设备出具鉴定意见的相关资质；正是由于甲检验公司不具备出具相关鉴定意见的资质，故其在表述其上述观点和结论意见以前使用了'经多方咨询'的定语，即其观点、结论是'多方咨询'的结果，而非其自身的专业意见，但是甲检验公司既未提供证据证明其'咨询'的对象，也未提供证据证明这些'咨询意见'的真实性、权威性；甲检验公司的前述观点和结论中反复使用'势必'、'很可能'、'后果不堪设想'等不确定性以及非专业性的用语，这样的结论本身便不具备可信度。"主审法院认为，一位专家或一家鉴定机构出具鉴定意见，完全以其知识和能力，以自己的口吻，做出结论，固然可取；就是赞同、采纳其他权威的咨询意见，也未必就完全不可信，未必就是错误的。关键在于，赞同、采纳其他权威的意见，同时提供证据证明其他权威的确是权威，同时提供证据证明其他权威的咨询意见的真实性、权威性，其证据力就强，没有同时提供这些证据，其证据力就相对弱些，甚至根本不可信。没有证据显示，出卖人提出了有力的证据去证明甲检验公司出具的《残损报告》关于"使用该批硫黄，将会对硫黄生产造成以下影响或损失"的结论是不可信的。

现在，问题成了：买受人已经举证了甲检验公司出具的《残损报告》，该《残损报告》中载明了"使用该批硫黄，将会对硫黄生产造成以下影响或损失"的结论，尽管该结论在出卖人看来"不具备可信度"；所谓"不具备可信度"，是出卖人推理得出的，并非由其所举有力的证据而得出来的。在这种情况下，出卖人应当承担举证不力的后果。一言以蔽之，主审法院采信买受人的证据，认定买受人不能实现其合同目的。

由于到港的第一批硫黄中的126.870吨硫黄已由买受人接收，且买受人不再请求将之退回出卖人，买受人仅对余下的3 810.578吨（3 937.448吨－126.870吨＝3 810.578吨）硫黄要求退货，主审法院仅支持买受人将3 810.578吨

(3 937.448 吨—126.870 吨= 3 810.578 吨）硫黄退货的诉讼请求。

5. 关于出卖人向买受人返还相应的货款

由于买受人已经就 3 937 448 吨硫黄向出卖人支付了 3 051 522.2 美元的货款，包括 126.870 吨硫黄的货款；由于买受人只请求退货 3 810.578 吨硫黄，不再主张退货 126.870 吨硫黄，相应地，出卖人应将已经收取的货款 2 953 198 美元退还给买受人。

在这里，主审法院注意到了买受人的如下主张：

鉴于买受人当时是以人民币兑换成美元对外支付信用证项下的货款和人民币已升值，出卖人应赔偿买受人遭受的汇率损失。因此，出卖人应按付款之日的汇率折算成人民币予以退还，应退还人民币 20 902 927.07 元（按美元兑人民币汇率 1∶6.85 计算)。

以上应予退还的款项应加计自信用证付款之日起至出卖人实际退还货款之日止的银行利息。利息按同期银行贷款年利率 7%计算。

因合同约定信用证付款日为提单日后 90 天，且货物分批交货，所以，应按货物批次分别计算退款的利息。各个批次应予退还的货款金额（货款按信用证开证日汇率折算成人民币计算）和起息日（付款日）分别计算如下：

货物批次	起息日（付款日）	货款（美元）	（折合人民币）
853.980（MT）	2008/10/22	661 834.50	（4 534 029.61 元）；
262.680（MT）	2008/11/3	203 577.00	（1 394 848.53 元）；
783.720（MT）	2008/11/12	607 383.00	（4 155 896.70 元）；
646.730（MT）	2008/11/29	501 215.75	（3 433 327.89 元）；
745.498（MT）	2008/11/29	577 760.95	（3 957 662.51 元）；
644.840（MT）	2008/11/23	499 751.00	（3 423 294.35 元）。

主审法院认为，系争《购销合同》约定的计算货币为美元（第 2.3 条），而非人民币。至于买受人实际付款时是以其既有的美元支付的，还是将其拥有的人民币兑换成美元，再行支付，纯属买受人自己的内部事务，与出卖人无关。所以，买受人主张退货，相应地，出卖人退还相应的货款，自然是退还系争《购销

合同》项下的硫黄，退还系争《购销合同》约定的货款美元。有鉴于此，买受人若按照将美元折合成人民币的模式请求出卖人退还人民币 20 902 927.07 元，以及相应的银行利息，则无依据。

不过，主审法院注意到，买受人当时是以人民币兑换成美元对外支付信用证项下的货款的，人民币也确实已经升值，买受人退货，解除系争《购销合同》，的确遭受了汇率损失。况且，这些汇率损失是因出卖人违约造成的，买受人有权基于出卖人违约而请求其赔偿自己所遭受的汇率损失。主审法院注意到，买受人只是在其辩论意见中使用了“鉴于买受人当时是以人民币兑换成美元对外支付信用证项下的货款和人民币已升值，出卖人应赔偿买受人遭受的汇率损失。因此，出卖人应按付款之日的汇率折算成人民币予以退还，应退还人民币 20 902 927.07 元（按美元兑人民币汇率 1∶6.85 计算）”的表述，于其诉讼请求及变更的诉讼请求中都是在退还货款的语境下陈述“并加计自信用证付款之日起至出卖人实际退还货款之日止的（利息按同期银行贷款年利率 7%计算）银行利息。”鉴于前述阐明的主审法院无法支持买受人将人民币兑换成美元的利息请求，只能支持赔偿此项利息损失的赔偿主张，而买受人恰恰欠缺出卖人赔偿买受人此项利率损失的诉讼请求，主审法院无权在本判决书里对此项利息损失的赔偿作出判决，买受人可另觅救济途径。

（五）1980 年《联合国国际货物销售合同公约》严格限制解除权

1980 年《联合国国际货物销售合同公约》严格限制合同解除权，于第 49 条第 2 款第 2 项规定，在卖方交付的货物不合格的情况下，买方在已知道或理应知道这种违反合同后一段合理时间内有权解除合同，但该合理时间届满后卖方交付货物的，买方便丧失解除权。此其一。卖方在买方指定一段合理时限的额外时间，让卖方履行其义务，该额外时间届满时卖方仍未履行其义务的，买方有权解除合同；或在卖方声明他将不在这一额外时间履行义务后一段合理时间内，买方有权解除合同，但是该一段合理时间届满后卖方履行其义务的，买方丧失解除权。此其二。如果卖方要求买方表明他是否接受卖方履行义务，而买方不在一段合理时间内对此一要求做出答复，则卖方可以按其要求中所指明的时间履行义务。于此场合，买方无权解除合同。如果买方于此合理时间内答复不再受领货物，则发生合同解除的效果；如果买方于此合理时间内指定了卖方可以在一段合理时间内交货，卖方也确实交付了货物，那么，买方丧失解除权。此其三。

再如，1980年《联合国国际货物销售合同公约》第51条第2款规定，买方只有在卖方完全不交付货物或不按照合同规定交付货物等于根本违反合同时，才可以通知解除合同。

还如，1980年《联合国国际货物销售合同公约》第64条第2款第2项规定，对于买方迟延履行义务以外的任何违反合同事情，卖方在已知道或理应知道这种违反合同后一段合理时间内，有权通知解除合同；但若该合理时间届满，买方又付清了货款的，那么，卖方便丧失解除权。此其一。卖方指定一段合理时限的额外时间，让买方履行义务，于此期间卖方不得主张解除合同，但买方于此期间仍未履行义务的，或买方声明他将不在这一额外时间内履行义务的，在此后一段合理时间内卖方有权解除合同。

（六）《合同法》第110条与第94条所定解除之间的关系

按照通常的理念，符合《合同法》第110条规定的不能履行、债务的标的不适于强制履行或履行费用过高的场合，当事人宜及时行使解除权，将已经不能履行的合同解除，以便各方当事人轻装上阵，从事新的交易。但是，在某些情况下，尤其是该合同是主合同，还有抵押合同、质押合同、保证合同等从合同的场合，当事人一方，特别是守约方，却需要合同存续一段期间。只有该合同存续，当事人一方享有的抵押权、质权、留置权，享有请求保证人承担保证责任的权利，才不会消失。

在该合同系办理有关手续的必备材料的情况下，不是立即将之解除，而是任其存续一段期间，也有其价值。

但是，鉴于合同已经不能履行或债务的标的不适于强制履行或履行费用过高，合同继续存在意味着束缚当事人，不利于轻装上阵，从事新的交易，从公平合理的立场出发，应当允许债务人在适当的时间点主张解除合同。

总的说来，《合同法》第110条本身是针对强制履行的，并不直接是合同解除制度的范畴，但它在与合同解除制度相联系的时候，便作为合同解除的特别原因（或曰条件，或曰事由），或与《合同法》第 93 条第 2 款相结合，或与《合同法》第 94 条第 1 项相联系，或与《合同法》第 94 条第 4 项相联系，或与《合同法》分则中或其他单行法中的解除规定相联系。

八、法律规定的其他情形

《合同法》第 94 条第 5 项规定，合同解除的条件还有"法律规定的其他情形"。此处所谓"法律规定的其他情形"，一是指《合同法》本身规定的，但除第 94 条规定以外的解除条件；二是指《合同法》以外的法律所规定的解除条件。

属于前者的，例如，《合同法》规定，标的物质量不符合质量要求，致使不能实现合同目的的，买受人可以拒绝接受标的物或解除合同。买受人拒绝接受标的物或解除合同的，标的物毁损、灭失的风险由出卖人承担（第 148 条）。分期付款的买受人未支付到期价款的金额达到全部价款的 1/5 的，出卖人可以要求买受人支付全部价款或解除合同（第 167 条第 1 款）。承租人未按照约定的方法或租赁物的性质使用租赁物，致使租赁物受到损失的，出租人可以解除合同并要求赔偿损失（第 219 条）。承租人未经出租人同意转租的，出租人可以解除合同（第 224 条第 2 款）。定作人可以随时解除承揽合同，造成承揽人损失的，应当赔偿损失（第 268 条）。寄存人可以随时领取保管物（第 376 条第 1 款）。委托人或受托人可以随时解除委托合同（第 410 条前段）。

属于《合同法》以外的法律所规定的解除条件较多。例如，《保险法》规定，投保人故意或因重大过失未履行如实告知义务，足以影响保险人决定是否同意承保或提高保险费率的，保险人有权解除保险合同（第 16 条第 2 款）。被保险人或受益人在未发生保险事故的情况下，谎称发生了保险事故，向保险人提出赔偿或给付保险金的请求的，保险人有权解除保险合同，并不退还保险费（第 27 条第 1 款）。投保人、被保险人故意制造保险事故的，保险人有权解除保险合同，不承担赔偿或给付保险金的责任，除《保险法》第 43 条另有规定的以外，也不退还保险费（第 27 条第 2 款）。投保人、被保险人未按照约定履行其对保险标的安全应尽的责任的，保险人有权要求增加保险费或解除合同（第 51 条第 3 款）。因保险标的转让导致危险程度显著增加的，保险人自收到前款规定的通知之日起 30 日内，可以按照合同约定增加保险费或解除合同。保险人解除合同的，应当将已收取的保险费，按照合同约定扣除自保险责任开始之日起至合同解除之日止应收的部分后，退还投保人（第 49 条第 3 款）。在合同有效期内，保险标的的危险程度显著增加的，被保险人应当按照合同约定及时通知保险人，保险人可以按照合同约定增加保险费或解除合同（第 52 条第 1 款前段）。合同约定分期支付保险费，投保人支付首期保险费后，除合同另有约定外，投保人自保险人催告之日起超过 30 日未支付当期保险费，或超过约定的期限 60 日未支付当期保险费的，合同效力中止，或由保险人按照合同约定的条件减少保险金额（第 36 条第 1 款）。被保险人在前款规定期限内发生保险事故的，保险人应当按照合同约定给付保险金，但可以扣减欠交的保险费（第 36 条第 2 款）。合同效力依照《保险法》第 36 条规定中止的，经保险人与投保人协商并达成协议，在投保人补交保险费后，合同效力恢复。但是，自合同效力中止之日起满 2 年双方未达成协议的，保险人有权解除合同（第 37 条第 1 款）。

《企业破产法》第18 条规定：“人民法院受理破产申请后，管理人对破产申请受理前成立而债务人和对方当事人均未履行完毕的合同有权决定解除或者继续履行，并通知对方当事人。管理人自破产申请受理之日起二个月内未通知对方当事人，或者自收到对方当事人催告之日起三十日内未答复的，视为解除合同。管理人决定继续履行合同的，对方当事人应当履行；但是，对方当事人有权要求管理人提供担保。管理人不提供担保的，视为解除合同。”

根据《物权法》第 168 条第 1 项的规定，地役权人违反法律规定或合同约定，滥用地役权的，供役地权利人有权解除地役权合同。这包括两种情况：其一，地役权人行使地役权时，虽然不违反合同，但是违反法律规定，造成滥用地役权的，供役地权利人也有权解除地役权合同。例如，地役权人排放的废水超过国家规定的标准，造成江河污染的。其二，地役权人行使地役权时，违反合同，造成滥用地役权的，供役地权利人也有权解除地役权合同，至于滥用地役权是否违反了法律、行政法规的另外的强制性规定，在所不问。

根据《物权法》第190条后段的规定，抵押权设立后抵押财产出租的，该租赁关系不得对抗已登记的抵押权。所谓租赁关系不得对抗已登记的抵押权，是指在因租赁关系的存在致使于抵押权实行时无人应买抵押物，或出价降低导致不足以清偿被担保债权等情况下，抵押权人有权主张租赁终止。在这方面，《日本民法典》第395条关于"不超过第602条规定期间的租赁，虽在抵押权登记后为登记，亦得以之对抗抵押权人。但其租赁对抵押权人发生损害时，法院得因抵押权人的请求，命令其解除"的规定，值得我们借鉴，即当抵押权人请求解除租赁合同时，人民法院应当支持。这告诉我们，抵押权设立后抵押财产出租，致使抵押权实行时损害抵押权人的利益的，抵押权人享有解除权。当然，为了慎重起见，该解除权的行使宜采取诉讼的方式。

最高人民法院的有关司法解释也规定了特殊的解除条件。例如，法释[2004]14号规定，将承包的建设工程非法转包、违法分包的，发包方可以请求解除合同（第8条第4项）。

[辨析]

对于违约解除场合解除权产生的条件是否一律要求达到根本违约的程度，学界的看法不一。就《合同法》第94条的立法本意而言，不完全履行作为解除权产生的条件，要求达到根本违约的程度。这从条文使用"违约行为致使不能实现合同目的"（《合同法》第94条第4项）的构成要素可以知晓。其他违约行为作为解除权产生的条件，可以说不要求达到根本违约的程度。不过，若想更为精确，则应当具体分析，有必要多说几句。

拒绝履行已经构成，解除权即刻产生，且可马上行使，无需举证根本违约（《合同法》第94条第2项），可以说不要求达到根本违约的程度。定期行为场合迟延履行一经构成，同样如此（《合同法》第94条第4项）。

至于非定期行为场合迟延履行成立，再经催告，方可行使解除权（《合同法》第94条第3项），与根本违约有无关联，主要是个解释问题。第一种解释为，催告仅为程序设计，旨在尽可能地贯彻鼓励交易原则，对合同解除持慎重态度，对违约方宽大为怀，给其一次补救的机会；不过，这种宽容仍有限度，为了保护守约方的合法权益，一俟宽限期届满违约方仍未继续履行，守约方即可行使解除权，违约行为是否构成根本违约，在所不问。就此看来，此种情形不要求根本违约。第二种解释是，在催告期届满时，违约方仍未继续履行的，即为根本违约，只要采取程序判断而非实质判断的理论，也未尝不可。

究竟赞同何者，笔者认为取决于《合同法》的体系解释，特别是《合同法》第 110 条关于"当事人一方不履行非金钱债务或者履行非金钱债务不符合约定的，对方可以要求履行，但有下列情形之一的除外：（一）法律上或者事实上不能履行；（二）债务的标的不适于强制履行或者履行费用过高；（三）债权人在合理期限内未要求履行"的规定，起着极为重要的作用。该条第 3 项的规定含有这样的意思，包括以下情形：违约行为尚未达到根本违约的程度，违约方能够继续履行，但债权人在合理期限内未要求履行，若债权人再请求继续履行，违约方就有权拒绝。遇此情形，债权人为了保护自己的合法权益，只好行使解除权，尽管违约行为尚未达到根本违约的程度。有鉴于此，第一种解释更符合《合同法》的整体精神，应予采信。

总之，根本违约作为解除权产生的条件，被《合同法》安排在第 94 条第 4 项之中。

[探讨]

在违约行为和不可抗力均为解除事由的情况下，应由解除权人选择决定以何为由解除合同

Y 省 Q 市中级人民法院（2014）第 452 号《民事判决书》将《Y 省工业和信息化委员会关于报送钢铁落后产能现状和淘汰计划的通知》（工信［2009］145 号）、《Q 市经委关于报送钢铁落后产能现状和淘汰计划的通知》（Q 经工［2009］17 号）等文件关于淘汰落后产能、关闭某些高耗能的钢铁产业的规定，作为不可抗力，并进而作为诉争《高压变频器节能改造合同能源管理节能服务合同》解除的原因，认定守约方甲公司主张解除系争合同，只得基于该不可抗力，而非基

于乙炼铁厂的违约（第8～9页）。

笔者认为，这是错误的，应予纠正，理由如下：

1. 在基于不可抗力而主张解除合同的场合，必须是不可抗力致使不能实现合同目的

Y省Q市中级人民法院（2014）第452号《民事判决书》将《Y省工业和信息化委员会关于报送钢铁落后产能现状和淘汰计划的通知》（工信［2009］145号）、《Q市经委关于报送钢铁落后产能现状和淘汰计划的通知》（Q经工［2009］17号）等文件关于淘汰落后产能、关闭某些高耗能的钢铁产业的规定，认定为属于国家产业政策的调整，而国家产业政策的调整属于不可抗力（第8～9页）。在这点上，笔者与Y省Q市中级人民法院（2014）第452号《民事判决书》的看法相同。但是，必须注意到，认真分析《合同法》第94条第1项的规定及其规范意旨，不难得出如下结论：仅仅存在不可抗力，并不当然是合同解除的原因。在不可抗力没有影响合同履行的情况下，当事人不得基于不可抗力主张解除合同。只有在不可抗力致使不能实现合同目的时，当事人才可以援用《合同法》第94条第1项的规定，以不可抗力致使不能实现目的为由主张解除合同。例如，汶川大地震属于不可抗力，但在昆明市的甲和乙之间的房屋买卖合同没有受到影响，作为买卖标的物的房屋毫发未损，出卖人或买受人不得以汶川大地震属于不可抗力为由主张解除其房屋买卖合同。与此不同，若是甲将其位于汶川的A房屋出卖给乙，汶川大地震将A房屋摧毁，那么，此时此刻，甲或乙则有权援用《合同法》第94条第1项的规定，以不可抗力致使不能实现目的为由主张解除A房屋买卖合同。

具体到诉争案件，Y省Q市中级人民法院（2014）第452号《民事判决书》已经认定：《Y省工业和信息化委员会关于报送钢铁落后产能现状和淘汰计划的通知》（工信［2009］145号）、《Q市经委关于报送钢铁落后产能现状和淘汰计划的通知》（Q经工［2009］17号）这两份文件的发送对象不包括乙炼铁厂，当事人也未能证明这两份文件被发送至乙炼铁厂。因此，本案证据不能证实2009年的文件针对的是违约方。既然这两份文件的发送对象不是诉争案件的当事人，

就表明这两份文件对乙炼铁厂没有直接的法律约束力，换句话说，诉争《高压变频器节能改造合同能源管理节能服务合同》的履行不受这两份文件的约束、影响，即系争合同未因不可抗力而不能实现目的，而是由于乙炼铁厂环保意识强而自觉地停产，从而使诉争合同的继续履行受阻。此其一。《Q市人民政府关于淘汰落后炼铁产能问题的批复》（Q政复［2013］31号）第1条规定："2013年淘汰丙钢铁厂……暂缓淘汰乙炼铁厂，但要制定具体淘汰方案和时间表，限期淘汰。"这说明单就诉争合同而言，国家产业政策调整尚未造成诉争合同变成法律上的不能履行，只在未来的某个时间点才成为法律上的不能履行，构成不可抗力。此其二。在这样的情况下，不应适用《合同法》第94条第1项的规定，以不可抗力致使不能实现目的为由主张解除诉争《高压变频器节能改造合同能源管理节能服务合同》。

所以，Y省Q市中级人民法院（2014）第452号《民事判决书》关于"甲公司……是在乙炼铁厂被国家产业政策淘汰后提出解除合同……国家政策调整导致炼铁厂停产、合同无法履行是合同解除的原因"的认定并进而所作判决，是自相矛盾、不合逻辑的。

2. 退一步说，假如诉争合同构成不可抗力致使不能实现合同目的的情形，可以适用《合同法》第94条第1项的规定，甲公司可以不可抗力致使不能实现目的为由主张解除诉争合同，也不排斥甲公司援用《合同法》第94条第3项或第4项的规定，以违约方乙炼铁厂违约为由主张解除诉争合同。其道理在于：(1) 乙炼铁厂违约是客观存在，并且已经得到Y省Q市中级人民法院（2014）第452号《民事判决书》的认定，按照《合同法》第94条第3项或第4项的规定，甲公司就此享有解除权。而且，该解除权并未消灭，直到今天都可以行使。(2) 退一步说，假如诉争案件也属于不可抗力致使不能实现诉争合同的目的，可以适用《合同法》第94条第1项的规定，甲公司因此而享有解除权，乙炼铁厂也享有此种解除权。(3) 这样，甲公司享有的解除权，在成立的依据方面有二：一是违约方违约的事实，《合同法》第94条第3项或第4项的规定；二是国家产业政策的调整，致使诉争合同不得继续存在和履行，《合同法》第94条第1项的规定。(4) 解除权既然是个权利，而权利是法律保护的利益，权利行使与否、何时行使，应由权利人自己决定，他人乃至法律都不得滥加干涉，除非诚实信用等基本原则要求干涉。诉争案件不存在依据诚实信用等基本原则排斥《合同法》第94条第3项或第4项的规定适用的情形，不存在甲公司只得适用《合同法》第94条第1项的情形，所以，解除权人甲公司完全可以根据自己的意愿选择，基于乙炼铁厂违约，援用《合同法》第94条第3项或第4项的规定，可以；基于不可抗力致使不能实现诉争合同目的，援用《合同法》第94条第1项的规定，也可以；同时基于乙炼铁厂违约、不可抗力致使不能实现诉争合同目的，一并援用《合同法》第94条第1项、第3项、第4项的规定，还可以。从一审审理的过程来看，甲公司选择了基于乙炼铁厂违约，援用《合同法》第94条第3项或第4项的规定，主张解除诉争合同这个方案。这完全有其法律及法理依据，应予赞同和支持。

可见，Y省Q市中级人民法院（2014）第452号《民事判决书》关于“甲公司……是在乙炼铁厂被国家产业政策淘汰后提出解除合同……国家政策调整导致炼铁厂停产、合同无法履行是合同解除的原因”的认定并进而所作判决，排斥甲公司援用《合同法》第94条第1项、第3项、第4项的规定，是不符合法理的，是没有法律根据的。

九、中国现行法关于解除权产生条件的规定，是任意性规定，还是强制性规定

无论是审判实务界还是理论界，都有观点认为，《合同法》第94条规定的解除权产生的条件，第410条关于任意解除权的规定，均为强制性规定。[①] 如此认识会使问题变得难以处理，也增加不少的烦恼。例如，在某500吨大米的买卖合

① 在中国法学会民法学研究会2011年会及学术研讨会期间（2011年7月26～27日），又有专家、学者主张这种观点。

同中，当事人约定，买受人不按时付款，须经两次催告，买受人仍不付款的，出卖人方可解除合同。又如，在某建设用地使用权出让合同中，当事人约定，受让人不依约定的时间和数额支付出让金，无需催告，出让人即可解除合同。这些约定虽然不合《合同法》第 94 条第 3 项的规定，但无涉社会公共利益，没有破坏市场秩序，不宜被认定为无效。扩而广之，在诸如普通货物买卖、普通承揽、动产租赁等情况下，当事人双方约定，一方迟延履行不定期行为时，无须催告，守约方可径直解除合同。该项约定并未损害社会公共利益，在不存在欺诈、胁迫、乘人之危等因素也不损害相对人的合法权益时，应当有效。该项结论的得出，要以《合同法》第 94 条第 3 项的规定是非强制性规定为前提，若按照上述强制性规定说，就难有该项结论。可是，若一律将《合同法》第 94 条的规定认定为非强制性规定，也会出现偏差。例如，在不可抗力致使合同目的不能实现的情况下，若将《合同法》第 94 条第 1 项的规定认定为任意性规定，就意味着允许当事人通过约定排除解除权及其行使，也就意味着面对不能履行的合同当事人也得受其束缚，难以脱身，这不利于当事人从事新的交易。显然，这也不妥当。又如，在学生签订租赁住房的合同场合，双方约定迟延支付租金时出租人无须催告即可将合同解除，则会严重干扰学生的学习和生活，与在迟付租金场合出租人解除租赁合同的惯例也不一致，明显不当。该项约定应予无效。还如，某《房屋租赁合同补充协议》第 7 条规定："本协议签订后，承租人不得以任何理由在 3 个月免租期后提出解除合同的要求，否则，承租人除按原合同赔偿出租人外，还需赔偿由此给出租人造成的各项损失：人民币 200 万元整。本条款在承租人于 2008 年 8 月 10 日支付下一季度租金后自动失效。"该约定应予无效，因为租赁合同关系以当事人之间的相互信赖为基础，一旦该信赖消失，租赁合同便失去了存续的基础，应予消灭。而该约定恰恰限制了当事人于此场合的解除权，显然不符合租赁合同的本质特征。此其一。出租人违约，经过催告仍不纠正，或根本违约致使合同目的落空的，法律应赋予承租人以解除权，以实现惩恶扬善。但该约定却使该立法目的无法达到。此其二。由于主客观的原因，租赁合同对于承租人而言没有积极的价值，只有允许承租人解除合同，才会使局面改观。该约定却阻碍了这个进程。至于承租人解除合同给出租人造成损失的问题，可通过损害赔偿或支付违约金等途径解决。此其三。

有鉴于此，不如放弃强制性规定、任意性规定的思考、衡量的路径，改采依据合同解除制度的目的及功能、诚实信用原则、交易习惯，考量个案案情，综合多项因素进行判断，然后得出结论，这将更为现实，更为允当。

这种思路和结论同样适合于任意解除权的情形。任意解除权，在德国民法、中国台湾地区的“民法”上，称之为终止权，对于当事人可否以特约将之预先抛弃，中国台湾地区学者的看法不一。有的认为，中国台湾地区“民法”第549条为强制性规定，当事人预先以特约抛弃终止权者，其抛弃无效。因为任意解除权涉及当事人信赖的维护，勉强不能信赖之人维持委任关系，实属困难。如此，委任人或受任人仍得随时终止委任合同。① 然若其委任不独以委任人的利益为目的，受任人就其事务的处理亦有正当的利益关系，而有处理完毕的必要时，如许委任人自由终止委任，将使受任人蒙受不测的损害，故于此时应当例外地承认当事人抛弃终止权的特约为有效。例如，以债务清偿的目的，委任人将其对于第三人的债权，对于自己的债权人委任为其债权的收取。全然以受任人的利益为目的时，固不待论，即使把委任事务的处理所产生的利益分配给当事人，系以双方的利益为目的时，也不妨允许当事人以特约抛弃终止权。因为该特约并不违背委任合同的性质，亦不违反公序良俗原则。② 也有学者认为，抛弃终止权的特约，并不违背公序良俗，原则上应认为有效，不过，委任系一种继续性的法律关系，若日后有当初未得预料的情事发生者，纵有此项抛弃终止权的特约，当事人仍得适用情事变更原则终止合同，自不待言。③ 中国台湾地区的民法实务采纳抛弃终止权的特约无效说。④ 本书赞同折衷说，认为宜据个案情形，确定当事人抛弃任意

① Oser，zu § 401，I，b. 转引自史尚宽：《债法各论》，385页，台北，荣泰印书馆股份有限公司，1981。

② 见史尚宽：《债法各论》，385页，台北，荣泰印书馆股份有限公司，1981。

③ 见［日］末川博：《委任与解除》，388页。转引自郑玉波：《民法债编各论》下，450页，台北，三民书局，1981。

④ 中国台湾地区“最高法院”1970年度台上字第1944号判决。转引自邱聪智：《新订债法各论》中，183页，北京，中国人民大学出版社，2006。

解除权的特约是否有效。首先，即上文所分析的思路及方法，截然地认定中国大陆《合同法》第410条的规定是强制性规定抑或任意性规定，十分困难，莫不如另辟蹊径，根据解除制度的目的及功能、诚实信用原则和交易习惯，考虑具体案情，综合多项因素进行判断，来确定当事人以特约排除其适用的效力。其次，一律认为当事人抛弃任意解除权的特约有效，意味着任何一方当事人都不得解除委托合同，除非具备了《合同法》第94条等规定的法定解除条件。这就限制乃至剥夺了当事人的人身自由，无论双方产生的敌意多么深重，也必须束缚于委托合同关系之中，继续履行合同义务。这颠倒了价值位阶，不合现代伦理。最后，一律认为当事人抛弃任意解除权的特约无效，意味着任何一方当事人随时可以解除委托合同，解除的一方当事人即使承担损害赔偿责任，也因数额有限而给受托人造成重大的损失，在实行民商合一的海峡两岸的立法模式背景下，尤其如此。就此看来，允许当事人通过约定限制任意解除权，不失为对《合同法》第410条规定的不足的一种补救。有鉴于此，宜根据个案情形确定双方当事人抛弃任意解除权特约的效力。

第三节　合同解除的程序

合同解除的条件只是解除的前提，条件具备时，合同并不当然且自动地解除。欲使合同解除，还必须经过一定的程序。解除的程序应有三种，即协议解除的程序、行使解除权的程序和法院或仲裁机构裁决的程序。

一、协议解除的程序

协议解除的程序，是指当事人双方经过协商同意，将合同解除的程序。其特点是：合同的解除取决于当事人双方意思表示一致，而不是基于当事人一方的意思表示，也不需要有解除权，完全是以一个新的合同解除原合同。它适用于协议解除类型，并且在单方解除中，只要解除权人愿意采取这种程序，解除权处于备而不用的状态，法律也予允许并加以提倡。

由于协议解除的程序是采取合同的方式，要使合同解除有效成立，也必须有要约和承诺。这里的要约，是解除合同的要约，其内容是要消灭既存的合同关系，甚至包括已经履行的部分是否返还、责任如何分担等问题。它必须是向既存合同的相对人发出，并且要在既存合同消灭之前提出。这里的承诺，是解除合同的承诺，是完全同意上述要约的意思表示。

协议解除是否必须经过法院或仲裁机构的裁判?《法国民法典》规定，凡是解除都必须经过法院的裁判（第1184条第3项）。这种程序比较复杂，实行起来不方便。中国法律未作这样的要求，允许当事人选择：或请求法院或仲裁机构予以确认，或直接由双方当事人达成解除原合同的协议。

采取协议解除的程序，何时发生解除的效力？在合同解除需办理批准、登记等手续的，办完这些手续的日期为合同解除的日期（《合同法》第96条第2款）。在合同解除不需办理上述手续的，双方当事人协商一致之时就是合同解除的生效之时，或由双方当事人商定解除生效的日期。

二、行使解除权的程序

（一）行使解除权的程序概说

解除权的行使必须以当事人享有解除权为前提。解除权的行使，需要解除权人将解除的意思表示表达给相对人。这告诉我们，解除权的行使离不开解除权人和相对人这些解除权的主体。

解除的意思表示可否附条件、附期限，解除权的行使是否还要受到其他方面的限制，等等，都需要讨论。

（二）解除权的主体

解除权的主体，可分为解除权人和相对人。无论何者，都限于合同当事人及其继承人或合同法律地位的承受人。

谁为解除权人，或曰解除权归属于谁，应当区分情况而定。在不可抗力致使不能实现合同目的场合，解除权由双方当事人享有，任何一方都可行使。在当事人一方违约的情况下，解除权归守约方享有，不然，违约方可能会利用解除制度来谋取不正当利益。在约定解除的情况下，解除权归合同指定的当事人享有，既可以是一方当事人享有，也可以是双方当事人享有。

值得指出的是，实务中出现的下述情况引起我们的反思：合同已经成为不能履行，继续存在下去会给违约方带来负面的结果，可是，守约方却不行使解除权。于此场合，应当允许违约方将合同解除，违约方也是解除权人。因为一般说来，已经不能履行的合同继续存在，即使对守约方而言也没有积极的意义，令其早日消灭，方为正途。但在主合同项下的债权附有担保的情况下，能否或在何时允许违约方主张解除合同，需要照顾到债权人这个担保权人的合法权益，对违约方的解除合同设定必要的限制。

［探讨］

违约行为尚未造成合同不能履行，但符合《合同法》第 110 条第 2 项规定的“债务的标的不适于强制履行或者履行费用过高”，或者第 110 条第 3 项规定的“债权人在合理期限内未要求履行”的情形，并且守约方（债权人）迟迟不表态是否解除合同，于此场合，应否允许违约方解除合同？笔者认为，首先应由违约方催告守约方，守约方于宽限期满仍不行使解除权，也不与违约方协议解除合同的，应当允许违约方解除合同。其理由如下：(1) 从违约方一侧讲，违约方不履行合同，尤其是故意或重大过失地违约，应当承受于其不利的后果，甚至可以说应受到“惩罚”。令其承担支付违约金或承担违约损害赔偿，不赋予其解除权，均为其承受不利后果、受到“惩罚”的表现。尤其在违约方的初衷是故意不履行合同以达废除有效合同的不法目的场合，更应剥夺其解除权，体现“搬起石头砸自己的脚”。但是，民法毕竟不是惩罚法，而是救济法、补偿法，对违约方也不宜“一棍子打死”，对其“惩罚”宜有限度。在“债务的标的不适于强制履行或者履行费用过高”，“债权人在合理期限内未要求履行”的情况下，依据《合同法》第 110 条的规定，违约方有权拒绝守约方关于继续履行的请求，这就表明存在此类情形的合同继续存在已无积极意义，消灭此类合同，解脱双方当事人，使其轻装上阵，从事新的交易，更符合公平正义。于此场合消灭合同，赋予守约方解除权固然允当，允许违约方解除合同也不失为一条路径及方法。(2) 从守约方一侧看，救济守约方同样不是无止境的，只要为其提供的救济措施是充分的，合理的，就足够了。现行法已经为守约方提供了支付违约金请求权、违约损害赔偿请求权、解除权等救济方式，算是充分、合理了。守约方拥有解除权却不行使，法律便无必要“一再迁就”，在守约方违反诚实信用原则而不行使解除权的情况下，更是如此。所以，于此场合允许违约方解除合同，应为有理。

［辨析］

双方违约与合同解除权

《合同法》第 94 条第 2～4 项关于解除权产生条件的规定，其规范意旨是排斥违约方享有解除权。这在总体上讲虽然有其道理，但也有弱点。此处所谓弱点，除了上文［探讨］所指的以外，还有其表现：在双方违约的情况下，是否也照样排除违约方的解除权？语焉不详。

笔者认为，一方当事人甲违约的场合，就其违约这方面排除其解除权（不能履行的情形另当别论），具有正当性；但在相对人乙违约的领域，甲反倒是守约方，于此场合，再排斥其解除权，就有违公平正义了。只要乙违约的事实符合解除权产生的条件及行使条件，就应当承认甲的解除权。另一方面，如果甲的违约符合解除权产生的条件，那么，也赋予乙解除权。

对此，试举一例予以说明。在出租人甲公司与承租人乙公司之间的《国有建设用地使用权租赁协议》纠纷中，承租人乙公司违反了该协议第 8.2 条关于“乙公司未按出租土地的约定用途进行建设，甲公司可以解除本协议，乙公司支付本协议总租金 10%的违约金”的规定，在所租土地上违法建筑。出租人甲公司的违约行为表现在擅自断水、断电，使得乙公司无法正常经营；背着乙公司与当地政府达成《补偿征收涉案土地使用权的协议》，独享全部补偿款。笔者认为，妥当处理该案，应当同时承认甲公司和乙公司享有解除权。

（三）解除权行使的方法

1. 解除权的概念

所谓解除权，是合同当事人可以将合同解除的权利。它的行使，发生合同解除的法律效果，因而它是一种形成权。解除权按其性质来讲，其行使不需要相对人的同意，只需解除权人单方的意思表示，就可以把合同解除。

2. 解除权行使的形式

解除权的行使，可以采取诉讼外的方式，也可以采取诉讼的方式。《合同法》第 96 条第 1 款关于解除合同应当通知对方，合同自通知到达对方时解除的规定，并不意味着解除权的行使只能采取诉讼外的方式，也没有如下的意蕴：解除权人通过诉讼或仲裁请求解除合同的场合，载有解除请求的起诉书或仲裁申请书送达被告（被申请人）时，发生合同解除的效力。适当的解释方法应是举轻以明重，即连采取诉讼外的方式行使解除权《合同法》都予以承认（第 96 条第 1 款），采取诉讼方式行使解除权会更加确定和稳妥，更有认可的必要。较为正确的理解应是，按照《合同法》第 96 条第 1 款的规定及其规范意旨，在解除权人起诉或申请仲裁之前已经通知对方当事人解除合同的，合同解除的时间点应为该通知到达对方当事人之时，而非载有解除请求的起诉书或仲裁申请书送达被告之时；解除权人于其起诉或申请仲裁之前从未通知对方当事人解除的，合同解除的时间点应由判决或裁决确定，亦非载有解除请求的起诉书或仲裁申请书送达被告之时。

从比较法的角度观察，上述结论也应被坚持。《法国民法典》规定，解除合同必须采取诉讼的方式（第 1184 条），德国民法、日本民法和中国台湾地区“民法”均承认诉讼上和诉讼外两种行使解除权的方式。①

所谓诉讼方式，在这里包括送达起诉书、仲裁申请书、答辩状于相对人的方式，也包括口头辩论上攻击或防御的方式。② 只要其中含有行使解除权的意思表示，即为通过诉讼方式行使解除权。依据《合同法》第 96 条第 1 款中、后段关于“合同自通知到达对方时解除。对方有异议的，可以请求人民法院或者仲裁机构确认解除合同的效力”的规定，应当是自载有解除意思的起诉书、仲裁申请书、答辩状送达于相对人，或载有解除意思的口头辩论上的攻击或防御的当时，

① 见史尚宽：《债法总论》，527 页，台北，荣泰印书馆股份有限公司，1978；孙森焱：《民法债编总论》下册，628 页，北京，法律出版社，2006；刘春堂：《民法债编通则·契约法总论》，总第 1 册，386 页，台北，三民书局有限公司，2001。

② 见史尚宽：《债法总论》，528 页，台北，荣泰印书馆股份有限公司，1978。

发生合同解除的效力。之所以如此，是因为该条款明确规定人民法院或仲裁机构仅仅是确认解除合同的效力，并非依职权裁判合同解除，正所谓形成权的行使无需法院裁判。[①] 即便当事人在诉讼过程中为解除合同的意思表示时，错误地使用了诸如“诉请法院判决解除合同”或“申请仲裁委员会裁决解除合同”等表述、用语，主审法院仍应认定当事人主张解除合同的意思表示有效，是在请求相对人就解除合同的结果履行其应尽的义务，或是基于合同解除而请求确认合同关系不存在。[②] 至于当事人之间就解除合同的意思表示有效与否发生争执时，虽然必须诉请法院或仲裁机构裁判，但主审法院或仲裁机构认为此项解除合同的意思表示有效的，解除合同的效力仍应于此项意思表示达到相对人处或为他所了解时即已发生，而非自判决或裁决时始行发生。[③]

［探讨］

债务人迟延履行，但守约方在起诉或申请仲裁之前一直未曾催告过违约方，即没有给违约方继续履行的“宽限期”，只是在诉讼或仲裁过程中请求解除系争合同。对此，判决书、裁决书是以守约方于诉讼或仲裁之中主张解除系争合同不符合《合同法》第 94 条第 3 项、第 96 条的规定为由，驳回守约方关于解除系争合同的诉讼请求或仲裁请求，还是作出违约方应于特定期间继续履行，否则，系争合同解除的判决/裁决？

笔者赞同后者，反对作出驳回诉求的判决/裁决，理由如下：(1) 在这个问题上，可以借鉴同时履行抗辩权制度中“交换给付判决”的做法。(2)《合同法》并未禁止债权人通过诉讼方式行使解除权，也未禁止债权人在诉讼过程中履行催告程序。如此，可以把债权人在诉讼/仲裁过程中的关于解除系争合同的主张看作包括债权人催告债务人继续履行在内，该催告所定宽限期届满时被申请人仍未履行

---

① 参见［德］迪特尔·梅迪库斯：《德国民法总论》，邵建东译，76 页，北京，法律出版社，2000。

② 参见中华民国最高法院 1947 年上字第 7691 号判例；中华民国最高法院 1947 年上字第 7696 号判例；刘春堂：《民法债编通则·契约法总论》，总第 1 册，386～387 页，台北，三民书局有限公司，2001。

③ 参见中华民国最高法院 1934 年上字第 2454 号判例；孙森焱：《民法债编总论》下册，628 页，北京，法律出版社，2006；刘春堂：《民法债编通则·契约法总论》，总第 1 册，387 页，台北，三民书局有限公司，2001。

的，系争合同应予解除。不然，裁判机构直接以债权人于诉讼/仲裁之前未予催告为由驳回债权人关于解除系争合同的请求，不太公道，也不符合效率原则。

需要注意，在特殊情况下，解除权的行使可以采取推定的方式。例如，《企业破产法》第18条规定，人民法院受理破产申请后，管理人对破产申请受理前成立而债务人和对方当事人均未履行完毕的合同有权决定解除或继续履行，并通知对方当事人。管理人自破产申请受理之日起2个月内未通知对方当事人，或自收到对方当事人催告之日起30日内未答复的，视为解除合同。管理人决定继续履行合同的，对方当事人应当履行；但是，对方当事人有权要求管理人提供担保。管理人不提供担保的，视为解除合同。

［探讨］

债权人接受部分履行的行为是否表示放弃了解除权？

某《房屋销售合同》约定，买受人应于2011年1月1日付清全部房款150万元人民币，否则，出卖人有权解除房屋销售合同。履行的实际情况是，买受人未于2011年1月1日付清全部付款，只支付了30万元人民币。出卖人接受了该笔房款，未作其他意思表示。2012年1月1日，买受人向出卖人支付了100万元人民币的房款，出卖人再次接受了该笔房款，同样未作其他意思表示。2012年11月1日，买受人向出卖人支付尾款20万元人民币时，出卖人拒绝受领，并以买受人违约为由，依约定通知买受人，解除该《房屋销售合同》。

如何处理该案，意见不一。第一种意见是，出卖人受领100万元人民币房款的行为就表示他放弃了解除权，他于2012年11月1日主张解除系争合同，纯粹是因为房价涨了，欲将系争房屋售与第三人获取更大的利益，裁判者不宜支持此类背信行为。笔者的思路则是，处理此类案件，需要从以下方面着眼：（1）重视除斥期间的地位及功能：除斥期间的设计系衡平各方当事人利益的结果，解除权人于除斥期间内的任何时间点通知相对人解除合同，为其自由；只要解除权人没有明示放弃解除权，就不得轻易认定放弃解除权。（2）体谅解除权人的策略安排：一项交易的进行，涉及方方面面的问题，交易者何时发表何种意见，事关交易能否较为顺利地进行和完成，以及能否实现利益的最大化。一方当事人迟延或瑕疵给付，守约方过早地表示解除合同，很可能使违约方产生抵触情绪，这不利于消除瑕疵，继续履行。再说，守约方对事情的进程、对事务的处理也有个逐渐认识的过程。既然如此，在除斥期间尚未届满的情况下，就认定放弃了解除权，很可能损害解除权人的合法权益。(3) 沉默、行为是否为意思表示、为何种意思表示，务必慎重认定。沉默为意思表示，限于法律有明文规定、当事人明确约定的情形。行为，被推定为意思表示，在该行为只有一种可能的意思时，认定该行为系指某意思表示，较为把握、可靠；但在该行为代表何种意思存在着几种可能的场合，则需要基于个案案情，全面考虑各个因素，而后下结论。(4) 在一个行为代表什么意思有几种可能的情况下，宜作不利于（过错的）违约方的推定。(5) 从以上四个方面考量仍然难下结论时，需要结合个案案情，依据诚实信用原则，有时宜引入权利失效期间等制度或规则，作出推定。

在系争案件中，当事人双方没有约定解除权终止的日期，出卖人于 2012 年 11 月 1 日通知买受人解除系争合同，没有违反除斥期间规则。此其一。出卖人受领 100 万元人民币的行为不见得只含有继续履行而不解除合同一种意思，也可能在等待、观望，权衡利弊得失，徘徊于解除和继续履行之间。若是后者，贸然推定出卖人放弃了解除权，显然有利于买受人这个违约方。这不符合“在一个行为代表什么意思有几种可能的情况下，宜作不利于（过错的）违约方的推定”的理念。此其二。观察和体会法释［2012］7 号第 24 条关于“买卖合同约定逾期付款违约金，买受人以出卖人接受价款时未主张逾期付款违约金为由拒绝支付该违约金的，人民法院不予支持”（第 2 款），“买卖合同约定逾期付款违约金，但对账单、还款协议等未涉及逾期付款责任，出卖人根据对账单、还款协议等主张欠款时请求买受人依约支付逾期付款违约金的，人民法院应予支持，但对账单、还款协议等明确载有本金及逾期付款利息数额或者已经变更买卖合同中关于本金、利息等约定内容的除外”的规定，不宜得出出卖人接受 100 万元人民币的房款即放弃了解除权的结论。此其三。系争合同约定买受人付款的日期为 2011 年 1 月 1 日，出卖人于 2012 年 11 月 1 日通知解除系争合同，不属于在相当长的期间不行使权利的情况，不可据此认定一个理性的买受人因此而产生了出卖人放弃解除权的信赖。从这个方面来说，也不宜推定出卖人放弃了解除权。此其四。在房价变动不太异常的背景下，以出卖人接受100万元人民币房款的行为推定放弃了解除权，显得理由不充分。此其五。

当然，比照法释［2012］7号第36条第1款关于“买受人已经支付标的物总价款的百分之七十五以上，出卖人主张取回标的物的，人民法院不予支持”的规定，若有充分而确凿证据证明房价高涨明显、买受人迟延付款确因资金周转困难所致、出卖人于2012年11月1日通知解除系争合同违背了诚实信用原则，就可以推定接受100万元人民币房款的行为意味着放弃了解除权。

3. 解除权的行使与附条件、附期限

一般说来，形成权的行使不可附条件、附期限，以免增加相对人所处法律状态的不确定性。解除权作为一种形成权，也应遵循该项原则。不过，若所附条件或期限并无影响相对人的法律地位，也不损害相对人的合法权益，则应理解为可附条件或期限。① 解除的意思表示虽可附停止条件（中国《合同法》第45条称之为生效条件），但不可附解除条件，可附始期，不可附终期，因为附解除条件或终期，与解除合同的溯及力相悖。②

笔者则认为，中国大陆不宜盲目地照搬所谓解除权的行使不可附解除条件之说，原因在于：(1) 从形成权及其理论方面来讲，形成权的行使“单方面”地形成法律关系，而法律关系的态样事关当事人各方的利益状态，甚至影响社会秩序。就此而言，形成权行使的“路线图”越清楚、明确越好，对形成权的行使附加条件或期限，或多或少地干扰了该“路线图”，使得法律关系存续、消灭或变更不再那么清楚、明确。这可能是原则上不允许形成权行使附条件、期限的根本原因。但问题还有另一面，即形成权的产生条件/期限与形成权的行使条件/期限一致，此时再禁止形成权行使附条件、期限，便毫无道理。再者，即使形成权的产生条件/期限与形成权的行使条件/期限不尽相同，但对行使附加条件、期限并不导致当事人各方间的利益失衡，并不损害社会公共利益，并不违背社会公德

① 见林诚二：《民法债编总论——体系化解说》，453页，北京，中国人民大学出版社，2003。

② 见史尚宽：《债法总论》，528页，台北，荣泰印书馆股份有限公司，1978；郑玉波：《民法债编总论》，修订2版，陈荣隆修订，333页，北京，中国政法大学出版社，2004；刘春堂：《民法债编通则·契约法总论》，总第1册，387页，台北，三民书局，2001。

的，也无必要禁止形成权的行使附条件、期限。解除权作为形成权的一种，完全适合于这个分析和原理。（2）中国大陆现行法上的单方解除（解除权行使的解除），并非一律溯及既往地消灭合同关系。在合同解除无溯及力的场合，所谓附解除条件与解除合同的溯及力相悖的理由，即不存在。（3）判断解除权行使可否附解除条件，关键在于附解除条件导致的后果如何。如果附解除条件并未造成当事人各方的利益失衡，不损害社会公共利益，不违背社会公德，那么，就不宜否认解除权行使附解除条件。（4）其实，有些解除权所附条件乃恰当分摊经营成本、合理分配风险的体现。例如，某《供餐合同书》第5.2.1条约定："若供餐方在本合同供餐服务运行六（6）个月后，违反本合同所规定的任何义务，并且在订餐方要求纠正违约行为的书面通知送达后的六十（60）天内未能给予有效的纠正的，则订餐方可以在向供餐方发出书面通知后，立即解除本合同。"该约定就表面观察似乎非常不利于订餐方，忽略了供餐方于该合同签订后不满6个月时就可能违约的事实，严重地限制了订餐方行使解除权，硬性地约定只有在"供餐方在本合同供餐服务运行六（6）个月后，违反本合同所规定的任何义务，并且在订餐方要求纠正违约行为的书面通知送达后的六十（60）天内未能给予有效的纠正的"，订餐方才可以行使解除权，不得于此前行使解除权，但该约定在实质上是源于如下背景和风险分配：订餐方为一新运营的工业园区的管理公司，其订餐不是为自己而是为落户于该工业园区的各个商家的职工；供餐方新入驻该工业园区，为完成该《供餐合同书》约定的义务，需要全部购置经营设备，有相当一些设备是"量身定做"的，招聘服务人员，投入的成本巨大。倘若订餐方于该合同签订后不满6个月就解除该合同，给供餐方带来的损失就会是非常严重的。再者，供餐服务也有个逐步调适的过程，难谓服务伊始就不可改善、调适。如此看来，该《供餐合同书》第5.2.1条的约定给解除权的行使附加了条件，具有合理性，不宜认定为无效。

关于解除权的行使附条件、期限的问题，试举一例予以说明。

某《房屋租赁合同》第3.1条约定："租赁房屋于2007年2月1日交付给承租人。"第4.1条在"租赁期"条名之下约定："自本合同第3.1条约定的交付日次日起的第一百八十（180）天或至商场开业日（以两者中较早的日期为准）为免租期。在免租期内，承租方无须支付租金。免租期结束的次日为起租日”（第4.1.1条）。“在免租期届满前，如因商业中心红线四周邻近道路、出租方商业设施或其他租户水、电设施等的修建、维修，导致承租方无法在交付日起的一百八十（180）天内开业，则免租期应相应顺延至道路畅通、设施正常运转、满足承租方开业条件之时”（第4.1.2条）。“租赁期为自租赁物业起租日起计二十（20）年的期间”（第4.1.3条）。第4.5条在“提前终止租赁”条名之下约定：“除了本合同所规定的其他终止事件外，经提前十二（12）个月通知出租方，承租方有权在起租日后第四（4）个租约年末起的任何时候提前终止本合同，而无须向出租方支付任何赔偿或补偿。终止在通知发出十二（12）个月后生效”（第4.5.1条）。“若承租方有意在起租日后第四（4）个租约年末前的任何时候提前终止本合同，则在补齐最初四个租约年的租金中尚未缴付的部分并另行支付第五个租约年的租金作为赔偿金的前提下，承租方可以书面通知出租方终止本合同。在此情形下，终止在该书面通知载明为终止日期的最初四个租约年中的某一日生效”（第4.5.2条）。

该《房屋租赁合同》第4.5条约定的终止，至少包括《合同法》规定的合同解除。其第4.5.1条所谓“承租方有权在起租日后第四（4）个租约年末起的任何时候提前终止本合同，而无须向出租方支付任何赔偿或补偿。终止在通知发出十二（12）个月后生效”，显然对解除权的行使附加了条件。对此，稍作具体解说如下：

由于该《房屋租赁合同》第3.1条约定了2007年2月1日交付租赁房屋，第4.1.1条约定“自本合同第3.1条约定的交付日次日起的第180天为免租期，免租期结束的次日为起租日，该《房屋租赁合同》的起租日为2007年8月1日，起租日后第4个租约年末为2011年8月1日，起租日后第5个租约年为2012年8月1日。”

因为该《房屋租赁合同》第4.5.1条约定了解除权行使的两项条件，一是承租方有权在起租日后第4个租约年末起的任何时候提前终止本合同，而无须向出租方支付任何赔偿或补偿；二是承租方解除合同须提前12个月通知出租方，并且明定合同终止（解除）在解除通知发出12个月后生效，所以，承租方依约、依法行使解除权，该《房屋租赁合同》实际发生解除效力的时间为2011年8月2日及其以后。

由于承租方行使解除权须提前12个月向出租人发出解除通知，承租方欲使该《房屋租赁合同》于2011年8月2日实际解除的话，则必须于2010年8月2日向出租方发出解除合同的通知。当然，承租方于2010年10月2日，或2011年11月5日，等等，向出租方发出解除通知更应得到支持。本案中承租方实际发出解除通知的日期是2011年5月10日。这符合该《房屋租赁合同》第4.5.1条的约定。①

① 毋庸讳言，出租方反对上述意见，认为该《房屋租赁合同》第4.5.1条约定的条件，真正含义是该《房屋租赁合同》提前解除的最早日期为2012年8月1日，即起租日后第5个租约年，而非第4个租约年。承租方若依约解除该《房屋租赁合同》，则最早向出租方发出解除通知的日期为2011年8月2日。如此解释该《房屋租赁合同》第4.5.1条的理由是，该《房屋租赁合同》第4.5.2条约定："若承租方有意在起租日后第四（4）个租约年末前的任何时候提前终止本合同，则在补齐最初四个租约年的租金中尚未缴付的部分并另行支付第五个租约年的租金作为赔偿金的前提下，承租方可以书面通知出租方终止本合同。在此情形下，终止在该书面通知载明为终止日期的最初四个租约年中的某一日生效。"该约定表明了起租日后第5个租约年才可解除系争合同。我们应当从体系解释入手，来理解该《房屋租赁合同》第4.5.1条。再者，承租方的真实意思也是如此，例如承租方与某叉车公司租赁叉车的合同也是5年存续期。

笔者认为，出租人的这些理由站不住脚。①称出租方同意约定该《房屋租赁合同》第4.5.1条的真实意思是起租日后第5年可使该合同解除，没有充分、确凿的证据。叉车租赁合同存续期为5年，乃叉车租赁行业的惯例，以此为据证明承租方的真实意思是起租日后第5年可使该合同解除，欠缺说服力。②更为重要的是，观察该《房屋租赁合同》第4.5.1条的文义，未见其言及起租日后第5年可使该合同解除，我们所能见到的，只有"承租方有权在起租日后第四（4）个租约年末起的任何时候提前终止本合同，而无须向出租方支付任何赔偿或补偿。"此其一。从体系解释的方面看，该《房屋租赁合同》第4.5.2条虽然涉及承租方向出租方支付起租日后第5个租约年的租金作为赔偿金，但该条款约定的是"出租方有意在起租日后第四（4）个租约年末前的任何时候提前终止本合同"，所应承受的法律后果，与该《房屋租赁合同》第4.5.1条约定的"承租方有权在起租日后第四（4）个租约年末起的任何时候提前终止本合同"的情形、所产生的法律后果，存在着天壤之别。既然两个条款约定的情形、法律后果完全不同，就不存在这样的逻辑：该《房屋租赁合同》第4.5.2条涉及起租日后第5个租约年，第4.5.1条也就是起租日后第5个租约年。此其二。该《房屋租赁合同》第4.5.1条、第4.5.2条等条文都严格区分、分别使用"终止"、"通知"诸用语。此处所谓"终止"，也是解除，是指消灭合同项下的权利义务。此处所谓"通知"，是指承租方向出租方发出解除该《房屋租赁合同》的意思表示，并不立即发生解除合同的实际效果，只有在该"通知"符合约定和法定的条件时，才会后延至12个月届满时发生解除的实际效果。既然如此，该第4.5.1条中段所谓"承租方有权在起租日后第四（4）个租约年末起的任何时候提前终止本合同"，就不是承租方只能在起租日后第4个租约年末才有权发出解除通知，而是该《房屋租赁合同》可于起租日后第4个租约年末实际解除。该第4.5.1条前段所谓"经提前十二（12）个月通知出租方"，才是指承租方发出解除通知的约定。该第4.5.1条后段所谓"终止在通知发出十二（12）个月后生效"，则约定了解除通知与实际解除之间的关系。

现在落脚在该解除权的行使所附条件是否有效。笔者认为，该解除权的行使所附条件系在出租人和承租人之间分配运营成本、经营风险的措施之一，并非完全不利于承租人，法律不宜否定其效力。

在解除权的行使附条件的视野下，与该《房屋租赁合同》第4.5.1条类似的是，第4.5.2条所谓“若承租方有意在起租日后第四（4）个租约年末前的任何时候提前终止本合同，则在补齐最初四个租约年的租金中尚未缴付的部分并另行支付第五个租约年的租金作为赔偿金的前提下，承租方可以书面通知出租方终止本合同”中的“在补齐最初四个租约年的租金中尚未缴付的部分并另行支付第五个租约年的租金作为赔偿金的前提下”，属于对解除权的行使附加的停止条件（或曰延缓条件、生效条件）。该停止条件是否有效，取决于对承租人是否过苛，是否不适当地限制了承租人的行为自由，若是，则应无效；否则，应有效。

4. 解除权行使的外在限制

解除权对权利人而言是一种利益，这种利益是否被解除权人舍弃或推迟取得，只要无损于国家利益、社会公共利益，无损于相对人的合法权益，就应允许。所以，行使解除权具有自主性，主要表现为解除权人可以在合同解除和请求继续履行之间选择，解除权可以在特定期间的任何时刻行使，可以采取与相对人协商的方式，实际上是解除权备而不用，等等。

在这里，需要注意解除权行使的限制条件。社会公共利益、国家利益、第三人或相对人的合法权益需要合同存续的，解除权不得行使。《电信条例》第21条前段关于“网间互联双方必须在协议约定或者决定的时限内实现互联互通。未经国务院信息产业主管部门批准，任何一方不得擅自中断互联互通”的规定，体现了这一思想，是对继续性合同可以随时解除的限制。

《律师法》限制律师的解除权（第32条第2款前段），《保险法》限制保险人的解除权（第15条）、限制货物运输保险合同和运输工具航程保险合同场合双方当事人的解除权（第50条），《机动车交通事故责任强制保险条例》限制保险人的解除权（第14条）、限制机动车交通事故责任强制保险合同场合投保人的解除权（第16条），均应予以注意。

［探讨］

合同解除不得损害第三人的合法权益

K公司（中方）与X公司（外方）于1994年9月10日签订《合作经营SKT商城有限公司合同书》，约定X公司提供现汇450万美元和实物550万美元，K公司提供合作项目所需国有土地使用权B和该建设用地之上的房屋使用权，设立SKT商城有限公司，合作期限25年。随后，主要使用X公司提供的资金建造了A大厦，但登记在K公司名下，供SKT商城有限公司占有、使用。

2003年8月29日，K公司与M公司签订《房地产转让协议书》，其中第1条约定：将国有土地使用权B和A大厦转让给M公司，总价款110 000 000.00元人民币；第2条约定：双方正式签订专用《S市房地产买卖合同》之后第5天M公司向K公司支付本协议总价款的50%即人民币55 000 000.00元人民币，作为首期购房款，房地产权证过户给M公司，余款人民币55 000 000.00元人民币将在1个月内付清；第9条为"特约事项"，其中第5款约定：鉴于涉及此次转让的房地产项目，已有租赁合同存在，M公司予以认可，在租赁合同期限内，M公司若要求转让该房地产，需征得原出租人X公司的认可；其中第6款约定：对于2006年1月1日以后该房地产项目与K公司的租赁合同条款，由K公司、M公司共同与X公司本着互惠互利的原则协商洽谈，以维护K公司、M公司双方的利益。

2003年9月26日，K公司与M公司签订《房地产转让补充协议书》，于其"鉴于"条款"B"项前段中陈述道："K公司转让的该部分房地产，已于1994年作为合作条件，投入到中外合作经营企业SKT商城有限公司，合作期限25年，截止到2021年12月31日。""C"项中陈述道："原协议第8条、第9条约定了'租金结算'和'特约事项'；为了进一步明确原协议项下的已作为合作条件投入业SKT商城有限公司的房产租赁事项，特订立本补充协议如下："。第1条约定：鉴于原合同项下的房地产已由K公司投入业SKT商城有限公司，因此M公司受让该房地产后，回租K公司，租期自原协议生效至2021年12月31日。第2条约定：《合作经营SKT商城有限公司合同书》第13条第1款明确了K公司从

SKT 商城有限公司可分得的固定利润，本合同双方商定，以其中的 78.66%支付给 M 公司，作为 K 公司回租该房地产的租赁费，其余的 21.34%留归 K 公司。

该《房地产转让补充协议书》将《合作经营 SKT 商城有限公司合同书》作为自己的附件一。

2010 年 9 月 2 日，M 公司发给 K 公司《公函》，自认《合作经营 SKT 商城有限公司合同书》中某些约定（如关于固定利润的约定）是《房地产转让协议书》及《房地产转让补充协议书》中某些约定（如租金的计算标准）的依据。由于 K 公司拖欠租金，经数次催告，K 公司仍然违约，故通知其解除《房地产转让协议书》及《房地产转让补充协议书》。

2010 年 8 月 30 日，K 公司和 M 公司形成的《会议纪要》再次确认了《房地产转让协议书》及《房地产转让补充协议书》与《合作经营 SKT 商城有限公司合同书》之间的关联。

以上事实表明：(1) M 公司与 K 公司洽商并缔结《房地产转让协议书》及《房地产转让补充协议书》时所处的背景是，存在着 K 公司与 X 公司之间的《合作经营 SKT 商城有限公司合同书》及其利润分配关系的，并且没 M 公司对此予以认可。换句话说，K 公司与 X 公司之间的《合作经营 SKT 商城有限公司合同书》及其利润分配关系，系《房地产转让协议书》及《房地产转让补充协议书》的交易基础。(2) 由此决定，M 公司基于《房地产转让协议书》及《房地产转让补充协议书》受让涉案房地产——国有土地使用权 B 和 A 大厦，所得物权（国有土地使用权 B、A 大厦所有权）是受有限制的。该限制是：于《合作经营 SKT 商城有限公司合同书》有效期内，中外合作企业 SKT 商城有限公司被注销之前，国有土地使用权 B 和 A 大厦归中外合作企业 SKT 商城有限公司占有、使用和部分收益，M 公司对之无权占有、使用。换个表述方式是：M 公司对于中外合作企业 SKT 商城有限公司占有、使用和部分收益国有土地使用权 B 和 A 大厦这种事实负有容忍义务。(3) M 公司承诺：认可并接受这种现实；M 公司若要改变这种现状，需征得 X 公司的认可。(4) K 公司与 M 公司签订回租合同的目的之义就是：固定这种现实，保障 SKT 商城有限公司于其存续期间继续占有、使用和部分收益国有土地使用权B和A大厦，并在K公司和M公司之间理顺由此导致的利益关系，即K公司要向M公司支付一定数额的租金。

K公司与M公司的这些约定及其目的，符合《中外合资经营企业法》及其实施细则的规定及其精神，保护了中外合作企业SKT商城有限公司的合法权益以及出资人外方X公司的合法权益，具有正当性，法律对此应予确认和保护。

其实，无论K公司与M公司有无这些约定及其目的，都得遵循《中外合资经营企业法》及其实施细则的规定及其精神，均须保护中外合作企业SKT商城有限公司的合法权益以及出资人外方X公司的合法权益。具体些说，按照《中外合资经营企业法》第5条第3款关于"中国合营者的投资可包括为合营企业经营期间提供的场地使用权。如果场地使用权未作为中国合营者投资的一部分，合营企业应向中国政府缴纳使用费"的规定，第2条第1款关于"中国政府依法保护外国合营者按照经中国政府批准的协议、合同、章程在合营企业的投资、应分得的利润和其他合法权益"的规定，以及依据《中外合作经营企业法实施细则》第19条关于"合作各方应当以其自有的财产或者财产权利作为投资或者合作条件，对该投资或者合作条件不得设置抵押权或者其他形式的担保"的规定，第29条关于合作企业注册资本的增加或者减少、合作企业的资产抵押由出席董事会会议或者联合管理委员会会议的董事或者委员一致通过，方可作出决议的规定，第51条关于"不具有法人资格的合作企业应当向工商行政管理机关登记合作各方的投资或者提供的合作条件"的规定，第52条第3款关于"不具有法人资格的合作企业合作各方的投资或者提供的合作条件由合作企业统一管理和使用。未经合作他方同意，任何一方不得擅自处理"的规定，外合作企业SKT商城有限公司对涉案国有土地使用权B和A大厦占有、使用和部分收益的权利，都必须得到保障，这为外合作企业SKT商城有限公司正常运营所必须，为保障作为出资人之义的X公司（外方）的合法权益所必须。由于《中外合资经营企业法》及《中外合作经营企业法实施细则》的规定也具有公示的作用，中外合作企业对于出资人投入其中的财产拥有占有、使用和部分收益的权利乃当然之理，因而，作为出资人之义的K公司（中方）无权与第三人M公司作出悖逆这些规定和本质属性的约定；倘若作出了，则此类约定应当归于无效。

既然如此，那么，在《合作经营SKT商城有限公司合同书》有效期内，中外合作企业SKT商城有限公司被注销之前，M公司就无权通过包括解除回租合同在内的方式，来剥夺中外合作企业SKT商城有限公司对涉案国有土地使用权B和A大厦占有、使用和部分收益的权利。换个角度说，M公司解除回租合同的权利受有限制，即在《合作经营SKT商城有限公司合同书》有效期内，中外合作企业SKT商城有限公司被注销之前，M公司不得解除回租合同，不得剥夺中外合作企业SKT商城有限公司对涉案标的物国有土地使用权B和A大厦占有、使用和部分收益的权利。否则，M公司行使所谓解除权，将回租合同解除，就是对自己允诺的违背，违反了诚实信用原则（借用英美法的表述是违反了禁反言原则）；就是违反了容忍义务；就是违反了《中外合资经营企业法》及其实施细则的规定及其精神；就是对中外合作企业SKT商城有限公司的合法权益的不当侵害，也是对其出资人之一的外方X公司的合法权益的不当侵害。

当然，K公司迟付租金构成违约，不得迁就，应当承受不利后果；M公司作为守约方，其合同利益应当受到法律的保护，针对K公司的违约应有救济之道。这一点也是明确的。只不过，救济方式不应是M公司行使解除权，而应是依据《合同法》第107条以下的规定，请求K公司继续履行（付清租金）、支付违约金或承担违约损害赔偿责任。

5. 解除权不排斥协商机制

在解除权存续的背景下，当事人双方采取协商的方式解除合同，在中国应予提倡。其道理在于：第一，合同解除不会使双方当事人在物质利益上共同增加，只能是彼增此消，只有在某些目的一致的共同行为场合存在例外。单就这点来说，双方不易就合同解除及由此而生的返还财产、分担责任等达成协议，这也是法律应赋予有关当事人以解除权的重要原因。但是，当事人的特殊物质利益毕竟是以根本利益一致为前提而存在的，双方没有不可调和的利害冲突。如果合同解除是为了维护国家利益，实现社会主义生产目的，那么双方宜互谅互让地将合同解除。第二，协商的过程，是当事人双方明了事情原委和责任如何分配的过程。

在此过程中，彼此了解到各自的困难，能够互谅互让，既解决法律后果问题，又解决思想认识问题，便于解决纠纷，减少诉讼。第三，倡导协商方式符合民事诉讼法的调解原则，使实体法与程序法的规定更加统一。

双方协商的方式并不是解除权的丧失，恰恰相反，正是由于解除权的存在并发挥作用，双方协商一致解除合同的可能性才大大增加。在很大程度上，无解除权的当事人之所以同意解除权人的意见，是因为即使不同意，解除权人也会依其意思表示将合同解除，并按法律规定或合同约定发生一定的法律效果。

（四）解除权的不可分性

传统民法及其理论承认解除权的不可分性。所谓解除权的不可分性，包括解除权行使的不可分原则和解除权消灭的不可分原则。所谓解除权行使的不可分，是指这样的现象：解除权人一方有数人的场合，解除权的行使应由全体解除权人为之，如其中有人不欲行使解除权的，则合同无从解除而仍继续存在；相对人一方有数人的场合，则解除的意思表示应向全体相对人为之，如仅向其中一部分人为解除的意思表示，则不发生解除的效力；若双方各有数人的，则应由此方的全体向对方的全体为之；解除权就当事人中一人消灭的，就其他人也消灭。①

就解除权的不可分，中国现行法尚无明文规定，承认与否，值得思考。笔者认为中国现行法应当有条件地承认解除权的不可分性，理由之一是现实生活中已有这方面的案件纠纷发生。例如，某《股权转让合同》约定，甲公司为某股权的转让方，乙公司和丙公司为受让方，各受让 1000 股，各付股权转让款 8 630 元人民币。在乙公司和丙公司均未按照约定的付款期限付款且经催告未果的情况下，甲公司通知乙公司，明确表示将该《股权转让合同》解除。对此，乙公司和丙公司均不认可系争合同已被解除。确定该《股权转让合同》解除与否的关键之一，即为解除权在中国现行法上有无不可分性，若有，则因甲公司仅仅通知乙公司解除系争合同，未通知丙公司解除系争合同，所以不发生系争合同被解除的法

① 见刘春堂：《民法债编通则·契约法总论》，总第 1 册，388～389 页，台北，三民书局，2001。

律效果。又如，某《A项目转让协议》约定，A项目的国有土地使用权本归甲、乙、丙、丁、戊五家公司享有，现在转让给己公司；己公司向甲公司支付转让款300万元人民币，向乙公司支付转让款200万元人民币，向丙公司支付转让款200万元人民币，向丁公司支付100万元人民币，向戊公司支付25万元人民币；款到一周内办理涉案国有土地使用权的过户登记手续。系争合同签订后，甲公司发现地价和房价大幅度上涨，便伪造了己公司的《解除函》并加盖了己公司已经作废的合同专用章。而后，甲公司以此为证据，请求主审法院确认《A项目转让协议》已被解除。证据显示，该《解除函》仅仅到达了甲公司，丁公司和戊公司在庭审过程中承认，从未收阅过该《解除函》。处理该案，固然存在着若干思路，但其中一条便涉及中国现行法是否承认解除权的不可分性，若承认，则因该《解除函》没有送达全体相对人而不发生系争合同解除的效力。

中国现行法应当有条件地承认解除权不可分性的第二点理由是，合同系全体当事人意思表示一致的合意，合同因解除权的行使而消灭，亦应由全体为之；若仅仅由部分的解除权人而非全体解除权人发出解除的意思表示，或只有部分相对人接收到解除的意思表示，即可发生解除合同的效力，则无视了其他当事人的意思。

中国现行法应当有条件地承认解除权不可分性的第三点理由是：（1）在连带债权的情况下，若不承认解除权的不可分原则，则会导致如下后果：其中一个债权人（解除权人），而非全体债权人（解除权人），向债务人全体或部分人发出解除合同的通知，即产生合同解除的效果，债务归于消灭，对于其他债权人可能构成损害；或者，其中一个债权人（解除权人），而非全体债权人（解除权人），向部分债务人而非全体债务人发出解除合同的通知，仅仅消灭收到解除通知的债务人的债务，则无疑大大加重了仍然承担债务的债务人的负担，增强了履行债务的债务人向未履行债务的债务人求偿的风险。（2）在连带债务的情况下，若不承认解除权的不可分原则，则会出现这样的局面：债权人（解除权人）向其中一个债务人而非全体债务人发出解除合同的通知，仅仅消灭收到解除通知的债务人的债务，而不消灭未收到解除通知的债务人的债务，则无疑大大加重了继续承担债务的债务人的负担，增强了履行债务的债务人向未履行债务的债务人求偿的风险。这是违背公平原则的。如果承认解除权的不可分原则，则会改变这种不公正的局面。

诚然，债务并非全部都不可分。在债务可分的情况下，每个当事人各负自己的债务，部分债务的履行、消灭不会影响其他当事人的债务、债权，各人就其各部分为解除或受解除，尚无不可。就此说来，解除权可分也未尝不可。但若果然如此，则不免发生复杂的法律关系，而且多与当事人的意思不合。民法为实际上的便利，于当事人一方有数人时，解除应由其全体或向其全体为之，即贯彻解除权的不可分原则。[①] 在尽量不使法律关系复杂化的设计不损害社会公共利益，不违背社会公德，不害及当事人各方的前提下，可以接受该种理由，承认解除权的不可分原则。

承认解除权不可分原则的立法例及其理论认为，解除权的不可分原则对于可分之债、不可分之债、连带之债均有适用。[②] 此项意见可资赞同，因为不可分之债、连带之债场合奉行解除权的不可分原则最为合理，在可分之债场合采取解除权的不可分原则可免去法律关系复杂化，所以，中国法应当在可分之债、不可分之债、连带之债的场合实行解除权的不可分原则。

再者，解除权的行使，虽应由其全体或向其全体为之，但不必同时为之。在中国台湾地区“民法”的解释上，于事实审言词辩论终结前补正即可。在异时为之的情况下，应自最后一人发出解除的意思表示并到达相对人时，或最后一人接收到解除的意思表示时，发生合同解除的法律效力。[③] 由于解除合同的效力发生于最后一人发出解除的意思表示并到达相对人时，或最后一人接收到解除的意思

① 见史尚宽：《债法总论》，529页，台北，荣泰印书馆股份有限公司，1978。

② 见史尚宽：《债法总论》，529页，台北，荣泰印书馆股份有限公司，1978；郑玉波：《民法债编总论》，修订2版，陈荣隆修订，334页，北京，中国政法大学出版社，2004；刘春堂：《民法债编通则·契约法总论》，总第1册，389页，台北，三民书局，2001。

③ 见郑玉波：《民法债编总论》，修订2版，陈荣隆修订，334页，北京，中国政法大学出版社，2004；刘春堂：《民法债编通则·契约法总论》，总第1册，389页，台北，三民书局，2001；林诚二：《民法债编总论——体系化解说》，454页，北京，中国人民大学出版社，2003；邱聪智：《新订民法债编通则》下，360页，北京，中国人民大学出版社，2004。

表示时，照顾到了债权人和债务人的利益平衡，承认解除权的不可分原则并允许解除权不必同时由其全体或向其全体为之，其理由是充分的。

解除权的不可分性，并非基于社会公共利益的需要而得到承认的，主要是为防止法律关系的复杂化而被认可的，就是说，法律关于解除权不可分的规定，并非强制性规定。所以，一般认为，法律关于解除权不可分的规定，可被当事人以特约排除其适用。[①] 当然，此处所谓当事人的特约，必定是全体合同当事人一致的意思表示，在连带之债、不可分之债的场合，尤应如此。

（五）解除权的除斥期间的类型

1.《合同法》规定，解除权的除斥期间可以由法律规定，也可以由当事人约定（第 95 条第 1 款）；在无此类规定、约定的情况下，经过相对人催告确定的合理期限为除斥期间（第 95 条第 2 款）。

2.此处的合理期限，其长短如何，自何时起算？《合同法》尚无明文，其他法律及司法解释则设有规定。《保险法》第 16 条规定："订立保险合同，保险人就保险标的或者被保险人的有关情况提出询问的，投保人应当如实告知"（第 1 款）。"投保人故意或者因重大过失未履行前款规定的如实告知义务，足以影响保险人决定是否同意承保或者提高保险费率的，保险人有权解除合同"（第 2 款）。"前款规定的合同解除权，自保险人知道有解除事由之日起，超过三十日不行使而消灭。自合同成立之日起超过二年的，保险人不得解除合同；发生保险事故的，保险人应当承担赔偿或者给付保险金的责任"（第 3 款）。[②] 法释［2003］7 号规定，在出卖人迟延交付房屋或买受人迟延支付购房款，且经催告后的情况

① 见刘春堂：《民法债编通则·契约法总论》，总第 1 册，389 页，台北，三民书局，2001；林诚二：《民法债编总论——体系化解说》，454 页，北京，中国人民大学出版社，2003；邱聪智：《新订民法债编通则》下，360 页，北京，中国人民大学出版社，2004。

② 严格说来，《保险法》第 16 条第 3 款中段关于"自合同成立之日起超过 2 年的，保险人不得解除合同"的规定涵盖过宽，应予限缩解释。因为有时保险合同成立已经超过了 2 年，保险人才知道存在着解除事由，但因此时却无权行使解除权。这对保险人过于苛刻。站在解释论的立场，可以认为该规定就其字面意思而言涵盖过宽，本应设置例外——"自保险合同成立已经超过了二年，保险人才知道存在着解除事由的除外"，却因立法者疏忽而未设置，违反规范意旨。如今，在适用法律时，对其应予目的性限缩，仅承认该规定适用保险人于保险合同成立时起 2 年内知道存在解除事由的情形。

下，为3个月，除非当事人另有约定（第15条第2款前段）；在对方当事人没有催告的情况下，则为1年（第15条第2款后段）。

3. 除此而外的场合，如何确定解除权存续的合理期限？笔者曾经主张，可以类推适用法释［2003］7号第15条第2款关于“法律没有规定或者当事人没有约定……对方当事人没有催告的，解除权应当在解除权发生之日起一年内行使；逾期不行使的，解除权消灭”的规定。其理由在于：其一，将解除权的除斥期间定为1年，与撤销权等形成权的除斥期间相同，符合相似的事物相同处理的理念。其二，解除权的行使，导致既存的合同关系被废止，若发生恢复原状的法律效果，则现有的法律秩序会遭到破坏。如果说为了保护守约方的合法权益，防止违约方利用违约获取“不当得利”，赋予守约方解除权，系公平正义要求的体现，那么，允许解除权人在过长的期限内解除合同，动辄废止既有的合同关系，且恢复原状，则破坏现存的法律秩序，走到了公平正义的反面。可见，除斥期间不宜过长。其三，提醒解除权人应当及时行使其解除权，有利于及早确定违约行为发生后的合同关系。因为违约情况下的解除权发生之时就是违约行为发生之时，解除权人至少应当知道解除权已经产生。他有1年的时间权衡利弊，决定解除合同与否，应当说不算短。[①]

现在看来，这有些绝对和片面，宜作类型化的分析，而后才有适当的结论。(1) 请求继续履行与主张解除合同系相互对立、方向相反的诉求，不可能同时主张，只得择一行使。在现实案件中，守约方强烈需要违约方继续履行，但也做了万一违约方不能履行或拒不实际履行时解除合同的准备。于此场合，守约方的行事策略是先行请求违约方继续履行，而后相机转为主张解除合同。这既符合事理，也不违反现行法，法律予以肯定和保护才对。由于守约方请求违约方继续履行所持续的期间较长（个中原委很可能是违约方态度暧昧，拖延时间），超过1年、2年甚至更长，都是常有之事。在此类情况下，类推适用法释［2003］7号第15条第2款关于1年的除斥期间的规定，显然是违背事理，违反现行法关于

① 崔建远：《合同法总论》中卷，663页，北京，中国人民大学出版社，2012；崔建远：《债权：借鉴与发展》，修订版，571页，北京，中国人民大学出版社，2014。

解除权及其行使的规范意旨的，极为不妥。(2) 在不能履行、拒绝履行且证据证明违约方未来也不会实际履行的情况下，上述分析和结论仍应坚持。(3) 不完全履行、迟延履行且守约方没有请求违约方继续履行的情况下，解除权的除斥期间不宜过长，类推适用法释［2003］7 号第 15 条第 2 款关于 1 年的除斥期间的规定，可以接受。(4) 在不完全履行、迟延履行以及拒绝履行但无证据证明违约方未来肯定不会实际履行的情况下，如果守约方请求违约方继续履行，特别是一直如此主张，那么，只要违约方能够实际履行，就更加符合鼓励交易原则，也符合《合同法》第 107 条、第 111 条等条款的规定及其精神。对此，法律应予鼓励和支持，才最符合事理及逻辑。如何体现这种鼓励和支持？令解除权立即消灭或在较短的期间内（如 1 年）消灭，恐怕没有体现这种鼓励和支持。其道理在于：A. 这在客观上导致了继续履行的请求权受制于诉讼时效和除斥期间双重制度，因为守约方如于违约行为发生且其对此知道或应当知道之时起，在 1 年内可以请求违约方继续履行；在该 1 年即将结束时就得抉择是解除合同还是请求继续履行，以防请求继续履行导致解除权因超过 1 年而归于消灭的结果出现。可是在许多案件里，这种迫使守约方抉择的时刻显然是过早了。B. 守约方请求违约方继续履行，但违约方仍不实际履行，倘若因超过 1 年而使守约方的此种解除权消灭，那么，守约方就只得受困于其毫无积极价值的合同关系之中，处于极为不利的局面之下。对此，以下面案例加以说明：出卖人甲将其房屋出卖与买受人乙，并移转了占有和所有权，买受人乙仅仅支付了一半房款。甲一直请求乙付清余款，历时 2 年，乙一直未付且于此时明确表示以后也不会付清余款。处理此案，假如类推适用法释［2003］7 号第 15 条第 2 款关于 1 年的除斥期间的规定，甲行使解除权必须在 1 年内进行，那么，当甲确知乙不会付清余款之时便因其解除权因超过 1 年而消灭了。不解除房屋买卖合同，甲就无权请求乙返还涉案房屋，这显然不适当，不公正。在乙进入破产程序的场合，就更是如此。C. 解除权人未表示行使解除权，在这个方面属于沉默，而沉默的法律后果如何，需要法律明文规定或当事人之间明确约定。在包括解除权在内的权利放弃、消灭的问题上，更得坚持这样的原则。在《合同法》及有关法律尚未规定、当事人之间也没有约定解除权行使的除斥期间的背景下，就一律类推适用法释［2003］7号第15条第2款关于1年的除斥期间的规定，也违反了法律及法理关于沉默的态度，缺乏正当性。

4. 也有另辟蹊径的思路，把解除权及其行使和违约责任两者受时间限制的问题联系起来加以考察。在法律、当事人双方均未规定解除权的除斥期间、当事人也未催告的情况下，若认定无论经过了多长时间解除权都可以行使，在给付的返还、违约责任等却已经罹于时效时，就会形成如下局面：守约方一方面行使解除权将合同解除，另一方面请求违约方返还给付、承担违约责任时，却受到违约方援用诉讼时效完成的抗辩，致使守约方解除合同的预期效果落空。换言之，"解除权原本是债务不履行的效果之一，所以，在原债务因时效而消灭时还剩下一个解除权，颇显滑稽"①。为了改变这种局面，令解除权的行使或存续受制于返还给付、违约责任的时效期间，即，在返还给付、违约责任已经罹于时效的情况下，解除权归于消灭或不得行使。② 这有其合理性，可以考虑，但在中国也存在着如下问题需要澄清：（1）诉讼时效的完成只是债务人可以对抗债权人的请求，给付返还、违约责任的本体并不消灭，如果解除权也受制于诉讼时效，解除权是归于消灭呢，还是继续存在但不得行使？就不好回答。（2）债务人明知诉讼时效已经完成，却不行使时效完成的抗辩权，甚至主动地履行其债务或承担损害赔偿责任，于此场合，债权人一方面接受债务人的给付及承担的责任，另一方面解除合同使自己不再受该合同的束缚，放手开展新的交易，仍然具有积极的意义。可是，按照返还给付、违约责任已经罹于时效时解除权消灭或不得行使的模式，则达不到这种目的。

5. 存在的疑问还有，当事人约定的除斥期间过长时，该约定是否有效？上文的分析已经明了，除斥期间过长，意味着既存的合同关系随时会因解除权人行使其解除权而被废止，若恢复原状，则现有的法律秩序会遭到破坏。这实际上损

① ［日］星野英一：《日本民法概论Ⅳ·契约》，姚荣涛译，刘玉中校订，88页，台北，五南图书出版有限公司版，1998。

② 这是清华大学法学院副教授王洪亮博士向笔者介绍的德国民法的思路。在此对王洪亮博士谨表谢意。

害了社会公共利益，不符合《合同法》关于合同解除制度的目的，不应被允许。在解释论的层面，应当认为《合同法》第95条关于当事人约定除斥期间的规定，其文义涵盖过宽，应当予以目的性限缩，即，若当事人约定的除斥期间过长，则过长的部分不具有法律效力。至于何者为过长，由主审法官基于公平正义的理念，根据个案情形，自由裁量。站在立法论的立场上，未来的民法典应当明确规定，过长的部分无效；或首先规定典型且合理的除斥期间，然后规定当事人约定了超过此期间的除斥期间，视为未约定，适用法定的除斥期间。

（六）解除权的除斥期间的起算

1. 法律、当事人双方已经规定了解除权的除斥期间及其起算点的，当然据此确定起算点。若无此规定的，依据《合同法》在解除权的除斥期间制度上所持有的精神，首先通过催告加以确定。催告中指明了起算点的，依其约定；未明确的，根据《合同法》第95条第2款及法释［2003］7号第15条规定的精神，宜把催告通知到达的次日确定为除斥期间的第一天。

2.《日本民法典》规定，如果在特定期间内未收到解除通知，解除权即告消灭（第547条后段）。中国《合同法》尚无此类规定，是否也应如此，需要探讨。分析《合同法》关于合同自解除的通知到达相对人时解除（第96条第1款中段）的规定可知，相对人在除斥期间未收到解除通知，则合同未解除，继续有效。如果该除斥期间已经届满的话，解除权应当因此而消灭。

至此，需要解决的还有这样的问题：由于他人的原因，如因邮电局的过失致使解除通知未到达相对人，解除权可否不消灭？《合同法》在解除制度中尚无相应地规定，可以比照《合同法》第29条关于“受要约人在承诺期限内发出承诺，按照通常情形能够及时到达要约人，但因其他原因承诺到达要约人时超过承诺期限的，除要约人及时通知受要约人因承诺超过期限不接受该承诺的以外，该承诺有效”的规定，确立如下规则：相对人若已经及时通知了解除权人，他因在除斥期间内未收到解除通知而不承认解除效力的发生，则合同继续有效，此时，解除权在除斥期间届满时归于消灭；相对人若未及时通知解除权人，则应认定为解除的通知已经到达，发生解除的效力。

3. 在既无法律和当事人的规定，又无催告的情况下，如何确定起算点？本书认为，可有几种思路：一是除斥期间不起算，二是在违约的情况下，适用或类推适用法释［2003］7号第15条第2款的规定。

除斥期间一直不起算，意味着解除权较长时间地存续，其缺点如同上述，该方案不足取。

法释［2003］7号第15条第2款的规定，具有上文分析的许多优点，可以适用或类推适用，解除权的除斥期间自解除权发生之日起算。但须注意，在守约方一直请求违约方继续履行等情况下，不得类推适用该条款的规定。

4. 需要讨论的还有，房地产开发企业所作的销售广告和宣传材料对于拟出售的商品房进行了夸大宣传，买受人受其影响而就此房与房地产开发企业签订了商品房买卖合同，但时间在法释［2003］7号生效之前，买受人现在依据法释［2003］7号第15条的规定而主张解除合同，如何确定解除权的除斥期间的起算点？房地产开发企业所作的商品房销售广告和宣传材料，就商品房开发规划范围内的房屋及相关设施所作的说明和允诺具体确定，并对商品房买卖合同的订立以及房屋价格的确定有重大影响的，如果依据《合同法》第15条关于“要约邀请”和“视为要约”的规定衡量，尚难判断是否构成要约的话，法释［2003］7号第3条则明确规定了“视为要约”。在法律和当事人均未规定、当事人又无催告的情况下，可以适用或类推适用法释［2003］7号第15条第2款的规定，即，解除权发生之日就是其除斥期间的起算之日。由于依据法释［2003］7号而非《合同法》确定解除权的除斥期间的起算点，由于法释［2003］7号自2003年6月1日起实施，由于当事人在此前并不清楚解除权是否产生，因而，解除权的除斥期间应当自法释［2003］7号生效之日起算。

房地产开发企业所作的商品房销售广告和宣传材料，就商品房开发规划范围内的房屋及相关设施所作的说明和允诺具体确定，并对商品房买卖合同的订立以及房屋价格的确定有重大影响的，依据《合同法》第15条关于“要约邀请”和“视为要约”的规定衡量，也构成要约，那么，应当首先适用《合同法》的规定确定解除权的除斥期间的起算点。在法律和当事人均未规定、当事人又无催告的情况下，《合同法》未规定解除权的除斥期间如何起算，于是，只好适用或类推适用法释［2003］7号第15条第2款的规定，即，解除权发生之日就是其除斥期间的起算之日。同样由于依据法释［2003］7号而非《合同法》确定解除权的除斥期间的起算点，由于法释［2003］7号自2003年6月1日起实施，由于当事人在此前并不清楚解除权是否产生，解除权的除斥期间应当自法释［2003］7号生效之日起算。

（七）解除权行使的疑问及其释答

1.《合同法》第96条第1款规定："解除权的行使采取向相对人发出解除的意思表示的方式，该解除的意思表示到达相对人时发生合同解除的效力。对方有异议的，可以请求人民法院或者仲裁机构确认解除合同的效力。"这其中至少存在着如下问题：(1）异议的内容和形式如何？(2）谁可以请求人民法院或仲裁机构（以下简称裁判机构）确认解除合同的效力？(3）对方异议的提出有无时间限制？(4）请求裁判机构确认解除合同的效力，有无时间限制？(5）未请求裁判机构确认解除合同的效力的，合同是否因解除权的行使而被解除？(6）异议期间的意义如何？

2.首先回答"(1)"。就该规定的字面观察，所谓"异议"，似乎指相对人不同意解除合同。但从解除权作为形成权的性质要求出发，考察解除权运作的实际情形，发现此处的"异议"不限于相对人对解除合同提出了不同意见，有时甚至经常地表现为他请求解除权人继续履行合同义务，在解除权人主张合同解除所产生的恢复原状、其他补救措施时，提出因合同有效而无此类法律效果的抗辩，等等。不言自明，相对人同时表达不同意合同解除和请求解除权人继续履行合同义务的意见，更应当属于"异议"。

3.接着回答"(2)"。从该句的表达看，"对方"应当指对合同解除持有不同意见的当事人。赋予此类当事人对合同解除异议的权利，并把异议的内容按照上文那样作宽泛的理解，可以有效地对抗潜在的甚至是现实的违约方为了逃避违约责任而提出的"解除"主张，他可以请求潜在的甚至是现实的违约方继续履行合同而达到合同目的，也能够通过请求潜在的甚至是现实的违约方履行合同而使其暴露出借对解除权行使提出异议而逃避违约责任的真相。

在违约方对于合同解除提出异议，并请求裁判机构确认解除合同的效力的情况下，在这些机构尚未确认合同是否已经被解除的期间，违约方可以抗辩解除权人关于恢复原状、采取其他补救措施的请求，以维护裁判机构的权威，使《合同法》第 96 条第 1 款后段的规定具有价值。不过，裁判机构一经确认合同解除，则解除的效力应当自解除通知到达违约方处之时发生，而非确认合同解除之日发生，以便防止违约方利用异议权达到不正当的目的。

裁判机构确认合同解除的依据是什么？应当是解除权产生的条件已经具备，解除权已经行使完毕。假如有任何之一欠缺，裁判机构都有权认定合同尚未解除。如果这些事实均已存在，则裁判机构必须确认合同已被解除，没有自由裁量的余地。所谓“法院的判决只是说出了意思表示早已产生的后果而已”①，移用在这里是恰如其分的。

在违约方对合同解除提出异议，又不请求裁判机构确认解除合同的效力的情况下，合同解除的效力是否受该异议的影响？本书认为，因为解除权系形成权，其行使的方式不以诉讼为必要，所以，解除权人关于解除的意思表示一经到达违约方即发生合同解除的效力，不能因违约方的异议而受影响。

在违约方对合同解除提出异议，又不请求裁判机构确认解除合同的效力，但拒绝履行因合同解除产生的恢复原状义务、采取其他补救措施义务、拒绝赔偿损失的情况下，解除权人可以直接诉求该违约方履行恢复原状、采取其他补救措施的义务，承担赔偿责任。尽管解除权人未请求裁判机构确认合同解除的效力，裁判机构也应当先确认合同解除，再支持该诉求，除非解除权不存在或解除权行使的条件不具备。于此场合，《合同法》第 96 条第 1 款后段的规定对于解除权人不起作用。

解除权人一并请求裁判机构确认合同解除的效力、裁决违约方履行恢复原状、采取其他补救措施的义务，违约方拒不承认合同解除，拒绝履行恢复原状、

① ［德］迪特尔·梅迪库斯：《德国民法总论》，邵建东译，78 页，北京，法律出版社，2000。

采取其他补救措施的义务，解除权人可否援用《合同法》第 96 条第 1 款后段的规定？对该规定仅仅予以文义解释，似乎得不出肯定的答案，但从整个规范观察则可得出结论：该规定亦无禁止解除权人请求裁判机构确认解除合同的效力之意，只要把“对方有异议的”一句前的句号换成分号或逗号，就完全可以得出如下结论：在违约方对解除合同有异议的情况下，解除权人可以请求裁判机构确认解除合同的效力。此其一。行使解除权等形成权，遇到对方当事人持有异议，解除权人等请求裁判机构等予以确认，非但不违反形成权制度的机理，还有利于尽早解决纷争，应予支持。此其二。

当然，对此问题也有另外的观点，即，解除权人仅仅请求裁判机构判令违约方履行恢复原状、采取其他补救措施的义务，裁判机关也得先确定合同是否应当解除，就此看来，没有必要规定解除权人可以请求裁判机构确认合同解除，因而没有必要将《合同法》第 96 条第 1 款后段的规定解释为含有解除权人可以请求裁判机构确认合同解除的内容。不过，在本书看来，法律也无必要禁止解除权人请求裁判机构确认合同的解除，若驳回此类请求，作出解除权人败诉的裁决，则显然不适当。对《合同法》第 96 条第 1 款后段的规定作上述解释，可以避免不适当的结果。

[探讨]

债务人乙未于履行期履行其债务，债权人甲未为催告便基于《合同法》第 94 条第 3 项的规定向乙发出解除合同的通知。乙对此提出异议，主张系争合同继续有效，并实际交付了标的物。甲将该给付物送交检验机构进行质检，收到该物质量远远低于国家标准的结论。在这种情况下，甲公司诉至法院，请求确认系争买卖合同已被解除，起诉状中的理由是乙迟延履行，请求权基础是《合同法》第 94 条第 3 项的规定；但在辩论意见中增加了乙给付瑕疵这个违约事实，请求权基础增加《合同法》第 94 条第 4 项的规定。

笔者认为，处理系争案件，应当分段考虑。第一阶段是乙迟延履行，第二阶段是瑕疵给付。

在迟延履行阶段，乙迟延履行，甲未经催告便基于《合同法》第 94 条第 3

项的规定主张解除系争合同，不符合《合同法》第 94 条第 3 项的规范意旨，不应获得支持。不过，如果甲能举证成功系争合同属于定期行为，乙迟延履行使其不能实现合同目的，那么，甲实际上基于《合同法》第 94 条第 4 项的规定已经享有解除权，只是其法律造诣欠佳，援用了《合同法》第 94 条第 3 项的规定。这属于法律上的错误，而此类法律错误不应影响法律的正确解释和适用，裁判者不应依赖甲所援用的法律规定而应依职权适用法律，径直将《合同法》第 94 条第 4 项的规定作为请求权基础，支持甲解除系争合同的请求。当然，如果甲未能举证证明系争合同为定期行为，那么，甲未经催告便以乙迟延履行为由主张解除系争合同，没有法律依据，不发生系争合同解除的效果，相反，构成撕毁合同，倒要就此向乙承担相应的违约责任。

在瑕疵给付阶段，乙交付的标的物远远低于国家标准，致使甲不能实现合同目的，符合《合同法》第 94 条第 4 项的规范意旨和构成要件，甲有权基于《合同法》第 94 条第 4 项的规定解除系争合同。主审法院不应囿于甲于其起诉状中所列理由，而应全面审视案情，发挥《合同法》第 94 条为裁判规范的功能，主持甲关于解除系争合同的请求，何况甲已经于其辩论意见中陈述了乙瑕疵履行的事实，举证了检验机构的质检结论，援用了《合同法》第 94 条第 4 项的规定。

如果系争合同属于非定期行为，虽然应当支持甲关于解除系争合同并由乙承担违约责任的诉讼请求，但甲于迟延履行阶段名为解除实为撕毁合同的责任不应被免除，在处理上就是相应减轻乙承担违约损害赔偿的数额。如果系争合同属于定期行为则不存在这个问题。

［辨析］

出租人甲公司和承租人乙公司签订 A 楼租赁合同，甲公司将其租赁丙公司所有的 A 楼转租给乙公司，由其用于经营酒店。A 楼交给乙公司装修、使用之后，乙公司依约请求甲公司提供丙公司同意转租的书面文件，甲公司没有提供。经乙公司催告后，依然如故。乙公司据此通知甲公司解除合同并拒付租金。甲公司则否认乙公司解除 A 楼租赁合同的主张，请求乙公司付清租金并承担迟延支付租赁的违约责任。乙公司诉至法院，以甲公司拒不提供 A 楼所有权人丙公司书面同意转租的文件为由，请求法院确认系争A楼租赁合同已被解除、甲公司承担相应的违约责任。只是在诉讼过程中乙公司获取A楼未获消防验收合格的证据，便于其辩论意见中将其解除A楼租赁合同的理由增补有A楼未经消防验收。

笔者认为，在系争案件中，由于租赁物A楼未获消防验收合格，依法该楼不得用于酒店等营业活动，承租人乙公司自始即享有解除权，也具备行使该解除权的条件，故其解除系争合同的请求应当得到支持。

对于乙公司起初以甲公司没有提供丙公司同意转租的书面文件为由行使解除权，是否获得支持，取决于系争A楼租赁合同有无甲公司不提供丙公司同意转租的书面文件时乙公司可以解除合同的约定，若有，则一俟甲公司拒不提供丙公司同意转租的书面文件，乙公司就基于系争A楼租赁合同的约定和《合同法》第93条第2款的规定立即享有解除权，有权据此通知甲公司解除系争A楼租赁合同；若无，则取决于甲公司提供丙公司同意转租的书面文件这项义务的性质和类型，而后才有具有说服力的结论。

众所周知，租赁合同关系中的主给付义务包括出租人交付租赁物和承租人支付租金，至于转租人提供出租人同意转租的书面文件则属于从给付义务，而不属于主给付义务。而从给付义务的违反，即使经过催告仍未履行，也不适用《合同法》第94条第3项的规定，即不会因此产生法定的解除权。如此，系争案件中，甲公司拒不提供丙公司同意转租的书面文件，乙公司不会因此享有法定解除权。就是说，乙公司于其起诉状中基于甲公司拒不提供丙公司同意转租的书面文件而请求确认系争A楼租赁合同已被解除，欠缺法律依据。

不过，系争A楼租赁合同自其成立伊始就因消防验收不合格而具备解除条件，乙公司就享有《合同法》第94条第4项赋予的解除权。该解除权的享有并行使不因乙公司误读《合同法》第94条而化为乌有，其法律错误不应影响对法律的正确解释和适用。主审法院不应囿于乙公司于其起诉状中所列理由，而应全面审视案情，发挥《合同法》第94条为裁判规范的功能，主持乙公司关于解除系争合同的请求，何况乙公司已经于其辩论意见中陈述了系争A楼租赁合同自其成立伊始就具有消防验收不合格的客观事实，援用了《合同法》第 94 条第 4 项的规定。

4. 其次回答“（3）”。笔者曾经建议：对解除合同持有异议，应当在一定期限内提出，不宜漫无限制，并且，该期限不宜长。这为使法律关系尽早得到确定所必需。至于具体的时间长度，在解释论的层面，可由主审法官基于公平正义的理念，根据个案情形，自由裁量。站在立法论的立场，未来的民法典可以区分两种情形而设计出不同的异议期间。在不存在违约，即援用《合同法》第 93 条第 2 款[①]、第 94 条第 1 项的规定等而主张解除合同的情况下，合同解除不具有否定违约方不履行债务及其主观状态的属性，主要是了结没有继续存在价值的合同关系，或是一方当事人通过支付赔偿金作为代价而废除于己不利的合同。于此场合，当事人需要慎重权衡利弊得失，需要的时间可能相对较长，因而，异议期间可以适当长些，如设计为 2 个月；在违约解除的情况下，非但没有必要给违约方较长的时间来权衡利弊，反而应当更加关注守约方的合法权益，如此，赋予违约方提出异议的期间应当短些，如设计为 1 个月。虽然可能有人认为解除的通知一经到达违约方处，解除的效力即刻发生，违约方异议与否不会发生影响，所以没有必要规定及考虑异议及其期间问题，但笔者认为，若有异议期间限制，在违约方对解除提出异议时，裁判机构进行形式审查便可容易地裁决是否驳回起诉；若无异议期间的限制，则需要予以实质审查解除权的有无，实质审查解除的效力是否已经发生，其成本要高昂得多。

如今，法释［2009］5 号第 24 条已经在中国首次明确：当事人对《合同法》第 96 条规定的合同解除虽有异议，但在约定的异议期限届满后才提出异议并向人民法院起诉的，人民法院不予支持；当事人没有约定异议期间，在解除合同或债务抵销通知到达之日起 3 个月以后才向人民法院起诉的，人民法院不予支持。对此，在原则上肯定的大前提下需要指出：该条司法解释适用于发出解除通知的

① 其实，《合同法》第 93 条第 2 款规定的约定解除，也有以违约作为解除权产生的条件的情形。为了叙述的方便，此处不谈违约作为解除权产生的条件的类型。

当事人一方享有解除权的场合应无问题，既应得出合同解除的效果已经产生的结论，又应认定合同解除的时间点为解除通知到达相对人势力范围的时刻，而非相对人提出解除异议的时间点，更非相对人向人民法院起诉之时。但在发出“解除通知”的当事人一方根本就不享有解除权或虽然享有解除权但不具备解除权行使的条件场合，该条司法解释则无适用的余地，即，在当事人各方约定有解除异议期限的情况下，即使约定的异议期限届满，合同也未被解除，无论此期间相对人是否就合同解除提出了异议，均应如此；在当事人没有约定异议期间的情况下，即使解除合同通知到达之日起已满3个月，合同也未被解除，无论此期间相对人是否就合同解除提出了异议，均应如此。

如此解释的理由在于：其一，行使解除权的解除，顾名思义，必须有解除权及其行使，才会是行使解除权的解除；无解除权及其行使自无此处所言解除可言。其二，解除权是形成权，形成权的行使才不依对方的意志为转移地发生特定的法律效果，如变更法律关系、终止法律关系，在解除问题上就是发生合同解除的效果。没有解除权谈何行使解除权的合同解除？其三，在无解除权人发出解除通知、对方当事人于3个月内未提异议，就认为发生了合同解除的结果，这不是形成权在起作用，而是承认了无解除权人的单方意思表示就发生了消灭合同关系的结果，这都超出了法律对于单方法律行为的容忍态度，违背了合同严守原则。其四，不然，就会使本不享有解除权或不具备解除权行使条件的当事人一方，利用相对人不懂法律或其疏忽大意，恶意发出“解除通知”，一俟约定的异议期限届满或于当事人没有约定异议期间时解除通知到达之日起满3个月，就发生“合同解除”的结果，逃避本应履行的合同义务，不承担违约责任。这是违反公平正义的。其五，法释［2009］5号第24条有缺点，也有积极意义，若无此异议期间，当事人就系争合同是否解除发生争议时，裁判者得按照程序审理，如当事人举证（较多、增加难度）、质证（相应地增加工作量及难度），裁判者予以审核、判断，等等。有了该异议期间，当事人的举证就简单得多，只需举证自己享有解除权并具备行使条件和在异议期间对方未提出异议。对方的质证也简单许多。

5. 再次回答"(4)"。请求裁判机构确认解除合同的效力，应当有时间限制。这为尽早消除影响法律关系稳定性的因素所必需。它可以有若干方案。例如，方案一：异议人在收到解除通知之日起3个月内提出异议；方案二：在合同不存在违约的情况下，异议应当在合同的存续期间提出；在转化为违约责任的情况下，异议应当在诉讼时效期间届满前提出；等等。方案二所给予的时间过长，法释[2009] 5号已经将异议期限规定为3个月，应予遵从。

6. 现在回答"(5)"。在解除权人未请求裁判机构确认解除合同的效力的情况下，是否发生合同解除的效力？对此，宜区分情况而作判断。

其一，在解除权人已经向相对人发出了解除通知，且该通知已经到达相对人的情况下，笔者认为，如果解除权确实已经产生，并具备行使的条件，那么，合同自解除合同的意思表示到达对方当事人时解除，不因对方当事人的异议而受影响。这是解除权为形成权的性质所决定的，此外还可以防止违约方故意提出异议阻碍合同的解除。在举证责任的配置上，应由解除权人举证其享有解除权并符合解除权行使的条件。①

其二，解除权人径直诉请解除合同，其后又直接向相对人（被告或被申请人）发出解除合同的通知。合同自何时解除？应区分情况而定：A. 若诉请解除的意思表示与直接通知解除的意思表示没有差别，则载有解除合同内容的起诉状或仲裁申请书送达被告或被申请人之处时，发生合同解除的效力。B. 在直接通知解除的意思表示为"因贵方存在严重违约行为，我方已向贵方明确提出解除合同。现在我方重申坚持解除合同的立场"的场合，应首先确定此处所谓"我方已向贵方明确提出解除合同"，究竟指起诉状中的诉讼请求或仲裁申请书中的仲裁请求，还是此前解除权人直接发给相对人（被告或被申请人）的解除通知。若为诉状中的诉讼请求或仲裁申请书中的仲裁请求，则载有解除合同内容的起诉状或仲裁申请书送达被告或被申请人之处时，发生合同解除的效力。若指此前解除权人直接发给相对人（被告或被申请人）的解除通知，则需要解除权人举证证明该

① 见崔建远主编：《合同法》，3版，196页，北京，法律出版社，2003。

此前解除通知已经到达相对人（被告或被申请人）之处，若证明成功，则自该此前的解除通知到达相对人（被告或被申请人）之处时，发生合同解除的效力；若不能证明，则仍为载有解除合同内容的起诉状或仲裁申请书送达被告或被申请人之处时，发生合同解除的效力。

其三，解除权人此前从未向相对人发出解除通知，而径直请求人民法院或仲裁机构裁判合同解除。于此场合，首先明确，合同解除是当事人的行为（适用情事变更原则的除外），而非法院、仲裁机构的行为。因此，只有在解除权人行使解除权的情况下，法院、仲裁机构才有权审核解除权产生的条件及行使的条件是否具备，若具备则确认合同解除，若未具备则不认定合同已经解除。假如解除权人并未行使解除权，在诉讼或仲裁中也不行使解除权，而是请求法院或仲裁机构裁判合同解除，即使通过释明，解除权人也仍然坚持自己并不行使解除权，而是请求法院或仲裁机构裁判合同解除，那么，笔者认为，法院、仲裁机构无权依职权裁判合同解除，不发生系争合同解除的法律效力。其次，辨析这样的意见：守约方一直未向违约方发出解除通知，现以诉讼的方式请求人民法院判决合同解除，应自判决生效时发生解除的效力。[①] 这就是所谓判决生效合同予以解除说。该说是否成立，涉及合同解除场合的损害赔偿属于何种损害赔偿、解除权的属性、解除权行使的方式、相对人对解除的异议及其期限的定性和定位等诸多问题，兹分析如下：

(1) 持判决生效合同予以解除说的理由之一是，如果将合同解除的时间点确定在守约方诉请解除的诉状副本送达违约方处的时刻，损害赔偿数额计算的开始时间便是这个时刻，在诉讼过程较长的案件中，违约方承担的损害赔偿额非常巨大，不尽公平；反之，若将合同解除的开始时间定在判决生效之时，便不会出现这个问题。对此，笔者评论如下：A. 这种看法对是非有所颠倒，没有摆正保护

① 2011 年 7 月 26 日上午，在中国法学会民法学研究会 2011 年会及学术研讨会的主题发言中，最高人民法院副院长奚晓明大法官介绍审判实践中亟待解决且有争论的问题时，谈及有些法官持有这种意见。2011 年 7 月 27 日上午，在小组讨论会上，最高人民法院中国应用法学研究所副所长曹守晔法官介绍坚持这种意见的诸种理由。

守约方、“惩罚”违约方的位置。本来，违约方没有正当理由地不履行其债务，应当承受不利后果，可是判决生效合同即告解除说却将该不利后果尽可能地缩小，在不少情况下显现出债务人履行合同不如终止合同更为有利，客观上怂恿了债务人恶意违约。B. 这种看法实际上是将合同解除场合的损害赔偿定性和定位在因合同解除而发生的损害赔偿了，即采纳的是瑞士债务关系法的模式。我们知道，关于违约解除场合的损害赔偿，瑞士债务关系法采取的是合同解除引发损害的赔偿，而法国民法则奉行债务不履行的损害赔偿，也叫违约损害赔偿。假如认为中国《合同法》第 97 条后段的规定采取的是瑞士债务关系法的模式，确实是合同解除的时间点越早损害赔偿的数额越高。但是，笔者认为，违约解除场合，损害赔偿在合同解除前业已成立并存在，即该损害赔偿是违约造成损害的赔偿，它不因合同解除而化为乌有；否则，就是对违约方的怂恿，对守约方保护不力。中国《合同法》第 97 条在立法设计时也是按照违约损害赔偿的模式处理的。显然，这种违约损害赔偿的数额不依合同解除时间的早晚而发生变化。就是说，按照违约损害赔偿的模式及学说，将合同解除的时间定在诉状副本送到违约方处之时，不会造成损害赔偿数额增多的结果，即判决生效合同予以解除说的这个理由不成立。

(2) 持判决生效合同予以解除说的理由之二是，守约方有无解除权，或者虽有解除权但行使解除权的条件具备与否，在判决前是不确定的，只有待法院判决才可确定。所以，以载有诉请解除的诉状副本送达违约方处为合同解除发生效力的时间点不妥当。笔者则认为，守约方是否享有解除权，以及解除权行使的条件具备与否，均为客观存在，不依法院判决生效与否为转移。法院判决不过是在确认合同解除与否这个客观事实。这样，在守约方确实享有解除权，该解除权行使的条件又具备的情况下，载有诉请解除的诉状副本送达违约方处，便是解除权的行使，便是解除通知，只不过于此场合的解除权行使采取了诉讼的方式。中国《合同法》第 96 条第 1 款的规定没有禁止解除权的行使采取诉讼的方式，分析第 96 条第 2 款“法律、行政法规规定解除合同应当办理批准、登记等手续的，依照其规定”的文义，可知其认可了解除权行使采取行政的、诉讼的方式。既然如此，就应当承认载有诉请解除的诉状副本送达违约方处属于解除通知的一种方式，按照《合同法》第 96 条第 1 款中段的规定，发生合同解除的效力。

至于守约方实际上不享有解除权，或虽有解除权但不具备行使的条件，载有诉请解除的诉状副本即使已经送达违约方处，也不发生合同解除的效力，是否印证了判决生效合同予以解除说的正确呢？回答是否定的，因为于此场合判决合同不解除，同样是客观上不具备合同解除的条件，采取诉状副本送达违约方处合同解除的理论，也得出同样的结论。

总之，判决生效合同予以解除说的第二种理由不成立。

（3）持判决生效合同予以解除说的第三种理由是，在守约方直接通知违约方解除合同的情况下，违约方按照法释［2009］5 号第 24 条关于“当事人对合同法第九十六条、第九十九条规定的合同解除或者债务抵销虽有异议，但在约定的异议期限届满后才提出异议并向人民法院起诉的，人民法院不予支持；当事人没有约定异议期间，在解除合同或者债务抵销通知到达之日起三个月以后才向人民法院起诉的，人民法院不予支持”的规定，对解除合同提出了异议，由于该解除异议期限的存在并发挥作用，使得期限延长了，合同解除发生效力的时间点相应地后移了，或曰推迟了；在守约方未直接通知违约方解除合同，而是诉请法院裁判合同解除的情况下，若将合同解除的时间点确定在诉状副本送达违约方处之时，就是缩短了期限，是将合同解除的时间点前移了，违背了法释［2009］5 号第 24 条旨在推迟合同解除生效的时间点的精神实质。这就造成了直接通知解除与诉请解除两种方式在处理规则上的不统一，有失权衡。为贯彻落实法释［2009］5 号第 24 条旨在推迟合同解除生效的时间点的精神实质，应当确立判决生效合同予以解除的观点，摒弃以载有诉请解除的诉状副本送达违约方处作为发生合同解除效力的时间点的观点。

对此，笔者坚决反对。其实，解除的异议期限，不具有影响合同解除时间点的目的及作用，因为解除异议不成立时，按照《合同法》第 96 条第 1 款中段的规定，解除通知到达违约方时发生解除的效力，不受违约方提出解除异议与否的影响，合同解除的时间点并非异议提出之时，亦非异议期限届满之时，更非异议期限届满之后。此其一。解除异议成立，表明守约方不享有解除权或虽有解除权但不具备行使的条件，当然不发生合同解除的效力。并且，这种不发生解除的效力，即使违约方未提解除异议，主审法院在审查守约方关于解除的诉求时，同样不会准予系争合同解除的，不然，就违反了《合同法》第 96 条的规定及其精神。此其二。分析法释［2009］5 号第 24 条的文义，丝毫看不出它推迟合同解除生效的时间点的含义，从保护守约方、“惩罚”违约方的基本立场出发，也不可说法释［2009］5 号第 24 条的规定具有推迟合同解除生效的时间点的精神实质。此其三。所以，判决生效合同予以解除说的第三种理由亦不成立。

7. 最后回答“(6)”。A. 如同上文“4”中分析的那样，法释［2009］5 号第 24 条规定的解除异议期限规则，仅仅适用于发出解除通知的当事人一方享有解除权的场合，而不适用于发出“解除通知”的当事人一方根本就不享有解除权或虽然享有解除权但不具备解除权行使的条件场合。B. 法释［2009］5 号第 24 条规定的解除异议期限规则，具有积极意义，表现在解除权人依约定或法定的条件向相对人发出解除通知，只要相对人在解除异议期限内没有提出对解除的异议，无须任何机构审核，就确定地发生合同解除的效力。这可避免某些违约方明知守约方享有解除权并符合行使的条件，但为了拖延时间，尽可能长期地占用货款等款项牟利，迟延支付违约金、赔偿金，获取利益，而故意提出解除异议，损害守约方的合法权益。C. 孤立地浏览法释［2009］5 号第 24 条的文义，似乎在说违约方对解除提出异议，只能采取诉请人民法院的形式，若采取直接向守约方提出异议，则不发生解除异议的法律效力。笔者认为，不可如此解读法释［2009］5 号第 24 条规定的解除异议规则。首先，民事诉讼采取不告不理的原则，违约方直接向守约方提出不同意合同解除的异议，未经诉讼程序，直接依据《合同法》第 96 条第 1 款中段的规定解决即可，无需多言。就是说，法释［2009］5 号第 24 条的规定乃专就违约方起诉不同意合同解除时如何处理所做的规定，并无涵盖所有情形包打天下之意。其次，法释［2009］5 号作为最高人民法院出台的司法解释，不宜规定仲裁规则，所以，违约方通过仲裁方式对守约方的解除合同提出异议，不得直接适用法释［2009］5 号第 24 条的规定。最后，也是最为重要的，《合同法》第 96 条关于合同解除通知及其异议的规定，统揽合同解除通知及其异议的问题，效力高于法释［2009］5 号第 24 条的规定。就解除异议的形式，《合同法》第 96 条不强求必须采取诉讼的方式，其第 1 款的表述清清楚楚，我们不得曲解该条款的规定，而应认为解除异议不一定采取诉讼的方式。

（八）解除权产生的条件与解除权行使条件区别的实例

在许多情况下，解除权一经产生，权利人即可行使它，就是说，解除权产生的条件与解除权行使的条件一致；但在另外的情况下，解除权已经产生，但尚不具备行使的条件，即解除权产生的条件与解除权行使的条件分离，此时，解除权人仍无权行使解除权，即使通知相对人“解除”合同，也不发生合同解除的效果。对此，以下面的实例予以说明。

某股权转让合同约定，在受让方未按期支付 1 500 万元人民币的股权转让款超过 30 日时，转让方可以通知的方式解除股权转让合同。实际情形是，受让方迟延支付转让款，但迟延的期间未满 30 日，解除权人便书面通知受让方解除股权转让合同。受让方对此持有异议，认为解除权并未产生，当然不发生合同解除的效力。

笔者认为，依据《合同法》第 94 条的规定，违约一经成立，解除权便产生，因而称转让方没有解除权缺乏法律根据；不过，解除权的行使有时存在着期限的限制，本案属于当事人约定了解除权行使的始期为受让方迟延付款超过 30 日，如此，转让方在该 30 日之内通知受让方解除合同，不算解除权的有效行使，不能发生解除合同的效力。

（九）解除效果发生与否的认定及其依据

解除权人于解除权行使的条件具备时向相对人发出解除合同的意思表示，按照《合同法》第 96 条第 1 款前段的规定，该解除合同的意思表示到达相对人时发生合同解除的效力。这符合解除权系形成权的特质，应予赞同。在此需要澄清的是，上述效果的发生必须以解除权行使的条件具备为前提，假如通知解除合同的一方并不享有解除权，又不属于《合同法》第 410 条等条款规定的任意解除的情形，则不得依据所谓解除通知到达相对人而认定系争合同已被解除，也不得据此简单地认定发出解除通知的一方已经构成违约，除非解除通知中含有绝不履行的明确意思，或以其行为表明届时不再履行债务。

发出解除通知的一方在此过程中是否构成违约，需要结合其他事实才可认定。(1) 如果于发出解除通知期间，履行期尚未届满，那么不构成迟延履行。(2) 如果解除通知中含有绝不实际履行的明确意思，或以其行为表明届时不再履行债务，那么构成拒绝履行。(3) 债务人若一方面发出了解除通知，另一方面又给付了瑕疵之物或提供的服务不达标，且于履行期届满前尚未消除瑕疵，那么构成不完全履行；不过，在履行期届满前消除了瑕疵的，则不构成违约。

（十）解除权的消灭

解除权作为形成权，不宜长期存在，不然，合同关系本应存续，当事人本应履行其债务，却因解除权的行使将这些化为乌有。换言之，解除权若像达摩克利剑那样时时刻刻地悬在当事人头上，就会影响当事人的信心，有时促成当事人在是否准备履行合同方面犹豫不决，故必须有消灭的事由。

有鉴于此，《合同法》第 95 条规定："法律规定或者当事人约定解除权行使期限，期限届满当事人不行使的，该权利消灭"（第 1 款）。"法律没有规定或者当事人没有约定解除权行使期限，经对方催告后在合理期限内不行使的，该权利消灭"（第 2 款）。这就是解除权因除斥期间届满而消灭。

至于法律未规定、当事人未约定解除权行使的期限，对方当事人亦未催告时，解除权何时消灭，应当如同本节"二、行使解除权的程序"之"（五）解除权的除斥期间的类型"采取的方法那样，具体问题具体分析，不宜一概而论。

此外，解除权还因行使完毕而消灭，因解除权人放弃而消灭。

解除权是否因解除权人的过错而消灭？立法例及其理论有个发展演变的过程。

《德国民法典》（旧债法）规定，解除权人因自己的过失致已受领的标的物有本质的减损、灭失或其他情形致不能返还者，解除权消灭（第 351 条前段）。标的物的重要部分灭失与其本质的毁损相同；依第 278 条规定因他人过失而仍应由解除权人负责者与解除权人本身的过失相同（第 351 条后段）。《日本民法典》规定，解除权人因其行为或过失，致使契约标的物遭受明显毁损，或使之“达到不能返还的程度”，以及由于加工或改造而使之变成了其他种类的物，解除权即告消灭（第548条第1项）。如果灭失非由解除权人的行为或过失所致，则不消灭解除权（第548条第2项）。此处所谓“行为”，一般是指故意行为。所谓“达到不能返还的程度”，则包含了标的物灭失、标的物已被让与第三人。[①] 对于“加工”问题，认为如果加工只是使标的物的一小部分发生变化，则不消灭解除权。[②] 此外，如果标的物是可代替物，则因为可以用同种、品质、数量的物返还，所以也不消灭解除权。[③]

《德国债法现代化法》通过第346条第2项的规定彻底地改变了《德国民法典》（旧债法）的上述规定，解除权人即使不能够返还所受领的标的物，也仍然享有解除权；甚至于解除权人故意毁损应予返还的标的物，解除权原则上也依然存在。显而易见，在极端的情况下，解除将会构成权利的滥用。[④] 防范的措施之一是，允许当事人在合同中约定，在解除权人不能返还所受领的标的物的情况下，解除权不产生。根据《德国联邦政府债法现代化法草案立法理由书》的见解，此种内容的约定得以推断的形式作出，或者从补充性的合同解释中得出。[⑤]

对于因此而生的利益不平衡问题，《德国债法现代化法》通过设定价值补偿义务，将标的物灭失或者其他不能返还的危险分配给返还性债务关系的债务人，予以解决。[⑥] 其具体规定是：以下列情形为限，债务人应给付价值补偿以替代返还：（1）依所取得利益的性质，返还或交付被排除的。（2）债务人对受领的标的物进行消费、让与、设定负担、加工或改造的。（3）受领的标的物发生减损或灭

① 见［日］星野英一：《日本民法概论Ⅳ·契约》，姚荣涛译，刘玉中校订，87页，台北，五南图书出版有限公司，1998。

② 见日本大判1912年2月9日“民录”83页。

③ 见日本大判1904年2月17日“民录”153页。

④ Vgl. Begruendung，BT-Drucks. 14/6040，S. 195，li. Sp. 转引自杜景林、卢谌：《德国新债法研究》，132～133页，北京，中国政法大学出版社，2004。

⑤ Vgl. Begruendung，BT-Drucks. 14/6040，S. 195，li. Sp. 转引自杜景林、卢谌：《德国新债法研究》，133页，北京，中国政法大学出版社，2004。

⑥ 见杜景林、卢谌：《德国新债法研究》，132页，北京，中国政法大学出版社，2004。

失的；然而因按规定投入使用所发生的减损，不在考虑范围之内。在合同中规定对待给付的，在计算价值补偿时应以对待给付为依据。(第 346 条第 2 项)。负担问题都被移置到了价值补偿义务之中，即，即使解除权人不能返还所受领的标的物，仍然享有解除的权利。①

《德国民法典》(旧债法) 第 351 条前段以及《日本民法典》第 548 条的规定，系过失与解除权彻底挂钩的思想的体现，过失不但是法定解除权产生的事由，而且是解除权消灭的原因，《德国债法现代化法》第 346 条第 2 项的规定彻底改变了这个调整模式。②

过失归责用于民事责任的构成方面，合理性比较明显，而合同解除系消灭合同关系，在不能履行、根本违约而解除的情况下，又是消灭应当甚至必须消灭的合同关系，与过失的有无，虽然有时有关，如确定解除权归属于谁，但多数情况下没有必然的联系，即，应当甚至必须消灭的合同关系就是应当消灭，当事人有过失时是这样，当事人没有过失时也应如此。就此看来，《德国债法现代化法》的修正确有道理。但在有的情况下，当事人有过失时确实不应当有权解除合同，从解除权产生的角度观察，中国《合同法》第 94 条第 2 项至第 4 项的规定，就其立法计划和规范意旨而言，排除了违约方亦即过失一方享有解除权；从解除权得而复失的方面观察，若行使解除权违反诚实信用原则，构成权利滥用，则该解除权不得行使，甚至归于消灭。

三、法院或仲裁机构裁决的程序

这里所说的法院或仲裁机构裁决的程序，不是指在协议解除的程序和行使解除权的程序中当事人诉请法院或仲裁机构来解除合同，而是指在适用情事变更原则解除合同时，由法院或仲裁机构裁决合同解除的程序。因为适用情事变更原则解除合同，当事人无解除行为，只是由法院或仲裁机构根据案件的具体情况和情

① 见杜景林、卢谌：《德国新债法研究》，132～133 页，北京，中国政法大学出版社，2004。

② 参见杜景林、卢谌：《德国新债法研究》，132 页，北京，中国政法大学出版社，2004。

事变更原则的法律要件依职权加以裁决，所以，对这种类型的合同解除只能适用法院或仲裁机构裁决的程序。

这种解除合同的程序不属于通常意义上的合同解除的程序，而是程序法上的问题，本书不再多谈。

[引申]

《合同法》第 96 条第 2 款规定："法律、行政法规规定解除合同应当办理批准、登记等手续的，依照其规定。"对此如何理解，存在着不同认识，需要辨明。笔者认为，该条款含有如下意思：

(1) 法律、行政法规明文规定，合同解除须经有关部门批准或办理登记手续的，合同解除效果的发生必以有关部门已经批准或办理完毕登记手续为要件，如果有关部门尚未甚至干脆不予批准或办理登记手续，则不发生合同解除的法律效果。例如，《中外合资经营企业法》第 14 条规定："合营企业如发生严重亏损、一方不履行合同和章程规定的义务、不可抗力等，经合营各方协商同意，报请审查批准机关批准，并向国家工商行政管理主管部门登记，可终止合同。如果因违反合同而造成损失的，应由违反合同的一方承担经济责任。"

(2) 法律、行政法规没有关于合同解除须经有关部门的批准或办理登记手续的明文，合同解除就无须经过有关部门的批准或办理登记手续吗？笔者认为，不得一概而论，应当区分情况而异其结论：1) 如果被解除的合同不以有关部门的批准或办理登记手续为生效要件，则该合同的解除也不以有关部门的批准或办理登记手续为生效要件；2) 如果被解除的合同以有关部门的批准或办理登记手续为生效要件，则该合同的解除也需要以有关部门的批准或办理登记手续为生效要件。

笔者坚持"2)"的观点，有三点理由支持：A. 该种观点是《合同法》草案研讨过程中的主流意见。B. 坚持计划经济，强调国家机关对经济的管理，反映在《经济合同法》、《民法通则》的基本原则及具体的制度和规则之中，具体体现之一就是，合同以有关国家机关批准——当时基本上是以指令性计划的方式表现管理、批准——为有效条件的，其撤销或解除时也要经过该国家机关的批准。例如，《经济合同法》第 29 条规定："经济合同的变更或解除如涉及国家指令性计划产品或项目，在签订协议前应报下达该计划的业务主管部门批准。"《工矿产品购销合同条例》第 8 条第 3 款除了复述《经济合同法》第 29 条的规定外，还增加了这样的内容："变更或解除合同……属于国家指导性计划的，应报上级主管部门备案；属于自由购销合同的，由当事人双方协商办理。"《农副产品购销合同条例》第 12 条第 1 款规定："属于国家统购、派购计划内产品的购销合同的变更或解除，应报经下达该计划的上级业务主管部门批准……"《公路货物运输合同实施细则》第 14 条规定："涉及国家指令性计划的运输合同，在签订变更或解除协议前，应报经下达计划的主管部门核准。"在计划经济转型为社会主义商品经济、经济管理模式相应转变的背景下，法律调整及其方式也相应地予以改进，变依计划性指令签订合同、变更合同、终止合同，为国家主管部门对某些涉及国民经济重要领域或项目的合同、事关国家战略安全的合同在成立、变更、终止方面予以批准或登记。所有这些，需要《合同法》等法律、法规予以反映和固定，《合同法》第 44 条第 2 款、第 96 条第 2 款等条款即为具体体现。C. 国家主管部门对某些合同（如中外合资经营企业合同、中外合作经营企业合同、涉外股权转让合同、探矿权转让合同、采矿权转让合同等类型）予以审批、登记，反映的是国家意志，体现的是行政部门对合同的管理。虽然它远远比不上《民法通则》第 55 条规定的法律行为的有效要件所具有的地位及发挥的作用，但在一定意义上讲，两者也具有一定的类比性，非经严肃、严格的程序不得将之排除或变更。中外合资经营企业合同等某些重要合同的成立、生效以国家主管部门的批准为要件，它们被撤销或解除也须经国家主管部门的批准，正是这种严肃、严格程序的表现。D. 中外合资经营企业合同等某些重要合同在成立、变更、撤销、解除须经国家有关主管部门的批准或登记，既是确保国家利益、国家战略安全的需要，也是宏观调控经济的需要。因为这样设计和操作，就使得国家有关主管部门"心中有数"，在制订国民经济和社会发展规划、进行宏观调控时基于客观实际，而不是"拍脑袋"。假如中外合资经营企业合同等某些重要合同的撤销或解除仅由当事人私下决定，不经国家有关主管部门的批准，就难以使有关主管部门"心中有数”，就难以避免“拍脑袋”地制订国民经济和社会发展规划、进行宏观调控时基于客观实际。E. 再说，登记，也有一定的公示作用。中外合资经营企业合同等某些重要合同在成立时予以登记，但在撤销、解除时无须登记，就保证不了登记的合同情况与社会生活中真实的合同情况相一致，有害于交易。F.《中外合资经营企业法》第 13 条中段规定：“约定合营期限的合营企业，合营各方同意延长合营期限的，应在距合营期满六个月前向审查批准机关提出申请。审查批准机关应自接到申请之日起一个月内决定批准或不批准。”《中外合作经营企业法》第 7 条规定：“中外合作者在合作期限内协商同意对合作企业合同作重大变更的，应当报审查批准机关批准；变更内容涉及法定工商登记项目、税务登记项目的，应当向工商行政管理机关、税务机关办理变更登记手续。”第 10 条规定：“中外合作者的一方转让其在合作企业合同中的全部或者部分权利、义务的，必须经他方同意，并报审查批准机关批准。”第 24 条规定：“合作企业的合作期限由中外合作者协商并在合作企业合同中订明。中外合作者同意延长合作期限的，应当在距合作期满一百八十天前向审查批准机关提出申请。审查批准机关应当自接到申请之日起三十天内决定批准或者不批准。”中外合资经营企业合同、中外合作经营合同的变更（含合同期限的延长）、合同项下的权利义务的转让相较于合同解除，对秩序、经济的影响至少不大，《中外合资经营企业法》、《中外合作经营企业法》都专设条文要求报经主管部门批准，举轻以明重，中外合资经营企业合同等某些重要合同的撤销、解除更应报经主管部门的批准。

第四节　合同解除的效力

一、合同解除的效力概说

解除导致合同消灭，但究竟如何消灭，是溯及既往还是仅向将来消灭？是一部解除还是全部解除？合同消灭时，已经履行的债务如何处理？合同解除是否影响损害赔偿？这些就是合同解除的效力问题，均需加以讨论。因为这些问题的解决与合同解除的效果是采取直接效果说、间接效果说、折衷说还是债务关系转换说、清算了结说有关，所以，首先简要地介绍这些学说。

所谓直接效果说，是指合同因解除而溯及既往地消灭，尚未履行的债务免于履行，已经履行的部分发生返还请求权的学说。依据此说，在不承认物权行为独立性和无因性的法制下，所给付的有体物的返还请求权应是物的返还请求权，具有物权性质和效力。在损害赔偿的范围上，存在着信赖利益说（柚木馨）和履行利益说（我妻荣）的分歧。①

间接效果说认为，合同本身并不因解除而归于消灭，只不过使合同的作用受到阻止，其结果对于尚未履行的债务发生拒绝履行的抗辩权，对于已经履行的债务发生新的返还债务。根据该说，合同解除场合发生的恢复原状义务，并非基于合同溯及既往的消灭，而是基于解除的本质，特别是有偿双务合同上给付与对待给付的等价交换的均衡，合同上的债权关系并非因解除而消灭，而是变形为恢复原状的债权关系（山中康雄、三宅正男）。恢复原状请求权被视为一种居于物权的请求权与不当得利请求权中间的、混合的特殊权利（铃木禄弥）。在损害赔偿的范围上通常解释为以履行利益为准。②

按照折衷说，对于尚未履行的债务自解除时归于消灭（与直接效果说相同），对于已经履行的债务并不消灭，而是发生新的返还债务（与间接效果说相同）。③

债务关系转换说认为，由于解除使原合同关系变形、转换为原状恢复债权关系，原合同上的未履行债务转化为原状恢复债权关系的既履行债务而归于消灭，原合同上的既履行债务转化为原状恢复债权关系的未履行债务，经过履行后始行

① 见［日］我妻荣：《债权各论》上卷，190 页，东京，岩波书店，1954；［日］星野英一：《民法概论Ⅳ·契约》，94 页，东京，良书普及会，1986；［日］柚木馨：《债权各论（契约总论）》，320 页以下，东京，青林书院，1956。

② 参见［日］水本浩：《契约法》，107 页，东京，有斐阁，1995。

③ 见［日］我妻荣：《债权各论》上卷，190 页，东京，岩波书店，1954；［日］星野英一：《民法概论Ⅳ·契约》，94 页，东京，良书普及会，1986。转引自韩世远：《合同法总论》，616～617 页，北京，法律出版社，2004。

消灭。[①]

清算了结说认为，合同解除的效果，并非由法律规定 ex lege 发生，而是基于单方法律行为。解除权的行使，于双方的给付义务已经履行时，则建立了返还义务，解除权只是变更了合同的债之关系的内容，其债之关系仍然存在，因解除而在内容上变更为“清算关系”（Abwicklungs verhäeltnis）[②]。如此，受领人负有返还给付的义务及办理移转登记的义务，给付人享有请求权属移转登记的权利，以为返还，不得径直请求所有权注销登记，或主张所有物返还请求权。[③] 简言之，合同解除场合，消灭的只是尚未履行的主给付义务，附随义务等则继续存在。

受德国法影响的学者认为，在《联合国国际货物销售合同公约》的框架之下，包括在以前《海牙统一买卖法》的框架之下，合同解除并不像撤销和无效那样使合同消灭，而是将当事人从未履行的给付义务中解脱出来，并且在继续存在的合同框架之下通过“重新控制”（Umsteuerung）将所履行的给付回转成为清算了结关系。[④] 一句话，在清算了结最终结束之前，合同继续存在，对于已经完成的给付，给付义务通过改变方向而成为“对置”关系；对于尚未完成的给付，给付义务通过解除而归于消灭。合同在这里是起清算了结框架的作用。这一学说当前在德国已经成为绝对的通说。[⑤] 受法国法影响的学者则认为，合同在解除之后必须视为自始未被订立，因此清算了结应当按照不当得利的法则或按照物权法的法则来进行。[⑥]

---

① ［日］近江幸治：《民法讲义Ⅴ·契约法》，97～98页，横滨，成文堂，1998。

② E. Wolf，Ruecktritt，Vertretenmussen und Verschulden，AcP153，97. 转引自黄立：《民法债编总论》，530页，北京，中国政法大学出版社，2002。

③ 参见王泽鉴：《民法物权·通则·所有权》，总第1册，171页，台北，三民书局，2003。

④ Vgl. Peter Schlechtriem / Ingeborg Schwenzer / Rainer Hornung，Kommentar zum Einheitlichen UN-Kaufrecht，4. Auflage，2004，S. 783.

⑤ Vgl. Karl Larenz，Lehrbuch des Schuldrechts，Band I，Allgemeiner Teil，14 Auflage，1987，S. 406.

⑥ Vgl. Peter Schlechtriem / Ingeborg Schwenzer / Rainer Hornung，Kommentar zum Einheitlichen UN-Kaufrecht，4. Auflage，2004，S. 784.

然而应当看到，这些学说在出发点上是一致的，即在合同解除之后，原本的给付义务归于消灭，已经履行的给付应予返还，在双方当事人都负有返还义务的情形，应当同时履行。《联合国国际货物销售合同公约》（第 81 条）、《国际商事合同通则》（第 7.3.5 条和第 7.3.6 条）和《欧洲合同法原则》（第 9：305 条、第 9：307 条、第 9：308 条）、《德国民法典》（新债法）（第 346 条第 1 项）都能证明这一点。

关于合同解除的效果，不但德国、日本等民法学说存在着分歧，中国民法理论也有直接效果说①与折衷说②的不同。

二、合同解除与溯及力

（一）概说

合同解除有溯及力，是指解除使合同关系溯及既往地消灭，合同如同自始未成立。合同解除无溯及力，是指合同解除仅仅使合同关系向将来消灭，解除之前的合同关系仍然有效。中国的合同解除是否有溯及力，法律尚无明确而系统的规定，中国学术界的通说认为无溯及力。其实，在协议解除情况下，有无溯及力原则上应取决于当事人的约定，无约定时由法院或仲裁机构根据具体情况确定。约定解除有无溯及力亦应依当事人的约定，无约定时视具体情况而定，如一方违约时应按违约解除的规则处理。不可抗力致使不能实现合同目的而解除合同，原则上可无溯及力，但如此会造成不公正的后果时则宜有溯及力。违约解除有无溯及力，应作具体分析。

（二）违约解除与溯及力

确定违约解除有无溯及力，至少应遵循以下原则：其一，必须与违约解除的立法目的相符。这种解除的立法目的，是尽可能周到地保护守约方的合法权益，制裁违约方，有利于取得最佳的宏观经济利益，有利于市场经济的发展。其二，

① 见崔建远主编：《合同法》，3 版，198 页，北京，法律出版社，2003。

② 见韩世远：《合同法总论》，617～618 页，北京，法律出版社，2004。

满足被解除的合同的性质和种类的要求。据此，对违约解除有无溯及力的情况分析如下：

1. 非继续性合同的违约解除原则上有溯及力

就非继续性合同（一时性合同）的性质而言，当它被违约解除时能够恢复原状，即所为的给付能够返还给付人。恢复原状是解除有溯及力的效果及标志。非继续性合同作为解除的标的，为解除有溯及力提供了一种可能性。这种可能性能否变成现实性，还要受其他因素制约，主要受违约解除的法律性质决定。违约解除是对违约方的制裁，是对守约方的一种救济方法。违约解除有溯及力与这一性质相符合。

在给付非为有体物，或虽为有体物但无法返还原物的情况下，给付人享有的均为债权性质的请求权。在这一点上，无论令合同解除的效力溯及既往（采取直接效果说），还是仅向将来发生效力（采取折衷说、清算了结说），都没有差别。

在给付物为有体物且能返还原物的情况下，令合同解除的效力溯及既往（采取直接效果说），或者仅向将来发生效力（采取折衷说、清算了结说），在法律后果方面的差别比较明显。对此，分析如下：

（1）守约方已经履行其债务时，依直接效果说，合同解除具有溯及力，在返还给付的效果强弱上有利于守约方。因为中国法律未承认物权行为独立性和无因性的理论。合同标的物所有权转移的效力取决于合同的效力和债务的履行，而不由所谓物权合同的生效所决定。这样，违约解除有溯及力，在给付物为动产的情况下，就使给付物的所有权重归于给付人，给付人可基于所有权请求返还。在给付物为不动产并且已经办理了过户登记手续场合，因受领人对受领标的物的所有权又得而复失，故应当负有注销所有权登记的义务，给付人享有请求所有权登记的权利。由于所有权的效力优先于普通债权的效力，在受领人的财产不足以清偿数个并存的债权时，给付人最容易得到给付物的返还。在这里，给付人正是守约方，如果采取折衷说、清算了结说，就不能周到地保护守约方。其原因在于，按照折衷说、清算了结说，只发生债权性质的恢复原状义务，在违约方（受领人）的财产不足以清偿数个并存的债权时，守约方（给付人）可能在实际上得不到给付的全部返还。

至于守约方行使同时履行抗辩权的需要，可以通过下述方法而得以实现：守约方放弃物的返还请求权或排除妨害请求权，而主张不当得利返还请求权，从而是两项不当得利返还债务形成同时履行关系。

(2) 违约方已经部分或全部履行其债务时，对守约方的利益保护，令合同溯及既往地消灭（直接效果说）也不输于合同解除仅向将来发生效力（折衷说、清算了结说）。因为违约方已经履行其债务反而违约并且解除合同的情况，基本上属于质的不完全履行，如标的物有瑕疵。在这种情况下，有瑕疵的标的物返还给违约方，对守约方才有利。合同解除仅向将来发生效力（折衷说、清算了结说）能够做到这一点，令合同溯及既往地消灭（直接效果说）也能如此。假如给付物虽有瑕疵但对受领人具有积极的意义，受领人作为理性人应当不行使解除权，而应继续合同的效力。

至于违约方（给付人）行使物的返还请求权或排除妨害请求权，而守约方（受领人）无法援用同时履行抗辩权予以对抗，可能造成返还了给付物，却无法得到违约方返还的弊端，可以借助于程序法等途径来解决。1）违约方主张物的返还请求权或排除妨害请求权时，守约方申请保全措施，以免返还了给付物却无法得到违约方的返还、损害赔偿。2）违约方主张物的返还请求权或排除妨害请求权时，守约方提起诉讼或仲裁，争取由判决书或裁决书一并解决双方各自的返还及赔偿问题。3）值得探讨的是，于此场合，可否扩张不安抗辩权制度的适用范围，允许守约方援用法律关于不安抗辩权的规定？

(3) 在当事人已经部分或全部履行，合同双方当事人都不愿意返还给付的情况下，令合同溯及既往地消灭（直接效果说）并不妨碍使当事人的要求得到满足。依直接效果说，解除有溯及力，发生恢复原状的义务，而恢复原状意味着当事人的给付都要各自分别返还，尽管双方当事人都不愿意如此解决。为了协调这一问题，不妨允许当事人放弃所有物返还请求权或排除妨害请求权，而主张不当得利返还请求权，不是各自分别返还给付，只是返还两种给付的数量差额。

(4) 依直接效果说，违约解除有溯及力，增加的返还费用，应由违约方负担，对守约方没有损害。《民法通则》第 115 条规定，合同的解除不影响当事人要求赔偿损失的权利。《合同法》第 97 条的规定在实质上贯彻了这种精神。就是说，守约方主张解除合同时，仍然有权要求违约方负赔偿责任，在合同解除有溯及力时，守约方因返还给付而支出的费用是违约行为造成损失的一部分，应由违约方负责赔偿。

（5）违约解除有溯及力，对取得最佳的宏观经济效益利多弊少。在中国，看一项法律制度或法理应否存在，必须考虑是否有益于社会主义市场经济的发展，有益者应被承认，有害者应予否定或限制。违约解除有溯及力基本上属于前者。其一，受领方不需要的给付，不返还给付人，照样不会产生经济效益。其二，当事人双方均不愿意返还给付时，通过放弃所有物返还请求权，可以如愿以偿，这为有效地利用标的物，创造使用价值提供了前提。

需要指出，折衷说、清算了结说不赞同合同解除有溯及力，但合同解除具有溯及力在某些情况下势所必然。例如，双方当事人先签订《A 房买卖合同》、《A 股权转让合同》、《A 建设工程施工合同》或《A 房地产转让合同》等，在一方当事人已经适当地履行了义务而相对人尚未履行其义务的场合——转让方已经将其股权移转给受让人，而受让方尚未付清股权转让款；承包方所承包的工程已经通过竣工验收，但发包方尚未付清工程款；合同项下的房地产权属已经过户到受让方名下，但受让方却不支付对价。于是纠纷发生。双方当事人为了解决问题，签订新合同，如《了结协议》、《对账单》、《以 A 股权抵偿欠款的协议》或《以 A 房地产抵偿所欠债务的协议》等，将处理原合同遗留问题的方案予以固定。在这种情况下，因后签订的合同（如《了结协议》、《对账单》、《以 A 股权抵偿欠款的协议》或《以 A 房地产抵偿所欠债务的协议》）发生法律效力，使得先签订的合同（如《A 股权转让合同》、《A 建设工程施工合同》或《A 房地产转让合同》）失去法律约束力。从理论上讲，这属于广义债的关系（如股权移转法律关系和股权转让款支付法律关系，以及形成权、抗辩权、告知义务等各项附随的权利义务）中的一个狭义债的关系（如股权移转法律关系）不复存在，仅剩下另一个狭义债的关系（如股权转让款支付法律关系）。在履行后签订的合同的过程中，一方当事人违约，如受让方仍不付清股权转让款，符合约定的或法定的解除权产生的条件。解除权人也依约或依法行使了解除权，发生了合同解除的法律效果。在许多情况下，解除权人解除后签订合同的目的，正在于复活先签订的合同，以请求违约方履行该合同项下的债务。例如，出卖人解除《以A股权抵偿欠款的协议》，目的在于让买受人仍然按《A房买卖合同》的约定付清房款，避免因双方在选定股权评估机构一事上争执不下而难成以股权抵偿欠款的美事；甚至还可追究买受人的违反《A房买卖合同》的责任，获得更大的利益。该目的的达到，需要后签订的合同自始失去效力，换言之，解除后签订的合同需要具有溯及力。其道理在于，假如该解除无溯及既往的效力，后签订的合同仅仅是自解除之日向将来消灭，解除之日前的合同关系继续存在，那么，先签订的合同仍无法复活，继续被继续存在的后签订的合同所抑制着。

至此可知，合同解除具有溯及力，至少在某些类型的合同、若干场合是必须的。

由此也可以知晓，德国民法关于合同解除并不消灭合同关系、仅仅在当事人之间发生清算关系的新说，存在着不完满之处。

2. 继续性合同的解除原则上无溯及力

租赁、借用、消费借贷等继续性合同以使用、收益标的物为目的，已经被受领方享用的标的物效益，是不能返还的，也就不能恢复原状。这些合同解除不管有无溯及力，给付人都只能请求对方返还相应的价金，在双方当事人互为相应的给付时，有溯及力除了增加不必要的迂回曲折外，对当事人没有任何好处，因此不如规定这些合同的解除无溯及力，除非当事人有相反的约定。

除上述道理外，委托合同的解除不能有溯及力，主要是因为委托合同解除溯及到合同成立之初消灭，会使受托人进行的代理行为全部失去法律根据，从而变成无权代理。这样，代理人及通过该代理行为而与委托人成立法律关系的第三人难免遭受不测之损害，也使社会经济秩序紊乱。因而，为保护善意第三人的合法权益，有利于社会经济秩序的正常化，委托合同的解除不应有溯及力。

在继续性合同中，长期的买卖合同有其独特的性质，它被解除时能够恢复原状。由此决定，在长期的买卖合同的标的物不可分，出卖人只交付部分标的物情况下，合同解除应该有溯及力，因为不可分的标的物硬要分为二份，对双方当事人均无益处，莫不如返还之。同理，在出卖人交付的标的物全部有瑕疵，买受人不需要的情况下，合同解除应有溯及力，否则对买受人（守约方）极为不利，对出卖人（违约方）则是一种怂恿。如果长期的买卖合同的标的物可分，出卖人以前的给付符合合同规定，只是在其后的给付中有瑕疵，那么合同解除时可维护未违约时的合同效力，使违约之前的债权债务关系保留，只解除违约后的合同关系，就是说，合同解除无溯及力。

虽然于此场合即便合同解除没有溯及力，依折衷说也可返还所交部分标的物，但因该返还请求权为债权，在法律效力的强弱、返还范围的大小方面仍有弱点，不如直接效果说的结果。

继续性合同约定有解除时溯及既往，则应当依其约定，解除具有溯及力。

（三）违约解除有无溯及力的设计及思维进程

1. 如何确定恢复原状的含义？

有学者批评道："将恢复原状作等同于返还原物的僵化狭隘理解，必然导致在合同解除是否有溯及力问题上认识的偏差。……作为与不当得利、所有物返还请求权并列存在的规则，恢复原状的主旨是在相邻关系、合同无效、被撤销和解除甚至侵权等场合，以权利人的原有权利状态为依据，确定相对人的义务范围，恢复本来的利益格局。其功能在于以恢复原状为标准界定义务的范围，而采用何种形式恢复原状，则非本制度所计较。着眼于功能和目的——恢复权利人的利益状态，在合同解除场合，恢复原状是指当事人的利益状态应恢复到定约前的状态，不仅包括返还已为的给付这种最基本的样态，就已为的给付以替代物返还或做对等的补充，亦应理解为恢复原状。"① 这种观点至少存在着如下问题：

（1）恢复原状是否具有"本来的含义"，非常难说，事实是随着社会的发展和立法的需要，恢复原状的含义有所变化。我们确定恢复原状的含义必须看在其

① 蔡立东：《论合同解除制度的重构》，《法制与社会的发展》，2001（5），4页。

所处的制度及规范中应当具有的意义，所谓事物只有在“关系”中才能被理解，在关联中才能被界定。[①] 据此，考察中国现行法上的恢复原状，大致有如下含义：A.《民法通则》第134条第1款、第117条第2款和《合同法》第223条第2款规定的恢复原状，指有体物被侵权行为人不法损坏的情况下，将该物修复如初。B.《合同法》第97条规定的恢复原状，是指与不当得利返还、损害赔偿相并列的原物返还。[②] 就回复原状的趣旨而言，受领的给付物应以原物返还之。[③] C. 恢复原状指使当事人双方之间的法律关系回复到原来状态。[④] D. 回复原状，不限于回复当事人双方之间的财产利益，甚至不限于回复当事人的人格利益未受损害时的状态，而是扩大到回复被破坏、被污染的环境，使因污染或破坏而荒废的地域社会复活。当然，其适用范围非常有限。

《合同法》第97条规定的恢复原状，是指给付物的返还，而非总是倒果为因论者所理解的“作为与不当得利、所有物返还请求权并列存在的规则，恢复原状的主旨是在相邻关系、合同无效、被撤销和解除甚至侵权等场合，以权利人的原有权利状态为依据，确定相对人的义务范围，恢复本来的利益格局。其功能在于以恢复原状为标准界定义务的范围，而采用何种形式恢复原状，则非本制度所计较。着眼于功能和目的——恢复权利人的利益状态”的意义。

（2）倒果为因论者可能反诘：上述A、B、C、D四种含义的恢复原状，不都是具有“以权利人的原有权利状态为准据，确定相对人的义务范围，回复本来的利益格局”的意义吗？认定其具有同一的含义即可，为什么要区分若干类型呢？本书的回应是，类型化乃确定请求权的具体类型和基础的需要，仅仅把握“以权利人的原有权利状态为依据，确定相对人的义务范围，恢复本来的利益格局”一种含义，时常难以确定请求权基础，于是不太中用。A和D两种含义的恢复原状属于侵权损害救济的方式，B种含义的恢复原状所对应的权利为物的返还

① 见高鸿钧：《现代法治的出路》，4页，北京，清华大学出版社，2003。

② 见崔建远：《土地上的权利群研究》，393～394页，北京，法律出版社，2004。

③ 见孙森焱：《民法债编总论》下册，548页，台北，三民书局，1997。

④ 见崔建远：《土地上的权利群研究》，393～394页，北京，法律出版社，2004。

请求权，C种含义的恢复原状则指一种状态。在运用了A种含义的恢复原状之后，权利人便不再有损害，那么，就达到了C种含义的恢复原状这种结果；如果还有损害，那么，只有运用了A种含义的恢复原状之后，再获得损害赔偿，才会达到了C种含义上的恢复原状。在运用了B种含义的恢复原状之后，权利人便不再有损害，那么，就达到了C种含义的恢复原状这种结果；如果还有损害，那么，只有运用了B种含义的恢复原状之后，再获得损害赔偿，甚至加上不当得利返还，才会达到了C种含义上的恢复原状。[①] 可见，恢复原状并非总是如同倒果为因论者所谓"与不当得利、所有物返还请求权并列存在"的含义。所谓"其功能在于以恢复原状为标准界定义务的范围，而采用何种形式恢复原状，则非本制度所计较"，并不符合事实，法律制度是计较"采用何种形式恢复原状"的，因为它涉及请求权规范基础的寻觅。

（3）所谓"在合同解除场合，恢复原状是指当事人的利益状态应恢复到定约前的状态，不仅包括返还已为的给付这种最基本的样态，就已为的给付以替代物返还或做对等的补充，亦应理解为恢复原状"[②]，使得《合同法》第97条并列规定的"恢复原状"、"其他补救措施"和"赔偿损失"逻辑混乱，"其他补救措施"和"赔偿损失"成为赘文。因为在个案中，可能是"恢复原状"、"其他补救措施"和"赔偿损失"并用，才会达到"以权利人的原有权利状态为依据，确定相对人的义务范围，恢复本来的利益格局"的结果。只有把恢复原状解释为"原物返还"，对应着物的返还请求权，把"其他补救措施"解释为"不当得利返还"，把"赔偿损失"作为合同责任，才会顺理成章。[③]

（4）如果将恢复原状界定为"以权利人的原有权利状态为依据，确定相对人的义务范围，恢复本来的利益格局"，那么，所有物返还请求权、不当得利返还请求权都是如此，恢复原状应当是所有物返还请求权、不当得利返还请求权行使

① 当然，《侵权责任法》将恢复原状也作为侵权责任的方式之一（第15条等）。对其利弊分析，见崔建远：《论归责原则与侵权责任方式的关系》，载《中国法学》，2010（2）。

② 蔡立东：《论合同解除制度的重构》，载《法制与社会的发展》，2001（5），4页。

③ 见崔建远：《土地上的权利群研究》，387～388页，北京，法律出版社，2004。

的结果。可见，不分情形，一律将恢复原状作为与所有物返还请求权、不当得利返还请求权并列的规则，混淆了它们之间的位阶。

（5）所谓“作为与不当得利、所有物返还请求权并列存在的规则，恢复原状的主旨是在相邻关系、合同无效、被撤销和解除甚至侵权等场合，以权利人的原有权利状态为依据，确定相对人的义务范围，恢复本来的利益格局”，也不符合德国侵权行为法把恢复原状作为侵权损害赔偿方法的本意，因为侵权行为人将其无权占有的有体物返还与物权人这种恢复原状，固然是“以权利人的原有权利状态为依据，确定相对人的义务范围，恢复本来的利益格局”；在原物不存在的情况下，侵权行为人以金钱赔偿物权人，也是“以权利人的原有权利状态为依据，确定相对人的义务范围，恢复本来的利益格局”，尽管这种侵权责任的承担不属于“恢复原状”。

（6）还有，有的恢复原状是与不当得利返还并存的，有的倒是不当得利返还的一种表现形式。有学者解释，日本民法和中国台湾地区“民法”上的合同解除时的恢复原状，是一种不当得利的特殊类型。①

2. 思维方式的利与弊

还有学者从另一个角度批评将溯及力与恢复原状紧密地联系在一起的思维方式，指出，以溯及力为前提虽然可以得出回复原状的结论，但恢复原状并非只能建构在解除具有溯及力的基础之上。②

的确，恢复原状可以发生于若干场合，如德国侵权行为法上的损害赔偿以恢复原状为原则，中国台湾地区“民法”上法律行为无效的法律后果为恢复原状，中国大陆《民法通则》规定的侵权责任方式包含恢复原状（第 134 条第 1 款第 5 项），等等。即使在合同解除制度上，无溯及力的解除也可以发生价值形态的恢复原状，有时甚至是物理形态的恢复原状。尽管如此，对将溯及力与恢复原状紧

---

① 见郑玉波：《民法债编总论》，修订 2 版，陈荣隆修订，335 页，北京，中国政法大学出版社，2004；孙森焱：《民法债编总论》下册，540 页，台北，三民书局，1997；曾隆兴：《民法债编总论》，修订版，473 页，台北，三民书局，1999。

② 见韩世远：《合同法总论》，622 页，北京，法律出版社，2004。

密地联系在一起的思维方式，也不可一概否定，忽视其积极价值。其积极价值在于，虽然都是恢复原状，但其请求权性质和类型不同，法律效果在个案中表现出差异，影响到当事人之间的利益分配。

对此，详细分析如下：恢复原状确实存在着价值形态的恢复原状与物理形态的恢复原状。其应回复的并非原来的状态，而是应有的状态，须将损害事故发生后的变动状况考虑在内。例如，毁损他人的果树，须考虑于若无损害时，果树的成长状态而为赔偿，于此种损害假设性的发展，于回复原状及金钱赔偿均应斟酌为之。[①]在合同解除有溯及力的场合，给付物原样地返还，所付价款的返还，达到了恢复原状，并且是物理形态的恢复原状；有时需要加上赔偿损失，达到价值形态的恢复原状；给付物毁损灭失时，不当得利的返还，加上价款返还（也是不当得利返还），有时还有赔偿损失，也能恢复原状，并且是价值形态的恢复原状。在合同解除无溯及力的情况下，不当得利的返还，有时加上赔偿损失，达到恢复原状的结果。虽然都是恢复原状，但在不采取物权行为的法制下，只有在合同具有溯及力的场合，才会有物的返还请求权；在合同解除无溯及力的场合，不会存在物的返还请求权，只有债权请求权。这两种权利对于当事人的利益实现作用不同。既然不同，在进行立法设计时，需要予以考虑。比如说，在不采取物权行为理论的法制下，如果不想赋予当事人物的返还请求权，那么，采取合同解除无溯及力的模式，最容易达到目的。

3. 驳倒果为因论

更有激进和犀利的观点认为，把不能恢复原状作为没有溯及力的原因对待，这是一个典型的因果倒置。逻辑上，恢复原状义务的产生是特定法律事实发生的结果，就合同解除而言，是否产生恢复原状的法律后果，关键取决于解除是否有溯及力……不能以合同解除后不能或不宜恢复原状，来论证合同解除的溯及力。以往我们对合同解除是否有溯及力的确定，逻辑进路本身就存在因果倒置的问题。[②] 本书认为，这种倒果为因论至少存在着如下问题：

---

① 见王泽鉴：《回复原状与金钱赔偿》，载《月旦法学》，2005（127），199页。

② 见蔡立东：《论合同解除制度的重构》，载《法制与社会的发展》，2001（5），46页。

（1）它忽视了这样的事实：客观世界中的规律是复杂多样的，因果律只是其中的一条，此外还有同步性（sychronicity）原则等。所谓同步性，是指两次或多次偶然无因果关系但含有相同或者相似意义的事件在时间上的巧合。[①] 一种有意义巧合之间的关系是由同步性（simuitaneity）和意义（meaning）联系起来。[②] 万物是一个关联互动的网络，不存在绝对确定的“真理”、“规律”及因果关系。[③] 再将思维规律和进程考虑进来的话，规律的复杂性就更加明显。如果说自然世界尚且存在着随机的、偶然的巧合，那么人们的思维尤其如此。与数学上的证明或逻辑上的连锁推论不同，理解的程序不是以一种“直线”、单向的方式在进行，毋宁是以对向交流的步骤来开展，开展程序则以各步骤的相互理解（并达到彼此一致的目的）为目标。[④] 不仅解释法律是这样，需要“预定及返视的过程可以多次重复”[⑤]，运用诠释学上的循环[⑥]，将法律规范适用于特定案件事实时亦同[⑦]，而且，设计合同解除的溯及既往的效力时也是如此。我们不是经常前思后想吗？不循环思考，就难以理解，同样是将合同提前消灭，为什么解除规定要发生恢复原状的效果，而终止则不发生恢复原状的义务？

法律制度及法律规范的设计及法律理论的建构，留有思维规律和进程的烙印。设计时不仅必须考虑它本身的构成要件、法律效果，而且要考虑它与其他制度及规范的相互衔接和配合，深层的原因则有经济的、文化的因素等，绝不是不

① 见［澳］Geoffrey de Q. Waiker，《法治的危机——危险与机遇》，李小武、吴伟光 译，高鸿钧校，转引自高鸿钧主编：《清华法治论衡》，第 1 辑，483 页，北京，清华大学出版社，2000。

② Jung C. G，Synchronicity，Princeton，69（1960）. 转引自高鸿钧主编：《清华法治论衡》，第 1 辑，483～484 页，北京，清华大学出版社，2000。

③ 见高鸿钧：《现代法治的出路》，4 页，北京，清华大学出版社，2003。

④ 见［德］卡尔·拉伦茨：《法学方法论》（学生版），陈爱娥译，98 页，台北，五南图书出版有限公司，1996。

⑤ 见［德］卡尔·拉伦茨：《法学方法论》（学生版），陈爱娥译，98 页，台北，五南图书出版有限公司，1996。

⑥ Heidgger，Sein und Zeit，s32；Gadamer，a. a. O.，S270ff.，296ff.；Betti，a. a. O.，S. 219ff.；613ff. 转引自［德］卡尔·拉伦茨：《法学方法论》（学生版），陈爱娥译，97 页，台北，五南图书出版有限公司，1996。

⑦ 见［德］卡尔·拉伦茨：《法学方法论》（学生版），陈爱娥译，98 页，台北，五南图书出版有限公司，1996。

顾法律效果是否恰当，是否与其他制度及规范的效果协调，是否符合经济发展的要求，是否与人们的风俗习惯抵触，而霸气地硬性规定，令它产生相应的法律效果，哪怕它糟糕透顶。可见，以倒果为因指责设计解除是否具有溯及力，显然犯了简单化和武断的错误，是机械论的表现。

上述设计及思维进程在民法中常有其表现，《德国民法典》、《日本民法典》和中国台湾地区“民法”关于解除权行使的不可分原则、合同终止效力的设计即为例证。1）解除是否不可分，就被解除合同的范围而言，非不可分。……当事人一方有数人时，其给付可分者，其各人就其各部分为解除或受解除，尚无不可。然果若此，则不免发生复杂的法律关系，而且多与当事人的意思不合。民法为实际上的便利，于当事人一方有数人时，解除应由其全体或向其全体为之。① 2）通说认为，如持续的债之关系业已进入履行阶段，返还双方收受的给付，而回溯清算在过去已履行的给付义务，既不符合当事人的利益，在经济利益上亦不合时宜。② 盖已完成的继续性合同，无须因嗣后有债务不履行情事，而使其溯及的消灭的必要。③

（2）须知，原因和结果经常交换位置④，鸡生蛋—蛋生鸡即为一例。倒果为因论奉行的是线性因果论⑤，仅仅看到了法律规定合同解除有溯及力，便会发生恢复原状的效果这个关系中的原因和结果相互的位置，未注意到决定或影响法律设计的因素这个层面的原因和结果相互的位置。这里同样不应忘记上文曾引证过的话：事物只有在“关系”中才能被理解，在关联中才能被界定。

（3）倒果为因论无视法律制度的设计必须考虑到社会效应的原则。从法律规定合同解除具有溯及力——应当发生恢复原状的效果的层面观察，的确是有溯及

---

① 见史尚宽：《债法总论》，529页，台北，荣泰印书馆股份有限公司，1978；孙森焱：《民法债编总论》，下册，537页，台北，三民书局，1997；黄立：《民法债编总论》，528页，北京，中国政法大学出版社，2002。

② 见黄立：《民法债编总论》，539页，北京，中国政法大学出版社，2002。

③ 见孙森焱：《民法债编总论》下册，563页，台北，三民书局，1997。

④ ［德］恩格斯：《反杜林论》，载《马克思恩格斯选集》，第3卷，62页，北京，人民出版社，1972。

⑤ 见高鸿钧：《现代法治的出路》，3页，北京，清华大学出版社，2003。

力是因，发生恢复原状的效果是果，但从法律制度—社会生活的层面考察，则是社会生活的要求是因，法律制度是果，从法律制度的设计—社会效果的角度思考，不能恢复原状或不宜恢复原状是决定是否赋予合同解除有无溯及力的原因之一，甚至是重要原因。有些立法例规定继续性合同解除原则上不具有溯及力，就是一个证明。

（4）倒果为因论在许多事实面前会寸步难行。例如，北京市的大学招生，表面上是录取线为因，按照该录取线招收合格的考生是果，有录取线才有特定数量的考生被录取；而不是相反。可录取工作方案的确定决不如此简单。实际上，在北京市的大学招生总数确定的情况下，一定是先摸考生的考试成绩的底，看符合该招生总额的最后一名考生的考试成绩是多少，以他的成绩来确定录取线。绝不是硬性地确定一个录取线，凡符合的考生一律录取，不符合的则被拒之门外，不管实际录取人数高于预定招生总额还是招不满。可是，这不符合倒果为因论的逻辑。在倒果为因论者那里，会是这样的情景：确定录取线是因，实际招收的考生人数是果。有因才有果，绝不能倒果为因，有关部门确定录取线绝不能由符合该分数段的考生情形这个果来决定。于是，非常有可能出现因达到该录取线的考生较少，招不满学生的现象。

又如，按照倒果为因论的逻辑，住房的举架高度是因，人视其高度决定如何行走是果，不能倒果为因，不能考虑人舒适地在房间行走所需要的高度来决定住房的举架多高。可有谁遵循这样的规律呢？实际上，住房的举架的设计是根据人的身高等情形确定的，而不是设计者主观确定一个1米高的举架，让绝大多数人在室内弯腰行走。

（四）折衷说的不足

笔者之所以不赞同折衷说，主要原因是折衷说在中国现行法的框架和语境里存在着种种不足，并且有些是致命的。

1. 折衷说与《合同法》第97条前段的规定不尽一致

《合同法》第97条规定："合同解除后，尚未履行的，终止履行；已经履行的，根据履行情况和合同性质，当事人可以要求恢复原状、采取其他补救措施，并有权要求赔偿损失。”折衷说认为自己最符合该条规定[①]，直接效果说则指出事实并非如此。到底孰是孰非，不得不辨。

折衷说一方面赞同《合同法》第97条前段关于“合同解除后，尚未履行的，终止履行”的规定，另一方面主张合同解除产生恢复原状的债权关系，包括风险负担的内容。风险负担的内容，含有原物返还不可能的场合，原则上应负价格返还义务（不过，造成原物返还不能的原因可能是多种多样的，是否应当统一地按照价格返还义务来处理，值得探讨）。[②] 此处所谓价格返还义务，笔者认为不太确切，因为受领人未获价款，他本来就不享有取得价款的债权，恰恰相反，而是承担支付价款的义务。更为要害的是，该价格确定的依据是什么？是按照返还时的市场中间价格确定，还是由裁判者拍脑袋，抑或依据原合同约定的货物价格确定？恐怕绝大多数情况下是后者。如此，依风险负担规则，由受领人承担风险时，受领人不是赔偿给付人因给付物毁损灭失所受到的损失，而是承担给付物的价款支付义务。该种价款支付义务，在依据原合同约定的货物价格确定的情况下，是原合同价款支付义务的复活，也可以说就是原合同约定的价款支付义务。既然是原合同的价款支付义务，就表明合同解除场合并未终止尚未履行的债务。这显然不符合《合同法》第97条前段规定的“合同解除后，尚未履行的，终止履行。”

与此不同，按照直接效果说，合同若溯及既往地解除，可能产生物的返还请求权、不当得利返还请求权。这两种请求权均非原合同债务的复活。这就与《合同法》第97条前段关于“合同解除后，尚未履行的，终止履行”的规定不矛盾。

2. 折衷说不符合《合同法》第97条后段的规定

《合同法》第97条后段关于“已经履行的，根据履行情况和合同性质，当事人可以要求恢复原状、采取其他补救措施，并有权要求赔偿损失”的规定，不符合折衷说的规格要求，却与直接效果说相一致。

之所以如此断言，是因为该条后段并列规定了“恢复原状”、“采取其他补救

① 见韩世远：《合同法总论》，615～620页，北京，法律出版社，2004。

② 见韩世远：《合同法总论》，3版，536～537页，北京，法律出版社，2011。

措施”、“赔偿损失”三种解除的效果。依据折衷说，已经履行的债务转变为返还债务，发生返还请求权。遵循折衷说的逻辑，该债务是同一项返还债务，韩世远教授称为恢复原状义务，逻辑上不会并存着“恢复原状”的债务和“其他补救措施”的债务。该请求权，性质和类型是同一的，而非两种以上的权利，甚至在量的（请求返还的数额）计算上也遵循同一的规则，体系上不应当是并列的恢复原状请求权和采取其他补救措施请求权。假如不使用“返还债务”、“返还请求权”的术语，一定要采用其他表述，那么，一个“恢复原状”或“返还财产”或“不当得利返还”就足够了，添加“采取其他补救措施”完全是画蛇添足，人为地制造混乱。如此，问题便成为，只要我们不认为立法者犯有逻辑错误，就应当另辟解释的蹊径。从《中华人民共和国合同法（建议草案）》[①] 到现行合同法条文的演变观察，所谓“恢复原状”，其含义较《中华人民共和国合同法（建议草案）》第103条规定的恢复原状为窄，给付物为动产时仅仅指“有体物的返还”，给付物为不动产且已经办理了移转登记时，则为先将受领人的登记注销，使登记恢复到给付人名下（以下简称复原登记），不再包括“所提供劳务的恢复原状”、“受领的标的物为金钱时的恢复原状”、“受领的有体物消失时的恢复原状”等。“所提供劳务的恢复原状”、“受领的标的物为金钱时的恢复原状”、“受领的有体物消失时的恢复原状”等类型均被概括为“采取其他补救措施”。由此演变而成的《合同法》第97条中的“恢复原状”、“采取其他补救措施”、“赔偿损失”，便各自有其内涵和外延，互不包容；各有其法律基础；三者呈并列地位。在不采纳物权行为制度、却采取直接效果说的背景下，“恢复原状”适用于原物的占有移转或复原登记的场合，从权利的角度讲，属于物的返还请求权或排除妨害请求权[②]；“其他补救措施”适用于给付劳务、物品利用、交付金钱、受领的原物毁损灭失等场合，从权利的角度看，属于不当得利返还请求权；“赔偿损失”适用

① 具体内容见梁慧星主编：《民商法论丛》，第4卷，439～539页，北京，法律出版社，1996。

② 在德国物权法上，土地登记不正确的场合发生土地登记簿更正请求权，该权与排除妨害请求权并列存在，甚至有学说认为该权排斥《德国民法典》第1004条关于排除妨害请求权的规定的适用（见［德］曼弗雷德·沃尔夫：《物权法》，吴越、李大雪译，358页以下，北京，法律出版社，2002；［德］鲍尔、施蒂尔纳：《德国物权法》上册，张双根译，372页以下，北京，法律出版社，2004）。

于上述救济方式运用之后，当事人还有损失的情形，为民事责任的范畴。[①]

由此可见，对于已经履行的债务在合同解除场合的处理，依间接效果说和折衷说应当是恢复原状，仅为一项义务；不过，《合同法》第 97 条同时规定了“恢复原状”和“采取其他补救措施”，表现出二者的不同。

既然“恢复原状”与“其他补救措施”的内涵和外延不同，二者呈并列地位，韩世远教授却将“其他补救措施”纳入“恢复原状”之内，那么这不符合《合同法》第 97 条规定的文义和规范意旨，也违反法意解释规则。文义解释的规则要求法律人：“字义具有双重任务：它是法官探寻意义的出发点，同时也划定其解释活动的界限。”[②] 正因为法条字义给解释法律之人划定了解释的界限，所以“字义可能范围外的说明，已经不再是阐明，而是改变其意义。”[③] 韩世远教授明知《合同法》第 97 条将“恢复原状”和“其他补救措施”并列地作为合同解除的效果，却置之不顾地认为合同解除场合“已履行的债务转化为恢复原状”中的恢复原状，系广义上的恢复原状，包括采取补救措施的情形。[④] 这“已经不再是阐明，而是改变其意义”。韩世远教授要求他人的主张应有现行法上的根据，给出明确的法条根据[⑤]，可他自己却置《合同法》第 97 条的规定于不顾，自说自话，双重标准十分明显。

3. 折衷说关于解除不消灭合同及其关系之说不成立

折衷说针对直接效果说溯及既往地消灭合同关系的要害，针锋相对地提出，合同解除不消灭合同关系，也不终止合同这个法律行为。[⑥] 但笔者认为，所谓解除不消灭合同关系，不符合事实与法理；所谓解除不消灭作为法律行为的合同，也存在着严重的问题。

---

① 参见崔建远：《土地上的权利群研究》，79～82 页，北京，法律出版社，2004。

② Meier-Hayoz 语。转引自［德］卡尔·拉伦茨：《法学方法论》，陈爱娥译，227 页，台北，五南图书出版有限公司，1996。

③ ［德］卡尔·拉伦茨：《法学方法论》，陈爱娥译，227 页，台北，五南图书出版有限公司，1996。

④ 见韩世远：《合同法总论》，3 版，523、528、529 页，北京，法律出版社，2011。

⑤ 见韩世远：《合同法总论》，3 版，532 页，北京，法律出版社，2011。

⑥ 见韩世远：《合同法总论》，3 版，533 页，北京，法律出版社，2011。

(1) 折衷说关于解除不消灭合同关系之说不符合事实与法理

1) 从权利义务关系的性质与形态看

折衷说主张，对于尚未履行的债务自解除时归于消灭（与直接效果说相同），对于已经履行的债务并不消灭，而是发生新的返还债务（与间接效果说相同）。

其矛盾点在于，何以一方面承认发生了新的返还债务，另一方面又说原有债务关系并不消灭呢？实际上，一旦合同解除，基于双方当事人意思表示而产生的债权债务，消灭的消灭，转化的转化，已经面目全非了。

为了便于读者了解双方论争所在，就有关术语的使用先作交代。笔者所谓基于当事人意思表示而产生的债务，在韩世远教授那里称为本来的债务。笔者所谓转化的债务，至少包括韩世远教授理论中的返还债务。笔者所谓面目全非，既包括尚未履行的本来债务已经消灭，也包括返还债务异于本来债务。

以下具体阐述合同解除前后法律关系的巨大差异：

所谓返还债务异于本来债务，表现在以下几点：A. 债权人和债务人调换了位置。B. 债务的性质可能发生了改变。本来债务为“债务”，在道德和法律评价上均为中性；而返还债务，系由违约方完成时则为责任，违约方有过错时，印有道德和法律否定性的评价。C. 债务的内容可能发生了改变。例如，受领时为完好无损之物，返还时已受损坏；受领时为有体物，返还原物不能，改为变价返还。况且，合同债务一经履行完毕，就应当归于消灭，转化为他种义务（权利）。对此，以某 A 车买卖合同为例加以说明：出卖人已经依约将 A 车交付给买受人，买受人受领了，但未付款。显然，出卖人移转 A 车占有和所有权的义务已经完成了，消失了。此时，该合同解除，出卖人的义务又复活了吗？看不出来。只是买受人而非出卖人新负了返还 A 车的义务，A 车毁损场合，承担价值返还的义务。D. 韩世远教授将合同解除后形成的债务（恢复原状债务）在范围上扩张得更宽，包括返还标的物、利息、果实及使用利益、投入费用、担保人的债务等。几乎每种恢复原状义务都有特色，有其独特的适用规则。韩世远教授将返还标的物看成民事责任，而民事责任不属于合同关系本身，而是合同债务被违反时产生的第二性义务。风险负担则属于恢复原状之债[①]不能履行的法律后果，若由给付人承担风险，则无恢复原状义务可言，不属于合同关系。担保人的债务属于担保法律关系的内容，而非合同关系的组成部分。受领物产生的果实，应为已同受领物相分离了。在受领人一侧，无论是该果实与受领物之间的关系，还是果实的归属规则，均为物权法上的规则；从受领人和给付人之间的关系观察，果实的返还，至少大多非依当事人的意思表示的内容进行，并非遵循合同关系的规则，而是按照不当得利返还中的孳息返还规则，或其他法定债的规则。故称返还果实属于合同关系，难以成立。再者，占有包括间接占有，故返还之前占有、使用受领物所获得的利益，应当包括受领人将受领物出租给第三人而收取的租金。该项利益，乃基于租赁合同产生，而租赁合同与被解除的合同显然不是一个合同。投入的费用，包括受领人保管给付物所支出的必要费用。该笔费用在不同的法律关系中意义有别。受领人若明确表示拒绝受领有瑕疵的给付物，但接受给付人的意思而为保管，则形成保管合同关系，那么该笔费用的返还属于保管合同关系的内容，不是被解除合同的组成部分。受领人若明确表示拒绝受领有瑕疵的给付物，但为履行《合同法》第119条规定的减轻损失义务而保管，那么构成无因管理。于此场合该笔费用的返还为无因管理之债的债务，亦非被解除合同的债务。利息，应为恢复原状之债的从债内容，不属于解除形成的“合同关系”，更远离被解除合同项下的债之关系。此其一。

合同关系多为广义债之关系，包括多个狭义债之关系，以及形成权、抗辩权等权利和附随义务等义务。以买卖合同关系为例，出卖人交付买卖物并移转所有权的债务与买受人相应的请求权为一狭义债之关系，买受人支付价款的债务和出卖人相应的请求权为另一狭义债之关系，以及形成权、抗辩权等权利和附随义务等。设出卖人已经交付了买卖物，买受人拒付价款，导致合同解除。按照折衷说，自合同解除始，买受人支付价款的债务归于消灭，也就是一个狭义债之关系不复存在了；出卖人的债务转换为返还债务，这是否算作原来的狭义债

① 韩世远教授将恢复原状义务作为债务，把恢复原状请求权作为债权，依其逻辑，应有恢复原状之债。故笔者如此使用该种概念，但并不意味着笔者赞同这种观点。

之关系，值得怀疑。笔者不禁要问：这样的债之关系还是原来的合同关系吗？此其二。

债权具有给付受领权、保持力，债务人履行其债务时，债权人得保有此项给付，债权乃成为保持此项给付的法律上原因。[①] 依折衷说，合同解除不消灭合同关系，该债权及其保持力继续存在，依逻辑，给付人无权要求返还所为的给付；但同样依折衷说，债权人（受领人）却承担了返还债务。这显然不合法理。在此，回想起韩世远教授所持的折衷说，批评不当得利返还请求权说的重要理由，正是合同不因解除而消灭，受领人受领的给付具有法律上的原因；具有法律上的原因就没有返还不当得利的依据。对于这种相似的事物不同对待、不同处理多么违反公平原则，暂且不论，现在要追问的是：既然受领人受领的给付具有法律上的原因，折衷说凭什么责令受领人承担返还债务呢？只有一种可能，那就是法律基于强于债权保持力的理由，如公平正义，破坏债权的保持力，硬性规定受领人承担返还债务。如此，结论自然是此种关系乃法定权利义务关系，而非意定的合同关系。此其三。

既然解除后形成的关系中，债权不是合同项下的债权，债务亦非合同项下的债务，全都换了模样，那么从实质上说，这已非合同关系了，应当定性和定位在法定的权利义务关系上。

2）从合意的效果意思看

上述结论之所以可信，还有意思表示理论及其运用的支持。因为合同作为各方当事人的合意，其意思表示中没有返还标的物、利息、果实及使用利益、投入费用、担保人的债务的效果意思。如果硬说有此类效果意思，无异于在说当事人不是合同的“建设者”，而是“破坏者”，缔约伊始就想着毁约，盘算着处理毁约的后果。这是性本恶的哲学思想作祟的结果，至少不具有普适性。如果硬说有此类效果意思，就意味着把交易主体都看成了法律人，而非经济人，这实在是高估了当事人的能力。与其说当事人有此类效果意思，不如说折衷说在“置入”效果

① 见王泽鉴：《民法研究系列·债法原理》，17 页，北京，北京大学出版社，2009。

意思，以将解释者的效果意思代替当事人的效果意思。此其一。

上文关于债权具有给付受领权、保持力与返还债务产生根源的分析，暗含着另一层意思，返还债务绝非源自当事人的效果意思，而是来自法律的规定。此其二。

依折衷说，合同项下的（尚未履行的）债务，没有自合同生效时消灭，没有因适当履行而消灭，亦未因免除而消灭，恰因解除而消灭。对折衷说的这种看法如何解释？如何寻觅其正当原因？笔者思来想去，猜到了两种可能的原因：一是当事人有附款（意思表示的一部分），合同解除作为尚未履行债务消灭的解除条件；二是法律的直接规定。其他的，难谓正当原因。可是，合同中并无此类附款（意思表示的一部分）。本应求助于法律规定，但折衷说却自我封闭，堵死了这条路。于是有此结论：拒不承认法定，又无附款（意思表示的一部分），却说解除后的关系仍为合同关系，这明显不符合按照意思表示的内容赋予法律效果的理论。此其三。

这些意思换成另外的表述就是，合同解除形成的法律关系不是法律按照当事人意思表示的内容赋予的，而是法律直接规定的，如《合同法》第 97 条，因而属于法定关系。

3）从解除权行使的意思表示看

解除权行使的意思表示，因解除权本身的目的及功能的局限，受解除权系债权作用的拘束，受当事人意思能力的左右，被合同变更制度牵制，难谓含有发生物权变动的效果意思。再说，赋权一方以意思表示引发物权变动，一方的意思表示改变双方的合意，颠覆了当事人双方平等的法律地位，显非妥当。对此，下文将予以详论，此处不赘。

4）从附随义务的来源和归宿看

据德文文献阐释，德国民法的清算了结说认为，解除之所以不消灭合同关系，重要的原因在于解除仅消灭主给付义务，而不消灭附随义务。[①] 这有其道理，但需要继续思考的是：A. 既然附随义务系法定义务，依诚实信用原则令其

① Karl Larenz，Lehrbuch des Schuldrechts，Erster Band，AT，C. H. Beck 1987，§26a. S404. Dirk Looschelders，Schuldrecht AT，4 Aufl.，Carl Heymanns Verlag2006，S336. Rn830. 耿林博士提供了有关的德文文献和观点，特此致谢！

出现于合同关系之中，作为义务群中的一分子，那么，在合同溯及既往地消灭场合，同样依诚实信用原则令其作为违约责任关系的组成部分，也顺理成章。另外的一条路径是，在日本等国家的民法中，侵犯先合同义务、附随义务等，构成侵权责任而非合同责任。也就是说，即使合同溯及既往地消灭，也不影响这些责任的成立。B. 按照清算了结说、折衷说，合同解除使得约定债务债权或消灭，或转化，一句话，基于意思表示产生的债权债务不复存在了。依据直接效果说，也就是基于意思表示产生的债权债务不复存在了。在这方面看不出多大差别。剩下的问题就是安排法定的附随义务，以及结算条款和清理条款。对此，折衷说、清算了结说能够做到的，直接效果说也能完成任务。如果认为直接效果说因此而有不足的话，那么该不足也同样存在于折衷说、清算了结说之中。

(2) 对折衷说关于解除不消灭法律行为意义上的合同之说的剖析

1）从意思表示的存留性看

意思表示，无论是口头表达的，还是书面显示的，抑或行为推定的，一经完成便成为客观存在，存留于世。在这个意义上，不要说直接效果说的合同解除，就是合同无效场合，称合同（法律行为意义上的）溯及既往地消灭，也不确切。准确地说，在合同无效的场合，是法律自始不按照意思表示的内容赋予法律效果，合同效力自始未被法律所承认；法律所承认和保障的是法定权利义务。在直接效果说的合同解除场合，应当是合同的效力，合同项下的债权债务，不再被法律所承认，溯及地消灭；法律所承认和保障的是法定权利义务。在这点上，折衷说称解除不消灭作为法律行为的合同，有其道理。

2）从法律事实的目的及功能看

但从法律事实与法律关系之间的辩证关系角度观察，结论就没有这么简单，兹分析如下：上文所析已经告诉我们，作为法律关系的合同已经不见了，取而代之的是法定权利义务关系。该关系在权利义务的形态甚至内容方面常有甚至定有变化，只不过有些关系有时与合同关系具有同一性，而非合同关系本身。此时还认为作为法律行为的合同继续存在，则违反法律事实——法律关系之间的辩证关系。因为合同乃法律事实的一种，而法律事实无非是引起法律关系发生、变更、消灭的法律要件。它引起法律关系，权利义务诞生并存续，合同等法律事实有的便完成了使命，退出舞台；有的还要存续一段期间，作为债权债务存在的法律上的原因。在合同解除的场合，解除权行使导致了合同解除，形成至少在形态上不同于此前的合同关系。即使折衷说也难以否认这一点。尽管折衷说称解除前后的关系具有同一性，但同一性时常不是一成不变性，解除后的法律关系也大多是变化了形态。引起这种变形的法律关系的法律事实，不再是合同，而是解除权的行使。此时，解除形成的法律关系继续存在的根据，至少主要是解除权行使及其法律规定。如果说为了使合同关系拥有赖以存续的根源，令作为法律行为的合同继续存在，尚有其道理的话，那么，在合同项下的债权债务已被法定的权利义务所取代的情况下，仍继续将合同作为该法定的权利义务的唯一根据、主要根据，就违反了法律事实与法律关系之间的辩证关系。如同祖父生了父亲，父亲生了儿子，尽管从渊源来说，没有祖父就不会有父亲，也就没有儿子，但在父亲已经在世的背景下，仍然说祖父不能死，不然儿子就没法活，就违反了生活常理。

此外，笔者还赞同结算条款、清理条款、仲裁条款等归属于另外一个合同的学说。

综上所述，解除场合，合同继续存在几乎没有积极价值，此时仍称合同没有消灭，除了拟制，就是视为，纯粹是教条主义作祟。

3）从债权债务的相对独立性看

只要我们承认合同项下的债权债务一经成立，就具有相对的独立性，除非债务被适当履行、债权顺利实现，或者未被抛弃、抵销等，债权债务就继续存在，即使发生违约行为等事实，它们也只是变形，并不消失无踪。此时硬说“所以如此，乃因合同（法律行为意义上的）的存在”，也是一种“臆想”。虽然这种“臆想”可以作为一种学说存在，也无必要反对，但据此不允许他种解释路径，也未免“霸道”。

4）从与有关现象的类比看

法律事实与法律关系之间的相互关系，大体可分两类，甚至更多。

A. 有些法律事实不但引发了法律关系，而且是法律关系存续的根据，法律事实消失了，权利、义务也变成了无所依附的“毛”。例如，不当得利作为不当得利之债的法律事实，它不但是不当得利之债产生的原因，而且是不当得利返还请求权存续的根据，不当得利消失了，不当得利返还请求权也就不复存在了。又如，买卖等合同，作为引起债之关系的法律事实，既承担着引起债之关系的任务，又是债权（债务）存续的根据，作为法律上的原因，要存续一段期间。

B. 与此不同，另外一些情况是法律事实仅仅起使法律关系成立、变更或终止的作用，使命一经完成，法律事实便消失殆尽，可法律关系依然存续。例如，形成权的行使，应为引起法律关系变动的法律事实，如因欺诈而生的撤销权，一经行使，便使有效的合同关系变为缔约过失责任关系。此时此刻，该法律事实便从法律世界里消失了，可是，缔约过失责任关系一直存续至过错之人完成承担了损害赔偿责任。再如，在德国民法上，蕴含于动产交付、不动产登记之中的物权行为，作为引发物权变动的法律事实，一经引起了物权变动，自己就悄然离世，可是变动的物权关系，却长时期地存在，其中的所有权关系还具有永久性。其实，在侵权行为与侵权损害赔偿之债的关系中，也是侵权损害赔偿之债成立之时，正是侵权行为消失之日（不但非持续性的侵权如此，就是持续性的侵权，也是唯有到侵权行为实施完毕时损害赔偿债权才最终形成）。

既然有些法律事实不但引起法律关系的发生、变更或终止，而且是权利义务存续的根据，或曰法律上的原因；而另一些法律事实引起法律关系的发生、变更或终止之后，便功成身退，那么，我们就不得把法律事实一律作为债权债务存续的依据，而应区分情况而作决定。如果这是正确的，则可有如下进一步的分析。

合同关系因无效、被撤销、解除而转化为法定权利义务关系的场合，引起此类法律关系变化的法律事实，不再是原合同，而是撤销权行使的行为、解除权行使的行为，或直接是法律的规定。因而，违约损害赔偿的成立及存续，以及担保的存续，完全可以不依赖于合同作为根据，而是求助于撤销权行使的行为、解除权行使的行为乃至法律的直接规定。如此，再坚持违约损害赔偿的成立和存续、原债所附担保继续存留的根据依然是原合同，就违反了法律事实与法律关系之间辩证关系的原理。

4. 折衷说对《合同法》第98条规定的解读存在着误区

折衷说以《合同法》第98条的规定作为《合同法》采取了折衷说的证据，其思路有误，结论不妥。

(1) 折衷说的解读及思路之一

韩世远教授认为，以《合同法》第97条的规定“没有言及合同自始归于消灭”为据，同时联系该法第98条关于合同解除不影响合同中结算和清理条款的效力的规定，证明《合同法》在合同解除的效力方面采纳了折衷说。[①]

(2) 折衷说解读及思路之一的逻辑缺陷

对此应当如何认识？法律明确规定“合同自始归于消灭”，固然极易得出合同解除的效果采取了直接效果说的结论，法律“没有言及合同自始归于消灭”，未必就否认了直接效果说，同理，未必就当然承认了折衷说。这里不存在着非此即彼的逻辑，原因之一是关于解除效力的学说不限于这两种，原因之二是在中国现行法上模糊、弹性的规定并不罕见，若一律遵循没有言及这样就是承认了另外的效果及学说的思路，有时则会出现不适当的后果。其实，至少在若干场合法律人没有遵循这样的路径解释法律。例如，《合同法》第84条关于债务承担的规定没有言及并存的债务承担，包括韩世远教授在内的学者从事解释工作时就没有按照“未言及它就是否认了它”的思路，而是将该条关于“债务人将合同的义务……部分转移给第三人的，应当经债权人同意”的规定，解释为包括着并存的债务承担。[②] 韩世远教授应当一以贯之地对待各项法律制度及理论，不宜为了同笔者论战而此一时彼一时，也不宜对他人的意见强求必有法律明文的支持，对自己的见解则另当别论，甚至置不合己见的法律条文于不顾。

(3) 折衷说也在拟制

韩世远教授一直诟病直接效果说靠拟制来解释结算和清理的条款不因合同解

---

① 见韩世远：《合同法总论》，620页，北京，法律出版社，2004。

② 见韩世远：《债务承担的解释论问题》，载崔建远主编：《民法9人行》，第2卷，106页，香港，金桥文化出版（香港）有限公司，2004；崔建远：《概念·特征·构成要件·价值判断》，载崔建远主编：《民法9人行》，第2卷，64页，香港，金桥文化出版（香港）有限公司，2004。

除而消失，声称如此则说服力不足[①]，其实这也在显现折衷说同样的“不足”。他以为按照折衷说，合同关系不消灭，于是，按照逻辑，作为合同条款的结算和清理的条款自有其依附之“皮”，无需拟制便理所当然地存在。这似乎蛮合逻辑，理由强劲。其实，即使按照折衷说，合同一经解除，依当事人意思表示产生的合同关系已不复存在，折衷说称其存在，那是幻觉，是误将法定关系硬说成是原来的合同关系。对此，上文已经详述，此处不赘。如此说来，不靠拟制，折衷说也无法完满地解释结算和清理的条款何以于合同解除场合仍继续存在。

(4) 折衷说的解读及思路之二

韩世远教授辨析道：“《合同法》最初起草时所采纳的是‘直接效果说’，但《合同法》第97条实系立法者从实际出发，‘借鉴国外经验，遵循经济活动高效的原则，对合同解除的效力作了比较灵活的规定’[②]。”[③] 其言外之意是《合同法》采取了折衷说，而抛弃了直接效果说。

(5) 折衷说解读及思路之二的缺陷

韩世远教授的上述解读，是对胡康生主任主编的《中华人民共和国合同法释义》中“借鉴国外经验，遵循经济活动高效的原则，对合同解除的效力作了比较灵活的规定”的误读。实际上，所谓“借鉴外国经验……对合同解除的效力作了比较灵活的规定”，有几层含义：其一，合同解除有无溯及力，或曰采取直接效果说还是采取折衷说等学说，不宜一概而论（例如，既不宜如同《德国民法典》旧债法那样对合同解除一律采取直接效果说，也不宜如同德国债法现代化法那样对合同解除一律采取清算了结说），而应区别情况而作决定。例如，协议解除场合由当事人的约定确定合同解除有无溯及力，继续性合同解除不宜溯及既往地消灭合同关系，非继续性合同解除有时宜溯及既往。其二，《中华人民共和国合同法（建议草案）》区分合同解除与合同终止，采取合同解除原则上具有溯及力、合同终止原则上没有溯及力的模式，有些专家学者认为过于琐碎，尤其是《经济

① 见韩世远：《合同法总论》，3版，528页，北京，法律出版社，2011。

② 胡康生主编：《中华人民共和国合同法释义》，162页，北京，法律出版社，1999。

③ 韩世远：《合同法总论》，3版，527页，北京，法律出版社，2011。

合同法》（已被废止）、《涉外经济合同法》（已被废止）和《技术合同法》（已被废止）均未如此设计，于是，全国人民代表大会常务委员会法制工作委员会将它们合并，形成《合同法》第93条、第94条。其间，根本没有涉及排斥直接效果说的问题。其三，《合同法》第98条可以溯源至1980年《联合国国际货物销售合同公约》，并不表示《合同法》第97条也必然溯源至1980年《联合国国际货物销售合同公约》，不意味着《合同法》一定采取了折衷说。《合同法》第98条、第97条系各自独立的条文，二者完全可以各自完成自己的使命。从逻辑上讲，如果《合同法》第97条的规定采取的是折衷说，合同不因解除而溯及既往地消灭，合同约定的结算条款、清理条款自然继续有效，还用得着专设第98条赘言“合同的权利义务终止，不影响合同中结算和清理条款的效力”吗？《合同法》于第97条之外再设第98条，表明立法者担心人们依第97条含有解除有溯及力的逻辑认定结算条款、清理条款因解除而归于消灭。所以，《合同法》第98条的存在，只要法律人不把它当作赘条，只要解释者承认原则与例外并存，只要论争者不轻视拟制，就正好得出《合同法》第97条的规定含有解除有溯及力、解除无溯及力各种情形的结论。

所谓“遵循经济活动高效的原则，对合同解除的效力作了比较灵活的规定”，上文“（二）违约解除与溯及力”的分析已经显现，直接效果说符合效益原则，而折衷说则有时不利于经济活动高效的原则。

（6）笔者对《合同法》第98条规定的解读

其实，对《合同法》第98条关于合同解除不影响合同中结算和清理条款的效力的规定，直接效果说并非一筹莫展。在笔者看来，一个合同文本载有的合同条款未必总是单一种合同的条款，有时是分属于若干个合同的条款。实务中运用的合同文本大多如此，时常是一个合同文本中约定了几个类型的合同，有典型合同，也有非典型合同。按照这种思路衡量结算和清理的条款，可以认为它们不属于由当事人缔约目的（或曰系争合同）所决定的合同条款。例如，当事人缔约目的所决定的合同为买卖A楼的合同，该合同文本中载有的结算和清理的条款其实属于另一合同，而不是买卖A楼合同的组成部分。

（7）笔者理解可取性的佐证

笔者作上述这样理解的可取性，可以从仲裁条款、报批义务条款等条款独立于系争合同的理论和实践得到佐证。

理论界和实务界的共识是，仲裁条款独立于系争的合同，系争合同无效或被撤销，都不影响仲裁条款的效力。

在法释［2010］9号的草案讨论过程中，最高人民法院一些法官主张，涉外股权转让等合同载有报批义务的约定，涉外股权转让等合同的生效又以行政主管机关的批准为要件。负有报批义务的当事人不向行政主管机关申请，自然不会有批准的结果。没有行政主管机关的批准，涉外股权转让等合同便未生效。合同未生效，何谈当事人履行报批义务？陷入悖论。为了打破僵局，将报批义务的条款不作为涉外股权转让等合同的条款，而是另外合同的条款。该另外的合同不以行政主管机关的批准为生效要件，自双方签字盖章时起生效。当事人有义务履行报批义务，不履行，就赋权另一方当事人自己申请报批，从而解决问题。

如果这是正确的，则解除权人解除的只是买卖A楼合同，并未解除结算和清理的条款所在的另一合同。这样，无论是按照折衷说还是依直接效果说，合同解除都不影响结算条款和清理条款的存在。

按照这种思路，韩世远教授以结算条款和清理条款未因合同解除而消灭为由，认定《合同法》上的解除采取了折衷说，就不成立。

5. 折衷说关于恢复原状关系之说存在着难以克服的缺点

折衷说认为，合同债权关系非因解除而消灭，而是变形为恢复原状的债权关系；已经履行的债务变形为恢复原状义务。[①] 在笔者看来，这存在着若干难以克服的缺点，试析如下：

（1）折衷说所讲的恢复原状不同于《合同法》第97条规定的恢复原状

首先申明，折衷说所讲的恢复原状不同于《合同法》第97条规定的恢复原状，不同于笔者解读《合同法》第97条的规定时所使用的恢复原状的概念。

---

① 见韩世远：《合同法总论》，3版，525、529页，北京，法律出版社，2011。

(2) 不合《合同法》的文义和规范意旨，存在逻辑矛盾

对此，本部分“1”、“2”已作分析，此处不赘。

(3) 不合民事责任的规格

韩世远教授视野中的恢复原状，包括返还财产，依《民法通则》第134条的规定，属于一种民事责任方式。[①] 对此，笔者不敢苟同。如果韩世远教授赞同民事责任系违反民事义务而产生的第二性义务的观点，则合同解除场合的返还财产并非系违反义务而产生的第二性义务，只是合同解除时受领人失去保有给付物所有权的依据（直接效果说），或予以清算（清算了结说、折衷说），而发生的损益变动。即使是合同因违约而解除，也是如此。请看合同因违约而解除场合的因果链条：违约行为⟶合同解除⟶返还财产。再看合同因不可抗力等不可归责于双方当事人的原因而解除场合的因果链条：不可归责于双方当事人的原因⟶合同解除⟶返还财产。无论哪种场合，都不存在返还财产以义务违反为成立要件的情形。此其一。合同解除场合的返还财产，也不是道德和法律对当事人的主观状态及相关行为予以否定性评价的表现。若站在过错责任的立场，合同解除场合的返还财产也难谓民事责任，因为于此场合受领人一般都不具有过错。所以，韩世远教授关于合同解除场合的返还财产属于民事责任的观点不成立。[②] 此其二。[③]

(4) 性质不一，效力有异，处理的结果不当

韩世远教授视野中的恢复原状，包括标的物的返还，利息、果实及使用利益，原物返还不能场合——风险负担问题，投入费用，以及担保人的债务。从义务的层面界定，它们均属恢复原状义务，从权利角度观察，存在着恢复原状的请求权。连韩世远教授自己都承认，恢复原状的内容多种多样。[④] 于是，问题产生

① 见韩世远：《合同法总论》，3版，533页，北京，法律出版社，2011。

② 关于返还财产的定性和定位，详见崔建远：《土地上的权利群研究》，394～400页，北京，法律出版社，2004；崔建远：《论归责原则与侵权责任方式的关系》，载《中国法学》，2010（2），43、44页。

③ 笔者注意到，韩世远教授为了同笔者论争，已经修正了民事责任的界定。但是，摁下葫芦起来瓢，其修正又带来了新的难以自圆其说的缺点（详细剖析，见崔建远：《债权：借鉴与发展》，567页以下，北京，中国人民大学出版社，2012）。

④ 见韩世远：《合同法总论》，3版，529、531、533、536页，北京，法律出版社，2011。

了，每种内容的恢复原状性质不同，法律效力有别，甚至于所处的法律关系都不同一，所适用的法律规则也各种各样，硬将它们作为一项债务对待，是弊大于利还是利大于弊？

按照韩世远教授的观点，返还财产属于一种民事责任方式，那么，依其逻辑，返还财产应当适用民事责任的规则。

利息、果实及使用利益，是适用《物权法》规定的孳息规则，还是适用不当得利返还规则，抑或适用他种规则？由于韩世远教授主张恢复原状义务非为不当得利返还义务，也反对恢复原状请求权为物权的请求权[①]，恐怕只能是适用他种规则了。问题是，该种规则是什么规则？韩世远教授既然钟情于实证法上的根据、明确的法条，就应当寻觅出来。

原物返还不能的场合，原则上应负价格返还义务，还有风险负担问题。对于前者，韩世远教授没有给出所依据的法律条文。关于后者，韩世远教授给出的法律依据是《合同法》第 148 条关于“因标的物质量不符合质量要求，致使不能实现合同目的的，买受人可以拒绝接受标的物或者解除合同。买受人拒绝接受标的物或者解除合同的，标的物毁损、灭失的风险由出卖人承担”的规定。[②]

关于投入费用，韩世远教授举例为受领人保管给付物所支出的必要费用，至于应当适用何种规则，没有言明。

担保人的债务，应当适用法释［2000］44 号第 10 条的规定。

归结上述，不难发现，几乎每种恢复原状义务都有特色，有其独特的适用规则。有些存在着法律规定可以援用，有些则寻觅不到。形式上统一了，名曰恢复原状义务，实质上各自独立，甄别不清，就会产生不当的后果。此其一。从时间过程看，相当一些恢复原状义务处于合同过程中的不同阶段。A. 投入费用发生于合同履行阶段。B. 返还标的物产生于合同解除后的清算阶段。C. 风险负担则属于恢复原状之债不能履行的法律后果。D. 从法律关系看，担保人的债务不属于恢复原状之债，而为担保法律关系的内容，并且，担保人若为抵押人、出质

① 见韩世远：《合同法总论》，3 版，533 页，北京，法律出版社，2011。

② 见韩世远：《合同法总论》，3 版，536～537 页，北京，法律出版社，2011。

人，其债务并非债之关系中的债务，而是“物上责任”。E. 风险负担也不属于恢复原状之债本身，而是恢复原状之债因不可归责于双方当事人的原因而不能履行时的损失分配，亦为另外的债的关系。如此不同的东西，韩世远教授却拼盘起来，装入一个口袋，除了令人眼花缭乱，甄别费力，似无多少积极意义。此其二。如此庞杂的内容，差异不小的规则，有些恢复原状义务显然不是原合同债务的转化或变形。本来，韩世远教授坚持恢复原状义务与本来的债务具有同一性①，以彰显折衷说优越于直接效果说。但实际上他笼而统之地称恢复原状义务与本来的债务具有同一性，难以成立。其原因在于：A. 担保人债务显然不属于原合同债务（债权）的转化或变形，与本来的债务没有同一性。B. 风险负担规则运用的结果，由受领人承担风险时，受领人不是赔偿给付人因给付物毁损灭失所受到的损失，而是承担给付物的价款支付义务。该种价款支付义务，至少在依原合同约定的价格标准计算价款时，是原合同价款支付义务的复活，而非什么与原合同价款义务之间具有同一性的问题；若由给付人承受风险时，则受领人不负责任，连恢复原状义务都算不上，更遑论什么同一性了。C. 所谓受领物产生的果实，应为已同受领物相分离了，无论是该果实与受领物之间的关系，还是果实的归属规则，均为物权法上的规则。按照直接效果说及其逻辑，给付人依据物权法上的规则主张果实的返还，故称返还果实与本来的债务具有同一性，难以成立。依据折衷说，受领人基于物权法规则取得果实，给付人则依债法规则请求返还果实。若将果实的返还作为不当得利返还，通说也认为该债务与本来的债务之间没有同一性。若另觅果实返还的其他法律依据，要看该法律依据是什么，才能看清果实返还与本来的债务之间有无同一性。对此，韩世远教授没有给出答案。D. 因为占有包括间接占有，所以，返还之前占有使用受领物所获得的利益，应当包括受领人将受领物出租给第三人而收取的租金。该项利益，乃基于租赁合同产生，与本来的债务（债权）不具有同一性。E. 利息，作为恢复原状债务的衍生债务，应为恢复原状之债的从债内容。投入的费用，包括受领人保管给付物所

① 见韩世远：《合同法总论》，3版，534页，北京，法律出版社，2011。

支出的必要费用。该笔费用在不同的法律关系中意义有别。受领人若明确表示拒绝受领有瑕疵的给付物，但接受给付人的意思而为保管，则形成保管合同关系，那么该笔费用的返还属于保管合同关系的内容，与本来的债务没有同一性。受领人若明确表示拒绝受领有瑕疵的给付物，但为履行《合同法》第 119 条规定的减轻损失义务而保管，则构成无因管理。于此场合该笔费用的返还为无因管理之债的债务，与本来的债务不具有同一性。此其三。韩世远教授关于“如果双方互负恢复原状的义务，则两项义务立于同时履行的关系，适用同时履行抗辩权的相关规定”的见解，有些绝对，应予限定。此其四。这些不同的恢复原状义务一律适用诉讼时效制度吗？若是，诉讼时效期间的起算点、中断、中止没有差别吗？若有，在适用抗辩、抗辩权制度时如何把握？所有这些，非三言两语所能说清。此其五。

按照笔者对《合同法》第 97 条规定的解读，从权利角度观察，恢复原状为物的返还请求权或排除妨害请求权，其他补救措施系不当得利返还请求权。若这些方式用尽仍有损失，那么可以求助于赔偿损失这个民事责任。这些救济方式各有其质的规定性、构成要件、适用领域，简单、明了、实用。法律人探讨学术、解决案件，只需将它们分别适用，最后整体审视，效果最佳。韩世远教授之说带来的问题，在这里统统不见了。可能是敝帚自珍，笔者的此种解释，该项方案，应当优于韩世远教授开出的方子。

（5）如何理解作为不当得利构成要件的“没有合法根据”？

至于合同解除无溯及力时不具备不当得利的构成要件问题，取决于如何看待不当得利的构成，以及怎么对待它。若将不当得利成立所需要的没有法律上的原因理解为合同或债权，那么，合同解除无溯及力，受领的给付仍有法律上的原因，的确不成立不当得利。但是，这在不成立违约责任的情况下，显失公平，不如改采如下的观点：受益人因未为对待给付或未为完全的对待给付而获得的利益，没有合法根据，构成不当得利。该项观点有其法律依据，因为中国《民法通则》第 92 条关于不当得利构成的规定，没有重复大陆法系以没有法律上的原因为要件的模式，而是要求受益人获得利益没有合法根据。该“合法根据”，可以是合同、债权，也可以是其他，包括取得利益的法律依据。“没有合法根据”，包括合同、债权等不复存在，也包括受领人取得给付物的所有权却未支付对价或未支付全部对价。受领人取得给付物的所有权，付清全部价款，应为有“合法根据”，不成立不当得利。受领人取得了给付物的所有权但未支付对价或未支付全部对价，“没有合法根据”，构成不当得利。① 所以，将《合同法》第97条规定的其他补救措施解释为不当得利，不违背中国现行法上的不当得利制度。韩世远教授重视现行法上的依据，对此应当持赞同态度才合逻辑，为什么于此处更换理念和标准，沿袭德国、日本某些学派关于不当得利的界定，来解释中国《民法通则》第92条、《合同法》第97条的规定呢?

6. 折衷说误判了法律评价的重心

笔者曾经指出：“在合同解除的情况下，虽然通过采取某些学说可以避免拟制的现象，达到形式逻辑的要求，但在合同无效场合如何避免呢?《合同法》第57条规定，合同无效、被撤销或者终止的，不影响合同中独立存在的有关解决争议方法的条款的效力。而无效的合同等民事行为，从行为开始起就没有法律约束力（《民法通则》第58条第2款）。被撤销的合同等民事行为从行为开始起无效（《民法通则》第59条第2款）。这些行为一方面溯及既往地消灭，另一方面行为中载有的解决争议方法的条款却继续存在，显然与折衷说所追求的逻辑不符。在合同无效的情况下，对于有关解决争议方法的条款依然有效，不拟制恐怕难以说明。于是诘问不禁脱口而出：既然合同无效场合可以容忍拟制，为什么在合同解除场合就不能容忍呢?！如果不能容忍，则必须另有坚强有力的理由。其实，不但此类坚强有力的理由不存在，还存在着如同上述的和下文所述的不利于折衷说的现象。”②

对此，韩世远教授于其第二版《合同法总论》和第三版《合同法总论》中对有些视而不见，对有些则予以反驳。反驳的逻辑是，《合同法》第56条前段规定：“无效的合同或者被撤销的合同自始没有法律约束力。”“在这些场合，合同

① 见崔建远、韩世远、于敏：《债法》，崔建远执笔，186、190页，北京，清华大学出版社，2010。

② 崔建远：《解除权问题的疑问与释答》，载《政治与法律》，2005（4、5）。

自始没有法律约束力，意味着从一开始就不会按照当事人的意思发生债权债务、发生物权变动”。而“合同解除场合，问题的性质截然相反，合同从一开始就是有效的……既然按照有效的法律行为发生了物权变动，这种物权变动符合《物权法》的规定并受其保护，为什么因为合同解除便一下子复归给了给付人了呢?”[①]对此，笔者评论如下：

曾几何时，韩世远教授在与笔者论辩可撤销的合同和效力待定的合同之间的异同时，反对笔者关于“可撤销的合同与效力待定的合同接近，而同完全有效的合同有别，从而在解释论上不宜将《合同法》第51条规定的无权处分合同解释为有效合同”[②] 的看法，特意强调“《合同法》规定通常欺诈为合同得撤销的事由，仅特别情形（损害国家利益场合）为合同无效事由。而可撤销的合同在被撤销前与有效合同相近（未决的生效），甚至很多人认为就是有效合同；而效力待定的合同在效力确定之前实质上与无效相近（未决的不生效），从这一角度看，正好是无权处分合同有效的观点与上述规定接近，而效力未定的观点与上述规定相去较远。总之，无权处分场合的合同有效，仅处分行为因不被追认或嗣后未取得处分权而归于无效，这种限缩解释的结论从体系解释（而非‘局部解释’）的角度，也可获得印证。”[③] 时至今日，他却又凸显可撤销的合同和无效合同之间的共性：“在这些场合，合同自始没有法律约束力，意味着从一开始就不会按照当事人的意思发生债权债务、发生物权变动”。真乃“彼一时，此一时”也。需要说明，就是“此一时”的观点也是不成立的，试析如下：

（1）可撤销的合同未被撤销时，为有效，债权人受领给付具有合法根据/法律上的原因，可撤销的合同一直不被撤销场合，更是如此。绝非什么“意味着从一开始就不会按照当事人的意思发生债权债务、发生物权变动。”

（2）可撤销的合同未被撤销时，为有效，债权人受领给付具有合法根据/法律上的原因，合同被撤销时，债权人受领给付的根据丧失，返还给付的义务产

① 韩世远：《合同法总论》，3版，532页，北京，法律出版社，2011。

② 崔建远：《无权处分辨》，载《法学研究》，2003（1），18～19页。

③ 韩世远：《合同法总论》，3版，227页，北京，法律出版社，2011。

生；合同未被解除时，同样为有效，债权人受领给付具有合法根据/法律上的原因，合同被解除且有溯及力时，债权人受领给付的根据丧失，返还给付的义务产生。债务人履行了未生效合同项下的债务，意味着抛弃了期限利益，应予允许。如此，债权人受领给付同样具有合法根据/法律上的原因。一俟合同被解除（法释［2010］9号第5条、第6条第2款、第8条）并有溯及力，债权人受领给付的根据即告丧失，返还给付的义务产生。就是说，合同被撤销与合同溯及既往地解除，所产生的法律后果没有什么本质的不同，不知韩世远教授关于合同被撤销与合同被解除所涉“问题的性质截然相反”的断语何以得出？

(3) 即使按照折衷说对比合同解除与合同撤销，韩世远教授关于“既然按照有效的法律行为发生了物权变动，这种物权变动符合《物权法》的规定并受其保护，为什么因为解除合同便一下子复归给了给付人了呢？是基于什么特别的法律规定而否定了《物权法》关于物权变动一般规则的效力了呢？”的诘问，也存在着致命弱点：如果将其诘问中的“解除合同”置换成“撤销合同”，韩世远教授如何作答呢？实际上，既然韩世远教授承认合同被撤销时物权立即复归原权利人，那么，在解除的场合，这也就不再是什么难以逾越的障碍了。因此，只要承认合同解除有溯及力，无须什么“特别的法律规定”，物权就可以复归原权利人。可见韩世远教授与笔者的分歧仍然是合同解除是否有溯及力，至于非得有“特别的法律规定”不可云云，纯属额外要求，并且是对他人的强求。

(4) 有必要指出，合同无效、被撤销、被溯及既往地解除的法律后果，究竟是相互差异巨大，还是共性更多，着眼点和思考路径不宜聚焦于意思表示的角度，而应侧重于给付的保有还是归还的层面。借用类推的理念就是，处理合同不复存续场合给付物的逆向运动，法律评价的重心，不是意思表示合法或严重违法，而是合同若自始即无法律约束力、溯及既往地消灭的，受领人保有给付物的正当根据（法律上的原因）有无。在这点上，合同无效、被撤销、被溯及既往地解除存在着共性，亦为法律评价的关注点。于是，就应当对它们做相同或相似的处理，而不是人为地将合同无效和被撤销的法律后果同等对待，而拉大与合同解除（溯及力的场合）的法律后果之间的距离。

既然合同被撤销与合同溯及既往地解除，所产生的法律后果没有什么本质的不同，那么，对于韩世远教授关于“既然按照有效的法律行为发生了物权变动，这种物权变动符合《物权法》的规定并受其保护，为什么因为解除合同便一下子复归给了给付人了呢？是基于什么特别的法律规定而否定了《物权法》关于物权变动一般规则的效力了呢?”① 的诘问，应将其中的“解除合同”置换成“撤销合同”，由他自己回答。回答过程一结束，他也就明白了。

韩世远教授的这段诘问，暴露了他人为地限缩了物权变动规则的范围，对物权变动及其原因间的相互关系的把握尚未到位。须知，不但物权变动须有原因，物权变动的保持同样须有原因。此类原因消失了，物权变动往往就难以保持。这些都是物权变动的规则。对此，以甲出卖A车给乙为例，加以说明。乙之所以取得了A车的所有权，是因为有效的A车买卖合同及交付A车。这点，韩世远教授看到了。乙能够保有A车的所有权，需要A车买卖合同不因被撤销、不被追认、被解除等原因而归于消灭。一旦A车买卖合同被撤销、不被追认或被解除，在德国民法上，即便物权行为的效力不因此而受影响，A车也会依不当得利制度返还给给付人，除非给付人放弃该权。在中国，因不采物权行为理论，处理起来更为简明。一句话，变动后的物权于其原因消失时，就保不住了。这不是“基于什么特别的法律规定而否定了《物权法》关于物权变动一般规则的效力”，恰恰是肯定。称“否定了《物权法》关于物权变动一般规则的效力”，可能是他将《物权法》关于物权变动一般规则理解狭窄了，没有把“物权变动的保持同样须有原因。此类原因消失了，物权变动就往往难以保持”纳入物权变动规则之中。

不知韩世远教授意识到了没有，问题的性质有所不同的，反倒发生在可撤销合同与无效合同的场合：1）可撤销的合同在撤销前是有效的，受领人基于可撤销的合同受领给付，具有合法根据/法律上的原因；无效的合同自始无效，债权人受领的给付自始没有合法根据/法律上的原因。2）可撤销的合同被撤销，不产

① 韩世远：《合同法总论》，3版，532页，北京，法律出版社，2011。

生罚款、没收的行政责任；无效合同的场合可能发生此类行政责任。

在合同被否定后的结果方面，韩世远教授聚焦于可撤销合同与无效合同的共性，夸大可撤销合同被撤销和合同被解除之间的差异，其不适当性，还可以从下面的案件及分析中看出来：甲企业自称有坐落于A地的大厦，价值1亿元人民币，卖与乙公司，但实际上该大厦归属于丙公司，只是错误登记为甲企业。该房屋买卖合同约定，乙公司于2000年6月21日支付第一笔房款3 000万元人民币，于2000年12月7日支付第二笔房款5 000万元人民币，于2001年4月9日支付第三笔房款2 000万元人民币。甲公司于2000年6月22日交付买卖物的钥匙。乙公司依约支付了第一笔房款，甲公司也交付了钥匙。但乙公司逾期支付第二笔房款。甲公司经过催告，未果，便援用《合同法》第107条等规定，请求乙公司承担违约责任。乙公司经过调查，发现了甲公司未将买卖物的真实的权属情况告知自己，于是援用《合同法》第54条第2款的规定，主张撤销该合同。请问：甲公司于2000年6月21日取得3 000万元人民币、乙公司于2000年6月22日取得买卖物的钥匙，都没有合法根据吗？不按照当事人的意思发生债权债务、发生物权变动吗？在乙公司不再主张撤销该买卖合同，或该项主张不被裁判机关支持的情况下，韩世远教授的断语肯定是错误的；退一步说，即使乙公司的主张得到支持，在该买卖合同未被撤销期间，乙公司取得买卖物的钥匙、甲公司取得3 000万元人民币也是有合法根据的。

不难看出，韩世远教授将合同被撤销与合同无效相提并论，而夸大合同被撤销和合同解除的不同，恰恰搞颠倒了。

7. 折衷说对其两项恢复原状义务之间关系的理解有所不当

折衷说认为，如果双方当事人互负恢复原状的义务，则两项义务立于同时履行的关系，适用同时履行抗辩权的相关规定。自债权请求权说的立场出发，特别是在否定解除的溯及力的前提下，返还请求权与本来的债务关系具有很强的牵连关系，或者可以认为二者之间具有同一性，因而，本来的债务关系之间的牵连性，依然可以体现于返还义务上。在有溯及力的合同解除场合，如果坚持直接效果说，恢复原状请求权为物的返还请求权，本来的债务因解除而溯及消灭，因而二者没有什么关系，属于两个互无关系的请求权。[①]

笔者认为，首先，即使是有溯及力的解除，既存的“赔偿损失”仍然是原合同关系的直接转化形态，两种关系具有同一性。至于解除所产生的“恢复原状”、“其他补救措施”，则是原合同履行结果的“反动”，而给付人的履行在于实现或非理想地实现作为原合同关系内容的给付。它们表示的运动方向和相互关系为，合同关系──→全部实现合同内容（债权债务关系转化为物权关系或与物权关系价值相当的权利关系）或者部分实现合同内容（债权债务关系部分转化为物权关系或与物权关系价值相当的权利关系）──→彻底或接近回复到合同未履行的状态的关系。就是说，二者具有密切的联系，有时具有同一性，而非“没有什么关系”。其次，在合同解除无溯及力的情况下，折衷说与直接效果说所达到的结果没有区别，都是不当得利返还，至少在中国现行法上是这样。在合同解除有溯及力的情况下，如果因给付的是劳务、金钱或有体物灭失等而不存在物的返还请求权，仅仅存在不当得利返还请求权，则与折衷说所导致的结果一样；如果存在着物的返还请求权，同时也成立着占有的不当得利返还请求权或登记的不当得利返还请求权，则二权呈现着竞合关系。于此场合，权利人可以放弃物的返还请求权而主张不当得利返还请求权。该不当得利返还请求权与价款返还请求权形成牵连关系，当事人可以行使同时履行抗辩权。竞合关系的存在，使权利人可以审时度势，选择有利于自己的请求权，较折衷说更能达到目的。

[论争]

针对笔者的这些评论，韩世远教授于其第二版《合同法总论》和第三版《合同法总论》予以反驳。但不是弄错了对象，就是不当地限缩了同一性的含义。对此，详述如下：

(1) 折衷说下的互负恢复原状的义务之间并非总能构成同时履行关系

韩世远教授认为，依折衷说，合同解除，如果双方互负恢复原状的义务，则

---

① 见韩世远：《合同法总论》，625页，北京，法律出版社，2004。

两项义务立于同时履行的关系，适用同时履行抗辩权的相关规定。[①] 这不尽周延，事实上，在某些情况下不得适用法律关于同时履行抗辩权的规定。对此，分析如下：

韩世远教授主张，恢复原状义务包含原物返还不能的场合可适用风险负担的规定，于是便有不再承担返还义务的情形，不成立两项义务立于同时履行关系。特别是，有观点认为，双务合同的一方当事人先为履行，如出卖人先行交付买卖的机车，如买卖合同不成立，买受人受领的机车已灭失，不能返还原物时，则尚不发生双务合同对待给付的牵连关系，乃通常信用的危险，应由先为给付者负担。[②] 在采取物权行为独立性和无因性的德国民法上，买卖合同不成立场合的返还义务，与合同解除场合的返还义务，至少是类似的，因而，该“尚不发生双务合同对待给付的牵连关系，乃通常信用的危险，应由先为给付者负担”的结论，于解除场合依然成立。

(2) 韩世远教授的批评弄错了对象，也误解了同一性所涉及的债权（债务）与债权（债务），或合同关系与变形的关系、转换的关系

韩世远教授于其第三版《合同法总论》第535页第二自然段引述了笔者对其第一版《合同法总论》第625页第二自然段及第三自然段后半部分所述意见（在有溯及力的合同解除场合，如果坚持直接效果说，恢复原状请求权为物的返还请求权，本来的债务因解除而溯及消灭，因而二者没有什么关系，属于两个互无关系的请求权）的批评（解除所产生的“恢复原状”、“其他补救措施”，与原合同债务，二者具有很强的牵连关系，有时具有同一性，而非“没有什么关系”），而后于第三自然段采取举例和叙述相结合的方法认定笔者的批评存在问题。其所举例子为买卖机器设备，设“如果双方均已履行，但由于机器达不到约定的技术要求，买受人解除合同。按照直接效果说，买卖合同因解除而自始归于消灭，买受人要求返还价款的权利属于不当得利返还请求权，出卖人要求返还机器设备的权

① 韩世远：《合同法总论》，3版，534页，北京，法律出版社，2011。

② Esser/Weyers, Schuldrecht II/2, S. 114. 转引自王泽鉴：《民法研究系列·不当得利》，186页，北京，北京大学出版社，2009。

利属于物的返还请求权。不当得利属于法定债之关系，其请求权的发生是基于法律的规定（《民法通则》第 92 条）而非基于当事人的意思。物的返还请求权是物权固有的权能，其发生亦是基于法律的规定（《物权法》第 34 条），且其性质属于物权请求权，效力强于普通债权。这二者之间如何具有了牵连关系甚或同一性？尤其是同一性，大抵是指原来的债之关系与变形的或者转换的债之关系之间是同一个债之关系而言，对于双方当事人互负的恢复原状义务本属两个权利义务关系，同一性问题于此场合，似难谈及”①。

韩世远教授在这里归结的是：崔建远教授将物（机器设备）的返还请求权与不当得利（价款）返还请求权认定为具有同一性。这是错误的。对此，笔者回应曰：韩世远教授归结错了，没有认真阅读笔者对其批评的原文。笔者从未将物（机器设备）的返还请求权与不当得利（价款）返还请求权认定为具有同一性，从未把双方当事人互负的恢复原状义务认定为具有同一性，而是认为“解除所产生的‘恢复原状’、‘其他补救措施’”与原合同债务（债权）“二者具有很强的牵连关系，有时具有同一性，而非‘没有什么关系’”。其中，“没有什么关系”的判断，系韩世远教授所用，意指请求恢复原状或返还财产与本来的债务间“没有什么关系”。“具有很强的牵连关系”一语，亦为韩世远教授所用，笔者在评论时也照抄照搬了。但现在细想起来，在讨论债的同一性领域，观察债权（债务）的发展变化，命名合同债权（债务）与违约损害赔偿请求权（责任）之间的关系，使用“牵连关系”不够确切和传神。特别是韩世远教授在将债的同一性界定为“……是同一个债之关系”的前提下，称同一个债之关系有牵连关系，逻辑上更是说不通。有鉴于此，笔者在债的同一性领域不再使用这个术语。“有时具有同一性”的断语，为笔者所说，既在否定韩世远教授关于二者“没有什么关系”之说，又在表明“解除所产生的‘恢复原状’、‘其他补救措施’”与原合同债务（债权）并非总是、亦非全部具有同一性的，究竟何种情形有，未作正面列举和阐释，属于未完成的任务。

---

① 韩世远：《合同法总论》，3 版，535 页，北京，法律出版社，2011。

如此定案是有根据的。首先，韩世远教授于其第一版《合同法总论》第625页第二自然段及第三自然段后半部分所讨论的，均为恢复原状或返还财产与本来债务之间的关系，而非合同解除后双方义务间的关系。其次，笔者评论的对象，正是恢复原状或返还财产与本来债务之间的关系。再次，笔者所作结论，称“有时具有同一性”的关系，自然是不当得利返还义务与本来债务之间的关系，而非物的返还请求权与不当得利返还请求权之间的关系。最后，所谓债的同一性，从权利方面看，自然指债权（债务）在存续期间没有变化，或虽有变化，但尚未变为异质的权利；从关系层面看，指债之关系在存续期间没有变化，或虽有变化，但尚未变为异质的法律关系。由此决定了，债的同一性，不会指债权与物权、知识产权、人格权等权利之间的关系。[①] 因为物的返还请求权在笔者的视野里并非债权性质，而为物权的效力[②]，所以，自然不会与合同关系中的债权具有同一性。

接下来，正面阐释同一性理论所针对的法律关系，以及“有时具有同一性”关系的具体所指。

同一性理论所要解决的，不是出卖人交付机器与买受人支付价款两项债务之间的关系，也不是该合同解除后形成的买受人返还机器和出卖人返还价款之间的关系。所要解决的是，机器买卖合同关系与变形为违约损害赔偿关系之间的关系，个别情况下解决机器买卖合同关系和不当得利返还关系之间的关系。属于前者的，容易理解，似无争论，不再赘言。属于后者的，因为有学说认为原合同债务与不当得利返还乃各别债务，无同一性，笔者主张“有时具有同一性”，属于自己说，需要证成。

在笔者看来，如下情形，原债权与不当得利返还请求权具有同一性：

出卖人将价值40万元的机器交付给买受人，买受人支付了20万元的价款。由于机器达不到约定的技术要求，买受人解除合同。处理善后面临的问题之一是，该机器几经转手，已不在买受人之手。按照直接效果说和不当得利理论，买

① 见崔建远：《债法总则与中国民法典的制定》，载《清华大学学报》（哲学社会科学版），2003(4)，69页。

② 见崔建远：《物权法》，2版，110～111页，北京，中国人民大学出版社，2011。

受人返还不当得利不再是机器的返还，而是差价的返还。该返还债务（解除后形成的债务）在实质上相当于违约损害赔偿债务，相当于支付价款债务，故与买受人付清价款债务（原合同债务）之间具有同一性。若买受人支付价款债务附有担保，则返还差价债务依然附有该担保。

需要说明的还有，为了追求同一性，在许多情况下，不当得利返还请求权人可以不主张该权，而选择损害赔偿请求权，以达到援用履行抗辩权、使担保继续存留的目的。

(3) 韩世远教授对同一性的理解存在弱点

韩世远教授关于“同一性，大抵是指原来的债之关系与变形的或者转换的债之关系之间是同一个债之关系而言，对于双方当事人互负的恢复原状义务本属两个权利义务关系，同一性问题于此场合，似难谈及”的理解，存在着以下几个方面的弱点：

1）该界定有些狭窄，就其文义看，难以容纳债权让与、债务承担。债权让与、债务承担前后的债之关系，因主体的变更（要素的变更）而难谓“同一个债之关系”，只是为了满足实际生活的需要，近现代民法的通说才修正早期罗马法的理念，认为债的主体变更不违反债的同一性。在笔者看来，“债的同一性”较“同一个债之关系”在构成上要求宽松，在范围上为广泛。

2）该界定有些单一，仅仅着眼于债之关系的同一性。同一性可有从债权看、从债的关系看两个视角，前者为债权的同一性，后者为债的同一性，包括合同关系的同一性。①

3）该界定过于原始，过分强调“同一个债之关系”。既然必须是“同一个债之关系”才配叫债的同一性，那么债权让与、债务承担、买卖合同关系转化为损害赔偿关系等，就不算作有同一性了。但法律人均不如此认为，而是承认存在同一性。

实际上，债的同一性具有多种表现形式，举其要者如下：

① 参见［日］於保不二雄：《日本民法债权总论》，庄胜荣校订，277 页以下，台北，五南图书出版有限公司，1998。

1）债的要素于债之关系存续期间，没有任何变化。只要任何一个要素发生变化，债之关系便丧失同一性。[①] 这是罗马法固有的立场。例如，甲和乙约定，将A车出卖给乙，于2000年1月1日至2000年12月16日期间交付，乙于2000年12月16日至2000年12月29日付清车款。此后双方均依约履行完毕。

2）债权人虽然变更，但债权、债务均无变化，在近现代民法上被认为具有同一性。

3）债务人虽然变更，但债权、债务均无变化，在近现代民法上被认为具有同一性。

4）债的标的物虽有变化，但未变为其他物，在近现代民法上被认为具有同一性。例如，原约定标的物为黑色车身，现变为白色车身；原约定100公斤大米，后变为110公斤大米，均视为债具有同一性。但若将标的物黑色车变更为111公斤大米，则为合同更改，债不再具有同一性。

5）债权、债务虽有变化，但未质变为他种债之关系，则仍认为债具有同一性。例如，原债权为100公斤大米的请求权，后变为110公斤大米的请求权，属于债具有同一性。不过，原债权为请求乙出卖一套西装，后变为甲自己提供布料，由乙亲自缝制一套西装，则由买卖合同变为承揽合同，债的同一性不复存在。

6）原债权附有担保，后担保消失，或原无担保后附有担保，都认为债具有同一性。

7）债之关系发生了变形、转换，在态样方面发生了较大变化，如合同关系转变为违约损害赔偿关系，也属于债具有同一性。

如此说来，下述看法更具优势：所谓债之关系不失其同一性，是指债的效力依旧不变，不仅其原有的利益（如时效利益）及瑕疵（如各种抗辩）均不受移转的影响，即其从属的权利（如担保）原则上亦仍继续存在。[②] 债的同一性，是指

① 参见［日］於保不二雄：《日本民法债权总论》，庄胜荣校订，277页以下，台北，五南图书出版有限公司，1998。

② 见郑玉波：《民法债编总论》，陈荣隆修订，431页，北京，中国政法大学出版社，2004。

债的主体、内容、结构、原因等维持其实质上的同一。① 在以合同变更债权要素时，除了特别的更改合同，或完全变更债权标的物为其他物，或变更债权发生原因之类在客观上改变债权同一性的情形以外，尤其是除了没有明确表示维持债权同一性的意思以外，一般都以为债权仍不失去其同一性。②

正是韩世远教授对同一性的界定存在着弱点，才导致了他对合同解除效果中有无同一性的不当理解。

(4) 王泽鉴教授的观点实际在解构韩世远教授的观点

韩世远教授为了论证其解除形成恢复原状义务与本来的债务之间具有同一性的观点，援引了王泽鉴教授的下述观点：合同解除时所生回复原状之义务（中国台湾地区"民法"第259条），是一种次给付义务（第二次义务），亦系根基于原来债之关系，债之关系的内容虽因之而有所改变或扩张，但其同一性仍维持不变。③ 须知，王泽鉴老师于此所说合同解除时所生回复原状之义务，指的是中国台湾地区"民法"第259条规定的回复原状之义务。而该种义务依中国台湾地区"民法"的通说，系特别的不当得利返还义务，并且，该种义务与合同债务不具有同一性。④ 至于王泽鉴老师自己是否放弃通说而改采"清算了结说"，其《民法研究系列·民法概要》一书中未作表示⑤，其《民法研究系列·民法物权》中明确地按照通说阐释。⑥ 其《民法研究系列·不当得利》于第215页先介绍通说（直接效果说·不当得利返还说）和特殊义务说（非不当得利返还说），接着转述

---

① 见 http://www.airitilaw.com.tw/falvm/app/dbhy/f_lawexplainshow.jsp?，2011年11月18日访问。

② 见［日］於保不二雄：《日本民法债权总论》，庄胜荣校订，277页以下，台北，五南图书出版有限公司，1998。

③ 见王泽鉴：《民法研究系列·债法原理》，30页，北京，北京大学出版社，2009。

④ 见史尚宽：《债法总论》，533页，台北，荣泰印书馆股份有限公司，1978；郑玉波：《民法债编总论》，陈荣隆修订，335～336页，北京，中国政法大学出版社，2004；孙森焱：《民法债编总论》下册，632页，北京，法律出版社，2006；刘春堂：《民法债编通则（一）·契约法总论》，392页，台北，三民书局有限公司，2001。

⑤ 见王泽鉴：《民法研究系列·民法概要》，216～217页，北京，北京大学出版社，2009。

⑥ 见王泽鉴：《民法研究系列·民法物权》，122页，北京，北京大学出版社，2009。

中国台湾地区“最高法院”1993年台上字第1292号判例关于不当得利与回复原状相互关系的见解，字里行间显现着批评其未采通说又不说明理由的态度，表明王泽鉴老师截至此时依然采取通说。当然，作为展望和发展，他倾向于未来采取“清算了结说”①。如此，有理由相信王泽鉴老师截至此时尚在赞同通说。于是，其观点无疑承认合同解除产生的不当得利返还债务与原合同债务之间具有同一性。而这正是韩世远教授所反对的。②

(5) 占有的不当得利、登记的不当得利返还与价款的不当得利返还之间可以成立同时履行关系

对于笔者关于“在合同解除有溯及力的情况下，如果因给付的是劳务、金钱或有体物灭失等而不存在物的返还请求权，仅仅存在不当得利返还请求权，则与折衷说所导致的结果一样；如果存在着物的返还请求权，同时也成立着占有的不当得利返还请求权或登记的不当得利返还请求权，二权呈现着竞合关系。于此场合，权利人可以放弃物的返还请求权而主张不当得利返还请求权。该不当得利返还请求权与价款返还请求权形成牵连关系，当事人可以行使同时履行抗辩权。竞合关系的存在，使权利人可以审时度势，选择有利于自己的请求权，较折衷说更能达到目的”的观点，韩世远教授反驳道：“在有溯及力的解除场合，即使认为可以成立占有的不当得利返还请求权，它与对于价款的不当得利返还请求权，均属法定债之关系，二者之间不存在牵连关系。崔建远教授认为两项不当得利返还请求权之间可以形成牵连关系，进而当事人可以行使同时履行抗辩权，看来需要进一步说明理论。”③ 其不当之处如下：

1) 从牵连关系的质的规定性看

牵连关系，即两项债务之间具有不可分离的关系，包括功能上的牵连关系，或曰履行上的牵连关系，是指为了实现公平正义，当事人一方所负债务与相对人

① 王泽鉴：《民法研究系列·不当得利》，215页，北京，北京大学出版社，2009。

② 韩世远教授仅仅认可折衷说、清算了结说下的合同解除产生的恢复原状义务与原合同债务之间具有同一性，而否认合同解除产生的不当得利返还债务与原合同债务中间具有同一性。

③ 韩世远：《合同法总论》，3版，535页，北京，法律出版社，2011。

所负债务互为前提，一方不履行其义务，相对人原则上亦可不履行。只有如此，才能维持双方当事人之间的利益平衡。至于该种关系形成的原因系当事人双方的约定（如双务合同），还是法定，无关紧要。正所谓当事人间互负回复原状义务“虽系法定，与契约本无关系，惟为保护当事人利益，故‘民法’规定，双务契约有关同时履行抗辩权及危险负担之规定，于前二项给付之履行亦有适用（中国台湾地区‘民法’第261条）。”[①] 合同解除场合产生的两项不当得利返还请求权之间也是如此，若不承认相互有履行上的牵连关系，类推适用《合同法》第66条关于同时履行抗辩权的规定，则会使先承担不当得利返还义务的一方遭受难以获取相对人返还不当得利的损失，显非公平。

2）从有关立法例及其理论看

经查，在奉行直接效果说的立法例及其理论上，承认两项不当得利返还之间形成同时履行关系，可以援用或准用同时履行抗辩权的并不鲜见。在法国，合同解除具有溯及力（《法国民法典》第1184条第1款），基于合同履行取得的给付应予返还，两项返还义务之间成立同时履行抗辩权。[②] 在德国，“二不当得利请求权对立说”认为，当事人各自独立的不当得利请求权，各得主张同时履行抗辩权。“差额说”对此有条件地承认，只是在差额为零等情况下不产生不当得利或仅有一个不当得利时，才不成立同时履行关系。[③] 在日本，解除合同时双方回复原状的义务，有学说认为系特殊的不当得利返还义务，构成同时履行关系（《日本民法典》第546条），可准用或类推适用《日本民法典》第533条的规定，当事人可主张同时履行抗辩权。[④] 在中国台湾地区，“民法”第161条明文规定，当事人因合同解除而产生的相互义务，准用“民法”第264条至第267条关于同时履行抗辩权、不安抗辩权和风险负担的规定。有持直接效果说者对此解释道：“当事人双方因契约解除而互负之原状回复债务及损害赔偿债务，虽非由双务契

---

① 邱聪智：《新订民法债编通则》下，362～363页，北京，中国人民大学出版社，2004。

② 见尹田：《法国现代合同法》，413、417页，北京，法律出版社，2009。

③ 见王泽鉴：《民法研究系列·不当得利》，182～183页，北京，北京大学出版社，2009。

④ 见［日］星野英一：《日本民法概论Ⅳ·契约》，姚荣涛译，刘玉中校订，41、82～83页，台北，五南图书出版有限公司，1998。

约所生，但恰与双务契约之关系相同，亦即彼此间具有牵连关系，故应准用双务契约之规定。”[①] 连原状回复债务与违约损害赔偿债务之间都成立同时履行关系，存在着同时履行抗辩权，更不要说两项不当得利返还之间了。王泽鉴教授、邱聪智教授等亦持相同见解。两项不当得利返还请求权并存时，可援用关于同时履行抗辩权的规定。[②]

在这里，借用韩世远教授的一句话作为小结：“我国《合同法》虽未明文规定，但此为大陆法系民事立法和学说的通例，我国理论没有否定的必要。”

3）从类似的事物相同处理的逻辑看

韩世远教授赞同合同解除产生的互负恢复原状的义务之间形成同时履行关系，却否定合同解除产生的两项不当得利返还义务之间形成同时履行关系。

笔者先从比较这两种情形（合同解除产生的互负恢复原状的义务之间的关系，与合同解除产生的两项不当得利返还义务之间的关系）的异同开始，然后得出结论。

这两种情形具有共性：A. 它们均为债务（债权）之间的关系。不当得利返还属于债务，恐怕无人反对。依韩世远教授的见解，折衷说视野中的互负恢复原状义务为债务。B. 它们的主体相同。C. 它们均为法定债之关系。不当得利之债为法定债之关系，为法律人的共识，无须多说。折衷说视野中的互负恢复原状义务之间的关系，是否为法定债之关系，韩世远教授从未言明，字里行间似乎在说它为意定之债。但从折衷说所描述的解除效果观察，无论说它为改变方向的关系，还是尚未履行的债务消灭、已经履行的债务转为返还债务，都难说为当事人的效果意思所蕴含，故它应为法定之债。

两者的差异：A. 折衷说视野中的互负恢复原状义务之间的关系属于无名债务关系，而直接效果说眼中的两项不当得利返还债务之间的关系为有名债务关系。B. 前者的法律适用极为复杂，有的甚至十分不清；后者没有此类缺陷。C. 前

① 郑玉波：《民法债编总论》，陈荣隆修订，339页，北京，中国政法大学出版社，2004。

② 王泽鉴：《民法研究系列·不当得利》，185页，北京，北京大学出版社，2009；邱聪智：《新订民法债编通则》下，362～363页，北京，中国人民大学出版社，2004。

者存在着存续的合同这个前提，后者则无此前提。

如果这些异同符合事实，按照相似的事物相同处理的原则，法律人应当承认两项不当得利返还债务之间形成同时履行关系。

(6) 从韩世远教授自己主张的逻辑看

韩世远教授赞同合同解除产生的互负恢复原状的义务之间形成同时履行关系，却否定合同解除产生的两项不当得利返还义务之间形成同时履行关系，个中原委，未予言明。

笔者猜测韩世远教授的逻辑，似乎为：有效的双务合同项下的给付与对待给付成立同时履行关系，依据折衷说，合同解除并不消灭合同，仅产生双方互负恢复原状的义务，该义务与原合同债务之间具有同一性，“等量代换”，合同解除产生的互负恢复原状的义务之间也必然成立同时履行关系。与此不同，按照直接效果说，合同因解除溯及既往地消灭，合同项下的债权债务也不复存在，合同解除所产生的物的返还请求权，以及不当得利返还请求权·损害赔偿请求权这些法定债权，与合同项下的债权不具有同一性，不存在“等量代换”，所以，有效的双务合同项下的给付与对待给付成立同时履行关系，并不“传递”给这些法定之债或物权请求权，于是没有同时履行抗辩权制度适用的余地。

笔者觉得这样的逻辑过于机械和僵硬。双务合同关系成立同时履行关系，可有同时履行抗辩权制度的适用，不是因为当事人的意思，当事人一般也很难有履行抗辩权的效果意思，而是源自法律的规定，法律的赋权。这一点，中国民商法的发展史昭示得非常清楚。《经济合同法》(已被废止）时代肯定存在双务合同，却没有同时履行抗辩权运用的机会，相当多的合同案件都按照双方违约处理了。因为《民法通则》及《经济合同法》(已被废止)、《涉外经济合同法》(已被废止)、《技术合同法》(已被废止）等法律、法规均未设置同时履行抗辩权制度。《合同法》时代，当事人之所以在双务合同场合可以主张同时履行抗辩权，正在于《合同法》设有同时履行抗辩权的规定（第66条)。既然同时履行关系、同时履行抗辩权与当事人的意思、有效的合同之间并非“鱼水关系”，同时履行关系依赖公平正义的考量，同时履行抗辩权全靠法律的规定，那么，在法定之债中，只要两项债务在履行上的相互牵连不被法律认可，同时履行抗辩权制度被排除在外，便违反公平正义，则法律人应当承认同时履行抗辩权在法定之债中发挥作用。

总之，合同解除场合形成的两项不当得利返还，可以成立同时履行抗辩权，不是源自当事人的意思，也不靠有效的双务合同“遗传”，而是其自身基于公平正义的要求而“原始”具备的。韩世远教授否认合同解除场合形成的两项不当得利返还可以成立同时履行抗辩权，没有道理。

8. 折衷说在本来债务的担保与解除所生债务之间的关系上过于绝对

依据折衷说，“对本来的债务设立的担保，于合同解除之后，依然对返还义务发挥担保作用”①。对此，笔者曾撰文《解除权问题的疑问与释答》指出：其一，按照折衷说，解除场合，尚未履行的债务归于消灭，已经履行的债务不消灭，而是转化为返还债务。如此，问题便出现了：在担保的债务是尚未履行的债务场合，该债务归于消灭，就此也不会产生返还义务，依据折衷说关于担保这个从关系因主关系的存在而存续的反面推论，该担保应当随之消灭，可是，折衷说却无此意。由此看来，过分追求完美，期望纯洁，反倒束缚自己，有时还显现出瑕疵。②

［疑问］

在笔者看来，该“其一”的批评切中了折衷说的要害，折衷说若欲立住脚，必须予以回应，驳倒此处批评。但在韩世远教授所著第二版、第三版《合同法总论》中均未见反驳之论，倒是删除了第一版《合同法总论》中的相应议论。不知是他疏忽了，还是有意修正了那段议论？

［辨析］

所谓担保“依然对返还义务发挥担保作用”，有时不成立，至少不确切。比较可取的思路及方案应是区分情况而后得出结论。(1) 抵押权等物的担保具有不

① 韩世远：《合同法总论》，625页，北京，法律出版社，2004。

② 见崔建远：《解除权问题的疑问与释答》，载《政治与法律》，2005（3、4）。

可分性，称“对本来的债务设立的担保，于合同解除之后，依然对返还义务发挥担保作用”，似乎可以。(2) 定金罚则主要在拒绝履行和不能履行的情况下发挥作用，而这两种场合均无定金继续担保返还债务的可能。至于迟延履行、不完全履行，法释［2000］44 号于第 120 条明确规定：“因当事人一方迟延履行或者其他违约行为，致使合同目的不能实现，可以适用定金罚则。但法律另有规定或者当事人另有约定的除外。当事人一方不完全履行合同的，应当按照未履行部分所占合同约定内容的比例，适用定金罚则。”这告诉我们，迟延履行尚未导致合同目的不能实现的，则无定金罚则的适用。在迟延履行尚未导致合同目的不能实现的情况下，却符合《合同法》第 94 条第 3 项规定的解除条件，守约方确实行使了解除权。于此场合，不宜说定金担保还存在于返还债务之上。(3) 折衷说认为合同解除前后的关系均为合同关系。姑且不作反对，解除后的“合同关系”也是对解除前的合同关系的变更。如此，在合同解除未经保证人书面同意的情况下，按照《担保法》第 24 条关于“债权人与债务人协议变更主合同的，应当取得保证人书面同意，未经保证人书面同意的，保证人不再承担保证责任。保证合同另有约定的，按照约定”的规定，保证不会继续担保着解除产生的返还债务。即使适用法释［2000］44 号第 30 条第 2 款关于“债权人与债务人对主合同履行期限作了变动，未经保证人书面同意的，保证期间为原合同约定的或者法律规定的期间”的规定，保证有时也不再担保着返还债务。这种情况就是，合同解除形成的返还债务的履行期届至之日，保证合同约定的保证期间已经届满。

实际上，合同解除场合的担保，与正常情况下的大多不同，担保的债权债务的方向相反，担保的债权的内容也与原合同项下的时常不一样。

其二，直接效果说认为，合同解除即使具有溯及力，也不影响违约责任的存在，并且该责任关系与原合同关系具有同一性；既然有同一性，那么原合同关系上存在的担保继续存在于责任关系上。就是说，在合同解除与违约责任之间关系的领域，直接效果说与折衷说在保留担保权方面的立场一致，差别只在于折衷说从主债务和从债务之间的关系的角度予以说明，直接效果说则站在同一性的立场来论证担保存在于原合同关系转化关系的合理性。我们应当允许殊途同归。

[完善]

上个自然段“[辨析]”所述的规则，也适用于原债务与违约责任之间的关系。换句话说，笼统地说“原合同关系上存在的担保继续存在于责任关系上”，不够准确。

[论争]

(1) 韩世远教授称上述说明“没有从正面回答主合同解除而从合同存留下来，问题依然存在。”这是明显地只允许一条解释路径，并且是他自己赞同的路径，不许其他思路的表现。笔者在这里已经说得非常清楚：“在合同解除与违约责任之间关系的领域，直接效果说与折衷说在保留担保权方面的立场一致，差别只在于折衷说从主债务和从债务之间的关系的角度予以说明，直接效果说则站在同一性的立场来论证担保存在于原合同关系转化关系的合理性。”在这里，要驳倒笔者的观点，只有证明原合同关系与违约责任关系不具有同一性才行，仅仅以“没有从正面回答主合同解除而从合同存留下来”为据，是反驳不倒笔者观点的，除非只允许一种解释路径。

(2) 韩世远教授确实批驳这条路径了：“主债已因解除而消灭，担保也应随之消灭才对，而上述回应却按照所谓‘同一性’，认为担保继续存在。这样，在同一思维过程中，出现了两个相反或者相互矛盾的判断，按照普通逻辑基本规律中的‘不矛盾律’，其中至少有一个判断是假的，到底哪个是假的呢?”[①] 这有些令我哭笑不得，但还得回应。

首先，需要澄清事实。笔者主编的第四版《合同法》教科书第162页的内容处于“第八章合同的担保”“第一节合同的担保概述”之中，描述主债与担保之间的关系，有特定的语境，没有涉及这对关系之外的关系，没有涉及主债的变形，也没有涉及当事人另有约定、法律另有规定的情形，以及其他情形。这样的叙事方式也是人们通常采取的惯常做法。道理非常简单，如果每说一句话都要把延伸的事项、例外情形照顾到，可能会没完没了。如果按照韩世远教授于此处的

① 韩世远：《合同法总论》，3版，56页，北京，法律出版社，2011。

思维及方法检查其作品，肯定不止几处这样的“错误”。信手拈来一例，韩世远教授常用“债权人”的称谓，可在双务合同中，他也是“债务人”。在众多的场合，韩世远教授并未说明、强调：“在什么狭义债之关系上，甲是债权人；但在什么狭义债之关系上，甲又是债务人。此处，我称其为债权人。”请问韩世远教授：径称债权人，而不作如此冗长、周延的说明，算错误吗？

其次，该教科书于“第二节保证”中“五、债权人与保证人之间的关系”中论及了主合同解除与保证责任的承担[①]，属于主债与担保之间关系的延伸问题。

最后，正因担保随着主债的消灭而消灭的断语，系限于主债与担保两者间的关系而言的事实，担保继续存在于合同解除场合违约责任关系之中的结论，则涉及合同之债、违约责任关系与担保之间的关系，两者（断语、结论）谈论的不是同一个东西，两者同时为真，矛盾律管不到这一块儿。所以，韩世远教授关于“在同一思维过程中，出现了两个相反或者相互矛盾的判断”属其认识、判断错误；韩世远教授关于“其中至少有一个判断是假的，到底哪个是假的呢？”的归谬反倒“假”了。

(3) 从根源上探究，韩世远教授质疑担保存留于违约责任关系之上的观点，与他特别看重主合同与从合同/担保合同之间的关系、轻视主债与从权利义务关系/担保关系之间的关系密切关联。其字里行间透露出来的意思、逻辑是：主合同存在，从合同/担保合同存在；主合同消灭，从合同/担保合同消灭。其问题，大概有如下几点：

1）不太符合中国现行法的规定及精神

依韩世远教授的逻辑，主、从合同无效，担保人的担保责任失去了基础，应当消灭。但《担保法》第5条关于“担保合同是主合同的从合同，主合同无效，担保合同无效。担保合同另有约定的，按照约定”（第1款）。“担保合同被确认无效后，债务人、担保人、债权人有过错的，应当根据其过错各自承担相应的民事责任”（第2款）的规定，文义十分明确，主合同和担保合同全都

① 见崔建远主编：《合同法》，4版，178页，北京，法律出版社，2011。

无效了，担保责任也可存在。这印证了笔者注重主债权（债务）与担保之间关系的合理性。

法释［2000］44号贯彻了这种思想（第8条），《物权法》承认并继续了这种规定（第172条）。

法释［2000］44号第9条规定："担保人因无效担保合同向债权人承担赔偿责任后，可以向债务人追偿，或者在承担赔偿责任的范围内，要求有过错的反担保人承担赔偿责任"（第1款）。"担保人可以根据承担赔偿责任的事实对债务人或者反担保人另行提起诉讼"（第2款）。其中，担保与反担保的关系上，担保合同为主合同，反担保合同为从合同。担保合同无效了，依韩世远教授的逻辑，反担保合同也应无效，反担保人承担反担保责任失去了基础，不应再承担反担保责任。但法释［2000］44号第9条恰恰规定反担保人负有反担保责任。这印证了笔者注重主债权（债务）与担保之间关系的合理性。

2）轻重有所颠倒

韩世远教授忽视了担保合同的相对独立性，没有注意到：债的担保，不是担保法律行为，而是担保债权，包括基于法律行为产生的债权。被担保的债权消失了，即使产生被担保债权的主合同存在，产生担保的从合同也不复存在了；反之，主合同因解除而消灭了，只要合同关系已经转化成了债之关系，且二者具有同一性，担保继续存在。更有甚者，主合同因无效、被撤销，产生缔约过失责任，担保也大多存留下来。[①] 所以，韩世远教授总是从主合同存在寻觅担保赖以存在的基础，有时不合法律，有时错了，有时僵化。

其三，折衷说比较肯定地认为，解除时产生的返还债务与原合同债务之间具有同一性，于是，原合同债务上的担保存续于返还债务之上；直接效果说尚未如此肯定，倾向于区别情况而定，原合同债务与解除时的给付返还之间具有同一性的，担保权存续于给付返还之上。这种差别是否继续存在及如何选择，取决于对

① 见李国光、奚晓明、金剑锋、曹士兵：《〈最高人民法院关于适用《中华人民共和国担保法》若干问题的解释〉理解与适用》，68页以下，长春，吉林人民出版社，2000。

原合同债务与解除时的给付返还间是否具有同一性的认定，需要继续研究。

［论争］

(1) 个别场合不当得利返还债务与合同债务具有同一性

笔者评论韩世远教授第一版《合同法总论》关于解除效果之论时，未对不当得利返还债务与合同债务之间有无同一性发表意见，当时接受的观点是不当得利返还债务与合同债务之间不具同一性。[①] 从韩世远教授的作品观察，他似乎也赞同这种观点。今天看来，合同解除场合产生的不当得利返还债务，虽然一般情况下与合同债务不具同一性，但在个别场合，如不当得利返还债务在实质上相当于损害赔偿债务，甚至于相当于原合同债务的场合，具有同一性。于此场合，担保继续存在于不当得利返还债务上。“7. 折衷说对其两项恢复原状义务之间关系的理解有所不当”中［论争］已经作过分析，不再赘言。

(2) 韩世远教授对法释［2000］44号第10条的规定有所误解

称韩世远教授对法释［2000］44号第10条的规定有所误解，根据如下：

1) 法释［2000］44号第10条关于“主合同解除后，担保人对债务人应当承担的民事责任仍应承担担保责任”的规定中所谓的“担保责任”，属于民事责任，不包括担保人代替主债务人履行主债务的类型，只表现为担保人向主债权人承担损害赔偿责任。[②] 试想，若按照韩世远教授关于主合同存在、担保合同存续的观点及逻辑，主合同解除未消灭合同，则担保合同也继续有效，担保人承担的应是担保债务，而非民事责任。从李国光大法官等法官注释的字里行间，看到的均为主债务人不再负担合同债务，而是承担民事责任，担保人也得承担民事责任，除非存在免责事由。这也印证了笔者关于主债务（债权）存在，担保也存续的思路及观点（而非简单化地认为主合同存续，担保合同也存续）的

---

① 见史尚宽：《债法总论》，533页，台北，荣泰印书馆股份有限公司，1978；郑玉波：《民法债编总论》，陈荣隆修订，335～336页，北京，中国政法大学出版社，2004；孙森焱：《民法债编总论》下册，632页，北京，法律出版社，2006。

② 见李国光、奚晓明、金剑锋、曹士兵：《〈最高人民法院关于适用《中华人民共和国担保法》若干问题的解释〉理解与适用》，79页以下，长春，吉林人民出版社，2000。

可取性。

2）该项结论的正确性，还可以从体系解释中得到印证。法释［2000］44号第10条的规定，紧随法释［2000］44号设计的主合同有效、担保合同无效时担保人承担担保责任（第7条），主合同和担保合同均归无效时担保人承担担保责任（第8条），担保合同无效时反担保人仍负反担保责任（第9条第1款）之后。从“外部体系”着眼，法释［2000］44号第10条的规定处于合同不复存在时担保人仍负担保责任的体系之中。它没有遵从韩世远教授坚持的主合同有效担保才存续，主合同不复存在了担保则不存续的观点及逻辑。韩世远教授忽视了法释［2000］44号第7条至第10条的脉络，援引第10条的规定，试图证明其观点及逻辑的正确，显现笔者的观点及逻辑错误，难以达到目的。

9. 折衷说不合有关学说关于合同解除的理解

直接效果说符合合同解除的本来含义。许多文献都叙述道，合同解除乃废弃合同的制度。[①] 废止，就是消灭，而非不消灭。这与折衷说的要求不符。此其一。因解除发生的恢复原状义务的履行，从宏观上看是再现契约无效时应有的状态，可叫“契约的失效”。由契约发生的债务中，未履行者因失效而消灭。[②] 此其二。

10. 折衷说使得《合同法》在总体体系上不和谐

折衷说使得《合同法》在总体体系上不和谐。《合同法》将合同解除放置于“合同的权利义务终止”一章，而此处所谓合同的权利义务终止，系“合同上权利义务的消灭”，“是合同关系的消灭，是合同权利义务关系全体的消灭，主要是合同的解除。”“合同关系的消灭当然也就是各个合同债权与债务的消灭。”[③] 这不但本身不尽周延，而且与折衷说关于“已经履行的债务并不消灭”的核心观点

① 参见［日］星野英一：《日本民法概论Ⅳ·契约》，姚荣涛译，刘玉中校订，61页，台北，五南图书出版有限公司，1998；史尚宽：《债法总论》，504页，台北，荣泰印书馆股份有限公司，1978；郑玉波：《民法债编总论》，陈荣隆修订，326页，北京，中国政法大学出版社，2004。

② 参见［日］铃木禄弥：《物权的变动与对抗》，渠涛译，131页，北京，社会科学文献出版社，1999。

③ 韩世远：《合同法总论》，588页，北京，法律出版社，2004。

未尽一致。

［辨析］

合同权利义务的终止，望文生义，是指基于合同和法律产生的权利义务全部归于消灭，固然正确；但将其界定为基于合同产生的权利消灭，基于合同产生的义务继续存在，或基于合同产生的义务消灭，基于合同产生的权利继续存在，也不好说错。结合《合同法》规定的抵销（第99条）、提存（第101条以下）、免除（第105条）、混同（第106条）解释合同权利义务的终止，可以认定它可有两种含义：其一，基于合同产生的权利归于消灭，或义务归于消灭，但合同关系——广义债的关系——并不完全终止，尚有狭义债的关系存在。其二，基于合同和法律产生的权利义务——广义债的关系——全部归于消灭。

属于第一种意义的合同权利义务的终止，例如，在合同关系为双务法律关系的关系的情况下，一方当事人免除相对人对自己承担的债务，相对人表示继续享有其债权；或一方当事人提存，使其债务归于消灭，但继续享有对相对人的债权，等等，均为合同关系尚未全部终止的例证。

属于第二种意义的合同权利义务的终止，简称为合同的终止，又称合同的消灭，是指合同关系在客观上不复存在，合同权利和合同义务归于消灭。合同义务被全部适当履行、采取直接效果说的合同解除都属于这种情形。其他的类型，例如，在单务合同场合，发生了抵销、提存、免除或混同，附着于合同关系的解除权、终止权、抗辩权等从权利和告知义务等从义务，也随之消失，那么，合同关系——广义债的关系——全部终止。又如，在双务合同场合，仅剩余一种狭义债的关系，其他的狭义债的关系因适当履行已经不复存在，此时发生抵销、提存、免除或混同，附着于合同关系的解除权、终止权、抗辩权等从权利和告知义务等从义务，也随之消失，那么，合同关系也终止。

正因为存在着上述差异，韩世远教授的下述断语便以偏概全了：所谓合同的权利义务终止，系“合同上权利义务的消灭”，“是合同关系的消灭，是合同权利义务关系全体的消灭，主要是合同的解除。”“合同关系的消灭当然也就是各个合同债权与债务的消灭。”

11. 折衷说在利益衡量方面失衡

更不容含糊的是，在给付物为有体物且合同解除时该物依然由受领人享有的情况下，从利益衡量的角度分析，折衷说有利于受领人，直接效果说有利于给付人，虽然违约方既可能是给付人也可能是受领人，但在违约解除场合采取直接效果说大多有利于守约方。[①] 就此看来，偏袒些说，两种学说半斤八两；公正地说，折衷说的不足更大。依据法解释学，当形式逻辑与利益衡量不能兼顾时，宁可牺牲形式逻辑，而侧重于利益的衡平。对此，在上文"1. 非继续性合同的违约解除原则上有溯及力"中已经详述过，不再赘言。

（五）解除效力所及的范围

《合同法》规定，因标的物的主物不符合约定而解除合同的，解除合同的效力及于从物。因标的物的从物不符合约定被解除的，解除的效力不及于主物（第164条）。标的物为数物，其中一物不符合约定的，买受人可以就该物解除，但该物与他物分离使标的物的价值显受损害的，当事人可以就数物解除合同（第165条）。出卖人分批交付标的物的，出卖人对其中一批标的物不交付或交付不符合约定，致使该批标的物不能实现合同目的的，买受人可以就该批标的物解除（第166条第1款）。出卖人不交付其中一批标的物或交付不符合约定，致使今后其他各批标的物的交付不能实现合同目的的，买受人可以就该批以及今后其他各批标的物解除（第166条第2款）。买受人如果就其中一批标的物解除，该批标的物与其他各批标的物相互依存的，可以就已经交付和未交付的各批标的物解除（第166条第3款）。分期付款的买受人未支付到期价款的金额达到全部价款的1/5的，出卖人可以要求买受人支付全部价款或解除合同（第167条第1款）。

三、合同解除与恢复原状

（一）合同解除与恢复原状概述

恢复原状是有溯及力的解除所具有的直接效力，是双方当事人基于合同发生

① 见崔建远主编：《合同法》，3版，崔建远执笔，199～200页，北京，法律出版社，2003。

的债务全部免除的必然结果。可见，此处所谓的恢复原状不同于折衷说所讲的恢复原状，而是《合同法》第 97 条规定的恢复原状。以下所论恢复原状均为《合同法》第 97 条规定的恢复原状。

在合同尚未履行时，解除具有溯及力，基于合同发生的债权债务关系全部溯及地消灭，当事人之间当然恢复原状，不存在产生恢复原状义务的余地。恢复原状义务只发生于合同部分或全部履行的情况。由于合同自始失去效力，当事人受领的给付失去法律根据，应该返还给付人。

恢复原状在效力及范围上有自己的特性。在效力方面，由于中国法律未承认物权行为独立性和无因性理论，给付人请求受领人返还给付物的权利是物的返还请求权，因而它优先于普通债权得到满足。在范围方面，它以给付时的原物及其孳息为标准进行返还，受领人获得利益多少，在所不问。

（二）有关资料、样品的返还或销毁

在某些情况下，合同解除还伴有货物样品、有关资料的返还。例如，某《经销协议》第 9.3 条规定："合同各方（'一方'）应在另一方（'另一方'）的要求下，自费做出如下行为：(a) 向另一方返还所有资料，包括含有另一方的保密信息或与之相关的文件、计算机媒体和模型，以及由于本协议产生的或与本协议有联系的：(i) 提供给一方，或一方获得的资料；或 (ii) 一方准备的或制作的资料；(b) 从一方所有的或使用的任何电脑磁盘或电子存储设备永久性删除所有另一方的保密信息（包括与保密信息有任何联系的任何信息）；以及 (c) 尽管有第 9.2 条的规定，停止使用另一方的信息；并立即确认一方已经做出上述行为。"第 11.3 条约定："合同终止的结果　本协议终止后，由于任何理由：…… (b) 经销商须在收到供应商书面请求后的 10 个工作日内，发给供应商产品的全部样品以及任何广告、促销资料，以及与产品或供应商有关的所有其他信息或资料，包括但不限于当时由经销商所有或控制的所有供应商的文件和保密信息，或根据供应商的指示以其他方式处理并销毁有关资料，并提供一份证书，向供应商证明所有此类资料均已销毁。(c) 供应商须在经销商做出书面请求后 10 个工作日内，退还当时供应商拥有或控制所有经销商的保密信息，或根据供应商的指示以其他方式处理并销毁保密信息，并提供一份证书，向供应商证明所有此类资料均已销毁。”

(三) 折衷说否定物权请求权的理由不充分

1. 争点归纳

折衷说认为，中国法律虽不承认物权行为无因性理论，但在物权变动问题上，除了要求当事人变动物权的意思（作为债权合同的一部分）外，对于动产原则上要求交付，对于不动产则需要经过登记，对于物权变动采物权变动与原因行为的区分原则，采纳物权公示原则和公信原则，以强化对交易安全的保护。据此，合同解除后，给付物的所有权并非随解除的意思表示到达相对人而自动地、当然地复归于解除权人；解除权人（给付人）虽可请求相对人（受领人）返还给付物，该请求权并非属于物权的请求权，而应当属于债权的请求权。[①] 具体到《合同法》第 97 条的规定，便认为其恢复原状请求权，并非物权请求权，而是债权请求权。[②]

笔者感到，该债权请求权说明示了或暗含着几个观点：一是合同解除产生的给付物返还属于一类复原性物权变动；二是此类物权变动由法律行为引起；三是此类物权变动仍然奉行公示原则和公信原则，以交付（动产场合）或登记（不动产场合）为生效要件；四是这为强化对交易安全的保护所必需。对此，均须回答。

2. 在中国现行法上的违约解除场合，给付物返还是否作为一种类型的物权变动，需要慎重行事

的确，日本存在着复原性的物权变动说。依据该说，在合同被撤销、被解除甚至无效的情况下，给付物所有权一度转移给了受领人，因其丧失了转移的原因而复原[③]，于是存在着复原性物权变动，只有将给付物返还与给付人（动产场

① 见韩世远：《合同法总论》，622～623 页，北京，法律出版社，2004。

② 见韩世远：《合同法总论》，624～625 页，北京，法律出版社，2004。

③ 见［日］我妻荣、有泉亨：《新订物权法》，64 页，1983。转引自［日］铃木禄弥：《物权的变动与对抗》，渠涛译，175 页，北京，社会科学文献出版社，1998。

合）或将给付物复原登记（不动产场合），给付物所有权才会归属于给付人。[1]具体到合同解除，间接效果说认为，解除并不等于买卖合同溯及性消灭，给付人的给付物所有权已经由给付人转移到了受领人，只是因为解除的效果要求受领人有义务将给付物的所有权以及伴随所有权的对给付物的占有、登记复原与给付人，这才是《日本民法典》第545条规定的宗旨。[2]

同时，不可否认的是，持相反观点的也不在少数。例如，鲍尔和施蒂尔纳两位教授论述道，《德国民法典》第985条关于物的返还请求权的规定适用于无权的自主占有人，包括基于无效的买卖合同与无效的所有权让与合意而占有的买受人。[3] 施瓦布教授也指出，如果一个艺术品商人利用一个继承人的欠缺经验而促使其把遗产中的一幅珍贵画以低价出卖并且转移所有权，则不论是买卖合同还是转移所有权的处分行为，依据《德国民法典》第138条第2项的规定都会无效。也就是说，该继承人仍然是这幅画的所有权人，返还请求权只针对返还(Rückgabe)（取得占有），其请求权基础还有《德国民法典》第985条。该条规定的为物的返还请求权。[4] 这就清楚地告诉我们，虽然买受人仍然占有着买卖物，但因买卖合同和物权合意均为无效，买卖物的所有权已经复归于出卖人，出卖人才有权行使物的返还请求权。拉伦茨教授的下述观点同样表达了上述意思：如果一个债法上的合同是可撤销的，并且已经被撤销……物权法上的法律行为(或者仅仅这种行为）也被撤销，那么物权法上法律行为所涉及的权利的转让就不可能发生。如果出让者对转让行为进行撤销，那么接受方由于撤销的溯及力就会根本无法取得对转让物的所有权；这里起决定作用的是转让者。如果接受方已在土地登记簿上登记，那么这个登记就会由于撤销以及由于撤销的溯及力而变成

---

① 见［日］铃木禄弥：《物权的变动与对抗》，渠涛译，69～133页，北京，社会科学文献出版社，1998。

② 见［日］铃木禄弥：《物权的变动与对抗》，渠涛译，73页，北京，社会科学文献出版社，1998。

③ 见［德］鲍尔/施蒂尔纳：《德国物权法》，上册，张双根译，201页，北京，法律出版社，2004。

④ 见［德］迪特儿·施瓦布：《民法导论》，郑冲译，497～498页，北京，法律出版社，2006。

错误的了。[1] 我妻荣教授阐明，日本民法不承认物权行为独立性时，在以所有权移转为目的的法律行为无效或撤销以及契约解除等情形，标的物的所有权原则上认为未被移转，结果，其返还请求权构成所有权人和无本权人之间的关系。因此，只要无效、撤销、解除等中无特别规定，就应当适用有关的上述规定。[2] 具体到合同解除，直接效果说认为，解除的结果是买卖合同的追及性消灭，即被当作本来不存在来处理。因此，给付人的给付物所有权始终没有转移，只是给付物的占有和登记名义发生错误，一时到了受领人的名下。[3] 川岛武宜教授认为，给付物所有权等于未曾移转，给付人拥有物的返还请求权。[4] 星野英一教授申明，如果特定物物权的移转是根据契约规定而发生，那么，物权当然因契约的解除而回复，通常并不需要为物权回复而作出法律行为（所谓物权行为）。这是“物权变动不必作出特别物权行为”说的一个环节。[5] 即使是铃木禄弥教授本人也承认，复原性物权变动所指包括虽然表面上似乎发生了物权变动，而实际上，本来也许就没有发生这种变动。至少在买卖合同无效的场合，已经登记在买受人名下的买卖物的所有权始终是归属于出卖人的。[6] 我们可将此类学说称为物权立即复归说或者物权未曾移转说。

归结上述，依据物权立即复归说，在合同无效、被撤销、有溯及力的解除场合，给付物所有权立即复归给付人，或者说给付物所有权等于未曾移转；而按照复原性物权变动说，于此场合存在着一个给付物所有权由受领人移转至给付人的过程，这种物权复原的性质与通常的物权变动一样。显然，前者简洁明快，后者

① 见［德］卡尔·拉伦茨：《德国民法通论》，下册，王晓晔、邵建东、程建英、徐国建、谢怀栻译，谢怀栻校，666～667页，北京，法律出版社，2003。

② 见［日］我妻荣：《日本物权法》，有泉亨修订，李宜芬校订，447页，台北，五南图书出版有限公司，1999。

③ 转引自［日］铃木禄弥：《物权的变动与对抗》，渠涛译，72页，北京，社会科学文献出版社，1998。

④ 见［日］川岛武宜：《民法》，156页以下。转引自［日］铃木禄弥：《物权的变动与对抗》，渠涛译，175页，北京，社会科学文献出版社，1998。

⑤ 见［日］星野英一：《日本民法概论Ⅳ·契约》，姚荣涛译，刘玉中校订，81页，台北，五南图书出版有限公司，1998。

⑥ 见［日］铃木禄弥：《物权的变动与对抗》，渠涛译，69页，北京，社会科学文献出版社，1998。

相对复杂，各有千秋。如何取舍，仅凭此点，难有说服力，惟有结合其他因素才能科学决断。

（1）对合同解除与合同无效、撤销之间的异或同，偏重何者的影响。合同无效在中国现行法上是绝对的、自始的无法律拘束力，当事人双方自始便不享有合同债权，所以受领人自始没有受领、保持给付物所有权的根据，给付物所有权自始未曾移转。有的日本学者早已指出，合同自始无效，欠缺承认复原性物权变动的逻辑前提。① 就此看来，连物权立即复归说的命题都不尽准确，更不要说复原性物权变动说了。撤销和解除（直接效果说），在均为自始没有法律效力，自始没有合同债权，需要复原登记或返还占有诸方面，与合同无效具有共同的因素。② 若对此特别关注，得出物权立即复归的结论就顺理成章。反之，合同解除的对象在解除前是有效的，至少是已经成立待生效的，受领人完全有权受领和保持给付物，只是因解除导致合同溯及既往地消灭才使得受领给付物丧失了法律上的原因。③ 这与合同无效的情形非常不同。如果将此不同作为关注的重点，遵循不同的事物不同处理的原则，那么，物权立即复归说就不是唯一的甚至不是最佳的选择，而是认为在受领人──→给付人之间存在着给付物所有权移转的过程，具有复原性物权变动的逻辑前提。④

（2）物权行为无因性原则有无的影响。在不奉行物权行为无因性原则的背景下，只要采取直接效果说，物权立即复归说在逻辑上就十分顺畅。反之，在采纳物权行为无因性的立法例上，即使认为合同解除发生溯及消灭的效果，给付物所有权也难以自动复归，需要借助于不当得利返还使给付人重新取得该所有权，至少在许多场合下是如此。就是说，物权行为无因性原则的土壤有利于复原性物权变动说的生成。

（3）解除效果的不同学说的影响。依据间接效果说或折衷说，尤其是在奉行

---

① 见［日］田山辉明：《物权法》，73页，北京，法律出版社，2001。

② 参见［日］田山辉明：《物权法》73页，北京，法律出版社，2001。

③ 参见［日］铃木禄弥：《物权的变动与对抗》，渠涛译，73页，北京，社会科学文献出版社，1998。

④ 见［日］田山辉明：《物权法》，73页，北京，法律出版社，2001。

物权行为无因性的法制下，物权立即复归难有立锥之地，复原性物权变动的观点有可能形成，在日本民法学上已经变成了现实。按照直接效果说，特别是在不承认物权行为的立法例上，物权立即复归说非常容易证成。

(4) 给付物的交付或复原登记的意义。如果给付物所有权的归属必须以占有或登记为准据，不允许名实分离，那么，复原性物权变动说为较佳的选择；如果不强求给付物所有权的归属在任何情况下都名实同一，物权立即复归说就有了生存的空间。

(5) 给付物的返还有无公示的必要。如果认为解除场合的给付物返还形成一个独立类型的物权变动，且由法律行为引发，那么公示就非常必要，复原性物权变动说水到渠成。反之，如果否认这里存在着法律行为和物权变动，公示的必要性就没有或大为降低，物权立即复归说显现出合理性。

(6) 对于第三人保护的“度”，也是选取何种学说的重要因素。依据复原性物权变动说，在受领人尚未将给付物返还（动产场合）、尚未将给付物复原登记（不动产场合）的情况下，给付物的所有权仍然属于受领人，受领人将该给付物出卖人与第三人属于有权处分，善意取得规则无适用余地，即使该第三人知晓该给付物应当返还或复原登记，该买卖合同照样有效，该第三人通过该合同的履行而取得该给付物的所有权，给付人无权抗辩。这显然是过分保护了“恶意”第三人，忽视了给付人的所有权，有失权衡。而按照物权立即复归说，给付物所有权因解除而立即复归于给付人，受领人出卖它属于无权处分，如此，与受领人交易的第三人只有在善意的情况下才会取得给付物的所有权，若为恶意则否。而这是正当的。

笔者一直认为中国民法未承认物权行为理论，在合同解除上赞同直接效果说，不赞同给付物的返还由法律行为引起的观点，坚持对于恶意第三人不宜优惠保护，通过下文的分析还会发现物权立即复归不损害交易安全，因而赞同物权立即变动说顺理成章。虽然复原性物权变动说也有一定的存在根据，但在中国法上存在的理由不如物权立即复归说强劲，尤其是复原性物权变动说对于恶意第三人也加以优惠保护，显然不当。

3. 在中国现行法上的违约解除场合，给付物返还不是或不宜被解释为由法律行为引起

违约解除，只要不是当事人双方通过协商一致的方式将合同解除，而是解除权行使的结果，那么，给付物返还就是合同解除的当然法律效果，不存在所谓"债权合同"。如此，在不承认物权行为制度的中国现行法上，也没有物权行为的存在。就是说，在合同因解除权的行使而解除的情况下，不存在法律行为加上交付或登记而引起给付物所有权的变动问题。其实，就是德国民法及其理论，对因解除而返还给付物也是作为不当得利返还处理的，而不当得利返还是法定效果，不当得利返还引发所有权移转属于基于法定原因的物权变动，而非基于法律行为的物权变动。其道理并不深奥，因为在违约解除的情况下，如果违约方不同意解除或虽同意解除但不同意返还给付，那么，解除权人就请求法院强制执行，使得给付得以返还。显然，于此场合，给付人和受领人就给付物的返还没有达成物权合意，自然不存在物权行为。

［论争］

(1) 背景

笔者当时发表此论时，面对的文本是韩世远教授所著第一版《合同法总论》。该书对合同解除后的标的物返还，采取基于法律行为的物权变动说。此处所谓法律行为，没有言及系物权合意还是单方意思表示。[①] 鉴于韩世远教授赞同物权行为理论，而物权行为理论的发源地德国的民法理论所谓基于法律行为的物权变动，就是基于物权行为的物权变动；考虑到双方当事人之间于交易过程中变动物权事关各自的切身利益，仅凭当事人一方的意思表示就发生物权变动，恐怕会害及另一方的合法权益，笔者便推测韩世远教授此处所谓基于法律行为的物权变动，系指基于物权行为的物权变动。于是，通过举例分析，找出合同解除场合物权复归了却无当事人合意的情形，证明韩世远教授之说不成立。

未曾料，韩世远教授语出惊人，于其第二版《合同法总论》和第三版《合同

① 见韩世远：《合同法总论》，623页，北京，法律出版社，2004。

法总论》中明确道，其基于法律行为的物权变动系指基于解除权行使的行为发生物权变动。“按照回归的物权变动说，行使解除权（形成权）的行为是一种法律行为，相应的物权变动是基于法律行为的物权变动，同样需要经过交付或者登记手续，最终方能实现物权的复归。”①

(2) 反驳

笔者认为，这种观点站不住脚，理由如下：

1) 从意思表示的理论看

基于法律行为的物权变动，该法律行为中必有物权变动的效果意思。按照韩世远教授赞同的物权行为理论，该法律行为须为物权行为，得有物权的意思表示。在笔者掌握的文献里，没有看到德国民法及其学说认为物权行为以外的法律行为含有物权的意思表示，能够引发物权变动。韩世远教授关于解除权行使的行为能够引发物权变动之说，无异于承认物权行为以外的法律行为引发物权变动，纯粹是他自己的学说；并且，这也与他赞同物权行为独立的观点不一致。因为物权行为的目的及功能就在于引起物权变动，关于物权变动的效果意思应在物权行为里。

在韩世远教授的理论体系中，该自己说欲要立足，至少要回答、解决两个问题：其一，他赞同债权行为与物权行为的区分，如此，基于法律行为的物权变动只能由物权行为引起，不会由其他法律行为引发。而解除权行使的行为显然不是物权行为，依逻辑，不会引发物权变动。他驳不倒这一点，其观点就立不住。其二，退一步说，即使他驳倒了“其一”，也必须证明解除权行使的行为中含有引发物权变动的效果意思，解除通知须为物权的意思表示。若证明不了解除权行使的行为含有物权变动的效果意思，其观点依然不成立。

笔者思考至今，感到韩世远教授难以驳倒“其一”。“其二”呢？恐怕亦然。其道理在于，解除权行使的行为，即解除通知，就是解除的意思表示，不含有物权变动的效果意思，没有物权的意思表示。

---

① 韩世远：《合同法总论》，2版，474页，北京，法律出版社，2008；韩世远：《合同法总论》，3版，532～533页，北京，法律出版社，2011。

假如硬说解除权行使的行为含有物权变动的效果意思，就难以合理地解释如下现象：(a) 在解除理发、咨询等不涉及给付物的物权变动的合同场合，合同解除所产生的恢复原状不存在给付物的物权变动，称解除权行使的行为含有物权变动的效果意思显然不成立。(b) 在解除买卖等合同的场合，解除时给付物已经不复存在，或给付物的物权已被第三人终局地取得，无法复归于给付人。在这种情况下，怎么能说解除权行使的行为含有物权变动的效果意思？(c) 在解除买卖等合同的场合，解除时给付物能够返还，但给付人仅有解除合同的请求，而不主张恢复原状。于此场合称解除权行使的行为含有物权标的的效果意思，显然不合事实。

退一步说，假如个案中的“解除通知”果真含有引发物权变动的效果意思，也是解除意思表示之外的效果意思，属于多种意思表示的结合，只不过出现在了同一个载体上而已。这类似于一个合同文本上载有数个非典型合同，或是合同联立，或是混合合同，应当分别适用法律。我们不得因多种意思表示的结合而改变“解除的意思表示”的质的规定性，而扩张“解除的意思表示”的范围。

在笔者的理论体系中，基于法律行为的物权变动场合，该法律行为表现为买卖合同等行为。买卖合同等行为含有物权变动的效果意思，而不是该合同项下的债权含有引发物权变动的效果意思，更不是作为债权之一种效力、作用的解除权及其行使含有引发物权变动的效果意思；更遑论债权、解除权及其行使含有使物权得而复失（从给付人角度讲，则为失而复得）的效果意思了。真实的情形是，所谓法律按照买卖合同等行为的意思表示内容赋予法律后果，包括认可或强制债权以其给付受领权的实现达到物权变动，甚至以自己死亡换取物权变动。其中，不含物权得而复失的效果意思，即不含有合同解除场合返还给付的效果意思。

2）从解除权与债权之间的关联看

上述结论的正确性，可以从解除权与债权之间的关联层面得到印证。解除权，为债权的效力、作用，管辖着债权的死亡。解除权及其行使所蕴含的意思，应为债权及其行使所蕴含的意思的一部分。解除权行使所含有的意思表示，应被融入债权所处于的法律行为（如买卖合同）之中。假如有所超出，也跳不出如来佛的手掌。如果把债权以其给付受领权的实现达到物权变动、以自己死亡来换取物权变动，作为正方向的运动，那么，合同解除导致的物权变动（如果奉行此类物权变动理论的话）实为反方向的变化——反动。称解除权行使的行为引发物权变动，意味着承认解除权及其行使所蕴含的意思完全超出了债权及其行使所蕴含的意思，背离了债权所处于的法律行为（如买卖合同）中的效果意思；无异于在说买卖合同等行为含有物权得而复失的效果意思。这不是在说买受人等交易人在成立买卖等合同时就准备着退还买卖物吗?! 这显然违背交易人的真意，违反交易的常规。法律人大概不会接受这样的理论。

3）从因果链条看

A. 按照直接效果说，这里的因果链条是：解除通知（意思表示·法律行为）⟶合同解除⟶溯及既往：物的返还请求权·不当得利返还请求权·损害赔偿请求权/无溯及力：不当得利返还请求权·损害赔偿请求权。

用文字描述就是：解除权行使的行为引发的是合同解除，合同解除的效果是合同溯及既往地消灭或仅向将来消灭。溯及既往消灭的结果是，在给付表现为有体物的交付或移转登记的场合，所有权立即复归，产生物的返还请求权或排除妨害请求权，有时还有不当得利返还请求权，以及损害赔偿请求权；在给付非为有体物的交付或移转登记的场合，没有所有权的复归，仅产生不当得利返还请求权，有时成立损害赔偿请求权。物的返还请求权行使的表现形式为，动产、不动产占有的回复。排除妨害请求权行使的表现形式为，不动产登记的注销。

B. 按照折衷说，这里的因果链条是：解除通知（意思表示·法律行为）⟶合同解除⟶无溯及力：恢复原状义务⟶物权变动。

用文字描述就是：解除权行使的行为引发的是合同解除，合同解除的效果是尚未履行的债务归于消灭，已经履行的债务转化为新的返还债务。其中，新返还债务的履行结果，于有体物交付或移转登记场合发生物权变动。

C. 总结

不难发现，解除权行使的行为，即解除通知，解除的意思表示，是属于形成权行使的行为，距离动产、不动产占有的回复或不动产登记的注销及再登记相当遥远，距离韩世远教授所说的物权变动隔着几个环节，超出了解除通知效力的射程，其中难有发生物权变动的效果意思。至少笔者不信其有。

在这里，还必须提及，韩世远教授推崇负担行为与处分行为的区分，赞美其为利器，并将其积极地运用于中国现行法。依其逻辑，负担行为与处分行为的区分，也应当能运用于此处所论问题。于是，问题产生了：解除权行使的行为是处分行为吗？若是，则它直接——而非再有媒介——引起物权变动。事实显非如此，因为韩世远教授认为解除权行使的行为产生恢复原状义务，该义务的履行，导致物权变动。一句话，并非解除权行使的行为直接引起物权变动。若非，则应为负担行为。可是，在负担行为和处分行为的架构下，负担行为不引起物权变动。由此可见，韩世远教授关于解除权行使的行为引起物权变动的观点不成立。

4）从法定与约定的角度看

形成权的行使，通过单方面的形成行为，来实现他与相对人之间的法律关系，或者对法律关系的内容进行确定，或者改变这种法律关系，以至撤销这种法律关系。① 正因形成权人单方面的形成行为具有如此强劲的法律效力，相对人必须允许这种形成，以及通过这个形成权来中断原来的法律关系，并且还要允许这种做法有效②，所以，必须保护相对人免受不公平结果的损害。为了达到这个目的，法律在规定各种具体的形成权的同时，制定了许多不同种类的规定③；法律必须限定其法律效力的具体内容，解释法律之人不得随意扩张此类法律效力的范围。解除权作为形成权的一种，其行使，将合同转换成一个返还的债权债务关系。④ 须注意，“将合同转换成一个返还的债权债务关系”，仅此而已，并非发生物权变动。物权变动的发生和结果，假如有的话，也是有待于其中债务的履行，

---

① 见［德］卡尔·拉伦茨：《德国民法通论》上册，王晓晔、邵建东、程建英、徐国建、谢怀栻译，谢怀栻校，289页，北京，法律出版社，2003。

② 见［德］卡尔·拉伦茨：《德国民法通论》上册，王晓晔、邵建东、程建英、徐国建、谢怀栻译，谢怀栻校，290页，北京，法律出版社，2003。

③ 见［德］迪特尔·梅迪库斯：《德国民法总论》，邵建东译，79页，北京，法律出版社，2000。

④ 见［德］卡尔·拉伦茨：《德国民法通论》上册，王晓晔、邵建东、程建英、徐国建、谢怀栻译，谢怀栻校，290～291页，北京，法律出版社，2003。

债权的实现。

这种结论的可靠性，还可以从下面的事实看出来：在受领人经催告仍然拒不付款的情况下，给付人主张解除合同，但鉴于给付物已因受领人的过错致有瑕疵，明确表示解除合同不请求返还原物，但裁判机构却裁判返还原物。这也证明，作为合同解除的效果，即便承认有物权变动，也不是基于法律行为发生的物权变动。

实际上，即使按照德国民法目前的通说，合同解除形成清算关系，该关系也是法定债的关系，而非意定债的关系。换言之，它不是基于当事人的意思表示而发生的。履行法定债的关系，发生给付物的物权的变动。此处的物权变动，并非基于法律行为而发生的物权变动。

由此可见，韩世远教授关于解除权行使的行为导致物权变动的观点，违反了形成权制度及其理论。

5）从合同变更看

折衷说认为解除不消灭作为法律行为的合同与作为法律关系的合同。如此，解除权的行使至多是未改变要素的变更合同，解除权行使所起的作用只是债权债务的非实质性改变。物权变动与其原因行为间的关系在格局上不应变化，仍然是合意作为原因行为，该原因行为项下的债务履行导致物权变动。韩世远教授关于解除权行使的行为系物权变动的原因行为的观点，违反了这个原理。

6）从物权变动的模式看

按照日本民法及其理论，物权变动为意思主义模式，只要法律行为生效，物权变动即告完成，无需公示。韩世远教授在此主张，给付物为动产时须经交付才能发生物权变动，为不动产时须办登记才会发生物权变动。显然，他这里讨论的不是日本民法上的合同解除及其效果。根据德国民法及其学说，物权变动采取物权形式主义，但引起物权变动的法律事实必须是物权行为。韩世远教授本来赞同物权行为理论，但于此处却主张引起物权变动的法律事实不是物权行为，而是解除权行使的行为。可见，他这里讨论的也不是德国民法上的合同解除及其效果。他在此讨论的应是中国现行法上的合同解除及其效果。

中国现行法上的物权变动，原则上奉行债权形式主义，个别的采取债权意思主义，未见形成权形式主义的规定及学说。韩世远教授自称其主张有法条依据，不知法条何在？

不仅如此，更要害的在于，假如肯认韩世远教授的这一学说，那么，物权变动模式理论就必须作较大的调整：基于法律行为而发生的物权变动进一步区分为基于形成权行使而发生的物权变动与基于他种法律行为而发生的物权变动。疑问接连不断：基于形成权行使而发生的物权变动能否成立？基于形成权行使而发生的物权变动能成为一个普适性的模式吗？中国现行法的规则是如此设计的吗？中国物权法的理论跟得上吗？

7）从物权变动与民事责任的相互关系看

解除导致标的物返还，而标的物返还为民事责任，这是韩世远教授的观点。假如他把该标的物返还这个民事责任作为物权变动，则混淆了物权变动与民事责任两个概念、两种制度。如果他认为标的物返还这个民事责任并非物权变动，那么，它系法定责任，形成法定债之关系，民事责任承担完结便发生物权变动，即法定债务履行引发物权变动。试问：此处的物权变动是基于法律行为的吗？

8）从当事人的能力看

合同解除的善后工作往往复杂，有的存在着韩世远教授所说的物权变动，有的不存在；有的客观上存在，但当事人主观上不愿意。当事人的效果意思果真这么全面而准确？这未免过于高看当事人的能力了，恐怕是韩世远教授在代替当事人凑齐效果意思。

9）从利益衡量看

合同场合发生物权变动，事关双方当事人的切身利益，为了公平合理地处理这个问题，由作为理性人的双方合意，十分必要。连赠与财产尚且如此，更何况双务关系呢！不然，仅凭一方当事人的意思表示就发生物权变动，按照该方当事人的意思表示的内容赋予法律效果，恐怕会严重损害另一方当事人的合法权益，在发出意思表示的一方为背信之人时，这种可能性最大。合同解除，本来就是个利益此消彼长之事，因违约而解除，特别是《合同法》第410条等规定的任意解除，尤为如此。在这种背景下赋予解除权行使的行为具有引发物权变动的效力，弊端极大。就此看来，韩世远教授关于解除权行使的行为引发物权变动之说，也不足取。

以上九点理由，再联系《物权法》的立法计划、立法目的，作为物权变动原因行为的法律行为，在《物权法》上须作限缩解释，即不包括解除权行使的行为。

[辨析]

韩世远教授认为："《物权法》上的物权变动，无外乎两类，一类是基于法律行为的物权变动，另一类则是基于法律规定的物权变动。"若不承认合同解除发生的"物权变动"系基于法律行为的物权变动，就只得是基于法律规定的物权变动。而"基于法定原因的物权变动，在我国法上恐怕目前仅有《物权法》第28～31条作了规定"。因而，崔建远教授所采物权自动复归的观点"是一种脱离现行法的'解释论'"①。在这里，其问题种种，分析如下：

(1) 基于非法律行为而发生的物权变动，不等于基于法律规定而发生的物权变动。后者仅为前者的一部分。即便法律未设明文，依事理，按法理，应当发生物权变动的，法律人恐怕不应否认。例如，添附场合发生动产所有权的变动，乃客观事实，且为物权法的专家、学者所承认。但《物权法》对此却未作规定。又如，拾"破烂"而取得所有权，既有利于秩序的维护，又使卖"破烂"的法律关系顺畅，但《物权法》亦未规定，未见有人持反对意见。它们均属基于非法律行为而发生的物权变动，却不属于基于法律规定而发生的物权变动。还有，某些场合，法律虽无直接的明文，但依整个法律制度及其理论，也应当发生物权变动。《物权法》第149条第2款规定的问题算作一例。商业用房所在地的建设用地使用权期满，权利人未再续期。其直接的法律后果是该建设用地使用权消灭。基于房地权属一体的规则及学说，该商业用房的所有权也应随之消灭。在这里，至少商业用房所有权的消灭不见法律条文的踪迹，但否认该种物权变动，恐怕不合不

① 韩世远：《合同法总论》，3版，532页，北京，法律出版社，2011。

动产制度及其理论的应有之义。可见，韩世远教授关于“《物权法》上的物权变动，无外乎两类，一类是基于法律行为而发生的物权变动，另一类则是基于法律规定而发生的物权变动”的认定，难谓正确。

(2) 法律明文规定的物权变动不限于《物权法》第 28 条至第 30 条所涉类型。抛开《物权法》第 106 条规定的善意取得因有不同认识不谈，《物权法》第 42 条及第 148 条规定的征收引发的物权变动，第 113 条规定的国家取得遗失物，第 116 条规定的孳息所有权的归属，第 149 条第 2 款规定的非住宅建设用地使用权期满而不续期的物权变动，第 154 条规定的宅基地使用权的消灭，等等，均为基于法律规定而发生的物权变动。

(3) 更为核心的是，物权变动，有法律的明文，最为理想，但由于种种原因法律未设明文，也不宜因此而持否定态度。前述添附、先占场合发生的物权变动，在中国现行法上即属法律未设明文的物权变动。难道韩世远教授对此不予承认？合同解除场合的给付物所有权的复归，固然没有法律的明文，但因此而予以否定，至少说服力不强。韩世远教授主张的观点缺乏法律明文的，恐怕不在一个、两个，按照同等对待的原则，韩世远教授怎么不予改弦易辙呢？

4. 在中国现行法上的违约解除场合，给付物所有权归属于给付人，不宜以交付（动产场合）或登记（不动产场合）为生效要件

德国、中国大陆和中国台湾的民法通说认为，基于法律行为而发生的物权变动以交付或登记为生效要件，基于法定原因或曰非因法律行为（如法院判决的生效判决、政府的征收行为、继承、合法建房等事实行为）而发生的物权变动则否。[①]《物权法》第 6 条、第 9 条、第 14 条、第 16 条、第 28 条、第 29 条、第 30 条都坚持了这个精神。退一步说，合同解除场合发生的给付物返还，即使被认定

① 见［德］鲍尔、施蒂尔纳：《德国物权法》上册，张双根译，61～62 页，北京，法律出版社，2004；王泽鉴：《民法物权·通则·所有权》，总第 1 册，100 页以下、111 页以下，台北，三民书局，2003；谢在全：《民法物权论》上册，108 页以下、125 页以下，台北，三民书局，2003；梁慧星主编：《中国民法典草案建议稿附理由·物权编》，18 页以下、50 页以下，北京，法律出版社，2004；王利明主编：《中国物权法草案建议稿及说明》，6～25 页，北京，中国法制出版社，2001。

为存在着物权变动，也是非基于法律行为而发生的物权变动，不以公示为必要。如果采取物权立即复归说，这里是给付物所有权等于未曾移转，不承认存在着物权变动，就更无必要以交付或登记为要件了。

此外，在合同解除场合，坚持只有将给付物交付与给付人或复原登记才发生所有权的移转的观点①，也没有做到相似的事物相同处理。因为在合同被撤销场合，该论者未贯彻只有将给付物交付与给付人或复原登记才发生所有权的移转的观点。②

笔者的上述结论，通过下文关于给付物返还与交易安全的讨论会更加彰显出合理性。

5. 物的所有权即刻复归并不违背交易安全

所谓在合同解除的情况下，给付物所有权通过给付物的交付或复原登记，系公示原则和公信原则的要求，以强化对交易安全的保护③，此处存在着误解。有学者说得好，之所以需要公示方法，是为了保护物权交易的安全。相反，在与物权交易保护无关的场合，自然无需要求具备这种公示方法。④ 给付物因合同解除而予以返还，系合同解除的当然法律效果，且发生于给付人与受领人之间，不是一项交易，而是特定交易的“反动”。须知，交易安全，发挥作用的空间为交易领域，无交易便谈不上交易安全。所以，合同解除导致给付物所有权的归属，不以给付物的交付（动产场合）或复原登记（不动产且已办理了移转登记场合）为生效要件。这没有否定物权的公示原则和公信原则，不会影响交易安全。交易安全问题出现于给付物占有人或登记名义人向第三人出卖给付物的交易领域。在这个领域，不会因合同解除场合给付物返还公示与否而受影响。其道理在于：其一，在合同解除无溯及力的情况下，给付物为动产的，其所有权归属于受领人，在受领人和第三人之间的关系上，给付物的占有与所有相统一，公示原则和公信

① 见韩世远：《合同法总论》，623页，北京，法律出版社，2004。

② 见韩世远：《合同法总论》，263～264页，北京，法律出版社，2004。

③ 见韩世远：《合同法总论》，623页，北京，法律出版社，2004。

④ 见［日］舟桥谆一：《物权法》，154页以下。转引自［日］铃木禄弥：《物权的变动与对抗》，渠涛译，12页，北京，社会科学文献出版社，1998。

原则都充分发挥着作用，不会损害交易安全。其二，在合同解除无溯及力的情况下，给付物为不动产的，如果尚未办理移转登记手续，则给付物所有权仍然归属于给付人，第三人若拟与受领人这个给付物的占有人进行交易，不得仅凭占有事实，而应当查询不动产登记簿，从而知晓不动产的权属状况。如果不予查询却仍然与受领人就该物交易，那么构成恶意，只要给付人不追认该物的买卖合同，法律就不会使该第三人取得该物的所有权。当然，受领人可以向该第三人转让移转登记的请求权，该第三人通过行使该请求权使给付人办理移转登记。这同样不违反公示原则和公信原则，未损害交易安全。如果已经办理完毕给付物所有权的移转登记，登记名义人与真正权利人相一致，第三人拟与受领人进行交易，基于不动产登记的记载，就不会出现无权处分等问题。这还是不违反公示原则和公信原则，未损害交易安全。其三，在合同解除溯及既往的情况下，给付物为动产的，其所有权虽然复归于给付人，但受领人仍然占有该给付物，第三人只要不知此情，与受领人就该给付物进行交易，就可以基于善意取得获得该物的所有权。这是公示原则、公信原则的充分体现，交易安全得到保护的典型例证。只不过在给付人与受领人之间的关系上，受领人要向给付人承担民事责任罢了。其四，在合同解除溯及既往的情况下，给付物为不动产且已经办理了移转登记手续的，虽然该物的所有权已经复归于给付人，形成登记错误，但因尚未将受领人的登记注销，于是，第三人基于该登记的权属状况与受领人就该物进行交易，该第三人取得该物的所有权，给付人无权抗辩。这同样是公示原则、公信原则的充分体现，交易安全得到保护的典型例证。至于给付人因此受到的损害，可通过向受领人追偿的路径解决。在给付物为不动产但尚未办理移转登记手续的情况下，该不动产所有权本来就属于给付人，现在合同解除了便无需办理移转登记手续，受领人将该不动产的占有移转与给付人即可。在对外的关系上，第三人拟与受领人就该物交易，必须查询不动产登记簿，不查询就构成重大过失，或虽然查询了但仍然与受领人就该物进行交易，属于恶意，只要给付人不追认该物的买卖合同的效力，该第三人就不能取得该物的所有权。这依然是公示原则、公信原则的充分体现，也不存在损害交易安全的问题。

由此可见，以公示原则、公信原则和保护交易安全为由，主张合同解除时给付物所有权的移转以给付物的交付或复原登记为生效要件，缺乏根据。

［评论］

韩世远教授没有接受笔者的这种意见，但也未正面回应，只是继续坚持如下立场：基于物权公示原则、公信原则，以强化对交易安全的保护，故解除场合给付物所有权仍需经公示才能变动。①

在笔者看来，这是似是而非的观点。对此，笔者先后举动产买卖、不动产买卖之例，分别用折衷说、直接效果加以分析，看看在保护交易安全方面，折衷说是否优越于直接效果说。

出卖人甲将A物移转给买受人乙，现在合同解除，交易安全表现在何处？丙作为下一个买卖A物合同的买受人，不因A物未经公示受到不测损害。

先看甲作为出卖人，对丙的影响。(1) A物若为动产，目前由乙占有，那么按照折衷说，A物仍归乙所有，甲向丙兜售A物，此时，丙应怀疑甲对A物享有所有权，应当请求甲举证其对A物拥有所有权。甲举证成功，丙与之缔约并履行，构成善意取得；甲举证不成功，出卖他人之物十分明显，丙最好退避三舍。丙若愿买，为恶意，则不值得保护。(2) A物若为动产，目前由乙占有，那么依据直接效果说，A物已归甲所有，甲向丙兜售A物，此时，丙应当怀疑甲对A物享有所有权，应当请求甲举证其对A物拥有所有权。甲举证成功，丙可缔约，通过履行获得A物所有权；否则，自甘冒险，不值得保护。(3) A物若为不动产，目前登记在乙名下，那么按照折衷说，A物仍归乙所有，甲向丙兜售A物，此时，丙不应相信甲对A物享有所有权，应当推定甲为出卖他人之物，最好退避三舍。丙若愿买，为恶意，则不值得保护。(4) A物若为不动产，目前登记在乙名下，那么按照直接效果说，A物已归甲所有，甲向丙兜售A物，此时，丙与甲缔约应无大碍，最多会因乙设置障碍遭受一些损失，但丙对此应当预见。

结论：由于善意取得制度的存在，无论采取哪种学说，对交易安全的影响都

① 见韩世远：《合同法总论》，531页，北京，法律出版社，2011。

是一样的。

再看乙作为出卖人，对丙的影响。(1) A物若为动产，目前由乙占有，那么按照折衷说，A物仍归乙所有，乙向丙兜售A物，此时，丙与乙缔约应无大碍。(2) A物若为动产，目前由乙占有，那么依据直接效果说，A物已归甲所有，乙向丙兜售A物，此时，丙若没有重大过失地不知实情，则为善意，与乙缔约，可善意取得；丙若为恶意，则不值得保护。(3) A物若为不动产，目前登记在乙名下，那么按照折衷说，A物仍归乙所有，乙与丙签订A物买卖合同，没有问题。(4) A物若为不动产，目前登记在乙名下，那么按照直接效果说，A物已归甲所有，乙向丙兜售A物，此时，丙若没有重大过失地不知实情，则为善意，与乙缔约，可善意取得；丙若为恶意，则不值得保护。

结论：无论采取哪种学说，对交易安全的影响都是一样的。

因此，韩世远教授关于为了交易安全，解除场合给付物所有权需经公示才能变动的观点没有说服力。

6. 以债权请求权取代物权请求权的其他不足

(1) 以债权请求权取代物权请求权的不妥还表现在，债权请求权说将“恢复原状”理解为恢复到当事人之间原来的法律关系状态①，忽视了恢复原状具有几种含义，误将一种适合于其他场合的含义加在了解除效果的领域，不合《合同法》第97条规定中的逻辑，违反了概念只有在“关系”中才能被理解，在“关联”中才能被界定的规则。②

在给付物返还后便无其他救济措施采用的情况下，将“恢复原状”界定为恢复到当事人之间原来的法律关系状态，没有问题，但在给付物的返还与其他补救措施并用的情况下，则不能自圆其说。该说确实无法解释《合同法》第97条将“恢复原状”和“采取其他补救措施”、“赔偿损失”并列的文义及其功能。因为如果承认“恢复原状”和“采取其他补救措施”系各自独立、互不包含的概念，

① 见韩世远：《合同法总论》，625页，北京，法律出版社，2004。

② 见高鸿钧：《现代法治的出路》，4页，北京，清华大学出版社，2003。

则在某些案件中，只有“恢复原状”和“采取其他补救措施”并用，甚至加上“赔偿损失”，才能够恢复到当事人之间原来的法律关系状态。所以，只有把此处的“恢复原状”解释为给付物返还，动产场合移转占有，不动产且已经办理移转登记场合予以“复原登记”，才符合逻辑。单独适用它，有时可以直接达到恢复到当事人之间原来的法律关系状态，有时则达不到这种结果，需要加上不当得利返还甚至损害赔偿等救济方式，才会达到恢复到当事人之间原来的法律关系状态。[①]

如果上文关于“恢复原状”的界定是可取的，那么，若否定物权请求权的存在，就难以合理解释《合同法》第 97 条将恢复原状、采取其他补救措施和赔偿损失并列为解除发生的效果。因为如果是债权请求权，则应当是不当得利返还请求权一个概念，按照恢复原状为法律特别规定的独立的债务的观点，应当是恢复原状请求权一个概念，从债务的角度观察就是使用“不当得利返还”或“恢复原状”或“返还财产”等，即可解决问题，完全没有必要如同《合同法》第 97 条那样将“恢复原状”和“采取其他补救措施”并列。只要不把立法者看成逻辑混乱之人，就不应作出《合同法》第 97 条仅仅规定了不当得利返还请求权或者恢复原状请求权的解释。

(2) 如果把《合同法》第 97 条规定的“恢复原状”解释为不当得利返还，那么该“恢复原状”必须符合不当得利的构成。我们知道，结合此处所要解决的问题，不当得利可以有如下两种类型：一是利益为占有给付物的不当得利或利益为给付物登记的不当得利，二是利益为给付物所有权的不当得利。只要受领人继续占有着给付物或给付物已经登记在其名下，且尚未付清价款，就构成利益为占有给付物的不当得利或利益为给付物登记的不当得利。这种类型的不当得利并不排斥物的返还请求权的存在。在这个层面，否定《合同法》第 97 条规定的“恢复原状”请求权的物权请求权属性，没有道理；只有承认物权请求权与不当得利返还请求权竞合，才符合法理。

---

① 详细分析见崔建远：《土地上的权利群研究》，387～388 页，北京，法律出版社，2004。

再分析《合同法》第 97 条规定的“恢复原状”是否构成利益为给付物所有权的不当得利。如果合同解除不溯及既往，“恢复原状”属于不当得利返还，笔者完全赞同；如果合同解除具有溯及力，受领人对于给付物丧失了保持力，笔者更进一步认为给付物的所有权立即复归于给付人。如此，受领人对于给付物不享有所有权，在不当得利制度中，就是没有“利益”，没有“利益”自然构不成不当得利。由此可见，把“恢复原状”一律解释为不当得利返还，且否定物权请求权的性质，违反不当得利构成的要求。

（3）债权请求权说与物权请求权说在利益衡量上存在差别

物的返还请求权，在受领人破产时，给付人仍然可以请求返还，若采取债权请求权说，则给付物属于破产财产，给付人无权请求返还。这在个案中，因受领人是违约方还是守约方的不同，可以发现哪个学说更具有合理性。

附：合同解除场合恢复原状的案例分析

基本案情

甲公司在与乙公司签订了合资合同并获得了政府相关部门的批准后，便取得了合资公司丙公司 38%的股权。甲公司有权依法转让其股权。甲公司与乙公司签订的《丙公司股权转让协议》系双方当事人真实的意思表示，不违反法律、行政法规的强制性规定，亦不违背社会公共利益、社会公德，属于合法的合同。

股权转让协议签订后，丙公司向政府相关部门提交了申请报告、股权转让协议、董事会决议、独资公司章程等资料，申请股权转让报批手续，本次股权转让申请获得了政府相关部门的批准，《丙公司股权转让协议》自此时生效，乙公司获得了丙公司的 100%股权，丙公司由中外合资公司变成了外商独资公司。此后，丙公司进行了工商变更登记。甲公司据此退出了丙公司，其于丙公司中的权利义务全部由乙公司承接，丙公司由乙公司独资经营至今。

按照中国现行法的规定，以及审判和仲裁实务的把握，出资人在中外合资经营企业、中外合作经营企业中是否拥有股权，关键的不是看其实际出资及出资多少，而是取决于中外合资经营合同或中外合作经营合同的约定和涉外经济主管部门的批准，只要中外合资经营合同或中外合作经营合同明确约定了每位出资人的股权比例，并获得了涉外经济主管部门的批准，该出资人就享有股权，尽管其实际上尚未出资或出资不足。

在履行过程中，乙公司违约，甲公司行使解除权，将系争《丙公司股权转让协议》解除。甲公司未主张恢复其38%的股权，乙公司则认为应当恢复。

分析

1）股权转让协议解除后，丙公司是否适宜从独资公司的状态恢复至合资公司的状态

A. 关于股权转让协议解除后，恢复合资公司原状的请求权问题

《合同法》第94条第2项至第4项规定的解除，是守约方依据《合同法》第95条、第96条的规定，行使解除权而形成的合同解除，顺势而下，《合同法》第97条规定的恢复原状、其他补救措施、赔偿损失三类救济措施（手段或方式），自然也是守约方/解除权人选择并主张的救济措施，是守约方的权利，而非义务，亦非违约方硬塞给守约方的救济措施。假如允许违约方选择某种救济措施并将之强加给守约方，就会造成违约方强加给守约方不适当或不能行使的救济措施，是非颠倒。尤其是其中的恢复原状，在绝大多数情况下不是指回复到合同没有签订时的状态，在不采纳物权行为独立性和无因性、损害赔偿以金钱赔偿为原则的中国现行法上，是指有体物的返还或股权的返还或知识产权的返还等，适用或类推适用《物权法》第34条的规定。而有体物的返还或股权的返还或知识产权的返还，是以能够返还或适宜返还为前提的，如果不能返还或不宜返还，则合同解除时不发生恢复原状的问题，变成采取其他补救措施或/和赔偿损失。退一步说，即便能够恢复原状，守约方这个权利人不行使该项权利，而行使其他补救措施或/和赔偿损失，也无可非议。

有证据证明，《丙公司股权转让协议》系因乙公司的违约行为而解除，甲公司是守约方，因此，是甲公司而非乙公司根据《合同法》第97条的规定，有权选择《丙公司股权转让协议》解除后的救济方式。本案中，甲公司未选择恢复持有38%股权，乙公司无权强制甲公司主张38%的股权恢复为自己持有。

B. 合同解除后，是否恢复原状应当根据合同的性质与履行情况来考虑

a. 从股权转让协议的性质来看，其解除后不适宜恢复原状

合资经营不仅是资合，更需要人合。《丙公司股权转让协议》签订前，丙公司只有甲公司和乙公司两个股东，正是由于股东双方在履行合资合同过程中产生矛盾，甲公司才以股权转让的形式退出了丙公司。在履行股权转让协议的过程中，又因为乙公司的违约行为双方再次产生矛盾。可见，甲公司与乙公司之间的矛盾已经很深，无法继续合作，双方不存在合资经营丙公司的基础。目前法学界均强调合资公司的人合性，没有人合便谈不上合资。正因为如此，中国公司法在公司达不到人合的情况下，赋予了股东对内、对外转让股权、申请解散公司的权利，以保障合资公司内部发生分歧时，股东可以及时脱离公司，避免因为股东矛盾而阻碍公司的正常运作。由此可见人合对于合资公司的重要性。结合本案，笔者认为，既然甲公司和乙公司已经没有继续合作的任何基础与可能，强制其恢复合资，必然违背了守约方甲公司的意愿，不利于保护甲公司的利益，也不利于丙公司的发展，也无法实现经济利益与社会效益。

b. 从合同的履行情况来看，38%股权原状的恢复在客观上已经不能

根据我国公司法与中外合资经营企业法的相关规定，合资公司的设立与股权转让必须获得政府主管部门的批准。本案38%股权的转让已经获得了政府主管部门的批准，丙公司已经变成了独资公司，如果恢复合资公司的状态，必然需要经过政府主管部门的再次审批，然而审批能否通过，存在着不确定性。退一步说，即便政府行政主管部门予以批准，再次批准后的合资经营企业，也不是2004年成立的丙公司，正所谓此合资企业非彼合资经营企业。就是说，在本案中，《丙公司股权转让协议》解除后，将38%的股权返还给甲公司，以恢复原状，是不可能的。

c. 38%的股权返还给甲公司，在操作上面临着巨大的困难，容易造成久拖不决，不利于保护当事人的利益

《丙公司股权转让协议》签订后，丙公司已经由乙公司独资经营近四年，丙公司的经营方式、财务状况与股权转让前已经完全不同，如果恢复原状，则需要经过非常繁琐的清理、结算程序，实施起来十分困难，容易造成久拖不决，不利

于保护当事人的利益。

2）若恢复原状可能对甲公司产生不可预知的风险

丙公司已经由乙公司独资经营近四年，在这四年的经营过程中，丙公司是否存在税务问题、违法经营问题、对外举债或对外设立担保等企业经营风险甲公司目前均无法预知，在这种情况下双方恢复合资，将不利于保护甲公司的利益。

3）200 万元首期款是否应当返还的问题

《丙公司股权转让协议》包括了三方面的内容，分别是转让股权、办理厂房与国有土地使用权的过户手续、收购木柴废料三部分。股权转让协议被解除时，办理土地、厂房的过户手续与收购木柴废料的约定尚未履行，根据《合同法》第 97 条的规定，该部分不再履行。这样实际转让的 38%股权与已支付的 200 万元股权转让款两项债务，予以清算。两者若存在不等值的现象，则其差额构成不当得利，属于《合同法》第 97 条所说的其他补救措施，由债务人（受益人）返还给债权人（受害人）。在这里，甲公司是债务人（受益人），乙公司是债权人（受害人），甲公司应当将该差额返还乙公司。

四、尚未履行的债务免除与不当得利返还

（一）概说

合同解除无溯及力时，解除前的合同关系仍然有效，因此解除前进行的给付还有法律根据，只是自合同解除之时起尚未履行的债务被免除。这样，就发生了如下问题：当事人一方已经部分或全部履行了债务，对方却未履行对待给付，或虽然也履行了债务，但双方各自的履行在数量上不对等。对这一问题采取所有物返还显然不妥，因为给付人在合同解除后仍未取得给付物的所有权。唯一的办法是运用不当得利制度加以解决，即受领人将其多得的利益按不当得利规则加以返还。

（二）解除前合同债务的命运

在此，值得提出讨论的是如下观点是否有理：合同解除无溯及既往的效力场

合，合同解除的效力发生之时为分界线，此前的合同关系继续有效，合同项下的义务依然存在，仍有继续履行的必要，只是自解除效力发生之后，合同关系消灭了，合同项下的义务才归于消灭。举例来说，甲承租乙所有的A楼，租期自2002年5月5日至2012年5月5日，每个月的5日甲向乙支付租金100万元人民币。甲自2003年9月5日起拒付租金，经乙催要，直至2004年2月6日仍然拒付。于是，乙于2004年2月7日通知甲，将该租赁合同解除，并请求甲付清2003年9月至2004年1月尚欠的租金本金以及相应的利息。在这里，甲付清2003年9月至2004年1月尚欠的租金本金，就是在继续履行该租赁合同项下的支付租金的义务。

对此，笔者认为，甲付清2003年9月至2004年1月尚欠的租金本金，在法律性质上不是继续履行该租赁合同项下的支付租金的义务。其理由如下：(1) 甲欠交租金的行为已经构成违约，甲对乙的违约责任已经成立，尽管乙在2004年2月6日前一直没有实际请求甲承担违约责任。即使在合同继续存在的情况下，乙于2004年2月7日请求甲付清2003年9月至2004年1月欠交的租金，甲满足该项请求而付清欠交的租金，已经不是在履行原合同义务——支付该租赁合同项下的租金的义务，尽管数额一致，而是在承担《合同法》第107条等规定的继续履行责任，属于违约责任的范畴。假如是原合同义务——支付该租赁合同项下的租金的义务，不应附加违约金或罚息，只能是租金本金；受该租赁合同约定的履行期限约束，而非由诉讼时效制度管辖。可事实上，甲付清2003年9月至2004年1月欠交的租金，恰恰附加罚息或违约金，恰恰受制于诉讼时效制度。正所谓"此钱非彼钱"。(2) 假如在合同解除场合，义务人还要履行原合同义务，则合同解除将丧失意义，至少是丧失其应有的价值。因为解除合同就是要免除尚未履行的债务，使当事人双方从合同束缚中解脱出来。这一点，由于上述案例涉及的是人民币，不容易认识清楚。支付人民币，究竟是作为原合同义务的履行，还是支付的违约损害赔偿金，抑或是不当得利返还，在外形上似乎没有差异，实质上却不同：有无道德和法律的谴责和否定不同，是否附加违约金或罚息不同，是否适用诉讼时效制度不同，等等。如果我们换成下述的另一案件，解除合同后不应有也不会有原合同义务的履行，合同解除的价值就会大大彰显。甲将其A楼与乙的B楼置换，置换合同约定，A楼作为教学楼，结构必须坚固，能够抗击7级地震；配有能够连接电脑、电话、照明、复印机等教学办公设施的暗线线路；B楼作为停车库，只要求有照明和电话的暗线线路；甲于2005年3月9日将其A楼移转给乙占有，于2005年4月20日前将A楼过户登记给乙，乙于2005年12月25日前将B楼移转登记在甲的名下。在履行过程中，甲如期把A楼的占有移转给了乙，但乙发现该楼的暗线线路不能使用，办公室、教室等处安装电脑、电话、照明、复印机等教学办公设施只好采用明线线路，而这极不安全。乙依约责令甲于2005年9月1日整改完毕，甲予以承诺。但该宽限期届满，甲仍无法并且也无能力满足合同约定的标准，于是，乙于2005年11月1日通知甲解除该置换合同，甲未提异议。于此场合，乙交付和移转B楼所有权的义务、甲过户A楼给乙的义务均应随着该置换合同的解除而消灭。即使该解除的效力自2005年11月1日起向将来发生，甲将A楼移转登记给乙的义务也应归于消灭，而不得认为该项义务在合同解除前存在，故应继续履行。否则，会给守约方乙造成不应有的损失，使解除该置换合同的意义化为乌有。（3）考察合同解除的各种学说，未见赞同继续履行原合同义务的观点。且不说直接效果说的题中应有之义是尚未履行的义务免于履行，就是其他学说也不主张尚未履行的义务继续履行。例如，德国民法的清算说认为，合同因解除而变更为“清算关系”，当事人的给付义务已经履行时，建立返还义务。这表明原合同义务不复原样地存在，而是变更为清算关系。假如解除前业已存在的合同义务于解除后还要继续履行，也就不存在给付义务已经履行的需要返还了。按照间接效果说，对于尚未履行的义务发生拒绝履行的抗辩权，对于已经履行的债务发生新的返还义务，就是说，不再履行原合同义务。在折衷说看来，尚未履行的债务自解除时归于消灭，对于已经履行的债务发生新的返还债务，亦无原合同义务的履行问题。

（三）解除无溯及力场合可否成立不当得利

在德国、中国台湾地区的民法上，构成不当得利的要件是无法律上的原因，在合同有效的情况下受领的给付具有法律上的原因，也难以构成不当得利；但在中国大陆，构成不当得利的要件之一是没有合法根据，这较无法律上的原因宽泛，本书认为，受领给付时未付对价或只支付了部分对价，在合同解除时，该利益也属于没有合法根据。对此，上文已经分析过，不再赘言。

即使合同解除有溯及力，但给付物已不复存在，或虽存在但返还给付物不符合效益原则等，或者债务的履行为提供劳务，亦按不当得利返还处理（《合同法》第 97 条）。

不当得利返还在效力方面不属于物权效力，而为债的效力，在返还范围方面视受领人善意或恶意而有明显区别，以受领人知道其取得利益无根据时尚存的利益为限，确定返还不当得利的范围，至于在返还时受领人有无利益存在，则在所不问。

五、合同解除与赔偿损失

《民法通则》第 115 条规定，合同解除不影响当事人要求赔偿损失的权利。《合同法》第 97 条后段规定，合同解除后，当事人有权要求赔偿损失。这些规定都比较抽象，应该对合同解除与赔偿损失的关系，区分不同情况，作出具体规定。

（一）协议解除可以与赔偿损失并存

当事人有损害赔偿的约定时，依其约定。因为协议解除是当事人一方从有利于自己的角度出发，而提议或同意的解除。既然该当事人因协议解除而获得了利益，那么依据获得利益者承担风险的理论，他就应该负赔偿责任。该责任的范围包括：对方订立合同所支出的必要费用，因相信合同能适当履行而作准备所支付的必要费用；合同解除后需对方返还给付物时，对方因此支出的必要费用；合同解除需责任方返还给付物，却拒绝返还时，对方因此遭受的损失。当然，由于协议解除场合双方一般均无过错，赔偿数额可以适当减轻；如果双方在协议解除时商定了赔偿数额，那么应依其约定，除非该约定违反法律。

（二）合同因不可抗力致其不能实现目的而解除，有时可以与赔偿损失并存

不可抗力致使不能实现合同目的的，当事人可以将合同解除。于此场合，按《民法通则》第 107 条及《合同法》第 117 条第 1 款的规定，当事人一般不负赔

偿责任。但在下述情况中，还应存在赔偿责任。一是当事人一方迟延履行发生不可抗力，致使不能实现合同目的。其赔偿损失的范围包括：对方订立合同所支出的必要费用；对方为准备履行合同和接受履行而支出的必要费用；在需返还给付物时，对方所支出的必要费用；这种责任的成立与当事人过错地迟延履行有关，因此对间接损失的赔偿也应予以适当考虑。二是按中国法律规定的精神，在不可抗力发生时，当事人应采取补救措施，尽量减少不可抗力造成的损失。否则责任方应对扩大的损失负责赔偿。

（三）第三人的原因造成不能履行而解除，可以与赔偿损失并存

在第三人的过错行为造成合同不能履行，合同因此而解除时，债务人应该承担赔偿责任。不过，债务人因此受到的损失，应视为系由第三人的过错行为所致，该债务人有权向第三人追偿。这样处理，既体现对过错第三人的惩罚，符合过错责任原则的要求；又使债权人与债务人之间的利益关系得到平衡，符合公平原则的精神。《合同法》第121条规定了这种责任。

（四）约定解除与赔偿损失之间的关系

约定解除是否与赔偿损失并存，首先看当事人的约定。无此约定，当事人一方违约的，按违约损害赔偿处理；其他类型的合同解除场合，不存在损害赔偿。

（五）违约解除可以与赔偿损失并存

1. 概说

违约解除与赔偿损失之间的关系，在中国的学术界和实务界均有不同见解。个别专家、学者认为，违约解除排斥赔偿损失。另有少数专家、学者坚持违约解除场合仅仅存在直接损失的赔偿。有相当多的专家、学者主张，违约解除排斥违约损害赔偿，但成立合同解除所生损害的赔偿。笔者等少数学者则力主违约解除不影响违约损害赔偿，也不排斥违约金责任。为有助于问题的解决，形成共识，下文将简要地考察有关立法例及其理论，并论证笔者自己的观点。

2. 有关立法例及其理论

《德国民法典》旧债法及其早期的理论认为，合同解除是使合同回复到与未订立合同同样的状态，合同关系溯及既往地消灭。而作为合同责任的损害赔偿要

以合同关系的存在为前提才能成立，因此，合同解除与债务不履行的损害赔偿不能同时并存，当事人只得选择二者中的一个而请求。

这种规定及其理论虽然符合某种理论体系，但过分注重逻辑推演，忽视了当事人双方之间的利益衡量，对非违约方保护不利。因为有时单独地解除合同或请求违约方承担合同责任，都不足以保护非违约方的合法权益。①

法国民法认为，在债务人违约的情况下，债务不履行的损害赔偿已经成立，非违约方将合同解除时，业已存在的损害赔偿并不因此而化为乌有。因此，合同解除与债务不履行的损害赔偿可以并存。② 不过，为了维持债务不履行的损害赔偿的成立要以合同关系存在为前提这种理论，便在债务不履行的损害赔偿成立与存在的范围内拟制合同关系并未溯及既往地消灭，尽管实际上合同关系已不复存在了。③

《瑞士债务关系法》一方面追随《德国民法典》旧债法关于合同解除排斥债务不履行的损害赔偿的理论，不承认合同解除场合存在债务不履行的损害赔偿；另一方面又考虑到非违约方的损失也需要适当赔偿，于是《瑞士债务关系法》第109条允许非违约方请求因合同解除所受损失的赔偿，即所谓信赖利益的赔偿。这种损害赔偿的成立，既不是根据不履行合同，也不是基于侵权行为，而是直接根据法律的规定。可见，《瑞士债务关系法》的观点与法国民法的也不相同。④

3. 中国现行法有关规定的应有之义

《民法通则》第115条关于合同解除不影响当事人要求赔偿损失的权利的规定，《合同法》第97条后段关于合同解除后当事人有权要求赔偿损失的规定，均未言明该赔偿损失的类型及赔偿范围。本书认为，法国民法的规定及其理论更具可取性，对《民法通则》第115条的规定及《合同法》第97条后段的规定，宜借鉴法国民法的规定及其理论进行解释。如此，当事人一方过错地不履行合同，

---

① 见崔建远：《合同责任研究》，41页，长春，吉林大学出版社，1992。

② 《法国民法典》第1184条第1款；《国际比较法百科全书·违反合同的救济方法》，33页，德国，1976。

③ 见崔建远：《合同责任研究》，41页，长春，吉林大学出版社，1992。

④ 见陈国柱：《关于经济合同解除的探讨》，载《吉林大学社会科学学报》，1989（4），23页。

给对方造成损失，构成赔偿责任，该责任不能因合同解除而不复存在。其赔偿损失的范围原则上包括直接损失（所受损害）和间接损失（可得利益的损失，或曰所失利益），但有例外。[①] 此外，违约方还应赔偿对方因返还给付物所支出的必要费用，以及违约方不履行返还给付物义务给对方造成的损失等。

笔者之所以如此解读中国现行法的有关规定，是因为有下文“4. 违约损害赔偿与合同、合同关系之间的关系”理论的支持。

4. 违约损害赔偿与合同、合同关系之间的关系

违约损害赔偿与合同、合同关系之间的关系，其因果链条是：合同──→合同关系：债权/债务──→违约行为──→违约损害赔偿。

如图所示，违约损害赔偿并非合同引起，而是合同债务被违反的法定结果。就是说，违约损害赔偿关系的法律事实，不是合同，而是违约行为。在这里，合同所起的作用并非是合同作为违约损害赔偿的构成要件，也不是合同作为违约损害赔偿成立的直接前提，而是合同提供了合同债务这个违约行为所赖以成立的前提。没有合同，就没有合同债务（可能有先合同义务或其他义务），没有合同债务，就不可能产生违约行为（可能有侵权行为或其他违法行为），也就没有违约损害赔偿。在合同生效，产生了合同债务，合同债务被违反，成立了违约损害赔偿之后，针对既成的违约损害赔偿而言，合同实际上已经完成了使命，存续与否对既成的违约损害赔偿已经无关紧要，其价值在于作为尚未履行债务的存在依据，从而可能发生继续履行或（未来的）违约损害赔偿。就是说，合同因解除而消灭，不影响既成的违约损害赔偿的存续。这样，违约损害赔偿关系的成立和存续，完全可以不从远距离的合同寻求赖以存在的靠山，而是直接从违约行为这个法律事实寻觅其根据。

甚至于可更进一步，承认合同债权债务具有相对的独立性。尽管合同债务确实源自合同，但依上述债权债务相对独立，其存续可以不求助于合同的观点，而树立这样的观点：合同债务自其被违反时起，尤其是转化为损害赔偿时起，就与

① 见崔建远：《民事责任三论》，载《吉林大学社会科学学报》，1987（4），19页。

违约损害赔偿更加密切地联系起来，并且密切的程度胜过它与合同之间联系的程度。在这样的关系网中，合同类似于“太上皇”，可有可无。由此可见，折衷说、德国早期的直接效果说关于违约损害赔偿的成立和存续必以合同存在为前提的观点，需要反思。

在上述的理念下和因果链条中，可以发现：合同债务（债权）与违约损害赔偿债务（债权）之间具有同一性，是由它们二者之间内在的、实质的转换、变形或承继所决定的，并非由于合同的存在才如此。换句话说，有合同存续，合同债务（债权）与违约损害赔偿债务（债权）之间具有同一性；没有合同存续，合同债务（债权）与违约损害赔偿债务（债权）之间照样具有同一性。在同一性的证成上，离不开合同的，主要是合同项下的债权债务自合同生效至适当履行完毕期间一直未曾改变。有鉴于此，韩世远教授在证成解除前后的法律关系具有同一性时，总是强调必有合同存在才有依据，有些只见树木，不见森林的意味。

该项结论的可取性，还可通过其他债之关系的例证加以证明。例如，受益人拒不履行不当得利返还债务，成立债务不履行责任，该债务不履行责任与不当得利返还债务具有同一性，尽管于此场合并不存在合同。

［论争］

在这个问题上，韩世远教授的逻辑是，“所谓既存的‘赔偿损失’之违约责任，是以合同义务违反为前提的，进而是以合同关系的存在为前提的，更进而是以合同不被解除为前提的。”若不履行的损害赔偿与解除合同并存，则不符合上述逻辑。直接效果说认为解除溯及既往地消灭合同，在逻辑上，不履行的损害赔偿与解除合同不能并存。于是有《德国民法典》原第 325 条和第 326 条的规定，要么解除合同，要么请求损害赔偿，二者不可兼得。如今，崔建远教授一方面支持直接效果说，同时又认为仍然存在不履行的损害赔偿，显然已非德国 20 世纪初期的“直接效果说”，而是一种“修正的直接效果说”了。可是，不履行的损害赔偿仍然是原合同关系的直接转化形态，因而不履行的损害赔偿与原合同关系保持了“同一性”。这也就等于说违约人的债务并没有因为解除而归于消灭，而是“直接转化”为不履行的损害赔偿。显而易见，这与直接效果说主张的“合同自始归于消灭”是自相矛盾的。诘问也会跟着出来：这还算是“直接效果说”吗？[①]

这段议论存在着如下问题，需要指出来：

(1) 韩世远教授关于“所谓既存的‘赔偿损失’之违约责任，是以合同义务违反为前提的，进而是以合同关系的存在为前提的，更进而是以合同不被解除为前提的”的逻辑，从合同──→合同关系：债权/债务──→违约行为──→违约损害赔偿的因果链条看，并不符合客观事实，违反了笔者在上文所阐释的原理：合同债务（债权）与违约损害赔偿债务（债权）之间具有同一性，是由它们二者之间内在的、实质的转换、变形或承继所决定的，并非由于合同的存在才如此。换句话说，有合同存续，合同债务（债权）与违约损害赔偿债务（债权）之间具有同一性；没有合同存续，合同债务（债权）与违约损害赔偿债务（债权）之间照样具有同一性。就是说，两项债务（债权）之间有无同一性，重心在它们之间的联系，而不在法律事实必须是同一个。假如非得强求法律事实是同一个，则韩世远教授关于返还债务与本来债务之间具有同一性之说，也不成立。因为引起返还债务关系的法律事实并非原合同，而是解除权行使这个单独行为。可以肯定地说，韩世远教授的这个逻辑难以成立，至少可以说存在着重大缺陷。

(2) 德国起初的“直接效果说”，《德国民法典》原第 325 条和第 326 条的规定，存在着若干缺陷：1) 从利益衡量上看，不利于守约方；2) 透露着唯有合同存在才有同一性之意，不足取；3) 从合同──→合同关系：债权/债务──→违约行为──→违约损害赔偿的因果链条看，同样不符合客观事实，违反了笔者在上文所阐释的原理。它被抛弃理所当然，笔者从未采纳过这种学说，而是持有异议。[②]

(3) 何谓直接效果说？判断的标准是什么？可能见仁见智。为了便于与韩世远教授论争，笔者暂且把韩世远教授赞同的界定──合同因解除而溯及地归于消

---

① 见韩世远：《合同法总论》，3 版，539～540 页，北京，法律出版社，2011。

② 见崔建远：《论我国的合同解除》，66 页，吉林大学法律系/研究生院 1984 年法学硕士学位论文；崔建远：《合同责任研究》，41 页，长春，吉林大学出版社，1992；王家福主编：《中国民法学·民法债权》，崔建远执笔，379 页，北京，法律出版社，1991。

灭，尚未履行的债务免于履行，已经履行的部分发生返还请求权——作为标准衡量。经过简单的对比，就不难看出：笔者关于直接效果说的用法，完全符合韩世远教授的界定。如此，则不可说“修正”。其实，韩世远教授自己也承认直接效果说内部也不统一。[①] 既然允许不统一，可以在不改变质的规定性的前提下存在特色，既然笔者对直接效果说的把握符合韩世远教授赞同的界定，为什么对笔者的把握仍设诘问：“这还算是‘直接效果说’吗?”不知韩世远教授意识到没有，这样的诘问也是冲着他自己来的。

其实，争论是否为真正的直接效果说抑或“修正的直接效果说”，没有实质意义。实际上，什么是真正的直接效果说，什么是“修正的直接效果说”，难以定义。直接效果说自身在与各种学说的论争中不断发展和完善。如今日本的直接效果说也好，间接效果说也罢，折衷说也好，在法律效果上可谓殊途同归。其区别仅在于逻辑的路径不同。如果比较如今的论著和刚刚提出直接效果说时的论著，依韩世远教授的逻辑，似乎可以说“现在学者所坚持的直接效果说均为修正的直接效果说”。不过，直接效果说的学者却会说：“我们现在坚持的直接效果说，就是直接效果说。”由于直接效果说表述上的简洁明了，以及日本的传统所致，直接效果说仍然是日本民法的通说。

称笔者持直接效果说者，韩世远教授也；给戴上“修正的直接效果说”的帽子者，还是韩世远教授。笔者本来就没有捍卫什么称谓，只是在与韩世远教授辩论实质问题。在笔者的意识里，只要内涵和外延确定，叫什么名无关紧要。

(4) 现在正面回答合同被溯及既往地解除时，违约损害赔偿存在的根据。违约解除的场合，客观存在的因果链条、事物的本来进程是：合同存续期间发生了违约行为，成立了不履行的损害赔偿。至此，合同一直存在。从合同债务与不履行的损害赔偿债务之间的关联角度讲，是合同债务“直接转化”为不履行的损害赔偿，不履行的损害赔偿关系与原合同关系保持了“同一性”。须知，此时合同仍然存在，不履行的损害赔偿在存续。至于合同债务，于填补赔偿场合已不复存

---

① 见韩世远：《合同法总论》，3版，524页，北京，法律出版社，2011。

在，已经“直接转化”为不履行的损害赔偿；于迟延赔偿场合，转换为继续履行债务。该继续履行债务在范围上小于原合同债务。

这些客观存在，不因合同解除而化为乌有（继续履行除外），即使解除溯及既往，也是如此。在违约方已经实际承担了违约责任之后，守约方才解除合同的情况下，这一点显现得尤为明显。正如上文“4. 违约损害赔偿与合同、合同关系之间的关系”中所阐释的那样，不再赘述。

需要指出的还有，溯及既往消灭的是原汁原味的合同债务，合同债务已经转化为不履行的损害赔偿的，不会还原成原汁原味的合同债务。打个可能不太恰当的比方，合同相当于一宗土地，合同债务相当于种子，不履行的损害赔偿相当于秧苗，有溯及力的解除相当于连根铲除。于此场合，不会因挖地三尺而将秧苗还原成种子。

所以，直接效果说关于“合同自始归于消灭”之说，自解除时起溯及既往地消灭原汁原味的合同债权债务，没有错：它被用于描述合同全然未曾履行的情形，最为简洁明了；它被用于合同债务已经有所履行的场合，仍然要溯及既往地消灭原汁原味的合同债权债务，至于已经转化、变形的，原汁原味的合同债务已经不复存在，自然用不着由解除消灭；被转化为、变形为的违约损害赔偿，基于同一性、公平正义的考虑，不应因解除而消灭；形成的不当得利返还，同样基于公平正义的衡量，也不应因解除而消灭。

可见，韩世远教授关于“这也就等于说违约人的债务并没有因为解除而归于消灭，而是‘直接转化’为不履行的损害赔偿。显而易见，这与直接效果说主张的‘合同自始归于消灭’是自相矛盾的”的归谬，系没有看清因果链条、事物本来进程的表现，过于机械和形式主义，时空也有些错位。

（六）任意解除场合的赔偿损失

在任意解除场合，解除合同可归责于解除者时，依据《合同法》第410条的规定，解除合同者须承担损害赔偿责任。

关于这种责任的赔偿范围，计有三种意见：一是履行利益的赔偿，二是信赖利益的赔偿，三是直接损失。

坚持直接损失赔偿者有之①，在“上海盘起诉大连盘起委托合同纠纷案”中，最高人民法院及辽宁省高级人民法院采取了这种意见。它们认为，这种赔偿责任的性质、程度和后果不能等同于当事人故意违约应承担的违约责任，根据系争案件法律关系的性质和实际情况，不宜对赔偿损失作扩大解释。责任范围仅限于给对方造成的直接损失，不包括对方的预期利益。②

本书更愿意区分情况而后决定采纳何种意见。若有证据证明主张“解除”的一方当事人是故意毁约，只不过打着解除合同的旗号，就应按拒绝履行追究“解除”者的违约责任，其赔偿范围应为履行利益的损失。除此而外，宜按第二种意见处理，即任意解除场合发生的损害赔偿，其范围宜为信赖利益的赔偿。其道理在于，任意解除场合的损害赔偿，是合同解除之后的损失赔偿，《合同法》第410条后段的表述为“因解除合同给对方造成损失的，除不可归责于该当事人的事由以外，应当赔偿损失。”这与《瑞士债务关系法》的规定相同，属于信赖利益的损害赔偿，即，当事人相信该合同有效，且存续到终期届满之时或者履行完毕之时，但因当事人一方行使任意解除权而使合同终止，由此给相对人造成的损失。再者，日本《特别商交易法》第17条之十也规定，服务受领人于手领业者的文书8日后，仍得不具任何理由单方地解除契约。于此场合，虽解除者需对业者为损害赔偿，但赔偿范围受到一定限制，且因该规定的强制性，禁止中途解约权的当事人的约定不生任何效力，对于违约金的约定亦以该规定所定金额为限。该规定被誉为“超越传统民法理念的划时代的特例”。对此，我们应予重视。

信赖利益的赔偿，包括为履行委托合同而进行准备工作所支出的费用、因合同解除所丧失的利益。《德国民法典》第671条第2项规定：“受委托人仅得以使委托人能够对事务的处理另作处置的方式通知终止委托，但有不适时地通知终止委托的重大原因的除外。在没有此种原因的情况下，受委托人不适时地通知终止

① Funk Jun，Handkommentar des Obligationenrechts traduction fracaise，Commentair Du Code Fédéral des Obligations. 404，3，p. 250. 转引自史尚宽：《债法各论》，388页，台北，荣泰印书馆股份有限公司，1981。

② 见《中华人民共和国最高人民法院公报》，2006（4），30、35页。

委托的，必须向委托人赔偿由此发生的损害。”有学者认为，当事人惟得请求不利时期终止之损害，不得请求委任继续之利益。史尚宽先生赞同此说。①

应当强调，当事人若名为援用《合同法》第410条的规定解除合同，实为滥用权利，构成恶意违约，则没有理由宽容于他，应当如同其他类型的恶意违约一样处理，令其承担典型的违约责任，赔偿相对人履行利益的损失。②

附：任意解除场合损害赔偿的案例分析

论委托合同的任意解除权及其限制③

——“上海盘起诉大连盘起案”判决的评释

案件事实概要④

2000年7月，日本盘起工业株式会社（以下简称日本盘起）的法定代表人森久保有司经与梁崇宣磋商后，签署了《建设盘起中国营销网络、设立上海盘起的决定》（以下简称《决定》），决定成立上海盘起贸易有限公司（以下简称上海盘起），由梁崇宣负责建设、经营、管理盘起中国营销网络，确认上海盘起为盘起集团成员，是盘起集团在中国地区（不含台湾、港澳地区）的唯一销售代表机构。上海盘起是在中国注册的有限责任公司，作为独立法人，独立经营，亏损自负，利益自留。盘起集团将以最优惠的价格供给上海盘起产品。该《决定》还就经营业务、公司管理等作了规定。随后，森久保有司与梁崇宣签订了《委托书》，约定梁崇宣代表日本盘起及其关联企业负责建设、管理、运营盘起集团在中国地区（不含台湾、港澳地区）营销网络的销售机构和渠道，组建、经营、管理上海盘起及其他相关销售机构，委托梁崇宣担任上海盘起的股东、董事、董事长。其

---

① Fick, Das Schweizerische Obligationenrecht adaptation francais, Bachmann, Goetzinger, Sigmund et Zeller, Commentaire Du Code Fédéral des Obligations, 404, no. 41. 转引自史尚宽：《债法各论》，388页，台北，荣泰印书馆股份有限公司，1981。

② 参见［日］沼义雄：《债法各论》，156页。转引自史尚宽：《债法各论》，388页，台北，荣泰印书馆股份有限公司，1981。

③ 这篇案例评释系笔者与龙俊博士合作的成果。对龙俊博士致以由衷的谢意！

④ 案情信息全部来自《上海盘起贸易有限公司与盘起工业（大连）有限公司委托合同纠纷案》，载《中华人民共和国最高人民法院公报》，2006（4），30～31页。

权限、责任和具体事宜以《决定》为准，日本盘起负责协调、责成盘起集团内各部门、各关联企业与上海盘起缔结业务关系协议书。同时，约定受托人梁崇宣同意无条件地接受委托人对委托事项的撤销。

同年7月28日，上海盘起经工商行政管理部门批准成立，为有限责任公司，注册资本为人民币100万元，其中梁崇宣出资90万元，毕春生出资10万元，法定代表人为梁崇宣。公司的经营范围为模具及零部件，机械配件、五金工具、金属制品（专项审批除外）、塑料制品、化工原料（除危险品外）的销售。

同年8月，上海盘起与森久保有司作为法定代表人的盘起工业（大连）有限公司（以下简称大连盘起）签订了《业务协议书》，就大连盘起委托上海盘起在中国地区（不含台湾、港澳地区）的销售事宜双方协议、确认如下：双方相互确认系盘起集团的成员，在盘起工业的事业上有共同的利益和责任；大连盘起作为盘起集团在中国的制造基地，有责任按照盘起集团的标准，按质、按时、按量地供给上海盘起所需的产品；上海盘起作为盘起集团在中国地区的销售代表机构，有责任开拓、发展盘起集团及大连盘起的产品在中国地区的市场；大连盘起委托上海盘起在中国地区销售其生产经营的产品，不再委托、建立其他的销售机构和渠道，如有必要，须事前与上海盘起建立协议；上海盘起负责建设、管理、运营的销售机构和渠道，根据客户需求可自行购买其他厂商的产品进行销售活动；大连盘起将以最优惠的价格供给其产品，并无偿提供、转让给上海盘起在中国地区的销售权、商标使用权及其他无形资产，上海盘起保证正确使用其销售权、商标及无形资产等。同时约定本协议有效期为20年，自2000年9月1日至2020年8月31日。

上述协议签订后，双方开始合作。上海盘起以传真或电子邮件等方式向大连盘起订购各种模具及配件，进行销售活动。上海盘起还通过发布广告、印发宣传册、参展及办展会等多种形式宣传大连盘起的产品，开拓市场，并相继建立广东、青岛、苏州、昆山、天津、杭州等营销点，形成了一定规模的销售网络。对货款的结算期限，双方没有明确约定。截至2002年4月，上海盘起共有人民币5 916 866.41元尚未付给大连盘起，但大连盘起此前没有催收过。2002年4月19日，日本盘起森久保有司签署《撤销委托书的决定》，以上海盘起严重拖欠大连盘起货款，且其财务和销售活动缺乏透明度为由，决定撤销他与梁崇宣签署的委托书及其附件，并撤销上海盘起。当日，大连盘起以上海盘起拖欠货款为由向法院提起诉讼。同月22日，日本盘起及大连盘起又作出对梁崇宣个人的《撤销委托书的决定》，并于当日向梁崇宣送达上述决定书。同日，大连盘起又向销售系统各员工发布《关于撤销广东盘起工业销售有限公司和上海盘起贸易有限公司的决定》，并先后向客户发出《紧急通知》、《敬告客户》，重申大连盘起不再授权广东盘起、上海盘起经营盘起品牌产品；今后只对在大连盘起购买的盘起产品，大连盘起才承担相关产品责任等。同日，大连盘起在上海、天津、东莞建立直属的营业所，销售自己的产品。同年7月，又相继建立重庆出张所、青岛出张所进行销售活动。

截至2002年4月，上海盘起组建及经营投入（含公司开办、软件开发、固定资产投入等费用）为人民币743 169.25元，促销活动投入（广告宣传、展览及其他促销费用）为人民币919 597.32元。

上海盘起向辽宁省高级人民法院提起诉讼，诉请判令大连盘起撤销未经上海盘起同意成立的销售机构，公开赔礼道歉、恢复名誉；大连盘起赔偿损失人民币5 000万元，并承担诉讼费用。

判决

一、一审判决要旨

辽宁省高级人民法院（2003）辽民三合初字第34号民事判决认为，系争《业务协议书》是一种商务委托，其订立和履行是基于当事人的相互信任，一旦这种信任发生动摇，根据《合同法》第410条的规定，双方均可解除合同，而不适用实际履行原则。故大连盘起关于协议已被依法解除不应继续履行的抗辩成立，对上海盘起要求继续履行该协议的诉讼请求不应支持……大连盘起终止协议致使协议不能继续履行，不可归责于大连盘起。但大连盘起提前终止协议，给上海盘起造成一定的经济损失，应当赔偿。由于预期利益具有不确定性，且《合同法》第410条又赋予当事人随时解除权，上海盘起主张合同解除后的预期利益损失的赔偿，缺乏法律依据，法院不予支持。①

二、二审法院判决要旨

上海盘起不服辽宁省高级人民法院（2003）辽民三合初字第34号民事判决，上诉至最高人民法院。最高人民法院经过审理，作出了（2005）民二终字第143号民事判决书。该判决书认为：《业务协议书》确立了委托合同关系。委托合同基于当事人之间的相互信任而订立，亦可基于当事人之间信任基础的动摇而解除。大连盘起解除对上海盘起的委托合同关系，属于依据《合同法》第410条行使法定解除权，但该解除行为给上海盘起造成的损失，大连盘起应当依法承担相应的赔偿责任。原审判决令大连盘起向上海盘起赔偿因解除委托合同而造成的直接损失1 662 766.57元（原审判决表述为1 662 766.07元系笔误），是正确的，本院予以维持。至于大连盘起是否应向上海盘起赔偿可得利益损失问题，本院认为，虽然当事人依据《合同法》第410条的规定行使法定解除权，亦应承担民事责任，但这种责任的性质、程度和后果不能等同于当事人故意违约应承担的违约责任。根据本案法律关系的性质和实际情况，不宜对"赔偿损失"作扩大解释。原审法院认定事实清楚，适用法律并无不当。②

评释

一、辨析与说明

首先须辨明，日本盘起的法定代表人森久保有司签署《撤销委托书的决定》，撤销《委托书》及其附件，并撤销上海盘起，虽曰"撤销"，但并不符合《合同法》第54条和第55条规定的撤销，也不符合该法第74条规定的债权人撤销权的构成，考察其真实意思，应当是"解除"，换句话说，日本盘起的森久保有司是在解除《委托书》及其附件。

其次，日本盘起的法定代表人森久保有司解除《委托书》及其附件，是解除

① 见《上海盘起贸易有限公司与盘起工业（大连）有限公司委托合同纠纷案》，载《中华人民共和国最高人民法院公报》，2006（4），32页。

② 见《上海盘起贸易有限公司与盘起工业（大连）有限公司委托合同纠纷案》，载《中华人民共和国最高人民法院公报》，2006（4），35页。

日本盘起和梁崇宣之间的委托关系，终止上海盘起。上海盘起未付给大连盘起人民币 5 916 866.41 元货款，不是这种委托关系的内容，根据合同的相对性，日本盘起的森久保有司以“上海盘起严重拖欠大连盘起货款”为由，解除《委托书》及其附件，终止日本盘起和上海盘起之间的委托法律关系，没有法律依据，不应得到支持。

所谓上海盘起的“财务和销售活动缺乏透明度”，即使确有其事，也没有证据表明它构成违约行为。如此，它不是违约解除的条件。

综上，日本盘起的森久保有司不得基于上海盘起违约而援用《合同法》第 94 条第 2 项至第 4 项的规定，主张解除合同，换言之，其签署《撤销委托书的决定》的请求权基础不是《合同法》第 94 条第 2 项至第 4 项。

再次，系争法律关系和两审法院审理判决的，不是日本盘起和上海盘起之间的法律关系，也不是森久保有司和上海盘起及梁崇宣之间的法律关系，而是上海盘起和大连盘起之间的委托合同关系。

由于系争《撤销委托书的决定》、《委托书》和《业务协议书》均未规定上海盘起将货款付给大连盘起的日期，上海盘起欠大连盘起人民币 5 916 866.41 元货款的债务构成一项未定履行期限的债务。此类债务的履行，按照《民法通则》第 88 条第 2 款第 2 项和《合同法》第 62 条第 4 项的规定，债权人应当催告债务人，指定一个履行期，该期限届满，债务人仍未履行债务的，构成违约。具体到系争案件，大连盘起应当向上海盘起催告，指定一个付款的日期，该日期届满，上海盘起仍未付清人民币 5 916 866.41 元的全部货款，才构成“严重拖欠大连盘起货款”，即构成逾期付款的违约行为。在大连盘起没有催告上海盘起付清货款的情况下，上海盘起向大连盘起支付人民币 5 916 866.41 元货款的债务尚未届履行期，它没有支付该笔款项的事实，并不构成违约。因而，大连盘起主张解除《业务协议书》，终止双方的委托合同关系，其请求权基础不是《合同法》第 94 条第 2 项至第 4 项。

从案情看，大连盘起解除《业务协议书》所依据的是《合同法》第 410 条，两审法院的判决都支持了这一主张。

复次，单就《合同法》第410条的文义观察，委托合同中当事人的任意解除权没有条件限制，任何一方都可以随时以双方的信赖基础丧失为由将合同解除。但是，我们从法意解释和目的解释入手，结论就不会如此简单。下文将主要就此展开。

最后需要说明，本评释所谓“任意解除”、“任意解除权”中的“任意”，特指无正当理由，即《合同法》第410条所规定的可归责于终止合同的当事人一方的事由。

二、问题的提出

《合同法》第410条关于“委托人或者受托人可以随时解除委托合同。因解除合同给对方造成损失的，除不可归责于该当事人的事由以外，应当赔偿损失”的规定，在实务中产生了一些负面的影响。例如，委托事务接近完成，甚至于受托人为履行委托事务而专门设立了公司，从事委托合同约定的业务，受托人即将据此而取得可观的合同利益，恰在此时，委托人援用该条规定而主张解除合同，有的以其解除存在着不可归责于己的事由作为根据，拒绝承担损害赔偿责任；有的虽然寻觅不出不可归责于己的事由，从而承担损害赔偿责任，但因赔偿范围受到因果关系等因素的制约，赔偿数额远远低于委托合同继续有效并实际履行给受托人带来的利益。辽宁省高级人民法院（2003）辽民三合初字第34号民事判决、最高人民法院（2005）民二终字第143号民事判决，再次凸显了这些问题。如何妥善地解决它们，成为当务之急，法律人应当积极应对。

一般认为，《合同法》之所以规定委托人或受托人可以随时解除合同，其原因在于委托合同具有特别的性质，其成立大多建立在对当事人特殊信赖的基础上，而信任关系具有一定的主观性，在一方当事人对相对人的信任有所动摇时，就应不问有无确凿的理由，都允许委托人或受托人随时解除合同。否则，即便勉强维持双方的关系，也可能招致不良后果，影响委托合同订立目的的实现。①

---

① 参见崔建远主编：《合同法》，4版，497页，北京，法律出版社，2007；郭明瑞、王轶：《合同法新论·分则》，314页，北京，中国政法大学出版社，1997。

但是，法律又是公平的，不能仅仅考虑某一方面的价值。当事人的信赖基础固然重要，但是如果在委托合同不仅涉及一方当事人利益的时候，对合同双方的任意解除权依旧不加限制，实际就是在片面保护合同解除方的信赖感，对于合同相对人就难免苛刻了。因此在委托合同不仅仅涉及一方当事人利益的情形下，对于委托合同任意解除权的限制就有必要，问题只是在于如何设置合理的限制方式和限制条件。

委托合同任意解除权的限制方式，在制度设计上有两种可能性：一种可能性是直接否认任意解除权行使的效力，合同关系仍然存在，本评释称这种限制方式为绝对限制；另一种可能性为承认任意解除发生法律效力，合同关系向将来消灭[①]，但是解除人要承担损害赔偿责任，弥补相对人的损失，本评释把这种限制方式称作相对限制。

《合同法》第 410 条已经规定了任意解除权的相对限制（损害赔偿），没有规定解除权绝对限制的情形，于是就产生了两个疑问：其一，在我国现行法的体系中，是否需要引入解除权的绝对限制？其二，在相对限制的模式下，对《合同法》第 410 条规定的“赔偿损失”的范围如何确定？

三、解除权的绝对限制——不得解除

观察有关立法例可知，相对限制的情形较为普遍，如《法国民法典》第 2004、2007 条[②]，《德国民法典》第 671 条均肯定了受托人解约时委托人的损害赔偿请求权[③]，《日本民法典》第 651 条、《瑞士债务关系法》第 404 条、中国台湾地区“民法”第 549 条以及中国大陆《合同法》第 410 条，均规定了当事人一方任意解除合同时另一方享有损害赔偿请求权。[④]而纵观境外的主要立法例，未见有任意解除权绝对限制的明文规定。究其原因，恐怕在于委托合同毕竟是以当

① 委托合同任意解除权虽名为“解除”，实为“终止”，仅向后发生效力，不发生溯及效果。

② 在法国民法典中，委托人的任意解除称为“解除”（revoquer），受托人的任意解除称为“放弃”（renoncer），但是出于行文方便，本文一律使用“解除”一词。

③ 在德国民法典中，委托人的任意解除称为“撤回”（widerrufen），受托人的任意解除称为“告知”（kündigen），但是出于行文方便，本文一律使用“解除”一词。

④ 各立法例中任意解除权损害赔偿的行使条件和赔偿范围本文第四部分会详述，此处不赘。

事人的信赖为基础的，强制要求缺乏信赖基础的当事人维持委托关系实在太勉强，即使合同不仅仅涉及一方当事人的利益，但是一般通过损害赔偿制度就可以弥补合同相对人的损失，没有必要绝对限制任意解除权的行使。然而是否存在某些例外情形可以适用绝对限制的方式呢？对于这一问题，日本的判例和学说颇值研究。

日本在判例中逐步发展出“受托人利益”规则和“不得已事由”规则为核心的解除权限制模式，其内容可概括表述为：委托合同不仅仅为了委托人的利益而存在，受托人也与合同有正当的利害关系时，委托人不能依据《日本民法典》第651条的规定解除合同。①当然这只是我们对日本判例主要观点的大致归纳，实际上还有很多重要内容没有涵盖，比如如何确定“受托人的利益”等等，而且日本近来的判例在该问题上有了新的发展，因此如欲充分理解日本制度以寻求可资借鉴之处，须对其判例发展作一番梳理。

（一）“受托人利益”规则

在《日本民法典》施行初期，法院直接依据《日本民法典》第651条规定的文义解释，承认委托人可以在任何时候不加限制的解除合同。②然而实务中出现了很多委托人任意解除合同，导致受托人利益受损的情形。为了保护受托人的利益，限制委托人任意解除权的判例终于在1915年（大正4年）形成。在本案中，对Y负有债务的X将其拥有的金鵄勋章③年金证书交给Y，委托其收取年金，用年金清偿债务，并约定在债务完全清偿之前不得解除委托合同。尽管法院在最后判决中，因为年金债权的人身专属性而否认了本案中解除权抛弃特约的效力，但是该判决指出“在受托人对于委托事务的处理也有正当的利害关系的场合，委托

① 见［日］几代通：《注释民法16》，209页，东京，有斐阁，1967。广中俊雄：《委托和“解除”》，载《契约法大系雇佣·承揽·委托》，281页，东京，有斐阁，1963。山田卓生、野村丰宏、冈谷峻、镰田薰、新美育文、冈孝、池田真郎：《民法Ⅱ　分析和展开》，246页，东京，宏文堂，1998。

② 见［日］山田卓生、野村丰宏、冈谷峻、镰田薰、新美育文、冈孝、池田真郎：《民法Ⅱ　分析和展开》，246页，东京，宏文堂，1998。

③ 金鵄勋章，第二次世界大战前日本帝国的军事勋赏，设立于1890年2月。分为七等（正式名称是“功一级金鵄勋章……功七级金鵄勋章”），奖励给武功卓越的军事人员。第二次世界大战结束后，于昭和22年（1947年）废止了金鵄勋章。

人和受托人约定抛弃任意解除权是为了让委托事务处理完成从而保护该利益时，解除权抛弃特约有效”[①]。该判决尽管没有确立一般意义上的“受托人利益”规则，仅仅只是承认在存在“受托人利益”时，解除权抛弃特约有效，但是该判决确实是在限制委托人任意解除权保护受托人利益的目标上迈出了第一步。

而在1920年（大正9年），一个具有划时代意义的判决诞生了，法院在没有解除权抛弃特约的时候，仍然限制了委托人的任意解除权。在该案中，Y向X借了30元，X与Y约定：X委托Y收取对于第三人的1 000元贷款，贷款收取额的一成作为报酬支付给Y，并用该报酬清偿Y对X的债务。后来X解除了与Y的委托合同，并以债权到期为由请求Y清偿借款。原审判决认为X可以依据第651条解除委托合同，从而承认了X的请求权。Y不服该判决上诉，主张受托人对委托事务的处理有固有的利害关系时，委托人不能任意解除该委托合同。法院肯定了上诉人的请求，在判决中论述道：《日本民法典》第651条的规定“只适用于仅为了委托人的利益而处理事务的场合，当委托事务的处理不仅仅为了委托人的利益，也为了受托人的利益时，委托人不能依据该条解除委托合同”[②]。可以说，该判决首次在日本确立了“受托人利益”规则，对后世影响深远。

此后，日本的判例和学说都致力于“受托人利益”概念的精致化。通说和判例均认为“受托人利益”必须是与委托事务处理直接相关的利益，单纯的报酬请求权（即有偿委托合同的情形）不构成本判决的“受托人利益”[③]。对于前述案例，也并非因为合同的有偿性，而是因为“将收取金额的一成作为报酬并以此清偿债务”这一点，才认定其为“受托人利益”[④]。东京高等法院对“受托人利益”概念作了一个较为一般化的表述：“因委托事务的完成而对受托人产生的利益，并必须因某种关系的存在委托人不得不承认受托人享有该利益。”[⑤]

至于为何存在“受托人利益”时就不能任意解除委托合同，学说上未有定

① 日本大判大正4年（1915年）5月12日，民录21辑687页。

② 日本大判大正9年（1920年）4月24日，民录26辑562页。

③ ［日］几代通：《注释民法16》，213页，东京，有斐阁，1967。

④ ［日］广中俊雄：《广中俊雄著作集（2）》，277页，东京，创文社，1992。

⑤ 日本东京高判昭和63年（1988年）5月31日，金商804号14页。

论。有的认为此时可以“推定存在解除权抛弃特约”①；有的认为若存在“受托人利益”，委托合同就不再是单纯是委托合同，而是加入了新的成分，构成了一个无名合同②；有的观点更进一步从委托合同的性质上寻求根本原因，认为委托合同可以任意解除并非是因为当事人之间的信赖关系，而是因为委托合同的无偿性。③

（二）“不得已事由”规则

日本判例在确立“受托人利益”规则之后，又在此基础上发展出了例外情形：即使委托合同涉及“受托人利益”，但是如果受托人作出违反诚信的行为等不得不解除合同的时候（即不得已事由），例外地承认委托人仍然可以依《日本民法典》第651条的规定解除合同。④

该规则被日本最高法院在1965年（昭和40年）的判决所确立。在该案中，委托人委托受托人处理其资产和负债，并为此将其不动产转到受托人名下，但是受托人在接受委托后长时间没有向委托人汇报相关收支，也没有实际处理委托人的债务，于是委托人解除委托合同并要求返还不动产。法院在判决中指出：“如本案一样，委托合同并非仅仅为了委托人的利益，也为受托人利益而定的时候，如果受托人作出了明显不诚信的行为等不得已的事由发生时，委托人仍然可以解除委托合同。”⑤此后最高法院在1968年（昭和43年）又作出了类似的判决。⑥

值得注意的是，不得已事由规则在日本学界备受批评。其原因在于法院的解释太过含混，何以“依据《日本民法典》651条的规定解除”?《日本民法典》第651条规定的是任意解除，即在任何时候不需要理由的解除，但是“不得已事

① ［日］鸠山秀夫：《增订日本债权法各论》（下），631页，东京，岩波书店，1934；我妻荣《债权各论（中）Ⅱ》，693页，东京，岩波书店，1962。

② 末川博教授的观点，参见［日］广中俊雄·星野英一：《民法典的百年》，452页，东京，有斐阁，1998。

③ 参见［日］广中俊雄：《委托和“解除”》，载《契约法大系Ⅳ　雇佣·承揽·委托》，281页，东京，有斐阁，1963。

④ 见［日］广中俊雄、星野英一：《民法典的百年》，457页，东京，有斐阁，1998。

⑤ 日本最判昭和40年（1965年）11月17日，裁判集民81号561页。

⑥ 见日本最判昭和43年（1968年）9月20日，裁判集民92号329页。

由”规则却要求只有在发生“受托人从事了明显不诚信的行为”时才能解除，二者显然有别。因此有学者认为上述最高法院的判决实际上与《日本民法典》第651条的规定无关，当事人能解除合同并非依据《日本民法典》第651条的任意解除权，而是基于委托合同作为继续性合同的性质。①

然而不论学说的观点如何，“不得已事由”规则作为“受托人利益”规则的例外规则，与“受托人利益”规则一起，在相当长的时间里构成了日本各级法院解决委托人任意解除案件的主要逻辑。

（三）判例的新动向

在“受托人利益”规则和“不得已事由”规则主导日本司法审判多年后，最高法院在1981年（昭和56年）提出了新规则的可能性。这里之所以说是“可能性”，是因为该案是否具有一般性的意义或者说在多大程度上具有一般性的意义尚需讨论，至少在两年后最高法院又重申了前述的“受托人利益”规则。

该案的事实是：A将其公寓租借给B公司，并委托Y公司管理该不动产。委托合同是无偿的，但是作为代价，A要将从B处收取的保证金交给Y保管，Y除了要向A支付每月一分的利息外，可以自由支配该保证金用于自己的事业。委托合同每5年一更新，在第11年的时候，A要求解除该委托合同。后来A将给予合同解除而产生的保证金返还请求权转让给了X，X向Y提起了诉讼。②

该案经过了一审、二审，原告X均败诉，于是上诉到最高法院。日本最高法院在终审判决中认为：“即使不存在不得已的事由，当不能解释为委托人自己放弃任意解除权的时候，违反委托人的意思让受托人继续处理委托事务，会损害委托人的利益，违反委托合同的本旨，因此，委托人仍然可以依据《日本民法典》第651条的规定解除委托合同，只是在受托人因此受有不利益的时候，受托人可以从委托人处获得损害赔偿，应当认为足以弥补其不利益。”③

该判决首先肯定了“受托人利益”的存在，且认为不存在“不得已事由”，如

① 见［日］广中俊雄：《广中俊雄著作集（2）》，311页，东京，创文社，1992。

② 见日本最判昭和56年（1981年）1月19日，民集35卷1号1页。

③ 日本最判昭和56年（1981年）1月19日，民集35卷1号1页。

果按照日本法院历来处理该类案件的逻辑，应当认为不能任意解除该委托合同，但是本案却打破这一惯常做法，认为仍然可以解除合同，理由是维持原合同关系会“损害委托人的利益，违反委托合同的本旨”，只是需要委托人赔偿受托人的损失。

该判决实际上打破了日本法院在“受托人利益”问题上，一贯的绝对限制态度，而改采相对限制——即使存在“受托人利益”，只要赔偿损失，就仍然可以解除。这里的损害赔偿范围，法院虽未言明，学说上认为是履行利益的赔偿。[①]

但是仅从该案看，并不能说日本司法判例的基本立场已彻底转变。因为两年后最高法院的在“税理士[②]顾问合同”一案中，又回到了之前的逻辑，重申了“受托人利益”规则。[③] 所以该判决究竟只是针对本案的特殊情况所作出的特例，还是提出了一项不同于以往做法的新规则，尚无定论。

（四）基于其他理由对委托人解除权的限制

除了上述“受托人利益”规则和“不得已事由”规则构成的主要逻辑之外，日本判例和学说上也确立了其他限制委托合同任意解除权的制度，兹简述如下：

1. 无名合同

不论存不存在“受托人利益”，只要委托合同的要素和其他合同要素一起构成了一个无名合同的时候，并且委托部分和合同其他部分一起构成了命运共同体不能单独解除时，不能行使委托合同任意解除权。[④]

2. 第三人利益

当委托合同以受托人和第三人的共同利益为目的时，既然第三人对此作出了承诺，那么没有第三人的同意，也不能解除该合同。[⑤]其理论基础学者认为也是在本来的委托的要素上加入了其他要素。例如，为了担保或者清偿的目的订立的债权收取委托合同，委托和担保或者清偿抵充合同构成了混合合同。在这种场合

---

① 见［日］广中俊雄、星野英一：《民法典的百年》，457页，东京，有斐阁，1998。

② 即税务代理人。

③ ［日］最判昭和58年9月20日，判时1100号55页。

④ ［日］大判大正6年1月20日，民录23辑68页。

⑤ 见［日］几代通：《注释民法16》，213页，东京，有斐阁，1967。

下，委托合同要受其他要素的制约，不能单方任意解除。[①]

（五）总结与借鉴

通过前面的分析，暂且抛开去向未明的“新动向”不提，可以对日本判例的逻辑作出如下总结：

1. 当存在“受托人利益”时，委托人不能依据《日本民法典》第651条的规定任意解除委托合同。所谓“受托人利益”，是指“因委托事务的完成而对受托人产生的利益，并必须因某种关系的存在委托人不得不承认受托人享有该利益”，单纯的报酬请求权不构成“受托人利益”。

2. 委托合同的要素和其他合同要素一起构成了一个无名合同的时候，并且委托部分和合同其他部分一起构成了命运共同体不能单独解除时，不能行使委托合同任意解除权。

3. 当委托合同以受托人和第三人的共同利益为目的时，没有第三人的同意，也不能解除该合同。

4. 尽管有前面诸项对委托合同任意解除权的限制，但是只要受托人作出了明显不诚信的行为等不得已的事由发生时，委托人仍然可以解除委托合同。

应该说，日本通过近百年判例发展出来的该制度具有相当的合理性，而且得到了比较法上的支持。例如在英、美，与利益结合的代理权不可撤销[②]；在法国，委托也为受托人的利益而设的时候，不能依据委托人的单方意志而解除，并且和日本一样，这里的“利益”也并非指报酬，而是指的委托事务本身所包含的利益，例如为了确保债务的清偿而作出的不动产信托让与的场合，或共有物的一方委托另一方管理共有物的场合，等等。[③]

---

① 见［日］几代通：《注释民法16》，213页，东京，有斐阁，1967。

② Anson's Law of Contract，20th ed.，1952，p. 112sq.，416sqq.；Chitty on Contracts，21st ed.，Vol. 2，1955，p. 11，38sqq. 转引自［日］广中俊雄：《委托和“解除”》，载《契约法大系Ⅳ 雇佣·承揽·委托》，282页，东京，有斐阁，1963。

③ Planiol-Ripert，Traité Pratique，t. 11，1954，n 1492；Fuzier-Herman，Code Civil Annoté，Art. 2004，n 14；Cass. 11. fevrier 1891，D. P. 91. 1. 197. 转引自［日］几代通：《注释民法16》，213页，东京，有斐阁，1967。

我们认为，日本的上述规则对中国法具有借鉴意义，我们可以参考它们将《合同法》第410条设置的“不可归责于当事人的事由”从正反两方面类型化。不过，由于日本的该制度由判例发展而来，各法院往往就事论事，且思路也各有不同，难免最后总结起来失之繁琐。而且，所谓“受托人利益”概念也难以把握，容易和有偿合同的概念相混淆①，所以有必要对之再加以整理。

其实，仔细分析不难发现，上述第1、2、3项规则都有一个共同的特征——委托合同的要素和其他合同要素一起构成了无名合同。第2项自不用说，在第1项“受托人利益”的情形，所谓“因委托事务的完成而对受托人产生的利益”其实都包含了其他类型合同的要素，如果仅仅是单纯的报酬，是不能囊括在“受托人利益”之中的；第3项“为了第三人利益”的情形亦同，如果只是单纯的委托而不包含其他类型的合同要素，一般不会涉及第三人利益的。因此，与其说是为了保护受托人的利益或是第三人的利益而不允许委托人任意解除委托合同，倒不如说是因为委托合同中加入了其他类型合同的要素，为了保护这些其他类型合同所要保护的利益，不得不限制委托人的任意解除权。如果该观点能够成立，那么前述3项规则都可以归入第2项——委托合同的要素和其他合同要素一起构成了一个无名合同的时候，并且委托部分和合同其他部分一起构成了命运共同体而不能单独解除时，不能行使委托合同任意解除权。而且这一规则与中国的现行法并无冲突，无须创设任何新制度，直接通过解释的方法也可以得出该结论。至于第4项规则，我们认为已经不属于任意解除权的范畴，既然“受托人作出了明显不诚信的行为”，完全可以通过解释《合同法》第94条第4项后段“其他违约行为致使不能实现合同目的”，用法定解除的方式解除合同。当然，由于委托合同作为继续性合同的特殊性，在解释“其他违约行为致使不能实现合同目的”时应适度放宽标准，作扩大解释。

如此，《合同法》第410条的含义就可以解释为：当委托合同不仅仅是委托合同，而且加入了其他类型合同的要素，构成了一个无名合同时，为了保护其他

---

① 事实上日本的地方法院就多次混淆二者区别。

类型合同所要保护的利益，当事人不得行使任意解除权。

在前述“上海盘起诉大连盘起委托合同纠纷案”中，一、二审法院均将《业务协议书》认定为委托合同，判决大连盘起可以基于《合同法》第410条的规定将之解除，我们认为是失之妥当的。《业务协议书》内容牵涉甚广，固然包含委托的因素，但是也包含买卖，知识产权转让等多种类型合同的因素，实际上已经是一个无名合同。自委托人大连盘起方面观之，固然买卖也好、知识产权转让也好，都是为了让上海盘起行使销售权，开拓其市场；但是自上海盘起观之，获得销售权又未尝不是为了能够以低于市场价的价格拿到货源，或能够无偿地得到知识产权的转让？实际在本案中，委托的因素和其他类型的合同因素已经形成了一个不可分的共同体，法院为了其中委托的因素，为了保护基于委托关系而生的信赖关系（实际上就是委托人的信赖），而允许其中一方任意解除合同，实际上就是以牺牲该合同中其他因素所保护的利益（实际就是受托人的利益）为代价的，何以厚此而薄彼？

退一步而言，即使将该《业务协议书》认定为委托合同，该委托合同也是一个有偿委托合同，对于有偿委托合同的解除，判决仅仅赔偿“直接损失”就是妥当的吗？这就涉及《合同法》第410条中“应当赔偿损失”的损失范围的界定。

四、解除权的相对限制——损害赔偿

首先需要说明的是，委托合同的任意解除仅向未来发生效力，在行使解除权之前的部分，合同效力不受影响。一般而言，在委托合同解除前，受托人已经处理了一部分事务，若该合同属于有偿委托合同，那么受托人可以请求委托人按比例支付报酬，其请求权基础应为《合同法》第405条后段关于“因不可归责于受托人的事由，委托合同解除或者委托事务不能完成的，委托人应当向受托人支付相应的报酬”的规定。此外，在委托合同解除前，倘若受托人为处理委托事务而支出费用，这些费用的承担应依当事人约定，如果没有约定应由委托人承担，其请求权基础应为《合同法》第398条关于“委托人应当预付处理委托事务的费用。受托人为处理委托事务垫付的必要费用，委托人应当偿还该费用及其利息”的规定。上述报酬请求权与费用偿还请求权均与《合同法》第410条无关，无论在解释上对《合同法》第410条的损害赔偿性质和范围采何种见解，上述两项请求权都不受影响。

《合同法》第 410 条对于损害赔偿的范围未设规范。在前述“上海盘起诉大连盘起委托合同纠纷案”中，最高人民法院及辽宁省高级人民法院均认为，这种赔偿责任的性质、程度和后果不能等同于当事人故意违约应承担的违约责任，根据系争案件法律关系的性质和实际情况，不宜对赔偿损失作扩大解释。责任范围仅限于给对方造成的直接损失，不包括对方的预期利益。[①]

尽管最高人民法院将《合同法》第 410 条任意解除权的损害赔偿范围界定为直接损失，但是却没有说明理由。如果在实践中不分青红皂白地一律贯彻这一结论，将会造成严重不公的结果。正如本评释开头所描述的情形，委托事务接近完成，甚至于受托人为履行委托事务而专门设立了公司，从事委托合同约定的业务，受托人即将据此而取得可观的合同利益，恰在此时，委托人援用该条规定而主张解除合同，若依最高人民法院的观点，受托人仅能得到直接损失的赔偿。[②]尤其是在律师业务中的风险代理的场合，如果委托人为了规避高额风险代理报酬，在受托律师代理的案件即将处理完毕的时候解除合同，结果最后代理案件胜诉等风险代理委托合同的条件成就时[③]，难道受托人仍然仅能得到直接损失赔偿？而且在这种报酬依结果而定的场合，受托人也很难依据《合同法》第 405 条取得阶段性的报酬，若将《合同法》第 410 条的损害赔偿范围限缩在直接损失，对受托人甚为不公。

那么如何界定损害赔偿的范围才能在委托人和受托人的利益间取得一个平衡点呢？我们认为，应当区分情况而定：

---

① 见《中华人民共和国最高人民法院公报》2006 (4)，30、35 页。

② 实践中就有这种判例：在国际信达行投资有限公司（以下简称信达行公司）诉北京恒润房地产开发有限公司（以下简称恒润公司）案中，委托人恒润公司就在受托人信达行公司从事委托业务长达 4 个月后解除委托合同，受托人信达行公司要求继续履行的诉讼请求被法院予以驳回。参见央视国际 2003 年 5 月 28 日“经济与法”节目：《这个合同能否解除?》（网络版），http：//www. cctv. com/program/jjyf/20030407/100850. shtml。

③ 现实多有这种情形：某市宏丰信用社与该市青松律师事务所签订一份委托代理合同，约定由青松律师事务所指派律师代理宏丰信用社通过诉讼途径向借款人甲公司追回借款，事成后支付 10 万元。结果在胜诉后，执行的过程中，宏丰信用社解除了委托合同，仅按收费标准支付诉讼阶段的代理费 6 万元。参见何志：《对委托合同的处理》，http：//rmfyb. chinacourt. org/public/detail. php? id=39681。

（一）援用《合同法》第410条的规定主张“解除”的一方当事人实质上是故意毁约，只不过打着解除合同的旗号，就应按拒绝履行追究“解除”者的违约责任，其赔偿范围应为履行利益的损失。

（二）其他情形的任意解除，其损害赔偿范围的确定，可以参考他国的经验，并结合中国的实际情况，确定相应的规则。

1. 比较法上的考察

考察各国和地区的立法例，会发现一个有意思的现象，即德国、日本、瑞士均将因委托合同任意解除权而生的损害赔偿范围限定在“于不利时期解除合同而造成的损害”①。而且德国仅规定了受托人解除合同时对委托人的赔偿义务，却没有规定委托人解除合同时对受托人的赔偿义务。②

而在解释上，通说亦均强调损害和“不利时期解除”的因果关系，只有因解除合同时期不当造成的损害才须赔偿。③以事务处理完作为报酬条件的特约的委托合同，中途解约并不构成于不利时期解约。其理由是，报酬是不管解约的时期，只要解约就当然失去的利益，所以不在赔偿范围内。④

由上述考察似可得出这样的结论：在德国、日本、瑞士立法例中，委托人任意解除合同时，要么不需要赔偿（德国），要么仅仅赔偿因为解除时机不当而造成的损害（日本、瑞士）。如果这一结论可以成立，那岂不是说它们的损害赔偿范围比中国最高人民法院主张的“直接损失”还要小？难道这些国家就不会出现本文前面所提到的那些委托人利用任意解除权逃避报酬支付的情形吗？面对这些问题，这些国家又是如何处理的呢？要回答这些问题，有必要就这些国家的立法背景、学说和判例进行研究。

---

① 《德国民法典》第671条，《日本民法典》第651条、《瑞士债务关系法》第404条。

② 参见《德国民法典》第671条。

③ 参见［德］梅迪库斯：《德国债法分论》，杜景林，卢谌译，344页，北京，法律出版社，2007；［日］几代通《注释民法16》，213页，东京，有斐阁，1967；邱聪智：《新订债法各论》（中），183页，北京，中国人民大学出版社，2006；林诚二：《民法债编各论》（中），188页，北京，中国人民大学出版社，2007。

④ 参见［日］几代通：《注释民法16》，215页，东京，有斐阁，1967。

在德国，委托合同只能是无偿的。[①]正因为委托合同的无偿性，所以委托人解除委托合同，不可能对受托人造成什么损害，自然无须赔偿。而自受托人而言，因为不能从合同中获得利益，若要求其解除合同后还要赔偿委托人的损失则甚无道理，只有在其因为解除时机不当而造成损害的时候才需要赔偿。[②]德国这种规定隐含的原则是："结束无偿合同相对而言应当比较容易"[③]。而在中国被认为是有偿委托的合同类型，在德国被认定为有偿事务处理合同，在性质上属于雇佣合同或承揽合同。[④]根据《德国民法典》第 675 条的规定，有偿事务处理合同准用委托合同的许多规定，但是该法第 671 条关于任意解除合同的规定却不得准用。原因在于第 671 条中规定的合同的消灭比较容易，是不能直接用于有偿合同的。[⑤] 于是，要解除有偿事务处理合同，就需要依据雇佣或承揽的规定。在雇佣的场合，必须存在重大原因时才能即时地通知终止。[⑥]而在承揽的场合，定作人虽然可以随时通知终止合同，但是承揽人有权请求约定的报酬[⑦]，实际上相当于定作人承担了合同履行利益的赔偿。

在日本，尽管法律上不区分有偿合同和无偿合同，但是由判例发展而来的"受托人利益"规则等制度，实际上将相当一部分的有偿合同的情形排除在《日本民法典》第 651 条的适用范围之外。[⑧]但是由于"受托人利益"规则不适用于以支付报酬为对价的普通有偿合同的情形，仍然有很大一部分有偿合同要适用《日本民法典》第 651 条的规定。对于此，日本学者广中俊雄在进行比较法研究和总结本国判例的基础上，提出了一条解决思路，对日本学界产生深远影响。广中俊

① 参见《德国民法典》第 662 条。

② 例如，接受外出旅行的邻居的委托进行浇花的人，可以无重大原因而随时通知终止委托。但只要邻居外出未归，受托人就有义务赔偿因为不适时地通知终止委托而造成花朵干枯的损害。参见陈卫佐译注：《德国民法典》，265 页，北京，法律出版社，2006。

③ [德] 梅迪库斯：《德国债法分论》，杜景林、卢谌译，344 页，北京，法律出版社，2007。

④ 参见《德国民法典》第 675 条。

⑤ 见 [德] 梅迪库斯：《德国债法分论》，杜景林、卢谌译，350 页，北京，法律出版社，2007。

⑥ 参见《德国民法典》第 626 条第 1 款。

⑦ 参见《德国民法典》第 649 条。

⑧ 参见前述绝对限制的情形。

雄教授认为，对于有偿委托合同，虽然从结果上不排除解除合同的自由，但是不能适用《日本民法典》第651条的规定，应当区分类型分别处理：雇佣型的委托应当准用《日本民法典》第627条和第628条的规定，承揽性的委托应当准用《日本民法典》第641条的规定，而其他类型的委托也各自使用该类型本身的解除规则（主要是混合型委托合同的情形）。其理由是《日本民法典》第651条第1项的规定并非基于当事人之间的特别信赖关系，而是基于委托合同的无偿性。因为委托合同是无偿的，所以尽管是诺成合同，但是法的拘束力很弱。①

在瑞士，《瑞士债务关系法》同样承认了基于合意的有偿委托，也规定了于不当时期任意解除合同时的损害赔偿责任，于是也就产生了在有偿劳务提供关系场合的诸多问题。结果在实务中，反而形成了以合同该不该解除来判断这个合同是不是委托合同的逆向逻辑思维，因为前者（即应不应该解除）才是问题的核心。②后来司法中终于也形成了在承认委托合同的同时，适用雇佣相关规定的判决，以至于在1949年立法修改的时候，在委托合同里创设了类似于雇佣合同解除的规则。③

2. 分析与借鉴

在上述比较中可以发现，对于委托合同任意解除的损害赔偿问题，各国实际上都作了类型化的处理。究其原因，恐怕是因为委托合同的内容包含实在太广，尤其是将有偿委托也纳入委托的范围之后，变得更加复杂，这时如果仍然只是划一地规定其损害赔偿范围，难免顾此失彼，挂一漏万。我们认为，在中国界定委托合同任意解除权的损害赔偿范围的时候，也有必要进行类型化的作业。

江平教授认为，委托合同本有民事委托和商事委托之分，民事委托合同大多

① 见［日］广中俊雄：《委托和“解除”》，载《契约法大系Ⅳ　雇佣·承揽·委托》，293页，东京，有斐阁，1963。

② E. g., Hugo Oser u. Das schweizerische Obligationenrecht, 5. Aufl., 1956, s. 375, 376 f.; s. Auch Konrad Fehr, Das neue Bundesgesetz über den Agenturvertrag, Zeitschrift für schweizerisches Recht, N. F. Bd. 69, 1950, S. 1 ff. 转引自［日］广中俊雄：《委托和“解除”》，载《契约法大系Ⅳ　雇佣·承揽·委托》，282页，东京，有斐阁，1963。

③ 1949年公布的、次年施行的《瑞士债务关系法》第418条q·r，第419条t·u。

为无偿、不要式的合同，其信任所指主要是受托人的人品及办事能力，受托人是基于既有的甚至是先天具有的人品及办事能力处理或管理委托人的事物，往往是顺便帮助委托人完成其事项，不需要额外增加费用专为委托事项培养能力。即使委托人随时终止委托合同，受托人也无经济损失。所以，各国或地区的民法大多规定当事人可以随时（或曰任意）解除（或曰终止）委托合同。中国《合同法》第 410 条就是这种思潮的产物，这种规定的模仿。与此不同，商事委托合同的常态是有偿合同、要式合同，其信任所指是受托人的商誉及经营能力，有的受托人专为委托事项而成立公司来经营委托事务，有的为完成委托事务而改变自己的经营方向、经营领域，有的为完成委托事务要投入大量的人力和物力，来开拓市场、联系客户等等。一旦委托人随时解除合同，受托人就要遭受重大损失，甚至公司终止。对于这些受托人显然应当予以周到的保护。

江平教授的思路与各国或地区的实务做法颇为接近。从前文的分析看，各国或地区实际上也是区分有偿和无偿的。德国是直接将有偿的委托合同作为有偿的事务处理合同，日本的学说是认为有偿的委托合同不适用委托合同的任意解除权，而适用雇佣或承揽的相关规定。在无偿委托的情形，任意解除时只需赔偿解除时机不当造成的损害；而在有偿委托的情形，赔偿范围为履行利益。[①]

我们认为这一思路是可行的。在无偿委托的情形，就委托人解除合同而言，因为受托人在合同中不存在利益，所以无论委托人在何时解除，对受托人都难生损害；但是在受托人解除合同的时候，无论何时解除对于委托人多少会产生一些不便，如果都要受托人赔偿，未免不公，受托人本来就是无偿在为委托人服务，没有对价却要承担损失，太过苛刻。因此有必要对此赔偿加以限制。我们认为限定在“因不利时期解除而造成的损害”是恰当的，因为这样规定既保证了受托人解约的自由，也避免了受托人在特别不利于委托人的时期解除委托合同，符合诚信原则。而有偿委托的场合，情况较为复杂，需要类型化，兹具体分析如下：

(1) 在委托合同为双务有偿合同，当事人的合同利益不取决于其他法律行为

① 因为有偿委托的情形，类似于承揽的情况较为普遍。而对于承揽合同中定作人解除合同的情形，各国均规定了履行利益的赔偿。

是否成立、生效履行的情况下，损害赔偿的范围一般可按照履行利益的损失确定，较为适宜。

所谓在委托合同为双务有偿合同，当事人的合同利益不取决于其他法律行为是否成立、生效履行，风险代理合同比较典型，代理人只要尽到努力，取得胜诉的判决或裁决，即可获得固定数额的代理费。此类委托合同为双务有偿合同，其间固然包含有当事人之间的信赖关系，但更加重要的恐怕是合同履行后可以获得的利益，与承揽、雇佣、租赁等无异，此时允许当事人一方随时解除合同，已经是出于充分尊重当事人间信赖关系的考虑，若不给予相对人充分的赔偿——履行利益的损害赔偿，就当事人而言实在有失公允，就法治建设而言有碍于市场经济的信用体系的完善。

可能有人会担心，委托合同是继续性合同，合同履行期往往很长，有时甚至十年以上，要求解除时赔偿履行利益，会使赔偿范围无边无际。我们认为这种担心是没有必要的。合同的履行利益，固然是指整个合同完毕后可以获得的利益，但是依据损益相抵的原则，要将合同解除后当事人从原有合同中解脱出来所可能获得的新的机会所产生的利益排除出损害赔偿范围之外。例如，《德国民法典》第 649 条就规定："应将劳动力用于他处而取得的或恶意待遇取得的利益，排除出报酬"。

因此，在"上海盘起诉大连盘起委托合同纠纷案"中，最高人民法院将《合同法》第 410 条中的损失赔偿范围解释为"直接损失"，实在不妥。在委托合同为有偿双务合同、当事人的合同利益不取决于其他法律行为是否成立、生效履行的情况下，应该支持履行利益的赔偿请求。

(2) 在委托合同为双务有偿合同、当事人的合同利益取决于其他法律行为是否成立、生效履行的情况下，损害赔偿范围一般限于信赖利益，较为适当。

所谓有偿委托场合当事人的合同利益取决于其他法律行为是否成立、生效履行，例如，某《独家销售委托合同》规定："为使该项目销售工作更好完成，甲方（开发商）承诺在超过本合同签订销售平均价格后，超出部分给予乙方（销售代理商）销售分成，具体分配办法如下：2.1 若销售平均价格超出人民币 7 001～7 200 元/平方米部分，甲乙双方按七三比例分成，具体为乙方收取超出价格三成，甲方占七成；2.2 若销售平均价格超出人民币 7 201～7 500 元/平方米部分，甲乙双方按六四比例分成，具体为乙方收取超出价格四成，甲方占六成；2.3 若销售平均价格超出人民币 7 501 元/平方米部分，甲乙双方按五五比例分成；2.4 上述超出均价部分分成在住宅部分销售达 95%之日起 10 日内核算支付。”又如，某《商品房销售代理合同》约定，因销售代理商宣传、居间的原因，每售出一套商品房，销售代理商即有权提取房款额的 3%。

在此类合同场合，所谓履行利益，不单纯是委托合同本身履行所带来的利益，还包括商品房预售合同或销售合同或其他合同履行所带来的利益，甚至于委托合同本身的履行利益是“空”的，其履行利益完全是商品房预售合同或销售合同或其他合同履行所带来的利益。面对如此局面，将损害赔偿的范围确定在履行利益的损失，存在着困难，逻辑上有障碍，时常不符合因果关系。其原因在于：1）商品房能否被销售出去是不确定的；2）能销售出去多少是不确定的；3）买受人是否退房、有多少人退房也是不确定的；4）开发商故意留存商品房、留存多少还是不确定的；5）房价的波动难以准确预料。比较能为人们所理解和接受的解决方案是，按照信赖利益确定损害赔偿的范围。

五、解除权的意定限制——解除权抛弃的特约

在实践中，当事人往往会在合同中订立抛弃解除权的特别约定，对于这种约定的效力应当如何看待？这个问题与“上海盘起诉大连盘起委托合同纠纷案”无关，但是考虑到这个问题在实践中非常普遍，且属于当事人对委托合同任意解除权的意定限制，也在本文的主题范围内，所以在此进行讨论。

在德国，受托人的解除权放弃有效，放弃之后如果没有重大事由是不能解除的。[①]关于委托人的解除权放弃，法律没有规定，学说上存在争论。通说认为无效[②]，只有在例外的场合，即委托合同和受托人的利益相结合的时候有效[③]；也有学说

① 参见《德国民法典》第 671 条第 3 款。

② Oertmann，Komm.，2. Aufl.，§671，1. 转引自［日］几代通：《注释民法 16》，211 页，东京，有斐阁，1967。

③ Staudinger，Komm.，11. Aufl.，§671，11. 转引自［日］几代通：《注释民法 16》，211 页，东京，有斐阁，1967。

认为只要不违反公序良俗就有效。[①]在瑞士，解除权放弃也无效。[②]而在法国，有效说居多数。[③]在日本，多数说认为原则上解除权放弃特约无效，只有在委托合同也为了受托人的利益而设这种例外情况时有效[④]；与之相应，也有学说认为该规定属于任意规定，原则上应认为有效，只有在例外的场合即违反公序良俗的时候无效。[⑤]在中国台湾地区，学说上亦存在颇多争议，邱聪智先生认为任意终止权为强行规定，当事人以特约预先抛弃的，其抛弃无效[⑥]；史尚宽先生认为委托事务的处理非独以委任人利益为目的的，其终止权抛弃之特约例外有效[⑦]；郑玉波先生认为终止权抛弃之特约，尚不违反公序良俗，原则上应属有效[⑧]；实务上赞成无效说，无论当事人是否有相反约定，都可以任意终止契约。[⑨]

从上述各国和地区的学说和实务做法来看，对于该问题基本分为三种意见：一律无效说；原则无效，例外有效说；原则有效，例外无效说。我们认为可以分情况来探讨。在无偿委托的情形，由于当事人之间法的约束力很弱，维系合同关系的只有当事人之间的信赖关系，一旦信赖关系破裂，没有理由勉强维持合同关系，所以应当认为在无偿委托的情形，解除权抛弃特约无效。而在有偿委托的情形，当事人之间除了信赖关系外，还有其他利益关系存在，为了保护这种利益关

---

① Larenz，Schuldrechts Ⅱ，§52 Ⅳ. 转引自［日］几代通：《注释民法16》，211页，东京，有斐阁，1967。

② Becker，O. R.，Art. 404，8. 转引自［日］几代通：《注释民法16》，211页，东京，有斐阁，1967。

③ Riper-Boulanger，Traité，t. 3，n 2165；Fuzier-Herman，Code Civil Annoté，Art. 2004，n 33. 转引自：［日］几代通：《注释民法16》，211页，东京，有斐阁，1967。

④ 参见［日］石田文次郎：《债权各论》，183页，东京，早稻田大学出版部，1947；［日］末宏严太郎：《债权各论》，776页，东京，有斐阁，1918；［日］松阪佐一：《民法提要（债权各论）》，141页，东京，有斐阁，1956；［日］吾孙子胜：《委任契约论》，104页，东京，严松堂，1917。

⑤ 见［日］末川博：《债权各论Ⅱ》，329页，东京，岩波书店，1941；［日］我妻荣：《债权各论·中Ⅱ》，692页，东京，岩波书店，1962；［日］鸠山秀夫：《增订日本债权法各论（下）》，631页，东京，岩波书店，1934。

⑥ 见邱聪智：《新订债法各论》（中），183页，北京，中国人民大学出版社，2006。

⑦ 见史尚宽：《债法各论》，385页，史吴仲芳、史光华发行，1960。

⑧ 见郑玉波：《民法债编各论》（下），453页，自版，1972。

⑨ 见邱聪智：《新订债法各论》（中），183页，北京，中国人民大学出版社，2006。

系，当事人通过合意限制任意解除权，出于尊重意思自治的考量，应当认为这种限制原则上是有效的，除非这种限制有违公序良俗，或出现了不得不解除合同的情形。

六、结论

《合同法》第410条规定的任意解除权适用范围过宽，应当进行限缩解释，当一个合同既包含委托的因素，又包含其他合同类型的因素，从而构成一个无名合同的时候，不得适用《合同法》第410条解除。《合同法》第410条中规定的“赔偿损失”，不能被简单地认定为“直接损失”的赔偿，应当区分情况考虑。在当事人打着解除的旗号而故意毁约时，应当按照违约的损害赔偿处理，守约方可请求履行利益的赔偿；在无偿委托的场合，损害赔偿的范围是因为解除合同时期不当而造成的损失[①]；在委托合同为双务有偿合同，当事人的合同利益不取决于其他法律行为是否成立、生效履行的情况下，损害赔偿的范围一般可按照履行利益的损失确定；在委托合同为双务有偿合同，当事人的合同利益取决于其他法律行为是否成立、生效履行的情况下，损害赔偿范围一般限于信赖利益。当事人合意抛弃任意解除权的，在无偿委托的情形为无效；在有偿委托的情形，原则上有效，除非这种抛弃有违公序良俗，或出现了不得不解除合同的情形。

在前述“上海盘起诉大连盘起委托合同纠纷案”中，一、二审法院均将《业务协议书》认定为委托合同，判决大连盘起可以基于《合同法》第410条的规定将之解除，显然不妥。《业务协议书》的内容牵涉甚广，固然包含委托的因素，但也含有买卖、知识产权转让等多种类型合同的因素，实际上已经是一个无名合同，不能机械地径直适用《合同法》第410条的规定予以解除。退一步而言，即使认为《业务协议书》可以解除，判决中将《合同法》第410条中的赔偿损失的范围限定为“直接损失”也是不可取的，在这种有偿合同的情形，应该区分情况而分别支持履行利益或信赖利益的赔偿请求。

---

① 主要是对受托人的损害赔偿义务而言，因为无偿委托的时候委托人解除合同不存在这个问题。

第五节　合同解除与有关义务的继续履行

一般说来，合同解除一经生效，尚未履行的义务就不再履行。但在有的情况下，仍然存在着有关义务的继续履行问题。对此，以甲消防局与乙公司的119系统改造项目合同纠纷为例加以说明。

一、乙公司已经违反了合同义务

甲消防局和乙公司于2003年8月27日签订了《甲消防局119系统改造项目合同书》(以下简称《合同书》)。该合同规定，乙公司向甲消防局出售119系统建设所需的设备和软件（第1～3条）；该系统的建设由乙公司负责施工设计、安装调试、培训、系统维护、提供技术资料（第4条）；这些义务自合同签署之日（2003年8月27日）起履行，该系统在合同签署之日起两个月（2003年10月27日）内安装调试完毕并开通运行（第5条）；该系统的验收之日为从系统开通之日起并试运行30日后的5个工作日内，由乙公司提出验收申请，并由甲消防局组织验收完毕的日期（第6条第4款）；系统验收的标准按作为合同附件的《甲消防局119系统改造任务书》，以及双方当事人所达成共识的方案和国家颁布的相关技术标准（第12条第1款）。

乙公司履行《合同书》所规定的义务的结果，经公安部某消防研究所等单位组成的项目验收组于2004年12月29日的验收，认定存在录音录时功能录不全、不稳定等七方面的缺陷。这不仅有《某市消防通信指挥中心建设项目验收意见》证明，而且已被乙公司自认。乙公司在其于2005年1月4日出具的《某市消防通信指挥中心项目整改方案》明确承认："对2004年12月29日系统未能通过验收，我公司在此向贵局致歉，并就验收专家组和贵局提出的系统现存问题提出解决方案如下：……"可见，乙公司没有适当履行《合同书》所规定的合同义务，即构成违约，并达到了相当的程度。

二、乙公司尚应履行的义务

乙公司虽然已经交付了硬件设备，但与此配套的使用手册、保修手册、技术说明书、相应应用程序开发接口规范等技术资料等尚未交付，乙公司有义务交付；乙公司从第三方所购买的软件的使用手册、序列号、超级用户密码等技术资料，也有义务交付。甲消防局有权要求乙公司立即履行这些义务。

三、乙公司应负违约责任

既然乙公司没有适当履行《合同书》所规定的合同义务，那么，按照该合同书第 26 条的规定，甲消防局有权请求乙公司承担支付违约金（第 1 款）、赔偿损失的责任（第 3 款等）。

如果按照《合同书》第 26 条第 1 款约定的违约金的计算方法，计算出来的违约金的数额较低，则甲消防局还有权根据《合同法》第 114 条第 2 款的规定，请求增加违约金的数额。

四、甲消防局有权将《合同书》解除

乙公司已经违约，且经过双方当事人多次交涉，乙公司也数次补救，但乙公司所为至今仍然达不到合同的要求，不符合国家颁布的相关技术标准，已经给甲消防局造成了难以挽回的损失，包括信誉的降低，更为严重的是，对于可能的出现的安全隐患，对于报警的危险事故，甲消防局难以及时作出反应，实施救助，这将会给社会、人民的人身和财产带来不应有的损失。换言之，甲消防局急需马上投入使用的 119 系统。为达此目的，非解除《合同书》不可。

系争案件符合《合同法》第 94 条规定的解除合同的条件，甲消防局有权基于该条第 4 项的规定，无需催告，立即书面通知乙公司，解除合同。该通知到达乙公司处时发生合同解除的效果。甲消防局也可以援用《合同法》第 94 条第 3 项的规定，先向乙公司发出一个催告，给它确定一个消除 119 系统缺陷的合理期限，该期限届满时乙公司仍未能消除缺陷的，甲消防局就有权立即书面通知解除合同，该通知到达乙公司处时发生合同解除的效果。

五、结论

即使系争合同已经解除了，乙公司仍有义务履行下列义务：与其已经交付的硬件设备相配套的使用手册、保修手册、技术说明书、相应应用程序开发接口规范等技术资料等尚未交付，有义务交付；乙公司从第三方所购买的软件的使用手册、序列号、超级用户密码等技术资料，也有义务交付。

第六节　合同解除与诉讼时效

一、合同解除与诉讼时效概说

合同解除与诉讼时效较之于合同无效与诉讼时效，既有类似之处，也有不同之点。这里着重讨论合同解除与诉讼时效独特的问题。

合同解除系解除权行使的结果时，为形成权及其行使的问题；合同解除系双方当事人协商一致的结果时，也不是请求权行使的表现。按照中国法及其理论关于诉讼时效与除斥期间的分工，这不属于诉讼时效制度管辖的领域，行使解除权将合同解除受制于除斥期间，协议解除适用合同法关于合同订立以及合同生效的规定。

合同解除本身虽不适用诉讼时效制度，但因解除而生的有关法律后果则同诉讼时效有着密切关系，需要讨论。

当然，如果法院或仲裁机构确认合同解除，同时裁判受领人返还其受领的给付物、不当得利返还、赔偿损失，则具有既判力，给付人请求受领人返还给付物、不当得利返还、赔偿损失，转为执行问题，不再适用诉讼时效制度；如果法院或仲裁机构只是确认了合同解除，判决书或裁决书没有涉及给付物的返还、不当得利返还、赔偿损失问题，则可能有诉讼时效规定的适用问题。

二、物的返还请求权与诉讼时效

合同解除的效力如何，与法律采取何种学说密切相关。如同上文已经阐明的那样，我们应当将《合同法》第 97 条关于“合同解除后，尚未履行的，终止履行；已经履行的，根据情况和合同性质，当事人可以要求恢复原状……”的规定解释为采纳了直接效果说。依据此说，在不承认物权行为独立性和无因性的法制下，合同解除又具有溯及既往的效力时，所给付的有体物的返还请求权应是物的返还请求权，大多为所有物的返还请求权，属于物权的效力。

《物权法》已经区分了登记的所有权与未登记的所有权，中国未来的民法典亦应如此，在未登记所有权的场合，所有物返还请求权适用诉讼时效制度；在登记所有权场合，所有物返还请求权则不适用诉讼时效制度。合同解除场合，没有理由不坚持这种立场。

据此可知，在合同解除有溯及既往的效力时，受领人基于合同受领不动产并且已经办理完过户登记手续的情况下，因受领人对受领标的物的所有权又得而复失，故应当负有复原登记的义务，给付人享有请求使不动产登记恢复到自己名下的权利，不适用诉讼时效制度。

与此有所不同，在德国和中国台湾地区的民法上，通说为清算了结说，认为合同解除的效果，并非由法律规定 ex lege 发生，而是基于单方法律行为。解除权的行使，于双方的给付义务已经履行的情况下，则建立了返还义务，解除权只是变更了合同的债之关系的内容，其债之关系仍然存在，因解除而在内容上变更为“清算关系”（Abwicklungsverhaeltnis）[①]。如此，受领人负有返还给付的义务，办理移转登记的义务，给付人享有请求权属移转登记的权利，以为返还，不得径直请求所有权注销登记，或主张所有物返还请求权[②]，不适用消灭时效制度；但在已经办理完移转登记手续，受领人继续占有该不动产，给付人一直未主张返还该不动产的占有场合，似乎有适用消灭时效制度的余地；在受领人受领该不动产，尚未办理过户登记手续的情况下，给付人继续享有该不动产的所有权，不适用消灭时效制度；在动产所有权等其他情况下，适用消灭时效制度，即给付人未请求受领人返还给付物达到法定期间，法院便不再保护给付人。中国法亦宜如此。

此时，诉讼时效期间自合同解除生效之时（次日）起算。因为于此场合的物的返还请求权自合同解除生效之时成立。在这点上，不同于合同无效情况下物的返还请求权的时效期间的起算点，因为后者是自判决生效时或判决指定的时间起算。

至此，合同解除生效的时间成了重要的问题。按照《合同法》规定，合同自解除的通知到达对方时解除。对方有异议的，可以请求人民法院或者仲裁机构确认合同解除的效力。法律、行政法规规定解除合同应当办理批准、登记等手续的，依照其规定（第 96 条）。在解除权人未请求人民法院或仲裁机构确认解除合同的效力的情况下，是否发生合同解除的效力？本书认为，如果解除权确实已经产生，并具备行使的条件，那么，合同自解除合同的意思表示到达对方当事人时解除，不因对方当事人的异议而受影响。这样，可以防止违约方故意提出异议阻碍合同的解除。在举证责任的配置上，应由解除权人举证其享有解除权并符合解除权行使的条件。

三、不当得利返还请求权与诉讼时效

合同解除无溯及力时，解除前的合同关系仍然有效，因此解除前进行的给付

① E. Wolf，Rueckträtt，Vertretenmussen und Verschulden，AcP153，97. 转引自黄立：《民法债编总论》，530 页，北京，中国政法大学出版社，2002。

② 参见王泽鉴：《民法物权·通则·所有权》（总第 1 册），171 页，台北，三民书局，2003。

还有法律根据，只是自合同解除之时起尚未履行的债务被免除。这样，就发生了如下问题：当事人一方已经部分或全部履行了债务，对方却未履行对待给付，或者虽然也履行了债务，但双方各自的履行在数量上不对等。对这一问题采取所有物返还显然不妥，因为给付人在合同解除后仍未取得给付物的所有权。唯一的办法是运用不当得利制度加以解决，即受领人将其多得的利益按不当得利规则加以返还。《合同法》第 97 条规定的当事人可以采取其他补救措施，可以解释为包含着不当得利返还。

即使合同解除有溯及力，但给付物已不复存在，或虽存在但返还给付物不符合效益原则等，或者债务的履行为提供劳务，亦按不当得利返还处理（《合同法》第 97 条及其解释）。

不当得利返还请求权属于债权，没有理由不适用诉讼时效制度。时效期间的起算点仍为合同解除生效时。这也是它不同于合同无效场合不当得利返还请求权的时效期间起算点之处。

合同解除时的不当得利返还，如果是裁判所确定的，则因判决或裁决发生既判力，给付返还成为执行问题，不再涉及诉讼时效制度；如果不是裁判所确定的，则因不当得利返还请求权属于债权，没有理由不适用诉讼时效制度。时效期间的起算点仍为合同解除生效时。这也是它不同于合同无效场合不当得利返还请求权的时效期间起算点之处。

四、赔偿损失请求权与诉讼时效

《合同法》第 97 条后段规定了合同解除与赔偿损失可以并存。合同解除时的赔偿损失，如果是裁判所确定的，则因判决或裁决发生既判力，赔偿成为执行问题，不再涉及诉讼时效制度；如果不是裁判所确定的，则因赔偿损失请求权属于债权，应当适用诉讼时效制度，兹详述如下：

1. 在协议解除的情况下，当事人有损害赔偿的约定的，依其约定；无此约定的，则无损害赔偿。该损害赔偿请求权适用诉讼时效制度，其起算点应为当事人约定的支付损害赔偿金的期限届满的次日。

2. 合同因不可抗力致使不能实现目的而解除，一般无损害赔偿，但在当事人一方迟延履行期间发生不可抗力，不可抗力造成合同部分不能履行，当事人未采取补救措施致使损失扩大等情况下，可能存在着损害赔偿（《合同法》第117条第1款）。此类损害赔偿请求权适用诉讼时效制度，其起算点为损害赔偿责任成立的次日，而非合同解除生效之时。

3. 依据《合同法》第121条的规定及其解释，在第三人的过错行为造成合同不能履行，合同因此而解除时，债务人应该承担损害赔偿责任。该损害赔偿请求权适用诉讼时效制度，其起算点为违约责任成立的次日，而非合同解除生效之时。

4. 在当事人一方违约，给对方造成损失，构成损害赔偿责任。该请求损害赔偿，并非另外因合同解除所产生的新损害赔偿请求权，而是因债务不履行所生的旧损害赔偿请求权，不因合同解除失去存在。其消灭时效自该损害赔偿请求权可行使时，也就是自债务不履行时起算。[①] 这个观点可资赞同。

5. 在约定解除的情况下，如果当事人有关于损害赔偿的约定，或者虽无此类约定但当事人一方违约的，存在着损害赔偿。因约定而生的损害赔偿，其诉讼时效期间的起算点，为约定的支付赔偿金期限届满的次日，无此类约定时则为合同解除生效之时。因违约而生的损害赔偿，其诉讼时效期间的起算点，为违约责任成立亦即损害赔偿请求权产生的次日。

---

① 见王泽鉴：《民法总则》，569～570页，台北，三民书局，2000。

图书在版编目（CIP）数据

合同法总论．中卷/崔建远著．—2版．—北京：中国人民大学出版社，2016.9
ISBN 978-7-300-23224-9

Ⅰ.①合… Ⅱ.①崔… Ⅲ.①合同法—理论研究—中国 Ⅳ.①D923.64

中国版本图书馆CIP数据核字（2016）第185489号

"十三五"国家重点出版物出版规划项目
中国当代法学家文库·崔建远民法研究系列
合同法总论（中卷）（第二版）
崔建远　著
Hetongfa Zonglun

出版发行	中国人民大学出版社		
社　　址	北京中关村大街31号	**邮政编码**	100080
电　　话	010－62511242（总编室）		010－62511770（质管部）
	010－82501766（邮购部）		010－62514148（门市部）
	010－62515195（发行公司）		010－62515275（盗版举报）
网　　址	http://www.crup.com.cn		
	http://www.ttrnet.com(人大教研网)		
经　　销	新华书店		
印　　刷	涿州市星河印刷有限公司	**版　　次**	2012年10月第1版
规　　格	170 mm×228 mm　16开本		2016年9月第2版
印　　张	57 插页3	**印　　次**	2016年9月第1次印刷
字　　数	845 000	**定　　价**	168.00元

版权所有　侵权必究　印装差错　负责调换